La collection
du Musée national d'art moderne

Couverture :
Jean Dubuffet,
Le Train de pendules, 1965

© Editions du Centre Pompidou, Paris, 1986
ISBN 2-85850-292-7
N° d'éditeur : 436
Dépôt légal : novembre 1986

La collection
du Musée national d'art moderne

A Jean Cassou,
aux donateurs, aux artistes et aux conservateurs,
à tous ceux qui, à des titres divers,
malgré les vicissitudes des rapports de l'art vivant et de l'État,
ont permis à ce Musée d'offrir au public
la prestigieuse collection qu'il peut contempler aujourd'hui.

Catalogue

établi par
la Conservation du Musée
sous la direction
d'Agnès de La Beaumelle
et Nadine Pouillon

Introduction
de Dominique Bozo

≋ Centre Georges Pompidou

« Du fond des âges, monte la nécessité irrépressible de voir, de montrer ce qui vaut la peine d'être vu : d'abord la lumière, puis l'espace et le détail unique; la nécessité de parler un langage universel par delà les frontières et le temps, de transmettre son émotion », a écrit Paul Eluard.
La lumière, l'espace, le détail unique, le langage universel, l'émotion : tout est présent dans la prestigieuse collection qu'a rassemblée le Musée national d'art moderne et qu'il présente pour la première fois dans ce catalogue exceptionnel.

La Banque Nationale de Paris est heureuse et fière d'avoir apporté son concours au Centre Georges Pompidou pour la réalisation d'un ouvrage qui témoignera, pour longtemps, de l'irremplaçable richesse de l'art contemporain.

R. Thomas
Président de la Banque Nationale de Paris

Le Musée offre désormais au public ce que celui-ci était en droit d'attendre : un catalogue général des collections, où l'essentiel des œuvres est présenté, analysé, illustré. Il n'est ni un inventaire exhaustif, ni un album de chefs-d'œuvre, mais un choix réfléchi qui dégage, jusque dans les dernières acquisitions, le profil et l'identité d'une collection unique. Ce bilan en reflète ainsi les richesses, mais aussi les disparités et les manques.

Au-delà de sa vocation immédiate d'inciter, d'accompagner, de prolonger la visite, ce catalogue se veut la mémoire de la longue constitution de la collection, comme l'instantané de son état actuel : un choix d'aujourd'hui. Bien plus encore, il doit être pratiqué comme un ouvrage de référence, livre d'Histoire de l'art du siècle indispensable à tous, chercheurs, étudiants, collectionneurs ou amateurs.

Cet ouvrage devient la clef de voûte de toutes les publications du Musée, celles, plus scientifiques et exhaustives, des catalogues raisonnés établis sur les grands ensembles monographiques (Braque, Kandinsky, Léger, Lipchitz, Malévitch, Matisse et bientôt Brancusi), celles, plus pratiques et qui viennent aujourd'hui le compléter utilement, le *Guide salle par salle des collections permanentes*, le *Guide historique et mode d'emploi* de l'institution et la série *Parcours des collections permanentes*.

Je suis heureux que ce livre, conçu sous l'autorité de Germain Viatte, paraisse enfin, saluant l'arrivée toute récente de Bernard Ceysson, mon successeur. Agnès de La Beaumelle, qui en a défini les principes exposés plus loin, s'est attachée, avec Nadine Pouillon, à mener à bien la réalisation de l'ouvrage, fruit d'un travail collectif assuré par toute l'équipe scientifique et photographique du Musée, avec la collaboration des éditions du Centre Georges Pompidou. Que tous et toutes trouvent ici l'expression de ma gratitude.

Je tiens à remercier la Banque Nationale de Paris qui, par son concours, a œuvré au rayonnement de la collection, à l'approfondissement de sa connaissance par le public et à la prolongation de la mémoire du Musée au-delà de ses cimaises.

Dominique Bozo

Avant-propos

Avec la perspective d'une nouvelle présentation des œuvres dans des espaces entièrement remodelés à cet effet, la nécessité s'est imposée d'elle-même de donner au public un catalogue général de la collection qui reflète, non seulement l'ensemble patiemment constitué depuis le début du siècle, mais encore son développement spectaculaire depuis l'ouverture du Centre Georges Pompidou. Mais comment rendre compte en un seul ouvrage, ou même deux, des quelque 20 000 œuvres, de 1905 à 1985, qui la constituent ? Comment mettre en relief l'intérêt des énormes donations d'ateliers, qui façonnent son identité unique, l'éclat des « chefs-d'œuvre » isolés que tout Musée d'ampleur internationale se doit de posséder — sans que tous se trouvent noyés dans la masse énorme des œuvres accumulées dans les Réserves, trop souvent oubliées et auxquelles il est nécessaire, révélateur, de les confronter ?

La mise en mémoire informatisée de l'Inventaire de la collection, d'ores et déjà réalisée et bientôt accessible à tous, nous dispensait de ce devoir d'information exhaustive et indispensable, ouvrant un champ illimité aux recherches et aux confrontations les plus diverses. Elle nous autorisait dès lors à faire des choix, avec le risque de partialité que comporte nécessairement une telle démarche. D'autres impératifs purent ainsi être envisagés : dans la ligne des principes retenus pour le choix du nouvel accrochage, mettre en évidence les grands ensembles monographiques, affirmer la spécificité et les points forts de la collection historique et contemporaine; répondre enfin, dans une perspective plus pédagogique, à la demande, quotidiennememt formulée par le public si divers du Musée, visiteur averti ou simple curieux, d'une information générale d'histoire de l'art et surtout d'une lecture particulière de l'œuvre qu'il contemple.

Renonçant à proposer un ouvrage encyclopédique complet sur l'art du XXe siècle ou une chronologie méthodique de son histoire, dans laquelle chaque œuvre isolée du Musée ne serait venue qu'« illustrer », brillamment ou trop modestement, telle ou telle séquence en « isme », nous nous sommes donc attachés à restituer la présence de chaque artiste considéré comme majeur *dans* la collection, à retracer son parcours personnel en restant au plus près de son œuvre figurant au Musée. Les seuls critères des choix effectués (environ 800 œuvres et 310 artistes) ont été l'importance historique et la qualité formelle de chaque pièce, ou encore l'ampleur du fonds constitué. Que l'on ne s'étonne pas ainsi de l'absence d'un Balla ou d'un Morandi dans ce « catalogue »: la seule peinture d'eux que possède le Musée semblait trop peu représentative; de la quasi inexistence des expressionnistes allemands et de combien d'autres; du peu de place consacré à des personnalités aussi dominantes que Duchamp ou De Chirico, face à un Masson ou à un Laurens ici largement illustrés : le Musée n'en détient encore que peu de pièces essentielles. Les lacunes, les manques réels de la collection historique éclatent ici avec évidence, et volontairement. Quant aux « contemporains », pris en compte jusqu'à l'actualité la plus immédiate, on aurait souhaité leur consacrer un deuxième tome qui aurait permis de procéder à des choix plus ouverts, moins arbitraires. Leur place dans ce catalogue est aussi déterminée avant tout par l'importance de l'ensemble des pièces acquises et par l'attention qu'a pu leur porter le Musée à travers de récentes expositions. La collection du Cabinet de la Photographie et du Cinéma, comme celle du Cabinet d'Art graphique dont la richesse est ici insuffisamment évoquée, feront l'objet de publications indépendantes.

Il revenait tout naturellement aux différents conservateurs du Musée qui suivent quotidiennement l'œuvre dans sa vie muséale et qui ont souvent personnellement travaillé à son acquisition — résultat d'une concertation calculée ou d'une relation passionnée — de présenter celle-ci au public. Il leur appartenait, s'il y a lieu, de rappeler pour chaque artiste l'étendue du fonds constitué, en en retraçant l'historique, révélateur à bien des égards de l'évolution du « goût » de l'État et de sa relation à l'art vivant; d'analyser ensuite chaque œuvre une à une — et tout particulièrement les dernières acquisitions — en précisant son importance historique, sa qualité formelle et sa place dans la démarche de l'artiste. Ces informations ne sont pas accompagnées — la place ne le permettait pas — de l'appareil exhaustif (bibliographie et expositions) propre à un catalogue « raisonné », établi déjà, pour les grands ensembles de la collection, dans les monographies qui leur ont été consacrées par le Musée : seules ont été retenues les références nécessaires à la compréhension de l'importance historique de l'œuvre.

Autant de regards actuels, certains ouvertement partisans, d'autres plus retenus, qui tentent d'ajouter à la rigueur de ce « dictionnaire » — à la fois manuel d'histoire de l'art du XXe siècle et catalogue de la collection — le caractère d'un témoignage vivant.

Agnès de La Beaumelle

Le Musée national d'art moderne au Centre Georges
Pompidou, 1985.
Sur la terrasse ouest (aménagement de Mme Gae
Aulenti) : Miró, *Femme debout*, 1969, *Femme oiseau*, 1974.

Introduction

Dominique Bozo

4ᵉ étage, espace sud.
Martial Raysse, *America, America*, 1964.
Sur la terrasse : Tinguely, *Meta 3*, 1970-1971.

L'histoire de la collection d'un musée, surtout d'un musée d'art moderne et contemporain, qui plus est d'un musée *national,* est indissociable de l'histoire de l'Institution proprement dite, c'est-à-dire de celle des faits politiques, administratifs, des faits historiques aussi, auxquels le musée fut confronté.

Ceci est d'autant plus vrai ici qu'il s'agit d'une collection nationale unique, celle d'un État centralisé dans lequel les influences, les pressions politiques et sociales, les pouvoirs, officiels ou non, s'inscrivent lourdement dans un passé très ancien. La collection du Musée, son évolution surtout, sont donc le reflet de l'histoire d'un État, dont les intentions souvent généreuses, universelles et abstraites, annoncées au cours du siècle passé et de celui-ci, n'ont que très peu modifié — ou trop tard — des structures qui étaient en contradiction avec elles. D'un État, enfin, qui aura connu, au cours de ce 20e siècle qui nous intéresse, deux guerres dont les termes marqueront chaque fois un tournant, un sursaut, un miracle parfois.

Il sera intéressant mais justement difficile de comparer, dans un prochain ouvrage, l'histoire de la collection et du Musée avec celles des institutions européennes ou américaines équivalentes, dévolues, elles aussi, à l'art de ce siècle.

Alors qu'aux États-Unis presque tous les musées sont des fondations privées, créées à l'initiative des sociétés d'amateurs, de collectionneurs, d'artistes (Art Institute de Chicago, Museum of Modern Art et Guggenheim Museum de New York, Yale University, Barnes Foundation, Carnegie Institute, pour ne citer que celles-là), en Europe la Tate Gallery de Londres a statut d'association autonome, subventionnée par l'État ; en Hollande, le plus fameux des musées, le Stedelijk Museum, est municipal ; en Allemagne, en Suisse, pays fortement décentralisés, les musées sont le bien des régions *(landes),* des villes. Ils comptent parmi les fleurons de ces villes et contribuent à leur prestige. Mais ils sont rarement spécialisés dans le seul 20e siècle.

En France, le pouvoir de l'Institut (auquel André Malraux tenta de s'attaquer) ne fut vraiment ébranlé qu'en 1970, lorsque Edmond Michelet mit fin au Prix de Rome qui désignait les artistes officiels auxquels l'État se devait de rester fidèle au moins leur vie durant ; ce pouvoir officiel irrigua donc seul les rouages des beaux-arts jusqu'autour de 1936. Il n'est pas exagéré de dire que, jusqu'à cette date — Jeanne Laurent l'a fort bien démontré — le système des beaux-arts de la IIIe République a fonctionné *contre* l'art vivant, malgré des tentatives régulières de modification. L'Institut contrôlait pratiquement seul la totalité de la chaîne officielle par la maîtrise des comités et des commissions : École des Beaux-Arts, Salons, commandes publiques, prix, Académie de France à Rome, Conseil des musées, etc. En réalité, le système a fonctionné surtout contre l'État, plutôt que contre l'art vivant, qu'il ignorait.

En effet, depuis la fin du siècle dernier, les grands artistes n'ont pas eu besoin de l'État : ils étaient soutenus par des marchands, des collectionneurs, des institutions étrangères. Ils disposaient, en outre, depuis « Les Refusés », de leurs Salons (Société des Artistes indépendants, fondée en 1884, Salon d'Automne, en 1903). Ce sont, semble-t-il, plus les structures que les hommes qui ont fait prendre à ce pays le retard que l'on sait, au détriment des générations futures (artistes et public), au détriment du patrimoine surtout.

Genèse du Musée
deux collections

Tandis que les métropoles de province avaient dû parfois construire des musées à la fin du siècle dernier, tandis que la Ville de Paris disposait du Petit Palais, l'État hébergeait, fort mal, l'art vivant dans la modeste Galerie du Luxembourg, créée en 1818 par ordonnance de Louis XVIII (inaugurée le 14 avril 1818). Ce Musée, dit de « passage », connut plusieurs crises dans la seconde moitié du 19e siècle et durant toute la première moitié de celui-ci. Les problèmes d'espace plus que de contenu furent vite posés, après que le Sénat eut récupéré les salles du Palais du Luxembourg et obtenu en 1886 le transfert du Musée dans l'Orangerie attenante.

Entre 1899 et 1903 la presse était régulièrement scandalisée par l'état du Musée, par son exiguïté, que dénonçaient des critiques comme Fénéon ou des artistes comme Gauguin. Léonce Bénédite, son conservateur (qui appartenait au courant académique), avait rédigé un rapport incitant à la création d'un « vrai musée », d'un bâtiment construit à cet effet[1]. On discuta de son implantation : Champ-de-Mars, Pavillon français de l'Exposition Universelle, Palais de l'Industrie, rive droite ou rive gauche ? Le Séminaire de Saint-Sulpice, devenu disponible après la séparation de l'Église et de l'État, fut jusqu'après la guerre de 1914, date à laquelle le ministère des Finances s'en empara, le « projet-alibi ».

Il est intéressant de noter que durant ce siècle tous les projets qui virent le jour, y compris celui du Centre Pompidou, définirent une institution où devaient être rassemblées autour de la peinture et de la sculpture toutes les expressions artistiques : médailles, objets d'art, estampes, objets mobiliers, architecture et, plus récemment, objets de design, photographie, art théâtral. Chaque fois, cependant, même au stade du programme, on tentera de restreindre cette ambition.

En 1922, faute de place, on « soulage » le Musée du Luxembourg de la collection des Ecoles étrangères, considérée comme annexe (elle connaîtra bientôt une meilleure fortune au Jeu de Paume des Tuileries, devenant autonome en 1931 et prenant le nom de Musée des Ecoles étrangères contemporaines). En 1927, c'est le legs Caillebotte qui est transféré au Louvre avec la majorité des œuvres impressionnistes.

12

Le Musée du Luxembourg, v. 1931.
A l'angle droit : Bonnard, *La Toilette*, 1924. De face, de
g. à dr. : Rousselle, *Pastorale*, 1928; Toulouse-Lautrec,
Femme au boa noir, 1931; Maurice Denis, *Hommage à
Cézanne*, 1900. Au 1er plan : Bourdelle, bustes du
Docteur Koeberlé, 1914, et d'*Anatole France*, 1919.

Toujours faute de place, on abandonne la collection des estampes, dont la Bibliothèque Nationale se chargera désormais.

Cette première crise de 1922, celle de l'après-guerre, ne concerne que les lieux et les espaces disponibles. L'administration des musées continue d'ignorer les critiques anciennes de la presse spécialisée et celles de personnalités comme Apollinaire, Fénéon ou Gauguin. L'administration parle idéalement des artistes vivants, mais cette notion est vague et abstraite car il n'est jamais fait mention de l'art indépendant. A deux reprises, en 1925 et 1927, la revue *L'Art Vivant* lance des enquêtes. La première, sur l'art et l'argent, posait également la question : « Que pensez-vous de la création d'un Musée Français d'Art Moderne ? »; les réponses furent aux deux tiers favorables.

En 1928 le sous-secrétaire d'État aux beaux-arts, François Poncet, prend la décision de transférer les impressionnistes au Louvre et de rendre le Luxembourg à l'art vivant. Les conservateurs sont alors Charles Masson et Robert Rey. En 1929 le Musée est fermé quelques semaines. Louis Hautecœur, récemment nommé, et son collaborateur Pierre Ladoué se trouvent confrontés à une collection tout à fait insuffisante, une centaine de tableaux étant partis vers le Louvre. François Poncet décide alors de leur réserver une somme spéciale prélevée sur le budget des acquisitions de l'État. Il nomme pour la première fois une « commission restreinte » chargée de ces achats.

Tandis que l'art indépendant s'affirmait chez les marchands et les collectionneurs, la revue de Christian Zervos et Tériade, *Cahiers d'Art,* lance en 1930 une nouvelle campagne pour le Musée des Artistes vivants et publie le projet de Le Corbusier, « Le musée à croissance illimitée ». Le Corbusier souligne que la seule chance d'aboutissement d'un tel projet est d'en confier l'initiative et la réalisation au secteur privé.

Est-ce cette campagne ou, mais c'est moins probable, la nomination de Louis Hautecœur[2] au poste de conservateur en chef, sont-ce les réaménagements que celui-ci tente de faire (dépoussiérage de la présentation, notamment), est-ce, enfin, l'ambiance de l'époque, les échos des collections constituées çà et là à l'étranger depuis le début des années 20 et tournées vers la création indépendante (Chicago, Prague, New York, Bâle), qui susciteront une nouvelle prise de conscience ? Toujours est-il que le secrétaire de l'Académie des Beaux-Arts transmet au ministre le rapport de Louis Hautecœur. On saisira l'occasion des travaux de l'Exposition Universelle de 1937 pour programmer à la hâte un musée dans ce contexte. En 1934 le Commissariat général lance un concours, dont le programme échappe à Louis Hautecœur. La Ville de Paris revendique une partie du terrain, pour un deuxième musée qu'on lui accorde. La répartition des missions était prévue de la façon suivante : peinture, sculpture pour le musée national; arts décoratifs pour le musée de la Ville, attributions qui ne seront finalement pas respectées.

Jusqu'en 1939 rien ne bouge réellement. Les acquisitions sont soumises à plusieurs structures administratives, énumérées par Louis Hautecœur dans son introduction au catalogue de 1931: « Les œuvres qui figurent en nos salles sont achetées suivant des procédés divers. Une commission créée par décret du 27 février 1905 propose au ministre les œuvres qui semblent les plus remarquables dans les Salons. Une commission restreinte est chargée des achats dans les expositions individuelles. Le Comité des conservateurs et le Conseil des Musées nationaux peuvent acquérir des œuvres des artistes récemment décédés et recevoir des dons et legs. Toutes les œuvres, pour figurer au Musée du Luxembourg, doivent passer devant une commission spéciale, instituée par arrêté du 7 février 1929. Tous les trois ans a lieu une révision des collections. Les œuvres des artistes décédés, nés plus de quatre-vingts ans auparavant, sont remises soit aux Musées nationaux, soit à l'Administration des Beaux-Arts ».[3]

Le nouveau musée du Palais de Tokyo ouvrira ses portes, en même temps que l'Exposition Universelle de 1937, avec une exposition des *Chefs-d'œuvre de l'art français*. Une nouvelle politique d'achat aurait pu être affirmée à cette occasion. Toutefois, le bilan des acquisitions n'avait guère réussi à changer la physionomie de la collection, l'Exposition Universelle ayant accaparé tous les crédits sous forme des 718 commandes passées aux artistes pour divers pavillons, véritable aide à la création.

Cependant, à partir de 1936 et jusqu'en 1947, l'arrivée d'une nouvelle équipe au Ministère de l'Éducation nationale, autour de Jean Zay dont dépendait la direction des Arts et des Lettres, modifie les rapports de « l'art et de l'État ». On y trouve Julien Cain, Marcel Abraham, Charles Terrasse, André Chamson. Jean Cassou, quant à lui, est chargé des « questions artistiques ». Il est incontestable que quelque chose change, du moins dans les intentions. Ainsi, selon Jean Cassou, Hautecœur, désireux d'acquérir des dessins, invite Matisse à « venir le voir ». Mais, dans le taxi qui le ramène chez lui, Matisse désabusé dira à Cassou : « Ils me font rire. Ils ne se sont jamais préoccupés de moi ni d'aucun des artistes de ma génération et, à présent qu'on en arrive à soixante, soixante-dix ans, ils s'avisent de nous découvrir et de nous acheter des dessins ! ».[4] Durant ces années, la collection évolue peu. Le seul artiste relativement bien représenté demeure Bonnard (quatre peintures). On y trouve aussi Derain, Friesz, Braque, La Fresnaye, Matisse (deux œuvres) et, grâce à deux dons, Léger.

Par son programme d'expositions et le développement de sa collection, le Musée des Ecoles étrangères contemporaines, dirigé par André Dezarrois, jouera un rôle déterminant du point de vue de l'Histoire de l'art moderne. L'Exposition Universelle avait servi l'art en passant des commandes de décoration aux artistes, mais, la même année, deux invitations contribuèrent davantage à modifier le rapport de force entre art vivant et académie.

A l'initiative de Raymond Escholier, le Petit Palais organise en 1937 une exposition, *Les Maîtres de l'art indépendant*, qui, certes, ne traitait presque exclusivement que du courant français de l'École de Paris, le fauvisme, le cubisme et leur prolongement. Comme en écho ou en réponse à cette exposition, Christian et Yvonne Zervos, Jeanne Bucher et Kandinsky organisent au Jeu de Paume avec André Dezarrois une exposition tout à fait exceptionnelle, *Origine et développement de l'art international indépendant*, où se retrouvent enfin présentées les diverses tendances du surréalisme et de l'art abstrait. On le voit, le rôle plus indépendant du Musée des Écoles étrangères contemporaines fut considérable. Presque tous les artistes représentés vivaient ou avaient un lien avec Paris. Dezarrois, qui jouissait d'une plus grande liberté d'action puisqu'il relevait surtout du Ministère des Affaires étrangères, put aussi acquérir, par achat ou don, quelques œuvres importantes qui restent parmi les plus marquantes de la collection (Kandinsky, Picasso, Dali, Pascin). Pour s'assurer une représentation de qualité, il n'hésita pas à emprunter aux artistes, aux collectionneurs (la baronne Gourgaud, R. Dutilleul, notamment), ainsi qu'aux galeries, des œuvres de Picasso, Modigliani, Juan Gris, Chagall, Foujita…

La collection des écoles étrangères comprenait avant la guerre environ 500 tableaux et une centaine de sculptures. Différents critères — naturalisation, carrière ou production en France de l'artiste — décideront duquel des deux musées, celui de l'École française ou celui des Écoles étrangères, dépendra l'acquisition.

En 1938-1939 le poste de conservateur adjoint du Musée du Luxembourg, devenu vacant, est offert à Jean Cassou. La nature des installations techniques et la mauvaise construction du Palais de Tokyo l'obligent à d'importants travaux qui retarderont l'ouverture du Musée prévue en 1938 et qu'ajournera la guerre. On songe à évacuer les musées. Jean Cassou, comme ses collègues des Musées nationaux, se charge de l'évacuation vers les châteaux de Compiègne, Valençay, Chambord, Montal, etc. En 1941, Hautecœur, devenu directeur des Beaux-Arts, propose Jean Cassou au poste de conservateur en chef du futur Musée d'art moderne; il sera déchu quelques jours après par le gouvernement de Vichy. Pendant l'Occupation, le Musée sera momentanément ouvert en 1943 par Pierre Ladoué, qui succède à Jean Cassou jusqu'en 1945.

La collection avant 1945

Un rapide aperçu donne une idée assez précise de la représentation incroyablement réduite, souvent à une seule œuvre importante, des principaux maîtres français.

Bonnard est de loin le mieux représenté avec 11 toiles d'inégale importance, dont 9 achats. Parmi ceux-ci, *Le Peignoir*, 1890, *Le Corsage rouge*, 1925, et surtout *La Toilette*, 1922, achetée par le Musée en 1923. Il est ainsi l'artiste moderne qui incarne la tradition française, la référence à l'art indépendant.

Matisse, qui avait fait don dans les années 30 de plusieurs très beaux dessins, figure au Musée par deux achats, l'un de 1922, *l'Odalisque à la culotte rouge*, l'autre de 1938, avec le chef-d'œuvre *Figure décorative sur fond ornemental*, 1925-1926, et par un don de l'Association des Amis des Artistes vivants dès 1929 (le *Buffet*, 1928); ce sera le seul don vraiment important de cette association avant 1945[5].

De Braque, à qui Hautecœur avait fini par s'intéresser en faisant acheter en 1938 *Le Duo*, 1937, on ne compte que deux acquisitions modestes, l'une en 1933, la *Nature morte au compotier*, 1919, l'autre en 1935, la *Nature morte aux poires*, 1925.

Delaunay, qui avait connu dans les années 30 un plus grand succès officiel, est représenté par quatre toiles importantes, dont les *Tours de Laon*, 1911, acquise en 1935.

Léger apparaît plus présent grâce à un premier don en 1933 de J. Zoubaloff (*Femmes dans un intérieur*, 1922), un achat de l'État en 1936 (*Composition aux trois figures*, 1932), grâce, enfin, au legs essentiel par Alfred Flechteim en 1937 de *La Noce*, 1911-1912.

Il conviendrait sans doute de faire le même examen pour Rouault, Derain, etc., surtout d'opposer à cela des achats nombreux d'artistes de moindre importance : alors qu'un seul Kandinsky, un seul Dali, un seul Tanguy entrent dans la collection, en revanche, plusieurs achats d'œuvres d'artistes moins essentiels sont effectués (5 Friesz, 9 Vlaminck, 10 La Fresnaye, plusieurs œuvres de Souverbie, Brianchon, Oudot, Chapelain Midy, Planson, etc.).

Dans les musées à l'étranger, Kandinsky, Brancusi, Braque, Matisse, Picasso, Bonnard, Giacometti, Dali, Mondrian, González, Léger, Chagall, Calder sont déjà présents, et souvent avec des ensembles d'œuvres très importants, à l'Art Institute of Chicago, au Museum of Modern Art et au Guggenheim Museum de New York, à la Tate Gallery de Londres.

Création du Musée national d'art moderne

Devant cet énorme retard, ce divorce entre « le génie et l'État » constaté par Georges Salles, plusieurs décisions sont prises en 1945, dont le rassemblement des deux collections, celle du Musée du Luxembourg et celle du Musée du Jeu de Paume.

Par ailleurs, sur proposition de Jacques Jaujard, directeur des Arts et des Lettres et de Georges Salles, directeur des Musées de France, Jean Cassou est nommé officiellement directeur du Musée national d'art moderne; il a comme conservateur adjoint Bernard Dorival, qui avait été nommé en 1941.

Le Musée des Écoles étrangères au Jeu de Paume,
à son inauguration en 1932.
De g. à dr. : 5 toiles de Modigliani (prêts); Van Dongen,
Portrait de Madame G. Menier, 1918 (coll. part.); Picasso,
Portrait de Gustave Coquiot, 1901, *La Vie,* 1903 (prêt de
la galerie Biniou), *Le Peintre Salvado en Arlequin,* 1923
(prêt de la baronne Gourgaud).
Au fond : Mario Tozzi, *Solitudine.*

Conscient du retard et de l'état de la collection, Jean Cassou et Georges Salles considèreront comme prioritaire l'ouverture officielle de ce musée en 1947. Entre-temps, tout en y organisant des expositions, on tentera de concevoir, pour constituer une collection digne d'une inauguration (qui aura lieu en juin 1947), une vraie politique d'acquisition.

Les achats s'effectueront par deux voies : d'abord, par des crédits spéciaux de la Direction des Musées de France — deux tranches de 6 millions seront octroyées la même année — et par la mobilisation des moyens de la Direction des Arts plastiques, dirigée par Robert Rey, dont dépend le Bureau des achats et commandes de l'État; celui-ci est géré par les inspecteurs des Beaux-Arts, dont Raymond Cogniat. Le Musée se voit autorisé à faire l'acquisition d'œuvres d'artistes vivants. Jean Cassou entreprend aussitôt de rendre visite aux artistes présents à Paris. Sa première visite fut pour Matisse qui céda, dans des conditions exceptionnelles, six tableaux significatifs de l'ensemble de son œuvre, dont *Le Luxe,* 1907, *Le Peintre et son modèle,* 1917, et la *Nature morte au magnolia,* 1941. Parallèlement, il obtenait aussi de Georges Braque la cession de quatre tableaux, dont *Le Salon,* 1924, et *Le Billard,* 1944. L'effort autorisé par les crédits spéciaux permit, enfin, l'achat de deux œuvres de Brancusi (*Le Coq,* 1935, *Le Phoque,* 1943), de nouveaux tableaux de Bonnard (*En barque,* 1906-1907, *Méditerranée,* 1942-1944, et *La Sortie du port de Trouville,* 1938-1945), puis en 1947, pour l'ouverture du Musée, du premier tableau fauve de Braque, *L'Estaque, l'embarcadère,* 1906, et d'un Juan Gris, le *Petit Déjeuner,* 1915.

Bien sûr, à cet effort d'acquisition des Musées nationaux s'ajoutait celui de la Direction des Arts plastiques, à qui incombait la politique d'acquisition vis-à-vis des artistes vivants. Malgré ces efforts, la collection demeurait insuffisante. Pour tenter d'y introduire les tendances les plus récentes, on sollicita un certain nombre de prêts, des galeries notamment.

Des dons considérables augmentèrent également la collection : ainsi, quatre toiles de Léger de 1929-1930, grâce à la générosité de M. Paul Rosenberg, des toiles de Miró, Chagall, données par les artistes eux-mêmes. Mais l'événement le plus spectaculaire fut la donation que fit Picasso de onze toiles choisies par lui-même dans ce qui demeurait alors à Paris de sa propre collection, dont on sait que l'essentiel était à New York; de cet ensemble exceptionnel, il faut citer l'*Atelier de la modiste,* 1925, la *Muse,* 1935, l'*Aubade,* 1942, le *Rocking chair,* 1943, et la *Casserole émaillée,* 1945.

On ne manquera pas de noter que ces enrichissements concernaient un nombre limité d'artistes et que les courants du surréalisme et de l'abstraction, notamment, n'étaient pas représentés. Était-ce pour dénoncer ce point de vue que Christian et Yvonne Zervos organisèrent comme en 1937 mais au Palais des Papes d'Avignon une exposition davantage tournée vers les tendances que les sentiments et les traditions nationales avaient exclues. Les choix de Jean Cassou et Bernard Dorival,

ceux du Conseil des musées étaient-ils dictés par ce qui leur apparaissait être des priorités ? Les choix groupés, qui mettaient en évidence des ensembles significatifs de l'œuvre d'un artiste, étaient-ils le parti délibérément retenu ? Il est difficile de le dire, comme il est difficile de se faire une idée exacte de ce qu'était le Conseil artistique des musées, où siégeaient André Lhote, Jean Paulhan et André Gide. Nous n'avons que des comptes rendus sommaires de ces débats. La lecture de certaines lettres de Jean Paulhan à André Lhote indique quels noms il défendait — Dubuffet, Fautrier, Balthus — face aux garants de la tradition française que soutenait Lhote. Dans ce contexte de rééquilibrage, il semble que la présentation par Georges Salles au Conseil des musées de trois ou quatre œuvres de Balthus souleva la tempête et l'hostilité, de Lhote notamment. Par contrecoup, le Conseil n'admit pratiquement plus l'acquisition d'œuvres d'artistes vivants : cette bouffée d'air qu'avaient permise les nouveaux crédits s'était épuisée. Le Musée perdait son autonomie et ses responsabilités, puisque tous les artistes dont il avait la charge d'acquérir des œuvres à quelques exceptions près (Bonnard, Signac) étaient justement des artistes vivants. Ces acquisitions dépendaient à nouveau et pratiquement exclusivement de la Direction des Arts plastiques.

C'est un point de l'histoire important. Désormais, le Musée ne pourra plus qu'émarger sur les crédits des Musées nationaux pour les seuls artistes décédés, en entrant en compétition avec les autres départements du Louvre et des Musées nationaux. Sa difficulté d'imposer l'art moderne devenait à nouveau inextricable. Cependant, soutenu par Georges Salles, Jean Cassou parvint à faire passer certaines acquisitions : Rouault, Marquet, La Fresnaye, Duchamp. Mais progressivement le « crédit » auprès du Conseil artistique s'amenuisa. Les archives témoignent des démarches inlassables de Georges Salles auprès des Services de la Création artistique pour l'achat de *La Tristesse du roi,* 1952, à Matisse, des difficultés sans nombre qu'il dut contourner pour y parvenir.

C'est que la chaîne des responsabilités de ces achats n'avait fait que croître et devenir un peu plus anonyme. Certes, le Musée pouvait signaler au Service des « commandes et achats » qu'il était soucieux d'acquérir des œuvres de tel ou tel artiste, mais il déléguait sa proposition à un inspecteur des Beaux-Arts, à un fonctionnaire dont il est vrai qu'il était nécessairement moins concerné. C'est ainsi que, peu à peu, l'on acheta moins des œuvres que des noms — les « petites œuvres des grands artistes » —, la bonne conscience, elle, y trouvait son compte. Constituer une collection que l'on montre au public en toute responsabilité, qui se complète et s'organise dans le temps, n'engage pas la même responsabilité, ne relève pas de la même demande que celle requise pour la réunion d'un fonds anonyme.

Il y a toujours eu sur l'histoire des acquisitions du Musée un malentendu, car on lui a toujours attribué une responsabilité qu'il ne faisait que partager. On ne rappellera jamais assez que le Musée ne disposait pas de crédits propres pour les achats historiques, comme on l'a vu, et qu'il dépendait de l'Inspection des Beaux-Arts pour l'enrichissement de la collection contemporaine.

La collection de 1947 à 1964
les grandes donations

C'est dans ce contexte de difficultés budgétaires, qui rend aléatoire toute définition d'une politique d'acquisition cohérente et autonome, que la collection du Musée se développera. Ignorant le montant des crédits disponibles, celui-ci ne peut prévoir ses acquisitions. Pourtant, certains achats importants eurent lieu en 1949, ainsi, *L'Homme et la Femme*, 1900, et *Vue du Cannet*, 1924 de Bonnard, et surtout *Udnie*, 1913, de Picabia. Cette période des années 1945-1949, celle de la naissance réelle du Musée et du premier développement de sa collection, laisse présager les difficultés à venir. Deux pages du livre de Jeanne Laurent illustrent très exactement les débuts d'une institution, dont le moins que l'on puisse dire est qu'elle était en liberté surveillée[6].

Un examen attentif des différents modes d'acquisition fait apparaître le bilan suivant : 10 % proviennent d'achats réalisés grâce aux crédits de la Réunion des Musées nationaux, 30 % des Services de la Création artistique et 60 % des donations ou legs de collectionneurs ou marchands, comme Paul Rosenberg, Raoul La Roche, la baronne Gourgaud, André Lefèvre, Marie Cuttoli-Laugier. C'est dire l'importance de ces donations et l'on peut affirmer qu'elles ont véritablement « fondé » le Musée. Nous en rappellerons les étapes essentielles :

De 1947 à 1949, entrent de nouvelles donations d'artistes. Marc Chagall — qui n'était alors représenté que par une peinture — et sa fille Ida offrent sept toiles, dont *A la Russie, aux ânes et aux autres*, 1911, le *Double Portrait au verre de vin*, 1917, *Autour d'elle*, 1945, et *L'Ame de la ville*, 1945. De son côté, Henri Matisse donne un très bel ensemble de dessins.

D'autres donations importantes suivent, marquant l'intérêt nouveau des collectionneurs pour un Musée dans lequel ils se reconnaissent de mieux en mieux. C'est ainsi qu'en 1952 et 1957, les premières œuvres cubistes entrent au Musée grâce à André Lefèvre (Picasso : *Le Guitariste*, 1910, *Le Violon*, 1914, *La Cheminée*, 1920; Léger : *Contraste de formes*, 1913, *Réveil matin*, 1914) et à Raoul La Roche (quatre Braque, dont *Femme à la guitare*, 1913, et le *Guéridon*, 1911). Quant à l'art naïf, il est introduit grâce à la générosité de Mlle Uhde, sœur du collectionneur Wilhelm Uhde, et de Franz Meyer.

Ces enrichissements récents permettent au Musée de s'ouvrir aux Écoles étrangères. C'est ainsi que Maurice Besset, germaniste de formation, rejoint l'équipe de la conservation

en 1960, succédant à André Dezarrois. Sous son impulsion, plusieurs œuvres significatives de l'expressionnisme allemand et de la Nouvelle Objectivité sont entrées dans la collection : Kirchner, Pechstein, Nolde, et surtout l'unique et corrosif *Portrait de la journaliste Sylvia Von Harden*, 1926, d'Otto Dix, entré en 1961. Très au fait de l'actualité internationale, il tente d'orienter les achats dans le domaine le plus contemporain. Il s'attache, en outre, à renouveler la muséographie (on se souvient des salles Pevsner et Le Corbusier de l'ancien Musée) en faisant appel notamment à Charlotte Perriand et à Pierre Faucheux pour le mobilier.

Les grandes donations se feront désormais régulièrement, renouvelant les collections, leur donnant un autre équilibre grâce à des ensembles exceptionnels[7]. Cette période de générosité extraordinaire due aux excellentes relations que les conservateurs entretiennent avec les collectionneurs, les artistes ou leurs héritiers, confortera, hélas, l'État dans sa ladrerie budgétaire, « encouragera » sa passivité.

Le Musée suscite également les donations considérables que sont les « ateliers », ensembles d'œuvres d'un même artiste présentées en un même espace[8]. La plupart de ces donations, suggérées par André Malraux, sont le plus souvent assorties de conditions précises (comme, par exemple, une présentation permanente des œuvres dans les salles du Musée). Elles vont donner au Musée sa qualité particulière qu'aucun autre musée d'art moderne ne pourra offrir à cette échelle et à ce point « systématique ». La muséographie elle-même sera marquée de ce particularisme dont l'ambiguïté est qu'il menace le Musée d'immobilisme, investi de ce que Hautecœur nommait des « concessions à perpétuité », quelque peu en contradiction avec l'idée d'art vivant. Pourtant, ces donations constituent aujourd'hui un patrimoine unique, significatif de l'École de Paris (Laurens, Rouault, Pevsner, Kupka, Kemeny, González, Kandinsky, Delaunay…). Elles n'ont, certes, pas la place et l'espace qui leur sont dus, mais elles marquent un moment de l'histoire du Musée. Dans l'avenir, lorsque l'on devra concevoir le musée du 20e siècle avec les moyens dont dispose le Musée d'Orsay, ces ensembles trouveront, enfin, leur place. On se rendra compte alors à quel point ces ateliers ou « bottega » d'artistes complètent le parcours des chefs-d'œuvre et des mouvements. Présentés décemment, ils seront des écarts, des lieux de référence qui lui donneront son identité propre, le différencieront des autres musées. On rêve d'un lieu où, dans un vaste parcours, le public trouverait, ici, l'atelier de Brancusi, là, un ensemble d'œuvres de Rouault, Laurens, Braque, Calder, autant de stances, autant de respirations comme l'est déjà l'ensemble des vitraux de Matisse pour la Chapelle de Vence, et comme le sera peut-être un jour l'atelier d'André Breton. Ce capital unique que sont les donations (ainsi l'ensemble prestigieux légué par Nina Kandinsky) ne pourra être mis en valeur qu'en relation ou en dialogue avec les œuvres majeures de la collection.

En 1954-1955, successivement, deux acquisitions importantes et onéreuses sont faites, dont le *Nu assis,* 1905, de Picasso (ancienne collection Chrysler), première toile importante de la période rose entrée au Musée; s'ajoutant au *Portrait de Coquiot* et aux *Trois Hollandaises* de la collection Lefèvre. Toutefois, l'achat du *Rideau de Parade,* 1917, du *Rideau de Mercure,* 1924, de Picasso et du décor de Braque pour le ballet *Salade* semble marquer une priorité non plus pour les œuvres du Musée, mais pour une ouverture à des événements extérieurs. Seul le *Rideau de Mercure* pourra être exposé dans les salles du Musée, tandis que *Parade* ne trouvera jamais sa place, ni au Palais de Tokyo, ni au Centre Georges Pompidou. Quant à l'effort pour l'acquisition d'œuvres majeures parmi les plus récentes, il est maintenu, mais fort limité. En 1952, Georges Salles, rendant visite à Matisse au Régina à Nice, s'enthousiasme pour *La Tristesse du roi,* qu'il voit avant son envoi au Salon de mai; l'acquisition se fera au bout de deux ans, grâce à la générosité de Matisse et en dépit des difficultés opposées par le Service des achats de l'État. La correspondance entre Jean Cassou et Henri Matisse à cette occasion est un modèle remarquable de ce que pouvaient être les relations entre artistes et conservateurs, entre l'État et les artistes. Il nous apparaît comme un devoir d'en reproduire une partie[9].

Si le Musée ne s'enrichit guère d'œuvres contemporaines et moins encore de celles des artistes qui ne vivent pas en France, chaque année pourtant ou presque une donation ou un legs important continue d'en modifier profondément le contenu. En 1957, le Musée reçoit la totalité de l'atelier de Brancusi, qui sera reconstitué quelque temps plus tard, presque intégralement, désormais lieu de référence essentiel pour les artistes du monde entier. Le Musée s'était engagé depuis 1946 dans une politique de rajeunissement qui concernait surtout les artistes de l'École de Paris entrés dans l'Histoire. Ceux d'entre eux qui s'étaient expatriés durant la guerre avaient regagné Paris ou l'Europe. La priorité devait donc être donnée à l'acquisition de leurs œuvres. Toutefois, parallèlement à cette politique de « rattrapage », le Musée cherchait régulièrement à introduire les jeunes générations. Il se tourne à cet effet vers la Direction des Arts et des Lettres, dont les directeurs sont depuis la guerre Jacques Jaujard et Gaëtan Picon. En 1961, une nouvelle présentation de la partie contemporaine du Musée est faite par Bernard Dorival grâce aux achats de l'État. Ainsi, quelques œuvres nouvelles d'artistes comme Soulages, Masson, Magnelli, Bazaine, Estève, Vieira da Silva, etc., entrent à la suite de l'*Exposition internationale de peintures contemporaines.*

Dans son introduction à l'ouvrage qu'il consacre alors aux collections du Musée, Bernard Dorival indique que le Musée se doit d'être ouvert aux courants internationaux. Il consigne à cette occasion un état des lieux et indique les grandes lignes de l'action à mener, s'interrogeant sur les rapports de goûts existant entre l'État et le public. Comme si l'État avait été condamné, par ses structures ou simplement parce qu'il est l'État, à s'identifier au goût du plus grand nombre![10] Le Musée se veut donc international. Cependant, les productions étrangères, surtout américaines, n'y sont guère encore présentes. Une étude plus approfondie, qui envisagerait la représentation des Écoles étrangères dans les galeries parisiennes, aussi bien que les expositions et les moyens de l'État pour acquérir hors de France, devrait en tenir compte. Toujours est-il que « l'École américaine si féconde en effet depuis 1940 » n'était représentée en 1961 que par un Calder, cet Américain de France ! Pourtant, durant la période 1947-1961, le Musée s'était enrichi d'un bon millier de peintures et d'un peu plus de trois cents sculptures[11].

1959-1960 : l'exposition « Les sources du 20e siècle »
crises, constats, projets

Fin 1959, un événement considérable intervient au Musée, dont les conséquences n'ont peut-être pas été évaluées comme il convient. Jean Cassou se voit confier par le Conseil de l'Europe une exposition qui serait le bilan de la culture artistique du 20e siècle. Il est entouré pour ce projet ambitieux des meilleurs spécialistes européens, aidé en cela par Albert Chatelet. L'exposition, occupant la majeure partie du bâtiment, abrita les plus grands chefs-d'œuvre de notre temps. Nul doute que celle-ci n'entraîna une prise de conscience générale. Aussi n'est-il pas exclu de penser que le projet du musée du 20e siècle en fut la conséquence directe, puisque, immédiatement après, Jean Cassou se voit chargé par l'ICOM d'établir un rapport sur la définition d'un musée d'art moderne. En 1961, André Malraux confie au Musée l'étude-programme d'un tel projet, que rédige Maurice Besset. Le programme faisait la synthèse des idées et des besoins. Il concevait le Musée comme un lieu « total », où toutes les expressions artistiques de notre siècle trouveraient une place : cinéma, art théâtral, photo, architecture, etc., au même titre que la peinture et la sculpture, jusqu'alors considérées comme les expressions majeures, celles auxquelles le Musée national avait dû se limiter, faute de place, en 1949 déjà[12]. Il insistait sur la possibilité de modifier l'architecture intérieure et sur la place qu'il convenait de réserver à l'actualité la plus récente. Le musée devenait une sorte de lieu manifeste des faits de civilisation. On notera que, parallèlement en 1960, François Mathey, conservateur du Musée des Arts décoratifs où s'étaient tenues tant d'expositions d'art contemporain, avait, lui aussi, été chargé d'une réflexion sur la notion de galerie d'art contemporain. Le projet prévu dans le nouveau quartier de La Défense fut confié à Le Corbusier par André Malraux en 1963, mais sera abandonné l'année suivante.

Salle Henri Matisse, v. 1950.
De g. à dr. : *Figure décorative sur fond ornemental*,
1925-1926, *Nature morte au magnolia*, 1941,
Luxe I, 1907, *Odalisque à la culotte rouge*, 1921,
Le Peintre dans son atelier, 1917.

Le Musée national d'art moderne au Palais de Tokyo,
v. 1954.
Escalier du hall d'entrée : Maillol, *L'Action enchaînée*,
1906; Matisse, *La Tristesse du roi*, 1952.

Le Musée national d'art moderne au Palais de Tokyo,
v. 1950.
Salle Pablo Picasso, de g. à dr. : *La Muse*, 1935,
L'Aubade, 1942, *Nature morte aux cerises*, 1943, *Nature
morte à la tête antique*, 1925, *Nature morte au citron et aux
oranges*, 1936.
Salle « Le Cubisme »: J. Villon, *Amro*, 1931;
H. Hayden, *Les Trois Musiciens*, 1920; J. Villon, *Portrait
d'Anne Dariel*, 1940, *Entre Toulouse et Albi*, 1941.

20

Salle Léger, v. 1970.
De g. à dr. : *Les Loisirs*, 1948-1949, *Composition aux trois figures*, 1932, *La Lecture*, 1924, *Élément mécanique*, 1924, *Femmes dans un intérieur*, 1922, *Le Cirque*, 1918, *Le Pont du remorqueur*, 1920, *Femme en rouge et vert*, 1914, *Le Réveil-matin*, 1914, *La Noce*, 1911.

Salle Léger-Delaunay, v. 1970.
De g. à dr. : S. Delaunay, *Prismes électriques*, 1914; R. Delaunay, *Le Manège de cochons*, 1922; S. Delaunay, *Marché au Minho*, 1915; R. Delaunay, *Formes circulaires*, 1912-1913.

Salle Picasso, v. 1970.
De g. à dr. : *Le Minotaure*, 1928; *Figure*, v. 1927; *Nature morte à la tête antique*, 1925; *La Liseuse*, 1920; *Arlequin*, 1923, *Portrait de femme*, 1938; dans l'embrasure de la porte de droite : Russolo, *Dynamisme d'une automobile*, 1912.

Autant de faits avant-coureurs du projet du Centre Beaubourg, que lancera en décembre 1969 le Président de la République Georges Pompidou. C'est à ces projets que se référeront spontanément les programmateurs du Centre qui n'ignoraient, ni le phénomène récent des maisons de la culture, ni celui plus ancien et pertinent des Kunsthalle suisses et allemandes, ni les lieux expérimentaux — on dirait aujourd'hui alternatifs — réservés çà et là en Europe aux tendances les plus récentes de l'art contemporain, comme l'Institute for Contemporary Art de Londres.

Pour prendre la mesure de la situation critique, on rappellera qu'en 1947 34 œuvres avaient été acquises sur les crédits des Musées nationaux. Il n'y en eut que onze en 1955, trois en 1961, trois en 1969, puis une seule en 1970 ! Cette courbe décroissante est sans doute la plus juste démonstration de la crise grave que va connaître le Musée dans le courant des années 60. En outre, alors qu'il recevait bon an mal an une trentaine d'œuvres provenant des acquisitions du Bureau des achats de la Création artistique, ces attributions iront, elles aussi, en déclinant à partir de 1965 (1965 : dix œuvres; 1966 : sept œuvres; 1970 : une œuvre). Les quatre *Dos,* 1909-1930, de Matisse et la grande *Femme debout,* 1959-1960, de Giacometti, acquis la même année 1964, ne seront affectés aux collections du Musée national d'art moderne qu'en 1970.

Ce n'est pas le lieu ici d'évoquer les autres activités du Musée, comme les expositions, qui furent pourtant nombreuses. Là encore, le retard est considérable, le Musée ne pouvant tout envisager, tout programmer à la fois, satisfaire aussi la politique des échanges culturels ordinaires avec les autres pays qui occupaient périodiquement ses espaces. L'art contemporain, celui des générations apparues après la Seconde Guerre mondiale, les plus jeunes surtout, en souffrit bien évidemment. C'est sans doute pourquoi le Musée fut si fort critiqué, accusé d'être coupé de l'art vivant international. Il apparut à tous qu'il fallait une autre institution à Paris, qui pourrait jouer ce rôle de galerie expérimentale, telle qu'il en existait dans les autres pays européens.

En décembre 1965, Jean Cassou demande qu'il soit mis fin à sa charge et Maurice Besset quitte le Musée pour celui de Besançon. La conservation du musée est alors confiée à Bernard Dorival, qui l'assurera jusqu'à ce que Jean Leymarie soit nommé conservateur en chef, fin 1968. C'est durant cette période qu'André Malraux et Gaëtan Picon, directeur général des Arts et des Lettres, décident de transformer le Service des Arts plastiques par l'arrivée d'une nouvelle équipe d'inspecteurs des beaux-arts. Bernard Anthonioz, Blaise Gauthier, Julien Alvard, Germain Viatte et Maurice Eschapasse se voient confier de nouveaux moyens, grâce à la création d'une association, le Centre national d'Art contemporain, qui disposera un peu plus tard d'un lieu pour la présentation de l'art le plus actuel : la maison et le parc de la rue Berryer, remis à l'État par Salomon de Rothschild après la Première Guerre mondiale, pour les artistes vivants précisément. Cette institution jouera un rôle considérable, cherchant à transformer, une fois encore, les rapports entre l'État et l'art vivant. Parallèlement à un programme diversifié d'expositions, le CNAC entreprit alors les bilans de l'art vivant français et international, développant une politique d'échanges avec les autres institutions européennes. Une politique d'achat plus stricte fut mise sur pied avec, une fois encore, des acquisitions essentielles (Balthus, Bacon, Rothko, Giacometti, Dubuffet, De Kooning, entre autres), surtout d'œuvres de la plus jeune génération et de l'art international. Au CNAC revenait quasi exclusivement cette mission. Le Musée se trouvait donc un peu plus isolé et coupé malgré lui de l'art contemporain. La carte de l'art vivant à Paris se trouva, en outre, transformée par la création de la section « Art-Recherche-Création » du Musée d'art moderne de la Ville de Paris, dirigée par Pierre Gaudibert.

De son côté, Jean Leymarie réunit en 1969 une équipe[13], elle aussi ouverte à l'art vivant. Elle chercha des espaces dans le Musée et tenta un premier dépoussiérage de la collection, persuadée qu'un musée qui se coupe de l'actualité contemporaine et de l'événement immédiat est un musée qui meurt. Ainsi fut accueillie en 1975 une partie de la Biennale, et libéré un espace pour recevoir des « petites » expositions consacrées aux artistes vivants, où furent présentés Hosiasson, Rouan... On espérait, grâce à ces espaces disponibles, obtenir l'attribution des achats de l'État, pratiquement interrompue depuis 1966 : malgré bien des lenteurs administratives, ces nouvelles œuvres vinrent alors modifier, rajeunir la collection : Balthus, *La Chambre turque,* 1963-1966; Giacometti, *Femme debout,* 1959-1960; Matisse, les quatre *Dos,* 1909-1913, 1916, 1930; Rothko, *Dark over brown,* 1963; F. Bacon, le Nouveau Réalisme, les divers courants de la Figuration et le tout récent groupe Supports/Surfaces. Le Musée, de son côté, parvenait modestement à faire en 1971 quelques acquisitions : Pollock, *Peinture,* 1948, Gorky, *Table-paysage,* 1945, tentant de sortir de l'isolement auquel on semblait l'avoir condamné. En 1972, Jean Leymarie fit l'acquisition des *Péniches,* 1906, et reçut le *Portrait d'Iturrino,* 1914, de Derain, offert par Mme Gallibert en 1969. Mais les moyens d'acquisition devaient encore être disputés aux départements du Louvre et aux autres musées nationaux. Tandis qu'un chef-d'œuvre de Paul Klee, *Villas florentines,* 1926, avait pu être acquis en 1970, Heinz Berggruen offrait douze aquarelles significatives de cet artiste : la collection, alors réduite au seul *Port et voiliers,* 1937, de la collection Lefèvre, s'en trouva transformée. Par ailleurs, la fin de l'usufruit de la donation Cuttoli-Laugier obligeait à refaire les salles cubistes, Braque et Picasso, puisque 14 œuvres majeures de Picasso, données avec réserve d'usufruit à Jean Cassou en 1963, étaient venues modifier fondamentalement la collection, avec *Confidences,* 1934, et *Femmes devant la mer,* 1956, notamment.

1969 : projet du Centre Beaubourg
les années de transition

Durant la période de réflexion et de conception du futur Centre national d'Art et de Culture Georges Pompidou, le Musée (que Jean Leymarie quittera en 1973) fait le bilan de sa courte histoire, cherche à définir son avenir et décide l'allègement d'une partie de sa collection : le post-impressionnisme, les Nabis et toutes les œuvres antérieures au fauvisme (735 peintures et 226 sculptures environ) sont « reversés au Louvre ». Elles demeureront, en fait, au Palais de Tokyo dans les salles consacrées à la préfiguration du futur Musée d'Orsay, tandis que 1377 dessins rejoignent le Cabinet des Dessins du Louvre, le Musée d'Orsay n'ayant paradoxalement pas de Cabinet des Dessins. La nouvelle collection est ensuite complétée par un plus grand ensemble d'œuvres provenant du Fonds national d'Art contemporain, qui sont pour la plupart attribuées et non « mises en dépôt », c'est-à-dire prêtées pour quelques années. Après l'ouverture du Centre Georges Pompidou, le Musée bénéficiera de moins en moins de ces attributions.

Très vite apparaissent les grandes lacunes de la collection. Le surréalisme, Dada ne sont pour ainsi dire pas représentés. Le futurisme et les différents courants de l'École allemande sont quasi absents. Si Schwitters, Duchamp, Miró, Giacometti, Ernst, Dubuffet, Fautrier, etc. figurent, c'est, pour la majorité d'entre eux, avec une ou deux œuvres mineures ou peu significatives. Mais ce qui frappe le plus dans ce bilan, c'est la totale absence de l'École américaine, dont on mesure alors mieux l'importance, tant les jeunes générations d'artistes ressentent sa référence nécessaire à leur réflexion.

Jusqu'en 1972 le Musée ne disposait d'aucun espace propre à la conservation et à la présentation des dessins, ni bien entendu de conservateur attaché à ces fonctions. En 1974 Pierre Georgel est chargé de cette mission et procède, à l'occasion d'une première exposition, *Dessins du Musée national d'art moderne, 1890-1945*, à l'inventaire du fonds, qui s'avère très insuffisant et inégal. Je formais alors le vœu de développer ce cabinet, encouragé en cela par d'importantes donations provenant des artistes : Arpad Szenes et Vieira da Silva répondirent les premiers en 1975 par une trentaine de dessins chacun; Mme Jacqueline Victor Brauner remit 83 feuilles significatives de l'œuvre de son mari et Valerio Adami donna 10 dessins en 1975. En 1977, le nouveau Cabinet des Dessins pouvait faire un bilan des acquisitions de 1971 à 1976, sous forme d'une exposition qui en montra le développement considérable : on y trouvait six dessins majeurs de Matisse, remis par la famille de l'artiste après l'exposition *Dessins et sculptures d'Henri Matisse*, et d'autres ensembles tout aussi prestigieux, dont on connaît le legs du Docteur Le Masle et surtout les donations et legs de Mme Nina Kandinsky. Depuis lors, le Cabinet d'Art graphique n'a cessé de se développer en s'enrichissant, bon an, mal an, d'au moins 800 œuvres.

En même temps que le Musée préparait son transfert au Centre Beaubourg, François Mathey s'était vu confié en 1970 l'organisation d'une exposition qui devait faire le point de la création contemporaine en France. Cette exposition voulait donner aussi des orientations sur ce que pourrait être la future collection du MNAM. Elle devait aussi contribuer à préparer le public à ce que serait le nouveau Musée d'art contemporain et à la place qu'il convenait désormais de lui attribuer dans la vie culturelle.

Création du Centre Georges Pompidou
un budget autonome d'acquisition pour le Musée
1974-1981

En 1974, Pontus Hulten est nommé directeur des Arts plastiques pour la préfiguration du Centre Beaubourg. A ce titre il a autorité sur les deux équipes qui composeront ce département au Centre : le Musée national d'art moderne et le Centre national d'art contemporain, organisme dépendant du Service de la Création artistique. Sa réputation et son expérience comme directeur à Stockholm d'un des musées les plus actifs et engagés dans l'actualité internationale l'autorisent à exiger que soit mis fin au handicap fondamental du Musée : sa dépendance intellectuelle, budgétaire et artistique. L'obtention, si souvent revendiquée par ses prédécesseurs, d'un budget propre, autonome et substantiel va permettre de constituer une collection enfin libre et d'avoir une politique cohérente et à long terme. Une première subvention est inscrite en 1974; elle est « gérée » par la Réunion des Musées nationaux et le service de la Création artistique, selon la répartition artistes vivants/artistes morts, jusqu'à ce que la loi créant l'établissement public du Centre Georges Pompidou autorise celui-ci à acquérir des œuvres au nom de l'État. Une commission « indépendante » est ainsi nommée, bénéficiant la première année d'une subvention modeste, mais suffisante pour acquérir en 1974 un certain nombre d'œuvres essentielles comme *L'Esprit de notre temps*, 1919, et *ABCD*, 1923, de Raoul Hausmann; le *Masque*, 1923, de Pevsner; *La Vache spectrale*, 1928, de Dali; *Ultimate Painting n° 6*, 1960, d'Ad Reinhardt; *Other White*, 1952, de Sam Francis; *La Grande Jungle*, 1942, de Lam; *Panique*, 1963, de Masson; *La Palladiste*, 1943, de Victor Brauner, à laquelle Mme Jacqueline Victor Brauner ajoute *Le Loup-table*, 1939-1947.

Mais c'est surtout en 1975 que de nouveaux moyens permettent une politique ambitieuse. Entrent au Musée plusieurs chefs-d'œuvre fondamentaux, dont *Portrait prémonitoire de Guillaume Apollinaire*, 1914, de De Chirico; *Le Modèle rouge*, 1935, de Magritte; *Nu couché*, 1929, de Fautrier; *Le Violoniste à la fenêtre*, 1918, de Matisse; *L'Objet du couchant*, 1937, de Miró; *Composition n° 2*, 1937, de Mondrian; *Quatre Espaces à croix brisée*, 1932, de Sophie Taeuber-Arp; *Composition octo-*

Le Musée national d'art moderne au Centre Georges
Pompidou, à son inauguration en 1977.
L'entrée du Musée, de g. à dr. : Bonnard, *En barque*,
1907 (reversé au Musée d'Orsay); Le Douanier
Rousseau, *La Charmeuse de serpent*, 1907 (prêt du Musée
du Jeu de Paume). Au fond, perspective sur les espaces
Matisse, Picasso, Léger et Braque.

gonale, 1930, et *A rebours*, 1947, d'Hélion; *Relief en bois polychrome*, 1921, d'Herbin; *Monochrome IKB 3*, 1960, de Klein, auquel s'ajoute *Ci-gît l'espace*, 1960, donné par Mme Rotraut-Klein-Mocquay; des œuvres de Hantaï, Gorin, Dewasne, Niki de Saint Phalle, Stanckiewicz; enfin, deux donations importantes : *Ghost Drum Set*, 1972, de Claes Oldenburg, don de la Menil Foundation en mémoire de Jean de Menil, et *Yellow/red*, 1972, de Ellsworth Kelly, don de M. et Mme Pierre Schlumberger. À un an du transfert du Musée au Centre Georges Pompidou et en prévision de l'inauguration, de nouvelles acquisitions majeures sont faites auxquelles s'ajouteront des dons considérables. La politique de Pontus Hulten consistera à combler les lacunes majeures par l'acquisition en 1976 d'œuvres essentielles : Matisse, *Tête blanche et rose*, 1914; Arp, *Danseuse*, 1925; Dubuffet, *Le Métafisyx*, 1950 et *Le Voyageur sans boussole*, 1952, auquel s'ajoute *Messe de Terre*, 1959-1960, du Fonds DBC; A. Herbin, *Vendredi 1*, 1951; Villon, *Soldats en marche*, 1913; et, événement remarquable, la première œuvre de Joseph Beuys, *Infiltration homogène*, 1966. Parallèlement, plusieurs donateurs apportent un soutien considérable au Musée : ainsi, la Menil Foundation pour *The Big Five*, 1960, de Jasper Johns et *Putney Winter Heart (3)*, 1971-1972, de Jim Dine, *The Deep*, 1953, de Pollock, *I Like Olympia in black face*, 1970, de Larry Rivers, ainsi que *Electric Chair*, 1966, de Andy Warhol; Nina Kandinsky, pour un des principaux ensembles du Musée : 15 peintures et 15 gouaches de Kandinsky dont certaines, *Avec l'arc noir*, 1912, ou *La Tache rouge*, 1914, figuraient en prêt dans les collections depuis 1966; et la Fondation Lipchitz, pour 35 plâtres originaux de Jacques Lipchitz. Ces deux dernières donations répondent à l'intérêt constant du Musée pour les « ateliers » qui constituent l'une des identités originales de la collection.

C'est donc une collection tout à fait nouvelle, avec une physionomie transformée, qui s'offre au public pour l'inauguration du Centre en janvier 1977[14]. Soucieux d'offrir un panorama plus complet encore de l'art du 20ᵉ siècle, Pontus Hulten obtient, en outre, le prêt de plusieurs œuvres provenant de la collection Ludwig et du Museum of Modern Art, notamment. Le Musée s'enrichit, enfin, d'une collection « personnelle », celle d'un amateur qui, sous le nom du Fonds DBC, a tenu à garder l'anonymat. Ce fonds, qui se développera régulièrement au gré des réflexions du donateur et de sa relation au Musée, regroupe des œuvres de Henri Michaux, Stanckiewicz, Le Gac, Fahlström, Dado, etc. Il constitue une initiative originale et, si sa place n'est pas suffisamment définie aujourd'hui, gageons qu'elle proposera plus tard, lorsqu'elle sera présentée comme un ensemble, un contrepoint particulier, critique, nécessaire au point de vue du Musée.

Pendant les quatre années qui suivent l'ouverture du Centre, Pontus Hulten s'emploie à confirmer la politique d'acquisition d'œuvres de référence. Il a souci de renforcer certains mouvements, mais surtout, semble-t-il, d'ouvrir da-

vantage la collection aux générations apparues après la Seconde Guerre mondiale, en tenant compte de la diversité des courants internationaux.

Dans son introduction à *100 œuvres nouvelles, 1977-1981*, Pontus Hulten rappelle qu'« un musée qui a fait partie d'un grand complexe culturel ne peut ignorer la responsabilité de témoigner qui lui incombe, ni celle d'encourager et de situer toutes les formes de la création. Le Musée national d'art moderne se devait de faire face le mieux possible à une responsabilité plus vivante et plus étendue où le présent s'exprime et où le passé se décante ». Le Musée put ainsi acquérir, au titre de ces renforcements de la collection, des œuvres exceptionnelles : *L'Atelier au mimosa*, 1939, de Bonnard; le *Portrait de Philippe Soupault*, 1922, de Robert Delaunay; le plâtre pour le *Portrait du professeur Gosset*, 1918, de Duchamp-Villon; le *Portrait de Jean Genêt*, 1955, de Giacometti; *Femme à la corbeille*, 1935, de González; *Verre et damier*, 1914, de Juan Gris; *La Toilette*, 1913, de Kirchner; *Bouteille de Beaune*, 1916, de Laurens; *Le Rêve*, 1935, de Matisse et, surtout, *La Sieste*, 1925, de Miró. A ces enrichissements historiques s'ajoutent les dons exceptionnels que sont la *Croix noire*, 1915, de Malévitch par la Scaler Foundation et l'ensemble des *Architectones* qui, avec *L'Homme qui court*, v. 1933, et *Homme et cheval*, ap. 1930, transforment radicalement la représentation de l'avant-garde russe au sein de la collection. En 1976 encore, le Musée reçoit une des « œuvres-environnements » majeures de l'art américain, *Oracle*, 1965, de Robert Rauschenberg, grâce à la générosité de M. et Mme Pierre Schlumberger. Et, en 1977, Michel Seuphor offre plusieurs œuvres de sa collection, dont le *Portrait de Tatline*, 1911, de Larionov. D'autres donations accompagnent des acquisitions : ainsi, celle de Mme Teresita Fontana qui, avec l'achat de *Concetto spatiale*, 1960, permet enfin la présence de Fontana dans la collection et de faire dialoguer son œuvre avec celle d'Yves Klein. La représentation des artistes s'en trouva d'emblée transformée.

On aimerait analyser plus précisément la modification apportée par chaque nouvelle œuvre, renforçant les ensembles de Léger, Masson, Man Ray, Dubuffet, Serra, etc.; évoquer aussi les développements dans divers domaines, comme le dessin et la photographie.

L'art international et national des années 60 s'affirme de plus en plus. Citons les dons par Léo Castelli en 1977 de *To Donna*, 1971, de Dan Flavin; par la Scaler Foundation de *In Lovely blueness*, 1955-1957, de Sam Francis; par Jean Fournier de la *Grande Tabula bleue*, 1959, de Simon Hantaï; par la Scaler Foundation en 1978 de l'essentiel *Shining Forth (to George)*, 1961, de Barnett Newman qui, avec *The Moon-woman cuts the circle*, 1943, de Jackson Pollock — donné au Musée en 1979 par M. Frank Lloyd — contribue à situer l'École américaine à la place qui lui revient. Œuvres exceptionnelles, qu'un musée, qui ne peut constituer des ensembles, se doit de proposer comme des œuvres de référence. Un ensemble cohérent est constitué parallèlement autour du Nouveau Réalisme : Jean-Pierre Raynaud, *Les Béquilles,* 1965; Martial Raysse, *America-America,* 1964; Daniel Spoerri, *Le Marché aux puces,* 1961; Takis, *Mur magnétique rouge,* 1961; Arman, *Chopin's Waterloo,* 1962, etc. Autant d'acquisitions qui, par leur proximité et leur cohérence, permettent d'ouvrir des espaces consacrés à ces courants, jusque-là mal représentés. Il faudrait énumérer encore les enrichissements qui ont été faits dans de toutes autres directions, comme *La Vie dure,* 1946, de De Staël, des œuvres de Mario Merz (dont *Crocodilus Fibonacci,* 1972), de Richter, de Carl Andre, de Ryman, de Rückriem, de Richard Long, de Buren, de Viallat, de Le Gac, de Boltanski, etc. Les bases nouvelles d'une collection internationale étaient posées. Cependant, confronté à ses seules ressources, ne bénéficiant plus des attributions du Fond national d'Art contemporain, le Musée doit faire face à un marché international de plus en plus tendu et aux cours en pleine hausse : ses moyens, qui n'avaient pas été réévalués depuis 1977, s'avèrent bientôt insuffisants.

1982-1986

La nouvelle politique culturelle définie en 1981 par le ministre de la Culture, M. Jack Lang, permit aux différentes institutions de concevoir une politique d'acquisition ambitieuse. A ce titre, le Musée national d'art moderne vit, à partir de 1982, doubler le buget de 1981[15].

Un nombre considérable de dations, négociées avec les héritiers, purent être réglées, contribuant pour une grande part au nouveau développement spectaculaire de la collection. Le comité d'acquisition décida aussi une politique à moyen et long terme, procédant par acquisitions groupées, visant à négocier des ensembles, s'ingéniant à trouver plusieurs œuvres significatives du même artiste. Nous décidions de porter nos efforts sur plusieurs œuvres de référence qui faisaient encore défaut à la collection, de renforcer ses points forts, nous imposant une discipline budgétaire équitable entre les trois moments de l'histoire du 20e siècle : le passé historique, les années de l'après-guerre jusqu'aux années 60, l'actualité contemporaine internationale et française. Nous nous imposions, enfin, de ne négliger aucune expression artistique, réservant une partie du budget au dessin, à la photographie, à l'art vidéo.

On peut dire que les acquisitions de ces quatre années 1982-1986 constitueraient, à elles seules, le contenu d'un musée, avec ses événements : la donation par Mme Jean Matisse des gouaches pour la Chapelle de Vence, la donation avec réserve d'usufruit de la collection personnelle d'art primitif d'Alberto Magnelli par Mme Suzy Magnelli, le développement du Fonds DBC. Il faudrait énumérer aussi tel don d'un

chef-d'œuvre de Léger ou de Giacometti pour le Cabinet d'Art graphique; le don du bel ensemble de Miró, celui des bois gravés de Matisse, l'ensemble de planches gravées des éditions Verve par Madame Tériade; telle œuvre d'un jeune artiste par un collectionneur. La remise du premier Jawlensky du Musée par M. Robert Haas, l'entrée d'une sculpture d'Archipenko et d'un tableau exceptionnel de Larionov acquis de la succession Apollinaire, le don par Mme Ida Chagall de cinq tableaux importants de Marc Chagall. Il faudrait évoquer les conditions diverses, financières, amicales, les complexités administratives qui ont permis l'acquisition de *New York City I,* 1942, de Mondrian; acquisition pleine de complicités, certes, jusqu'à l'extrême patience de son propriétaire[16].

L'événement, sans doute le plus considérable, dont les répercussions sur les collections françaises ont été immédiatement perçues, est l'entrée, aujourd'hui partielle puisque ses donateurs en gardent l'usufruit, de la collection Leiris-Kahnweiler, donnée par Louise et Michel Leiris. Le Musée entier se trouve transformé par cette donation (Picasso, Braque, Laurens, Léger, Masson, Derain, Klee, etc.), grâce à laquelle une nouvelle politique de prêts ou de dépôts peut s'engager. Il n'est pas un espace, une salle consacrés à un mouvement ou à un artiste qui n'aient été modifiés par ces enrichissements dont nous voudrions remercier ici tous ceux qui y ont contribué : le fauvisme par deux Braque, *L'Estaque,* 1906, et *Le Golfe des Lecques,* 1907; Bonnard, par le *Nu à la baignoire,* 1931; Matisse, par six peintures dont le *Portrait d'Auguste Pellerin,* 1917, et celui de *Greta Prozor,* 1916; le cubisme, par des collages de Braque et de Picasso, des toiles de Juan Gris, des constructions de Laurens, dont la donation a rejoint les terrasses du 4e étage; Rouault, désormais présent, est enrichi du *Clown blessé,* 1932, et de *L'Acrobate,* 1913, grâce à la générosité d'Isabelle Rouault et de Mme Le Dantec; Klee, de la donation Leiris et de l'achat de *Rhythmisches,* 1930; Giacometti, d'un ensemble de 17 œuvres, pour certaines essentielles, comme *Le Couple,* 1928-1929, la *Pointe à l'œil,* 1932, et *Caresse,* 1932; Miró, de *Bleu II,* 1961, *L'Addition,* 1925, plusieurs objets et œuvres sur papier; citons encore 14 peintures de Léger, 9 sculptures de Calder, 55 peintures de Dubuffet, dont *Le Cours des choses,* 1983, sa dernière œuvre monumentale, et *Le Peintre et son modèle,* 1981, de Balthus; sans oublier le surréalisme, avec des œuvres de Victor Brauner, Matta, Lam, Masson; le groupe Cobra; l'École de Paris, de Nicolas de Staël à Bazaine et à Poliakoff, de Bram Van Velde à Fautrier, de Georges Mathieu à Étienne-Martin; Marcel Duchamp, représenté jusqu'alors par deux toiles dont *Les Joueurs d'échecs,* 1911, et un dessin, sans doute unique, l'est aujourd'hui par l'ensemble des « ready-made ».

Il faudrait plus de place pour analyser les acquisitions et les confronter à la collection; énumérer tous les artistes concernés par ces achats, les raisons de ceux-ci. Mais ce qui « fait » une collection, ce sont aussi ses lacunes, et les raisons

3e étage, v. 1980.
De g. à dr. : R. Delaunay, *La Ville de Paris*, 1910-1912;
R. Duchamp-Villon, *Le Cheval majeur*, 1914;
Kandinsky, *Avec l'arc noir*, 1912.

4e étage, v. 1980.
De g. à dr. : Sam Francis, *Sans titre*, 1977; Étienne-
Martin, *Le Mur-Miroir*, 1979; Sol LeWitt, *5 Part
Piece*, 1966-1969; Hantaï, *Sans titre*, 1969; Marden,
Thira, 1979-1980.

3e étage, 1985.
De g. à dr. : Dibbets, *The Big Comet*, 1973; Long,
Cercle d'ardoises de Cornouailles, 1981; Flanagan, *Casb*,
1967; Kiefer, *To the Supreme being*, 1983; Buraglio, *Bâti
dormant*, 1977, *Fenêtre*, 1975.

3e étage, 1985.
De g. à dr. : Judd, *Sans titre (Pile)*, 1973, Broodthaers,
Rubens, 1973; Rückriem, *Dolomit*, 1982; Serra, *Corner
Prop n° 7 (for Nathalie)*, 1983. Au 1er plan : Carl Andre,
Hexagone (côté à 4 unités), 1974.

de ces lacunes. Pourquoi n'a-t-on pu acquérir l'œuvre d'art, dont on perçoit l'absence ? Les musées sont trop souvent « jugés » en négatif. Le critique, le journaliste, l'amateur estiment, à juste titre, pouvoir à tout moment retrouver l'artiste qu'ils défendent, qu'ils aiment, pensent que la part est trop belle ou trop limitée à tel mouvement ou tel artiste. Aucun musée ne peut échapper à cette critique. Le musée est un lieu où l'on vient « satisfaire des passions ». Malheureusement, ses enrichissements, eux-mêmes passionnels, ne peuvent aller au rythme de toutes les exigences.

Un musée d'art moderne et contemporain, c'est « un état présent », proposé régulièrement. Pour reprendre André Chastel : « Dans un état présent, le nombre des invités a évidemment une certaine importance, mais qu'il y en ait 7, 70 ou 700, la manifestation ne vaudra jamais que par la capacité symbolique du total. Il s'agit donc surtout de savoir si l'exposition en question a correctement rendu compte des initiatives, des ambitions fabricatrices plastiques, des embarras (…) du moment (…). Les années 1955-1960 ont marqué un arrachement général au terme duquel l'art de chaque pays ne semble plus pouvoir être qu'un épisode au sein d'une activité mondiale, complexe, à foyers multiples ». C'est sans doute de cela qu'un musée se doit de rendre compte pour les périodes passées de ce siècle. Il le peut en constituant une collection riche et diversifiée qui restituerait les « foyers multiples » de l'art d'aujourd'hui.

Comme nos prédécesseurs, nous avons tenté de mener cette réflexion avec la volonté de combler ce retard. L'École américaine, certes, aura enfin trouvé depuis l'ouverture du Centre la place qui lui revient : Pollock, d'abord, grâce aux quatre peintures rassemblées depuis dix ans; De Kooning, encore insuffisamment représenté; Barnett Newman, avec trois peintures, dont le tout récent *Jéricho,* 1986-1969; Jasper Johns, Frank Stella, Richard Serra, Ellsworth Kelly, Andy Warhol, Claës Oldenburg, Robert Ryman, Robert Rauschenberg, Eva Hesse, etc. Mais les acquisitions ont aussi concerné des personnalités « en marge » comme Francis Bacon, Balthus, Joseph Beuys, Fontana. Ces préoccupations ne devaient, certes, pas nous éloigner de la création en France. C'est sans doute dans ce domaine que l'essentiel reste à faire. Non pas que les artistes majeurs ne figurent dans la collection; certains s'y trouvent abondamment représentés, mais trop souvent le choix des œuvres n'est pas le plus significatif. Ne manque-t-il pas une ou deux toiles de Nicolas de Staël des années 50, par exemple ? Les lacunes demeurent nombreuses. Faut-il les abandonner ? Lorsque l'on connaît ce musée, sa valeur de référence, sa physionomie et ses richesses, cette perspective paraît impensable ! Il est incontestable que Schwitters, Otto Dix, Max Beckmann, Marcel Duchamp devront, si tant est que cela soit encore possible, faire l'objet de nouvelles acquisitions.

Musées de référence et muséographies nouvelles

Paris, du fait de sa spécificité, de son histoire économique et politique, pendant et après la Seconde Guerre mondiale, pose au Musée national d'art moderne un problème que n'ont pas à résoudre les autres musées dans le monde. Ce particularisme envisagé dans l'exposition *Paris-Paris* exige une réflexion. Réflexion qui devrait également concerner la notion de musée du siècle, car il semble que nous soyons aujourd'hui, non seulement au terme d'une période pour le Musée national lui-même, sinon de sa vocation de Musée du 20e siècle, mais peut-être aussi au terme d'une séquence de l'Histoire de l'art, prévue depuis les années 60.

On a construit au 19e siècle des musées, que l'on reconnaît aisément à leur architecture extérieure néo-grecque, qui étaient organisés à l'intérieur pour recevoir des œuvres traditionnelles et classiques : tableaux, sculptures sur socles, objets sous vitrine. Les espaces de présentation bénéficiaient pour la plupart de la lumière du jour. Le 20e siècle a permis la construction de nombreux musées qui ont fréquemment emprunté le modèle ancien de fonctionnement interne : galeries éclairées par une lumière zénithale et modulées selon des proportions, elles aussi, classiques. Seule leur architecture extérieure est marquée du style du moment, style académique le plus souvent. Le Corbusier et, dans une certaine mesure, Auguste Perret tentèrent dans les années 30 une réflexion qui conduisit à la notion d'espaces extensibles à l'extérieur et modulables à l'intérieur, par l'élimination de structures architectoniques internes contraignantes. Ils prévoyaient sans doute la nature nouvelle de l'art non académique à venir et le rapport que l'architecture devait entretenir avec ses différentes formes. Dans les années 50, l'influence de la sociologie et de l'ethnographie, celle d'une muséographie de l'objet, se fit sentir aussi sur la présentation des tableaux, puisqu'on alla jusqu'à concevoir leur théâtralisation dépouillée : œuvres suspendues accrochées par des câbles dans l'espace ou le long du mur (Musée du Havre).

Une nouvelle génération de musée vit ainsi le jour à partir des années 50 : le Guggenheim Museum; ici et là, les boîtes de verre de Mies van der Rohe, des espaces d'exposition sans murs avec lumière du jour environnante non zénithale, des Kunsthalle ou Centres d'art contemporain fonctionnant un peu partout avec l'ambition d'être aussi des ateliers. Ce fut précisément cette ambition qui présida au projet du Centre Georges Pompidou; mais on y mit le Musée national d'art moderne et sa collection « classique »!

Idéologiquement, le musée permanent semblait condamné dans les années 60, puisqu'on le définissait comme un lieu expérimental, fait pour les interventions et les créations éphémères. Les artistes y produisirent dès lors des environnements, des œuvres *in situ,* des grands formats, souvent « fragiles », difficilement démantelables, donc permanents. On en revenait paradoxalement à ces concessions à perpétuité condamnées par tous... Il serait pertinent de s'interroger plus précisément sur l'origine et la nécessité de ces grands formats. Pratique plastique ? Raison esthétique ? Œuvres pour lieux publics ? Impérialisme individuel ? Réponse ou compensation à une absence de commande de grandes décorations murales ?

Toujours est-il que l'exigence d'espaces individuels (combattue pendant les années précédentes) s'affirme, chaque jour davantage, par la nécessité de plus en plus évidente, partout, de présenter des ensembles, comme le réclame la nature des productions ou le travail de l'artiste. Les collectionneurs eux-mêmes offrirent des lieux aux artistes (Giuseppe Panza di Biumo), constituant des collections fondées sur des séries (Saatchi, Ink), et en vinrent à trouver des lieux qui valorisaient autant l'artiste qu'eux-mêmes, puisque leur propre identité y était affirmée de façon prestigieuse. Il y a, dans cette situation nouvelle, un phénomène comparable, dans une certaine mesure, avec celui des institutions, comme le Musée Condé à Chantilly ou la collection Barnes à Philadelphie.

A cette exigence nouvelle, le musée classique, qu'il soit privé, municipal ou national, ne peut répondre. Acquérir et présenter des ensembles d'œuvres significatives d'un seul artiste, et non plus rechercher l'œuvre unique, l'œuvre-clef ou de référence, l'œuvre autonome, fait partie actuellement d'une nouvelle pratique. Aujourd'hui, un musée « suit un artiste », dit-on. Il fait des choix. Il y a donc là une remise en cause des musées encyclopédiques, mais qui, en même temps et curieusement, valorise tout d'un coup la nature de la collection de ce Musée, telle qu'elle s'est développée dans les années 50-60. Un musée national dans ce contexte — moins d'artistes, mais choisis et représentés par des ensembles permanents ou renouvelés — a-t-il encore un sens, ou du moins une possibilité de se développer ? Sans doute les musées de l'avenir devront-ils être petits, mais avec d'importantes réserves. Sans doute faudra-t-il (c'est le rôle de l'État, s'il doit encore le tenir) concevoir d'immenses mémoires stockées en un même lieu, qui alimenteront de petites unités de présentation, réparties çà et là dans la ville. Autant d'éventualités aujourd'hui fondées, qui mettent réellement en cause le musée classique et traditionnel, celui que l'on complète toujours et encore.

La notion de musée encyclopédique, où non seulement l'on trouverait toutes les tendances de l'art, toutes les techniques et natures d'œuvres (peintures, sculptures, objets de design, photos, cinéma, etc.), mais où la mode, l'architecture et les arts primitifs auraient aussi leur place, est ambitieuse. Elle fut régulièrement envisagée lors des projets successifs du Musée, notamment « celui du 20ᵉ siècle ». Mais c'est dans le projet d'Orsay, véritable musée de civilisation, qu'elle s'exprime enfin : réussite permise par le décalage du temps, l'ampleur des moyens, et surtout le rôle central, moteur, donné à la collection. C'est à cela que ceux qui ont la charge du Musée national d'art moderne doivent aujourd'hui réfléchir pour lui garantir de nouveaux espaces ou lui proposer une autre définition, dans un avenir nécessairement proche. Ils devront aussi être conscients de l'évolution récente de la vie artistique, de son économie, de ses données nouvelles, que confirme l'inflation d'œuvres, de lieux, d'événements et d'informations que personne ne peut prétendre maîtriser aujourd'hui. Mais que l'on ne peut ignorer si l'on ne veut être emporté par cette fuite en avant qui nous entraîne. D'autres comportements, en effet, apparaissent en France. Ce sont ceux des générations plus jeunes qui se succèdent rapidement mais qui, dans une cohérence artiste/critique/conservateur/lieux de présentation, se reconnaissent et ont su s'emparer des moyens nouveaux de l'économie culturelle. A travers des lieux ordinaires, désaffectés, de gestion peu coûteuse, ils définissent ce que nous pouvons appeler des attitudes ou des comportements de générations. Ces musées provisoires, peut-être, sont sans doute les relais nécessaires des passages vers ces institutions futures qu'il est raisonnable de ne pas définir aujourd'hui. Plus que jamais, la muséographie est une science incertaine, relative, tant elle est liée aux lieux, à la nature des collections, à leur histoire. Ces nouveaux espaces, industriels, historiques, utilisés comme musées, devraient rendre les collections qu'ils abritent moins conformes aux standards que nous trouvons un peu partout. Ces lieux expérimentaux, aux muséographies transitoires, mettent aussi en question « les grandes machines non maîtrisées ». Ils permettent de prévoir plus sereinement l'avenir. Car il est acquis aujourd'hui que l'architecture muséale ne peut s'appliquer qu'aux œuvres du passé, celles dont on a l'expérience, la connaissance, et qu'en aucun cas elle ne peut prévoir les espaces qui seront nécessaires à une création, dont on ne peut, en rien, présager ce qu'elle sera.

Nouvelle présentation de la collection au 4ᵉ étage
après le réaménagement des salles par Mme Gae
Aulenti en 1985.
De g. à dr. : Mondrian, *New York City I*, 1942;
Brancusi, *La Muse endormie*, 1910, *Le Phoque*, 1943,
Le Coq, 1935.

4ᵉ étage, salle Léger et grand couloir, 1985.
Léger, *Contraste de formes,* 1913, *Le Réveil-matin,* 1914.
Dans le couloir : R. Duchamp-Villon, *Le Cheval
Majeur,* 1914.

4ᵉ étage.
De g. à dr. : Niki de Saint-Phalle, *Crucifixion,* 1963;
César, *Compression de voiture Ricard,* 1962;
Rauschenberg, *Oracle,* 1965; Christo, *Table empaquetée,*
1961; Hains, *Panneau d'affichage,* 1960.

4ᵉ étage, salle nord.
De g. à dr. : Morandi, *Nature morte,* 1944; Balthus, *La
Chambre turque,* 1963-1966; Bacon, *Van Gogh dans un
paysage,* 1957.
Au centre : Giacometti, *Femme assise,* 1956, *Femme nue
debout,* v. 1954-1957, *Figurine dans une boîte entre deux
maisons,* 1950.

Notes

1 Archives du Louvre.

2 Louis Hautecœur est professeur à l'École des Beaux-Arts et la lecture de ses *Considérations sur l'art d'aujourd'hui,* publié en 1929, montre que ses goûts personnels le portent vers l'académisme.

3. Hautecœur, *Peinture et sculpture,* Catalogue-guide, 1931.

4 Cassou, *Une vie pour la liberté,* Paris, Robert Laffont, 1981.

5 La Société des Amis du Musée national d'art moderne fut fondée en 1947 (son président, Georges Grammont, collectionneur averti, fit don plus tard de sa collection au Musée de L'Annonciade de Saint-Tropez). Elle succédait à la Société des Amis du Musée du Luxembourg, fondée en 1903, dont l'Association des Amis des Artistes vivants, présidée par Charles Pacquement, était une « filiale ».

6 Laurent, *Art et Pouvoir,* Université de Saint-Etienne, 1981 (p. 152-155).

7 1946, donation Rosenberg; 1952, donation La Roche; 1952 et 1963, donation Lefèvre; 1963 et 1969, donation Cuttoli; 1965, donation Gourgaud et don de la collection Kettle's Yard; 1967, donation Kahnweiler; 1968, legs Savary.
Cf. Lawless, *Le Musée national d'art moderne, historique et mode d'emploi,* Paris, éd. Centre G. Pompidou, 1986 (p. 172-175).

8 1957, Legs Brancusi; 1959, donations Marquet, Pougny; 1963, donations Braque, Gleizes, Dunoyer de Segonzac, Kupka, Rouault, Sonia Delaunay et Charles Delaunay; 1964, donations Pevsner, González; 1967, donations Laurens, Larionov, Taeuber-Arp, Severini.

9 Lettre de Jean Cassou à Henri Matisse, 25 mars 1952 :
« Cher Monsieur Matisse,
Je viens de voir Madame Guynet... Elle est enthousiasmée du grand panneau décoratif que vous venez de créer. M. Georges Salles m'a parlé avec autant d'enthousiasme de votre *Roi triste* et j'ai pensé qu'il nous faudrait avoir de vous, au musée, un témoignage de cette technique du papier découpé à laquelle vous consacrez, depuis quelques années, votre génie d'invention. Consentiriez-vous à nous vendre un de ces deux panneaux ? Pour vastes que soient les dimensions de ces ouvrages, je trouverais pour l'un d'eux un grand mur dans la partie proprement architecturale du musée, c'est-à-dire dans le grand hall d'honneur. Voulez-vous réfléchir à la question et me dire ce que vous en pensez ? J'aimerais tant voir représentée cette partie décorative et monumentale de votre œuvre, laquelle est déjà si diverse et comporte tant de recherche dans les domaines les plus divers. »
et réponse de Matisse, le 9 avril 1952:
« Cher Monsieur et ami,
Votre lettre concernant *La Tristesse du roi* me touche beaucoup car elle me confirme dans mon opinion sur ce panneau que je considère comme égal à tous mes meilleurs tableaux et c'est du même panneau que vous ont parlé M. Georges Salles et Madame Guynet. Désirant garder ce panneau le plus longtemps possible, j'ai refusé toutes les demandes d'achat, pourtant très considérables, qu'on m'a faites en ces quelques mois de son existence. Quoi vous dire quant au prix que j'en désire ? Comme je viens de l'écrire, j'ai refusé des... millions pour ce panneau. Le musée de Copenhague a payé *Zulma* en 1950 1 750 000 F et cette dernière, quoique de très bonne qualité, n'a ni la qualité, ni l'ampleur, ni l'expression profondément pathétique de *La Tristesse du roi.* Mais je sais que notre État est pauvre. Je ne puis donc que vous prier de me fixer le prix au maximum de ses possibilités. Cher Monsieur Cassou, j'attends donc de vous lire et je vous prie de croire à l'expression de mes sentiments dévoués. »
(Archives du MNAM)

10 LA PEINTURE MODERNE ET L'OPINION PUBLIQUE
« Pourquoi cet état de chose ? Cette pauvreté en œuvres étrangères et ce manque, tout récemment et encore insuffisamment comblé, d'ouvrages français relevant de l'art d'avant-garde ? Tout simplement parce que *tout musée est toujours le reflet du goût du public,* et que le public français, encore indifférent aux productions artistiques étrangères, a été longtemps, trop longtemps, hostile aux créations de l'art vivant, qui se faisaient sous ses yeux, entre Montmartre et Montparnasse. »
Cf. Dorival, *L'École de Paris au Musée national d'art moderne,* 1961, Paris, éd. Aimery Somogy (p. 42-45).

11 Durant cette période le Musée, sous l'autorité de Bernard Dorival, produisit ses premières publications scientifiques, notamment les inventaires des fonds monographiques (Kupka, Robert et Sonia Delaunay...).

12 Faute de place, le Musée dut, une fois encore, réduire ses ambitions. Alors qu'il avait présenté, dès son ouverture, la collection d'estampes constituée depuis 1935 et le mobilier commandé ou acquis lors de l'Exposition de 1937, il dut reverser les estampes à la Bibliothèque Nationale et le mobilier au garde-meuble du Mobilier national !

13 Lawless, *Le Musée national d'art moderne...,* op. cit. (p. 170).

14 Inquiets du changement de statut administratif, ou plutôt de la future gestion du Musée qui devait quitter la direction des Musées de France en 1976, dès le transfert au Centre Georges Pompidou, plusieurs donateurs du Musée et non des moindres formèrent une association pour le maintien des œuvres au Palais de Tokyo et celui de leur gestion par la Direction des Musées de France. Certains jugeaient incompatible la nouvelle architecture du Musée avec l'art classique du 20e siècle, d'autres redoutaient le voisinage de générations plus jeunes; la plupart craignaient que le changement de statut administratif eût des conséquences sur la gestion des œuvres. Peu à peu, les esprits furent rassurés et seules restèrent au Palais de Tokyo les donations Laurens, Braque, Rouault, Segonzac, Victor Brauner, Chagall. L'idée d'un musée des donations fit son temps. En 1981, les œuvres de Victor Brauner et de Chagall rejoignaient le Musée au Centre Georges Pompidou, Puis, en 1985, la restructuration des espaces permit de recevoir les donations Laurens, Braque et Rouault, dans des conditions de présentation qui ne peuvent être que provisoires.

15 A partir de 1974, le Musée national d'art moderne fut détaché de la Direction des Musées de France et obtint un budget autonome d'acquisition, dont nous donnons l'inventaire de 1975 à aujourd'hui. Cet état ne comprend pas les subventions exceptionnelles, comme celles qui ont permis d'acquérir *L'Homme à la guitare* de Braque, *New York City I* de Mondrian.

1975 : 7 005 300	1982 : 18 114 618
1976 : 7 697 610	1983 : 20 114 618
1977 : 9 434 491	1984 : 20 861 724
1978 : 7 655 300	1985 : 23 861 724
1979 : 8 114 618	1986 : 23 861 724
1980 : 8 114 618	1987 : 23 861 724.
1981 : 8 114 618	

Le Comité est présidé par le Directeur du Musée : Pontus Hulten (1975-1981), Dominique Bozo (1981-1986), aujourd'hui Bernard Ceysson. Le Directeur du Musée est entouré par le Président du Centre nommé pour trois ans : successivement, Robert Bordaz, Jean Millier, Jean-Claude Groshens, Jean Maheu; un représentant de la Direction des Musées de France, Michel Laclotte; le représentant de la Délégation aux Arts plastiques : Bernard Anthonioz, Claude Mollard (tous deux se firent représenter par Michel Troche), aujourd'hui Dominique Bozo; trois membres extérieurs choisis par le Directeur du Musée et nommés pour deux ans : successivement, Mme Dominique de Ménil, MM. Michel David-Weill et René de Montaigu, Mme Sylvie Boissonnas, MM. Daniel Cordier et Jacques Rigaud, Mme Sylvie Boissonnas, MM. Franz Meyer et David Sylvester; trois représentants du Musée : Dominique Bozo, Françoise Cachin, Germain Viatte — G. Viatte, Jean Lacambre, Alfred Pacquement — Alfred Pacquement, Isabelle Monod-Fontaine, Gérard Régnier.

16 Parlant de complicité, j'aimerais aussi rappeler l'acquisition en 1981 de *L'Homme à la guitare,* 1914, de Georges Braque, monument cubiste qui conclut la démarche de Braque avant la Première Guerre mondiale. Inaccessible avec les moyens budgétaires ordinaires, elle le fut néanmoins grâce à l'aide privée de la Scaler Foundation et par une décision du Premier Ministre, Raymond Barre, confirmée dans sa priorité par son successeur, Pierre Mauroy, et le ministre de la Culture, Jack Lang. Le détenteur de l'œuvre fut, lui aussi, patient et complice.

4ᵉ étage, espace nord.
En haut : Calder, *Mobile « 31 janvier »*, 1950.
De g. à dr. : De Kooning, *Sans titre XX*, 1976;
Pollock, *The Deep*, 1953.

**Principaux donateurs du Musée national
d'art moderne depuis 1947**

1947
Georges Braque, Marc Chagall, Pierre Loëb et
Joan Miró, Pablo Picasso, Paul Rosenberg
1948
Jean Aron, Apell'es Fenosa, Cécile Gregory,
Henri Matisse, François Meyer, Germain
Seligmann, Wilhelm Uhde, Jacques Villon
1949
Marc Chagall, Sonia Delaunay, Pierre Loëb,
Marcelle Marquet
1950
André Bauchant, Bernard Buffet, Ida Chagall,
André Lhote, Henri Matisse, Georges Rouault,
Curt Valentin, Georges Wildenstein
1951
André Dunoyer de Segonzac, Léonard Foujita,
Valentine Hugo, Fernand Léger, Henri Matisse,
Paul Rosenberg, Société des Amis du MNAM
1952
Raoul La Roche, Nicolas de Staël
1953
Carl Dreyfus, Emilienne Dufy, Roberta
González, Henri Laurens, Albert Marquet,
Henri Matisse, Charles de Noailles, Société des
Amis du MNAM, Jacques Villon
1954
Louis Clayeux, Sonia Delaunay, André Lefèvre,
Maurice Meunier
1955
Etienne de Beaumont, Émilienne Dufy, Sonia
Delaunay, Le Corbusier, Marcelle Marquet
1958
Heinz Berggruen, Alberto Giacometti
1959
Roger Bissière, Eugénie Despiau, Jacques et
Noémie Dubourg, Eva Gourgaud, Eugénie
Kupka, Xénia Pougny, Georges, Marthe Rouault
et leurs enfants, Berthe de Vlaminck
1960
Eva Gourgaud, Hans Hartung, Max
Kaganovitch, Daniel-Henry Kahnweiler,
Alfred Manessier, Édouard Pignon
1961
Eugénie Despiau, Max Ernst,
André et Jeanne Lefèvre, Frédéric Lung,
Marcelle Marquet, Société des Amis du MNAM
1962
Adam, Jean Arp, Léon Barratz, Constantin
Brancusi, Alice Derain et Pierre Cailler,
Virginie Pevsner
1963
Claude Aveline, Marie Cuttoli, Émilienne
Dufy, André Dunoyer de Segonzac, Renée-
Irina Frachon, Juliette Gleizes, Eugénie Kupka,
Société des Amis du MNAM
1964
Max Ernst, Roberta González, Daniel-Henry
Kahnweiler, Virginie Pevsner, Marthe Rouault
et ses enfants, Charles Zadok, Zao Wou-Ki
1965
Marcelle Braque, Alice Derain et Pierre Cailler,
Eva Gourgaud, Kettle's Yard Foundation, Rose
Masson, Pierre Matisse, Société des amis du
MNAM, Léopold Survage, Victor Vasarely
1966
Alexander Calder, Marc et Valentine Chagall,
Roberta González, Max Kaganovitch,
Nina Kandinsky, Madeleine Kemeny,
Société des Amis du MNAM

1967
Marguerite Arp, Marcel Janco, Charles et
Eugénie de Kayser, Daniel-Henry Kahnweiler,
Charles Lapicque, Claude et Denise Laurens,
Ezra Pound, Georges Salles, Jeanne Severini et
ses filles, Pierre Soulages, Ossip Zadkine
1968
César, Roberta González, Le Groupe lettriste
1969
Pierre Gaut et Marguerite Savary
1970
Alexander Calder, Geneviève Gallibert,
Hans Hartung
1971
Serge Charchoune, Anne Gruner-Schlumberger
et Henriette de Vitry, Charles de Noailles,
Alix de Rothschild
1972
Paule et Eugène Baranoff-Rossiné,
Heinz Berggruen, Alberto et Susi Magnelli
1973
Marguerite Arp, Camille Bryen, Zao Wou-Ki
1974
Camille Chaissac, Nathalie Larionov,
Richard Lindner, Robert Le Masle,
Jacqueline Victor Brauner
1975
Valerio Adami, Jean Chauvelin,
Jacqueline Cousin, François et Susy Desnoyer,
Jacques Monory, François Rouan,
Pierre et Sao Schlumberger,
Maria-Elena Vieira da Silva, Arpad Szenes

Création du Centre Pompidou

Membres Fondateurs
Eric et Sylvie Boissonnas, D.B.C., Alexina
Duchamp, Teresita Fontana, Hans Hartung et
Anna-Eva Bergman, Alexandre Iolas, Nina
Kandinsky, Rotraut Klein Moquay, Jacques
and Yulla Lipchitz Foundation, Aimé et
Marguerite Maeght, Dominique de Menil et ses
enfants, Joan Miró, Pierre et Sao Schlumberger,
Michel et Suzanne Seuphor

1976
Pierre Alechinsky, Marie Bertin et Marie Diaz,
Lola Camoin, Jean Chauvin, Serge Charchoune,
Dado, Olivier Debré, Marguerite Duthuit,
Mathias Fels, Étienne Hajdu,
Tamara de Lempicka, Pierre Matisse,
Anna, Dina et Maria-Teresa Morandi,
Jacques Putman, Scaler Foundation,
Pierre Tal-Coat, Raoul Ubac
1977
Anna-Eva Bergman, Jean-Claude Binoche,
Arlette Albert-Birot, Alberto Burri, Léo
Castelli, D.B.C., Alexina Duchamp et Pierre
Jullien, Galerie de France, Anne Gruner-
Schlumberger, Raymond Hains, Jean Hélion,
Toshimitsu Imaï, Donald Karshan, Charles
Lapicque, Georges et Loïs de Menil, François
de Menil, Odette Plouvier, Claude Pompidou,
Scaler Foundation, Victor Vasarely
1978
Joseph et Annie Albers Foundation, Pierre
Alechinsky, Avigdor Arikha, Jean Fournier,
Laure Garcin, Jean Gorin, Alexandre Iolas,

André Kertesz, Susi Magnelli,
Frantisek Musica, Samuel Mercer,
Virginie Pevsner, Krzysztof Pruszkowski,
Galerie Ronchetti, Scaler Foundation,
Nicolas Sklavos, Dorothea Tanning,
Paul et Odette Wurzburger Valabrègue,
Hélène Zdanevitch
1979
Teresita Fontana, Roberta González,
Alexandre Iolas, Aimé Maeght,
René de Montaigu, Robert Ryman,
Scaler Foundation, Henri de Waroquier
1980
Claude Aveline, Max Bill, Marguerite Bloc,
Louise Bryen, Alexandre Iolas,
Madeleine Kemeny, Frank Lloyd, Joan Miró,
Hélène Rochas, Elie de Rothschild,
Scaler Foundation, Société des Amis du MNAM
1981
Karel Appel, Claude Bernard Haim, Lisbeth
Bissier, Jean Chauvelin, D.B.C., Henri Goetz,
Alain et Minda de Gunzburg, Louise Leiris,
Paul Nash Trustees, Édouard Pignon,
Varvara Rodtchenko
1982
Claude Aveline, Samuel Beckett, D.B.C.,
Alice Derain, Jean Dubuffet, Robert Haas,
Marie Matisse, Pierre Matisse,
André et Rose Masson, Annette Messager,
Marcel Nahmias, Scaler Foundation,
Jacqueline Victor Brauner
1983
Ben, Heinz Berggruen, D.B.C.,
Fondation Jean Dubuffet, Maurice Estève,
Simone de La Fresnaye,
Basil et Elisa Goulandris,
Michel et Hélène Maurice-Bokanowski,
Adrien Maeght, Susi Magnelli, Gérard Matisse,
Georges Pompidou Art and Culture
Foundation, Antonio Segui, Sam Szafran,
Claude Viallat, Elisabeth van Velde
1984
Ida Chagall, Louis Clayeux, D.B.C., Jean
Dewasne, Alexina Duchamp et Pierre Jullien,
Fondation pour la recherche médicale,
Dominique Gauthier, Simon Hantaï, Daniel-
Henry Kahnweiler, Rotraut Klein Moquay,
Louise et Michel Leiris, Marie Matisse,
Gerhardt Richter, Richard Serra,
Lucien Treillard, Sam Tarica,
Jacqueline Victor Brauner
1985
Jean Alvarez de Toledo, André Bernheim,
Louis Clayeux, Michel et Hélène David-Weill,
Liliane et Michel Durand-Dessert, Georg Eisler,
Filipacchi Warner, Galerie Jeanne Bucher,
André et Henriette Gomès,
Basil et Elisa Goulandris,
John et Alice Hutchins, Pauline Karpidas,
Louise et Michel Leiris, Roman Opalka,
Henri Samuel
1986
J.R. Arnaud, Léo Castelli, College of Fine Arts
University of California, Los Angeles,
Famille Matisse, Gérard Garouste,
Georges Pompidou Art and Culture
Foundation, Paul Haïm, Louise Leiris,
Ministère de la Culture espagnol, Olga Picabia

catalogue

Chaque « entrée » comprend :
- une présentation générale (avec rappels biographiques)
- une bibliographie de référence
- s'il y a lieu, une étude historique et critique
  de la constitution du fonds
- une notice analytique et/ou historique .
  sur chaque œuvre reproduite (introduite par □)
  entre parenthèses, la référence au catalogue raisonné
  (cité dans la bibliographie)

Abréviations utilisées :

MNAM	Musée national d'art moderne, Paris
MAM	Musée d'art moderne de la Ville de Paris
MOMA	Museum of Modern Art, New York
FNAC	Fonds national d'art contemporain, Paris
CNAC	Centre national d'art contemporain, Paris

Légendes des œuvres reproduites :
- Titre et date (entre crochets : titre et date *attribués;*
  entre parenthèses, en maigre : traduction du titre,
  en gras : autres titres connus)
- technique et support
- dimensions en centimètres : hauteur × largeur (× profondeur)
- mode et date d'acquisition et, pour les achats de l'État,
  date d'attribution
- numéro d'inventaire

Valerio Adami
1935

Né à Bologne, Adami reçoit une formation classique à l'Académie de la Brera à Milan dans l'atelier d'Achille Funi. Il commence à peindre très jeune et sa première exposition a lieu en 1957 à Milan. Très tôt il partage son temps entre l'Italie et Paris ou fait de longs séjours dans d'autres capitales européennes. Après une première série d'œuvres plutôt expressionnistes, aux formes très éclatées, il met en place, vers le milieu des années 60, un style plus dépouillé, où les aplats de couleurs sont cernés d'épaisses lignes noires. L'image est généralement issue d'un document préexistant, retravaillée et fragmentée au point d'être parfois à peine lisible; ainsi, *Henri Matisse travaillant à un carnet de dessins,* 1966, peinture exécutée à partir d'une photographie du peintre dessinant un modèle. Les années 1968-70 sont essentiellement consacrées à des intérieurs, vitrines, chambres d'hôtel, dont une grande part est réalisée à New York et s'inspire de scènes urbaines *(Latrines à Times Square, Hotel Chelsea Bathroom).* En 1970, Adami s'installe définitivement à Paris, tout en continuant à séjourner régulièrement en Italie, sur le lac Majeur. C'est l'année de sa grande exposition au Musée d'Art moderne de la Ville de Paris (ARC). En 1972, il réalise avec son frère Giancarlo le film *Vacances dans le désert.* Les thèmes se transforment quelque peu, allusions à l'histoire politique ou à celle des idées. Parmi ces œuvres, on trouve des portraits d'écrivains ou d'artistes, tels que Freud, Joyce ou Nietzsche. Peu à peu les sujets se diversifient, deviennent plus énigmatiques, et font appel de plus en plus à des thèmes mythologiques où l'artiste peut transmettre un message philosophique sur le rôle de la peinture. Parallèlement le style se transforme quelque peu avec, par exemple, l'esquisse d'un modelé à l'intérieur de certaines formes. Une rétrospective de ses peintures a lieu au Musée national d'Art moderne, Centre Georges Pompidou, en 1985.

H. Damisch et H. Martin, *Adami,* Paris. Maeght, 1974; Marc Le Bot, *Valerio Adami,* Paris, Galilée, 1975; cat. *Adami,* MNAM, Centre G. Pompidou, 1985.

☐ *Il Gile di Lenine,* 1.5/28.6.1972

Faisant partie des sujets historiques traités par Adami, *Il Gile di Lenine* se présente comme un hommage critique au père de la Révolution d'octobre. L'accessoire vestimentaire du gilet, habit typiquement petit-bourgeois que d'après les photographies Lénine portait presque toujours, est ici un prétexte pour insister sur les contradictions du personnage. On reconnaît sur la toile quelques éléments extraits de documents d'époque, tels la longue-vue, qu'Adami conçoit aussi comme un prolongement de l'œil, et le fauteuil que l'on retrouve sur une photographie prise vers la fin de la vie de Lénine. Comme toujours, les images sont tantôt entières, tantôt très fragmentées. Les couleurs, en nombre limité, sont juxtaposées en larges plans. Ici dominent le vert du costume militaire et le rouge dont on peut penser qu'il a aussi valeur symbolique. Quant au dessin, point de départ de tous les tableaux d'Adami (précisément pour cette œuvre, il existe un dessin préparatoire daté du 1er mai 1972 et deux aquarelles), il est à la fois ici contour des formes et inscription, en l'occurrence les dates de naissance et de mort de Lénine. Dans d'autres œuvres, ce sont ainsi fragments de textes ou noms propres qui sont visuellement partie intégrante du dessin. Le Musée possède une autre peinture : *Thorwaldsen,* 1980-81, achetée en 1981, ainsi qu'un ensemble de 12 dessins, s'échelonnant de 1962 à 1983.

A.P.

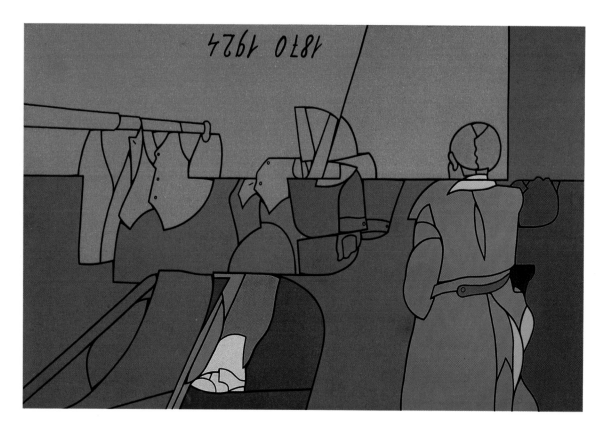

Il Gile di Lenine, 1972
(le Gilet de Lénine)
acrylique sur toile
239 × 367
achat de l'État 1974, attr. 1976
AM 1976-919

Yaacov Agam
1928

Une éducation juive en Israël, des contacts à Zurich avec les artistes issus du Bauhaus (Itten, Bill), enfin un enseignement musical poussé, auront un impact déterminant sur la formation d'Agam. En 1953, sa première exposition personnelle à Paris, galerie Craven, consacre l'aboutissement de ses recherches qui portent sur trois points : refus de la vision unique et figée de l'œuvre, problème du tableau-surface lié au mur, utilisation des techniques industrielles modernes. Il devient alors l'un des principaux protagonistes de l'art cinétique et de l'art optique en réaction contre l'art abstrait.

Y. Agam, *Textes de l'artiste*, Neuchâtel, éd. du Griffon, 1952 et « Un art à quatre dimensions », *Preuves*, n° 7, 1917; cat. *Agam,* Paris, MNAM, 1972 (*Cnacarchives*, n° 8); F. Popper, *Agam,* New York, Harry N. Abrams, 1976.

☐ *Double Métamorphose III (contrepoint et enchaînement),* 1968-1969
« L'image doit être un devenir et non pas un état ». Cette notion primordiale de relativité du temps, Agam la fait intervenir dans son œuvre par la transformation de l'image, les structures picturales se modifiant soit par des éléments pivotant d'eux-mêmes ou que le spectateur peut déplacer selon des limites prévues — ce sont les tableaux transformables — soit, comme ici, par le mouvement même du spectateur — ce sont les tableaux à superposition polyphonique : «Plusieurs thèmes plastiques, différents par leur structure, leurs couleurs, s'entrecroisent dans l'esprit du contrepoint. Les surfaces sont constituées en reliefs triangulaires parallèles, créant une mesure rythmique, sur laquelle sont peints les différents thèmes… On peut les voir intégrés les uns aux autres si l'on se place face au tableau et les observer se séparant et se recomposant tour à tour lorsqu'on se déplace vers la droite ou vers la gauche… Ce qui importe, ce n'est plus la forme initiale, mais la fusion créatrice de formes nouvelles» (Agam, 1962). La métamorphose est ici double, suivant un axe horizontal et un axe vertical, comme dans les deux autres *Double Métamorphose* (Jérusalem, Israël Museum et New York, MOMA). En s'efforçant de communiquer le sentiment du changement comme processus de vie, Agam veut faire de son art un moyen de communication entre les êtres et lui conférer une valeur de message : « L'art est lié à la destinée de l'homme ». N.P.

Jean-Michel Alberola
1953

Alberola vit et travaille au Havre. Il appartient à cette nouvelle génération d'artistes qui renoncent à une recherche quelque peu anonyme pour réinjecter dans leur peinture des éléments très personnels ou d'autres issus de l'Histoire de l'art. Alberola pratique une peinture de citations, empruntant la plupart de ses sujets aux mythes de Suzanne et les vieillards et de Diane et Acteon. « Deux histoires qui parlent du regard », explique-t-il, comme semble le souligner le visage à l'envers, masque retourné de *Derrière Suzanne*. Un autre thème souvent utilisé est celui de l'Afrique (cf. l'autre peinture des collections du Musée, datée, elle aussi, de 1983), choisi à la fois pour son rapport direct à l'histoire de la modernité — le rôle de l'art nègre — et pour la relation plus intime qu'entretient Alberola avec ce continent, et plus précisément avec l'Algérie où il est né. Tous ces emprunts se mêlent et se compliquent d'un tableau à l'autre. En renouant ainsi le dialogue avec la peinture classique (l'on retrouve ici la Suzanne du Tintoret), Alberola n'en a pas pour autant un regard nostalgique. Il cherche plutôt à rétablir une continuité et affronte son époque, conscient de ce qu'un artiste de sa génération doit, par exemple, à l'art conceptuel. Dans de nombreux travaux, il rend hommage aux « deux Marcel », Duchamp et Broodthaers, références pour lui nécessaires. C'est aussi dans cet esprit contemporain qu'il juxtapose à la peinture d'autres formes d'expression, le cinéma en particulier. A.P.

Cat. *Jean-Michel Alberola,* Paris, galerie Daniel Templon, 1984; cat. *Jean-Michel Alberola : la peinture, l'hitoire et la géographie,* MNAM, Centre G. Pompidou, 1985.

Derrière Suzanne, 1983
huile sur toile
220 × 199,5
achat 1984
AM 1984-361

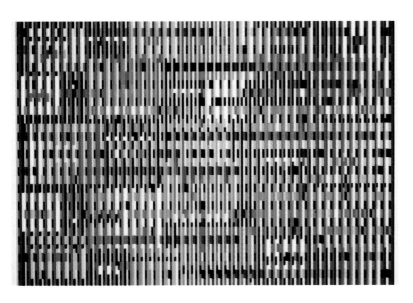

Double Métamorphose III (contrepoint et enchaînement), 1968-1969
huile sur aluminium
124 × 186
achat de l'État 1968, attr. 1976
AM 1976-920

Joseph Albers
1888-1976

Né en Westphalie, à Bottrop, mort dans le Connecticut, à Orange. Instituteur à partir de 1908, il s'inscrit en 1913 à l'Académie royale des Beaux-Arts de Berlin et suit à partir de 1916 les cours d'une école d'arts appliqués à Essen. La lecture du premier manifeste du Bauhaus, fondé par W. Gropius à Weimar en 1919, l'incite à s'inscrire dans cette école « d'architecture » où, après la formation réglementaire de trois ans, il contribue à l'élaboration des méthodes du célèbre « Vor-kurs » (cours préliminaire). Chargé de cours en 1923, Albers dirige également l'atelier de vitrail jusqu'en 1926, puis l'atelier du meuble. Après la fermeture du Bauhaus, en 1933, il est invité à enseigner aux U.S.A., de 1933 à 1944 au Black Mountain College (Caroline du Nord) avec sa femme, puis de 1950 à 1960 à Yale. Ce pédagogue exceptionnel, qui avait fait sienne la devise de J. Ruskin : « Apprendre à voir », saura lier admirablement son activité prenante d'enseignant avec sa carrière artistique, influençant par ses inventions et investi-gations nombre de jeunes artistes américains et, parmi eux, les deux représentants principaux de l'Op Art : Richard Anuszkiewicz et Julian Stanczak. En 1963, après huit ans de travail en commun avec ses étudiants, il publie son livre théorique majeur, résumé de ses travaux sur l'interaction des couleurs.

J. Albers, *Interaction of Colour,* Yale University, 1963; cat. *Albers,* Paris, gal. Denise René, 1968; E. Gomringer, *J. Albers,* Paris, Dessain et Tolra, 1972.

☐ *K = Trio,* 1932
Les problèmes principaux qui animent les recherches d'Albers sont l'instabilité de la forme, l'ambiguïté de la surface, donc une mise en question du caractère statique de la peinture. Cette interrogation se poursuit à travers les trois étapes de son art : travaux sur la transpa-rence du support, sur l'ambiguïté formelle, sur l'interaction des couleurs. La gouache de 1932, qui témoigne de l'appartenance de l'artiste à la phase initiale de l'abstraction géométrique, est une étude pour un tableau de verre (repr. in *Abstraction-Création,* n° 3, 1934, p. 3). Ces compositions translucides, qui jouent sur les valeurs va-riables de transparence et opacité des matériaux employés, comptent, selon J. Clay (in cat., Paris, 1968) parmi les œuvres clés de l'art moderne.

☐ *Étude pour Hommage au carré,* 1965
A partir de 1947-48 et pendant 20 ans, Albers se concentre sur le problème de l'interaction des couleurs. La célèbre série des *Hommages au carré* est d'abord « une sorte de haute célébration ou apothéose de la forme géométrique aux quatre côtés égaux », mais s'avère être davantage un hommage « à la couleur triomphante » (M. Seuphor in Gomringer, *op. cit.,* p. 191), une proclamation de l'autonomie de la couleur en tant que moyen de l'organisation plastique. L'exécution de cette étude, choisie parmi les quatre *Hommages au carré* — les trois autres sont datés respectivement de 1956, 1958 et 1959 — qui forment le don de la J. Albers Foundation de 1978, aurait pu être commandée par téléphone, selon la théorie de Malévitch qui, déjà, avait renoncé à l'idée de l'original élaboré par l'artiste. Albers prend soin d'indiquer au revers des supports en isorel la recette exacte des couleurs et couches préparatoires utilisées. « Les faits physiques », prosaïques et sévères pour l'œil analytique — une infrastructure linéaire pure, formée d'un emboîtement lesté de trois ou quatre carrés de couleurs différentes — induisent des « effets psychiques » imprévisibles et étonnants sur un spectateur réceptif : les couleurs semblent « respi-rer ». Une lumière émane de ces surfaces animées par le seul jeu subtil des teintes qui se jouxtent. « Irriter notre certitude » est, selon W. Hofmann, un des buts de ces variations infinies.   J.B.

Pierre Alechinsky
1927

Alechinsky dépasse rapidement le cadre formaliste de l'enseignement d'art graphique qu'il reçoit à Bruxelles. A 20 ans, il connaît les recherches de Michaux, de Dubuffet, lit les surréalistes, Freud et Bachelard; l'entourage des peintres de la Jeune Peinture Belge qu'il rejoint dès 1946, la rencontre en 1947 de Pol Bury : tout le conduit à adhérer aux idées de *Cobra* dont il devient le plus jeune membre en 1949, entraîné par son principal animateur Christian Dotremont. Ce qu'il retiendra du mouvement, qui fut sa véritable école, ce sont, peut-être, plus que l'exemple de ses aînés danois (Pedersen, Jorn) qui lui montrent la voie d'un « automatisme physique », ou celui de ses contemporains hollandais (Appel, Constant et Corneille) les recherches vers un « au-delà » de l'écriture et de la peinture, menées par Marcel Havrenne et surtout par Dotremont; on en comprend la résonance déterminante sur cet esprit toujours en éveil et enclin au paradoxe, sur ce droitier contrarié soucieux de revendiquer, non seulement pour sa main gauche la liberté d'expression, mais pour le langage une autre voie, naturelle et autrement plus aventureuse, où l'écriture et la peinture, le signe et la matière, se nourrissent l'un de l'autre. Cobra, où il s'engage de plus en plus en 1950-51 aux côtés de Dotremont, sera vite dépassé: Alechinsky en annonce la dissolution dans le n° 10 de *Cobra* (« Abstraction faite ») et se tourne, lui aussi, vers Paris.

Tout en enrichissant à l'Atelier 17 chez Stanley Hayter sa connaissance de la gravure, il approfondit le problème de l'investissement corporel dans l'acte pictural et établit dès 1952 des contacts épistolaires avec le calligraphe Shyriu Morita, directeur de la revue japonaise *Bokubi*. Il rencontre en 1953 Yasse Tabuchi, en 1954 Walasse Ting qui lui enseigne la « pratique à bras-le-corps, penché en avant, le papier par terre, le corps libre », attitude physique et mentale pour lui décisive puisqu'elle lui permet dorénavant toutes les variations de vitesse du trait ou de la tache. En 1955, il se rend au Japon pour tourner le film *Calligraphie japonaise*. A son retour, il exécute dans l'esprit de collaboration hérité de Cobra des lithographies avec Jorn, Corneille, Appel (*Vues Laponie* de Dotremont) et réalise au pinceau et à l'encre des dessins d'entrelacs et d'arabesques qui retiennent l'attention de J. Putman, mais ne connaissent aucun succès public. Sa participation en 1960 à la Biennale de Venise, son exposition personnelle en 1961 au Stedelijk Museum d'Amsterdam, suivie de celle de la Lefebvre Gallery à New York en 1962, marquent le début de sa carrière internationale, avec le soutien à Paris de la galerie de France (depuis 1958) et, à partir de 1972, de la galerie Maeght.

En 1965 la découverte à New York, grâce à W. Ting, de la peinture acrylique, dont la fluidité lui rappelle celle des encres lithographiques, lui ouvre de nouvelles possibilités plastiques. Travaillant à son retour à *Central Park* (coll. de l'artiste), il est amené à ménager, en encadrement du tableau, ces commentaires plastiques que sont les « remarques marginales », dont il adopte dès lors le procédé. Sa peinture où, de la matière même, flexible, d'une coloration exubérante, surgissent ces formes élémentaires, terriennes, animales ou humaines qui la caractérisent, gagne ainsi en humour discursif, en multiplication, superposition de sens et de signes : œuvre de contrepoint, elle se nourrit souvent de supports déjà imprimés et signifiants (manuscrits, cartes), de formes existantes (sculptures de Reinhoudt, peintures de W. Ting) ou des écrits poétiques de ses nombreux amis : Joyce Mansour, Michel Butor, Louis Scutenaire, Christian Dotremont, Achille Chavée...

Grâce aux dons successifs d'Alechinsky (1976 et 1978), le Musée est en possession d'un nombre important de dessins à l'encre, eaux-fortes et lithographies.

J. Putman, *Alechinsky*, Milan, F. Fabbri, Paris, ODEGE, 1967; P. Alechinsky, *Peintures et écrits*, Paris, Yves Rivière, 1977.

□ *Sous le feu*, 1967

Avec l'acrylique, employée depuis 1965, Alechinsky retrouve la fraîcheur, la souplesse de l'esquisse à l'encre : « (...) j'allais bientôt me déshabituer de la peinture à l'huile. Elle ne m'avait jamais permis ces regroupements, glissements et va-et-vient (...). Médium idéal : l'eau de source en toute quantité. Support : une simple feuille de papier pelure dont se servent les tailleurs, dit papier de coupe (...). J'étends le papier au sol et il m'attend (...). L'outil, ce même pinceau japonais qui me sert indifféremment pour le dessin, la peinture, l'estampe. Avec lui, avec eux (eau, couleur, sol, pinceau, papier), je passe du dessin à la peinture par couches successives de matières et d'idées mi-transparentes, mi-opaques, les uns laissant percer comme à regret l'ombre de ce qui fut, les autres exhibant, épargnant ce qui va finalement être sauvé ». L'interrogation de cette matière en gestation — ici, la plaque incandescente où semblent s'affronter les monstres éruptifs de Cobra — conduit Alechinsky, depuis *Central Park* (1965), à encadrer après coup, comme s'il voulait consolider les berges d'un espace instable, l'image centrale, l'image-mère, par ce qu'il appelle les « remarques marginales ». L'emploi de ce terme de typographie pour désigner cette prédelle monochrome fragmentée en rectangles juxtaposés, qui prend l'aspect ici d'une retombée volcanique, dit bien son sens et son rôle de véritable écriture plastique, sorte de glose narrative, humoristique, venant commenter, en se nourrissant d'elle, l'image centrale : mise en réserve d'images secondaires, tertiaires, mise en abîme du tableau, distanciation nécessaire, par le discours, de la peinture.

Sous le feu, 1967
acrylique sur toile
215 × 199
achat de l'État 1968, attr. 1980
AM 1980-400

40

□ *Au pays de l'encre,* 1959
Le titre à lui seul explicite quel champ d'exploration — espace
labyrinthique, erratique — est devenu pour Alechinsky celui de l'encre
dont le maniement (à l'aide d'un pinceau, le corps libre, le papier à
même le sol) lui est appris dès 1954-55 par les calligraphes japonais,
en même temps que la qualité propre : celle d'une matière vivante,
capable d'exprimer plastiquement par sa fluidité toutes les inflexions
du langage, avec ses variations de vitesse, ses modulations de sens.
Il en prépare avec soin la circulation spontanée : un papier froissé, où
alternent les zones lisses et les accidents, deviendra la topologie
naturelle de la forme élémentaire du signe. Sur cette plaque sensible,
l'encre chemine avec hésitation, esquissant ici un visage, encerclant
là un champ coloré. Dans l'interrogation, très bachelardienne, de
cette matière vivante, il faut voir non seulement l'esprit d'expérimentation et le parti de l'automatisme naturel hérités de Cobra, mais
la nécessité, propre à Alechinsky, de trouver, de saisir des signes,
des sens qui se dérobent et se reforment. Il s'agit pour lui d'un
véritable jeu avec l'encre, ici prise au piège par la détrempe : suivre
les ratures, les proliférations, les effacements qui constituent pour lui
le visible, explorer les forces positives ou négatives du signe, les
ambivalences du sens. Le pays de l'encre — comme celui des huiles
de Bram van Velde — est tout à la fois grave et ludique, terrain de
l'humour.
Cette œuvre de grand format fait suite à la première grande encre
Mes pays de 1958. L'utilisation de papiers de grandes dimensions —
rendue possible par l'aide financière de la galerie de France — donne

immédiatement aux recherches d'Alechinsky le développement qui
leur permet de s'imposer. En 1959, J. Putman incite F. Meyer à
présenter à la Kunsthalle de Berne, avec les œuvres de Messagier,
Tapiès et Moser, les premières grandes peintures tracées à même le
sol, dont *Au pays de l'encre,* qui est exposée l'année suivante à Paris
au Salon des Réalités Nouvelles.   A.L.B.

Au pays de l'encre, 1959
encre de Chine et détrempe sur papier marouflé sur toile
153 × 240
achat de l'État 1960, attr. 1961
AM 3989 P

Carl Andre
1935

Originaire du Massachusetts, Carl Andre étudie, de 1951 à 1953, à la Philips Academy d'Andover où il fait la connaissance d'Hollis Frampton (1936-1984), futur poète, photographe et cinéaste qui lui fait partager son enthousiasme pour la littérature (notamment à travers les écrits d'Ezra Pound sur Brancusi et de Gertrud Stein) et devient son ami le plus proche pendant les années de formation à New York où ils partagent un appartement à la fin des années 50. En 1954, il voyage dans le Sud de l'Angleterre, où les alignements de pierres mégalithiques de Stonehenge retiennent particulièrement son attention, puis en France. A son retour, il travaille dans l'édition à New York où il rencontre Frank Stella qui vient d'entreprendre la série des *Black Paintings,* stricts agencements géométriques de bandes de peinture noire qu'il présente en ces termes (dans le texte écrit pour le catalogue de l'exposition *Sixteen Americans* organisée au MOMA en 1959) : « L'art exclut le superflu ». C'est dans l'atelier de Stella qu'il réalise ses premières sculptures en bois. Son travail ne rencontrant que peu d'intérêt, Carl Andre connaît quelques années difficiles pendant lesquelles il est employé comme conducteur par les Chemins de Fer de Pennsylvanie (1960-1964). Il écrit de nombreux poèmes qui traduisent certaines préoccupations formelles présentes dans ses sculptures et réalise des assemblages de matériaux hétéroclites (verre, mégots de cigarette, etc.) détruits depuis. Pour sa première exposition personnelle à New York en 1965, il investit la galerie Tibor de Nagy de grandes structures modulaires en matière plastique de fabrication industrielle. « Je voulais saisir et tenir l'espace de la galerie — pas simplement le remplir, mais saisir et tenir cet espace », expliquera-t-il plus tard, définissant ainsi la sculpture comme un lieu, un espace spécifique. Les *Floorpieces* (pièces au sol), sculptures plates exécutées à partir de 1969 et constituées de plaques de métal (cuivre, zinc, aluminium, magnésium) carrées de dimensions identiques et posées au sol, sont sans doute les œuvres les plus reproduites et les plus célèbres de Carl Andre, les plus spectaculaires aussi, quand elles occupent de très grandes surfaces comme le sol de l'entrée du Guggenheim à New York lors de sa rétrospective organisée en 1970. Le MNAM possède une « pièce au sol » : *Hexagone (côté à 4 unités),* 1974, composée de 158 segments d'acier.

D. Bourdon. « A Redefinition of Sculpture » in *Carl Andre, Sculpture 1959-1977,* New York, J. Rietman, 1978; cat. *Carl Andre, Sculptures en bois,* MAM, ARC, 1979; *Carl Andre-Hollis Frampton, 12 Dialogues 1962-1963,* Nova Scotia College et New York University Press, 1980.

☐ *Blacks Creek,* 1978
Depuis les premières sculptures en bois — matériau de prédilection de Carl Andre — retenant la leçon de la *Colonne sans fin* de Brancusi dans l'emploi de la taille directe et la répétition de volumes simples (cf. *Cedar Piece,* 1959, reconstruite en 1964 pour l'exposition *Eight Young Artists* organisée par E.C. Goosen au Hudson River Museum), un souci de rigueur et de clarté, commun aux artistes de sa génération (Bob Morris, Dan Flavin, Don Judd), l'avait conduit à simplifier son travail et à (re)définir la sculpture par ses procédés de construction et son contexte spatial (la sculpture comme « forme », « structure » et « lieu »). Il utilise désormais des éléments modulaires de bois brut standardisés de format rectangulaire pour construire des structures géométriques élémentaires empruntées à l'architecture. Les *Element Series* de 1960 qui, faute d'argent et d'espace, étaient restées à l'état de « propositions » sur papier quadrillé jusqu'en 1971, exploitent de façon systématique les divers arrangements orthogonaux possibles de plusieurs unités de base. Obéissent au même principe de composition que ces *Eléments* de 1960-1971, les *Uncarved Blocks* de 1976 et les *Five Elements Series*: c'est à ce dernier ensemble qu'appartient *Blacks Creek,* dont le nom fait référence à une région de la côte nord-ouest des États-Unis.
C.D.

Blacks Creek, 1978
bois (Douglas fir, arbre résineux des États-Unis)
5 unités : 3 unités verticales supportant 2 unités horizontales posées bout à bout
chaque unité : 91,5 × 30,5 × 30,5 - l'ensemble : 122 × 183 × 30,5
achat 1980
AM 1980-435

Giovanni Anselmo
1934

Vit et travaille à Turin. Après avoir réalisé jusqu'en 1964 un ensemble de peintures d'où il tente d'exclure « toute dimension nostalgique », il élabore dès 1965 une œuvre constituée de matériaux élémentaires (pierre, eau, fer, coton...) et utilise la lumière dans le but de mettre en relation les dimensions spatiales et temporelles de certaines catégories abstraites de la pensée. Privilégiant l'intuition et faisant de son corps l'outil de son introspection, il développe, depuis, une œuvre dans laquelle se mêlent l'indicible et le sensible, aux confins d'une phénoménologie et d'une poétique de la perception.

Cat. *Giovanni Anselmo*, Bâle, Kunsthalle et Eindhoven, Stedelijk van Abbe-museum, 1979; Musée de Grenoble, 1980; Paris, ARC, 1985.

□ *Direction*, 1967-1968
Cette pièce, dont il existe trois autres versions (1967, boussole, formica et bois, 40 × 20 × 15; 1967-1970, boussole et pierre, 180 × 70 × 16; 1967-1977, boussole et pierre, 34 × 15 × 10), exprime l'interrogation d'Anselmo sur le mouvement gravitationnel : « Mes objets sont de l'énergie physique, la pierre se trouve dirigée vers le nord car l'orientation vers le nord est l'orientation naturelle ». Dans le lourd bloc de granit, dont la forme évoque à la fois la flèche et la sculpture archaïque est enchâssée une boussole. Son orientation n'est donc pas aléatoire mais d'abord une nécessité. Par cette œuvre qui, tout entière, tente de se projeter à l'infini, Anselmo édicte sa volonté d'être le témoin et l'acteur des lois fondamentales de l'univers. Ainsi, le matériau devient symbole. Il affirme ce moment de « possession de la réalité » ailleurs évoqué par le critique de l'*Arte Povera*, Germano Celant.
Le Musée possède, depuis 1979, un dessin d'Anselmo de 1966. Plus récemment, a été acquis une autre œuvre importante de l'artiste : *Senza titolo*, conçue en 1968. Comme souvent dans son œuvre, l'absence de titre ou un simple descriptif privilégient l'œuvre en tant que *réalité* et non plus comme *fiction*. Ici, un bloc de granit est maintenu à un pilier de la même pierre par un fil de cuivre; entre le bloc et le pilier, une salade (parfois un morceau de viande); si la salade n'est pas arrosée, elle se dessèche et le bloc tombe. L'œuvre oblige qu'on la recrée. Elle est maintenue en vie, pareille à un organisme. Son caractère évolutif affirme son inscription dans le temps réel, la durée, la répétition. Il se pourrait que se détruise là la notion d'œuvre d'art comme « retard ».
B.B.

Direction, 1967-1968
granit et boussole
16 × 220 × 101 (la boussole, diam. 4)
achat 1983
AM 1983-485

Karel Appel
1921

Isolé avec Corneille dans une Amsterdam d'après-guerre fortement marquée par l'abstraction, Appel se tourne vers Picasso, Klee et surtout l'art africain. Dès 1946, il cherche dans ses peintures, dans ses reliefs en bois qu'il nomme *totems,* à retrouver la force de la primitivité, la spontanéité et la vitalité perdues, encouragé au cours d'un voyage à Bruxelles par le groupe Jeune Peinture Belge puis, à Paris en 1947, par l'exemple de Dubuffet et d'Atlan. A son retour à Amsterdam, optant pour la main gauche non éduquée, pour le travail de la matière, de la couleur, il entend donner à l'acte pictural un pouvoir de révolte et choisit pour emblème le thème des *Enfants interrogeant*. Entraîné en 1948 par Constant, il forme avec ce dernier et Corneille le Groupe Expérimental Hollandais et adhère tout naturellement avec eux à la création de *Cobra*, en novembre à Paris.
Le scandale suscité à Amsterdam par leurs activités collectives l'incite à choisir Paris, où il s'installe en août 1950 avec Corneille. Son intérêt grandissant pour la matière, son violent investissement corporel et gestuel le font peu à peu abandonner la figuration Cobra (femme-enfant-animal, comme *Femme et Oiseau* de 1953, seule peinture sur toile d'Appel présente dans la collection du Musée) pour une abstraction que Michel Tapié relève dès 1952, l'introduisant dans *Un Art autre* aux côtés de celle des peintres de l'art informel et de l'abstraction lyrique. En 1954, ses premières expositions personnelles au Studio Facchetti à Paris et à la Martha Jackson Gallery à New York donnent le signal d'une carrière internationale, partagée entre la France (château de Molesnes), Monaco et les États-Unis.

H. Claus, *Karel Appel Painter,* New York, H. Abrams Inc., 1962; P. Berger, *Karel Appel,* Venlo, Van Spijk, 1977; *Écrits sur Karel Appel*, Paris, Galilée, 1982.

□ *Enfants interrogeant*, 1948
Le nombre important, dans la production d'Appel des années 1946-1951, de reliefs ou panneaux de bois peints (comme celui-ci, qui est proche de ceux du Stedelijk Museum), de peintures murales — la plupart détruites, comme le décor mural de la maison d'Eryk Nyholm à Silkeborg (nov. 1949) ou encore la fresque de la cantine de l'Hôtel de Ville d'Amsterdam —, de gouaches et d'études, portant le titre *Enfants interrogateurs* (ou *Enfants interrogatifs, Enfants interrogeant*) confirme bien la valeur d'emblème, le pouvoir « totémique » qu'Appel tente de conférer à ces résultats d'un travail qu'il décrit dès 1946 à Corneille comme « désormais puissant, primitif, plus fort que l'art nègre et Picasso » et qui marquent pleinement dès 1948 son appartenance à *Cobra*.
Emblème de sa « libération » de toute esthétique : par ces effigies frontales, grossièrement taillées dans le bois brut, peintes de façon élémentaire — telles les poupées fabriquées par l'enfant —, il retrouve, en réalité, l'enfance de l'art; et le plaisir de tailler simplement le bois, de le clouer, de le colorer est bien celui du jeu instinctif et libre, préalable et nécessaire — pour Appel peut-être plus que pour Corneille et Constant — à tout acte créateur (on sait la résonance auprès des Hollandais de la notion du jeu lancée par l'ouvrage de Huizinga en 1939).
Le thème de l'enfant, cher à Cobra, devient, en outre, ici, amplifié par la violence et l'immédiateté matérielle propres à Appel, emblème de révolte et de vérité (« l'innocence accuse », autre titre d'une œuvre exposée chez Colette Allendy en 1949) : ces figures primaires, frontales, où seuls sont notés les yeux et la bouche, apparaissent comme les témoins clairvoyants d'une situation socio-politique insupportable, acteurs dérisoires, désarmés, d'une révolte impuissante, d'une requête dérangeante. Les bourgeois d'Amsterdam ne s'y sont pas trompés lorsqu'ils demandèrent que soit recouverte la grande frise des *Enfants interrogateurs,* exécutée par Appel à l'Hôtel de Ville. Malgré la mobilisation du groupe Cobra — un tract d'Aldo van Eyck (« Un

appel à l'imagination ») et l'intervention de C. Dotremont : « Appel fit quelque chose de violent, mais d'une violence juste, populaire : Appel est du peuple, il n'a pas le sens du vieux scandale surréaliste » (*Petit Cobra,* nᵒ 3) —, le scandale soulevé par les *Enfants interrogateurs* fut comparable à celui de l'exposition *Cobra* au Stedelijk Museum et contribua certainement à la décision d'Appel de quitter (avec Constant et Corneille) Amsterdam à la fin de l'année 1950.   A.L.B.

Alexandre Archipenko
1887-1964

Élève réfractaire à tout enseignement artistique, Archipenko quitte Kiev puis Moscou pour gagner Paris en 1908, où il fréquente assidûment le Louvre, passionné par les salles égyptiennes, assyriennes et celles de l'art grec archaïque : selon lui, ce fut sa véritable école. Ses premières œuvres sculptées datent de la même année. A partir de 1910, il expose régulièrement aux Indépendants, moins régulièrement au Salon d'Automne où souvent il voit ses œuvres refusées. Sa première exposition personnelle a lieu en 1912 au Musée Folkwang de Hagen. En 1913, il participe à l'*Armory Show* à New York et expose au *Der Sturm* de Herwarth Walden à Berlin. Puisant son inspiration dans les arts archaïques, il entend rompre avec un art naturaliste et se consacre à une recherche formelle plus abstraite. A partir de 1912, il conçoit des assemblages de matériaux insolites où la ronde-bosse traditionnelle est remplacée par un agencement de plans convexes et concaves, avec un accent sur la transparence et l'introduction de la polychromie : ces reliefs, à propos desquels il invente le terme de « sculpto-peinture », marquent une révolution dans la sculpture. Après un séjour à Berlin de 1921 à 1923, il part définitivement pour les États-Unis, et prend la nationalité américaine en 1928. Son œuvre continuera d'être d'une grande invention, développant ses recherches sur la fonction des vides ou le volume négatif et sur l'utilisation de la polychromie. Parallèlement à son propre travail, il mène, à partir de 1912, une carrière active de pédagogue, et crée des écoles d'art dans les différentes villes où il séjourne : Paris, Berlin, New York, Woodstock, Chicago, etc.

A. Archipenko, *Fifty Creative Years, 1908-1958,* New York, Tekhne Publ., 1960 ; D. Karshan, cat. *Archipenko : Visionnaire international,* Washington, Smithsonian Institution et Paris, Musée Rodin, 1969 ; M. Menier, « Musée national d'art moderne, Sculptures récemment acquises », *La Revue du Louvre,* Paris, 17ᵉ année, nᵒ 1, 1967 (pp. 39 à 54).

☐ *Femme drapée,* 1911
Antérieure d'un an aux assemblages, la *Femme drapée* dénonce une

Enfants interrogeant, 1948
reliefs de bois cloutés sur panneau
de bois, peints à l'huile
85 × 56
achat 1985
AM 1985-128

Femme drapée, 1911
bronze
56,5 × 30 × 31
achat 1964
AM 1442 S

44

conception sculpturale encore traditionnelle qui, à en juger par ses volumes simplifiés et leur agencement dynamique, appartient au cubisme ou au futurisme de 1911. Avant de rejoindre la Section d'Or qui se forme en 1912, Archipenko est très lié avec le sculpteur Raymond Duchamp-Villon, et cette œuvre n'est pas sans montrer certaines analogies avec le « futurisme français » de ce dernier. Cependant, il semblerait que l'apport des arts archaïques soit ici plus profond : de cette sculpture, à la silhouette massive mais étirée vers le haut, aux volumes schématisés symboliquement, se dégage un caractère d'« archétype » féminin de la fécondité.

□ *Tête de femme et table*, 1916
Pendant les années 1912 à 1920, Archipenko se consacre essentiellement à l'étude de la silhouette humaine à travers ses constructions et reliefs. Si la nature morte, exercice plus proprement cubiste, apparaît moins souvent, elle existe néanmoins dans son œuvre entre 1916 et 1920. *Tête de femme et table,* comme son titre l'indique, forme une image composite mais unifiée puisque la tête féminine (au centre) se trouve précisément réduite au statut d'objet. Cela n'a rien d'étonnant : dans toutes ses constructions et sculptures antérieures, Archipenko a toujours voulu interpréter le sujet humain — composé d'éléments épars et d'objets divers — d'abord comme un objet plastique et abstrait. L'autre titre donné à cette œuvre, *L'Espagnole,* attire l'attention sur le peigne de la mantille (en haut à gauche) et sur l'éventail (en bas à gauche). Coïncidence ou correspondance : Henri Laurens exécute, un an auparavant, une construction en bois sur le même sujet (*Femme à la mantille,* 1915, coll. part., Paris), tandis que, de son côté, Nathalie Gontcharova porte un grand intérêt au thème de la femme espagnole durant l'année 1916. Entre 1916 et 1918, pendant son séjour à Nice, Archipenko lui-même produit plusieurs variantes

— toutes des « sculpto-peintures » — sur ce thème : une, en bois peint (H. 25 cm, coll. inconnue), exposée dès 1919 à Genève et Zurich et répertoriée par Hildebrandt en 1923 (n° 56); une autre, en toile, bois et métal (H. 38 cm, aujourd'hui perdue); une troisième, en plâtre, dont une édition en bronze peint a été tirée dans les années 50 (Karshan, cat. 31, n° 45). La pièce du Musée, en ciment et plâtre peints dans des gris et beiges variés, provient de la collection Raymond Duchamp-Villon. L'organisation abstraite, d'inspiration cubiste, et l'effet de polychromie de *Tête de femme et table* seront poussés plus loin dans les natures mortes de 1919-1920, comme *Deux verres sur une table* (MNAM, anc. coll. Léopold Survage), une des rares sculpto-peintures avec *Nature morte avec livre et vase sur la table* de 1918 (Karshan, cat. 34, n° 44) à représenter une simple nature morte.   M.R.

Tête de femme et table, 1916
ciment et plâtre peints
33,7 × 34,5 × 20,5
don de Mme Marcel Duchamp et de M. Pierre Jullien, 1977
AM 1977-583

Deux verres sur une table, 1919-1920
papier mâché collé sur bois et peint
56,3 × 47 × 5,5
achat 1964
AM 1428 S

Avigdor Arikha

1929

Avigdor Arikha est né en Roumanie. Il est élevé en Israël dans un kibboutz, est grièvement blessé en 1948 pendant la guerre d'indépendance d'Israël. Il étudie à l'école des Beaux-Arts de Paris de 1949 à 1951. Après quelques voyages, il s'installe à Paris en août 1954, poursuit des études de philosophie à la Sorbonne et devient un peintre « abstrait » de 1957 à 1965. Cessant de peindre de 1965 à 1973, il étudie l'Histoire de l'art, pratique le dessin et la gravure d'après le modèle. A partir de 1973, il expose régulièrement à Paris et à New York et illustre par son travail le retour à la figuration. Marié au poète Anne Atik, il a deux filles, Alba et Noga. Il partage sa vie entre Paris et New York, détails biographiques qui ne sont pas sans importance puisque l'artiste peint et dessine son environnement.

J. Clair, *Nouvelle subjectivité. Notes et documents sur le retour de l'expression figurative et de la scène de genre dans la peinture de la fin de siècle,* Bruxelles, éd. Lebeer Hossmann, 1979; P. Georgel, *Arikha,* Dijon, Musée des Beaux-Arts, 1981.

☐ *Anne de dos,* 1973

Assemblage de couleurs douces, harmonieuses, étendues sur la toile par des coups de brosse très marqués. Lorsqu'en automne 1973 Arikha se remet à peindre, Anne lui sert à nouveau de modèle. Encore faudrait-il la reconnaître à sa seule chevelure puisque le peintre s'est trompé de point de vue et a peint frontalement le dos du fauteuil et du poseur traditionnel. La figure de dos est fréquente dans la peinture d'Arikha, de même qu'il lui arrivera dans d'autres toiles, comme dans *Anne penchée sur une table* de 1977, de trouver d'autres artifices pour occulter complètement le visage. L'artiste ne nous aide guère à interpréter cette œuvre. Y a-t-il un sujet spécifique à l'œuvre? Il répond simplement : « non ». Si on dispose d'un bagage pictural historique, on cherchera des références davidiennes pour le fond neutre à peine esquissé; et si on est moins obsédé par cette tendance à réduire les tentatives de la peinture contemporaine à une lente reconquête d'un langage plastique perdu, dilapidé par quelques générations de brutes du pinceau, on trouvera peut-être plus de similitudes avec les dernières peintures abstraites d'Arikha. De tableau-rupture, *Anne de dos* deviendrait-il trait d'union entre les dernières toiles abstraites et celles du retour à la figuration ?

☐ *Le Balcon de la loggia,* 1975

Un point de vue sur l'atelier de l'artiste (square du Palais-Royal) peint en deux séances. « Un bon tableau a sa crise, confiait Arikha à P. Georgel, et c'est le moment de la crise qui détermine son intensité ». Cette composition concède très peu à un sujet. Elle est neutre comme beaucoup d'intérieurs peints par Arikha; elle ne fait pas une ouverture sur le lointain d'un jardin. Elle tourne le dos à la source lumineuse. Elle tolère une petite méditation sur les artifices de la peinture sur toile avec ce châssis et ces clés qui tendent la toile, et ce cadre vide qui délimite ce coin de l'atelier. Les pantalons qui pendent sur la cloison tournent en dérision les œuvres des « supports-surfaces » qui s'étaient fait spécialité de retourner le tableau et des « pop-art » qui intégraient allègrement le « futal » à l'œuvre. Il s'agit donc d'un moindre prétexte pour faire jouer les unes sur les autres des teintes voisines, des gris, des roses, et nous retrouvons là, dans ce coin d'atelier arrangé, la poétique dépouillée de Morandi, mais aussi les qualités spécifiques de l'art abstrait. Il nous est loisible de méditer, parmi tous les propos que le peintre distille, ceux qu'il réserva pour la préface de son exposition à la galerie Berggruen : « Depuis qu'une faim aux yeux m'a assujetti à l'observation, je constate que cette expérience même est déterminée par l'abstraction qui l'a précédée. Pour le peintre, l'Histoire de l'art est un sentier qui se rétrécit : ce qui précède limite ce qui suit. Ni retour, ni continuation, mais recommencement : saisir sur le vif, quoiqu'en principe rien n'est saisissable ».

Ch.D.

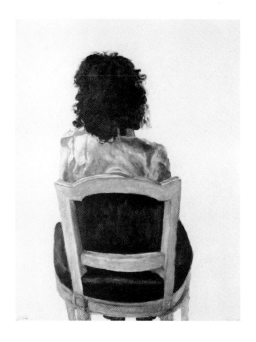

Anne de dos, 1973
huile sur toile
116 × 89
achat de l'État 1976, attr. 1980
AM 1980-401

Le Balcon de la loggia, 1975
huile sur toile
130 × 195
achat 1980
AM 1980-50

Arman

1928

C'est dans un rapport toujours différent à l'objet que se déterminent les temps successifs de l'œuvre d'Arman. Sous la forme encore ambiguë des *Cachets,* puis des *Allures,* l'introduction de l'objet quotidien marquait, de fait, la rupture avec la peinture abstraite conventionnelle qu'il avait jusqu'alors pratiquée. Mais c'est, à partir de 1959, en faisant de l'objet le matériau constitutif des premières *Accumulations* et des *Poubelles* qu'Arman a trouvé la norme spécifique de son travail. Celui-ci, pourrait-on dire, est un véritable discours de la méthode appliqué à l'objet tant il utilise systématiquement ses possibilités et ses ressources, de la conservation (aléatoire dans les *Poubelles* ou ordonnée dans les *Accumulations*) à la destruction (par coupe, bris ou combustion), selon un principe de séries : *Accumulations* (1959), *Poubelles* (1959), *Coupes* (1961), *Colères* (1961), *Combustions* (1963)... nullement exclusives les unes des autres. Un même objet — un violon par exemple — peut ainsi tour à tour être empilé, écrasé, coupé ou brûlé, tout comme le même geste — celui d'accumuler — appliqué à des matériaux différents produira des effets très divers, d'un humour proche du surréalisme (*La Vie à pleines dents* et *Home Sweet Home,* 1960, MNAM) où prime l'identité de l'objet à des œuvres (*Miaudulation de fritance,* 1962, MNAM), où le composant s'oublie au bénéfice de sa qualité structurelle.

☐ *Chopin's Waterloo,* 1962
Parmi les objets utilisés par Arman, ce sont indéniablement les instruments de musique qui ont donné lieu aux plus nombreuses manipulations : colères, coupes, accumulations, combustions, tirages en bronze et assemblage. Arman explique d'ailleurs par une expé-

rience personnelle négative de l'univers musical son agressivité envers les instruments de musique. Ainsi *Chopin's Waterloo* fut-il réalisé à l'occasion d'une exposition intitulée « Musical Rage » à la galerie Saqqarah de Gstaad en 1962. Lors du vernissage, Arman réalisa devant le public la destruction d'un piano droit à coups de masse et en fixa sur un panneau préparé à l'avance les éléments.
Succédant à la réalisation, l'année précédente, d'une colère de contrebasse, lors du tournage d'un film pour la télévision américaine, et à la destruction publique d'un mobilier Henri II à l'occasion du Premier Festival du Nouveau Réalisme (Abbaye de Roseland, 1961), cette action illustre le développement des *happenings* dans les milieux de l'avant-garde et en particulier leur influence sur les pop'artistes américains et les Nouveaux Réalistes européens. Toutefois, comme l'a justement noté Jan van der Marck, « on doit se rappeler que l'action était secondaire, ce qui intéressait Arman étant le résultat ». Invariablement, il a été conservé en tant qu'œuvre, comme une aventure figée, à la manière des tableaux-pièges de Spoerri. Selon Arman, la structure formelle des objets détruits dans les colères détermine l'esthétique de l'œuvre et lui accorde un caractère baroque ou cubiste selon qu'y prédominent les courbes ou les droites. *Chopin's Waterloo* appartient ainsi à la série des œuvres « cubistes », rappelant, au-delà des matériaux utilisés, la filiation dont Arman s'est toujours montré soucieux entre son œuvre et celles des inventeurs du papier collé et de l'assemblage.   D.A.

O. Hahn, *Arman*, Paris, Hazan, 1972; H. Martin, *Arman*, New York, H. Abrams, 1973; cat. *Arman, la parade des objets, rétrospective 1955-1983,* Antibes, Musée Picasso, 1983; J. van der Marck, *Arman*, New York, Abbeville Press, 1984.

Chopin's Waterloo, 1962
morceaux de piano brisé, fixés sur panneau de bois
186 × 300 × 48
achat 1979
AM 1979-344

Hans Arp
1886-1966

Hans Arp, né à Strasbourg d'un père allemand et d'une mère alsacienne, appartient à la fois par les aléas de l'Histoire et par sa double culture au dadaïsme zurichois et allemand et à l'avant-garde parisienne; de même il est connu à la fois comme plasticien et poète. Il participe avec l'envoi de quelques dessins à la seconde exposition du *Blaue Reiter* à Munich en 1912 et au premier Salon d'Automne de Berlin en 1913. Lors de la Première Guerre mondiale, il se réfugie en Suisse où il rencontre Sophie Taeuber avec qui il travaille et qu'il épousera en 1921. En 1916, il est aux côtés de Tzara, Janco, Ball et Hüelsenbeck au Cabaret Voltaire à Zurich. Il crée ses premiers reliefs en 1916-1917. Vers 1920, il se lie avec Max Ernst et Baargeld à Cologne, rencontre Kurt Schwitters à Hanovre en 1923 et publie à Berlin en 1925 avec El Lissitzky les *Ismes de l'Art*. De 1927 à 1929 il collabore avec Theo Van Doesburg et Sophie Taeuber à la décoration intérieure d'une brasserie de Strasbourg, L'Aubette. En 1929, mettant fin à ses errances, il se fixe à Meudon-Val Fleury et participe désormais à l'activité artistique parisienne où il est l'un des rares artistes à concilier l'inconciliable — l'art abstrait et le surréalisme —, développant ou plutôt tentant d'imposer une sorte de synthèse de ces deux courants antinomiques sous la dénomination d'«art concret». En 1933, il révèle ses premières sculptures en ronde bosse, sculptures en plâtre qui se posent, en opposition aux précédents reliefs en bois qui, eux, s'accrochent. Pendant l'Occupation, il se réfugie à Grasse auprès d'Alberto Magnelli jusqu'en 1943, puis gagne la Suisse où Sophie Taeuber meurt, avant de retourner en 1946 à Meudon. Introduite aux États-Unis par Peggy Guggenheim et Alfred Barr, son œuvre sculptée connaît la reconnaissance officielle avec l'attribution du Prix international de la Biennale de Venise en 1954. Jean Arp meurt à Locarno en 1966.

Jean Arp, *Jours effeuillés, poèmes, essais, souvenirs 1920-1965,* Paris, Gallimard, 1966; E. Trier, *Jean Arp, Sculptures 1957-1966,* bibliogr. par M. Arp-Hagenbach, catalogue par F. Arp, Stuttgart, Verlag Gerd Hatje, 1968; S. Poley, *Hans Arp, Die Formensprache im Plastischen Werk,* Stuttgart, Verlag Gerd Hatje, 1978; B. Rau, *Jean Arp, The Reliefs Catalogue of Complete Works,* introd. de M. Seuphor, Stuttgart, Verlag Gerd Hatje, 1981.

Bien représentée au Musée d'Art moderne de Strasbourg grâce à la générosité de François Arp, l'œuvre de Arp ne l'est que modestement au Musée national d'Art moderne à Paris; deux premières acquisitions en 1950, la *Concrétion humaine* de 1934 et *Pépin géant* de 1937, trois autres en 1962 après l'exposition organisée par le Musée rassemblaient, jusqu'à l'ouverture du Centre G. Pompidou, un ensemble incomplet : des sculptures plutôt tardives, un seul — *Tête-moustaches et bouteilles,* 1929 — de ses reliefs et quelques travaux d'après-guerre sur papier.

L'œuvre sur papier, dans laquelle le poète rencontre le plasticien, vient de s'enrichir de trois pièces importantes : un collage, v. 1915, cadeau de Arp à D.H. Kahnweiler entré avec la donation de Louise et Michel Leiris, une gouache, imitation de papier froissé, v. 1941, donnée anonymement, ainsi qu'un grand papier froissé, *Peint en chantant,* 1960. Dans ses premiers collages, Arp se souvient des papiers collés cubistes; il s'y exerce d'une manière scolaire avant de découvrir avec Dada et Schwitters la poésie du papier déchiré, aux arêtes tremblantes disposées selon les lois du hasard propres à l'artiste. Déchirures, froissages — quels que soient les modes de destruction et les sous-entendus qu'ont bien voulu voir les exégètes dans cette démarche — ont davantage de points communs avec l'esthétique du bas-relief et du haut-relief et avec celle de la ronde-bosse, où l'on place d'ordinaire les sommets de l'activité plastique de Arp.

☐ *Danseuse,* 1925
Refusant l'hégémonie du tableau de chevalet, Arp a commencé par exposer dès 1915 des broderies exécutées par Madame Van Rees puis

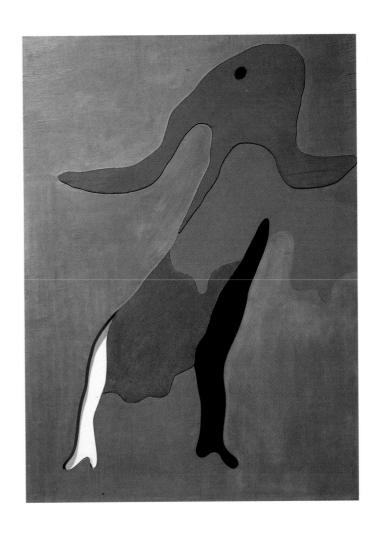

Danseuse, 1925
huile sur bois
149 × 112,5
achat 1976
AM 1976-247

Tête-paysage, [1924-1926]
bois peint à l'huile
58 × 40,5 × 4,5
achat 1985
AM 1985-39

48

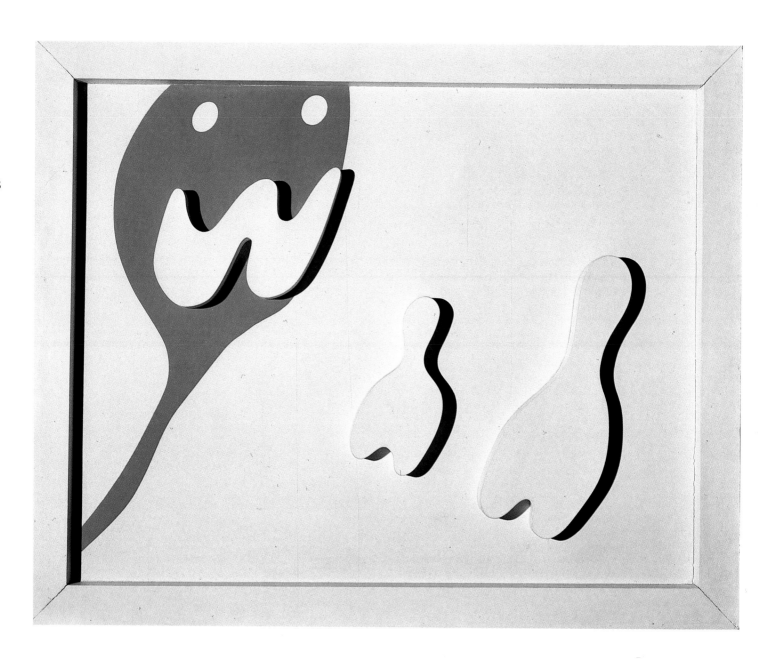

par Sophie Taeuber selon ses propres cartons, comme la *Symétrie pathétique,* 1916-1917. Avec les premiers reliefs de 1916-1917, il découvre les propriétés du bois nu ou peint, la beauté de la forme découpée, simple, épaisse, se détachant sur le fond du même bois ou à même le mur. Les *Forêts,* les premiers *Reliefs Dada,* aux arêtes assez grossières et aux visages apparents, les exceptionnelles constructions en bois trouvé, qu'on appelle communément « bois flottés », comme la *Trousse des naufragés,* étaient de petites dimensions.

La *Tête-paysage,* 1924-1926, récemment acquise par le Musée (Rau nº 75; anc. coll. Dr Weissbecker, Karlsruhe; présentée, selon Arp, à son exposition de la Galerie Surréaliste en 1927), appartient à cette série de reliefs où, comme dans *Grande Tête, petit torse,* des champignons, des formes phalliques, dansent sur des supports aux formes incertaines. Ailleurs apparaissent des séries d'horloges pourvues d'une seule aiguille qui triche avec le temps. Parfois l'artiste ne procède pas par ajout mais par découpe d'un vide dans le support : est ainsi évidée la jambe gauche de la célèbre *Danseuse* du Musée (Rau nº 66; repr.

Tête-moustaches et bouteilles, 1929
bois peint
80 × 100
achat de l'État 1962, attr. 1963
AM 1370 S

dès 1928 dans le n° 3 des *Cahiers d'Art),* qui ne serait qu'un grand panneau de bois peint, tant le relief des éléments rapportés est faible, s'il n'y avait cette béance inattendue qui crève le fond; la danseuse est unijambiste mais la jambe qui lui manque, grâce à l'artifice de Arp, appelle toute l'attention. Arp renoncera peu à peu à l'agressivité de la couleur et, tout en expérimentant les formes en liberté, tentera aussi de les inscrire dans un cadre épais qui délimite bien son petit théâtre.

□ *Tête-moustaches et bouteilles,* 1929

En 1929, pour sa rentrée à Paris, Arp sélectionne une série de reliefs inaugurant la nouvelle galerie Goemans rue Bonaparte, aménagée par Sophie Taeuber. Les reliefs de cette date portent en général des titres qui combinent des éléments vestimentaires : *Plastron et cravate, Nez et cravate, Constellations de cravates et de nombrils,* et associent avec humour des têtes avec des attributs accusant la masculinité: *Tête, yeux, nez, moustache - Moustache sans fin - Bouteille et cravate.* Parmi ces reliefs de grand format, *Tête-moustaches et bouteilles* (Rau n° 189) devait particulièrement retenir l'attention, reproduit immédiatement dans *Documents,* n° 2, 1930 (C. Einstein, « L'enfance néolithique »), dans *Cahiers d'Art,* n° 5, 1930, ou encore dans l'essai d'Herbert Read, *Art now* (Londres, 1931) qui date à tort le relief de 1931.

Il faut prendre avec beaucoup de circonspection les allusions de Arp au mode d'exécution de ces sortes de collages lorsqu'il dit avoir confectionné en une nuit la série de reliefs exposée en 1928 à la galerie Le Centaure de Bruxelles ou quand il prétend que seul le savoir-faire du menuisier avait permis à ses caprices plastiques de prendre forme dans le bois clair, poli comme une glace : il y a là coquetterie dadaïste, une petite rouerie de poète pour renforcer le caractère d'extrême simplicité de tels reliefs.

Tête-moustaches et bouteilles est bâti comme un panneau de meuble. Il se compose d'un fond opaque encadré de baguettes coupées à l'onglet qui soulignent la régularité d'une forme géométrique rectangulaire. Trois éléments découpés s'inscrivent en relief sur le fond blanc : la paire de moustaches et deux bouteilles, mais seuls les jeux de lumière et d'ombre dus au relief permettent de distinguer ces dernières, peintes du même blanc cassé que le fond et le cadre. La tête, en revanche, est simplement peinte en bleu sur le fond d'où se détachent les yeux blancs en réserve. On sait l'extrême méticulosité avec laquelle Arp procédait au choix des couleurs, au calcul des contrastes; de même, est intentionnel l'effet ludique de l'ensemble : outre le jeu de mots qui compose le titre, il y a un véritable jeu de trompe-l'œil créé entre ce qui se détache en relief et ce qui « tache » en couleurs. Arp abandonnera d'ailleurs par la suite l'artifice, l'illusionnisme du contraste coloré — dans l'austère série des *Configurations* et des *Constellations* — pour adopter une monochromie d'un blanc éclatant. Rejoignant ainsi les recherches ultimes des plus abstraits, l'immaculée blancheur des Mondrian, Vantongerloo, Van Doesburg, il s'attache à dépasser toujours l'étroitesse des formulations, de la combinaison limitée des constructions géométriques. Bien qu'il ait tenu à participer

Concrétion humaine, 1934
marbre
52 × 38 × 43
don de Curt Valentin, 1950
AM 896 S

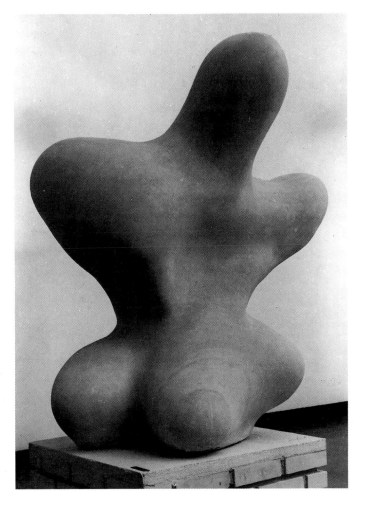

Pépin géant, 1937
pierre
162 × 125 × 77
achat de l'État 1949, attr. 1950
AM 897 S

50

aux premières grandes manifestations de *Cercle et Carré* en 1930 et d'*Abstraction-Création* en 1939, son œuvre reste toujours empreinte d'une poésie à résonance dadaïste, ce qui lui vaut l'amitié des surréalistes. Il pratique un jeu de formes élémentaires mais amorphes, proches des formes du monde biologique. Chacun des reliefs de cette période parvient à la synthèse de l'univers plastique et de l'univers onirique.

☐ *Pépin géant,* 1937

En 1933, Arp n'abandonne pas la confection du relief mais entreprend une nouvelle carrière; il révèle dans les *Cahiers d'Art* les produits de petite taille de sa nouvelle préoccupation : après les reliefs qui s'accrochent, les sculptures qui se posent. Le matériau est toujours blanc, puisque Arp gâche du plâtre. Il trouvera le praticien qui transposera le plâtre en marbre, ainsi pour la petite *Concrétion humaine* de 1934, ou en pierre pour le *Pépin géant* de 1937. Les premières épreuves en bronze seront coulées à l'instigation de Peggy Guggenheim en 1939. La Seconde Guerre mondiale entraîne l'arrêt provisoire de ce nouveau développement de la création arpienne. Ébranlé par la disparition tragique de Sophie Taeuber, Arp ne reprend la sculpture que progressivement, laquelle ne trouvera son plein épanouissement qu'à la suite de l'attribution du Prix international de la Sculpture à la Biennale de Venise en 1954. Parvenu à la renommée, Arp accepte des commandes officielles comme le relief des *Constellations* pour l'UNESCO.

☐ *Berger de nuages,* 1953

Donné par Arp avec le plâtre de *Ptolémée III* de 1961, après l'exposition organisée par le Musée en 1962, ce plâtre monumental destiné à être coulé en bronze pour la Cité universitaire de Caracas en 1953, est un agrandissement avec variantes du petit bronze *Forme de lutin* conçu en 1949. Avec cette œuvre, on entre dans le monde ouaté des objets mous qui connaîtront à travers les chefs-d'œuvre d'Oldenburg de lointains prolongements. Sculpture à caresser, nuage à forme humaine, cette sculpture germante, dansante, illustre ce que Arp entendait sous l'appellation d'« art concret ». Notion synthétique, élaborée dans des plaquettes de poèmes, partagée par Kandinsky, proche des préoccupations formelles de Henri Moore et de Barbara Hepworth, elle tend à substituer aux rigueurs de l'abstraction un ressourcement naturel. En effet, la statuaire de Arp renouvelle le naturalisme; elle s'en inspire dans ses formes, les concrétions sont des bourgeons, des fleurs lourdes de fécondation que chacun est libre de confectionner selon la recette de l'artiste : « Celui qui veut abattre un nuage avec des flèches épuisera en vain ses flèches. Beaucoup de sculpteurs ressemblent à ces étranges chasseurs. Voici ce qu'il faut faire : on charme le nuage d'un air de violon sur un tambour ou d'un air de tambour sur un violon. Alors il n'y a pas long que le nuage descende, qu'il se prélasse de bonheur par terre et qu'enfin, rempli de complaisance, il se pétrifie. C'est ainsi qu'en un tournemain le sculpteur réalise la plus belle des sculptures ».   Ch.D.

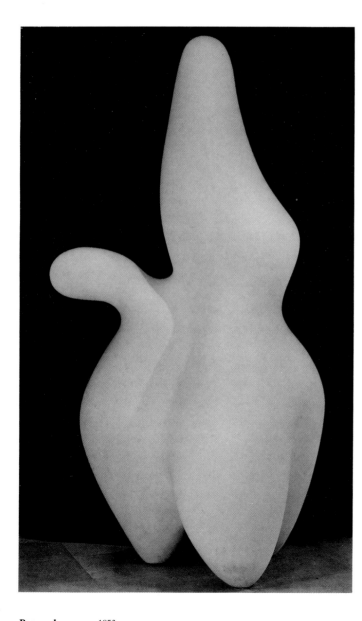

Berger de nuages, 1953
plâtre
320 × 123 × 220
don de l'artiste, 1962
AM 1344 S

Eduardo Arroyo
1937

Arroyo quitte Madrid pour s'installer à Paris en 1958 et expose en 1960 au Salon de la Jeune Peinture. Il affirme une « figuration narrative », vindicative, qui ne respecte pas les parangons reconnus de l'art moderne : *Vivre et laisser mourir ou la fin tragique de Marcel Duchamp*, œuvre collective réalisée avec Gilles Aillaud et Antonio Recalcati et exposée en 1965, *Miró refait* en 1969. Il bafoue le sacro-saint apolitisme de la peinture avec *Trente ans après*, exposition réquisitoire contre le franquisme présentée en Italie en 1970 et à Paris en 1971. Il collabore à des mises en scène dont Wozzeck et Faust-Salpêtrière de Klaus Grüber et va jusqu'à consacrer en 1982 un livre au boxeur *Panama Al Brown*.

Cat. *E. Arroyo, Blinde Maler und Exil,* Munich, Städtische Galerie, 1970; E. Arroyo, *Trente-cinq ans après,* Paris, Union Générale d'Éditions, 1974; P. Astier, *Arroyo,* Paris, Flammarion, 1982.

☐ *El Caballero español,* 1970
Cette toile ridiculise un des « caractères » de la société franquiste, « l'honnête homme » réactionnaire, idiot infatué. Arroyo stigmatise aussi le machisme espagnol légendaire, en juchant un chef pourvu de très sérieuses moustaches sur une silhouette de vamp des plus provocantes. L'insolent talon haut, malgré son aura « malévi-chéenne », renvoie à la vieille chaussure peinte par Miró en 1937 et au fétichisme bunuélien et leste, l'image d'une pesante sexualité refoulée. *El Caballero español* est une toile d'humeur d'un artiste qui, ainsi que de nombreux intellectuels espagnols, avait préféré l'exil à la compromission politique. Elle s'intègre dans une série d'images destinées à provoquer et à mobiliser l'opinion. Le climat qui précéda et suivit immédiatement 1968 fut propice à la radicalisation des « beaux-arts », mais ce serait une démarche trop hâtive que de faire basculer dans l'Histoire ce pamphlet peint sous prétexte que le franquisme n'est plus et que le retour à la peinture politique a vécu. *El Caballero español,* même si sa thématique dérange, reste un tableau : ce n'est pas un slogan publicitaire. Eduardo Arroyo est un peintre trop averti; pour exprimer avec justesse ses haines, il sait allier le choix de ses symboles à la qualité plastique. Contenu et couleur se confondent en une stridente satire picturale.   Ch.D.

El Caballero español, 1970
huile sur toile
162 × 130,5
achat 1983
AM 1983-364

Antonin Artaud
1896-1948

Antonin Artaud qui avait commencé régulièrement à dessiner lors de son séjour dans la clinique du Dr. Dardel au Chanet près de Neuchâtel (1918-1920) poursuit quelque temps cette activité à Villejuif chez le Dr Toulouse. Engagé à la fin de 1921 comme comédien au théâtre de L'Atelier par Charles Dullin, il va y créer et dessiner de nombreux décors et costumes. Il tente alors aussi, sans succès, de faire le portrait, à l'huile, de son amie Yvonne Gilles. Son activité de comédien, d'écrivain, d'homme de théâtre et de scénariste l'emporte bientôt. Associé de 1924 à 1927 au mouvement surréaliste et le quittant pour raisons politiques, il crée en 1927 le *Théâtre Alfred Jarry* puis en 1932 le *Théâtre de la cruauté,* montant en 1935 « Les Cenci » avec des décors de Balthus dont il avait, l'année précédente, salué la première exposition dans la N.R.F. En 1936 il part étudier la tribu mexicaine des Tarahumaras et son étrange voyage en Irlande l'année suivante s'achève par un internement dans divers hôpitaux psychiatriques; à Rodez, chez le Dr. Ferdière, il recommence en juin 1945 à écrire et à dessiner. Sorti en mai 1946 sur l'intervention de plusieurs amis (dont A. Adamov, M. Robert, H. et C. Thomas et J. Paulhan), il est soutenu par l'intelligentsia parisienne et présente en juin 1947 une exposition de ses dessins à la galerie Pierre Loeb. Il publie en novembre un essai sur *Van Gogh, le suicidé de la société* et prépare une émission radiophonique, « Pour en finir avec le jugement de Dieu », qui est interdite.

Cat. *Antonin Artaud (1896-1948),* Les Sables d'Olonne, Musée de l'Abbaye Sainte-Croix, 1980; F. de Mèredieu, *Antonin Artaud, Portraits et Gris-Gris,* Paris, Blusson [1984].

Portrait de Minouche Pastier, 1947
fusain et pastel sur papier
61 × 45
achat 1984
AM 1984-243

52

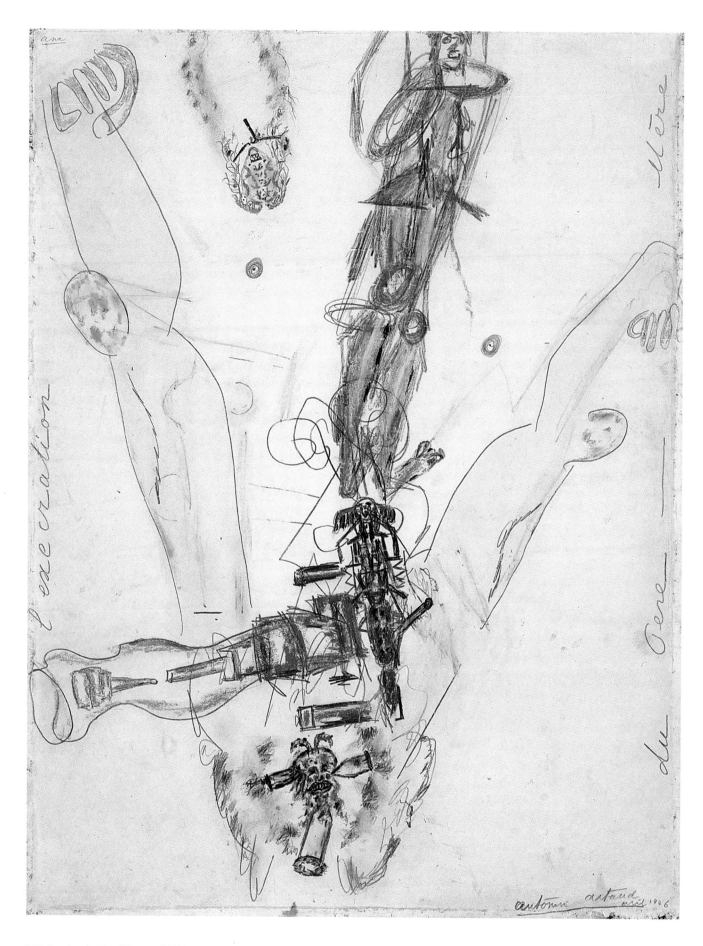

L'Exécration du Père-Mère, avril 1946
mine de plomb, pastel gras et aquarelle sur papier
64 × 49
achat 1980
AM 1980-523

Richard Artschwager
1923

□ *L'Exécration du Père-Mère,* avril 1946

Ce dessin a été offert, après la mort d'Artaud, par son amie Paule Thevenin (qui devait s'occuper de la publication des *Oeuvres complètes)* à Jean Paulhan dont l'autorité avait été déterminante pour le départ de l'écrivain, en mai 1946, de l'asile psychiatrique de Rodez. Comme le *Portrait de Minouche Pastier* du 22 mai 1947 et *Conti l'Anatomie* de sept.-oct. 1945 (MNAM), il a été présenté pour la première fois à l'exposition de la galerie Pierre en 1947. L'événement révélait de manière fulgurante l'intensité dramatique d'une œuvre graphique, développée, en prenant le relais de l'écriture, à partir des marges griffurées des *Cahiers de Rodez.* Dans le climat de l'après-guerre, le message d'Artaud — son délire sur le corps, la cruauté et le sacré — questionnait l'être au plus profond et contestait radicalement le rôle de l'art et de l'artiste dans la société. Il répondait en cela, dans la transe d'un état mental et physique personnel paroxystique, à l'évolution parallèle de certains compagnons du surréalisme — tels Giacometti, Michaux, Brauner ou Matta — comme à l'intérêt suscité par Breton et Dubuffet pour les œuvres échappant aux règles de la culture et de la raison. Ce dessin se situe dans une suite *(Conti l'Anatomie, Jamais réel et toujours vrai, L'Homme et sa douleur, Maladresse sexuelle de Dieu, L'Être et ses fœtus,* etc.) où Artaud projette pulsions et angoisses, anathèmes, invocations à la naissance et à la mort « pour refaire corps avec les musiques de l'âme ». Dans une fulgurance automatique, le dessin est naissance, théâtre de ce corps éclaté, disloqué, lieu de mutilations et de souillures, qui refuse l'origine et le destin en recherchant l'isolement traumatique d'une impossible initiation. Désigné, perforé, le sexe maternel putride engendrant une chaîne de ratures d'êtres où se reconnaît une sorte d'« Artaud aux houppes » (Dubuffet). L'écart de parturition s'exaspère en nodosités et crispations. L'espace renversé du vertige matriciel est ponctué et traversé d'un visage décomposé, attaché, libérant deux nuées de chevelure. On comprend la fascination exercée par cette œuvre refusant tout esthétisme et qui était alors indissociable de l'écriture et de la parole sur les artistes contemporains de la gestualité, des graffiti et de l'art corporel.

Artaud, qui avait souvent interrogé son propre visage, réalise en 1946-1947 de nombreux portraits de ses familiers qui sont autant de tentatives de déchiffrement de ce qui s'impose à lui comme « une force vide, un champ de mort ». Le *Portrait de Minouche Pastier* (sœur de Paule Thevenin) appartient à cet ensemble où, pour retrouver « le secret d'une vieille histoire humaine qui a passé comme morte dans les têtes d'Ingres et de Holbein », Artaud a « définitivement brisé avec l'art, le style et le talent ».   G.V.

Né de parents allemands et russes établis à Washington, il vit et travaille à Charlotteville (NYC). De 1941 à 1948, il étudie « vaguement » à Cornell University et en 1949 travaille un an dans la classe de A. Ozenfant à New York. Après avoir fait tous les métiers, il décide à partir de 1956 de réaliser quelques meubles qu'il veut « bien faits ». Après l'incendie de son atelier en 1961, il commence a élaborer « sur le mode constructiviste » quelques meubles et objets avec l'intention de « ne rien ajouter aux fort estimables corporations artistiques en vigueur à l'époque qu'étaient l'École de Paris et l'École de New York ».

Cat. *Richard Artschwager's Theme(s),* Buffalo, Albright-Knox Art Gallery, 1979-1980.

□ *Book III (Laocoon),* 1981

Faut-il parler ici d'« ironie de genre »? Artschwager développe depuis plus de vingt ans une œuvre sculptée dont le point de départ va a *contrario* de la finalité des conventions et des catégories entendues. Il ne s'agit pas de donner à l'œuvre un quelconque accomplissement dans l'objet, mais de partir de l'objet pour en contrarier la fonction. Dans cet essai sur « l'inutilité en art », malgré l'apparence formaliste (De Stijl, le Bauhaus...) et la vague connotation sculpturale, le titre « Laocoon » est donné comme archétype de la sculpture. L'œuvre d'Artschwager apparaît non pas comme un contrepoint du readymade, mais davantage comme une machinerie a-signifiante. Le matériau-ersatz démonte le simulacre du trompe-l'œil et contribue à l'élaboration d'une représentation de la représentation sur un mode qui est tout à la fois autiste et critique de la feinte métaphysique de l'œuvre.   B.B.

Book III (Laocoon), 1981
formica, poignées métalliques, coussin de skaï
122 × 71 × 104
achat 1984
AM 1984-812

Geneviève Asse
1923

Toute l'œuvre de Geneviève Asse, née à Vannes, traite de la lumière et de l'espace. Les objets constitueront pendant presque vingt ans le thème privilégié de sa peinture qui évoluera lentement vers l'abstraction. Les formes dans l'espace de 1960, libérées de l'objet, affirment la toile comme champ chromatique et espace optique. La lumière et l'espace se confondent, excluant la couleur, dans les grandes toiles blanches exposées en 1964 chez Schoeller. L'expérience du vitrail, menée en collaboration avec C. Marcq (École technique d'Albi, 1967), transparaît dans les séries des *Cercles-paysages* et des *Portes* où la matière picturale, réduite à des vibrations chromatiques subtilement dosées, s'organise en plans lumineux fixés par une fine géométrie. Toute la démarche plastique de l'artiste — affinée par la pratique du dessin et de la gravure — tend au dépouillement, à l'ineffable.

Cat. *G. Asse,* Paris, MNAM, 1971 (*Cnacarchives,* nº 13); *Asse, dessins,* Rennes, Musée des Beaux-Arts, 1980.

☐ *Ligne blanche intérieure,* 1971
Le tableau est intimement lié à des dessins réalisés la même année : *Lumière les arbres, Porte de la forêt, Lumière forêt* (MNAM) — ensemble renforcé récemment par des études au crayon et à la sanguine — où quelques traits brefs, des frottis, un coup de gomme suffisent à suggérer une architecture, un paysage, la touffeur d'une forêt, à scander des surfaces éclatantes de lumière. Le tableau est, de même, réduit à l'essentiel. La bande centrale qui fend l'espace de haut en bas, accentuant ainsi le format vertical, délimite deux champs chromatiques — pan d'ombre et pan de lumière — obtenus par une forte pression de brosses rognées. La matière ainsi allégée, miroitante, échapperait à la forme si elle n'était ordonnée par une armature de lignes minces et tendues, à peine chargées de matière, qui ouvrent sur l'infini. A cette géométrie rigoureuse, la coulée centrale, par sa charge dynamique, insuffle un lyrisme sensible. B.L.

Ligne blanche intérieure, 1971
huile sur toile
210 × 114
achat de l'État 1973, attr. 1976
AM 1976-924

Jean-Michel Atlan
1913-1960

Originaire de Constantine (Algérie), Atlan arrive à Paris en 1930 pour faire des études de philosophie. Après une brève expérience d'enseignement, il commence à peindre en 1941 et écrit quelques poèmes. Résistant, il est arrêté et, simulant la folie, se fait interner à Sainte-Anne d'où il sortira pour participer aux combats de la Libération de Paris. Il publie des poèmes illustrés par lui, *Le sang profond,* et présente en 1944 sa première exposition à la galerie L'Arc-en-ciel. En 1946, galerie Denise René et en 1947, galerie Maeght, ses expositions, accueillies avec enthousiasme par la critique, révèlent un peintre dont les recherches s'apparentent, par son œuvre véhémente et primitive, à celles du mouvement *Cobra* (1948-1951) auquel il participe occasionnellement; il est lié personnellement à Appel, Constant, Jorn. Figure rayonnante mais de plus en plus isolée de la scène parisienne, Atlan évolue vers un art chaleureux, rythmé, chargé d'érotisme et de magie, marqué par ses origines juives et africaines. « Redécouverte » en 1956 grâce à une grande exposition personnelle à la galerie Bing, sa peinture s'impose alors par son actualité.

A. Verdet, *Atlan,* Paris, G. Fall, 1956; M. Ragon, *Atlan,* Paris, G. Fall, 1962; B. Dorival, *Atlan,* Paris, Tisné, 1962; cat. *Jean Atlan,* Paris, MNAM, 1963; cat. *Atlan, œuvres des collections publiques françaises,* Paris, MNAM, Centre G. Pompidou, 1980.

☐ *Peinture,* 1951-1952
Offert par Michel Seuphor en 1977 qui l'avait reçu en don d'Atlan en 1956, ce tableau complète l'ensemble des quatre peintures plus tardives, acquises par l'État en 1958 et 1962 (*La Kahena* et *Mésopotamie,* 1958, *Amaryllis,* 1962), puis par le Musée en 1980 (*Les Miroirs de l'Asie,* 1953-1954). Exposé en 1957 à la galerie Creuze dans le cadre de *50 ans de peinture abstraite,* il témoigne de la tension graphique, de la lourdeur de matière que soulignait M. Ragon, rapprochant les premières œuvres d'Atlan de celles de Wols et de Fautrier. Dans une gamme ténébreuse associant des matières épaisses et pulvérulentes, Atlan enchaîne des formes mystérieuses, vaguement évocatrices de l'organique et du végétal. Refusant l'opposition simpliste entre abstraction et figuration, il cherche l'expression de pulsions telluriques originelles, d'une transe incantatoire qui puisse échapper à la rationalité occidentale. G.V.

Peinture, 1951-1952
huile sur toile
81 × 100
donation M. et Mme Michel Seuphor, 1977
AM 1977-611

54

Francis Bacon
1909

Personne ne peut rester indifférent devant une toile de Francis Bacon. C'est que la sensation de présence réelle à laquelle atteint la figure humaine — sa peinture est définitivement centrée sur l'homme — s'impose avec une intensité qui touche à « un ordre de réalité chair et sang » (M. Leiris). Cette immédiateté d'emprise sur le réel situe son œuvre aussi loin de la peinture « illustrative » — figuration traditionnelle — que d'une forme d'expressionnisme qu'il rejette également. Annonçant historiquement la Nouvelle Figuration du début des années 60, Bacon est en fait un grand classique : son art atteint l'universel par l'infiniment particulier, et se situe sur le plan du mythe plutôt que sur celui du quotidien. Peintre d'une après-guerre déchirée, Bacon est un autodidacte et fait figure de solitaire. Né à Dublin, il passe son enfance dans l'insécurité de la Première Guerre mondiale et vit sa jeunesse dans la violence de la Seconde. Après des études non académiques, il travaille comme décorateur à Paris. Fortement impressionné par une exposition de peintures de Picasso à la galerie Pierre, il retourne en Angleterre en 1929 et commence à peindre; mais son insuccès londonien le décourage. Ce n'est qu'en 1944, après son premier grand triptyque, *Trois études pour des figures à la base d'une crucifixion* (très influencé par le Picasso de la fin des années 20) qu'il fait de la peinture le centre de sa vie. Cette toile, présentée à la Lefevre Gallery en avril 1945, fait scandale auprès d'un public encore tourné vers le surréalisme ou vers l'art abstrait. Entre 1946 et 1950, Bacon vit dans le Sud de la France. A partir de 1949, il expose régulièrement à la Hanover Gallery de Londres, commence la série des *Têtes* et la série des *Papes* d'après le *Portrait du Pape Innocent X* de Vélazquez, espérant « faire un jour la peinture la meilleure du cri humain ». Au début des années 50, il ne peindra plus — d'après modèle, puis d'après photographies — que des proches (Lucian Freud, Isabel Rawsthorne, George Dyer, Frank Auerbach) et des autoportraits. Pour l'étude du corps humain qu'il développe en séries, Bacon avait utilisé les photographies du corps en mouvement des livres de Muybridge, *Animal Locomotion* et *Human Figure in Motion* (1887) et celles de l'ouvrage scientifique *Positioning in Radiography*. La photographie l'attire particulièrement « parce que c'est le léger décalage par rapport au fait qui le renvoie plus violemment au fait. (…) Les photographies ne sont pas seulement des points de repère; elles sont souvent des déclencheurs d'idées ». En 1958, Bacon signe un contrat avec la galerie Marlborough Fine Art de Londres, et c'est au début des années 60 qu'il connaît un succès international foudroyant. Bacon vit actuellement à Londres et fait de temps à autre des séjours en France.

J. Rothenstein, R. Alley, *Francis Bacon*, Londres, Thames and Hudson, 1964; J. Russell, *Francis Bacon,* Paris, Le Chêne, 1971; cat. *Francis Bacon*, Paris, Grand Palais, 1971; *Francis Bacon, l'art de l'impossible* (entretiens avec D. Sylvester), Genève, Skira, 1976; M. Leiris, *Francis Bacon,* Paris, Albin Michel, 1983; cat *Francis Bacon*, Londres, The Tate Gallery, 1985.

□ *Van Gogh dans un paysage,* 1957
C'est l'avant-dernière toile d'une étrange série de huit peintures qui firent sensation à l'époque, car elles n'avaient pas le côté choquant des nus. Avec Vélazquez, Van Gogh est le seul peintre « historique » dont Bacon se soit inspiré de façon directe. S'il n'a pas longuement parlé de son œuvre comme il l'a fait, avec une admiration passionnée, pour le *Portrait du Pape Innocent X* de Vélazquez, il a cependant tenté, dans cette série, de « faire le tour » du *Peintre sur la route de Tarascon,* toile peinte par Van Gogh en 1888 et brûlée pendant la guerre en Allemagne, à propos de laquelle il a confié à John Russell : « J'ai toujours aimé cette toile (…) ce personnage hanté marchant sur la route m'a semblé absolument parfait à ce moment-là — on pourrait presque dire que c'est le fantôme de la route ». Cette œuvre, qu'il

n'avait vue qu'en reproduction, venait répondre à sa préoccupation de situer des figures — personnages ou animaux — dans un paysage : 1945, *Personnage dans un paysage* (Londres, The Tate Gallery); 1953, *Étude de babouin;* 1954, *Deux personnages dans l'herbe.* Il faut noter qu'à l'exception du *Paysage près de Malabata, Tanger,* 1963, Bacon ne traitera jamais le paysage seul et qu'il l'abandonnera d'ailleurs très vite comme « environnement », pour se consacrer aux seules figures. Mais, de façon plus profonde, Bacon, qui relit régulièrement les lettres de Vincent à Théo, voit bien que Van Gogh et lui-même ont en commun deux choses; d'une part, leur façon d'appréhender la réalité à partir de leurs sensations : « L'artiste est capable de desserrer les valves de la sensation et ainsi de renvoyer plus violemment le spectateur à la vie » (Bacon); d'autre part, pour restituer cette réalité dans la peinture, le fait qu'ils impriment l'un et l'autre une distorsion violente, extrême, aux formes : « Je voudrais que mes toiles soient inexactes et irrégulières de telle sorte qu'elles deviennent des mensonges, si vous voulez, mais des mensonges qui sont plus vrais que la réalité littérale » (Van Gogh). « Ce que je veux faire, c'est déformer la chose et l'écarter de l'apparence mais, dans cette déformation, la ramener à un enregistrement de l'apparence (…) les déformations me semblent transmettre l'image avec plus de force » (Bacon). Les huit variations sur le thème de Van Gogh reprennent la même construction et la même violence des couleurs; excepté la première *Étude pour un portrait de Van Gogh,* datant du printemps 1956, la plupart ont été réalisées dans les premiers mois de 1957, pour être présentées en mars-avril à l'exposition personnelle de Bacon à la Hanover Gallery de Londres. Dans la deuxième version, la troisième (la plus proche du « modèle »), la

Van Gogh dans un paysage, 1957
huile sur toile
153 × 120
achat 1981
AM 1982-2

56

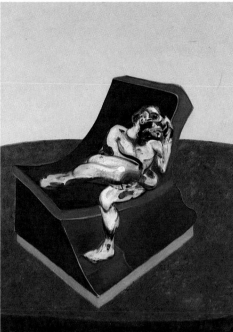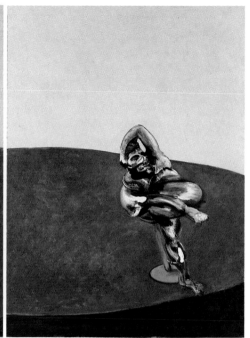

quatrième, qui présentent toutes Van Gogh marchant sur la route au milieu des champs et des arbres, Bacon a choisi une composition en oblique montant vers la gauche. La septième version (avril 1957), celle du Musée, apparaît plus complexe et plus aboutie : l'oblique descend vers la gauche, tourne vers le premier plan, formant ainsi l'ébauche de ce qui deviendra son « présentoir », scène ronde sur laquelle Bacon situera désormais le plus souvent ses figures; le champ entier paraît pivoter autour de la forte oblique de l'arbre campé en plein centre et au premier plan qui vient aussi équilibrer la composition. Van Gogh est ici relégué au fond de la toile, mais c'est pourtant par la tache jaune de son balluchon que l'œil est attiré et en elle que la violence propre à la peinture de Van Gogh est concentrée. La dernière toile de la série, *Van Gogh allant travailler,* peinte sans doute seulement en automne 1957, rejoint la première — comme pour fermer la boucle — puisque l'une et l'autre figurent Van Gogh presque en pied, se détachant en gros plan sur un paysage réduit à la seule route.

☐ *Trois personnages dans une pièce,* 1964
La juxtaposition de plusieurs images, qui lui vient en partie du cinéma sur écran panoramique, permet à Bacon de « rendre la vie dans toute sa force » et d'éviter ainsi toute narration ou illustration. De la même façon qu'il isole souvent la figure en traçant autour d'elle une sorte de structure linéaire, qui concentre l'image « juste pour voir mieux », les différents panneaux du triptyque sont séparés par des cadres nécessairement distincts, et ainsi « coupent court à toute histoire ». Les trois personnages du triptyque du Musée n'établissent ainsi entre eux aucun contact, mais, réunis, constituent la triple mémoire personnelle de Bacon. Car Bacon peint toujours des personnes qu'il connaît bien : en 1964, il se lie avec George Dyer qui restera son modèle jusqu'à sa mort en 1971; à considérer tous les portraits que Bacon fera de lui et particulièrement le triptyque de 1973 : *Trois portraits. Portrait posthume de George Dyer, autoportrait, portrait de Lucian Freud,* c'est bien son ami qu'il aurait représenté sur le panneau de gauche; la ressemblance est évidente : même aspect dense et râblé du

personnage, la tête plantée sur un cou très court rejoignant des épaules larges et rondes. Un autre modèle de Bacon est le peintre anglais Lucian Freud, probablement figuré sur le panneau de droite : même tête que dans son *Portrait* de 1973, même corps tourmenté et ramassé dans un mouvement de vrille que dans le *Portrait de Lucian Freud (sur fond orange)* de 1965 et surtout même position — bras droit levé au-dessus de la tête — que dans le *Double portrait de Lucian Freud et de Frank Auerbach* de 1964. Au centre, est-ce Bacon lui-même, la bouche contorsionnée en un cri : « J'ai voulu peindre le cri plus que l'horreur »? La choquante « cuvette de porcelaine blanche avec laquelle l'homme nu assis ne fait qu'un » (Russell), qui a longtemps repoussé les acheteurs, est, en fait, prétexte à poser à cet endroit de la toile un blanc nacré. Du tuyau blanc qui en sort, ici simple rappel du ver rampant qui apparaît développé dans *Trois études pour une crucifixion* de 1962, Bacon révélera l'origine à D. Sylvester : « Vous connaissez la grande *Crucifixion* de Cimabue? L'image d'elle que j'ai toujours en tête c'est celle d'un ver rampant vers le pied de la croix (...). J'ai essayé de faire quelque chose de l'impression que m'a donnée parfois ce tableau : cette image bougeant, ondulant vers le bas de la croix ». La composition classique du triptyque du Musée — inspirée de l'iconographie de la triple Crucifixion — présente une progression de gauche à droite : à gauche, un homme de dos et immobile; au centre, un autre de face et criant; à droite, le troisième, quasi de profil et tordu en un mouvement (résultant du cri?), corps liés par la ligne médiane qui cerne cette plate-forme brune en forme d'ellipse, piste de cirque pour humains solitaires et torturés. Pour restituer la violence du drame charnel qui les possède, Bacon a dû penser d'abord à la sculpture. « J'espère être capable de faire des figures surgissant de leur propre chair (...) et d'en faire des figures aussi poignantes qu'une crucifixion ».

☐ *Étude du corps humain,* 1982
« Disposant de ces merveilleux moyens mécaniques d'enregistrer un fait, que peut-on faire sinon aller à quelque chose de beaucoup plus extrême et enregistrer le fait, non pas comme un simple fait, mais à

Trois personnages dans une pièce, 1964
triptyque
huile sur toile
chaque panneau 198 × 147
achat de l'État 1968, attr. 1976
AM 1976-925

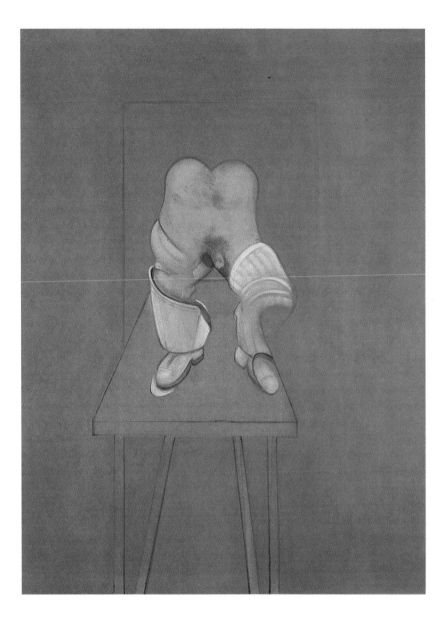

de nombreux niveaux où l'on ouvre les domaines sensibles qui conduisent à une perception plus profonde de la réalité de l'image, où l'on essaie de faire une construction grâce à laquelle cette chose sera saisie crue et vive, puis laissée là, et « la voilà! ». Voilà bien le choc qu'assène cette image jetée à la figure du spectateur. Peinte en janvier 1982, elle constituait le panneau central d'un triptyque — présenté une seule fois à la galerie Marlborough à Londres en avril-mai 1982 — que Bacon choisit, exceptionnellement, de démanteler (le panneau de gauche fut détruit et celui de droite vendu à un collectionneur américain). Elle présente un morceau d'une humanité désespérément inachevée, homme tronqué réduit à son sexe. Traité de façon très simple, présenté de face, sans mouvement ni distorsion (la même année, il en existe une version tout à fait proche, mais en mouvement, coll. Marlborough, Vaduz), ce tronc, planté sur des jambes gainées de jambières de joueur de cricket, elles-mêmes comme juchées sur des échasses, a une présence d'une violence contenue. Le corps, comme offert sur cette table-piédestal, semble sacralisé, enchâssé dans un fond rouge-orangé traité au pastel sans modulation

et produisant un effet de matité. Dans son premier triptyque de 1944, Bacon avait travaillé ses figures sur des fonds durs, plats et vifs, d'un rouge repris du *Portrait du Pape Innocent X* de Vélazquez : « Quand j'ai commencé cela, j'étais entré dans la couleur. J'étais même très absorbé par cette peinture et sa couleur rouge ». Puis il adoucit ses fonds avec des couleurs plus neutres, les rendant plus complexes en y ajoutant des constructions. Dès la fin des années 70, Bacon revient au rouge et au fond dénudé: « J'ai voulu de plus en plus rendre les images à la fois plus simples et plus compliquées. Et quant à l'effet produit, cela peut agir plus franchement si le fond est très uni et très net. J'aimerais que l'image ait une intimité sur un fond très dénudé. Je veux isoler l'image ». Pour concentrer davantage cette figure à l'intérieur de la toile, il l'encadre par l'habituelle structure rectangulaire, à peine suggérée ici. Pour parfaire cette «offrande », Bacon, qui n'emploie aucun vernis, tient à ce que ses toiles soient présentées sous verre, car « le verre aide à l'unité du tableau. J'aime aussi la distance que le verre crée entre ce qui a été fait et le spectateur; j'aime que l'objet soit, pour ainsi dire, aussi loin que possible ».   N.P.

Étude du corps humain, 1982
huile et pastel sur toile
198 × 147,5
achat 1982
AM 1982-433

Léon Bakst
1866-1924

Après des études à l'Académie de St-Pétersbourg, sa ville natale, puis à Paris (1895-1898) et à Munich (1899), il effectue un premier décor pour l'exposition de l'art russe organisée par Diaghilev à Paris en 1906. Entre 1909 et 1914, apportant une véritable révolution en ce domaine, il devient le plus célèbre créateur de décors et de costumes pour les Ballets Russes de Diaghilev. La rupture avec ce dernier, qui faisait appel de plus en plus à d'autres artistes comme Larionov, Gontcharova, Balla, Derain et Picasso, sera définitive en 1919.

A. Alexandre, J. Cocteau, *L'Art décoratif de Léon Bakst,* Paris, Brunoff, 1913; Ch. Spencer, *Leon Bakst,* Londres, Academy Ed., 1973.

☐ *Projet de costume pour la danse sacrée du ballet « Le Dieu bleu »,* 1912
Grâce à des dons généreux (les dons anonymes du fonds du Musée du Jeu de Paume, les donations Mila Barsacq et Léon Baratz, ainsi que le legs R. Le Masle), le Musée possède une ample collection de ses dessins aquarellés. Celui-ci, ayant appartenu à Mme de Béhagues, comtesse R. de Béarn, fait partie des travaux préparatoires pour le ballet « Le Dieu bleu », dont la première à Paris eut lieu le 13 mai 1912 au Théâtre du Châtelet. Il illustre parfaitement l'orientalisme exotique de Bakst, ainsi que le raffinement et la fantaisie extrêmes de ses costumes « enfin dansables ». Le ballet de J. Cocteau et de F. de Madrazo, inspiré par une légende hindoue et dansé, sur une musique de R. Hahn, par Karsavina et Nijinsky dans les rôles principaux, fut jugé terne, ennuyeux, plus conventionnel que les autres créations pour la saison *(L'Après-midi d'un Faune et Daphnis et Chloé)* et se solda par un échec. Ne lui survivent que les éblouissantes études de Bakst pour les costumes.   J.B.

Projet de costume pour la danse sacrée du ballet « Le Dieu bleu », 1912
mine de plomb, aquarelle et rehauts de peinture or sur papier collé sur carton
42,7 × 27,9
achat 1982
AM 1982-427

Balthus
1908

Balthus a toujours demandé que l'on ne mêle aucun élément biographique à l'exégèse de son œuvre. Ce souhait, très compréhensible quand on considère la logorrhée anecdotique qui envahit les monographies d'artistes et servent d'écran aux œuvres, eut pour conséquence l'élaboration d'une véritable mythologie balthusienne appelée à combler ce vide biographique. Le mérite du catalogue établi par le Metropolitan Museum de New York pour l'exposition *Balthus* en 1984 fut de rétablir quelques points de repère dans cette envolée hagiographique.
Balthazar Klossovski de Rola est né à Paris. Ses parents appartiennent au milieu artistique international bien introduit dans le milieu littéraire, aussi ne s'étonnera-t-on pas de voir les débuts artistiques du jeune « Balthus » parrainés par Rainer Maria Rilke et André Gide. Après avoir suivi sa mère en Suisse et à Berlin, Balthus s'établit à Paris en 1924. Il apprend la peinture auprès des maîtres du Louvre et au cours de voyages en Italie. Sa première exposition a lieu chez Pierre Loeb en 1934 et connaît un certain succès de scandale avec la révélation d'*Alice* et de *La Leçon de guitare.* Son nom surgit dans l'actualité à l'occasion de quelques mises en scène : *Les Cenci* en 1935, *Cosi fan tutte* à Aix-en-Provence en 1950. En réalité, il se confine dans un silence aristocratique, vivant de portraits de commande de 1936 à 1939. Il séjourne en Savoie et en Suisse pendant la Seconde Guerre mondiale, puis s'isole dans les volumes imposants du château de Chassy (Morvan) jusqu'en 1961. Nommé par André Malraux directeur de la Villa Medicis à Rome, où il assume avec brio un rôle officiel, il se consacre jusqu'en 1977 à la restauration et à l'épuration de la villa. Il vit actuellement en Suisse.

J. Leymarie, *Balthus,* Genève, Skira, 1978, 2ᵉ éd. 1982; cat. *Balthus,* MNAM, Centre G. Pompidou, 1983; S. Rewald, *Balthus,* New York, The Metropolitan Museum of Art, 1984.

Peu d'œuvres de Balthus figurent dans les collections publiques françaises : une au musée de Marseille, trois au Musée d'Art moderne de Troyes, cinq au Musée national d'Art moderne, grâce à la récente donation de *La Phalène,* de 1959-1960, et du *Grand Paysage à l'arbre* de 1960.

☐ *La Toilette de Cathy,* 1933
Cette importante toile figurait au nombre des huit peintures présentées à la galerie Pierre en avril 1934. Elle ne possède pas la monumentalité de la *Rue* (MOMA) et ne provoque pas le spectateur comme *Alice* ou *La Leçon de guitare* qui lui sont contemporaines. *La Toilette de Cathy* retint aussitôt l'attention d'Antonin Artaud, un des rares écrivains à rendre compte de l'exposition de la galerie Pierre dans la *Nouvelle Revue Française* (nᵒ 248, mai 1934), et celle de Tériade qui la choisit pour illustrer son article « Aspects actuels de l'expression plastique » paru dans *Minotaure* (nᵒ 5, févr. 1934); dans le numéro 7 de 1935 devaient être également reproduites quelques-unes des illustrations réalisées par Balthus en 1933 pour *Les Hauts de Hurlevent* d'Emily Brontë : parmi celles-ci, le dessin intitulé « Alors pourquoi portez-vous cette robe de soie ? » présente une composition tout à fait analogue à celle de *La Toilette de Cathy* à deux ou trois variantes près (la jeune femme y figure encore vêtue et non presque nue comme elle l'est également dans la petite étude préparatoire à la toile conservée au MOMA). On sait l'importance déterminante des *Hauts de Hurlevent* dans l'œuvre de Balthus. Rappelons cependant que si, d'une manière générale, les années 30 se teintent volontiers d'anglomanie et de romantisme, Balthus est le seul artiste à porter attention au roman d'Emily Brontë. Soulignons, avec Sabine Rewald, qu'il y a chez Balthus, plus qu'une fascination de l'univers des amours pubères, une identification de lui-même avec le personnage d'Heathcliff : à cette époque, il entreprend de conquérir la jeune fille qui deviendra

sa femme, Antoinette de Watteville; certains ont cru reconnaître, dans la figure du jeune homme assis à gauche, ses propres traits. Dans cette toile apparaissent certains éléments caractéristiques de l'œuvre de Balthus : rigueur de la composition, sobriété du décor, voire pauvreté du mobilier — un buffet de cuisine, une coiffeuse sans caractère et une chaise paillée —, unité de la couleur, le seul élément un peu plus vif étant fourni par le motif du tapis. Dès 1934, sa recherche se situe en marge des différents courants esthétiques d'actualité à Paris — néo-réalisme, abstraction, surréalisme (même si elle ne s'est pas ouvertement opposée à ce dernier) — et peut être comprise comme l'une des démarches essentielles du retour à la figuration dans les années 30. Cependant, l'apport de cette toile dépasse sans doute le seul sujet, comme l'écrira Pierre Jean Jouve : « Il y a dans le tableau de Balthus beaucoup d'invisible; il y en a même d'autant plus que le visible paraît plus tyrannique. C'est ainsi que *La Toilette* de 1934 montrait une jeune femme nue debout et tenant un petit miroir, une vieille servante qui lui soigne les cheveux, tandis qu'un personnage masculin semble écroulé sous une crise de mélancolie ».

La Toilette de Cathy, 1933
huile sur toile
165 × 150
achat 1977
AM 1977-196

60

□ *Grand Paysage à l'arbre,* 1960

De 1950 à 1961, Balthus réside dans une propriété isolée, le château de Chassy, entourée de dépendances et de fermes, dans le département de la Nièvre. Il peint six versions de la vue qu'il a d'une fenêtre surplombant la cour de ferme — la version la plus proche de celle du Musée étant sans doute la *Cour de ferme de Chassy,* 1960 (coll. Henriette Gomès, Paris). Ce sont de grands paysages composés « à la manière classique », qui prennent la suite de ceux peints autrefois à Champrovent, en Savoie, et en Suisse. D'une vue des communs à l'autre, les variations lui apparaissent nombreuses, infiniment changeantes. Le moutonnement des collines à l'horizon se devine à travers les branches des arbres dénudés par l'hiver. Ces compositions bucoliques, prétextes aux constructions de l'espace et aux jeux de lumière en facettes, sont à peine troublées par la présence humaine; seule la silhouette anonyme du marcheur qui s'éloigne dans la cour de ferme donne l'échelle de la composition. Une nette prédominance du paysage dans la série de Chassy déconcerta, peut-être par son naturalisme, les amateurs de Balthus. Mais, en réalité, là ne réside pas la rupture essentielle : dans le *Grand Paysage à l'arbre,* probablement la dernière peinture exécutée avant son départ pour Rome en 1961, Balthus se livre à de nouvelles recherches d'ordre technique, tentant déjà de retrouver des effets de fresque par la superposition de nombreuses couches de tempera à la caséine.

□ *La Chambre turque,* 1963-1966

Première œuvre de Balthus à entrer dans les collections nationales, acquise par l'État après avoir été présentée à l'exposition des Arts décoratifs et avoir été l'objet, avec les trois versions des *Trois sœurs,* d'une exposition à la Pierre Matisse Gallery en 1967, *La Chambre turque* a su imposer son étrangeté; certains ont pu y voir la résonance de la peinture siennoise du 15e siècle, celle de Giotto, de Lorenzetti. Un lit recouvert d'un riche tissu à ramages, un carrelage au savant dessin géométrique, une mosaïque murale à brillant décor floral, deux simples natures mortes et un nu académique et exotique à la fois : les persiennes vertes sont closes, fermant cet espace intime, sans profondeur, défini en surface par le seul jeu hiéroglyphique des

Grand Paysage à l'arbre, 1960
huile sur toile
130,5 × 162
don André et Henriette Gomès avec réserve d'usufruit, 1985
AM 1985-515

La Chambre turque, 1963-1966
caséine et tempera sur toile
180 × 210
achat de l'État, attr. 1976
AM 1976-926

arabesques et des damiers, tout entier vibrant d'une lumière nacrée. La scène est énigmatique mais le lieu n'est pas imaginaire : il s'agit d'une salle mauresque, installée à la Villa Medicis quand Horace Vernet en était le directeur, sorte de dispositif d'évasion que les peintres parvenus à la notoriété, à la fin du 19e siècle, ne manquèrent pas d'adjoindre à leur atelier pour nourrir, à la suite des *Femmes d'Alger* de Delacroix ou du *Bain turc* de Ingres, des mirages d'odalisques. Maîtrisant cette référence à un Moyen Orient de pacotille, Balthus tire prétexte à exercice de peinture où il réussit à allier l'académisme le plus classique à un sentiment de mystère presque allégorique. Cette femme — qui n'est autre que Setsuko, l'amie japonaise de Balthus rencontrée en 1962 — et dont les lignes sinueuses du corps répondent à la géométrie des motifs décoratifs, paraît absente : se mire-t-elle dans ce miroir japonais qui semble ne rien refléter ou son regard glisse-t-il au loin dans une rêverie éveillée, attiré par l'énigmatique coupe d'œufs, symbole de féminité?

☐ *Le Peintre et son modèle,* 1980-1981
Cette toile est une ultime variation sur le thème fondamental du « peintre et son modèle » et sur le rapport du « dedans » et du « dehors ». Les quelques privilégiés qui furent invités par Balthus à pénétrer dans le secret de son atelier à Rome peuvent retrouver dans le traitement du fond gris la nudité et le « vibrato » adoptés pour les salles d'exposition de l'Académie de France à Rome. Le peintre, tirant le rideau qui occultait la fenêtre, tourne ostensiblement le dos à son « modèle », à son « atelier », pour regarder à l'extérieur; son geste, symbole du geste du peintre qui, en donnant la lumière, crée la peinture, n'est pas sans rappeler en même temps celui du gnome de *La Chambre,* 1952-1954, mais qui, lui, paraissait vouloir mieux surprendre le corps nu d'une jeune fille étendue. Le « modèle » ici semble délaissé, occupé, agenouillé, à lire, comme dans les peintures de Balthus des années 30-40. Mais le caractère initiatique, la force mystérieuse, érotique de ces dernières ont disparu; ce véritable « tableau vivant », où les acteurs traditionnels de la peinture se trouvent figés dans une attitude mélancolique, n'apparaît plus que comme un plaidoyer pour la peinture académique, pour le travail d'élaboration lente et distanciée du peintre : le mythe de l'âge d'or pictural. Ch.D.

Le Peintre et son modèle, 1980-1981
caséine et tempera sur toile
226 × 230
achat 1981
AM 1982-3

Vladimir Baranoff-Rossiné
1888-1942

Ukrainien de naissance comme Archipenko, Baranoff-Rossiné participe à plusieurs expositions historiques de l'avant-garde russe à Moscou, à Kiev et à Saint-Pétersbourg entre 1907 et 1909, avant de se fixer à Paris en 1910. Pendant sa première période parisienne, son œuvre s'assimile à la peinture d'avant-garde et on y décèle une sorte d'orphisme coloré et rythmique. Il réalise en même temps ses premières sculptures, assemblages de bouts de bois et de plaques de métal dans des configurations polychromées, non sans analogies avec les premières sculptures d'Archipenko et d'Ivan Kliun, et qui révèlent une conception d'origine russe plutôt qu'une inspiration française. Entre 1917 et 1925, il poursuit en Union Soviétique sa carrière de peintre. Il met alors au point son *Piano optophonique* auquel il travaille depuis 1915 et où est tentée une conception synchrétiste, « cinétiste » avant la lettre : son principe consiste en une projection d'images activées par les touches du piano qui commandent le passage d'un faisceau de lumière à travers des disques et des prismes de couleur. Présenté dès 1922 à Moscou, aux théâtres Bolchoï et Meyerhold, ce piano a été reconstitué en réduction en 1971 et offert au Musée.

Cat. *Vladimir Baranoff-Rossiné*, Paris, galerie J. Chauvelin, 1970; cat *Vladimir Baranoff-Rossiné*, Paris, MNAM, Centre G. Pompidou, 1972; P. Breuillard-Limondin et M.J. Mausset, *Baranoff-Rossiné*, thèse de l'Université de Paris VIII, 1979-1980.

□ *Sculpture polytechnique*, 1929
Exposée au Salon des Indépendants en 1933 — Baranoff-Rossiné réside à nouveau à Paris à partir de 1925 — cette pièce est une des deux sculptures de l'artiste qui nous sont parvenues. Alors que *Symphonie nº 1* (1913, MOMA), constituée de matériaux divers, fait écho aux principes du futurisme et du constructivisme russes, la sculpture du Musée apparaît d'inspiration plus nettement futuriste; ce n'est pas la fidélité aux matériaux qui prime ici, mais plutôt une vision picturale, lyrique : à cette date, la sculpture et la peinture n'ont jamais été aussi proches (Arp, Miró, Calder). Cependant, son caractère provocateur et non figuratif apparaît très différent de l'esprit des peintures de la même période et semble refléter la tendance surréaliste. Sans davantage de données sur cet artiste doué mais encore mal connu, la *Sculpture polytechnique* reste unique et énigmatique dans le contexte de son œuvre.   M.R.

Martin Barré
1924

Martin Barré travaille à Paris où il a exposé à partir de 1954 aux Salons des « Réalités Nouvelles » et « Comparaisons » et successivement dans les galeries La Roue (1955-1956), Arnaud (1957-1968), Templon (1969-1975), Piltzer-Rheims (1976-1977), Chauvelin et Gillespie/Laage/Salomon (1981); ses œuvres ont été présentées également à l'étranger dans plusieurs musées et galeries.

M. Ragon. *M. Barré et la poétique de l'espace*, Paris, gal. Arnaud, 1960; cat. *Martin Barré*, Paris, ARC, 1979; Y.-A. Bois, « M. Barré, Strategies of Concealment », *Art in America*, avril 1982.

□ *60 T 45*, 1960
Poursuivant une tendance à la réduction extrême des moyens picturaux afin d'obtenir une plus grande concentration, Martin Barré explore en 1960 les possibilités de la ligne en tant que cheminement de la main, en tant que geste d'appropriation de l'espace perceptif. Dans cette œuvre, premier quadriptyque de l'artiste, un signe graphique, dans son absolu dépouillement, est inscrit directement au tube sur quatre panneaux accolés de toile en réserve. Le tube est utilisé exclusivement dans la mesure où il permet une connexion directe entre le corps et le pigment. Le geste n'est pas unique : un premier tracé noir est comme réévalué et affirmé par endroits en une couleur autre. A noter l'apparition des « hachurés » très espacés qui feront l'objet d'une investigation approfondie ultérieurement. L'intention première du peintre, la dispersion dans l'espace des quatre éléments, n'est esquissée que par un faible écart qui introduit une sorte de tension entre les panneaux. Cette intervention brise la cohérence préétablie du tracé, signifie l'éclatement du tableau, rehausse le morcellement temporel et spatial du sujet, mais, en même temps, rend apparent le lien que chaque œuvre — et a fortiori chaque élément de cet ensemble — entretient avec les autres œuvres, présentes ou absentes. Les travaux plus récents de l'artiste sont représentés dans les collections du Musée par *80 B - 150 × 140*, 1980 — exposé en 1982 au Centre G. Pompidou dans « Choix pour aujourd'hui » — et par trois peintures importantes de 1982-1984, acquises en 1985.
                                                                    J.B.

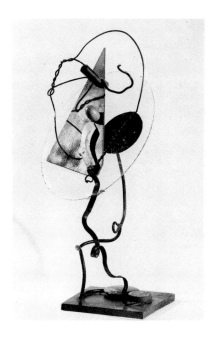

Sculpture polytechnique, 1929
fer, bois peint, verre, métal
80 × 42 × 32
don de Mme Baranoff-Rossiné et d'Eugène Baranoff-Rossiné
AM 1972-2

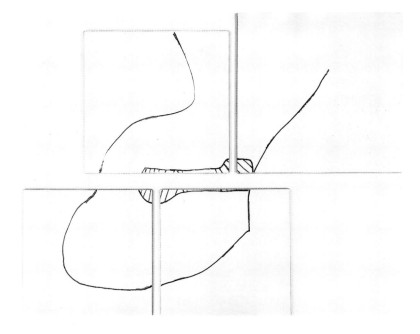

60 T 45, 1960
quadriptyque, huile sur toile
de g. à dr. et de haut en bas :
90 × 96,5; 102 × 110; 80 × 86; 80,5 × 86
achat de l'État 1978, attr. 1981
AM 1982-82

Georg Baselitz
1938

Né à Deutschbaselitz (Saxe), il étudie d'abord à Berlin-Est puis s'installe en 1956 à Berlin-Ouest pour travailler à l'École supérieure des Arts plastiques jusqu'en 1964. En collaboration avec le peintre Eugen Schönebeck, il rédige deux manifestes, l'un en 1961 : « Le Pandämonium », l'autre en 1962, dans lesquels il affirme d'une manière essentiellement polémique la volonté d'édicter un programme s'opposant à la prégnance, qu'il juge trop grande, de l'École de Paris et de la peinture américaine. L'exposition de la galerie Werner & Katz en 1963 fait scandale. Deux tableaux : *Die grosse Nacht im Eimer* et *Der Nackte Mann* sont confisqués. En 1966, à l'occasion de l'exposition qu'il réalise à la galerie Springer, Baselitz publie un autre manifeste intitulé: « Die Grosse Freunde ». A partir de 1975, il s'installe à Derneburg en Basse-Saxe, où il vit et travaille encore aujourd'hui.

Cat. *Baselitz, peintures 1960-1983,* Amsterdam, Stedelijk Museum et Bâle, Kunsthalle, 1984; cat. *Baselitz, sculptures,* Bordeaux, CAPC, 1983.

☐ *Die Mädchen von Olmo II,* 1981
Plus que comme un retour à la figuration, l'œuvre de Georg Baselitz doit d'abord être perçue comme la volonté de s'opposer à l'emprise de l'Abstraction et de la réduction formelle des années 60. Il ne s'agit donc pas d'une réaction, mais d'abord de la permanence d'une réflexion sur le problème de la peinture où chaque thème doit être regardé non pas comme un sujet, mais d'abord comme un *motif.* L'artiste insiste également sur le fait que son œuvre n'est pas seulement l'écho de l'expressionnisme allemand du début de ce siècle, mais davantage une interrogation sur « la façon de traiter la toile, de s'arrêter sur son utilisation manuelle ». De fait, de ses premières œuvres inspirées délibérément d'un peintre inconnu du 19ᵉ siècle, Ferdinand Von Rayski (*Têtes Rayski,* 1963-1964), des Héros et des Idoles des années 1965-1968 à la destitution de la valeur du sujet par le renversement du modèle dès la fin des années 60, l'œuvre de Baselitz s'attache à annuler les fondements de la coupure entre peinture figurative et peinture abstraite.

Die Mädchen von Olmo II, deuxième version d'une série sur ce thème peinte par l'artiste en 1981, et pour laquelle le Musée possède une grande encre de Chine préparatoire, apparaît d'abord, dans l'extrême virtuosité de son exécution, comme l'exaltation de la dimension physique de la peinture. Elle rappelle que l'artiste est aussi sculpteur et graveur, renouant ainsi avec les techniques les plus traditionnelles de l'expression plastique. Mais la banalité du sujet, ou plus exactement sa *banalisation* — deux jeunes filles à bicyclette — apparaît aussi comme une mise en scène cherchant à trangresser la fonction du sujet, d'où son retournement, au sens propre du terme, « la tête en bas ». Il s'agit davantage, au même titre qu'ailleurs dans de simples bouquets ou dans les gestes archétypiques de son œuvre sculpté, d'un ensemble de formes que l'artiste utilise pour leur *valeur d'usage* et leur signification originelle. A l'encontre d'une approche de la peinture allemande des quinze dernières années qui tente de l'appréhender dans son seul lien à la tradition picturale, il faut ainsi voir dans l'œuvre de Baselitz la volonté de prendre le motif à témoin pour bâtir le tableau.

B.B.

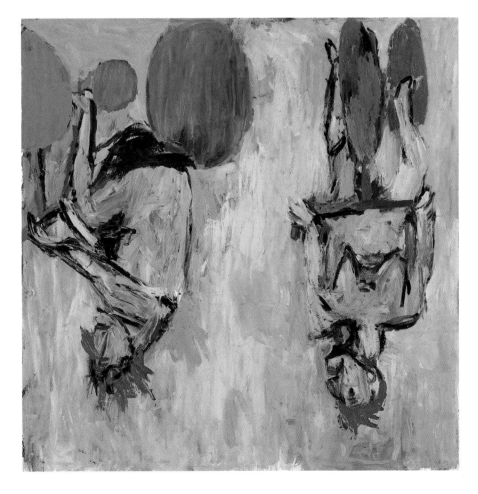

Die Mädchen von Olmo II, 1981
(Les Filles d'Olmo)
huile sur toile
250 × 249
achat 1981
AM 1982-19

Willi Baumeister
1889-1955

Baumeister entre en 1905 comme apprenti dans l'entreprise de son oncle, peintre en bâtiment établi à Stuttgart, et parallèlement assiste aux cours du soir à l'Académie des Beaux-Arts. A partir de 1908, il suit le programme complet des cours de Hölzel et Igler. En 1911, il fait le premier de ses nombreux séjours en France, où son œuvre est exposée en 1927 à la Galerie d'Art contemporain à Paris. Quelques années plus tard, il fait partie du groupe *Cercle et Carré,* devient membre d'*Abstraction-Création* et expose à plusieurs reprises à la galerie Jeanne Bucher sur la recommandation de Kandinsky. Nommé professeur à l'École des Beaux-Arts de Francfort en 1928, il en sera congédié par les Nazis en 1933 et frappé d'interdit d'exposer; pour assurer la survie des siens, il travaille dans une imprimerie et, pendant la Seconde Guerre mondiale, dans une usine de couleurs. En 1946, il est chargé de cours à l'École des Beaux-Arts de Stuttgart. Son premier livre théorique, *Das Unbekannte in der Kunst (De l'inconnu dans l'art),* paraît un an plus tard. Une importante rétrospective de son œuvre a lieu à Stuttgart en 1954, révélant un œuvre d'une grande diversité inventive qui, tendu par un sens aigu de la clarté et, en même temps, du jeu et de l'expérimentation, se situe aux confins de l'abstraction géométrique et de la figuration poétique.

W. Baumeister, *Das Unbekannte in der Kunst,* Stuttgart, C.E. Schwab, 1947; W. Grohmann, *Willi Baumeister,* Stuttgart, W. Kohlhammer, 1952, éd. enrichie Cologne, DuMont-Schauberg, Bruxelles, La Connaissance, 1966; cat. *Baumeister-Dokumente, Texte, Gemälde,* Tübingen, G. Adriani, 1971.

☐ *Composition,* 1923
Avec la série des *Mauerbilder* (Murs) de 1919-1923, Baumeister, qui sera rapidement reconnu par les maîtres du Bauhaus, fait aussitôt figure d'antidote à l'expressionnisme allemand et se rattache à l'avant-garde internationale. En France, Waldemar George le mentionne en 1922 dans *L'Esprit Nouveau* (n° 15) et l'on peut constater, comme le fera quelques années plus tard Le Corbusier *(L'Age Nouveau,* n° 44, 1949), qu'il « s'appuya instinctivement sur l'art de Paris aux heures d'éclat du cubisme ». Il admirait surtout l'œuvre de Mondrian et connaissait bien celle de Léger dans sa « période mécanique » de

1920-1924. Comme ce dernier, Baumeister s'enthousiasmait pour les inventions de la civilisation technique. « Nous savons que la croûte terrestre a reçu un humus nouveau : les machines... Nous prenons la machine de notre époque comme matière première de nos « poèmes sur toile » *(Cahiers d'Art,* n° 4, 1931, p. 215). La gouache reproduite, d'une ordonnance pure et rigoureuse, appartient à la série des « Maschinenbilder » créée entre 1922 et 1927. Elle fut offerte à M. Seuphor par l'artiste en 1927 et figura cette même année à son exposition de la Galerie d'Art contemporain.

☐ *Jour heureux,* 1947
Cependant, « le souvenir de la nature n'a pas besoin d'être éliminé complètement ». Un nouveau thème s'annonce à la fin de la guerre : celui des « paysages métaphysiques », sur lequel Baumeister produira, entre 1946 et 1954, 71 variations. *Jour heureux* (Grohmann, n° 1024) fait partie d'un sous-ensemble dit « paysages gais »; « Heitere Landschaft » était d'ailleurs son titre original, que Baumeister changea en « Jour heureux » quand il fit don de l'œuvre à la France en 1947. Une nouveauté technique — le travail au peigne — caractérise certaines des œuvres de cette série, technique qui permet une animation de la couche picturale. Sur un fond préparé selon ce procédé se détachent des éléments « lyriques », surréalistes, proches de certaines créations de Miró, ainsi que des formes géométriques simples, peintes en aplat dans les couleurs primaires, « telles que le fabricant les livre, pures et merveilleuses ».

J.B.

Composition, 1923
gouache, rehauts de mine de plomb et de crayon rouge sur papier
32,4 × 26
don M. et Mme Michel Seuphor, 1977
AM 1977-605

Jour heureux, 1947
huile sur isorel
65 × 81
don de l'artiste à l'État, attr. 1950
AM 2970 P

Jean Bazaine
1904

Depuis qu'il découvrit la Bretagne en 1936, Jean Bazaine n'a cessé de trouver dans les structures de ses paysages, dans les densités de son atmosphère et dans les désordres de la mer la matière de sa peinture, mais une matière transmuée, libérée des formes, ramenée aux lignes de force et aux couleurs.

Formé d'abord à la sculpture, à la littérature et à la philosophie, il vient à la peinture en 1924, puis au vitrail dès 1937, à la décoration de théâtre et en 1951 — à l'instigation du Père Couturier, rénovateur de l'art sacré — à la mosaïque (Palais de l'UNESCO, 1960, carton et maquette au MNAM). Profondément intéressé par la théorie et l'analyse, il écrit également beaucoup sur son art : des *Notes sur la peinture d'aujourd'hui,* publiées en 1948, un *Exercice de la peinture* en 1973. Il y explique son besoin d'oublier la tradition académique, « héritage oppressif », sa volonté de restituer le réel et de retrouver, touche par touche, les pulsions de l'énergie originelle en éternel recommencement. Sa recherche, à travers la géométrie intérieure des formes élémentaires, du « sens caché des choses » dont parlait Aristote, le conduit, sous l'influence de Gromaire (rencontré en 1932), à remettre d'abord en question la forme extérieure en faisant ressortir les grands rythmes de ses structures géométriques; puis vers 1942-1943, marqué par les vitraux de Chartres et revenant à la leçon de Bonnard et de Matisse, il s'oriente vers la couleur pure, qui fait respirer les espaces. De 1942 à 1947, très lié à Estève et Lapicque (avec lesquels il expose chez Louis Carré), il se défend comme eux d'être abstrait et se veut seulement non figuratif ou, reprenant un néologisme de Delacroix, « surnaturaliste » : « La mort par inanition, qui guette les plus sincères d'entre les abstraits (...) n'est pas la forme la plus courageuse du suicide ». Cette peinture à côté et au-delà de la réalité, proche des pulsions de la nature, exercera, aussitôt après la guerre, une influence certaine sur les artistes scandinaves (1946-1947, exposition au Stedelijk Museum d'Amsterdam, au Museum for Kunst de Copenhague, puis à Stockholm) et sur un certain nombre d'Américains. Lorsqu'en 1947 éclate le groupe des *20 Jeunes Peintres de tradition française* (qu'il avait formé en 1941), Bazaine se range définitivement loin de la figuration et poursuit à partir de 1949, avec le soutien de la galerie Maeght, sa propre voie.

Abandonnant les natures mortes, la figure humaine, les nageurs, les paysages, les arbres, qui avaient été jusque-là ses sujets, il aborde des thèmes plus « abstraits », l'aube en 1947-1948 et vers 1950 les éléments en mouvement, l'eau, la terre, l'air et le feu, mêlant et découvrant dans les uns et les autres des structures analogues qui attestent l'unité du monde et de l'homme. Après une période « minérale » en 1950-1955, l'eau envahit ses toiles, brisant les formes par des touches de couleurs multipliées, mais qui constituent encore des espaces en profondeur. Ensuite, de 1959 à 1967, ceux-ci se trouvent complètement pulvérisés par des touches encore plus petites — posées avec les doigts et des chiffons — qui n'indiquent plus que les rythmes de la mer et du vent, où seule la lumière joue librement *(Soir de neige,* 1963, *Entre la pierre et l'eau,* 1964, MNAM). En 1968 Bazaine reprend ses pinceaux et, oscillant entre des recherches sur la lumière et sur la touche, il simplifie peu à peu sa palette et ses formes pour des compositions plus monumentales et dramatiques.

P. Courthion, *Jean Bazaine,* Genève, P. Cailler, 1952; cat. *Bazaine,* Hanovre, Kestner-Gesellschaft, 1962, et Munich, Kunsthaus, 1963; cat. *Bazaine,* Paris, MNAM, 1965; J. Tardieu, J. Cl. Schneider, V. Bosson, *Bazaine,* Paris, éd. Maeght, 1975.

☐ *L'Enfant et la nuit,* 1949

Bien connue depuis sa première exposition à Berne et Eindhoven en 1958, cette œuvre se situe à un tournant important de la production de Bazaine. Proche encore de *L'Enfant matinal,* 1945, et de *L'Enfant des bords de Seine,* 1946, où la figure humaine se confondait déjà tout

L'Enfant et la nuit, 1949
huile sur toile
92 × 73
don Louis-Gabriel Clayeux, 1983
AM 1984-15

André Beaudin
1895-1979

Élève de 1911 à 1915 aux Arts décoratifs de Paris, Beaudin épouse à son retour du front le peintre Suzanne Roger. En 1921, il fait la connaissance d'André Masson et, l'année suivante, de Juan Gris qui aura une grande influence sur lui jusqu'à sa mort en 1927 (*L'Œuf à la coque*, 1923). Pour sa première exposition, en janvier 1923, à la galerie Percier où il présente, entre autres, quatre toiles inspirées par son voyage en Italie de 1921, Max Jacob lui consacre une préface. Beaudin devient à cette date un des familiers de D.H. Kahnweiler. A partir de 1930, les expositions se succèdent, à New York en 1930, à Londres en 1932, à Paris à la galerie Simon en 1935 à l'occasion de laquelle Maurice Raynal dans *La Bête noire* (1er déc.) qualifie avec éloge sa peinture de « naturelle » et juge qu'elle « incarne assez la notion de réalité absolue qui hante la spéculation philosophique ». Démobilisé en 1940, Beaudin retrouvera à Saint-Léonard-de-Noblat autour de Daniel-Henry Kahnweiler : Raymond Queneau, Michel et Louise Leiris, Elie Lascaux, puis décide de regagner Paris. En 1945, il illustre *Double d'ombre* de Paul Eluard à qui le liera désormais une amitié solide, et dont il fera en 1946 un portrait en bronze. Des expositions régulières, notamment à la galerie Louise Leiris, une rétrospective, enfin, au Grand Palais en 1970 permettent de situer cette peinture d'esprit « classique » dans le champ d'une certaine abstraction parisienne d'après-guerre, comprise comme une « transposition raisonnée d'élément du réel » suivant les propos de J. Lassaigne en 1946.

Avec cette exigence de mesure et de clarté dans laquelle A. Thirion a voulu voir une certaine « tradition » de la peinture française, Beaudin, comme beaucoup de sa génération, reste fidèle au cubisme auquel il devait tant et qui renouvelait pour lui la leçon de Corot, de

entière dans l'espace qui l'enveloppait, dans une fusion étroite des structures de la nature et du corps humain, elle s'en écarte par la trame serrée, plus fragmentée mais aussi plus souple et vivante, de réseaux géométriques, tout entiers désormais d'ombres et de lumières. Elle amorce une nouvelle série d'œuvres qui débute la même année avec *Vent de mer* (MNAM, don L. Clayeux), consacrée à l'interprétation des éléments naturels et des forces vibratoires qui les agitent.

☐ *Marée basse,* 1955
Passionnément attentif aux énergies vives des éléments, Bazaine a naturellement été frappé par la vision de la marée basse (en l'occurrence celle des vastes étendues de vase de l'embouchure de la Gironde, découvertes par lui en 1954); dans cette terre en décomposition, mi-eau, mi-sable, abandonnée par la mer, il tente de saisir les mouvements contraires et lents de l'eau qui sans cesse l'envahissent, le spectacle changeant des fines rigoles scintillantes et l'ébullition souterraine de la vase. Pendant plus d'un an, il travaille cette peinture : « *Marée basse,* c'était d'abord une toile toute blanche, peinte à l'œuf, qui s'est trouvée peu à peu recouverte — je n'y pouvais rien — d'une boue grise, où les réserves de blancs ont cette clarté inimitable de l'œuf. Jamais je n'ai autant lutté pour ne pas finir une toile ». Les fins réseaux linéaires qui traversent horizontalement la matière de la peinture et leur légèreté hésitante préludent à la série des *Hollande* (1956-1959), exécutée après sa découverte des terres aquatiques du Nord en 1956.   H.C.

Marée basse, 1955
huile sur toile
130 × 195
achat 1982
AM 1982-429

Le Miroir, 1929
huile sur toile
81 × 65
donation M. et Mme André Lefèvre, 1952
AM 3980 P

Poussin, des maîtres de la Renaissance; il se tient à l'écart du surréalisme, malgré ses amitiés et en particulier celle de Masson dont il a pu se rapprocher vers 1930-1935 (*Les Oiseaux blancs,* 1933, *Les Deux Chemins,* 1932). Dans ses séries de cycles thématiques empruntés à la nature (chevaux, instruments de ferme, rues, ponts, fleurs) qu'il développe à partir de 1935, il cherche avant tout, avec une exigence de plus en plus acérée, à construire l'espace pictural, à en affirmer la structure dynamique par une suite de plans détachés et centripètes, tout en enveloppant ce réseau serré par de grandes courbes onctueuses et apaisées. Suivant le même principe d'harmonie et de vérité, il utilise, attentif essentiellement à la lumière, une palette équilibrée et intime de tons subtils glissant progressivement vers des contrastes secrets; de même, sa touche, exempte de toute arrogance expressive, se plie toujours à la présence d'un lyrisme personnel parfaitement retenu.

G. Limbour, *André Beaudin,* Paris, Verve, 1961; cat. *André Beaudin, œuvres 1921-1970,* Paris, Grand Palais, 1970; cat. *Donation Louise et Michel Leiris, Collection Kahnweiler, Paris,* MNAM, Centre G. Pompidou, 1984.

Constitué en 1951 à partir de quelques achats de l'État (*Portes et Fenêtres,* 1950, première œuvre à entrer dans les collections) puis en 1971 et 1972, enrichi de trois peintures données par André Lefèvre en 1952 et 1956, de l'importante donation Jean Aubier en 1956 qui apportait quatre sculptures et six huiles (la plupart plus anciennes comme *L'Œuf à la coque,* 1923, et *Les Deux Chemins,* 1932), et d'un don de Mme G. de La Tourette en 1962, l'ensemble des œuvres de Beaudin présent au Musée a été récemment complété de façon spectaculaire par l'arrivée des six toiles de la collection Louise et Michel Leiris, témoins de la longue amitié qui unissait Beaudin à Kahnweiler; celui-ci — dont Beaudin exécuta le portrait en 1946 — appréciait, en effet, ses qualités de réserve et d'ordre mental, n'hésitant pas à le considérer comme « celui qui a le mieux compris la grande leçon de Juan Gris ».

□ *Le Miroir,* 1929
Donnée en 1952 avec *Les Oiseaux crient,* 1944, par M. et Mme André Lefèvre qui, ne possédant pas moins de 50 œuvres de lui, portaient à Beaudin une grande admiration, cette peinture est tout à fait représentative de son art subtil et retenu, élaboré de façon très personnelle au contact des cubistes et d'André Masson. Comme l'écrit B. Dorival (*Revue du Louvre,* n° 1, 1964) : « Sans doute relève-t-on le chromatisme discret des cubistes dans *Le Miroir* où des gris dominent, avec qui des notes d'ocres, de terres, de verts passés, de roses timides et de deux accents enfin de blanc composent un accord en mineur d'une délicatesse exquise ». Dans une composition de plans schématiques et parfaitement statiques, seules les courbes appuyées et nerveuses des mains et surtout la modulation des tons qui s'attisent mutuellement apportent quelque animation pour exprimer le fugitif du moment. Dans cette véritable scène d'intimité, le miroir semble, en effet, se faire l'intercesseur de la présence, le confident d'une surprise et le complice du secret; le reflet devient recueillement et réflexion et si une main suggère la tendresse, l'autre s'ouvre comme un acte d'invocation. Comme l'écrit G. Limbour, les « personnages [semblent] plongés dans un songe mystérieux par des couleurs particulièrement pudiques ».

Hans Bellmer
1902-1975

Originaire de Katowice en Haute-Silésie (aujourd'hui Pologne), Bellmer de 1923 à 1938 vit à Berlin, où il travaille comme illustrateur et publiciste. Venu à Paris en 1938, il se lie avec les surréalistes qui, dès 1934, s'étaient intéressés à son travail. Interné en 1939 avec Max Ernst au Camp des Mille près d'Aix-en-Provence, il s'installe en zone Sud à partir de 1941. De retour à Paris, il publie en 1957 *L'Anatomie de l'image.* Une première rétrospective a lieu à Ulm en 1966, suivie à Paris en 1971 de celle du CNAC.

« Hans Bellmer », numéro spécial de la revue *Obliques,* Paris, 1975; *Hans Bellmer photographe,* Paris, éd. Filipacchi et Centre G. Pompidou, 1983; P. Webb et R. Short, *Hans Bellmer,* Londres, Quartet Books Ltd, 1985.

□ *La Poupée,* 1932-1945
Pivot de l'œuvre de Hans Bellmer, *La Poupée* est l'objet à partir duquel s'articulent toutes les réflexions de l'artiste, qu'elles empruntent la forme du dessin, de la peinture ou du texte théorique, tout comme s'y concilient les aspects opposés de sa personnalité: le regard froid de l'ingénieur et l'imagination romantique.
C'est dans l'Allemagne du début des années 30, celle qui verra bientôt la fermeture du Bauhaus, et alors qu'il gagne sa vie en réalisant, dans une esthétique très proche de celui-ci, dessins industriels et dépliants publicitaires, que l'invention de *La Poupée* va permettre à Bellmer d'affirmer une révolte sociale, prolongement du refus de l'autorité paternelle, et un érotisme violent, qui restera la caractéristique de son œuvre. En effet, à Berlin, pendant l'hiver de 1931 (cette date, ainsi que celle du début de la réalisation de *La Poupée,* a été communiquée par M. Fritz Bellmer, frère de l'artiste qui a participé à la réalisation de l'œuvre), lors d'une soirée théâtrale où sont représentés *Les Contes d'Hoffmann,* Bellmer découvre avec fascination le personnage de la poupée Olympia et rêve à son tour de réaliser une « fille artificielle

6 Rue des oreilles, [1952]
huile, encre et gouache sur papier marouflé sur toile
41 × 31
achat 1983
AM 1983-52

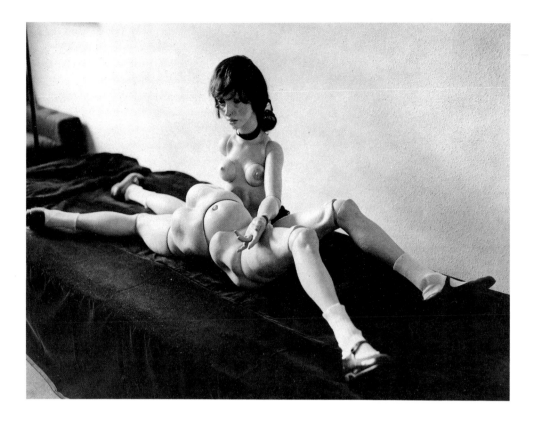

aux possibilités anatomiques capables de rephysiologiser les vertiges de la passion jusqu'à inventer des désirs ». La découverte du personnage d'Hoffmann est précisément concomitante d'un double choc émotionnel : le ressurgissement soudain de l'univers d'enfance, provoqué par l'envoi, à l'occasion d'un déménagement de sa mère, d'une caisse de jouets où se mêlent déguisements, poupée cassée et billes de verre, et la présence troublante depuis quelque temps, dans sa propre maison, de sa cousine Ursula dont l'adolescence perverse le fascine. La réalisation de *La Poupée,* entreprise dès janvier 1932 avec le concours de son frère ingénieur qui se chargera des parties mécaniques, est l'exutoire de ces différentes tensions et coïncidences.

Réalisée à dimension humaine à partir d'une ossature de bois recouverte d'une enveloppe d'étoupe durcie à la colle puis peinte, *La Poupée* devait, tout au long des années 30, subir de multiples transformations : Bellmer supprimera le mécanisme photographique initialement intégré dans le ventre et révélant, au moyen d'un œilleton, sous forme de six photographies, ses rêves intimes; jusqu'à la fabrication d'une seconde paire de jambes suscitée en 1937 par la découverte de la *jointure à boule.* Ce principe d'articulation retrouvé par Bellmer dans des mannequins de bois du 16ᵉ siècle, attribués à l'École de Dürer et conservés au Musée de Berlin, permettait, en utilisant une boule centrale en place de bassin, de plier à tous les phantasmes cette « mineure articulée ». Progressivement, Bellmer réalisera ainsi une panoplie de membres, assemblables à volonté, faisant de *La Poupée,* comme le note Patrick Waldberg, « une œuvre à jamais inachevée, modifiable à l'infini ».

Un texte, *Die Puppe,* publié à compte d'auteur à Karlsruhe en 1934 et accompagné de dix documents photographiques montrant certains éléments de *La Poupée* mise en scène ou ses différents temps de fabrication, fut la première manifestation de l'accomplissement de ce travail. Ce sont ces photographies, reproduites dans le numéro 6 de la revue *Minotaure* en décembre 1934, qui témoignent de la prise en compte de l'œuvre de Bellmer par les surréalistes parisiens. Ceux-ci, ignorant les liens personnels déjà établis par Bellmer avec certains dadaïstes allemands comme Grosz ou Heartfield, et tout à l'attention portée depuis 1932 à l'objet à fonctionnement symbolique, ne pouvaient que voir dans *La Poupée* l'écho de leurs propres préoccupations et l'incarnation de « ce mannequin moderne propre à remuer la sensibilité humaine », dont André Breton parle dans le *Premier Manifeste du Surréalisme.*

Ce n'est qu'à son arrivée à Paris, pendant l'hiver 1938, que Bellmer prend directement contact avec le groupe surréaliste. Il apporte avec lui un nouveau jeu de photographies de *La Poupée,* équipée de sa boule de ventre et dont les mises en scène accentuent l'ambiguïté sexuelle et le caractère érotique. C'est en s'inspirant de ces nouveaux tirages, souvent rehaussés à la main de couleurs acides à la manière des photographies pornographiques de l'époque, que Paul Eluard, immédiatement séduit, écrit en décembre 1938 les quatorze poèmes d'abord publiés sous forme d'un tiré à part de la revue *Messages* (1939) et repris en volume en 1949 sous le titre *Jeux de la poupée.* Dès lors, et bien qu'elle ait été exposée à plusieurs reprises dans de nouvelles mises en scène (entre autres à l'*Exposition internationale du Surréalisme,* galerie Daniel Cordier, 1959), *La Poupée* ne subira plus de modifications majeures. Malgré les errances imposées par la guerre, Bellmer ne s'en est jamais départi : c'est qu'au-delà de son existence propre, *La Poupée* informe l'ensemble de l'œuvre dessiné et gravé, depuis les admirables dessins exécutés en 1934 à la mine d'argent rehaussée de gouache blanche, à la manière des maîtres allemands de la Renaissance, jusqu'aux corps radiographiés qu'il dessinera au début des années 60. Mieux qu'un modèle, en effet, *La Poupée* propose cette connaissance d'un corps ensemble enfantin et mature, malléable à sa guise, à la manière de cette longue série d'anagrammes écrits conjointement avec Nora Mitrani et qui restent le modèle emblématique de l'œuvre de Hans Bellmer.

D.A.

La Poupée, 1932-1945
telle qu'installée pour la dernière fois
par l'artiste en 1972
bois peint, cheveux, chaussettes et chaussures
61 × 170 × 51
don de l'artiste à l'État 1972, attr. 1976
AM 1976-927

Ben
1935

De son véritable nom Benjamin Vautier, Ben est né à Naples. Il vit à Nice depuis 1945. L'œuvre de Ben se confond avec lui-même. En 1958, cherchant à pousser à l'extrême le projet de Duchamp, dont la plus belle œuvre est probablement dans l'art de passer son temps, il proclame un art d'attitude. Aussi, chacune de ses « actions », qu'il vive quinze jours dans une vitrine de galerie (Londres, 1962), qu'il traverse un port à la nage (Festival Fluxus, 1963), qu'il projette d'envoyer aux autres artistes chaque fois que l'un d'eux meurt une carte avec « Un de moins, ouf! » (1965), qu'il invite quelqu'un à l'attendre et lui fasse porter un mot sur lequel est inscrit « Attendre Ben est art » (1967), qu'il balaye consciencieusement une rue (1970), fera de lui une sorte de bourreau-martyr, se démêlant en troublion autodidacte avec son ego, son ennui et son angoisse. Mais tout ceci ne serait que variations sur le déjà vu si, plutôt que de tenter de prolonger l'héritage de Duchamp, il ne cherchait à s'interroger sur son héritage. Catherine Millet souligne que c'est sans doute « pour cela (qu'il) systématise son geste appropriatif ». Alors qu'en 1958 il signait seulement les tâches, les gestes journaliers, le manque, la mort, etc., en février 1960, il postule de *tout* signer, proclamant ainsi ce que Duchamp n'avait jamais voulu formuler. Ben se fait alors le pourfendeur-pourfendu du phénomène artistique. Au-delà du Beau, il s'inquiète du Nouveau : « Le Nouveau chez l'individu créateur est résultat d'agressivité intelligente. On ne fait du nouveau que pour être supérieur aux autres ». L'angoisse se confond alors avec la feinte (?) mesquinerie : « J'ai honte d'être ici pour me faire voir, « écrit-il en 1971 sur une toile. Plus récemment, à la recherche d'une autre forme intempestive, il publie un journal dans lequel les potins se mêlent aux vérités et où il se veut le défenseur des particularismes et des minorités. En 1984, dans une absolue logique avec lui-même, il demande à l'ensemble des galeries parisiennes de l'exposer simultanément. Résolument placé sous le double signe du parasite et de Fluxus, Ben s'attache à faire en sorte que ce qui le dérange dérange aussi les autres : une profession de foi en forme d'imposture.

Ben, *Écritures de 1958 à 1966,* Paris, éd. D. Templon, 1971; Ben, *Tout Ben,* Paris, Le Chêne, 1974.

☐ *Le Magasin de Ben,* 1958-1973
C'est en 1958 que Ben ouvrit boutique à Nice, 32 rue Tondutti de l'Escarène. S'il s'agissait d'abord d'une librairie, Ben, lorsqu'il décida de ne plus rien jeter, en fit une sorte de sculpture en perpétuelle transformation qu'il intitula « N'importe quoi ». On y trouvait pêle-mêle des disques, des livres et de nombreux artistes qui s'y rencontraient, essentiellement autour du Nouveau Réalisme, du Non Art ou de Support-Surface. Ben souligne d'ailleurs qu'à ce titre « le magasin possède une valeur historique autant qu'esthétique ». Acquis lors de l'ouverture du Musée au Centre G. Pompidou, il a été remonté sur place et récemment réaménagé par Ben. On y reconnaîtra sans doute ce qui pourrait témoigner de « l'œuvre d'art totale » et de ses caprices.
Dans la collection du Musée figurent trois autres œuvres : *Dieu,* 1970 (bois peint et objet) et deux peintures : *Mourir c'est facile,* 1979, et *J'attends la guerre,* 1981.

B.B.

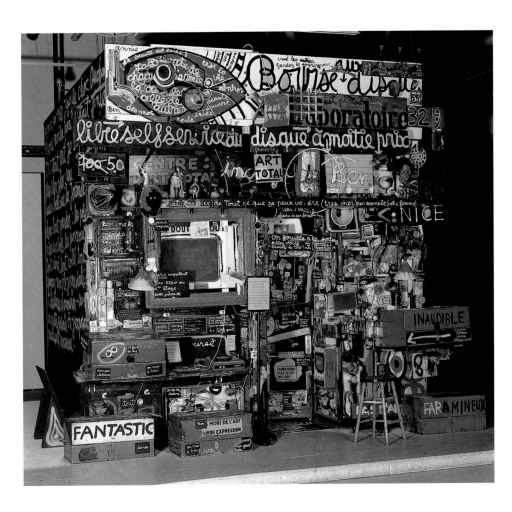

Le Magasin de Ben, 1958-1973
éléments divers
provenant de son magasin à Nice
350 × 500 × 350 env.
achat 1975
AM 1975-185

Jean-Pierre Bertrand
1932

Jean-Pierre Bertrand a étudié les techniques du cinéma à l'École de la rue de Vaugirard à Paris et a travaillé comme assistant sur plusieurs films avant d'exposer ses premiers travaux à la galerie Sonnabend en 1972. Appartenant à l'art des années 70 par certains de ses aspects formels, son œuvre s'en distingue cependant par le refus de tout système et, en pleine crise du discours moderniste, par la radicale hétérogénéité de pratiques inclassables qui visent à une « rédemption du sens ». En usant des matériaux (film, photo, papier recyclé, sel, citron, miel, pigments) et des formats les plus divers, il multiplie les parcours imaginaires, les surfaces d'inscription (la page, le livre, le mur, la mémoire) et les investissements symboliques. Entre l'esquisse et l'esquive, le manifeste et le latent, le visible et l'invisible, il tente de saisir, dans le plan d'un film ou les aspérités d'une feuille de papier, la différence essentielle, l'imperceptible écart, l'infime et infini mouvement des choses.

☐ *Quatre mouvements pendulaires secs/graphite/citron/sel - à plat*, 1983, dont l'un des éléments est ici reproduit, comprend quatre panneaux d'inégales dimensions constitués de feuilles de papier enduites de sel et de citron et retravaillées au crayon noir, recouvertes de plexiglas et enchâssées dans une cornière métallique.   C.D.

Cat. *Jean-Pierre Bertrand*, Musée de Toulon, 1981; cat. *Jean-Pierre Bertrand*, MNAM, Centre G. Pompidou, 1985.

Quatre mouvements pendulaires secs/graphite/citron/sel-à plat, 1983
crayon graphite, citron et sel sur papier recyclé, plexiglas et métal
245 × 154 × 25
achat 1983
AM 1983-504

Joseph Beuys
1921-1986

Artiste et pédagogue, Beuys est une figure controversée mais essentielle de l'art allemand d'après-guerre. Son enseignement à l'Académie des Beaux-Arts de Dusseldorf, où il occupe la chaire de sculpture monumentale à partir de 1961 (et jusqu'à son renvoi spectaculaire en 1972), aura une influence majeure sur la pensée et le travail de deux générations d'artistes dont beaucoup ont été ses élèves (Polke, Richter, Palermo, Kiefer notamment). Le contrôle rigoureux, voire la manipulation des événements et des dates de sa vie par Beuys lui-même, ses prises de position et ses activités politiques — auprès des étudiants d'abord puis, plus récemment, des écologistes — alliés à une parfaite maîtrise des médias, ont largement contribué à la naissance et à la diffusion du mythe qui entoure aujourd'hui son œuvre et sa personne. Dès son plus jeune âge, à Clèves, Beuys s'intéresse au monde des sciences et des techniques, et particulièrement aux machines qu'il voit fonctionner dans son entourage. Il commence des études de pédiatrie, quand la guerre éclate. Incorporé dans l'armée de l'air sur le front est, il est pilote dans la Lutwaffe quand son avion est abattu alors qu'il effectue une mission au-dessus de la Crimée en 1943. Grièvement blessé, il est recueilli et soigné par les nomades Tatars de la steppe : cet épisode mystérieux et contesté de sa biographie prend valeur d'événement fondateur dans l'ordre symbolique qui structure désormais toute son œuvre et fixe son rôle et son image d'artiste-démiurge et de « chaman ». Libéré en 1946, Beuys partage son temps entre la lecture de nombreux ouvrages scientifiques et philosophiques et son travail dans l'atelier de Walter Brux à Clèves, puis il suit l'enseignement académique du sculpteur Ewald Mataré à Dusseldorf (1946-1951). Il réalise dans les années 50 de nombreux dessins, aquarelles et sculptures qui retiennent l'attention de quelques collectionneurs et dans lesquels apparaissent le bestiaire de l'Eurasie mythique (cerf, ours, renne, cygne, lièvre) et certains thèmes obsessionnels (blessure, Piéta, croix) qui reviendront souvent dans son œuvre (on pense notamment à *Montre ta blessure,* installé en 1976 dans un passage souterrain de Munich). A travers les emprunts et références avoués aux traditions les plus diverses — christianisme, mythes et légendes des pays du Nord, romantisme allemand, chamanisme des steppes sibériennes, alchimie de Paracelse, anthroposophie de Rudolf Steiner — l'œuvre de Beuys assume une fonction cathartique, voire thérapeutique, manifeste dans les images de mort (et de résurrection) présentes dans nombre de ses pièces. Dans les années 1958-1961, il met en place le répertoire de matériaux caractéristiques — feutre, cuivre, bois, soufre, miel, graisse, os, batteries et mécaniques diverses, sources d'énergie réelle ou symbolique — qu'il utilise dans des objets et environnements fonctionnant comme des « dispositifs » et entretenant un rapport métaphorique avec la science et les principes énergétiques qui régissent la vie et la transformation de la matière. Toute la théorie de la « sculpture sociale », développée ultérieurement par Beuys, repose ainsi sur une conception romantique et idéaliste de l'œuvre d'art totale fonctionnant comme modèle et moteur du développement de la société. La rencontre, en 1962, des principaux acteurs du mouvement Fluxus (Nam June Paik, George Maciunas) est capitale pour la conception et la réalisation d'« actions » spectaculaires qui tiennent un rôle essentiel dans la pensée et le travail de Beuys et assureront sa célébrité à travers les enregistrements photographiques et filmiques largement diffusés de ces événements : *Symphonie sibérienne 1re partie,* exécutée pendant le festival Festum-Fluxorum-Fluxus tenu à l'Académie de Dusseldorf en 1963, *Le Chef,* 1963-1964, *Comment expliquer la peinture à un lièvre mort,* 1965, *Eurasia,* 1966, *Coyote,* 1974.

V. Harlan, R. Rappmann, P. Schata, *Soziale Plastik, materialen zu Joseph Beuys,* Achberg, 1976; G. Adriani, W. Konnertz, K. Thomas, *Joseph Beuys Life and Works,* New York, Barron's, 1979; C. Tisdall, *Joseph Beuys,* New York, Guggenheim Museum, 1979; « Joseph Beuys », entretien avec Irmeline Lebeer, *Cahiers du MNAM,* n° 4, 1980.

Fonds VII-2, 1967/1984
installation : 8 empilements
de feutre, plaques, fils et objets de cuivre
196 × 455 × 643
achat 1985
AM 1985-139

72

Infiltration homogen für Konzertflügel, 1966
(Infiltration homogène pour piano à queue)
piano à queue entièrement recouvert
de feutre gris, croix rouge en tissu
100 × 152 × 240
achat 1975
AM 1976-7

□ *Infiltration homogène pour piano à queue,* 1966
Cette pièce a été réalisée par Beuys au cours de l'action « Infiltration homogène pour piano à queue, le plus grand compositeur contemporain est l'enfant thalidomide » qui s'est déroulée à l'Académie des Beaux-Arts de Dusseldorf le 7 juillet 1966. Selon l'artiste, l'œuvre décrit « la nature et la structure du feutre, le piano devenant ainsi un dépôt de son dont le potentiel filtre au travers du feutre. Le rapport avec la situation de l'homme est indiqué par les deux croix rouges qui signifient l'urgence, le danger qui menace si nous restons silencieux et si nous ne réussissons pas à faire le prochain pas vers l'évolution. Un tel objet est conçu pour encourager le débat et en aucun cas comme produit esthétique ». On peut considérer comme une première pensée de l'œuvre *Das Erdklavier* (le Piano de terre) imaginé mais non réalisé pour le festival Fluxus de Wiesbaden en septembre 1962. Il existe par ailleurs plusieurs *Infiltration homogène pour violoncelle* exécutés selon le même principe pour les performances de Charlotte Moorman pendant les concerts Fluxus.

□ *La Peau,* 1984
Beuys a récemment remplacé le feutre du piano, très usé, et la « Peau » (ou dépouille) ainsi obtenue, souvenir d'un premier état de l'œuvre, a été conservée et est désormais présentée à côté du piano, constituant ainsi un ensemble en accord avec les conceptions de l'artiste relatives au respect de l'évolution des œuvres et des matériaux. Rappelons que Beuys avait intégré une « peau » de feutre provenant de la même action aux *Objets en feutre* (coll. Charles Wilp), œuvre qui rassemble plusieurs pièces réalisées dans ce matériau et utilisées dans différentes actions.

□ *Fonds VII-2,* 1967/1984
Le Musée a acquis en 1985 cette seconde pièce importante, que Beuys a lui-même installée dans les salles, où elle constitue désormais un environnement permanent avec le *Piano* et *Nässe Wäsche Jungfrau,* 1985, sculpture en bois récemment entrée dans les collections. *Fonds VII* appartient à la série des *Fonds* — importants environnements de pièces de feutre soigneusement empilées aux dimensions de salles entières — dont les versions les plus spectaculaires sont les *Fonds II* et *III* de la collection Ströher installés par Beuys au Hessisches Landesmuseum de Darmstadt, qui conserve aujourd'hui l'ensemble le plus complet d'œuvres historiques de l'artiste. Ces pièces, dont les dimensions varient d'une simple structure en métal comme *Double Fond,* 1954, jusqu'à de grands environnements de feutre et de cuivre, fonctionnent toutes selon un même principe énergétique que Beuys décrit en ces termes : « Les piles de feutre sont des agrégats, et les feuilles de cuivre sont des conducteurs. L'accumulation de chaleur dans le feutre fonctionne pour moi comme un générateur, une action statique. Tous les fonds fonctionnent comme base ou fondement à partir duquel d'autres sculptures peuvent être produites ». C.D.

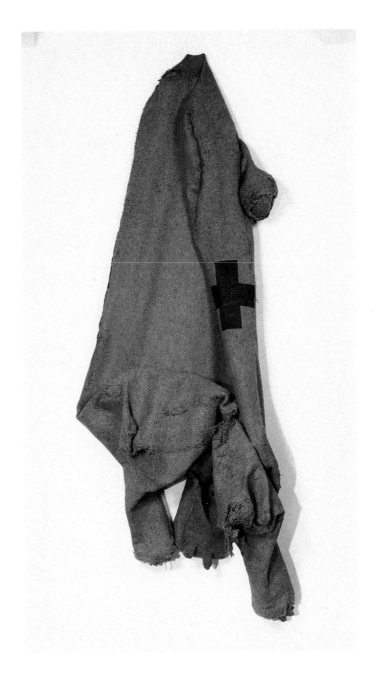

73

Häutung, 1984
(La Peau)
feutre
100 × 152 × 240
achat 1985
AM 1985-23

Max Bill
1908

Max Bill, né à Winterthur, fut, de 1927 à 1929, l'élève d'Albers, de Kandinsky et surtout de Klee au Bauhaus de Dessau. Cet enseignement lui apprit à traiter l'environnement visuel de l'homme comme une unité incluse dans l'invention humaine. Aussi, davantage qu'une œuvre, propose-t-il « une religion, c'est-à-dire un état d'esprit » qui l'engage personnellement à rechercher l'accord entre l'expression individuelle de l'artiste et les besoins collectifs. Sa démarche créatrice met en jeu des moyens plastiques pour réaliser une idée-image, à laquelle il s'agit de donner une structure. A l'issue du travail, l'œuvre d'art fixe ainsi la loi d'harmonie d'un *Art concret,* rigoureux, moral, dépassant dans l'esthétique la science mathématique; car l'artiste qui domine son processus ne s'accomplit pas en interprétant le monde sensible par l'abstraction, mais en concevant l'Art selon sa mesure propre. Max Bill est d'ailleurs un créateur étonnamment fécond : architecte, sculpteur, peintre — le musée conserve une toile de 1969-1970 : *8 Groupes de lignes autour du blanc* —, graphiste (typographie et objets industriels), décorateur de théâtre, mais aussi acteur de la vie socio-culturelle, il a été professeur, conférencier, écrivain, organisateur d'expositions; il a participé, en outre, à la gestion publique de sa ville, Zurich, où il s'était établi comme architecte en 1930. Quelques repères dans une très longue carrière : 1932-1936, membre du groupe *Abstraction-Création* à Paris; 1936, première formulation de la notion d'*Art concret,* reprise de Van Doesburg (exposition au Kunsthaus de Zurich); 1944, première exposition internationale d'*Art concret* à Bâle; 1944-1945, il enseigne la théorie des formes à Zurich; 1953-1955, construit à Ulm l'École supérieure d'Esthétique pratique dont il sera le recteur jusqu'en 1956.

Cat. *Max Bill, œuvres 1928-1969,* Paris, CNAC, 1969; cat. *Max Bill,* Genève, Musée Rath, 1972; E. Huttinger, *Max Bill,* Zurich, abc Verlag, 1977; V. Anker, *Max Bill ou la recherche d'un art logique,* Lausanne, L'Age d'Homme, 1979.

☐ *Ruban sans fin,* 1935-1953/1960-1961

La toute première pensée pour cette œuvre de recherche d'esthétique pure date de 1934 : « Breuer, un vieil ami du Bauhaus, avait construit en Angleterre une maison entièrement équipée à l'électricité. Même la cheminée était électrique. Il m'a proposé de faire une sculpture pour cette cheminée. Voulant faire quelque chose de vivant [un substitut des flammes], j'ai d'abord essayé avec un cube qui tournait sur lui-même et puis j'ai essayé une bande de papier en tentant de lui donner une forme élémentaire. Et j'ai trouvé le ruban sans fin... sans savoir que j'avais redécouvert le ruban de Moebius ! ». Le mathématicien allemand Moebius avait, en 1858, décrit la forme d'une surface sans fin à laquelle une torsion confère la singulière propriété de se développer dans l'espace à trois dimensions tout en n'étant délimitée que par un seul côté. Max Bill, qui travailla sur l'idée de cette sculpture pendant près de vingt ans, attribua la définition suivante au *Ruban*: « Il est délimité par une ligne qui se poursuit parallèlement à elle-même ». Il conçut successivement quatre versions du *Ruban sans fin,* qui furent toutes exposées au moins une fois. La *Version I,* de 1935, dont le plâtre de petit format (1 m environ) est détruit, a servi de modèle pour la *Version II,* de 1937, de taille définitive, en plâtre primitivement recouvert d'une couche au pistolet d'1 mm d'aluminium. Cette version fut coupée puis retravaillée pour constituer l'état suivant, la *Version III,* de 1942, coupée encore en deux morceaux qui ont fourni la matière de la *Version IV* de 1953. Ce dernier plâtre appartient encore à l'artiste. Il est d'abord coulé en bronze en 1956 (Middelheim, Anvers); puis réalisé en granit gris de Wassen en 1960-1961 : l'exemplaire repéré par Jean Cassou dans les jardins du Musée Rodin l'été 1961 est acheté par l'État et attribué au Musée en 1962; l'œuvre est ensuite réalisée en granit gris de Montorfano en 1963 (Musée de Baltimore); puis en diorite noire en 1965 (coll. particulière, Canada); enfin, en granit rouge en 1976 (Porte de la Ville d'Essen, donation Ferrostaal).　　　　　　N.P.

Ruban sans fin, 1935-1953/1960-1961
granit gris de Wassen
130 × 175 × 90
achat de l'État 1961, attr. 1962
AM 1332 S

Roger Bissière
1886-1964

Élevé en Périgord et à Bordeaux, Bissière arrive à Paris en 1910 et partage son activité entre la peinture et la critique d'art au journal *L'Opinion*. Il découvre bientôt l'évolution récente de l'art moderne pour choisir vers 1920 la voie classique de ses amis Favory et Lhote et préférer la rigueur formelle de Gris et de Braque aux surprises inventives de Picasso. Prenant pour référents Seurat, Ingres et Corot dans une suite d'articles parus en 1920 et 1921 dans *L'Esprit Nouveau*, il enseigne à l'Académie Ranson de 1925 à 1938. Il apparaît ainsi, jusqu'à la veille de la guerre, comme l'adepte un peu incertain d'un retour à l'ordre à la française, recherchant de nouvelles sources dans la tradition des fresquistes romans. Très respecté pour sa rectitude intellectuelle, il contribue alors à la formation de certains artistes de la génération qui s'affirmera pendant l'Occupation (Manessier, Bertholle, Le Moal) et dont il rejoindra les orientations lorsqu'il trouvera enfin son propre style après la guerre.

Un moment touché par le caractère dramatique de l'œuvre de Grünewald (*Christ en croix*, 1937), il réalise en 1938 quelques assemblages primitifs d'objets trouvés agricoles. Puis, s'isolant pendant l'Occupation dans la maison familiale de Boissiérettes (Lot) et convaincu par sa vie bucolique de la vanité des débats esthétiques parisiens, il abandonne toute activité artistique; frappé par l'ingénuité des premières peintures de son fils Louttre, trouvant dans l'assemblage de tissus cousus une discipline fruste qui le libère du savoir, Bissière va bientôt chercher à faire table rase dans une démarche instinctive correspondant à celle de Dubuffet. Ses nouveaux travaux — peintures, assemblages d'objets et tissus cousus — sont présentés en décembre 1947, à l'initiative de Manessier et de Marcel Arland, à la galerie René Drouin. Ils affirment un retour au primitif, aux graffiti, la volonté de se raconter désormais « tout nu, comme la vie ». Toute l'œuvre de Bissière, d'abord à tempera, puis à l'huile à partir de 1954, ne sera plus qu'un livre d'heures révélateur des instants heureux ou tristes vécus par un esprit franciscain subtil et touchant. Il semble qu'à travers l'amitié de Reichel, l'œuvre de Klee ait été tout d'abord influente dans l'élaboration de cet espace frontal écrit (*Grande Composition*, 1947), puis creusé de notes chromatiques rythmées (*Voyage au bout de la nuit*, 1955).

Choisissant délibérément un ton mineur, Bissière saura affirmer, lors de ses expositions chez Jeanne Bucher de 1951 à 1964 et lors de sa rétrospective au Musée national d'art moderne en 1959, une non-figuration toute imprégnée de lumière et d'émotions, qui s'accorde aux recherches effectuées au même moment par d'autres artistes parisiens tels que Vieira da Silva ou Nicolas de Staël, et qui trouve alors l'adhésion enthousiaste des responsables des grands musées européens (Cassou, Sandberg, De Wilde, Schmalenbach).

Cat. *Bissière*, Paris, Musée des Arts décoratifs, 1966.

Le Musée possède 22 œuvres de Bissière dont 19 peintures et une tenture de tissus cousus (*Le Soleil*, 1946). Hormis la classique *Nature morte au violoncelle* de 1921, offerte en 1935 par Charles Pacquement, trois œuvres acquises de la galerie Druet en 1939 et la *Figure debout* de 1937, achetée en 1939 par l'État, cet ensemble, où se trouvent représentées toutes les étapes de son travail, s'est essentiellement constitué après la guerre, grâce aux achats de l'État (cinq tableaux) et au don très représentatif de six tableaux effectué par l'artiste en 1959 à la suite de sa rétrospective au Musée.

☐ *Vénus noire*, 1945

Reproduit sur la couverture du catalogue de l'exposition de la galerie Drouin en 1947 — qui marquait le retour de Bissière dans le milieu de l'art parisien — ce tableau est caractéristique de sa nouvelle manière associant des graffiti peints ou incisés à une matière chargée, grossièrement balayée de couleurs. On songe aux figures de Dubuffet, tels le *Grand Nu charbonneux* ou *Archétypes* montrés dans ce même lieu en 1944 et 1946. Mais le « tout est permis » de Bissière a un autre propos que celui de Dubuffet, essentiellement désireux d'exploiter de nouvelles formes expressives issues du vulgaire : il est destiné à exprimer l'humilité anonyme du peintre devant la nature, à affirmer, hors des académies et des « ismes » de l'art moderne, le compagnonnage d'un imagier-poète du quotidien. Dans un beau texte introduisant le catalogue, intitulé « T'en fais pas la Marie. T'es jolie », Bissière justifiait son nouveau style de vie, affirmait sa méfiance envers les « chefs-d'œuvre » et revendiquait le droit de rechercher la vie dans la tendresse de l'imparfait. Marqué par des maîtres tels que Focillon, Émile Mâle ou Bataille qui avaient exploré de nouvelles sources de la « tradition française », il retrouvait dans ces tableaux de 1945-1946 et dans ses tissus cousus (*Le Soleil*, 1946) l'héritage de la tapisserie de Bayeux ou de la tenture médiévale de la cathédrale de Gérone. Il y avait dans ce primitivisme trop descriptif un risque de maniérisme, dont Bissière devait se défaire après l'opération réussie d'un glaucome en 1950.

Vénus noire, 1945
huile sur toile avec reliefs en stucs peints
100 × 80
achat 1983
AM 1983-463

Umberto Boccioni
1882-1916

☐ *Jaune et gris,* 1950

La suite des *Images sans titre* à laquelle appartient *Jaune et gris* fut présentée avec succès dans la première exposition du peintre à la galerie Jeanne Bucher en 1951. Bissière y retrouvait dans l'éclat du pigment pur travaillé à tempera une évidence picturale fraîche et instinctive que des signes sommaires, pictogrammes allusifs du quotidien, rendaient plus familière. En deux fenêtres superposées, solution répondant à son attirance pour le petit format, le peintre raconte ici ses histoires, comme il le fera à nouveau dans l'émouvante et ultime série du « Journal 1962-1964 ». G.V.

Umberto Boccioni est sans doute la personnalité majeure du mouvement futuriste italien, son seul sculpteur et son théoricien le plus rigoureux. D'abord marqué par le symbolisme teinté d'inspiration nordique, propre au divisionnisme lombard, il entreprend, sous l'influence de Balla dont il fait la connaissance en 1901, des recherches picturales thématiques et formelles qui aboutiront au futurisme. En 1908, il rencontre à Milan Marinetti et, en 1910, signe le *Manifeste des peintres futuristes* : dès lors, toute sa production, peu abondante — l'artiste meurt au front en 1916 — mais précieuse, est vouée à la représentation du « dynamisme universel ». En 1912, il publie le *Manifeste technique de la sculpture futuriste* qui, apportant une nouvelle conception des volumes « se développant dans l'espace pour le modeler » et l'introduction de matières triviales, s'est imposé comme la Vulgate de la sculpture du 20ᵉ siècle.

G. Ballo, *Boccioni, la vita e l'opera,* Milan, Il Saggiatore, 1964; G. Bruno et A. Palazzeschi, *L'opera completa di Boccioni,* Milan, Rizzoli, 1969; U. Boccioni, *Gli Scritti editi e inediti,* Milan, Feltrinelli, 1971.

☐ *Nature morte à la bouteille,* [1912]

Le tableau est probablement une étude préparatoire — elle-même précédée du dessin *Table + bouteille + petite maison,* 1912, Milan, Galerie d'Art moderne — pour la célèbre sculpture *Développement d'une bouteille dans l'espace,* 1912 *(ibid.).* Il révèle la dette de Boccioni envers le symbolisme (emploi de la spirale chère à Obrist) et le cubisme, découvert à Paris un an plus tôt (éclatement des volumes et compénétration des plans). Propulsé par la force giratoire de la spirale, « l'élégant petit manège », admiré par Roberto Longhi, s'élance dans l'espace. Sa rotation est signifiée par la répétition de ses profils, lignes-forces dynamiques qui dédoublent les plans, brisent la cohérence de la perspective et font éclater la texture des surfaces. Véritable « anatomie lyrique du mouvement », l'œuvre accomplit un des principes de la poétique futuriste, la nécessité de « donner vie à la matière », et annonce *Formes uniques dans la continuité de l'espace,* 1912 (MOMA), sommet et somme de son art. B.L.

Jaune et gris, 1950
huile sur toile
116 × 92
achat de l'État et attr. 1953
AM 3239 P

Nature morte à la bouteille, [1912]
huile sur toile marouflée sur isorel
52,5 × 52,5
cession par l'Administration des Douanes, 1983
AM 1983-311

Christian Boltanski
1944

Boltanski se reconnaît d'abord comme un parfait autodidacte. Il *raconte* — mais s'agit-il de distinguer le vrai du faux alors que les éléments de sa biographie (il est né à Paris) se situent dans une dimension purement fictionnelle ? — que c'est en 1958 qu'il décida « vouloir faire de l'art ». Jusqu'en 1967, il réalise ainsi de « nombreux tableaux de très grand format sur le thème *Peintures d'Histoire et d'événements dramatiques* ». On soulignera d'emblée l'ambition d'un projet confondant Histoire et récit personnel. Lors de la Documenta 5 de Cassel en 1972, Harald Szeeman invite Boltanski à participer à une section qu'il baptise « Mythologies individuelles ». L'œuvre de Boltanski *confronte* la narration à la volonté de *confondre* la peinture, son mythe, et ce sur quoi elle s'édifie. Aussi Boltanski se tient-il toujours *à distance* des moyens qu'il emploie, que ceux-ci relèvent de la peinture, qu'ils mêlent ensuite le film (ou plus exactement le court-métrage), le livre (ou plutôt le fascicule), la photographie comme outil de reproduction, jusqu'aux théâtres d'ombres qu'il réalise à partir de 1984.

Christian Boltanski, Les Modèles, Cinq relations entre texte et image, Paris, Cheval d'Attaque, 1979; cat. *Compositions*, Calais, Musée des Beaux-Arts, 1980; cat. *Compositions*, Paris, MAM, ARC, 1981; cat. *Boltanski*, MNAM, Centre G. Pompidou, 1984.

□ *Vitrine de référence*, 1971
Alors qu'en 1968 il confectionne son premier film intitulé *La vie impossible de Christian Boltanski*, présenté au cinéma Le Ranelagh en même temps que des pantins grandeur nature (aujourd'hui détruits), Boltanski donne le ton d'une œuvre qui se déploie en forme d'autobiographie où l'artiste, qu'il soit dans l'image ou plus tard le spectateur de son propre récit, se prend au jeu que suscite toute

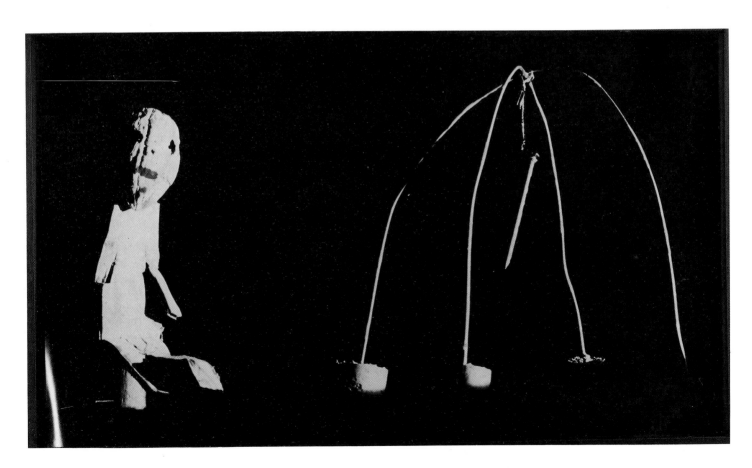

Composition grotesque, 1981
photographie couleurs
dans un cadre-vitrine noir
109 × 193,5
achat 1984
AM 1984-684

Vitrine de référence, 1971
divers objets rassemblés dans une boîte
en bois peint, sous plexiglas
59,5 × 120 × 12,5
achat 1984
AM 1984-686

archéologie de soi-même. L'année suivante, après avoir édité deux fascicules : *Recherche et présentation de tout ce qui reste de mon enfance* et *Reconstitution d'un accident qui ne m'est pas encore arrivé et où j'ai trouvé la mort,* il fait de nombreux envois postaux, notamment *Photographie de la sœur de l'artiste en train de creuser sur la plage* et *Sachet de drap blanc contenant des cheveux.* Entre mars et avril, il confectionne 3 000 boules de terre et 900 couteaux ou pièges qui seront exposés à l'ARC en 1970. C'est de cette époque que témoigne la *Vitrine de référence,* dans laquelle Boltanski a regroupé différents objets et éléments autobiographiques, cherchant tout à la fois à s'interroger sur la notion de collection, sur la vanité muséographique et sur le « peu de soi ». Dans les deux *Boîtes de biscuits,* 1970, ou dans les trois *Tiroirs,* 1970-1971, il *simule* les objets de son enfance, usant de terre ou de pâte à modeler pour fabriquer des pantoufles, une bouillotte ou un ballon : une panoplie fictionnelle fixant l'idée de son enfance qu'il se prend à jouer. Les tiroirs de la collection du Musée sont autant de reliques ironisant sur l'idée de « travail » et sur le souvenir. Aussi Boltanski ne se départira-t-il plus de l'ironie de genre quand son activité *mimique* ira jusqu'à la *parodie.* Dans ce moment, l'activité de Boltanski témoigne de la volonté de passer du « je » au « il » que nomme Blanchot, c'est-à-dire de la tentative de se défaire de soi pour vivre l'autre qu'il veut devenir. *L'Album de la Famille D.,* 1971, réalisé à partir des albums de photographies personnelles de son ami Michel D., apparaît comme une œuvre déterminante pour la suite de son activité. Rephotographiées, standardisées et encadrées de la même façon, les quelque 140 photographies qui composent l'œuvre tentent de rebâtir, à partir de ces seules images, la vie de cette famille ou plutôt le stéréotype dérisoire et banal qui s'en dégage. L'échec implicite de sa tentative conduit Boltanski aux *Reconstitutions* à partir de 1973 : il adresse 62 lettres à des conservateurs de musées d'art, d'histoire et d'ethnologie, leur proposant de réunir dans une salle de leur musée tout ce qui aurait pu appartenir à quelqu'un, « des mouchoirs à l'armoire ». L'un de ces inventaires, regroupant les *Objets ayant appartenu à une femme de Bois-Colombes,* est exposé au CNAC en 1974.

Défait de ses objets comme des objets des autres, Boltanski se prend alors lui-même comme objet. Il crée l'image fictive d'un fantaisiste, d'un clown ou d'un conteur. Les 21 *Saynètes comiques,* 1974, acquises par le Musée en 1984, composées chacune d'un nombre variable de photos noir et blanc et annotées d'un titre en forme d'acte, montrent Boltanski mimant l'histoire et les personnages de son enfance sur une toile de fond conférant à l'ensemble l'allure d'un montage théâtral, au sens propre de *représentation.* Les quatre *Saynètes comiques* en couleur (photographies rehaussées de pastel) de la même époque et acquises en même temps par le Musée, de dimension plus picturale, feignent de renouer avec la peinture et lui préfèrent le coloriage qui est somme toute le meilleur moyen pour Boltanski de ne pas se détacher de *l'enfance de l'art.* L'art de Boltanski tient ici du spectacle. C'est la logique d'une œuvre qui, de la *représentation du jeu,* s'est faite elle-même *jeu de la représentation.* Dans les 42 *Images-modèles* de 1975 (achetées par le Musée en 1977) Boltanski se détourne de l'image médiocre. Il veut « faire de belles images » et cherche dans les stéréotypes et la couleur à composer avec les archétypes. Il fréquente assidûment les jardins, compose des vers de mirliton et réalise en 1976 ses premières *Compositions.*

☐ *Composition grotesque,* 1981 — *Composition architecturale,* 1982
Aux compositions photographiques succèderont les compositions japonaises, initiatiques, etc. Toutes s'attachent à la couleur, à la monumentalité. Il *fabrique* ses images à partir des objets qui l'ont toujours entouré. Il joue encore au jeu de la peinture sans vouloir en faire. Alors que les *Compositions architecturales* réalisées en 1982 témoignent de la volonté d'ériger, par l'agrandissement et l'insertion des pions de jeu de construction, la forme jusqu'à l'architecture, les *Compositions théâtrales* de 1981 (achetées par le Musée l'année suivante), comme la *Composition grotesque* de la même année, ne cèdent plus à la seule manipulation d'objets existants, mais à une volonté de l'artiste de fabriquer, comme à l'origine, les objets de son théâtre. Fils de fer, carton, bouchons sont les objets qui composent chacune des images où se conjuguent les *effets* du *magique* et du *merveilleux.*
De l'enfance rejouée aux images d'aujourd'hui, l'art de Boltanski, dans ses allures de faux-semblant, s'est toujours tenu à distance de la loi des genres. C'est qu'à chercher à se confondre, il n'a jamais su être que du singulier.

B.B.

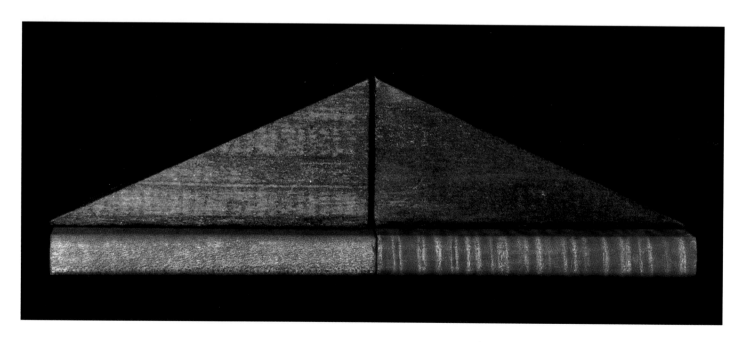

Composition architecturale, 1982
photographie couleurs
dans un cadre-vitrine noir
91 × 220
don de l'artiste, 1984
AM 1984-685

Pierre Bonnard
1867-1947

A l'image de son œuvre, la vie de Pierre Bonnard offre une apparence illusoire de calme, de limpidité; elle est dépourvue de ruptures violentes, même lorsqu'il décide en 1888 d'abandonner l'exercice du droit pour la peinture. Les dates les plus marquantes de sa biographie ne correspondent que rarement aux événements sociaux et politiques de son temps, mais le plus souvent aux étapes de ses recherches toujours insatisfaites de peintre. Les deux guerres mondiales, vécues dans une certaine retraite, n'altèrent pas son rythme de travail, bien qu'elles le touchent au plus profond de son être. A l'Académie Julian, dont il suit les cours, Pierre Bonnard rencontre Sérusier, Vallotton, Maurice Denis et surtout Vuillard et Roussel, avec lesquels il formera le groupe des Nabis; ils figurent tous avec lui dans l'*Hommage à Cézanne* peint par Maurice Denis (1900, Musée d'Orsay). Sensible aux apports de Gauguin, des impressionnistes et des symbolistes — il lira Mallarmé toute sa vie —, il s'en éloigne néanmoins rapidement pour poursuivre sa démarche personnelle. L'art japonais traditionnel, qu'il a pu apprécier pour la première fois en 1890 lors d'une exposition d'estampes à l'École des Beaux-Arts de Paris, reste dans ses composantes essentielles la seule influence à laquelle il restera fidèle à travers toute son œuvre, ce qui lui vaudra le titre, donné par Maurice Denis, de « Nabi très japonard » (« Entretien de Bonnard avec Gaston Diehl », *Comœdia*, 10 juillet 1943). Cet apport se lit dans le choix de ses thèmes — la beauté de la femme, la nature, les fleurs, les fruits, tout ce qui est fragile, évanescent, et aussi éternel —, mais surtout dans le traitement de la perspective, fondée sur la théorie du « double point de vue ». Le premier plan, horizontal, apparaît généralement vu d'en-haut, la ligne d'horizon est élevée ou inexistante, le point de fuite supprimé; le second plan, vertical, bloque le regard, une diagonale traverse la composition, tandis que des plans verticaux situés le long des bords latéraux restreignent et soulignent l'espace du tableau.

Bonnard affirme son style dès 1895 à travers sa réflexion sur les théories de l'art et, malgré la séduction évidente des couleurs et des thèmes, sa peinture appartient à l'ordre du cognitif et du discursif; complexe, riche en nuances et en contradictions, elle suscite, sous des aspects trompeurs de joliesse et d'intimité bourgeoise, un éveil permanent de l'esprit. Son influence reste fondamentale dans l'art du 20e siècle par sa remise en question de la représentation traditionnelle de l'espace; elle se porte jusqu'à l'avant-garde russe : ainsi Malevitch lui-même s'est inspiré de l'œuvre de Bonnard pour sa *Vendeuse de fleurs* (1904-1905, Léningrad, Musée Russe) en lui empruntant sa composition basée sur un plan fortement et simplement divisé. Par ailleurs, son traitement de la couleur et des surfaces planes, et surtout les vues panoramiques telles que celles qu'offre le *Paysage du Cannet* de 1928 (Paris, coll. part.), se retrouvent dans les peintures horizontales « color field » de grand format, comme l'indique Jean Clair : « Une telle organisation de la surface (...) annonce ce que seront, dans la seconde moitié du siècle, les principes d'une certaine abstraction, qui va de Sam Francis à Morris Louis et à Olitski ».

J. et H. Dauberville, *Catalogue raisonné de l'œuvre peint de Bonnard* (tomes 1 à 4, 1966 à 1974), Paris, Bernheim Jeune; *Pierre Bonnard, Centenaire de sa naissance*, Paris, Orangerie des Tuileries, 1967; A. Terrasse, *Pierre Bonnard*, Paris, Gallimard, 1967; A. Fermigier, *Bonnard*, Paris, Cercle d'Art, 1969; cat. *Pierre Bonnard*, Paris, MNAM, Centre G. Pompidou, 1984.

Malgré l'impératif des dates, le Musée a obtenu la mise en dépôt de 15 des 43 tableaux et de l'un des 30 dessins lui ayant appartenu à l'origine et reversés depuis au Musée d'Orsay. Cette importante collection a pu se constituer grâce à l'intérêt que l'État a porté aussitôt à l'œuvre du peintre — le *Coin de table*, exécuté en 1935, fut acquis en 1936 —, grâce aux dons de Monsieur Charles Terrasse et à la générosité de Madame Reine Natanson dont le legs comprend, outre des œuvres de Vuillard, Sérusier, Valtat, Gauguin, six tableaux et

deux dessins de Bonnard. Cet ensemble s'est récemment enrichi de l'acquisition en 1984 du *Nu à la baignoire*, 1931, et du *Portrait de l'artiste dans la glace du cabinet de toilette*, v. 1935. Les grands moments de la démarche de Bonnard sont ainsi représentés, depuis les années 1910, avec la *Femme au chat* de 1912, jusqu'à sa mort en 1947, avec l'*Amandier en fleurs* de 1946, le dernier tableau vers lequel il ait dirigé son regard, lui apportant, en janvier 1947, une retouche ultime.

☐ *Reine Natanson et Marthe Bonnard au corsage rouge*, 1928
Intitulé autrefois *Le Dessert* (Dauberville, t. 3, p. 324), ce tableau représente Marthe en compagnie de Reine Natanson, seconde épouse de Thadée Natanson, le directeur de la *Revue Blanche*, pour laquelle Bonnard réalisa des illustrations dans les années 1890. Le peintre a traversé une crise de 1911 à 1913 : après s'être « laissé entraîner par la couleur », ainsi qu'il le déclare en 1926 à Charles Terrasse (C. Terrasse, *Bonnard*, Paris, Floury, 1927, p. 96), il décide de s'attacher à nouveau à la ligne et à la composition. Cette œuvre évoque la cohérence de la démarche de Bonnard, pour qui la notoriété est venue et qui expose cette même année 40 peintures à la galerie De Haucke de New York. Son style s'affirme, ses audaces aussi : le rouge et le jaune des vêtements traités en aplats créent un contraste violent. La composition, empruntée à l'art japonais, offre des variantes abstraites, le premier plan n'apparaît plus seulement à l'horizontale, mais il *est* un plan horizontal fortement souligné; la diagonale formée par les deux bras se trouve rompue, l'arrière-plan vertical est traité selon le système de modulation des couleurs cher à Bonnard. Il choisit à dessein le motif banal du corsage rouge à rayures, déjà représenté

Reine Natanson et Marthe Bonnard au corsage rouge, 1928
huile sur toile
73 × 57
legs Reine Natanson, 1954
dépôt du Département des Peintures du Louvre, 1977
AM 1977 dép. 15

dans plusieurs tableaux antérieurs — *Le Corsage rouge* de 1925 notamment — pour mettre l'accent sur l'art pur, libéré du sujet. L'absence de communication directe entre les deux femmes suggère un certain hermétisme et une vie intérieure secrète, comme chez les personnages aux yeux clos des œuvres symbolistes. Mais la nature est présente dans sa plénitude et sa douceur, le bonheur aussi, associé ici à la présence dans le centre du tableau d'un chat vif traité en quelques touches magistrales de noir et de blanc. Bonnard aimait les animaux, qu'il peignait avec humour et tendresse, s'amusant à les disséminer de façon paradoxale, de manière que, situés à des endroits importants de la composition, les angles ou le centre, ils n'apparaissent cependant pas immédiatement au spectateur et créent un effet de surprise.

☐ *Paysage au remorqueur,* v. 1930
Après les paysages de grandes dimensions aux couleurs éclatantes des années 1926-1928, Bonnard revient dans ce *Paysage au remorqueur* (Dauberville, t. 2, p. 335; ancienne collection Bernheim Jeune), à un format modeste et à une gamme sobre de verts et de jaunes. Il maîtrise alors pleinement l'art de la composition par juxtaposition de plans, mais propose ici une nouvelle solution au problème de la représentation : le point de fuite est supprimé, la surface de l'œuvre entièrement occupée par les motifs de la végétation; le cadrage des arbres, coupés par les limites du tableau, le jeu subtil et harmonieux de vues à l'horizontale et à la verticale contribuent à souligner l'irréalisme de ce paysage. Le bateau, apparition lumineuse située en haut d'une diagonale partant de l'angle inférieur gauche, signale la remontée de l'arrière-plan et accentue la décentralisation de la composition, seul contrepoint à l'unité plastique de l'ensemble.
Cette œuvre est l'affirmation de ce qui restera la leçon esthétique et morale de Bonnard : l'espace pictural comporte ses lois propres, il s'agit donc de revaloriser la surface du tableau par ce que Mallarmé appelait la « perspective artistique », qu'il admirait dans l'art de Manet; elle exprime aussi la relation enchantée de Bonnard à la nature.

☐ *Nu à la baignoire,* 1931
Cette œuvre exceptionnelle (Dauberville, t. 3, p. 375; anciennes collections Dupuy de Frenelle et galerie Beyeler, Bâle) fut précédée d'une esquisse préparatoire qui figure sur le feuillet du 17 février 1931

de l'agenda de Bonnard, permettant ainsi sa datation. Elle appartient à la série importante des *Nu à la baignoire* commencée en 1924. Bonnard applique aux intérieurs, et en particulier aux salles de bain — dont les surfaces miroitantes et la présence du nu l'attirent pour leur jeu réciproque —, la science que Cézanne, qu'il admirait, mettait dans l'étude inlassablement recommencée de la Montagne Sainte-Victoire. Il a atteint son but : il s'est libéré de l'académisme par une maîtrise absolue et sobre de l'espace; la majeure partie du tableau — l'arrière-plan surtout, vers lequel se perd le regard du personnage — n'est plus qu'une composante de tonalités glacées de blanc, de beige, de gris bleuté. La diagonale décrite par le corps, les courbes amples de la baignoire et du fauteuil, la vue légèrement plongeante suffisent à Bonnard pour donner une vision puissante bien qu'« irréelle » et poétique de l'espace. Le contrejour, la qualité des couleurs, appliquées selon le principe du contraste simultané, créent une fusion des volumes et une mouvance des limites évocatrices de celles qui se présentent dans *Le Vase bleu* de Cézanne (1883-1887, Musée du Jeu de Paume). Bonnard atteint ici au sublime de la représentation, celle du rêve, des correspondances entre les sensations, de l'être, en opérant dans une certaine sérénité une osmose entre le cadre, l'atmosphère, la pensée du personnage et celle du spectateur. Par ce conte abstrait de la vie quotidienne Bonnard réalise ce qui fut pour Diderot le degré supérieur de l'art : « La peinture est l'art d'arriver à l'âme par l'entremise des yeux. Si l'effet s'arrête aux yeux, le peintre n'a fait que la moindre partie du chemin. » *(Salon* de 1765, Paris, coll. Hermann, 1984, p. 226).

☐ *Coin de table,* v. 1935
Bonnard rejette définitivement les principes de l'académisme, les conventions de l'art occidental. Exécuté à partir d'une esquisse préparatoire dessinée le 28 octobre 1934 dans son agenda, ce tableau (Dauberville, t. 3, p. 418), basé sur une gamme limitée mais intense de blanc, de jaune orangé et de rouge, a dérouté plus d'un critique d'art. Selon André Fermigier *(op. cit.* p. 142), « la chaise que l'on aperçoit à gauche (…) est vraiment une des inventions les plus bizarres de Bonnard », « le résultat est le comble du paradoxe et du caprice » relevant d'un « maniérisme assez inconfortable ». Car, bien sûr, la figuration n'est plus qu'un plan relevé et vu d'en-haut, excluant toute symétrie, traversé d'une diagonale rompue par les objets, de largeur

Paysage au remorqueur, v. 1930
huile sur toile
50 × 80
achat de l'État 1937, attr. 1945
dépôt du Département des Peintures du Louvre, 1977
AM 1977 dép. 16

Nu à la baignoire, 1931
huile sur toile
120 × 110
achat 1984, avec le concours d'un donateur anonyme à la mémoire de E. Reves,
de la banque Morgan et du Fonds du Patrimoine
AM 1984-351

L'Atelier au mimosa, 1939-1946
huile sur toile
127,5 × 127,5
achat 1978
AM 1978-732

irrégulière, et aussi, comme chez Cézanne, non concordante du côté droit. La chaise, mise encore une fois en contrepoint, n'apparaît plus dans sa fonction utilitaire, mais elle devient une forme couleur, de même que les objets, découpés selon les exigences de l'espace pictural, et vus soit d'en-haut, soit à l'horizontale : ce ne sont plus ici une table, un panier, des fruits, une chaise, c'est la vision nouvelle qu'en a l'artiste.

Cette composition, que l'esprit est amené à prolonger hors des limites du cadre, nie la clôture de la représentation et annonce les recherches de contemporains tels que Frank Stella, dont les tableaux, *Hyena Stomp* plus particulièrement (1962, Londres, The Tate Gallery), se veulent une variation sur le thème de la continuité et de la discontinuité des limites internes et externes de l'œuvre d'art.

□ *L'Atelier au mimosa,* 1939-1946
Il s'agit de l'une des dernières grandes œuvres lyriques de Bonnard (Dauberville, t. 3, p. 96; ancienne collection Charles Terrasse), commencée en des temps tragiques qui lui font penser que le monde devient fou, et retouchée par lui-même en octobre 1946. Précédée d'un dessin préparatoire — l'*Étude pour l'Atelier au mimosa* donnée au Musée par Charles Terrasse —, elle fut exécutée sur une toile d'un format que Bonnard n'appréciait guère, le format carré, qu'il cherchait presque toujours, lorsqu'il devait s'en contenter, à modifier par l'artifice de la composition, ainsi qu'il le déclara en 1937 lors de l'exécution de la *Pastorale* (ou *Le Petit Pont),* panneau destiné à décorer le foyer du théâtre du Palais de Chaillot : « On m'a donné un carré, j'ai réussi à le démolir. » (R. Cogniat, *Bonnard,* Paris, Flammarion, 1968, p. 48). Ce tableau représente le mimosa et les hauteurs de Cannes que l'artiste voyait de son atelier du Cannet où il s'était retiré en 1938. La vue plongeante, la légère décentralisation de la compo-

sition, l'utilisation des diagonales croisées de la balustrade et de la fenêtre soulignent le vide de l'espace intérieur et créent un effet de vertige, que Bonnard corrige par la présence du visage de Marthe, par celle aussi, lyrique, de la nature et de ses couleurs. Le premier plan est un contraste de jaune et de rouge, la vision du mimosa se transforme en une plage abstraite de jaune vif, tandis que l'arrière-plan des maisons et des collines, traité en couleurs froides, se précise. Le réel semble plus facile à saisir lorsqu'il est mis à distance, mais Bonnard nous transmet son émerveillement devant la nature proche et se laisse emporter par ses émotions.

□ *Autoportrait dans la glace du cabinet de toilette,* [1945]
Les désillusions, la solitude, la mort des êtres aimés — Vuillard en 1940, Marthe en 1942 — ont fait leur œuvre. Dans cet autoportrait tardif (Dauberville, t. 4, p. 84; succession Bonnard, ancienne collection Wildenstein), le décor habituel, les accessoires de toilette et même la chaise sont toujours là, mais vides de sens, dérisoires. Et le peintre, être nu, chauve, désincarné, qui dans les *Autoportraits* précédents — cinq de 1938 à 1945 — se tournait déjà vers l'ailleurs, s'identifie à cet ailleurs, cet inconnu. L'arrière-plan dépouillé, le miroir, apparu dans sa peinture dès 1908, ne permettent plus ici aucune complaisance et rendent insoutenable la tristesse de l'artiste. Son regard ne fixe plus le monde, et il n'a plus besoin de lunettes pour « voir ». L'état d'âme de Bonnard est devenu le sujet même de son œuvre qu'il élève au rang de la parabole.   S.B.

Coin de table, v. 1935
huile sur toile
67 × 63,5
achat de l'État 1936, attr. 1937
dépôt du Département des Peintures du Louvre, 1977
AM 1977 dép. 18

Autoportrait dans la glace du cabinet de toilette, [1945]
huile sur toile
73 × 51
dation 1984
AM 1984-698

François Bouillon
1944

François Bouillon vit et travaille à Paris. Sa pratique de la sculpture semble s'inscrire dans le prolongement des mouvements qui ont pris naissance dans les années 70, comme l'art pauvre. Mais sa démarche est, en réalité, indépendante, impropre aux regroupements conceptuels, essentiellement marquée par un retour aux sources. Bouillon dote ses matériaux d'une intense « charge émotionnelle »; aussi trouve-t-on de nombreuses références à l'art primitif dans ses dessins (le Musée en possède quatre récents) comme dans ses sculptures.

Cat. *Bouillon-Reynier-Vieille*, Paris, MNAM, Centre G. Pompidou, 1984.

☐ *Echo-Ecco*, 1984
Cette pièce, qui a été réalisée à l'occasion de l'exposition de l'artiste au Musée en 1984, apparaît d'emblée comme un instrument de culte ou l'emblème de quelque divinité. Mais elle rassemble aussi, par une exigeante organisation spatiale, tous les éléments d'une action. Entre *Echo,* composé d'un volume de cuivre riveté posé au sol, et *Ecco,* lettres assemblées avec des plumes piquées dans le mur, on peut envisager des échanges, même conçus de la manière la plus dématérialisée. Éclairée par un puissant faisceau lumineux, *Echo* projette ses reflets de cuivre sur le mur, retrouvant ainsi *Ecco*. En même temps cernée par l'ombre, elle exerce une attraction mystérieuse. L'artiste délimite cette zone d'ombre par un trait bleu sur le sol comme pour en prolonger les effets. « L'ombre des objets, précise-t-il, est utilisée pour ce qu'elle est, soulignée, noircie au fusain ou laissée libre ». *Echo,* dont le titre évoque aussi un son, trouve alors une résonance lointaine dans le mouvement presque imperceptible des plumes et dans l'exclamation *Ecco,* soustraite au langage mais dotée d'une existence propre.

J.-P. B.

Echo-Ecco, 1984
feuilles de cuivre, acier, noir de fumée et plumes
360 × 60 (diam.), les plumes 24 × 68 env.
achat 1984
AM 1984-372

Constantin Brancusi
1876-1957

L'œuvre du sculpteur Constantin Brancusi est celle d'un créateur solitaire, qu'il est difficile de relier à un courant artistique précis. Si elle annonce l'abstraction plastique qui caractérise l'évolution de la sculpture moderne, elle s'est développée selon une démarche exceptionnellement personnelle et cohérente. Comme les cubistes, Brancusi est à la recherche d'une nouvelle réalité plastique et reste sensible aux simplifications de la sculpture africaine. Cependant, la référence à un monde naturel et cosmique, qui sous-tend l'ensemble de son œuvre, l'éloigne de leurs préoccupations plus intellectuelles.

D'origine roumaine, Brancusi est né dans un village des Carpathes, à Hobitza, d'une famille paysanne qu'il quitte très jeune pour une vie vagabonde et faite d'expédients. En 1894, il s'inscrit à l'école des Arts et Métiers de Craiova, puis en 1898 à l'école des Beaux-Arts de Bucarest. A Paris, où il arrive en 1904 (après un long voyage à travers l'Europe, le plus souvent à pied), il suit l'enseignement de l'École des Beaux-Arts jusqu'en 1907. Dès 1906, il expose au Salon d'Automne où il rencontre Rodin; ses premières œuvres, au caractère volontiers inachevé, révèlent une réflexion sur la sculpture proche de celle du Maître de Meudon. Peu après, Brancusi réalise une de ses premières « tailles directes », préférant désormais dégager ses formes du « bloc » naturel — bois, pierre ou marbre. L'année suivante, il se lie avec Le Douanier Rousseau, Léger, Matisse et Modigliani qui fait son portrait. La baronne Renée Frachon (vers 1908), puis une amie hongroise, Margit Pogany (en 1910), posent pour lui : leurs portraits réalistes seront à l'origine de différentes versions détruisant la notion traditionnelle du buste *(La Muse endormie,* 1910; *La Muse,* 1912; *Mlle Pogany,* 1912). En 1911, le photographe américain Edward Steichen acquiert une version en bronze de *Maiastra,* 1911, forme première d'une longue série d'*Oiseaux*. Brancusi envoie cinq œuvres à l'Armory Show de New york en 1913. Ses amis Edward Steichen et Alfred Stieglitz organisent en 1914 sa première exposition personnelle à New York, à la Photo-Secession Gallery. A la suite d'une fracture à la jambe (1918), il se met à peindre et à dessiner, cette activité, comme plus tard celle de la photographie, devant rester indépendante de son œuvre sculpté, qu'il réalise toujours « directement », sans ébauche préalable, selon une conception quasi artisanale. Faisant scandale par sa forme ambiguë, issue d'une silhouette de femme en marbre retaillé, *La Princesse X* est refusée au Salon des Indépendants de 1920, mais *L'Oiseau d'or* y occupe une place d'honneur. La même année, une *Colonne sans fin,* taillée dans un arbre du jardin de Steichen, est installée pour la première fois *in situ*. Brancusi assiste alors aux manifestations Dada, rencontre Picabia et Tzara, visite le Salon d'Aviation avec Léger et Duchamp et, en 1921, se lie avec Cocteau, H.P. Roché, Satie et Man Ray qui l'aidera à installer une chambre noire dans son atelier. En 1923, il exécute en terre la première version du *Grand Coq*. Il s'installe en 1927 au 11, impasse Ronsin, dans les cinq ateliers qui seront reconstitués après sa mort. En 1928, il gagne un procès, devenu célèbre, contre les douanes américaines qui ont refusé le statut d'« œuvre d'art » à *L'Oiseau dans l'espace*. Au maharadjah d'Indore venu lui acheter trois versions de cette œuvre, il propose le projet d'un temple. En 1935, la Roumanie lui commande le mémorial de Tirgu-Jiu qui sera réalisé sous ses directives en 1937-1938 *(La Colonne sans fin, La Porte du baiser)*. Entre-temps, il aura séjourné en Inde pour son projet qui restera sans suite, puis en Égypte. Son dernier voyage sera pour les États-Unis en 1939, tandis que sa dernière œuvre, la quatrième version du *Grand Coq,* sera achevée en 1949. Après avoir obtenu la nationalité française en 1952, Brancusi lègue à l'État français la totalité de son atelier en 1956, un an précisément avant sa mort.

C. Giedion-Wekker, *Constantin Brancusi, 1876-1957,* Neuchâtel, éd. du Griffon, 1958; I. Jianou, *Brancusi,* Paris, éd. Arted, 1963, 2ᵉ éd. revue et mise à jour 1982; S. Geist, *Brancusi,* New York, Grossman Publ., 1968, 2ᵉ éd. revue et augmentée, New York, Hacker Art Books, 1983; S. Geist, *Brancusi. The*

Vue d'atelier, v. 1925
photographie originale de l'artiste

86

Sculpture and Drawings, New York, Harry N. Abrams, 1975; M. Tabart et I. Monod-Fontaine, *Brancusi photographe,* Paris, MNAM, Centre G. Pompidou, 1977.

La représentation de l'œuvre de Brancusi dans les collections est due essentiellement à l'importance du legs (158 œuvres, socles non compris) que l'artiste fit à l'État français en 1956 — l'ensemble de son atelier avec tout son contenu (œuvres achevées, ébauches, plâtres originaux, meubles et outils) — à charge pour le Musée de le reconstituer tel qu'il était impasse Ronsin. Brancusi manifestait par là sa volonté de ne pas séparer son œuvre de son environnement privilégié, où tout était marqué de sa main. Outre le mobilier sculpté (porte, tabourets, socles), l'atelier présente un panorama à peu près complet de l'œuvre, grâce aux nombreux tirages en plâtre venus remplacer les originaux (marbre, pierre ou bronze) dès le moment où l'artiste s'en séparait : il permet ainsi, avec le fonds exceptionnel de photographies exécutées par Brancusi lui-même, de suivre, étape par étape, la démarche du sculpteur depuis les volumes simplifiés de *La Muse endormie, Mlle Pogany, L'Oiseau dans l'espace,* du *Poisson,* du *Phoque* et des *Grands Coqs,* jusqu'aux œuvres monumentales plus tardives, projet du *Temple de l'Amour,* piliers du *Baiser* et *Colonnes sans fin.*

Avant ce legs, rendu possible par l'amitié personnelle de Jean Cassou, celui-ci avait fait dès 1946-1947 l'acquisition d'œuvres-jalons essentielles. Un tirage en bronze patiné de la première *Muse endormie,* 1910, la version unique en bronze poli du *Coq,* 1935, avec ses socles en bois et pierre et, enfin, *Le Phoque* en marbre bleu turquin de 1943 dont il n'existe dans le monde qu'un seul autre exemplaire en marbre, achevé en 1936. A ces achats s'ajoute le don, en 1963, de *La Muse endormie,* 1910, en bronze poli cette fois, par la baronne Renée Irana Frachon, qui l'avait elle-même reçue de l'artiste en 1920, ce qui rend d'autant plus précieuse la présence de cette œuvre dans les collections.

☐ *Le Baiser,* 1923-1925

Œuvre datée par une photographie de 1923. Le n° 34 est celui de la liste de l'exposition à la Brummer Gallery, New York (1933-1934), où elle a figuré.

Le thème du *Baiser* apparaît en 1907-1908, alors que Brancusi vient d'abandonner le modelage traditionnel pour la « taille directe » du matériau, technique primitive ou archaïque qui privilégie depuis Rodin le « bloc » originel d'où surgit la forme. Développé à travers maintes variations, *Le Baiser* revêt deux formes principales : la colonne et le cube, qui préserve l'idée du bloc. A la première appartient le couple-colonne du cimetière Montparnasse, où les figures s'accolent sur toute la hauteur de leurs jambes jumelles. Fixé définitivement dans la stèle rigide qui clôt le thème (*La Borne-frontière,* 1945, MNAM), le couple disparaît dans les piles unifiées des *Colonnes du baiser* qui, avant de soutenir la *Porte du baiser* de Tirgu-Jiu (1938) au schéma linéaire, viennent rythmer de leurs doubles verticales l'architecture de l'atelier. Six versions achevées, dont trois conservées à l'atelier, ressortissent de la seconde forme, cubique et tronquée à mi-corps : d'abord charnelle par la rondeur du traitement (*Le Baiser,* 1907-1908, Musée de Cracovie) puis tendant vers une géométrie abstraite, tendre (*Le Médaillon,* v. 1919, MNAM) ou ironique (*Le Baiser,* v. 1940, MNAM). Celle qui est ici reproduite (Geist n° 172) constitue un état intermédiaire. Du côté le plus stylisé, les bras sont nettement géométrisés, la surface finement gravée sans suggestion de volume; de l'autre, têtes, yeux et bustes apparaissent différenciés dans une manière arrondie, tandis que l'horizontale mi-géométrique des bras lie le volume au plan du cube. Si par un jeu formel ces œuvres évoquent les prémisses du cubisme, auquel Brancusi ne reste pas étranger, elles imposent une nouvelle réalité plastique, dont le « bloc » simplifié devient le symbole à la fois primitif et moderne.

Le Baiser, 1923-1925
pierre brune
36,5 × 25,5 × 24
legs de l'artiste, 1957
AM 4002 (3) S

Vue d'atelier, v. 1923
photographie originale de l'artiste

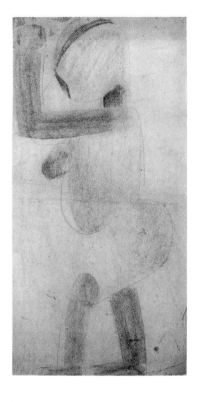

Photographie originale de l'artiste, 1933

□ *Étude de profil pour Le Premier Pas,* 1913 - *Tête d'enfant,* 1913-1915
Cette feuille est l'une des quatre études au fusain (deux de face et deux de profil) d'une sculpture disparue de 1913, connue sous le nom du *Premier Pas* et présentée en 1914 à la première exposition personnelle de Brancusi à la Photo-Secession Gallery de New York. C'est exceptionnellement que Brancusi prépare ou accompagne une œuvre sculptée par une étude. De façon analogue à la photographie, qui peut à l'occasion fixer l'état d'une œuvre ou une « installation » éphémère, le dessin est réalisé ici d'après la sculpture, comme pour en garder le souvenir avant son démantèlement. Remplaçant la ligne que l'artiste retient habituellement pour figurer le volume par son bord, le fusain largement frotté restitue la masse simplifiée d'une étrange figure (en bois). Celle-ci rappelle à plus d'un titre les figurines primitives africaines, notamment par l'assemblage articulé des formes pleines et élémentaires du corps, le traitement synthétique du visage, à la fois fermé et ouvert sur le monde par ses entailles sommaires.
Seule la tête du *Premier Pas,* détachée par Brancusi après l'exposition de 1914 et exposée sous le titre *Tête d'enfant* à la Brummer Gallery en 1926, a été conservée dans l'atelier (Geist n° 90). De ces superpositions de formes en bois à la présence énigmatique — face plus « obscure » d'une œuvre si souvent associée à la lumière — Brancusi

a, en effet, parfois souhaité se séparer en les disloquant ou les transformant en objets plus anodins, comme socles ou tabourets. Suivant le même processus qui a déterminé l'évolution de *La Muse endormie,* la tête du *Premier Pas* est venue rejoindre le thème des têtes (d'enfant) endormies, séparées de leur corps. Ainsi, ce visage, dont les traits sont résumés à l'instar des masques nègres par une traduction en creux ou en volume, constitue la première version de la série du *Nouveau-né.* La fente de l'œil-sourcil prolongée par la saillie du nez, l'échancrure de la bouche seront reprises dans un jeu de courbes et de plans dans l'espace (sphère rompue par les plans du nez et du menton).

Étude de profil pour Le Premier Pas, 1913
fusain sur papier collé sur carton
74,5 × 38
legs de l'artiste, 1957
AM 2544 D

Tête d'enfant, 1913-1915
bois
25,9 × 16,5 × 17
legs de l'artiste, 1957
AM 4002 (24) S

□ *La Muse endormie,* 1910

Préparée par des études en terre (1908, détruites) où la physionomie du modèle (la baronne Frachon) est saisie dans un modelé plein de vivacité, puis par un portrait en pierre aux traits plus généralisés (1916, Roumanie, coll. part.), la première version de *La Muse endormie* transpose les qualités organiques du visage dans la perfection et la transparence du marbre (1909-1910, Washington, The Hirshorn Museum). Entre l'original et les tirages en bronze (cinq dont deux au MNAM), Brancusi introduit d'infimes différences — dimensions, symétrie, surface — en travaillant chaque fois le métal ou le plâtre intermédiaire. Ainsi, les bronzes peuvent être plus ou moins patinés ou polis. Ici, seule la chevelure doucement côtelée reste patinée, en contraste de matière avec la brillance du visage poli, proche de celle du marbre. Sous une surface unie et continue affleurent les yeux clos, la bouche entrouverte en une fente asymétrique, dont l'indécision évoque une présence insaisissable; seul relief marqué, la fine arête du nez surgit de l'ovale et en délimite les versants qui, sans changer de plan, glissent le long des sourcils étirés sous la chevelure. En substituant au buste traditionnel la tête couchée, privée de ce qui la relie au corps — le cou — et déposée comme un masque (« déplacement » repris par Man Ray dans une célèbre photographie, *Blanche et noire,*

1926), en effaçant les traits du visage pour se concentrer sur sa forme ovoïde, le sculpteur « abstrait » un *objet* à la résonance encore humaine. Pour la première fois, Brancusi abandonne l'apparence pour l'indépendance de l'œuvre.

La Muse endormie, 1910
bronze poli
16 × 18,5 × 27,3
don de la baronne Renée Irana Frachon, 1963
AM 818 S

□ *Le Commencement du monde,* v. 1924

Tout en maintenant un rare équilibre entre l'organique et la géométrie, Brancusi va désormais évoluer vers un plus grand dépouillement formel, que ce soit dans une mouvance primitiviste, par la simplification des formes, ou archaïsante, par la pureté des volumes extraits du marbre ou de la pierre. Ainsi, *La Muse endormie* devient la forme originelle du *Commencement du monde,* où tout élément descriptif a disparu. Précédé par un albâtre *(La Muse endormie II,* 1917-1918, USA, coll. Lloyd) dont la matière translucide à peine incisée suggère une présence plus qu'une image précise, et par un objet ovoïde en marbre destiné au toucher *(Sculpture pour les aveugles,* 1916, Philadelphia Museum of Art), *Le Commencement du monde* est un pur ovale à la structure minimale savamment contrôlée : forme essentielle mais aussi forme pleine d'un possible futur. Il en existe deux tirages en bronze, dont celui de l'atelier présenté sur un disque en acier également poli (Geist n° 161 a). Cette fois, à la différence du marbre d'origine (v. 1920, Dallas Museum of Fine Arts) qui retient la lumière dans sa surface cristalline, les bronzes sont fortement polis de telle manière que la forme parfaite et fermée sur elle-même semble brisée par les reflets de la lumière, doublement réfléchie par l'œuvre et son socle-miroir.

Le Commencement du monde, v. 1924
bronze poli
19 × 28,5 × 17,5
sur disque en acier poli, 0,7 × 45
legs de l'artiste, 1957
AM 4002 (63) S

Photographie originale de l'artiste, v. 1930

□ *Mlle Pogany I,* 1912-1913

En 1910-1911, Brancusi exécute un certain nombre d'études de Margit Pogany, jeune artiste hongroise remarquée dans une pension de famille parisienne, qui lui avait déjà inspiré un portrait de mémoire : le marbre sphérique de la *Danaïde,* 1910, tête penchée sur un petit cou et « toute en yeux » selon le souvenir du modèle (il reste de l'original retravaillé plus tard plusieurs tirages en bronze, dont un partiellement doré à l'atelier). En 1912, le sculpteur transpose la finesse du modèle dans un marbre veiné (Philadelphia Museum of Art), où le haut visage aux yeux bombés s'appuie sur la double courbe des bras et du cou réunis. Le MNAM en conserve l'unique épreuve en plâtre (reproduite ici) qui a sans doute servi au tirage des bronzes (1913), avant d'être réparée et blanchie pour être présentée dans l'atelier à la place de l'original acquis par John Quinn. Forme dont l'image, constamment changeante par la torsion de ses volumes enveloppés, réclame le mouvement même du spectateur (remplacé plus tard par l'insertion d'un roulement à billes dans le socle), cette première version sera reprise dans les emboîtages cylindriques de *Mlle Pogany II* (1919-1920, New York, coll. Ault) qui deviendront durs et mécaniques dans le tirage en bronze de *Mlle Pogany III* (1931-1933, MNAM).

□ *Princesse X,* 1916

Comme on l'a vu plus haut, la *Princesse X* (Geist n° 105 b) provient d'un marbre de 1909 resculpté en 1916 (University of Nebraska Art Galleries). Le motif d'origine — une jeune femme à longue chevelure, penchée sur son miroir — disparaît ici dans une forme elliptique où le mouvement de la figure comme celui de la coiffure « naturelle » sont extrêmement stylisés : exceptés les détails d'une main et d'une sorte de griffe à la nuque, souvenir d'une mèche de cheveux, l'aspect descriptif a disparu. Les quelques éléments retenus sont combinés dans un système complètement courbe, fuyant les surfaces planes et les ombres portées. Il en résulte une forme presque précieuse, dont la modulation graduée assure insensiblement le passage d'un renflement à l'autre par la gorge allongée, qui donne à l'ensemble une dimension en hauteur. La surface veloutée du marbre devient plus élastique dans les deux versions en bronze poli (la deuxième se trouve au Philadelphia Museum of Art). Le métal en accentue la qualité abstraite et dynamique, comme la luminosité rayonnante, si souvent captée par l'objectif de Brancusi : celui-ci s'est souvent pris au jeu des différentes vues venant troubler la lecture des formes de cette *Princesse X,* dont l'ambiguïté lui avait valu le refus du Salon des Indépendants en 1920.

Mlle Pogany I, 1912-1913
plâtre
44 × 24,5 × 30,5
legs de l'artiste, 1957
AM 4002 (50) S

Princesse X, 1916
bronze poli
56,5 × 42 × 24
legs de l'artiste, 1957
AM 4002 (88) S

92

Photographie originale de l'artiste, 1933

☐ *Le Phoque II* ou *Le Miracle*, 1943

Habituellement élevée à la verticale *(Oiseaux, Coqs)*, la forme animale apparaît plus épisodiquement déployée entre la verticale et l'horizontale. Le deuxième titre symbolique superpose à la vision de l'animal cambré celle d'une jeune fille redressée : mais, à la différence de *Léda* (1920; bronze poli, 1925, MNAM), dont la métamorphose résulte de la jonction de deux formes bien distinctes, *Le Phoque* est une forme unique et continue, tendue et saisie dans son élan. L'impression de mouvement s'accentue avec la subite rupture du corps par une intersection plate exprimant une tête invisible. *Le Phoque* en marbre bleu (Geist n° 228) et son tirage en plâtre (ap. 1943, MNAM) diffèrent du premier *Phoque* en marbre blanc (1936, New York, The S.R. Guggenheim Museum) par leurs plus grandes dimensions, leur soclage sans cale d'appui et une répartition différente des volumes : le dynamisme de la forme se trouve cette fois retenu par une plus grande épaisseur de la masse à l'endroit de la cambrure, entre le ventre et le dos; enfin, le « dessin », qui résume le fuselage de l'animal, se module en un jeu contradictoire de courbes (le dos se creuse, puis s'enfle, alors que la forme s'épaissit puis s'affine vers la queue). Ces modifications heureuses permettent au *Phoque* de trouver définitivement son équilibre : le plâtre paraît projeté en avant de son socle circulaire, tandis que le marbre peut tourner avec sa base sur un roulement à billes.

Le Phoque II, 1943
marbre bleu turquin
110,5 × 121,5 × 34
socle pierre, diam. 150
legs de l'artiste, 1957
AM 816 S

☐ *Torse de jeune homme*, 1923

Le numéro 15 renvoie à l'exposition de la Brummer Gallery, New York, où l'œuvre a figuré en 1933-1934. A la fois organique et « minimal », ce *Torse* (Geist n° 150) allie, dans la clarté et la sensibilité, deux des sources primitives dont Brancusi a su tirer un parti très personnel et novateur : la connaissance de la taille du bois traditionnelle chez le paysan roumain, la combinaison de formes expressives et géométriques chez le sculpteur africain (une troisième source pouvant être ailleurs la statuaire de la Grèce pré-classique). En taillant un tronc d'arbre à l'endroit de la fourche de deux branches, Brancusi adopte une forme préexistante — sorte de « ready-made » naturel — dont il transforme le sens tant dans son poids physique et sa direction (du ciel vers la terre) que dans son contenu. Dans le même temps, il préserve la qualité du matériau écorcé qui devient celle du corps : les veines du bois, le cœur de l'arbre et les anneaux annuels révélés par les sections planes des trois axes restent visibles. Un premier *Torse*, plus massif, sculpté dans un tronc d'érable (1917-1922, Philadelphia Museum of Art), présentait sur l'axe vertical une section à la pente plus accusée et les deux courts cylindres des jambes devaient prendre un aspect radicalement mécanique dans les tirages en bronze poli (1924). Le *Torse* de 1923 possède un caractère moins schématique, notamment dans le traitement des hanches et de la naissance des cuisses dont la courbure restitue la qualité tactile du bois.

Torse de jeune homme, 1923
noyer
42,7 × 28,4 × 14,6
legs de l'artiste, 1957
AM 4002 (79) S

L'Oiseau dans l'espace, 1936
plâtre coloré en gris
194,5 × 14 × 20
legs de l'artiste, 1957
AM 4002 (105) S

☐ *L'Oiseau dans l'espace,* 1936

A partir de *Maïastra,* 1915 — idée première et encore réaliste de *L'Oiseau,* 1918, reprise plus tard dans une version en marbre bleu (v. 1923-1940, MNAM) —, Brancusi développe toute une série de formes verticales dont la tension et l'élan s'accroissent au fur et à mesure de leur simplification poussée à l'extrême : *L'Oiseau dans l'espace* existe en plus de 20 versions différentes (27 marbres et bronzes polis), dont l'atelier a conservé un exemplaire tardif en bronze (1947) et divers plâtres réparés qui témoignent de l'évolution du thème. Plusieurs éléments concourent à faire de *L'Oiseau* une forme de plus en plus élancée et élevée dans l'espace, au bord du déséquilibre : le pied de l'oiseau, d'abord fiché dans une base géométrique, s'amincit en un cône (1923) avant de s'intégrer au corps dans une forme étirée et modulée — alternativement creuse et renflée — comme sous l'effet d'une vibration. Le passage entre le pied et le corps se fait par une taille extrêmement fine, d'où surgit l'arc du ventre bombé dans une tension qui s'achève sur un petit plan incliné vers l'arrière. Celui-ci figure par l'absence — comme c'était le cas pour la tête du *Phoque* — le bec de l'oiseau, à l'origine simple fente pointée vers le ciel.

L'Oiseau reproduit ici est sans doute le tirage d'un des deux fameux marbres, un blanc et un noir, commandés par le Maharadjah d'Indore pour un temple resté à l'état de projet. Ses dimensions sont voisines de celles du marbre noir, achevé et acquis en 1936 (Geist n° 211; actuellement à Canberra, The National Gallery of Art). Le fait que ce plâtre ait été coloré en gris, puis réparé et poli pour remplacer l'original dans l'atelier, permet de l'identifier et de fixer sa date de réalisation. Son intérêt particulier réside dans sa taille qui en fait le plus grand des *Oiseaux* et le désigne comme le terme des recherches de Brancusi, l'achèvement du thème dans ce matériau. Au printemps 1936, dans une lettre dictée à H.P. Roché et destinée au Maharadjah, Brancusi écrit : « La hauteur de l'oiseau ne veut rien dire en soi. Ce sont les proportions intimes de l'objet qui font tout (...). Mes deux derniers oiseaux, le noir et le blanc, sont ceux où je me suis approché le plus de la mesure juste... » (cité par Geist, *Brancusi,* 1968 et 1983, p. 115).

94

Photographie originale de l'artiste, v. 1941-1944

□ *Le Coq,* 1935

Multipliée par de nombreuses versions — bois, plâtres blancs ou bronze lumineux — la forme du *Coq* dresse vers le ciel son profil angulaire traversé d'un zig-zag symbolique. De tous ces exemplaires uniques, seul ce bronze poli de 1935 (Geist n° 209) a été tiré exceptionnellement d'après un modèle en plâtre conservé à l'atelier. Dans une même échelle, rappelant celle de la nature, l'œuvre a été précédée par deux *Coqs* en bois : l'un, *Le Coq gaulois* (1922, disparu), plus massif et maladroit, était le seul à présenter quatre arêtes (au lieu de trois) en dents de scie ; l'autre, en noyer (1924, MOMA), a une queue allongée qui, tirant le corps en arrière de l'axe du bec, accentue l'inclinaison du dos. Prenant appui sur un socle qui répète les formes en zig-zag du cou, *Le Coq* en bronze du MNAM a la queue plus courte et s'élève au-dessus d'un pied plus élancé, ce qui détermine déjà une plus grande verticale dans l'espace. L'impression de rectitude est augmentée par le passage en angle droit du pied à la queue, qui inscrit le *Coq* dans un triangle parfait. L'axe depuis la tête passe en avant des arêtes, celles-ci reculant en escalier alors qu'elles deviennent plus importantes en volume. La matière du bronze poli exalte encore la perfection des lignes diagonale/horizontale, l'arrondi des passages et le dessin acéré du profil.

Dès 1923, Brancusi développe parallèlement un autre cycle de *Coqs,* cette fois monumentaux, modelés directement dans le plâtre et plus ou moins travaillés. Le premier, qui est aussi le moins grand *(Grand*

Coq I, 1924, MNAM), a sans doute été fait d'après une ébauche en terre glaise *(Le Coq gaulois,* 1923, détruit) sans pied et tigée sur un socle cylindrique. Les suivants, modelés de façon tout aussi rugueuse, sont de taille progressivement plus élevée *(Grand Coq II,* 1930, et *Grand Coq III,* v. 1930, MNAM). Le plus grand et le dernier, *Grand Coq IV* (1949-1954, MNAM), remplace une version similaire (v. 1941, visible sur une photographie de l'artiste reproduite ici) qui, retravaillée par l'intermédiaire d'un moule, donnera le tirage actuel (atelier) dont la surface est en partie réparée et lisse. Cette série se différencie de la première par son caractère vertical plus affirmé qui l'apparente à celui des *Oiseaux :* l'axe du bec, se déplaçant vers l'intérieur à travers le profil en saillie, a pour effet de réduire la pente du dos, de redresser le corps vers le ciel, tandis que l'abaissement de la queue vers le sol efface l'aspect angulaire du motif.

□ *Colonnes sans fin,* 1920-1930

Avec l'ensemble des *Colonnes sans fin,* tout aussi important que celui des *Coqs,* apparaît de façon radicale la scansion verticale de l'espace. La sculpture sur bois, pratiquée dès 1913, entraîne Brancusi vers de plus grands formats : l'emploi de ce matériau rustique, notamment pour les socles qui combinent un petit nombre de formes simples, rappelle l'architecture rurale de son pays d'origine. Si l'on excepte une petite *Colonne* (1918, USA, coll. part.) — qui annonce le thème, mais sous une forme intermédiaire entre le socle et la sculpture — et

Le Coq, 1935
bronze poli
103 × 11,5 × 28,5
achat 1947
AM 817 S

Colonnes sans fin
I, 1920-1925, bois, 558 × 34 × 37
II, av. 1925, bois, 301,5 × 29 × 29
III, av. 1928, bois, 406,5 × 25 × 25
(IV), v. 1930, plâtre, 603 × 60 × 60
legs de l'artiste, 1957
AM 4002 (117-120) S

l'ensemble final de Tirgu-Jiu, toutes les *Colonnes sans fin* connues sont restées à l'atelier. Taillé à la hache dans un tronc d'arbre, le motif abstrait du support est répété jusqu'à l'autonomie de l'objet. Les plans légèrement renflés et la surface irrégulière du bois en compensent la géométrie. Le regard parcourt une succession de doubles pyramides tronquées ou de rhomboïdes (selon le module retenu par l'œil), ce qui engendre une sensation constante de rythme changeant. Les proportions du module — dont les dimensions ne sont pas symétriquement égales sur ses quatre côtés — diffèrent elles-mêmes selon l'angle de vue. Enfin, sa répétition subitement rompue (par un élément tronqué ou demi-rhomboïde) simule un mouvement vertical « sans fin » dont la perception peut varier : là encore, c'est la coupure, l'absence, qui figure la continuité.

En 1920, Brancusi taille une *Colonne sans fin* dans un arbre du jardin de son ami Steichen, à Voulangis, aux environs de Paris. Pour la première fois, le sculpteur installe une œuvre en plein air dans un lieu choisi par lui et d'autant plus approprié qu'il est celui de son origine (le jardin). Cette fois, la dimension de la *Colonne* — neuf rhomboïdes et un demi-rhomboïde à la base et au sommet — peut lui donner l'apparence d'une « expansion » infinie. Haute de près de huit mètres, elle a été coupée par Brancusi lors du départ de Steichen et seules deux sections superposées ont été conservées et installées dans l'atelier. La première section (quatre rhomboïdes et deux demi-rhomboïdes; Geist n° 136) a été exposée à la Brummer Gallery en 1933-1934. Deux autres *Colonnes sans fin* en bois (également exposées à la Brummer Gallery) ont été réalisées dans les années 20 : l'une (av. 1925, Geist n° 167), d'un seul tenant, a été raccourcie d'un élément (une double pyramide); l'autre (av. 1928, Geist n° 187) est constituée de deux morceaux superposés dont le plus grand (cinq rhomboïdes et deux demis) était également plus élevé lors de son exposition à New York. Ces nombreuses versions manifestent l'intérêt particulier de Brancusi pour ce thème. En 1930, revenant de Bucarest, où un premier projet de *Colonne* monumentale est envisagé pour cette ville, Brancusi réalise une étude en plâtre de plus de six mètres et qui comporte seulement quatre larges rhomboïdes aux courbes lisses et bombées (Geist n° 197). Ce sera finalement dans l'ensemble monumental de Tirgu-Jiu qu'une *Colonne sans fin* en fonte, d'une hauteur de trente mètres, sera érigée en 1937. Le terrain sera choisi et étudié par Brancusi (l'une de ses photographies des lieux porte une esquisse au crayon figurant de manière précise la future *Colonne*) de telle façon que c'est le site qui déterminera la taille, les proportions et l'emplacement de l'œuvre.   M.T.

Georges Braque
1882-1963

Comme celui de Picasso, le nom de Braque est étroitement associé au développement du cubisme. Il est vrai que son tempérament le disposait à une démarche rigoureuse et, à sa façon, classique; ce fut lui qui la poussa peut-être le plus loin, entre 1907 et 1917, dans des recherches de construction à la complexité raffinée qui alimenteront pour une grande part les œuvres postérieures au mouvement cubiste proprement dit. C'est un cheminement pourtant varié et volontiers fondé sur des séries, qui le mènera du fauvisme de ses débuts aux peintures très personnelles, fortes et complexes — à la valeur parfois injustement contestée — de la fin de sa vie.

Né à Argenteuil, Braque suit d'abord chez son père, entrepreneur en peinture, une formation technique de peintre-décorateur qui sera déterminante, puis il vient à Paris en 1900 étudier à l'Académie Humbert et fréquenter les musées et les Salons. Impressionné par les toiles fauves du Salon d'Automne de 1905, il adhère totalement au fauvisme, travaillant alors entre la Normandie et le Midi, avec Friesz, son ami havrais. En 1907, il rencontre Matisse, Derain, Vlaminck, puis le marchand D.H. Kahnweiler et Apollinaire qui l'entraînent dans l'atelier de Picasso où il découvre *Les Demoiselles d'Avignon*. Cette année-charnière est aussi marquée par la rétrospective Cézanne au Salon d'Automne. En 1908, sa première exposition personnelle galerie Kahnweiler est préfacée par Apollinaire. Il passe désormais les étés dans le Midi : L'Estaque, Céret, Sorgues. C'est de cette époque que date son amitié avec le sculpteur Laurens et que se resserrent ses liens avec Picasso : ensemble ils vont réaliser leurs plus belles toiles cubistes. 1911 : première insertion des lettres et des chiffres dans sa peinture. 1912 : premier papier collé. Grièvement blessé pendant la guerre, Braque ne recommence à peindre qu'en 1917 et travaille avec J. Gris. Léonce Rosenberg est alors son marchand, suivi par Paul Rosenberg en 1924. A partir des années 30, sa renommée devient internationale avec, en 1933, une rétrospective à Bâle, en 1940 une suite d'expositions aux États-Unis et en 1949 une rétrospective à New York puis Cleveland. Son nouveau marchand, Aimé Maeght, publie *Les Cahiers 1917-1947,* somme de ses notes et de ses réflexions. En 1948, Braque reçoit le premier prix à la Biennale de Venise. Son exposition au Louvre en 1961 et la rétrospective de Munich en 1963 constituent deux hommages peu avant sa mort à Paris. André Malraux prononce un discours à l'occasion de ses funérailles nationales.

Cat. *Georges Braque,* New York, MOMA, Cleveland, The Museum of Art, 1949; D. Vallier, « Braque, la peinture et nous », *Cahiers d'Art* n° 1, oct. 1954; N. Mangin (Worms de Romilly), *Catalogue de l'œuvre de Georges Braque,* Paris, éd. Maeght, 6 vol. 1959-1982; J. Leymarie, *Braque,* Genève, Skira, 1961; cat. *Georges Braque,* Paris, Orangerie des Tuileries, 1973-1974; N. Pouillon et I. Monod-Fontaine, *Braque,* cat. de la collection du MNAM, Paris, Centre G. Pompidou, 1982; cat. *Georges Braque, les papiers collés,* Paris, MNAM, Centre G. Pompidou, 1982.

Hormis les 24 peintures et dessins des collections publiques françaises, le Musée compte actuellement sans doute l'ensemble le plus beau et le plus complet d'œuvres de Braque qui soit au monde : 44 peintures, 3 papiers collés, 5 dessins, 6 sculptures, un décor de théâtre et 4 objets d'art, dont 3 bijoux. Le 9 juin 1947, à l'ouverture du Musée, une salle est consacrée à Braque, où sont présentés les premiers achats du Musée du Luxembourg : deux petites natures mortes des années 1919-1920; *Le Duo,* 1937, acquis par l'État en 1939; et les six peintures achetées en 1946-1947 par Jean Cassou : deux œuvres majeures de 1944, *Le Salon* et *Le Billard;* la première peinture fauve de 1906, *L'Estaque, l'embarcadère,* ainsi que *Fruits sur une nappe et compotier,* 1925. Braque donne en retour *Les Poissons noirs,* 1942, et la sculpture *Tête de cheval,* 1941-1942. Et son marchand d'alors, Paul Rosenberg, offre le très beau *Compotier et cartes* de 1913. Dans les années 50, les dons se succèdent : la Société des Amis du Musée donne la *Route à*

96

L'Estaque, [octobre] 1906
huile sur toile
60 × 73,5
dation 1982
AM 1982-98

L'Estaque, 1908, une œuvre pré-cubiste; puis interviennent les grands donateurs du Musée : M. et Mme André Lefèvre avec un paysage cubiste de 1910, *Les Usines du Rio-Tinto à L'Estaque* et *Guitare et verre*, 1921; Raoul La Roche avec deux œuvres cubistes très importantes : *Le Guéridon*, 1911, et *Femme à la guitare*, 1913; enfin, la baronne Napoléon Gourgaud lègue les deux *Canéphores*, 1922. En 1963, Madame Georges Braque fait don, avec réserve d'usufruit — auquel elle renoncera en 1965 — d'un ensemble d'œuvres s'échelonnant sur toute la création de Braque et choisies par l'artiste avant sa mort : elle comprend 14 peintures, 5 sculptures et 2 bijoux. En 1965, l'État préempte, à la 2ᵉ vente Lefèvre, le premier papier collé qui entre dans la collection : *Violon et pipe*, 1913-1914. Il faudra attendre les années 80 pour que se poursuivent les acquisitions : en 1981, le Musée achète, grâce à un crédit spécial de l'État et au concours de la Scaler Foundation, *L'Homme à la guitare*, 1914, une toile cubiste majeure. L'année suivante, il reçoit par dation *L'Estaque*, 1906, et enfin un des Ateliers : *L'Atelier IX*, 1952-1953/1956. Une seconde dation en 1983 le pourvoit du *Viaduc à L'Estaque*, 1908, et d'un papier collé, *Nature morte sur une table (Gillette)*, 1914. Enfin, en 1984, la donation Louise et Michel Leiris permet l'entrée au Musée de six peintures — dont deux de la période fauve, une cubiste de 1912, *Compotier, bouteille et verre*, deux natures mortes de 1919-1920 —, trois dessins et un papier collé de 1913, *Le Damier*. Ainsi, depuis la parution en 1982 du catalogue *Braque* de la collection, le Musée s'est, en trois ans, considérablement enrichi, renforçant ainsi l'ensemble fauve et cubiste.

☐ *L'Estaque,* [octobre] 1906
C'est au plein du mouvement fauve, grâce au Salon d'Automne de 1905, que Braque découvre les peintures de Derain et de Matisse : « La peinture fauve m'avait impressionné par ce qu'elle avait de nouveau et cela me convenait (...). C'était une peinture très enthousiaste (...). Cette peinture physique me plaisait ». Si Braque vient passer l'hiver 1906-1907 (octobre-février) à L'Estaque, petit port proche de Marseille, comme pensionnaire à l'hôtel Maurin, c'est bien sous le signe de Cézanne dont il avait vu les rétrospectives aux Salons d'Automne de 1904 et 1905 qu'il se place, comme il le confie dans un entretien avec Jacques Lassaigne : « Quand vous êtes parti à L'Estaque, est-ce à cause de Cézanne? — Oui, et avec une idée déjà faite. Je peux dire que mes premiers tableaux de L'Estaque étaient déjà conçus avant mon départ. Je me suis appliqué encore néanmoins à les soumettre aux influences de la lumière, de l'atmosphère, à l'effet de pluie qui ravivait les couleurs ». Parmi les cinq toiles fauves du Musée, celle-ci (anc. coll. Maeght, cat. *Braque*, MNAM, *op. cit.*, nº 1) est, avec *L'Estaque* du Musée de Saint-Tropez, la seule vue non maritime — route et pins surplombant la mer — réalisée au tout début de son séjour en octobre 1906. Rigueur de la construction, raffinement dans la juxtaposition des couleurs, emploi d'une large touche libre (au premier plan) dénotent l'originalité de Braque par rapport au fauvisme. La perfection sera sans doute atteinte dans *La Petite Baie de la Ciotat*, 1907, toile si chère à Braque qu'il la racheta pour l'offrir au Musée.

☐ *Le Viaduc à L'Estaque,* [juin-juillet] 1908
La fin de 1907 est, pour Braque, décisive. C'est le moment-charnière où s'opère le passage du fauvisme au cubisme : rejetant la perspective traditionnelle et la lumière naturelle — « je porte ma lumière avec moi » — Braque désormais subordonne tout aux exigences de la construction; il divise l'espace par plans, qu'il traite en hachures et cerne de noir. Les exemples majeurs en sont le *Grand Nu*, hiver 1907, et les paysages et natures mortes — réalisés pendant l'été 1908 à L'Estaque — qui, refusés par le jury du Salon d'Automne, seront présentés en novembre chez Kahnweiler : c'est la première exposition personnelle de Braque préfacée par Apollinaire. Le thème du *Viaduc*

à *L'Estaque* a été traité à trois reprises par Braque : une première version a été réalisée en septembre-octobre 1907 (coll. E.V. Thaw, New York), la composition pyramidale, l'ordonnance par courbes, les surfaces cernées et les dominantes de bleus, verts et ocres prouvent nettement l'inspiration des *Montagnes Ste-Victoire* et des *Grandes Baigneuses* de Cézanne. La version (juin-juillet) du Musée (cat. Mangin, *op. cit.*, 1982, nº 12), que Braque a conservée dans son atelier — prouvant par là l'importance qu'elle avait à ses yeux —, de même dimension que la troisième (août 1908, coll. part., Londres), est la seule des trois où l'horizontale du viaduc tranche net sur le ciel, sans être surmontée par d'autres maisons, où l'importance est donnée aux constructions cubiques du premier plan, qui envahissent la toile, sans être enserrées entre les arabesques montantes des troncs d'arbres. Les couleurs, réduites ici aux ocres-jaunes, ocres-rouges, verts et bleus, sont encore vives; elles s'adouciront dans les œuvres suivantes en des bruns et des verts doux pour se limiter enfin, à partir de 1911, aux seuls gris et beiges du cubisme analytique. Picasso verra l'exposition Braque chez Kahnweiler, et cette série de l'été 1908 aura un rôle déterminant dans l'orientation de sa démarche.

Le Viaduc à L'Estaque, [juin-juillet] 1908
huile sur toile
72,5 × 59
dation 1984
AM 1984-353

98

☐ *Nature morte au violon,* [été] 1911

En août 1911, Braque rejoint Picasso à Céret où ils passent l'été ensemble. C'est l'époque où les deux artistes se sentent proches l'un de l'autre « comme la cordée en montagne », selon les propres termes de Braque. Ils continuent à travailler à Céret avec « l'espoir nouveau » qu'ils ont commencé à définir, utilisant pour le matérialiser un langage visuel très structuré et élaboré: « la fragmentation me servait à établir l'espace et le mouvement dans l'espace, et je n'ai pu introduire l'objet qu'après avoir créé l'espace » — celui-ci devenant peu à peu hermétique. C'est alors que les paysages se raréfient dans l'œuvre de Braque, pour disparaître totalement entre 1911 et 1928. Des tableaux de cette période, dite de cubisme analytique, où les formes se décomposent en une multitude de facettes lumineuses, naît une fascination qui provient en partie d'une « tension presque insoutenable (...) entre le monde de l'art et celui de l'expérience perceptive » (Fry, 1966). Cette tension s'exerce pleinement dans *Nature morte au violon* : les objets qui composent cette « nature morte sur une table » nous échappent dès qu'on croit les reconnaître. La lumière est complètement recréée mentalement et la couleur réduite — à partir de 1910 — presque exclusivement aux gris, ocres et bruns : « C'est très difficile aussi d'expliquer l'austérité de la couleur. J'ai senti que la couleur pouvait donner des sensations qui troublent un peu l'espace, et c'est pour cela que je l'ai abandonnée (...). Le cubisme s'est attaqué à l'espace, alors naturellement tous les éléments de la peinture ont été

Nature morte au violon, [été] 1911
huile sur toile
130 × 89
donation Mme Georges Braque, 1963
AM 4299 P

peintures de Braque rachetées par Kahnweiler sous un prête-nom, Grassat, qui représentait en réalité un syndicat (composé de D.H. Kahnweiler lui-même, de son frère Gustave et d'Alfred Flechtheim).

☐ *Nature morte sur une table (Gillette), 1914*
On mesure bien, depuis l'exposition du Musée en 1982 consacrée aux papiers collés de Braque, l'importance de l'invention du « papier collé » par Braque en septembre 1912 et de l'impact qu'elle a eu sur le développement de sa propre peinture et de celle de Picasso avec qui il entretient des rapports étroits de travail et d'amitié. Par l'utilisation des aplats de papier faux bois, Braque et Picasso sortent de la complexité croissante et toujours plus abstraite du cubisme analytique, introduisant dans leurs œuvres des références nouvelles : la réalité brute, en même temps que la couleur. On n'a répertorié qu'une cinquantaine de papiers collés réalisés par Braque entre septembre 1912 et août 1914 (à quelques rares exceptions près qui datent de 1917-1918). Celui-ci (cat. *G. Braque, les papiers collés, op.cit.,* n° 44, et cat. Mangin, *op.cit.,* 1982, n° 240) se situe assez tard dans le développement de ses recherches, alors que les matières et les couleurs sont davantage diversifiées.

Le Musée qui n'avait pendant longtemps compté qu'un seul papier collé, *Violon et pipe (Le Quotidien),* 1913-1914, préempté par l'État à la 2e vente Lefèvre (25 nov. 1965), en possède aujourd'hui trois, avec *Le Damier,* 1913, récemment entré dans la collection grâce à la donation L. et M. Leiris. Ici, à la structure dessinée au fusain, donnant une assise par l'arrondi de l'ébauche d'un guéridon (comme dans *Compotier et cartes,* MNAM), s'ajoutent des morceaux de papiers imprimés en faux bois, imitant les veines et les moulures de lambris de chêne — qui pourraient provenir de ce fameux rouleau acheté par Braque dans une boutique d'Avignon en septembre 1912, utilisé pour le premier papier collé, *Compotier et verre* — dans une disposition en V (Braque pratiquant presque toujours l'oblique), puis le papier noir (ébauche de guitare ?), enfin, le papier journal, isolant la réclame pour la lame *Gillette* qui vient en avant de tous les collages comme un objet en soi (ainsi en sera-t-il des emballages de paquets de tabac). Dès le début de 1914, Braque réintroduit la couleur peinte : l'ensemble est ici rehaussé d'un semis de petites taches de gouache bleue, tel un nouvel élément de collage, que l'on retrouvera dans les peintures des années 1919-1920, celles de Braque comme celles de Picasso.

99

mis au service de cette recherche ». La toile du Musée peut être rapprochée par sa structure pyramidale de *Clarinette et bouteille de rhum,* 1911 (Londres, The Tate Gallery). Braque avait conservé dans sa collection cette *Nature morte au violon* (cat. *Braque,* MNAM, *op.cit.,* n° 9 et cat. Mangin, *op. cit.,* 1982, n° 101) avant d'en faire don au Musée.

☐ *Compotier, bouteille et verre, 1912*
Cette toile, de petit format, d'une extrême séduction, est contemporaine du premier papier collé, *Compotier et verre,* réalisé en septembre 1912 à Sorgues, dans le Vaucluse, où Braque passe quelques mois (août-novembre) en compagnie de Picasso. On constate, à cette époque, un rapport étroit entre les peintures et les papiers collés, tant au niveau du motif : compotier, fruits, table, comme dans *Compotier et verre* ou *Le Compotier* (cf. cat. *Braque,* MNAM, *op.cit.* pp 46-47) qu'au niveau des matières : papier faux-bois, faux-bois imité (cf. *Compotier et cartes,* 1913, MNAM) et, comme ici, adjonction de sable aux pigments, équivalant à l'insertion de morceaux de papiers dans les papiers collés, comme le souligne P. Daix *(Le Cubisme de Picasso,* cat. raisonné, Neuchâtel, Ides et Calendes, 1979). La couleur, réintroduite mais dissociée de la forme dans les papiers collés, est pratiquement exclue des peintures. L'introduction des lettres dessinées dans le tableau, le plus souvent des fragments de mots en évocations poétiques — ici celle du lieu — remonte à 1911. C'était « dans le désir de s'approcher le plus possible d'une réalité », et parce que « c'étaient des formes où il n'y avait rien à déformer parce que, étant des aplats, les lettres étaient hors l'espace et leur présence dans le tableau, par contraste, permettait de distinguer les objets qui se situaient dans l'espace de ceux qui étaient hors l'espace ». Durant l'été 1912, Braque correspond avec D.H. Kahnweiler, le tenant au courant de ses progrès, et c'est de retour à Paris qu'il signe, le 30 novembre, une lettre-contrat par laquelle Kahnweiler devient son marchand — et le restera jusqu'en 1922. Kahnweiler a sans doute acquis cette toile dès le retour de Braque. Elle sera vendue (n° 9) à la 1re vente Kahnweiler des 13-14 juin 1921. *Compotier, bouteille et verre* (cat. Mangin, *op.cit.,* 1982, n° 144) fait partie de l'ensemble des 11

Compotier, bouteille et verre, 1912
huile et sable sur toile
60 × 73
donation Louise et Michel Leiris avec réserve d'usufruit, 1984
AM 1984-499

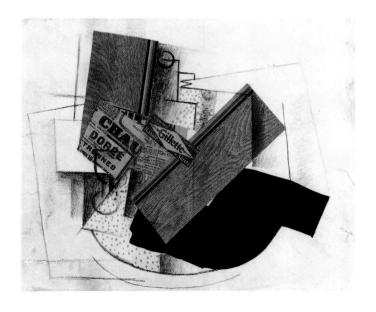

Nature morte sur une table (Gillette), 1914
fusain, papier faux bois, papier noir, papier
journal rehaussé de gouache, collés sur papier
48 × 62
dation 1984
AM 1984-354

100

L'Homme à la guitare, 1914
huile et sciure de bois sur toile
130 × 73
achat 1981, grâce à un crédit spécial de l'État
et au concours de la Scaler Foundation
AM 1981-540

Kahnweiler des 13-14 juin 1921. Ces ventes — quatre échelonnées jusqu'en mai 1923 — devaient servir à liquider les œuvres appartenant aux ressortissants allemands (en l'occurrence D.H. Kahnweiler) et mises sous séquestre. Le Centre G. Pompidou l'acheta en 1981 au Contemporary Art Establishment, Zurich, qui le détenait depuis 1965 de la collection A. Lefèvre (voir cat. *Braque*, MNAM, *op.cit.*, nº 14, et cat. Mangin, *op.cit.*, 1982, nº 230).

☐ *Guitare et compotier*, 1919
En 1919, Braque connaît enfin le succès, en partie grâce à la deuxième exposition personnelle que lui organise Léonce Rosenberg dans sa galerie de L'Effort Moderne. *Guitare et compotier*, longtemps dénommé *Le Guéridon noir* (cat. *Braque*, MNAM, *op.cit*, nº 15, et cat. Mangin, *op.cit*, 1973, p. 47), est une œuvre de transition où s'opère la synthèse des acquis du cubisme — Braque avait fui le cubisme au sens strict du terme dès l'instant où l'on avait commencé à le définir — et des recherches issues des papiers collés : imitation de faux bois (avec le peigne à peindre), insertion du noir par plans (comme un papier découpé) et du blanc posé comme une réserve de convergence, cadrage de la composition dans le grand rectangle bleu, réapparition de la couleur enfin, avec le semis de petites touches vermillon sur le vert utilisé comme un papier peint, l'ensemble étant travaillé par un jeu de plans qui passent en avant les uns des autres. Jusqu'à la fin des années 20, Braque va se consacrer à trouver des solutions d'organisation de l'espace dans ses grandes séries de *Natures mortes*, *Cheminées* et *Guéridons* dont le point commun sera une « nature morte sur une table » ou plutôt un guéridon qui semble avoir été, pour Braque, depuis 1910, un espace mental privilégié, et dont la surface n'apparaîtra plus désormais que « mangé » par l'amoncellement des objets.

☐ *Fruits sur une nappe et compotier*, 1925
Plus connue sous le titre de *Nature morte à la table de marbre* (cat. *Braque*, MNAM, *op.cit.*, nº 22, et cat. Mangin, *op.cit.*, 1968, p. 47), cette peinture est une des réussites majeures d'une période — les années 20 — où Braque produit un grand nombre de natures mortes, dont furent friands les collectionneurs américains stimulés par Paul Rosenberg. On peut la rapprocher, sans qu'elle en fasse partie, de la séquence des *Cheminées* de 1922-1927, et plus particulièrement de *La Cheminée* de 1925 (coll. S.A. Marx, Chicago) et de celle de 1927 (West Palm Beach, Floride). On y retrouve le même travail sur le faux marbre, issu des papiers collés, avec un goût nouveau pour souligner le volume en l'infléchissant avec la touche « pour

☐ *L'Homme à la guitare*, 1914
Cette toile fait partie d'une suite de personnages avec instruments de musique, commencée en émulation avec Picasso à Céret pendant l'été 1911. En font partie : *Le Portugais*, 1911 (Bâle, Kunstmuseum), un premier *Homme à la guitare*, 1911 (New York, MOMA), *Femme à la guitare*, oct. 1913 (Paris, MNAM), enfin *La Musicienne*, 1917-1918 (Bâle, Kunstmuseum) avec laquelle s'achève la série. De format rectangulaire et monumental, ces toiles constituent des jalons essentiels dans le travail de Braque sur l'espace, la lumière, la couleur, entre 1911 et 1918. *Femme à la guitare* recense les découvertes cubistes et résume un certain nombre d'acquis sur la couleur, à partir des papier collés; *L'Homme à la guitare* une saison après (début 1914) en constitue comme le pendant : même format, sujets symétriques, emplacement identique de la guitare par rapport aux personnages situés sur le même axe incliné dans les deux tableaux, mais la couleur apparaît ici à part entière, définitivement mise au point. Réalisé avant la rupture d'août 1914 — arrachement brutal de Braque à la peinture jusqu'en janvier 1917 — *L'Homme à la guitare* est construit à partir de deux rectangles dont l'un se trouve placé de biais à l'intérieur de l'autre, frontal. Une grande nature morte de la même période, *Composition (Musique)* (Washington, The Phillips Collection), rassemble des éléments semblables (verre, pipe, instrument, violon) réalisés avec les mêmes textures et dans une même tonalité de couleurs. *L'Homme à la guitare* a figuré (nº 22) à la première vente

Compotier et cartes, 1913
(Composition à l'as de trèfle)
huile, rehaussée de crayon et de fusain, sur toile
81 × 60
don Paul Rosenberg, 1947
AM 2701 P

Guitare et compotier, 1919
(Le Guéridon noir)
huile sur toile
73,5 × 130
don Raoul La Roche, 1952
AM 3167 P

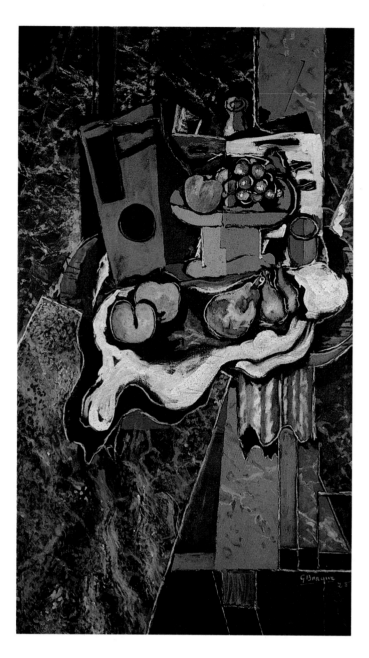

comprendre jusqu'où on pouvait aller dans l'alliance du volume et de la couleur » (D. Vallier, 1954, *op. cit.*, p. 20). Les objets se détachent en rondeurs ici cernées de blanc sur des fonds désormais noirs. Ce nouvel emploi du noir va contribuer à résoudre le problème essentiel que va se poser Braque jusqu'à la fin de sa vie : mesurer l'espace, la distance entre les objets parce que, dit-il, « il me paraît tout aussi difficile de peindre l'entre-deux que les choses (...). C'est justement le rapport de ces objets entre eux et de l'objet avec l'entre-deux qui constitue le sujet ».

☐ *Le Billard*, 1944

Braque entreprend, dès son retour à Paris à la Libération, la série des *Billards*. Cette série, à laquelle il travaillera jusqu'en 1949, comporte au moins sept toiles connues, dont trois sont essentielles : la première (1944), celle du Musée, est caractérisée par la vision oblique du billard; celle de la collection J. Gelman, Mexico, 1945 (reprise en 1952) présente une composition tout étirée en hauteur; l'ultime, de 1948-1949, celle de l'ancienne collection Leigh Block, Chicago, récemment achetée par le Musée de Caracas, s'organise autour d'une grande horizontale, avec une véhémence rythmique assez exceptionnelle dans l'œuvre de Braque. Celui-ci a exploité les différentes vues partielles ou déformées du billard qu'un joueur peut avoir lorsqu'il est penché au ras du tapis. L'oblique montante qui rapproche violemment le plateau du regard du spectateur illustre ces propos de l'artiste de 1949 : « J'ai toujours tenté de supprimer l'infini dans mes tableaux. Non seulement j'ai abandonné tout point de fuite vers l'objet, mais j'ai même voulu (...) partir du fond de la toile et essayé de faire avancer le tableau vers le spectateur » (in *Amis de l'Art*, n° 9). Le *Billard* du Musée (cat. *Braque*, MNAM, *op. cit.*, n° 33, et cat. Mangin, *op. cit.*, 1960, p. 69) valut à Braque le premier prix de peinture étrangère à la XXIVᵉ Biennale de Venise en 1948.

☐ *La Chaise*, 1947

Cette toile, malgré son petit format, concentre en elle tout l'univers pictural poétique de Braque et présente en même temps une très grande actualité par la simplicité et l'ampleur de la présentation frontale de l'objet qui envahit la toile au-delà même de ses limites; par l'élimination de la perspective et la réduction de la profondeur (le rabattement vertical du siège place la chaise sur un plan parfaitement parallèle au fond); par le traitement même du fond vert monochrome qui impose sa propre lumière, sans source extérieure, et offre par endroits des épaisseurs de matière grenue qui produisent une vibration « accrocheuse ». Braque a repris plusieurs fois le motif de cette chaise de jardin à Varengeville, d'abord au fusain (*La Chaise*, 1943, MOMA), puis à l'huile : il en existe au moins six versions abouties que Braque travaillait, comme il avait coutume de le faire, en même temps. La série, qui s'élargira à l'évocation d'une terrasse, se situe entre 1947 et 1949, mais Braque reprendra ce thème jusqu'en 1960 (*La Chaise de jardin mauve*, 1947-1960, coll. part., New York). Il s'agit ici de la première version de *La Chaise* (cat. *Braque*, MNAM, *op. cit.*, n° 34, et cat. Mangin, *op. cit.*, 1959, p. 2) réalisée dans les premiers mois de 1947 et présentée deux fois à la Biennale de Venise (1948 et 1962).

☐ *L'Atelier IX*, 1952-1953/1956

Anciennement *Atelier VII*, *L'Atelier IX* clôt la série réalisée entre 1949 et 1956 dont il fut d'abord la septième toile, commencée en 1952, parvenue à un premier état en 1953 (cat. *Braque*, MNAM, *op. cit.*, p. 150 fig. 8), achevée après la huitième et exposée à la galerie Maeght au début de 1956. Ce cycle de huit peintures produites entre 1949-

Fruits sur une nappe et compotier, 1925
(Nature morte à la table de marbre)
Huile sur toile
130,5 × 75
achat 1947
AM 2700 P

La Chaise, 1947
huile sur toile
61 × 50
donation Mme Georges Braque, 1963
AM 4306 P

Le Billard, 1944
huile et sable sur toile
130,5 × 195,5
achat 1946
AM 2604 P

104

1952 (les six premières) et 1952-1956 (les deux dernières) représente pour J. Leymarie « la transfiguration poétique de son univers quotidien », et pour J. Richardson « un microcosme reproduisant l'univers professionnel du peintre ». Les ateliers de Paris et de Varengeville, très semblables par leur arrangement et leur lumière du Sud filtrée, sont des lieux d'accumulation de toiles en évolution et d'objets qui se resserrent, dans les *Ateliers* davantage que dans les *Intérieurs* et les *Natures mortes* dont ils sont les prolongements. C'est, ébauchée dans *Le Duo, Le Salon*, les *Billards,* mais élargie ici à la pièce entière, la traduction visuelle d'un espace clos sur une surface à deux dimensions : Braque renonce non seulement à la perspective traditionnelle, mais à l'expression cubiste, pour déboucher sur une solution arbitraire et synthétique en créant un espace *tactile* et même davantage : *manuel.* Cette toile procure une indéniable impression de rêve et de plénitude liée à une sorte de mutation des objets à la rencontre les uns des autres : « J'ai fait une très grande découverte. Je ne crois plus à rien. Les objets n'existent pas pour moi, sauf qu'il y a un rapport har-

monieux entre eux, et aussi entre eux et moi. Quand on arrive à cette harmonie, on arrive à une espèce de néant intellectuel ». Excepté *L'Atelier VIII* aux couleurs chaudes, la série des *Ateliers* est traitée généralement dans des tons sombres et sourds; seuls, ici, apparaissent quelques accents clairs : rose de la palette, jaune, gris bleuté et rouge aigu de la flèche. Cet ultime *Atelier* concentre en lui particulièrement bien la réflexion et la concentration de Braque à la fin de sa vie, qui dit (cité par D. Vallier, *op. cit.,* p. 24) : « Si je devais chercher à voir quel est le chemin de mes tableaux, je dirais qu'il y a d'abord imprégnation, suivie d'une hallucination (…) qui devient à son tour une obsession, et, pour se libérer de l'obsession, il faut faire le tableau ».

N.P.

L'Atelier IX, 1952-1953/1956
huile sur toile
146 × 146
dation 1982
AM 1982-99

Marcel Broodthaers
1924-1976

Né à Bruxelles et mort à Cologne, Marcel Broodthaers fut d'abord proche de la littérature et du journalisme. En 1963-1964, il opte pour les arts plastiques et choisit de ne privilégier aucune technique. Tour à tour, il emploiera les matériaux les plus divers, mêlant assemblage, texte et photographie, concevant films et environnements. Aussi son œuvre, dans la diversité des approches, apparaît-elle littéralement comme *inclassable* tant s'y croisent des réminiscences de Dada et du surréalisme (principalement Magritte), du Pop Art, du Nouveau Réalisme et de l'Art conceptuel. De fait, sa préoccupation essentielle est de flouer ces différentes catégories, de les exorciser dans une mise en scène feignant la pédagogie et le didactisme. C'est, en réalité, tout le contexte de l'art, ses vraies et ses fausses valeurs, ses symboles, son prestige et sa possession (cf. la fiction d'un *Musée d'Art moderne* inventé par l'artiste ou le *Département des Aigles* exposé en 1972 à Düsseldorf) que l'artiste met en scène.

Cat. *Marcel Broodthaers*, Bruxelles, Palais des Beaux-Arts, 1974; cat. *Marcel Broodthaers, L'Angélus de Daumier*, Paris, MNAM, Centre G. Pompidou, 1975; cat. *Marcel Broodthaers*, Londres, The Tate Gallery, 1980.

☐ *Rubens*, 1973

C'est un ensemble de neuf toiles écrues dont il existe quatre autres variations toutes différentes tant par le coloris de l'encadrement et par la force d'impression des lettres que par la langue utilisée. Broodthaers y ébauche — au propre comme au figuré — une explication picturale de l'Histoire de l'art, de Rubens à nos jours. Il s'agit d'abord d'explorer la relation entre le langage des formes et celui des mots et

des césures, ainsi que les avatars de l'historicisme et des mouvements (cf. les signes de terminaison). A l'instar de Saenredam, peintre qui mit fin au grand genre qu'incarnait Rubens, la grande Machine cède ici la place au petit genre dans lequel Broodthaers, par l'usage subtil de la couleur et de l'impression, par le filet qui évoque l'encadrement, la typographie « d'un autre âge », invente une poétique qui s'offre comme un enseignement dont les règles prennent l'allure d'un jeu.

Deux autres pièces importantes ont aujourd'hui rejoint la collection : *Le Corbeau et le renard,* 1968, ainsi que *L'exposition* MTL, 1970. La première illustre tout à la fois la dimension du langage et de la fable chère à Broodthaers. Sur la machine à écrire de l'artiste sont enroulées trois petites toiles photographiques; derrière la machine, une grande toile de 112 × 82 cm; sur l'une des petites toiles, Broodthaers a dactylographié « stefan/Marcel Broodthaers/1968 ». L'ensemble fonctionne littéralement comme une mise en abîme du récit par l'image.

L'exposition Marcel Broodthaers à la galerie MTL *à Bruxelles du 13 mars au 10 avril 1970* constituait en soi un ensemble indissociable. Broodthaers lui-même l'a décrite dans le catalogue publié par la galerie à l'occasion de cette manifestation. Sont ici rassemblés les éléments de ce qui peut constituer une véritable muséographie onirique. L'art de Broodthaers se déploie en une pédagogie amusée, mêlant aux scolies de textes, de dessins et de manuscrits, le film réalisé à cette occasion, le catalogue et les éléments qui, comme toujours dans l'œuvre de l'artiste, contribuaient à planter le décor : de l'exposition des œuvres à l'exposition comme œuvre.

B.B.

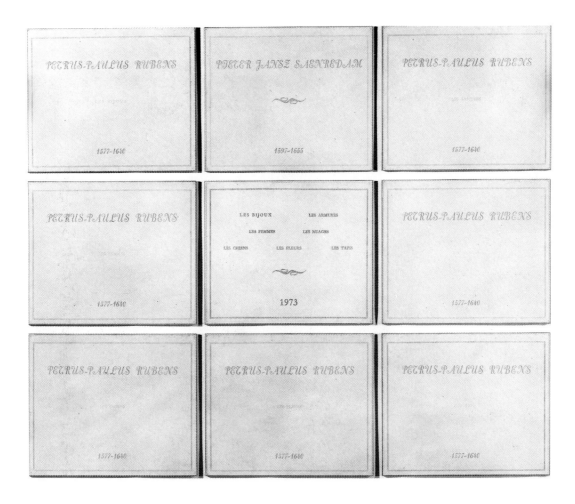

Rubens, 1973
typographie (caractères Dorchester et Bodoni) sur toile
9 panneaux 80 × 100 (chacun)
achat 1983
AM 1983-367

Gunter Brus
1938

Gunter Brus, né en Autriche, suit les cours de l'Académie des Arts appliqués de Vienne (1957-1960) où il s'installe et fonde en 1964 avec H. Nitsch, O. Muehl et Schwarzkogler le *Wiener Aktionismus* (l'Actionnisme viennois). Réaction exacerbée à la violence exercée par une société traditionnellement bien pensante et répressive, les actions, qui annoncent certaines expériences ultérieures de l'art corporel et de la performance, mettent spectaculairement en scène le corps de l'artiste soumis aux épreuves les plus diverses (automutilations, exhibitions de blessures réelles et symboliques, de sang et d'excréments) et prendront parfois la dimension de véritables cérémonies laïques et sacrilèges. En 1968, sa participation à l'action « Kunst + Revolution » (Art + Révolution) à l'université de Vienne vaudra à Brus plusieurs mois de prison et le harcèlement des autorités autrichiennes qui le contraint à s'exiler en Allemagne jusqu'en 1976. C'est à Munich qu'il réalisera en 1970 sa dernière action « Zerreissprobe » (Test d'endurance), mettant un terme à ce que l'on peut considérer comme une expérience des limites par un « suicide » symbolique minutieusement organisé. Il se consacre alors à l'écriture et au dessin et publie en 1972 *Le Balcon de l'Europe,* son premier recueil de « Bild Dichtungen » (poèmes picturaux).

☐ *Mustang Hallelujah,* 1971
L'œuvre appartient à une série de dessins dans lesquels les images de mort et de sexualité héritées de l'actionnisme font retour dans des scènes fantasmatiques violentes et presque caricaturales.   C.D.

A. Meifert, « Books of Hours of the Heart Laid Bare », cat. *Gunter Brus Bild-Dichtungen,* Londres, Whitechapel Art Gallery, 1980.

Mustang Hallelujah, 1971
crayon graphite et pastels sur papier
29,6 × 20,9
achat 1984
AM 1984-796

Camille Bryen
1907-1977

Depuis ses premiers recueils de poèmes (*Expériences,* 1932, *Les Quadrupèdes de la chasse,* 1934, *Actuation poétique,* 1935) jusqu'à l'apparent classicisme de ses dernières peintures, un même souci d'échapper aux limites de l'expression verbale, aux contingences de la « pensée réfléchie » oriente le parcours de Bryen comme il donne son éclairage naturel à *L'Aventure des objets* (1935-1937) et aux diverses réalisations extrapicturales qui tout au long ponctuent son itinéraire.

☐ *Morphologie du désir,* 1934-1937
En 1933, dans la mouvance du surréalisme, Bryen, « pour vivre sans mots », réalise ses premiers dessins automatiques aux formes organiques chargées d'allusions sexuelles, images de désir et de terreur proches de celles rendues alors familières par la psychanalyse. C'est le même substrat, mais visualisé au moyen d'éléments prélevés dans son environnement immédiat, que Bryen met en jeu dans *L'Aventure des objets* dont il définira, lors d'une conférence à la Sorbonne en 1937, l'enjeu profond. Reprenant dans certains de ces assemblages *(Morphologie du désir)* le principe de *fonctionnement* caractéristique de l'objet surréaliste, il se démarque pourtant de l'esprit du mouvement, non seulement par son inaptitude à participer à tout mot d'ordre collectif, mais par une vision exempte de romantisme et qui n'envisage l'individu que comme une modalité particulière de l'existence organique. Fort de ce point de vue non hiérarchisé, Bryen peut alors considérer en tant qu'œuvre et au même titre que la création d'un artiste l'empreinte d'un pneu inscrite sur une feuille de papier abandonnée sur la chaussée (*Objet de la rue,* 1936, MNAM) ou la plaque d'arrêt d'autobus de la ligne CB, dont les lettres — celles mêmes de ses initiales — signent en quelque sorte par avance la propriété. Concevant dès lors le monde réel comme un gigantesque tableau, Bryen établit ainsi le lien entre l'esprit Dada et le Nouveau Réalisme. C'est également dans le cadre de *L'Aventure des objets* que furent réalisées *Cire et bougie* et *Fumée* (1935, MNAM); présentées conjointement sous le titre *Automatisme* au Salon des Surindépendants de 1936, ces deux œuvres inaugurent l'utilisation de formes libres qui constitueront après-guerre la base de la peinture de Bryen.

☐ *Hépérile,* 1951
Dès son retour à Paris en avril 1945, après l'interruption des années lyonnaises de l'Occupation, Bryen donne à son œuvre sa dimension définitive. De poète préoccupé de peinture, il s'impose comme peintre, sans pour autant renoncer à l'écriture. C'est d'abord exclusivement dans des aquarelles (seules possibles dans l'exiguïté des chambres d'hôtel où il demeure), puis à partir de 1949 dans des peintures, que se met en place l'écriture qui fait de lui, aux côtés de

Morphologie du désir, 1934-1937
bois, plâtre, métal, bougie et lampe
20 × 37 × 28,5
achat 1975
AM 1975-57

Wols et Mathieu, l'un des initiateurs de la peinture informelle (c'est d'ailleurs à son propos, précise Jean Paulhan, que Michel Tapié utilisera pour la première fois le terme). Caractéristique de ces recherches, *Hépérile* emprunte son titre à un poème phonétique de Bryen publié l'année précédente et qui sera « éclaté » en 1953 par Hains et Villeglé. Des aquarelles de 1945, *Hépérile* prolonge le principe d'une disparité entre la forme et le fond, même si, dans le contexte pictural de l'époque partagé entre figuration et abstraction géométrique, une telle œuvre semble à proprement parler *informe*. A ce problème, Bryen répond, à partir de 1953, en prenant le parti de fractionner la « forme » abstraite en touches de couleurs juxtaposées dont des giclures de peinture contredisent l'ordonnance *(Précambryen,* 1956, MNAM). Dès lors, dans cet au-delà de la forme, sa peinture ne sera plus qu'invention colorée et jeu de lumière, renouant ainsi, comme dans *Patron Monet* (1972, MNAM), avec la leçon de l'impressionnisme.   D.A.

D. Abadie, *Bryen abhomme,* Bruxelles, éd. de La Connaissance, 1973; cat. *Bryen,* Paris, MNAM, 1973.

Hépérile, 1951
huile sur toile
146 × 89
achat de l'État 1970, attr. 1976
AM 1976-935

Pierre Buraglio
1939

Né dans la région parisienne, où il vit aujourd'hui, Buraglio entre à l'École des Beaux-Arts de Paris. Il rencontre, dans l'atelier de Roger Chastel, d'autres jeunes peintres qui participeront comme lui au renouveau des attitudes picturales en France (Buren, Parmentier, Rouan, Viallat, etc.). Buraglio est l'un des actifs participants du Salon de la Jeune Peinture tout au long des années 60. C'est là qu'il expose ses premiers *Recouvrements,* anciennes peintures de l'artiste occultées par des passages de couleurs, auxquels feront suite de 1966 à 1968 les *Agrafages,* également constitués d'anciennes toiles découpées en triangles irréguliers réassemblés. Après une longue interruption, pendant laquelle il se consacre à une activité politique militante, Buraglio se remet à peindre en 1974 et passe peu à peu du thème du châssis et du cadre à celui de la fenêtre qui désormais sera l'un de ses motifs privilégiés. Il utilise toujours des matériaux trouvés ou empruntés pour ce qu'il a appelé une « économie du pain perdu » très caractéristique de son travail. L'approche des couleurs et des formes est chez lui profondément marquée par les peintures et les gouaches découpées de Matisse (cf. *5 Variations sur Fauteuil rocaille,* 1980, d'après une peinture de 1943 de Matisse) ou par les papiers collés de Braque. Il réalise également des *Masquages,* à partir de rubans adhésifs préalablement utilisés par des peintres, des montages ou assemblages avec des matériaux très divers (enveloppes, paquets de Gauloises, mots imprimés, chutes de papiers ou notes de travail). Deux expositions importantes ont eu lieu au Musée d'Art moderne de la Ville de Paris (ARC) en 1976 et au MNAM en 1982-1983.

Cat. *Buraglio,* Paris, MNAM, Centre G. Pompidou, 1982-1983.

☐ *Fenêtre,* 1975
« Fenêtres ramassées sur les chantiers de démolition; choisies; sélectionnées (limitées à une partie d'elles-mêmes); exposées selon leur état, telles ou ragréées. Les opérations pratiquées en atelier côtoient les gestes du charpentier; et avec le masticage d'un verre étiré de 2 mm bleu, ceux du peintre-vitrier ». Les *Fenêtres* de Buraglio, ainsi

Fenêtre, 1975
bois, verre incolore gravé, minium
65,5 × 51
don de l'artiste, 1983
AM 1983-315

décrites par l'artiste, sont à la fois des objets donnés tels quels et des assemblages où le peintre intervient, avec, par exemple, la dimension et la couleur du verre. Thème à connotations multiples, sujet fréquent de tableaux (on songe à Matisse, à Bonnard...), la fenêtre est pour Buraglio le prétexte de propositions visuelles extrêmement diverses selon qu'il expose un fragment ou un battant entier, qu'il remplit le vide partiellement ou en totalité d'un verre bleu, vert ou incolore. Toujours, la fenêtre garde ses attributs d'objet fonctionnel et est présentée telle, respectant le sens d'origine, la distance éventuelle entre deux fragments. Dans l'ensemble que possède le Musée, la *Fenêtre* de 1975 est la plus ancienne, les cinq autres, achetées en 1982, s'échelonnent de 1977 à 1981.

☐ *Dessin d'après « Crucifixion - Philippe de Champaigne »*, 1981
Les « Dessins d'après... » ne marquent pas de la part de Buraglio un retour à la figure mais coexistent avec d'autres séries plus abstraites pour souligner peut-être l'attachement de l'artiste à la « grande peinture ». Exécutés sur des feuilles de papier calque, et donc transparents comme les fenêtres, le trait de crayon de couleur y rejoint celui du diamant sur le verre. Buraglio décrit ainsi le processus d'exécution : « Ce ne sont pas des copies, ni des reports au carré ; mais l'expérience directe d'un tracé sur un format qui lui est dépendant. Reconnaissance du modèle et vraisemblance des objets sont exigées. Préalablement : des croquis d'analyse, un parti pris, puis cinq ou six calques successifs pour corriger les erreurs jusqu'à l'ultime version plus grande ou plus petite que le format du modèle, selon l'aventure du dessin ». Peintures sans ombres, ramenées à une expression formelle très sommaire, les « Dessins d'après... » puisent dans l'histoire de la peinture pour y trouver, là encore, des matériaux. A propos de cette *Crucifixion,* on signalera enfin que le thème de la croix se retrouve dans les *Fenêtres,* certaines d'entre elles ne retenant comme fragment que la croisée, et que la dominante bleue du modèle est aussi celle de l'œuvre entière de Buraglio. On le voit, les séries ici interfèrent et se chevauchent en dépit de leurs différences. A.P.

Dessin d'après « Crucifixion - Philippe de Champaigne », 1981
crayon de couleurs stabilo sur papier calque
114 × 94,3
achat 1983
AM 1983-466

Daniel Buren
1938

Avec sept pièces dans les collections, l'ensemble de l'œuvre de Daniel Buren constitué par le Musée est extrêmement représentatif du parcours de l'artiste. Il offre même la possibilité d'une lecture quasi méthodologique pour appréhender sa démarche : de l'emploi dans les premières toiles d'un tissu industriel constitué de *bandes égales* et *verticales* blanches et indifféremment colorées comme fond à celui du même tissu comme *surface,* de ce tissu comme *lieu* de l'inscription de la peinture à la peinture comme *non-lieu.* Buren (né à Boulogne) invite lui-même à prendre garde à toute biographie. On rappellera ce qu'il écrivait en marge du catalogue de l'exposition *C'est ainsi et autrement* à Berne en 1983 : « Mon travail, depuis 1965, exclut une biographie qui consisterait uniquement en une énumération de dates, de lieux et de signatures. Une telle biographie n'apporterait bien entendu aucune information sur la nature du travail, mais seulement sur la carrière de l'artiste et sa « respectabilité ».
Notons cependant qu'il fut élève de l'École des Métiers d'art et que beaucoup de ses activités — films, vidéo, son — seraient indispensables à quiconque chercherait à comprendre son projet et la rigueur de sa méthode. C'est que Buren s'est toujours posé en *théoricien* de son propre travail. Ainsi, il n'est pas une installation (que l'on conviendra d'appeler une *intervention)* qu'il n'ait accompagnée d'un descriptif, de notes explicatives, parfois d'un plan auquel lui-même s'est soumis pour chacune de ses œuvres : de là, le concept « in situ » repris par bon nombre après lui, de là le fait que les photographies témoignant d'une exposition soient « indéfectiblement » données comme des « photos-souvenir » avec la volonté de marquer une distance radicale avec tous les artistes qui, dans la fin des années 60, se sont servis de la photo comme matériau de leurs œuvres, alors que Buren a toujours insisté pour qu'elles ne se substituent pas au travail. En fait, toute l'œuvre de Buren s'est voulue discipline et morale. S'il se situe ainsi dans une perspective purement picturale à l'instar de nombreux artistes qui vont « mettre la peinture en question », son œuvre va se développer de la notion de peinture jusqu'aux limites mêmes de son fonctionnement.

Cat. *Daniel Buren : Scritti 1967-1979,* Milan, Padiglione d'Arte Contemporanea, 1979; cat. *Daniel Buren, Les couleurs et les formes,* Paris, MNAM, Centre G. Pompidou, 1979; cat. *Daniel Buren : C'est ainsi et autrement,* Berne, Kunsthalle, 1983; cat. *Daniel Buren : Points de vue,* Paris, MAM, ARC, 1983; cat. *Daniel Buren : Coïncidences,* Stockholm, Moderna Museet, 1984.

La *Peinture sur tissu,* 1965, du Musée apporte d'importantes informations : exposée en décembre 1965 avec cinq autres pièces dans le garage Antar de la rue Marcadet (aujourd'hui détruit), elle appartient à la première série que Buren réalisa *sur* (et non pas seulement *avec)* le tissu décrit plus haut qui, de support standard, deviendra un an plus tard l'*outil* de son introspection. S'y dessine une figure aléatoire, un exercice par l'informe, en quelque sorte la figuration d'un geste sur un support. Ici, l'œuvre de Buren demeure à l'intérieur des limites épistémologiques de la peinture. Elle ne se propose elle-même en rien, malgré la *réduction,* comme ce qui, dans les travaux qui suivront, constituera ce que le philosophe J.F. Lyotard a appelé une pratique « ad minima ».
La *Peinture sur toile,* 1967, marque une date essentielle dans la mise en place du processus de son travail. S'agissant d'interroger à la fois les limites de la peinture et la peinture dans ses limites, Buren a recouvert de peinture blanche les deux bandes extrêmes du tissu. Peu après, ce seront les bandes blanches elles-mêmes qui seront recouvertes, guidant l'artiste vers ce que l'on pouvait alors désigner comme un degré 0 de la peinture. La peinture n'ayant ici plus *lieu d'être,* elle ne se constitue plus dès lors en une utopie. Il s'agit davantage de circonscrire un lieu sans lieu, « d'encadrer une absence ». C'est à ce moment que Buren avec Mosset, Parmentier et Toroni forme le groupe BMPT constitué le 24 décembre 1966 et arrêté à quatre

membres. Le groupe, que quittera l'un d'eux, se dissoudra début 1968, aussitôt après la Biennale de Paris de 1967. La peinture du Musée est d'ailleurs celle qui fut exposée à la troisième manifestation du groupe, le 2 juin 1967.

A partir de cette *asepsie sémantique*, Buren élabore sans discontinuité une pratique *in situ* visant à la fois à révéler/critiquer, démonter/scénographier le lieu qu'on lui propose d'investir. S'il n'est pas inutile de rappeler que sa méthode trouve un parallèle possible dans la problématique de l'Internationale situationniste d'alors, il faut aussi souligner que Buren lui-même affirme dès 1969 que son travail « est une proposition à voir et non pas seulement à perturber ». Aussi, une pièce comme *Les Formes*, 1977, acquise par le Musée la même année, se propose-t-elle d'agir sur la collection propre du Musée en *en questionnant le lieu de visibilité*. Fixé sur la cimaise au dos de certaines œuvres, choisies au hasard du parcours du Musée et renouvelables suivant l'accrochage, Buren a souhaité installer un tissu, trace invisible de sa présence. Un cartel identique à celui de l'œuvre choisie indique *Les Formes, Peinture*, 1977, laissant entendre qu'« il y a œuvre là-dessous ». S'il n'y a rien à voir d'autre que la désignation, il y a à comprendre ce qu'aucune œuvre ne sait montrer : ce qui la nomme, la désigne, ce qui la nie en tant qu'objet visible et affirme que « le lieu où est vu une œuvre d'art en est le cadre ».

□ *Les Couleurs*, 1975-1977

Cette installation, présentée par le Musée en 1977, revêt une signification particulière. Elle se trouve obéir à une stratégie qui la rend visible du Musée sans qu'elle y soit présente. N'y est en fait présent que *le lieu de la vue* : sur la terrasse du Musée, trois longues-vues permettent d'apercevoir sur les toits de différents édifices de Paris quinze drapeaux faits du « tissu-emblème ». La présence de Buren se fait ici héraldique. De la gageure d'une œuvre acquise en un lieu où elle se trouve à voir « sans y être », Buren « retrousse » le problème en plaçant l'œuvre *à perte de vue* et à distance du lieu qui la « possède ». On rappellera ici ce que disait Jean-Hubert Martin lors de l'acquisition de la pièce : « Rechercher à la longue-vue les lointains drapeaux, à

peine visibles à l'œil nu, entraîne un jeu reposant sur des notions fondamentales pour la peinture telles que la perspective et le cadrage. La variété des couleurs au nombre de cinq interdit de les assimiler à un signe de reconnaissance explicite, mais c'est au contraire une série de questions qui se posent sur leur signification : artistique ? politique ? publicitaire ? ludique ? » On conviendra que l'artiste a ici abandonné la peinture pour un déplacement qui devient davantage *scénographie*. L'œuvre de Buren se trouve alors confrontée à la réalité d'une intervention ponctuelle. De *l'atopie* de la pratique des années 60, il semble que Buren dans son souci d'intervenir et de modifier la configuration d'un site, de s'y « faufiler », se soit de nouveau retourné du coté de *l'utopie*.

□ *Ornements d'un discours*, 1972-1979

Le *Projet* (dont le principe et la définition impliquent un faire nouveau à chaque présentation et que Buren avait songé « mettre en œuvre » dès 1968), acquis en 1985 par le Musée, suppose encore la dialectique de l'œuvre et du lieu. Il suppose que la présentation chaque fois rejouée en fera l'histoire. Non montrée, la pièce elle-même n'aura pas d'existence, tout comme Buren refuse de lui donner un titre définitif. Il rejoint *Ornements d'un discours*, œuvre acquise dans le contexte de l'exposition organisée par Ian Wilson et Michel Claura, rue Saint-Lazare en 1978, participant à ce que Buren a appelé des « pièces actualisées » puisque sa mise en place ordonne sa « mise en pièce ». Le lieu contingent se retrouve dans *Verre Armor*, 1985 (dernière pièce entrée dans les collections) qui, si elle reprend le principe de la peinture fixée sous verre, introduit là encore « hasard et nécessité ». Ici, l'œuvre se constitue en *figures* et n'est pas sans évoquer *l'ornement* que les premières pièces de Buren voulaient et savaient contrarier. Comment Buren gère-t-il le paradoxe d'un travail devenu œuvre ? Comment l'idéologie de ses premières interventions s'assume-t-elle à rebours de ce qu'elle supposait ? A moins que, de la *coulisse*, l'œuvre de Daniel Buren ne se soit aujourd'hui déplacée sur la *scène* et qu'au discours critique n'ai cédé la force du *jeu*. B.B.

Ornements d'un discours, 1972-1979
travail *in situ* comportant 37 éléments
de toile rayée bicolore
1 pièce (90 × 141), 36 éléments (10 × 27 env.)
achat 1978
AN 1978-797

Les Couleurs, 1975-1977
installation de 15 drapeaux de toile acrylique bicolore
(blanc et bleu ciel, jaune, orange, rouge, vert)
sur différents toits de Paris, visibles à l'aide de longues-vues
de la terrasse du Centre G. Pompidou
achat 1977
AM 1977-714

Alberto Burri
1915

On a souvent souligné combien fut grande l'incidence des années de guerre et de leur climat psychologique sur la naissance de Dada et sur ce phénomène du *retour à l'ordre* qui — de Picasso à Derain — marqua la plupart des peintres des années 20. La critique s'est, en revanche, moins souciée de déterminer comment la Seconde Guerre mondiale influa a posteriori sur la création artistique. C'est pourtant dans un mouvement analogue à celui de Dada — refus des matériaux traditionnels du peintre, véhicule d'une idéologie faillie — qu'est née l'œuvre d'Alberto Burri. Violente remise en question des valeurs traditionnelles, volonté d'exprimer par des moyens neufs des sentiments inédits ont amené Burri, autodidacte en peinture, à choisir dès l'origine un langage totalement abstrait. Ses premières œuvres, réalisées aux États-Unis dans un camp de prisonniers où il était interné en qualité de médecin militaire italien, sont à plus d'un titre significatives par rapport au parcours ultérieur de son travail : informelles — et parmi les premières en Europe —, elles ne répudient cependant pas l'usage d'éléments d'allure géométrique; matiéristes, elles jouent des qualités intrinsèques de leurs composants : coulures du goudron, marquage de la toile à sac... sans fétichiser ceux-ci.

M. Calvesi, *Alberto Burri,* Milan, Fratelli Fabbri, 1971; cat. *Alberto Burri,* Paris, MNAM, 1972; cat. *Burri,* Milan, Pinacoteca di Brera, 1984.

☐ *Sacco e bianco,* 1953
C'est en 1950 que Burri entreprend la série des *Sacchi,* œuvres dont la nouveauté lui assura immédiatement une audience internationale et à laquelle appartient *Sacco e bianco.* Réalisés à partir de détritus textiles et en particulier de toiles de jute ayant servi à l'emballage, les *Sacchi* apportent à la notion de collage une dimension nouvelle, celle de l'assemblage. Il ne s'agit plus, en effet, dans ces tableaux, comme dans les rares collages abstraits qui les ont précédés — ceux de Schwitters ou de Magnelli —, de disposer des formes sur un fond, mais au contraire de créer la surface même de l'œuvre par le jointoiement de fragments dont la couleur et la matière sont prédéterminées. Dans une sorte de vision métaphorique de la peinture, c'est la toile qui, ici, devient l'objet même du tableau, n'ayant à montrer que l'épaisseur de sa trame, ses accidents (déchirures, salissures,

brûlures...), ses ravaudages, introduisant cependant, par delà la présence phénoménologique des matériaux, une épaisseur sensible qui est celle du vécu et de l'histoire inscrites comme stigmates dans les détériorations du tissu. Pourtant, dans ces assemblages, la peinture ne perd jamais son droit, remplissant parfois la déchirure d'un tissu ou, comme dans *Sacco e bianco,* apparaissant en uniforme couverture noire du support et sous forme d'un aplat d'enduit blanc dont la matière et la couleur prolongent non sans ambiguïté le linge collé au-dessus. Car le problème de Burri, au-delà de l'expressivité des matériaux mis en œuvre, est celui d'un peintre classique. Au baroquisme naturel de la texture des sacs, il oppose une composition rigoureuse, voire janséniste, faite de formes géométriques simples qui dans leur sobriété accentuent la richesse tactile et expressive du matériau. En effet, comme l'a justement noté G.C. Argan, « la peinture de Burri n'est pas une peinture de symboles mais de signes; elle ne désire ni préfigurer, ni annoncer une situation, mais veut précisément *faire toucher du doigt* ».

Par leur usage du rebut, du déchet, les *Sacchi* de Burri préfigurent le retour en peinture de l'objet et sont le premier jalon des *Combine-paintings* de Rauschenberg. Ils témoignent de la double figure de cet art profondément classique d'esprit et aventureux dans ses moyens et où se concilient la leçon de la tradition et les recherches de l'avant-garde.

C'est de ce dernier aspect que relèvent les *Combustions plastiques.* Dès 1955 Burri, avec la série des *Legni,* entreprend de travailler avec le feu. La combustion produit, en effet, sur le bois des traces dont le résultat n'est pas sans évoquer les déchirures des *Sacchi* qui continuent à se développer parallèlement. La première combustion sur support plastique est ainsi réalisée en 1958, mais c'est à partir de 1962 que ce qui n'avait été que tentative devient chapitre majeur du travail de Burri. En utilisant le feu, Burri anticipe de plusieurs années sur les recherches d'Yves Klein, dans une même volonté de dépasser la problématique traditionnelle de la peinture et d'intégrer dans leur travail une dimension élémentaire. Mais où la vision de Klein se veut cosmique, celle de Burri est d'abord picturale. Comme les *Sacchi* représentaient un dépassement du concept de collages, les *Combustions plastiques* sont une mise en question de la notion même de tableau.

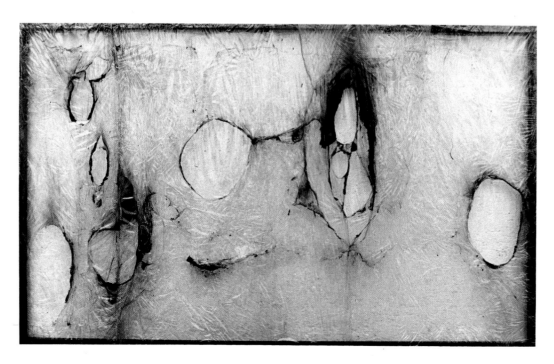

Combustione plastica, 1964
polyvinyle calciné
149 × 251
don de l'artiste, 1977
AM 1977-555

Leur transparence annule toute notion d'envers ou d'endroit, reprenant l'insoluble question du *Grand Verre* de Marcel Duchamp, pour offrir au regard un plan d'autant plus ambigu qu'il est composé, comme dans *Combustione plastica,* 1964 (donné par l'artiste au MNAM), de plusieurs épaisseurs de vinyle calciné ou froissé, translucide ou marqué de noir de fumée et pris comme dans un double vitrage par une dernière feuille qui épouse l'épaisseur du châssis. Dès les *Sacchi,* Burri a utilisé ponctuellement le plastique — le plus souvent pour couvrir l'éclat d'un rouge et lui donner une situation spatiale ambiguë —, mais c'est avec la combustion qu'il découvre dans ce matériau, aussi pauvre d'aspect que les sacs étaient séduisants, une forme d'expression picturale nouvelle et moderne, intimement liée à son époque.

Cette constante relecture de l'œuvre, cette attention à l'effet de matière, qui peut se produire incidemment dans une peinture, font partie intégrante de la méthode de Burri. Ainsi reprend-il pour son propre compte dans son travail le phénomène d'agrandissement dans lequel Meyer Shapiro voyait le signe même de l'art moderne : des zones de craquelures dues au séchage de la matière et spontanément apparues dans des œuvres monochromes comme *Bianco,* 1952 (Fondation Palazzo Albizzini, Citta di Castello) ou *Tutto Nero,* 1958 (même collection) ont ainsi pu induire Burri à entreprendre, à partir de 1973, la série des *Cretti* à laquelle appartient *Grande Cretto Nero,* 1977 (don de l'artiste au MNAM).

Pierre Restany avait justement souligné dès les *Sacchi* que « Burri n'est pas un coloriste. Son registre chromatique est très sommaire, les couleurs naturelles des matériaux employés mises à part. Il porte presque unanimement sur le blanc, le noir et le rouge ». En réduisant au seul noir et blanc les couleurs des *Cretti,* Burri focalise plus encore l'attention sur l'effet de surface de ceux-ci et le processus qui le provoque. Grâce à la fixation en cours de séchage avec une résine vinylique des réseaux de craquelures produites dans l'épaisseur d'une matière à base de kaolin, Burri parvient à contrôler le résultat final de ces tableaux, faits du hasard et de la détermination de l'artiste. Dans toutes ses œuvres, en effet, jusque dans ses récents *Cellotex* (absents des collections du Musée), le travail de Burri a consisté à imposer un ordre à la matière, à donner forme à ce qui fut trop uniment appelé *informel.*

D.A.

Sacco e bianco, 1953
toile à sac et huile sur toile
150 × 250
achat de l'État 1973, attr. 1976
AM 1976-936

Pol Bury
1922

« Mon plaisir réel, il est dans l'œuvre en train de se construire ». « Horloger narquois », comme le définit Jean Clair, Pol Bury a le goût de la matière parfaitement travaillée, de l'œuvre sans faille : « Cette finition fait partie de l'anonymat que j'ai toujours recherché dans mes structures ». Et son humour, qui confine à la dérision, a pu s'exercer au contact du surréalisme, dès ses premières peintures (influence de Tanguy et de Magritte). Né à Haine St-Pierre en Belgique, il participe à l'âge de 23 ans à l'*Exposition internationale du surréalisme* à Bruxelles et fait ensuite partie du groupe Cobra de 1949 à 1952. Si Bury reconnaît sa filiation avec Marcel Duchamp, il considère Calder comme « le détonateur de son destin ». En 1953 se situe le début de son œuvre vraiment personnelle : abandonnant la peinture, il utilise pour la première fois des mécanismes dans ses *Plans mobiles*. Le mouvement devient désormais le centre de ses préoccupations. En 1955, il présente avec Duchamp, Calder, Agam, Soto, Tinguely et Vasarely à la galerie Denise René (exposition *Le Mouvement*) des œuvres toutes fondées sur la transformation de l'image. En 1957, il utilise pour ses *Multiplans* le moteur électrique (de tourne-disque) où « la lenteur, de moyen, devient but ». Il veut, en outre, établir, dans ce mouvement démesurément lent, un désordre — combiner le mouvement avec l'immobilité — pour créer le malaise, cher aux surréalistes. En 1961, Bury s'installe près de Paris. 1962, première exposition personnelle chez Iris Clert. Il travaille le bois (formes primaires : boules, cubes, cylindres, toujours mobiles). 1964, Biennale de Venise et découverte de New York. Il expose ses *Ciné-tisations* (sur papier), « titillations de la rétine mises au service de la dérision », images bousculées jusque sur le papier. En 1967, il travaille le métal, satisfaisant son goût de la perfection lisse, puis utilise l'aimant en champs magnétiques. 1968, première œuvre monumentale : fontaine pour l'Université d'Iowa. 1969, première exposition à la galerie Maeght. Dans les années 70, il enseigne aux États-Unis et participe à de nombreuses rétrospectives (États-Unis, Allemagne, Paris). Il réalise, enfin, des œuvres monumentales : *40 colonnes* pour la Faculté des Sciences de Montpellier, plafond pour le métro de Bruxelles et plusieurs fontaines hydrauliques (Paris, New York, Anvers, St-Paul-de-Vence). En 1977, un recueil illustré, résumant ses textes depuis 1959, est édité par Carmen Martinez : *Les horribles mouvements de l'immobilité*. En 1983, il est nommé professeur à l'École des Beaux-Arts de Paris, comme successeur d'Étienne-Martin.

Cat. *Pol Bury,* Charleroi, Palais des Beaux-Arts, puis Paris, CNAC, 1972; Pol Bury, *25 tonnes de colonnes,* Bruxelles, Palais des Beaux-Arts, 1973, puis St-Paul-de-Vence, Fondation Maeght, 1974; E. Ionesco, A. Balthazar, *Pol Bury,* Bruxelles, Cosmos, 1976.

☐ *4 087 cylindres érectiles,* 1971-1972

« Une œuvre comme *4 087 cylindres érectiles* qui mesure 7,20 m × 2,50 m a demandé 5 mois de travail à 3 personnes », confie Bury à A. Balthazar. Commandée en 1971 par l'État, le Musée en demanda l'attribution en 1976. Sorte d'immense paravent, l'un des premiers formats monumentaux de Pol Bury, composé de six panneaux de bois, cette œuvre a vraisemblablement été commencée à l'extrême fin de 1971 pour être présentée dès le 16 mai 1972 à l'exposition du Grand Palais : *12 Ans d'art contemporain en France,* puis en novembre à celle du CNAC. Elle fut à nouveau exposée en 1982 dans le cadre de l'exposition *Pol Bury* du Musée d'Art moderne de la Ville de Paris. La surprécision du titre (le dénombrement des éléments fait souvent l'essentiel des titres chez Bury), la primarité des formes — ici, le cylindre — se référant à une création mathématique (« le cylindre n'est-il pas un disque qui a réussi à se donner de l'épaisseur ? »), la perfection des éléments — bois poli, minutieux mécanismes cachés —, la continuité d'un mouvement infinitésimal et irrégulier dans un ensemble au premier abord immobile, cherchent à créer une impression trouble de contradiction et d'ambiguïté : « Le mouvement, lorsqu'il atteint les sphères de l'infiniment lent, frôle vertigineusement ces régions où il est impossible de préciser si l'immobile est absolu ou le mouvement relatif ». De ces lenteurs conjuguées « aux frôlements prévus, imprévus, aux effleurements indiscrets » naît une sensation érotique, encore accrue par le terme d'*érectile* délibérément choisi par Bury : « Je savais qu'en leur donnant le nom d'érectile, je choisissais l'équivoque. (...) Qui dit érection dit sexe. (...) Mais il y a mouvement lié à ce sexe... ». C'est alors que surgit l'aspect organique de cette œuvre; qu'elle produise répulsion ou fascination sur le spectateur, elle rejoint dans tous les cas une poésie cosmique : « Dans les espaces moelleux de la rêverie, l'artiste bâtit des édifices dont l'ampleur et l'aisance ont le sans-gêne de l'inconscience. (...) Mise en équilibre, la montagne pourrait frissonner ».   N.P.

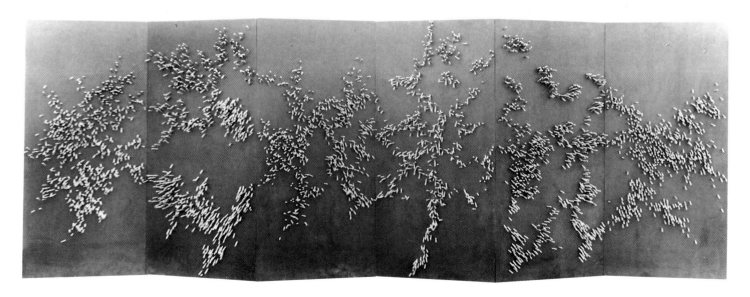

4087 cylindres érectiles, 1971-1972
relief bois : cylindres de bois
mus électriquement sur 6 panneaux de bois
250 × 732 × 50
achat de l'État 1972, attr. 1976
AM 1976-937

Alexander Calder
1898-1976

Calder est un des rares artistes américains de sa génération à connaître très tôt de son vivant une renommée internationale. Né à Philadelphie, il suit, après des études d'ingénieur, des cours de peinture à l'Art Student's League de New York. Ce n'est qu'à partir de son premier séjour à Paris, en 1926-1927, qu'il commence, avec de petits objets, le travail du bois et du fil de fer. Sa fascination ancienne pour le cirque, sa fréquentation du cirque Medrano le poussent à fabriquer de petits personnages et animaux articulés, en fil de fer et matériaux insolites récupérés, qui constitueront son propre *Cirque* (New York, Whitney Museum). Les « sculptures » en fil de fer, qui suivent immédiatement, partent de ce même principe de pratique ludique hérité de son enfance, pendant laquelle, rappelle Calder, il confectionnait des jouets en tordant des fils électriques. Ces œuvres sont exposées pour la première fois à la Weyhe Gallery de New York en 1928 et à la galerie Billiet, à Paris, en 1929. Le succès remporté par les différentes représentations du *Cirque* lui vaut de compter rapidement au nombre de ses amis les plus proches : Miró, bien sûr, mais aussi Léger, Arp, Marcel Duchamp, Van Dœsburg.

En 1930, une visite mémorable à l'atelier de Mondrian détermine Calder dans la voie de l'abstraction (il rejoindra en 1931 le groupe Abstraction-Création), avec, aussitôt, l'idée de faire bouger des plans colorés dans l'espace. Cette ambition l'amène à des premières constructions encore timidement articulées et oscillant légèrement (présentées en 1931 à l'exposition de la galerie Percier, *Volumes, Vecteurs, Densités, Dessins, Portraits*), auxquelles succèdent celles que Duchamp dénomme « mobiles », à l'occasion de l'exposition de la galerie Vignon en 1932, et qui, elles, sont caractérisées par un mouvement franchement actionné à la main ou par un moteur. Toute la production ultérieure de Calder ne fera dès lors qu'apporter des développements au principe de base du « mobile », défini dès 1933 comme un assemblage de tiges de métal et de plaques en tôle colorée maintenu dans un équilibre précaire : le moindre souffle d'air en fait aussitôt osciller les différents éléments. *La Fontaine de Mercure,* conçue pour le Pavillon espagnol de l'Exposition Internationale de 1937, en marque peut-être le point d'élaboration le plus accompli. Parallèlement aux mobiles, de plus en plus grands, apparaissent vers 1937 les « stabiles » (appellation proposée par Arp), dont les grandes tôles peintes se trouvent ancrées au sol. Les deux principes seront bientôt réunis, donnant lieu à de nombreux « mobiles-stabiles ».

L'installation de Calder en 1933 à Roxbury aux USA marque le début de ses expositions à la Pierre Matisse Gallery, celui de ses relations avec J.J. Sweeney : à partir des années 40, l'importance de son œuvre devient officiellement reconnue, avec à New York la rétrospective du MOMA en 1945, à Paris l'exposition organisée chez Carré en 1946. Partageant son temps entre son grand atelier de Roxbury et celui qu'il fait construire en 1961 dans sa ferme de Saché, près de Tours (achetée en 1953), soutenu essentiellement par Curt Valentin puis par Perls à New York et par Maeght à Paris, Calder répond à un nombre sans cesse grandissant de commandes de mobiles (*The Whirling Ear,* Bruxelles; *The Spiral,* Paris, UNESCO; mobile pour le Kennedy Airport de New York...) et de stabiles (*The Hextoped,* Francfort; *Teodelapio* pour la ville de Spolète...).

J.J. Sweeney, cat. *Alexander Calder,* New York, MOMA, 1943, réédité en 1951; A. Calder, *Autobiographie,* New York, Pantheon Books, 1966 et éd. Maeght, 1972; cat. *Calder,* Saint-Paul, Fondation Maeght, 1969; H.H. Arnason et U. Mulas, *Calder,* New York, Viking, 1971; J. Lipman, cat. *Calder's Universe,* New York, Whitney Museum, 1976; G. Carandente, cat. *Calder,* Turin, Palazzo a Vela, 1983.

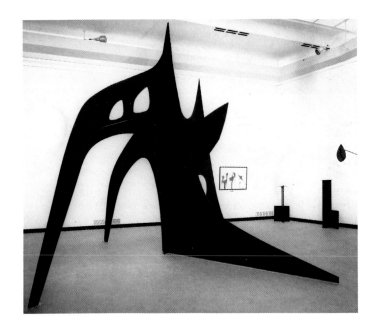

A l'occasion de la rétrospective tardive organisée au Musée en 1965, un premier noyau d'œuvres de Calder a pu être constitué autour du mobile *31 Janvier* (acheté par l'État en 1950), grâce aux dons de l'artiste. Cet ensemble, malgré sa grande qualité — deux grands mobiles de 1966, deux stabiles (*Bouclier,* 1949, et la monumentale *Nageoire* de 1964), six fils de fer de 1926-1930, une *Constellation* de 1943 et des gouaches tardives —, restait relativement disparate et incomplet. L'arrivée récente de la dation (et l'achat d'une pièce motorisée de 1940-1941, *Disque blanc, disque noir*) a permis de combler quelques lacunes, avec un groupe d'œuvres plus anciennes, dont l'intérêt réside dans la diversité de matériau et de conception (*Requin et baleine,* v. 1933, *Petit Panneau bleu,* v. 1938), deux mobiles d'avant 1940 (*Fishbones* et *Four Leaves and three Petals*) et une série de quatre stabiles-mobiles monumentaux de la dernière période, qui ont pu être répartis dans différents lieux : *Guillotine pour huit* et *Les Trois Ailes* de 1963 (respectivement à Villeneuve d'Ascq, Musée d'Art moderne du Nord, et à St-Étienne, Musée d'Art et d'Industrie), *Reims : Croix du Sud,* 1970 (Paris, École nationale des Impôts) et *Horizontal,* 1974 (Villeneuve d'Ascq, *id.*).

□ *Joséphine Baker I,* 1926 — *Lanceur de poids,* 1929
La pratique, entre 1924 et 1925, pour une « Gazette » new-yorkaise, du dessin humoristique — où la rapidité du geste et la légèreté du trait sont de rigueur — avait déjà appris à Calder à capter l'essence percutante et éphémère de l'événement. Dès 1925, il trouve dans le cirque un de ses sujets préférés de chronique. A ce moment-là encore, il ne pense qu'en termes de dessin : paradoxalement, ce seront précisément sa vision et sa technique de dessinateur qui constitueront la base de son œuvre sculpté.

Lors d'un premier voyage à Paris, en 1926-1927, il commence à façonner des personnages (toujours humoristiques à ses yeux) en fil de fer, avec quelquefois des morceaux de bois ou de cuir. Le monde du spectacle continue à lui fournir ses thèmes d'inspiration : le cirque bien sûr (surtout le cirque Medrano), mais aussi la célèbre danseuse noire américaine Joséphine Baker qui se produisait alors sur scène. Pour mieux capter sa vivacité à la fois insolite et cocasse, Calder la dessine encore, mais au fil de fer, réalisant une sorte de « dessin dans l'espace », traitement « à main levée » qui correspondait admirable-

Grande Nageoire, v. 1964
stabile, tôle peinte
455 × 510 × 610
don de l'artiste, 1966
AM 1513 S

114

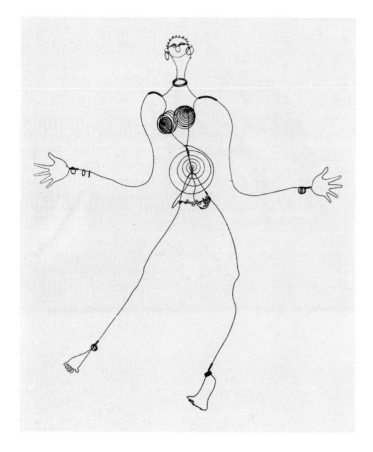

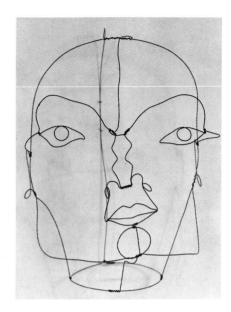

ment au sujet. Le graphisme nerveux et léger de la silhouette dansante, gentiment caricaturale, évoque avec esprit les attributs à succès de « la Baker », sa nudité outrancière, ses bijoux, le mouvement giratoire imprimé au ventre et aux seins, l'élégance nerveuse du corps élancé. Par ses dimensions importantes (l'autre variante connue est de taille plus modeste), on peut considérer cette *Joséphine Baker I* (exposée à la Weyhe Gallery de New York en 1928) comme la première véritable sculpture de Calder.

Poursuivant ses recherches plastiques avec le fil de fer au moins jusqu'en 1931, Calder aborde des sujets divers, que toujours il interprète avec fantaisie, voire humour ou esprit de dérision : des figures mythologiques (*Romulus et Rémus,* New York, The Guggenheim Museum), des portraits de proches (*Kiki de Montparnasse,* 1929-1930, MNAM), des acteurs de cirque bien entendu (animaux, acrobates, jongleurs, trapézistes, équilibristes) ou des gymnastes, des travailleurs. Dans ces prototypes pris dans la vie quotidienne et populaire, ce sont de toute évidence les traits de vitalité, d'expression et de mouvement qui le retiennent. Toutes les œuvres de cette période expriment une tension concertée et un déséquilibre précaire qui trouvent dans cette véritable « écriture dans l'espace » leur juste expression formelle. A cet égard, le *Lanceur de poids* de 1929 s'impose, par la fermeté et la sobriété du dessin, comme une pièce unique : toute la tension et la concentration des forces du sportif est suggérée par le seul jeu de deux diagonales qui se nouent au centre même actif du corps, le poids à lancer trouvant dans le pied levé son contrepoids formel, en un équilibre parfait. Les deux portraits d'*Inconnu,* comme le profil pétillant de vie de *Kiki de Montparnasse,* illustrent, eux, le baroquisme décoratif qui marque la plupart des fils de fer des années 1928-1931. Le façonnage à la fois brut et délicat du matériau se prêtait admirablement, par ailleurs, à la fabrication de bijoux, et Calder, suivant ses penchants à la fois d'artisan et de bricoleur, s'est amusé à en faire pour ses amis tout au long de sa vie.

☐ *Petit Panneau bleu,* v. 1938 — *Disque blanc, disque noir,* 1940-1941
A partir des années 30, Calder commence à introduire, non seulement des plans colorés, mais le mouvement réel, trouvant d'un seul coup la solution à l'expression du mouvement et du dynamisme qu'il poursuivait depuis longtemps. C'est en sortant d'une première visite

Joséphine Baker I, 1926
fil de fer
101 × 95 × 25
don de l'artiste, 1966
AM 1518 S

Lanceur de poids, 1929
fil de fer
70 × 65 × 40
don de l'artiste, 1966
AM 1515 S

Inconnu, v. 1929
fil de fer
28 × 21 × 28
don de l'artiste, 1966
AM 1531 S

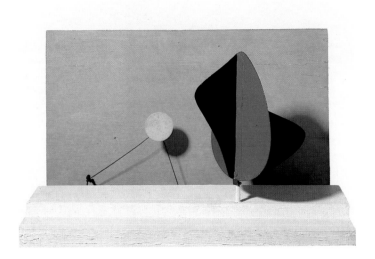

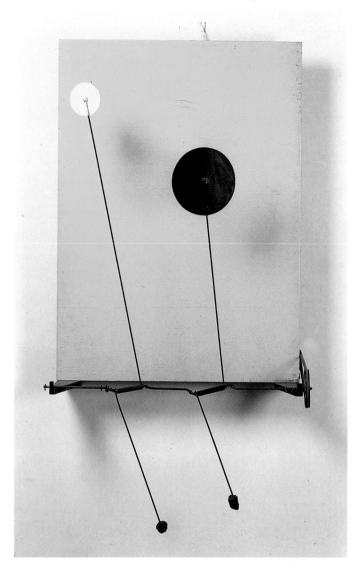

chez Mondrian à Paris en 1930 qu'il entrevoit la direction à prendre : celle d'une sculpture abstraite et cinétique. Fortement impressionné par la disposition de plans colorés sur les murs de l'atelier du néoplasticien, il ressent le désir immédiat de les voir entrer en mouvement : « Rentré chez moi, j'ai essayé de peindre. Mais le fil de fer ou une chose à tordre ou à déchirer est plus apte à saisir ma façon de penser ». Suivent les premières pièces abstraites (1930-1931) que Calder appellera *Univers* car elles s'inspirent de thèmes cosmiques et semblent représenter des mouvements planétaires. Dès 1932, ses sculptures deviennent plus abstraites encore et franchement picturales, constituées d'éléments plats découpés dans de la tôle d'aluminium et peints (bleu, jaune, rouge), reliés entre eux par des fils de fer et suspendus dans l'espace; leur mouvement — leur légèreté les fait, en effet, flotter ou plutôt naviguer dans l'air — devient enfin réel. Le procédé de faire osciller des motifs épars par la seule circulation de l'air — qui sera retenu et reconnu comme la véritable invention de Calder — est, malgré son apparence si simple, bien plus complexe qu'il ne paraît, et on peut supposer que ses études d'ingénieur l'ont aidé à mettre au point ce jeu subtil d'équilibre et de balancement.

Dès 1932 également (quinze objets à moteur — les premiers « mobiles » désignés par Duchamp — sont, en effet, présentés à l'exposition de la galerie Vignon), certains ensembles se trouvent désormais actionnés électriquement : les uns restent de pures constructions abstraites dans l'espace (*Pantograph,* 1933, Stockholm, Moderna Museet), d'autres, comme ce *Petit Panneau bleu* de 1938, offrent un caractère pictural affirmé, puisque les éléments de métal peints bougent en se détachant sur un « fond » de bois, peint lui aussi. Dans cette pièce relativement modeste, en regard d'autres réalisations plus complexes conçues pour l'architecture (modèle réduit pour la Foire internationale de New York, 1938, Stockholm, Moderna Museet), l'humour règne à nouveau, se dégageant désormais du mouvement même, saccadé, clownesque et légèrement anachronique, des deux motifs abstraits. *Disque blanc, disque noir* de 1940-1941 fait partie d'une petite série motorisée tardive qui ne peut s'expliquer que par le souci de Calder de produire un mouvement contrôlé et régulier. Dans son œuvre ultérieure, il abandonnera tout recours au moteur, préférant la présence aléatoire du mouvement libre à celui des « machines répétitives ».

Petit Panneau bleu, v. 1938
bois et métal peints, fils d'acier, moteur
35 × 49 × 44
dation 1983
AM 1983-55

Disque blanc, disque noir, 1940-1941
bois et métal peints, tiges d'acier, moteur
124 × 92,5 × 45,5
achat 1979
AM 1980-17

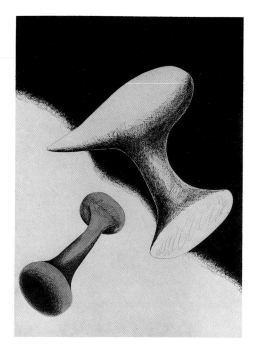

□ *Requin et baleine,* v. 1933
Application exemplaire de l'équilibre déséquilibré élaboré par Calder, cette sculpture « pleine » mobile relève néanmoins d'une conception relativement insolite dans l'ensemble de l'œuvre. Le travail du bois — donc du volume — remonte à la période 1926-1930, dans des œuvres statiques, frustes et figuratives *(Cariatides,* 1928, coll, privée; *Cheval,* 1928, MOMA) qui ne sont pas sans rappeler l'art populaire américain. Puis, entre 1930 et 1933, Calder continue, dans ses premiers dessins abstraits (dont certains montrent une légère tendance surréaliste) sa recherche du modelé, par des formes ambiguës à la fois abstraites, organiques et même oniriques (trois dessins de 1932 au MNAM). Dans *Requin et baleine,* qui leur fait suite, un autre propos est introduit; il s'agit en fait d'un assemblage de deux « objets trouvés » à peine remaniés (deux bois différents de nature brute, racine ou sarment) qui trahit peut-être encore une fois l'influence du milieu surréaliste à Paris. Ces deux éléments en bois sont maintenus (par une pointe pivotant à l'intérieur d'un trou aménagé au sommet du pilier de soutien) dans un équilibre apparemment aléatoire, si précaire que la plus infime vibration fait osciller la pièce supérieure, mais qui relève en réalité d'un calcul savant. L'allure de l'objet — à la fois ludique et mystérieux, chargé encore des pouvoirs et des forces primaires de la nature (l'arc tendu de la pièce horizontale) — en fait une œuvre proprement unique.

□ *Four Leaves and three Petals,* 1939
Le mobile « pur » de Calder se définit comme un agencement de tiges métalliques et de tôles colorées et découpées, le plus souvent suspendu au plafond. Dans sa variante du « mobile-stabile », une partie de l'œuvre est posée à même le sol et soutient des éléments aptes à se mouvoir. Dans l'un comme dans l'autre, le rapport entre l'équilibre et le déséquilibre peut être infiniment variable, tout comme le lyrisme, la régularité ou l'anarchie du mouvement, la symétrie ou la dissymétrie. Quant aux éléments de métal découpé, ils empruntent les formes constantes, mais toujours variées, de motifs très simples, allant d'une inspiration directe de la nature (feuilles, pétales, arêtes

Requin et baleine, v. 1933
bois exotiques
98 × 102 × 16
dation 1983
AM 1983-54

Sans titre, 1933
encre de Chine et encre de couleur
78 × 58
achat 1979
AM 1980-19

de poissons comme dans *Fishbones,* 1939, MNAM) à un esprit d'abstraction pure (disque). Très dessiné, le mobile-stabile du Musée, *Four Leaves and three Petals,* montre une symétrie presque totale de ses différents bras et, par là, une certaine régularité de ses formes comme de ses balancements. Évoquant un buisson agitant ses feuilles au vent, il produit l'effet d'un phénomène naturel aux évolutions lyriques et délicates dans l'espace. Ce genre d'allégorie précise de la nature est, en réalité, assez rare dans la production de Calder.

□ *Constellation,* 1943
Pendant les années de guerre, lorsque l'aluminium lui fit plus ou moins défaut, Calder réalise une série de petites pièces mobiles constituées de ficelles et d'éléments en bois. Il conçoit par ailleurs d'autres assemblages, toujours avec de petits morceaux de bois poli, mais raccordés par des fils de métal, constituant une sorte de réseau spatial de lignes ponctuées de nœuds, cette fois-ci statique et qui peut être ou posé au sol ou accroché au mur. Ces structures, ainsi dispersées en « constellation » dans l'espace en une chaîne sans fin, avaient, à ses yeux, un rapport spécifique avec les *Univers* faits au début des années 30 : « Elles suggéraient une sorte de gaz cosmique et nucléaire que je n'essaierai pas d'expliquer. J'étais attiré par la composition ouverte et extrêmement (délicate) fine. Une fois, je l'ai expérimentée avec du plexiglass pour voir les effets auxquels je pourrais arriver ». En les appelant *Constellations,* Calder a lui-même rapproché ces assemblages des gouaches du même nom, commencées par Miró à Varangeville en 1940-1941, et il est vrai que, non seulement le circuit linéaire, mais aussi les motifs en forme d'haltère ou de sablier qui rythment le réseau rappellent cette série précise de l'œuvre de Miró. Néanmoins, malgré l'amitié qui liait les deux hommes depuis 1928, il était impossible à Calder d'avoir connu les gouaches de Miró, qui ne sont arrivées à New York, Pierre Matisse Gallery, qu'en 1943. Le titre lui aurait été suggéré, semble-t-il, par le critique américain James Johnson Sweeney, lors d'une conversation, et correspondrait dès lors plus à un hommage à Miró qu'à une éventuelle influence.

Four Leaves and three Petals, 1939
mobile-stabile : métal peint
206 × 178 × 121
dation 1983
AM 1983-56

Constellation, 1943
bois peint et fil de fer
61 × 72 × 53
don de l'artiste, 1966
AM 1530 S

□ *Mobile sur deux plans,* v. 1955

Plus abstrait par son titre, plus détaché de la nature dans l'uniformité de ses motifs, *Mobile sur deux plans,* bien que non daté, est tout à fait caractéristique des œuvres de Calder à partir des années 50. Néanmoins, la référence à la nature y est implicite : la forme en triangles aux angles arrondis des motifs, leur alignement horizontal et diagonal évoquent la croissance d'un arbre, son feuillage et le mouvement de ses branches. Au contraire, les couleurs — le rouge, le jaune, le bleu, le noir et le blanc —, obéissent à des considérations purement plastiques et picturales.

Encore formellement abstrait mais inspiré de la nature, *La Grande Nageoire,* que l'on peut situer aux alentours de 1964, constitue un stabile exemplaire, d'une imposante présence physique, tout en évoquant le monde de l'imaginaire. Ces deux œuvres incarnent la quintessence de la contribution du grand sculpteur américain à l'art du 20ᵉ siècle.   M.R.

Mobile sur deux plans, v. 1955
métal peint
200 × 120 × 110
don de l'artiste, 1966
AM 1514 S

César
1921

César, né à Marseille, vit à Paris et à Nice. Pour peu d'artistes, les données événementielles prennent un relief comparable à celui qu'elles ont dans l'œuvre de César. Les matériaux et les techniques qu'il met en œuvre et par lesquels peuvent se distinguer les axes, voire les temps de son travail, sont, en effet, pour la plupart liés à des contingences qui associent étroitement l'intuition du créateur et son contexte social. Ainsi, des conditions économiques difficiles et le refus des matériaux classiques trop longtemps employés à l'École des Beaux-Arts ont amené César à préférer, dès 1954, à l'usage traditionnel du marbre et du bronze l'utilisation de déchets ferreux et l'emploi de la soudure à l'arc, occasionnant les œuvres en fer soudé qui, jusqu'en 1960, marqueront la singularité de son travail et qu'il continuera à réaliser parallèlement aux *Compressions* jusqu'en 1965. La sculpture métallique — quoique jalonnée, de Gargallo et Gonzalez à Robert Muller ou Jacobsen, d'incontestables réussites — a trouvé dans l'œuvre de César, grâce à la technique de la soudure à l'arc, son véritable accomplissement. Par la facilité avec laquelle elle permet d'assembler des éléments hétérogènes, ce mode de soudure a, en effet, donné à César le moyen de conserver aussi bien l'individualité de chacun de ses composants que d'assurer à l'ensemble une qualité organique. Dès *L'Esturgeon* (1954), qui vaudra à César, lors de sa présentation à la galerie Lucien Durand, sa première reconnaissance publique — l'œuvre fut acquise par le Musée l'année même de sa réalisation — s'affirment les caractéristiques d'un style : humour des représentations volontiers anthropomorphes ou zoomorphes, travail des plans conçus comme juxtaposition d'éléments fragmentaires, utilisation du vide et du manque pour accentuer le caractère graphique des éléments utilisés... De cette première époque, qui valut tôt la notoriété à César et dont l'esthétique n'est pas étrangère au misérabilisme de l'après-guerre, *La Chauve-Souris* (1955-1956, MNAM) présente un exemple saisissant, souligné par le caractère frontal de la sculpture, caractéristique qui s'affirmera ultérieurement avec *Le Diable,* 1956 (donné par l'artiste en 1959), première œuvre de grandes dimensions, puis dans la série des *Plaques.*

L'objet de récupération, base de cet art d'assemblage, a autorisé, du fait de la qualité de texture de ces déchets jointoyés, l'assimilation du travail de César aux recherches des artistes matiéristes — c'est ainsi que celui-ci expose en 1956 aux côtés d'Alberto Burri — comme il a permis de voir, dans certaines pièces contenant des objets de rebut ou des déchets industriels, les signes annonciateurs du Nouveau Réalisme. Toutefois, cette insertion de fragments de carrosseries automobiles, utilisés le plus souvent pour leur qualité de couleur dans quelques assemblages figuratifs et qui se développera en 1961 dans des œuvres comme *Bas-Relief* (entré au MNAM en 1962), ne change pas le concept fondamental du travail — celui de la juxtaposition et de la soudure — comme vont le faire en 1960 les *Compressions.* C'est au Salon de Mai de cette année, en effet, que César, en présentant trois balles de métal directement issues de la presse, par-delà le scandale public provoqué, affirme une vision différente de la sculpture. La fin de l'intervention manuelle, le choix assumé comme acte créatif allaient naturellement inciter Pierre Restany à voir dans la compression une résurgence du *ready-made* de Marcel Duchamp et à inclure César dans le groupe des Nouveaux Réalistes fondé en octobre 1960. Cette assimilation, qui donnera au geste de la compression son audience et redonnera à César, par-delà son succès public, le statut d'un créateur d'avant-garde, n'en est pas moins réductrice quant au sens profond du travail.

☐ *Ricard,* 1962
En insistant sur « la découverte de la nature industrielle et urbaine », l'appartenance de ces œuvres à l'univers technologique, Pierre Restany occultait la dimension formaliste de ces masses parallélépipé-

Ricard, 1962
compression dirigée d'automobile
153 × 73 × 65
don de l'artiste, 1968
AM 1698 S

diques qui préfigurent deux ans à l'avance les recherches des sculpteurs minimalistes. C'est en effet à la forme de la compression, c'est-à-dire à son rapport de proportions, et à sa « peau » que va s'attacher rapidement César en mettant au point, à partir de 1961, la notion de *Compression dirigée* à laquelle appartient *Ricard*. Par le choix des matériaux qui composent la charge, leur nature, leur couleur et la connaissance du processus de compression, il parviendra en effet rapidement à prévoir les effets obtenus par la machine et à réintroduire dans un mécanisme apparemment impersonnel la conscience du créateur.

Comme les *Compressions* sont issues de la découverte fortuite d'une presse américaine nouvellement installée chez un ferrailleur de Gennevilliers où César se fournissait en déchets ferreux pour la réalisation de ses sculptures, les *Expansions* sont nées de la découverte d'un processus chimique expérimenté lors des essais de réalisation des empreintes humaines.

☐ *Le Pouce*, 1965

De 1960, date de la première compression, à 1965, date de la première expansion présentée au Salon de Mai, César a multiplié, pendant cinq années de trouble quant au sens de la sculpture, les approches : réalisations de nouvelles sculptures métalliques qui comptent parmi ses œuvres majeures (*La Sœur de l'autre*, 1962, *La Victoire de Villetaneuse*, 1965), compressions, tableaux de carrosserie, utilisation des techniques d'agrandissement au pantographe pour les empreintes. Première d'entre elles, réalisée en guise de participation à une exposition sur le thème de la main à la galerie Claude Bernard en 1965, *Le Pouce* fut l'occasion pour César d'expérimenter des techniques et des matériaux pour lui inédits (galvanoplastie, polyester, pâte de verre…). Parmi ceux-ci, la mousse de polyuréthane, par son pouvoir

à s'expanser et à créer hors du moule des formes souples et organiques, fut le moyen de nouveaux développements. Après la forme érigée, volontaire et rigide de la compression, s'offrait ainsi la possibilité de création de formes libres, régies par une nécessité organique, qui s'affirmaient comme « le langage même de la matière ».

☐ *Expansion nº 14*, 1970

D'abord conçues comme réalisations éphémères — les premières furent souvent découpées et distribuées au public sitôt faites — les expansions reçurent ensuite, à partir de 1969, un traitement de surface à base de laquages vinyliques successifs leur garantissant une conservation dans le temps et leur permettant d'acquérir chacune une couleur propre et généralement nacrée, comme celle de l'*Expansion nº 14*.

C'est avec les *Expansions* que César clôt le chapitre de ses recherches d'avant-garde, ayant depuis librement alterné les réalisations de natures diverses tout en renouvelant son expression à partir de ces trois axes principaux : la sculpture d'assemblage, la compression et l'expansion.

D.A.

P. Cabanne, *César par César*, Paris, Denoël, 1971; P. Restany, *César*, Monte Carlo, éd. André Sauret, 1975; cat. *César*, Genève, Musée d'Art et d'Histoire, 1976.

Le Pouce, 1965
bronze poli (fonte HC/MN)
195 × 95 × 98
achat de l'État 1975, dépôt du FNAC
AM 1976 dép. 10

Expansion nº 14, 1970
coulée de polyuréthane expansé, stratifié et laqué
100 × 270 × 220
achat de l'État 1971, attr. 1976
AM 1976-938

Marc Chagall
1887-1985

Né à Vitebsk (Russie) d'une famille de commerçants juifs, Chagall révèle tôt des dispositions pour le dessin : après un premier apprentissage de la peinture auprès du maître Pen, il se rend à Saint-Pétersbourg en 1906 où il étudie jusqu'en 1909, notamment chez Bakst. En 1910, avec le soutien de Vinaver, il gagne Paris, pénètre au cœur de l'avant-garde fauve et cubiste, se lie surtout avec R. Delaunay et B. Cendrars et participe dès 1912 au Salon d'Automne et au Salon des Indépendants. Dès cette date, il affirme son indépendance vis-à-vis des avant-gardes (française puis russe) dont l'exploitation se pliera toujours à une poétique très personnelle, définie progressivement comme l'exaltation, mystique et sensuelle, souvent humoristique, de la réalité russe (conciliée ainsi avec la fable) et comme l'expression, spontanée et symbolique (la forme s'érigeant en signe), de la spiritualité hassidique qui l'a nourri. Guillaume Apollinaire lance à son propos le terme de « surnaturel » et le présente à H. Walden qui l'introduit à Berlin avec succès (1914, première exposition personnelle, galerie Der Sturm). De Berlin Chagall gagne Vitebsk et, surpris par la guerre, reste en Russie jusqu'en 1922 : nommé Commissaire des Beaux-Arts pour la région de Vitebsk, il multiplie les initiatives pédagogiques, y créant en 1918 l'Académie des Beaux-Arts dont il doit démissionner en 1920 au profit des suprématistes. Isolé à Moscou, il se consacre aux décors et costumes pour le Théâtre d'Art juif Kamerny. En 1923, Chagall retourne à Paris : Vollard lui commande des eaux-fortes pour *Les Ames mortes* de Gogol (1924-1925), les *Fables* de La Fontaine (1926-1931), la *Bible* (1930-1939). Alors que ses premières œuvres, découvertes en 1924 galerie Barbazanges-Hodebert, soulèvent l'enthousiasme des surréalistes qui veulent voir en lui le premier peintre moderne de la métaphore, sa production des années 25-30 rencontre une audience de plus en plus large, marquée par une rétrospective à la Kunsthalle de Bâle en 1933. Ses voyages se multiplient, en Palestine, en Syrie et en Égypte (1931), aux Pays-Bas (1932) où il étudie Rembrandt, en Espagne (1934) où l'attire Le Greco, en Pologne (1935), avant qu'il ne décide de se fixer en France, prenant en 1937 la nationalité française. Mais, en 1940, il gagne les États-Unis; introduit à New York par la galerie Pierre Matisse en 1941, il reçoit un accueil triomphal au MOMA en 1946, un an avant ses grandes rétrospectives européennes (Paris, Amsterdam et Londres). Les commandes officielles se multiplient : des vitraux pour la synagogue de Hadassahd (1960-1962) et pour la cathédrale de Metz (1960-1968), des fresques pour l'Opéra de Paris et pour le Metropolitan Opera de New York (1963-1965). L'ouverture à Nice en 1973 du Musée Chagall, autour du « Message Biblique » qui résume son œuvre finale, devait apporter un complément nécessaire à une collection nationale encore très incomplète.

M. Chagall, *Ma vie*, Paris, Stock, 1931, dernière éd. 1970; F. Meyer, *Marc Chagall*, Cologne, DuMont-Schauberg, 1961, Paris, Flammarion, 1964; W. Haftmann, *Marc Chagall*, Paris, Cercle d'Art, New York, H. Abrams, 1975; cat. *Chagall, Œuvres sur papier*, Paris, MNAM, Centre G. Pompidou, 1984; cat. *Chagall*, Londres, The Royal Academy of Art, 1985.

□ *Le Poète Mazin*, [1911-1912]
A la date proposée par F. Meyer, Chagall, installé depuis l'hiver 1911 à la Ruche, où il rencontre précisément son voisin le poète Mazin, est depuis plus d'un an à Paris : la découverte enthousiaste de la « lumière-liberté », de la couleur en liberté — celle de la ville, mais aussi celle des Cézanne, des Van Gogh et, plus immédiatement, celle des Matisse et des Delaunay — devait être décisive. Il reçoit au même moment, par sa fréquentation surtout de Gleizes, Metzinger et Léger, la leçon du cubisme. Comme le démontre *Le Poète Mazin,* il veut en retenir l'essentiel : la notion de surface picturale; ici, en effet, seule la juxtaposition contrastée des plans de couleur, répartis en surfaces bombées et triangulaires sur l'espace du tableau, constitue la base de la construction de l'image. Par ailleurs, se gardant bien du « ratio-

nalisme » du cubisme, entaché à ses yeux de trop de « réalisme », Chagall entend créer un espace pictural qui serait « magique », lieu d'apparition d'un mythe intérieur. Dans ce portrait, c'est ainsi le destin du Poète, plus que son individualité personnelle, qu'il cherche à exprimer : si l'on reconnaît les traits particuliers de Mazin (le crâne bombé, les yeux enfoncés) en se référant à un croquis de la figure de celui-ci (Meyer, n° 97), la simplification étrange de la tête en masque mi-humain, mi-animal, traduit plutôt la toute-puissance de la réalité intérieure; de même, derrière le dispositif classique du répertoire formel post-cézannien (personnage assis-table-bouteille), la simplification violente des volumes et l'unité sombre de l'espace saturé, où chaque élément paraît peser d'un poids égal, semblent vouloir exprimer la solitude propre au poète — et à Chagall lui-même —, les forces secrètes, étranges et enivrantes qui l'habitent et président à la création poétique. Il est intéressant, pour en saisir encore toute la singularité d'intention, de comparer cette petite huile aux deux grandes toiles de 1911-1912 qui s'en rapprochent par le sujet : *Le Poète* du Musée de Philadelphie qui, d'après F. Meyer, serait l'aboutissement du *Poète Mazin*, et *Le Saoul* de la collection Neumann; la première, considérée comme une des œuvres « cubistes » de Chagall les plus brillantes, fait plutôt résonance au jeu superficiel de l'alchimie poétique; la seconde, où l'emploi des plans géométriques et des contrastes colorés est plus appuyé, apporte une théâtralisation tout extérieure au thème de l'ivresse poétique. Rien de tel dans *Le Poète Mazin* : les choix et l'économie-même des moyens picturaux révèlent le contrôle immédiat, en 1911, des deux « chocs » fauve et cubiste et répond à cette exigence d'intériorisation qui apparaît comme la marque de la « spiritualité » chagallienne, de cette sensation d'un

Le Poète Mazin, [1911-1912]
huile sur toile
73 × 54
don de Mme Ida Chagall avec réserve d'usufruit, 1983
AM 1984-120

122

« au-delà » qui se dégageait déjà de quelques œuvres immédiatement antérieures comme *Le Sabbat, La Naissance* et *La Chambre jaune* de 1910-1911.

☐ *A la Russie, aux ânes et aux autres,* 1911-1912
De cette peinture, une des premières grandes compositions parisiennes de Chagall, exécutée à la Ruche fin 1911-1912, il existe deux études préparatoires qui remontent vraisemblablement, selon F. Meyer, à la période de l'atelier de l'Impasse du Maine : l'une, récemment découverte (cat. MNAM, 1984, nº 28) montre le thème

originel, esquissé sommairement à l'encre noire sur papier blanc, de la laitière suivant une vache; dans l'autre, une gouache datée 1911 et beaucoup plus aboutie (Meyer, nº 80), apparaissent déjà l'inversion spectaculaire des champs noir/blanc — la nuit du fond commandant dès lors la composition d'ensemble —, la décollation de la laitière et le développement du thème nourricier. Elles permettent ainsi de suivre le processus de formation de l'image chagallienne, de saisir, en même temps, la force poétique de l'huile définitive, la puissance de choc de cette « explosion lyrique totale », pour reprendre le terme d'André Breton : parti d'une observation spontanée du réel quotidien

A la Russie, aux ânes et aux autres, 1911-1912
huile sur toile
156 × 122
don de l'artiste, 1949
AM 2925 P

— ici le monde « interdit », mystérieux, des tâches paysannes vi-tebskoises dont le souvenir le hante à Paris —, Chagall aboutit rapidement à la « révélation » d'un symbole mystique, celui de la nourriture céleste, dont des clés d'interprétation ont pu être trouvées aussi bien dans la mythologie ancienne (H. Demisch, *Vision und mythos in der modernenen Kunst,* Stuttgart, 1959) que dans la culture hassidique ou encore dans le cadre d'une « lecture » psychanalytique. Étrange et complexe image nocturne, en effet, témoin exemplaire de la maîtrise des moyens picturaux dont dispose Chagall dès 1911, témoin précoce aussi de ce qui pourra être considéré comme le fondement même de la philosophie mystique chagallienne : le sentiment de l'ambivalence de toute chose, la certitude d'une unité « surnaturelle ». On pourrait ici décrire à l'envi cet échange complexe, parfaitement contrôlé, des forces opposées et simultanées qui animent la toile. Dans un espace noir balayé de rayons de couleurs incandescentes, flottent des silhouettes fantomatiques évidées de toute coloration, presque blanches : image négative d'une réalité perdue, positive d'une surréalité conquise. A la forte construction géométrique en diagonales, héritage du cubisme, s'oppose la schématisation « primitiviste » des figures tirées de l'imagerie populaire russe. A l'éclatement humoristique des éléments d'importance plastique équivalente (animal = être humain, queue = tête, seau = coupole, etc.) se superpose, enfin, l'unité grave et poétique de l'image, métaphore de la présence divine.

Parfaitement significative de la quête solitaire du peintre en 1911, qui se libère de l'avant-garde parisienne et invoque ses racines russes, *A la Russie, aux ânes et aux autres* a été choisie précisément en « citation » par Chagall dans son célèbre *Autoportrait aux sept doigts* de 1912

(Amsterdam, Stedelijk Museum) pour exprimer sa marginalité : c'est dire l'importance emblématique qu'il accordait à cette toile, qu'il choisit par ailleurs d'envoyer au Salon des Indépendants de 1912, avec deux autres œuvres majeures, *Le Saoul* et *Dédié à ma fiancée.* On connaît la fortune (souvent sujette à déviation) qu'elle connut par la suite : sur l'intervention d'Apollinaire, elle est présentée à Berlin au 1er Salon d'Automne allemand, galerie Der Sturm, en 1914; saluée par Breton, elle apparaîtra au premier plan dans l'exposition *First Papers of Surrealism* de New York en 1942; les rétrospectives Chagall, organisées en 1941 à la Pierre Matisse Gallery, puis en 1946 au Museum of Modern Art et en 1947 au Musée national d'art moderne, la consacreront, avant son entrée dans la collection, comme une des œuvres les plus riches et les plus accomplies des débuts du peintre.

☐ *Le Marchand de journaux,* 1914

De retour à Vitebsk en 1914, Chagall renoue brutalement avec la réalité russe. *Le Marchand de journaux* se rattache à l'importante série (études au crayon, gouaches, huiles) des scènes de rue et des vieillards juifs, traités avec un naturalisme quasi documentaire dans le cadre désormais familier *(Au-dessus de Vitebsk)* des maisonnettes en bois et des coupoles de la ville. Mais ici son intention est, semble-t-il, de livrer un message d'ordre général. Si l'on se réfère au dessin préparatoire (Meyer, p. 25) certainement exécuté d'après nature, on constate que la particularité et l'animation des traits du marchand ont disparu dans l'huile définitive au profit d'un masque figé, vidé de toute vie; de même, la référence précise du journal à la situation de guerre (« Voina », en russe) est remplacée par cette construction quasi cubiste d'un portefaix au générique inscrit en caractères cyril-

Le Marchand de journaux, 1914
huile sur carton
98 × 78,5
don de Mme Ida Chagall avec réserve d'usufruit, 1983
AM 1984-121

Les Portes du cimetière, 1917
huile sur toile
87 × 68,5
don de Mme Ida Chagall avec réserve d'usufruit, 1983
AM 1984-123

124

liques, à la fois anonyme *(Gazetta)* et allusif aux beaux-arts. Par ailleurs, la puissance plastique et l'éclat des couleurs qui caractérisent la série des *Juif en vert, Juif en rose* ou *Juif en rouge* de 1914-1915, sont ici absents : les tons assourdis, sombres — le rouge sang du ciel, le vert des églises — semblent en quelque sorte repoussés par l'envahissant blanc-gris-de-papier de la silhouette fantomatique du vieillard. Il s'agit donc, au-delà du constat d'une réalité dramatique (celle de l'état de guerre, celle de la condition du juif russe), d'une véritable peinture allégorique de la fatalité du Destin, véhicule éternel de ruine et de souffrance. On pourra voir ici l'expression de la volonté de Chagall de retourner à « la simplicité et l'éternité » de la réalité, à son contenu solennel et mystique, au moment même où Carrà, en 1915, prônait le retour à la grande tradition et à la leçon de Giotto (Chagall dresse, d'ailleurs, dans le *Juif en rouge* de 1914, la liste de ses maîtres, où figurent Fouquet, Cimabue, Le Greco et Giotto, précisément).

☐ *Les Portes du cimetière,* 1917

La Révolution, les derniers événéments d'octobre, accueillis avec enthousiasme par Chagall, apportaient à la communauté juive un immense espoir : celui de la libération, puisque les Juifs devenaient dès lors citoyens libres. Avec la puissance plastique et l'exubérance des couleurs qui font vibrer les œuvres de l'année 1917, comme *Vitebsk vue du Mont Zadunov, Bella au col blanc, Le Portail rouge,* Chagall dresse dans cette peinture accomplie un véritable « monument à la gloire de la Présence divine », pour reprendre les termes de F. Meyer. Le message de Résurrection tiré d'Ezéchiel (XXXVII 12-14), inscrit à l'initiative du peintre sur les portes ouvertes du cimetière, entraîne toute la composition : il s'établit une subtile cor-

Double Portrait au verre de vin, 1917
huile sur toile
233 × 136
don de l'artiste, 1949
AM 2774 P

Paysage cubiste, [1919]
huile sur toile
100 × 59
don de Mme Ida Chagall avec réserve d'usufruit, 1983
AM 1984-124

respondance entre les tracés des caractères hébraïques et le découpage — de résonance plus rayonniste que cubiste — de la surface picturale en plans géométriques triangulaires; amplifiés encore par la sonorité éclatante des verts et des bleus, ceux-ci deviennent éléments actifs, rayons incandescents faisant pivoter l'espace autour des piliers centraux, allumant l'arbre touffu et verdoyant de Vitebsk, arbre de vie et emblème de liberté. Ainsi, comme il est fréquent chez Chagall, le parti formel de l'image non seulement intensifie le thème, mais devient symbole en lui-même, métaphore de l'étoile de David placée au centre, et sujet même du tableau.

□ *Double Portrait au verre de vin*, 1917
L'union avec Bella, qu'il épouse en 1915, devient en cette année 1917, en tous points euphorique pour Chagall, un thème d'inspiration particulièrement riche, où sa poétique personnelle, à la fois sensuelle et mystique, trouve peut-être son expression la plus immédiatement lyrique. A côté de la série intimiste, quasi séraphique, des *Amoureux en gris* (MNAM, don Ida Chagall, 1984) et des *Amoureux en vert* où le couple hermaphrodite se referme sur lui-même, formant l'image sublimée, éternelle, de deux effigies au profil de médaille — thématique religieuse qui trouve peut-être son aboutissement monumental dans l'image de madone de *Bella au col blanc,* également de 1917 —, la série éclatante des grandes peintures qui entourent le *Double Portrait au verre de vin :* Au-dessus de la ville (Moscou, galerie Tretiakov), *La Promenade* (Leningrad, Musée d'État russe), apparaît, au contraire, comme la représentation toute dyonisiaque du pouvoir terrestre et surnaturel de l'amour, un hymne triomphal à la vie : le couple des mariés, blanc, rouge, vert, éclatant comme une banderole, vole au-dessus d'une Vitebsk sombre et endormie, allume d'un mouvement tournoyant le ciel qui s'embrase, défie avec humour les lois de la pesanteur et du temps. Et l'ivresse toute sensuelle qui anime ces véritables acrobates de cirque (annonçant par leurs arabesques les premières études pour le Théâtre Kamerny de 1918-1919) semble à peine dissipée par la présence céleste de l'ange d'annonciation qui les bénit et qui, si l'on examine l'esquisse préparatoire (datée à tort 1922, cf. cat. MNAM 1984, n° 45), est une adjonction finale. L'existence de cette esquisse, comme celle de deux études de portraits naturalistes de Bella et du peintre (Meyer, n° 277 et 278), dit bien l'attention portée par Chagall à l'élaboration plastique et thématique de cette toile importante, qui devait garder par la suite à ses yeux toute sa valeur emblématique : restée jusqu'en 1947 (trois ans après la mort de Bella) sa propriété personnelle — accrochée sur les murs à côté de *Bella au col blanc* —, elle fut envoyée à deux reprises en 1924 et 1926 au Salon des Tuileries, puis en 1937 à l'Exposition des Maîtres de l'art indépendant du Petit Palais, enfin, en 1941 à la Pierre Matisse Gallery de New York, avant de rejoindre la collection du Musée en 1947.

□ *Paysage cubiste,* [1919]
Très particulière, cette toile évoquerait, avec humour et à plus d'un titre, la confrontation de Chagall avec l'avant-garde russe et, plus précisément, ses démêlés avec Lissitzky et surtout Malevitch. Tout d'abord les faits, qui ont autorisé F. Meyer à dater cette peinture de 1919 : directeur depuis 1919 de l'Académie des Beaux-Arts de Vitebsk qu'il avait créée, Chagall, on le sait, y fait venir en août, sur les conseils de Lissitzky, Malevitch auquel il s'oppose rapidement, hostile au suprématisme; au retour d'une de ses absences, il retrouve la pancarte « Académie libre », qui dominait le portail d'entrée de l'école, remplacée par la banderole « Académie Suprématiste ». On connaît la suite : en 1920, il donne sa démission et en mai gagne Moscou. Ainsi, sur cette toile, apparaîtrait au travers d'un agencement

savant de formes « cubistes » — paraphrase ironique des œuvres cubo-futuristes de Malevitch (plans géométriques, semi-circulaires, distribués autour d'un axe vertical, utilisation du faux-bois, du faux-collage, effets de matière...) — le bâtiment austère de cette académie « suprématiste » aux noires croisées de fenêtres et devant le portail duquel un homme sous un parapluie monte la garde tandis qu'une chèvre (symbole juif largement utilisé par Chagall à cette date) conduite par un homme semble s'écarter. Le clin d'œil, le sourire ironique de Chagall sont là au premier plan, transformant cette composition appuyée et allusive en un pur jeu de formes aux couleurs lumineuses, légères et tendres, égayé par cette autre banderole où courent, librement en tous caractères, les lettres de son nom : on pourrait voir ici, avec F. Meyer, l'expression de l'autorité ailée, supérieure de Chagall — qui fait tout le charme humoristique d'un dessin comme le célèbre *Chagall* de 1918 (coll. de l'artiste) —, son triomphe sur l'esprit lourd, « réaliste », du suprématisme.
A bien des égards, cette toile peut être considérée comme un jalon intermédiaire, sur le plan formel comme sur le plan thématique, entre le *Portail rouge* de 1917 (Stuttgart, Staatgalerie) où la chèvre placée devant un portail identique traduit l'espérance passée, et la *Composition avec la chèvre,* signée de 1917 mais datée 1920-1922 (coll. F. Meyer), dans laquelle Chagall exprime encore plus ouvertement la distance prise par rapport aux spéculations théoriques (sur les problèmes de construction et de texture essentiellement) qui agitaient alors l'avant-garde, distance qui le mènera aux jeux formels de ses décors pour le Théâtre d'Art juif de Moscou.

L'Ame de la ville, 1945
huile sur toile
107 × 82
don de l'artiste, 1949
AM 2923 P

126

☐ *L'Ame de la ville,* 1945

Echo, en contrepoint, au triomphal *Autoportrait aux sept doigts* de 1912-1913, où le peintre, sûr de ses moyens, tenait une palette constellée de couleurs, cette austère et sombre toile est bien plus que l'évocation de Bella récemment disparue : Chagall, en s'y figurant muni d'une palette monochrome en train d'exécuter une Crucifixion dont la tonalité grise s'étend à l'espace tout entier, semble, en effet, désigner son impuissance de peintre. Avec Bella morte — dont l'apparition lumineuse, telle une flamme sinueuse et vacillante s'échappant des chandelles, ne réussit à éclairer d'une lueur colorée que la draperie rouge de l'autel de la Loi, le traîneau bleu volant au-dessus de Vitebsk et la face verte du double visage du peintre — ce sont la vie, la joie, la couleur, le pouvoir de peindre qui menacent de disparaître. L'évocation de la Crucifixion, image symbolique de la souffrance du peuple juif déjà magistralement déployée dans la *Crucifixion blanche* de 1938 (Chicago, Art Institute), renvoie également à sa propre douleur et à son désarroi présent : dédoublé, partagé entre l'attrait des forces vitales, terrestres et spirituelles, et l'interrogation angoissée du sacrifice humain dominant, tiraillé entre la vie et la mort, il forme lui-même une croix vivante, orientée, comme le Christ en croix, en direction des Tables de la Loi qui commandent toutes les diagonales rayonnantes de la composition.

☐ *La Chute d'Icare,* 1974-1977

Lié au thème d'*Orphée,* également repris en 1977, le mythe de la *Chute d'Icare* — l'envol toujours brisé de l'homme-oiseau (le peintre ?) vers la lumière, l'impossibilité de transgression de l'interdit — apporte sa dimension universelle au thème de la *Chute de l'ange,* terminé en 1947. A la fin de sa vie, Chagall maintient son exigence de message, réaffirme l'éternité du mythe — pour lui symbole de l'humanisme le plus profond — avec gravité et toujours avec humour : le héros est précipité dans une cabriole clownesque, prêt à s'écraser sur la place d'un village animé et familier. A l'ampleur et à l'universalité du message répondent l'unité, la dimension cosmique de l'espace pictural. Commandé par le tourbillon des plumes centrales (mû lui-même par le disque solaire), un grand vide, blanc en haut et rougeoyant en bas, est déployé au centre de la toile, faisant s'amasser et basculer sur les côtés les éléments figuratifs, noyés dans une masse sombre. La vibration de la matière picturale concourt à l'impression de vertige : la texture, fluide et nacrée, des blanc-gris-jaunes, celle, plus fragmentée, des rouges possèdent l'énergie lumineuse de plans de mosaïque. Si l'on pense à Titien, vers lequel Chagall se tourne à la fin de sa vie, on ne peut ne pas voir ici une formidable affirmation de peinture et peut-être une leçon pour la génération des années 80.

A.L.B.

La Chute d'Icare, 1974-1977
huile sur toile
213 × 198
achat 1978
AM 1978-733

Gaston Chaissac
1910-1964

Tout autant que son œuvre peint, les écrits de Chaissac, notamment son ouvrage majeur *Hippobosque au bocage*, et sa correspondance abondante où souvent l'écrit forme l'image (cf. *Lettre à Jean Cassou*, 1949, et *Lettres à Iris Clert*, 1960-1964, archives du MNAM) éclairent la personnalité étonnante de ce « dandy populaire » salué par Benjamin Péret. Natif d'Avallon, issu d'une modeste famille d'artisans, il tâte de plusieurs métiers avant de s'établir cordonnier à Paris en 1934. La rencontre en 1937 d'Otto Freundlich et de Jeanne Kosnik-Kloss est décisive : ils lui font découvrir l'art abstrait et l'encouragent à dessiner. Le thème, consubstantiel à son œuvre, de « l'idée première ensevelie sous les dogmes » se constitue dès 1938 (année de sa première exposition personnelle à la galerie Gerbo) dans des gouaches et des encres, à partir du motif de la « bête », forme monstrueuse faite d'écailles hachurées, cloisonnées, d'où plus tard surgiront des visages. Il ne travaille l'huile qu'à partir de 1942-1943. En 1945, son envoi au Salon des Indépendants est remarqué par J. Dubuffet (qui préfacera l'exposition de la galerie Arc-en-Ciel en 1947), R. Queneau et J. Paulhan. Ce dernier ouvre en 1954 les colonnes de la NRF à ses « Chroniques de l'oie », envoyées du fond de la Vendée où Chaissac s'est fixé depuis 1942 et qu'il ne quittera plus jusqu'à sa mort. Bien que présent à la mémorable exposition *L'art brut préféré aux arts culturels* (galerie Drouin, octobre-novembre 1949), il se tient à l'écart de la Compagnie de l'Art Brut créée par Dubuffet en juin 1948 et c'est dans un isolement presque total qu'il bâtit patiemment son' œuvre. « Assemblés à la diable », vieux papiers, souches d'arbres, pierres, vanneries, tôles, débris de vaisselle, racines, empreintes de détritus, lézardes de murs... tous ces matériaux humbles et dérisoires sont métamorphosés, sublimés par ce bricoleur-poète, imposant une œuvre qu'il qualifiait lui-même de « rustique moderne ».

G. Chaissac, *Hippobosque au bocage*, Paris, Gallimard, 1951; B. Péret, « L'homme du point du jour », 1958, in G. Ehrmann, *Les inspirés et leurs demeures*, Paris, éd. du Temps, 1962; J. Dubuffet, *Prospectus et tous écrits suivants*, t. 1 et 2, Paris, Gallimard, 1967; H.C. Cousseau, *L'œuvre graphique de G. Chaissac*, Paris, J. Damase, 1981; cat. *Gaston Chaissac*, MNAM, Centre G. Pompidou, 1973; Les Sables d'Olonne, Musée de l'Abbaye Sainte-Croix, 1978.

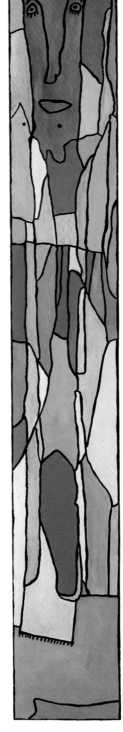

□ *Composition,* [1947-1948]
Exécutée à Boulogne, cette grande huile sur bois, qui fut un des points de mire de l'exposition *Paris-Paris* présentée au Musée en 1981, a appartenu à André Bloc, fondateur de la revue *Art d'Aujourd'hui* et un des premiers et des plus fidèles soutiens de Chaissac (cf. *Art d'Aujourd'hui*, n° 47, oct. 1964). Sur un fond clair et rustique surgissent des formes abstraites, cellules gonflées de couleurs chaudes et transparentes, comme suspendues dans l'espace. La nervure à la fois frêle et vigoureuse des cernes relie entre eux les motifs embryonnaires, les ordonne en signes mimétiques suggérant un visage, un pied, une coiffure, un sourire. Refusant la représentation, le cerne s'affole, se fait griffure, patte de mouche, pur idéogramme s'insinuant dans les aplats sonores, ponctuant l'espace de ses arabesques malicieuses et déliées. Est-ce le tendre rictus, la cocasse faluche ou encore cet œil unique qui nous fixe, qui rend cette fleur sauvage et absurde si émouvante dans sa maladresse feinte ? La forme n'est pas encore figée dans l'imbrication forcenée des aplats cloisonnés, dans l'exacerbation du cernage (« je me pensais... charpentier-couvreur comparant mon dessin à de la charpente et la couleur à de la couverture »), qui caractériseront ses grands « totems ». De ceux-ci le Musée possède trois exemples : *Maxime aux bas verts,* probablement exécuté en 1961 à Vix, *Totem double face,* 1961, peut-être un autoportrait, exposé par Iris Clert dans son camion-galerie ambulant avant d'être acquis par l'État en 1978, et, enfin, *Totem,* 1964, une de ses ultimes réalisations, peint sur un fragment de souche et acheté par le Musée en 1968. Évoquant par le foisonnement des formes le monde ludique de

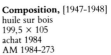

Composition, [1947-1948]
huile sur bois
199,5 × 105
achat 1984
AM 1984-273

Maxime aux bas verts, [1961]
huile sur isorel
305 × 45
don de Mme Camille Chaissac, 1973
AM 1974-1

Serge Charchoune
1888-1975

Charchoune traverse en solitaire les grandes aventures picturales de la première moitié de ce siècle. Le cubisme et le dadaïsme sont les deux pôles de son art qui se veut essentiellement ornemental. Le cubisme, qu'il découvre à Moscou en 1909 au contact de l'avant-garde russe et qu'il pratique à Paris dès 1912 auprès de Metzinger et de Le Fauconnier, l'amène à réaliser des natures mortes — un de ses thèmes privilégiés — dont l'esprit à la fois rigoureux et décoratif s'épanouit logiquement en 1927 au sein du purisme. L'influence cathartique du purisme suscite alors des compositions de plus en plus dépouillées et abstraites, allant jusqu'à la monochromie. La résurgence permanente du dadaïsme (*Bibi*, 1921, et *La Fortune danseuse*, v. 1923, MNAM) témoigne bien de la quête permanente d'une œuvre qui s'est attachée, par ruptures successives, souvent déconcertantes, à se faire le témoin d'un sentiment mystique de la vie.

Cnacarchives, n° 18, Paris, 1971; R. Creuze, *S. Charchoune*, t. I et II, Paris, R. Creuze, 1975-1976.

A la *Nature morte à la cruche*, v. 1947, achetée par l'État en 1949, et au *Concerto pour piano n° 4 de Beethoven*, donné par l'artiste en 1971, est venu se joindre en 1976 le legs de l'artiste : quinze peintures récapitulant toute sa production, ainsi qu'une trentaine d'autoportraits dessinés entre 1944 et 1960.

☐ *Concerto pour piano n° 4 de Beethoven*, 1960
Cette peinture résume parfaitement l'œuvre de Charchoune, dont la musique est la source d'inspiration majeure. Au retour d'un concert « il ne résistait pas à cracher sur la toile ses impressions musicales ». Il réalisera ainsi, de 1942 jusqu'à sa mort, des « hommages » aux instruments et aux compositeurs de musique, transpositions plastiques souvent abstraites, parfois monochromes, des rythmes et des sons perçus. Les émotions suscitées par Beethoven, son « chef d'orchestre », engendrent une architecture raffinée par ses camaïeux de gris et de blancs lumineux ordonnés en touches longues, hautes en relief, affrontées à des empâtements frémissants qui traduisent les vibrations tonales. L'œuvre tout entière est emportée par le mouvement puissant des arabesques enchevêtrées — signe plastique récurrent dans son art — qui traverse la toile de part en part comme ces masses liquides dont il aime également transcrire le flux, la passion de l'eau se confondant chez lui avec celle de la musique. L'artiste parvient par le biais de cette ligne expressive, véritable transmutation graphique des structures sonores, à évoquer un espace ductile et sensible, métaphore éclatante de l'œuvre de Beethoven.   B.L.

l'*Hourloupe* de Dubuffet, les totems sont entrepris à partir de 1954 en sa retraite vendéenne de Sainte-Florence-de-l'Oie. Puzzles monumentaux d'où émergent des visages porteurs d'une vie intense, ces idoles modernes semblent douées d'une puissance hallucinatoire.

☐ *Personnage*, 1961-1962
C'est encore un visage qui sourd, comme étonné, de ce collage de papiers peints composé à Vix. Échos délicats et raffinés de son interrogation de la matière, les collages apparaissent dès 1953 sous forme de papiers découpés ou déchirés, collés sur du papier d'emballage, du papier magazine ou du carton. La manipulation des papiers de tapisserie, cernés d'encre de Chine avec des rehauts de gouache, ne commence qu'en 1959 pour se poursuivre jusqu'à sa fin. Le collage résume l'essence de son art : le goût des matières triviales, la prodigieuse liberté d'invention engendrant des formes aléatoires, la science de coloriste, qui lui permettent d'interroger, à la lumière de Klee et de Picasso, le visage humain; des signes abstraits qui se métamorphosent sournoisement en regards, en visages, aux véritables portraits, individualisés, de ses semblables, ce sont toujours des portraits-miroirs : « C'est lui-même la plupart du temps qui nous regarde » (Cousseau). Ils témoignent d'une investigation constante et passionnée de la morphologie du visage et du corps, quête célébrée par J. Dubuffet : « Qu'est-ce qu'il va nous servir ? Rien que du plus trivial... C'est cela son matériel, à partir de quoi il va faire résonner des échos si bizarres, faire s'élever un vent inconnu, un vent qui n'est qu'à lui, passablement sifflant et glacé il faut le dire, mais magique, oh, oui, très magique » (NRF, n° 11, nov. 1953).   B.L.

Personnage, 1961-1962
collage de papiers peints et rehauts de gouache
sur papier marouflé sur toile
102 × 69,5
achat de l'État 1968, attr. 1970
AM 4570 P

Concerto pour piano n° 4 de Beethoven, 1960
huile sur toile
97 × 195
don de l'artiste, 1971
AM 1971-163

Jean-Gabriel Chauvin
1889-1976

Jean-Gabriel Chauvin, dit aussi Jean Chauvin, est né à Rochefort-sur-Mer. Sa vie est mal connue, principalement en raison de son caractère difficile qui le poussa à s'isoler et à fuir la publicité. Christian Zervos, qui lui consacre une monographie en 1960, le décrit comme un homme « aimant le monde, lui tendant toute sa pensée et ses mains », mais dont la « quête de contacts avec ses semblables se brise en dedans de lui-même ». D'où de nombreuses incertitudes concernant sa biographie et de fréquentes erreurs commises dans son état-civil, Chauvin figurant dans plusieurs catalogues et dictionnaires sous les prénoms erronés de Louis ou de Pierre.

Il semble que Chauvin ait fait son apprentissage avec Joseph Bernard dont il aurait été le praticien jusqu'en 1914, partageant sa vie à partir de 1908 entre sa Charente natale et Paris. Il expose à partir de 1920 au Salon d'Automne et à celui des Indépendants. C'est en 1928 qu'il connaît sa première exposition particulière, à Paris. Par la suite son œuvre sera plusieurs fois présentée à la galerie Jeanne Bucher (1936, 1941, 1947, 1951). La galerie Maeght en 1949 et la Biennale de Venise en 1962 lui consacrent des expositions importantes qui ne parviennent pas à faire sortir son œuvre de l'ombre, et Chauvin est périodiquement redécouvert.

Lorsque Chauvin meurt en 1976, il lègue à l'État son fonds d'atelier, soit 160 projets de sculptures en plâtre ou plastiline. Les 12 pièces achevées appartenant également au Musée proviennent essentiellement d'achats de l'État effectués dans les années 1940, au moment où Chauvin connaît une certaine notoriété, et de l'exécution du legs de l'artiste en 1982, accompagnée de dons des héritiers. L'*Incantation maternelle* fut, elle, acquise par l'État en 1962, l'année de l'hommage à la Biennale de Venise. L'ensemble réuni au Musée illustre bien les deux directions complémentaires de l'œuvre de Chauvin, tel qu'il se développe à partir de 1920, après une courte période de figuration géométrique issue du cubisme (*Maternité,* 1913, *L'Essor,* 1915, non localisé). D'une part, Chauvin élabore, l'un des premiers, une sculpture abstraite à la surface polie, décrivant des lignes pures aux rondeurs sensuelles (*En un soir chaud d'automne, Sphinx accroupi,* n.d.) en constituant des assemblages architecturés de volumes géométriques imbriqués où la courbe vient toutefois tempérer la ligne droite (*Puissant et solitaire,* 1939, *Narcisse,* v. 1940). Pour ce type de création, ses matériaux de prédilection sont la pierre et, surtout, le bois qu'il utilise régulièrement à partir de 1913, ayant recours à des essences variées, souvent précieuses (*Le Tombeau d'Eve,* 1935). D'autre part, dans le même temps, Chauvin conçoit des sculptures où il laisse plus libre cours à son lyrisme, par l'animation des lignes et de la surface et l'adoption de formes complexes (*Don Juan,* 1945), sans toutefois se départir de la rigueur de construction qui le caractérise. A ce corps d'œuvres, le plus souvent en bronze, se rattachent des dessins (le Musée en possède six) et l'essentiel des projets en plâtre légués. La principale lacune des collections réside dans l'absence des architectures fantastiques que Chauvin conçoit après 1950, sortes de maquettes où le vocabulaire architectural traditionnel se mêle à son imaginaire personnel.

C. Zervos, *Chauvin,* Paris, Cahiers d'Art, 1960; cat. *Chauvin, sculptures de 1913 à 1966,* Paris, gal. L'Enseignement du Cerceau, 1974.

□ *Incantation maternelle,* [1947]

L'expression de la force vitale qui anime l'univers est au centre de l'œuvre de Chauvin. Celle-ci en lui conférant une dimension poétique (renforcée par le choix même des titres) reflète la réalité du monde : la symétrie et le géométrique — ce qui est mesurable — y sont mêlés à l'incontrôlable, à l'organique, à la vie. Ainsi l'*Incantation maternelle* joint à une base symétrique, qui n'est pas sans rappeler le *Sphinx accroupi* (MNAM), un développement de forme plus organique. Une des manifestations essentielles de la pulsion vitale est le désir sexuel, et l'œuvre de Chauvin frémit d'un élan sensuel qui prend parfois la forme très explicite de phallus en érection (*Jouissance ou Germinal,* ou nombre de projets en plâtre appartenant au Musée).

Comme l'*Incantation maternelle,* la plupart des sculptures de Chauvin sont verticales, avec une base mince d'où se déploie l'œuvre, qui semble bourgeonner, comme croissant de l'intérieur. L'attache au sol est fortement marquée par un socle très présent, partie intégrante de la composition, qui figure déjà au stade de l'esquisse en plâtre. La datation des œuvres de Chauvin est rendue difficile par la constance avec laquelle il travailla certaines formes à partir de 1930 et jusqu'à sa mort. L'*Incantation maternelle* a pu être datée grâce à la publication par Zervos du modèle en plâtre de l'œuvre. Le tirage en bronze doré appartenant au Musée, numéroté 0, ne présente pas de marque de fondeur, mais un autre exemplaire, connu par une photographie et qui semble n'être pas doré, porte la marque : *E. Godard Fond*[r]. v.w.

Incantation maternelle, [1947]
bronze doré (exemplaire n° 0) et socle de marbre noir
47 × 24,5 × 18
achat de l'État et attr. 1962
AM 1341 S

Table empaquetée, 1961
table recouverte d'objets empaquetés et ficelés
dans du velours rose et de la toile de sac
134,5 × 43,5 × 44,5
achat 1982
AM 1982-323

Christo
1935

Christo Javacheff est né en Bulgarie. Il fait ses études à l'Académie des Beaux-Arts de Sofia et de Vienne. A partir de 1958, année où il vient à Paris, il réalise ses premiers *Empaquetages* et *Objets empaquetés*. On serait tenté d'y reconnaître la méthode que Man Ray avait employée pour confectionner en 1920 *L'énigme d'Isidore Ducasse* si Christo n'avait, aussitôt, esquissé ce qui sera désormais l'ambition de son œuvre : une réalisation à l'échelle monumentale où la démesure se confond avec l'utopie. Les premiers projets monumentaux datent de 1961, année où il réalise un empilement de barils et des empaquetages dans les docks du port de Cologne avant d'ériger en 1962 rue Visconti, à Paris, un « mur » de 204 barils d'essence qu'il appellera ainsi en signe de protestation contre l'édification du Mur de Berlin l'année précédente. Dès lors, confrontée à l'impossible et à l'irréalisable, l'œuvre de Christo va s'attacher à métamorphoser le lieu réel, qu'il soit la nature ou l'architecture, pour bâtir, dans sa poétique, une réflexion qui, par son acharnement à se concrétiser, fera figure d'obsession.

Le *5 600 Cubicmeter Package* (Empaquetage de 5 600 mètres cubes d'air) de la Documenta IV de Kassel en 1968, jouant avec l'apesanteur tout comme un dirigeable, la *Wrapped Coast* (Côte empaquetée) en Australie en 1969, où pour la première fois — avant l'*Empaquetage du Pont-Neuf* en septembre 1985 à Paris — l'œuvre s'abîmait dans l'eau, *The Valley Curtain* (Le Rideau dans la vallée) dans le Colorado entre 1970 et 1972, mur orange semblable à un barrage de tissu entre deux collines, ainsi que *The Running Fence* (La Clôture en fuite) en Californie entre 1972 et 1976 et *The Surrounded Islands* (Les Iles entourées) de toile rose de la baie de Biscayne dans la région de Miami, entre 1980 et 1983, sont autant de projets pouvant tout à la fois apparaître comme une proposition possible de ce que l'on a désigné comme le *Land Art* et une intervention qui, parce qu'éphémère bien que soumise à son accomplissement, travaille pour le théâtre et sa mise en scène. Si les premiers objets empaquetés de Christo étaient en quelque sorte la négation de l'objet même pour édifier l'œuvre comme une métaphore du secret, les réalisations démesurées de l'artiste apparaissent, au contraire, comme un dévoilement de l'espace qu'elles révèlent.

D. Bourdon, *Christo,* New York, Harry N. Abrams, 1976.

☐ *Table empaquetée,* 1961
Elle est, avec le *Projet de devanture* de 1964, qui se trouve également dans la collection du Musée depuis 1971, préfiguration des travaux sur l'architecture et l'une des œuvres importantes de l'artiste. Sur une petite table ronde sont empilés des objets qui disparaissent sous le drap de toile écrue qui les recouvre, ficelés comme chacun des travaux de Christo dont la logique première réside d'abord dans l'abolition de toute fonction discernable de l'objet autre que celle qu'engendre le doute né du dialogue du visible avec le caché. Parce qu'ils deviennent silhouettes, les objets, tenant de l'art du camouflage par cette « appropriation du réel » qu'évoque le critique Pierre Restany, édifient une sorte de « Gestalt » où le langage sculptural né de ce détournement préside à la déconvenue. Aussi le dévoilement de la sculpture réside-t-il dans le paradoxe du masquage de l'objet, dans sa présence sous-jacente rappelant le mystère qu'évoque Frenhofer, héros du « chef-d'œuvre inconnu ».   B.B.

Robert Combas
1957

Robert Combas, quand on l'interroge, ne manque pas d'évoquer les origines de son art. Il se fait son propre hagiographe. Né à Lyon, c'est à Sète qu'il passe son enfance. Ses premières sources d'inspiration sont les caricatures du *Canard enchaîné* qu'il plagie avec une conviction subversive dans les marges de ses cahiers d'écolier. Il entre tôt à l'École des Beaux-Arts et connaît à sa sortie un succès immédiat et spectaculaire. Un an plus tard (1981-1982), il défraie la chronique artistique française. Combas, Hervé Di Rosa, François Boisrond et Rémi Blanchard font des tableaux dont la brutalité et la naïveté contrastent avec le byzantinisme dans lequel se sont empêtrés les mouvements artistiques à la fin des années 70. Ils se moquent des théories et ne peignent que pour le plaisir de raconter des histoires amusantes ou ridicules et de créer des personnages et sont même étonnés que l'on s'intéresse à eux, d'être considérés comme la manifestation locale d'une réaction généralisée, la seule à ce moment, la plus évidente du moins. On aura vite fait de tracer de solides réseaux d'influences, de pointer les paternités. D'abord timidement : les graffiti du métro new-yorkais pour Di Rosa, la punk-graphique et le rock d'une manière générale, la b.d. américaine du *Marvel Comics* à Bill Griffith. Puis sans vergogne, Dubuffet, Chaissac, voire une certaine tradition française dont Combas serait parmi eux le seul héritier.

L'Histoire de l'art privilégie les références qu'elle aura homologuées et ceux chez qui elle saura les inventer. La Figuration Libre en s'installant dans l'actualité artistique — en inscrivant son nom sur l'Histoire — doit payer son tribut. C'est pourquoi il lui faut moins affirmer ce qu'elle est, ce qu'elle fut au commencement — un bégaiement joyeux, un peu ironique qui, à force de ne pas chercher, pouvait bien être sur le point de trouver — que donner l'assurance de ses antécédents. Ce tribut, elle le paya, et ce fut Combas; aujourd'hui retenu dans ce rôle plus encore que ses (anciens) camarades. Incontestablement doué et comme imperméable à tout ce qui n'est pas son imagerie : Ketty, Sète, ses objets favoris, son environnement premier (mais leurs représentations plutôt qu'eux-mêmes, il les farde de toutes les grimaces et les cerne de tous les gnômes, de tous les désirs qu'il aura su évoquer.

Combas depuis longtemps dessine, il paraît produire beaucoup. Cela étonne, puis semble nécessaire, puis important, et finalement le devient. On ne peut nier tant d'efforts. Alors qu'il est peut-être difficile d'estimer le résultat autrement qu'avec des chiffres; on compte les toiles, on en mesure la densité, on recense les expositions en France et à l'étranger qui en sont la preuve : le nombre partout est élevé. Quant à la qualité, personne n'a besoin qu'on lui explique en quoi ces tableaux s'apparentent à l'Art brut (il suffit de lire les titres). Mais personne ne voudra croire que la démonstration est ainsi faite, il vaudrait mieux dire comment les tableaux de Combas n'en sont pas. Voilà bien ce qu'il faut essayer de comprendre. Leur qualité sera alors évidente, peut-être.

Le bébête à « Roujeole », 1984, où pas un endroit n'est formellement vide; le commentaire de la scène étant si totalement intégré qu'il est le maillot de corps d'un des personnages; ou cette scène de bataille peinte sur carton d'emballage avec ses soldats accumulés; le héros zoomorphe du *Lambert Pépère,* 1983; ou le caractère naïf de ses dessins, l'ensemble figurant dans la collection du Musée. Autant de trouvailles dont Combas fut l'inventeur. L'incongru et l'exagération y sont la règle, comme dans la satire sociale et les causeries de Marius à l'apéritif.

F.H.

Cat. *Combas 84,* Marseille, ARCA, 1984; cat. *Robert Combas, rétrospective,* Les Sables d'Olonne, Abbaye Sainte-Croix, *Cahier* n° 50, 1985.

Le bébête à « Roujeole » veut se taper la femme au corp de belle.
Un triangle se monte une pignolle, et le « tueur de Folon » fait des poèmes
sur « tea-shirt » comme les habits de Castelbacouine, 1984
huile sur toile et caoutchouc collé
achat 1985
AM 1985-62

Constant
1920

Constant tente rapidement de se dégager de l'abstraction héritée de De Stijl et de l'influence de Mondrian, dont a lieu la première rétrospective en 1946 à Amsterdam. Cette même année, au cours d'un voyage à Paris, il est saisi par l'œuvre de Miró, fait la connaissance d'Asger Jorn : rencontres décisives qui l'orientent vers une peinture ludique où veulent être retrouvées la spontanéité, la véracité du comportement enfantin; premières peintures d'animaux familiers. En 1948, il se lie avec Corneille et Appel, à la recherche comme lui des voies d'une « libération » totale, et fonde avec eux le Groupe Expérimental Hollandais dont il élabore le manifeste paru dans le n° 1 de *Reflex*, leur revue; y sont pris les partis d'un art populaire, d'un acte créateur qui soit suggestif, vital, naturel, plus important que l'objet créé et, ainsi, celui-là même de l'enfant. Tous trois se joignent tout naturellement à leurs camarades danois et belges pour fonder en nov. 1948 le mouvement Cobra dont ils signent la première déclaration rédigée à Paris par Jorn et Dotremont : « La cause était entendue ». Constant participe activement à l'activité polymorphe de Cobra, à ses expositions — *Høst* à Copenhague (1948 et 1949), *La Fin et les moyens* à Bruxelles (mars 1949), l'*Exposition internationale d'Art expérimental* à Amsterdam (nov. 1949) — et à ses différentes publications; il rédige ainsi le manifeste « C'est notre désir que fait la révolution » *(Cobra,* n° 4), où il affirme l'importance de l'expérimentation comme la condition même de la libération d'un acte créateur révolutionnaire, se situant comme Jorn dans l'axe d'un réalisme matérialiste. Cependant, plus utopiste que ce dernier avec lequel les liens d'amitié se relâchent, il se trouve peu à peu écarté des dernières manifestations du groupe (rencontres de Bregnerød, été 1949, expositions *Cobra* à Paris et à Liège en 1951) et isolé, à Paris, d'Appel et de Corneille : ses peintures, sur le thème de la guerre, se font alors l'écho sombre des souffrances collectives.

A la dissolution de Cobra, en 1951, il regagne, via Londres, Amsterdam et opte pour l'abstraction géométrique. S'éloignant progressivement de la peinture, il publie avec Aldo van Eyck *Pour un colorisme spatial* et réalise des constructions, orientant désormais ses recherches dans la voie d'une nouvelle organisation de l'espace social; en 1956, il participe au Congrès du Mouvement pour un Bauhaus imaginiste, créé sur l'initiative de Jorn, et rejoint Guy Debord, avec lequel il signe la *Déclaration d'Amsterdam,* en adhérant à l'Internationale situationniste. Son mythe personnel de *New Babylon,* conçue comme une ville nomade dans le cadre de la généralisation mondiale du comportement ludique, est l'expression utopiste d'un « urbanisme unitaire ». En 1970, Constant, dont l'influence semble déterminante sur le mouvement « provo » hollandais, retourne à la peinture.

H. van Haaren, *Constant,* Amsterdam, 1967; cat. *Constant, peintures 1940-1982,* La Haye, Gemeentemuseum, 1980.

□ *L'Animal sorcier,* 1949

Unique œuvre de Constant dans les collections, *L'Animal sorcier* illustre parfaitement sa présence au sein de Cobra. Exposée en 1949 à la scandaleuse manifestation d'*Art expérimental Cobra* au Stedelijk Museum d'Amsterdam — pour laquelle Sandberg avait par ailleurs commandé à Constant la *Barricade* monumentale qui ouvrait la manifestation — et à l'exposition *Høst* de Copenhague, reproduite dans le n° 6 de la *Bibliothèque de Cobra* en 1950, elle est, comme *A nous la liberté* de 1949 (Munich, galerie van de Loo), l'aboutissement accompli de sa volonté, affirmée encore par l'exemple de Miró et sa rencontre avec Jorn, de se démarquer radicalement de l'abstraction depuis 1946 et de retrouver un art ludique, populaire, libre de toute esthétique, où resurgirait spontanément l'imaginaire de l'enfance.

Évocation constante de l'animal : le bestiaire fantastique — dont les artistes de Cobra ont hérité le goût en grande partie de Lautréamont et de Jarry — prend ici l'aspect, non pas, comme chez les Danois, de

figures mythologiques issues du patrimoine ethnologique, mais de bêtes familières (oiseaux, chiens, vaches), appartenant à un univers quelque peu monstrueux, à la fois grotesque et inquiétant, innocent et menaçant, qui est celui-là même de l'enfance (Constant fréquentait assidûment le célèbre Zoo Artis d'Amsterdam).

Outre la permanence de certains thèmes — l'échelle, la roue, l'étoile, la lune — la liberté avec laquelle ces formes élémentaires se développent dans l'espace de la toile évoque les œuvres de Miró des années 25 : mêmes signes purs, même poésie suggestive et ludique. Les moyens proprement picturaux en appellent par ailleurs davantage à la maladresse graphique de l'enfant et à son attitude vis-à-vis de la matière : ici des traits largement brossés et lourdement colorés, là des tracés grattés sur un fond uni, tels des graffiti, et dont le brouillage ludique n'est pas sans évoquer ceux de Dubuffet. Le recours à « l'imagination matérielle » — on sait l'influence de Bachelard sur les artistes de Cobra — est, en effet, essentiel pour Constant : il lui permet de retrouver l'authenticité de l'expressivité émotionnelle, un « art qui suggère mais ne précise rien, un art qui éveille et prévoit les associations d'images » *(Reflex,* 1948).   A.L.B.

L'Animal sorcier, 1949
huile sur toile
110 × 85
achat de l'État 1951, attr. 1981
AM 1982-1983

Joseph Cornell
1903-1972

Un certain esprit d'innocence, mais aussi une passion pour l'exploration de l'imaginaire semblent avoir prévalu dans la vie et l'œuvre de Joseph Cornell. Américain d'origine hollandaise, il expose la même année, à la galerie Julien Levy de New York, son premier collage, inspiré de *La Femme 100 Têtes* de Max Ernst. Malgré ce succès immédiat, Cornell restera toujours humble dans sa quête inlassable des éphémères — petits objets qu'il récupère et embellit pour l'élaboration de ses œuvres —, dans ses approches de la nature, du cosmos, des grands mystères de la vie, et même dans sa mise à distance du surréalisme, auquel dès le début on l'associe. Il participe en 1936 à l'exposition *Fantastic Art Dada and Surrealism* au Museum of Modern Art de New York et à l'exposition *Objets surréalistes* à Paris.

Son œuvre, constituée essentiellement de collages, d'assemblages et de boîtes vitrées, les « shadow boxes » (boîtes d'ombres ?), qu'il ne date ni ne titre mais qu'il signe scrupuleusement, exprime, chez cet artiste qui ne voyagea jamais hors des États-Unis, et rarement plus loin que la 42ᵉᵐᵉ rue de Manhattan, une nostalgie pour l'ailleurs, pour la civilisation européenne — française surtout — des 19ᵉ et 20ᵉ siècles. Poète lui-même, il charge ses œuvres des réminiscences de ses lectures des romantiques et symbolistes français, Baudelaire, Nerval, Rimbaud, Mallarmé. Il vivra, bien qu'engagé dans l'avant-garde de son temps, loin du tumulte et des conventions, restant d'une fidélité calviniste à son frère infirme, Robert, à sa religion, la Christian Science, et à sa solitude de célibataire. Par cette intensité, cette rigueur, cette poésie qui émanent de sa propre réalité, Joseph Cornell a fait une œuvre vraie car elle le dépasse, unique bien que marquée par le surréalisme et même par le cubisme de Juan Gris.

Cat. *Joseph Cornell*, portfolio, New York, gal. Leo Castelli, ed. Feigen and Cº, 1976; D. Waldman, *Joseph Cornell*, New York, ed. Braziller, 1977; cat. *Joseph Cornell*, New York, MOMA, ed. McShine, 1980; cat. *Joseph Cornell*, Madrid, Fondation Juan March, 1984.

☐ *Museum*, 1942

Exécuté l'année même où Marcel Duchamp achève le montage de sa *Boîte-en-Valise*, que Cornell connaissait bien, le *Museum* reflète le goût des artistes surréalistes en cette époque de guerre pour les boîtes et les valises. Cornell s'inspire maintes fois de ce thème, pour la *Vie de Louis II de Bavière* notamment (v. 1941-1952). Mais il s'agit plutôt ici de l'un de ces palais du savoir et de la sagesse qui renvoient à son univers personnel, avec un lien indéfectible à l'histoire de la vie, à la

nature, à la France et à sa littérature. Dans une petite boîte orange sont rangés méticuleusement vingt flacons de laboratoire identiques, encapuchonnés de toile bleu nuit, dans lesquels sont conservés des petits objets choisis, comme les mots dans les poèmes de Breton, pour leur pouvoir évocatoire. A l'unité du contenant, signe du besoin de complétude de Cornell, répond la diversité du contenu, lié de façon labyrinthique à un jeu savant de correspondances. Par la poudre bleue, le sable, les coquillages, l'abeille de naturaliste piquée sur une aiguille, une ficelle enroulée, de petits éléments de pierre et de bois, Joseph Cornell représente l'ineffable : l'amour innocent et lointain, celui de Paul et Virginie, l'écoulement du temps, le processus de la mémoire, le mystère des rêves, la puissance de la nature. Autre référence à l'œuvre de Max Ernst et de Marcel Duchamp, le verre joue un rôle essentiel. Il protège et définit l'espace pictural; il fait aussi écho à la transparence des rêves, à l'innocence ambiguë de la nature qui se soumet au regard du voyeur.

☐ *Soap Bubble Set*, 1948-1949

Cornell présenta son premier *Bubble Set* en 1936, lors de l'exposition *Fantastic Art, Dada and Surrealism* au Museum of Modern Art de New York; ce fut aussi la première de ses œuvres achetée par un musée, le Wadsworth Atheneum de Hartford, en 1938 (repr. dans Dore Ashton, *A Joseph Cornell Album,* New York, The Viking Press, 1974, p. 93). L'univers onirique, lumineux, de ce *Bubble Set* contraste avec l'univers naturaliste, sombre, de l'*Owl Box (Hibou,* 1945-1946, MNAM), en une alternance de jeu et de gravité. Le blanc et le bleu, couleurs célestes chères à Cornell, forment une harmonie aux résonances subtiles, qui se retrouve même sur le verre de la boîte. La peinture du fond, craquelée à l'ancienne sans doute intentionnellement, contribue, avec l'esquisse de la planète, à créer une ambiance immatérielle de rêve, et magnifie l'espace. Constantes des autres *Bubble Set,* la pipe en terre, instrument de magie, le verre, ici brisé, la poudre bleue, symbole des constellations, la boule, globe terrestre en miniature, rappellent par le bruit léger de leurs déplacements le goût vital de Cornell pour la musique, qu'il introduit ainsi dans son art.

L'œuvre de Joseph Cornell, univers transparent et inépuisable comme celui des grands éléments cosmiques, évoque la poésie de Saint-John Perse et de Victor Segalen dont elle possède, à travers cette énumération d'objets, la même puissance incantatoire.   S.B.

133

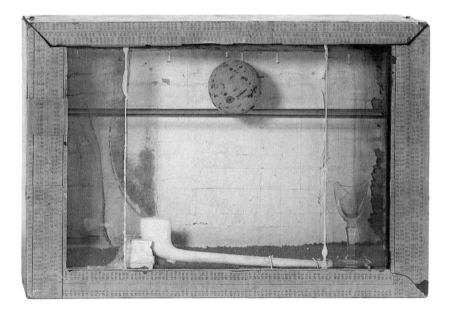

Museum, 1942
boîte en bois, avec 20 flacons contenant divers éléments
5,5 × 21,5 × 17,7
achat 1976
AM 1976-848

Soap Bubble Set, 1948-1949
(Pour faire des bulles de savon)
boîte en bois contenant divers objets (pipe, verre, boule de liège...)
26 × 38 × 8
achat de l'État 1971, attr. 1976
AM 1976-941

Alfred Courmes
1898

Courmes, né dans le Var, se forme auprès de Roger de La Fresnaye, du moins se réclamera-t-il de son enseignement. Salonier des Indépendants et de l'Automne, il vit plusieurs années en Flandres, très sensible à l'art belge de l'entre-deux guerres. Il partage le prix Paul Guillaume avec le peintre Tal Coat en 1936 et doit à la protection d'Albert Sarraut la commande de la décoration *La France joyeuse* pour la Délégation française à Ottawa (1938-1939). Oublié pendant une vingtaine d'années, Courmes resurgit en 1972 à l'exposition *Douze ans d'art contemporain en France* au Grand Palais. Depuis, ses « vilaines images » sont devenues plus familières, comprises dans le champ des « réalismes » remis au goût du jour.

J.M. Campagne, *Alfred Courmes producteur de mirages entre ciel et terre*, Paris, Eric Losfeld, 1973.

□ *Saint Sébastien*, 1934
Tableau gracieux d'un usage initialement domestique et d'une iconographie déplaisante à la provocante obscénité, le *Saint Sébastien* est pour le moins une image insolite. Invoquer le fait qu'il s'agissait d'un élément de paravent, qui resta inachevé, pour ranger cette peinture dans les arts décoratifs est insuffisant. L'archaïsme de la facture appliquée ne justifie pas plus l'appellation de « peinture naïve », dont on sait l'engouement, purement français, particulièrement en 1936 où, pour se rassurer, on découvrait partout des « maîtres de la réalité ». La combinaison de particularités vestimentaires avec l'image éculée du martyre ne peut conduire, enfin, à un rapprochement avec le surréalisme. Ce *Saint Sébastien* ne peut abriter sa nudité sous aucune école, encore moins celle des « mal assis » des années 1970. Un véritable tour de force de la part de Courmes : derrière cette belle réussite reconnue des Salons, se cache une ironie tout à la fois grossière et subtile; le catholicisme, la marine nationale, les conformismes esthétiques ne peuvent en sortir indemnes. Grâce à l'opiniâtreté de l'artiste, la peinture se réconcilie avec le sujet le plus banal à condition de bien le maltraiter : c'est une œuvre à rebours qui exorcise les maléfices de l'académisme et de l'avant-garde.   Ch.D.

134

Saint Sébastien, 1934
huile sur toile marouflée sur isorel
165 × 59
achat 1984
AM 1984-272

Tony Cragg
1949

Né à Liverpool, Tony Cragg a étudié au Gloucestershire College of Art and Design (1969-1970), à la Wimbledon School of Art (1970-1973) et au Royal College de Londres (1973-1977). Il vit et travaille à Wuppertal en Allemagne depuis 1977 et appartient à une génération d'artistes qui, après Richard Long et Barry Flanagan, ont renouvelé la sculpture anglaise, fortement marquée par l'abstraction d'Antony Caro, Philip King et William Tucker dans les années 60. Dans l'héritage formel du Minimal et de la sculpture non illusionniste et analytique des années 70, Tony Cragg introduit une dimension critique et ironique nouvelle.

Depuis les premières œuvres — *Sans Titre(s)*, 1975, morceaux de bois, pierre, matière plastique et détritus divers soigneusement empilés en volumes géométriques — exposées à la Lisson Gallery de Londres en 1979 pour sa première exposition personnelle, il emploie comme unique matériau les objets usagés et les rebuts abandonnés dans les villes par la civilisation industrielle contemporaine, qu'il récupère et rassemble en fonction de leur valeur symbolique et « picturale » (couleur, matériau). Ces objets recyclés, récupérés et disposés sur le sol ou au mur en forme d'images simples quotidiennes *(Bouteille verte*, 1980) ou de compositions poétiques *(Peau Rouge*, 1979, *Blue Moon*, 1980, *L'Angleterre vue du Nord*, 1981), participent de l'archéologie urbaine contemporaine et du commentaire amusé

Bouteille verte, 1980
objets de récupération (plastique, bois, métal, tissu, papier, etc.)
500 × 350 env.
achat 1981
AM 1981-22

sur la consommation des choses et des images dans notre société. « J'essaie de trouver un moyen de réévaluer l'objet d'une manière qui nous permette réellement de comprendre ce que nous produisons et pourquoi nous le produisons ».

Certaines pièces récentes construites sur le même principe intègrent des objets et accessoires plus volumineux (vieux meubles, etc.) qui composent une figure, d'autres sont de véritables « constructions » en bois et contreplaqué peint et recouvert de graffiti qui évoquent certains modèles simples d'architecture.

Cat. *Tony Cragg,* Saint-Étienne, Musée d'Art et d'Industrie, 1981; cat. *Tony Cragg,* Berne, Kunsthalle, 1983; cat. *Tony Cragg,* Bruxelles, Palais des Beaux-Arts, Paris, MAM, 1985; cat. *Tony Cragg Skulpturen,* Hanovre, Kestner-Gesellschaft, 1985.

☐ *Bouteille verte,* 1980
Cette œuvre appartient à un ensemble de cinq pièces : *Cinq objets - Cinq couleurs* — présenté à l'exposition de Gand, *Kunst in Europa na'68,* en 1980 — jouant sur le double registre linguistique et formel. Les objets les plus disparates sont, en effet, rassemblés en fonction de leur couleur (orange, jaune, rouge, bleu et ici vert) et disposés au sol en suivant le plus fidèlement possible les contours de la bouteille en plastique vert — le « référent » en quelque sorte — fixée au mur.

C.D.

Leonardo Cremonini
1925

Après avoir suivi l'enseignement du lycée artistique de Bologne, sa ville natale, de 1939 à 1944, puis de l'Académie Bréra de Milan de 1945 à 1950, Leonardo Cremonini s'installe en 1951 à Paris où il présente la même année sa première exposition personnelle au Centre d'Art italien. L'intelligentsia parisienne est rapidement séduite par sa peinture; Michel Butor lui consacre un poème : *Les Parenthèses de l'été,* Louis Althusser, Pierre Emmanuel et Jean Grenier de longs textes élogieux, de même qu'à l'étranger les écrivains Annette Michelson, Alberto Moravia et Stephen Spender. Dans ses engagements, et malgré son appartenance au parti communiste italien en 1976, Cremonini ne se réfère pas à une idéologie; Gustav Klimt, Otto Dix, les surréalistes sont les seuls à avoir exercé une véritable influence sur son art. Il rend la parole à l'irrationnel, et ne peut donc s'identifier à l'abstraction qui est « renoncement à la volupté du visible, mais aussi à la volupté de la peinture » *(Le Narraté Libérateur,* Paris, janvier 1981). Il consacre son œuvre aux jeux du désir, à la cruauté, au voyeurisme, à l'absence, aux règnes du minéral et de l'organique, à « l'illimitation de l'être ». Avec passion, Cremonini défend la dignité de l'homme; lors des événements sanglants de la guerre d'Algérie, ses considérations sur l'inarticulé et sur la souffrance de la chair se resserrent en 1961 dans des tableaux aux dominantes rouges : *La Machine à tuer, La Torture.* Il s'attache ensuite à rendre la « quotidienneté » à travers une géométrisation des lignes de plus en plus poussée. Il est nommé professeur à l'École nationale des Beaux-Arts de Paris en 1983.

Cremonini (textes de J. Brosse, P. Emmanuel, A. Michelson...), Paris, Belfond, 1979; *Cremonini, Opere del 1960 al 1984,* Spolète, Palazzo Racani-Arroni, 1984.

☐ *Les Parenthèses de l'eau,* 1968
Précédé en 1967 de deux dessins préparatoires et d'une œuvre à la détrempe *(Buée),* ce tableau rend l'univers intime d'une femme

Les Parenthèses de l'eau, 1968
huile et détrempe sur toile
190 × 200
achat de l'État 1974, dépôt du FNAC
AM 1976 dép. 11

surprise dans sa salle de bains. Les coulées de peinture aux coloris acides, bleus rythmés de noir et de rouge, mettent en évidence les flux, ceux de l'eau, de la conscience, de la sensualité; mais par les éléments mis au premier plan, par les « robinets-symptômes », Cremonini insiste aussi sur les parenthèses, références à la notion de contrainte du contour des images quotidiennes. Malgré l'absence d'expression du visage et une position décentrée, la figure humaine demeure essentielle dans l'interaction eau-sensualité-objets. Les jeux perspectifs savants de miroirs — omniprésents dans son œuvre — et la géométrie des lignes renvoient au talent du peintre classique, qui cherche à allier technique, esthétique et thématique.   S.B.

136

Joseph Csaky
1888-1971

Joseph Csaky est né en Hongrie. Après de brèves études de sculpture à l'École supérieure des Arts décoratifs de Budapest et un apprentissage à la Manufacture de Céramique de Pecs, il arrive à Paris en 1908. Il exécute ses premières œuvres à tendance cubiste en 1911, exposant la même année, ainsi qu'en 1912 et 1913, aux Salons d'Automne et des Indépendants. Lors de la Première Guerre mondiale, il s'engage dans l'armée française et fait la campagne d'Orient. A son retour, il reprend la sculpture, réalisant en 1919 des œuvres d'un cubisme abstrait (constituées de formes coniques). En 1920 suivent des reliefs et des têtes en pierre d'une abstraction puriste. Son œuvre deviendra progressivement plus symétrique et ornementale, révélant l'influence à la fois de l'art nègre et de l'architecture décorative. Vers 1926 il adopte un style de figuration dite lyrique qu'il n'abandonnera pas jusqu'à sa mort dans la misère et l'oubli à Paris.

D. Karshan, *Csaky,* Paris, Dépôt 15, 1973.

☐ *Tête,* 1914
C'est une des trois pièces ayant survécu de la période d'avant-guerre; il est donc difficile de l'analyser en la resituant dans un ensemble d'œuvres, d'autant plus qu'il ne subsiste aucun document photographique de cette période. Elle représente un chef-d'œuvre isolé de la sculpture cubiste. Formé comme tailleur de pierre, Csaky a été un des rares sculpteurs de sa génération à s'approprier la syntaxe cubiste à travers cette technique et ce matériau. S'il a regardé la sculpture africaine, comme ses amis les peintres cubistes, il en a tiré d'autres leçons et notamment celle d'une stylisation brutale et schématique. L'asymétrie de ce visage en aplats ne fait qu'accentuer ses déformations et rehausser son expressivité. En même temps, ses galbes arrondis adoucissent l'ensemble de la silhouette. Finement étudié, le rapport entre la tête et les épaules étroites rend l'œuvre plus émouvante, mais l'ensemble reste avant tout l'expression d'une recherche formelle.   M.R.

Tête, 1914
pierre
39 × 20 × 21,5
achat 1976
AM 1977-1

Enzo Cucchi
1949

Cucchi vit et travaille à Ancône. Son œuvre est fréquemment inspirée de cette région à laquelle il est resté fidèle, des paysages qu'elle offre, la mer étant souvent présente dans ses peintures. Cucchi appartient à cette génération d'artistes italiens nés après la guerre qui a été regroupée par le critique Bonito Oliva sous le terme de « Trans-avant-garde ». Avec d'autres artistes, comme Chia, Clemente ou Paladino, il partage, en effet, la même volonté de ressourcement dans une culture nationale, voire régionale, de références à des peintres italiens moins connus à l'étranger que les grandes figures du Modernisme, d'emprunts au passé, à l'antique ou à la tradition. Cucchi aime puiser dans des légendes tout en gardant une distance par rapport au thème, et son œuvre mélange à loisir les sources iconographiques. Les thèmes restent énigmatiques, souvent dramatiques, le personnage mis en scène étant victime et la mort souvent présente. L'expression picturale est ici à l'image de la violence de la représentation. Cucchi travaille une matière épaisse et emploie avec beaucoup d'audace des couleurs très directes, brillantes et vives, associées en contrastes brutaux. Le dessin, qui précède toujours la réalisation de la peinture, est également très présent dans son travail. Cucchi exécute beaucoup de fusains où il exprime à larges traits un univers mystérieux et poétique, peu commun dans l'art de son temps.

Cat. *Enzo Cucchi Zeichnungen,* Zurich, Kunsthaus, 1982; cat. *Enzo Cucchi,* Amsterdam, Stedelijk Museum, 1983; cat. *Enzo Cucchi,* Bordeaux, CAPC, 1986; cat. *Cucchi,* Paris, MNAM, Centre G. Pompidou, 1986.

☐ *Sguardo di un quadro ferito,* 1983

Souvent, dans son iconographie, Cucchi fait référence à une peinture qui vit et qui souffre, de telle sorte qu'il ne délimite volontairement pas les frontières de l'acte de peindre et de celui de représenter une image. Ce « regard d'un tableau blessé » participe bien d'une telle ambiguïté. Livre monumental par la dimension du tableau, il s'ouvre doublement, comme diptyque dont les deux panneaux sont légèrement distants, comme représentation d'un livre ouvert dont une page couverte de signes est attaquée et blessée par les flammes issues d'une sorte de masque antique. Dans un entretien (avec Xavier Girard, *Art Press,* sept. 1984), Cucchi s'est expliqué sur l'origine de ce thème emprunté à Moby Dick : « C'est, dit-il, la tête d'Achab issue du roman de Melville, un roman très important pour moi. Une description formidable. Une blessure comme l'éclair qui foudroie l'arbre. La foudre détruit l'arbre mais laisse intacte la matière... » « On eût dit un homme délivré du bûcher, écrit Melville, alors que le feu aurait déjà desséché tous ses membres sans les consumer... Traçant un sillon d'entre ses cheveux gris et descendant tout le long du visage et du cou roussis et brûlés, puis disparaissant sous ses habits, on voyait une marque comme d'une mince tige d'un blanc livide. Cela ressemblait à la fente perpendiculaire qui se voit parfois dans le tronc altier d'un grand arbre quand d'en haut la foudre fond dessus et le déchire, tout en le laissant vif et vert ». A.P.

137

Sguardo di un quadro ferito, 1983
(Regard d'un tableau blessé)
huile sur toile, diptyque
250 × 340
achat 1984
AM 1984-414

Dado
1933

Miodrag Djuric, dit Dado, part de Yougoslavie, son pays natal, en 1956 pour s'établir en France. Il expose régulièrement à Paris à la galerie Daniel Cordier. Des séjours en Bretagne, en Corse, une aventure chez les Pygmées au centre de l'Afrique en 1974, des voyages à Rome, en Bulgarie et de brefs séjours à New York constituent de maigres repères dans cette vie solitaire à quelques lieues de Paris (au moulin de Hérouval dans le Vexin normand). En 1970, le CNAC organise une exposition de ses récentes peintures, le Boymans van Beuningen Museum de Rotterdam lui consacre une rétrospective en 1974. Depuis, l'artiste partage son temps entre la peinture et la gravure, restant fidèle à une thématique du fantastique.

Cat. *Dado,* Paris, CNAC, 1970 (Archives de l'Art contemporain n° 8); cat. *Dado,* Rotterdam, Musée Boymans van Beuningen, 1974.

□ *Le Massacre des Innocents,* 1958-1959
Titre et peinture à relire. Car il ne s'agit point d'un trop biblique massacre des Innocents mais des limbes. Les limbes sont ces lieux incertains, en dehors de l'enfer et du paradis, que des Docteurs de l'Église promettaient ou promettent encore à tous les fœtus, tous les

morts-nés, le trop-plein de ces chérubins non aboutis pour la société, la troupe innombrable des neutres, des sans visage, sacrifiés sous prétexte du bien général, ou de tous ceux qui, trop faibles, ne peuvent supporter l'ardeur du jour. Dado n'offre pas ici au spectateur une image d'êtres en putréfaction, mais celle de formes amibiennes qui procurent une sensation de glauque cloaque. Dado joue de la complexité et de la confusion. Le pullulement de ce qui semble être des crânes n'est pas innocemment rendu par des couleurs édulcorées, des roses, des bleus pâles. Il ne pratique point les matières épaisses, chères à Jean Dubuffet, critère de l'invention plastique parisienne des années 60, au contraire, s'il en joue, c'est en trompe-l'œil, très dessiné. La dessication n'est que feinte et la surface demeure lisse. L'amateur de belles matières et de belles formes n'a rien à quoi s'aggripper, il est abandonné dans le monde glauque des limbes.

□ *Le Diptyque de Hérouval,* 1975-1976
Il apparaît dans l'œuvre de Dado comme une œuvre moins de rupture que d'accalmie. Jusqu'en 1975 le peintre avait élaboré avec frénésie de nombreux poliptyques, dont le *Triptyque de Pali-Kao,* souvent tenu pour le plus caractéristique de cette exaltation picturale. Survint

Le Massacre des innocents, 1958-1959
huile sur toile
194 × 259,5
don de la Scaler Foundation, 1978
AM 1978-744

une époque de doute, de vérifications, au cours de laquelle Dado se concentra sur ces deux panneaux de toile, verticaux, qui par leur réunion constituent *Le Diptyque de Hérouval* : il les élabora lentement, donnant plus d'importance au bien peint qu'à la représentation elle-même; il y fit entrer d'anachroniques préoccupations de lumière, d'éclairage. La composition rappelle une scène de théâtre au lever ou au tomber de rideau. L'atmosphère lumineuse est incertaine, pâle, cruelle et dérisoire, la vacuité de la grille des horizontales et des verticales, doublée parfois du treillis d'un grillage, bloque le regard, le fait descendre sur cet amas de personnages qui parodie le petit monde d'*Alice au pays des merveilles* dessiné autrefois par John Tenniel, les elfes démoniaques sont apaisés, inertes, hypnotisant le spectateur. Seule, en bas à gauche, une créature héronnesque à visage humain détourne son regard vers la source de lumière.

☐ *Sans titre,* 1963
Grâce à la générosité du fond DBC, le Cabinet d'Art graphique du Musée s'est enrichi de 46 grands dessins de Dado, exécutés entre 1955 et 1964, soit depuis la prise en charge de l'œuvre de l'artiste par la galerie Daniel Cordier jusqu'à la fermeture fracassante de cette dernière. A travers toutes ces feuilles soigneusement choisies par le donateur pour leur qualité plastique, c'est toute la genèse d'un artiste qui se lie. Des dessins libres expressionnistes aux coups de plume un peu raides qui mordent un papier de fortune, récupération, essentiel ressort de la plastique de Dado, on passe à de grandes compositions,

Le Diptyque de Hérouval, 1975-1976
huile sur toile
2 panneaux de 263 × 197
don de l'artiste, 1976
AM 1976-1323

Salvador Dali
1904

très fouillées, à l'encre de Chine agile, qui doublent l'élaboration des premiers vrais cycles des peintures, comme le dessin de *Myxomatose,* 1962, qui marie un peu d'encre rouge au noir sur blanc, ou les nombreux *Sans titre* qui figent en quelques heures les phantasmes de l'artiste. Le propre de ces dessins est d'être une œuvre autonome, à part entière, en marge de la peinture et de la gravure. Fait pour lui-même, le dessin n'est nullement préparatoire à telle ou telle peinture. Il durcit, avec la restriction apportée par les seuls noirs et blancs, un vocabulaire que l'on sait foisonnement; un rythme logorrhéique semble entraîner, soit à la réussite, soit à la perte, ce laisser-aller où la ligne et la main provoquent l'association thématique. Si les liaisons manquent parfois entre les différentes parties du dessin, les juxta-positions, elles, par leur a-logisme garantissent la poétique du trait exaspéré.

Ch.D.

La figure masquée, énigmatique et ostentatoire, inquiétante et bur-lesque, du Catalan Salvador Dali n'a cessé de fasciner ses contem-porains pour lesquels elle incarne, en les portant *au-delà des limites,* les données les plus absolues du surréalisme. L'étalage, ou le dégui-sement, de ses obsessions personnelles — essentiellement la décom-position du réel ou, dans le contexte freudien auquel Dali fait dès le début appel, les angoisses de mort et de vie — s'opère dans une vision plastique unique, tout à la fois d'une exceptionnelle force hallucinatoire et d'une acuité formelle digne d'un chromo hyperréa-liste. Derrière la mise en scène exacerbée de l'illusionniste (pour lequel le pastiche, la dérision sont instruments nécessaires) se cache le questionnement permanent du principe d'identité des choses et de l'être : en ce sens, Dali se refère bien à la métaphysique chiriquienne du double, du paradoxe et d'un réel invisible qu'il n'aura de cesse de dévoiler.

Dès 1927, après une période d'emprunts et de tentations contradic-toires — tour à tour, l'académisme du métier et de la grande peinture traditionnelle, l'impressionnisme, la métaphysique, le cubisme, le réalisme — il peut écrire, de Cadaquès, à son ami le poète Federico Lorca : « Je crée avec un naturel absolu, sans le moindre souci esthétique, je fais des choses qui m'inspirent une profonde émotion, et j'essaie de les peindre honnêtement, c'est-à-dire exactement. (...) Quelquefois j'ai l'impression de retrouver, et avec une intensité imprévue, les enthousiasmes et les joies de mon enfance ». Pratique de l'impulsion, réactivation de la mémoire enfouie : au cours de 1928 Dali fait la connaissance, grâce à Miró, de Breton et en 1929, après avoir rencontré Gala Eluard qui devient son inspiratrice omnipré-sente, il rejoint le groupe surréaliste parisien (première exposition personnelle galerie Gœmans). Il développe dès lors librement, avec une audace de provocation et d'invention qui fascine aussitôt Breton et « éclipse » bientôt les initiatives prises par les autres surréalistes, le processus poétique et plastique de l'association d'images mentales sur le principe du fantasme personnel, dans une technique picturale de la simulation (peinture = décalcomanie ou photographie de l'hal-lucination) et de la répétition qui est presque d'ordre cinématogra-phique : on comprend sa réussite sans précédent dans les deux films-clés du surréalisme, *Un Chien andalou* (1928) et *L'Age d'or* (1930) qu'il réalise avec Luis Buñuel. La mise à jour, dans une iconographie personnelle du « sacré » — les lieux d'enfance, les objets et êtres familiers, les grandes figures des mythes essentiels (Guillaume Tell, Narcisse, l'Angelus de Millet) —, des interdits et des pulsions de l'inconscient s'effectue suivant la pratique convulsive de la *méthode paranoïa-critique* (exposée dès 1930 dans *La Femme visible*), que Dali définira en 1934, en l'appliquant à l'*Angelus* de Millet, comme une « méthode spontanée de connaissance irrationnelle basée sur l'asso-ciation interprétation-critique des phénomènes délirants ». Par l'ap-plication systématique de ce système logique parallèle, l'objectivation forcée du réel occulté va fermer la voie laissée ouverte par l'auto-matisme bretonnien.

Image dédoublée et non plus image double, la production picturale de Dali n'en finira plus de proposer ce qu'on peut considérer comme une topographie délirante du corps psychique; et de vulgariser, de commercialiser une imagerie académique du fantasme érotique et mystique. Exclu définitivement du groupe surréaliste en 1938 pour, notamment, « actes contre-révolutionnaires tendant à la prolifération du fascisme hitlérien », Salvador Dali — ou son double Avida Dollars — répondra bien à l'objectif de discrédit systématique des valeurs esthétiques, intellectuelles et morales établies qu'il s'était donné. Après un long séjour aux États-Unis (1940-1948), où il était introduit dès 1930, il retourne en Espagne à Port-Lligat, imposant jusqu'au bout une œuvre spectaculaire.

Sans titre, 1963
encre de Chine sur papier
62,7 × 46,8
don du Fonds DBC, 1983
AM 1983-179

J.T. Soby, cat. *Salvador Dali,* New York, MOMA, 1941; S. Dali, *La vie secrète de Salvador Dali,* Paris, Gallimard, 1952; S. Dali, *Le Mythe tragique de l'Angelus de Millet,* Paris, Pauvert, 1978; R. Descharnes, *Dali de Gala,* Lausanne, Edita, Paris, Denoël, 1962; cat. *Dali,* Rotterdam, Musée Boymans Van Beuningen, 1970; cat. *Salvador Dali* (2 t.), Paris, MNAM, Centre G. Pompidou, 1979.

☐ *La Vache spectrale,* 1928

« L'une des veines de mon œuvre consiste à rendre colloïdal le sentiment de la mort, de le tirer, de le traire comme le pis de la vache, pour en tirer le lait de la résurrection » (Dali, *Journal d'un génie,* 1929). Comme le montre cette toile, modeste en regard des œuvres maîtresses des années 1927-1928 *(Le Miel est plus doux que le sang, Senicitas, L'Ane pourri)* mais connue (propriété de Peggy Guggenheim, elle figura à l'exposition *Art of this century* de 1942 à New York), le répertoire formel de la morbidité dalinienne est déjà formé en 1928, année de la rencontre avec Breton et avec Buñuel (pour le scénario de *Un Chien andalou):* se profilant sur le fond de la mer « sacrée » de Cadaquès, apparaissent — éléments constitutifs d'une « histoire naturelle » menaçante, inquiétante — la morphologie molle et stérile de la vache nourricière, le phallus étiré sur béquille, les poils, herbes, épines, grains de sable résiduels, les mouches voraces et surtout l'âne pourri, grand thème obsessionnel de l'année 1927 (commun avec Lorca), symbole dérisoire, comme le coq, de virilité grotesque. Fasciné par la putréfaction, la déliquescence de la matière, Dali en livre bien ici l'aspect « spectral » qui, il le dira en 1934 en l'opposant à l'aspect fantomatique, est lié à une « angoisse lumineuse, hérissée, irisée ». Telle une oreille vue à « contre-soleil », d'un rouge et bleu de chair douceâtres mais incandescents, l'image nacrée de cette plage crépusculaire déploie tout un réseau éclaté de configurations métamorphiques déjà difficilement identifiables, notations graphiques juxtaposées apparemment sans rapport logique (comme dans les œuvres des années 1924-1925 de Miró, auquel Dali consacre en 1928 une étude dans *L'Amic de les Arts).* « Aujourd'hui (...) nous allons à la plage faire éclater les fibres les plus douloureuses de nos physiologies et déchirer le pouls le plus faible de nos membranes, avec la surface crispée de petits appareils et coraux coupants. En contractant nos nerfs et en prenant nos pupilles avec le bout de nos doigts, nous éprouvons la joie gutturale des veines qui explosent, et les mille sons de notre sang qui saute sous-pression... » (« Mon amie la plage », *L'Amic de les Arts,* 27 nov. 1927). Lieu fantasmatique de la pulsion sexuelle, la plage est bien celle du futur *Grand Masturbateur,* 1929.

La Vache spectrale, 1928
huile sur contreplaqué
50 × 65
achat 1974
AM 1974-14

142

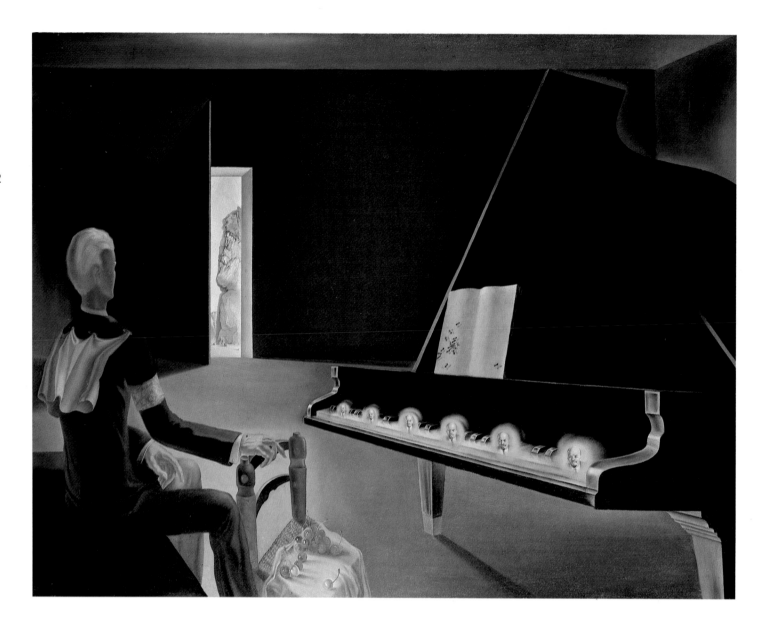

□ *Hallucination (partielle)*. *Six images de Lénine sur un piano*, 1931
« A l'heure du coucher, je vois le clavier bleuâtre, très luisant, d'un
piano dont la perspective m'offre en raccourci une série décroissante
de petites auréoles jaunes et phosphorescentes entourant le visage de
Lénine. Cette image se produit au moment d'entrer dans le lit, avant
que la lumière soit éteinte ». Vision de demi-sommeil restituée par
Dali dans *L'Angelus de Millet,* 1978, comme l'avaient fait bien auparavant, dans *La Révolution Surréaliste,* Ernst, Tanguy et bien
d'autres, cette hallucination trouve sa transcription littérale, quasi
photographique, dans la toile. Chargeant encore son sens symbolique, Dali ajoute à l'apparition déjà familière du piano (associé à
l'âne pourri et aux mouches dans une séquence du *Chien andalou* et
dans *Guillaume Tell,* 1930) et à celle, nouvelle, de Lénine (assimilé
ultérieurement à Guillaume Tell ou accompagnant l'évocation de
Wagner), la présence d'objets énigmatiques : la serviette épinglée au
dos d'un homme non identifiable (signe dérisoire du confort matériel
bourgeois, mais aussi capeline impériale identique à celle qu'Ernst
avait déjà apposée ironiquement à Breton dans *Au rendez-vous des
amis),* la « nature vivante » de cerises rouges posées à même une

chaise, cerises qui se retrouvent en signes héraldiques sur le brassard
de l'homme. L'ouverture noire du piano-cercueil ne laisse dégager
que les sons morts d'une partition grignotée par des fourmis et
renvoie, en une perspective optique des plus académiques, à l'ouverture lumineuse d'une porte. Certes, entre le jeu répétitif du pouvoir
révolutionnaire léniniste et la vie pleine de sève du rêve qui se déroule
pendant « la révolution-la nuit », Dali semble avoir déjà choisi, se
démarquant ainsi des engagements politiques du groupe surréaliste.
Dédicacée à Gala, cette toile connue (reproduite dans *Le Surréalisme
au Service de la Révolution,* n° 5, 15 mai 1933) s'impose peut-être plus
par la force de provocation « politique » qu'elle exerça en son temps
(elle fut exposée chez Pierre Colle dès 1932) que par ses qualités
proprement plastiques (en regard d'œuvres aussi fortes et abouties
que *Le Rêve, Guillaume Tell* ou *Dormeuse, cheval, lion invisible).*
Achetée par l'État en 1938, elle fut l'une des premières œuvres
surréalistes à entrer dans les collections.   A. L.B.

Hallucination (partielle). Six images de Lénine sur un piano, 1931
huile sur toile
114 × 146
achat de l'État 1938, attr. 1949
AM 2909 P

Olivier Debré
1920

Si Olivier Debré, né à Paris, reçoit une formation d'architecte à l'École des Beaux-Arts, très tôt pourtant il dessine et peint des portraits et des paysages qu'il expose en 1941 à la galerie Aubry. Découvrant en 1943-1944 les toiles de Picasso, qui l'enthousiasment, il cherche un langage qui retranscrive son émotion sans passer par la représentation. Debré s'exprime alors par des « signes », qu'il veut d'abord contrôler : « Je contenais le geste pour qu'il soit analytique et non pas gestuel ». De cette période date le dessin *Le Mort de Dachau*, 1945, offert par l'artiste au Musée. Se laissant ensuite « aller », il constate que les signes abstraits qu'il trace sont de fait les traductions de sa sensation : « Par-dessus tout, je ne voulais pas d'effet plastique, mais la sincérité de la sensation, le mouvement retrouvé de l'émotion ». En quête du sens de ces signes, il se met à faire ce qu'il nomme des *Signes-personnages* — concentration et « transposition de l'être dans le signe » — caractérisés par leur verticalité et dont le Musée possède deux exemples de 1951-1952. Si déjà en 1947, puis entre 1952 et 1957, Debré travaillait sur de grands formats, avec des effets de matière et des couleurs sourdes, il entreprend, à partir de 1963, des toiles de format gigantesque, plages monochromes où l'espace et l'homme lui-même sont dominés. Pour nourrir sa peinture de nouvelles sensations et échapper à l'extrême concentration de ses *Signes-personnages,* il élargit son espace pictural à celui de la nature avec ses *Signes-paysages,* qu'il travaille dans une matière beaucoup plus fluide s'étalant en transparences successives. A partir de 1965, il réalise plusieurs compositions monumentales intégrées à de grandes architectures (à Royan, Montréal, Toulouse). En 1975, une rétrospective lui est consacrée au Musée de Saint-Étienne puis au Musée d'Art moderne de la Ville de Paris. En 1984, il présente de grandes toiles à l'exposition française de la Biennale de Venise.

Cat. *Olivier Debré,* Saint-Étienne, Musée d'Art et d'Industrie, 1975; cat. *Olivier Debré,* Paris, MAM, 1975; cat. *Olivier Debré,* Tours, Musée des Beaux-Arts, 1980; B. Noël, *Debré,* Paris, Flammarion, 1984.

☐ *Grand Noir taches roses,* 1961-1962
Comme *Grande Noire légère* réalisée aussi durant l'hiver 1961-1962 à Cachan, c'est une des œuvres charnières, où s'opère le passage de la peinture d'un espace très serré, celui de l'homme, à l'espace infini du paysage. Le lieu, bien qu'il soit inscrit au dos de la toile, ne figure pas ici dans le titre comme pour beaucoup de ses peintures des années 70 *(Grise de Loire, Longue d'automne de Saint-Savin),* alors que la couleur y est nommée, car « la couleur *est* l'espace où se situe l'événement émotif ». A. Pacquement souligne que « la peinture de Debré est une peinture d'envahissement de la surface. Rien n'échappe à la couleur, aucun vide ne vient s'opposer à la saturation globale de l'espace ». Ainsi, à la sombre monochromie d'une ambiance hivernale, s'opposent ici, apposés en relief — avec des gestes mesurés — sur le pourtour de la toile, les signes roses de probables sourires éclatants. Ce problème du sourire, signe de l'incarnation de la pensée humaine, Debré se l'était posé depuis 1944.   J.-P. B.

143

Grand Noir taches roses, 1961-1962
huile sur toile
180 × 190
achat de l'État 1965
AM 4351 P

Giorgio De Chirico
1888-1978

Né de parents italiens, à Volo en Grèce, De Chirico doit l'essentiel de sa formation, qui eut lieu à Munich, à la lecture de Weininger, Schopenhauer et Nietzsche et à son contact avec la peinture de Klinger et de Böcklin, dont la résonance est immédiatement sensible dans ses premières peintures réalisées à Milan en 1909 (thèmes mythologiques, perspectives architecturales, sentiment d'énigme). En 1910-1911, des crises de « mélancolie » devant les architectures de Florence et de Turin l'amènent à ses premières peintures « métaphysiques », alors même qu'il réalise son premier autoportrait dans la tradition du Quattrocento : ainsi se met en place une poétique — unique à cette date — de « nostalgie » d'un ordre classique perdu, dont l'interprétation a suscité un débat, encore ouvert aujourd'hui, sur la « modernité » de De Chirico. A Paris, où il s'installe en 1911, il participe régulièrement à partir de 1912 au Salon d'Automne et au Salon des Indépendants : ses envois — des *Places d'Italie* — sont remarqués en 1913 par Apollinaire pour leur effet de « surprise » et d'« étrangeté », tandis qu'en 1914 Soffici compare déjà son métier à la « calme application d'un vieux maître ». Mais si sa thématique renvoie au passé comme à la quotidienneté, ses choix formels — négation de la perspective rationnelle, multiplication des éclairages, unité colorée — peuvent être aussi mis en parallèle avec ceux de Picasso et Matisse des années 13. En réalité, ce dispositif, par son ambiguïté même, obéit à une volonté de dérision des valeurs et des moyens établis — les certitudes « réalistes » du classicisme comme celles des avant-gardes cubiste et futuriste — et sert une poétique de la « distance » dont on a discerné le contenu « métaphysique » et le pouvoir onirique. Mobilisé, De Chirico s'établit de 1915 à 1917 à Ferrare (période des *Muses inquiétantes,* des *Intérieurs métaphysiques* et des mannequins), où il regroupe autour de lui Savinio, De Pisis et Carlo Carra. En 1918, lors de son installation à Rome, la « révélation » de la peinture des musées le conduit à exécuter une série d'autoportraits « classiques », porteurs de formules latines, véritables manifestes d'un retour à la tradition dont il se fait le champion dans la revue *Valori Plastici.* Alors qu'en 1919 Max Ernst à Cologne, André Breton et Paul Eluard à Paris découvrent avec enthousiasme ses premières œuvres qui leur montrent la voie de la surréalité et notamment celle d'une identité « spectrale » de l'objet, De Chirico affirme dans « Classicismo pittorico » le primat de la ligne et de la perspective, seules garantes de la réalité éternelle des formes. A Berlin, où il expose en 1921, son influence sera décisive sur la formation des courants allemands de la Nouvelle Objectivité et du Réalisme magique; à Paris, où il s'établit de 1924 à 1931, il s'impose comme le père du « retour à l'ordre », désormais violemment critiqué par les surréalistes avec lesquels la rupture est décisive en 1928. En Italie, où il rejoint en 1926 le *Novecento,* il trouvera dans les projets décoratifs officiels l'occasion de réaliser de grandes fresques antiquisantes peintes à la détrempe et au jaune d'œuf (Triennale de Milan, 1933). L'ironie intellectualiste des références mythologiques de sa production ultérieure, l'emphase concertée d'une exécution « baroque » comme, à partir des années 40, l'exploitation (après un rejet radical) de son œuvre métaphysique en séries volontairement mêlées de paraphrases, de faux, susciteront l'embarras des historiens d'art dont les désaccords trouvent aujourd'hui une nouvelle actualité. Les uns, partisans d'une lecture « moderniste » des peintures métaphysiques jusqu'en 1918, les seules reconnues d'une longue production; les autres, considérant l'œuvre d'après 1919 comme la prolongation naturelle de la première période, comprise dès lors dans l'axe du « retour à l'ordre ».

J.T. Soby, *The Early Chirico,* New York, MOMA, 1941; *De Chirico,* MOMA. 1955, rééd. 1966; M. Fagiolo dell'Arco, A. Jouffroy, W. Schmied, *De Chirico,* Milan, Mondadori, 1979, Paris, Le Chêne-Hachette, 1981; cat. *De Chirico* (2 t.), De Luca ed., 1981; W. Rubin, W. Schmied, J. Clair, cat. *De Chirico,* New York, MOMA, Paris, MNAM, Centre G. Pompidou, 1983.

☐ *Portrait prémonitoire de Guillaume Apollinaire,* 1914

Connue du public étonnamment tardivement (1937 et 1960) et très tôt auréolée de la faveur des surréalistes — (Eluard était en possession du dessin du *Portrait* qui passa ensuite dans les collections Penrose, Zerbib et Copley — qui y ont vu l'exercice des facultés « prémonitoires » de De Chirico (la toile a été peinte deux ans avant la blessure à la tempe reçue par Apollinaire en mars 1916), cette toile célèbre est restée jalousement dans la collection des héritiers d'Apollinaire, qui l'avait reçu en don de De Chirico en 1915. Elle suscita l'intérêt immédiat de l'« ami-poète » — ainsi l'évoque De Chirico en 1916 — et du critique d'art : Apollinaire, dans deux lettres successives (5 et 16 mai 1915) à Paul Guillaume (devenu grâce à lui le marchand de De Chirico), réclame la présence dans son appartement de cet *Homme-cible* (car tel a dû être son premier titre) qu'il considère comme une « œuvre singulière et profonde » et déjà comme son « autoportrait ». Les affinités poétiques entre leurs deux œuvres devaient lui apparaître telles que, pour l'édition pressentie en septembre 1914 de son recueil des *Calligrammes : Et moi aussi je suis peintre,* fut prévue en frontispice la xylographie exécutée par Pierre Roy d'après la peinture. Et si celle-ci n'a pas été retenue pour l'édition de 1919 du recueil auquel De Chirico portait toujours une vive admiration, sensible à ces vers « serpentant doucement tels des hiéroglyphes égyptiens, traçant (...) les spirales de sa mélancolie chronique, de son destin triste » (*Ars Nova,* 1918) et dont il illustrera avec 68 lithographies l'édition de 1929, n'est-ce pas précisément pour le caractère de « fatalité », de prophétie néfaste, dont ce *Portrait prémonitoire* est entaché ? La gravure de P. Roy réapparaîtra en 1934 pour accompagner le texte de De Chirico « Sur le silence » (*Minotaure,* vol. II, n° 5) où Apollinaire est désigné derrière l'évocation de ces « gentilhommes poètes enfermés dans leur chambre, où ils restent des journées entières assis à leur table à fumer la pipe... », cette fameuse pipe de terre utilisée comme cible dans les jeux de tir et qui donna naissance à l'analogie du poète en « homme-cible ». L'apparition précise d'Apollinaire sur l'écran du deuxième plan de la toile, sur ce « rectangle fatal du ciel véronais », apporte à l'œuvre une complexité de sens, qui en fait une des peintures les plus fortes de l'année 1914 : y répond un dispositif formel dont l'économie apparaît totalement concertée et les éléments déjà sans relation avec ceux des spatieuses et statiques perspectives des *Places d'Italie.* L'espace restreint, enserré par des plans-perspectives violemment inclinés (multiplicité des points de fuite) et non identifiables (une seule arcade sur la droite) forme une véritable « boîte obscure »; à l'arrière-plan, la silhouette reconnaissable du poète moderne, dont le profil « de médaille » a fait l'objet d'un dessin préparatoire dédicacé à Paul Guillaume (1914) surgit en ombre fugitive, tel l'automate-mannequin d'une baraque de tir, se trouve confrontée avec l'image « en ronde bosse » d'un buste antique classique, aveugle de fortune (lunettes de soleil) mais « voyant »: au-delà de la référence au poète de l'Odyssée ou au devin Tirésias et, ainsi, de l'affirmation de la suprématie du « regard intérieur », on peut y voir l'évocation du dieu Orphée, appuyée par la présence des moulages du poisson et du coquillage qui l'encadrent. A ce dieu poète et musicien qui accompagna le vaisseau des Argonautes (auxquels De Chirico et Savinio ont assimilé leurs destinées), messager « de lumière et de vérité », De Chirico a voulu ainsi associer Apollinaire, le poète inspiré mais aussi le champion à Paris dès 1912 de l'orphisme face aux avant-gardes cubistes et futuristes. Le jeu savant des références allusives, la juxtaposition des avatars du « double » — moulage, silhouette, ombre — font sans doute de ce *Portrait* l'acmé de l'interrogation chiriquienne de l'énigme et de l'absence qui constituent les fondements de la poétique « métaphysique »; et, peut-être, au-delà des effets de dérision et d'ambiguïté, l'annonce de la suprématie d'un langage « lumineux ».

A.L.B.

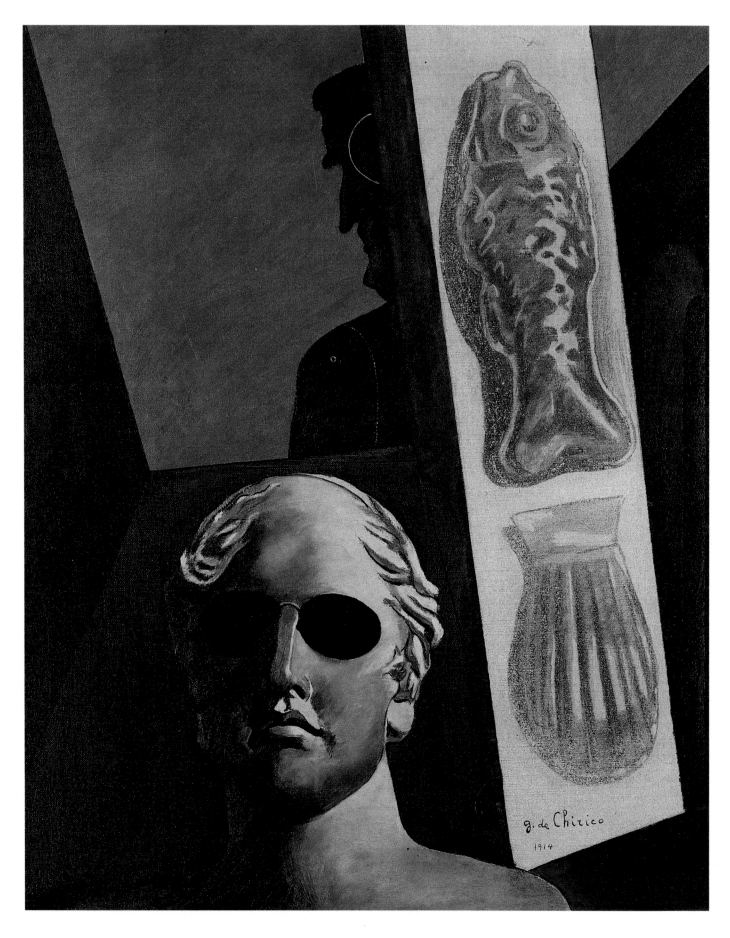

Portrait prémonitoire de Guillaume Apollinaire, 1914
huile sur toile
81,5 × 65
achat 1975
AM 1975-52

Jean Degottex
1918

Jean Degottex s'installe à Paris en 1933 et commence à peindre au retour d'un voyage en Tunisie et en Algérie en 1939-1940. Ses premières œuvres lui valent le prix Kandinsky en 1951, mais il devient bientôt un adepte d'une abstraction automatique fortement inspirée par la philosophie Zen. Avec Charles Estienne, il participe à la Fondation du Salon d'octobre (1952) qui a pour but de militer en faveur de l'abstraction lyrique et, quelques années plus tard, il trouve le soutien d'André Breton qui préface son exposition à l'Étoile Scellée (1955). Breton y signale l'affinité des peintures de Degottex avec les œuvres Zen du 12ᵉ siècle. De fait, Degottex va poursuivre, pendant la seconde moitié des années 50, des recherches sur l'histoire de l'écriture et approfondir l'étude de la pensée Zen. A travers le langage gestuel, il tente une approche d'un art du signe en Occident à partir de l'écriture. L'espace, le vide, le dynamisme du coup de pinceau sont alors ses thèmes essentiels, tels qu'on peut les déceler dans les toiles de cette époque (ainsi l'exposition des *Alliances* avec les *Dix-huit vides* à la Galerie internationale d'Art contemporain à Paris en 1959). Degottex a alors mis au point un style personnel où la couleur n'a que peu de place, où le geste est réduit au minimum et traverse l'espace comme un signe rapide. La référence au Zen revient sans cesse dans ses déclarations de l'époque, ainsi en ce qui concerne les rapports avec la calligraphie : « Toutes les écritures sont attirantes, mais je crois que lorsqu'elles ne sont pas accessibles, tout prend un autre sens. Il y a un transcendement du signe dans la calligraphie Soumi ou Zen, mais comment aborder le transcendement d'un signe occidental ? Chacun s'invente un vocabulaire et le transcende à sa façon ». Dans certaines œuvres, particulièrement dans certains carnets, Degottex part du mot écrit pour arriver au signe. Du début des années 60 datent les grandes peintures intitulées *Aware,* ainsi que l'ensemble des *Métasignes* où il insiste sur la série et où l'espace entre les tableaux a autant d'importance que l'espace dans le tableau. Désormais, son œuvre s'organise autour de suites qui se succèdent (IBN, *Suite Bleue-Noir, Roja, Suite Rose-Noir...*). Autre caractéristique

de cette époque : le fond qui était toujours vide est parfois recouvert de couleur sombre où les signes s'inscrivent comme en négatif. Des changements vont se produire au milieu des années 60, l'accent étant mis sur les matériaux. Degottex tente alors toutes sortes d'expériences : papiers brûlés, papiers tressés, estampages manuels, toiles libres et même tôles martelées. Le geste est réduit au minimum, il se simplifie et se radicalise (série *Etc.,* 1967) ou répète une même forme circulaire (*Horsphère,* 1967). On trouve la confirmation de ce Minimalisme dans les œuvres exposées à l'ARC, à Paris, en 1970: surfaces blanches, parfois en relief, d'où le signe peint a disparu. Dans les années 70, Degottex approfondit le travail sur la matière même, procédant souvent par déchirure, arrachage, recouvrement ou pliage : *Suite Médias, Papiers-Pleins, Lignes-Report, Débris* (cf. *Débris 03,* 1980, acquis par le Musée en 1983), *Bris-Signes...* Degottex parle d'une « intelligence du matériau » à propos de ces ensembles d'œuvres où règnent la monochromie, le minimum, la simplification et la répétition des lignes.

Cat. *Degottex,* Grenoble, Musée de Peinture et de Sculpture, 1978; cat. *Degottex,* Paris, MAM, ARC, 1978.

□ *Aware II,* 1961

Aware I et *II* sont les deux premières peintures de très grand format que peint Degottex. Sur un espace plus allongé, il propose une sorte d'aboutissement de son travail sur le signe et l'écriture. Le titre se réfère à la philosophie orientale : d'après A.M. Watts, « Aware » représente l'un des quatre états fondamentaux et progressifs du « Furyu » — Sabi, Wabi, Aware et Yugen —, l'état d'esprit Zen dans l'art. Cette référence n'est pas prise au hasard car, à partir de 1957, Degottex s'est profondément imprégné de la spiritualité chinoise. Ses œuvres (cf. *Furyu,* 28.3.1961, acquis par le Musée en 1985), comme ses déclarations à l'époque même où il peint *Aware II,* en témoignent. Ainsi dans un entretien avec Julien Alvard : « En ce qui

Aware II, 1961
huile sur toile
202 × 350
achat de l'État 1972, attr. 1975
AM 1975-262

concerne les Orientaux, les contrôles sont aussi physiologiques. Ici, à défaut d'enseignement et de technique spirituels, et en ce qui concerne la peinture, ils sont aussi bien d'ordre intellectuel qu'empirique. Dans le Zen on utilise, aussi, ce qu'on traduit par des stratagèmes. C'est assez dire qu'il faut parfois ruser avec les habitudes faussant nos impulsions les plus profondes. J'ai parlé d'instantanéité de préférence à vitesse et rapidité, et les contrôles se situent pour moi avant l'exécution proprement dite ». Ce grand geste d'*Aware* est une écriture spontanée, ni composée, ni retenue, mais contrôlée et à hauts risques, puisqu'elle ne supporte pas la retouche. Le rejet de la couleur implique une peinture tout entière vouée au signe, « le signe signifie l'espace ». « J'aimerais, dit encore Degottex, que ma peinture soit une plus grande respiration ». Au-delà de la seule référence à une philosophie, c'est une conception autre de la peinture qui naît chez Degottex, peinture de l'instant et de la fragilité que la suite de l'œuvre ne fera que confirmer.

□ *Média 2 × 1,* 1973
De la suite *Médias,* qu'il réalise entre décembre 1972 et mai 1974, Jean Degottex a donné, dans le catalogue de l'exposition de Grenoble en 1978, un descriptif très précis : « Les matériaux employés sont : la peinture acrylique (le brun), l'encre de Chine (le noir), le papier Lana-Gravure 320 gr. de 150 × 100 cm. Les outils utilisés pour le recouvrement qui se fait à plat et au sol sont le roulor pour l'acrylique (mouvement croisé) et la moitié supérieure de la feuille, le pinceau plat de 18 cm de large pour l'encre de Chine et la moitié inférieure du papier (coups de pinceau parallèles en lignes horizontales et descendantes.) La ligne de « partage » des deux recouvrements, la bande médiane (réserve de papier blanc), est recouverte immédiatement après le passage des deux plages d'un trait plein d'encre de Chine. Le redressement rapide de la feuille provoque instantanément l'unification de la partie inférieure barrée de coups de pinceau. Simultanément la ligne de « partage » devient le lieu d'interpénétration et d'osmose des deux pôles-plages. Au stade suivant cette zone d'attraction devient pénétrante et pénétrable par le décollement superficiel de la réserve du papier blanc (les bandes ainsi récupérées me serviront ultérieurement). La progression de la suite *Médias* se poursuit par la focalisation et l'agrandissement graduel de la zone active jusqu'au point statique de rupture provoqué par la saturation progressive du brun et du lavis vers le noir. Lorsque tout est fondu, apparaît l'une des virtualités de cette suite : le 3ᵉ volet hors-champ (versions triples des *Médias* présentées ici) sur une surface additive de même dimension. J'ai indiqué en 1974 la surprise (le critère) et l'intérêt du même coup provoqués par la découverte de ce qui se passait derrière la feuille pendant les différentes opérations (recouvrements et redressement du papier). Car ce qui se passait par les bords extrêmes vers l'envers était encore moins contrôlable que ce qui se passait sur la partie « endroit » (sinon a posteriori par le choix). »　A.P.

147

Media 2 × 1, 1973
encre de Chine et acrylique
sur papier marouflé sur toile
200 × 150
achat 1978
AM 1978-23

Willem De Kooning
1904

De Kooning naît à Rotterdam, où il suit en 1916 des cours à l'Académie des Arts et Techniques. En 1926, il émigre aux États-Unis; il y gagne sa vie comme peintre en bâtiment et décorateur de vitrines. Dans le cadre du WPA (Work Progress Administration), il participe en 1935 à des décorations murales avec Léger. En 1938, il se consacre entièrement à la peinture. A la fin des années 30, De Kooning associe portraits d'hommes et de femmes — qui révèlent l'influence de Picasso — et abstractions colorées, dérivées des formes anatomiques des surréalistes Gorky et Matta. Cet apprentissage va aboutir à la création des peintures noires et blanches, ou peintures « positives-négatives », chargées de fragments, de plans enchevêtrés superposés, intégrant lettres, papier journal, mots entiers, éléments soumis à une métamorphose picturale qui rappelle le traitement cubiste. Salué dès 1948 par la critique américaine comme un peintre qui « a atteint la mesure de ses ambitions », De Kooning refuse alors de se laisser enfermer dans le style de l'époque, style des grands tableaux expressionnistes abstraits et présente quatre ans plus tard une série de femmes « fatales », femmes « idoles » qui, peu à peu, seront envahies par le paysage : « Le paysage est dans la femme et la femme dans un paysage ». Prétexte à peindre, la figure s'abandonnera dans la « nature » lumineuse qui se déploie magistralement dans les *Abstractions* des années 75-80.

H.F. Gaugh, *Willem de Kooning,* New York, Abbeville Press, 1983; H. Rosenberg, *Willem de Kooning,* New York, Harry Abrams, 1974; cat. *Willem de Kooning,* Paris, MNAM, Centre G. Pompidou, 1984.

☐ *Femme,* v. 1952
Ce dessin appartient à la première série de *Femmes* qui scandaliseront par la violence de leur chromatisme, la gestualité de la touche à l'intérieur d'une morphologie à la fois excessive, grotesque et démoniaque. L'artiste s'affronte au mythe de la femme fatale en proposant une « idole » frontale, souvent assise, quelquefois double. Ces images ont des formes suggérées à grands traits de fusain qui iront jusqu'à être brouillées par recouvrement, découpage, report, décalcomanie où la destruction est également création de formes. Ici le personnage est entièrement scindé en deux parties, puis réassemblé en y laissant un morceau manquant, signifiant ainsi que le vide peut faire partie intégrante du dessin. Les couleurs arbitraires et violentes renforcent l'expressivité de cette femme. Saisir la figure dans sa subjectivité, interroger, fouiller avec acharnement le corps matériel de la figure — son visage, sa chair — demeure une recherche fondamentale et constante que De Kooning partage avec Picasso, celui des vingt dernières années, et qui manifeste une très grande parenté avec la peinture européenne. Ni étude, ni esquisse, le dessin est intimement lié à la peinture : « Je dessine en peignant et je ne sais pas la différence entre peindre et dessiner ». Souvent réalisés les yeux fermés, les dessins constituent un répertoire de gestes premiers qui seront reportés dans la peinture.

☐ *The Clam Digger,* 1972
Ce n'est qu'en 1969 que De Kooning expérimente la sculpture et a ainsi l'occasion d'éprouver un nouveau matériau; il se met à l'épreuve de la terre, pour en jouer littéralement, souvent les yeux fermés. De ce brassage ludique de matière sont issues de petites pièces qui seront plus tard agrandies et qui ne semblent exister que pour le plaisir de les manipuler. Avec la volonté de garder la trace de la main comme témoignage de sensations nouvelles, De Kooning, par le modelage, renoue avec la tradition de la sculpture de Rodin. Dans le contexte minimaliste des années 70, il restaure le volume plein qui s'érige en monolithe dans l'espace et réintroduit la nécessité tactile de l'objet sculpté. La silhouette de terre ou de bronze est transformée, métamorphosée par les rythmes fondamentaux du corps que De Kooning observe au plus près dans l'expérience du modelage. Cette manière de retrouver les sensations internes du mouvement du corps, de les condenser ou de les organiser, évoque la relation qu'entretient Matisse à la sculpture : « (...) pour ordonner mes sensations, pour chercher une méthode qui me concerne absolument. Quand je l'avais trouvée en sculpture, cela me servait pour la peinture ». Chez De Kooning, le rapport entre la peinture et la sculpture pourrait également répondre à un désir de simplification et d'immédiateté. *The Clam Digger* évoque la série des *Femmes* de 1964-1966 par la manière de saisir la peinture à pleines mains, de l'ériger en dur. Depuis le socle jusqu'à la tête, tel un échafaudage construit à partir d'agrégats qui s'amoncellent. *The Clam Digger* est soumis à une sorte de pétrification qui pourrait témoigner des catastrophes sismiques comme de la lenteur des ères de la glaciation. Aucune forme ne se dissocie des volumes voisins mais chaque forme s'amplifie à partir d'eux pour accuser l'idée de pesanteur. Surgissant du chaos, torse et tête restent soudés sans démarcation entre eux, simples parties de ce magma de matière. Seuls les membres se développent à l'excès, les distorsions s'accentuent comme si aucune musculature ne répondait à sa fonction. L'aspect catastrophique de *The Clam Digger,* qui évoque aussi bien l'homme de Néanderthal que le dernier survivant d'une guerre nucléaire, contribue à privilégier la structure interne au détriment de la vérité du modèle. Homme de peine, le pêcheur de moules est habité

Femme, v. 1952
fusain et pastel sur deux feuilles assemblées
74 × 50
achat de l'État 1971, attr. 1976
AM 1976-946

Untitled XX, 1976
huile sur toile
202,5 × 177,5
achat 1985
AM 1985-183

150

par le poids de l'action et le plein des choses qui pèsent jusqu'aux extrémités, entre les doigts; il fait corps avec la lourdeur du travail qui a laissé des marques ici ou là, dans le creux de ses mains, dans les cavités de ses cuisses ou les excroissances des pieds. La figure sculptée ne semble pas arriver à maturité, incapable de se libérer ou de se dégager de son origine; indécise et imprécise, elle manifeste quelque chose de vif et de mort, simultanément. Si le doigt éveille la matière à la forme, il semble que l'énergie qu'il y met, la frénésie même, soit à la fois active et destructrice. La figure se construit dans le même instant qu'elle se déconstruit. L'opération est identique en peinture, comme si la « touche », véritable lien entre inertie et action, associait ces deux moments et juxtaposait régénération et dégradation. Cette identité est encore confirmée par l'existence d'une lithographie réalisée deux ans auparavant : The Clam Digger, 1970, et qui semble, en réalité, être à l'origine de la sculpture (tirée à 34 + 14 épreuves).

□ Untitled XX, 1976

A partir de 1972, les peintures abandonnent peu à peu la figure qui se fond, par un geste très coloré mais plus ample, dans une composition abstraite. Comme De Kooning l'avait déjà pratiqué au milieu des années 50 en passant des Femmes aux Paysages, il porte l'image jusqu'à sa destruction par la peinture. De larges coups de brosse très agités et rapides parcourent l'espace de la toile dans tous les sens à la fois (grâce à un chevalet pivotant qui fait tourner le tableau); il retrouve ainsi la technique de la dislocation et de l'élaboration de la peinture, faisant du tableau un collage-montage, associant altération d'échelles, masquages, ruptures, collages. Il puise ses thèmes dans les paysages de Long Island où il vit depuis 1963 et qui ne sont pas sans évoquer ses souvenirs de Hollande : « Le ciel est bleu, la lumière très pure, et la brume de chaleur a disparu. On retrouve cette lumière et cette brume dans certains de mes tableaux... Et l'herbe gris-vert, l'herbe de la plage et l'océan qui était d'un gris métallique la plupart du temps. Quand l'océan est illuminé, il y a cette espèce de lumière grise sur l'eau... » (H. Rosenberg, interview De Kooning, Art News, New York, septembre 1972). Nourri d'expériences, de sensations, d'humeurs, De Kooning travaille sur le chaud et le froid, l'ombre et la lumière, l'espace entre la terre, l'eau et le ciel qu'illustre le tableau Untitled XX, acquis en 1985 par le Musée. C.S.

The Clam Digger, 1972
(Le Pêcheur de moules)
bronze
140 × 63 × 54 (avec socle : 151)
achat 1978
AM 1978-735

Robert Delaunay
1885-1941

« C'était un esthète, de corps et de cœur, un franc « compagnon » de cathédrale, avec l'esprit le plus moderne, l'esprit Tour Eiffel » (Joseph Delteil in *La Delteillerie*, 1968).

D'abord sensible à l'impressionnisme puis à Gauguin, Robert Delaunay présente ses premières toiles au Salon des Indépendants de 1904. En 1907, plus encore que la lecture de l'ouvrage de Chevreul sur la loi du contraste simultané des couleurs, la révélation de Seurat et de Cézanne, qui inspire ses toiles divisionnistes puis ses peintures cézanniennes de 1909, sera décisive pour la suite de son œuvre. L'étude de la lumière « qui déforme tout, brise tout » engendre ainsi un cubisme au demeurant encore très formel, inauguré par la série consacrée à Saint-Séverin (1909-1910) et poursuivi dans les premières *Tour Eiffel* brisées de 1909-1910. Diffusée par des expositions régulières chez Herwarth Walden à Berlin, son influence sur les peintres allemands Klee, Marc et Macke est d'emblée déterminante. En 1912, peu après son séjour à Laon dont il peint la cathédrale, se tient sa première exposition parisienne, en compagnie de Marie Laurencin, à la galerie Barbazanges : il y présente un *Portrait de Guillaume Apollinaire*, 1912 (MNAM), symbole de sa fructueuse amitié avec le poète. Celui-ci, se référant sans doute au *Bestiaire d'Orphée* qu'il venait de publier, trouve pour gratifier la série des *Fenêtres* le beau terme de « cubisme orphique » dont il se fait lui-même le chantre, lui consacrant de nombreux articles dans *L'Intransigeant* et *Les Soirées de Paris* et préparant son importante exposition berlinoise au *Sturm* en janvier 1913.

Robert Delaunay épouse en 1910 Sonia Terk, qui lui apporte une sensibilité beaucoup plus instinctive à la couleur. Il passe la période de la guerre en Espagne et au Portugal, dont la lumière éclatante lui inspire des natures mortes, des marchés, d'une veine certes plus figurative, mais qui sont prétextes à de purs jeux de couleurs vives et « dissonantes ». Lié alors avec les Ballets Russes, il conçoit un projet de ballet *Football* avec L. Massine. A son retour à Paris en 1921, son cercle d'amis poètes, dadaïstes et surréalistes, dont il peint les portraits, se reforme autour de lui. Paul Guillaume lui ouvre sa galerie pour une grande exposition en 1923, année où il entreprend une nouvelle série de *Tour Eiffel* qui sera suivie de celle consacrée aux *Coureurs* (1924-1930). Peintre du dynamisme, Delaunay s'intéresse également au cinéma et élabore entre 1926 et 1929 des décors

de films (*Le P'tit Parigot* de Le Somptier et *Parce que je t'aime*). La réalisation des *Rythmes, Joie de vivre* et *Rythmes sans fin* dans les années 30 — série plus « abstraite » où la couleur trouve toute sa force dans la forme concentrée du disque — répond à sa quête d'un art décoratif et monumental. Recherche pleinement aboutie dans les grandes fresques murales pour l'Exposition Internationale de 1937. Le « triptyque » *Rythme n° 1, Rythme n° 2, Rythme n° 3*, 1938 (MAM) constitue peut-être son « testament spirituel », l'apothéose d'un art tout entier de couleur et de lumière; art né de l'émotion, de l'intuition, mais aussi appuyé sur des théories et des écrits qui, rassemblés par Pierre Francastel, restituent le cours audacieux et tumultueux d'une pensée d'une modernité sans précédent dans le domaine de la couleur. Esprit ardent, fervent, lyrique, à qui d'autre, sinon à Yves Klein, cet autre « voyant de la couleur », Robert Delaunay pouvait-il être comparé? Tous deux surent mobiliser définitivement, par leurs intuitions fulgurantes, les recherches de leur génération.

R. Delaunay, *Du cubisme à l'art abstrait* (documents inédits publiés par P. Francastel, suivis d'un catalogue de son œuvre par G. Habasque), Paris, SEVPEN, 1957; M. Hoog, *R. et S. Delaunay, Inventaire des collections publiques françaises*, n° 15, Paris, éd. des Musées Nationaux, 1967; cat. *Robert Delaunay, 1885-1941*, Paris, Orangerie des Tuileries, 1976; S.A. Buckberrough, *R. Delaunay, The Discovery of Simultaneity*, Ann Arbor, Michigan, UMI Research Press, 1982; cat. *Delaunay und Deutschland*, Munich, Staatsgalerie Moderner Kunst, 1985; cat. *Robert et Sonia Delaunay*, Paris, MAM, 1985.

Le Musée possède la plus importante collection d'œuvres de Robert et de Sonia Delaunay, par ailleurs bien représentés au MAM, au MOMA et au Museum of Art de Philadelphie. La plupart proviennent de la donation accordée par Sonia en 1963 : 117 œuvres en tout, dont 43 peintures et dessins ainsi que 10 mosaïques et travaux décoratifs de Robert. En 1935, l'État avait consenti à acquérir deux toiles de Robert Delaunay : *Les Tours de Laon*, 1912, et *La Verseuse*, 1916, qui furent rejointes un an plus tard par une autre œuvre capitale, admirée par Apollinaire, *La Ville de Paris*, 1910-1912. Avec la donation de 1963, tous les aspects de son œuvre sont désormais présents au Musée, comme les différentes étapes avec un ou plusieurs témoins de chaque cycle (*Les Tours de Laon*, les *Villes*, les *Fenêtres*, les *Tour Eiffel*, les toiles de la période portugaise, les portraits et, enfin, les grands *Rythmes* abstraits de la fin). Seul celui des *Saint-Séverin* (New York, Guggenheim Museum; Philadelphie, Museum of Art; Minneapolis, Institute of Art; Stockholm, Moderna Museet), qui apporte un tournant essentiel, n'est évoqué que par une encre de Chine. De l'ensemble des débuts (1900-1910), regroupant marines, natures mortes et pochades diverses, se détache le *Portrait du Douanier Rousseau*, fusain sur papier calque, révélant l'affection du jeune peintre débutant pour le peintre dont il posséda le célèbre tableau *La Charmeuse de serpents*, 1907 (Paris, Musée d'Orsay). L'*Autoportrait*, portant à son revers le *Paysage au disque*, 1906, est à double titre considéré comme sa première œuvre majeure : témoignage de la forte affirmation de son moi et d'une maîtrise précoce de la technique des Fauves, il marque tout à la fois l'apparition, dès 1906, des deux éléments fondamentaux du langage plastique de Robert Delaunay, le disque cosmique et le contraste coloré. Le cercle devient, en effet, le motif-clé de sa peinture, le lien même du contraste de couleur, imprimant son rythme et ses tons éclatants à des œuvres aussi bien figuratives — comme la *Verseuse*, 1916, le *Manège de cochons*, 1922, ou encore le *Portrait de Madame Heim*, v. 1925 — qu'à des compositions abstraites : *Formes circulaires. Soleil n° 2*, 1912-1913, une aquarelle dédiée au football, le superbe dessin de la *Baraque des poètes*, 1923 et, enfin, les *Rythmes* postérieurs aux années 30; ces ultimes chefs-d'œuvre conciliant mouvement, couleur et construction, désignent bien R. Delaunay comme un des pionniers de l'art abstrait, préfigurant les réalisations de l'Op'art, de l'Hard Edge ou celles d'un Frank Stella.

151

Quatre reliefs - Porte du Palais des Chemins de Fer, 1937
16 panneaux
donation Delaunay
AM 1364 S

152

La Ville n° 2, 1910
huile sur toile
146 × 114
achat 1947
AM 2766 P

□ *La Ville n° 2,* 1910

Achetée par le Musée en 1947 au marchand Louis Carré, cette toile appartient à la série des *Villes,* exécutée en 1909-1910, parallèlement à une première série de Tour Eiffel (*Tour, 1ʳᵉ étude,* 1909, coll. part.). La première version ébauchée serait une étude peinte au revers de *Saint-Séverin n° 2,* 1909, conservée au Minneapolis Institute of Arts, suivie de peu par une autre étude entrée récemment au Kunstmuseum de Winterthur. La première version achevée, intitulée *Ville n° 1,* 1909, fut présentée au Salon des Indépendants de 1910, puis au *Sturm* de Berlin en 1912 où elle fut acquise par Alexei Jawlensky; actuellement considérée comme perdue, elle demeure connue grâce à une reproduction parue en 1917 dans *Das Kunstblatt.* La deuxième version achevée, *Ville n° 1, étude,* 1909 (Londres, The Tate Gallery) précède celle du Musée. Suivent, enfin, les 4ᵉ et 5ᵉ versions abouties, *Ville n° 2,* 1911, et *Fenêtre sur la ville n° 3,* 1911, appartenant toutes deux au Solomon R. Guggenheim Museum de New York.

Sous le titre *Paysage Paris,* la *Ville n° 2* du Musée fut précisément présentée au Salon des Indépendants de 1911, qui regroupait tous les épigones de Cézanne à l'exception de Braque et de Picasso : Delaunay, Gris, Léger, Metzinger, Gleizes et Lhote... Avec Delaunay, en effet, les cubistes de 1911 puisèrent dans le cézannisme une nouvelle lecture des apparences, un nouveau réalisme simplifié et géométrisé; la Vulgate cézannienne transmise par Emile Bernard (« Traitez la nature par le cylindre, la sphère et le cône, le tout mis en perspective... »)

leur permettait comme dans cette *Ville* d'interpréter la cité moderne célébrée par Apollinaire et Cendrars. La vision cézannienne impose encore à cette veduta une palette austère — gris rompus de blancs, terres relevées de pointes de vert — posée en touches légères balayant l'espace et l'unifiant. Mais c'est déjà la couleur seule qui construit ici l'espace en plans aigus, dépouillés de tout détail, qui se superposent et se bousculent en découpant rythmiquement la surface. L'architecture trompeuse de la perspective se trouve ainsi rompue au profit d'un ensemble quasi-inobjectif de facettes en forme d'éclats qui font circuler la lumière. Tel un léger voile, la trame régulière des petites touches carrées s'insinue entre les plans, se superpose à eux et se resserre pour suggérer la flèche écarlate de la Tour Eiffel : posée comme un équivalent pictural de la lumière — qui évoque la technique pointilliste — cette ponctuation unitaire demeure soumise aux exigences de la représentation. Elle finira par recouvrir totalement la surface de la toile postérieure, *Ville n° 2,* 1911, aux dépens de la profondeur illusionniste, pour devenir le motif même de l'ultime tableau de la série : *Fenêtre sur la ville n° 3,* 1911. Ainsi chaque peinture de la série, radicalisant la leçon de Cézanne, marque un écart grandissant avec le motif, pour déboucher sur l'abstraction. L'immense toile de *La Ville de Paris,* 1910-1912, dont la partie gauche enserre une variante de la *Ville n° 2,* apportera une conclusion à ce que Delaunay baptisait la « période destructive »: « Toutes ces tentatives destructrices (...) n'étaient que des recherches d'équilibre d'un art

Une fenêtre, 1912-1913
huile sur toile
111 × 90
achat 1950
AM 2975 P

neuf et sain » (*Du cubisme à l'art abstrait, op. cit.*, p. 55). Elle annonce aussi la période suivante, dite « constructive », occupée par la série des *Fenêtres*.

□ *Une Fenêtre*, 1912-1913
« Vers 1912-1913, j'eus l'idée d'une peinture qui ne tiendrait techniquement que de la couleur, des contrastes de couleur, mais se développant dans le temps et se percevant simultanément, d'un seul coup. J'employais le mot scientifique de Chevreul : les contrastes simultanés. Je jouais avec les couleurs, comme on pourrait s'exprimer en musique par la fugue des phrases colorées, fuguées ». (*Du cubisme..., op. cit.*, p. 81). La série des 13 *Fenêtres* de 1912-1913, « rayon d'espoir vers un dynamisme moderne » (*id.*, p. 87), consacre ses recherches dont Paul Klee, dès juillet 1912, à l'issue de l'exposition de l'une d'elles au *Moderner Bund* à Zurich, soulignait le caractère abstrait. Seule de la série à être conservée au Musée, cette *Fenêtre, Étude pour les trois fenêtres* est l'esquisse poussée pour *Fenêtres en trois parties*, 1912-1913 (Philadelphia Museum of Art; Habasque n° 118). Comme sur les autres toiles où elle est parfois associée à la grande roue, autre symbole du Paris moderne chanté par Cendrars, la silhouette de la Tour Eiffel, signe emblématique de sa peinture, y est présente : campée au centre de la composition et bien que s'effaçant, comme la façade de la maison au bas de la toile, dans les diaprures du prisme, elle lui assure stabilité et lisibilité. Les plans colorés, posés en aplats brillants, épais et raclés, y apparaissent comme des « sortes de mesures cadencées, se succédant, se dépassant... » (*id.*, p. 81) : à la fois forme et sujet de la composition, la couleur se substitue ainsi au dessin, au volume, bannit tout recours au clair-obscur, annule la perspective en ramenant la profondeur au plan de la toile. Ces « fenêtres ouvertes sur une nouvelle réalité » ferment définitivement

la fenêtre albertienne et annoncent la *Porte-fenêtre à Collioure*, 1914, de Matisse (MNAM). Bien que Delaunay en ait fait — a posteriori — des œuvres manifestes (« Je posai les bases d'une nouvelle peinture », *id.*, p. 83), les fenêtres s'imposent aussi comme de merveilleux morceaux de poésie pure; peut-être suggérées par la lecture de Mallarmé, elles devaient inspirer en 1912 un de ses plus célèbres poèmes à Apollinaire qui inventa en leur honneur le terme de « cubisme orphique » : *Du rouge au vert tout le jaune se meurt/.../La fenêtre s'ouvre comme une orange/Le beau fruit de la lumière*. (Les fenêtres, 1912, in *Calligrammes, Ondes*).

□ *Manège de cochons*, 1922
Avec le *Disque*, 1912 (Meriden, coll. Burton G. Tremaine) et la série des Formes circulaires à laquelle appartient *Formes circulaires. Soleil n° 2*, 1912-1913 (MNAM), R. Delaunay expérimente le pouvoir dynamique des couleurs qui, juxtaposées, engendrent des vibrations — qu'il appelle « dissonances » — plus ou moins rapides selon leur intensité, leur superficie et leur voisinage. « Le contraste simultané est le dynamisme des couleurs », déclarera à son tour Apollinaire dans *Le commencement du cubisme. Réalité, peinture pure* (repris in *Du cubisme..., op. cit.*, p. 151) : la représentation du mouvement est fondée sur les propriétés purement physiques de la couleur, saisie « au plus profond de la perception » (Habasque) et non pas, comme pour les futuristes italiens, liée à la notion de déplacement. Tourbillons des ballons, vols des dirigeables et des aéroplanes deviennent prétextes, dans l'*Esquisse de Cardiff*, 1912-1913 (MAM) et l'*Hommage à Blériot*, 1914 (Bâle, Kunstmuseum), à des réseaux de prismes éclatants et lumineux. L'étude de l'action de la lumière sur les objets, de « la forme créée par le mouvement des couleurs en profondeur dans la lumière » (*id.*, p. 126), est au cœur du *Manège de cochons*, pièce

Manège de cochons, 1922
huile sur toile
248 × 254
don Sonia Delaunay 1955
AM 3384 P

maîtresse de la période des années 20 pendant laquelle Delaunay « perfectionne son langage » (Habasque) après la pause des Ballets Russes (1917-1918). Déjà traitée par deux fois en 1906 et en 1913 sous le titre de *Manège électrique*, cette ultime version fut présentée au Salon des Indépendants de 1923. L'enroulement infini, vertigineux, des formes hélicoïdales qui se développent en s'enchaînant et se croisant, suggère l'éblouissement du passant, ivre de sons et de couleurs, devant la ronde étourdissante du manège. La célébration des « éclairages du soir de Paris, qui créent cette vie mystérieuse de formes nouvelles, quand toutes les lumières s'allument » rappelle celle des *Prismes électriques* de Sonia. Mais le haut-de-forme et la mutine paire de bas noirs qui s'envolent, emportés par le tourbillon des couleurs, évoquent l'atmosphère canaille des beuglants de Lautrec. Et, de même que la silhouette emblématique de Félix Fénéon marquait de son sceau la composition de Lautrec pour *La Baraque de la Goulue,* 1895 (Musée d'Orsay), l'apparition kafkaïenne de l'ami Tzara — monocle et chapeau melon — incarne parfaitement cette époque exemplaire où l'art et la poésie vibraient à l'unisson.

□ *Le Poète Philippe Soupault,* 1922
Dernière œuvre de R. Delaunay à être entrée dans les collections, ce tableau s'inscrit dans la série des portraits de poètes amis, dadaïstes et surréalistes, reçus au 19 boulevard Malesherbes dans les années 20 : Soupault, Tzara, Breton, Aragon, Iliazd et Goll. Préparé par une étude de même dimension conservée au Hirshhorn Museum de Washington, il est le plus monumental et assurément le plus complexe de la série. Embrassant tous les thèmes chers à Delaunay — la ville, la fenêtre, la Tour Eiffel, la poésie —, il se pose, en effet, comme une éblouissante métaphore de la peinture, curieux mélange de modernité et de conventions plastiques. La complexité raffinée de son organisation spatiale évoque « l'univers de miroirs et de relations illusoires » (Chastel) des *Ménines*. Encadrée des traditionnelles courtines, la baie ouvre sur l'espace de la peinture : la duplication d'une *Tour Eiffel* de 1910-1911 (Bâle, Kunstmuseum), mise en abîme dont la masse brisée par la lumière est projetée avec force sur le plan du tableau, puis finalement contenue par la barrière impérieuse de la balustrade — dispositif renvoyant au *Balcon de Manet,* 1868 (Paris, Musée d'Orsay) — qui trace une frontière entre l'intérieur et l'extérieur et souligne la qualité « d'artefact » de l'image de la tour. Le portrait du poète — air maussade et poings dans les poches — restitue avec une telle force la présence de l'homme qu'il repousse au second plan le motif de la tour. Ces jeux iconographiques (évocation du *Portrait de Zola* par Manet) et plastiques appellent l'attention sur la matérialité du tableau, ses rapports avec le réel et l'imaginaire, mettent en doute, comme le fera un Magritte, la réalité et sa représentation, affirment enfin la souveraineté de la peinture.

□ *Quatre reliefs — Porte du Palais des Chemins de Fer,* 1937
La petite mort de Baudelaire, la rêverie de Cendrars... Le lieu de la gare engendre d'innombrables émotions. Répondant au slogan répandu lors de l'Exposition internationale des Arts et Techniques de 1937 : « Vitesse = art abstrait », Delaunay put consacrer un espace monumental à la couleur avec de grandes décorations. A la suite du succès rencontré par son exposition intitulée *Les revêtements muraux en relief et en couleurs de R. Delaunay* ainsi que par sa participation à l'exposition *Les créateurs du cubisme* à la Gazette des Beaux-Arts, Delaunay fut pressenti dès 1935 pour participer à ce vaste programme décoratif. Depuis 1930, revenu à l'art abstrait avec les séries de disques colorés intitulées *Rythmes, Joie de vivre* et *Rythmes sans fin* et conscient de leur caractère monumental, il réalise son projet d'intégrer sa peinture à l'architecture, essayant des matériaux nouveaux destinés à résister aux phénomènes atmosphériques (*Relief gris,* 1934, plâtre

et caséine). A la tête d'une équipe de 50 peintres, il exécute en deux mois les grandes fresques du Palais de l'Aéronautique et du Chemin de Fer, dont, grâce à la donation, le Musée a conservé quatre grands reliefs de bois peint destinés à décorer l'escalier et la porte du Palais du Chemin de Fer, ainsi que des projets — gouaches et aquarelles — pour ces reliefs et deux maquettes d'étude pour le Palais du Chemin de Fer. Sur d'immenses surfaces se déploient des rythmes en fort relief dont les contours fermes s'enchaînent en un mouvement hélicoïdal, suggérant une puissante force mécanique, de part et d'autre d'une ligne médiane. Ce lyrisme efficace admiré par Le Corbusier (« tout cela exprimant (...) une joie, une espèce d'explosion printanière, un élargissement des espaces ») est également prégnant dans les compositions évoquant la mécanique et la signalisation ferroviaires. Leurs couleurs fortement rythmées leur confèrent une puissance optique dont l'Op'art saura tirer parti. Ces décorations souscrivant au mythe technologique annonçaient, à l'égal des « enluminures de murs » de 1925 de F. Léger, un art nouveau, affranchi des limites restreintes du tableau de chevalet.   B.L.

155

Le Poète Philippe Soupault, 1922
huile sur toile
197 × 130
achat 1978
AM 1978-323

Sonia Delaunay
1885-1979

Son nom demeure associé à celui de son compagnon, derrière lequel elle s'est trop souvent effacée pour mieux défendre son souvenir. Notre époque, qui a vu l'art « descendre dans la rue » et faire fréquemment bon ménage avec la mode, considère d'un œil neuf cette pionnière des arts appliqués et de l'abstraction. Après avoir reçu une éducation raffinée et cosmopolite à Saint-Pétersbourg, complétée par de solides études, Sonia Terk part étudier le dessin à Karlsruhe, sous la férule de Schmidt-Reuter, puis elle s'installe en 1905 à Paris où elle découvre la peinture fauve. Son mariage amical avec le critique et collectionneur Wilhelm Uhde, chez qui elle expose en 1908, lui permet de se fixer définitivement en France. Elle rencontre Robert Delaunay en 1909 : ils ne se quitteront plus et s'engagent de concert dans l'aventure abstraite.

Toutes les facettes de sa création — fauvisme et abstraction, peinture de chevalet ou art décoratif — traduisent sa fidélité à la couleur pure, exaltée par la loi des « contrastes simultanés ». Ses premières toiles orphiques datent de 1912, elles sont immédiatement suivies de robes simultanées qui inspirent à Cendrars le poème célèbre « Sur la robe elle a un corps ». Sa foi dans le pouvoir de métamorphose de la couleur l'a incitée à pénétrer tous les domaines de la vie quotidienne. « Moi je ne parle pas de cette théorie [de Chevreul]. Je me contente de voir partout des contrastes de couleur dans les choses de la vie ». Ses amis se mettent au diapason : Crevel arbore son gilet simultané en tapisserie et Tzara, ses écharpes, tout en créant avec Iliazd des robes-poèmes orphiques, alors qu'Aragon s'essaie aux gilets-poèmes. Pour Diaghilev, elle crée les costumes du ballet *Cléopâtre* (1918) et, pour Tzara, ceux du *Cœur à gaz* (1923). Elle conçoit des reliures, grave à l'eau-forte, dessine des costumes de bal, édite des tissus simultanés à Lyon (1924), décore des espaces (la *Boutique simultanée,* pour l'Exposition internationale des Arts décoratifs de 1925), des automobiles : activité polyfacétique couronnée en 1925 par un album consacré à ses créations, préfacé par A. Lhote et illustré par Cendrars, Delteil, Soupault, Tzara… Sa conférence en Sorbonne, le 27 janvier 1927, « L'influence de la peinture sur l'art vestimentaire », fait le point sur son art décoratif qu'elle délaisse provisoirement dans les années 30 pour se consacrer à la peinture au sein du groupe *Abstraction-Création*. Après la guerre, elle rejoint le cercle *Art concret,* organise avec Louis Carré la première grande rétrospective de Robert Delaunay (1946), et poursuit son œuvre abstraite et décorative, désormais consacrée par des expositions périodiques (Bielfeld, Kunsthaus, 1958, Paris, MNAM, 1967).

Michel Hoog, *Robert et Sonia Delaunay,* Inventaire des collections publiques françaises, Paris, éd. des Musées Nationaux, 1967; Jacques Damase, *Sonia Delaunay, Rythmes et couleurs,* Paris, Hermann, 1971; cat. *Hommage à Sonia Delaunay,* Paris, MNAM, Centre G. Pompidou, 1975; cat. *Sonia Delaunay (eaux-fortes, lithographies, gouaches, pochoirs),* Paris, MNAM, Centre G. Pompidou, 1976; cat. *Sonia Delaunay : a Retrospective,* Buffalo, Albright Knox Art Gallery, Pittsburg, Houston, Atlanta, New York, Montréal, 1980; cat. *Robert et Sonia Delaunay, Le Centenaire,* Paris, MAM, 1985.

La donation Robert et Sonia Delaunay (1963) comportait 58 pièces de Sonia qui sont venues s'ajouter aux quatre œuvres que le Musée possédait déjà : le *Coffret,* 1913, exposé au Herbstsalon de Berlin en 1913, et *La Prose du Transsibérien et de la petite Jehanne de France,* 1913, offerts par Sonia en 1955 à la suite de l'exposition du MNAM consacrée au cubisme en 1953, ainsi que *Le Bal Bullier,* 1913, et les *Prismes électriques,* 1914, acquis par Jean Cassou, alors directeur du Musée. Des premiers croquis parisiens (*L'Ile Saint-Louis,* 1905-1910) aux ultimes et éblouissants rythmes colorés des années 50-60, en passant par les toiles portugaises (*Marché au Minho,* 1916), toutes les étapes de son art sont recensées dans la collection. Son intérêt majeur réside cependant dans l'ensemble rare d'œuvres d'art appliqué qu'elle abrite :

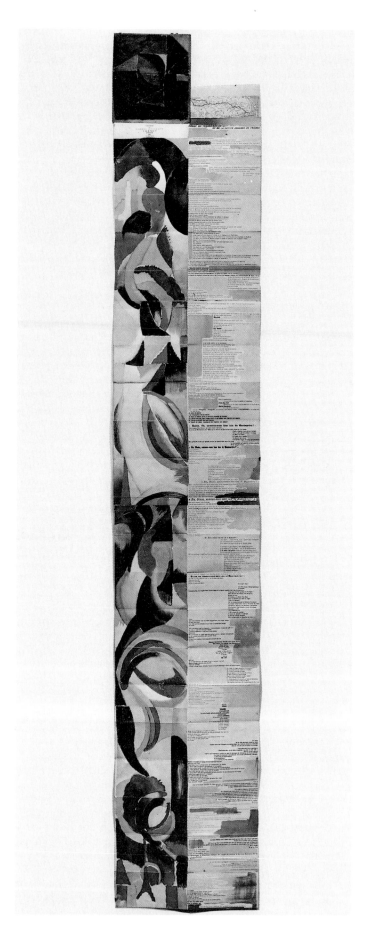

La Prose du Transsibérien et de la petite Jehanne de France, 1913
huile sur toile
193,5 × 18,5
don de l'artiste, 1955
AM 3383 P

outre le *Coffret* en bois de 1913 qui « offre le singulier intérêt d'être un objet familier, un objet domestique de style cubiste » (J. Cassou), on y trouve l'étonnante *Couverture* de 1911, ce « chant de couleurs » réalisé à la naissance de son fils Charles. Le génie inventif de Sonia Delaunay qui symbolise si bien un certain Paris d'avant-guerre, celui des élégantes et des poètes, métamorphose couvertures de livres, peintes ou décorées de papiers collés (pour Walden, 1913, Iliazd ou Tzara, 1922), affiches publicitaires (projets pour Dubonnet et Zénith), modèles de robes et de costumes (*Costume de danse du film Le P'tit Parigot,* 1926). Deux mosaïques, enfin, réalisées en 1954 et 1955, complètent cet ensemble exceptionnel.

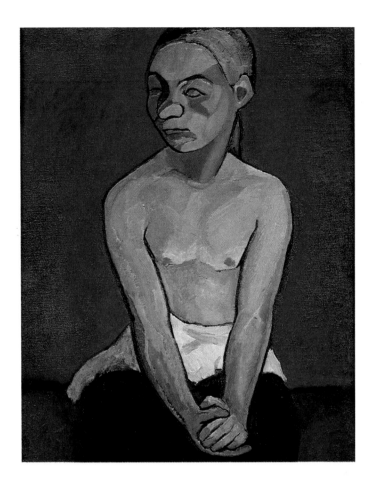

☐ *Jeune Finlandaise,* 1907
Œuvre maîtresse du cycle des portraits de 1907, ce tableau est d'une superbe liberté plastique et chromatique. Peut-être peint pendant une villégiature finlandaise, il révèle la dette de Sonia envers Gauguin, découvert au Salon d'Automne de 1906 : elle lui emprunte le goût du barbare et de l'étrange, le cerne épais qui taille, sans fouiller le détail, et exalte la couleur drue qui, seule, modèle la forme. Posés en touches heurtées sur le visage, épandus en coulées ardentes sur le corps, les tons purs violemment contrastés évoquent les « cartouches de dynamite » dont parlait Matisse à propos du chromatisme des Fauves. Cette exaspération paroxystique de la couleur fait basculer l'œuvre du descriptif au décoratif, lui confère une aura quasi religieuse, amplifiée encore par l'azur intense du fond qui semble poursuivre la tradition byzantine et par la pose recueillie de l'enfant. Le regard vide de celui-ci, sa fixité sculpturale rappellent les portraits cézanniens et indiquent que le but recherché est bien ici, de même, d'ordre pictural et non psychologique.

☐ *La Prose du Transsibérien et de la petite Jehanne de France,* 1913
Peinture-poème, où s'opère une véritable alchimie du verbe et de la couleur, cette œuvre capitale est caractéristique du travail de Sonia Delaunay. Elle évoque tout à la fois ses liens avec la poésie de son temps, son travail d'illustration et son amour du livre, qu'elle a peint, relié, transformé en objet aussi précieux qu'un tableau. Le Musée possède à la fois l'illustration originale, un des soixante exemplaires du livre lui-même (le n° 139 sur simili Japon, portant la dédicace : « Ce poème triste édité sur du soleil, et qui annonce des œuvres de lumière. Blaise Cendrars à Sonia, le 20 octobre 1917 »), ainsi que le projet d'affiche pour son lancement (aquarelle et crayon de couleur sur papier) composé comme un rappel du livre. Blaise Cendrars avait rencontré les Delaunay fin 1912-début 1913, alors qu'il n'était encore qu'un jeune poète inconnu : à leur contact, il se trouve mêlé à l'intelligentsia parisienne et prend une conscience accrue de sa recherche poétique. Dès janvier 1913, Sonia conçoit la reliure de son premier recueil, *Les Pâques,* premier objet abouti sorti de ses mains après la *Couverture* de tissus assemblés de 1911, qui relève du même concept de simultanéisme. Cendrars lui donnera également à relier son deuxième poème, *Séquences* (1912). *La Prose du Transsibérien,* publié par le poète lui-même à compte d'auteur (édition des Hommes nouveaux), se présente sous la forme d'un dépliant vertical de plus de deux mètres de long constitué de quatre feuillets collés. Dans la ligne des recherches mallarméennes et lettristes, le texte de Cendrars propose plus de dix caractères différents. Il se déroule parallèlement au flux des contrastes colorés et l'ensemble se lit et se regarde globalement, simultanément, selon la volonté explicite du poète et de l'artiste, qui le désignent comme une « représentation synchrone-peinture simultanée-texte ». Dans la revue du *Sturm,* en novembre 1913, Cendrars exprime son admiration pour le travail de Sonia : « Madame Delaunay a fait un si beau livre de couleurs que mon travail est plus trempé de lumières que ma vie, voilà ce qui me rend

heureux. » Et, plus tard, en réponse à une critique d'André Salmon dans *Gil Blas* (16 octobre 1913), il écrira : « Le simultanéisme de ce livre est dans la présentation simultanée et non illustrative. Les contrastes colorés des couleurs et le texte fusent des profondeurs et des mouvements qui sont l'inspiration nouvelle ». Depuis un an déjà, Sonia jouait des contrastes simultanés, mais c'est la première fois qu'ils s'éploient sur une aussi longue surface. Beaux fruits de lumière, vagues transparentes et légères s'accordent aux rythmes sensuels de la mélopée de Cendrars qui vante sa vie « bariolée comme un châle ». Le roulis des couleurs accompagne l'ivresse des lointains : « Je suis en route, j'ai toujours été en route : Bâle-Tombouctou-Paris-New York-Madrid-Stockholm ». En guise de signature, la Tour Eiffel clôt de sa griffe écarlate le rouleau précieux. « A noir, E blanc, I rouge, U vert, O bleu, voyelles » : avant Cendrars et Sonia Delaunay, Rimbaud avait confondu lettres, sons et couleurs, mais *La Prose du Transsibérien* demeure le premier livre à les avoir réunis si heureusement.

Jeune Finlandaise, 1907
huile sur toile
80 × 64
donation Delaunay 1963
AM 4087 P

158

□ *Le Bal Bullier*, 1913
Amateurs de théâtre et de ballet, mais aussi de bals populaires, pour lesquels ils créeront plus tard des costumes, les Delaunay aimaient retrouver leurs amis au Bal Bullier, à Montparnasse; Sonia y arborait ses étonnantes robes simultanées. Fruit de ses *Études de lumière et de foule sur le boulevard Saint-Michel,* où sont observés les halos des premiers globes électriques, *Le Bal Bullier* ou *Tango au Bal Bullier* fut exposé au Sturm de Walden à Berlin en 1913 sous le titre *Mouvement, couleur, profondeur, danse, Bullier,* qui exprime mieux les intentions du peintre : se passant du trait, la couleur se fait forme, rythme et mouvement. Sur un vaste écran où se développent horizontalement des surfaces simultanées aux couleurs lumineuses, l'abandon des corps à la musique, leur accord intime avec les sons, est signifié par le tressage soyeux des couleurs-lumières qui naissent, disparaissent, se transforment à l'unisson. Cercles, arabesques, aplats géométriques s'éploient en un flux cinématographique de séquences enchaînées énonçant les tourbillons lumineux, les rythmes langoureux et syncopés du tango. Au centre de la frise, des plages sombres souplement incurvées suggèrent encore les couples de danseurs, repères mimétiques qui disparaissent dans d'autres études parallèles (Musée de Bielfeld) où seuls demeurent de purs jeux de couleurs. « Le théâtre de la couleur devrait se composer comme un vers de Mallarmé, comme une page de Joyce : parfaite juxtaposition, enchaînements exacts, chaque élément doué à son juste poids d'une rigueur absolue. La beauté est dans le pouvoir de suggestion qui fait participer le spectateur ». Ce texte de Sonia qui accompagne *La Danseuse au disque,* 1923, aurait pu servir de commentaire au *Bal Bullier,* cette bacchanale moderniste, écho hédoniste de certaines pages de Seurat (*Le Chahut,* 1896, Otterlo, Kroller-Muller Museum) qui nous communique le plaisir des derniers bals parisiens.

Le Bal Bullier, 1913
huile sur toile à matelas
97 × 390
achat de l'État et attr. 1954
AM 3307 P

□ *Prismes électriques,* 1914

Chef-d'œuvre de la période orphique, cette vaste toile adopte le même format carré que le *Manège de cochons,* 1922, de Robert Delaunay. Visant à fixer sur la toile les variations éphémères de la lumière colorée émanant des globes électriques, Sonia propose une peinture où la couleur devient le sujet unique du tableau : les signes figuratifs, encore lisibles sur le *Manège de cochons,* s'évanouissent ici au profit d'un ensemble purement formel d'unités colorées. Le cartouche à gauche rappelle la collaboration avec Blaise Cendrars et le choix du métier simultané. L'œil, ébloui par la lumière décomposée en toutes les couleurs du prisme, passe d'une unité colorée à une autre, entraîné par les modifications des couleurs qui circulent en coulées soyeuses et transparentes, élargissant leurs orbes en un parcours impérieux au point d'envahir tout l'espace. Également fasciné par les phénomènes optiques et déterminé à « tuer le clair de lune », Giacomo Balla avait échoué dans sa recherche de modernité avec sa *Lampe à arc,* 1910 (New York, MOMA), encore tributaire d'une forme représentative. Totalement inobjectifs, les disques astraux de Sonia ne sont cependant pas des signes neutres : ils vibrent du mouvement qui circule dans leurs veines, de l'énergie de la matière en fusion, et traduisent avec éclat l'infinitude de l'espace sensible.   B.L.

Prismes électriques, 1914
huile sur toile
250 × 250
achat de l'État et attr. 1958
AM 3606 P

Paul Delvaux
1897

Marqué profondément par G. De Chirico, qu'il découvre en 1932, et par le surréalisme auquel l'introduisent ses amis Mesens, Giron, Spaak et Van Hecke — en 1934 l'exposition *Minotaure* au Palais des Beaux-Arts de Bruxelles, avec Magritte, Dali, Ernst, Miró et Balthus, constitue pour lui un tournant décisif —, Delvaux sera, rapidement en Belgique, tardivement en France, reconnu comme le deuxième peintre, après Magritte, du surréalisme belge. Peinture-refuge, rêverie biographique, son œuvre renvoie à une symbolique obsessionnelle qui a pu être considérée comme archétypale, originelle, dans laquelle l'évocation du passé « historique » et celle de sa propre enfance semblent assimilées. A travers un dispositif scénique à perspective classique où sont juxtaposés des éléments de l'architecture antique, ceux de l'urbanisme moderne, des personnages-spectateurs doubles de lui-même et des corps nus de femmes inaccessibles et fantomatiques, dispositif que l'on a pu considérer comme des « fantaisies pompéiennes » d'esprit proche de la *Gradiva* de Jensen analysée par Freud, se dégage un sentiment de dérision et d'attente, d'énigme et de reconnaissance. Celui-ci répond, sur le mode fantasmatique, à l'angoisse morbide du temps et du réel, d'héritage chiriquien, exprimée par les peintres du Réalisme magique ou ceux de la Nouvelle Objectivité hollandaise comme Carel Willinck.

P.A. De Bock, *Paul Delvaux*, Bruxelles, Laconti, 1967; J. Vovelle, *Le surréalisme en Belgique*, Bruxelles, A. De Rache, 1972; M. Butor, J. Clair, S. Houbart-Wilkin, *Delvaux*, Lausanne-Paris, Bibliothèque des Arts, 1975.

☐ *L'Acropole,* 1966
Seule peinture de Delvaux présente dans les collections, acquise au moment de sa rétrospective au Musée des Arts décoratifs en 1967 — en dehors de l'appui de Paul Eluard, l'accueil de Delvaux en France resta longtemps prudent, même au sein des surréalistes —, *L'Acropole* est significative d'une évolution, dans les années 60, vers une figuration plus unifiée et sereine, traitée avec un métier encore plus sec et académique. Le thème, déjà largement exploité depuis le *Cortège en dentelles* (1936) — celui de l'énigmatique procession de femmes identiques sur la voie publique — est ici évoqué de façon moins inquiétante qu'idyllique : la juxtaposition des éléments hétéroclites du décor perd ici toute son ambiguïté, devient toute de convention. Les figurantes servent seulement à définir la dimension spatio-temporelle d'un espace panoramique unifié par les effets de lumière : la clarté bleue d'une aube à venir, d'une mer proche (thème privilégié à cette date), semble figer dans une attente heureuse ces effigies féminines, vestales d'un rite initiatique. A.L.B.

L'Acropole, 1966
huile sur toile
150 × 230
achat de l'État 1969, attr. 1976
AM 1976-948

André Derain
1880-1954

Mal aimée, sinon méconnue, la personnalité d'André Derain suscite encore aujourd'hui les mêmes interrogations que posait en 1931 un curieux dossier publié par la revue *Les Chroniques du jour* et intitulé « Pour ou contre Derain ». La peinture de Derain a pourtant toujours bénéficié de la caution de personnalités aussi incontestables et aussi diverses que Guillaume Apollinaire (qui dès 1916 pointe la contradiction d'un « tempérament audacieux et discipliné »), André Breton, qui lui consacre en 1924 un chapitre des *Pas Perdus* (« Derain reconnaît très volontiers que la provocation est exclue de ses dernières œuvres (…). Maintenant il croit devoir accorder à chaque objet la place convenue ».), ou Giacometti, qui déclare en 1957 : « Derain est le peintre qui me passionne le plus, qui m'a le plus appris depuis Cézanne. Il est pour moi le plus audacieux ». Que le mot audacieux soit utilisé en 1916 comme en 1957 à propos de Derain étonnera seulement ceux qui ne regardent la peinture qu'à travers son contenu d'images. La lucidité de Derain — sa capacité, très moderne, de mettre en question la peinture de son temps et d'interroger toutes les autres — ne l'a pas mené qu'à des réussites : « Les qualités de Derain n'existent qu'au-delà du ratage, de l'échec, de la perdition possible », souligne Giacometti. Et Derain lui-même d'avouer : « Mieux vaut un échec sur l'absolu qu'une réussite provisoire ».

Derain a 20 ans en 1900. Lié avec Matisse depuis 1899, il rencontre Vlaminck la même année et ensemble, sous l'influence puissante de Van Gogh (révélée par deux expositions, l'une en 1901 chez Bernheim-Jeune, l'autre au printemps 1905 au Salon des Indépendants) et de Matisse (avec qui Derain passe l'été 1905 à Collioure), ils pratiquent une peinture brillante, par aplats de couleur pure, qui fait scandale au Salon d'Automne de 1905. Mais le fauvisme n'est qu'un intermède : dès 1907, Derain, en contact avec Picasso et ses amis du Bateau-Lavoir, regarde à nouveau vers Cézanne, aborde les problèmes de la grande composition. En émulation en contact à la fois avec Matisse (le *Nu bleu* de 1906) et Picasso (*Les Demoiselles d'Avignon,* 1907) il présente au Salon d'Automne de 1907 des *Baigneuses* qui font sensation. Derain est alors entré chez le marchand D.H. Kahnweiler; il illustre de gravures sur bois *L'Enchanteur pourrissant* d'Apollinaire en 1909, première édition de la galerie; il poursuit, parallèlement aux « cubistes » de Kahnweiler, une voie tout à fait personnelle, qu'on a appelée, de façon trop simpliste, sa période « gothique » ou « byzantine », confondant son goût pour l'art primitif (masques nègres ou sculptures romanes) et sa passion pour l'art des musées, du Greco à Cézanne. Mobilisé en août 1914, il cesse de peindre pendant cinq dures et longues années. Au retour, Derain jouit d'un prestige immense qui le déconcerte lui-même, il écrit d'ailleurs à Kahnweiler : « J'ai un succès démesuré pour le moment. Ce succès, vous le pensez bien, m'effraie davantage que l'abandon complet ». Lors des expositions organisées par Paul Guillaume, son nouveau marchand, il est salué comme le grand *régulateur* entre Matisse et Picasso.
Il renoue en 1921, à l'occasion d'un voyage en Italie, avec les sources antiques et classiques, revient aux procédés de la peinture traditionnelle (perspective, modelé, clair-obscur), ce qui est considéré comme un reniement par beaucoup de ses anciens admirateurs et par la majorité de la critique. A partir des années 30, Derain s'enfonce progressivement dans la solitude, interrogeant « les secrets perdus du passé » et successivement Renoir, Courbet, Corot, Ingres, dans les registres traditionnels du nu, du paysage et de la nature morte. Il peint les décors et les costumes de nombreux ballets et opéras, de 1919 à la fin de sa vie (la *Boutique fantasque* de Diaghilev en 1919; *Jack in the Box* d'Erik Satie en 1926; *Salade* en 1935; *L'Enlèvement au Sérail* pour le Festival d'Aix-en-Provence en 1951). Après la guerre, séparé de ses anciens amis, il vit de plus en plus retiré entre sa maison de Chambourcy et son atelier de la rue d'Assas.

E. Faure, *André Derain*, Paris, Crès, 1923; G. Hilaire, *Derain*, Genève, éd. P. Cailler, 1959; D. Sutton, *André Derain*, Londres, The Phaidon Press, 1959; cat. *André Derain*, Paris, Grand Palais, 1977.

Derain était présent dans les collections nationales bien avant l'ouverture du Musée en 1947, avec sept tableaux des années 20 et 30 achetés par l'État entre 1929 et 1939. Jean Cassou n'a pas cherché à augmenter la collection par des pièces significatives provenant de l'atelier en 1945-1946 (comme il l'a fait pour Picasso, Matisse, Braque), sans doute en raison de l'attitude — critiquée — de Derain pendant la guerre; et c'est seulement en 1951 qu'entre au Musée un premier tableau fauve, *Le Vieil Arbre,* 1905, auquel se joindra *Les Bords de la Seine,* 1904. En 1966, à la vente Lefèvre, l'État préempte la *Vue de Collioure* de 1905, puis en 1968 le Musée achète un très important album de croquis et aquarelles, également de 1905-1906. Grâce au don de Mme Gallibert en 1969 arrive au Musée le magnifique

Portrait d'Iturrino, 1914, et trois œuvres plus tardives. Depuis cette date, la collection s'est régulièrement enrichie des *Deux Péniches,* [1906], de la *Nature morte,* 1912 (achetées respectivement en 1972 et 1979), de la *Nature morte au lapin,* 1938 (acquise par dation en 1982), enfin, grâce à la donation Louise et Michel Leiris en 1984, de quatre dessins et des deux *Portrait de Mme Kahnweiler* de 1913 et 1922. Sans être tout à fait complète, elle offre désormais un parcours des jalons essentiels de l'œuvre de 1905 aux années 40.

☐ *Vue de Collioure,* 1905
Derain rencontre Matisse dès 1899. Celui-ci, « immédiatement attentif au travail très sérieux, très scrupuleux, de ce jeune artiste aux dons puissants » (selon ses propres remarques rapportées par Georges Duthuit dans *Les Fauves*), facilite et appuie sa vocation auprès de son père notamment. Mais le moment le plus important de leur amitié se situe pendant l'été 1905, qu'ils passent ensemble à Collioure, à

Vue de Collioure, 1905
huile sur toile
60 × 73
achat 1966
AM 4367 P

l'initiative de Matisse. Pour tous les deux ce séjour est décisif, il constitue la confirmation et la mise en œuvre d'intuitions communes sur le travail de la couleur et donne lieu à un commun rejet du système divisionniste, néo-impressionniste, par trop contraignant. Derain est tout à la fois ébloui par l'intelligence de Matisse (« C'est un type beaucoup plus extraordinaire que je ne l'avais cru au point de vue logique et spéculation psychologique », écrit-il à Vlaminck) et par la violence de la lumière et des couleurs sur le port. Il tente de les décrire à Vlaminck, dans une lettre qui semble renvoyer à la *Vue de Collioure* du Musée, dont il existe par ailleurs plusieurs versions (donation Pierre Lévy, Musée d'Art moderne de Troyes; coll. part., Bâle, etc.) : « Ce sont des femmes, de très beaux gestes, avec des caracos noirs, des mantes (…) puis des poteries rouges, vertes ou grises (…) des ânes, des bateaux, des voiles blanches, des barques multicolores. Mais surtout c'est la lumière. Une lumière blonde, dorée, qui supprime les ombres (…). C'est d'un travail affolant (…). Tout ce que

Les Deux Péniches, [1906]
huile sur toile
80 × 97,5
achat 1971
AM 1972-1

j'ai fait jusqu'ici me semble stupide ». Matisse peint, lui aussi, les mêmes motifs : *La Plage rouge* est très proche, par le cadrage du sujet et l'organisation de la composition (une grande oblique et les verticales parallèles des mâts). Tous deux ont vu la collection d'œuvres de Gauguin appartenant à Daniel de Monfreid mais, à bien mettre leurs toiles en parallèle, ils réagissent différemment : tandis que Matisse peint sur une toile à peine préparée, faisant jouer le blanc de cette légère préparation comme une lumière qui fait rayonner encore davantage les taches de couleur pure, Derain utilise ici une préparation d'un gris assez soutenu, qui apparaît partout où les couleurs (par ailleurs aussi violentes que celles de Matisse) ne sont pas posées, et qui a pour résultat de les *assourdir* considérablement : l'effet d'opacité — inattendu dans un tableau réputé appartenir au paroxysme du fauvisme — rappelle précisément Gauguin, comme aussi l'absence de ciel et la façon dont les formes colorées, les taches s'imbriquent les unes dans les autres, remplissant sans rupture toute la surface du tableau.

☐ *Les Deux Péniches,* [1906]

L'apparente violence des couleurs, leur arbitraire (l'eau jaune et verte), la liberté de la facture, la touche couvrant partiellement la toile — et laissant apparaître, cette fois encore, une préparation grise, d'un ton plus clair que celle de la *Vue de Collioure* — sont particulièrement caractéristiques de Derain à sa pleine période fauve : les rapports entre cette œuvre et celles de Vlaminck en 1905 semblent évidents, et notamment par le thème des péniches, vision familière aux riverains de Chatou, aux flâneurs des bords de Seine qu'étaient alors les deux peintres et amis. Il est difficile pourtant de dater avec précision cette œuvre. Le parti adopté (vue plongeante depuis un pont) se retrouve surtout dans les vues du port de Londres, peintes après l'hiver 1905-1906. Toutefois plusieurs historiens pensent qu'elle a été peinte au Pecq, près de Paris, en 1904 : aucun argument précis ne permet d'infirmer ou de confirmer cette dernière hypothèse, sinon que les quelques tableaux qu'on peut attribuer avec certitude à l'année 1904 manifestent beaucoup moins d'audace et de décision que *Les Deux Péniches*. La composition révèle un souci très poussé d'organisation de l'espace, lointainement inspirée de Van Gogh (*Les Deux Barques,* Musée d'Essen), et indirectement de l'estampe japonaise : pas de ciel, présence envahissante et déroulée horizontalement de l'eau, diagonales parallèles des péniches qui indiquent seules la profondeur, décalage des bateaux, calculé pour renforcer l'effet de mouvement, enfin choix très précis des tons et des rapports d'équivalences complémentaires qui s'établissent entre eux (voiles bleu/rouge, eau jaune/vert, bateaux rouge/orange, absence de noir). Tout cela n'a rien de gratuit, n'est en aucune façon l'expression d'un épanchement instinctif, souvent associé au fauvisme mais auquel Derain s'est toujours refusé, dont même il se méfiait, écrivant à Vlaminck en 1905 : « Je me suis laissé aller à la couleur pour la couleur. J'ai perdu mes anciennes qualités ». Des mises en place dessinées précèdent d'ailleurs le tableau, préalables à la réinvention du sujet par la couleur et par l'application de la loi des contrastes simultanés. Un album de croquis (qu'on peut rattacher aux années 1904-1906), acquis en 1968 par le Musée, contient une très belle étude sur le motif, au pinceau et à l'encre de Chine rehaussés d'aquarelle, d'une péniche amarrée, en vue plongeante, proche du sujet des *Deux Péniches*.

☐ *Portrait d'Iturrino,* 1914

L'année même où Derain exécute le portrait du peintre espagnol Francesco de Iturrino (1864-1924), Gustave Coquiot en trace une description dans *Cubistes, Futuristes, Passéistes* : « Par son allure physique, son ascétisme, [il] rappelle tout à fait un moine de Zurbaran »; celle-ci apporte la preuve que le peintre n'a pas déformé véritablement

163

son modèle, mais a choisi volontairement ce personnage qui semble sortir d'un tableau du Greco, sinon d'une icône byzantine. Son œuvre illustre par là de façon tout à fait exemplaire la complexité des rapports, du « feuilletage », qui s'établit dès cette époque pour Derain entre son besoin de réalité et son obsession des musées. Entré un des premiers à la galerie ouverte en 1907 par Daniel-Henry Kahnweiler rue Vignon, Derain fréquente quotidiennement depuis Picasso et Braque. Il assiste, de tout près, à leurs découvertes, avancées et inventions réciproques. Au moins autant qu'eux il a étudié Cézanne et les masques nègres qu'il est parmi les premiers à collectionner. Mais Derain n'a jamais été cubiste : dans les tableaux de 1912 (des paysages peints dans le Lot, en référence à Giotto et aux Primitifs italiens), dans ceux de 1913-1914 (vues synthétiques de Martigues ou personnages à la majesté d'idole, telle *L'Offrande*), Derain, bien loin de décomposer les formes, de les soumettre à une analyse qui aboutit à un système de facettes presque abstrait, cherche désespérément à les garder entières au prix d'un hiératisme qui a fait qualifier cette période de « gothique » ou « byzantine ». Ainsi, dans le *Chevalier X,* 1914, qui comporte pourtant un élément de collage, est utilisé non pas un fragment de journal comme allusion au tout, mais le journal tout entier et à sa place : la démarche intellectuelle est complètement différente. Dans le *Portrait d'Iturrino,* la référence principale est l'Espagne, par le choix même du modèle, mais aussi par la gamme

Portrait d'Iturrino, 1914
huile sur toile
92 × 65
don de Mme Geneviève Gallibert, 1969
AM 4575 P

164

colorée restreinte à des gris, des noirs, des bruns. Le fond gris floconneux, davidien, dont se sert Derain pour isoler et rendre encore plus hiératique la figure qui semble taillée dans le bois, se retrouvera dans ses portraits jusque vers 1920. Ce procédé et cette façon d'isoler le visage a particulièrement intéressé Giacometti, qui vit le *Portrait d'Iturrino* à la grande rétrospective organisée en 1954 par le Musée après la mort de Derain (il y figurait sous le n° 43), et en fit immédiatement une gravure, « une copie du guitariste (je crois) espagnol, l'homme à la barbe grise, un peu de biais dans la toile, les mains sur les genoux, une des peintures de Derain que je préfère » (in *Derrière le Miroir*, n° 94-95, 1957).

☐ *Nature morte au lapin,* 1938
Les natures mortes de Derain comptent parmi ses œuvres les plus denses. Concentrant les leçons des maîtres et celles des grands siècles de la peinture — de Caravage à Courbet et Cézanne — elles sont aussi parfois l'exact reflet d'un « sentiment tragique de la vie », d'une angoisse tout à fait contemporaine, et relèvent d'une expressivité contenue (et d'autant plus violente), qu'on trouve rarement dans ses figures des mêmes années. La *Nature morte au lapin,* dite aussi *au bol de sang,* renvoie à la série des tables garnies, peintes vers 1921-1923, dont le plus bel exemple figure dans la collection Walter-Guillaume. Mais l'esprit en est tout différent : quinze ans pl us tôt, Derain a peint des fruits et des instruments de musique en contrepoint harmonieux, détachés sur un fond abstrait qui les magnifie, des images calmes et presque trop savamment équilibrées. Ici le point de vue rapproche

du spectateur, de façon agressive, les éléments de la nature morte (lapin écorché, viscères saignants, bol rempli et taché de sang, couteau et hachoir), porteurs d'une inquiétante violence, presque érotique, touchant à la fois au sacré et à l'obscène : climat proche des écrits de Bataille, de Pierre Jean Jouve, et surtout de certains tableaux de Balthus, l'un des seuls peintres de sa génération qui ait fréquenté assidûment l'atelier de Derain (voir *Nature morte,* 1937, Wadsworth Atheneum, et *La Victime,* 1937, coll. part.). Victime écartelée et calice dérisoire, ces objets ambigus sont exécutés froidement avec une science consommée des sombres et des clairs, des rouges et des bruns — c'est-à-dire des seuls moyens de la peinture — qui font de ce tableau un fascinant objet de délectation et une image, prémonitoire, de l'état du monde en 1938.　　　　　　　　　　　I.M.-F.

Nature morte au lapin, 1938
huile sur toile
89 × 116
dation 1982
AM 1982-105

Charles Despiau
1874-1946

Natif de Mont-de-Marsan, fils d'un plâtrier, Despiau monte à Paris en 1891 pour apprendre la sculpture à l'École des Arts décoratifs auprès de Lemaire, puis à l'École des Beaux-Arts et dans l'atelier de Barrias. Il présente ses premiers envois au Salon des Artistes Français en 1898; son talent est apprécié de bonne heure et en 1907 il reçoit de sa ville natale sa première commande officielle : un monument à Victor Duruy (2 plâtres au Musée). Il s'impose d'emblée comme portraitiste, multiplie les bustes, de sa femme surtout. Rodin remarque l'un d'entre eux, le *Buste de Paulette,* 1907, au Salon de la Société nationale des Beaux-Arts, et l'engage à travailler auprès de lui dans son atelier du dépôt des marbres : pendant sept ans (1907-1914) Despiau y exercera comme praticien (il est l'interprète du *Buste de Mme Elisseif*) aux côtés d'autres jeunes sculpteurs : Pompon, Dejean, Wlérick, regroupés autour de la « bande à Schnegg ». En 1911, Apollinaire fait son éloge dans *L'Intransigeant* du 6 mai (« l'admirable Despiau ») et les commandes d'état affluent de France et de l'étranger (monument aux morts en 1920 pour Mont-de-Marsan, en 1925 pour Buenos-Aires); la même année la *Faunesse* (MNAM) est érigée à Saint-Nazaire. Sa première exposition, présentant 22 sculptures et une vingtaine de dessins, se tient à New York, à la galerie Brummer, en 1927. Elle sera suivie par une importante rétrospective au Palais des Beaux-Arts de Bruxelles en 1930. A cette date, Despiau est salué comme un artiste officiel, comblé d'honneurs, représentant éminent de la tradition nationale éprise de classicisme. Il dispense son enseignement à l'École de la Grande Chaumière à Montparnasse, puis à l'Académie scandinave. Il est membre du Comité d'organisation de l'Exposition internationale de 1937. Il réalisera, enfin, des compositions pour illustrer en 1933 *Les Fleurs du Mal* de Baudelaire, édité par Gonin et, en 1943, *Les Olympiques* de Montherlant publié par La Nouvelle Revue Française.

C. Roger-Marx, *Charles Despiau,* Paris, Gallimard, 1922; L. Deshairs, *Charles Despiau,* Paris, G. Grès, 1930; W. George, *Despiau vivant, l'homme et l'œuvre,* Londres, Paris, New York, Paul Dupont, 1947; M. Gauthier, *Charles Despiau,* Paris, coll. Les Gémeaux, 1949; cat. *Charles Despiau, sculptures et dessins,* Paris, Musée Rodin, 1974.

La collection de dessins et de sculptures conservée par le Musée est la plus complète qui existe : elle est constituée essentiellement par le fonds donné en 1960 par Mme Despiau, soit 46 sculptures, complété, à sa disparition un an plus tard, de toutes les pièces restées dans l'atelier : en tout 172 sculptures et 242 dessins. Tracés à la sanguine, au crayon noir ou à l'encre, les dessins sont rarement signés et jamais datés. Outre deux albums d'une vingtaine de pages représentant des paysages des Landes, ce sont, pour la plupart, des études de nus. Certains se rapportent à des sculptures conservées au Musée : études fouillées pour le *Monument à Victor Duruy,* 1907, le *Nu couché,* 1922, le *Réalisateur,* 1929 et l'*Apollon,* 1937. Les autres, des nus féminins surtout, sont étonnants de qualité et de diversité, bien éloignés du froid académisme qui fit la célébrité de Despiau. L'écriture nerveuse définit les silhouettes d'un trait fluide, souvent brouillé, habile à noter les poses, à suggérer le mouvement. Quelques dessins, tracés au crayon Conté, où les silhouettes s'effacent, comme absorbées par la matière, évoquent les noirs de Seurat. Le fonds de sculpture — il existe deux, parfois jusqu'à cinq états, d'une même œuvre — est riche de cires, plâtres de travail, plâtres originaux et bronzes, qui permettent de saisir toutes les étapes de sa création. Les projets et maquettes de monuments aux morts des années 20 — simples stèles saluées par des femmes, épouses ou mères éplorées dans la tradition de 1870 — évoquent les commandes officielles dont la « statuomanie » de la IIIᵉ République l'a fait bénéficier. Le projet en plâtre du *Monument à Jeanne d'Arc pour Orléans,* 1917 — témoignage de l'esprit nationaliste qui poussait à la canonisation de l'héroïne, symbole de la résistance

à l'ennemi — l'inscrit dans la prestigieuse lignée des Barrias, Dubois et Frémiet. Mais, à la sobre et mélancolique figure d'athlète nu du *Monument à Mayrish* (le *Réalisateur,* 7 plâtres, 1929) fait défaut la furia du *Penseur* de Rodin. Les bustes, 24 d'hommes et 46 de femmes, sont des portraits de proches (à partir de 1934 sa cousine Odette Dupeyrou), d'amis (Léon Deshairs, son biographe), de peintres (*Lucien Lièvre,* 1918, *Dunoyer de Segonzac,* 1942), d'enfants (*La Petite Landaise,* 1904, *Paulette,* 1907, petites têtes fines dont la plastique austère, l'expression détachée évoquent certains bustes de Camille Claudel). Têtes d'expression ou bustes coupés à la taille sont saisis dans une attitude grave, rigoureusement frontale, dans la tradition des portraits florentins du Quattrocento. Regard porté au loin, port de tête altier (*Mme Chester-Dale,* 1928) ou mélancolique (*Mme Agnès Meyer,* 1929), modelé libre, recherche d'une expression calme et idéalisée, de formes harmonieuses, signent tous ces portraits et le situent dans le prolongement de la tradition classique.

Nu accroupi
sanguine sur papier
27,5 × 20
legs Mme Frédéric Lung, 1961
AM 2204 D

□ *Assia*, 1937

Le Musée possède plusieurs plâtres d'étude ainsi qu'une sanguine préparatoires à cette sculpture, sans doute la plus célèbre de Despiau et dont le Musée d'Art moderne de New York conserve une autre version identique en bronze. *Assia* relève du courant classicisant, réaliste par nature, qui caractérise le « retour à l'ordre » des années 30. Comme l'*Apollon* (1937-1946) commandé pour l'Exposition internationale de 1937, elle offre des volumes pleins et lisses, des surfaces simplifiées, totalement opposées à la conception rodinienne de la sculpture. Le polissage souligne le doux modelé où coule sans heurts la lumière. La pose est statique, la composition architecturée, équilibrée. L'esprit de synthèse, la volonté de dépouillement, où semble évitée toute recherche de caractère, traduisent la Beauté idéale, le grand style académique.

□ *Jeune Landaise assise (Odette)*, 1938

Ce plâtre est l'étude définitive pour le *Monument commémoratif à Georges Leygues* de Villeneuve-sur-Lot, commandé à Despiau en 1936 et érigé seulement en 1953 sur les plans de l'architecte Louis Sue. Despiau avait initialement prévu une statue en pied du ministre; à en juger d'après l'étude en bronze (1936-1937, coll. C. Raphaël-Leygues), sa facture, particulièrement nerveuse, de résonance « rodinienne », allait totalement à l'encontre de celle adoptée pour cette *Jeune Landaise assise* aux volumes pleins et lisses, qui la remplaça finalement et pour laquelle Odette Dupeyrou, son modèle habituel, posa (deux autres études en plâtre de la *Jeune Landaise* sont conservées au Musée : une *Tête d'Odette* et une *Odette debout*). L'esprit des années 30, dont le classicisme n'exclut pas le naturalisme, habite cette géante athlétique, aux formes généreuses, aux attaches lourdes, dont le maillot moulant accentue délibérément le type populaire : proche des « Cybèles rebondies », des créatures junonesques de Renoir, du Picasso « ingresque », elle évoque encore par sa position assise, son expression recueillie et sereine, quelque divinité de la fertilité ou quelque déesse-mère orientale.

B.L.

Assia, 1937
bronze
185 × 55 × 43
attribution par l'Office des biens privés, 1951
Réc. 7 S

Jeune Landaise assise, 1938
(Odette)
figure pour le monument de Georges Leygues à Villeneuve-sur-Lot
plâtre
89 × 39 × 38
don de M. et Mme Jacquart, 1961
AM 1310 S

Fred Deux
1924

Issu d'une famille ouvrière modeste, Fred Deux se passionne, jeune, pour le dessin. Libraire à Marseille après la guerre, il y découvre le surréalisme et l'art de Paul Klee, commence lui-même à dessiner (premières taches, dessins automatiques en 1949). Après sa rencontre avec A. Breton, il participe aux activités du groupe surréaliste de 1951 à 1954. Révélé par Jean Cassou dans les *Cahiers du Sud,* il est exposé pour la 1re fois en 1953 à la librairie-galerie du Fanal, à Paris. Replié dans l'Ain depuis 1959, il y mène de front dessin et écriture. Sous le pseudonyme de Jean Douassot, il publie *Les Rats* puis la *Gana* (1958), suivis de *Sens inverse* (1960) et de *La Perruque* en 1965. Depuis 1976, il a multiplié les recueils (*Processus,* 1976, *Memorandum,* 1982, *Voies de passages,* 1984) qu'il appelle ses « carnets de damné » où dessins et textes se répondent. La rétrospective que lui consacra le CNAC en 1972 a permis de situer sa démarche singulière, saluée par Maurice Nadeau dans sa préface à la *Gana,* œuvre maîtresse de l'artiste comme une « topographie du monde du sexe et de l'organique » où « monde et réalité se confondent au sein d'une surréalité fantastique et monstrueuse ».

Cat. *F. Deux,* Paris, CNAC, 1972 (*Cnacarchives* no 3); B. Noël, cat. *F. Deux, L'expérience extérieure,* Paris, galerie Jeanne Bucher, 1983.

La collection du Musée est riche d'un bel ensemble d'une centaine de dessins qui retracent l'itinéraire de F. Deux depuis *Tâchette,* 1951, jusqu'à *Procession des existants,* 1983. Les quatre dessins de 1959, offerts par le Fonds DBC au Musée en 1981, attestent l'influence des techniques surréalistes sur ses débuts (*Sans titre,* décalcomanie, 1959). L'ensemble des 18 dessins acquis en 1980 (depuis *Dessin,* 1961, jusqu'à *Régénération,* 1973) affirme la singularité d'une œuvre qui fait du corps l'œil et l'outil de la connaissance : tout un grouillement cellulaire, formes organiques et viscérales, monstres d'Apocalypse, surgissent au fil de la plume et du crayon. Deux ensembles précieux se détachent de la collection, deux albums offerts par la Scaler Foundation en 1979 et en 1980 : *Filtre des Limbes,* 1978, recueil de 39 dessins au crayon, et la *Malemort,* 1980, épais psautier, où dessins et textes intimement liés forment une sorte de journal intime, serrant de près les mouvements de la vie, explorant ses pulsions et les mécanismes de son érotisme métaphysique.

☐ *Procession des existants,* 1983

Ce quadriptyque appartient à une série de 11 dessins de grand format, présentés en 1983 chez Jeanne Bucher. Rassemblés par Bernard Noël, sous le titre de « l'expérience extérieure », ils renouent avec l'univers enchanté des « grands transparents » (G. Bonnefoi) des années 60. « Des veines, une circulation qui se répand sur toute la surface », d'impalpables masses d'ombres et de lumières s'éploient sous le crayon, parcourues par un monstrueux cortège : bribes d'êtres qui s'ébauchent et se défont, corps serpentiformes qui dardent leurs orbes grimaçants... Le dessin fait surgir « le ténébreux, l'invisible, non pas l'anatomique mais sa dimension ». Sous le crayon virtuose, « lignes-boules, lignes-boucles, lignes-vaguelées, lignes-surface, lignes-trame, lignes-fibres, lignes-fluides, lignes-air, lignes nues » nous entraînent au cœur d'un fluide millénaire : houle écailleuse charriant tout un monde de larves pédonculées, de filaments lustrés, de viscères noueux ourlés de festons ombrés, mémoire et empreinte d'une vie amniotique.

B.L.

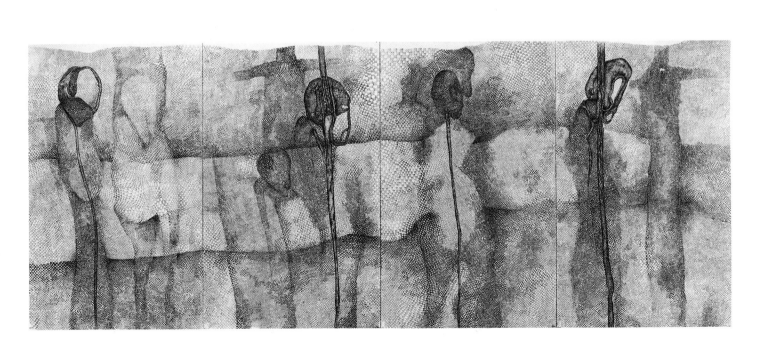

Procession des existants, 1983
quadriptyque
mine de plomb sur papier Arches satiné fixé sur contreplaqué
104,5 × 264,5
achat 1984
AM 1984-250

Jean Dewasne

1921

Après des études classiques et musicales très poussées, Dewasne se consacre à l'architecture puis à la sculpture à l'École des Beaux-Arts de Paris. Dès 1943, il s'engage dans la voie de l'abstraction : après la Libération, il reçoit le premier Prix Kandinsky et forme un groupe sous la férule de Denise René, où se retrouvent Hartung, Schneider, Poliakoff, etc. Membre en 1946 du premier comité des Réalités Nouvelles, il fonde quatre ans plus tard l'Atelier d'Art abstrait où il donne un cours de « technologie de la peinture » et prêche sa propre éthique de l'abstraction géométrique par le biais des conférences qu'il donne sur l'art abstrait; éthique rigoureuse, marquée du sceau du matérialisme dialectique, dont son article mémorable paru dans *La Nouvelle Critique* en 1968 résume le message : dans la tradition de l'Esprit Nouveau, l'art abstrait est conçu comme un instrument de rénovation sociale, fondateur d'un nouvel humanisme. Marquant « un bond en avant par rapport à la figuration, élément réactionnaire de la pensée plastique », il doit contribuer à l'évolution du monde en tant que «moyen de réunir les hommes entre eux ». Dewasne illustre ses principes dans de grandes réalisations murales : pour le stade de glace de Grenoble (1967), la Faculté des Lettres de Lille (*La Longue Marche,* 1969) et le Musée des Beaux-Arts de Grenoble (environnement de plus de 1 000 m², 1970).

Cat. *Jean Dewasne,* Paris, galerie Daniel Cordier, 1963; cat. *Jean Dewasne,* Berne, Kunsthalle, 1966; « Jean Dewasne, Art abstrait et objectivité », *La Nouvelle Critique,* nº 16, sept. 1968.

☐ *Tombeau d'Anton Webern (antisculpture),* 1952

« Le contact avec une aciérie, un train de laminage! Quelle extraordinaire concurrence pour les sculpteurs! Mais je ne suis pas un sculpteur; je trouve des formes préexistantes que je juge intéressantes, variées et que je m'approprie pour en faire autre chose. C'est pour cela que je les appelle des anti-sculptures ». L'enthousiasme — rappelant F. Léger — pour la civilisation industrielle, allié à la démarche d'appropriation du réel chère aux Nouveaux Réalistes, préside à l'élaboration des anti-sculptures. Inaugurant la série par un hommage au compositeur autrichien, ce « ready-made arrangé » est contemporain des automobiles déchiquetées de Chamberlain et précède les compressions de César. Érigée comme un torse, colorée et vernie, la vulgaire carcasse devient objet noble et précieux. La couleur, en épousant le relief qui se creuse et se bombe, l'affirme en tant que volume et surface à la fois : « Pour Webern, je me suis aperçu que je pouvais créer une œuvre à l'intérieur et une autre à l'extérieur de cette forme. En tournant autour de ces deux tableaux, l'un concave, l'autre convexe, on obtenait une lente interpénétration de l'un dans l'autre : je commençais ainsi à atteindre une complexité plastique à laquelle je n'étais par parvenu avec des tableaux plans. Je quittais la géométrie d'Euclide pour entrer dans celle de Riemann et de Lobatchevski : le premier pas vers mes recherches ultérieures. C'était une sorte d'équivalence personnelle des premiers pas d'Anton Webern vers la musique sérielle. » (propos recueillis par Maurice Bruzeau).

La Grande Ourse, 1958
peinture émail sur isorel
122 × 183
don du fonds DBC, 1982
AM 1982-235

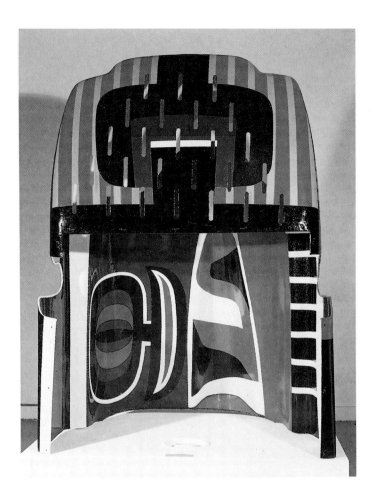

Daniel Dezeuze
1942

Originaire du Gard, Daniel Dezeuze séjourne aux États-Unis avant d'exécuter ses premières œuvres, où il fait preuve d'une abstraction radicale dans l'esprit d'une époque qui met en question la peinture. Il expose alors de simples châssis tendus d'une feuille de plastique transparent en guise de toile. Membre actif du groupe *Supports-Surfaces*, il fait par la suite partie du comité de rédaction de la revue *Peinture-Cahiers théoriques*. Tout au long des années 70, il se manifeste par des pièces de bois flexible qui, selon l'espace où elles sont présentées, peuvent être partiellement roulées sur le sol. L'image du châssis utilisé à l'origine devient ici tableau où vient discrètement s'appliquer la couleur (*Sans titre*, 1975, MNAM). Toujours préoccupé de transparence, Dezeuze a également utilisé la tarlatane dans des pièces en forme d'échelles ou des peintures découpées et collées au mur. Il poursuit, parallèlement à ce travail, une œuvre de dessinateur.

Cat. *Daniel Dezeuze*, St-Étienne, 1980; C. Prigent, *Comme la Peinture (Daniel Dezeuze)*, coll. Mot pour mot, Paris, éd. Yvon Lambert, 1983.

☐ *Rouleau horizontal*, 1968
Dans ses œuvres d'avant 1970, Dezeuze reprend l'idée du ready-made, mais dans un contexte de questionnement du tableau. Les matériaux qu'il utilise se réfèrent souvent au paysage rural par opposition à l'objet industriel auquel ont eu recours précédemment de nombreux artistes. Ce rouleau déployé au sol, constitué de cannisses recouverts de goudron, préfigure les œuvres souples en lamelles de bois des années 70, qui seront fixées au mur. Ici l'ambiguïté reste grande entre peinture et sculpture. A.P.

☐ *La Grande Ourse*, 1958
Comme *Sans titre*, 1947, cette œuvre monumentale est entrée au Musée grâce à un don du fonds D.B.C. Elle développe les recherches affirmées avec éclat dans l'*Apothéose de Marat*, 1951, « œuvre capitale de l'après-guerre » (D. Cordier), acquise également en 1982. Le vocabulaire des formes dont il joue s'est enrichi; le fond vif et monochrome est saturé d'unités géométriques posées en aplats de couleurs franches : hexagones, carrés, losanges, cercles, fuseaux qui s'enchaînent selon une logique sensible fondée sur la théorie des ensembles et soulignent des rythmes contrastés et syncopés. Conçues dans l'esprit de Fernand Léger, les œuvres de ces années, « pleines à craquer de volonté, d'énergie et de tension », se présentent comme des archétypes de la civilisation moderne. Le choix de supports durs comme l'isorel, le métal ou le contreplaqué (*Les Royaumes combattants*, 1967, achat de l'État en 1976), l'emploi de peintures industrielles, laque, peinture glycérophtalique, à consistance d'émail, renforcent l'effet de puissance et d'efficacité recherché par Dewasne, et la qualité d'objet conférée au tableau. « Le tableau n'est pas une réduction de l'homme (…) il est un objet, doué d'une vie propre et indépendante, qui concentre le meilleur de l'homme uni au meilleur d'un matériau de la nature, en suivant les lois de celle-ci. » Tracées au tire-ligne et au compas, les cinq gouaches des années 70-80, dont l'ensemble fut offert au Musée en 1984 par Dewasne, proclament son attachement, à l'écart de toute mode, envers une abstraction raisonnée, proche du Hard Edge et des Structures Primaires américaines. B.L.

Tombeau d'Anton Webern (antisculpture), 1952
peinture émail sur aluminium
151 × 123 × 92
achat de l'État 1974, attr. 1975
AM 1975-3

Rouleau horizontal, 1968
goudron sur rouleau de roseaux
825 × 73
achat 1985
AM 1985-174

Jan Dibbets
1941

S'il n'était son ironie, il serait tentant de classer l'œuvre de Dibbets, né à Weert (Pays-Bas), sous la rubrique « Art hollandais ». Lui-même ne renie pas cette tradition et l'on pourrait faire remonter ses sources jusqu'à Claesz ou Mondrian. Tous trois ont allié à une observation méticuleuse de la nature une rigueur de représentation en parvenant à mettre en évidence des structures ou, plus simplement, une réalité restée invisible jusque-là. C'est ainsi que les biographies mentionnent sa rencontre avec Richard Long et le Land Art en 1967, année où il fait ses découpes géométriques dans l'herbe, valorisant ainsi l'opposition (très riche) entre nature et culture. C'est à la même époque qu'il commence des « corrections de perspectives » : par déformation, un trapèze devient un carré, ce qui a pour effet de rendre ambiguës les notions habituelles de profondeur de l'espace et de localisation. Les *Panoramas* en 1969 et les *Comètes* en 1973 amorcent, puis établissent, une nouvelle direction dans cette étude attentive du comportement de la réalité à travers l'objectif de l'appareil. La photographie lui sert ainsi d'information qu'il traite ensuite dans son atelier selon une attitude scientifique : il agence rigoureusement un éventail de photographies qui recouvrent les 360° d'un paysage côtier hollandais en s'efforçant de conserver à l'horizon sa linéarité. Il en résulte les *Dutch Mountains* — au titre ironique. Les *Comètes* (une vingtaine) viennent encore accroître l'écart entre la réalité du motif et la représentation « objective » par la simple addition d'un paramètre numérique. A partir de 1976 Dibbets utilise la photographie pour les *Études de couleur* en intervenant à l'aide de médiums traditionnels. Ces œuvres sont des reconstructions du motif, mais avec une intention plus formelle que paradoxale.

Cat. *Jan Dibbets,* Amsterdam, Stedelijk Museum, 1972; cat. *Jan Dibbets,* Paris, MAM, 1975; J.M. Poinsot, « Jan Dibbets et ses Comètes », *Art Press,* n° 16, février 1975; R. Durand, « L'exacte simplicité de Jan Dibbets », *Art Press,* n° 91, avril 1985.

☐ *Big Comet, 6-72°, Sea,* 1973

Ce montage photographique complexe s'appuie sur la prise de vue d'une portion de paysage hollandais. L'objectif photographique pivotant autour de son axe, il en résulte des photographies qui, mises côte à côte, montrent l'horizon de la mer qui bascule sur lui-même de l'horizontale à la verticale. D'une photographie à l'autre, il existe un décalage de 6°. Dibbets, en disposant les photographies bout-à-bout et en suivant le tracé de la ligne d'horizon, obtient une courbe qui s'élève de gauche à droite. L'horizon barre obliquement chacune des photographies à partir de deux angles opposés; ce qui exclut de l'œuvre la possibilité des deux photographies extrêmes (la verticale et l'horizontale). L'ensemble du montage est ainsi suspendu entre deux états non figurés comme une parabole. Sa configuration elliptique la fait ressembler à une comète ou plus exactement à l'image que l'on se fait de cet objet céleste, quand on sait qu'il dessine dans sa course une immense ellipse. Ce qui est remarquable, c'est la façon presque naturelle avec laquelle le paysage le plus insignifiant prend — après l'intervention de Dibbets — la forme et la réalité de l'objet le plus rare et le plus spectaculaire, sans que rien n'y soit formellement ajouté.

F.H.

Big Comet, 6-72°, Sea, 1973
12 photographies couleur montées individuellement sous verre
l'ensemble : 315 × 318
achat de l'État 1975, attr. 1976
AM 1976-952

Jim Dine
1935

Jim Dine reconnaît avoir été fasciné très tôt par le monde des objets, notamment par les outils en vente dans les magasins de quincaillerie appartenant à son grand-père et à son père. Il suit les cours de l'École d'art de Cincinatti, sa ville natale, et découvre dans des revues les peintures de Jasper Johns, les *Combine Paintings* de Robert Rauschenberg et les premiers environnements de Claes Oldenburg, trois artistes auxquels il vouera toujours une grande admiration et qui proposent alors une alternative réaliste à l'expressionnisme abstrait, encore dominant sur la scène new-yorkaise. Il s'installe à New York en 1959 et rencontre Allan Kaprow, Bob Whitman, Red Grooms et Claes Oldenburg, peintres et sculpteurs qui montent les premiers « happenings », spectacles renouant avec toute une tradition d'avant-garde théâtrale et d'esthétique du collage et accordant une place importante aux objets souvent fabriqués par les artistes pour la circonstance. Jim Dine participe à de nombreux happenings et en réalise plusieurs, notamment *The Car Crash* présenté à la Reuben Gallery en 1960. Il abandonne ensuite cette forme d'expression dont il mesure les limites pour se consacrer à la peinture. Dans les œuvres de cette période (1960-1962) il introduit de nombreux objets personnels et familiers (vêtements, chaussures, outils, palettes), directement fixés sur la toile et peints avec beaucoup d'humour et de poésie. Il réalise également de nombreuses gravures et aquarelles sur les mêmes thèmes et une série de grandes sculptures en aluminium (*Angels for Lorca*, 1966, coll. Ludwig, Cologne). Il vit à Londres de 1967 à 1970, puis rentre aux États-Unis et s'installe à Putney, dans le Vermont. Ses peintures et ses sculptures récentes en bronze témoignent d'un certain retour à une figuration traditionnelle autant que d'une pratique jubilatoire de la peinture (séries des *Natures mortes* inspirées de Zurbaran, des *Robes de chambre* et des *Arbres*).

J. Gordon, cat. *Jim Dine*, New York, Whitney Museum of American Art, 1970; D. Shapiro, *Jim Dine*, New York, Harry N. Abrams, 1981.

□ *Putney Winter Heart n° 3 (Garbage Can)*, 1971-1972
Cette œuvre appartient à une série exécutée dans des formats et des matériaux très divers et ayant pour « motif » le cœur, symbole naïf et familier que Dine exploitera jusque dans les années 80. Sur le même thème, il existe une version en métal recouvert de paille : *Nancy and I at Ithaca (Straw Heart)*, 1966-1969, et un ensemble en grillage : *Five Chicken Wire Hearts (To John Petro)*, 1969, aujourd'hui détruit, ainsi que plusieurs œuvres sur papier comme *Small Heart Painting n° 12*, 1970.   C.D.

Putney Winter Heart n° 3 (Garbage Can), 1971-1972
huile sur toile et assemblage d'objets divers
183 × 183
don de la Scaler Foundation, 1975
AM 1976-1

Otto Dix
1891-1969

Otto Dix, qui est né en Thuringe, entre à l'âge de 14 ans comme apprenti chez un peintre en bâtiment et complète ses connaissances du métier avant la Première Guerre mondiale par des cours à l'école des Arts et Métiers de Dresde, puis par le classique voyage d'études en France. Il y conduira, en fait, des trains de l'armée allemande, emportant dans ses bagages *Le Gai Savoir* de Nietzche et la Bible. Ses impressions sur les désastres de la guerre et la survie à tout prix dans les tranchées apparaissent d'abord dans une série de dessins, exposés en 1916 à la galerie Arnold de Dresde (où il fréquentera l'Académie des Beaux-Arts entre 1919 et 1922). Puis elles donneront lieu à un portefeuille de gravures (1923-1924) digne d'un Goya (la campagne de publicité pour cet album ne suscita pourtant qu'une unique souscription) et à un triptyque grandiose, intitulé *La Guerre* (1929-1932). Georg Grosz, dont il partage les idées violemment antimilitaristes, l'invite à la Grande Foire internationale de Dada qui a lieu en 1920 à Berlin, où Dix s'installe entre 1925 et 1927, sur le conseil du directeur de la galerie Nierendorf. Il est ensuite nommé professeur à l'Académie des Beaux-Arts de Dresde, succédant à son professeur Otto Gussmann, et élu en 1931 membre de l'Académie prussienne des Beaux-Arts de Berlin.

Sa carrière universitaire sera interrompue par la politique culturelle du régime national-socialiste : Dix se voit relevé de ses fonctions d'enseignant et frappé d'un interdit d'exposer; huit de ses tableaux sont mis au pilori en 1937 dans la trop célèbre exposition itinérante, *Entartete Kunst (Art dégénéré)*, et 260 de ses œuvres retirées des musées allemands sous prétexte qu'elles « offensent au plus haut degré le sentiment moral du peuple allemand et amoindrissent sa volonté de défense ». Appelé cependant sur le front, il est fait prisonnier de guerre, en 1946, à Colmar.

Les années jusqu'à sa mort (survenue à Singen, près du lac de Constance) ne sont que travail incessant, formant une suite d'expositions prestigieuses, de prix et d'honneurs accumulés. Cet artiste exceptionnel, ce « crypto-expressionniste » — dont l'œuvre apparaît tendue entre deux pôles, sobriété et passion, précision et expression — sera reconnu internationalement comme une des personnalités dominantes du courant *Neue Sachlichkeit* (Nouvelle Objectivité) en Allemagne dans les années 20.

F. Löffler, *O. Dix. Leben und Werk,* Dresde, Verlag der Kunst, 1960; cat. *Neue Sachlichkeit and German Realism of the Twenties,* Londres, Hayward Gallery, 1978-1979; F. Löffler, *O. Dix 1891-1969. Œuvre der Gemälde,* Recklinghausen, Verlag Aurel Bongers, 1981.

☐ *La Journaliste Sylvia von Harden,* 1926
L'étude de ce célèbre portrait de 1926, très souvent reproduit (couverture du cat. Londres, 1978-1979), qui est la seule œuvre du peintre (acquise de l'artiste en 1961) présente dans les collections du Musée, nécessite un léger retour en arrière. En 1925, deux faits importants de la vie personnelle de Dix ont eu, en effet, une incidence sur sa peinture : d'abord, son installation pour une période de deux ans à Berlin, qui, malgré la guerre et les conséquences désastreuses de l'inflation, était devenue, non seulement le centre spirituel, économique et politique de la République de Weimar, mais aussi un véritable carrefour artistique européen; second fait important : son voyage en Italie grâce auquel il put approfondir l'étude de la technique des peintres des 15e et 16e siècles, étude commencée pendant son séjour à Düsseldorf, et qui lui permit d'élaborer — il aimait se dire « alchimiste » — une technique très originale, à l'opposé de celle des impressionnistes et expressionnistes qui utilisaient des couleurs industrielles; consistant en un mélange de tempera à l'œuf et de peinture à l'huile, enrichie par d'innombrables couches de glacis transparents et semi-transparents, cette technique lui apportait les moyens d'obtenir une précision extrême. Le support utilisé de préférence à l'époque

était le bois, remplaçant ainsi la toile lissée avec un enduit au plâtre. Il faut signaler, enfin, toujours en 1925, l'exposition, d'un intérêt capital pour l'Histoire de l'art, préparée depuis 1923 par G.F. Hartlaub, alors directeur de la Kunsthalle de Mannheim : ce critique lucide, qui deviendra le grand théoricien de la peinture post-expressionniste, y montrait les nouvelles tendances néo-naturalistes ou néo-réalistes qui s'étaient développées en Allemagne comme en Italie depuis 1919 sous le titre de *Neue Sachlichkeit,* groupant sous cette appellation les artistes allemands « ni abstraits d'une manière expressionniste, ni superficiellement sensuels, ni des introvertis constructivistes ». Dix, considéré par Hartlaub comme l'un des peintres les plus marquants (avec G. Grosz) de « l'aile gauche vériste » de la Nouvelle Objectivité, participa à cette importante manifestation. Témoins sceptiques de leur époque qu'ils cherchent à peindre de la manière la plus froide, sans sentimentalité aucune, tous entendent « déchirer systématiquement le voile mensonger de la beauté par des dissonances », se référant à la quotidienneté et à la laideur, choisissant comme champ d'observation la ville, la métropole avec ses contrastes excessifs et ses réalités souvent crues.

Pendant son séjour berlinois, Dix peint une série de portraits tout à fait remarquables : celui du marchand de tableaux Flechtheim en 1926, du photographe Hugo Erfurth, du philosophe Max Scheler, plusieurs autoportraits et ce portrait « si dur, si objectif et en même temps si terrifiant » de la journaliste du *Berliner Tageblatt,* Sylvia von Harden, de son vrai nom Sylvia Nehr (v. 1890-1963), dont il fit la connaissance au Romanische Café, lieu de rencontre de l'intelligentsia artistique et littéraire berlinoise. Dix isole cet être ambigu dans un décor prosaïque — ou plutôt devant une absence de décor — peint dans les tons de rouge les plus pervers. Parée des attributs de la femme émancipée des années 20 : coiffure à la garçonne, monocle, maquillage outrancier, cigarettes et boissons sophistiquées, Sylvia von Harden, « d'une beauté unique dans sa laideur », dévoilée et transposée par le regard mordant, ironique et humain de Dix, devient le symbole des aspirations d'une certaine couche de la société de la République de Weimar.

J.B.

La Journaliste Sylvia von Harden, 1926
huile et tempera sur bois
121 × 89
achat 1961
AM 3899 P

César Domela
1900

Né à Amsterdam, César Domela-Nieuwenhuis est le fils d'un ancien pasteur luthérien devenu l'un des plus célèbres leaders politiques de l'extrême gauche néerlandaise; cet « héritage » se retrouvera dans son art sous forme d'idéalisme, sinon de socialisme. Il commence à dessiner en autodidacte dès 1918, fréquentant les ateliers d'artistes près d'Amsterdam, mais ne décide qu'à la mort de son père à la fin de 1919 de se consacrer à l'art. Par besoin de solitude et de réflexion, il s'exile alors en Suisse à Ascona, au bord du lac Majeur, emportant avec lui le *Livre du Tao* de Lao-Tseu, par lequel il prend contact avec la pensée orientale qui aura un impact certain sur son œuvre ultérieure. Ses premières peintures, du début des années 20, sont entièrement dominées par des principes géométriques. A Paris, en 1924, Domela fait la connaissance de Mondrian et de Van Dœsburg et adhère au mouvement De Stijl, dont il demeure aujourd'hui le dernier survivant. Mais refusant de se plier à un dogmatisme trop étroit, Domela, sans vouloir se détourner de De Stijl, mais pensant en approfondir les données, prend des libertés par rapport à certaines de ses règles. Dès 1925, il introduit la diagonale, puis la 3e dimension par l'insertion du relief sous la forme de 5 petits blocs de bois peint dans son premier *Relief néoplastique* qu'il exécute en 1928 à Berlin. 1929 est l'année décisive où il fait intervenir, avec la peinture, divers matériaux : bois, métal peint, laiton, grillage, cuivre, qu'il peint ou non. Il joue aussi avec la transparence : verre ou plexiglas. Attiré plus que jamais par les arts orientaux, Domela emploie à partir de 1932 la ligne courbe, qui lui permet une plus grande liberté d'expression. Entre 1927 et 1933, son séjour à Berlin est aussi fructueux sur le plan de ses contacts que sur celui de ses recherches picturales. A Paris, en 1933, installé à la Cité Fleurie, il retrouve Mondrian, Delaunay, Arp, Pevsner, Gabo, Freundlich. A Paris comme à Berlin, il contribue à toutes les manifestations de l'art abstrait, envoyant des textes pour la revue *Cercle et Carré,* des photos pour *Abstraction-Création,* et participant à toutes les grandes expositions d'art abstrait dans le monde; plusieurs rétrospectives lui sont alors consacrées. A partir du milieu des années 50, les œuvres de Domela, se situant dans un espace architectural, prennent la dimension de reliefs muraux.

Cat. *Domela, rétrospective, 1922-1969,* Lyon, galerie Verrière, 1969; R. Van Gindertael, « Entretien avec César Domela », *Cimaise,* no 99, nov.-déc. 1970; A. Clairet, *Domela, catalogue raisonné de l'œuvre,* Paris, éd. Carmen Martinez, 1978; H.L.C. Jaffé, *Domela,* Paris, éd. Carmen Martinez, 1980.

☐ *Composition géométrique no 4,* 1923
Réalisée durant l'été 1923 pendant la retraite de Domela à Ascona, cette peinture, une des premières construites sur l'opposition des horizontales et des verticales, procède d'une pure conception de l'esprit détachée de toute appréhension sensorielle. Mais sans référence aux principes du néo-plasticisme, car Domela ignorait encore tout des activités de Mondrian et de Van Dœsburg. Comme le remarque Ch. Zervos, « l'idée néo-plasticienne était dans l'air ». Domela note, dans ses *Entretiens* avec Gindertael : « Dans mes premières peintures de cet ordre, en 1923, le nuancement des valeurs colorées suggérait encore la 3e dimension que Mondrian et ses émules du néo-plasticisme voulaient abolir ». D'ailleurs jamais il n'abandonnera l'idée de la 3e dimension, puisqu'il affirmera à l'encontre de Mondrian que « deux couleurs, même cernées et contenues par un trait noir, ne se situent pas visuellement sur un seul plan ». En effet,

Composition géométrique no 4, 1923
huile sur toile
63 × 66,5
achat de l'État 1972, attr. 1976
AM 1976-956

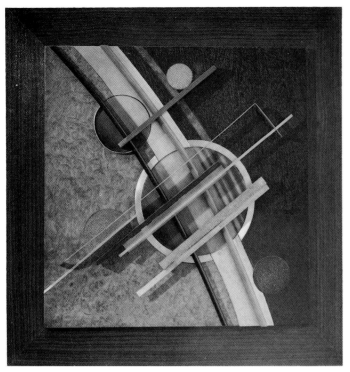

les différents plans horizontaux et verticaux ne sont pas juxtaposés comme ils le seront à partir de 1924, mais se chevauchent, donnant ainsi une idée de profondeur encore accrue par les traits noirs ou blancs d'inégale largeur qui cernent ces plans. Il faut enfin signaler une caractéristique des peintures de Domela dans les années 1920-1924 : la neutralité de facture et de ton. La pâte est lisse, peu épaisse, opaque et mate. Les couleurs sont sans éclat ni luminosité. Même au contact de Mondrian et selon les principes du néo-plasticisme, Domela n'emploiera qu'un court moment les seules trois couleurs primaires et les trois non-couleurs. Le Musée possède une autre œuvre des années 20 : la *Composition néo-plastique n° 5 L,* 1926-1927, achetée en 1978.

☐ *Relief n° 15 E,* 1941
Trois œuvres de Domela des années 40 figurent dans la collection : *Relief n° 20 A (Sonorité),* 1945-1946, une gouache de 1945, donnée par H. Gœtz en 1981, et ce relief qui illustre parfaitement la synthèse des acquis de Domela et la somme des moyens mis en œuvre pour détourner les règles strictes du néo-plasticisme par crainte de s'enfermer dans un radicalisme répétitif. Ayant renoncé à la rigueur orthogonale, Domela utilise l'oblique. Il fonde dorénavant le rythme sur la courbe : ici, la diagonale s'incurve, le point devient cercle. L'insertion de la 3ᵉ dimension transforme une peinture en un relief qui, plus tard, deviendra sculpture. Enfin, aux couleurs élémentaires sont substituées celles des matériaux les plus variés, qui se diversifieront encore avec le temps, peut-être par goût, quasi artisanal, pour l'objet. Ce qui offre à Domela davantage de possibilités pour jouer sur le nuancement des couleurs et des valeurs et surtout, dans la texture même, sur le lisse et le rugueux, le brillant et le mat, le clair et le sombre et — dans les reliefs comportant du verre ou du plexiglas — sur le transparent et l'opaque. Toutefois, ce goût pour la matière reste totalement subordonné à l'esprit, et la démarche abstraite demeure, pour Domela, le meilleur chemin pour traduire son idéalisme : « Je souhaiterais que mes reliefs soient dans leur structure l'expression exacte et absolue de la réalité intérieure qui la provoque (...) et que je veux transmettre. »   N.P.

Relief n° 15 E, 1941
bois de thuya et de palmier, cuivre rouge, laiton,
peau de requin et matière plastique collés sur contreplaqué
64 × 63
achat de l'État 1974, attr. 1976
AM 1976-957

Jean Dubuffet
1901-1985

La certitude que les valeurs académiques sont empêchement pour l'homme de s'exprimer de façon inédite et authentique, le refus de générer soi-même de nouveaux codes et conséquemment l'abandon de toute manière, dès lors qu'elle pourrait faire style, ont conduit pendant plus de quarante ans l'évolution des travaux de Jean Dubuffet. Des multiples séries dans lesquelles se répartit son œuvre — lorsqu'il jugea intéressant vers 1942 d'en conserver trace après plusieurs tentatives de peindre inabouties — la cohérence s'exprime moins dans une continuité formelle que dans un état d'esprit à proprement parler métaphysique et qui envisage toujours la représentation comme un aléa de la matière et une spéculation intellectuelle.

Entendre réduire le travail de Jean Dubuffet au caractère volontairement primaire, voire enfantin, de son dessin ou à son intérêt pour l'art brut — celui des malades mentaux, des internés ou de tous ceux dont l'expression artistique était fait de la seule nécessité — dont il se fit dès 1947 le défenseur, est oublier que cette œuvre est éminemment savante, jusque dans son refus de la connaissance, que son recours à l'expression primitive est aussi maîtrisé que l'usage fait par Céline de la langue populaire. Sous son caractère tour à tour bonhomme ou sarcastique, l'œuvre de Jean Dubuffet est, en réalité, l'une des plus ambitieuses entreprises de la peinture de ce siècle.

J. Dubuffet, *Prospectus et tous écrits suivants,* Paris, Gallimard, 1967.
M. Loreau, *Catalogue des Travaux de Jean Dubuffet* (34 fascicules), Paris, J.-J. Pauvert, 1964-1968, Weber, 1969-1976, éd. de Minuit, 1979-1984.
Cat. *Rétrospective J. Dubuffet,* Paris, Musée des Arts décoratifs, 1960-1961; cat. *Dubuffet,* New York, MOMA. 1962; cat. *La donation Dubuffet au Musée des Arts décoratifs,* Paris, Musée des Arts décoratifs, 1967; M. Loreau, *J. Dubuffet, Délits, Déportements, Lieux de haut jeu,* Lausanne, Weber, 1971; cat. *J. Dubuffet, A Retrospective,* New York, The Solomon R. Guggenheim Museum, 1973; *Dubuffet,* Paris, Cahiers de L'Herne, numéro spécial, 1973; G. Picon, *Le travail de Jean Dubuffet,* Genève, Skira, 1973; cat. *Jean Dubuffet,* Paris, Grand Palais, 1973; cat. *Dubuffet, Retrospektive,* Berlin, Akademie der Künste, 1980.

Les œuvres de Jean Dubuffet réunies au Musée constituent, au sein de la collection, l'ensemble le plus important d'après-guerre, consacrant un peintre considéré dès les années 60 comme le plus grand de sa génération et bientôt un des seuls Français à être reconnu de manière internationale. Cet ensemble, amorcé par des achats de l'État en 1960, 1963 et 1965 (*La Barbe d'Ormuzd,* 1959, *La Table nue,* 1957), s'est sans cesse enrichi, depuis l'exposition du Grand Palais en 1973, d'achats réguliers en 1973 (*Le Jardin d'hiver*) et surtout en 1976 (*Le Train de pendules,* notamment); politique d'achat poursuivie de façon systématique par le Centre Georges Pompidou, particulièrement attaché, jusqu'à la mort de Dubuffet, à en suivre la production. Après les premières toiles de 1944-1945 (comme *Jazz-band, Dirty style blues*), toutes les séries successives qui marquent l'évolution de l'œuvre se trouvent ainsi représentées, répondant en intérêt à l'ensemble exceptionnel de la Donation Dubuffet conservée depuis 1967 au Musée des Arts décoratifs. L'importante dation de la succession du peintre, qui compte l'essentielle *Gigue irlandaise* de 1961 (anc. coll. The Guggenheim Museum), permettra surtout de montrer — au Musée national d'art moderne comme dans les musées de province — les derniers travaux à l'acrylique sur papier destinés à former des suites : 13 *Psycho-sites* (juillet 1981-octobre 1982), 6 *Sites aléatoires* (avril-août 1982), 7 *Mires (Bolero)* (août 1983-février 1984), qui complètent la pièce monumentale (*Le Cours des choses,* 1983) entrée au Musée après sa présentation à la Biennale de Venise en 1984.

☐ *Campagne heureuse,* août 1944
Peint au cours du mois d'août 1944, *Campagne heureuse* (Loreau I, 324) est antérieur de peu à la première exposition personnelle de Jean Dubuffet à la galerie René Drouin (20 octobre-18 novembre 1944).

176

Campagne heureuse, 1944
huile sur toile
130,5 × 89
achat 1981
AM 1981-7

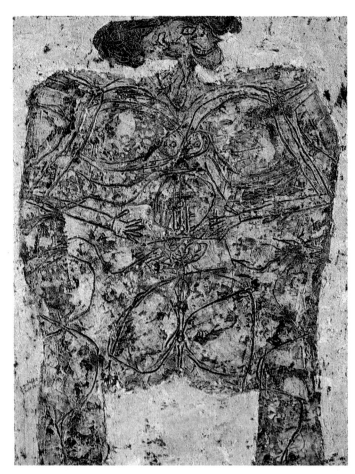

Nombre de traits caractéristiques de la série des *Marionnettes de la ville et de la campagne,* à laquelle elle appartient, semblent ici réunis : un dessin volontairement malhabile, proche des graphies enfantines, une ignorance délibérée des lois de la perspective qui confère à la peinture un caractère frontal, une intensité chromatique due à l'usage de couleurs vives et ne respectant pas le ton local... Bien que rompant manifestement avec la production artistique qui lui est alors contemporaine, l'œuvre de Dubuffet n'en garde pas moins, par certains aspects, trace de son époque et des préoccupations de l'avant-garde. Ainsi, le retour à la spontanéité enfantine, prôné par Paul Klee, figure de référence des peintres d'après-guerre; l'intérêt pour l'art psychopathologique (que Breton va célébrer dans *L'Art des fous, la clef des champs);* la dimension « primitive » des tentures de Bissière ou des œuvres de Chaissac font cortège à ces « maladresses » dont Léon Degand soulignait (*Les Lettres françaises,* 3 février 1945) qu'elles devaient « s'imposer comme nouvelles valeurs picturales ». De même paradoxalement, le rejet de la perspective, phénomène essentiellement culturel, s'il rejoint les transcriptions des civilisations non occidentales ou l'aptitude des enfants à représenter un monde où aucun objet ne fait écran à l'autre, retrouve l'impératif cézannien de la planéité de l'œuvre, à laquelle s'est soumis la plus grande part de l'art moderne. Mais c'est dans l'emploi de la couleur, passée son application à des formes figuratives ou non, que s'établissent les plus inattendus rapprochements, ceux avec des peintres tels Estève ou Bram van Velde, qui échappent au traditionnel bichromatisme bleu et rouge de l'École de Paris et chez qui prime la violence expressive de la couleur, selon

une gamme colorée fort proche des peintures du *Métro,* par exemple. Si l'œuvre de Dubuffet se trouve ainsi, à ses origines, moins isolée dans son écriture qu'elle le semble de prime abord, c'est par ses visées qu'elle diffère fondamentalement des recherches qui lui sont contemporaines. « Entraîner avec force l'esprit hors des sillons où il chemine habituellement, écrit Dubuffet, l'emporter dans un monde où cessent de jouer les mécanismes des habitudes, où les taies des habitudes se déchirent, et de manière que tout apparaît chargé de significations nouvelles, fourmillant d'échos, de résonances, d'harmoniques, là est l'action de l'œuvre d'art. Commotionnées par ce choc reçu, hérissées par ce dépaysement comme un porc-épic attaqué qui dresse toutes ses épines, toutes les facultés de l'esprit s'éveillent, toutes ses cloches se mettent à sonner. »
C'est peut-être parce que Dubuffet lui-même était conscient du tribut encore versé par ses premières œuvres aux recherches coutumières de l'avant-garde qu'il ne présenta pas *Campagne heureuse* parmi les 82 œuvres de son exposition chez René Drouin, lui préférant *Paysage vineux* (MNAM), peint le même mois, et dans lequel le travail de la peinture — avec ses grattages, ses plissements de matière, son aptitude à faire resurgir, enfouis sous les couches progressives, certains tons initiaux, mais salis, maculés par les temps successifs du travail de la pâte — préfigure les développements ultérieurs de l'œuvre.

☐ *Dhôtel nuancé d'abricot,* juillet-août 1947
Cette « entrée en matière », comme la nomme superbement Max Loreau, se développera très rapidement par la mise en question du

Dhôtel nuancé d'abricot, 1947
huile sur toile
116 × 89
achat 1981
AM 1981-501

Le Métafisyx, 1950
huile sur toile
116 × 89,5
achat 1976
AM 1976-12

178

classique véhicule de la peinture — le médium à l'huile — et l'introduction dans celui-ci des plus divers ingrédients (sable, plâtre, poussières de l'atelier...), voire par son rejet au profit de matériaux le plus souvent innommables évoquant « une boue gris sale de couleur indéfinissable » ou « les vidanges d'huile des moteurs ». Aux couleurs volontiers pimpantes des *Marionnettes* succèdent « les registres monochromes » de *Mirobolus, Macadam et Cie* où prennent naissance, en juillet 1945, les premiers portraits (ceux de Jean Paulhan), avant-dire de la série *Plus beaux qu'ils croient* pour laquelle, d'août 1946 à septembre 1947, Dubuffet va tirer le portrait des peintres et écrivains qui gravitent autour de Florence Gould et de ses déjeuners littéraires. Commencée par celui de Pierre Benoit, la série va rapidement se dépouiller de toute fidélité naturaliste pour privilégier le caractère d'effigies magiques, de figures archétypales entées parfois d'un ou deux particularismes : bec de lièvre, touffes de poils... Peint parmi les derniers de cette série, le portrait d'André *Dhôtel nuancé d'abricot* (Loreau III, 155) est l'un des plus hallucinants par le surgissement, sous la cruauté de la vision, d'une qualité de présence envoûtante. A la manière, en effet, des images de féticheurs, la figure y est représentée de façon hâtive, incisée dans la matière du tableau (une huile épaissie de sable et de gravillons), plus proche des graffiti que du dessin naturaliste. La sauvagerie du trait, véritable scar de la surface, rend par contraste d'autant plus suave la couleur et, à travers elle, le souci pictural si particulier de l'artiste. Car par-delà leur présence évocatoire, les *Portraits* sont d'abord, pour Dubuffet, faits de peinture. Ainsi qu'il le précisera lui-même : « Ces portraits étaient anti-psychologiques, anti-individualistes, nourris de cette idée qu'un qui veut

peindre l'important n'a pas à tenir grand compte, même dans un portrait, des futiles accidents — un visage plus gras, un nez plus court — qui peuvent faire différer une personne d'une autre, non plus que d'un caractère plus ou moins aigre ou plus ou moins enjoué ». Dans ces *Portraits*, comme dans les figures indifférenciées de *Mirobolus* compte, en réalité, d'abord ce que Francis Ponge nomme « la rage de l'expression ». « L'art doit naître, dit pour sa part Dubuffet, du matériau et de l'outil et doit garder la trace de l'outil et de la lutte de l'outil avec le matériau ».

Si la première exposition de Dubuffet suscita la controverse — quelques admirateurs fervents et bien plus de détracteurs —, c'est avec la présentation des figures de *Mirobolus,* puis des *Portraits* que la polémique atteignit sa plus grande amplitude, tant le tabou de la figure humaine reste puissant dans les civilisations occidentales.

☐ *Le Métafisyx,* août 1950
Avec la série des *Corps de Dame* à laquelle appartient *Le Métafisyx* (Loreau, VI, 102), Dubuffet réitérait cette atteinte à l'image divine, touchée cette fois dans ce qui naturellement incarne la grâce. A l'accusation de laideur, alors la plus communément formulée, Dubuffet oppose le caractère de « convention accidentelle et très spécieuse » de la beauté, protestant, au contraire, de son intention de proposer une « célébration fervente » du réel. Le caractère outrancier du dessin des *Corps de Dames* — auxquelles, au même moment, font écho outre-Atlantique les *American Women* de De Kooning — est peut-être nécessité d'autant plus forte de souligner le sujet que le traitement en est devenu plus abstrait. Emplissant presque entière-

Le Voyageur sans boussole, 1952
huile sur isorel
118,5 × 155
achat 1976
AM 1976-11

ment le format assez vaste (116 × 89), coutumier à la plus grande partie de cette série, les *Corps de Dames* ont presque même structure que les *Tables paysagées* qui seront en 1951 l'un des thèmes de prédilection du peintre, et dont la *Table nue* (1957, MNAM) est un tardif avatar. De même, les tracés violemment incisés dans la matière et qui définissent, jusque dans leurs caractères sexuels les plus précis, le corps féminin possèdent toutefois une ambiguïté pour que Max Loreau souligne que ceux qui parcourent le corps du *Métafisyx* sont organisés de manière similaire à ceux qui, dans les *Portraits*, font surgir la figure de Jules Supervielle. C'est qu'il s'agit toujours pour Dubuffet de lier étroitement « le très général et le très particulier, le très subjectif et le très objectif, le métaphysique et le trivial grotesque ».

☐ *Le Voyageur sans boussole,* 8 juillet 1952

Cette confusion des valeurs qui rend le regardeur à un état d'innocence est portée à son point extrême dans les *Paysages du mental*. Jamais avant cette série — dont le titre souligne du même coup la solution de continuité avec toute représentation naturaliste et le caractère métaphysique — la matière picturale ne fut aussi épaisse, ce qui amène Dubuffet, pour maintenir l'adhérence de ces peintures plastiques, à choisir dans des œuvres comme *Le Voyageur sans boussole* (Loreau VII, 217) un support d'isorel en place de toile. L'équivoque est reine dans ces tableaux où les empâtements suggèrent d'indéfinissables présences, où l'abolition de la perspective rend ambiguë toute représentation spatiale, au point qu'il est difficile de décider si l'espace y est celui d'une vue cavalière ou s'il s'agit d'une coupe telle qu'en

pratiquent les géologues, à plusieurs reprises figurée dans ces tableaux. La couleur même de gangue dans laquelle sont peintes la plupart des œuvres de cette série incline à penser à des objets ou à des personnages fossilisés, obligeant le spectateur à se situer dans un temps au-delà de la condition humaine, devenue simple conjonction hasardeuse comme le furent plésiosaures et dinosaures. Autant que le personnage sur la toile, c'est le regardeur qui, sorti des terres connues de l'art cadastré, est ici *Voyageur sans boussole*.

☐ *Messe de terre,* décembre 1959-mai 1960

Des *Paysages du mental* aux *Matériologies* se fait jour l'un des processus constants de la pensée de Dubuffet : la recherche, jusqu'à épuisement du sujet, d'un terme ultime de la peinture; une façon forcenée et secrète de jusqu'au-boutisme. Ainsi, dans la multiplicité apparemment hétéroclite des séries et la diversité des expériences, existe-t-il des axes inattendus qui organisent, au-delà des successions de périodes, la cohérence du travail. C'est le cas de la représentation du sol, élément annexe ou central de nombreuses séries, sujet pourtant d'habitude ignoré des peintres, qui se contentent de le fouler aux pieds quand Dubuffet y découvre l'image d'un univers riche de diversité. C'est que, pour lui, les sols appartiennent à ces « valeurs décriées » que son travail entend, au contraire, réhabiliter. Les *Matériologies* célèbrent ainsi « l'épopée du sol », la *Messe de terre*.

Nul repère dans ces tableaux uniformément traités, où « il y aurait à lire sans fin comme dans un très vaste grimoire ». D'être ainsi privées de tout élément narratif — voyageur, chien ou géologue —, ces œuvres prennent une dimension ambiguë, car elles peuvent aussi

Messe de terre, 1959-1960
papier maché collé sur bois
150 × 195
don fonds DBC, 1977
AM 1977-209

bien signifier de vastes territoires survolés qu'un regard rapproché sur une infime surface. Mais cette vue en surplomb même offre, plus encore que les séries précédentes, l'alternative de figurer une coupe, l'épaisseur d'une strate; lecture à laquelle peuvent incliner certains titres : *L'Ame des sous-sols, Entrailles de la terre...* Les *Matériologies* sont l'aboutissement et la fin des recherches sur la matière de Jean Dubuffet (même si celui-ci restera toujours sensible à la nouveauté et au choix des matériaux). Dans ces tableaux, en effet, la peinture à l'huile ou à base de résine synthétique — souvent précédemment mise à mal par adjonctions, mélanges ou triturations — est rejetée au profit de techniques totalement inusitées dans le domaine de la peinture, comme le papier mâché, principal constituant de *Messe de terre* (Loreau XVII, 101), tant Dubuffet assimile alors la découverte de nouveaux territoires de l'esprit à l'expérimentation de textures ou de techniques inédites.

L'un des traits principaux des *Matériologies,* comme des *Texturologies* peintes les deux années précédentes (*Sérénité profuse,* 1957, MNAM), est que les seules limites de ces relevés de la matière sont celles du cadre et que chaque œuvre semble un fragment d'un ensemble plus vaste, schème que Dubuffet retrouvera ultérieurement dans nombre de séries majeures : *L'Hourloupe,* les *Théâtres de mémoire,* les *Mires* ou les *Non-Lieux.*

☐ *Rue passagère,* 12-19 juillet 1961
L'aboutissement que représentent *Texturologies* et *Matériologies,* leur leçon de rigueur et d'austérité (telle que Dubuffet envisagea un temps, rapporte Max Loreau, de s'en tenir à « découper des rectangles d'asphalte pour les accrocher au mur »), ne pouvait pour un esprit si soucieux d'absolu que susciter son plus complet contrepoint. C'est

en 1961 *Paris-Circus.* Retour de la peinture à l'huile classiquement employée, retour du sujet, retour de la couleur, ce total revirement n'a pourtant chez Dubuffet rien de nostalgique. Il est, au contraire, excessif, joyeux, bariolé. C'est l'esprit des *Marionnettes de la ville et de la campagne* qui à nouveau fait irruption, après les années d'ascèse orientalisante, dans une complète démesure baroque. Passants, boutiques, voitures sont l'occasion de transcriptions étonnamment libres : dans la grande artère de la ville, ils forment une circulation de globules encore identifiables, mais qui bientôt, avec *La Gigue irlandaise* (MNAM), coaguleront pour donner naissance au *Cycle de l'Hourloupe.* Aux réclames de ses magasins, Dubuffet se plaît à donner des noms comiques (même si *A l'issue fatale* n'est pas plus surprenant que l'enseigne du fameux café bruxellois *La Mort subite*) ou intrigants. Ainsi la *Rue passagère* (Loreau XIX, 95) affiche les calicots de la « Banque Véreuse », tout comme ceux du « Cacodylate » ou des « Scabieuses » (espèce qui ne comprend pas moins que la « Fleur des veuves » et le « Mors du diable »), dans un bonheur de mots qui rappelle, comme l'écrivait dès 1946 Jean-Jacques Gautier, que Dubuffet est aussi « un des grands écrivains d'à présent ».

Comme en conclusion d'un premier temps de l'œuvre, *Paris-Circus* est une fête, celle de l'immédiat et du quotidien, de la vie vue et recréée; une kermesse où se manifeste pour la dernière fois la veine populaire de Jean Dubuffet, avant que les figures de *L'Hourloupe* ne déroulent leur ballet hautement mental.

☐ *Le Train de pendules,* 24-28 avril 1965
L'Hourloupe a, dans l'œuvre de Jean Dubuffet, place à part. Par sa durée, par la diversité des problèmes envisagés (peinture, sculpture, architecture, spectacle...), par l'ampleur et le nombre de ses réalisa-

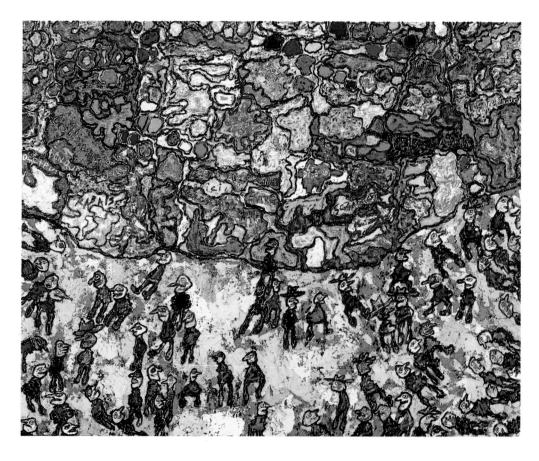

Rue passagère, 1961
huile sur toile
129,5 × 161,5
achat 1982
AM 1983-3

tions, elle est une œuvre au cœur de l'œuvre, un continent autonome. On sait — Max Loreau ou Gaëtan Picon l'ont souligné — comment elle naquit, au cours de conversations téléphoniques, de scriptions sans objet qui, hachurées de bleu et de rouge, puis découpées et isolées sur un fond noir, avaient pouvoir d'évoquer figures ou objets. A cette parthénogenèse, il convient toutefois d'ajouter quelques parents tels ceux qui s'agitent au milieu de *La Gigue irlandaise* et dont les figures émergent du pullulement de la surface, selon le principe de lecture par association d'éléments qui est celui de *L'Hourloupe*.

Parce que, dès son origine. Dubuffet conçoit *L'Hourloupe* comme un langage, sa première existence est celle d'un inventaire. Il s'agit au moyen de ce vocabulaire nouveau de traduire les éléments du monde — et d'abord de reconnaître les familiers de l'œuvre. C'est ainsi qu'apparaissent en premier lieu objets usuels, animaux ou caractères, dans une absence de hiérarchie qui juxtapose le notaire et le moustique, le curé et la vache à lait. A cet exercice de simple nomination ne va pas tarder à s'ajouter un travail plus complexe où interviennent différents éléments : comme d'un qui, apprenant une langue nouvelle, se lance à faire des phrases dès qu'il a acquis quelques mots. *Le Train de pendules*, peint entre le 24 et le 28 avril 1965 (Loreau XXI, 122) mêle ainsi à la représentation des objets physiques des données non matérielles, comme le temps dont le cheminement est attesté, non sans humour, par sept roues. Mais le temps véritable dans cette œuvre, la plus grande des peintures du *Cycle de L'Hourloupe*, mieux que celui qu'indiquent les cadrans, c'est celui de la lecture, du déchiffrement. Avec les peintures de *L'Hourloupe*, Dubuffet triomphe de la perception immédiate et globale de la peinture. Comme tous les tableaux de ce cycle, *Le Train de pendules* nécessite un regard actif, car « entre être et paraître » l'œuvre est toujours en train de se défaire, alors même que l'œil croyait la saisir à son point de surgissement.

□ *Jardin d'hiver,* 1968-1970
Que l'œuvre soit un monde, rien ne le prouve mieux que son aptitude à progressivement remplacer les objets du monde. Des simulacres peints aux simulacres sculptés, dont Dubuffet entreprend à partir de 1966 la réalisation, c'est en matérialité que gagne *L'Hourloupe :* ce qui était initialement image mentale devient, au même titre que la réalité quotidienne, fragment du réel. Dans ce glissement naturel de la peinture à l'objet, puis de celui-ci à l'environnement et à l'architecture, prennent place (d'août 1968, date de création de la maquette, à 1970, date de l'achèvement de l'agrandissement) les travaux de réalisation

du *Jardin d'hiver*. Étrange nom pour un étrange lieu qui récuse l'idée même de nature. Comme toutes les constructions de Jean Dubuffet, le *Jardin d'hiver* (Loreau XXIV, 100) est, en réalité, une peinture tridimensionnée, une opportunité de faire l'expérience physique de cet univers instable, car en perpétuelle expansion, qui est celui de *L'Hourloupe*. Présentant l'exposition des *Édifices,* Dubuffet affirme qu'on y est « obligé au vivre sans bagage ». C'est moins le caractère malaisé du lieu — sol non plan, tracés noirs tour à tour soulignant ou contredisant les reliefs — qui oblige à telle précaution que le caractère initiatique de ce lieu clos, où temps, espace et perception sont remis en question. Par-delà, en effet, la froideur impersonnelle de ses tracés bleus et rouges (ou noirs) le plus souvent mécaniquement appliqués, *L'Hourloupe* est l'un des moments les plus révolutionnaires de la pensée de Dubuffet, celui où, plus que la nomination des choses, c'est leur réalité même que le peintre met en doute, jusqu'à rendre improbables aussi bien leurs modes de classement que les structures mêmes de l'esprit qui les pense.

□ *Le Cours des choses,* 22 décembre 1983
L'âge de Dubuffet, l'insistance mise sur *L'Hourloupe* et ses développements qui pendant douze ans régirent une activité des plus prolifiques, laissaient penser que ce cycle formait la pointe extrême de l'œuvre, sa conclusion. C'était méconnaître la dimension subversive de qui avertissait dès 1946 : « Je tiens pour la confusion ». C'est à Dubuffet lui-même qu'il appartenait de remettre en cause le système de *L'Hourloupe*. Les *Crayonnages* (1974) constituent la pierre de seuil de ce troisième temps de l'œuvre. Avec eux réapparaît le désir d'une écriture « elliptique, schématisée, cursive », qui sera le trait commun des œuvres à venir comme l'est le retour, après les spéculations très mentales de *L'Hourloupe,* d'une charge concrète de l'image sous forme de lieux et de personnages immédiatement identifiables. De 1975 à 1978, les *Théâtres de Mémoire* concentrent ces diverses données en de somptueux *patchworks* de peintures sur papier hâtivement exécutées, puis assemblées ensuite sur toile. Véritable centre des travaux des dix dernières années de l'artiste, ils sont interrogation sur l'espace et le temps, ici traités de façon éclatée et non plus linéaire, tout comme ils sont, par l'accumulation dans une même œuvre des manières de main différentes, dépassement de l'idée usuelle de style, préfiguration, pour le seul usage personnel du peintre, d'une des données essentielles du post-modernisme. Avec ces tableaux s'instaure la notion majeure qui mobilise jusqu'à son terme le travail de Jean Dubuffet, celui d'un

Le Train de pendules, 1965
vinyle sur papier marouflé sur toile
125 × 400 (en 2 panneaux)
achat de l'État 1965, attr. 1976
AM 1976-958

182

Le Cours des choses, 1983
(Mire G. 174, Boléro)
acrylique sur papier marouflé sur toile
268 × 800 (en 4 panneaux)
achat 1984
AM 1985-11

184

site, à la fois espace physique et mental, dans lequel l'esprit se projette sans repère ni balise : c'est tout l'objet des *Mires* puis, conclusion volontaire de l'œuvre, des *Non-Lieux*.

Les *Mires* sont sur des feuilles de papier de format identique des tracés d'apparence hasardeuse, à la peinture rouge ou bleue, dans un premier temps complétés dans leurs parties intersticielles de jaune de chrome, puis très vite laissés tels sur un fond uniment peint de blanc. Le paradoxe consiste pour Dubuffet à parvenir par des moyens qui sont ceux de l'abstraction gestuelle à susciter des évocations d'espaces physiques, à la fois évidents et équivoques. Ceux-ci, d'abord identifiés dans la série des *Psycho-sites* par l'apposition de figures découpées, sont dans les *Mires* laissés à eux-mêmes. Réalisé spécifiquement en vue de la présentation des *Mires* au Pavillon français de la Biennale de Venise de 1984, *Le Cours des choses* s'impose comme l'œuvre majeure de cette série et la plus grande (2,68 × 8 m) jamais réalisée par Dubuffet. Les problèmes de santé ne permettant au peintre que de travailler à plat, ce tableau a été réalisé par juxtaposition de 32 éléments peints successivement. C'est l'un des paradoxes de cette œuvre, toute de liberté et d'improvisation d'écriture, semble-t-il, que d'avoir, en réalité, été conçue de manière totalement conceptuelle — le peintre ne pouvait en voir dans l'atelier que quatre à cinq éléments

juxtaposés à la fois — et de devoir à la seule projection mentale son évidente organisation.

A ce point d'expérimentation et d'aventure, il semblait que Dubuffet avait atteint une limite au-delà de laquelle seul le retour était possible. Les *Non-Lieux*, derniers de ses travaux, sont la preuve qu'il n'en était rien. Le « vent de dématérialisation » qui à plusieurs reprises souffla sur l'œuvre de Jean Dubuffet balaie cette série. Aux tracés énergiques des *Mires*, au caractère contrasté du rouge et du bleu succèdent de fantomatiques écritures blanches sur fond noir. Ces peintures, Dubuffet les voulut les dernières de son œuvre, s'arrêtant définitivement de peindre après leur achèvement. Là, plus qu'ailleurs, vacillent toutes les notions de la pensée : espace, temps, regard y redeviennent une expérience primordiale. C'est donc sur le doute généralisé que se clôt cette œuvre qui sut, plus que tout autre cependant, multiplier les affirmations. « L'œuvre d'art, dès lors qu'elle entend s'affranchir de la pensée conditionnée, dit Dubuffet, se doit de s'élancer hardiment dans le non-pensable, si absurde qu'il apparaisse. Ce qui est sûr, c'est que notre entendement ne mène à rien qu'à des impasses et aux déplorations, donc enjambons-le, habituons notre poumon à respirer l'absurde ».

D.A.

Jardin d'hiver, 1968-1970
epoxy peint au polyuréthane
480 × 960 × 550
achat de l'État 1973, attr. 1977
AM 1977-251

Marcel Duchamp
1887-1968

Marcel Duchamp, sur qui notre contemporanéité n'aura cessé de discourir, apparaît tel que Robert Lebel le soulignait, à l'instar de tout artiste de « l'esprit moderne » dont l'issue la plus accablante « est qu'il est tôt ou tard approuvé par ses professeurs ». Né à Blainville (Eure), il arrive à Paris en 1904. « Pinceau précoce », il précise : « A quinze ans, nous échangions nos points de vue sur l'impressionnisme, qui constituait la révolution artistique de l'époque et sur laquelle on jetait encore l'anathème dans les écoles d'art officielles ». Duchamp s'acharnera alors contre ceux qu'il appellera « les intoxiqués de la térébenthine ». De ce moment date sa volonté d'élaborer « un art sec ».

Alors qu'à l'instar de son frère Jacques il fait des caricatures pour *Le Courrier français* et *Le Rire,* il se lie avec le groupe de Puteaux et surtout Picabia. Comme lui, il va tenter de « rompre avec l'esprit de gravité ». De cette époque datent *Jeune homme et jeune fille dans le printemps,* la série des *Joueurs d'échecs* et la figure « élastisée » du *Jeune homme triste dans un train.* La même année, il peint *Moulin à café,* dont le mouvement circulaire n'est pas sans évoquer l'idée du cycle et qui le guidera sans doute de la beauté « moderne » vers « la beauté d'indifférence ». Un mois et demi avant l'exposition futuriste de la galerie Bernheim-Jeune (1912), il envoie au Salon des Indépendants le *Nu descendant un escalier* que la critique qualifiera « d'explosion dans une fabrique de tuiles ». Cette « abstractive recherche d'une méthode de démultiplication du mouvement dans l'espace » affirme ses liens aux chronophotogrammes de Marey en France, de Eakins ou Muybridge en Amérique, et pose, l'année de son voyage en automobile dans le Jura avec Picabia, les fondements de son scepticisme. « Peint en sévère couleur bois, le nu anatomique n'existe pas ou, du moins, ne peut pas être vu ». Le défi au naturalisme, le glissement du « semi-réalisme » à l'expression non figurative ouvrent la voie à « l'envolée imaginaire » (Lebel). Exposé en 1913 à l'Armory Show de New York, le *Nu...* fait scandale et rend Duchamp célèbre. A cette époque, il commence à réaliser un ensemble d'œuvres parmi lesquelles *Esquisse en perspective de la Machine célibataire, 3 Stoppages-étalon, Broyeuse de chocolat n° 1.* Étranger au réalisme, il apparaît déjà, à l'image de l'ingénieur-inventeur, à même d'édifier un système clos qui, hors du monde rétinien, constitue une pure aventure de l'esprit. Délivré de la « camisole de force cubiste », Duchamp constitue chaque œuvre en un « doute pataphysique » et élabore entre 1913 et 1914 le concept de *ready-made,* qu'il ne formulera réellement qu'en 1915, année où il se trouve à New York. Par le ready-made, ce sont toutes les catégories du jugement qui sont ébranlées, jugements de goût comme de valeur, devenus négligeables puisque arbitraires. On comprend ainsi que, répondant une dernière fois à la commande d'un tableau pour Katherine Dreier avec qui il fondera la Société Anonyme (1920), il ait élaboré dans *Tu m'...,* 1918, un véritable culte de la main inconsciente. Entre de fréquents aller-retour entre Paris et New York et quelques nouveaux ready-mades tantôt « malheureux », tantôt « rectifiés », Duchamp se consacre de plus en plus aux Échecs ainsi qu'aux Machines optiques. Il continue son travail sur ce qui sera *Le Grand Verre,* jusqu'à ce qu'il décide de le laisser dans l'« inachèvement définitif », en 1923. Les spéculations sur *Le Grand Verre,* véritable énigme du sens et des sens, sont trop nombreuses pour être toutes évoquées ici; on retiendra celle de Jean Clair qui, à la lueur des « Fausses confidences » que Duchamp fera à Pierre Cabanne (1967), révèle combien le feuilleton de Gaston de Pawlowski, « Voyage au pays de la quatrième dimension », paru dans *Comoedia,* a joué un rôle déterminant dans l'édification de *La Mariée mise à nu par les célibataires, même.* Mystagogie, pour certains chrétienne, dans ses effets de perspective et de transparence, *Le Grand Verre* se rattacherait à la tradition classique, alors qu'il est pour d'autres (Schwarz, Suquet, Paz, Breton...) la proie de toutes les exégèses. Chacun reconnaît dans cette véritable initiation « ésotérique » l'opposition du registre infé-

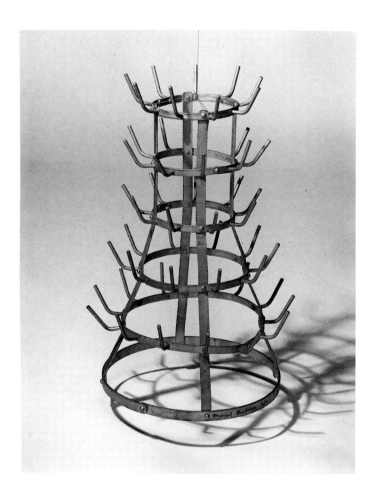

rieur et supérieur, le monde séculier et ses motivations, le royaume du mécanisme et de l'esprit.

Dès 1923, la rumeur se répand que Duchamp a abandonné l'art. Il joue dans *Entr'acte.* Entre un mariage, des championnats et un traité d'échecs, Duchamp s'intéresse aux contrepets et aux calembours. Adepte de Laforgue, il rejoint avec Roussel — il avait assisté à la Première d'*Impressions d'Afrique* — « les manieurs du langage et de gravité ». Devenu depuis 1920 Rrose Sélavy, sorte de double qui fait dire qu'il est en lui de l'androgyne primitif, Duchamp rejoint tout naturellement, comme il l'avait fait pour Dada, le surréalisme auquel il apportera son appui constant. Il contribue parcellairement — car « l'insignifiance n'est pas l'inconsistance » — à quelques expositions internationales par l'envoi de quelques « scolies » (le mot est mallar-méen), signes ou objets qui prennent la forme tantôt d'un disque optique, de la porte de la Gradiva, la galerie d'André Breton à Paris, ou de la grotte centrale de 1200 sacs suspendus au-dessus d'un brasero, pour l'Exposition internationale du Surréalisme de 1938. Il commence la même année la réalisation de ses *Boîtes en valise,* véritable minia-turisation de son œuvre complet, « bagage d'art » nécessaire pour le messager qu'il est devenu. En 1947, il réalise pour la galerie Maeght une couverture avec un sein en caoutchouc-mousse portant l'inscrip-tion « Prière de toucher ». Suivent d'autres objets au fonctionnement sibyllin : *Not a shoe, Feuille de vigne femelle* ou encore *Coin de chasteté,* cadeau de mariage de circonstance à Teeny Sattler qu'il épouse en 1954. En 1959, il réalise encore trois sculptures : *With my tong in my cheek, Torture morte* et *Sculpture morte,* quelques objets comme *Couple*

Porte-bouteilles, 1914 (1964)
(Séchoir à bouteilles ou **Hérisson)**
ready-made : porte-bouteilles en fer galvanisé
64,2 × 42 (diam.)
achat 1986
AM 1986-288

de tabliers pour l'exposition surréaliste de la galerie Daniel Cordier en 1959-1960. En 1964, il signera des multiples de ses ready-mades, considérant tout à la fois les originaux dès lors disparus et leur rendant ainsi « la liberté de répétition qu'ils avaient perdue. »

C'est au Musée de Philadelphie, là-même où la collection de ses amis Arensberg a été inaugurée en 1954, qu'a été installé, selon les données de Duchamp, un an après sa mort, l'environnement intitulé *Étant donné : 1° la chute d'eau, 2° le gaz d'éclairage*. Dans cette œuvre posthume où, comme dans *Le Grand Verre*, le temps est littéralement suspendu, on retrouve la trame que J.H. Lévesque reconnaissait en 1955 : « Une œuvre de Duchamp n'est pas exactement ce qu'on a devant les yeux, mais l'impulsion que *ce signe* donne à l'esprit de celui qui la regarde ». Il reste que le monument d'énigme élevé par Duchamp à la libre disposition de soi « restitue par surcroît », comme l'écrivait Robert Lebel, « une raison d'être à l'œuvre d'art qu'il entendait abolir ».

R. Lebel, *Sur Marcel Duchamp*, Paris, éd. Trianon, 1959, et éd. Belfond, 1985; A. Schwarz, *The Complete Works of Marcel Duchamp*, Londres, Thames & Hudson, 1969; Jean Clair, *Marcel Duchamp ou le grand fictif*, Paris, éd. Galilée, 1975; Jean Clair, *Duchamp et la photographie*, Paris, éd. du Chêne, 1977; cat. *Marcel Duchamp* (4 vol), Paris, MNAM, Centre G. Pompidou, 1977. Écrits de Marcel Duchamp : *Marcel Duchamp, Duchamp du signe* (introd. de M. Sanouillet), Paris, Flammarion, 1976; *Notes* (édition en fac-similé), Paris, Centre G. Pompidou, 1980.

Avec différents ouvrages et éditions parmi lesquels *La Boîte verte*, 1934, *La Boîte en valise*, 1938, *La Boîte alerte*, 1959-1960, édition spéciale de la galerie Daniel Cordier, contenant entre autres *Couple de tabliers*, *La Boîte blanche (A l'infinitif)*, 1967, un *Roto-reliefs*, 1935, le Musée ne conservait à ce jour qu'un ensemble encore insuffisant d'œuvres de Duchamp. Outre une toile de 1910, *Deux Nus*, de caractère « fauve », ce sont assurément l'étude finale pour les *Joueurs d'échecs*, 1911, et l'exceptionnel dessin de *La Mariée mise à nu par ses célibataires, même*, 1912, qui en constituaient les pièces majeures. Récemment, le Musée a pu faire l'acquisition de treize des ready-

mades réalisés par Marcel Duchamp entre 1913 et 1921 : *Roue de bicyclette* et *3 Stoppages-étalon*, 1913, *Porte-bouteilles*, 1914, *En prévision du bras cassé*, 1915, *Pliant de voyage*, *Bruit caché* et *Peigne*, 1916, *Porte-chapeaux*, *Trebuchet* et *Fontaine*, 1917, *Air de Paris*, 1919, *Veuve récente*, 1920, et *Why not sneeze Rrose Sélavy*, 1921. Ils constituent à eux seuls un ensemble d'une telle importance qu'ils permettent maintenant de combler l'une des réelles lacunes de la collection. Ces exemplaires proviennent de la collection propre de Teeny et Marcel Duchamp et sont désignés comme « exemplaires Rrose ». Ils sont en quelque sorte les exemplaires d'artiste que l'« anartiste » Duchamp reçut du marchand italien Arturo Schwarz qui l'avait convaincu, quatre années avant sa mort, d'en faire une édition limitée à huit, déclarant ainsi « les originaux perdus ».

☐ *Les Joueurs d'échecs*, 1911

Cette huile (Lebel n° 80; anc. coll. Jacques Villon) a été réalisée en décembre 1911, après une série d'études préparatoires au fusain (Lebel n° 75 à 79); elle est elle-même une esquisse pour la toile définitive du *Portrait de joueurs d'échecs* (Philadelphia Museum of Art) exposée au Salon de la Section d'Or en 1912. Reprise évidente des *Joueurs de cartes*, elle montre la relation latente de l'œuvre de Duchamp à Cézanne et au cubisme, mais elle n'en affirme pas moins des préoccupations différentes : l'espace, qui n'y est pas défini mais seulement suggéré, l'exécution lisse, la problématique du mouvement qui devance ici le futurisme italien; il s'agit en quelque sorte d'une *sur-impression*. Duchamp, en réduisant l'espace de la toile par les deux bandes noires verticales qui l'encadrent, tente déjà de lui donner les mesures virtuelles d'un échiquier; il abandonne le camaïeu du cubisme analytique en peignant l'œuvre à la lumière verte du gaz d'éclairage — celui du bec Auer — et balaie ainsi les avatars du réalisme pour élaborer un dispositif fondé sur *l'artifice*.

Les Joueurs d'échecs, 1911
huile sur toile
50 × 61
achat 1954
AM 3329 P

□ *Première recherche pour « La Mariée mise à nu par ses célibataires, même »,* 1912

Le dessin, première étude de *La Mariée mise à nu...* (Lebel n° 99; anc. coll. Gustave Candel, Paris), a certainement été réalisé en juillet-août 1912 à Munich, où Marcel Duchamp s'était rendu, souhaitant « voyager comme un jeune homme ». Ce voyage, qui correspond à une période d'intense activité, a été l'objet de maintes spéculations de la part des exégètes de l'artiste. Comme le rappelle Jean Clair, Jack Burnham remarque que c'est dans la vieille métropole bavaroise que Duchamp a, pour la première fois, pris connaissance de l'alchimie et découvert dans sa symbolique l'instrument dont il avait besoin pour « briser les chaînes du naturalisme ». Ulf Linde rapproche ce dessin — le premier à introduire la thématique du *Grand Verre* — d'une illustration tirée d'un manuscrit du philosophe Solidonius reproduit dans *L'Alchimie* de Canseliet. Marcel Duchamp, alors bibliothécaire, avait naturellement accès aux manuscrits et autres livres traitant de l'alchimie et de ce que Jules Laforgue appelle « la poussière d'étoiles ». Le thème repris par Duchamp serait celui du Mariage philosophique de la Vierge qui, dépouillée de ses vêtements, constituerait le symbole du matériau alchimique qui, durant sa transmutation dans l'or du « Mariage », subit liquéfaction et transformation de son état. Jean Clair précise cependant que, si l'on prend soin de consulter le manuscrit original déposé à la bibliothèque de L'Arsenal de Paris (Ms. 973), « on constate que, non seulement Canseliet a altéré l'image primitive qui figure un jeune homme blond et non une jeune fille, mais encore la légende, qui ne concerne pas une 'Mariée mise à nu' mais le Soleil entre Mercure et Pluton ». Il est, en revanche, certain que, comme il l'affirme avec John Golding, ce dessin, réunissant trois figures mécanomorphiques, s'approche des chronophotographies de Marey représentant les phases successives d'un jeu d'escrime. Dans l'image de ce combat à trois — le personnage central de *La Mariée* pris entre les deux célibataires qui dirigent vers elle des pointes mouchetées — le principe amoureux serait ainsi converti en une estocade.

Dans sa relation étroite avec ce que deviendra « l'opus magnum » du *Grand Verre,* ce dessin est d'une importance exceptionnelle. B.B.

Première recherche pour « La mariée mise à nu par ses célibataires, même », 1912
mine de plomb et lavis sur papier
24 × 32
achat 1978
AM 1978-747

Raymond Duchamp-Villon
1876-1918

Né à Damville, près de Rouen, Raymond Duchamp-Villon est le seul d'une famille de six enfants (qui compte également Jacques Villon, Suzanne Duchamp-Crotti et Marcel Duchamp) à se consacrer à la sculpture, qu'il entreprend à partir de 1899 lorsqu'une grave maladie le force à abandonner des études de médecine. En 1902, il commence à exposer dans les salons parisiens une œuvre relativement conventionnelle — des figures humaines, des têtes ou des portraits — où l'on perçoit l'influence de Rodin (*Tête de femme,* 1907, MNAM). Mais, à partir de 1910, l'adoption d'une stylisation plus archaïsante le conduit à l'étude des volumes pour eux-mêmes et à un langage plastique plus réductif. En 1911, il participe avec ses deux frères à la fondation de la Section d'Or à Puteaux. Ce groupe, auquel se joignent notamment Gleizes, Delaunay, Picabia, Léger, Archipenko, Kupka, cherchait à conférer au cubisme un caractère plus concerté, plus dynamique aussi, fondant essentiellement ses recherches sur la couleur, la lumière et l'expression du mouvement. L'exposition de la Section d'Or à la galerie La Boétie, en octobre 1912, attire l'attention du public et les éloges d'Apollinaire. La même année, Duchamp-Villon présente sa *Maison cubiste* (faite à la demande d'André Mare et en collaboration avec d'autres artistes) au Salon d'Automne. En 1914, il s'engage comme médecin auxiliaire, affecté d'abord à Saint-Germain-en-Laye, mais réussit à poursuivre son travail de sculpteur et notamment ses recherches sur le *Cheval;* appelé au front en 1915, il y contracte une typhoïde dont il meurt à Cannes en 1918.

G.H. Hamilton & W.C. Agee, *Raymond Duchamp-Villon,* New York, M. Knœdler & Cie, 1967; cat. *Raymond Duchamp-Villon,* Rouen, Musée des Beaux-Arts, 1976; cat. *Raymond Duchamp-Villon* (texte de J. Zilczer), Philadelphie, Philadelphia Museum of Art, 1980; J. Habert, « Le Cheval Majeur de Raymond Duchamp-Villon », *La Revue du Louvre et des musées de France,* 1-1985.

Le Musée national d'art moderne possède un ensemble des plus importants de l'œuvre de Duchamp-Villon (complété essentiellement par la collection du Musée des Beaux-Arts de Rouen) : 10 exemplaires en bronze d'œuvres historiques comme le *Cheval,* son œuvre maîtresse, dans ses différentes réalisations, l'*Athlète* et la tête de *Baudelaire* — choisis par Walter Pach pour figurer à l'Armory Show de New York en 1915 — *Maggy* et *Femme assise* (les quatre derniers ont été achetés à Jacques Villon en 1948), auxquels s'ajoutent des bois et terres cuites, ainsi que douze plâtres donnés par Mme Marcel Duchamp en 1977. L'acquisition en 1984 d'une trentaine de dessins — essentiellement des projets pour le *Cheval,* des études pour *Les Amants,* la *Maison Cubiste,* le *Portrait du professeur Gosset* —, de nombreuses pages de cahiers de croquis, de manuscrits et d'archives documentaires complète désormais la connaissance du travail de Duchamp-Villon.

☐ *Maggy,* 1911
C'est à partir de 1910-1911, avec le torse de l'*Athlète* et les têtes de *Baudelaire* et de *Maggy,* que la personnalité artistique de Duchamp-Villon commence à se définir. Peut-être la plus étonnante et la plus explicite illustration de ses objectifs se trouve-t-elle dans *Maggy* (portrait de la femme de Ribemont-Dessaignes) dont il existe au

Maggy, 1911
plâtre
73 × 35 × 42
don de Mme Marcel Duchamp
et de M. Pierre Jullien, 1977
AM 1977-588

Femme assise, 1914
bronze
71 × 22 × 28
achat 1948
AM 869 S

moins quatre plâtres préparatoires, témoins d'une recherche progressive avant la version définitive. Certains critiques y ont vu une influence de l'art nègre, d'autres, une référence à la sculpture romane ou gothique; il semble, au contraire, que, libre de tout apport extérieur, cette tête constitue une étape logique dans l'évolution même des idées propres à l'artiste. A l'encontre des autres sculpteurs de sa génération, Duchamp-Villon n'a jamais voulu rompre avec la tradition, celle de la ronde-bosse monolithique, constituée d'une articulation de volumes pleins. Le choix de ses techniques — modelage de la terre cuite ou travail du plâtre, pour une réalisation ultérieure en bronze — est, lui aussi, volontairement traditionnel. Son invention se situe uniquement dans l'interprétation particulière de la figure ou du corps basée sur une rigoureuse connaissance anatomique. Le portrait de *Maggy* n'est pas un portrait proprement dit, mais l'étude analytique et synthétique de la physionomie du modèle d'où se dégage une grande expressivité. En sélectionnant et en amplifiant les traits saillants de la jeune femme, Duchamp-Villon parvient, en effet, à définir une véritable architecture de volumes purs qui, paradoxalement, lui permet d'exprimer la personnalité vive de Maggy. En réalité, c'est l'idée qu'il se fait du modèle qui est ici traduite par des volumes abstraits, selon une démarche que l'on retrouve également dans les têtes de *Jeannette* de Matisse de la même époque. Duchamp-Villon le disait lui-même : « Comprimer une idée, c'est ajouter à sa force. »

□ *Les Amants,* 1913

De même que le portrait de *Maggy* ne semble qu'un prétexte à incarner une réalité expressive dans un langage formel, le relief des *Amants* ne propose pas une image d'amoureux, mais constitue en premier lieu une étude abstraite de rythme conduite avec prédilection par le sculpteur à travers plusieurs plâtres (au moins six, le plâtre de la version finale se trouvant au Philadelphia Museum of Art) et une terre cuite. Une des sources de l'œuvre a été un bas-relief exposé en 1907 au Salon d'Automne : *Désir,* 1905-1907, de Maillol, dont le classicisme intéressait vivement Duchamp-Villon. Convaincu de la nécessité d'un rapport étroit entre sculpture et architecture, il avait déjà projeté, pour la *Maison cubiste* de 1912, des sculptures-reliefs en médaillon : dans les premières études en plâtre pour *Les Amants,* on retrouve des rappels de ces éléments décoratifs abandonnés par la suite. Dans *Les Amants,* le sujet, d'apparence très classique, ne devient qu'un prétexte pour étudier l'articulation de volumes pleins et creux, à angles arrondis ou vifs, créer des ombres et des zones de lumière, et envelopper l'ensemble d'une large arabesque souple et rythmée. En 1914, Duchamp-Villon exprimera magistralement son ambition : « L'œuvre doit vivre décorativement à distance par l'harmonie des volumes, des plans et des lignes, le sujet important peu ou pas du tout ». Son attention est déjà ici tout entière axée sur le dynamisme vital et organique des formes et des volumes, intérêt qui ira en s'accroissant.

Les Amants, 1913
bas-relief en plâtre
63 × 100 × 11
don Jacques Villon, 1929
AM 872 S

190

□ *Femme assise*, 1914

Cette œuvre présente, elle aussi, une architecture stylisée du corps humain, soumise à une idée générale et abstraite : tout détail descriptif est supprimé, laissant place à un agencement presque fonctionnel de volumes élémentaires. C'est ici qu'apparaît, timidement, la synthèse de la force vitale et de la force mécanique, recherche qui sera à la base de son œuvre majeure, le *Cheval* de 1914. L'importance de cette œuvre semble d'ailleurs aussitôt comprise : Duchamp-Villon en vend alors une épreuve en bronze (aujourd'hui dans la collection de la Société Anonyme, New Haven, U.S.A.) au grand marchand berlinois, Herwarth Walden; en 1915, il en cède un plâtre au collectionneur américain John Quinn, qui tire une épreuve en bronze; les indications précises qu'il donne à cet effet — il désirait une patine dorée et un socle en marbre noir, souhait relativement étonnant en regard de la modernité que l'œuvre semble déjà présenter — confirment son intention de s'éloigner de tout réalisme; il ne s'agit pas cependant pour lui, comme pour Brancusi avec ses œuvres en métal, de proposer une forme idéale, à la limite de l'immatériel, mais de rehausser grâce à une surface polie les effets d'une anatomie mécanisée.

□ *Cheval majeur*, 1914

Avec le *Cheval* destiné au Salon d'Automne de 1914, Duchamp-Villon réussit, enfin, à réaliser pleinement la fusion de la force vitale et de la force mécanique : tel était son but déjà depuis le début de l'année 1913, comme en témoigne une lettre écrite en janvier à Walter Pach : « La puissance de la machine s'impose et nous ne concevons plus guère les vivants sans elle, nous sommes émus d'une manière étrange par le frôlement rapide des êtres et des choses et nous nous

habituons, sans le savoir, à percevoir les forces des uns à travers les forces asservies par eux. De là à prendre une opinion de la vie, telle qu'elle ne nous apparaisse plus que sous la forme de dynamisme supérieur, il n'y a qu'un pas vite franchi ». Si le terme *futurisme* est rarement évoqué dans le cadre de l'avant-garde en France, il peut être appliqué à juste titre à cette œuvre. Thème de prédilection des artistes italiens, comme Boccioni, et de certains peintres de la Section d'Or de Puteaux (Jacques Villon, François Kupka), le cheval constitue pour Duchamp-Villon le sujet idéal pour exprimer à la fois la puissance nerveuse de l'animal au galop et la force de la machine en plein fonctionnement : il devient alors un véritable « projectile » vivant, selon le propos même de l'artiste.

L'histoire de l'œuvre, ses différents stades d'élaboration révèlent un travail d'une grande complexité: dans de nombreuses études — croquis au crayon et petites statuettes modelées en terre (les premières associant au cheval la présence d'un cavalier) — Duchamp-Villon, aidé par ses connaissances médicales, poursuit l'analyse des lignes de force de l'animal seul. Au fur et à mesure de ses recherches (comme le montrent les nombreux dessins conservés au Musée) la surface se creuse, faisant apparaître ce que l'on pourrait appeler « l'essence » anatomique des parties fonctionnelles dominantes du cheval, qui se transforment alors progressivement en bielles, engrenages, essieux, axes et rouages d'une machine, sans perdre de leur vitalité naturelle et organique.

Le modèle du *Cheval* abouti n'était haut que de 44 cm (l'original en plâtre se trouve au musée de Grenoble, un exemplaire en bronze, exécuté en 1976, au MNAM); Duchamp-Villon n'en verra jamais la fonte; il avait néanmoins fait part à ses frères de son intention de le réaliser en acier à une échelle monumentale, afin de donner à son œuvre sa pleine vocation de « cheval vapeur », allégorie de l'âge industriel. Après sa mort, ses deux frères s'employèrent à le faire fondre en bronze, d'abord en 1931, à l'échelle d'1 m de haut : le *Grand Cheval* (plâtre original et bronze conservés au MNAM), puis en 1966, à celle de 1,50 m : le *Cheval majeur* (plâtre original au Musée de Rouen, fonte de 9 exemplaires en bronze assurée par la galerie Louis Carré et par la Maison Susse et de 3 épreuves d'artistes, le bronze du MNAM étant une épreuve spéciale dédicacée). Ce n'est qu'en 1984 que la dernière épreuve disponible du *Cheval majeur* a pu être coulée, à l'initiative de la veuve de Marcel Duchamp et du Musée de Nancy, en acier selon le vœu initial de Duchamp-Villon.

Tout en travaillant à l'élaboration du *Cheval*, Duchamp-Villon exécute la *Tête de cheval,* de conception très proche. On n'a jamais su si

Tête de cheval, [1914]
bronze
48 × 49 × 39,5
achat et don de M. Louis Carré
et Mme Marcel Duchamp, 1976
AM 1976-257

Étude pour le cheval, v. 1917-1918
mine de plomb sur papier calque
25,5 × 31,3
achat 1984
AM 1984-265

Cheval majeur, 1914
bronze
fonte H.C. (1976)
150 × 97 × 153
achat 1976
AM 1977-206

192

cette tête détachée (sans le départ du cou) avait été pensée par l'artiste comme un élément d'un cheval à l'échelle monumentale ou comme une œuvre aboutie en soi. Les nombreux dessins préparatoires conservés au Musée, depuis les plus approximatifs jusqu'aux plus avancés, la présentent toujours isolée : il faut reconnaître que l'absence d'attache à un corps constitué contribue à accentuer encore son aspect « aérodynamique ». Une fois de plus, on se trouve confronté à une anatomie plastique où est opérée la fusion de l'organique et du mécanique.

☐ *Tête du Professeur Gosset,* 1918
Dernière œuvre de Duchamp-Villon, cette tête rappelle la force violente, mais encore contenue, des volumes, à la limite de l'abstraction, du portrait de *Maggy.* Le modèle en est un des médecins soignants avec qui le sculpteur s'est lié d'amitié pendant sa convalescence à l'hôpital de Mourmelon en 1918. Dans une lettre à Walter Pach, il évoque ainsi l'œuvre : « J'ai cependant ébauché assez loin un portrait d'un des chirurgiens qui m'ont soigné et dont je ne suis pas mécontent comme point de départ. Mais il faut le rendre définitif et j'escompte les semaines de ma convalescence pour l'achever. Tout cela est un gros effort pour ma faiblesse ». (20 mai 1918). Là encore, les liens de Duchamp-Villon avec la sculpture traditionnelle sont évidents. Comme chez Rodin, sa méthode reste l'ébauche, par une volonté de dégager de la masse de la matière inerte les parties principales, saillantes, de son propos. Le non-fini équivoque, vraisemblablement délibéré, apporte peut-être à l'œuvre toute sa force de mystère et son caractère poignant. Plus bouleversante encore, c'est l'humanité même de cette tête, stylisée à l'extrême, qui s'impose. Dans cette projection de l'humain, du vital, de l'organique à travers des formes abstraites, peut être définie la spécificité de toute la sculpture de Duchamp-Villon. M.R.

Raoul Dufy
1877-1953

La qualité de la peinture de « Dufy l'enchanteur », ce subtil chroniqueur des fastes officiels, observateur familier des casinos, des paddocks et des régates, qu'amuse le monde avec ses fêtes, dépasse la seule séduction de ces sujets dont la « mondanité » lui a parfois nui. Avant tout, elle est peinture d'un peintre doué pour le dessin mais amoureux de la couleur, les faisant finalement jouer indépendamment l'un de l'autre, maîtrisant sa matière en artisan classique.
Il doit au Havre, où il naît dans une famille musicienne, l'amitié d'Othon Friesz, rencontré aux cours du soir du père Lhuillier, et le goût pour la mer, les falaises et les ports. A Paris, au sortir de l'atelier de Léon Bonnat, il expose, au Salon des Artistes Français en 1901 et chez Berthe Weill en 1903, des œuvres encore impressionnistes. Au Salon d'Automne de 1905, impressionné par Matisse, il commence à peindre « fauve ». La rétrospective Cézanne en 1907, le séjour passé dans le Midi avec Braque en 1908 orientent son travail vers le cubisme qu'il ne fera que frôler, pour s'en détourner définitivement après 1914. La traduction de l'espace pictural ne se posait pas, en effet, pour lui en terme de volume mais de couleur : « Il a toujours existé pour moi un certain ordre de la couleur qui pourrait se formuler ainsi : couleur = lumière. Concept de peintre ? Sans doute. Mais de cet axiome découvert vers 1908, j'escomptais bien en tirer une application pratique pour la décoration ». Cette forme d'art l'attire dès les années 20, lorsqu'il réalisera la série des douze tentures pour les péniches de Paul Poiret (Amour, Délices et Orgues), bien avant *La Fée Électricité.* Vers 1926, à la vue d'une fillette courant sur le quai de Honfleur, Dufy réalise que forme et couleur ne coïncident pas, découverte qui, s'imposant désormais à sa vision, lui permet une liberté d'expression bien plus grande. En 1934, grâce à la redécouverte d'un nouveau liant par le chimiste Maroger dont Dufy fait alors la connaissance, il tire de ce médium de nouvelles transparences, tout en préservant la solidité de la matière. Il reçoit des commandes officielles : une décoration de 10 mètres sur 60, *La Fée Électricité,* pour le Pavillon de l'Électricité à l'Exposition Universelle de 1937 à Paris, puis, en 1939, pour le Palais de Chaillot, *La Seine* (MNAM), enfin, pour le Jardin des Plantes, *La Singerie.* Il poursuit parallèlement ses activités d'illustrateur — menées depuis 1910 (gravures sur bois pour le *Bestiaire* d'Apollinaire) — et de céramiste, dans l'atelier d'Artigas, à partir de 1923.

P. Courthion, *Raoul Dufy,* Genève, P. Cailler, 1951; cat. *Raoul Dufy,* Paris, MNAM, 1953; B. Dorival, M. Hoog, « Le legs de Madame Raoul Dufy au MNAM », *Revue du Louvre,* n° 4-5, 1963; M. Laffaille, *Raoul Dufy, Catalogue raisonné de l'œuvre peint,* t. I-IV, Genève, éd. Motte, 1972, 1974, 1976 et 1977; A. Rezé-Huré, « Les dessins de Raoul Dufy », *Cahiers du MNAM,* n° 5, 1980; F. Guillon-Laffaille, *Raoul Dufy, Catalogue raisonné des aquarelles, gouaches et pastels,* t. I et II, Paris, L. Carré, 1981-1982; cat. *Raoul Dufy,* Londres, Hayward Gallery, 1983.

La collection du Musée représente un ensemble de peintures, gouaches et aquarelles, dessins et objets d'art, exceptionnel à la fois par sa variété, puisqu'y figurent presque tous les thèmes abordés par Dufy, et par son amplitude, puisqu'il recouvre chronologiquement l'ensemble de son œuvre. Elle s'est essentiellement constituée grâce à des dons, les achats étant réduits à douze dessins acquis par le Musée du Luxembourg en 1937 et à quelques autres acquis en 1939, puis en 1957 et 1958. C'est une œuvre de 1930, *Le Paddock à Deauville,* offerte en 1932 par l'Association des Amis des Artistes Vivants, qui entre la première au Musée. Considérée à l'époque comme un des sommets de l'art de Dufy, elle figurera dans toutes les expositions organisées dans les années 50 en province et à l'étranger pour faire connaître les chefs-d'œuvre du Musée. En 1937, l'État attribue *La Réception à l'amirauté* et *La Partie de bridge au casino,* deux des douze grandes décorations réalisées en 1925 pour les péniches de Paul Poiret. Paul

Tête du Professeur Gosset, 1918
plâtre patiné
30 × 23,5 × 23,5
don de Mme Marcel Duchamp
et de M. Pierre Jullien, 1977
AM 1977-596

Jamot lègue en 1943 deux petits paysages : *Terrasse de café aux Martigues,* 1904, et *Rue de village,* 1906. En 1957, la Société des Amis du Musée offre la grande lithographie retouchée à la gouache, ultime étude sur *La Fée Électricité;* Geneviève Gallibert donne en 1969 trois toiles : *Le Marché aux chevaux à Falaise,* 1901, *Le Théâtre à Taormina,* v. 1923, et le *Portrait de Nico Mazaraki,* 1932; enfin, Robert Le Masle lègue en 1973 une collection de dessins, dont une étude pour le *Portrait de Rémy de Gourmont.* Mais le fonds le plus substantiel provient des dons de Madame Dufy : en 1953, les importantes toiles des *Cavaliers sous bois,* 1931, et des *Trois Baigneuses,* 1919; en 1962, une partie de l'ensemble exceptionnel de son legs (réparti entre les différents musées du Havre, de Nice et de Paris) qui compte au total une centaine de peintures, 70 gouaches et aquarelles et plus de 500 dessins — soit, pour le Musée, 20 peintures, 37 œuvres graphiques, une tapisserie, des objets d'art et le fonds considérable d'études (plus de 200) pour *La Fée Électricité,* les *Cavaliers sous bois* et la *Singerie du Jardin des Plantes,* enfin 27 carnets de croquis. L'ensemble des dessins préparatoires constitue une véritable genèse de *La Fée Électricité:* chacun des éléments de cette monumentale composition de 600 m² (MAM) fit l'objet d'études répétées; 110 personnages travaillés à la manière classique à partir d'académies de nus qui, reportés au crayon, furent ensuite dessinés en costumes avec modèles ou d'après documents.

La Fée Electricité, (détail) 1952-1953
lithographie gouachée
99 × 125
don de la Société des Amis du MNAM, 1957
AM 1935 D

□ *La Rue pavoisée,* 1906
On peut comprendre la séduction, pour un coloriste, du thème de la rue pavoisée. Déjà en 1878, Manet l'avait traité à deux reprises, dans les deux versions de *La Rue Mosnier aux drapeaux;* de même, Monet, dans *La Rue Montorgueil* (Musée d'Orsay) et *La Rue St-Denis* (Musée de Rouen), puis, en 1886, Van Gogh avec *14 Juillet.* Lorsque Dufy retrouve Marquet en Normandie l'été 1906, ils peignent ensemble au Havre la rue des Drapiers pavoisée. Des 14 versions de rues pavoisées du Havre exécutées en 1906-1907 par Dufy, dont *Le Havre, 14 Juillet, La Rue pavoisée, Le 14 Juillet* (ancienne collection Malpel), *Les Drapeaux,* celle-ci (Laffaille n° 214), que Dufy avait conservée jusqu'à sa mort, est sans doute l'une des plus fortes, des plus accomplies de ses peintures fauves et du fauvisme en général. Plus concentrée que la toile de Marquet, elle ne possède pas les accords puissants de Derain, les stridences de Vlaminck ou les chatoiements délicats de Braque, mais témoigne d'une réelle densité et d'une grande économie de moyens. Dufy réduit le nombre des couleurs, leur conférant ainsi une intensité plus profonde, accentuée encore par la construction pyramidale qui procure une sensation de force tendue mais contrôlée. Les quatre drapeaux, placés en avant du plan de la toile et occupant à eux seuls la moitié de sa surface, semblent ainsi se démultiplier et constituent un écran qui supprime la perspective de la rue; celle-ci

194

ne transparaît qu'en bas à gauche et n'apparaît qu'en bas à droite, signifiée par quelques personnes désignant une foule entière.

En dehors du thème des rues pavoisées, Dufy a saisi toutes les occasions de fêtes (bals, fêtes foraines ou nautiques), prétextes pour lui à traduire de nouveaux rapports de formes, de mouvements, de couleurs : *Le Bal d'Antibes,* 1910, *Le Port de Deauville,* 1928, *La Fête du Mai à Nice,* 1935, *Les Rameurs à Henley,* 1947, jusqu'aux *Funérailles de Painlevé,* 1933 (dont le Musée possède trois dessins et une aquarelle).

☐ *Les Affiches à Trouville,* [1906]

En cet été 1906, Dufy et Marquet se retrouvent encore ensemble à Trouville, devant le même motif. La toile de Marquet (Paris, coll.

Roncey) est moins affirmée que cette première version de Dufy (Laffaille n° 129), elle-même plus sobre que la seconde version de l'ancienne collection Vinot (Laffaille n° 131). C'est que Dufy recherche, devant le motif, une simplification des plans et des couleurs. Il adopte une composition tripartite qu'il reprendra dans une toile de 1933, *Maisons à Trouville* (MAM) : foule au premier plan, plans de couleurs juxtaposés au centre — panneaux publicitaires ou façades des maisons — et ciel. Ici, le pittoresque anecdotique est élagué au profit d'une structure solidement établie par les plans cernés et par les masses noires des personnages (traités par la suite en signes graphiques). La couleur est là aussi, réduite à l'essentiel ainsi qu'il l'a lui-même confié à Pierre Courthion : « Un jour, n'y tenant plus, je

La Rue pavoisée, 1906
huile sur toile
81 × 65
legs de Mme Raoul Dufy, 1962
AM 4113 P

après la période pré-cubiste de décomposition des formes sous l'influence de Braque. L'exécution de cette toile remonterait ainsi avant l'été 1908. Dans cette œuvre fauve presque bicolore, Dufy manifeste déjà un goût prononcé pour la ligne. A côté de l'influence de Matisse, pour qui il n'a jamais caché son admiration, Dufy révèle ici, déjà avec autorité, son don pour le dessin et le langage graphique qui peut parfois dénoter un certain maniérisme.

☐ *Bateaux à quai dans le port de Marseille,* [1908]

L'été 1908, Dufy rejoint Braque qui séjourne à L'Estaque, près de Marseille, depuis le printemps; durant ces quelques semaines, ils vont réaliser un certain nombre d'œuvres où l'influence des toiles de Cézanne, qu'ils ont vues au Salon d'Automne de 1907, est déterminante. C'est exactement la période-charnière où s'opère le passage vers le cubisme : simplification du motif, début de la décomposition des formes en volumes, limitation de la couleur aux verts et aux ocres. Les mêmes recherches unissent alors Dufy et Braque dans des tableaux comme *Arbres à L'Estaque* (Marseille, Musée des Beaux-Arts) pour le premier et *Arbres* (Musée de Copenhague) pour le second, *La Maison dans les arbres* de Dufy et *La Terrasse à L'Estaque* de Braque, ou, enfin, *Arbres verts à L'Estaque* de Dufy et, surtout, ces *Bateaux à quai dans le port de Marseille* et *La Route à L'Estaque* de Braque (MNAM). On y trouve un travail identique sur la verticalité, le même traitement de la matière par larges touches parallèles qui modèlent le volume. Mais, après 1912, Dufy abandonnera le chemin que suivront Braque et Picasso, en revenant à la couleur et au travail de la ligne, demeurant résolument figuratif. Dans le carnet de croquis n° 25 (p. 14 V) que possède le Musée, il situe, avec une profusion de détails où se manifeste sa spontanéité première, ce que sera *Bateaux*

sortis avec ma boîte à couleurs et une simple feuille de papier... Qu'est-ce que j'avais? Du bleu, du vert, de l'ocre, peu de couleurs. Pourtant, le résultat me surprit. J'avais, je le compris aussitôt, découvert ce qu'au fond je voulais ». Comme d'autres peintres fauves, Dufy se saisit de l'affiche publicitaire, car ce nouveau support appelle la couleur pure (alors que Léger, en 1914, l'utilisera comme élément de construction formelle ou que, dans les années 60, les peintres de l'École de New York lui redonneront sa quotidienneté). L'affiche lui permet également d'aborder ici pour la première fois le thème du « tableau dans le tableau », modalité qu'il animera ultérieurement avec l'introduction des partitions musicales dans nombre de toiles ou des publicités lumineuses de *La Fée Électricité*.

☐ *La Dame en rose,* [1908]

Comme ses contemporains parisiens, Dufy a exécuté une série de figures — dont de nombreux autoportraits — d'une grande diversité. Comparés aux autres portraits présents dans la collection : un *Autoportrait* de 1898, l'un des tout premiers, le portrait dessiné de *Paul Claudel*, 1921, et trois peintures des années 30, *Nico Mazaraki*, 1932, *Le Petit Bignou* et *Mme Roudinesco*, 1934, ce sont certainement *Les Cavaliers sous bois*, également de 1930, qui représentent la somme du travail de Dufy portraitiste, dans la tradition de la peinture anglaise du 18ᵉ siècle; la toile fut précédée d'études à la plume et à l'aquarelle de chacun des visages, puis de groupes qui forment la composition, comme le sera en 1937, à une échelle monumentale, *La Fée Électricité*. Le titre de cette *Dame en rose* (Laffaille nᵉ 331), en laquelle on a voulu voir jusqu'à présent le portrait de Madame Dufy, fait peut-être allusion à cette « dame en rose », demi-mondaine que le jeune Marcel Proust rencontre chez son oncle dans *Du côté de chez Swann*. De cette peinture il existe trois autres versions (Laffaille nᵒ 371, 372 et 373), toutes situées en 1912, dont l'une est conservée au Musée de Grenoble. Comme beaucoup d'œuvres anciennes de Dufy, celle-ci reste difficile à dater de façon précise; l'agencement des aplats de couleurs, fortement cernés de noir — réminiscence de Gauguin —, les hachures du fond — héritage de Van Gogh — qui ne sont pas là pour situer les volumes mais pour faire surgir et vibrer la couleur rose; ils semblent relever davantage d'une vision fauve que d'un « retour » à la couleur

Les Affiches à Trouville, [1906]
huile sur toile
65 × 81
achat 1956
AM 3417 P

La Dame en rose, [1908]
huile sur toile
81 × 65
legs de Mme Raoul Dufy, 1962
AM 4115 P

à quai dans le port de Marseille (Laffaille n° 346) : le paysage est vu dans l'encadrement d'une fenêtre; à gauche, placée en avant des bateaux, une poupe à balustres surmontée d'un mât donne la profondeur de l'espace.

□ *Les Trois Baigneuses,* [1919]

Le thème des Baigneuses chez Dufy, qui trouve sa source chez Cézanne, a déjà été analysé par B. Dorival (*Revue des Arts,* déc. 1955). Dufy l'aborde dans les années 1908-1910 et le développera jusque vers 1950 (la *Grande Baigneuse* du Musée Masséna, à Nice). Dans la suite du *Grand Nu* de Braque de 1907, Dufy en donne une approche cubiste, comme en témoigne le superbe dessin du Musée, v. 1908-1910, étude magistrale pour la première *Grande Baigneuse* de 1914 (Laffaille n° 373) : le motif y est réduit à une seule figure (dont Dufy reprendra l'exacte position dans plusieurs versions dessinées ou peintes), totalement encastrée dans une construction serrée d'architectures aux volumes décomposés (les maisons de Sainte-Adresse dans le haut de la toile, comme dans *La Plage de Sainte-Adresse,* 1920, MNAM).

Dans *Les Trois Baigneuses* du Musée (Laffaille n° 375), Dufy prend du recul par rapport au cubisme. Il supprime les architectures du village, remplaçant la rigidité des droites par la sinuosité des courbes. Les corps massifs des deux baigneuses (la troisième n'étant qu'un point d'équilibre pour la diagonale montant jusqu'au bateau) sont l'expression personnelle de son approche de la monumentalité en peinture. Dufy atteint doublement cette monumentalité en situant ses figures dans une composition déjà murale : les baigneuses, peintes dans un espace sans profondeur, émergent d'une surface plane — presque réduite à la seule mer — traduite dans une écriture rapide et décorative (le friselis des vagues en forme d'écailles de poisson, que Dufy reprendra systématiquement dans les années 30). En considérant

le premier état de cette peinture (Ch. Zervos, « Raoul Dufy », *Cahiers d'Art,* 1928, pl. 17), on constate que Dufy a cherché à concentrer davantage la composition pour la rendre plus dense : en réduisant le format du bateau et en modifiant son emplacement, en retravaillant les chairs dans des valeurs plus proches de l'ensemble de la peinture pour en renforcer l'unité.

□ *L'Atelier de l'impasse Guelma,* [1935-1952]

Après avoir occupé à Paris successivement cinq ateliers, Dufy vient habiter, à partir de 1911, 5 impasse Guelma, au pied de la butte Montmartre; il occupera jusqu'à sa mort cet atelier, tendu de ce bleu particulier qui désigne si souvent ses toiles. Sur ce thème existent quatre versions peintes : celle de la Philips Collection de Washington, 1935, celle de la collection P. Bérès, 1939, celle du Musée d'Art moderne de Troyes, dation P. Lévy, v. 1940 (Laffaille, n° 1184, 1185, 1186) et celle du Musée, achevée en 1952. Datant de la pleine maturité de Dufy, cette version (Laffaille n° 1183) est la plus dépouillée. Malgré l'apparente perspective traditionnelle figurée par les lignes de fuite, elle présente une construction, à partir d'un jeu de verticales, en deux parties juxtaposées constituant chacune une ouverture. A bien des

Bateaux à quai dans le port de Marseille, [1908]
huile sur toile
73 × 60
legs de Mme Raoul Dufy, 1962
AM 4130 P

Les Trois Baigneuses, [1919]
huile sur toile
273 × 180
don de Mme Raoul Dufy, 1953
AM 3367 P

égards elle relève d'une recherche proche de celle de Matisse (on songe à la *Porte-fenêtre à Collioure,* MNAM) : travail sur la « couleur-lumière » (suivant son propre terme), bleu tonal envahissant la toile à droite, rose à gauche, éclair blanc de la partition musicale qui, dans les autres versions, se transforme en nuage, et surtout le noir du carreau (palette ou guéridon dans les autres versions) qui sera repris dans la série des *Cargos noirs.* Dufy cherche ici comment le noir peut s'imposer. Il supprime les courbes, ne conservant que la sinuosité du motif fleuri (toile de Tournon dessinée par Dufy lui-même, éditée par Bianchini). De même, lorsqu'il «cite» les éléments, présents dans tant d'autres toiles, et qui forment à la fois le décor de sa vie et l'objet de son travail, il évite tout détail superflu, ne retenant que le tapis d'Orient, la palette sur le guéridon, le motif des arums au mur et surtout — tableau dans le tableau — *Le Violon rouge,* toile proche de celle du Musée, choisie pour son rouge complémentaire du bleu. Enfin, liée à l'emploi de la couleur tonale, l'autonomie du trait par rapport à la couleur, qui est une des caractéristiques majeures de la modernité de Dufy, a valeur à cette date de l'impromptu en musique.   A.R.-H.

L'Atelier de l'impasse Guelma, [1935-1952]
huile sur toile
89 × 117
legs de Mme Raoul Dufy, 1962
AM 4127 P

André Dunoyer de Segonzac
1884-1974

Originaire du Val-de-Marne, Dunoyer de Segonzac se consacre à la peinture en 1903 après des études classiques. A l'Académie libre de Luc Olivier Merson, il se lie avec L.A. Moreau et J.L. Boussingault qu'il retrouve à l'atelier de Jean-Paul Laurens. L'autorité de Cézanne est pour lui décisive : elle le confirme dans la primauté du dessin, la rigueur de la composition et la simplification des formes. Il effectue un premier envoi au Salon des Indépendants de 1909. Au Salon d'Automne de 1910, il présente *Les Buveurs* qui, par le thème, la pâte épaisse et les tons sourds, s'inscrit dans la tradition du réalisme de Courbet. En 1911, il exécute des décors pour *Nabuchodonosor* de M. de Faramond (costumes de Paul Poiret). Il publie parallèlement deux albums de dessins inspirés par les Ballets Russes, célébrant la danse, admirables de rythme et de spontanéité. En octobre 1912, son « cousinage » (Salmon) avec le cubisme justifie sa participation au Salon de la Section d'Or, à la galerie La Boétie. Il présente six peintures et un ensemble de dessins à la mémorable exposition de l'*Armory Show* en 1913 à New York. Sa première exposition particulière en 1914 à la galerie Lévêque à Paris précède de peu sa mobilisation. A la fin de la guerre, il aborde l'eau-forte en illustrant les *Croix de bois* de Roland Dorgelès (1921) et, installé à Chaville, se consacre dès lors essentiellement à la gravure sous la conduite de J.E. Laboureur, travaillant sur le motif « comme un reporter-photographe », à l'étonnement de Vollard. Apparue comme une sorte de délassement poétique, l'activité d'illustrateur prend désormais le pas sur celle du peintre. De son œuvre gravé considérable (plus de 1 600 numéros) se détache la suite des 119 eaux-fortes des *Géorgiques* commencée en 1928 et achevée en 1948, véritable hymne à la gloire de la nature et célébration du corps féminin. Le Grand Prix de peinture de la Biennale de Venise en 1934, puis en 1948 les expositions rétrospectives à Paris, galerie Charpentier, et à la Kunsthalle de Bâle consacrent un art qui, totalement indifférent aux révolutions esthétiques de son temps, cherche à maintenir la tradition académique. Comme Derain, Dunoyer de Segonzac incarne une certaine « tradition française », toute de mesure et harmonie.

C. Roger-Marx, *Dunoyer de Segonzac*, Genève, P. Cailler, 1951; B. Dorival, « La donation Dunoyer de Segonzac », *Revue du Louvre et des Musées de France*, n° 6, 1963; A. Lioré et P. Cailler, cat. *L'œuvre gravé de Dunoyer de Segonzac* (8 vol), Genève, P. Cailler, 1958-1970; cat. *Dunoyer de Segonzac*, Paris, Orangerie des Tuileries, 1976; A. Distel, *A. Dunoyer de Segonzac*, Paris, Flammarion, 1980; cat. *Dunoyer de Segonzac*, Paris, Musée Marmottan, 1985.

Son œuvre est bien représenté au Musée par de nombreux dons, achats, legs et une dation. Dès 1926, un don des Amis du Luxembourg faisait entrer *La Ferme de l'aire à St-Tropez*, 1925, suivie en 1933 de deux achats de l'État, *La Route de Meaux à Couilly*, 1932, et *Bacchus*, 1933. Dans une lettre adressée à Jean Cassou en 1950, Dunoyer exposait aussi son intention d'offrir *Nature morte au pain et au vin*, v. 1938 : « Il m'a semblé qu'elle s'équilibrerait bien avec mon *Paysage d'hiver à Couilly* — qui a du reste la même dimension . Et cela permettrait de mettre au centre de l'œuvre le *Bacchus* qui, je crois, s'harmoniserait bien avec le grand paysage de Provence ». En 1963, un deuxième don apportait un ensemble de neuf peintures (parmi lesquelles des œuvres anciennes comme *Les Buveurs*, 1910, *Nu étendu au foulard bleu*, 1911, *Le Déjeuner sur l'herbe*, v. 1912-1913), treize dessins et trois aquarelles, ainsi que quatre tableaux d'amis, Jean Marchand, Czobel, Luc-Albert Moreau, Jean-Louis Boussingault. « Poussant la générosité jusqu'à offrir le tissu de velours rouge dont il voulait qu'on tapissât la salle, c'est lui-même qui, avec le soin le plus méticuleux et le goût le plus averti, a réglé l'accrochage de ses œuvres, désireux de faire de cette salle un des hauts-lieux du Musée national d'art moderne, ainsi que le résumé de toute son activité de peintre, d'aquarelliste et de dessinateur. » (Dorival, *op. cit.*). Parallèlement, divers achats et dons d'aquarelles et de dessins ont enrichi le fonds du Cabinet d'Art graphique, complété en 1978 par une importante dation de dix toiles (dont la *Mi-Carême*, 1911, et *Nature morte à la Vénus de Médicis*, 1912).

☐ *Les Demoiselles de la Marne*, [1922-1923]

Dans le climat dit du « retour à l'ordre » des années 20, le thème des figures en plein air n'est pas rare. En réaction contre les souffrances de la guerre, une génération, avide d'hédonisme, découvre les plaisirs panthéistes (Matisse à Nice, Picasso à Dinard). Le souvenir des *Demoiselles au bord de Seine* de Courbet, des *Baigneurs* de Cézanne inspirent à Segonzac tout un cycle de figures dans un paysage — nus, baigneurs, canotiers — conciliant observation de la réalité et classi-

Le Déjeuner sur l'herbe, v. 1912-1913
(Les Pains de fantaisie)
huile sur toile
73 × 92
don de l'artiste, 1963
AM 4109 P

Le Moulin de Quinte-Joie-sur-Morin, [v. 1934]
encre et aquarelle sur papier
49,8 × 58,2
achat de l'État et attr. 1935
AM 1294 D

cisme de la vision. Cette composition fut précédée d'une illustration, *Les Demoiselles de la Marne* dite *Les Deux Sœurs* (parue en 1921 dans le recueil *Architecture* publié sous la direction de L. Suë et A. Mare) et prolongée par *Les Dormeuses,* 1922-1924 (Musée d'Art moderne de Troyes, donation Lévy), *Les Baigneurs,* 1922 (MNAM) et *Les Canotiers,* 1924 (coll. part.) qui, avec deux œuvres entrées au Musée par dation, *Grand Nu couché,* v. 1920-1922, et le *Printemps en banlieue,* v. 1922-1924, forment autant de variations sur le thème. Deux nus, à la fois impudiques et innocents, nonchalants et impérieux, s'emparent par leur abandon même de tout l'espace. « Ce n'est pas par hasard que Segonzac construit si fréquemment ses œuvres sur les diagonales ou les spirales chères à Delacroix, à Rubens, au Greco, à Tintoret : comme eux, c'est un baroque et un expressionniste » (B. Dorival, *op. cit*). Dans ces raccourcis audacieux, ces arrondis de la pose, dans cette banalité même du sujet, l'intention classique est patente. Elle se conjugue avec un intimisme sensuel, une expression du bonheur, réconciliant l'homme avec la nature.

☐ *Le Moulin de Quinte-Joie-sur-Morin,* [v. 1934]
Acquise par l'État en 1935, cette aquarelle peut être rapprochée de la toile *L'Écluse sur le Morin,* 1934 (coll. part.) décrivant le même site. « Les plus anciennes aquarelles de Segonzac datent de ses premiers séjours hivernaux dans la vallée du Grand Morin ». Il se plaît à y traduire, en grands plans limpides, la rencontre de la terre, de l'eau et du ciel; « la mise en place, l'armature générale, assurée à l'encre de Chine — soutien de l'aquarelle — continuent à jouer un rôle capital dans ces grandes pages presque monochromes, où le trait de plume, d'une franchise et d'une ductilité admirables, s'associent aux rehauts qui comptent souvent davantage comme valeurs que comme tons » (Cl. Roger-Marx, *op. cit.*). Refusant toute effusion, négligeant tout pittoresque, dans la tradition de Barbizon, il ne retient du paysage que l'essentiel, avec un constant souci de réalisme topographique.

Dans ses paysages mélancoliques et austères d'Ile-de-France ou ceux, pétris de lumière et de couleurs de la côte méditerranéenne, il cherche toujours à traduire la permanence des formes de la nature. « C'est devant les choses simples, confie-t-il dans une lettre à Cl. R. Marx, que j'éprouve un sentiment de force et de sécurité ».

Les Demoiselles de la Marne, [1922-1923]
huile sur bois
96 × 193
don de l'artiste, 1963
AM 4108 P

Max Ernst
1891-1976

Figure dominante du surréalisme qu'elle dépasse en même temps, Max Ernst a imposé une œuvre autonome, complexe, totalement novatrice. Dada, qu'il aborde en 1917 à Cologne, après des études de philosophie et de psychologie, constitue le point de départ décisif d'une pensée qui sera tout au long subversive, volontairement libérée des impératifs réducteurs de la tradition académique comme de ceux des avant-gardes, et qui le conduit aussitôt à se situer « au-delà de la peinture » : une véritable « esthétique de la distance » sera proposée, sa propre distance vis-à-vis de la création directe — Max Ernst fera appel à des procédés de détournement découverts par « hasard » : le collage en 1919, le frottage en 1925 —, la distance également des éléments de l'œuvre entre eux.

Stimulé par la résonance de la peinture et de la poésie romantiques allemandes et, en 1919, par la découverte de la peinture métaphysique de Chirico, Max Ernst opte, dès 1920, pour la transgression systématique du réel et des formes déjà disponibles, pour la mise en évidence de la multiplicité des sens, de l'ambiguïté et la contradiction cachées dans le principe d'identité attaché à tout objet. En cela il apporte au surréalisme sa dimension peut-être la plus élevée et sa portée la plus profonde, que Breton et ses amis ont su aussitôt saisir : ils organisent sa première exposition de *Collages* à Paris en 1921 à la galerie Au Sans Pareil et l'invitent à se joindre à eux, invitation à laquelle Max Ernst, déjà lié à Paul Eluard, répond avec enthousiasme. Dès cette date, ses peintures, ou plutôt ses collages « peints » de figurations hétérogènes, s'imposent par leur provocation poétique, se dérobant à toute compréhension logique. Max Ernst aborde en 1925, avec le frottage, l'interrogation de la matière, autre réservoir de formes. Suivant cette combinatoire qui lui est spécifique, à nouveau procédé, nouvelle image, nouveau contenu : ses dessins « frottés » puis ses peintures « grattées » sont les lieux mêmes de la mise à jour forcée d'une *Histoire naturelle,* d'une cosmogonie visionnaire, par déchiffrement interprété de l'informel. Dès avant 1930, l'apparition de l'oiseau Loplop, double de lui-même, lui permet d'objectiver la distance qu'il entend établir avec ses « visions provoquées », dans une « présentation » dérisoire, en abîme, de son propre travail. Il développera dès lors, dans une longue série de grandes peintures lisses, ses hallucinations visuelles d'une histoire et géographie humaines en défection, menacées par la prolifération de végétations ou de créatures biomorphiques. En 1934, il découvre dans le travail de la ronde-bosse (qu'il poursuivra à Saint-Martin d'Ardèche puis à Sedona) un nouveau moyen de faire surgir, « à l'intérieur de l'œuf » (« de la vue »), son bestiaire : toujours selon le même processus de camouflage, l'assemblage de formes d'emprunt se trouve neutralisé par le moulage.

Obligé de quitter la France en 1939 (après plusieurs internements), il s'exile aux États-Unis, où son œuvre avait déjà suscité l'intérêt d'Alfred Barr et de Julien Levy, et propose avec *Le Surréalisme et la peinture* de 1942 (où est utilisé le « dripping ») un véritable manifeste de l'automatisme, que la jeune génération américaine saura comprendre. De retour en France en 1953, il reçoit, avec Arp et Miró, le Prix de la Biennale de Venise en 1954. Les rétrospectives du MNAM en 1958 et du MOMA en 1961 apportent une reconnaissance tardive à son œuvre.

P. Waldberg, *Max Ernst,* Paris, J.J. Pauvert, 1958; J. Russell, *Max Ernst, sa vie, son œuvre,* Bruxelles, éd. de La Connaissance, 1967; W. Spies, *Collagen inventar und widerspruch,* Cologne, DuMont Schauberg, 1974; trad. fr., Paris, Gallimard, 1984; W. Spies, G. Metken, *Œuvre-Katalog, 1906-1925; 1925-1929; 1929-1938,* Cologne, DuMont Schauberg, 1975, 1976, 1979; cat. *Max Ernst,* New York, The Guggenheim Museum, 1974, Paris, Grand Palais, 1975; cat. *Max Ernst,* Munich, Haus der Kunst, 1979; A. de La Beaumelle, « Max Ernst. Deux nouvelles acquisitions : *Ubu Imperator,* 1923, et *Chimère,* 1928 », *Cahiers du MNAM,* n° 13, 1984.

Après Dalí, Tanguy, Masson et Pierre Roy : Max Ernst fait une entrée tardive au Musée, en 1950 avec *Fleurs de coquillages,* 1925, et un grand frottage de 1929, *La Forêt pétrifiée.* L'exposition organisée en 1959 par Jean Cassou sera suivie par l'achat d'une sculpture, *L'Imbécile* de 1961, et par deux dons, en 1961 et 1964, de Max Ernst : une peinture dédicacée à Paul Eluard, *Après moi le sommeil,* 1958, et une fonte récente du monumental *Capricorne* exécuté en 1948 à Sedona. Il faut attendre 1982 pour que soient enfin comblées les lacunes d'un ensemble jusque-là resté trop tardif et incomplet, avec les huit peintures de la dation Max Ernst, l'élément de la peinture murale réalisée en 1923 par Max Ernst dans la maison de Paul Eluard à Eaubonne, *Il ne faut pas voir la réalité telle que je suis* — témoin précieux de l'amitié unique qui lia, dès le début, le peintre et le poète — et un collage de la période Dada, *La Chanson de la chair* (anc. coll. Breton). Ainsi, avec les deux acquisitions récentes, *Ubu imperator,* 1923, *Chimère,* 1928, sont enfin présentes sur les cimaises du Musée les différentes étapes et les multiples facettes d'une création profondément paradoxale et diversifiée.

☐ *La grande roue orthochromatique qui fait l'amour sur mesure,* 1919-1920
Ce « frottage » avant la lettre — la « découverte » ou plutôt la révélation des possibilités formelles et oniriques de ce procédé proprement ernstien date, on le sait, de 1925 — fait partie d'une série unique, parfaitement homogène, d'une douzaine de planches (Spies-Metken n° 324) exécutées à Cologne en 1919-1920, c'est-à-dire en pleine période Dada : Max Ernst y expérimente à partir de la manipulation d'objets usuels — ici des caractères d'imprimerie en bois et des clichés typographiques — les jeux possibles de montage et de démontage, de renversement et dédoublement de formes identiques, en même temps que, pour la première fois, la combinaison ambiguë de différentes techniques (impressions, frottages, reprises à la plume, à l'aquarelle ou à la gouache) : il aboutit à une image compacte, unifiée, celle de l'univers mécanisé, vivant et humoristique de l'alphabet rimbaldien, qui dépasse déjà le cadre du propos dada. Exposée avec des collages en mai 1921 à la librairie Au Sans Pareil (n° 48), *La grande roue orthochromatique...,* dont le titre apposé par Max Ernst participe étroitement au fonctionnement poétique de l'image, fut, probablement à cette occasion, achetée par Paul Eluard. Mise en vente avec le reste de sa collection à l'Hôtel Drouot en 1924 (2 juillet, n° 67), elle devint alors la propriété de Michel Leiris.

Les Moutons, 1921
collage sur cliché typographique,
rehaussé à la gouache et à l'encre de Chine
11,2 × 16,3
don de Mme Arp, 1973
AM 1973-10

☐ *Les Moutons*, 1921

Après les frottages sur clichés typographiques et les peintures retouchées de l'année 1919, les premiers collages apparus à l'automne vont imposer une véritable poétique du détournement, de la citation et de l'interprétation qui commandera toute l'œuvre ultérieure. L'importance de ce procédé qui « force l'imagination » a été aussitôt comprise par les futurs surréalistes parisiens qui prennent l'initiative de présenter ces œuvres aussitôt à Paris, tandis que Paul Eluard se rend à l'automne à Cologne où il choisira, pour illustrer son futur recueil *Répétitions*, d'autres collages, dont celui-ci auquel est associé son poème *Les Moutons* (devenu la propriété de Hans Arp). Déjà dans *La Chanson de la chair* (MNAM), les éléments collés, comme le texte découpé courant tout autour, s'intégraient à l'image de la reproduction d'une photographie, retouchée à l'aquarelle et au crayon : une œuvre autonome était constituée, collage surréaliste où l'hétérogénéité des matériaux et les différentes interventions restent visibles. Dans *Les Moutons* (Spies-Metken n° 443) ainsi que dans les autres collages de *Répétitions* et de *Malheurs des Immortels*, où Max Ernst fait pour la première fois appel à ce fantastique réservoir de formes périmées donné par les clichés typographiques des gravures illustrant revues et livres encyclopédiques du 19ᵉ siècle, l'ambiguïté même du collage est poussée beaucoup plus loin : la superposition d'éléments aux sujets épars (réunis ici sur une page de démonstration de stéréométrie tirée du *Manuel de l'Institut pédagogique de Cologne*) mais de même nature que leur support — tous des clichés — crée l'illusion d'un « dessin » homogène, assurément voulue par Max Ernst qui

désigna ainsi ce type de collage pur. Les retouches, apposées ultérieurement à la gouache aussi bien sur la feuille de support que sur les parties « collées », répondent encore à son intention d'effacer les marques de son procédé et d'établir une unité formelle : l'effet de trouble n'en apparaît que plus grand. Réalisés dans le même esprit, les tirages photographiques de ses collages conduiront Max Ernst à ses premières grandes peintures de 1922.

☐ *Ubu Imperator*, [1923]

Cette peinture (Spies-Metken n° 631), acquise par Paul Eluard avec les premières grandes huiles conçues avant le départ de Max Ernst pour Paris en août 1922 — *L'Éléphant Célèbes* et *Œdipus Rex* —, marque d'emblée l'entrée dans le champ du surréalisme : elle illustre déjà avec éclat la combinatoire savante, héritée du collage, d'éléments originellement hétérogènes qui, réunis, constituent une autre réalité, celle-là énigmatique, douée « d'une force de persuasion rigoureusement proportionnelle à la violence du choc initial qu'elle a produit » pour reprendre les termes de Breton. Dans une perspective vide et solaire, de résonance chiriquienne, est plantée, instable sur sa fine aiguille, une monumentale et étrange toupie humaine. Il s'agit ici d'une image, fort complexe, de dérision du pouvoir. Le Père Ubu, symbole grotesque de l'autorité, est ridiculisé encore sous cette apparence de grosse carcasse à armatures, où l'on a pu voir (S. Poley) la résurgence — résultat d'une de ces hallucinations cultivées par Max Ernst — d'une illustration par Mariette du processus du coulage en

202

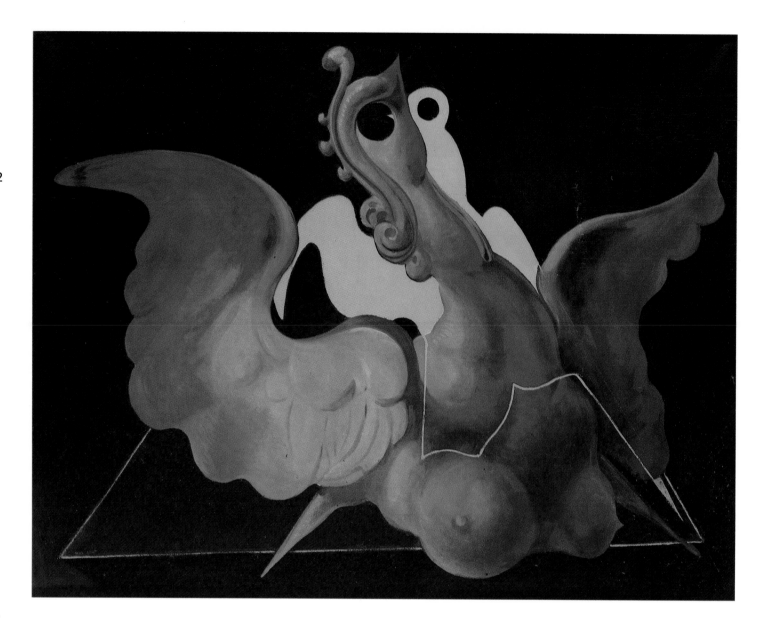

bronze de la statue équestre de Louis XV par Bouchardon. Le moulage armé, duquel s'échappent chevelure et membres humains, semble lui-même s'animer, devenir un absurde robot. Plus encore : sous ces déguisements proposés ressurgit de l'enfance de Max Ernst une « vision de demi-sommeil », selon les termes mêmes de la description qu'il en donnera dans *La Révolution Surréaliste* (n° 9-10, 1927). Son père s'y métamorphosait progressivement en une toupie monumentale, en même temps fouet-sexe et crayon : cette étrange image réapparaît, illustrant presque textuellement le rêve de Max Ernst, dans la première version, aujourd'hui disparue (Spies-Metken n° 659), de *Femme, vieillard et fleur* de 1923 et dont le MOMA possède la deuxième version, celle-là « censurée » puisque la toupie y a disparu. Le contenu symbolique qui lui est attaché devait être, en effet, de taille : le prestige de l'autorité paternelle et, avec lui, ceux de l'acte sexuel et de la création picturale — intimement liés dans le fantasme de Max Ernst — s'évanouissent comme fumée dans ce jeu enfantin, vacillant et erratique.

Derrière les bouffonneries des différents pouvoirs désignés dans *Ubu*,

c'est dès lors toute l'esthétique traditionnelle, celle de la construction rationnelle, de la perspective géométrique, qui semble également tournée en dérision dans la toupie : son aiguille ne dessinera au sol que des lignes mécaniques au parcours fou, ondulatoire et aléatoire. Toute la pratique libératoire du dessin automatique, revendiquée par les surréalistes, est ici suggérée, comme, de façon prémonitoire, l'invention plus tard par Max Ernst du « dripping » dont *Le Surréalisme et la peinture* (1942) dira toute l'importance. Ainsi, un an avant la parution du *Manifeste du Surréalisme,* Max Ernst semble apporter dans *Ubu Imperator* non seulement la définition des voies formelles dans lesquelles il s'engage — un processus complexe d'alchimie visuelle où se superposent des symboles résurgents —, mais surtout le sens de sa propre attitude devant l'acte de peindre, toute de distance et de dérision, qui commandera toute sa poétique.

☐ *Chimère*, 1928
Immédiatement acquise par André Breton et jalousement gardée dans sa collection, cette importante toile (Spies-Metken n° 1300) s'impose

Chimère, 1928
huile sur toile
114 × 146
achat 1982
AM 1983-47

toujours avec cet effet de « choc » qui a dû entraîner Breton. Œuvre d'un hiératisme violent, bien plus inquiétante que les *Monuments aux oiseaux* et *Après nous la maternité* de 1927 auxquelles elle se rattache, elle possède une valeur d'emblème exceptionnellement riche et, pourrait-on dire, une dimension de « porte-drapeau » du surréalisme comme de la problématique proprement ernstienne. La chimère, cet animal monstrueux, produit d'un véritable « collage » avant la lettre de membres d'animaux divers, fruit d'une imagination mélancolique — Max Ernst « cite » Vinci, Bellini, Blake, Bocklin —, peut être considérée comme l'apparition « surréaliste » par excellence, choisie d'ailleurs en 1933 par Breton pour illustrer le message « automatique » et, par Ernst, les mécanismes de l'inspiration. Plus signifiante encore pour ce dernier, elle est l'objectivation d'un « daimon » personnel, de son « satanas »; cet aigle orgueilleux au torse féminin ne saurait être autre que le double fantasmatique de lui-même, futur Loplop des années 30 et déjà oiseau hermaphrodite dans *Histoire naturelle* de 1925, enfant-oiseau associé au couple mère-père d'*Une nuit d'amour* et du *Baiser* de 1927. Brutalement développée, avec une ampleur inquiétante et une force quasi-blasphématoire, l'apparition ailée, au déploiement triangulaire, peut être désignée comme le lieu où se sont opérées et fusionnées la résurgence du fameux texte de Freud *Un souvenir d'enfance de Léonard de Vinci* et celle d'un souvenir d'enfance de Max Ernst : sous son travestissement chimérique, le vautour-femelle serait dès lors l'image, toute sacrilège et de dérision, de la triple identification Vinci — Enfant Jésus — Max Ernst.

A la force de ce fantasme visuel s'applique un total contrôle formel. Suivant cette pratique du renversement, de la dissimulation, chère à Max Ernst, l'unité et la simplicité de l'image masquent la multiplicité et l'ambiguïté des symboles présents. A la violence et à la profondeur des fantasmes qui s'y fixent répondent la violence optique et l'étrangeté des choix picturaux : le contraste est heurté entre l'aplat uniforme du fond noir (lieu d'apparition du rêve), la découpe incisive d'un bleu couleur d'ombre (sombre lumière) et le trompe-l'œil au modelé

203

Fleurs de coquillages, 1929
huile sur toile
129 × 129
attribution par l'Office des biens privés, 1950
Réc. 19 P

Loplop présente une jeune fille, 1930-1936-1966
huile sur panneau de bois recouvert de plâtre, et objets divers
194,5 × 89 × 10
dation 1982
AM 1982-187

204

presque baroque du corps rougeoyant de l'oiseau. Trois couleurs : trois stades différents de réalité et de temps. Avec une maîtrise quasi « abstraite » des moyens formels, Max Ernst restitue dans sa force première toute *l'énergie* qui a présidé à son hallucination, dont la puissance poétique reste mêlée de fascination et d'horreur.

☐ *Loplop présente une jeune fille,* 1930-1936-1966
Loplop, le supérieur des oiseaux, alter-ego de Max Ernst, « présente » : le processus de dédoublement, d'autocitation, répond à l'exigence de « distance » que Max Ernst développe avec une ampleur nouvelle au début des années 30. Ici, clownesque, presque mondain, Loplop, se riant du tableau auquel il s'accoude, désigne l'impossibilité du travail pictural. L'élaboration en trois temps de cette œuvre, peut-être la plus significative d'une nombreuse série (Spies-Metken n° 1711), dit bien la valeur symbolique que Max Ernst donne à cette « mise en abîme » de la peinture et de sa propre identité de peintre. La première version, reproduite dans les *Cahiers d'art* (n° 6) en 1931, montre Loplop sommairement dessiné sur une surface rugueuse (du plâtre, sur un panneau de bois provenant vraisemblablement de la cabane de *L'Age d'Or* de Buñuel) et tournant en dérision le rectangle esquissé d'un panneau vide où sont accrochés, de façon éparse, des objets obsolètes : rubans décoratifs, queue de cheval, médaillon féminin de convention. Dans le deuxième état, élaboré certainement à l'occasion de l'*Exposition internationale du Surréalisme* aux New Burlingtons Galleries de Londres en 1936, l'intention apparaît encore plus poussée, en même temps que l'autocitation plus appuyée; la silhouette de Loplop est travaillée en illusion de « frottage », la présence du « tableau dans le tableau » renforcée par l'apparition d'un cadre peint, absurde puisque les nouveaux objets que Max Ernst y appose n'entretiennent plus avec lui aucune relation de dépendance; sans aucune ambiguïté décorative, ils imposent leur réalité d'« objets » et appartiennent au répertoire thématique de Max Ernst : la roue solaire en métal (modifiée dans le troisième état), l'œuf-tête cher à Max Ernst et une pierre peinte (emprisonnée ultérieurement

dans un filet) qui renvoie aux galets de granit trouvés en 1934 pendant son séjour à Maloja chez Giacometti. Il s'agit ici d'un véritable tableau-synthèse de l'œuvre ernstienne. Corps même de Loplop, il devient le double de l'artiste, qui constitue son moi dans l'élaboration et la distanciation de sa création.

☐ *Jardin gobe-avions,* 1935
De l'interrogation, sans cesse tenue en éveil, de la matière, par frottage, grattage et autres procédés dérivés, vont naître d'étranges grouillements de formes anamorphiques, métamorphiques : leur interprétation conduit à l'apparition de ces stupéfiants *Jardins gobe-avions,* peints à l'huile vers 1934-1935; ceux-ci constituent une série importante dont peut-être la version de la Fondation Guggenheim à Venise paraît, à côté de celle du Musée (Spies-Metken, n° 2188), la plus aboutie. Dans ces jardins-pièges aux terrasses cloisonnées, baignées d'un calme désertique et solaire d'où sourd la même inquiétude qui fige les architectures chiriquiennes, viennent s'écraser, libérant de menaçants bouquets de végétations, des carcasses acérées : celles des avions-femelles meurtriers *(Collage,* 1920), celles des sauterelles peuplant le *Rêve d'une petite fille qui voulut entrer au Carmel,* 1930. La clarté douce et éthérée des couleurs pastel masque à peine la violence de la menace apocalyptique, mortifère, du combat qui s'y livre. Max Ernst semble ici pressentir, d'un côté, la pétrification des *Villes entières* de 1935-1936, citadelles désertes envahies par des végétations mousseuses, de l'autre, ces dangereux paradis où s'ébattent les mantes religieuses des *Fêtes de la faim,* les nymphes prometteuses et luxuriantes du *Déjeuner sur l'herbe* et du *Jardin des Hespérides* de 1936.

☐ *Le Jardin de la France,* 1962
Rompant apparemment avec le sentiment ernstien d'une nature inquiétante, qui a pu être considéré comme l'héritage du romantisme allemand (le Musée en possède deux exemples : *Les Trois Cyprès,* 1951, et *La Dernière Forêt,* 1960-1970), *Le Jardin de la France* déploie l'image de la calme limpidité des rivages fluviaux, de la douceur verte

Jardin gobe-avions, 1935
huile sur toile
54 × 74
dation 1982
AM 1982-188

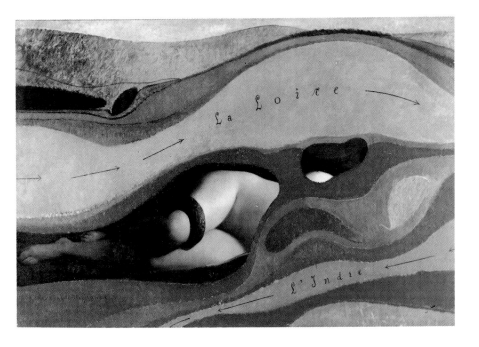

du pays de Touraine, « berceau de la France » où Ernst s'est installé depuis 1955. L'îlot enserré par la Loire et l'Indre semble s'ouvrir lui-même en bras de terre pour servir de berceau au corps nu et lascif d'une femme allongée. On sait aujourd'hui le processus suivi ici : comme dans un collage, Ernst a apposé la peinture du paysage fluvial sur la surface d'une variante de la *Naissance de Vénus* de Cabanel (1865), travaillant ainsi à partir d'un élément déjà interprété et ne laissant apparaître que les parties érogènes du corps de la déesse. Le paysage — le tracé « vu d'avion » des fleuves et la coupe géologique des rives — épouse les courbes de cette « nageuse aveugle » (thème résurgent dans l'œuvre) de la même manière que le serpent s'enroule autour de sa jambe. Derrière cette mélodieuse évocation, à l'écho très bachelardien, surgit l'humour du peintre : la séduction douce de cette Vénus au serpent, devenue celle de ce « jardin » tout entier, est une tentation à laquelle il semble difficile d'échapper; l'Indre et la Loire coulent, en effet, en sens contraire, tendant le piège d'un étrange encerclement. Maîtresse des eaux, protégée de son habituel carcan (ici la terre de Loire), la Femme ernstienne peut devenir, comme dans les collages d'*Une semaine de bonté,* 1934, la source menaçante d'éventuels cataclysmes.

A.L.B.

Le Capricorne, 1948
bronze III/V, Susse fondeur, 1964
245 × 207 × 157
don de l'artiste, 1964
AM 1445 S

Le Jardin de la France, 1962
huile sur toile
114 × 168
dation 1982
AM 1982-190

Erró
1932

Erró suit les cours de l'École d'art de Reykjavik en Islande et réalise une série de gravures et de fresques à l'Académie des Beaux-Arts d'Oslo (1952-1954). Il travaille ensuite à Florence et étudie les mosaïques byzantines de Ravenne, puis s'installe en France en 1958. Il réalise des objets et des collages puis, au début des années 60, la série des *Meca* qui mêle corps humains et éléments mécaniques dans de grandes compositions inspirées de thèmes classiques de la science-fiction tirés de Wells et Orwell. Erró a dès lors trouvé son style qui procède par montage et juxtaposition d'éléments empruntant structures et schémas narratifs aux images les plus diverses, de la bande dessinée à l'affiche publicitaire, de l'estampe érotique japonaise au tract politique, et de l'image d'Épinal au chef-d'œuvre de la peinture classique. Sauf dans les *Scapes* (1959-1984) qui présentent une accumulation d'éléments du même type (oiseaux, poissons, nourritures aseptisées de supermarché, etc.) sur toute la surface de la toile (*Les Galapagos, Fishscape, Foodscape*, etc.), Erró met en images la société de consommation, la guerre, le sexe, l'actualité politique et l'Histoire de l'art, non sans ironie envers une société du spectacle où, par medias interposés, tout finit toujours par une image.

Ainsi, *The Background of Pollock,* 1966-1967 (cat. *Erró,* p. 129, n° 4), s'inscrit dans la série des « peintures en groupe » qui évoque la « légende dorée » des avant-gardes du 20ᵉ siècle sur le mode de la bande dessinée (*Anatomie du cubisme, Pop's History, Dada,* etc.). Erró a peint dans le même esprit des chefs-d'œuvre « revisités » (*Tears for two,* 1971, d'après la *Femme qui pleure* de Picasso) et des portraits de musiciens.   C.D.

Erró, cat. général, Paris, Le Chêne, 1976; P. Tilman, *Erró,* Paris, Galilée, 1976.

Maurice Estève
1904

Maurice Estève commence à peindre en 1915 et étudie dans les académies libres de Montparnasse. En 1928, il renonce au travail sur le motif pour méditer la leçon de Cézanne, des cubistes et de Léger. Il commence à exposer régulièrement dans les années 30 et forme le groupe des « Indélicats » en compagnie de Pignon et de Fougeron. Il participe sous la direction de R. Delaunay à la décoration des pavillons de l'Aviation et des Chemins de fer pour l'Exposition internationale de 1937. En mai 1941, il figure à l'importante exposition des *20 peintres de tradition française,* organisée par Bazaine à la galerie Braun, aux côtés notamment de Lapicque, Singier, Beaudin et Manessier. En 1948 se tient à la galerie Louis Carré sa première grande exposition monographique présentant 30 peintures de 1935 à 1947. Soutenu par P. Courthion et B. Dorival, il s'inscrit pleinement au sein de la « Nouvelle École de Paris » qui se réclame de la « grande tradition française » et inventorie les apports plastiques du début du siècle, de Cézanne à Bonnard, au profit d'une abstraction décorative exaltant la couleur. L'importante production d'Estève atteste une maîtrise de toutes les techniques : vitraux (pour l'église de Berlincourt en 1957), cartons de tapisseries, collages (à partir de 1969), lithographies, aquarelles et fusains dont le Musée possède deux exemples : *Femme au canard,* 1946, et *Composition n° 258,* 1959.

P. Francastel, *Estève,* Paris, éd. Galanis, 1956; *M. Estève,* numéro spécial de *Zodiaque,* Paris, 1979.

The Bakground of Pollock, 1966-1967
acrylique sur toile
260 × 200
achat de l'État 1970, dépôt du FNAC
AM 1976 dép. 13

Aquarium, 1944
huile sur toile
81 × 65
don de l'artiste, 1983
AM 1983-488

☐ *Aquarium,* 1944

Donnée au Musée en 1983 par Estève avec trois autres peintures, *Liseuse,* 1929, *Drôlu du haut,* 1964, et *Le Poitevin,* 1977, *Aquarium* est, comme elles, tenue pour un jalon essentiel de son œuvre peint, venant parfaitement renforcer l'ensemble déjà constitué par des achats réguliers de l'État depuis 1951. Évoquant par son thème apollinien et son intensité chromatique l'univers matissien, elle marque, en effet, l'aboutissement atteint par Estève dans les années 40 de sa volonté de maîtriser l'espace pictural par le pouvoir de la couleur : la seule flexion du trait azur et cramoisi, fouillant le champ pictural, se fondant en rinceaux subtilement treillissés, résume l'espace de l'aquarium, suggère des jeux d'eau et de lumière, joue sur des transparences et tresse des perspectives confondues. Ce goût pour les formes décantées et la franchise des couleurs s'affirmera progressivement dans la création d'un espace autonome dégagé de l'observation du réel et modulé par Estève, ultérieurement, en d'infinies variations. Dans *Rebecca,* 1952, *Moulin noir,* 1959, comme dans *Bélasse,* 1966, conservés également au Musée, l'accent est entièrement mis sur la couleur qui s'épand en coulées ardentes et transparentes, se fige en masses anguleuses légèrement cloisonnées. Lignes, surfaces et couleurs vibrent à l'unisson dans la plénitude de compositions à la fois denses et lumineuses.

B.L.

Bélasse, 1966
huile sur toile
achat de l'État 1971, attr. 1976
AM 1976-964

Étienne-Martin
1913

Contemporaine du Nouveau Réalisme, de l'art pop et du Minimal, l'œuvre d'Étienne-Martin, qui demeure résolument une figure isolée, peut sembler malaisée à situer. Attaché de formation comme de métier (le travail du bois et du plâtre) à la tradition, il ne cherche pas, en effet, une démonstration, ni même un style à tout prix; mais, laissant indifféremment coexister le figuratif et le non-figuratif, l'abstrait et le concret, il préserve sa liberté d'expression, qui lui permet de créer son espace sculptural à partir de « cette nécessité intérieure » dont parlait Kandinsky, fondée sur la mémoire et le lieu, et le cheminement de l'un dans l'autre. Le lieu premier, celui de sa maison d'enfance, à Loriol dans la Drôme, reste un fondement de sa personnalité et devient l'origine et la matrice même de ses *Demeures.*

Avec Manessier, Stahly, Le Moal, Vera Pagava, il adhère au groupe *Témoignage* (fondé à Lyon par Marcel Michaud) autour de René Breteau à Paris. Au début de la guerre, il retourne dans la Drôme : en 1942, à Oppède, où il vit avec Stahly dans la communauté animée par l'architecte B. Zehrfuss; en 1943-1944, à Dieulefit, où il rencontre le collectionneur Henri-Pierre Roché, avec qui il sculpte dans une carrière de Beauvallon une gigantesque *Vierge* (aujourd'hui effacée); enfin, dans l'Orne, à Mortagne, où il exécute surtout des pièces en bois. De retour à Paris en 1947, il rencontre Brancusi, Michaux, Dubuffet, puis fait la connaissance de Gurdjieff dont, pendant une dizaine d'années, l'enseignement — la recherche d'une harmonie entre le corps et l'esprit, entre l'homme et le monde — le marquera de façon décisive, répondant à son souci de créer un espace sculptural à partir de sa propre expérience. C'est le début des *Demeures,* 1954-1956. Le premier ensemble sera présenté en 1960 à la galerie Breteau (où Étienne-Martin sera exposé régulièrement), relayée par la galerie Michel Couturier, qui fait couler en bronze les quatre premières *Demeures.* A partir de 1963, des rétrospectives lui sont consacrées à Berne, Amsterdam, Eindhoven, Bruxelles, puis en 1972 à Paris (Musée Rodin). Après avoir obtenu le Grand Prix de la Biennale de Venise en 1966, Étienne-Martin est nommé professeur de sculpture monumentale à l'École des Beaux-Arts de Paris, où il enseigne de 1968 à 1983. Il poursuit parallèlement son travail, avec une pièce monumentale : *Les Terrasses de la Terre et de l'Air,* 1973/1983-1984, synthèse en plâtre de ses travaux antérieurs.

Cat. *Étienne-Martin,* Berne, Kunsthalle, 1963; L. Hoctin, « Étienne-Martin », *L'Œil,* n° 108, déc. 1963; M. Ragon, *Étienne-Martin,* Bruxelles, éd. de La Connaissance, 1970; cat. *Étienne-Martin, les Demeures,* Paris, MNAM. Centre G. Pompidou, 1984.

Nuit ouvrante, 1945-1955
bois de tilleul, chêne et sapin
110 × 185 × 100
achat de l'État et attr., 1961
AM 1302 S

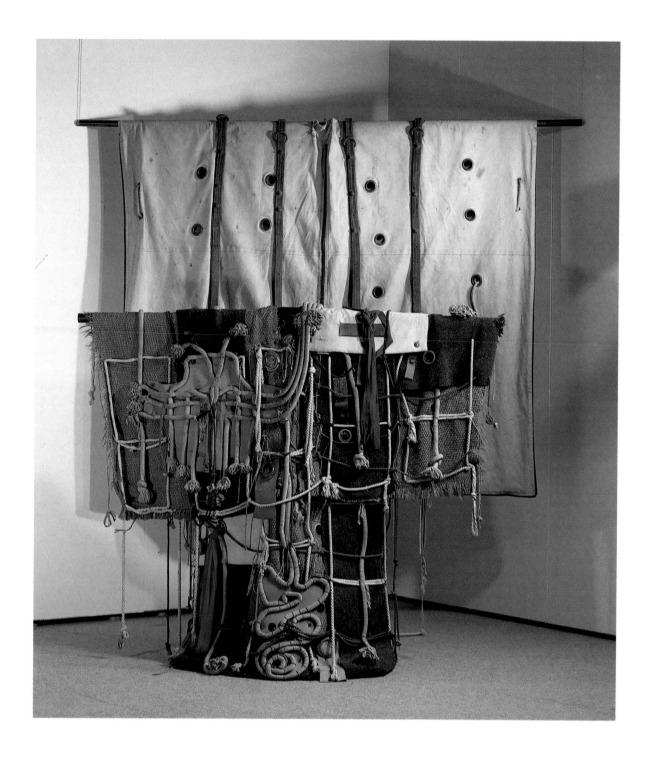

Le Musée possède aujourd'hui un ensemble de pièces majeures d'Étienne-Martin tout à fait significatif et cohérent puisque chaque thème y figure : nuit, couple, demeure. Aux achats réguliers de l'État entre 1961 et 1973 — *Nuit ouvrante, Grand Couple,* 1946, *Abécédaire,* 1967, *Le Manteau* — ont succédé ceux, tout récents, du Musée : *Mur-Miroir, La Julie,* 1951, et les trois *Passementeries,* 1949. Un dessin de 1956, préparatoire à la sculpture *Couple d'eux,* particulièrement précieux en raison de la rareté des dessins d'Étienne-Martin, fut offert en 1975 par Darthea Speyer.

Le Manteau (Demeure 5), 1962
tissus, passementeries, cordes, cuir, métal
enveloppe en toile de bâche et cuir
160 × 200 × 30
achat de l'État 1973, attr. 1976
AM 1976-965

☐ *Nuit ouvrante,* 1945/1955
La nuit, un des thèmes majeurs de son œuvre — qu'Étienne-Martin développe d'abord seul, entre 1935 et 1955, puis associe aux *Couples* et aux *Demeures* — renvoie à la face secrète, intangible du monde, celle qui se trouve au-delà du miroir. Elle représente pour lui la Femme-Mère, à la fois étreinte et refuge, la déesse-terre des forces telluriques, mais aussi la femme sexuée des *Temps obscurs,* celle de « l'Alcôve du cœur » dans ce voyage initiatique qu'est *L'Abécédaire et autres lieux* (paru chez Givaudan en 1967). « Les *Nuits* sont

le souvenir de *Rencontres* extraordinaires », a confié Étienne-Martin à Michel Ragon. Alors que les deux premières *Nuits,* 1935, en plâtre et en pierre, sont conçues comme des figures féminines, archaïques, monolithiques, la *Nuit Oppède* (n° 3), 1942, en bois, toujours très architecturée, introduit déjà le thème du couple. En 1948, Étienne-Martin exécute une première *Nuit ouvrante* (bronze au Musée de Grenoble) : corps-tabernacle aussi insolite que les *Passementeries* de 1949, elle se présente comme une sorte de sphinx qui, même lorsqu'il s'ouvre (les côtés peuvent pivoter), exprime sérénité et concentration, comme la *Vierge* de Beauvallon. Plus « ouvrante » encore est celle du Musée, éclatée en trois blocs dont la réalisation s'étendra sur dix ans : ceux de droite et de gauche, commencés en 1945 dans l'Orne, et travaillés à la taille directe dans de grandes pièces en bois de tilleul; le corps central, en chêne (le tout reposant sur une base de sapin), et terminé à Paris en 1955. Étienne-Martin procède ici de façon classique, en retirant la matière des racines, qui sont pour lui les fondements de la terre féminine, pour dégager la force-nuit du monde. Avec sa force de cri émanant de la tête suggérée à l'intérieur de la bouche du tronc central, cette *Nuit ouvrante* (exposée pour la première fois au Salon d'Automne de 1958) est bien, de toutes, « la plus admirable (...) d'une bouleversante acuité, d'une telle puissance suggestive qu'elle semble littéralement nous envoûter » (J. Dypréau). Un phallus (bois, 60 × diam. 20, Bruxelles, coll. Dypréau) avait été initialement prévu pour cette sculpture.

□ *Le Manteau (Demeure 5),* 1962

Saluée dès juillet 1962 par Restany (*Cimaise,* n° 60) comme un des hauts-faits de la saison, cette cinquième *Demeure,* avec *L'Abécédaire,* résume et porte la mémoire de tout le reste. Dans chaque forme se trouve, explique Étienne-Martin, « un événement que j'avais vécu dans ma peau ». Recherche du temps passé, puisque s'y inscrivent en une circulation complexe les différents moments de sa vie et qu'y figurent les premières *Demeures* (3 et 4), la *Nuit ouvrante,* les trois *Passementeries.* Retrouvaille du lieu perdu, puisque s'y déroule à nouveau l'itinéraire très précis et labyrinthique de la maison d'enfance de Loriol, cette maison double, avec ses deux escaliers, clair et sombre, ses différentes chambres, ses terrasses, ses greniers et sa cave, ses lucarnes et ses échelles (cf. cat. *Documenta 5,* Cassel, 1972).

Le Manteau, souvent comparé à un vêtement de chef de tribu au pouvoir fétichiste, est, davantage qu'une parure qui confère dignité, une sorte d'armure qui protège : à la fois « la maison, la mère, la couverture enveloppante », elle est la « demeure totale », faite à l'image de son créateur. « Quand on revêt *Le Manteau,* on devient l'axe porteur ». Cette peau que l'on revêt, c'est sa propre peau retournée, toutes tripes dehors, encore protégée par l'enveloppe, le manteau du *Manteau.* Si Étienne-Martin procède en retirant dans le travail du bois, en façonnant dans celui du plâtre, ici comme dans les *Passementeries,* il accumule différents matériaux « trouvés » (comme dans son atelier le prodigieux amoncellement d'objets, véritable fouillis onirique). Cette accumulation pourra atteindre une hétérogénéité au goût quelque peu acide dans le *Mur-Verseau (Demeure 19),* 1982-1983.

□ *Le Mur-Miroir (Demeure 15),* 1979

Provenant du même châtaignier que le compact *Fil du temps,* le *Mur-Miroir (Demeure 15)* fut extrait, un an plus tard, de l'énorme tronc déjà coupé en deux. Étienne-Martin profite de ces deux éléments pour jouer sur l'opposition du dedans — moi interne intangible — et du dehors — monde externe tangible. Dans cette demeure creusée d'alvéoles — « Je procède un peu comme un sorcier sur une poupée de cire, je troue les endroits essentiels pour moi » — il taille « une terrasse qui regarde l'air, le ciel » et, à son opposé, les fondations de

la maison, « une terrasse qui regarde la terre », le royaume souterrain, le feu central nourricier. Comme dans la *Demeure 10* et plus tard dans *Les Terrasses de la Terre et de l'Air,* sur chaque terrasse il a mis « un visage » et, dans chaque partie interne, des mains, comme déjà en 1943 dans la *Vierge au sable,* puis dans les *Nuits.*

La partie essentielle est le bouclier central, image du mur qui sépare la double maison de son enfance, mais aussi de ce « mur que l'on a en nous, que j'appelle également miroir, parce que dans le fond on s'y reflète et il nous arrête ». D'abord réalisé en plâtre pour être fondu en métal, il est exécuté ici en caoutchouc dont la couleur sombre et la matière taillable plurent à Étienne-Martin. En 1981-1983, celui-ci découpera un nouveau bouclier, en contreplaqué, qui sera peint et auquel seront fixés des morceaux de miroirs : *L'Univers maternel* (ou *Nœud-bouclier*).

Hérissé de bosses, le bouclier constitue l'élément mâle inséré entre les deux parties femelles, de façon que le regard ne voie pas directement les formes mais qu'elles lui soient suggérées. Cette demeure est, enfin, « complètement traversée par une force qui est l'énergie essentielle de l'homme, le rayon de vie signifié par un axe, une espèce de poutre » qui la pénètre de part en part.

En introduisant la couleur, Étienne-Martin insiste sur la signification de « labyrinthe » cosmique de l'œuvre. Le bleu, maison du nord, terrasse qui ouvre sur l'extérieur, le ciel; le rouge, couleur de la naissance, de la vie; le vert des forces naturelles, la terrasse de la terre.   N.P.

Le Mur-Miroir (Demeure 15), 1979
bois de châtaignier peint et caoutchouc
130 × 200 × 150
achat 1981
AM 1982-8

209

Oyvind Fahlström

1928-1976

D'origine norvégienne et suédoise, Fahlström, né au Brésil, passe ses premières années à Sao-Paulo et à Rio-de-Janeiro. Installé à Stockholm, où il étudie l'Histoire de l'art et l'archéologie dans les années 50, il mène simultanément plusieurs autres activités : théâtre, poésie (son *Manifeste de poésie concrète* est publié en 1953), journalisme et critique d'art. Sa première exposition personnelle se tient à la galerie *Numéro* de Florence en 1953. A Paris, en 1956, il participe à l'exposition *Phases*. Deux ans plus tard, Daniel Cordier devient son marchand. En 1961, fasciné par l'énergie entreprenante des artistes du Nouveau monde, il s'installe à New York et y présente l'année suivante chez Sydney Janis *Sitting,* première peinture « variable » où les éléments issus de l'imaginaire des bandes dessinées sont distribués dans l'espace du tableau au gré du spectateur. Fahlström exploite diverses formes de création, associe toutes sortes de pratiques artistiques entre elles, et élargit ainsi son champ d'intervention : il réalise aussi bien des happenings, romans sonores, pièces de théâtre, poèmes, collages radiophoniques, que des films ou des peintures à l'huile sur photos. Au-delà des relations tout à fait fécondes qu'il entretient avec la deuxième génération d'artistes pop comme Rauschenberg, Warhol ou Johns, Fahlström reste très marqué par le surréalisme dont il a parfaitement assimilé les techniques automatiques. Constitué de collages d'éléments empruntés à la peinture, la littérature ou la mythologie, assez différents des images toutes faites du Pop Art, son univers propose une vision d'un monde surréel et poétique, en relation directe avec l'actualité. Fahlström y regroupe des thèmes qui appartiennent au monde contemporain et leur donne une forte résonance. Les faits et les hommes, l'histoire ou les petits événements sont exploités comme s'il s'agissait d'un psychodrame ou d'une mise en scène théâtrale. Aussi Fahlström, dans ses grandes compositions des années 60, dessine-t-il des « silhouettes » ou des « signes-personnages » réalisés en plastique ou en tôle, faciles à manipuler. Face aux événements de la planète, il intervient en « citoyen du monde » (selon l'expression de Pontus Hulten). Tous les sujets sont graves, mais envisagés avec humour et dérision. Les marches silencieuses qu'il organise, les petites émeutes dans la rue ou les protestations devant la police à Stockholm sont rapportées dans des articles de la presse quotidienne « à sensation ». Ces divers « scandales » devancent le happening; Fahlström utilise tous les médias à la fois pour délivrer son message.

Ses représentations, fragmentées à l'extrême comme dans une bande dessinée, renvoient au-delà de l'image. La peinture illustre des saynettes, des récits sans rapport les uns avec les autres et envahit le

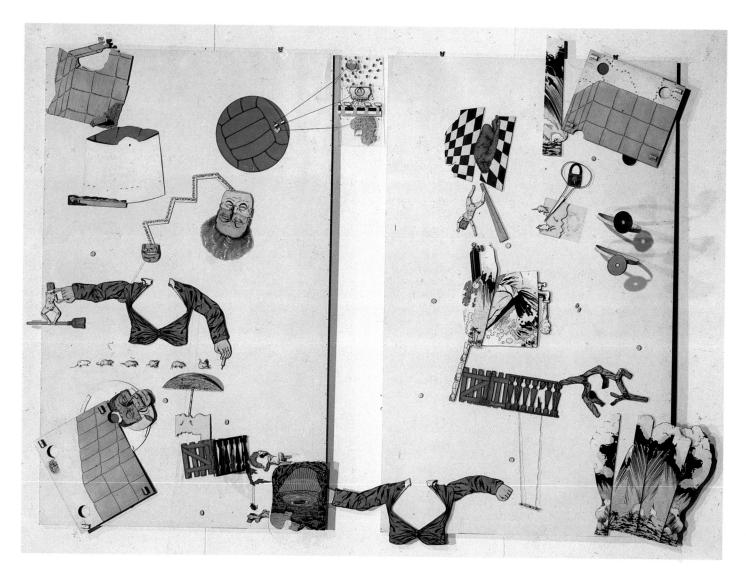

The Cold War, 1963-1965
(La Guerre froide)
détrempe sur acier et plastique
diptyque variable
245 × 308
achat 1980
AM 1980-524

mur. Le récit pictural se développe en plans séparés, presque ciné-matographiques, genre que Fahlström affectionne particulièrement. L'image, recomposée selon les règles du jeu dicté par l'artiste, est constamment en devenir. L'ordre de la représentation évolue sans cesse : mis en pièces, le tableau se reconstitue comme un puzzle.

Cat. *Fahlström,* Malmö, Kunsthalle, 1978; cat. *Fahlström,* Paris, MNAM, Centre G. Pompidou, 1980; cat. *Fahlström,* New York, Solomon R. Guggenheim Museum, 1982.

☐ *La Guerre froide,* 1963-1965
Fahlström est représenté dans les collections du Musée par trois pièces acquises à la fin des années 70 et par *Le Planétarium* de 1963, triptyque où sont intégrées sur la surface en acier 188 découpes aimantées. Composée de deux panneaux orientés l'un à l'est, l'autre à l'ouest, rappelant le partage géo-politique du monde, et envahis par une cinquantaine de figures, *La Guerre froide* comporte en son centre une zone vide — neutre — contenant des signes autour desquels s'équi-librent les deux parties. Les éléments mobiles, personnages et sym-boles, « faits à la main » et prévus pour former des paires, peuvent être déplacés en n'importe quel point de la surface à l'aide d'aimants comme dans les autres œuvres variables. Les combinaisons sont donc innombrables selon l'inspiration du spectateur. Pour décrire l'insta-bilité mondiale et son équilibre précaire dont rend compte le concept de « guerre froide », Fahlström utilise le magnétisme et la bande dessinée de manière complémentaire. Il développe l'une par l'autre deux recherches contradictoires, celle d'un art cinétique pseudo-technologique et celle d'une vision plus ou moins critique des médias visuels. Dans ces images fabriquées de toutes pièces, la guerre froide n'est pas menaçante; elle se perçoit de manière poétique à travers la subversion du langage et des éléments picturaux. Le tableau constitue moins un appel direct à la conscience universelle que, selon les propres termes de Fahlström, une « manipulation du monde ».

☐ *A cinq heures du soir (Chili II : le coup d'État),* 1974
Il existe deux tableaux sur le Chili : *Packing the Hard Potatoes (Chili I : Last Months of Allende Regime),* 1974, et celui-ci. Les deux versions comportent la même forme découpée figurant le Chili; elle constitue, dans cette seconde version, l'axe central — vertical — d'où jaillissent les tiges rouges en fibre de verre qui supportent vingt découpes peintes. Si la première version concerne les derniers mois du régime d'Allende, celle-ci a pour référence directe le coup d'état du 21 septembre 1974. Fahlström s'inspire « à chaud » d'un événement politique et le sujet est trop grave pour le traiter avec humour ou dérision. Le tragique y est accusé doublement. Par l'évocation, dans une transposition moderne, du martyre de saint Sébastien : les flèches rouges transpercent le corps de la nation chilienne qui est comme mise en pièces et dont il ne reste plus que la colonne vertébrale autour de laquelle s'accrochent, aux fines baguettes, des lambeaux de chair constituant ainsi une composition dont le dessin peut rappeler les formes de Miró. Par le choix des citations qui s'inscrivent à l'intérieur des formes découpées, extraites des derniers poèmes de Sylvie Plath (avant son suicide) et de la *Complainte* de Federico Garcia Lorca pour la mort du matador Ignacio Sanchez Mejías dont la phrase lancinante : « A las cinco de la tarde » (à cinq heures du soir) qui dit l'angoisse de la mort est à l'origine du titre. Comme l'exprime Fahlström, « les fragments n'acquièrent leur contenu que lorsqu'ils sont assemblés dans la peinture; leur identité change selon leur arrangement. Lors-qu'on fait ainsi varier la représentation, on obtient des formes ex-pressives qui peuvent aussi illustrer par métaphores successives l'évé-nement dramatique en question ».
Dans « Une peinture variable », 1972-1973, l'un de ses nombreux

textes, Fahlström donne les précisions suivantes : « Dans mes der-nières œuvres (les deux peintures du *Chili*), les données historiques et économiques ont été supplantées par d'autres données trouvées dans les poèmes de Sylvia Plath et de Lorca. » La complexité de la forme picturale répond à un goût inné du paradoxe qui est « source même de la vie et donc de la mort ». Traduire la terrible brièveté de la vie et les imperfections d'un monde où l'homme s'agite dans l'espoir de trouver et de donner le bonheur, tel est le dessein et l'ambition de l'œuvre de Fahlström.

J.-P. B.

At Five in the Afternoon/Chile II : The Coup, 1974
(A cinq heures du soir/Chili II : le coup d'État)
structure variable : éléments fixés sur tiges de fibre de verre
et panneau de métal plastifié, peint à l'acrylique
273 × 176 × 122
achat 1977
AM 1977-567

Jean Fautrier
1898-1964

Une personnalité qui doit beaucoup à la légende, une carrière elliptique aux apparitions fulgurantes et aux disparitions soudaines : l'œuvre picturale et sculpturale, peu abondante, de Fautrier nécessitait un réexamen et ses différentes étapes, comme ses interruptions, sont actuellement en cours de reconstitution.

Fautrier apprit la peinture à Londres, aussi le gratifia-t-on d'une grande admiration pour Turner. Mobilisé en 1917, il se fixe à Paris et commence à exposer aux Salons et dans les galeries à partir de 1923. Protégé de Jeanne Castel et de Paul Guillaume jusqu'à la crise économique de 1929, il pratique un expressionnisme qui soutient la comparaison avec celui de Georges Rouault, de Chaïm Soutine, de Franz Masereel. A la suite de la dépression, il ne travaille plus que sur papier, puis, de 1935 à 1939, paraît cesser complètement de peindre, gagnant sa vie à Tignes, dans les Alpes, comme moniteur de ski et tenancier de boîte de nuit; il perd ainsi le bénéfice de la notoriété à laquelle il était parvenu dans le milieu artistique parisien. Fautrier y fait une réintrusion fracassante en 1945, avec une série de petites peintures d'actualité dans le contexte passionnel de la Libération et de l'épuration : les *Otages,* qui sont présentés à la galerie René Drouin, alors à la mode; le bruit des massacres perpétrés par l'occupant semble transcrit dans de petits empâtements de blancs aux contours anthropomorphes. La forte personnalité de son préfacier André Malraux, l'engagement décisif de Jean Paulhan pour celui qu'il appelle « Fautrier l'enragé », les textes poétiques de Francis Ponge confèrent à l'artiste une aura « romantique » de peintre maudit. Michel Tapié, alors jeune critique, élabore à partir de ses « pâtes » — les associant à celles de Jean Dubuffet et de Wols — l'archétype pour « Un art autre » qu'il propose en 1952 : « l'informel ».

S'insurgeant contre cette étiquette nouvelle et rejetant le concept d'une peinture abstraite, Fautrier présente ensuite des séries de peintures aux références parfaitement identifiables : *Objets* en 1955, *Nus* en 1956. Refusant ainsi la place de choix dont la critique le gratifiait, le peintre fait tirer en bronze des sculptures anciennes et nouvelles, grave pour Georges Bataille (*Madame Edwarda, Alleluiah,* 1947) et illustre *La femme de ma vie* d'André Frénaud (1947). Il s'égare dans une affaire de reproduction de peinture et de son dérivé baptisé « Les Originaux multiples », tout en associant le destin de son œuvre aux musées parisiens par ses donations en 1964 en faveur du Musée de l'Ile-de-France à Sceaux et du Musée d'Art moderne de la Ville de Paris.

On a entrepris récemment de redonner cohérence à une œuvre artificiellement éclatée en deux parties, dont on avait souligné trop vite les divergences pour mieux « dégager » la période informelle de sa bogue figurative. La grande rétrospective de Cologne en 1980, en montrant côte à côte des œuvres d'avant-guerre et d'après-guerre, constitua le préambule au travail universitaire de M.A. Stalter : à côté du portrait du personnage anarchiste de Jean Fautrier — le Jean perdu de 1942 — l'évaluation réelle d'une œuvre essentielle de l'art parisien est enfin proposée.

P. Bucarelli, *Jean Fautrier, pittura e materia,* Milan, Il Saggiatore, 1960; cat. *Jean Fautrier, Rétrospective,* Paris, MAM, 1964 (texte d'A. Berne-Joffroy); cat. *Jean Paulhan à travers ses peintres,* Paris, Grand Palais, 1974; cat. *Jean Fautrier, Gemälde, Skulpturen und Handzeichnungen,* Cologne, Josef-Haubrich Kunsthalle, 1980; cat. *Fautrier 1925,* Calais, Musée des Beaux-Arts, 1985 (avec essai de M.A. Stalter).

212

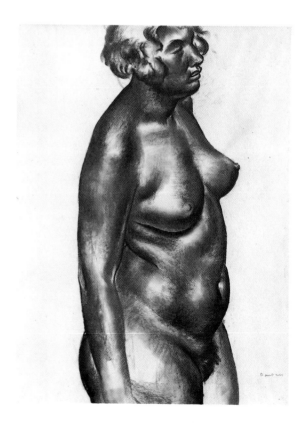

Nu féminin, [1924]
sanguine et pierre noire sur papier collé sur carton
64,7 × 49,3
achat 1981
AM 1981-9

Sanglier écorché, 1927
huile sur toile
163 × 131
achat de l'État et attr., 1937
AM 2179 P

La représentation de Fautrier au Musée, modeste complément de la magnifique donation Fautrier au Musée d'Art moderne de la Ville de Paris, résulte d'une politique d'acquisition récente : en 1975 et 1976, un premier ensemble constitué d'une série de 15 dessins — mine de plomb, encre ou gouache mêlés au fusain sur papier (support que Fautrier préférait à la toile pour sa meilleure adhérence au medium), deux tirages en bronze du *Grand Torse* de 1928 et du *Buste aux seins* de 1929 et une seule peinture des débuts, le *Nu couché* de 1929. Les achats, en 1981 et 1982, de deux grandes toiles : *It's how you feel*, 1958, et *Femme douce*, 1946, ont été encore complétés par le don, en 1984, de la *Grande Tête tragique* de 1942.

□ *Nu féminin,* [1924]
L'exécution de ce grand dessin au trait appuyé, à la plastique lourde, remonterait, d'après M.A. Stalter, à 1924. Sa facture puissante et brutalement naturaliste — c'est une étude d'un nu plus que nature, celui d'une prostituée — lui confère un caractère d'exception dans cette thématique très années 20, usée par Julius Pascin, Georges Rouault, Yves Alix. On ne peut guère qualifier cette étude d'académie : ne débouchant sur aucune composition peinte, elle constitue une sorte d'exercice personnel où le jeune peintre s'abandonne à l'impulsion de la chose vue et ressentie; à cet égard elle est une excellente introduction à l'érotisme permanent et à la sensualité particulièrement morbide de Fautrier.

Nu couché, 1929
huile sur papier marouflé
81 × 130
achat 1975
AM 1975-186

Que l'on compare cette étude de nu au bronze *Grand Torse* de même hauteur conservé au Musée (conçu en 1928, mais sa fonte en est bien postérieure) : c'est la même densité des chairs, mais les traits, qui individualisaient le modèle sur le dessin, ont été comme rongés dans la sculpture, annonçant par là les *Otages* de 1945, puis la série des *Partisans* de 1957.

□ *Sanglier écorché,* 1927
Cette toile, importante par sa taille et par son histoire, fut présentée vraisemblablement au Salon d'Automne de 1927. On en connaît deux autres versions, dont une plus petite et antérieure. Ce fut le premier tableau de Fautrier à être acquis par les Musées Nationaux, en 1938, date à laquelle il entra à la Galerie du Luxembourg.
Fautrier, comme Soutine, décrocha à l'étal du boucher le sujet de sa peinture. C'est par ce tableau de chasse sanguinolant, au lyrisme très personnel, qu'il devait fixer l'attention de la critique; Marcel Zahar, dans la revue *Formes* en 1930, lui consacre un article intitulé « Fautrier ou de la puissance des ténèbres » : « On vit des sangliers éventrés, écartelés (…), des lapins écorchés et pendus — aucun vent n'aérait ces dépouilles. Ces échantillons exécutés en série ballaient dans le vide, et les bras ballants glissaient des représentations féminines; elles avaient la peau calcinée, et le soufre était apparent sur les ventres gonflés et les seins en outre ». C'est curieusement cette phosphorescence, cette palette nocturne irréelle, très soierie (selon Albert Skira),

214

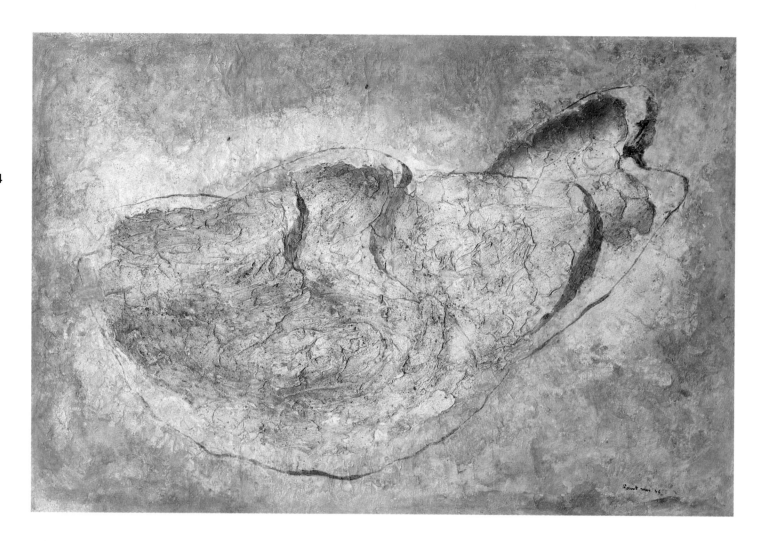

qu'on allait reprocher à Fautrier en 1945. Paulhan ne vit, dans les toiles du Fautrier des *Glaciers* (dont le Musée a acquis récemment un exemplaire, daté 1924) ou des *Sangliers,* que « du chiqué », une virtuosité de griffures sur des tons sourds. Et ce chef-d'œuvre, frappé d'ostracisme, se retrouva pour plusieurs décennies déposé en exil dans un musée des Ardennes (car tous les sangliers sont censés en provenir) avant d'être rappelé à Paris en raison de la notoriété grandissante du peintre.

☐ *Nu couché,* 1929
Une huile « cuisinée » sur papier, puis marouflée sur toile : cette technique, désormais caractéristique de Fautrier, lui permet de s'éloigner du vérisme de ses premières recherches sur le nu féminin pour adopter une figuration faite d'effacements, de suppression des caractères individuels, se limitant à l'ébauche. L'ocre brun en irradiation crème sur des noirs rappelle celui des grottes pariétales, alors en pleine redécouverte; Fautrier rejoint le lyrisme effusif, cursif, panthéiste des premières peintures humaines.

Femme douce, 1946
blanc d'Espagne, colle,
poudres de couleur et huile sur toile
97 × 145
achat 1982
AM 1982-12

Lyonel Feininger
1871-1956

□ *Femme douce*, 1946

Paradoxalement, cette peinture d'allusion au corps de la femme — ici, des cuisses et des seins compressés — fut présentée aux Salons des Réalités Nouvelles où on ne tolérait que des œuvres purement abstraites. Fautrier, d'emblée, se met en porte-à-faux dans la brigade de l'art informel; il clame, à qui veut bien l'écouter et reproduire ses déclarations contradictoires, qu'il faut que la réalité subsiste dans l'œuvre, qu'elle en est la matière première, l'« œuvre vive » qui, sous la forme, la soutient et la fait aller.

Qu'il y ait expression de délire, de satisfaction jubilatoire dans le geste spontané qui écrase ces tubes de couleur blanche les uns sur les autres, il n'en reste pas moins que le dessin, même libéré de la forme, reste un contour, n'est jamais le produit d'une projection aveugle mais indique clairement des références à l'anatomie féminine. Fautrier prend ici également ses distances de son rival Jean Dubuffet, qui avilie ses *Corps de dames* dans une matière bitumeuse, sale. Lui, il pratique un art « joli », avec des tons de vert et de rose que Malraux lui-même trouve trop tendres : de la peinture bien faite, destinée à s'harmoniser avec le meuble rustique. C'est ce que Pierre Restany et Michel Ragon ont bien vu dans cette série de nus : « Ils sont chair robuste, aux seins multiples. Ils ont aussi un côté strip-tease, avec des roses de sous-vêtement et des cuisses fraîches. Tout comme la chair des *Otages* semblait mélangée à la terre qui commençait à digérer ces cadavres, la chair nue est pétrie avec leurs robes ». En effet, l'érotisme des années 50 semble devoir se fossiliser dans ces matériologies et ces empâtements picturaux.   Ch.D.

Né à New York où il retournera en 1937, Feininger passe les années décisives de sa vie d'artiste, y compris ses années d'études (musique, arts décoratifs et beaux-arts) en Allemagne, pays d'origine de ses parents. En 1919, alors qu'il est encore un peintre peu connu, il figure parmi les premiers enseignants appelés par l'architecte W. Gropius à Weimar et devient l'un des plus fervents défenseurs de certains objectifs du Bauhaus, à savoir : établir le primat de l'art, rétablir ses liens nécessaires avec l'artisanat. Fidèle satellite de l'École, sans qu'il soit lié par un contrat d'enseignement contraignant, il la suit dans son transfert à Dessau puis à Berlin, où il assiste à sa fermeture définitive en 1933 par les national-socialistes, qui mettront Feininger au rang des peintres « dégénérés ». Caricaturiste incisif, peintre et aquarelliste solitaire (surnommé le « Spitzweg du cubisme »), musicien, compositeur de fugues, Feininger porta à une perfection rarement atteinte le vieux métier de la gravure sur bois.

H. Hess, *L. Feininger,* Londres, Thames & Hudson, 1961; L.E. Prasse, *L. Feininger, A Definitive Catalogue of his Graphic Work,* Cleveland, The Cleveland Museum of Art, 1972.

□ *Marine*, 1924

Un des motifs privilégiés de Feininger à partir de 1920 est le paysage marin. cette peinture, entrée au Musée en 1981 avec le legs de Mme Nina Kandinsky (les maîtres du Bauhaus échangèrent fréquemment leurs œuvres), fut exécutée pendant l'hiver 1924, non pas d'après un de ces nombreux dessins que l'artiste traçait sur le motif en été (paysages côtiers de la mer Baltique), mais à partir d'une gravure sur bois de 1920 (n° F 2025) : Feininger, tout en l'adaptant à un médium différent, en reprit la structure et les moindres détails, tels que la couleur jaune canari du papier sur lequel avait été tirée la gravure, les contours simplifiés, les surfaces franchement découpées et la stricte organisation spatiale.   J.B.

Grand Torse, 1928
bronze
exemplaire 1/9
66 × 31 × 24
achat 1976
AM 1976-1047

Marine, 1924
huile sur toile
40 × 42
legs Mme Nina Kandinsky, 1981
AM 1981-65-871

Robert Filliou
1926

Cévenol, Filliou est tour à tour Résistant, membre du PCF, employé par Coca-Cola, témoin des Nouveaux Réalistes et membre du groupe Fluxus. Il ne devient artiste qu'afin de concevoir son travail comme un jeu, qu'il définit par trois concepts : *Création permanente, Réseau éternel, Fête permanente*. Magicien, il fonde une *République géniale* qu'il crée pour le développement du génie humain, avec son territoire : *Cucumberland*. Ubuesque, car il s'agit aussi et surtout d'un travail sur le langage, l'attitude de Filliou n'est pas sans rappeler celle de Raymond Queneau. « Homme solitaire », il passe de la provocation latente à une attitude plus méditative : il se retire en 1985 pour trois ans, trois mois, trois jours, dans une communauté bouddhiste tibétaine en Dordogne. Filliou se reconnaît des « affinités électives » : Schwitters, Marcel Duchamp et tous ceux qui remettent en question les fondements de la pensée et de l'art. Il crée avec son ami Pfeufer le Poïpoïdrome, « relation fonctionnelle entre la réflexion, l'action et la communication » : ensemble, ils cherchent un facteur F propre « à savoir ce que c'est que savoir »; il en présentera les différents états lors d'une exposition en 1978 au Musée.

Cat. *Robert Filliou,* Hanovre, Sprengel Museum, Paris, MAM, ARC 2, Berne, Kunsthalle, 1984.

☐ *Musique télépathique nº 5,* 1976-1978
Cette œuvre se compose de 33 piétements de pupitres disposés en un cercle parfait; sont fixés sur chacun : en haut, deux cartes à jouer identiques collées dos à dos (jeu complet de 32 cartes), en bas, un petit carton sur lesquel est inscrit un mot. Sur le 33ᵉ pupitre se trouve une carte bleue avec un texte imprimé expliquant l'œuvre : « Lorsqu'on veut démontrer la télépathie, quelqu'un regarde une carte, et loin de là quelqu'un d'autre la devine ou ne la devine pas. Ici, c'est d'une proposition artistique qu'il s'agit : si, au hasard, ici-même, deux — ou plusieurs — personnes posent un même regard sur une même carte, ne se rencontreront-elles pas sur une même longueur d'onde, si brièvement soit-il ». Une première version anglaise, réalisée à New York en 1976, comprenait 52 pupitres (correspondant à un jeu de 52 cartes). Endommagée, cette version fut alors réduite à 33 pupitres et devint la version française. Les quatre premières œuvres intitulées *Musique télépathique* n'ont rien à voir, formellement, avec cette cinquième : d'ordre purement conceptuel, elles n'existent que sous forme de collages et de dessins. On soulignera ici le lien que cette pièce entretient avec Fluxus (particulièrement John Cage), dont l'une des caractéristiques a été d'élargir le domaine musical à toutes sortes d'actions, jusqu'à l'exclusion même du son.　　　B.B.

Musique télépathique nº 5, 1976-1978
33 pupitres métalliques, 2 jeux de 32 cartes,
32 petits cartons comportant des inscriptions
achat 1978
AM 1978-734

Pavel Filonov
1883-1941

Figure totalement originale au sein de l'avant-garde russe, à la charnière du symbolisme et du futurisme, Pavel Filonov commence à exposer en 1910 à Saint-Pétersbourg, à L'Union de la Jeunesse. Très lié aux cercles littéraires futuristes et acméiste, poète lui-même, il crée des décors de théâtre pour V. Maïakovski et illustre tout l'œuvre poétique de V. Khlebnikov (*Idoles de bois,* 1914). Idéologue militant, critique et théoricien, il proclame dans ses manifestes (*Les tableaux travaillés jusqu'au bout,* et *L'Éclosion du monde,* publiés respectivement en 1914 et 1921) les principes de sa « méthode analytique » qui engendrent des œuvres raffinées, mosaïques d'une vertigineuse densité où chaque parcelle de l'espace multidirectionnel, labyrinthique, est saturée d'éléments géométriques ou figuratifs.

J. Kriz, *Pavel Nicolaevic Filonov,* Prague, 1966; J.-Cl. Marcadé, « Pavel Filonov. Une avant-garde à contre-courant de la ligne dominante », *Cahiers du* MNAM, nº 11, 1983.

☐ *Les Ouvriers,* 1915
Avec deux aquarelles et huit dessins de 1912 à 1929, le Musée possède un ensemble, exceptionnel en Occident, de Filonov, dont la presque totalité de l'œuvre est conservée dans les réserves du Musée Russe de Leningrad. Icône troublante et mystérieuse, cette aquarelle est proche par son sujet misérabiliste et son caractère énigmatique de l'autre aquarelle conservée au Musée : *Ceux qui n'ont rien à perdre,* 1911-1912. Tassées dans un espace étroit et sinueux, des figures bestiales, grossièrement taillées, surgissent des ténèbres du péché et de la misère. Gueules déformées par la peur et l'attente, regards intenses et apaisés des orants orientaux, le peuple de Dieu regarde passer, lumineux et serein, le cheval de l'Apocalypse, annonçant le Jugement dernier. Dessin nerveux et disloqué, éclairage dramatique, simplification puissante, presque caricaturale, confèrent à l'image une violence expressionniste, où la dénonciation sociale rejoint une esthétique du transcendant.　　　B.L.

Les Ouvriers, 1915
aquarelle sur papier collé sur carton
28,2 × 20,5
don M. et Mme Jean Chauvelin, 1981
AM 1981-617

Barry Flanagan
1941

Barry Flanagan, né dans le Pays de Galles, vit aujourd'hui à Londres. On placerait volontiers son œuvre, qu'elle soit sculpture, dessin ou gravure, sous le signe de la Pataphysique, tant l'admiration que Barry Flanagan porte à Jarry et à sa « science des solutions imaginaires » nous aide à éclairer son propos. Entre la confiserie, le violoncelle, un oncle funambule, le diorama, l'admiration qu'il voue à Gaudier-Brzeska qu'il découvrit à Bristol, les décors qu'il réalise en 1960 pour le film *Cléopâtre,* des études de danse avec Carolyn Carlson, un prothésiste dentaire, Rembrandt, Rodin et les Étrusques, il est difficile de souligner les éléments d'une biographie que Flanagan a lui-même détaillée dans le catalogue de l'exposition rétrospective du Centre G. Pompidou en 1983. On ne saurait comprendre son ambition, aux confins de « l'universel et du particulier » qu'affectionnait le Père Ubu, sans d'abord souligner qu'élève à Saint Martin's School of Art, comme Gilbert and George, il travailla un temps avec Anthony Caro, puis avec Philip King quelques années plus tard. C'est d'abord en réaction contre le contexte de la sculpture anglaise — qu'incarne dans le siècle l'œuvre d'Henry Moore et ce que l'on pourrait appeler la vanité du bronze et, d'autre part, celles de King ou de Caro et leurs vélléités d'ingénieur-architecte — que l'œuvre de Flanagan veut se situer. Elle oppose à la monumentalité et à la pérennité des matériaux la fragilité du tissu, de la corde ou du plâtre. Elle *reconnaît* dans *l'exercice* amusé de la sculpture le goût polymorphe d'une démarche qui se veut plus attentive à suivre la nature du matériau qu'à la dompter. De sa rencontre avec Bob Cobbing, responsable de la librairie « Better Books » de Charing Cross Road, il garde le goût de l'expérience. Usant — jusqu'à ce qu'il s'attache de nouveau au bronze comme symbole d'un matériau aujourd'hui oublié — de chiffons, glorifiant l'ordinaire, Barry Flanagan édifiera des sculptures qui opposeront aux efforts vers le monumental de la génération précédente l'anatomie improbable de formes vacillantes qu'il dit tout à la fois « maniables », « pratiques » ou « pliables ». On y retrouve cette « physique de bagage » ailleurs louée par Marcel Duchamp.

Cat. *Barry Flanagan, sculptures,* Paris, MNAM, Centre G. Pompidou, 1983.

☐ *Casb 1'67,* 1967

Tout autant dans la nature du matériau que dans la forme, cette pièce s'apparente aux quatre colonnes de toile de jute de la Tate Gallery de Londres : *Four Casb 2'67.* Il s'agit d'une sorte de pilier de chiffon dont le maintien est assuré par le sable qui le garnit. Le titre *Casb,* au-delà de la parenté qu'il entretient avec les manipulations linguistiques de la poésie concrète à laquelle Flanagan fait souvent référence, souligne, par les quatre lettres, la nature des matériaux qui composent la sculpture : Canvass And Sand Bag. Outre le lien diffus qu'on se plaît à reconnaître entre Flanagan et l'*Eden Jumsibobjigglequack* de Edward Lear, on conviendra que l'œuvre propose ici une lecture épistémologique du vocabulaire de la sculpture.

Alors qu'au début des années 70 Flanagan réalise de nombreuses gravures, s'attachant par là aux procédés les plus classiques, ainsi que ses poteries et ses premières pierres, il décide à la fin de ces mêmes années, de recourir au bronze pour opposer, à la nature des matériaux qu'il avait été amené à employer, la spécificité des techniques les plus traditionnelles. *Soprano,* réalisée en 1981 (acquise par le Musée en 1983) est une sculpture de bronze dont il existe une version différente nantie d'une flèche dorée. Son titre fait allusion à l'image de la chanteuse Kiri Te Kanawa, invitée à chanter lors du mariage du Prince Charles et dont « le corsage était affublé d'une grande flèche de brillants ». On ne saurait trop souligner la relation existant entre « la noblesse du matériau » et celle du sujet ! A l'instar de Gilbert and George, c'est aussi du statut de l'artiste que l'œuvre de Flanagan veut témoigner. Au petit goût cède aujourd'hui la tentation du grand art; à l'ironie de genre et l'exercice dévoyé de la sculpture, une dimension qu'il veut aujourd'hui plus emblématique. A force d'esquives, il se pourrait que Flanagan ait cependant édifié une œuvre qu'on dira « classique ».

B.B.

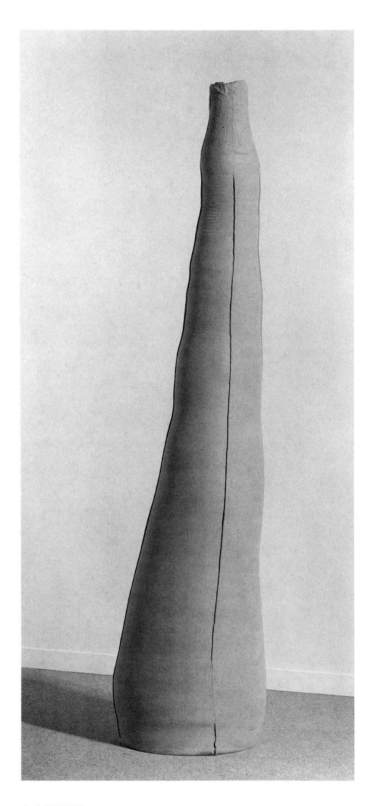

Casb 1'67, 1967
sac de toile rempli de sable sur disque de linoleum
260 × 60 × 60
achat 1980
AM 1980-526

Dan Flavin
1933

Dan Flavin a dessiné très jeune; il n'a reçu, à New York, aucune formation artistique traditionnelle, excepté quelques séances à l'école d'Hans Hoffmann (1956). Jusqu'à la fin des années 50, il peint, écrit des poèmes et réalise de très nombreux dessins et aquarelles, ainsi qu'une série de petites constructions qui le laissent insatisfait. Il commence à prendre des notes sur un art utilisant la lumière électrique et réalise, de 1961 à 1963, huit *Icônes,* supports carrés en bois ou masonite peints sur lesquels sont fixées des ampoules électriques. Dans la *Diagonale du 25 mai 1963* (dédiée à Brancusi puis à Robert Rosenblum) Flavin utilise pour la première fois un tube de lumière fluorescente de fabrication industrielle, directement fixé sur le mur, « image-objet dynamique et plastique ». *The Nominal Three (To William of Ockham),* 1963-1964, constitué de trois tubes identiques fixés parallèlement au mur, peut être considéré comme la première d'une série de variations sur la disposition dans l'espace (contre le mur ou au sol), le nombre, la couleur ou les dimensions de tubes fluorescents — désormais son unique matériau — qui définissent un environnement spécifique en modifiant la perception de l'espace et tendent à « fondre les traditions de la peinture et de la sculpture dans l'architecture ».

Cat. *Fluorescent Light... from Dan Flavin,* Ottawa, The National Gallery of Canada, 1969; cat. *Dan Flavin : Drawings, Diagrams and Points — Installations in Fluorescent Light, 1972-1975,* The Fort Worth Art Museum, 1976.

☐ *Sans titre (A Donna),* 1971
Cette pièce est une structure d'angle fabriquée industriellement (comme toutes ses œuvres) d'après des croquis exécutés par l'artiste en 1966. Il en existe plusieurs versions, réalisées à partir de 1968, que Flavin présente en ces termes : « Mon but était de créer une installation très belle qui produirait une impression de luminosité variable et qui adoucirait les lignes géométriques du plancher apparaissant plus crûment sous une lumière ordinaire ».   C.D.

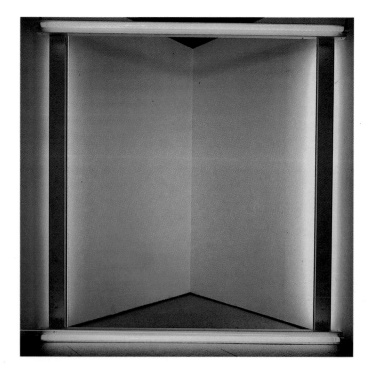

Sans titre (A Donna), 1971
6 tubes de lumière fluorescente (jaune, bleue et rose)
et structure de métal peint (exemplaire 2/5)
245 × 245 × 139
don Léo Castelli par l'intermédiaire de la
G. Pompidou Art and Culture Foundation, 1977
AM 1977-210

Lucio Fontana
1899-1968

Né en Argentine du sculpteur milanais Luigi Fontana et d'une mère argentine, Fontana partage sa vie entre les deux pays jusqu'en 1947, date à laquelle il s'installe définitivement en Italie. Dès 1905, Fontana suit à Milan son père — dont l'atelier avait acquis une grande réputation — pour commencer des études et un apprentissage artistique. Réformé lors de la Première Guerre mondiale, il ouvre en Argentine un atelier de sculptures.
En 1928, il suit à Milan les cours du sculpteur symboliste Adolfo Wildt, et subit jusqu'en 1930 l'influence de Maillol. C'est vers 1931 que les premiers éléments abstraits apparaissent dans son œuvre *(L'Uomo Nero).* Mais Fontana ayant alors beaucoup travaillé pour des œuvres de commande, la liberté du sujet et de la forme s'en est trouvée restreinte. Et tout au long de sa vie, il restera attaché au *monument,* ce qui peut paraître contraire à la problématique de l'ensemble de son œuvre. De nombreux petits reliefs en terre cuite de figuration très synthétique, ainsi que des tablettes en ciment avec des signes gravés, marquent, jusque vers 1934, son chemin vers l'Abstraction.

Avec Melotti, Licini, Veronesi et beaucoup d'autres artistes, il participe au groupe des artistes italiens de la Galleria Il Milione à Milan (1934), puis adhère au mouvement *Abstraction-Création* à Paris (1935) où il rencontre Miró, Tzara et Brancusi. Après avoir réalisé le Pavillon italien pour l'Exposition Internationale de 1937 à Paris, il entreprend de nombreuses collaborations avec différents architectes.
Marinetti, dans le *Manifeste Futuriste* de 1938, souligne la dimension expressionniste de son œuvre, le compare à Prampolini et parle de ses « abstractions cosmiques ». Il est de fait intéressant de noter le statut du futurisme dans le contexte de la création italienne des années 30 : son attitude polémique et sa dimension utopique ne sont pas sans rapports possibles avec la pratique de Fontana à cette époque.
Fontana rédige à Buenos Aires le *Manifesto Blanco* (1946), premier des nombreux manifestes qu'il publiera. Il organise avec certains amis des « actions » dans la ville, jetant sur les façades des maisons couleurs, déchets, objets disparates. Interdites par la police, ces actions sont le signe d'une rupture avec ses travaux précédents. En constituant au même moment un groupe de dessinateurs de libre écriture automatique, il marque l'avènement d'un projet qui se veut à la fois idéaliste et moderniste. De retour en Italie en 1947, il signe le *Primo Manifesto Blanco* avec le critique G. Kaisserlian, le philosophe B. Joppolo et l'écrivain M. Milani.

De cette époque « matiériste et informelle », le Musée conserve la *Scultura Nera (concetto spaziale)* de 1947, pièce essentielle faisant partie de l'important don de sculpture, peintures et dessins fait par Madame Teresita Fontana en 1979. Cette œuvre inaugure la recherche de Fontana sur l'espace-matière, qui sera l'un des thèmes essentiels de son art. La terre, coulée en bronze, s'érige en un site se dégageant de tout anthropomorphisme. L'œuvre inaugure et anticipe un espace mental de caractère utopique. Elle se donne comme projet, comme fragment inachevé et suggère d'abord une germination, une *figure* en gestation.

D'autre part, cette œuvre préfigure le *processus* de l'*Arte Povera* qui, au-delà de toute forme suggérée, apparaît comme la volonté d'exprimer le matériau et sa spécificité, littéralement de s'y *soumettre.* En 1949, Fontana publie le *Secondo Manifesto Spaziale.* Il y exprime sa volonté de développer son œuvre en relation avec l'environnement et le lieu. Il commence en 1949 à travailler aux *Buchi* (béances) en perçant du papier marouflé ou de la toile servant en quelque sorte d'écran spatial et élabore au même moment les premières œuvres de néon (exposées à la 9e Triennale de Milan). Le *Concetto Spaziale 50 B I,* 1950, qui fait également partie de la donation de Madame Fontana,

développe, par son semis de points perforant la surface, une configuration de caractère tropique et astrale.

En 1951, Fontana publie le *Manifesto Tecnico*. Sa relation à la science le situerait ici davantage du côté de ce que Jan van der Marck appelle « le passage de la tradition à l'utopie » plutôt que du côté du scientisme revendiqué par certains artistes des années 50. En cela, ajoute Jan van der Marck, « faisant de l'espace, de la lumière et (implicitement) du mouvement une partie intégrante de ses créations spatiales, il troque l'illusion contre une réalité ». Le *Manifesto del Movimento Spaziale per la Televisione* (1952), création de caractère expérimental pour la RAI, laisse percevoir la volonté d'explorer des mediums autres. Dans le *Manifesto Tecnico,* Fontana avait écrit : « Chercher un style où la forme est inséparable de la notion de temps et où les images semblent abandonner la surface plane et continuer vers l'espace les mouvements qu'elles suggèrent ». On soulignera la justesse de la remarque de Jan van der Marck lorsqu'il veut reconnaître chez Fontana une pratique comparable à celle de Bernini. C'est, en fait, parce que Fontana admirait le baroque, son espace et ses figures, qu'il postula pour le 20e siècle une synthèse possible de tous les arts.

En 1951, faisant de la surface de la toile le lieu même de l'expérience plastique, cherchant à rompre avec les limites dimensionnelles physiques de la toile, il insère sur sa surface des matériaux divers, des fragments de verre de Murano et des cailloux, en faisant à la fois un hybride et une géographie précieuse. De cette série des *Pietre* (pierres) le Musée conserve deux exemples parmi lesquels le *Concetto Spaziale* de 1951 ajoutant à la maculation de la surface de peinture noire un amas de graviers et de tessons se sédimentant dans la matière. Le *Concetto Spaziale* de 1956 oppose aux figures peintes de formes incertaines, à leur approximation, semblable à ce que Valéry appelait « l'exercice par l'informe », le tracé d'un parcours de perforations linéaires. Bien que « concetto spaziale », l'œuvre apparaît d'abord comme un espace non identifié.

Les *Inchiostri* (incisions) et les *Attese* (fentes) qui vont suivre opposent à la surface poreuse et sédimentée de la toile l'épure d'une réduction ad minima. Procédant jusqu'alors de l'addition, en quelque sorte du collage, l'œuvre de Fontana va dès lors se développer comme une pratique en négatif, en quelque sorte en creux. A l'accumulation précieuse de ce qui métamorphosait la surface en « un déchet suprême » (Artaud), Fontana oppose l'épure de ses *Attese,* de ses fentes uniques ou répétées sur la surface uniforme et vierge de la toile. Le concept d'« Attese », comparable à l'expression américaine « Wait and see », oppose à toute représentation du geste *le geste comme représentation*. Il deviendra l'emblème de l'œuvre de Fontana, le signe unique par lequel le geste du Peintre s'inscrit, se nomme pour

Concetto Spaziale (scultura nera), 1947
bronze
56,5 × 50,5 × 24,5
don Mme Teresita Fontana, 1979
AM 1979-31

Natura, 1959/1960
terre cuite
diam. 68
achat 1983
AM 1983-380

220

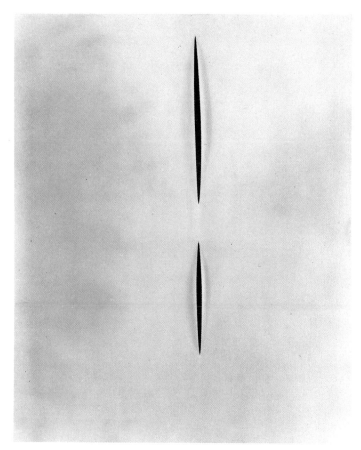

s'opposer « au blanc souci de notre toile ». La coupure qu'ouvre Fontana et qu'il réitère comme autant de gestes à rejouer, parce qu'elle est un chemin vers la connaissance, peut apparaître comme d'abord épistémologique. Et c'est mal comprendre sa signification que de lui reprocher de l'avoir sans cesse répétée. Le Musée possède un exemple de ces fentes : *Attese, concetto spaziale,* 1958. Deux coupures nettes se superposent, stigmatisant l'uniformité de la surface picturale rose, ouvrant ainsi dans l'espace *monochrome* et neutre un espace non plus mathématique, mais bel et bien physique, s'inscrivant en cela dans une logique critique de l'espace renaissant. Il semble dès lors important de souligner que, conjointement à ses toiles, dont les formats et les textures varieront, Fontana va développer un ensemble de sculptures qu'il appellera des *Nature* (natures). Elles peuvent apparaître comme un contrepoint réel au travail de la surface, de l'écran, tel qu'on le retrouvera dans les *Attese.* Le Musée conserve une importante *Natura,* datée de 1959-1960, rare exemple en terre cuite qui n'ait pas été édité par la suite en bronze (un seul tirage se trouve en effet dans la succession Fontana). Fontana y retrouve le geste premier du sculpteur évidant à la gouge la matière. Chaque *Natura* apparaît comme une boule qui aurait grossi, façonnée par la main. Cet « être de terre », sur lequel se discernent les empreintes de la main, érige le geste en motif. L'œuvre ne procède plus d'une soumission de la matière à la forme mais tente de saisir la matière comme sujet propre de son élaboration. Le terme lui-même de *Nature,* par lequel Fontana désigne cet ensemble de sculptures, souligne la spécificité organique de l'œuvre.

Rappelons le rôle déterminant que l'œuvre de Fontana, ainsi que celle de Manzoni, pour des raisons dialectiquement contraires, est appelée à jouer dans le développement et le contexte italien de l'*Arte Povera.* Par cette figure du geste créateur qu'il veut celui du démiurge, l'œuvre de Fontana peut être regardée comme une *véritable maïeutique.*

Le très important *Concetto Spaziale* de 1960 peut faire figure de synthèse. Il marie la problématique de la planéité du tableau à la texture de la peinture. La surface semble engobée, semblable en cela à la terre crue. Deux espaces aléatoires y sont tracés. Deux gris quasiment basaltiques les opposent. Incisés dans la matière, deux cercles dessinent un espace incertain et opposent à la rigueur géométrique de la surface le tracé de la main. La matière est griffée, comme au stylet, et la touche est ici remplacée par ces excavations propres aux *Nature.* La surface de la toile, couverte d'huile grasse, s'est rétractée en séchant. Elle transforme la peinture en une peau, en un dépôt semblable à celui qui se crée à la surface d'un pot de peinture oublié à l'air libre. Aussi l'œuvre semble-t-elle la mémoire immédiate du tracé, comparable en cela au geste du « dreeping » balayant la surface, revendiquant un état transitoire proche de toute peinture inscrivant sur son espace le temps de son édification. L'art de Fontana, parce qu'il se veut *un lieu autre,* semble figurer métaphoriquement un *cratère.* A l'espace sans limite répond ici la figure du pays inconnu.

En 1964, cherchant la mise en abîme de son œuvre, Fontana construit un ensemble de sites qu'il intitulera *Teatrini* (petits théâtres). Ils sont un lieu clos pour l'espace qu'ils suggèrent. Leur découpe aléatoire

Concetto Spaziale, 1956
huile et matériaux divers sur toile
100 × 81
don Mme Teresita Fontana 1977
AM 1977-215

Concetto Spaziale-Attese, 1958
peinture vinylique sur toile
125 × 100
don Mme Teresita Fontana 1979
AM 1979-30

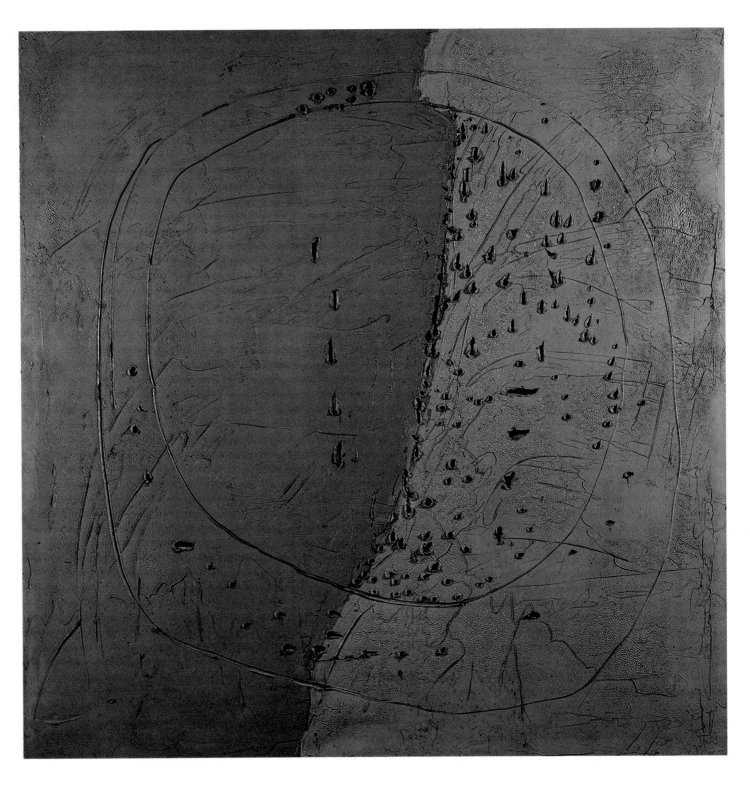

Concetto Spaziale, 1960
huile sur toile
150 × 150
achat 1977
AM 1977-197

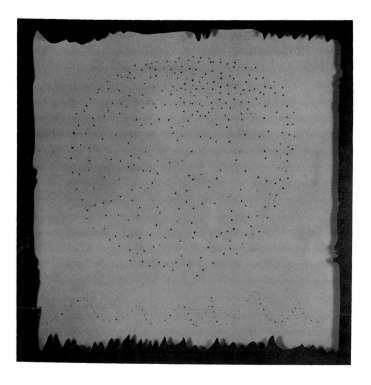

222

Foujita, né à Tokyo, s'installe à Paris en 1913 et se lie avec la bohème artistique de Montparnasse. Il en goûte pendant quelques années la pauvreté avant d'en connaître la réussite prodigue. Ses aventures avec Fernande Barrey et Youki (plus tard) Desnos, lui valent l'immortalité au sein de l'École de Paris. Coqueluche de Deauville avant de connaître les affres du fisc et de la crise, il regagne son pays et y assume la fonction de peintre-colonel pendant la guerre, engageant tout son talent dans la confection de toiles de propagande d'une rare cruauté. L'épuration nippone le décide à refaire sa vie à Paris à partir de 1950. Il abjure son pays au point de se convertir au catholicisme.

☐ *Mon intérieur (Nature morte au réveil matin),* 1921
Cette admirable nature morte de grand format, présentée au Salon d'Automne de 1921, reproduite dans *Le Crapouillot* et *Montparnasse,* suscita des envolées lyriques sous la plume des critiques les plus lus, c'est-à-dire les plus conformistes. Ces objets de la vie quotidienne ne pouvaient que rassurer par leur antimodernisme et leur misérabilisme. Des couleurs douces rehaussent ce qui est essentiellement un grand lavis sur toile. Tous les amoureux du travail bien fait n'eurent pas assez de mots pour louer le délié du trait précis qui définit parfaitement les formes. C'est à eux autant qu'à l'artiste que devait s'en prendre Robert Desnos dans ses *Nouvelles Hébrides et autres textes* : « Le propre de l'esprit artiste est d'être à la remorque d'une mode. Incapable de découvrir des trésors, il est prêt à admirer ce que d'autres aiment, à condition que le temps ou la valeur marchande donne une pseudo-consécration à des objets souvent admirables. Tel qui méprisait voici quelques dizaines d'années les charmantes images d'Épinal en fait aujourd'hui collection. » Et, en effet, Foujita avec finesse et roublardise récidiva dans la confection d'aussi plaisante nature morte. Son importance réside sûrement moins dans l'originalité que dans l'exceptionnelle résonance de son œuvre, soulignée dès 1922 par André Salmon : « L'ingénu Foujita a libéré les jeunes artistes de son pays. Retenu par des thèmes français, du pathétique au familier enchantant le voyageur, il a rendu aux écoliers du Japon l'audace de peindre en japonais. Ce qu'ils n'osaient plus faire, trompés par nos bonzes et doutant de la réalité de leurs maîtres du passé ».

Ch.D.

bâtit un cadre mental et physique à cet « espèce d'espace » que l'artiste avait inventé. Des deux œuvres de cette série que possède le Musée, le *Teatrino, concetto spaziale,* 1965, en est un parfait exemple : le semis de trous de la toile n'est plus informe mais semble dessiner des astres et des montagnes; les signes de Fontana se font figures et silhouettes. En exergue, le cadre, dont la brillance de la laque noire contraste avec la matité de la toile, semble répéter les motifs de l'image à moins qu'il ne les suggère ou qu'il devienne lui-même image. Les trous sont ici la reprise (la projection?) de la découpe sur l'espace de la toile, le passage du solide au fragile, du *continu* au *discontinu.* De fait, l'œuvre établit une relation entre le point et la ligne, comme pour opposer le tracé à son origine. Les effets d'ombre portée accentuent le caractère ludique propre aux œuvres de ce type. La découpe accentue davantage la dimension théâtrale et scénique de l'œuvre. Elle retrouve la problématique de la fenêtre, opposant au lieu-dit un espace incertain. L'analogie aux « camere obscure » de l'espace renaissant permet aussi de rappeler que Fontana consacrera dès lors une large part de son activité à l'édification d'environnements spatiaux, non plus à la seule mesure de l'œil, mais à celle du corps tout entier.

B.B.

Guido Ballo, *Lucio Fontana,* New York, Washington, Londres, 1971; *Lucio Fontana,* Palazzo Reale Comune di Milano, 1972; Jan van der Marck et Enrico Crispolti, *Lucio Fontana* (t. 1: Essais, t. 2: Catalogue raisonné), Bruxelles, éd. de La Connaissance, 1974.

Concetto Spaziale, 1965
peinture vinylique sur toile et bois laqué
200 × 200
don Alexandre Iolas, 1978
AM 1978-374

Mon Intérieur, 1921
(Nature morte au réveil matin)
huile sur toile collée sur panneau de bois
130 × 97
don de l'artiste, 1951
AM 3057 P

Sam Francis
1923

Sam Francis étudie la botanique, la psychologie et la médecine à l'université de Berkeley (1941-1943). Il sert dans l'armée de l'air américaine pendant la guerre et, à la suite d'une blessure, commence à peindre à l'hôpital de San Francisco. Ses premières œuvres abstraites datent de 1947. Peu après, il se rend à Paris où il va rester de 1950 à 1958. Il étudie quelque temps à l'académie Fernand Léger, se lie d'amitié avec Jean-Paul Riopelle, Georges Duthuit, ainsi qu'avec la communauté des artistes américains qui vit à Paris à l'époque. C'est à Paris en 1952 qu'a lieu sa première exposition personnelle, au moment où sa peinture jusque-là blanche, presque diaphane, commence à intégrer des couleurs vives et des noirs profonds. Le critique Michel Tapié associe Francis à quelques-unes des expositions majeures des années 50 à Paris, comme *Signifiants de l'informel* ou *Un Art autre*. Des musées commencent à remarquer ses peintures qui atteignent des formats de plus en plus importants. Ainsi Arnold Rüdlinger, qui dirige la Kunsthalle de Berne et contribue alors grandement à faire connaître l'art américain en Europe, l'inclut dans une exposition et fait acheter une de ses œuvres majeures de l'époque (*Deep Orange and Black,* 1954-1955, Kunstmuseum de Bâle). Dans son nouvel atelier de la rue d'Arcueil, Francis commence en 1956 l'immense triptyque destiné à la Kunsthalle de Bâle; cette peinture murale, qui ne sera, malheureusement, pas mise en place et dont les panneaux se trouvent aujourd'hui dispersés, va accaparer Francis pendant trois ans et représente une sorte d'apogée de ces années parisiennes : accomplissement d'une couleur fluide, libérée, dans un espace pictural hors-format. En 1957, Francis entreprend des voyages lointains qui le ramènent aux États-Unis, mais aussi au Japon où ses contacts sont très fructueux. Il se lie avec Teshigahara Sofu, directeur de l'école d'Ikebana Sogetsu, pour qui il réalisera une autre grande peinture murale. D'autres voyages : Rome, Saïgon, à nouveau le Japon, New York enfin, où il reste plus d'une année. Son œuvre se modifie quelque peu autour de 1960 : l'espace central de la peinture, réservé au blanc, repousse aux bords de la toile des formes arrondies (série des *Blue Balls*). En 1962, de retour en Californie, il s'installe à Santa-Monica près de Los Angeles, et exécute, outre des peintures, de nombreuses lithographies ainsi que des céramiques qui seront réalisées lors de ses séjours au Japon. Il se préoccupe alors d'action culturelle et, dans une Californie trop peu active, conçoit avec d'autres peintres un projet de fondation artistique pluridisciplinaire qui ne verra pas le jour. Sa curiosité et sa fascination pour le ciel l'entraînent vers de nouvelles expériences, telle une action colorée qui consiste en traînées de couleur dessinées dans le ciel par des hélicoptères (Tokyo, 1966). A la fin des années 60, sa peinture se modifie à nouveau : le blanc prend de plus en plus d'ampleur pour ne laisser

Other White, 1952
huile sur toile
205,5 × 190,5
achat de l'État et attr. 1974
AM 1974-15

224

In Lovely Blueness, 1955-1957
huile sur toile
300 × 700
don de la Scaler Foundation, 1977
AM 1977-207

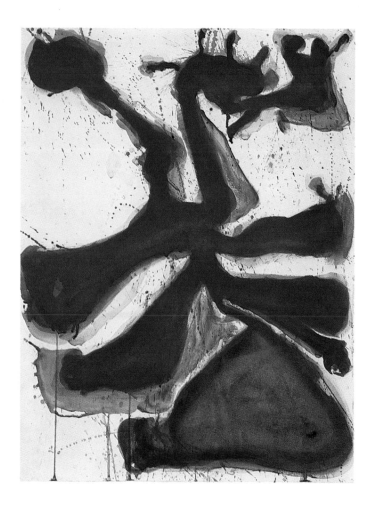

226

parfois qu'une mince bande polychrome aux limites extrêmes de la toile, sorte de cadre coloré autour d'un immense espace vide (*Sans titre*, 1967, MNAM). Ce système d'encadrement du blanc par la couleur, de trame géométrique traversant l'espace de la toile, Francis va le poursuivre et le développer dans les années 70-80. Qu'il resserre l'espace dans une composition centrée, comme dans les *Mandalas*, ou qu'il l'éclate — le réseau formel n'apparaissant alors que comme le fragment d'une composition plus vaste —, Francis oppose presque toujours une ligne polychrome faite de taches accumulées à des espaces blancs où le blanc est traité comme une couleur. Durant cette période, Francis, qui continue à voyager souvent et loin, passe la majeure partie de son temps en Californie.

Il expose dans de nombreuses galeries (à Paris, chez Jean Fournier) et plusieurs expositions, soit rétrospectives, soit de ses œuvres récentes, lui sont consacrées; ainsi à Paris au Centre national d'Art contemporain en 1968 et au MNAM en 1978. La principale rétrospective reste celle qui, en 1972, eut lieu dans plusieurs musées américains. Francis écrit également de courts poèmes qu'il aime associer, dans les catalogues, aux reproductions de ses peintures.

Cat. *Sam Francis, Paintings 1947-1972*, Buffalo, Albright Knox Art Gallery, 1972; P. Selz, *Sam Francis*, New York, Abrams, 1975; cat. *Sam Francis, Peintures récentes 1976-1978*, Paris, MNAM, Centre G. Pompidou, 1978.

Sans titre, 1960
gouache sur papier
65 × 50
achat 1984
AM 1984-274

☐ *Other White,* 1952
Pendant les deux premières années de son séjour à Paris, Sam Francis privilégie les blancs ou les gris dans des compositions monochromes et flottantes, auxquelles convient bien le terme d'informel qui peu après fera fureur. « Paris, dit Francis, fut un beau récipient où mes idées trouvèrent leur solution ». Mais c'est aussi un été à Aix-en-Provence, dans la lumière de Cézanne — dont l'atmosphère évanescente des aquarelles se retrouve dans ces peintures blanches —, qui permet à Francis de réaliser un premier ensemble déterminant d'œuvres s'opposant radicalement aux expressionnismes abstraits d'alors. Peinture de lumière, cet « autre blanc » est imprégné du « beau gris céleste » qui domine la capitale française et étonne, par son contraste avec la lumière de Californie, dont Francis est originaire. La surface de la peinture est tout en transparence, nébuleuse, sans qu'aucune forme ne puisse être saisie. Pourtant, au-delà d'une peinture d'atmosphère, on pense à Bonnard, à Monet, à une certaine tradition picturale, spécifiquement française, qui va peut-être plus encore marquer Francis que ses contemporains européens. L'intensité lumineuse est ici obtenue sans effet grandiloquent, par une ambiance diffuse et non par contraste. « J'ai le sentiment, dira Sam Francis, que le blanc est pareil à l'espace qui s'étend entre les choses ». C'est Georges Duthuit, critique d'art très proche de Francis dans ces années parisiennes, qui le cite ainsi, insistant pour sa part sur l'intérêt de Francis pour « l'air lui-même » dans sa conception de la peinture. Donné par Sam Francis à Rachel Jacobs (qui préfacera le catalogue de son exposition, galerie Rive Droite, en 1956), exposé, sous le n° 1 du catalogue, à la première grande présentation muséale de Sam Francis (Kunsthalle de Düsseldorf, 1959), *Other White* fut ensuite racheté par l'artiste à la suite de la mort du critique.

☐ *In Lovely Blueness,* 1955-1957
Cette immense toile polychrome constitue l'un des chefs-d'œuvre des années parisiennes de Francis qui s'achèvent peu après l'accomplissement de cette peinture, l'une des plus grandes (avec, bien sûr, le triptyque de Bâle) que Francis ait alors entreprise. Elle trouve son titre dans un poème de Hölderlin, *In Lieblicher Bläue,* où l'on peut lire : « Si simples sont les images, si saintes/Que parfois on a peur, en vérité/Elles, ici, de les décrire ».
Au cours de son séjour parisien, Francis, qui peu à peu à partir de 1952-1953 a laissé la couleur envahir l'espace de la toile, est sans aucun doute marqué par l'œuvre de Matisse (à travers son amitié avec Georges Duthuit) et par la révélation des *Nymphéas* de Monet à l'Orangerie. Outre l'usage chez Monet d'une forme liquéfiée où la couleur est exaltée, c'est l'espace de la peinture, le format panoramique, qui constitue l'influence la plus marquante. Pendant ces années, Francis a tour à tour privilégié la couleur blanche *(Other White),* le noir en contraste avec une couleur vive *(Deep Orange and Black,* 1954-1955, Kunstmuseum de Bâle), le rouge *(Big Red,* 1953, New York, MOMA, *Red in Red,* 1955, coll. part.). Avec *In Lovely Blueness,* la couleur bleue devient prépondérante, rejetant ici de chaque côté les autres couleurs privilégiées précédemment. Francis va d'une certaine façon consacrer à ce bleu dominant — où l'on retrouve le souvenir de Matisse qui vient alors de disparaître — les années qui vont suivre. Un bleu qui, il faut l'ajouter, laisse de plus en plus de place au blanc traité comme une autre couleur — la référence aux éléments, à l'air, à l'espace est évidente. Bleu de l'océan, bleu du ciel, la poésie romantique n'est pas loin. « J'ai rêvé d'un océan. Une mer énorme arrivait et recouvrait la terre, balayant tout sur son passage », écrit Francis. Mais ce tableau est également essentiel par son traitement formel. En effet, Francis, qui jusqu'à présent avait construit la toile en y accumulant des sortes de cellules colorées imbriquées les unes dans les autres, commence ici à désagréger le système. Comme des nuages soufflés par le vent — la métaphore céleste semble ici autorisée

— certaines formes se diluent sans dessin précis, tandis que d'autres préservent leurs contours. Des toiles aux angles plus marqués annoncent les peintures des années 1958-1959. Cette décomposition va s'amplifier dans les années qui suivent pour aboutir à des espaces presque vides où la couleur ponctue les vastes champs de blanc.

□ *Sans titre,* 1960
En 1960, alors que Francis partage son temps entre Paris, Berne et le Japon, la couleur bleue va totalement dominer son œuvre. C'est le début de la série des *Blue Balls,* l'exécution des premières lithographies. Francis écrit : « Je vis dans un paradis de diaboliques ballons bleus — qui flottent joyeusement, tout flotte, absolument tout — où seules ont cours les règles de mon imagination, au fil des jours vers un lendemain encore sans nom ». Mais dans cette gouache, qui précède probablement les *Blue Balls,* la couleur diverge plutôt ou, si l'on préfère, se répand à partir du centre, type de construction formelle qui toujours préoccupera Francis. Il y trouve, sous l'influence de la philosophie orientale, le lieu où est concentrée l'énergie. La forme qui en résulte est curieusement ambiguë, quelque peu anthropomorphe. Dans une peinture *Sans titre* de 1960, on voit s'inscrire une forme presque humaine, dansante, réminiscence des *Nus bleus* de Matisse.

□ *Sans titre,* 1977
Cette grande composition, barrée de lignes polychromes obliques, illustre l'évolution de l'œuvre de Francis qui, dans les années 70, s'organise le plus souvent autour de larges traces et d'un schéma plus géométrique. L'espace de la peinture trouve ici une ampleur nouvelle; les contrastes se font plus nets, plus violents, avec l'emploi fréquent de la couleur noire (déjà utilisée depuis une vingtaine d'années) associée à d'autres couleurs et opposée au blanc. Les œuvres n'en sont que plus lumineuses, comme si, au fur et à mesure de l'évolution de Francis, l'éblouissement coloré ne faisait que croître. Le système constructif du tableau est ici très appuyé mais le dessin est absent, comme toujours avec Francis. C'est la couleur, enchevêtrement de taches polychromes et liquides, qui constitue la ligne et, par opposition, délimite avec netteté les espaces blancs. Mais il est important de souligner que les taches ou coulées qui maculent ces espaces vides ne sont pas toutes inscrites par les hasards du geste, mais aussi parfois délibérément jetées comme pour remplir les vides. Cette grande peinture, exposée lors de la présentation des œuvres récentes de Francis au MNAM en 1978, n'a pas de sens obligé. Elle peut se présenter verticalement ou horizontalement selon le mur qui la reçoit, comme, pour reprendre une image chère à l'artiste, fixée en un centre qui tournerait autour de son axe.   A.P.

Sans titre, 1977
acrylique sur toile
390 × 556 (la toile peut être présentée indifféremment en hauteur ou en largeur)
don de l'artiste
AM 1980-480

Otto Freundlich
1878-1943

« Enfant, je dessinais beaucoup, mais dès l'entrée à l'école ce talent disparut. Je fus apprenti de commerce, et même employé, mais après avoir quitté cet emploi j'ai étudié l'Histoire de l'art à Munich. C'est comme étudiant que je commençai, à Florence, à faire de la sculpture et de la peinture, j'avais alors vingt-sept ans ». Ainsi commence le récit, par Otto Freundlich (né en Poméranie), d'une vie particulièrement marquée par l'histoire dramatique de l'Europe entre les deux guerres aux prises avec le déferlement des national-socialistes de l'Allemagne hitlérienne. Après un premier séjour en France en 1908-1909 — louant un atelier au Bateau-Lavoir, il côtoie les artistes qui gravitent autour de Picasso sans que pour autant une influence du cubisme se fasse sentir dans ses œuvres —, Freundlich se partage entre Munich, Cologne et Berlin. Il participe en 1913 au premier Salon d'Automne allemand, organisé par Herwarth Walden à Berlin, et se lie pour un temps avec quelques associations artistiques et sociales avant-gardistes, comme la *Novembergruppe,* le *Werkbund* et le *Arbeitsrat für Kunst.* En 1919 il se détourne de ces « asyles des jamais inspirés » et crée en 1922 une éphémère association « Die Kommune », dont le deuxième manifeste sera signé par R. Hausmann. Gropius, qu'il avait connu à Berlin, lui propose un poste d'enseignant au Bauhaus de Weimar, créé en 1919, mais Freundlich décline son offre. En 1924 il retourne en France, se joint aux recherches de *Cercle et Carré* et *Abstraction-Création* et y devient un des principaux représentants de l'art abstrait. Son œuvre de sculpteur et de peintre sera reconnue comme une des contributions allemandes les plus remarquables à l'École de Paris. En Allemagne, particulièrement détesté pour des raisons politiques et artistiques, Freundlich devient une des cibles préférées des Nazis : *L'Homme nouveau,* sculpture de 1912, figure sur la couverture du catalogue de l'exposition *Entartete Kunst,* présentée dans toutes les grandes villes à partir de 1937. Au même

moment, à Paris, Jeanne Bucher organise pour cet artiste, vivant « dans des conditions pénibles et douloureuses », une exposition remarquée. Grâce à une souscription, une gouache de grande dimension de 1935 (carton préparatoire pour le triptyque *Hommage aux peuples de couleur,* exécuté en mosaïque en 1938) est offerte au Musée du Luxembourg. Interné en France après la déclaration de guerre en septembre 1939, relâché en février 1940, Freundlich fuit dans les Pyrénées-Orientales, où il est de nouveau arrêté en février 1943. Il meurt en déportation en Pologne le 4 mars suivant.

Cat. *O. Freundlich,* Bonn, Rheinisches Landesmuseum, 1978; U. Bohnen, *O. Freundlich-Schriften,* Cologne, DuMont Schauberg, 1982.

☐ *Mon ciel est rouge,* 1933
Acquise par l'État en 1953, cette peinture illustre l'apport fondamental de Freundlich à l'art européen entre 1924 et 1938. Son langage formel est trouvé : un système de triangles et de quadrilatères de couleur irréguliers, se pliant à des contours courbes et construisant ainsi une image semblable à un vitrail ou à une mosaïque. Ses études des vitraux des 12ᵉ et 13ᵉ siècles et ses propres réalisations de vitraux et mosaïques (1922 et 1924, travaux détruits) eurent, en effet, une influence décisive sur sa peinture. Les éléments qui composent ses œuvres — morceaux de verre ou plans de couleurs sur un support de toile — sont définis par l'artiste dans ses manuscrits (accessibles depuis peu) comme les proto-éléments de la nouvelle peinture objective. Ils deviennent les cellules d'un organisme, remplies d'une force concrète qui « réussit à démolir la carapace d'airain des choses ». La voie est, dès lors, ouverte à la peinture non figurative. La libre circulation des forces entre les cellules — à savoir l'interaction des

Ascension, 1929
bronze
exemplaire 6/6
193 × 104 × 103,5
achat 1982
AM 1982-124

Mon ciel est rouge, 1933
huile sur toile
162 × 130,5
achat de l'État et attr. 1953
AM 3233 P

Emile Othon Friesz
1879-1949

couleurs à l'intérieur d'une structure choisie — est mise en rapport étroit avec des réflexions d'ordre sociologique et politique. « Chercher et trouver les chemins qui mènent au supra-individuel. Ni plus ni moins fut notre but, affirmera Freundlich, quand nous nous détournions de l'objet ». Puis, le politique est dépassé à son tour. Tel un maître-vitrier du Moyen Age, il considérera ses tableaux comme des symboles des lois cosmiques qui, elles, ne sont que le signe d'une puissance plus grande de l'Être. Comparable à celui de Franz Marc, l'universalisme de Freundlich le pousse à supprimer les frontières entre les êtres, entre les hommes et le cosmos, et à rendre, telle est pour lui la tâche de l'artiste, cette unité visible.

Toute illusion de tridimensionnalité de la peinture naturaliste, avatar de l'esthétique bourgeoise, se trouve abolie dans ses œuvres peintes. Selon Freundlich, en effet, l'espace appartient à la sculpture seule. Là aussi novateur remarquable, il ira jusqu'à imaginer une sculpture-montagne où se rencontreraient l'univers — l'aspatial selon lui — et l'espace.

□ *Ascension*, 1929

Seule sculpture de Freundlich présente, depuis 1982, dans les collections, ce bronze monumental, fonte récente d'un plâtre de 1929 (conservé à la Fondation Freundlich du Musée de Pontoise), a reçu communément le titre *Ascension*; le titre allemand correspondant, *Auffahrt* (« mouvement ascensionnel »), paraît pourtant à la fois plus explicite et plus heureux : il évite toute allusion au calendrier de la religion chrétienne, sans perdre toutefois la notion de « religiosité » (l'art est pour Freundlich un langage spirituel qui s'adresse à la collectivité des hommes). Deux des préoccupations constantes de l'artiste sont lisibles dans cette œuvre, que Michel Seuphor compte parmi « les 10 ou 12 plus belles œuvres de sculpture de la première moitié de ce siècle » (in *La Sculpture du* XXᵉ *siècle,* 1959) : la tendance au monumental — déjà manifeste dans les œuvres de la période berlinoise, comme le constatait Hans Richter : « Des géants en plâtre ou en ciment, issus d'un monde primordial, grandissaient dans la cage d'escalier de la maison de Freundlich, atteignant ainsi l'étage supérieur » (*Begegnungen von Dada bis heute,* 1973) — et un penchant pour un symbolisme lyrique. Cette architecture à l'équilibre précaire, faite d'un entassement irrégulier de masses élémentaires dont le centre de gravité est déplacé vers la partie supérieure (caractéristique commune de certaines œuvres de Schwitters ou de Arp réalisées autour de 1930), traduit par son mouvement ascensionnel, laborieux, la possibilité d'un dépassement des limites spatiales imposées par la matière; en même temps, elle incite au passage du présent au futur. Car pour Freundlich l'œuvre d'art doit faire appel aux forces constructives de tous les hommes, dénoncer la seule contemplation esthétique et rester le symbole de la possibilité d'une conception artistique de l'avenir de l'humanité.

J.B.

Issu d'une vieille souche normande, Friesz suit au Havre avec Raoul Dufy les cours de Charles Lhuillier, puis gagne Paris où il fréquente, avant Braque et Dufy, l'atelier de Léon Bonnat à l'École des Beaux-Arts; prenant conscience de l'insuffisance de cet enseignement académique, il préfère choisir lui-même ses propres maîtres en copiant au Louvre Véronèse, Rubens, Delacroix et en allant voir chez Durand-Ruel les impressionnistes : répondant parfaitement alors à son besoin de travail sur le motif, ils représentent pour lui « la seule vérité contemporaine ».

Friesz part peindre en plein air dans la Creuse (1901-1902) — il y rencontre Pissarro et Guillaumin — puis en Normandie (1903). Cherchant à traduire les effets de transformation de la lumière, il reste attaché à une vision toujours fondamentalement naturaliste malgré ses relations avec Matisse, Dufy et Braque — avec lequel il séjourne à Anvers l'été 1905 — et son admiration pour Cézanne (qui n'est encore pour lui qu'un impressionniste qui s'efforce de « donner de la solidité aux choses »). Au moment du Salon d'Automne de 1906, sous l'influence des Fauves, Friesz commence à hausser les tons et à passer du ton local au ton arbitraire (*Arbres à Honfleur,* 1906-1907, MNAM). Ce n'est que durant l'été 1907 (après un séjour à Londres avec Marquet et Camoin) que, découvrant le Midi — il rejoint Braque en juillet à La Ciotat, puis gagne avec lui L'Estaque en septembre —, il remet sa peinture en question, dans un enthousiasme commun. Le fauvisme de Friesz atteint alors son apogée, le tableau devenant l'expression lyrique d'un choc ressenti devant la nature, qu'il traduit par une organisation de plans colorés dont les tons, employés purs, représentent un équivalent de la lumière solaire (*La Ciotat,* 1907, MNAM). La relecture de Cézanne, avec la rétrospective du Salon d'Automne de 1907, conduit Friesz à soumettre désormais la couleur

Portrait de Fernand Fleuret, 1907
huile sur toile
73 × 60
achat 1949
AM 2927 P

à la composition, en adoptant une certaine économie de tons; il se fixe les lois d'un art du rythme, retournant à la tradition, avec de grandes compositions comme *Le Travail à l'automne,* 1907-1908, *La Cathédrale de Rouen,* 1908 (interprétation classique, sans lumière, du travail de Monet), *Le Paradis,* 1908, *Le Pêcheur,* 1908, la série du *Cirque Médrano,* 1909, et surtout celle des paysages de Cassis, 1909, nettement influencés par Cézanne et considérés comme des « Poussin refaits sur nature ». Après des voyages au Portugal, en Italie (découverte de Giotto), à Munich, « l'artiste ambitieux », salué par Salmon, un de ses premiers biographes, « a trouvé son équilibre » dans des compositions religieuses (*Adam et Ève,* 1910), allégoriques (*La Guerre,* 1915, Musée de Grenoble), des nus (*Baigneuses du Lac d'Annecy,* 1931), des portraits, celui de *Mme Othon Friesz* (1923, MNAM), des paysages de Normandie et de Provence, des décors même (*La Seine depuis sa source* pour l'exposition de 1937 au Palais de Chaillot). Diffusée par un enseignement régulier en atelier, « la peinture du révolutionnaire d'il y a cinquante ans devient l'un des parfaits exemples du classicisme français » (André Salmon).

Cat. *Othon Friesz,* Genève, Musée d'Art et d'Industrie, 1953; cat. *Othon Friesz,* Paris, Musée Galliéra, 1959; M. Giry, *Le Fauvisme, ses origines, son évolution,* Neuchâtel, Ides et Calendes, 1981.

□ *Portrait de Fernand Fleuret,* 1907

« Plasticien frère des poètes », ami d'André Salmon, Friesz suscite très tôt également l'intérêt de Fleuret et d'Apollinaire qui préfacent tour à tour en 1907 et 1908 les catalogues des expositions du Cercle de l'Art moderne, organisées par Friesz au Havre. Fernand Fleuret, qui avait aussi présenté l'exposition personnelle de Friesz à la galerie Druet en 1907, collabore encore avec André Salmon à la rédaction de *Friesz, Œuvres 1901-1927,* paru aux Chroniques du Jour en 1928. Personnalité du monde parisien des arts et des lettres, poète et critique d'art, Fleuret fait partie du groupe « L'École romane » créé par J. Moréas en 1891, et se situe dans le courant prônant le retour aux valeurs traditionnelles et nationales. D'origine normande comme Friesz, il rencontre celui-ci vers 1905 et lui rend souvent visite dans son atelier place Dauphine (que Friesz occupera jusqu'à la fin de 1907, avec Dufy et Le Sieutre). Friesz passe avec lui l'hiver 1907 dans le Midi, après l'été d'enthousiasme fauve vécu avec Braque à La Ciotat, puis à L'Estaque : l'intérêt soudain qu'il se découvre alors pour Poussin et les frères Le Nain n'est peut-être pas étranger à cette amitié. C'est de cette fin d'année 1907 que date ce portrait, « l'un des chefs-d'œuvre de Friesz, si tôt donné » estime Salmon, probablement réalisé en automne à son retour de L'Estaque et avant de repartir pour le Midi, et pour lequel il exécute un dessin préparatoire au crayon (MNAM). Outre la valeur de témoignage de ce portrait qui révèle bien, par le rendu du regard inquiet et de l'aspect chétif de Fleuret, son esprit instable (il mourra fou en 1943), cette peinture constitue sans doute le point culminant du fauvisme de Friesz ou, plus exactement, le moment où, juste après les toiles de La Ciotat où la couleur est à son paroxysme, Friesz commence à se soucier de structurer les formes, suivant nettement, comme Braque au même moment (*Grand Nu,* 1907), l'enseignement des peintures de Cézanne. Non plus posée en aplats, la couleur pure est modulée en minces glacis laissant jouer la blancheur du support, soumise à l'économie du tableau et servant à construire les formes, dont Friesz cherche à retrouver le poids avec la rigueur de la composition. Dorénavant, pour lui « la couleur cessa d'être maîtresse de la toile, le dessin renaissait sous les volumes et la lumière, la couleur restant un adjuvant savoureux ». C'est certainement sous l'influence de Fleuret que, l'hiver 1907-1908, Friesz réalise sa première grande composition classicisante, *Le Travail à l'automne.*

N.P.

Hamish Fulton
1946

C'est pendant son séjour à la St-Martin's School of Art de Londres (1966-1968) que Hamish Fulton entreprend de consigner très précisément — lieu, date, heure, saison, conditions climatiques, caractères physiques du paysage et distances parcourues — ses promenades dans la nature dans des notes qui en constituent la seule trace et en restituent l'expérience : ce que l'on peut considérer comme une « sculpture mentale ». Depuis son voyage en 1969 dans le Dakota du Sud, le Montana et le Wyoming, il utilise la photographie; d'abord de simples instantanés de qualité et de format modestes ayant valeur de documents, puis de très grands formats noir et blanc, souvent réalisés en grand angle, qui fixent certains moments de ses voyages dans des pays lointains ou isolés, encore épargnés par les marques de la civilisation : Népal, Pérou, Tasmanie, Canada, Écosse. Rien d'anecdotique, aucune présence humaine (seule, parfois, la présence ou la trace d'un animal), aucune action ne viennent troubler ces paysages intemporels qui témoignent d'une certaine nostalgie d'un paradis perdu et d'une relation privilégiée avec la nature, d'un accord et d'une sensibilité primitive que l'Occident a perdus et dont quelques lieux, telle la Tasmanie, cette île du sud de l'Australie que Fulton a parcourue en 1979, gardent le souvenir.

C.D.

Cat. *H. Fulton, Wild Flowers,* Paris, MNAM, Centre G. Pompidou, 1981; cat. *H. Fulton, Twilight Horizons,* Bordeaux, CAPC, 1983; cat. *Hamish Fulton,* Eindhoven, Van Abbe Museum, 1985.

LOOKING BACK FROM THE SEVENTH DAY

TWO CROWS

Tasmania, 1979
4 photographies noir et blanc
ici repr. : n° 3, **Looking back from the seventh day**
110 × 72,5
achat 1980
AM 1980-379 (1 à 4)

Naum Gabo
1890-1977

Naum Gabo est, avec son frère Antoine Pevsner, un des pionniers du constructivisme russe, dont les principes sont établis à Moscou dès 1917 : une nouvelle définition, une nouvelle fonction de l'œuvre d'art y étaient proposées, basées sur l'emploi de techniques et de matériaux nouveaux. « Nous nous appelons constructivistes parce que nos tableaux ne sont plus "peints" ni nos sculptures "modelées"; mais au contraire construits dans l'espace et à l'aide de l'espace. Ainsi nous détruisons ce qui auparavant séparait la peinture de la sculpture », déclarera-t-il à nouveau en 1932 (*Abstraction-Création,* Paris, vol. I). Après des études scientifiques de médecine, de sciences naturelles et d'ingénieur à Munich, il conçoit à Oslo en 1915 ses premières constructions par recoupements de plans, où déjà est « renié le volume en tant que forme plastique de l'espace ». De retour à Moscou en 1917, se démarquant du point de vue « productiviste » de Tatlin, il rédige avec Antoine Pevsner le fracassant *Manifeste réaliste,* affiché en plein air le 5 août 1920, dans lequel est affirmée leur volonté de libérer les « rythmes cinétiques, formes essentielles de notre perception du réel ». En 1922, à l'occasion de l'exposition d'art russe à la galerie Van Diemen à Berlin, Gabo décide de quitter l'Union Soviétique définitivement et se fixe d'abord à Berlin (1922-1932), puis à Paris (1932-1935), à Londres et en Cornouailles (1935-1946), avant d'émigrer aux États-Unis où il prend la nationalité américaine en 1952. Chaque fois, il se lie avec les artistes les plus radicalement non objectifs : ceux d'*Abstraction-Création* à Paris en 1932; B. Nicholson et J.L. Martin, à Londres, avec lesquels en 1937 il publie la revue *Circle : International Survey of Constructive Art.* Son œuvre — saluée dès 1948 à New York par l'exposition du MOMA, par la commande en 1949 d'une première sculpture monumentale pour le Rockefeller Center, par l'obtention en 1953-1954 d'une chaire d'enseignement à l'École d'Architecture de Harvard — rencontrera, avec deux séries de rétrospectives en 1965-1966 puis en 1970-1972, un écho particulièrement vif en Hollande, en Angleterre et en Allemagne.

H. Read, L. Martin, *Gabo,* Londres, Lund Humphries, 1957, éd. française, Neuchâtel, éd. du Griffon, 1961; N. Gabo, *Of Diverse Arts,* New York, Bollingen Foundation, 1962; A. Pevsner, *Naum Gabo and Antoine Pevsner,* Zwarenburg, Augustin et Schoonman, 1968; cat. *Naum Gabo,* Grenoble, Musée de Peinture et de Sculpture, et Paris, MNAM, Centre G. Pompidou, 1971.

☐ *Construction linéaire n° 4, 1970*
L'évolution de l'œuvre de Naum Gabo suit une trajectoire absolument cohérente. Déjà dans ses premières constructions figuratives de 1915 (des *Têtes,* des *Torses*) il adopte le principe stéréométrique, selon lequel un volume se trouve défini comme un espace délimité par quatre plans, rompant ainsi avec la notion traditionnelle du volume en tant que matière tangible, présence pleine ou masse. Partant donc de l'idée que seul *l'espace* constitue le sujet, le matériau même de la sculpture, formant sa continuité, son épaisseur et sa profondeur, il tente, en adoptant des matières inédites, telles des feuilles de métal industriel ou des plastiques, d'atteindre la légèreté et la transparence de l'œuvre qu'il veut « spatialement ouverte ». A partir de 1920-1921, sa sculpture devient totalement abstraite, et son but unique celui d'exprimer les mouvements et les rythmes de l'espace-temps vécu : le cercle, la sphère et la spirale sont désormais ses thèmes essentiels exécutés en celluloïd, en perspex et autres matières plastiques au fur et à mesure de leur découverte. Dès 1942, Gabo commence à construire des volumes fluides et transparents au moyen de fibres de nylon ou de plastique tendus sur un châssis donnant sa forme à l'œuvre. Cette conception donne naissance à deux premières séries d'œuvres, avec variantes, autour de *Structure linéaire dans l'espace n° 1,* 1942-1943, et *Structure linéaire n° 2,* 1949-1953 (un exemplaire au Musée de Peinture et de Sculpture de Grenoble). En 1953, *Structure linéaire n° 3* et la première variante de *Structure linéaire n° 4* (coll. Art

Institute of Chicago) seront constituées pour la première fois de fils ou ressorts en acier inoxydable sur un châssis en aluminium. D'autres versions, de formats variables, datées respectivement 1958, 1959-1961, 1962, se trouvent actuellement au Whitney Museum de New York, au Hirshhorn Museum de Washington et au Detroit Institute of Arts. Celle du Musée, qui date de 1970 et qui illustre seule l'œuvre — pourtant capitale — de Gabo dans la collection, est une des plus monumentales et une des dernières réalisations de la série.   M.R.

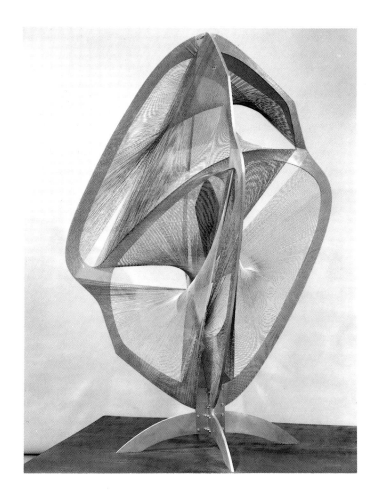

Construction linéaire n° 4, 1970
aluminium et acier inoxydable
211,5 × 144 (diam.)
achat 1973
AM 1973-35

Pablo Gargallo
1881-1934

L'Aragonais Gargallo partage sa vie essentiellement entre Barcelone et Paris. Malgré de grandes difficultés économiques, il poursuit avec acharnement une vocation de sculpteur qui s'est révélée dès sa petite enfance. Son œuvre suit une double orientation et s'applique en même temps à deux techniques : celle de la ronde-bosse, en pierre, albâtre et marbre, avec des volumes pleins et des surfaces continues, et celle d'une sculpture dite « ouverte » basée sur l'agencement de plaques de métal. Il exécute à ses débuts, avec une grande virtuosité dans la taille de la pierre, des sujets religieux ou allégoriques pour de nombreux bâtiments publics à Barcelone, œuvres d'un style décoratif très « 1900 » ou plus classiques, appartenant à la tendance « noucentiste ». A partir de 1907, Gargallo expérimente sur de petits formats le métal forgé ou soudé : cette recherche le conduit à trouver, surtout à partir de 1915-1918, un langage personnel et plus moderne qui n'est pas sans annoncer, avec des ambitions plus modestes, la sculpture de Julio González et de Pablo Picasso.

P. Courthion, *L'œuvre complète de Pablo Gargallo*, Paris, éd. XXᵉ siècle, 1973; J. Anguera, *Gargallo*, Paris, éd. Carmen Martinez, 1979; cat. *Gargallo*, Barcelone, Palau de la Virreira, 1981.

☐ *Grand Prophète,* 1933

Cette œuvre constitue peut-être, plus encore que *l'Arlequin à la flûte* de 1931 — le Musée a la chance de posséder le fer original —, l'exemple le plus abouti de sculpture « ouverte » ou transparente, dont Gargallo parvient à définir la syntaxe formelle, à partir de son travail précédent d'agencement de fils, de bâtons et de minces plaques de fer. La technique de la soudure autogène, apprise auprès de González, lui permet dès les années 20 d'utiliser du métal de plus en plus épais et d'entreprendre ainsi des pièces de plus grande envergure. Ce monumental *Prophète,* sa dernière œuvre (Courthion, nº 152), a été exécuté en plâtre en vue d'une fonte ultérieure en métal; Gargallo ne verra pas sa réalisation en bronze, le premier tirage, celui du Musée, datant de 1936. Avec trois E.A., six autres exemplaires suivront, placés actuellement à Caracas, Anvers, Baltimore, Greenwich, Madrid. Le plâtre original, exposé dès 1934-1935 aussi bien à New York (Brummer Gallery) qu'à Barcelone (Sala Pares), puis à Madrid (Museo d'Arte Moderno) et à Paris (Salon d'Automne), connaît un succès immédiat, salué encore par Tériade dans *Minotaure* (nº 5, 1934) avant d'entrer au Musée du Jeu de Paume.   M.R.

Grand Prophète, 1933
bronze
exemplaire 1/7
238 × 65 × 43
achat de l'État 1936
J de P. 112

Gérard Garouste
1946

Deux œuvres importantes de 1981, achetées par le Musée en 1982 — une toile, *Orion le classique, Orion l'Indien,* un dessin, *Orthros et le classique* — illustrent l'ambition de ce que Gérard Garouste *déclame* avec force : elles conjugent à la fois le projet d'une œuvre qui affirme d'année en année l'exigence de la grande peinture et le sentiment diffus que les règles de l'art ne sont jamais que celles que l'artiste se donne. Comme il a été remarqué, l'œuvre de Garouste est « inqualifiable » tant on ne peut la confondre avec ce retour à la représentation, figuré par un concept aussi flou que celui de la « Transavantgarde », et tant elle obéit à une obsession qui n'a cure des mouvements. Elle exprime, en vérité, l'intensité proprement *dramatique* d'un art dont les racines sont à chercher dans la légende, le conte ou la fable, que l'artiste considère comme supports nécessaires à l'élaboration de quelque chose de plus fondamental. En 1977, Garouste avait conçu un spectacle intitulé « Le classique et l'indien », que l'on peut aujourd'hui considérer comme le *nœud* de son œuvre; il y mettait en scène un personnage et son double, usant tout à la fois de l'arbitraire du signe et de « l'éloge de la folie ». En fait, Garouste, dont la formation s'est d'abord faite à l'École des Beaux-Arts, recourt à la *complicité* du sujet et du mythe pour mettre en scène l'individu face à son errance. Aussi sa fantasmatique s'apparenterait-elle davantage à une réflexion sur la place et l'égarement de l'homme dans l'Histoire qu'au goût qu'exprime le « nostos » pour le déjà vu. Gérard Garouste vit aujourd'hui à Marcilly-sur-Eure.

Cat. *Gérard Garouste, Paintings and Drawings,* New York, Leo Castelli/Speroni, 1983; G.G. Lemaire, C. Strasser, B. Blistène, *Le Classique et l'Indien : Gérard Garouste,* Paris, J. Damase, 1984.

☐ *Orion le classique, Orion l'Indien,* 1981
Cette toile reprend le thème du mythe du chasseur aveuglé que René Char et Claude Simon ont reconnu comme une figure de la Connaissance. Mais Garouste recherche dans le mythe ce qui d'abord confond fiction et vérité. Sa technique apparaît comme une feinte d'une résurgence de l'ambition des maîtres du passé, mais ne s'y soumet pas; elle la recrée, enfin débarrassée des interdits que postulaient les tenants formalistes de la « pauvreté » de l'art, et affirme que l'avenir se formule dans le contenu du souvenir.   B.B.

233

Orion le classique, Orion l'Indien, 1981
huile sur toile
250 × 295,5
achat 1982
AM 1982-125

Henri Gaudier-Brzeska
1891-1915

Destiné par ses parents, établis près d'Orléans, à une carrière commerciale mais déjà fortement attiré par le dessin, Gaudier-Brzeska prend en 1910, après des premières études de peinture (en Allemagne notamment), la décision de se consacrer entièrement à la sculpture. Cette même année, il rencontre à Paris Sophie Brzeska, écrivain polonais de 38 ans avec qui il établit une liaison orageuse. Installé avec elle dès 1911 à Londres, il commence réellement à travailler en 1912, prenant le nom de Gaudier-Brzeska. Des visites assidues au British Museum, où l'attirent les arts primitifs, et au jardin zoologique de Kew Gardens, où il exécute des études d'animaux, seront décisives, comme sa connaissance de l'œuvre de Brancusi (exposée à Londres en 1913).

Il fréquente bientôt les avant-gardes littéraires et artistiques londoniennes : Katherine Mansfield, Horace Brodzky, Windham Lewis, Roger Fry et surtout Ezra Pound, ainsi que le sculpteur américain installé à Londres, Jacob Epstein. A la création du vorticisme en 1914, il se joint au groupe formé par Lewis et Pound. Sa participation aux manifestations collectives les plus notables — *Allied Artists' Association Salon* (1913) et *London Group Exhibition* (1914-1915) — et la publication de textes théoriques dans des revues littéraires et artistiques comme la revue vorticiste *Blast* (1914-1915) le désignent déjà à une place de premier plan aux côtés de Jacob Epstein dans le renouvellement de la sculpture britannique. Pour sa part, son attention aux qualités propres des matériaux — qu'il traite selon la technique de la taille directe —, aux formes organiques animales — qu'il étudie tout d'abord au dessin pour en dégager les structures et les mécanismes —, son intérêt enfin pour les arts primitifs lui permettent de dépasser l'académisme alors dominant et sa propre dépendance de Rodin, de Maillol ou même de Bourdelle. Il s'approche dès 1913-1914 du cubisme (qu'il connaît essentiellement par l'intermédiaire d'Epstein) ou plutôt des recherches de Brancusi, Archipenko et Modigliani, en proposant une conception synthétique des volumes et un travail de la surface en plans géométriques. Sa volonté d'exprimer une énergie et une émotion par la tension des volumes à l'intérieur d'une masse et le jeu de zones d'ombre et de lumière annoncent les préoccupations de Henry Moore qui, dès 1922, se réclamera des mêmes principes dans ses recherches sur la figure humaine.

Après sa mort prématurée — mobilisé à la fin de 1914, Gaudier-Brzeska retourne en France et trouve la mort en juin 1915 sur le front de Neuville Saint-Vaast — une première rétrospective de ses œuvres, la *Memorial Exhibition,* lui est consacrée en 1918 sur l'initiative d'Ezra Pound aux Leicester Galleries de Londres.

E. Pound, *Gaudier-Brzeska, a Memoir,* Londres, Allen Lane, 1916, nouvelle éd. Marvel Press, 1960; H. Brodzky, *H. Gaudier-Brzeska,* Londres, 1933; cat. *H. Gaudier-Brzeska,* Bielefeld, Kunsthalle der Staat, 1969; cat. *H. Gaudier-Brzeska, Sculptures,* Edimbourg, Scottish National Gallery of Modern Art, 1972; R. Cole, *Burning to speak : The Life and Art of H. Gaudier-Brzeska,* Oxford, Phaidon, 1978; cat. *Gaudier-Brzeska Sculptor,* Cambridge, Kettle's Yard Gallery, 1983.

Malgré sa courte carrière, Henri Gaudier-Brzeska a laissé un nombre important de dessins, sculptures et objets décoratifs dont la plus grande part se trouve à la Kettle's Yard Gallery de la Cambridge University et au MNAM qui reçut en don de celle-ci, sur l'intervention de H.S. Ede entre 1964 et 1966, 82 œuvres sur papier et une vingtaine de sculptures : ensemble parfaitement représentatif des différentes étapes d'une recherche qui se réclame à la fois du naturalisme, du primitivisme et du vorticisme. Une salle du Musée des Beaux-Arts d'Orléans, sa ville natale, est également consacrée à son œuvre.

☐ *Oiseau avalant un poisson,* 1913

Les œuvres majeures de Gaudier-Brzeska se situent entre 1913 et 1914 et s'appliquent à des sujets animaliers ou humains. Ce bronze, connu aussi sous le titre *Oiseau de mer* et dont le plâtre original peint est conservé à Cambridge (l'édition de 11 bronzes a été tirée après la mort de l'artiste), constitue un exemple des plus accomplis de son travail. Loin d'une représentation naturaliste, Gaudier-Brzeska propose ici, à travers une synthèse rythmée de formes organiques et géométriques, une image symbolique de la lutte. La simplification du vocabulaire plastique, la tension entre les volumes compris à l'intérieur d'une masse unique montrent bien l'influence des arts primitifs et notamment l'art de l'Île de Pâques. L'aspect presque mécaniste suggéré par des motifs géométriques permet de rapprocher cette œuvre de l'esthétique vorticiste : les nombreux dessins préparatoires, dont certains sont conservés au Musée, explicitent parfaitement le processus de fusion formelle du poisson (signifié ici par des plans carrés) et de l'oiseau (sans pattes et déjà métamorphosé par la forme de sa proie), constituant une image presque « hydrodynamique »; Gaudier-Brzeska poussera encore plus loin cette recherche dans le *Torpedo Fish* de Kettle's Yard.

Oiseau avalant un poisson, 1913
bronze
exemplaire 1/9
32 × 61,5 × 29
don de la collection Kettle's Yard, 1964
AM 1454 S

□ *Femme assise*, 1914

Les volumes simplifiés, les surfaces légèrement aplaties en plans, ainsi que la disproportion entre les divers éléments du corps de la femme évoquent là aussi une idée de « primitivisme ». Mais les proportions adoptées ici ne correspondent en réalité à aucun art primitif; elles sont l'invention même de l'artiste qui cherche à créer une expressivité particulière par des rapports insolites de volumes, dont l'agencement constitue, avec la torsion du corps, la modernité de l'œuvre (on pense aux *Cariatides* de Modigliani de la même période), tandis que la matière (du marbre pentélique strié), la technique (la taille directe et un polissage à la cire) et la lourdeur monolithique appartiennent à une tradition plus classique. Selon Ezra Pound, la *Femme assise* a été la dernière œuvre importante de l'artiste; il semblerait, d'après des recherches plus récentes, que ceci n'est pas historiquement exact. Cette œuvre a appartenu au célèbre collectionneur américain John Quinn qui en fit l'achat en 1918, puis fut vendue avec sa succession en 1927. Il en existe sept tirages posthumes en bronze.

□ *Caritas*, 1914

Connue aussi sous le titre *Maternité,* thème que Gaudier-Brzeska poursuit dans de nombreuses études au crayon proposant des variations dans l'équilibre des masses respectives de la mère et des deux enfants (le dessin préparatoire à la version du Musée se trouve au Musée des Beaux-Arts d'Orléans), cette œuvre, dans laquelle on pourrait voir une figure « tripode », atteint une certaine monumentalité; elle a été conçue, en effet, pour être une sculpture ornementaliste de jardin, comme le rapporte Ezra Pound (lettre de John Quinn à E. Pound, 20 août 1915); comparée, par exemple, à la *Maternité* en marbre du Musée, d'esprit encore très naturaliste, elle apparaît plus complexe dans l'organisation des volumes autour d'un espace ouvert central. Matériau plus tendre, la pierre dans laquelle elle est taillée ne permet pas le travail de réduction de la surface en plans aplatis, que l'artiste avait conduit dans d'autres sculptures. De ce fait, la silhouette de l'ensemble constitué s'en trouve plus fluide et radoucie dans l'agencement des volumes. Cependant, la position stylisée et cambrée de la mère, celle tendue des deux enfants créent un rythme énergique qui circonscrit le volume évidé de l'espace interne. La traduction de ces corps humains montre aussi un souci d'hiératisme que certains critiques ont rapproché de celui de Jacob Epstein : la tête de la mère en forme d'ovale (rappelant Brancusi), ses traits signifiés emblématiquement par le dessin d'un triangle incisé dans la pierre autorisent un rapprochement avec la *Danseuse en pierre rouge* de 1913 (The Tate Gallery, Londres), une des pièces les plus primitivisantes et en même temps les plus « modernes » (dont un dessin préparatoire est conservé au MNAM) de toute l'œuvre de Gaudier-Brzeska. M.R.

Femme assise, 1914
marbre
47 × 34,5 × 28
don de la collection Kettle's Yard, 1965
AM 1461 S

Caritas, 1914
pierre
54 × 20 × 20
prêt du Musée d'Orléans
AM 1977 dép. 10

Michel Gérard

1938

Ce n'est qu'en 1972 que Michel Gérard, né à Paris, reprend la sculpture — qu'il avait abandonnée pendant dix ans pour voyager, s'informer, écrire — après des études dans l'atelier de M. Gimond et avec Zwoboda. Son travail porte d'abord sur l'objet (stèles et socles), la matière (chromage), puis s'oriente vers une recherche d'ordre plus conceptuel autour de la notion de temps (rites d'enterrement). Un séjour marquant aux États-Unis, en 1978, définit un pôle nouveau d'attraction : en retournant régulièrement dans ce pays, l'artiste joue de la dualité entre la cellule de création originelle — l'atelier parisien — et le voyage créateur. Avec le goût du nomadisme, s'affirme le désir de se situer lui-même, comme ses recherches, dans un lieu entre-deux, au bord de la faille, « at the edge ». Il enseigne en France, à l'école des Beaux-Arts de Tours, de 1975 à 1981; aux États-Unis en 1983, comme Visiting artist à l'Université de Rutgers, New Jersey. Deux œuvres monumentales se trouvent aux États-Unis : *Chair for looking at Manhattan Island,* 1983 (Rutgers University) et *The Try-Al* (Art Center, Pasadena), sorte de gigantesque horloge solaire constituée de cinq éléments dont les ombres jouent avec le soleil, donc le temps. En France : *Akhta,* 1985, cinq éléments en acier, dont l'émergence des images sur le mur — figures d'origine — coïncide avec les traces de la matière qui se délite; et une monumentale *Spirale* à laquelle Michel Gérard travaille actuellement, destinée à être placée près de l'église de Brou à Bourg-en-Bresse.

« M. Gérard, A.M. La Fère et J.P. van Tieghem et B. Blistène », *+ − 0* nº 23-24, oct. 1978; cat. *Michel Gérard,* Paris, galerie Jeanne Bucher, 1981 et 1985.

□ *Lames levées,* 1980

Ces quatre pièces forment un ensemble car, réunies, elles signifient mieux ce que cherche à faire sentir Michel Gérard : des « nœuds de *tension* » ou plutôt des « lieux d'énergie compacte » qui concurrent et révèlent à la fois le vide de l'espace clos où elle se trouvent. Les lames, ployées, prennent appui sur la paroi qui leur fournit leur élan, d'où elles émergent comme des arcs-boutants gothiques, jouant « comme déstabilisants des plans sols-murs ». Au travail classique de l'acier à la forge (les lames sont étirées dans leur longueur, puis coupées verticalement dans leur épaisseur avant d'être courbées) qui fascine Michel Gérard — « c'est comme si je retrouvais une mémoire ancestrale » — se superpose un travail de gravure pour marquer l'acier de « cicatrices de coups portés sur le métal incandescent ». Cette confrontation violente de la matière et du corps se retrouve dans les deux *Papiers ouvrés,* 1981, achetés par le Musée. N.P.

236

Lames levées, 1980
ensemble de quatre éléments en acier forgé et gravé
192 × 116 × 43; 183 × 66 × 52
160 × 112 × 61; 148 × 112 × 69
achat 1984
AM 1984-242

Jochen Gerz
1940

Né à Berlin, Jochen Gerz vit à Paris depuis 1967. Sans formation de plasticien, il a étudié la littérature et l'archéologie à Cologne, Londres et Bâle tout en exerçant divers métiers et s'est consacré un temps à l'écriture, comme plusieurs artistes de sa génération (Vito Acconci, Carl André, Dan Graham), avant d'intégrer cette activité quotidienne — avec la photographie, la réalisation d'installations et de bandes vidéo — dans le champ plus large de la performance qui tient une place centrale dans son œuvre et constitue pour lui une éthique autant qu'une esthétique. Pour Gerz, en effet, l'art tel qu'il est pratiqué et consommé dans notre société aliène l'artiste et le spectateur en les séparant toujours davantage de la vie et d'une expérience directe et unique du monde, d'un vécu que l'art ne peut ni représenter, ni remplacer. Critique systématique des médias et de nos habitudes culturelles mutilantes *(L'art corrompt,* 1968, *Dachau Project,* 1972-1975, *Kulchur Pieces,* 1978-1984), son travail, contre ce qu'il appelle « l'imposture culturelle », ne vise aucune réconciliation illusoire de l'art et de la vie, mais bien plutôt une démystification en règle de la création et de l'artiste qui tend à sauver la vie abdiquée dans l'œuvre. Il pratique alors un art de la déception, du décalage et de l'écart : « Mon travail n'est ni le réel, ni sa représentation, mais au mieux une restitution sabotée, des pièces à conviction qui ne trahissent pas ce qui s'est passé, mais le protègent. Entre le réel et sa représentation il y a un no man's land. Mon travail se situe dans cette zone. »

Cat. *Jochen Gerz, Les Pièces,* Paris, MAM, ARC 2, 1975; J. Gerz, *Avec / sans public, Performances 1968-1980,* Kunsthalle Bielefeld / Cheval d'attaque, 1981; cat. *Jochen Gerz, Le Grand Amour (Fictions),* Fribourg, Kunstverein, 1982.

☐ *Le Grand Amour (Fictions) I,* 1980, *II,* 1980-1981
Cette pièce, qui constitue aujourd'hui un ensemble indissociable, est l'un des photo-textes majeurs réalisés par Gerz depuis 1975. Ici encore, la juxtaposition des photos et des textes rend toute narration aléatoire et annule la dimension autobiographique (voire dramatique, s'agissant des images de l'agonie de sa mère) en autorisant une infinité de lectures et d'interprétations. La photo entretient l'effacement et l'oubli plus que le souvenir : l'expérience vécue, même la plus intime, devient fiction.
C.D.

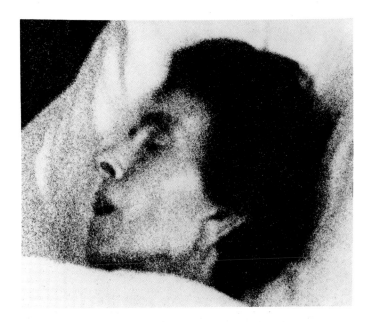

Weisst du noch, als du rauskamst? 19 Monate sind zuviel, weniger ist viel besser, sagtest du. Jeder sollte das mal gemacht haben. Sterben? Ich dachte, ihr macht das viel leiser, bei euch tut das nicht so weh. Ich dachte, auch ihr zuliebe. Mit etwas 'Gefühl und Verstand'. Du weisst doch, wir wollen dich nicht belügen. Ich dachte, ihr seid zwar die einzigen, aber so kann es gehen. L'Age d'Or, der Güldene Ring Homers, egal wo es stand, so kann es gehen. Warum kann sie den Rückenschmerz nicht vertragen? Guck dir die Blumén an, die Blumen machen mich am meisten fertig. Um diese Uhrzeit stehen sie zuhause mit den Hunden auf der Strasse. Es tut mir leid, hatte sie gesagt. Warum kann sie den Sekt nicht vertragen? In dem Buch stand, sie seien ans Meer gefahren und hätten Champagner getrunken. Warum kann sie das alles nicht vertragen? Ihr seid zwar die einzigen gewesen, aber ich dachte, so kann es gehen. Ich dachte, das bist nicht du der hier stirbt, aber trotzdem.

Wenn sie aufwachte, würde er sie fragen, ob sie etwas trinken wollte (G.S.)

Le Grand Amour (Fictions) I, 1980, **II,** 1980-1981
ensemble de 36 photographies, dont 12 avec texte en anglais
40,5 × 50,8 chacune
et 12 photos - textes en allemand
30,3 × 39,4 chacune
achat 1983
AM 1983-363 (n° 13)

Alberto Giacometti

1901-1966

Né au fond d'une vallée oubliée des Grisons, Alberto Giacometti a gardé sa vie durant un attachement primordial aux alpages de l'Engadine, s'y rendant régulièrement pour voir sa mère, continuant à Stampa l'élaboration des œuvres conçues dans son atelier parisien. Toute sa vie d'artiste a oscillé entre ces deux pôles, la grande ville et le désert de rochers.

Après une enfance heureuse partagée avec son frère Diego, qui deviendra son praticien et un artisan génial, Alberto ajoute aux œuvres de Ferdinand Hodler et de Giovanni Segantini — dans lesquelles l'avaient bercé son père Giovanni Giacometti et son parrain Cuno Amiet, peintres réputés dans la Confédération helvétique — le patrimoine artistique vénitien et viennois. Il s'initie aux pratiques de l'art, d'abord à Genève puis à Paris, à l'Académie de la Grande Chaumière, sous les corrections de Bourdelle. Il commence timidement par présenter des œuvres dans le ton du moment, c'est-à-dire modérément cubiste, aux Salons des Tuileries. Etabli dès 1926 au 46 rue Hippolyte Maindron, dans un atelier plus que modeste qui, par son dénuement, marquera de nombreux visiteurs, il s'associe bientôt à une des dernières phases épanouies du surréalisme, celle de la revue *Le Surréalisme au service de la Révolution* (1931-1933). Ses œuvres connaissent alors une certaine notoriété, également par leurs reproductions dans *Documents* (n° 4, sept. 1929) et les *Cahiers d'Art* (n° 8/10, 1932). Ce sont principalement des sculptures-objets, ultérieurement montrées dans les expositions internationales du surréalisme (Londres 1936, Paris 1938), longtemps après l'exclusion de Giacometti du groupe, en 1934. Breton lui reprocha, en effet, de retourner brusquement à l'étude d'après le modèle, de confectionner des têtes comme un artiste académique, mais aussi de suivre Aragon dans son engagement plus radical dans la révolution, comme en témoignent les vignettes dessinées pour les revues *Lutte* et *Commune* (1935).

L'ascendance du mouvement Abstraction-Création dans les années 1934-1936 est aussi à prendre en compte comme une des alternances possibles dans l'évolution plastique de Giacometti. *Cube*, 1934, *Tête cubiste*, 1935, sont d'ailleurs proches par leur matériau, le plâtre, par leur épannelage aux arêtes très marquées, des objets utilitaires et décoratifs modelés pour le compte de Jean-Michel Franck, un ensemblier de renom avec lequel il collabore de 1930 à 1939. Oubliée pendant plusieurs décennies, cette production alimentaire vient de réapparaître et doit être insérée dans l'œuvre globale.

L'apport révolutionnaire de Giacometti à l'esthétique parisienne des années 30 réside dans son retour à la figuration. Cette démarche, qui ne s'appuie sur aucun texte théorique de sa part (sinon des justifications confiées a posteriori à des amis ou des amateurs), participait des tendances du moment. D'autres artistes, encore mal établis, Francis Tailleux, Tal Coat, Balthus, Christian Bérard, Jean Hélion, etc, partageaient avec lui leur préoccupation de retourner à une certaine réalité. Faut-il rappeler qu'à l'époque galeries et revues encourageaient les expositions de portraits, que la thématique de la violence, du meurtre, avait cours et que le mot d'ordre d'un retour à l'art de musée, lancé par André Derain, s'était déjà largement propagé ? Mais on ne saurait ranger dans la catégorie du misérabilisme, qui a été donnée à toute cette production parisienne mais qui ne convient, en fait, qu'à ses plus mauvais représentants, la recherche particulière de Giacometti ou celle de son ami Francis Grüber.

De 1939 à 1946, le principe de réduction appliqué à ses statuettes devait rencontrer les théories philosophiques élaborées par Maurice Merleau-Ponty. Beaucoup de critiques se sont efforcés par la suite de mettre en parallèle l'approche de la *Phénoménologie de la Perception* (1945) et le parti de contraste adopté par Giacometti entre de maigres figurines et leurs socles de hauteur disproportionnée, qui portait atteinte au monumental de la statuaire. Divulguée dans les *Cahiers d'Art* de 1947, l'œuvre devait ainsi s'imposer internationalement dès 1948, par l'intermédiaire de la galerie Pierre Matisse à New York et grâce à la caution littéraire apportée par Jean-Paul Sartre. Libéré de soucis matériels par le soutien parisien de la galerie Aimé Maeght, Giacometti approfondit, toujours dans l'étroitesse de son atelier de la rue Hippolyte-Maindron, son champ d'investigation sur le réel et sa représentation. Il réduit sa production — en peinture comme en sculpture — à quelques portraits ou figures, le plus souvent une femme nue figée dans un garde-à-vous, telle celle qui s'offre au regard d'un client de bordel. L'esthétique de Giacometti ne saurait être comprise comme un seul problème d'optique pur, elle est, en effet, chargée de voyeurisme, d'évaluation personnelle du modèle, de complicité, que ce soit avec son frère Diego, sa femme Annette, le Japonais Isaku Yanaihara, ses modèles permanents, ou avec ceux de passage, Jean Genêt, James Lord, Caroline, etc. « Pointe à l'œil » sans cesse plus acérée, la démarche de Giacometti finit par fusionner totalement avec l'esprit de l'époque. Les dernières années de sa carrière seront marquées par une série de rétrospectives à Londres, Zurich, New York, auxquelles l'artiste se prêta de bon gré. La France tarda un peu et ne lui rendit un hommage qu'en 1969.

J. Dupin, *Alberto Giacometti* (maquette d'E. Scheidegger), Paris, Maeght, 1962; cat. *Alberto Giacometti*, Paris, Orangerie des Tuileries, 1969; R. Hohl, *Alberto Giacometti*, Lausanne, La Guilde du Livre, 1971; J. Lord, *Giacometti a Biography*, New York, 1985.

Débutée en 1951 et restée longtemps embryonnaire avec, pour l'essentiel, des achats effectués par l'Etat dans les années 60 — trois tirages en bronze et deux peintures (*Isaku Yanaihara, Caroline*, 1965) — et un premier achat du Musée en 1975 (dessins d'objets surréalistes et *Carnet de croquis*, v. 1924), la représentation de l'œuvre de Giaco-

Table, 1933
(La Table surréaliste)
plâtre
148,5 × 103 × 43
don du vicomte Charles de Noailles, 1951
AM 960 S

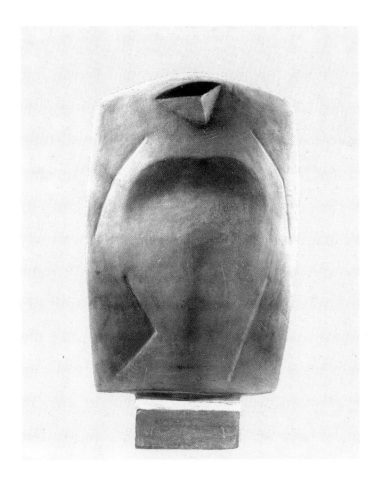

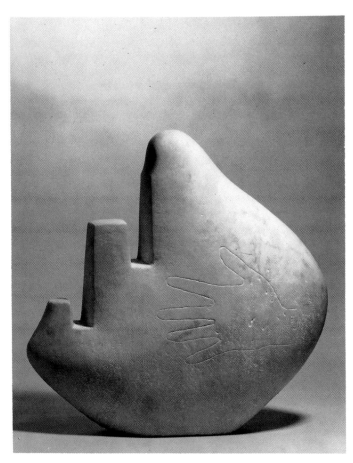

metti dans la collection s'est trouvée récemment enrichie par une politique plus concertée d'acquisition : des achats de premier plan (*Portrait de Jean Genêt*, 1955, *Pointe à l'œil*, 1932, *Tête de femme*, 1927, *Caresse*, 1932), des dons, notamment ceux de la Scaler Foundation (plâtres de *Tête*, 1925, *Homme*, 1927-1928, terre cuite des *Danseurs*, 1927), ceux de Louise et Michel Leiris et de Hans Berggruen (plâtre du *Lustre*), enfin des dations (*Portrait de sa mère*, 1951, *Figurine dans une boîte entre deux maisons*, 1950, *Homme et femme*, 1928-1929). L'ensemble réuni compte actuellement 17 sculptures, 4 peintures, 19 dessins, quelques gravures, auxquels devraient s'ajouter prochainement par dation quelques plâtres exceptionnels et des dessins. Disparate, de grande qualité pour la période surréaliste, il complète la collection exceptionnellement riche en fontes et dessins de la Fondation Maeght à St-Paul-de-Vence et constitue pour le chercheur un centre d'étude important, après celui de la Fondation Alberto Giacometti partagée entre les musées de Zurich, Bâle et Winthertur.

□ *Tête de femme*, 1927
Les premières sculptures dites « plates » de Giacometti offrent quelques similitudes de vocabulaire formel avec les masques et les fétiches ethnographiques, leur minceur et leur pureté de modulation rappellent celles des spécimens des marbres cycladiques qu'on découvrait alors. Elles ne sont « cubistes » que par contagion de mode et méprise sur le sens et la confusion de ce vocable. Giacometti décrivit d'ailleurs, successivement en 1947 et 1948, cette tête à Pierre Matisse en ces termes : « Femme, plâtre ? 1938 marbre ? » et « Une Femme, ces deux objets sont très minces en profil ». Elles furent

présentées en 1928-1929 à la galerie Jeanne Bucher, où le nom de Giacometti s'imposa pour la première fois à la faveur d'une exposition organisée officiellement pour Massimo Campigli.

□ *Caresse*, 1932
C'est encore une sculpture plate faite pour être appréhendée de profil. Giacometti y combine deux modes de représentation, celui de la forme parfaite, polie, au volume renflé, et celui de la trace, incisée comme deux graffiti sur les flancs, de deux mains aux cinq doigts écartés, sorte de décalque puéril. Le plâtre fut reproduit en 1932 dans un numéro des *Cahiers d'Art* (photo de Man Ray) avec le titre de *Malgré les mains;* selon Ch. Zervos, comme le rapporte Reinhold Hohl, Giacometti aurait eu l'intention de supprimer dans la version en marbre le tracé de cette main gravée sur le modèle. D'après James Lord (« Caresse », *Cahiers du* MNAM, n° 15, 1985), le marbre du Musée (anc. coll. part.; vente Drouot, mars 1984) aurait été très probablement exécuté par Diego, devenu dès cette date le collaborateur étroit de son frère, qui n'aimait guère pratiquer la taille directe. Ainsi se pose une nouvelle fois à propos de cette œuvre le vieux problème d'évaluation de l'apport de l'artiste face à la marque du praticien, de la fidélité ou non de celui-ci au projet initial.
Interprétant la forte saillie du volume comme la représentation du ventre d'une femme enceinte, les deux décrochements étagés comme une symbolisation de l'épine dorsale, Hohl rappelle avec raison que, pour Giacometti, les formes ne sont jamais gratuites, qu'elles renvoient souvent, sinon toujours, à la vie, à la mort, au rapport des sexes.

Tête de femme, 1927
plâtre original
55,3 × 33,1 × 7,8
achat avec la participation de la Scaler Foundation, 1982
AM 1982-13

Caresse, 1932
(Malgré les mains)
marbre
47,5 × 49,5 × 16
achat 1984
AM 1984-310

240

☐ *Homme et femme,* 1928-1929

La thématique du désir de l'acte sexuel envahit la peinture. Secoués par la propagande surréaliste, les tabous tombent. Reprenant le principe d'une articulation « couplée » de deux formes complémentaires, déjà proposée dans l'homme et la femme des *Danseurs* de 1927 (MNAM), Giacometti développe ici l'image même du coït : deux formes « plates » s'arquent, dans une tension commandée par le désir, l'une face à l'autre, l'homme réduit à un arc bandé par sa flèche acérée, la femme à une « cuiller » concave portant en son centre un minuscule orifice et se terminant en zig-zag. Sous des formes presque abstraites point le symbolisme auquel renvoie constamment l'œuvre de Giacometti. La lecture (qui doit être de profil) de ce véritable pictogramme, signifiant schématiquement les rapports humains primordiaux, nécessitait une initiation et il devait revenir à Michel Leiris — qui publie en 1929 la première étude sur Giacometti dans le n° 4 de *Documents* (où le plâtre d'*Homme et femme,* actuellement perdu, se trouve reproduit, mis « en composition » par Leiris lui-même avec trois sculptures « plates » ou trois « figures-grilles ») — de rappeler que le fétichisme archaïque continue à palpiter en tout homme civilisé et à en régler les mœurs, un des premiers mérites de Giacometti étant à ses yeux de donner forme à cette constante de l'humanité. Déjà précieuse par sa qualité d'épreuve unique en bronze (anc. coll. Henriette Gomès), cette pièce exceptionnelle offre pour la première fois l'image du fonctionnement même du désir, dans son mécanisme de réversibilité (métaphore de celui de la réversibilité du regard qui est si important pour Giacometti). Signe « désagréable » et menaçant, la flèche — bientôt *Pointe à l'œil* — peut bien apparaître comme le premier « objet à fonctionnement symbolique » de résonance surréaliste.

☐ *Cage,* [1931]

Ce dessin à la mine de plomb, inscrit dans un cadre dessiné, fut reproduit, avec six autres vignettes (les dessins de deux d'entre elles, *Projet d'une sculpture surréaliste* et *Objet désagréable,* sont également dans la collection), dans le n° 3 du *Surréalisme au Service de la Révolution* (déc. 1931). Elles venaient illustrer la démonstration par Giacometti

Homme et femme, 1928-1929
(Le Couple)
bronze
exemplaire unique
40 × 40 × 16,5
dation 1984
AM 1984-355

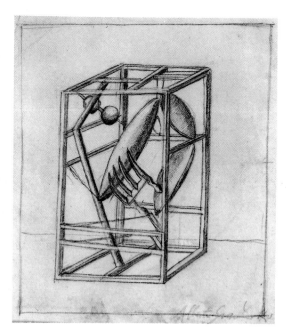

Cage, [1931]
mine de plomb sur papier
13,6 × 12,2
achat 1975
AM 1975-89

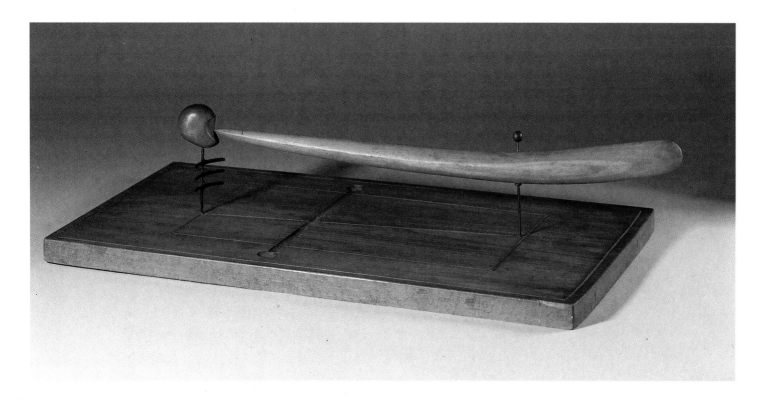

— se substituant par endroits au texte même — de ces « objets mobiles et muets » qu'il fabriquait alors. Il s'agit donc moins, pour cette *Cage,* d'une étude préparatoire (les dessins de Giacometti sont rarement en relation directe avec l'élaboration d'une sculpture ou même d'un objet d'art), que d'un dessin d'après une sculpture en plâtre réalisée en 1931 (Dupin, p. 206), dont on connaît une version en bois, plus grande, conservée au Moderna Museet de Stockholm. Dans sa lettre adressée à Pierre Matisse en 1947, Giacometti accompagne par ce commentaire les dessins de trois cages : « Les figures n'étaient jamais pour moi une masse compacte, mais comme une construction transparente. Après de nouveau toute espèce d'essais, j'ai fait des cages avec une construction libre à l'intérieur, exécutées en bois par un menuisier ».

☐ *Pointe à l'œil,* 1932
Grande comme un surtout de table, faite pour être posée sur un meuble, sur une cheminée, dans une vitrine, mais pas sur un socle, cette petite sculpture en bois (anc. coll. Teriade), non seulement est une des pièces les plus importantes de la collection Giacometti du Musée, mais elle se range au nombre des quelque dix chefs-d'œuvre de la sculpture de l'entre-deux guerres. Par sa petitesse et son exécution, elle trouverait aisément place dans la catégorie désuète dite des objets d'art, mais par la richesse de lectures qu'elle a suscitées — la plus récente, proposée par Jean Clair, reste une des plus pertinentes (« La Pointe à l'œil d'Alberto Giacometti », *Cahiers du* MNAM, nᵒ 11, 1983) — elle participe de l'esthétique surréaliste la plus novatrice, ne se limitant pas à l'illustration plastique des thèses des poètes en vue. Elle relève d'une réflexion acérée (prémonitoire des conceptions phénoménologiques de la perception) sur le processus de la vision, de la représentation : véritable appareil à voir, astrolabe humain. Cette « machine » comprend un plateau portant, gravées, des marques géométriques qui délimitent le champ d'action de deux pièces mobiles : une minuscule tête-crâne piquée, sur une pointe munie de « petits éléments résiduels qui évoquent une cage thoracique », et un second élément, corne énorme, fichée également sur une aiguille et qui pointe avec menace en direction de la cavité orbitale du « crâne ». On trouve là un des premiers rapports de disproportions dont l'artiste usera désormais jusqu'à la fin de sa vie, effet optique dont la lecture reste ouverte, puisque Giacometti n'en a pas donné de mode d'emploi. Il a plusieurs fois, en guise de description, dessiné l'œuvre de *profil,* établissant un rapport qui lui était déjà familier avec les sculptures plates. Il l'a fait, par ailleurs, photographier par Man Ray *en vue cavalière* (*Cahiers d'Art,* nᵒ 8-10, 1932). Mais il semblerait que la bonne manière de la présenter serait de la mettre *à hauteur* de l'œil du spectateur pour que le regard se place exactement entre la menaçante pointe de la corne et la cavité crânienne menacée.
On connaît une première version de cette sculpture, en plâtre, modèle exécuté par Alberto Giacometti certainement en 1931 (Fondation Alberto Giacometti, Kunstmuseum de Zurich). Ce plâtre fut reproduit par Man May dans les *Cahiers d'Art* sous le titre *Relations désagrégeantes,* sans que l'on puisse établir nettement si cette nomination relève des soins de Zervos ou de l'artiste. Au dire de Diego, l'exécution de l'exemplaire en bois par un ébéniste du quartier se situerait bien plus tard. Quoi qu'il en soit, lorsqu'en 1947 Giacometti évoque à nouveau l'œuvre dans sa lettre à Pierre Matisse, il l'intitule « Pointe menaçante, l'œil d'une tête-crâne », et non encore « Pointe à l'œil ».

Pointe à l'œil, 1932
bois et fer
12,5 × 53,2 × 29,5
achat 1981
AM 1981-251

242

□ *Table,* 1933
Ce plâtre original, historique, acquis par les Noailles à une exposition surréaliste organisée par Pierre Colle en juin 1933 et présenté à nouveau à l'*International Surrealist Exhibition* à Londres en 1936, est en fait la première œuvre de Giacometti entrée au Musée. Extrêmement fragile, il a été l'objet, en 1969, dans un but de conservation, d'une fonte unique qui se trouve également dans la collection. Dans l'inventaire rédigé en 1948 par Giacometti à l'intention de son marchand Pierre Matisse, cette œuvre précède immédiatement deux autres commandes qui semblent lui avoir été passées par les Noailles : *Projet pour une place,* 1932 (?), et *Figure dans un jardin,* pierre, 1931-1932. Son croquis s'y trouve annoté en ces termes : « Table, plâtre, 1933, vicomtesse de Noailles ». Dans une autre lettre adressée à Pierre Matisse la même année, Giacometti prit soin de préciser, avec une nouvelle description esquissée de l'œuvre : « une table pour un couloir, très mal dessiné, je ne me souviens plus exactement ». Conçue ainsi pour être un meuble, cette table exerce sur le passant qui la côtoie le pouvoir d'une étrange réunion d'objets. Dans une ou deux cheminées réalisées également en plâtre pour Jean-Michel Frank, on retrouve le même éclectisme de formes : le « réalisme » du visage de la femme voilée contraste avec l'« abstraction » du caillou polyédrique tenu en équilibre instable sur la table, l'aspect mécanisé de la main coupée au poignet et ouverte, la fantaisie des différents pieds du meuble, la simplicité du petit objet à la fois familier et énigmatique posé au centre. Cette association étrange s'apparente au procédé de montage peint de René Magritte et à certaines compositions de Salvador Dali. Elle justifie pleinement sa présence d'objet surréaliste en page 27 du *Dictionnaire abrégé du Surréalisme,* publié en 1938 : « Table : la table fut un papillon qui s'envola » (Paul Eluard). « La table livrait son secret, table de nuit, table de lune » (E[tienne] M[esens]).

□ *Figurine dans une boîte entre deux maisons,* 1950
Après *L'Homme qui marche sous la pluie* de 1946-1947, voici une rare femme qui marche. Ce n'est qu'une maigre silhouette dont le profil est sexué par la saillie de la poitrine et la longueur de la chevelure.

D'habitude, la femme nue de Giacometti se tient au garde-à-vous, attendant, immobile, le client. Celle-ci progresse comme le funambule qui arpentait un câble tendu (1943) : elle se déplace entre deux boîtes, isolée du regard par deux plaques de verre montées dans une cage de bronze doré, véritable reliquaire moderne; elle est éloignée, élevée haut dans l'espace par les quatre pieds de cette sorte de châsse. La femme nue quitte donc une maison pour en gagner une autre. Le voyeur assiste à ce transfuge. Il s'agit, là encore, d'une variante de la machine à voir : cette silhouette minuscule, de quelques centimètres de haut, anime à elle seule de son pas, de sa traversée dans le vide à reflets, une simulation pour lilliputiens. Dans certains tirages, Giacometti n'a pas craint d'accentuer encore l'effet de contraste, en peignant couleur chair la figurine de bronze : le spectateur se promène dans l'incongruité du quotidien et le mystère du déplacement des autres.

□ *Diego,* 1954
Frère cadet d'Alberto, Diego Giacometti est venu s'établir auprès de son frère au cours des années 30. Il l'assiste dans l'exécution de nombreuses commandes de sculptures décoratives, que ce soit pour des commanditaires privés, comme le vicomte de Noailles, ou pour l'ensemblier Jean-Michel Frank. Formé aux techniques du moulage et de la taille de la pierre, il devait progressivement s'associer très intimement à la réalisation des œuvres d'Alberto. Il créa par la suite un mobilier de bronze animé par de petits animaux (apprécié des plus riches collectionneurs) et survécut ainsi à la disparition de son aîné par l'élaboration de cet artisanat génial, qui vient d'être consacré par une rétrospective au Musée des Arts décoratifs. Sa vie durant, il resta le protecteur vigilant de l'œuvre de son frère.
A partir de 1935, avec beaucoup d'assiduité, Diego sert de modèle quotidien à son frère, tâche qu'il partage avec Annette, Caroline, le Japonais Isaku Yanaihara et le photographe Elie Lotar. Dessinés, peints, modelés, ses traits peuplent l'Hadès giacomettien. Toujours présentée en buste — version petit piédestal ou à long chandail tombant —, l'image de Diego, comme le souligne Jean Genêt, reste constamment aux frontières de la divinité, mais il n'en est tout au plus que le grand-prêtre.

Diego, 1954
bronze
exemplaire 0/6
39 × 33 × 19
achat de l'État 1961, attr. 1964
AM 1424 S

Figurine dans une boîte entre deux maisons, 1950
bronze doré
exemplaire 5/6
29,5 × 53,5 × 9,4
dation 1982
AM 1982-100

☐ *Portrait de Jean Genêt,* 1955

Jean Genêt, le dernier parmi les écrivains français à avoir été portraituré dans l'atelier de la rue Hippolyte Maindron, a laissé, dans un magnifique petit essai appelé simplement *L'atelier d'Alberto Giacometti* (1963), un récit circonstancié de cette véritable « ordalie » qui était de soumettre son visage au regard du sculpteur : « Quand on a su que Giacometti faisait mon portrait (j'avais le visage plutôt rond et épais), on m'a dit : "Il va vous faire une tête en lame de couteau". Le buste en terre n'est pas encore fait, mais je crois savoir pourquoi il a utilisé, pour les différents tableaux, des lignes qui semblent fuir en partant de la ligne médiane du visage — nez, bouche, menton — vers les oreilles et, si possible, jusqu'à la nuque. C'est, semble-t-il, parce qu'un visage offre toute la force de sa signification lorsqu'il est de face, et que tout doit partir de ce centre pour aller nourrir, fortifier ce qui est derrière, caché ». Assis en avant du poêle de l'atelier, les mains jointes, l'effigie frontale, monumentalisée, de l'écrivain, du mauvais garçon, du taulard grâcié est, des quatre portraits peints par Alberto Giacometti conservés au Musée *(Yanaihara,* 1956, *Caroline,* 1965, *Portrait de sa mère),* le plus convenu et le plus complet : une tête réduite, dense, de Jivaro, plantée sur un corps disproportionné, au vêtement trop large. Seuls quelques traits rouges, symboles de l'incarnat, marquent le front, la paupière inférieure et la limite de la joue et « bourrent de vie » cette « petite balle de plomb ».

☐ *Femme assise,* 1956

La position assise est exceptionnelle pour la femme giacomettienne sculptée. Mais son long corps étiré finit par se confondre ici avec le tabouret qui la supporte : décharnés, filiformes, ses membres forment une véritable cage surmontée d'un thorax, éléments chers au Giacometti surréaliste. On en retrouve ici l'écho, témoin de la constance de ses préoccupations plastiques.

243

Portrait de Jean Genêt, 1955
huile sur toile
73 × 60
achat 1980
AM 1980-35

☐ *Femme debout II,* 1959-1960

Les problèmes matériels qui avaient entravé pendant de longues années le développement de la création de Giacometti ne se font plus sentir dans les années 50, après l'intervention en sa faveur de la galerie Pierre Matisse à New York et d'Aimé Maeght à Paris. Au contraire, on pourrait parler d'une trop grande incitation à la production.

Les ensembles de sculptures montées sur un même socle et appelées souvent *place* se situent entre deux grands projets de réalisations monumentales : le *Monument pour une place,* conçu en 1931 et dont les éléments d'une maquette à l'échelle humaine encombrèrent l'atelier jusqu'en 1947, a, en effet, pour pendant à partir de 1959 la commande d'un *Monument pour la Chase Manhattan Bank* à New York. Giacometti commence alors à créer des figures féminines dépassant la stature humaine, qui, toujours figées dans une attitude hiéroglyphique, dressent, hissent leur nudité pour la plus grande indifférence de l'homme qui marche, qui ne l'aperçoit même pas. De ce dernier monument projeté, jamais terminé et encore moins mis en place, il subsiste toutefois un certain nombre de grandes *Femme debout,* qui ne prennent sens que replacées dans la préoccupation de cette commande. La *Femme debout II* n'est qu'une pièce perdue de cette « porte des enfers » portée pendant plus de cinq années, illustration a contrario de l'esthétique d'échec soutenue et montée en système par Giacometti lui-même.   Ch.D.

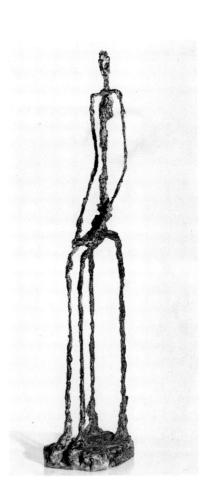

Femme assise, 1956
bronze
exemplaire 4/6
77,5 × 14,5 × 19,5
don Aimé Maeght, 1977
AM 1977-217

Femme debout II, 1959-1960
bronze
exemplaire 6/6
275 × 55 × 33
achat de l'État 1964, attr. 1970
AM 1707 S

Gilbert and George
1943 et 1942

Depuis leur rencontre à la St.-Martin's School of Art de Londres et leur première collaboration en 1967, la vie et les œuvres de Gilbert and George se confondent dans « l'art pour tous », un système original qui, non sans affinités avec « l'art pour l'art » d'un William Morris ou certaines positions prises par Marcel Duchamp, questionne la nature de l'art ainsi que le rôle et la place de l'artiste dans la société. Leurs personnes et leur vie quotidienne — une promenade à la campagne, une tasse de thé au coin du feu dans leur maison de Fournier Street ou le verre de bière pris au pub du coin, immortalisés par une photographie, un dessin grandeur nature (*Le Bar,* 1972, acheté par l'État en 1975, attribué au Musée en 1980) ou l'envoi d'une carte postale — constituent l'unique sujet d'un art « vécu » (« lived art ») qui tend à abolir les catégories traditionnelles. Ils étendent ainsi la notion de sculpture à toute une série d'activités que l'on pourrait situer entre la « tranche de vie » et la performance en s'exposant eux-mêmes, à partir de 1969, comme sculpture(s) vivante(s). Dans la plus célèbre, *Underneath the Arches,* 1969, ils apparaissaient debout sur une table, strictement vêtus de leur désormais légendaire costume gris, le visage peint en or, l'un tenant une canne et l'autre une paire de gants, sur l'air d'Underneath the Arches, la célèbre rengaine de Flanagan et Allen diffusée par un magnétophone. Les grandes pièces photographiques réalisées à partir de 1971 poursuivent l'autobiographie des deux artistes, tout en intégrant de plus en plus fréquemment

divers aspects marginaux de la scène urbaine, tels que l'alcoolisme, la déchéance physique et mentale, l'homosexualité, la délinquance ou la violence latente des jeunes chômeurs et des immigrés des quartiers de l'East End. L'introduction de graffiti pornographiques et politiques, l'emploi de couleurs de plus en plus vives et agressives et de titres provocants ou pleins de sous-entendus, la juxtaposition d'images pervertissant les codes de la publicité, de la photo-reportage et de la bande dessinée, entretiennent à dessein l'ambiguïté formelle et idéologique du message. *Praying Garden,* 1982, appartient à une série d'œuvres récentes construites sur le mode ironique, d'un abord plus immédiat et ouvertement esthétisantes. C.D.

Cat. *Gilbert and George 1968 to 1980,* Eindhoven, Van Abbe Museum, 1980.

Praying Garden, 1982
25 panneaux photographiques en noir et couleur cibachrome
300 × 252 (chaque panneau : 60,5 × 50,5)
achat 1984
AM 1984-108

Fritz Glarner

1899-1972

Né à Zurich, Glarner étudie la peinture de 1913 à 1923 en Italie, puis s'installe à Paris. Il y fréquente Robert et Sonia Delaunay, Arp, Calder, Léger, Hélion, Van Dœsburg, Mondrian et, malgré des peintures encore figuratives dans les années 30, suscite l'intérêt du groupe *Abstraction-Création* par, déjà, sa réflexion sur l'articulation des formes dans l'espace pictural. Il s'établit à New York en 1935, mais la venue de Mondrian en 1940 sera pour lui décisive, le conduisant à une abstraction exempte de toute réminiscence du réel, dans des constructions où chaque forme et chaque couleur participent dans leurs rapports dynamiques à l'organisation de la surface du tableau : « Apporter une inter-relation plus pure et plus étroite entre la forme et l'espace a été de cette date mon problème ». Jouant sur d'infinies variations du gris comme d'une ponctuation musicale qui complexifierait extraordinairement l'espace, il compose des formes rectangulaires qu'il déconstruit par un jeu d'obliques faisant perdre la conscience du rectangle et de l'entrecroisement des lignes à angle droit, si chers au néo-plasticisme (*Relational Painting,* 1946); à cette dynamique latérale et de surface s'ajoute une oscillation optique due au jeu de valeurs des seules couleurs primaires qui stratifie les plans en une profondeur abstraite.

La mort de Mondrian, l'hiver 1944, mène Glarner au silence durant presque un an où il ne fait que dessiner; en 1945, s'ouvrent de nouvelles recherches à partir d'un format ancien, le tondo, forme circulaire et ouverte, qui le conduit, à la différence d'une peinture classique, à construire sa composition à partir du centre pour produire un effet de dilatation et d'éparpillement vers la périphérie du tableau (*Relational Painting, Touche,* n° 21, 1955).

Cat. *Glarner,* Berne, Kunsthalle, 1972; cat. *Glarner, Peintures-dessins, 1940-1969,* Les Sables d'Olonne, Musée de l'Abbaye Sainte-Croix, 1979.

☐ *Relational Painting, tondo n° 32,* 1954

Glarner fait appel ici à un registre de formes que le néo-plasticisme s'était toujours gardé d'utiliser; en effet, outre le jeu des obliques, à partir de 1954 et pour lutter contre la dispersion imposée par le tondo, Glarner délimite, au moyen de segments de cercle diversement colorés, le bord interne de sa toile, véritable cadre peint qui, sur le même plan symbolique que les autres éléments colorés de la composition, participe désormais à l'élaboration du tableau. Les formes se trouvent dès lors compressées dans cette circularité close du cadre coloré qui les repousse vers le centre, instituant un effet de tension entre la poussée vers la dispersion et le rabattement en une convergence centrée. Les rapports des formes entre elles s'en trouvent plus serrés, plus dynamiques, comme le résultat précaire d'un emboîtement contracté de plans colorés plus ou moins denses et profonds que modulent les plages nuancées de gris; le « fond » uniformément noir semble promettre « à l'arrière » une possible dispersion des éléments, interne cette fois et rentrée, vers le vide atmosphérique et abstrait que le noir, continûment visible entre les plans de couleurs, paraît instituer. Formes et couleurs comprimées cherchent dans le seul espace du tondo les limites ou les possibilités de leur expression selon le rythme de leur valeur là où toutes les trajectoires de volumes dans l'espace, là où tout le champ des possibles se trouve « contenu ». L.L.

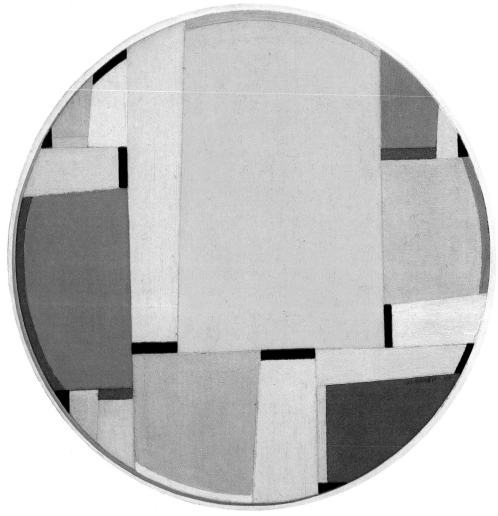

Relational Painting, tondo n° 32, 1954
huile sur isorel
diam. 43,5 (avec cadre)
achat 1976
AM 1977-3

Albert Gleizes
1881-1953

Peintre et théoricien à la fois, Albert Gleizes poursuit tout au long de sa vie des recherches métaphysiques et humanistes. Parisien de naissance, il apprend d'abord le métier de son père — dessinateur d'ameublement — qui lui inculque la précision du dessin. Comme bien d'autres artistes de cette époque, Gleizes aborde la peinture par l'impressionnisme. Dès 1902, il expose à la Société des Beaux-Arts puis, l'année suivante, au Salon d'Automne. Après avoir créé l'Association Ernest Renan en 1905, sorte d'université populaire où se côtoient ouvriers et intellectuels, il fonde, avec Georges Duhamel, Charles Vildrac, Jules Romains, « l'Abbaye de Créteil », véritable phalanstère d'artistes et d'écrivains. A partir de 1908, sa peinture évolue vers des formes géométriques et synthétiques *(L'Arbre)*. Il rencontre, en effet, Metzinger, Le Fauconnier, R. Delaunay et peu à peu se rapproche du cubisme : au Salon des Indépendants de 1911 ses toiles, dont la *Femme au phlox* (Musée de Houston), sont accrochées dans la fameuse salle 41 parmi les Delaunay, Léger, Archipenko, Duchamp, La Fresnaye... Un an plus tard, Gleizes publie avec Metzinger le premier livre consacré au cubisme *(Du cubisme)* et participe au Salon de la Section d'Or avec le *Dépiquage des moissons* (New York, The Guggenheim Museum) et les *Baigneuses (*MAM*).* Mobilisé en 1914 puis réformé, il part pour New York — où sa participation à l'*Armory Show* l'avait déjà introduit — et se lie avec Duchamp et Picabia; aux peintures très colorées de cette période succèderont de vastes compositions abstraites. A son retour à Paris en 1919, il expose à la galerie de L'Effort Moderne, publie en 1923 *La peinture et ses lois;* en 1925 a lieu la première rétrospective de ses œuvres à la galerie Vavin-Raspail. Retiré en 1926 à Serrières (Ardèche), Gleizes fonde alors une nouvelle communauté d'artistes et d'artisans à Moly-Sabata (Isère), peignant lui-même des compositions à caractère religieux tout en poursuivant son travail théorique *(Tradition et cubisme,* 1927, *Vie et mort de l'Occident chrétien,* 1930). La décoration murale constitue une part importante de ses préoccupations nouvelles — affirmées dès 1932 dans *La Forme et l'histoire* — comme en témoigne sa participation à l'Exposition internationale de 1937, aux côtés de Léger et de Survage. Pendant la guerre, près de Saint-Rémy-de-Provence, il se convertit au catholicisme, illustre les *Pensées* de Pascal (1948), exécute des peintures murales pour une chapelle à Chantilly (1952). Après une exposition chez Colette Allendy en 1951, il participe à l'exposition du *Cubisme* au MNAM avant de mourir en juin 1953.

A. Gleizes et J. Metzinger, *Du cubisme,* Paris, Figuière, 1912 (nouvelle éd. Présence, 1980); cat. *Albert Gleizes, rétrospective,* New York, The Guggenheim Museum, Paris, MNAM, 1964; cat. *Dessins d'Albert Gleizes,* Paris, MNAM, 1976.

L'entrée en 1949 du *Paysage de Meudon* (1911), le don en 1951 par l'artiste du *Portrait de Florent Schmidt* (1915), les dons de Mme Gleizes en 1963 — *Les 7 éléments* de 1924 et des compositions religieuses des années 20-30 — avaient déjà complété un ensemble d'œuvres relativement tardives, acquises par l'État dès 1938. Grâce à l'initiative de P. Georgel, les acquisitions en 1975, 1976 et 1978, d'œuvres graphiques provenant de l'atelier permettent aujourd'hui au Musée de présenter de façon plus complète l'œuvre de Gleizes : depuis les premiers travaux de 1908 (dessin pour *L'Ile de la Grande Jatte*), les différentes études autour du cubisme des années 1910-1921, jusqu'aux grands projets de décoration (pour la *Chute de Babylone,* 1939-1940) ou d'illustration (pour les *Pensées* de Pascal, v. 1948).

☐ *Paysage,* 1911

Cette toile, qui connut des titres divers : *Paysage à Meudon, Paysage avec personnage* ou encore *Le Chemin,* représentait l'art de Gleizes aux Indépendants de Bruxelles en 1911. Dans sa préface au catalogue, Apollinaire y portait une certaine attention : « Il est sorti un art simple et noble, expressif et mesuré, ardent à la recherche de la beauté et tout prêt à aborder ces vastes sujets que les peintres d'hier n'osaient entreprendre ». *L'Arbre,* exposé aux Indépendants de 1910, constitue le point de départ de ce *Paysage.* S'éloignant visiblement de celle de

Paysage à Toul, 1915
encre et rehauts de gouache sur papier
19 × 23,3
don de M. et Mme Livengood, 1954
AM 1890 D

Paysage, 1911
huile sur toile
146 × 114
attribution de l'Office des biens privés
Réc. 1 P

Nathalie Gontcharova
1881-1962

Picasso ou de Braque, la conception du cubisme de Gleizes s'approche ici bien davantage de celles de Metzinger, Le Fauconnier, Léger et Delaunay (tous réunis dans la même salle aux Indépendants de 1911). L'interprétation de l'espace en une succession de plans traités par des lignes géométriques simples (très explicite également dans l'étude à la mine de plomb de *Sablé, 1910,* conservée au Musée) découle directement de l'enseignement cézannien dont se réclame surtout toute cette génération d'artistes. Les mêmes préoccupations esthétiques les amènent ainsi à se regrouper autour de Jacques Villon pour former le groupe de Puteaux. Pour leur première manifestation publique — l'exposition de la Section d'Or en 1912 — Gleizes choisit précisément de présenter ce *Paysage* (n° 39).

☐ *Paysage à Toul,* 1915
En août 1914, Gleizes est mobilisé en Lorraine, à Toul, où il reste un an : l'état de guerre n'interrompt pas totalement sa production; il multiplie, au contraire, les travaux graphiques dans lesquels s'exerce, peut-être plus librement, sa recherche de formes plus abstraites. Plusieurs aquarelles et études à l'encre concentrées sur le thème du jour précèdent l'exécution des toiles, où dominent également des lignes géométriques pures. Dans ce dessin à l'encre, le jeu des courbes, des angles et des diagonales permet à lui seul de traduire les arches du pont dominant la Moselle, comme l'alternance des noirs et des blancs, le rythme des arcades. D'une écriture sobre, franche, directe, il répond à l'exigence de classicisme que Gleizes s'impose dans l'utilisation du vocabulaire cubiste : « Demeurant respectueux des trois dimensions classiques, [le peintre cubiste] insiste sur le volume et en conséquence se situe dans le cadre de la « perspective » qui suggère sur une surface plane une illusion de profondeur » (*Souvenirs, Cahiers A. Gleizes,* I, 1957). Il faut associer au *Paysage à Toul* les deux études à l'encre de Chine pour le *Portrait de Florent Schmidt* (ou *Le Chant de guerre*) de 1915, dont le Musée possède également l'huile définitive. Peut-être Gleizes conduit-il ici à son point le plus avancé, par un jeu serré de lignes demi-circulaires et orthogonales, sa recherche des lignes de forces qui définissent l'image.　　C.-L.

Le nom de Gontcharova demeure lié pour la postérité à celui de son compagnon Michel Larionov avec qui elle participe au mouvement de l'avant-garde futuriste russe. Sa première exposition à Saint-Pétersbourg en 1906 rend compte de son évolution picturale du post-impressionnisme de ses débuts à un style mâtiné de primitivisme et de cézannisme. Dès 1909 elle commence à créer des décors et des costumes de théâtre. Avec Michel Larionov elle souscrit pleinement aux principes du rayonnisme dont elle signe le Manifeste en 1913. Invitée de toutes les grandes manifestations internationales (premières expositions du *Blaue Reiter* en 1912, du *Sturm* à Berlin en 1913), elle connaît une véritable consécration avec la rétrospective de 768 de ses œuvres en 1913, à Moscou. Installée définitivement à Paris en 1914, elle réalise surtout des décors de ballets, sans toutefois délaisser la peinture de chevalet où se mêlent dans un même élan abstraction (*Formes abstraites,* 1913, MNAM) et figuration (*Espagnole à l'éventail,* 1924, MNAM). A la demande de Diaghilev, elle crée pour les Ballets Russes les décors et les costumes du *Coq d'Or* de Rimsky Korsakov (1914) puis des *Noces d'Aurore* (1923) et de *L'Oiseau de feu* (1926) de Stravinsky. La musique d'Albeniz, de Moussorgsky, d'Offenbach et de Mozart lui inspire gouaches et aquarelles gaies et colorées, se réclamant de l'art populaire russe. Sa dernière création sera pour les Ballets du marquis de Cuevas en 1949. Comme Sonia Delaunay, elle met son talent au service de tous les arts appliqués : papiers peints, tissus, tapis, broderies, et la somptuosité de ses livres illustrés (*Le Tsar Saltane,* 1922, d'après le poème de Pouchkine, *Le Chant de guerrier du prince Igor,* 1923) évoque celle des manuscrits médiévaux.

Gontcharova et Larionov (préface de MCI Dane), Paris, MAM, 1961; *A Retrospective Exhibition of Paintings and Designs for the Theater Larionov and Gontcharova,* Londres, Arts Council, 1961; Mary Chemot, *Natalia Gontcharova,* Paris, La Bibliothèque des Arts, 1972.

Auparavant composé, par des achats de l'État, d'œuvres secondaires de la période parisienne — série des *Espagnoles,* projets de décor —, l'ensemble des Gontcharova du Musée illustre aujourd'hui l'apport

Nature morte au homard, 1910
huile sur toile
73 × 88
legs Nina Kandinsky, 1981
AM 1981-65-857

essentiel de l'artiste, lié au développement du rayonnisme russe : autour de l'essentielle *Dame au chapeau* de 1912 (entrée en 1960), les *Lampes électriques* (don des Amis du Musée, 1966), deux *Formes abstraites* de 1912-1913 (don de Mme Larionov, 1974) et *Le Printemps,* v. 1912 (achat 1976).

☐ *Nature morte au homard,* 1910
Entrée récemment dans les collections du Musée, cette nature morte appartenait à la collection personnelle de Vassily Kandinsky depuis l'exposition du *Blaue Reiter* à Berlin en 1912. En 1910, Gontcharova expose avec l'Union de la Jeunesse à Riga puis participe avec Larionov à l'organisation de l'exposition du *Valet de Carreau* à laquelle elle destine 33 toiles : natures mortes et compositions religieuses partagent alors sa production jusqu'en 1911. Ce repas d'huîtres, au motif emprunté, peut-être inconsciemment, à Delacroix, offre un compromis entre les influences de Cézanne et de Matisse, à l'honneur au sein de l'avant-garde russe. La mise en place des objets relève de l'analyse cézannienne, visible dans les distorsions spatiales : côtoiement de perspectives latérales (volumes des bouteilles) et plongeantes (leurs goulots, les plats), redressements des plans de la table et du couteau; également, dans les déformations plastiques des objets, modulés par la couleur en une image cohérente et harmonieuse. Les cernes gras courent d'un objet à l'autre : les arabesques très matissiennes des aristoloches qui écrasent le fond se prolongent dans les pinces du crustacé et définissent d'une ellipse enveloppante mets et objets. Associées à une touche large, à une matière dense, d'un chromatisme sourd et somptueux — le rouge matissien — elles confèrent à cette « vanité » une sensualité toute flamande.

☐ *Jardin,* v. 1912
Le thème des saisons est fréquemment abordé par Gontcharova (*L'Hiver,* 1911, Léningrad, Musée Russe, *Les Quatre Saisons,* 1922, également traitées par Larionov) et particulièrement, dans les années

1911-1912, celui du jardin au printemps. La peinture des *Arbres en fleurs,* 1912 (New York, coll. part.) semble stylistiquement très proche de ce dessin, qui demeure difficile à dater, certains spécialistes le jugeant plus tardif (v. 1920). Il s'agit probablement d'un projet de rideau de scène. Au traitement de résonance cubiste des formes et de l'espace — les maisons sont réduites à des plans qui entaillent le fond de leurs arêtes dures et les arbres à des cylindres tronqués qui basculent dans l'espace — s'oppose l'exubérance de la matière colorée. L'aquarelle s'épand en coulées transparentes pour suggérer l'éclosion saisonnière des fleurs et des feuillages; elle se fait légère et floconneuse pour traduire les fines vibrations de la lumière printanière. Le motif floral qui, associé à des éclats géométriques, ponctue uniformément tout l'espace, bordure comprise, l'unifie, l'aplanit en un espace-plan afocal qui évoque *l'Intérieur aux aubergines* de Matisse (1911, Musée de Peinture et de Sculpture, Grenoble). La collection du MNAM comporte d'autres études pour des décors de théâtre : trois dessins, v. 1913-1914, à l'encre sur papier calque, préparatoires à l'illustration du *Coq d'Or* de Rimsky-Korsakov, dont la saveur populaire avait ébloui en son temps H.G. Wells, ainsi qu'un croquis préparatoire *(Projet de costume,* 1926, encre sur papier calque) à une gouache vivement colorée (Londres, Victoria and Albert Museum) pour *L'Oiseau de feu* de Stravinsky.

☐ *Dame au chapeau,* 1912
Exposée à Berlin en 1913, au *Deutscher Herbstsalon* de H. Walden, et à Paris l'année suivante chez Paul Guillaume, cette œuvre est, avec les *Lampes électriques,* v. 1912 (MNAM), une des plus célèbres de la période cubo-futuriste de Gontcharova. Par l'intermédiaire des expositions périodiques d'art français (Salon de la *Toison d'Or,* 1908-1909, du *Valet de Carreau,* 1910-1911) et des collections Chtoukine et Morozov, le cubisme français était bien connu à Moscou. L'influence du futurisme italien, diffusé avec zèle par ses disciples (Marinetti effectuera une tournée orageuse en Russie en 1914), semble

Jardin, v. 1912
(Le Printemps)
aquarelle et gouache sur papier
35 × 49
achat 1976
AM 1976-17

Construction rayonniste, 1913
fusain et pastel sur papier
21 × 14
don M. Eugène Rubin, 1976
AM 1976-890

250

encore ici plus déterminante. La composition, agencée à partir de surfaces géométrisées rompues par des signes abstraits ou mimétiques épars dans un désordre alogique, et ainsi éclatée, constitue un kaléidoscope de perspectives contradictoires, un enchevêtrement de rythmes concentriques et linéaires fondus en une matière pulvérisée et lumineuse. Le répertoire des signes identifiables (yeux, bouche, plumes, boucles, portée de musique, lettres, chiffres...) cherche moins à énoncer un visage qu'à suggérer une personnalité dans ses états d'âme successifs. La rigueur cubiste (couleurs sourdes, frontalité des éléments graphiques) ne parvient pas à maîtriser la vigueur gestuelle, l'impétuosité brouillonne dérivée du futurisme et qui frôle ici le « mauvais goût ».

☐ *Construction rayonniste,* 1913
Dès 1906, l'exemple de Turner conduit Michel Larionov à réfléchir sur le rendu pictural du phénomène lumineux : ses spéculations aboutissent au *Verre,* 1909 (New York, The Guggenheim Museum),

consacré « première œuvre rayonniste ». Deux ans plus tard, il rédige le *Manifeste du rayonnisme* qui ne sera publié et signé par l'artiste qu'en 1913 lors de l'exposition *La Cible,* première manifestation futuriste importante tenue à Moscou. Bien qu'il s'en défende farouchement, ses principes esthétiques procèdent largement du futurisme italien : exaltation du dynamisme et de l'énergie de la matière, suggestion d'une quatrième dimension, exclusion de toute référence figurative. Pur jaillissement de faisceaux de rayons colorés, ce dessin au fusain fortement appuyé et rehaussé au pastel offre un bel exemple de cette théorie, qui connut une vie éphémère. En juin 1914, Larionov et Gontcharova exposent leurs œuvres rayonnistes à Paris chez Paul Guillaume et trouvent en Apollinaire, qui rédige le catalogue, un défenseur convaincu. Mais la guerre et la révolution auront raison de cet art abstrait, précurseur des recherches suprématistes de Malévitch, qui se prolongera cependant dans certaines décorations de Larionov et les ultimes « bouquets de lumière » de Gontcharova.

B.L.

Dame au chapeau, 1912
huile sur toile
90 × 66
don Jean Cassou, 1960
AM 3862 P

Julio González
1876-1942

Consacré aujourd'hui comme le père de la sculpture en fer, Julio González est resté longtemps méconnu en raison des circonstances modestes de sa vie et de sa carrière. Né à Barcelone dans une famille d'orfèvres (lui-même poursuivit jusqu'à la fin cette activité d'artisan), il maîtrise très tôt le travail du métal : son savoir-faire est à l'origine d'une technique et d'une vision plastique qui révolutionneront la sculpture du 20ᵉ siècle.

Comme son frère Joan, Julio se destinait à la peinture, considérée alors comme un exercice plus noble; en 1900, après la mort du père, ils gagnent Paris, retrouvent alors leur ami d'enfance Picasso, se lient notamment avec Max Jacob, André Salmon et Maurice Raynal. En 1910, après la mort prématurée de son frère, Julio se tourne vers la sculpture, exécutant des portraits en métal repoussé et des petits personnages en terre cuite. La technique de la soudure autogène, qu'il apprend en 1918, se révélera indispensable pour le développement d'une œuvre qui, dès la fin des années 20, s'affirme dans une voie plus personnelle. Mais, surtout, sa collaboration entre 1928 et 1931 avec Picasso, pour l'exécution de sculptures en métal (*Tête*, 1928, *Construction*, 1928-1929, *Femme dans un jardin*, 1929-1930, *Figure de femme*, *Tête* et *Tête de femme*, 1930-1931), sera décisive : le principe analytique de l'assemblage de lignes et de plans — l'*Arlequin* (Zurich, Kunsthaus) et le *Baiser* (New York, coll. Winston Malbin) de 1930-1931 constitueront un véritable hommage à la « leçon » de Picasso — lui permettra de conduire de façon plus audacieuse sa propre recherche. Bien que toujours inspirées de la nature, ses sculptures s'approchent dès lors de l'abstraction. La série nombreuse de dessins qui les accompagne (précédant puis suivant l'exécution de l'œuvre) témoigne du processus de « décantation » du sujet tiré du réel jusqu'à un seul système formel de lignes. González lui-même employait le terme « dessiner dans l'espace » pour définir la nature de cet « exercice visuel » qui commandait son travail direct du métal; ses sculptures apparaissent ainsi, soit de nature entièrement linéaire, soit constituées de plaques ou de déchets de métal soudés, mais toujours « dessinées » ou contournant un vide. Considérant le fer comme un matériau vivant, malléable, qu'il travaillait dans ce but à chaud, González pouvait trouver des modulations de lignes et de surfaces plus souples dans l'espace. Son œuvre la plus accomplie, qui se situe entre 1929 et 1939, apporte ainsi les bases d'un nouveau langage plastique en rupture radicale avec la sculpture traditionnelle : celui d'une sculpture « ouverte » de plans et de lignes.

Préoccupé par la guerre en Espagne et la montée du fascisme en Allemagne, González tente vers 1936 une œuvre plus franchement figurative, plus humaniste à ses yeux, dont le chef-d'œuvre est la *Montserrat* (Amsterdam, Stedelijk Museum) présentée à l'Exposition Universelle de 1937 à Paris à côté de *Guernica* dans le pavillon de l'Espagne républicaine : figurant une femme portant un enfant, elle apparaissait comme le double symbole de la Vierge et de la résistance paysanne catalanes. Des œuvres à nouveau abstraites et complexes lui succéderont jusqu'en 1940, c'est-à-dire jusqu'au moment où González retourne à la sculpture en ronde-bosse de sa jeunesse, reprenant une fois de plus le thème de la Montserrat.

Poursuivi dans une grande solitude, son travail, malgré le soutien admiratif de quelques amis — Raynal, Picasso, Gargallo, Brancusi, Zervos, — reçoit une reconnaissance tardive : après les premières expositions de la Galerie de France en 1930, de la galerie Le Centaure (Bruxelles) en 1931, de la galerie Percier en 1934, les rétrospectives du MNAM en 1952, du Stedelijk Museum d'Amsterdam en 1955 et du MOMA en 1956 consacrent une œuvre à laquelle se réfère désormais toute une génération de sculpteurs (comme David Smith) et que la fille de González, Roberta, s'est attachée avec énergie à faire connaître. Affirmant agir selon le désir de son père — aucune fonte en bronze d'après un fer n'a été faite du vivant de González — celle-ci décida la fabrication d'un maximum de neuf fontes numérotées 1 à 9 et de

Masque de « Pilar au soleil », 1929
fer
19 × 16 × 3,5
don Roberta González, 1964
AM 1483 S

Petite Danseuse, [1929-1930]
fer
17,7 × 10 × 4
don Roberta González, 1964
AM 1503 S

251

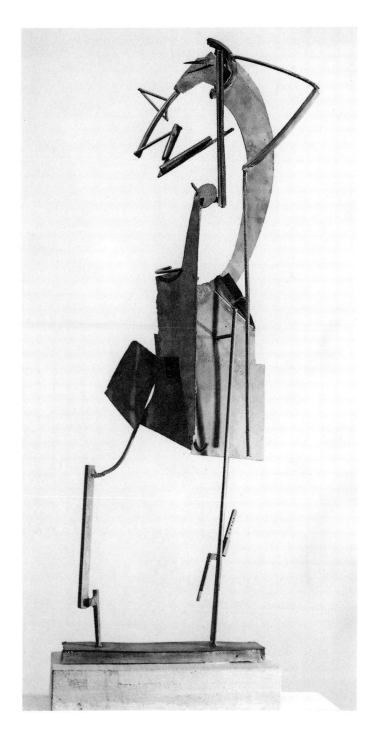

Femme se coiffant, 1931
fer
168,5 × 54 × 27
don Roberta González, 1953
AM 951 S

252

quatre fontes marquées 0,00, EA et HC pour un grand nombre de fers, ainsi que pour quelques sujets en plâtre, pierre et bois.

V. Aguilera Cerni, *Julio, Joan, Roberta González,* Barcelone, Poligrafa, 1973; J. Gibert, *Julio González : dessins* (catalogue raisonné), Paris, éd. Carmen Martinez, 1975; J. Withers, *Julio González : Sculpture in Iron,* New York, New York University Press, 1978; cat. *Julio González : a Retrospective,* New York, The Solomon R. Guggenheim Museum (texte de M. Rowell), Francfort, Städtische Galerie im Städel et Berlin, Akademie der Künste (textes de M. Rowell et J. Merkert), 1983; J. Merkert, *Julio González : Werkkatalog der Skulpturen* (catalogue raisonné à paraître chez Electa, Milan).

Grâce aux dons de Roberta González en 1964, 1966 et 1968, grâce surtout à son legs en 1976, le Musée détient la plus importante collection de fers originaux de González, un nombre élevé de bronzes et un ensemble très complet de dessins, ainsi que quelques peintures, des bijoux et objets décoratifs. Des donations ont également été faites au Museo Español de Arte contemporaneo de Madrid et au Museo de Arte Moderno de Barcelone. Par ailleurs, un groupe de fers, bronzes et dessins a été acquis en 1985 par la Ville de Valence (Espagne) où il constitue le noyau d'un nouveau musée, l'Institut Valenciá d'Art Modern/Centre Julio González.

☐ *Masque de « Pilar au soleil »,* 1929
Vers 1928-1929, le travail de González prend une orientation personnelle, dans laquelle l'influence de la peinture et du collage cubiste se fait sentir. Désignées comme des « masques », ces têtes féminines, de petites dimensions, montrent des surfaces planes, découpées dans le métal et superposées. Comme l'attestent de nombreux dessins exécutés à partir de 1926 (Paris, coll. Carmen Martinez et Viviane Grimminger), les plans découpés correspondent à des zones de lumière et d'ombre sur le visage (ici, celui de sa sœur Pilar qui lui servit longtemps de modèle). C'est ainsi avec une véritable logique de dessinateur que González traite ces minces plaques de métal, attachées tout d'abord à une imagerie réaliste (*Tête au chapeau,* 1928-1929. Musée de Barcelone), puis proposant de plus en plus une construction synthétique (*Tête aiguë,* v. 1930, fer, Paris, coll. K.N. Hoss, bronze au MNAM). Lorsqu'il abordera des grandes figures (*Femme aux fagots,* 1930-1932, Washington, Hirshhorn Museum), l'agencement des plaques de métal découpé, constituant un ensemble figure/fond, restera encore souvent d'ordre pictural.

☐ *Petite Danseuse,* 1929-1930
A peu près à la même date, González exécute des petites sculptures davantage tri-dimensionnelles. Par la technique de la soudure sur des « morceaux trouvés » de fer, il arrive à réaliser des figures linéaires qui présentent, du moins par le procédé, des analogies avec les travaux qu'il effectue au même moment pour Picasso. Un grand nombre d'entre elles est actuellement perdu, mais la *Petite Danseuse* de 1929-1930 (incorrectement datée auparavant) offre un parfait exemple du « dessin dans l'espace » que González commence alors à concevoir. Plus que le *Don Quichotte* (1929-1930, MNAM), dont la traduction linéaire d'axes ou de contours dans l'espace apparaît encore statique, cette figurine dansante, aux proportions un peu bancales et maladroites, aux profils changeants selon chaque angle de vision, possède, précisément grâce à ces particularités dues à l'assemblage de morceaux de fer, un dynamisme et une expressivité nouvelles. Le thème de la danseuse ou d'un personnage en équilibre instable (*Petite Vénus,* v. 1936, Centre Julio González) sera d'ailleurs repris par l'artiste tout au long de son œuvre.

253

□ *Femme se coiffant,* 1931

La maîtrise technique de González, en même temps que l'originalité de sa vision plastique, apparaissent ici pour la première fois. L'œuvre est précédée d'un long travail d'analyse, de décomposition progressive des lumières et des ombres jouant sur un motif tiré de la réalité quotidienne; mais, alors que les premiers dessins, qui remontent à 1924, marquent une préoccupation de dessinateur, les derniers, que l'on peut considérer comme préparatoires à l'exécution, relèvent d'un sculpteur : la silhouette de la femme, ses gestes s'y trouvent réduits à un chiffre formel abstrait constitué d'un seul jeu de lignes et de plans. Aucun élément de la sculpture n'est arbitraire, chacun provenant de la « décantation » d'un détail de la femme — sa chevelure, son décolleté, sa hanche, son genou — et, dans leur traduction ultime, tous ceux-ci sont repensés selon les possibilités de la technique du fer. Dans l'élaboration de cette conception de la sculpture comme « dessin dans l'espace », ici pleinement aboutie, il est permis de voir l'influence de Picasso qui lui apprend l'importance de la légèreté et de la transparence, en même temps que la technique et les ressources plastiques de l'assemblage. González affirmera à son tour, dans un de ses rares écrits, que la sculpture devait être transparente, afin qu'aucune face n'en cache une autre. Il se situe ainsi radicalement à l'opposé de la tradition immuable de la ronde-bosse. En réalité, la

fidélité aux dessins préliminaires apparaît relativement rarement dans l'exécution de ses œuvres. A partir de 1932, González commence à monter ses sculptures sans esquisses précises préalables. S'il continue à noter sur le papier des idées de formes, ce sont la technique et les matériaux qui en dictent les articulations et la syntaxe formelle; celles-ci deviendront progressivement plus complexes et métaphoriques au cours des années 30.

□ *Le Rêve, Le Baiser,* 1932-1933

González s'est toujours défendu d'être un sculpteur abstrait : il est néanmoins difficile de lier une œuvre comme *Le Rêve* du Musée, *La Grande Trompette,* 1932-1933 (Zollikon, coll. Bechtler) ou encore *Le Tunnel,* v. 1934 (Londres, The Tate Gallery), à un sujet réel, même si certains éléments appartiennent au vocabulaire symbolique de González, élaboré depuis sa collaboration avec Picasso : ainsi, le plan-surface découpé en zig-zag qui signifie quelquefois un visage, quelquefois deux profils d'amoureux; ou bien le motif flammé (utilisé ici à deux reprises) représentant une mèche de cheveux. Ces détails ne facilitent pas pour autant la lecture globale de l'œuvre qui reste pour l'essentiel un agencement d'éléments hétéroclites possédant leur propre logique. Ici réside la différence entre González et Picasso (dans ses sculptures des années 1928-1931) : tandis que ce dernier subor-

Le Rêve, Le Baiser, 1932-1933
fer
65,5 × 20 × 30
legs Roberta González, 1978
AM 1979-421

Femme à la corbeille, [1935]
fer
180 (203 avec socle) × 63 × 63
legs Roberta González, 1978
AM 1979-418

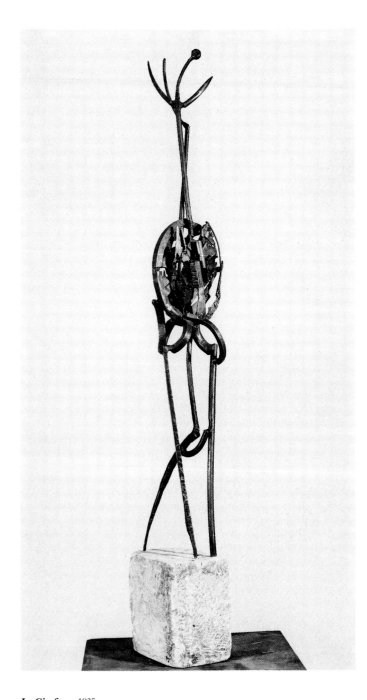

La Girafe, v. 1935
fer
95,7 (114 avec socle) × 15,6 × 14,5
legs Roberta González, 1978
AM 1979-419

donne les objets quotidiens (passoires, ressorts ou déchets de métal) à la primauté du sujet (une femme, par exemple), González conçoit et monte l'œuvre selon une syntaxe du faire qui prime sur une vague idée anthropomorphique. L'aspect « brut » des différents constituants reste tangible et dominant, le « sujet » devenant secondaire.

☐ *Femme à la corbeille,* [1935] — *Personnage dit « La Girafe »,* v. 1935
Vers 1934-1935, González réalise une série de sculptures exclusivement linéaires (comme *Maternité,* Londres, The Tate Gallery et *Femme se coiffant,* Stockholm, Moderna Museet), qui rappellent les constructions/maquettes du *Monument à Apollinaire* exécutées pour Picasso en 1928-1929. Mais, contrairement à Picasso qui avait préparé pour son praticien des dessins très précis, González se contente, dans cette série, de croquis d'études, se laissant guider, comme il en avait pris l'habitude, par les matériaux et leurs possibilités techniques pour définir la structure formelle. Tirant, encore en dessinateur, des lignes dans l'espace même, González, dans la *Femme à la corbeille* et *L'Ange, l'insecte, danseuse du* MNAM ou encore dans la *Danseuse échevelée* du Musée des Beaux-Arts de Nantes, affirme l'interdépendance de la vision et de la technique qui s'alimentent mutuellement pour créer l'image/ébauche d'une silhouette allusive qui est celle d'un corps étiré en hauteur et en équilibre instable.
Le *Personnage dit « La Girafe »,* également exécuté v. 1935, relève d'une autre recherche de « dessin spatialisé ». Certaines études de cette période montrent une insistance sans précédent sur le jeu coloré d'un graphisme de hachures : celui-ci est traduit, dans quelques sculptures comme *La Girafe* ou *Tête, l'escargot* (1935, MOMA), par un assemblage serré de petits bâtons en fer soudés dans un plan de forme circulaire. Pour *La Girafe,* aucun dessin préparatoire précis n'en évoque les proportions et le parti d'ensemble : il semblerait que González ait assemblé cette pièce avec des éléments de métal trouvés au hasard, qui lui ont dicté proportions, profils et articulations. Le titre, donné vraisemblablement une fois l'œuvre achevée, aurait été suggéré par les proportions élancées du « personnage ». Quelques dessins de 1936 reprendront certains motifs de *La Girafe,* mais ne trouveront jamais leur réalisation en sculpture. Tout permet de penser que le déchet de métal, en suscitant de nouveaux motifs et d'autres articulations formelles, a ici aidé à déterminer la vision du sculpteur.

☐ *Femme assise II,* v. 1936
Au cours de cette même année 1935, González mène des recherches sur des volumes plus pleins, à profil carré ou aigu. Les premières de ces œuvres, *Femme assise I,* v. 1935 (Paris, coll. C. Martinez et V. Grimminger) et *Femme assise II* exécutée l'année suivante, ne sont pas sans rappeler des blocs de pierre (à l'allure toujours quelque peu anthropomorphique) et marquent donc un éloignement momentané du style filiforme et dynamique adopté jusque-là. Il est fort probable que ces nouvelles structures formelles ont été inspirées par la série des peintures d'Alberto Magnelli consacrée au thème des « pierres éclatées », exposée chez Pierre Loeb en 1934. Dans la *Femme assise II,* non seulement est évoqué l'aspect des blocs de pierre, mais la barbe des soudures des plaques de fer reste visible, comme est voulu accidenté et irrégulier le travail de la surface : tout souligne la référence à une matière brute et organique. Par ailleurs, l'agencement des masses quadrangulaires, réalisé à l'aide de plaques martelées puis soudées, traduit un intérêt nouveau pour le volume et, plus précisément, une première tentative d'utiliser le carré (qui commandera, par exemple, les masses fermées et orthogonales de la *Tête plate,* dite *Le Baiser,* de 1936). Cette recherche se poursuivra, dans des formes plus complexes et élaborées, jusqu'aux sculptures maîtresses des années 39-40 : *Monsieur Cactus* (fer, Paris, coll. C. Martinez et V. Grimminger) et *Madame Cactus* (fer, Karlsruhe, Staadtliche Kunsthalle).

☐ *Tête à la bouche ouverte,* 1939

On sait l'importance, pour González, du dessin qui entretient avec sa sculpture une relation étroite, nourrissant une conception plastique foncièrement graphique. Avant le début des années 20, c'est-à-dire avant sa décision de devenir sculpteur, ses esquisses sur le papier offraient une grande variété de techniques — pastel, fusain, encre, crayon noir et crayons de couleur — maniées avec virtuosité et dont il continuera à se servir jusqu'à la fin. Ses motifs, qui se cantonnaient au paysage et à la figure féminine, obéissaient encore aux canons conventionnels de la perspective et du modelé. A partir de 1930, son travail graphique devient plus réductif, répondant à ses premières tentatives de faire une sculpture plus schématique. Ce sont des notations plus ou moins élaborées de détails ou d'ensemble, en prévision des sculptures à venir, ou bien des croquis et collages d'après des sculptures déjà réalisées : rarement González conçoit des dessins autonomes sans référence à un projet de sculpture, même si celui-ci se trouve toujours modifié en cours d'exécution.

Lorsque, vers 1937-1938, son expression plastique devient plus tourmentée, plus aiguë, ses croquis, travaillés avec un grand raffinement de matières, semblent apporter autant de variations possibles de lecture à un même thème : d'un côté la mobilité, la flexibilité, la torsion tendue des formes féminines, comme pour la *Femme au miroir,* 1937, puis pour *Madame Cactus,* 1939-1940; de l'autre, la force schématique, la violence agressive des masses orthogonales, comme pour *Monsieur Cactus,* 1939. Dans ces dessins, réalisés à partir de 1937-1938, l'écho des formes torturées de *Guernica,* que González connaissait bien, paraît évident. Comme d'autres dessins exécutés le même mois de janvier 1939, la *Tête à la bouche ouverte* du Musée propose une interprétation d'une tête retournée criant son angoisse : plus « surréalisant » et, surtout, plus abstrait que les autres, ce dessin montre des volumes à angle aigu semblables à ceux des sculptures de la même date. Six mois plus tard, González reprendra ce même thème sous une forme nettement réaliste, dans le cadre de ses études pour les dernières sculptures de la *Montserrat* (*Masque de la Montserrat criant,* fer, 1941-1942, MNAM). M.R.

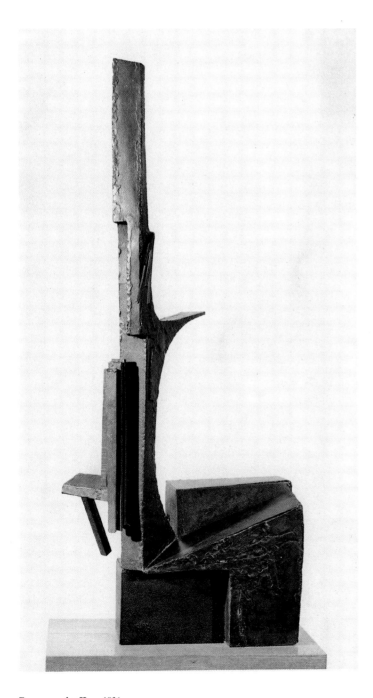

Femme assise II, v. 1936
fer
84,5 × 37 × 25
legs Roberta González, 1978
AM 1979-420

Tête à la bouche ouverte, 1939
encre de Chine et crayons de couleur sur papier
32,5 × 25,7
don Roberta González, 1964
AM 3200 D

Jean Gorin
1899-1981

Jean Gorin étudie la peinture d'abord à Paris, puis à Nantes. Cherchant à se libérer de l'emprise académique, il se tourne vers l'expressionnisme. Mais des révélations successives donnent bientôt une direction à sa recherche. Tout d'abord, en 1923, le cubisme et particulièrement le livre d'A. Gleizes, *Du Cubisme* (1912) : « Tout ce que je cherchais avec angoisse se trouvait là (...), en particulier le problème relatif à la suppression possible du sujet, à l'affirmation de la surface plane du tableau et surtout des moyens géométriques qui allaient me permettre enfin de sortir du bourbier individualiste tragique (...) la géométrie m'apporta l'assurance et l'espoir ». Peu après, en 1926, Gorin reçoit d'un article de Mondrian « l'illumination décisive » : « Un art collectif existait, le néo-plasticisme, dont les éléments d'expression, absolument universels, formaient enfin un art impersonnel, mathématique et scientifique »; et sa rencontre avec Mondrian en 1927 entraîne son adhésion définitive au néo-plasticisme dont il s'attachera à propager les principes dans nombre d'écrits théoriques. Il expose, pour la première fois, à Lille avec le groupe *Vouloir* (Mondrian, Domela, Huszar, les architectes Oud et Rietveld). Cherchant à réaliser la synthèse des arts, Gorin crée des meubles pour sa maison de Nort-sur-Erdre et étudie des projets d'architecture avec application de couleurs, sous l'influence de Van Dœsburg et de Le Corbusier; c'est aussi le début des « constructions dans l'espace ». En 1930, il expose avec le groupe Cercle et Carré et réalise ses premiers « reliefs plats ». Après un voyage en Allemagne (il rencontre Gabo à Berlin) et en URSS (il voit à Moscou des œuvres de Malévitch), il fonde en 1932 Abstraction-Création avec Herbin, Vantongerloo, Hélion... En 1939, Gorin participe à l'exposition du groupe Renaissance plastique (Réalités nouvelles) et assurera le secrétariat du Salon à la création de celui-ci en 1946. De cette époque datent ses premiers « reliefs en plans montés » (détachés du fond). En 1953, il rejoint le groupe Espace fondé par Del Marle et en 1955 concrétise ses ambitions architecturales par la réalisation d'une tour spatiale en acier, de 5 mètres de haut, pour l'Exposition d'Art interplanétaire à Rome. En 1957 seulement a lieu sa première exposition personnelle à Paris (Gorin exposait depuis 1927 toujours en groupe, parfois même anonymement, fidèle aux principes communautaires de la plastique pure et à son propre engagement communiste).

« L'architecture réalisera l'union intime de tous les arts plastiques se manifestant dans la plus grande pureté par l'abstrait. A ce moment toute expression, toute création en forme d'objet d'art particulier basé presque toujours sur la propriété individuelle n'aura plus aucune raison d'être, l'architecture néo-plastique réalisant dans l'ambiance même l'art collectif le plus pur (...). Quand l'homme, évolué, aura réalisé l'unification des classes (...), ce qu'on appelle art pourra disparaître comme étant un remplacement artificiel de la vie » (1930).

Cat. *Jean Gorin,* Paris, CNAC, 1969; A. Sartoris, *Jean Gorin,* Venise, Alfieri, 1975; cat. *Jean Gorin,* Nantes, Musée des Beaux-Arts, 1977; cat. *Dessins de*

Composition n° 5 losangique, 1926
huile sur fibro-ciment
78 × 78
achat de l'État 1974, attr. 1975
AM 1975-4

Jean Gorin, Paris, MNAM, Centre G. Pompidou, 1977; « Lettres à Jean Gorin », *Macula*, nº 2, 1977 (pp. 117-139).

Les œuvres de Gorin dans les collections du Musée proviennent de trois achats tardifs, de 1975 à 1978, et surtout d'un important don de l'artiste en 1978 qui comporte cinq œuvres achevées (*Hommage à Pevsner*, 1938-1939, *Environnement nº 40* et trois *Compositions spatiotemporelles* nᵒˢ 8, 49, 101) et un fonds important de 47 dessins préparatoires et projets d'architecture. Aucun de ces derniers n'ayant été réalisé, leur présence au Musée est un témoignage précieux de la place centrale occupée par l'architecture dans la création de Gorin. Ne déclarait-il pas, dès 1930 : « La néo-plastique a sa fin dans l'architecture » ?

□ *Composition nº 5 losangique*, 1926
En 1926, la lecture, par hasard, d'un article de Mondrian (publié dans la revue *Vouloir*, nº 19) décide de l'orientation de Gorin. Dans cette *Composition nº 5* se lit le choc de la révélation du néo-plasticisme. Gorin y utilise les trois couleurs primaires (positives) jointes au blanc et au noir (couleurs négatives), en structurant la composition selon des lignes horizontales et verticales, ainsi que le prône Mondrian. Mais son indépendance apparaît déjà dans l'emploi de la diagonale extérieure (de même, vers 1935-1936, dans celui du cercle). Il avait déjà utilisé le losange en 1925 dans la *Composition abstraite nº 14*, inspirée du cubisme, et il y reviendra tout au long de sa vie. Gorin trouve dans le néo-plasticisme un « art transcendantal et cosmique » pour « l'homme nouveau de notre ère scientifique ». Tout en aboutissant à la suppression d'« un art de circonstance, basé sur des

impressions sensorielles fugitives et éphémères », le néo-plasticisme permet selon lui à chaque individualité de s'exprimer : « Les formes géométriques élémentaires (...) nous apportent des valeurs constructives immuables et universelles (...), tandis que les valeurs vivantes de la composition sont exprimées par les rapports de divisions et de surfaces correspondant à la sensibilité esthétique et plastique de l'artiste ».

□ *Relief nº 32*, 1934
Cette œuvre fait partie de ce que l'on nomme les « reliefs plats », peintures au léger relief déterminé par des plans de bois superposés auxquelles Gorin travaille à partir de 1930. Mondrian l'encourage dans cette voie dans une lettre qu'il lui adresse précisément en 1934 : « Toutes mes félicitations pour la réussite de tes recherches (...). Ton œuvre (...) s'éloigne de l'art du tableau (...). Cela est dans mes yeux un progrès parce que tu sais que je crois dans la perte future de *l'art*. Une difficulté se pose néanmoins : celle que, plutôt, il ne fallait pas l'exposer comme *tableau*. C'est entre tableau et réalisation (pour ainsi dire) architecturale (plutôt *réalisation plastique-esthétique dans notre ambiance*). C'est plus loin que mon œuvre qui reste au fond encore *tableau*. » En effet, Gorin avait bien compris que « l'expression complète du néo-plasticisme exige les trois dimensions ». Le *Relief nº 32* est conçu sur quatre niveaux d'épaisseur différents : le rouge, couleur qui avance, est ainsi placé au niveau le plus bas, tandis que le noir, couleur négative, est appliqué sur une baguette en relief. Le jeu des ombres introduit une quatrième dimension, cinétique, et permet à Gorin de s'affranchir du cerne noir qui structure les compositions néo-plastiques orthodoxes. « Pour bien comprendre la signi-

Relief nº 32, 1934
bois peint à l'huile
68,8 × 81,2 × 4,3
achat 1978
AM 1978-556

fication de ces reliefs, il ne faut pas les regarder comme la peinture de chevalet », déclare Gorin, « parce qu' (ils) sont conçus dans un esprit esthétique purement spatial ».

Une *Étude pour le Relief nº 32, première version* (MNAM) présente sur une trame de traits horizontaux et verticaux des indications de couleurs et de cotes (de 1 à 3), ces dernières plusieurs fois rectifiées. Il s'agit bien là d'une recherche de type intellectuel et mathématique, et non empirique et visuel.

☐ *Construction spatio-temporelle émanant de la pyramide, nº 8*, 1946
Vers 1930, « après avoir pris connaissance des écrits de Van Dœsburg sur la question des couleurs dans l'espace-temps », Gorin aborde un type de constructions plus légères que celles qu'il concevait antérieurement, avec application de couleurs. Elles sont un développement des « reliefs en plans montés » commencés en 1929. La couleur y joue un rôle plastique dynamique et contribue, en se combinant aux structures architecturées, à créer un « équilibre vivant ». Gorin s'explique en 1965 sur la dimension architecturale de ce type d'œuvres : « Aujourd'hui, avec les constructions spatiales, nous entrons dans une nouvelle phase de l'expression de l'art constructif dans l'espace-temps. L'expression spatio-temporelle nous révélant, comme disait Van Dœsburg, une quatrième dimension car, dans ces constructions, il n'y a plus de frontalité, l'œuvre a une infinité de points de vue, elle devient cinétique. Avec le développement des industries et des techniques, on peut maintenant envisager la réalisation de ces constructions en acier, aluminium ou tous autres matériaux nouveaux. Elles peuvent être érigées dans les grands espaces libres des cités d'affaires ou résidentielles. L'homme pourra les voir de dedans, les traverser de part en part. Des ascenseurs pourront hisser l'homme au sommet pour les voir par-dessus. En avion, la vision sera cinétique ».
Une étude, datée 1944 et annotée par Gorin « projet de monument pour une cité moderne » (MNAM), situe la construction dans un paysage nu, chevauchant un nœud routier. Au bas, une voiture donne l'échelle, indiquant une hauteur totale prévue d'environ 27 mètres. Gorin, qui par ailleurs rejetait l'art du passé, admirait l'architecture antique égyptienne, et en particulier la grande pyramide de Chéops pour sa rigueur géométrique. De par sa forme elle constituait pour lui — comme pour Vantongerloo qui l'étudia aussi — « l'expression du cosmos », et le titre de cette *Construction nº 8* y fait probablement référence.   v.w.

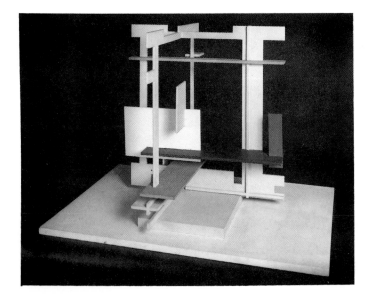

**Construction spatio-temporelle
émanant de la pyramide, nº 8,** 1946
construction en bois peint à l'huile
54 × 78,8 × 54,3
don de l'artiste, 1978
AM 1978-558

Arshile Gorky
1904-1948

Gorky quitte l'Arménie et émigre aux États-Unis en 1920. Étudiant à la Rhode Island School of Design à Providence et à la New School of Design de Boston, il s'installe à New York en 1925, où il enseigne de 1926 à 1932 à la Grand Central School of Art. Dès 1928-1929, il se lie avec John Graham, Stuart Davis et De Kooning. Avec ce dernier, il fréquente assidûment musées et galeries et complète sa connaissance de l'art européen par la lecture des *Cahiers d'Art*.
La démarche de Gorky peut être considérée comme une succession de dialogues avec les maîtres du 20e siècle. Ainsi, après une série de natures mortes, paysages et portraits à la manière de Cézanne, il travaille à des compositions très proches du cubisme de Braque et de Picasso. Observateur assidû du cubisme synthétique, il recopie parfois littéralement des compositions de 1924 de Picasso, négligeant toutefois les éléments de collage (lettres, papier, etc.) mais utilisant une texture épaisse (pâte à base de sable) voisine de celle de son aîné. En 1930-1932, il abandonne les images classiques du cubisme pour s'approprier des formes picassiennes plus agressives, exagérant yeux, bouches, oiseaux.
En 1930, il participe à l'exposition *Painters and Sculptors under 34* au Museum of Modern Art; à l'occasion d'une première exposition personnelle à la Mellon Gallery de Philadelphie en 1934, un premier article de Kiesler lui est consacré, louant l'imagination du peintre. De 1935 à 1938, il collabore au WPA Federal Project avec une peinture murale pour l'aéroport de Newark. Le livre de Julien Levy sur le surréalisme, publié en 1936, puis surtout la rencontre avec Matta, Breton et Masson, tous trois réfugiés à New York pendant la guerre, sont décisifs pour son évolution; dès 1938 il se libère ouvertement du cubisme, s'inspire des formes biomorphiques de Miró et adopte les techniques automatiques de Matta. Une place lui est accordée dès 1944 dans le livre de Sydney Janis, *Abstract and Surrealist Art in America,* publié à l'occasion de l'exposition itinérante organisée par l'auteur et le Francisco Museum of Art. L'année suivante, André Bretón préface son exposition à la Julien Levy Gallery et, accueillant Gorky tout naturellement dans son groupe, salue ainsi son œuvre dans *Le surréalisme et la peinture* : « Pour la première fois, la nature est traitée ici à la façon d'un cryptogramme sur lequel les empreintes sensibles intérieures de l'artiste viennent apposer leur grille à la découverte du rythme même de la vie ». A la fin de l'année, Gorky s'installe à Shernam (Connecticut) avec une petite communauté d'artistes, dont Calder et Tanguy. Deux événements tragiques début 1946 — l'incendie de son atelier (27 toiles détruites) et l'opération d'un cancer — apporteront une rupture certaine. Alors que de nombreux musées et galeries présentent ses œuvres — notamment à Paris la galerie Maeght dans l'*Exposition internationale du surréalisme* organisée en 1947 par Breton et Duchamp — Gorky, dès la fin des années 40, prend ses distances avec le mouvement surréaliste, qu'il estime académique et en opposition avec l'art moderne.

J. Levy, *Arshile Gorky,* New York, ed. Abrams, 1966; cat. *Arshile Gorky, a Retrospective* (textes de Diane Waldman), New York, The Guggenheim Museum, ed. Abrams, 1981; J. Jordan, R. Goldwater, *The Paintings of Arshile Gorky, a Critical Catalogue,* New York et Londres, New York University Press, 1982; M. Lader, *Arshile Gorky,* New York, Abbeville Press, 1985.

☐ *Landscape-Table*, 1945
Unique œuvre de Gorky présentée au Musée, cette toile vient de la collection Julien Levy, qui avait manifesté dès 1932 une amitié profonde envers le peintre, devint son premier marchand new-yorkais et le resta jusqu'en 1948. Figurant dès 1946 à l'exposition du MOMA, *Fourteen Americans* (nº 36), puis à la rétrospective que le Whitney Museum consacre à Gorky en 1951 (nº 39), cette peinture marque déjà pleinement la maîtrise d'un langage pictural jusque-là resté ambigu parce que trop lié à Picasso.

Répertoires de gestes automatiques, de nombreux dessins, proches de certaines feuilles de Miró des années 30, vont précéder la série des tableaux de la maturité. En effet, dès 1944, Gorky développe un trait fin, léger, souple, discontinu, qui relie les diverses zones de couleurs et les entoure, créant ainsi des formes « hybrides » selon l'expression de Breton, « se composant avec le plus de souvenirs d'enfance et autres »; ces formes naturelles produisent un espace fluide, mouvant, semblable à celui de Matta et de Masson. Mais, loin de choisir des images venues de l'inconscient, Gorky, comme Miró, part de la nature même, dont la vision se déforme jusqu'à devenir abstraite dans l'espace de la peinture. Le tracé délicat de la ligne, les nuances de tons, les formes désintégrées et le sens de la fantaisie ne sont pas sans évoquer le travail de Paul Klee. A partir des années 45-46, Gorky explore un espace totalement ouvert où formes et ombres deviennent atténuées, la couleur plus évanescente et la ligne plus nerveuse. Peintre de la nature traversée par la mémoire, Gorky transcrit un espace qui se meut entre représentation et abstraction, entre réalisme du monde extérieur et imaginaire. Il est ainsi considéré comme le dernier surréaliste et le premier expressionniste abstrait. Déployant un flux de formes qui se changent sous le regard en images sexuelles, florales, végétales ou organiques, le paysage devient ici « table » offerte, table ouverte à toutes sortes de signes ou table de dissection de formes, comme un hommage à Lautréamont.   C.S.

Landscape-Table, 1945
huile sur toile
92 × 121
achat 1971
AM 1971-151

Dan Graham
1942

Il serait vain de réduire *l'action* de Dan Graham à l'utilisation d'un quelconque support. Le faire reviendrait à ne comprendre son œuvre que sous la forme des maquettes que l'on connaît, *projets* qui ne sont jamais que le support fonctionnel d'une scène ou d'un lieu à réaliser. C'est pourquoi le travail de Dan Graham s'attache d'ailleurs tout autant à l'analyse critique de la perception qu'aux implications politiques et idéologiques de sa mise en œuvre. Né dans l'Illinois, Dan Graham vit aujourd'hui à New York. Or, il est essentiel de souligner que son travail s'est développé dans le contexte américain. Des textes qu'il a publiés en tant que critique et de son travail pour la télévision, des premières pièces vidéo jusqu'aux récentes analyses du rock, Dan Graham a toujours tenté d'opérer une symbiose entre les différentes données de la méthode critique. Et c'est parce qu'il a refusé l'art comme entité autonome que tous les supports de l'image (miroirs, vidéo, film, photos) ont été interrogés. Son action s'est ainsi développée au travers de la multiplicité des mouvements éphémères. Plus récemment, de nouveaux textes théoriques et sa collaboration avec un musicien comme Glenn Branca lui ont ouvert de nouveaux horizons. C'est que Dan Graham s'est toujours interrogé sur les dispositifs plus que sur les œuvres elles-mêmes.

Cat. *Dan Graham, Articles,* Eindhoven, Van Abbe Museum, 1978; *Dan Graham, Buildings and Signs,* Université de Chicago, 1981; *Dan Graham, Pavilions,* Berne, Kunsthalle, 1983.

□ *Present Continuous Past(s),* 1974
Dans un long descriptif (cat. Berne, *op. cit.,* p. 50) Graham précise : « Les miroirs reflètent le temps présent. La caméra vidéo enregistre ce qui se passe immédiatement devant elle et tout ce qui est reflété dans le mur-miroir opposé. L'image vue par la caméra apparaît huit secondes plus tard dans le moniteur vidéo. Si le corps d'un spectateur n'obstrue pas directement la vision que l'objectif a du miroir d'en face, la caméra enregistre le reflet de la chambre et l'image reflétée du moniteur (qui montre l'instant enregistré huit secondes auparavant). Une personne regardant le moniteur voit sa propre image huit secondes avant *et* le reflet du moniteur dans le miroir encore huit secondes plus tôt, ce qui fait seize secondes dans le passé... » Cette installation, par laquelle Graham construit une mise en abîme du temps et de l'espace, est fondée sur le temps différé. Selon Thierry de Duve, « le feedback de l'interprétation lutte avec l'irréversibilité du temps et l'incertitude de l'espace »; et il ajoute : « le montage de *Present Continuous Past(s)* apparaît comme le montage d'une allégorie politique ».   B.B.

Present Continuous Past(s), 1974
pièce vidéo en 3 parties :
couloir d'accès, espace technique et espace principal
(2 parois en miroirs et 1 avec écran et caméra)
espace principal : 280 × 320 × 320
achat 1976
AM 1976-1335

Toni Grand
1935

Né dans le Gard, Toni Grand vit et travaille à Mouriès dans les Bouches-du-Rhône et poursuit depuis le milieu des années 60 et dans un relatif isolement une œuvre singulière qui échappe aux grandes catégories de la sculpture contemporaine.
Après des études littéraires et une année passée à l'école des Beaux-Arts de Montpellier, il choisit de pratiquer la sculpture et travaille comme assistant dans les ateliers de différents sculpteurs à Paris, chez Marta Pan notamment. De 1962 à 1967 il réalise des structures en plomb, polyester et acier inoxydable et expose à la Biennale de Paris en 1967 ce qu'il appelle des « prélèvements » : « des œuvres qui se présentaient comme des parallélépipèdes définis par une structure métallique à l'intérieur de laquelle s'organisaient des formes abstraites tronquées » qu'il allait chaque jour faire basculer afin qu'aucun point de vue ne soit privilégié. Il construit ensuite les maquettes de grandes pièces (jamais réalisées) en tiges d'acier dont on pourrait faire varier les courbures par des systèmes de glissières et de câbles. Ces premières pièces, qui déjà échappent à toute filiation précise, se caractérisent par l'absence de socle et une stricte atopie.
Toni Grand abandonne un temps l'atelier pour enseigner et, après l'exposition *Supports - Surfaces* organisée à l'ARC à Paris en 1968, rencontre à Nice Saytour, Valensi et Pagès dont il partage certains intérêts théoriques sans jamais obéir à une quelconque discipline ou stratégie de groupe. Il installe quelques structures éphémères dans l'exposition *Supports - Surfaces* du théâtre de Nice en 1971 puis, en marge des divers événements qui agitent le groupe, entreprend au début des années 70 un long travail sur le bois qu'il définit comme une « lecture déconstructive » de la sculpture traditionnelle, une analyse patiente et minutieuse du matériau et des transformations

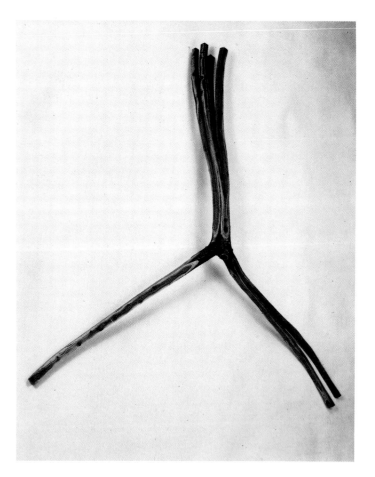

Bois écorcé, 1978-1979
bois de kotibé, 4 éléments :
61 × 162 × 41; 60 × 162 × 39
38 × 162 × 28; 38 × 162 × 27
achat 1981
AM 1981-25

successives qui président à la naissance d'une forme (*Écarté n° 13, 1972, Sec, équarri-abouté en ligne courbe fermée*, 1976, MNAM).

Viennent ensuite les bois taillés à la hache et/ou teintés de couleurs parfois vives ou recouverts de résine synthétique (epoxy) présentés au Musée savoisien de Chambéry en 1979 (*Bois flotté et stratifié, polyester et graphite*, 1978, MNAM). Ces œuvres qui, avec une grande économie de moyens, mettent en scène l'écart et la « conjonction paradoxale de la nature et de la chimie » participent d'une pratique savante du métissage. Et l'on ne sait plus alors quelle expérience privilégier, de la vue ou du toucher, de l'agréable ou du dérangeant, de la surface qui séduit ou de la masse qui résiste. Ces inversions subtiles de l'endroit et de l'envers, du naturel et de l'artificiel, trouveront une expression monumentale dans la série des colonnes réalisées pour le pavillon français de la Biennale de Venise en 1982 (*Double Colonne*, 1982, MNAM). Les trois ensembles en acier découpé exécutés pour le cloître de Saint-Trophime d'Arles en 1981 étonnent par l'austérité du matériau mais obéissent aux mêmes principes de construction que les bois (fer usiné systématiquement découpé sans chutes et empilements géométriques en demi-cercles et en colonnes). Les œuvres réalisées récemment (1984-1986) en pierre ou os et résines colorées apparaissent moins comme une rupture que comme l'accomplissement des intuitions déjà présentes dans les travaux antérieurs et la « mise en évidence de qualités qui ne sont pas celles de la sculpture, l'interrogation, la fragilité, l'énigme de la forme plutôt que sa résolution ».

Cat. *Toni Grand*, Paris, galerie Eric Fabre, 1976; *Toni Grand-Bernard Pagès*, St-Étienne, Musée d'Art et d'Industrie, 1976; *Toni Grand, Sculptures 1976-1979*, Chambéry, Musée savoisien, 1979; *Toni Grand*, Arles, cloître Saint-Trophime, 1981; *Toni Grand*, Paris, MNAM, Centre Georges Pompidou, 1986.

□ *Vert, équarri, équarri plus une refente partielle, équarri plus deux refentes partielles*, 1973

Plus que la pierre, « matériau définitif », le bois apparaît « méthodologiquement intéressant » et rend lisibles les décisions et les remords du geste ambigu qui révèle en détruisant, et chaque œuvre résulte d'une série de marques ou de cicatrices. A chaque pièce de cette période correspond, non un titre, mais un « récit de l'origine » qui énonce l'état du matériau et la suite plus ou moins longue des opérations effectuées (vert ou sec, brut ou équarri, refendu, collé, etc.). Objets autant qu'instruments, ces œuvres apparaissent aujourd'hui dans leur fausse banalité comme les témoins d'une recherche radicale et toujours différée d'un « degré zéro » de la sculpture.

□ *Bois écorcé*, 1978-1979

Ces quatre pièces de bois simplement débité et taillé à la hache découragent tout récit ou anecdote. Proches, tant par l'utilisation du matériau que par la composition élémentaire, de certaines démarches analytiques et réductrices du Minimal américain, elles dénoncent aussi les limites d'une approche purement formaliste. En effet, tout, dans l'ambition et dans le procès, sépare l'œuvre de Toni Grand de celle des sculpteurs américains des années 60 et 70 qu'il n'a rencontrée que tardivement lors d'un voyage d'études aux États-Unis en 1981.

C.D.

261

Vert, équarri, équarri plus une refente partielle, équarri plus deux refentes partielles, 1973
164 × 170
achat 1983
AM 1983-368

Juan Gris
1887-1927

Gris appartient de droit au « cubisme essentiel », un peu en retrait certes par rapport à ses prestigieux aînés, Picasso, Braque, Léger. Mais son œuvre, il faut le rappeler, se développe sur moins de vingt ans, de 1911 à sa mort prématurée à l'âge de 40 ans.

Jose Victoriano Gonzalez quitte en 1907 Madrid pour Paris, s'installe dans un des misérables ateliers du Bateau-Lavoir (qu'il occupera jusqu'en 1922), tout près de son compatriote Picasso, et prend alors le pseudonyme de Juan Gris. Placé au cœur du laboratoire cubiste, il assiste en voisin aux recherches, expériences et découvertes successives de Picasso à partir des *Demoiselles d'Avignon,* et au dialogue fondamental avec Braque. Subsistant grâce aux dessins satiriques placés dans *L'Assiette au beurre* ou *Le Charivari,* il ne se lance véritablement qu'en 1911 dans l'aventure cubiste. Ses progrès, l'affirmation des moyens qu'il se crée méthodiquement (avec une rigueur peut-être due à sa première formation d'ingénieur) apparaissent dès lors étonnamment rapides, des natures mortes sensibles et fidèlement cézanniennes de 1911 jusqu'à *L'Hommage à Picasso* envoyé au Salon des Indépendants au printemps 1912, raillé des critiques mais qualifié de « cubisme intégral » par Apollinaire. Tout aussi vite il assimile et pratique d'une façon très personnelle les plus récentes innovations de Picasso et Braque en 1912 et 1913 : décomposition analytique du motif, lettres au pochoir, collage (dès l'été 1912 il insère un fragment de miroir dans la toile intitulée *Le Lavabo*), papier collé, utilisation de sable et de poussières mélangés au pigments, faux-bois et faux-marbre, etc. Ses qualités attirent l'attention de Daniel-Henry Kahnweiler, marchand de Picasso et visiteur assidu du Bateau-Lavoir, qui lui propose un contrat dès octobre 1912 (signé en février 1913). Ces rapports « professionnels » se transformeront en une profonde amitié personnelle, en une fidélité durable du peintre à son marchand, et du marchand esthéticien à « l'un des artistes les plus nobles que la terre ait portés » : ainsi lui rendra-t-il hommage dans son plus important ouvrage, *Juan Gris, sa vie, son œuvre, ses écrits* (1946).

Entre 1915 et 1919 cependant, Léonce Rosenberg prend auprès de Gris le relais de Kahnweiler, exilé par la guerre en Suisse, et lui organise une importante exposition personnelle en 1919. Pendant ces années Gris produit ses plus beaux tableaux, les plus fermement construits, élargissant et simplifiant sa démarche jusqu'à atteindre une sorte de perfection classique (voir *Nature morte sur une chaise,* 1917, Cooper n° 221). Peinture « conceptuelle » et synthétique, poursuivie avec une extrême rigueur intellectuelle, elle repose sur la méthode « déductive », décrite par Gris en 1923 : « Les rapports picturaux entre les formes colorées me suggèrent certains rapports particuliers entre éléments d'une réalité imaginative. La mathématique picturale me mène à la physique représentative ». Dans sa conférence prononcée en 1924 à la Sorbonne il trouve une formule encore plus frappante : « La peinture est pour moi un tissu homogène et continu dont les fils dans un sens seraient le côté représentatif ou esthétique, les fils le traversant pour former ce tissu seraient le côté technique, architectural ou abstrait ». L'intelligence de cette nécessaire tension entre la référence à la réalité et l'architecture abstraite, « plate et colorée », du tableau l'amène à inventer certains procédés, tel « l'élément polyphonique » repéré par Kahnweiler : l'introduction dans une même composition d'une projection du même objet, deuxième composition de biais s'intégrant à la première. Après les années 20 cependant, Gris pratique une peinture plus détendue, plus fluide. Tendant davantage à une généralisation abstraite, les courbes et les rimes visuelles accentuent le caractère décoratif de nombreux tableaux. Il travaille en 1922 et 1923 pour les Ballets Russes. Affaibli par la maladie durant les deux dernières années, il peint des œuvres toujours plus dépouillées, des œuvres, selon Kahnweiler, champion de cette deuxième période de Gris, « plus fortement charpentées que jamais (...) (qui) portent cependant l'empreinte d'une touchante, d'une calme sérénité ».

D.H. Kahnweiler, *Juan Gris, sa vie, son œuvre, ses écrits,* Paris, Gallimard, 1946 (nouv. éd., 1968); J.T. Soby, cat. *Juan Gris,* New York, MOMA, 1958; B. Dorival, « La Donation Lefèvre au Musée national d'art moderne », *La Revue du Louvre,* n° 1, 1964; cat. *Juan Gris,* Paris, Orangerie des Tuileries, Baden-Baden, Kunsthalle, 1974; D. Cooper (avec la collaboration de M. Potter), *Juan Gris, Catalogue raisonné de l'œuvre peint,* 2 vol., Paris, Berggruen, 1977; M. Rosenthal, cat. *Juan Gris,* Berkeley, University Art Museum, 1984; cat. *Donation Louise et Michel Leiris,* Paris, MNAM, Centre G. Pompidou, 1984.

A son ouverture en 1947, le Musée ne possédait qu'un tableau de Gris, un *Pierrot,* 1919, provenant de la collection Zoubaloff. Jean Cassou acheta immédiatement deux œuvres, dont le très beau *Petit Déjeuner,* 1915. Mais Gris resta mal représenté jusqu'en 1964, date de l'entrée au Musée de la donation André Lefèvre qui comprenait quatre toiles importantes, de 1913 à 1925, dont le *Tourangeau* de 1919, salué alors par Dorival comme un de ses sommets les plus accomplis. Un seul papier collé, *Verre et damier,* 1914, acheté en 1980, permettait de spécifier l'apport de Gris dans cette technique. Tout récemment, en 1984, la donation Louise et Michel Leiris — onze toiles, quinze dessins, un papier collé et une petite sculpture (*Arlequin,* 1923), ayant pour la plupart appartenu personnellement à Daniel-Henry Kahnweiler — est venue enrichir de la manière la plus complète cet ensemble qui témoigne désormais, presque année par année, de l'évolution de Gris des débuts en 1911 jusqu'aux années 1925.

☐ *Nature morte au livre,* 1911
En 1910 Gris réalise de grandes aquarelles. S'il ne commence véritablement à peindre qu'en 1911, ses premières toiles sont l'aboutissement, dans le voisinage quotidien de Picasso et Braque, d'un long travail de maturation. Ainsi retourne-t-il, pour lui-même en 1911, à leur commun point de départ : la réflexion sur Cézanne qui a engagé en 1907 et en 1908 tout le processus du cubisme. Travaillant sur le thème cézannien de la nature morte, Gris choisit dans cette petite huile (Cooper, n° 3; anc. coll. Marcoussis et Paul Eluard) de rassem-

Nature morte au livre, 1911
huile sur toile
55 × 46
donation Louise et Michel Leiris avec réserve d'usufruit, 1984
AM 1984-518

La Guitare, mai 1913
huile et papier collé sur toile
61 × 50
donation Louise et Michel Leiris avec réserve d'usufruit, 1984
AM 1984-519

Violon et verre, 1913
huile sur toile
46 × 73
donation M. et Mme André Lefèvre, 1952
AM 3978 P

264

bler quatre solides volumétriquement différents (cafetière, gargoulette, bol et livre), qu'on retrouve réunis ou non dans *Les Œufs*, 1911 (Stuttgart, Staatsgalerie) ou dans *Nature morte, bouteille de vin et gargoulette*, 1911 (Otterlo, Rijksmuseum). Ces quatre objets exemplaires sont peints avec « simplicité (...) modestie (...) probité », écrit Kahnweiler dans le texte publié en 1946, et, poursuivant son analyse précise des premières toiles : « Chaque objet est décrit avec un soin minutieux. Sa forme est montrée par le clair-obscur, sa couleur est indiquée mais se trouve décolorée par la tonalité générale. Le fond (...) s'articule avec les objets et les intervalles au moyen de répétitions de formes qui sont justifiées, au point de vue imitatif, comme ombres ou comme reflets (...) les objets sont montrés comme vus d'un peu haut ». Les cernes épais et brisés qui délimitent chaque élément de la nature morte font écho aux quelques facettes définies à l'intérieur des formes, comme dans les paysages peints par Braque au début de son séjour décisif à L'Estaque, en mai-juin 1908 (*Viaduc à L'Estaque*, MNAM). Ce procédé, non systématique, employé ici avec une sorte de timidité ou de discrétion, démontre aussi clairement que possible à quelle école se met Gris en ses débuts : celle de Cézanne, à travers la réfraction que lui en proposent les fondateurs du cubisme.

☐ *La Guitare,* mai 1913

Gris comprend très vite et exploite à sa manière toutes les ressources conceptuelles des techniques (collage et papier collé notamment) inventées par Braque et Picasso en 1912. Ainsi dans cette toile (Cooper, n° 42) fait-il jouer, avec une ironie violente, l'ambiguïté de la seule pièce rapportée du tableau, du seul élément *collé* : il s'agit d'une petite gravure découpée, un poncif mièvre, qui ouvre littéralement une autre perspective dans l'espace orthogonal de la toile. Allusion ironique à un mode de représentation révolu (la perspective de la Renaissance), cette gravure est entourée d'une moulure disproportionnée, brisée et reconstruite selon la loi cubiste, qui la relie au reste du tableau. Dans la grille de composition de la toile, construite (selon un schéma propre à Gris) par alternance de bandes verticales alternativement sombres et claires sur lesquelles viennent se poser des fragments décalés du motif, Gris insère d'autres textures ambiguës : les aplats, comme découpés, de faux-bois (pour la guitare) ou de faux-marbre (pour un guéridon ou le dessus d'une commode). L'image reste ici rigoureusement frontale, bien plus que dans les tableaux contemporains de Braque ou Picasso. Le système de couleur, avec cette acidité froide, propre à Gris, des bleus et des verts clairs, est lui aussi très personnel.

☐ *Violon et verre,* 1913

Gris semble plus à l'aise dans une autre nature morte (Cooper, n° 47) exécutée également en 1913, mais vraisemblablement plus tard dans l'année : elle doit, en effet, se situer pendant ou juste après le long et stimulant séjour (août-novembre) de Gris à Céret auprès de Picasso, si l'on en juge d'après la *Nature morte à la guitare* (Mexico, coll. Gelman) dont elle s'approche par le sujet et le format et qui est datée de septembre 1913. Dans un format rectangulaire allongé (qui reprend lui-même la forme d'une table), Gris inscrit un double losange, sur lequel sont posés deux objets : le verre, dessiné en vue plongeante, et le violon, déchiqueté et accompagné de la partition. Des aplats découpés évoquent, d'une part, le papier peint à rayures qui fait office de fond et, d'autre part, le bois, matière commune du violon et de l'hypothétique table sur laquelle est disposée la nature morte. Des éléments formels relativement simples donc, mais leur agencement sophistiqué a pour résultat la création d'un espace déroutant, froid, d'un effet de « mathématique picturale » pour reprendre l'expression de Gris. On retrouve l'association des bleus et des verts vus précédemment, ici plus vifs et augmentés d'un violet acide qui apparaîtra comme la signature chromatique de Gris dans ces années 1913-1915.

Verre et damier, août-octobre 1914
papier collé, gouache, aquarelle et fusain sur toile
73 × 60
achat 1980
AM 1980-440

A noter encore la « rime » conceptuelle du verre vert, jeu sur la confusion phonétique d'un mot désignant à la fois une matière, un objet et une couleur; sans doute non inventée par Gris, cette plaisanterie visuelle circule dans le milieu cubiste, chez Braque (en 1914), chez Laurens (en 1915).

☐ *Verre et damier,* août-octobre 1914
Gris pratique le collage (insértion d'un fragment de réalité brute, morceau de miroir ou gravure découpée, dans l'espace pictural) depuis 1912. Mais il n'utilise le procédé du papier collé qu'à partir de 1913; et en 1914 il s'en sert presque exclusivement pour une cinquantaine de compositions, souvent (comme celle-ci) d'assez grandes dimensions et collées sur toile, ayant en fait le même statut que les tableaux. Il y met complètement au point la méthode de travail personnelle seulement pressentie les années précédentes et qu'il nommera « déductive » lorsqu'il l'explicitera en 1923 : « La qualité ou la dimension d'une forme ou d'une couleur me suggère la dénomination ou l'adjectif d'un objet. C'est ainsi que je ne connais jamais d'avance l'aspect d'un objet représenté ».
Ainsi, contrairement à Braque qui prévoit d'avance dans sa composition dessinée l'emplacement du morceau de papier faux-bois ou le galon de tapisserie, quitte à le déplacer pour mieux l'ajuster (il appelle ses premiers papiers collés des « dessins rehaussés »), Gris met d'abord en place les formes découpées dans les différents matériaux, selon les lois d'une « architecture abstraite »: ensuite seulement il qualifie et individualise par le dessin, les ombres, les pointillés. Dans *Verre et damier* (Cooper, nᵒ 115) le petit rectangle de papier rouge sombre est qualifié comme vin dans un verre, le papier faux-bois,

ici comme table, là comme échiquier, le papier de tapisserie à fleurs comme tenture, suggérant l'espace d'une chambre, etc. Douglas Cooper le soulignait en 1977 : « Les éléments en papier dans les papiers collés de Gris sont donc porteurs de trois significations différentes; leur existence propre, leur valeur en tant que couleur ou ornement, et leur valeur picturale résultant de leur modification ». Constituant certainement l'une des contributions de Gris les plus importantes à l'histoire du cubisme, ses papiers collés jouent en même temps un rôle essentiel dans sa propre évolution vers la clarification, en fait vers «l'abstraction ».

☐ *Le Petit Déjeuner,* octobre 1915
De juin à octobre 1914, Gris habite Collioure et s'y lie avec Matisse qui, on le sait, ne manque pas de l'aider de plusieurs façons dans cette période difficile. Kahnweiler insiste sur l'importance des échanges entre les deux peintres et sur une possible influence du cubisme de Gris sur Matisse pendant les deux ou trois années suivantes (1915-1916). Mais ne doit-on pas s'interroger aussi sur l'impact que n'ont pu manquer d'avoir sur Gris la personnalité et la peinture d'un homme de presque vingt ans son aîné, d'un peintre alors en pleine possession de ses moyens, dans un moment particulièrement grandiose de son œuvre? On pourrait en voir l'effet dans la série des *Fenêtres* peintes en 1915 : certes, Gris avait déjà abordé le paysage en 1913 à Céret, mais dans cette série, exécutée après le séjour à Collioure, il reprend avec une véritable insistance le thème matissien par excellence du « passage » (opéré par la fenêtre ouverte) entre intérieur et extérieur. Gris est ainsi le seul, parmi les cubistes, à faire entrer l'air du dehors dans l'espace confiné de la nature morte. Par ses moyens propres,

Le Petit Déjeuner, octobre 1915
huile et fusain sur toile
92 × 73
achat 1947
AM 2678 P

Nature morte sur une chaise, 1917
huile sur bois
100 × 73
don Raoul La Roche, 1952
AM 3169 P

ceux déjà éprouvés du cubisme (découpage, superposition, rabattement des plans, objets disloqués et fragmentés pour être perçus plus complètement), ceux-là mêmes que refusait Matisse, il réussit à créer un espace synthétique. Dans *Le Petit Déjeuner* (Cooper, n° 149), la clarté bleue du ciel découpé par la fenêtre et l'intimité du dedans (suggérée par la chaleur du faux-bois et du rouge profond à droite) se rencontrent sans rupture autour d'une nature morte matinale — cafetière, moulin à café, bol et journal posés sur une nappe blanche à carreaux damassés (rappel discret des damiers, motif fondamental du répertoire de Gris). Perpétuellement inquiet, insatisfait, Gris a pourtant, à l'époque, le sentiment que ses derniers tableaux sont en progrès. Il l'écrit modestement le 4 décembre 1915 à Kahnweiler (donc quelques semaines après avoir achevé *Le Petit Déjeuner*) : « (…) je crois faire du progrès dans ma peinture. Il me semble que ça s'établit bien et que tout devient concret et concis ».

☐ *Portrait de Madame Lipchitz,* mai 1918
Lipchitz et sa femme Berthe séjournent avec les Gris à Beaulieu-lès-Loches en avril et mai 1918. Le portrait de Berthe Lipchitz est évidemment associé à ce séjour, amical et fructueux pour les deux artistes : Gris s'essaie à la sculpture, et Lipchitz, au contact de Gris, réalise une série de gouaches et d'études pour des sculptures polychromes. Déjà, en 1916, Gris avait exécuté des dessins d'après des tableaux de Cézanne (*Tête d'Arlequin,* 1916, MNAM), et notamment d'après le *Portrait de Mme Cézanne,* marquant un intérêt nouveau pour le portrait dessiné. Le pratiquant avec prédilection de 1918 à 1921, peut-être aussi répond-il alors au besoin plus général, après les années de recherche, de revenir à la probité classique du dessin d'Ingres, à une représentation plus conventionnellement réaliste du visage humain, qui le laisse intact; même Picasso n'a à cette date plus envie de dissocier en multiples facettes, de déformer, de lacérer le visage de sa femme Olga, qu'il décrit d'un trait serein en 1917, 1918, 1919.
La douceur fluide du *Portrait de Mme Lipchitz* est accentuée par les ombres légèrement modelées au crayon et au crayon de couleur, laissant apparaître le grain du papier. Par sa subtilité, ce dessin peut s'apparenter à des œuvres spécifiquement françaises, celles de Chardin ou de Seurat, qu'admirait particulièrement Gris.

Portrait de Madame Lipchitz, mai 1918
crayon et crayons de couleurs sur papier
47,5 × 30,5
donation Louis et Michel Leiris avec réserve d'usufruit, 1984
AM 1984-525

Nature morte, 1920
crayon sur papier
25 × 32,5
donation Louise et Michel Leiris avec réserve d'usufruit, 1984
AM 1984-528

□ *Pierrot (Au compotier),* mai 1919
Gris peint en 1919 une série de personnages inspirés de la Commedia dell'arte. Le Musée en possède trois : l'*Arlequin à la guitare,* daté d'octobre 1919 (donation Leiris) et deux versions très voisines de *Pierrot,* l'un ayant appartenu à Jacques Zoubaloff, et celui-ci qui vient de la collection André Lefèvre (Cooper, n° 332). Toute cette série procède d'un travail très calculé sur l'opposition du sombre et du clair, du froid et du chaud, des courbes et des droites, etc. La décantation de la couleur correspond au décharnement du motif. L'architecture abstraite prend alors décidément le pas sur l'incarnation d'un *sujet.* Et le traitement par le masque ou l'écran ne s'applique pas seulement au visage, mais au personnage tout entier et aux accessoires dont il est doté.

□ *Nature morte,* 1920
Même au plus fort du cubisme analytique, Gris avait continué à intégrer dans ses tableaux des objets dessinés avec une extrême précision perspective (bouteilles, verres, pipes, etc.), ressemblant parfois à des épures : dessin d'architecte ou d'ingénieur, d'une clarté presque irréelle. Dans la *Nature morte* de 1920, dédiée à son ami Daniel-Henry Kahnweiler redevenu depuis peu son marchand, il n'y a plus d'ombres, non plus le léger grain de la couleur qui adoucissait le portrait de Berthe Lipchitz. Le saucisson lui-même au premier plan est rendu insubstanciel par un trait impitoyablement précis, un trait de crayon aussi net et fin qu'un trait de plume. Gris se plaignait parfois d'avoir « l'esprit trop précis » : mais la beauté de ces natures

mortes, comme celle des portraits réalisés l'année suivante (ceux de la donation Leiris : Kahnweiler, sa femme et sa belle-sœur Louise Leiris), réside justement dans cette apparente froideur — refus de tout faux-semblant, de tout clair-obscur flatteur — qui livre les objets à une lumière abstraite.

□ *Tapis bleu,* 1925
Premier tableau de Gris acquis par Alphonse Kann (il devait par la suite en posséder une quinzaine, dont le *Pierrot* de 1919), cette nature morte (Cooper, n° 530) joue sur une habile mise en place harmonique. L'emploi systématique de « rimes » ou d'échos visuels unifie les objets, autrefois « inventoriés » un par un et maintenant rassemblés en une seule masse fluide : elle est toute contenue dans une forme sombre vaguement ovoïde, répétée dans les œufs figurés au centre, eux-mêmes échos des grains de raisin en haut à droite.   I.M.-F.

Pierrot, mai 1919
huile sur toile
100 × 65
donation M. et Mme André Lefèvre, 1952
AM 3977 P

Tapis bleu, 1925
huile sur toile
81 × 100
donation M. et Mme André Lefèvre, 1952
AM 3979 P

Marcel Gromaire
1892-1971

Abandonnant ses études de droit, Gromaire se met en 1909 à fréquenter les académies de peinture de Montparnasse, où il est l'élève de Le Fauconnier. Des voyages dans les pays du Nord — lui-même est natif de la région de la Sambre — influencent sa vision plastique. A son retour de guerre, son tableau *La Guerre,* 1925, témoigne de sa volonté de se démarquer de toute tendance et de retrouver la tradition du classicisme, « l'exaltation d'une réalité familière, dépouillée par l'art des conventions qui la cachaient ». Le Dr Girardin, déjà passionné par l'œuvre de Rouault, achète par contrat toute sa production jusqu'en 1932 : c'est ainsi que, grâce au legs du collectionneur, l'essentiel de l'œuvre de Gromaire se trouve aujourd'hui au Musée d'art moderne de la Ville de Paris. Peintre et dessinateur des ports, des paysans, des ouvriers, des filles et des villes, Gromaire se définit lui-même comme l'artisan d'un « grand art social ». La monumentalité et la sévérité de ses compositions, son tracé accentué et ses tons limités et sourds témoignent de sa fidélité à la grande leçon du cubisme et d'une certaine parenté avec la démarche de Léger.

J. Cassou, *Marcel Gromaire,* Paris, NRF, 1925; M. Zahar, *Gromaire,* Genève, P. Cailler, 1961; cat. *Homage to Marcel Gromaire,* Chicago, R.S. Johnson International, 1977; cat. *Marcel Gromaire,* Paris, MAM, 1980.

☐ *Loterie foraine,* 1923
Première en date des œuvres conservées au Musée, qui se situent plutôt entre 1935 et 1955, cette toile, de même que trois dessins conservés dans la collection — *Scène de rue,* v. 1923, *Homme assis dans un paysage,* 1924, *Famille sur un banc,* 1925 — pose le problème de la relation de Gromaire à l'expressionnisme, auquel il s'est toujours défendu d'appartenir. Mais comment ne pas être tenté de rapprocher cette imagerie grotesque et inquiétante des « gueules » de Beckmann, Dix, Grosz, Nolde ou Permeke, ou encore des kermesses d'Ensor et de Rivera ? Mais, de leur vision pessimiste et caricaturale de la réalité, Gromaire veut donner une image plutôt symbolique et quasiment héroïque de la figure et de la destinée humaines. « L'expressionnisme moderne, dit-il, ne se conçoit pas sans un goût souvent morbide de la déformation. Il nie le style... Personnellement mes désirs vont à l'opposé. A la déformation, j'oppose l'affirmation de l'objet. »
La *Loterie foraine* a été achetée à l'initiative de Jean Cassou, grand admirateur et ami de longue date de Gromaire, lors de la vente de la Succession Girardin en 1953.   H.C.

Loterie foraine, 1923
huile sur toile
130 × 162,5
achat 1953
AM 3275 P

George Grosz
1893-1959

Grosz publie ses premières caricatures alors qu'il est encore étudiant à l'Académie Royale des Beaux-Arts de Dresde, et s'établit en 1911 à Berlin, sa ville natale. Se soustrayant en mai 1917 à une seconde mobilisation, il reprend activement sa collaboration aux revues satiriques et politiques berlinoises qui apportent une critique radicale de la société allemande, telles que *Die Aktion, Die Neue Jugend, Jedermann sein eigner Fussball, Die Pleite.* En 1918, il s'inscrit au parti communiste avec les frères Wieland Herzfelde et John Heartfield ainsi qu'Erwin Piscator (Grosz créera des décors pour plusieurs pièces que Piscator montera à partir de 1919 dans son théâtre prolétarien). C'est également en 1918 que se situent les débuts du mouvement Dada à Berlin : Grosz prend part à la première grande soirée Dada, signe le manifeste rédigé par R. Huelsenbeck et participe, avec des articles, des caricatures et des collages chargés d'une violente satire antimilitariste et antibourgeoise, aux diverses publications du mouvement, comme *Der Dada* et l'*Almanach Dada* (cf. p. 278 le contexte historique et social de Dada-Berlin). Chroniqueur féroce des années 20, dénonçant la société berlinoise avec un réalisme objectif et désabusé de plus en plus marqué, qui est celui de la *Neue Sachlichkeit,* il est poursuivi pour blasphème à plusieurs reprises en 1920, 1923 et 1928, et contraint en 1933 à s'exiler aux États-Unis. 285 de ses œuvres seront confisquées par les national-socialistes. Sa « transplantation transatlantique », à l'âge de 39 ans, provoque un changement profond dans son œuvre qui montre dès lors l'adaptation totale de l'artiste à la vie dans la société américaine. A l'écart de la scène artistique new-yorkaise, il tente un retour à Berlin en 1959, où il meurt la même année.

H. Hess, *George Grosz,* Londres, Studio Vista, 1974; H. Knust, *G. Grosz - Briefe, 1913-1959,* Hambourg, Rowohlt, 1979.

☐ *Remember Uncle August, the unhappy inventor,* 1919
Tel est le titre inscrit sur le châssis de cette toile exceptionnelle acquise par le Musée en 1977 (anc. coll. M. et Mme B. Reis, New York) et complétant enfin un ensemble jusqu'alors peu représentatif du travail de Grosz (trois dessins à l'encre de Chine de 1918, 1920 et 1923 et une toile de 1931). Cette œuvre figurait en 1920 à Berlin parmi les 147 pièces exposées à la première grande Foire internationale Dada et décriées par la plupart des critiques. Elle portait alors, sous le n° 40, le titre : *Victime de la société.* Le catalogue — document très rare — contient un commentaire impressionnant de W. Herzfelde au sujet de ce grand « signe » d'interrogation qui « barre » horizontalement le front de l'homme : « Le contenu de la question est mort. Elle a pâli, s'est couchée, est devenue l'habituelle incompréhension avec, derrière elle, le crâne alourdi comme une pierre par la conscience sourde d'être un avorton ». L'analyse, l'autopsie que Herzfelde pratique sur ce mort-né de la civilisation industrielle se clôt sur ce constat : « Toute possibilité d'évolution est étouffée dans l'œuf. Ne survit que cette habitude de boutonner la veste avec soin jusqu'au cou, suivant la devise : « Modeste, mais honnête ».
Seul collage sur toile de grande dimension réalisé à cette époque, cette œuvre peut s'imposer comme un véritable manifeste des recherches Dada. Partisans sans exception de l'anti-art et adversaires de toutes les conceptions esthétiques régnantes, les dadaïstes avaient, en effet, trouvé dans la technique du collage — « matérialisation avec pinceau et ciseaux » selon les propres termes de Grosz — un de leurs moyens favoris d'expression. L'association d'éléments disparates (réunis au hasard, semble-t-il) sur un fond peint ou seulement esquissé (par opposition à l'œuvre finie traditionnelle) devient pour eux l'instrument d'un « putsch culturel ». Le « propagandada » Grosz, ingénieur de ses œuvres (et non point artiste-peintre), met en question dans cette pièce non seulement la « grande peinture » et, avec elle, les conditions mêmes de l'art, mais aussi toute idéologie culturelle ou technocrate élaborée par cette société.   J.B.

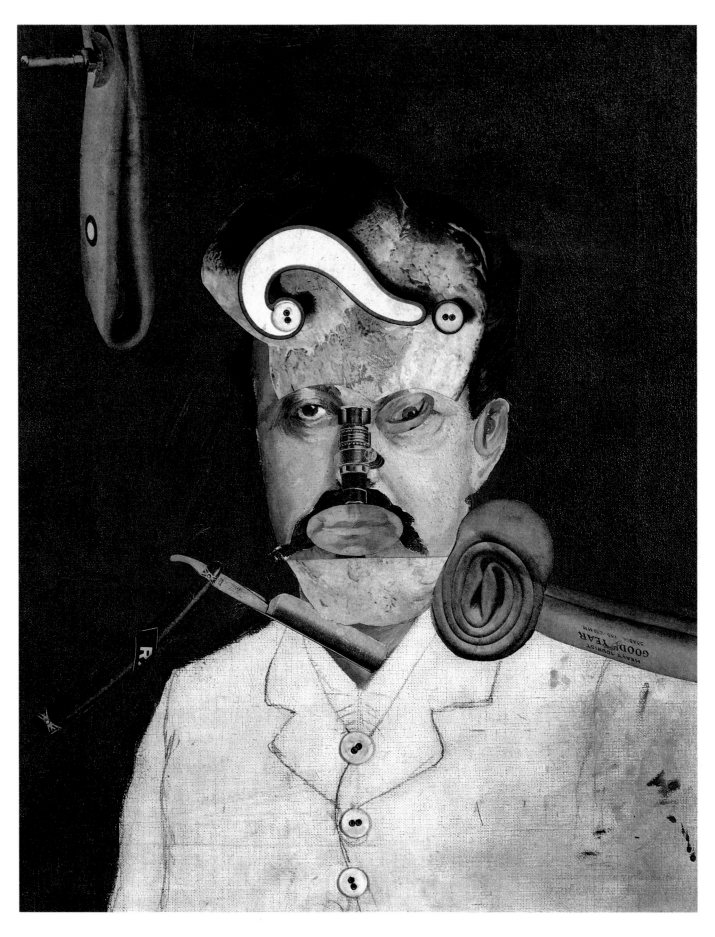

Remember Uncle August, the unhappy inventor, 1919
(Victime de la société)
huile, crayon conté et collage sur toile
49 × 39,5
achat 1977
AM 1977-562

Raymond Hains
1926

Raymond Hains, après un passage aux Beaux-Arts de Rennes où il se lie avec Jacques Mahé de la Villeglé, s'installe à Paris en 1945. Employé à France-Illustration, il se passionne pour la photographie et applique les techniques de laboratoire dans ce qu'il conçoit comme une version moderne des recherches « picturalistes ». En 1948, la galerie Allendy expose les *Photographies hypnagogiques,* œuvres abstraites composées en plaçant devant l'objectif des trames de verre cannelé. Entre 1947 et 1949, Hains réalise des courts métrages prenant pour thème la dérive urbaine et son défilé d'images publicitaires. Alors qu'il tourne avec Villeglé *Loi du 29 juillet 1881,* Hains « décolle » sa première affiche. Cette appropriation directe d'un objet plastique infraculturel, pratiquée « à deux mains » par Hains et Villeglé, donnera lieu à la production d'une « nouvelle tapisserie de Bayeux » porteuse de la légende banale : *Ach Alma Manetro* (1949). Ce titre, dû aux hasards de la lacération, marque l'intérêt porté par Hains au signe typographique. En 1953, il applique la découverte des « ultra-lettres » (déformation graphique de l'alphabet au moyen du verre cannelé) au poème phonétique *Hépérile* de Camille Bryen qu'il transpose avec Villeglé en *Hépérile éclaté.* Parallèlement, ils travaillent entre 1950 et 1954 à la réalisation de films d'animation abstraits dont *Pénélope.* Le Musée possède trois panneaux de tôle émaillée, version agrandie d'images extraites de ces travaux. En 1957, l'exposition *Loi du 29 juillet 1881 ou le lyrisme à la sauvette* (chez Allendy) présente au public les affiches lacérées. La première Biennale de Paris (1959) consacre une salle aux « décollagistes » (Hains, Villeglé et Dufrêne) où Hains expose une palissade de sept mètres, *La Palissade des emplacements réservés* qui fait scandale. En 1960, sur l'invitation de Pierre Restany, il participe à la fondation du groupe des « Nouveaux Réalistes » rassemblés par de « nouvelles approches perceptives du réel ». Hains présente en 1961 à la galerie J une collection d'affiches politiques lacérées par les passants, *La France déchirée.*

Son œuvre des années 60 est caractérisée par la recherche de manières de *voir* l'objet : photographier-filmer l'affiche; la décoller, la montrer; l'exposer sur son support : la palissade. Développant le modèle logique du jeu de mot (tautologie de La Palice ou calembour du marquis de Bièvres) en un système d'équivalence généralisée entre l'objet, le mot et l'image, Hains opère un dérèglement des rapports signifié-signifiant. Ainsi, l'entremets « La Palissade » (une avalanche de crème patissière entourée d'une palissade de petits fours) se substitue à la palissade d'affiche; il en expose tout d'abord une photographie extraite de l'Encyclopédie « Clartés » (Salon *Comparaisons,* 1961), puis le prépare et en distribue les morceaux lors du Festival du Nouveau Réalisme (Nice, 1961). Ce même principe régit l'exposition *Saffa et Seita* en 1964 à Venise, qui présente une boîte d'allumettes géante illustrée d'une fable populaire : la légende (l'âne vêtu de la peau du lion), l'objet (boîte d'allumettes) et l'image (vignette représentant l'âne et le lion) sont condensés au nom de la galerie (Del Leone), aux armes de la ville (le lion), aux sigles des régies de tabac françaises et italiennes (SEITA et SAFFA) pour constituer une proposition complexe de dérivation du sens. Durant ce séjour italien, Hains s'approprie illicitement la Biennale de Venise, d'abord avec l'exposition *La Biennale déchirée de Raymond Hains* (Milan, 1964), puis avec *La Biennale éclatée* (Venise, 1968). (L'artiste a fait don au MNAM du panneau *British Pavillon,* 1965-1976, appartenant à cette dernière série.) Depuis lors, le système hainsien d'appropriation analogique n'a cessé de se développer, chaque nouvelle exposition constituant l'occasion pour l'artiste de ramifier dans de nouvelles combinaisons sa vie, son œuvre, les noms des lieux et les noms des personnes.

P. Restany, *Les Nouveaux Réalistes,* Paris, éd. Planète, 1968; cat. *Raymond Hains,* Paris, CNAC, 1976; cat. *Sur les murs, l'Art Fun ou l'enfance de l'art, Ateliers en liberté, Raymond Hains,* Jouy-en-Josas, Fondation Cartier, 1986.

☐ *Panneau d'affichage,* 1960
Cette pièce, constituée d'une tôle et de lambeaux d'affiches lacérées, *est* un panneau d'affichage. Titre et objet recouvrent la même réalité matérielle, où le « non-faire » de l'artiste opère par choix et désignation : « Mes œuvres existaient avant moi, mais on ne les voyait pas parce qu'elles crevaient les yeux ». « L'époque des tôles » suit la découverte par Hains en 1958 de l'entrepôt Bompaire où elles étaient stockées. Le support d'origine (tôle ou palissade) fait irruption à la surface, modifiant la perception motif/fond : « Ça me plaisait au niveau des couleurs. J'aime assez le gris de la tôle galvanisée (...). J'étais plus proche de la peinture informelle que lorsque je ramassais des affiches ». Si cette résonance stylistique s'impose, *Panneau d'affichage* se réfère également à d'autres sources. Objet détourné, il évoque les ready-made de Duchamp. Le *geste négatif* de la lacération, qui procède, à l'inverse de la peinture, par soustraction de matière dans une même saisie de la couleur et de la forme, évoque les papiers découpés de Matisse. Enfin, la pratique et les thèmes de Hains renvoient plus généralement à la photographie. Ainsi les intitulés *Lyrisme à la sauvette* ou *Flagrant Dali* miment Henri Cartier-Bresson et *La France déchirée* utilise le mode du reportage. *Panneau d'affichage* rappelle également le dispositif employé par Hains pour réaliser ses photographies abstraites : « Déjà la tôle chromée sur laquelle se glacent les épreuves incite à découvrir de nouvelles apparences aux choses (...). Il est possible de pousser la déformation jusqu'à ce qu'on ne puisse plus discerner l'objet ». La poétique analogique de Hains compose ici l'une de ses énigmes perceptives, illustration littérale du moment où « la photographie devient l'objet ». A.B.

Panneau d'affichage, 1960
affiches lacérées sur panneau de tôle galvanisée
200 × 150
achat de l'État 1960, dépôt du FNAC
AM 1976 dép. 19

Simon Hantaï
1922

Simon Hantaï commence, pendant la guerre, des études à l'École des Beaux-Arts de Budapest, tout en s'engageant dans l'action politique et dans la résistance contre les Allemands. En 1948, il quitte la Hongrie, à la suite des événements politiques qui s'y produisent, parcourt l'Italie à pied, en remarquant particulièrement la peinture siennoise et florentine, et arrive en France en 1949. Les premières œuvres sont des expériences : collages de toutes sortes de matériaux, travaux au pochoir dans la plus pure veine abstraite, et même pliages dès 1951. Mais bientôt ses œuvres se peuplent d'un monde d'images fantastiques, et Hantaï va se lier pendant quelques années au mouvement surréaliste; il rencontre André Breton qui écrit la préface de sa première exposition à L'Étoile Scellée, en 1953. A cette époque, il emploie parfois des ossements d'animaux, figure un monde organique bouillonnant d'images enchevêtrées (*Sans titre,* 1950, MNAM), et use déjà d'une technique particulière, grattant la surface de la toile au moyen d'une lame de rasoir. Peu à peu, il rejette les éléments figuratifs, puis rompt brutalement avec Breton à l'occasion de l'exposition *Alice in Wonderland* organisée par Charles Estienne à la galerie Kléber. Revendiquant l'automatisme non figuratif, Hantaï est alors dans sa période la plus véhémente et la plus gestuelle, qui va le conduire à l'exposition des œuvres autour de *Sexe-Prime* en 1956. Les titres, inspirés de ses lectures, font alors souvent référence à la religion, à la mystique ou à la philosophie. Peu après, il organise avec George Mathieu les manifestations des « cérémonies commémoratives de la condamnation de Siger de Brabant » (nouvelle allusion à l'histoire mystique). Mais Hantaï veut alors prendre une certaine distance avec cet expressionnisme abstrait. Sa peinture s'apaise, avec les œuvres remplies de petites touches transparentes (*Sans titre,* 1958-1959, MNAM) et aboutit au dépouillement dans des toiles où le seul signe visible est une croix ou un cercle. Il réalise également en 1958-1959 sa grande toile d'écritures. Avec l'introduction du pliage en 1960, l'œuvre d'Hantaï trouve un nouveau développement qui va en faire l'une des démarches les plus attachantes pour les jeunes artistes pendant les années 60. Hantaï va désormais rester fidèle à cette seule méthode, où la peinture apparaît lorsque la toile, travaillée sans son châssis et peinte « aveuglément », est révélée une fois dépliée. Après les *Mariales* (1960-1962), ce sont principalement les *Catamurons* (1963-1964), les *Saucisses* (1964-1965), les *Meuns* (1966-1968), les *Études* (*pour Pierre Reverdy,* 1969-1970), les *Blancs* (1973-1974), les *Tabulas* (à partir de 1974) qui marquent son évolution. Le pliage organise la toile tantôt en une structure répétitive et allover, tantôt en une surface où se détache une forme qui se distingue du blanc, correspondant à la zone non peinte.

G. Bonnefoi, *Hantaï,* coll. Artistes d'aujourd'hui, abbaye de Beaulieu, 1973; cat. *Hantaï,* Paris, MNAM, Centre G. Pompidou, 1976; cat. *Simon Hantaï 1960-1976,* Bordeaux, CAPC, 1981.

Avec 13 peintures, toutes très importantes, le Musée possède la plus belle collection publique de l'œuvre d'Hantaï. Achats de l'État pour la plupart, mais aussi dons de l'artiste ou d'un collectionneur, cet ensemble débute avec une composition de 1950, de veine surréaliste, et retrace à peu près complètement le cheminement de l'œuvre d'Hantaï, depuis 1950 jusqu'aux *Tabulas* des années 80.

☐ *Sexe-Prime, hommage à Jean-Pierre Brisset,* 1955
Cette œuvre, dont Hantaï précise qu'elle a été « exécutée un après-midi de fascinations érotiques (l'acte d'amour s'unissant à l'acte de peindre) par actes orgiaques arbitraires dans un climat magico-érotique », témoigne du moment le plus expressionniste de sa peinture qui tourne désormais le dos à la figuration surréaliste. Titre d'une exposition de ses peintures récentes à la galerie Kléber en 1956, *Sexe-Prime* représente un moment essentiel de l'abstraction dans la France de l'après-guerre. La véhémence de la composition contraste ici avec le paysagisme abstrait qui est encore souvent en vigueur. Le format est, en outre, gigantesque, excédant de beaucoup celui du tableau de chevalet. A l'époque, Hantaï déclarait dans un entretien : « Aujourd'hui, on est dans la situation où la création des signes précède leur signification ». Il parle aussi « d'éliminer tous les gestes », formule apparemment contradictoire avec l'agitation de la surface ici traitée, mais prémonitoire de la suite de son œuvre. Les signes ne sont pas inscrits au pinceau, mais au moyen d'un objet ordinaire (un réveil-

Sexe-Prime, hommage à Jean-Pierre Brisset, 1955
huile sur toile
240 × 532
achat de l'État 1968, attr. 1976
AM 1976-972

272

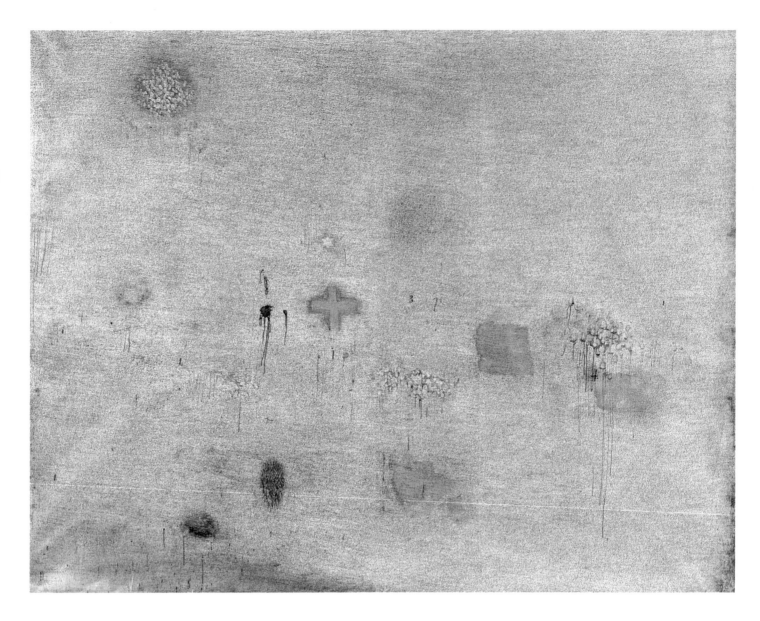

matin utilisé comme racloir). Dans le catalogue qui accompagne l'exposition, Hantaï cite Jacques Vaché : « Vous savez l'horrible vie du réveil-matin ». Dans la même brochure, il rassemble de nombreuses citations de Duchamp, Breton, Nietzsche, Lupasco... associées à des lignes d'écriture de ses propres textes qui constituent un véritable manifeste. Cette page de signes désordonnés annonce, par sa composition enchevêtrée le grand tableau d'écriture de 1959. La référence à Jean-Pierre Brisset est une allusion (indirecte) à Breton qui cite ce dernier dans son *Anthologie de l'humour noir,* parue en 1940. Le titre de la peinture viendrait par ailleurs d'un article de Jean Schuster dans la revue *Medium* (mars 1953) intitulé « Jean-Pierre Brisset, celui qui Sexe-Prime ».

☐ *Sans titre,* 1958-1959

Œuvre charnière et essentielle, cette grande peinture rose, couverte d'écritures à peine lisibles, correspond au moment de rupture qui va conduire Hantaï à adopter définitivement la méthode du pliage. Sur la toile sont d'abord répartis quelques signes abstraits — rappel de ceux employés par le peintre dans des œuvres immédiatement précédentes — qui servent à délimiter l'espace : croix, touches transparentes, taches, pliage en rétraction. Mais le véritable sujet du tableau, ce sont ces écritures qui recouvrent toute la surface, énorme travail d'une année entière pendant laquelle il recopie les textes de l'année liturgique ou les lectures philosophiques qui, alors, le préoccupent (Hölderlin, Hegel, saint Augustin, la Bible...). Cette peinture est à la fois un message mystique, une toile d'écriture, « le dernier acte graphique » d'Hantaï (Marcelin Pleynet) et un tableau comme jamais on n'en a vu ni on n'en reverra, une sorte d'effort démesuré pour continuer à peindre. Révélée par l'exposition du Musée en 1976, cette œuvre n'avait jusque-là été ni exposée, ni étudiée; elle constitue pourtant le jalon principal qui relie les grandes peintures agitées des années 1956-1957 aux *Mariales* de 1960, qui marquent un nouveau départ.

Sans titre, 1958-1959
encres sur fond d'huile sur toile
330 × 425
don de l'artiste, 1983
AM 1984-783

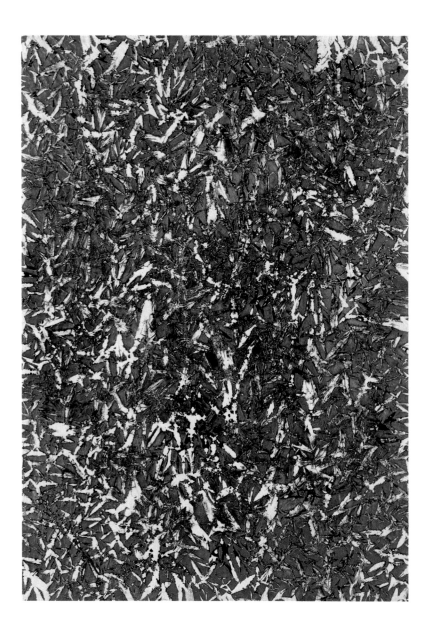

□ *Mariale 3,* 1960

Cette peinture appartient au tout premier groupe d'œuvres qu'Hantaï réalise par la méthode du pliage. Après la gestualité expressive des années 50, il instaure une distance entre la peinture et sa toile, le travail se déroulant en deux temps complémentaires. En premier lieu, la toile sans châssis est pliée de manière régulière et ce sont ensuite les zones restées en surface qui sont peintes. Une fois dépliée, apparaît, aux yeux de l'artiste une peinture dont il ne peut entièrement soupçonner, lorsqu'il y travaille, le résultat final. L'opposition des zones peintes (colorées) et des zones non peintes (blanches) se traduit en un réseau formel très serré sans apparente composition et qui reprend les principes de l'espace all-over qu'Hantaï emprunte à Pollock. La surface est totalement remplie et apparaît comme une sorte de mur de couleur. Le titre générique de la série à laquelle cette toile appartient s'intitule d'ailleurs : *Le mur dit : Manteaux de la Vierge.* Le geste, s'il reste une étape dans la fabrication même de la peinture, se veut systématique et non accidentel; pratique rigoureuse succédant à une écriture graphique à laquelle nombre de jeunes peintres en France vont se référer dans les années qui suivront. Les *Mariales* se caractérisent par l'effet quasi-monochrome de chaque peinture, qui laisse peu de place au blanc en réserve, mais aussi par leur luminosité, proche de celle du vitrail. C'est d'ailleurs à l'occasion d'une étude sur les vitraux et d'un voyage à Chartres qu'Hantaï entame la série des *Mariales.*

Mariale 3, 1960
huile sur toile
294 × 210
don de M. Marcel Nahmias, 1982
AM 1982-361

274

☐ *Tabula,* 1980

La série des *Tabulas,* commencée en 1974, fait suite aux *Aquarelles* du début des années 70 et aux *Blancs* de 1973-1974. Toujours fidèle à la méthode du pliage, qu'il utilise sans interruption depuis 1960, Hantaï organise désormais la surface en un quadrillage régulier, tout d'abord extrêmement serré, puis se relâchant comme dans cette grande peinture où chaque élément coloré devient à lui seul une sorte de petite peinture. S'il a mis au point une méthode permettant de dépersonnaliser l'acte de peindre (selon lui, quiconque pourrait à sa place recouvrir de couleur les zones apparentes du pliage), Hantaï reste préoccupé par l'échelle de sa peinture. A la fin des années 60, les études pour un mur lui permettent d'aborder un espace sans limites. Il poursuit cette recherche avec les *Tabulas* dont le réseau formel peut s'étendre à l'infini, comme dans l'immense toile réalisée à l'occasion de sa rétrospective au Musée en 1976.   A.P.

Tabula, 1980
acrylique et huile sur toile
286 × 465
achat 1981
AM 1982-51

Hans Hartung
1904

Hans Hartung, né à Leipzig, fait preuve dès l'adolescence de positions radicales et « spontanées » à l'égard de l'art. Selon les nouvelles idées éducatives de la bourgeoisie libérale, la « libre expression » de l'enfant est en faveur dans les pays germaniques. La modernité psychologique de son rapport à l'art est d'ailleurs largement explicitée par Hartung lui-même dans son *Autoportrait;* il place au premier plan de son histoire et de son œuvre un ensemble d'événements et de circonstances formant un complexe émotionnel de référence : phobies, fascinations, censures président à l'émergence du Moi, à la croisée de l'espèce et de l'histoire personnelle. Le corps, réceptacle et auteur, témoigne par ses comportements de la double détermination de l'inconscient et de l'Histoire. Pour Hartung, « ne plus rien figurer » ou figurer l'infiguré, c'est exprimer cette qualité duale, particulière et générique, du Moi. Le geste, tout énergie et retenue, réflexe et codage, s'impose comme le transcripteur privilégié d'une calligraphie du « nom propre ». Cette quête, poursuivie de toile en toile par Hartung, génère une œuvre expressionniste dans ses moyens et non figurative dans son objet. Établi dès les années 30, alors que dominent l'abstraction géométrique et le surréalisme, le style abstrait et lyrique de Hartung préfigure les formes qui marqueront la période d'après-guerre en Europe et aux États-Unis.

L'itinéraire artistique de Hans Hartung témoigne de la dimension identitaire de toute son œuvre. A Dresde, durant ses années de lycée (1915-1925), il étudie Rembrandt, Hals, Le Greco et particulièrement Goya qu'il interprète dans de petites huiles très libres (*El Tres de Mayo I.II.III*, 1921-1922). Parmi ses contemporains, son admiration va à Kokoschka et Nolde, à l'œuvre gravé du mouvement expressionniste allemand, aux styles de Corinth et Slevoglt. A Leipzig, il opte pour l'enseignement classique des beaux-arts et poursuit en parallèle des études de philosophie et d'Histoire de l'art (1924-1926). Il découvre à Dresde, lors de l'Exposition internationale, la peinture française et décide de s'installer à Paris (1926). Il y réside pour l'essentiel jusqu'en 1931, se consacrant à l'approfondissement des rapports entre esthétique et mathématique. En 1929, il épouse le peintre Anna Eva Bergmann. Sa première exposition a lieu à Dresde en 1931 (galerie H. Kühl). Il construit à Minorque une petite maison où il travaille solitaire de 1932 à 1934. La mort de son père, de nombreuses difficultés financières le conduisent à Berlin en 1935. Son opposition au régime hitlérien l'oblige à fuir l'Allemagne avec l'aide de C. Zervos et de W. Grohmann. A Paris, il trouve le soutien de Hélion, Goetz et du sculpteur González. Il épouse Roberta González en 1939. Pendant la guerre, il est grièvement blessé. A partir de 1945, Hartung participe à de nombreuses expositions en France et à l'étranger; son œuvre connaît rapidement une notoriété internationale. En 1969, le Grand Prix international de Peinture de la Biennale de Venise lui est attribué et le Musée lui consacre une importante rétrospective.

R. de Solier, « Hans Hartung », *Quadrum*, nov. 1956; W. Grohmann, *Hans Hartung. Aquarelles 1922*, St Gallen, Erker-Verlag, 1966; U. Apollonio, *Hans Hartung*, Paris, Milan, 1966; cat. *Hartung*, Paris, MNAM, 1969; H. Hartung, *Autoportrait*, Paris, Grasset, 1976; P. Descargues, *Hartung*, Paris, Cercle d'Art, 1977; cat. *Hans Hartung, Malerei, Zeichnung, Photographie*, Düsseldorf, Städtische Kunsthalle, 1981.

☐ *L'Autel de l'église royale de Dresde (I)*, 1922

Ce dessin (le premier d'une série de trois) propose de l'architecture du vaste retable une version plastique, fortement ordonnée par la trame des verticales. Réalisé à l'aide du matériel de l'écolier — la plume et l'encre —, il témoigne de la virtuosité du jeune Hartung et de sa capacité d'invention graphique : utilisée sur le dos, la plume produit un tracé large, plat, dur qui, combiné aux lignes et aux hachures du travail à la pointe, constitue un nouveau vocabulaire

expressif. *L'Autel de Dresde* soumet à un schéma structural préexistant la facture « tachiste » qu'Hartung développe dès ses premiers travaux. A travers l'analyse des dessins de Rembrandt, où le sujet disloqué par le trait approche de l'abstraction, il s'autorise à explorer un style et une technique gestuels propres. Durant l'année 1922, il réalise la série des aquarelles « abstraites » à l'aniline; commençant par cerner le sujet au moyen de taches colorées formant à la fois le contour et le fond d'un motif défini en creux, en blanc, il poursuit en utilisant la tache comme un système expressif spécifique. Les titres reflètent la modification en cours : *Formes rigoureuses, Jaune, rouge et bleu, Tache colorée, Bleu au centre...* « La tache y devenait libre, elle s'exprimait par elle-même, par sa forme, par son intensité, par son rythme, par sa violence, par son volume ». Ses travaux à la craie, puis à la sanguine, transposent ce principe de la « tache » dans une dimension où la couleur se réduit au contraste des valeurs du noir, du blanc et du brun. Ainsi portée à son comble, la tension entre motif et facture tendra à se résoudre dans la suprématie d'une abstraction prenant son graphisme pour sujet.

L'Autel de l'église royale de Dresde (I), 1922
encre de Chine, traces de sanguine en haut
28 × 18,5
don de l'artiste, 1976
AM 1976-1219

☐ *T. 1935-1*

L'intitulé de cette huile relève de la nomenclature adoptée par Hartung dès 1934 pour identifier sa production : T pour toile, 1935: l'année, 1: chiffre d'ordre de réalisation des œuvres. Désigné comme « toile », sans l'accompagnement descriptif, poétique ou phonétique d'un sous-titre, le tableau revendique le parti pris « innommable » de son abstraction. En revanche, par son indexation numérique, il s'inscrit d'emblée dans la chronologie d'une œuvre qui a pour seul principe l'identité biographique de l'artiste. Ainsi se fonde le concept d'une réalité plastique, affranchie de la référence représentative et qui ne renvoie qu'aux rapports entre les tableaux eux-mêmes.

L'Autel de Dresde et *T. 1935-1* délimitent d'ailleurs la décennie au cours de laquelle Hartung se confronte à l'univers des formes acquises : étude des grands maîtres, influence du mouvement expressionniste allemand, rencontre et refus de l'abstraction de Kandinsky et de l'esthétique du Bauhaus, découverte et influence de la peinture cubiste et fauve.

A ce point de son parcours, Hartung, sans pouvoir se reconnaître dans aucun des courants de l'avant-garde, poursuit la recherche solitaire d'un principe capable de réguler, de légitimer — ou de contenir ? — le non-formalisme de sa peinture. Pendant plusieurs années il s'astreint au respect des lois du Nombre d'Or jusqu'à atteindre à un dressage « instinctif » de son geste. Au terme de ces apprentissages, *T.1935-1* inaugure le style de la maturité. La composition par « taches » évoque Miró, dont Hartung a effectivement subi l'influence, mais témoigne également du travail de réduction de la gamme chromatique, mené par Hartung depuis les éclatantes aquarelles de jeunesse.

276

T. 1935-1, 1935
huile sur toile
141 × 185,5
achat 1976
AM 1977-2

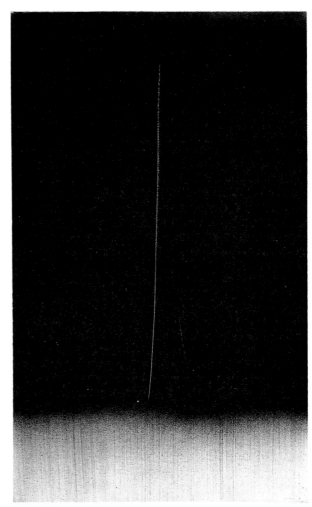

□ *T. 1956-14*

Cette œuvre est caractéristique de la période allant de 1954 à 1960 environ, au cours de laquelle la pratique d'un graphisme pictural, en gestation depuis les années 20, trouve sa forme la plus aboutie. La violence du geste d'inscription, sa sûreté, rature le tableau d'un faisceau de lignes qui renoue avec la souplesse acérée des encres du débutant. Le signe laissé sur la toile — « épissure », « canevas », « gerbe » ou « entrelacs » — est l'impact sans repentir du corps de l'artiste, l'étalon mesurant un fragment d'espace-temps de son vécu, la dimension en acte d'une peinture « sismographique ». Par la dimension artistique de « l'expérience » sur laquelle est fondée son œuvre, Hartung, avec cette « antériorité redoutable » que lui reconnaissait René de Solier, s'affirme comme le précurseur de l'Action Painting et une des figures majeures de l'Abstraction lyrique. Ici, le double faisceau symétrique, cisaillant de haut en bas le champ du tableau, laisse percer en son centre la couleur ombreuse du fond : un éclat vert turquoise sourd, creusant une profondeur invérifiable. Le signe calligraphique se détache du plan du support pour flotter à la surface d'un nouvel espace. A peine ébauché dans *T. 1956-14,* cet illusionnisme « atmosphérique » trouvera sa forme ultime dans les grandes toiles à l'acrylique peintes au vaporisateur dans les années 60.

□ *T. 1964 - H 45*

La peinture d'Hans Hartung connaît dès lors une nouvelle évolution. Le noir opaque du graphisme envahit la surface de la toile, tendant à l'occulter entièrement. Il se produit alors une interversion du motif et du fond. Ainsi, dans *T. 1964 - H 45* le signe d'encre se densifie jusqu'à former une plage homogène, laissant en réserve la toile enduite d'un jaune acide ; à cette expansion du graphisme originel répond la violente incision qui crée un nouveau dessin. Le rapport des deux tons se joue dans plusieurs passages du positif au négatif : le signe qui devient fond, le fond devenu signe. Réserve, incision, inversion des valeurs renvoient aux procédés de la gravure ou à ceux de la photographie, genres pratiqués par Hartung tout au long de sa vie. Lorsque le signe se fait rai de lumière traversant l'obscurité, s'impose la vision de ces éclairs que l'enfant tentait de dessiner les jours d'orage. A cette épreuve première du clair-obscur et du tracé qu'il désigne par le terme « Blitzbücher » (Livres des éclairs), Hans Hartung rapporte l'origine de sa vocation artistique.

A.B.

T. 1956-14, 1956
huile sur toile
180 × 136
don de la Galerie de France, 1976
AM 1977-550

T. 1964-H. 45, 1964
acrylique sur toile
180 × 111
don de l'artiste par l'intermédiaire de
la Société des Amis du MNAM, 1970
AM 4508 P

Raoul Hausmann
1886-1971

« Le plus grand dadaïste autrichien, Raoul Hausmann » : ainsi titrait dans les années 70 le périodique viennois *Die Presse,* saluant pour son propre compte la redécouverte tardive d'un des protagonistes les plus créatifs de Dada, que sa retraite à Limoges avait fait quelque peu oublier et dont la rétrospective au Moderna Museet de Stockholm organisée en 1967 par Pontus Hulten révélait l'importance. Avec Raoul Hausmann, c'était non seulement l'activité internationale de Dada, mais surtout la spécificité de Dada-Berlin qu'on célébrait, puisque, de façon indissociable, son histoire est liée à celle du Berlinois d'adoption Raoul Hausmann.

Lorsque Richard Huelsenbeck — qui avait présidé avec Hugo Ball, Emmy Hennings, Tristan Tzara, Jean Arp et Marcel Janco à la naissance de Dada en février 1916 au Cabaret Voltaire de Zurich — porte à Berlin la « bonne parole » dadaïste (ce vocable surchargé de sens et de non-sens), c'est un terrain propice qui l'accueille : il s'y était développée une atmosphère « proto-dada » préparée par les « journalistes » de *Die Aktion* de Pfemfert et surtout de *Die Neue Jugend,* animé par les frères Herzfelde, G. Grosz et Franz Jung. Interdite, cette publication réapparaîtra sous le titre *Die Freie Strasse* et sera dirigée par Raoul Hausmann à partir de 1918-1919. Mais alors qu'à Zurich régnait « un bien-être favorable à la spéculation poétique », la situation sociale et économique, désastreuse, de l'Allemagne après la défaite, comme le contexte politique particulièrement troublé (révolution spartakiste à Berlin et sa suppression brutale, abdication du Kaiser et établissement de la République de Weimar) font de Dada-Berlin, pendant sa courte vie de 1918 à 1920, un mouvement artistique plus engagé. « L'art le plus grand sera celui qui présentera par son contenu de conscience les problèmes multiples de l'époque et qui se ressent encore des explosions de la semaine passée » (*Premier Manifeste Dada* en langue allemande, 1918). Dada-Berlin ne se contente pas d'une révolution purement artistique, se jouant dans une sphère d'initiés : il se veut populaire et utilitaire. On critique la révolution « bourgeoise » pour son manque de radicalité; on dénonce la mentalité bourgeoise surtout dans sa dernière manifestation artistique, l'expressionnisme; et ceci, non pas au nom d'une élite artistique, mais au nom et pour un homme nouveau, vivant enfin dans un monde libéré (*L'Homme nouveau* est le titre d'un « poème-manifeste incantatoire » — sans référence à Dada — que Huelsenbeck publie en janvier 1917 dans *Die Neue Jugend*). Sans vouloir réduire les manifestations « impondérables, mobiles et éphémères » de Dada-Berlin à un programme établi à l'avance, on peut affirmer que l'idéal recherché était celui d'un art nouveau, sans lois esthétiques, issu d'une manière de voir, de penser et de vivre élargie et transformée. Raoul Hausmann le redira encore en 1967 : « Dada voyait comme Adam voyait au premier lever du jour de la création ». Pratiquer « une reconstruction destructive », dire des contenus nouveaux, d'actualité, par de nouveaux matériaux, confondre les genres et les médias en mettant ainsi la peinture et la poésie à la portée de tous, « mettre en relation des choses qui n'ont pas de liens naturels ou usuels », telles sont, dès lors, les orientations nouvelles. Dans ce but sont « inventées » des techniques inédites : le collage ou plutôt, selon la terminologie des dadaïstes berlinois, le « montage » de matériaux divers sur une surface plane (Hausmann et van Rees l'emploient dès 1918, suivis de Hannah Höch, J. Baader, G. Grosz et les frères Herzfelde); le « photomontage » qui est un collage de fragments de photographies sur une photographie, technique où excelleront Raoul Hausmann et sa compagne Hannah Höch; enfin, l'assemblage, association de fragments de matériaux ou d'objets divers, pratiqué par Golyscheff, le premier — témoignera Hausmann — à oser « montrer de petites sculptures-assemblages uniquement composées de déchets ».

Raoul Hausmann, « l'iconoclaste le plus agressif d'images préfabriquées », photomonteur, optophonéticien, écrivain, auteur et diseur de ses poèmes phonétiques — créations qu'il distingue clairement de tout ce que Scheebart, Morgenstern, Khlebnikov ou Ball avaient produit dans leur volonté de retrouver l'alchimie première des voyelles et consonnes — « découvreur du complexe de Clytemnestre » (selon H. Richter), figure parmi les signataires du manifeste d'avril 1918 et participe activement à toutes les manifestations de Dada à Berlin, notamment la grande foire internationale de 1920 : 147 pièces y sont exposées à la risée du public et des critiques. Que les créations d'Hausmann aient été classées par le régime national-socialiste parmi les pires spécimens de l'art dégénéré n'étonnera guère. L'exode s'imposa comme la seule solution pour lui, qui quittera définitivement l'Allemagne en 1933. Sa créativité ne se limitera pas aux seules années Dada à Berlin et à sa participation passagère aux activités *Merz* de Schwitters entre 1921 et 1923 : il reprend alors, malgré de grandes difficultés matérielles, ses activités de peintre et d'écrivain qu'il avait déjà abordées avant de devenir l'un des principaux acteurs du mouvement Dada; il poursuit également ses recherches dans le domaine de la photographie — sans pour autant « devenir photographe » — et renoue d'une manière inattendue avec la peinture entre 1959 et 1964.

R. Hausmann, *Courrier Dada,* Paris, Le Terrain Vague, 1958; cat. *R. Hausmann, Rétrospective,* Stockholm, Moderna Museet, 1967; M. Giroud, *R. Hausmann, Je ne suis pas photographe,* Paris, Le Chêne, 1975; cat. *R. Hausmann, Retrospektive,* Hanovre, Kestner-Gesellschaft, 1981.

L'ensemble des œuvres de Raoul Hausmann conservées au Musée, en témoignant des différents aspects de ses recherches, apparaît particulièrement complet au sein d'une collection « dada » encore bien pauvre. En dehors de deux dons (une affiche dada de 1919-1920 et un dessin au fusain de 1947, dédicacé « au grand poète et peintre, sculpteur et homme, Jean Arp », don de Mme M. Arp-Hagenbach en 1973, et un don en 1975 de cinq photographies de la collection Raoul Ubac, datées de 1934-1935), il est pour l'essentiel constitué d'achats successifs : en 1974, une première acquisition comprenant le célèbre assemblage de 1919, intitulé *L'Esprit de notre temps;* en 1978, une série de photographies en noir et blanc; enfin, en 1983, un ensemble d'un grand intérêt historique constitué d'une toile (*Le Cheval jaune,* 1916), de dessins (*Der eiserne Hindenburg,* 1920, *Deutsche Freiheit,* 1920, *Portrait de Felix-Müller,* 1920, *Wir müssen siegen,* 1920), ainsi que de plusieurs photomontages des années 20 et 30. Une correspondance dactylographiée de 1946-1947 entre Raoul Hausmann et Kurt Schwitters se trouve dans les archives de la bibliothèque du Musée.

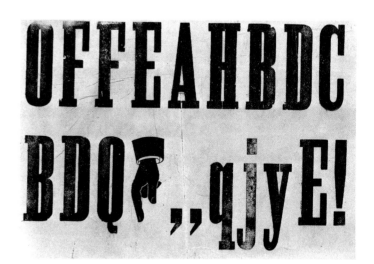

OFF, 1918
(Poème affiche)
typographie sur papier vert
32,5 × 47,5
achat 1974
AM 1974-7

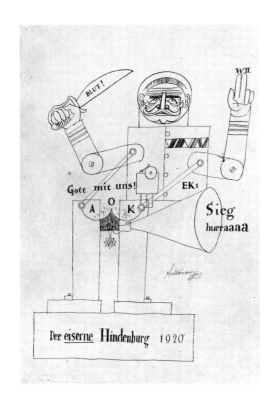

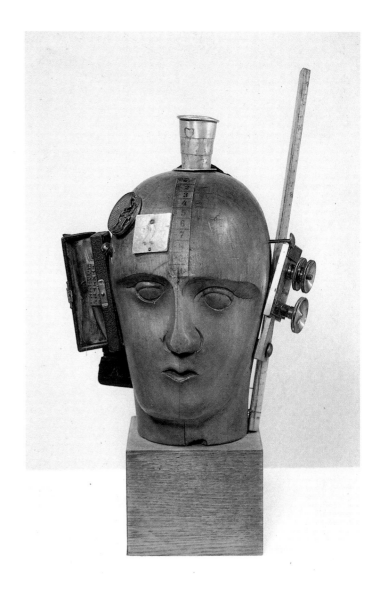

□ *OFF,* 1918

En juin 1918, Raoul Hausmann récite au Café Austria de Berlin ses premiers poèmes phonétiques, intitulés « Seelenautomobile ». « Par ces poèmes (...), témoignera-t-il, nous exprimions notre intention de renoncer à une langue que le journalisme avait ravagée (...). Nous devons avoir recours à la plus profonde alchimie du mot, et même la dépasser pour préserver à la poésie son domaine le plus sacré ». Ces poèmes seront imprimés sous forme d'affiche et placardés sur les murs de Berlin ou bien découpés et réintégrés dans des montages. Le titre de ce poème-affiche, exemplaire rare tiré sur papier vert, est formé par des éléments figurant sur l'affiche, en l'occurrence les trois premières lettres, pratique qui sera reprise par Schwitters pour les titres de nombreux collages.

□ *L'Esprit de notre temps (Tête mécanique),* 1919

Ce « montage », pièce maîtresse de la collection dada du Musée, l'objet d'élection, pourrait-on dire, des dadaïstes, a été conservée pendant 40 ans par Hannah Höch, la compagne de R. Hausmann des années berlinoises, avant de rejoindre la collection de ce dernier en 1966. Malgré son absence — le catalogue de l'exposition n'en porte aucune mention — à la célèbre foire Dada de Berlin en 1920, elle fut présentée à diverses reprises, d'après Hausmann, dans les expositions de la Novembergruppe en 1919 et 1920, où elle dut offrir un exemple, fracassant d'humour, des intentions d'Hausmann : « L'assemblage, selon lui (cité par M. Giroud, *op. cit.,* p. 14), est une création à l'encontre de toute pathétique et aussi de toute mesure. L'assemblage se met en évidence par ses particules opposées l'une à l'autre, il n'est pas une pseudologie de la belle vérité — il *est* simplement et il existe. C'est là le contenu ou le sens de l'Anti-Art ». Cette « belle tête en bois, polie longuement avec du papier de verre (...) et couronnée d'une timbale pliable, munie (entre autres) d'un beau porte-monnaie fixé derrière, un tuyau de pipe, un petit carton blanc portant le chiffre 22 (...) », a été la pièce maîtresse de l'exposition organisée autour de R. Hausmann en 1974-1975 au Musée.

□ *Hindenburg de fer,* 1920

Dans ce dessin satirique à l'encre de Chine est bafoué le sérieux de l'art, comme toute croyance en la mécanisation, les médias et l'armée allemande. A cet égard il est tout à fait caractéristique des contributions des dadaïstes, violemment antimilitaristes, aux périodiques tels

Der eiserne Hindenburg, 1920
(Hindenburg de fer)
encre de Chine sur papier de soie
39,4 × 26,9
achat 1983
AM 1984-28

L'Esprit de notre temps, 1919
(Tête mécanique)
assemblage : marotte en bois et matériaux divers
32,5 × 21 × 20
achat 1974
AM 1974-6

280

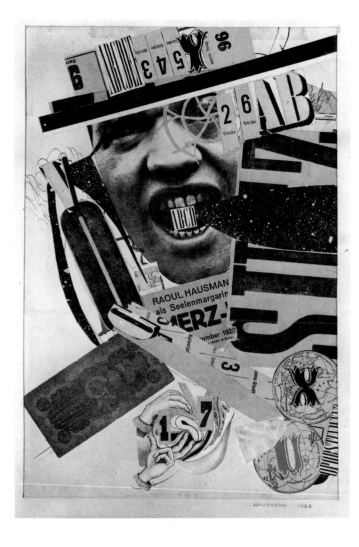

que *Die Aktion, Die Pleite, Die Neue Jugend.* Le vainqueur de Tannenberg, à nouveau à la retraite à partir de 1919 jusqu'à son élection présidentielle en 1925, fut une de leurs cibles préférées. J. Baader commença sa campagne contre Guillaume II et les généraux Hindenburg et Ludendorff en 1919. Elle le conduisit pour un certain temps dans une maison d'aliénés.

☐ *ABCD, portrait de l'artiste,* [1923-1924]
Ce montage (ou *Klebebild*) célèbre constitue en quelque sorte un portrait-souvenir de l'activité dadaïste de R. Hausmann et de ses amis au début des années 20, quand Dada-Berlin n'existait déjà plus. Au verso du feuillet 15, vol. II, de *Mettenleiters Grosses Schriften-Magazin,* sont réunis, autour d'un portrait photographique de l'artiste à la bouche hurlante, utilisé dans plusieurs collages, des papiers découpés dans des manuels médicaux, des éléments typographiques, des tickets du Kaiser Jubilee, ainsi que des fragments davantage autobiographiques, tels que le billet de banque tchèque, faisant allusion à une « action » Schwitters — Hausmann à Prague en 1921, et le ticket d'une manifestation Merz à Hanovre en décembre 1923, au cours de laquelle Hausmann donna lecture de ses poèmes phonétiques intitulés *Seelenmargarine.*

☐ *Sans titre,* 1932
« En 1931, j'ai commencé de m'occuper de photographie, surtout de réalisations de jeux de lumière. J'ai réussi à faire des photos où l'objet était dévêtu de son caractère matériel... » (cité par M. Giroud, *op. cit.,* p. 57). Ce photomontage de 1932 montre l'évolution des intentions de Hausmann depuis les premiers montages photographiques de 1918 : ceux-ci répondaient avant tout à une volonté de dénonciation ironique et sarcastique des événements politiques et sociaux et constituaient un des moyens de propagande dans laquelle la photographie se trouvait détournée de sa finalité commerciale ou esthétique. Leur principe technique consistait dans l'éclatement de la surface par la multiplication des points de vue et par l'interpénétration des divers plans de l'image. En revanche, les montages récents tentent des mises en relation nouvelles dans un esprit plus poétique, mais obéissent toujours au principe de ne pas reproduire ce que l'on voit, de métamorphoser la vision.

J.B.

ABCD, [1923-1924]
(Portrait de l'artiste)
collage et encre de Chine sur papier
40,4 × 28,2
achat 1974
AM 1974-9

Sans titre, 1932
photomontage : photos découpées
collées sur photographie
32,4 × 27,9
achat 1983
AM 1984-32

Jean Hélion
1904

Hélion arrive à Paris en 1921 et entre comme apprenti dans un cabinet d'architecte où, afin de le détourner de sa passion pour la poésie, son patron l'envoie prendre des relevés des pavillons de Baltard, de l'église St-Étienne-du-Mont... C'est ainsi qu'un jour il est amené à découvrir le Louvre et par hasard la peinture, celle tout d'abord de Poussin et de Philippe de Champaigne. Ce n'est qu'en 1927 qu'il voit un Cézanne en reproduction puis, s'étant lié à Torres García, découvre le cubisme. Ses peintures de 1928-1929, très gestuelles et chargées de matière, sont sobres : quelques figures, des pains, des bouteilles, des bols. Son travail tend vers une simplification extrême, ne gardant de ces objets que le tracé des lignes et l'inscription de plans colorés qui aboutissent aux premières abstractions de 1929.

Avec Van Doesburg, Carlsund et Tutundjian, Hélion, qui cette année-là rencontre Mondrian, crée le groupe Art Concret, élargi en 1931 sous le nom d'Abstraction-Création à Delaunay, Arp, Kupka et Gleizes. Sa peinture devient orthogonale sans pourtant répondre aux normes néo-plastiques et, dès 1937, sont introduites des courbes et ses grilles ne traversent pas la toile de part en part, ce qui fait dire à Mondrian qu'elle reste naturaliste. Bien que reconnue comme abstraite jusqu'en 1939, elle laisse apparaître, en effet, des « figures » sur un fond relativement homogène, volumes accentués par le contraste des modelés et des plans colorés d'égale intensité qui flottent dans l'espace selon des articulations plus ou moins organiques (*Figure rose*, 1937, MNAM). Il s'agit là d'un travail de rigueur et d'ascèse qui doit préparer une nouvelle figuration : « L'abstraction est née chez moi à grands coups de pinceaux (...). J'ai vu là le début d'un signe neuf qui saisirait le réel (...). *Composition dramatique* et *Figure tombée*, 1939, sont ses dernières peintures abstraites.

La même année, *Au cycliste* marque le début de sa recherche vers une autre figuration où l'exigence d'une plastique pure se manifeste au travers d'une représentation du quotidien. Hélion constitue dès lors de véritables séries, réflexion sur des thèmes ordinaires où il recrée chaque fois une vision du monde : les *Hommes assis*, les *Journaliers*, les *Nus*, les *Parapluies*, les *Pains*, les *Citrouilles*, les *Journaleries*, les *Mannequineries*, les *Bouchers*, les *Luxembourg*, les *Choses vues en mai*, les *Entrées et sorties de métro*... Et d'une toile à l'autre se construit, par un retour citationnel de certains objets, un univers homogène où s'invente un espace commun et familier qui atteste d'un savoir et d'une conception picturale du prosaïsme qui ne relève ni d'une observation, ni d'une expérience du monde, dirait F. Ponge. Cette quotidienneté réinventée, à la fois pure, monumentale, didactique et insolite (*Triptyque du dragon*, 1967) d'où se dégage une poésie proche de l'univers cinématographique d'un Tati, ne pouvait non plus laisser indifférent un écrivain comme R. Queneau, nous décrivant sa peinture comme un périple joyeux à travers un monde réel d'une banalité obsédante, qui se serait transmué en valeur plastique.

Cat. *Jean Hélion* (texte de P. Brugière), Londres, The Leicester Galleries, 1965; cat. *Hélion, Cent tableaux 1928-1970*, Paris, Grand Palais, 1970; D. Abadie, *Hélion ou la force des choses*, Bruxelles, La Connaissance, 1975; cat. *Jean Hélion, Peintures et dessins 1925-1983*, Munich, Städtische Galerie, Paris, MAM, 1984.

Débutée en 1952 avec deux toiles tardives : *Nature morte aux harengs et pain* de 1946 et *Nu et pots à fleurs* de 1947 (dons Paul Rosenberg), la collection réunie au Musée marque — avec des pièces importantes acquises pour l'essentiel dans les années 1975-1977 (*Figure rose*, 1937, *Kaléidoscope*, 1938-1939, *Au cycliste*, 1939, *A rebours*, 1947) — la démarche progressive du peintre, de l'abstraction à la figuration. Cet intérêt, maintenu jusqu'à sa production récente avec l'achat de *L'Exposition de 1934*, 1979-1980, s'est porté également sur son travail au fusain (sept études, entre 1936 et 1951).

□ *Composition orthogonale*, 1930
« Il y eut dans ce moment d'abstraction une idée d'ascèse passionnée. Le signe orthogonal, c'est une crucifixion; c'est vraiment la mort de toute une image qui s'est sacrifiée aux signes qui la supportent... »
Dans la *Composition orthogonale*, l'un des témoignages les plus importants de la période abstraite (racheté en 1974 par Hélion à Louis Carré), sont appliqués les principes de base du néo-plasticisme énoncés par Mondrian en 1926 : couleurs primaires et « non-cou-

Composition orthogonale, 1930
huile sur toile
100 × 81
achat 1975
AM 1975-66

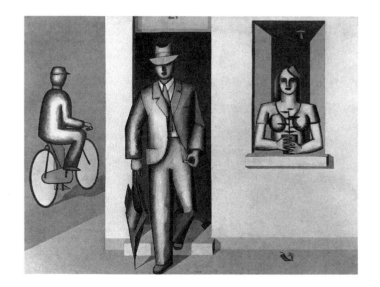

Au cycliste, 1939
huile sur toile
132 × 180
achat de l'État 1968, attr. 1976
AM 1976-977

leurs » articulées en une grille orthogonale qui distribue les plans colorés. Mais, si le système de tressage de la grille noire et des plans gris, de la verticale noire et du carré rouge de droite, interdit un jeu stable des valeurs qui instituerait une profondeur hiérarchisée de l'espace pictural, cette abstraction plane contient déjà des éléments de dynamique interne qui la démarquent de l'équilibre étale et froid des compositions néo-plastiques : complexion plus grande de l'enchevêtrement des plans, suspens expressif des grilles à l'intérieur des plans gris, absence de lignes traversant la surface de part en part.

282

□ *Au cycliste*, 1939

Un « naturalisme », sinon un certain souvenir du « réel » sourd dans toute cette période, et la toile *Au cycliste* atteste de cette nouvelle prise sur la figuration. Toile d'une grande rigueur géométrique, où s'affirme une exigence de pureté monumentale, mais où les cercles et demi-cercles, les lignes verticales et horizontales, les obliques et les triangles construisent une scène de la vie quotidienne dans une retenue qui confère à la leçon de choses. Une sorte de triptyque, avec deux plans frontaux, dont l'un joue l'expansion avec la sortie de l'homme

au parapluie, l'autre la rétractation avec la femme posant à sa fenêtre et donnant sens aux obliques vers l'intérieur et la profondeur; et, enfin, une ouverture urbaine sur la gauche où la présence du cycliste transforme l'oblique en ligne de fuite. Transmutation d'une géométrie qui, soutenue par la figuration, retrouve une signification « littéraire » dans un espace à nouveau perspectif.

□ *A rebours*, 1947

Rebours : bas latin, reburrus, « hérissé (cheveu) ». 1) Mod. loc. adv. A rebours : à rebrousse poil. 2) Mod. prép. A rebours de : contrairement à; ex. aller à rebours de l'évolution générale.

Au lendemain de la guerre, cette peinture se pose comme le manifeste d'un déplacement consommé de l'abstraction vers la figuration, lequel s'énonce dans le sens de la lecture, de gauche à droite dans le tableau. Déplacement à contre-courant de son époque : « Je n'ai jamais vu la peinture insultée de la sorte », écrivit alors un critique. A rebours donc, mais non pas justement retour nostalgique au passé.

Deux plans cernent le personnage du « peintre » : à sa droite, une œuvre abstraite sur son chevalet, citation de la série des *Équilibres* de

A rebours, 1947
huile sur toile
113,5 × 146
achat 1975
AM 1975-65

1933-1934, avec un soubassement de la même couleur que les dernières lettres visibles du mot vitrine, le « ne » renvoyant également au discordantiel de la négation, celle de la dénégation vis-à-vis de l'abstraction, et son enfermement dans le cadre fermé de la boutique; et, à sa gauche, en pendant et comme une alternative, la femme qui, par la fenêtre ouverte cette fois, déploie son corps et sa chevelure, excédant le cadre comme une envahissante source de vie, de mouvement et de désir. Et, si la composition de la femme réinscrit « avec les seins jumeaux et les bras presque symétriques (...) un superbe mécanisme », si sa disposition dans l'espace n'est pas sans rappeler, certes de manière inversée, la structure architectonique de la peinture abstraite présentée dans la vitrine, sa présence instaure pourtant une curieuse alchimie qui déplace considérablement les couleurs, le rouge et le bleu notamment, du côté d'une symbolique plus « littéraire » et plus émotive, où l'affirmation de la création ex nihilo d'un univers géométrique fait place à une relation plus sensible et plus surdéterminée au monde et au vécu. L'homme lui-même, à certains égards, se structure en plans similaires à ceux de la série des *Équilibres,* mais ce qu'il dessine dans le creux et la chaleur de ses mains, c'est le sexe de celle qui consacre l'« à rebours » de sa peinture.

□ *L'Exposition de 1934, « le songe et la dispute »,* 1979-1980
Cette toile se présente comme un souvenir vieux de presqu'un demi siècle.
1933-1934 : c'est, en effet, l'année d'apparition de la série très importante des *Équilibres* qui marque l'abandon de la *Composition orthogonale;* celle de la première grande exposition personnelle d'Hélion à New York, à la galerie J. Becker; enfin, celle où il quitte le groupe Abstraction-Création et où l'on peut lire dans ses carnets : « La supériorité de la nature est d'offrir le maximum de complexité de rapports. C'est vers elle que je vais à grands pas ». Rétrospectivement, c'est peut-être là que se joue, pour le peintre de 1979, la mutation qui le conduira vers une nouvelle figuration. S'il s'agit cependant, à la faveur d'un songe, de mettre en scène la réminiscence, ou mieux la réinterprétation d'une œuvre au travers du prisme déformant du souvenir, il y aura foule de *citations,* mais dans une pratique où la touche, le geste, le travail de la matière, le traitement de l'espace s'inscrivent effectivement dans un présent pictural.

Peinture abstraite, citation des *Équilibres* sur la gauche, non plus comme un tableau accroché, mais comme part entière de l'espace pictural à l'instant où un spectateur agenouillé se saisit d'un des éléments horizontaux comme d'un appui; au centre, un personnage assis, frontal, hors du champ de la dispute et de « l'actualité », rappelle un personnage de *Scène journalière* de 1948; et, enfin, deux femmes, l'une spectatrice d'un équilibre, l'autre surtout à l'extrémité droite, dans le champ du tableau et comme ultime fin de la lecture, autre versant de *A rebours,* gardienne de l'exposition et de la mémoire, dépositaire de la mutation dans l'œuvre d'Hélion.

Mais un lyrisme de la touche, inhabituel dans la première période figurative d'après 1939, surgit ici. De plus, prendre une seule couleur pour construire l'espace, l'ombre d'un corps, sa densité et la surface de son vêtement, c'est jouer d'une modulation extrême sur les valeurs d'une même couleur, c'est inscrire l'aléatoire dans la naissance d'une forme : « Faire un banc, un pied, une tête, ce n'est pas les décrire (...), c'est les faire surgir (...). Ici, une tache va se faire « ventre » (...), un angle va s'affermir (...) pour asseoir un gisant (...). Être précis aujourd'hui, c'est faire apparaître le rythme créateur dans la définition de l'objet et même la façon créatrice, la touche par exemple, qui devient cuillère sans cesser d'être touche ». (*Carnet de notes,* 1908).

L.L.

L'Exposition de 1934, 1979-1980
acrylique sur toile
130 × 195
achat 1981
AM 1981-26

Auguste Herbin
1882-1960

Auguste Herbin, né à Quiévy dans le Nord, arrive à Paris en 1901 : il pratique alors la touche divisionniste, puis, en se liant avec Wilhelm Uhde, rencontre les cubistes dont il adopte dès 1908 les recherches plastiques, et expose chez Clovis Sagot. En 1917 il intéresse à son œuvre le marchand Léonce Rosenberg qui l'expose, en 1918 et en 1921 notamment, dans sa galerie de L'Effort Moderne. A la suite de l'échec de ses reliefs en bois peint, il convient avec son marchand d'exécuter des œuvres dans la veine figurative : suivent une série de paysages des environs de Vaison-la-Romaine, des natures mortes et quelques portraits de sa femme. Mais il met fin en 1926 à ce retour à la figuration et, renouant avec l'abstraction, mène un travail consacré à la courbe et à la couleur qui n'est pas sans présenter des analogies avec les peintures dans l'espace de l'Arménien Kotchar. Il anime en 1931 avec Vantongerloo le groupe Abstraction-Création. Engagé au parti communiste, il souffre de voir s'y définir une orientation esthétique vers un art essentiellement figuratif accessible au grand public. La Seconde Guerre mondiale achèvera d'isoler Herbin qui ne trouvera d'encouragement qu'auprès de son ancien marchand, à demi-ruiné, Léonce Rosenberg. L'exposition des *Réalités Nouvelles* à la galerie Charpentier en 1939, restée sans effet en raison de la déclaration du second conflit mondial, devait préparer le triomphe du nouveau Salon du même nom qu'Herbin animera jusqu'en 1956. Son œuvre, défendue à partir de 1946 par Denise René, connaît dès lors un brusque succès et la publication en 1949 chez Lydia Conti de son essai « L'art non figuratif non objectif » lui vaut une certaine influence sur le plan théorique. Il adopte à nouveau les formes géométriques qui avaient été la cause de son échec en 1921.

A. Jakovski, *Auguste Herbin,* Paris, éd. Abstraction-Création, 1933; cat. *Auguste Herbin,* Hanovre, Kestner Gessellschaft, 1967; cat. *Herbin, Alphabet plastique* (texte de J. Lassaigne), Paris, galerie Denise René, 1972.

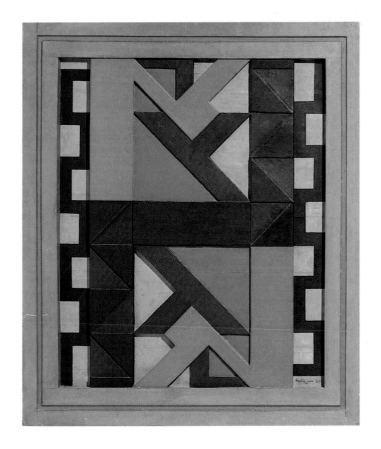

Déjà bien représentée dans les collections nationales, en particulier au Musée du Câteau, l'œuvre de Herbin (qui compte au Musée national d'art moderne cinq peintures, deux reliefs et une affiche) suscite actuellement un nouvel intérêt pour sa période la plus ancienne : la série figurative, injustement occultée par l'artiste lui-même (achat par le Musée en 1980 des *Joueurs de boules*) et, surtout, celle des premières œuvres abstraites géométriques des années 1919-1921.

☐ *Relief en bois polychrome,* 1921
De tous les artistes qui fréquentaient la galerie de l'Effort Moderne vers 1919-1920, Herbin est certainement celui qui adopta et propagea l'esthétique la plus radicale (si l'on excepte évidemment Piet Mondrian qui y accrocha ses toiles les plus récentes, mais qui ne faisait pas partie intégrante de l'équipe des « post-cubistes »). Encore plus extrémiste que celle des *Compositions symétriques* de 1920, la série immédiatement postérieure, des bois sculptés et peints et des fresques « pour un art monumental », à laquelle appartient ce relief (resté dans l'atelier de l'artiste jusqu'à sa découverte à la galerie Marguerite Lamy en 1975), illustre déjà, non seulement le principe de « libération » de la couleur (proche des théories de Freundlich), mais celui, essentiel pour Herbin et qu'il cherchera à appliquer sur le plan architectural, de la séparation plan de couleur/« tableau objet ». Il est inutile de dire que les critiques favorables au cubisme et au purisme autour de Maurice Raynal se montrèrent plus que réservés face à de tels reliefs où était ainsi rejetée la traditionnelle association toile-peinture à l'huile et délaissée la notion du sujet ou, du moins, ce qu'il en restait. Herbin ne pouvait abriter ses nouvelles œuvres derrière le bouclier théorique d'une revue comme *De Stijl;* il connut encore moins de succès à vouloir appliquer, dans sa volonté de « synthèse », le géométrisme très coloré de ses peintures à des fauteuils ou autres pièces de mobilier, comme l'étonnant relief que forme l'assemblage

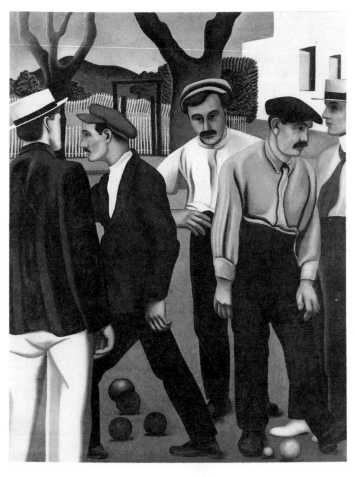

Relief en bois polychrome, 1921
huile sur bois
76 × 65 × 4
achat 1975
AM 1975-217

Les Joueurs de boules, 1923
huile sur toile
146 × 113
achat 1980
AM 1980-380

d'éléments de bois peints conservé au Musée (réalisé probablement en 1921). Ridiculisé dans la presse, il fut même lâché par son marchand, qui l'engagea à racheter par des œuvres figuratives toute sa production antérieure. C'est à ce *Relief en bois polychrome* ou à un autre très proche que fera appel Herbin pour concevoir l'affiche du *Bal de la Grande Ourse* (MNAM) organisé par l'U.A.R., Salle Bullier, en 1925, l'année même de son retour à l'« abstraction » (le mot n'existait pas encore avec la connotation qu'on lui accordera à partir des années 30). D'autres reliefs réapparaîtront dans sa production vers 1950, considérés bientôt comme les nouveaux incunables de l'art contemporain; les couleurs, qui avaient cependant perdu de leur virulence, la trop grande symétrie des formes géométriques annoncent l'art mécanisé — style peinture industrielle — qui triomphera avec Vasarely et Dewasne.

☐ *Les Joueurs de boules,* 1923
Exécutée deux ans après le relief précédent, cette grande toile « réaliste » exposée chez Leonce Rosenberg en 1925 pouvait à juste titre étonner. Le peintre qui traita deux fois le même sujet — une scène populaire sur une place d'un village du Vaucluse — parvient ici à donner force à la tendance qui s'était élaborée en Allemagne au lendemain de la Première Guerre mondiale, la *Neue Sachlichkeit,* et qui ne devait connaître en France que de médiocres échos. L'artiste désigne schématiquement les joueurs de boules sans les décrire : on

pourrait voir ici une préfiguration des célèbres *Loisirs* de Fernand Léger et c'est d'ailleurs avec les *Paysages animés* de ce dernier (exécutés vers 1921) qu'il faudrait comparer cet étrange tableau où les figures sont traitées en fortes masses monochromes. Le type populaire des joueurs constitue d'ailleurs une vivante illustration du militantisme social de l'artiste.

☐ *Vendredi I,* 1951
Avec *Vendredi II* (coll. galerie Denise René), cette toile a été présentée fréquemment dans les manifestations internationales et dès 1952-1953 à la Sidney Janis Gallery de New York. Elle est un témoin exemplaire du style le plus connu de Herbin, celui qui lui valut l'adhésion d'un public qui avait enfin dissocié figuration et peinture. Les formes élémentaires du vocabulaire géométrique du peintre — cet « alphabet plastique » fut d'ailleurs aisément transposé en tapisserie — s'inscrivent en aplat sur un fond uni et les couleurs pures, posées sans le « vibrato artiste », jouent de contrastes brutaux. Ch.D.

Vendredi I, 1951
huile sur toile
96 × 129
achat 1976
AM 1976-6

Gottfried Honegger

1917

Gottfried Honegger entre à l'École des Arts et Métiers de Zurich, sa ville natale. Après un apprentissage de décorateur, il ouvre, juste avant la guerre, un atelier de graphisme publicitaire et, parallèlement, commence à peindre. Après un premier séjour à Paris en 1939, il retourne en Suisse, où il travaille à partir de données élaborées par le premier art abstrait constructif puis, sous l'influence directe de Max Bill, Richard Lohse et Graeser, principaux membres du groupe de l'Art concret zurichois, il met au point, par une démarche réductive, un système mathématique pour l'élaboration de ses œuvres qui deviennent alors le résultat d'une programmation; la composition est fondée sur une trame modulaire constituée de formes géométriques élémentaires, et le nombre d'éléments formels et de couleurs y est strictement limité. Membre du Werkbund et de l'Association des Graphistes suisses, Honegger enseigne à l'École des Arts appliqués de Zurich. C'est en 1950 qu'il commence à exposer. En 1958, il part pour New York où il réside jusqu'en 1960. Les Américains Sam Francis, Al Held, sont pour lui une révélation, Rothko surtout, qui le conforte dans ses idées d'un art non engagé, à l'opposé du design. C'est à son retour — il a 43 ans — qu'il renonce au monde des affaires et à toute vie publique pour se consacrer entièrement à la peinture. Bien qu'il ait appliqué dès 1961 son système à des objets tri-dimensionnels, ses premières sculptures datent de 1968 (série des *Volumes,* dont l'élément de base est la sphère). C'est à partir de 1970 que se définit son travail réellement personnel. Parallèlement aux recherches scientifiques où apparaît la nouvelle notion de hasard — Honegger se réfère volontiers à l'ouvrage de Jacques Monod : *Le hasard et la nécessité* — il veut provoquer par l'introduction du hasard une rupture dans sa démarche et manifester dans son œuvre la contradiction fondamentale ordre/désordre de la vie : il programme, soit sur ordinateur, soit en jouant aux dés, ses *Tableaux-Reliefs* et ses sculptures, ainsi la série des *Structures* (dont l'*Hommage à Jacques Monod,* 1975) et celle des *Monoformes* (dont l'*Hommage à Stéphane Mallarmé,* 1981-1982). Depuis 1961, il partage sa vie entre Zurich et Paris.

S. Lemoine, « Gottfried Honegger » (entretien), *L'Art Vivant,* n° 39, mai 1973; cat. *Honegger,* Paris, MNAM, Centre G. Pompidou, 1978; S. Lemoine, M. Besset, H. Heissenbüttel, *Gottfried Honegger, Tableaux-reliefs/Skulpturen 1970-1983,* Zurich, Paris, J.M. Place, 1983.

☐ *Tableau-Relief P 757 A,* 1975-1976
C'est le dernier d'une série de grands formats, réalisés soit à Paris (Tableaux-Relief P), soit à Zurich (s'intitulant alors Z), dont les recherches se situent à partir de 1970. Une première version se trouve dans une collection particulière à Stuttgart; quant au dessin, *Programme pour Tableaux-Relief P 757 et P 758,* 1975, qui constitue le schéma conceptuel de la création de la peinture, il a été récemment offert au Musée par son auteur. Honegger revendique l'individualité de son art, en détournant la rigueur de la géométrie par le hasard et en utilisant une technique toute personnelle par l'introduction d'un léger relief. Ici des rectangles de carton, matérialisant les modules, sont collés bord à bord sur la toile et recouverts de peinture acrylique très diluée en nombreuses couches (au moins 50), puis de peinture à l'huile jusqu'à l'obtention d'une surface lisse. Le travail de la matière, transparente et profonde à la fois, ôte tout aspect uniforme à ce que Maurice Besset nomme « ces faux monochromes » puisque la modulation tonale des différentes couches, alliée au jeu de la lumière, transforme le relief en un réseau discontinu et mouvant. «Je veux, réclame Honegger, qu'on soit obligé de faire un effort pour voir mes tableaux. Un tableau (...) doit posséder un certain silence.» C'est à cette contemplation qu'il nous convie.   N.P.

Tableau-Relief P 757 A, 1975-1976
huile et acrylique
sur cartons collés sur toile
300 × 150
achat 1982
AM 1983-48

Jean-Robert Ipousteguy

1920

A partir de 1953, Ipousteguy, initialement formé à la peinture, se tourne vers la sculpture. Néanmoins, son travail sera toujours préparé ou accompagné par de nombreux dessins (mine de plomb et surtout fusain) constituant autant de visions tangeantes ou périphériques des thèmes traités par sa sculpture. Avec *La Rose,* 1954, et *Le Cénotaphe,* 1956, Ipousteguy élabore la plastique géométrique qui marque son œuvre des années 60. Par la suite, la représentation du corps humain le conduit à une expression *organique* de la forme et cela quel que soit le matériau employé (bronze, marbre, céramique). Fasciné par « l'imagerie » surréaliste, il tente d'en matérialiser la violence onirique par la juxtaposition paradoxale d'objets et de figures. Il définit ainsi sa règle de composition : « Moi, partant d'une obsession formelle (je pense que c'est l'œuf ou l'utérus ou le poing), je la développe et je voudrais qu'elle agglutine, qu'elle annexe de proche en proche le monde environnant — gens, choses et paysages... »
L'interprétation qu'il donne des villes légendaires d'Ecbatane, de Mycènes ou de Mistra illustre ce propos. Il substituera progressivement à ces allégories urbaines la mise en scène des objets de l'environnement quotidien dans leur relation à la fois ordinaire et symbolique à l'homme. Avec les sculptures récentes — natures mortes en bronze à la patine polychrome — Ipousteguy opère une focalisation sur l'objet, l'isolant de son contexte pour le constituer en sujet. « Maintenant, je suis passé de l'intérieur à l'extérieur des choses », c'est en ces termes qu'il résume la lente révolution du point de vue opérée à travers son œuvre. Depuis sa première exposition personnelle en 1962 à la galerie Claude Bernard, l'œuvre d'Ipousteguy a connu une audience internationale.

Cat. *Ipousteguy,* Darmstadt, Kunsthalle, 1969 (exposition itinérante); cat. *Ipousteguy,* Paris, FNAGP, 1978; cat. *Ipousteguy,* Berlin, Staatliche Kunsthalle, 1979.

☐ *Alexandre devant Ecbatane,* 1965
Comme *Remulus,* 1962, ou le *Discours sous Mistra,* 1964-1965, *Alexandre devant Ecbatane* est une œuvre qui se veut l'expression contradictoire de l'hétérogénéité et de la fusion des formes entre l'homme et son environnement architectural. « Tentative de sculpture-paysage », inspirée par un voyage en Grèce, elle se compose de deux blocs, le héros et la ville, matériellement associés au moyen de plaques de bronze qui évoquent la dimension du voyage (traversée des mers, du désert) et désignent l'acte ultime du franchissement des remparts. Avec une volonté monumentale, la sculpture montre la tension initiale dont va résulter la défaite. La position du personnage en armure, dominant la ville, l'avancée de la jambe, le geste de possession de la main en constituent les trois étapes décisives. Le regard conquérant d'Alexandre est marqué par une fracture se propageant depuis la visière du casque jusqu'à la ville; cette faille, qui n'épargne aucun personnage depuis *Homme,* 1963, signe tangible de la vulnérabilité des corps, à la fois cicatrice et ponctuation, souligne la structure de l'œuvre. Ce bronze est une version de la pièce en fonte de fer commandée à Ipousteguy par la CIFOM; première sculpture à utiliser la technologie de la fonte à polystyrène expansé perdu, elle a été portée à l'échelle monumentale en 1978, pour être installée sur le parvis du Palais des Congrès à Berlin. A.B.

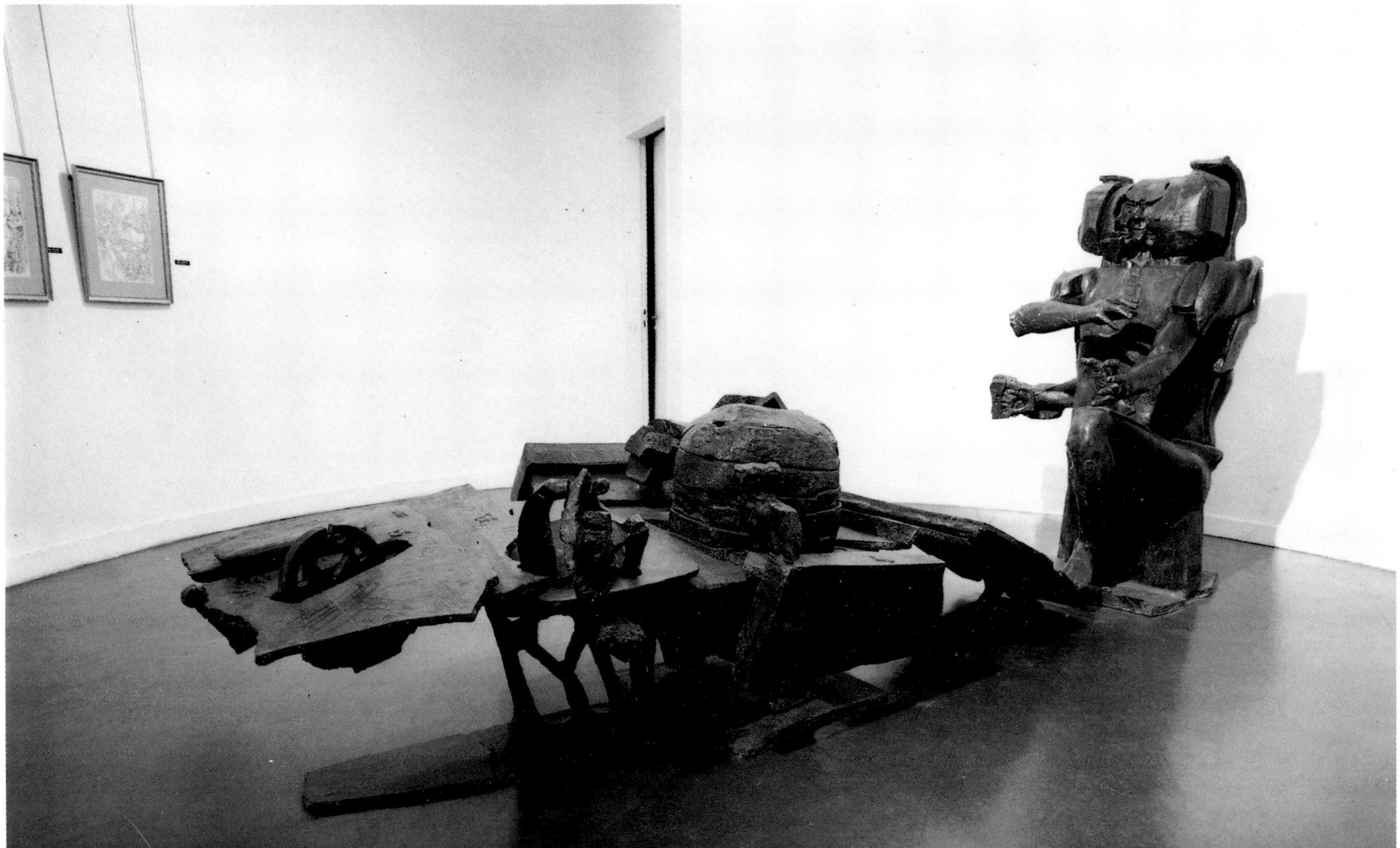

Alexandre devant Ecbatane, 1965
bronze
170 × 100 × 200
achat de l'État 1967, attr. 1976
AM 1976-981

Christian Jaccard
1939

Christian Jaccard suit les cours de L'École des Beaux-Arts de Bourges (1956-1960), puis s'installe à Paris. Dans les années 60, période marquée par quelques expositions personnelles, commencent à se préciser ses orientations futures. Très vite, il s'oppose aux excès de l'art informel finissant comme à la tyrannie d'une esthétique de l'objet marquée par le Nouveau Réalisme. Et, au début des années 70, bien qu'il n'ait jamais appartenu au groupe Supports-Surfaces, il occupe pourtant une place spécifique auprès de ces artistes. Dans le sillage de Viallat, il contribue à formuler une nouvelle conception de la peinture, essentiellement fondée sur une pratique matérialiste, enrichie par le structuralisme. Ainsi, il entreprend l'analyse des différentes unités qui composent l'œuvre et celle de la circulation des signes, en s'intéressant plus particulièrement au support. Au début des années 70, le travail de Jaccard se développe suivant deux axes. A l'acte de maniement des matériaux : cordes nouées, ligaturées, utilisées comme instruments qu'il s'est lui-même fabriqués, se superpose la recherche de leurs propres empreintes sur la toile libre et du rapport de l'un à l'autre, de l'objet à la surface. Depuis 1974, Jaccard s'applique à effacer et détruire ces empreintes répétées, par la mise à feu d'un nouvel outil, le cordeau à dynamiter. Dans les toiles brûlées, les papiers et les cuirs calcinés (que sont les *Trophées*), ce sont moins, selon Jaccard lui-même, les œuvres qui importent que « le processus et la découverte progressive des combinatoires, connotations et interférences multiples qui en découlent ». Les pièces que conserve le Musée témoignent de l'importance consacrée aux différents stades de ce processus et à ses instruments, manipulations et traces. La longue échelle de *Couple toiles-échelle de corde,* avec son empreinte encrée sur les deux toiles de 1972-1973, et le *Trophée* de 1977 établissent ainsi une sorte d'archéologie du savoir pictural. J.-P.B.

Cat. *Jaccard,* Les Sables d'Olonne, Musée de l'Abbaye Sainte-Croix, 1975; cat. *Jaccard,* Paris, MAM, ARC, 1979; cat. *Jaccard,* Marseille, Musée Cantini, 1982.

Robert Jacobsen
1912

Connu aujourd'hui pour sa sculpture en fer forgé et soudé, Jacobsen, né à Copenhague, est autodidacte de formation et tout d'abord tailleur de pierre. Ses premières sculptures, les *tabeldyr* des années 40-45, exécutées lorsqu'il est associé aux futurs membres du groupe Cobra — notamment Jorn et Pedersen —, sont en bois et en pierre, inspirées des formes frustes et archaïsantes de l'art Viking. En 1947, il vient à Paris où il découvre le constructivisme, le surréalisme, Klee et Giacometti; le peintre Mortensen l'introduit dans le cercle des artistes de la galerie Denise René. C'est alors qu'il commence à travailler le fer — « la soudure fut ma chance », dira-t-il — et qu'il définit sa recherche formelle : celle d'une superposition de formes linéaires qui, par leurs enchevêtrements, produisent un effet de mouvement et de vie organique. Selon ses propres propos, il cherche à modeler non pas la matière, mais l'espace : son désir d'en exprimer la mobilité permanente l'amène, à partir de 1950-1951 (mais seulement pour une courte période), à introduire le mouvement réel dans ses sculptures à travers un équilibre instable ou même des éléments mobiles. Il commence parallèlement une œuvre figurative — des « poupées magiques » — suscitée par son intérêt pour l'art africain dont il constitue une importante collection. Installé à Paris jusqu'en 1962, Jacobsen expose régulièrement à la galerie Denise René entre 1947 et 1954, puis à la Galerie de France entre 1955 et 1963. En 1966, il obtient avec Étienne-Martin le Grand Prix de la Biennale de Venise, qui confirme son succès grandissant. En 1969, il achète une ferme à Tagelund, dans son pays natal, où il continue de vivre et travailler aujourd'hui.

Couple toiles-échelle de corde, 1972-1973
1 échelle de chanvre et 2 toiles comportant
son empreinte polychrome à l'encre d'imprimerie
ici repr. l'échelle : 564 × 20
achat de l'État 1973, dépôt du FNAC
AM 1976 dép. 22

Graphisme en fer, [1950]
métal soudé et peint
70 × 35 × 35
achat 1976
AM 1976-5

Cat. *Der Bildhauer Robert Jacobsen und seine Welt,* Kiel, Kunsthalle et Schleswig-Holsteinischer Kunstverein, 1975; G. Jespersen, *Robert Jacobsen,* Oslo, J.M. Stenersens Forlag AS, 1978; cat. *Robert Jacobsen/Parcours,* Toulon, Rennes, Paris, 1984-1985.

☐ *Graphisme en fer,* [1950]

Bien antérieure au grand fer polychrome de la *Cathédrale d'Hircan,* 1965, l'autre pièce de Jacobsen conservée au Musée, cette œuvre en métal soudé et peint, assurément plus rare, peut être située vers 1949-1950; elle a figuré, en effet, à l'exposition personnelle de Jacobsen à la galerie Denise René en 1950 et définit pleinement son premier travail parisien. De dimensions modestes comme les autres réalisations de cette date (Jacobsen disait alors que la sculpture de grandes dimensions — qu'il adoptera à partir des années 80 — ne lui paraissait pas nécessaire), mais une des plus grandes de la série, elle apparaît comme une des plus réussies et offre l'intérêt de constituer un des rares exemples de sculpture murale dans l'ensemble de la production (les autres, de différentes époques, se rapprochent du principe du bas-relief traditionnel) : aucune n'est aussi libre et dépouillée dans sa façon de définir l'espace. *Graphisme en fer* révèle les préoccupations de Jacobsen : l'écriture filiforme des tiges de métal, en dessinant des formes angulaires et ouvertes, crée une sensation de déplacement fluide dans l'espace. Cette mobilité fictive est elle-même renforcée par la silhouette changeante de l'œuvre selon le point de vue, et soulignée encore par ses ombres portées sur la surface du mur. M.R.

Alexej Jawlensky
1864-1941

Né à Toršok (URSS). Jawlensky commence ses études à l'école militaire de Moscou. Un transfert dans la garnison de Saint-Petersbourg en 1882 lui permet, par autorisation spéciale, d'entreprendre parallèlement des études à l'Académie des Beaux-Arts et chez le célèbre maître du réalisme romantique russe, Il'ja Repin; là, il se lie avec Marianne Werefkin qui deviendra, durant les années décisives, sa muse, son mentor et sa compagne. A partir de 1896, il s'établit avec elle à Munich, Schwabing, où il poursuit, alors âgé de 32 ans, des études à l'école d'Anton Azbé. Il y rencontre V. Kandinsky avec lequel (et avec d'autres artistes : G. Münter, A. Erbslöh, A. Kanoldt et A. Kubin) il fonde en 1909 la *Neue Künstlervereinigung* de Munich, association dont les expositions d'art international révolutionnaire feront scandale. La déclaration de guerre de 1914 l'oblige à quitter l'Allemagne. Il s'établit d'abord à Saint-Prex, sur le lac de Genève, puis, en 1917, à Zurich. La vue de sa fenêtre à Saint-Prex, ouvrant sur « quelques arbres, un chemin et le ciel », sera, pendant de longues années, prétexte à d'innombrables variations sur ce thème. L'artiste est moins préoccupé par l'enregistrement de la nature changeante selon les heures du jour et les saisons (comme dans les célèbres séries de Monet) que par l'expression d'une relation de plus en plus approfondie à Dieu. Une de ces *Variations,* probablement peinte vers 1920, donnée à son ami Kandinsky, est entrée au Musée en 1981 grâce au legs de Mme Nina Kandinsky. En 1921, après sa séparation avec M. Werefkin, Jawlensky s'installe à Wiesbaden. Atteint d'arthrite déformante depuis 1929, frappé d'interdiction d'exposer par le régime national-socialiste en 1933, il trouve pourtant la force d'élaborer une nouvelle technique qui lui permet d'exprimer en petites icônes incandescentes, en une répétition rituelle qui fait penser aux formules de prière, sa méditation sur le visage humain, devenu signe cruciforme de la souffrance et de la mort.

Byzantine, 1913
(Lèvres pâles)
huile sur carton
64 × 53
don Robert Haas avec réserve d'usufruit, 1982
AM 1982-44

Jasper Johns
1930

290

Né en Géorgie, Jasper Johns s'installe à New York en 1952 après des études d'art interrompues par la guerre. Au milieu des années 50, il adopte quelques-uns des thèmes qui vont le rendre célèbre : cible, drapeau américain, chiffres et lettres. Ces premières œuvres sont peintes à la cire, technique très particulière qui laisse visible les couches picturales successives. Parfois, à la peinture se joignent des moulages en plâtre, fragments du corps humain en général. Les œuvres se présentent comme des abstractions plates dont les motifs familiers sont perçus à la lisière de la figuration et de l'abstraction. La surface du tableau, lourdement travaillée, semble la préoccupation essentielle de l'artiste; pourtant, c'est d'abord l'usage de la figure qui marquera une époque où celle-ci avait le plus souvent disparu de l'art contemporain. En ce sens, l'œuvre de Johns doit être perçue comme la critique et la poursuite de l'expressionnisme abstrait, dont la toile porte les traces presque caricaturales. Johns rencontre à cette époque Rauschenberg, John Cage, Merce Cunningham dont il sera longtemps le conseiller artistique, ainsi que Marcel Duchamp, maître à penser de cette génération, qui vit alors à New York. L'impact de cette dernière rencontre est visible dans les petites sculptures que Johns réalise vers 1960, objets quotidiens, à leurs dimensions réelles mais en bronze peint, qui piègent la réalité puisqu'ils ont toutes les apparences d'une véritable ampoule ou d'une boîte de bière. En même temps, il commence à pratiquer la lithographie et deviendra sans doute dans ce domaine l'un des grands maîtres contemporains. Il a exécuté de très nombreuses gravures (cf. Foirades/*Fizzles*, 1976, livre de Samuel Beckett illustré de 33 gravures, entré au Musée en 1977).

Pendant les années 60, Johns vit et travaille à New York et en Caroline du Sud. Il réalise également quelques œuvres au Japon. De nouveaux thèmes apparaissent, telle la carte des États-Unis. Il inclut souvent des objets dans sa peinture ou les suspend devant la toile. Ses œuvres atteignent parfois de très grands formats (*Diver*, 1962. *According to what*, 1964) et se présentent comme des espaces saccadés, scandés en plusieurs zones très contrastées. Johns reprend parfois des thèmes utilisés précédemment qu'il associe côte à côte. Son œuvre devient ainsi peu à peu une sorte d'auto-critique continue, où il ne cesse de faire appel à ses images favorites (la cible, le drapeau, l'ampoule...) qui deviennent autant d'emblèmes de son propre travail : ces objets, à l'origine banals et impersonnels, sont devenus sa marque presque exclusive. Dans les années 70 pourtant, il semble vouloir un moment les exclure et peint une série d'œuvres composées de hachures enchevêtrées (*Scent*, 1973-1974); cette apparente abstraction ne deviendra finalement qu'un motif de plus, aussi typique de son art. Son œuvre a fait l'objet de plusieurs rétrospectives, dont une très importante au Musée en 1978.

Leo Steinberg, *Jasper Johns*, New York, Wittenborn, 1963; Max Kozloff, *Jasper Johns*, New York, H. Abrams, 1969; cat. *Jasper Johns*, Paris, MNAM, Centre G. Pompidou, 1978; R. Francis, *Jasper Johns*, New York, Abbeville Press, 1984.

C. Weiler, *A. Jawlensky*, Cologne, DuMont-Schauberg, 1959; J. Schultze, *A. Jawlensky*, Cologne, DuMont-Schauberg, 1970; cat. *A. Jawlensky*, Munich, Städt. Galerie im Lenbachhaus, 1983.

☐ *Byzantine (Lèvres pâles)*, 1913

Les préoccupations de Jawlensky rejoignent parfois celles des « expressionnistes » allemands du *Blaue Reiter* et de la *Brücke* et répondent pendant un certain temps à des buts semblables à ceux des Fauves. Cette œuvre de 1913, don de M. R. Haas, est caractérisée par une simplification formelle extrême (visage vu de face, centré sur la toile), par une tendance à transposer l'humain dans la sphère du suprapersonnel, ainsi que par le pouvoir expressif et suggestif des couleurs barbares. Tout en portant l'empreinte profonde de la culture orientale (icônes russes, mosaïques byzantines), cette effigie témoigne de l'apport novateur du peintre à l'époque du *Blaue Reiter*.

☐ *Aube*, 1928

Les possibilités formelles des têtes « cubistes » de l'avant-guerre, qui constituent un stade plus avancé des recherches solitaires de Jawlensky, sont développées à partir de 1915 dans un travail sériel auquel appartiennent les têtes dites « constructives » exécutées après 1925 et dont celle-ci offre l'exemple : elles apparaissent comme une synthèse saisissante des tendances constructivistes et de l'art très personnel du peintre à la recherche de l'expression de l'ineffable « désir de dieu ».

J.B.

Aube, 1928
huile sur carton
42,6 × 31,9
legs Nina Kandinsky, 1981
AM 1981-65-866

□ *Figure 5,* 1960

Seule peinture de Jasper Johns figurant dans les collections publiques françaises, ce grand numéro 5, enfoui dans la peinture, apparaît comme une figure emblématique de l'art de l'époque. Il représente, presque synthétiquement, le passage d'un art expressionniste abstrait, tel qu'il s'est développé aux États-Unis après la guerre, à un recours à la figure qui va dominer, en revanche, la décennie suivante. Mais ici, comme c'est souvent le cas chez Johns, le motif est ambigu, car il n'est au départ qu'une représentation abstraite et, s'il apparaît comme universellement lisible, il ne renvoie pour autant à aucune symbolique. On songe, bien sûr, à l'emploi de ce même numéro 5

par Charles Demuth dans une peinture célèbre aux États-Unis : *I saw the figure 5 in gold,* 1928 (New York, The Metropolitan Museum). Mais, chez Johns, l'usage des nombres, repris périodiquement à partir de 1955, n'est pas idéalisé comme il l'est chez Demuth. Le chiffre 5 est ici objet de peinture, brossé de blanc et de noir, traité en larges touches laissant par endroits apparaître le papier journal collé sur la toile. *Figure 5* provient de la collection Scull, particulièrement riche en œuvres d'art américain d'après-guerre. Le Musée conserve également une série de dix collages originaux sur lithographies reprenant le thème des chiffres : *Figure 0 à 9,* 1960-1971 (don de Tatyana Grosman en 1982).   A.P.

Figure 5, 1960
peinture à l'encaustique sur toile
et papier journal collé
183 × 137,5
don de la Scaler Foundation, 1975
AM 1976-2

Asger Jorn
1914-1973

Originaire du Jutland au Danemark, Jorn apparaît comme une des figures centrales de ce milieu de siècle européen : sa stature multidimensionnelle — d'artiste, animateur, théoricien et ethnologue — s'est imposée bien au-delà de son pays et du mouvement Cobra (1948-1951) dont il a été le chef de file. Après un passage à Paris dans l'atelier de Léger puis chez Le Corbusier en 1936-1937, la pratique d'une peinture qui puise ses références aussi bien auprès d'Ensor, de Kandinsky qu'auprès de Miró et de Klee, témoigne de sa volonté précoce de dépasser l'alternative abstraction/figuration dans l'axe d'une « abstraction surréaliste » qu'il partage avec ses compatriotes Bille, Jacobsen, Mortensen, Pedersen. Membre comme eux de la revue *Helhesten* (1941-1944), il lance du Danemark la notion d'un art expérimental, libéré de toute étiquette historique ou esthétique et où seul l'acte de peindre devient le principe générateur de l'œuvre, considérée comme outil capable de réveiller l'imaginaire collectif. Avec le double objectif d'établir un internationalisme qui serait celui du langage universel des formes populaires et d'affirmer les racines nationales, il fonde en novembre 1948 à Paris le mouvement Cobra, avec les Hollandais Corneille, Appel et Constant et les Belges Dotremont et Noiret : se démarquant du surréalisme révolutionnaire belge, du réalisme socialiste comme de l'abstraction « formaliste », de l'École de Paris, il jette dans le « Discours aux pingouins » *(Cobra,* nº 1, 1949) les bases d'un « réalisme matérialiste », où le respect de la matière et la pratique d'un automatisme « physique » deviennent les moyens d'atteindre un primitivisme « naturel » dans lequel resurgiraient les signes d'un bestiaire mythologique permanent et migrateur. Avec Dotremont, il travaille à des « peintures-mots ». Son retour à Silkeborg en 1951 après un séjour d'un an à Paris, sa maladie, marquant la fin « historique » de Cobra, n'entameront en rien l'avenir de son engagement. En 1954, Jorn crée avec Baj à Milan

le « Mouvement international pour un Bauhaus imaginiste » et approfondit ses positions théoriques dans une série d'articles regroupés dans *Pour la Forme* (1958). Son activité débordante, multiforme, sa jeunesse d'esprit, son sens de la collectivité contribuent à en faire un pôle d'attraction; il entraîne ainsi Appel, Corneille, Matta, Fontana, Jaguer, dans des travaux de céramique à Albisola en Italie. De 1957 à 1961, il est membre, avec Constant, de l'Internationale situationniste animée par Guy Debord. Les années 1958 et 1959 sont celles de ses premières expositions personnelles : à Londres, I.C.A., à Munich, galerie Van de Loo, à Paris, galerie Rive Gauche, dont le soutien jusqu'en 1968 sera repris par la galerie Jeanne Bucher. Lui-même intervient activement auprès de Marinotti dans l'organisation des expositions du Palazzo Grassi à Venise. Ses liens avec le Danemark restent toujours essentiels : il crée le musée de Silkeborg, l'alimentant dès 1959 de sa collection et de sa création personnelle. En 1962 il fonde l'« Institut scandinave de Vandalisme comparé », dont le propos sera d'établir le répertoire formel de la culture celtique en Europe.

G. Atkins et T. Andersen, *Asger Jorn,* vol. I, II, III, Londres, Lund Humphries, 1968, 1977, 1980; cat. *Jorn Retrospective,* Hanovre, Kesterne-Gesselschaft, 1973.

□ *Femme du 5 octobre,* 1958
Des trois peintures de Jorn présentes dans la collection du Musée, celle-ci (Atkins nº 1148) est certainement la plus représentative du « réalisme matérialiste » qu'il avait tenté de définir dès 1948 en fixant les objectifs de Cobra et qui, dans cette période 1956-1959 — une des plus abouties selon Atkins — semble trouver un développement d'une force nouvelle. L'huile, directement sortie du tube ou étendue à coups de brosse hâtifs, désordonnés, traitée suivant cet « automa-

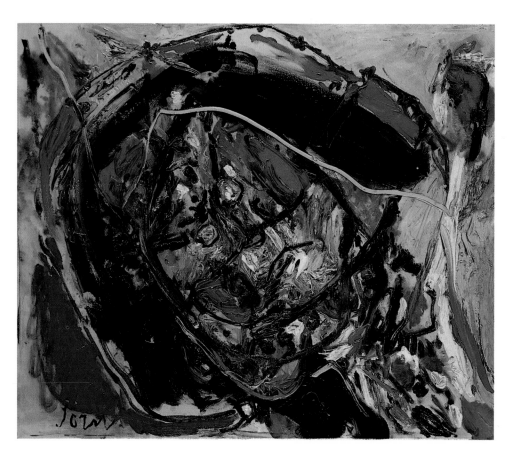

Femme du 5 octobre, 1958
huile sur toile
53 × 76
achat 1978
AM 1978-268

tisme physique » ou cette « spontanéité irrationnelle » définis dans le « Discours aux pingouins » de 1950 comme le seul moyen d'atteindre la « source vitale de l'être », est bien dans ce cas matière imaginant au sens bachelardien du terme. En farouche ennemi de toute abstraction, Jorn — et en cela il s'éloigne radicalement de son compatriote Pedersen dont *Ophøbning,* exemple décisif de pratique gestuelle, ouvrait la voie à l'informel — aboutit toujours, comme Appel, à la figure : ici, l'apparition violente d'un visage de femme, dont la corporalité, la vie, semblent engendrées par la réalité même de la matière. Plus encore que les *Corps de dame* (1950-1951) quasi totémiques de Dubuffet ou la nouvelle série des *Woman* (1964-1965) de De Kooning entre lesquelles elle pourrait se situer, la *Femme du 5 octobre* en appelle, par la fulgurance de ses couleurs brutes et empâtées ou par la disposition de ses traits en obliques sur la toile, à l'acte gestuel et à l'instant et évoque la vie charnelle et instinctuelle. La démarche de Jorn pourrait être définie comme une pulsion à la fois créatrice et destructrice, d'une saine vitalité et d'une complexe morbidité : attitude « vandale », pour reprendre le terme de J. Prévert, où l'humour tout à la fois ludique et dramatique est partout présent. Il est significatif qu'à la même date où Jorn crée peut-être ses œuvres les plus libres il ressent, dans la série des *Déformations* dont *Dovre Gubben,* 1959 (MNAM), est un des premiers exemples, le besoin de reprendre avec le passé le dialogue établi depuis longtemps, pensant « que la nourriture préférée de la peinture, c'est la peinture ». Considérée comme un objet de devenir, l'œuvre ancienne la plus banale lui fournit l'occasion de se livrer au jeu sainement dévalorisateur du détournement, acte de libération créateur. Le « cyclone » coloré introduit par Jorn sur le paysage conventionnel de *Dovre Gubben* forme avec l'image sous-jacente une alchimie visuelle de laquelle se dégage l'apparition « primitive » — typique de la mythologie formelle de Jorn — d'un génie métamorphique, mi-paysage mi-homme, indissolublement lié à la terre et à l'eau qui l'ont nourri. Jorn, dans une nouvelle série de *Déformations* en 1962, intitulées

Nouvelles défigurations, poussera encore plus loin la valeur symbolique de sa démarche puisqu'y seront ironisés le concept même d'avant-garde et, avec lui, sa propre position vis-à-vis de la figuration.

☐ *Kyotosmorama,* 1969-1970
La série des 18 grandes toiles (dont celle-ci) exposées à la galerie Jeanne Bûcher en décembre 1970, sous le générique humoristique « la luxure de l'esthésie », apportait une réponse éclatante, dans le Paris des années 65-70, à ceux qui doutaient de la peinture et en annonçaient la disparition : peinture, en effet, où est joué pleinement le pari de la peinture, elle demeure, pour Jorn qui garde intact « l'état sauvage » de sa période Cobra, un jeu difficile, dangereux, sans certitudes ni réponses. *Kyotosmorama* (Atkins n° 1899) s'oppose ainsi à toute classification : abstraction ou figuration. Seule la matière brute, compacte ou fluide, dure ou sensuelle, ou plutôt la couleur de la matière, ici paroxystique et fastueuse, entraîne la main de Jorn : son geste, ample et rapide (qualités développées peut-être grâce au travail de l'acrylique pratiqué depuis 1966 et à celui, récent, de la gouache), accroît en énergie le pouvoir de cette peinture qu'il veut « alchimique ». Des signes sont proposés, des formes animales ou humaines sont suggérées, mais toujours non identifiables, non intelligibles; seule l'imagination du spectateur, invité par le peintre à une véritable « réinvention », peut entrer dans ces champs vivants, peuplés, de peinture pure.   A.L.B.

Kyotosmorama, 1969-1970
huile sur toile
114,5 × 162
achat de l'État 1971, attr. 1976
AM 1976-982

Donald Judd
1928

Judd a quitté son Missouri natal pour suivre ses parents et voyager dans presque tous les États-Unis au gré des mutations de son père. Il dessine au pastel et à l'aquarelle, et s'inscrit en 1947 à l'Art Students League de New York et à l'Université de Columbia où il obtient en 1953 un diplôme en philosophie. Il s'installe alors à New York et peint des « abstractions à moitié cuites », dans lesquelles il tente d'éliminer systématiquement la composition et l'équilibre des formes caractéristiques de l'art européen, ainsi que l'illusion spatiale. A ces fins, il introduit divers objets et pratique entailles et découpes dans des peintures sur contreplaqué. Déçu par ces œuvres qu'il expose en 1955 et 1956 à la Panoras Gallery, il se réinscrit à Columbia l'année suivante pour y suivre des cours d'Histoire de l'art. De 1959 à 1965, il publie régulièrement dans *Art News,* puis *Arts Magazine,* des critiques et comptes rendus d'expositions, portant une attention particulière aux travaux des jeunes artistes de sa génération (Oldenburg, Morris, Chamberlain, Stella et Flavin, notamment). Écrit en 1964 lors de sa première exposition à la Green Gallery et publié en 1965, son célèbre article « Specific Objects » résume la réflexion et le travail des artistes connus sous le nom de « Minimalistes » (Judd n'emploie pas ce terme un peu simpliste) : ni peinture, ni sculpture, l'art récent est un « objet spécifique » tri-dimensionnel s'inscrivant dans l'espace réel, une structure dans laquelle couleur, forme et surface sont parfaitement intégrées et où l'ordre est non relationnel. Toute idée de mouvement ou de gestualité — chère à l'expressionnisme abstrait — est donc exclue au profit d'un pur jeu de règles définissant une série de formes modulaires. En faisant éclater la notion d'objet discret et autonome de la sculpture traditionnelle, Judd remet en cause les catégories usuelles de l'art (peinture/sculpture), mais aussi la fonction de l'artiste/auteur, en confiant la réalisation de ses pièces à une entreprise industrielle.

D. Judd, Complete Writings 1959-1975, Halifax, The Press of the Nova Scotia College of Art and Design, 1975; D. Del Balso, R. Smith, B. Smith (DSS). *Catalogue raisonné of Paintings, Objects and Wood-Blocks, 1960-1974,* in cat. *Donald Judd,* Ottawa, The National Gallery of Canada, 1975; cat. *Donald Judd, Drawings 1956-1976,* Bâle, Kunstmuseum, 1976.

☐ *Sans titre* (pile), 1973

Cette œuvre appartient à la série des arrangements et progressions sérielles produite par Judd à partir de 1966, après la première exposition de boîtes en métal chez Castelli. Boîtes et cubes, posés au sol ou fixés au mur en suivant une stricte progression géométrique, sont fabriqués industriellement. Les « piles » réalisées en de très nombreux exemplaires, variantes d'une structure établie en 1966, existent en deux tailles : les petites (15,2 × 68,6 × 61 cm) et les grandes (23 × 101,6 × 78,7 cm). Le nombre d'unités (variant de 6 à 10) utilisées dans une installation donnée dépend aussi de la hauteur du plafond. L'intervalle entre deux éléments doit être égal à la hauteur d'un élément (15,2 ou 23 cm). Enfin, les matériaux diffèrent : acier laminé, tôle galvanisée, aluminium, cuivre ou laiton. Certains de ces matériaux sont recouverts de peinture émaillée ou de laque, posées au pistolet, ou encore de plexiglas de couleur, translucide ou opaque. Les formes et l'agencement spécifiques de cette pièce furent utilisés la première fois en 1969 et réalisés en acier inoxydable et plexiglas vert sur trois côtés (DSS. 187, Detroit Institute of Art). Il en existe trois variantes : une en plexiglas bleu, 1970 (DSS. 208, Musée de Pasadena), une en plexiglas violet, 1970 (DSS. 222, coll. Ph. Durand-Ruel, Paris) et celle du MNAM en plexiglas rouge (DSS. 289). C.D.

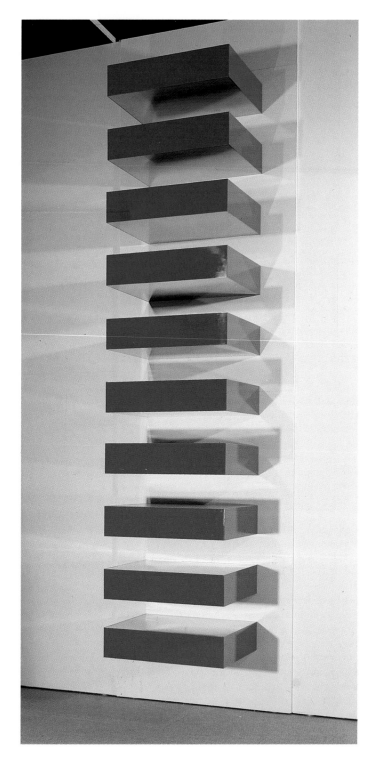

Sans titre (pile), 1973
acier inoxydable et plexiglas rouge devant et sur les côtés
10 unités de 23 × 101,6 × 78,7 chacune
avec intervalles de 23 cm
achat de l'État 1973, attr. 1980
AM 1980-412

Vassily Kandinsky
1866-1944

Bourgeois russe aisé, Kandinsky décide de se consacrer à la peinture à un âge avancé. En 1896, il s'installe à Munich pour y apprendre les techniques académiques. Jusqu'en 1906, son intérêt est celui d'un dilettante sensible au *Jugendstil* et aux théories parisiennes du néo-impressionnisme. Il fonde une académie libre, *Phalanx,* où il rencontre Gabriele Münter, voyage en Hollande, en Tunisie, séjourne à Rapallo en Italie et à Paris où il montre de petits paysages, des gravures sur bois et de grandes peintures à la détrempe. De retour à Munich, il passe l'été dans un petit village, Murnaü; là, il se lie avec deux artistes russes, Alexis von Jawlensky et Marianne von Werefkin, avec lesquels il s'associe en 1909 pour fonder la *Neue Künstlervereinigung München,* une société d'exposition. Ayant enfin trouvé le cadre géographique et humain où il peut développer ses dons, Kandinsky démontre, en théorie et en pratique, ses intuitions plastiques sur l'intégration des arts. Il écrit des compositions scéniques, jette les notes pour *Uber das Geistige in der kunst (Du Spirituel dans l'art)* et donne à l'art primitif et populaire une place qui jusqu'ici ne lui avait jamais été reconnue. Kandinsky affronte désormais de grands formats en peinture, passe rapidement des derniers paysages allusifs à des représentations totalement imaginaires sans repères réels. En décembre 1911, avec Franz Marc, il organise la première exposition de la rédaction de l'*Almanach du Blaue Reiter* où il radicalise ses théories et affirme, par des toiles de plus en plus grandes comme la *Composition V,* la dissociation de la peinture de la nécessité du sujet. En 1912, grâce aux éditions de l'*Almanach du Blaue Reiter, de Klänge,* ses découvertes plastiques parviennent à la notoriété et scandalisent toute l'Allemagne. En 1913, pour répondre aux réactions xénophobes de la presse allemande, Kandinsky publie à Berlin, aux éditions de la galerie Der Sturm, une justification, *Rückblicke,* ainsi que des commentaires sur ses réalisations picturales les plus récentes, *Composition VI, Composition VII* et le *Tableau à la bordure blanche,* qui sont de véritables manifestes de ce que, plus tard, on appellera l'art abstrait.

La déclaration de la Première Guerre mondiale met fin à cette incroyable découverte plastique dont l'influence est immédiate en Allemagne et en Russie. Citoyen (d'honneur) du tsar, Kandinsky doit rentrer à Moscou où il séjourne de 1914 à 1921. Ce sont des années troubles, période de crises personnelles — adieux à Gabriele Münter à Stockholm en 1916 et mariage avec Nina Andrevskaia la même année — et de crise d'identité nationale avec les deux révolutions consécutives de 1917 qui précipitent la ruine de sa fortune personnelle. Il participe bientôt à diverses commissions artistiques; en tant que responsable des acquisitions pour les nouveaux musées en cours de création, il fait acheter nombre de ses œuvres qui pourraient être la gloire des musées soviétiques si elles y étaient plus souvent exposées. Mais sa pensée n'est plus d'actualité: la synthèse des arts s'avère trop élitiste, trop conservatrice pour avoir encore un sens dans un monde où tout s'est évanoui et où de jeunes artistes, authentiquement russes, c'est-à-dire non revenus de Paris ou d'Allemagne, prétendent tout rebâtir.

Après avoir négocié son retour en Allemagne, Kandinsky accepte l'invitation que lui fait l'architecte Walter Gropius de venir s'associer à l'équipe des professeurs du Bauhaus. Établi à Weimar de 1922 à 1925, puis à Dessau de 1925 à 1932, enfin à Berlin jusqu'en 1933, Kandinsky suit le destin de l'école, essayant de la préserver de toute contamination marxiste et de toute velléité d'un art collectif. Ses obligations d'enseignement entravent le développement de sa production picturale. Il expose à Berlin et ce n'est que vers 1929, à la faveur de ses relations amicales avec Christian Zervos, qu'il s'inquiète de montrer son travail à Paris. En 1933, se sentant menacé par les mesures nazies — leur condamnation de l'art moderne sous le vocable « entartete Kunst » (art dégénéré) — Kandinsky décide de s'exiler momentanément près de Paris, à Neuilly-sur-Seine; en 1939, il deviendra citoyen français. Après 1942, il n'exécute que de petites

compositions hybrides entre la gouache et la peinture à l'huile sur carton. Il meurt en décembre 1944, sans avoir connu en France une claire reconnaissance de son œuvre.

W. Grohmann, *Kandinsky, sa vie, son œuvre,* Paris, Flammarion, 1958; H.K. Rœthel et J.K. Benjamin, *Catalogue raisonné de l'œuvre peint 1900-1915, 1916-1944,* Paris, Flinker, 1982-1983; cat. *Kandinsky in Munich 1896-1914,* New York, The Guggenheim Museum, 1982, par P. Weiss, C.E. Schorske, P. Jelavich; repris en allemand, *Kandinsky und München, Begegnungen und Wandlungen 1896-1914,* Munich, Prestel verlag, 1982, et augmenté des textes de S. Ringbom, J. Langner et A. Zweite; cat. *Kandinsky : Russian and Bauhaus Years,* New York, The Guggenheim Museum, 1983, par C.V. Poling; repris en allemand, *Kandinsky Russische Zeit und Bauhausjahre 1915-1933,* Berlin, Bauhaus Archiv, 1984, et augmenté des textes de P. Hahn, M. Droste et C.W. Haxthausen; cat. *Kandinsky in Paris, 1934-1944,* New York, The Guggenheim Museum, 1984, par C. Derouet, V. Endicott Barnett; repris en italien, *Kandinsky a Parigi, 1934-1944,* Milan, Mondadori, 1985, et augmenté d'un texte de C. Derouet, « Kandinsky : diario italiano 1932-1940 »; C. Derouet et J. Boissel, *Kandinsky, œuvres de Vassily Kandinsky, 1866-1944* (collections du MNAM), Paris, Centre G. Pompidou, 1984.

Ce n'est qu'à la suite de l'hommage posthume que lui rend en 1945 la galerie René Drouin que le nom de Kandinsky devient nécessairement associé à la faveur grandissante en France de l'abstraction. Les institutions allemandes, pour mieux faire oublier les autodafés nazis, lui reconnaîtront, à juste titre, une importance nationale après la révélation du legs de Gabriele Münter en faveur du Musée du Lenbachhaus à Munich en 1957. Mais il faut attendre 1963 pour que le public français soit, à son tour, à même d'apprécier la portée hors du commun de son œuvre, avec la rétrospective itinérante organisée par le Solomon R. Guggenheim Museum, enrichie de dix prêts exceptionnels des musées soviétiques.

Grâce aux libéralités successives de Nina Kandinsky, veuve de l'artiste — don manuel de 1966, donation de 1975 pour l'ouverture du Centre G. Pompidou et, surtout, le très important legs de 1980 — le Musée national d'art moderne est devenu un des principaux dépositaires de l'œuvre, des écrits et des archives de cette personnalité artistique internationale. Sont ainsi entrés dans le patrimoine français des incunables de l'art du 20ᵉ siècle, comme *Avec l'arc noir* et *Dans le gris,* des centaines d'aquarelles, de dessins, de gravures et, à une époque où la documentation sur une œuvre est jugée indispensable, sa collection personnelle de lettres, de photographies, d'œuvres d'autres artistes, qui gratifient le Musée d'un panorama exceptionnel sur

Le Parc de Saint-Cloud, allée ombragée, [1906]
huile sur toile
48 × 65
legs Nina Kandinsky, 1981
AM 1981-65-21

296

Paysage à la tour, 1908
huile sur carton
75 × 98,5
donation Nina Kandinsky, 1976
AM 1976-849

Improvisation III, 1909
huile sur toile
94 × 130
donation Nina Kandinsky, 1976
AM 1976-850

Schwabing — le quartier des artistes à Munich —, sur l'Allemagne du Bauhaus et sur les années 30 parisiennes.

□ *Paysage à la tour*, 1908
La tour est celle d'une brasserie dans l'environ immédiat du village de Murnau. Rien de pittoresque dans cette excroissance architecturale qui surmonte des frondaisons banales. Toutes les études de paysage que Kandinsky ne cesse de peindre depuis ses débuts ont en commun cette absence d'attrait dans le choix du motif. Ce qui l'émeut n'est point le reconnaissable : déjà les sous-bois ombragés du *Parc de Saint-Cloud*, [1906], n'appartenaient plus au genre des vues topographiques à la mode; choisissant un cadrage arbitraire qui lui est entièrement personnel, il désirait en réalité y traduire sa sensation, donnant la priorité à l'atmosphère du lieu beaucoup plus qu'à ses éléments précis. Jusqu'à son retour à Paris en 1907, Kandinsky pratique une touche divisionniste proche de celle des pointillistes. Dans le *Paysage à la tour* (Rœthel n° 220), non seulement il élargit son coup de brosse, jouant de couleurs violemment contrastées, mais adopte des formats plus importants qui indiquent l'abandon du travail en plein air pour le retour définitif au travail en atelier, celui de la nécessaire référence à la réalité pour un plus grand profit de liberté d'expression. Entre l'esquisse (New York, The Guggenheim Museum) et cet état définitif, il n'y a que des différences superficielles : tout ce qu'il serait tentant de prendre pour l'expression d'un lyrisme spontané est en réalité testé, conceptualisé sur l'élément préparatoire. L'abandon des dernières conventions du paysagiste s'effectue au profit d'un lyrisme cosmique : ciel et terre se confondent, les nuages flottent aussi bien sur l'azur que sur le vert des arbres, une même densité charge le ciel et la terre. C'est principalement cette lévitation arbitraire qui permet de distinguer les paysages éclatants des peintres de la *Neue Künstlervereinigung* de Munich de ceux des peintres de la *Brücke* ou des Fauves français.

□ *Improvisation III*, 1909
Dans cette toile de grand format (Rœthel n° 276), les éléments sont encore aisément discernables *Reiter über der brücke* : en effet, un cavalier monte un cheval — arc vert se détachant sur le rectangle jaune d'une façade — qui se cabre au-dessus de l'arche blanche d'un pont. A gauche, deux figures, peintes en vert, renvoient également au monde symboliste qui est une des origines identifiables de la peinture de Kandinsky. Mais ce ne sont pas les réminiscences figuratives, aussi estompées soient-elles, qui donnent sens à cette toile, mais le degré d'abstraction auquel l'artiste prétend réduire la composition.

□ *Impression V (Parc)*, 1911
Le double titre est une clé pour la compréhension de cette toile que l'on pourrait considérer parmi les premières réussites d'un art abstrait, si n'y subsistaient plus des références infimes à un réel de convention. Kandinsky innove lorsqu'il entend donner des titres aseptisés pour qualifier ses paysages « émancipés »; pour mieux classer ceux-ci, il procède, en effet, à une distinction entre des « Impressions », des « Improvisations » et des « Compositions » qui, elles, sont de grands formats et résultent de pures spéculations conceptuelles mûries avec lenteur. Dans une même série, il adopte encore une numération chronologique qui achève d'effacer toute référence à l'élément initial d'où était parti son travail. Dans *Impression V* (Rœthel n° 397), la cinquième donc d'une série de six, toutes de 1911, cet élément reste indiqué entre parenthèses, par une allusion évasive au Jardin anglais de Munich : c'est ce simple mot « parc » qui induit à lire, dans les signes noirs qui flottent indépendamment des taches de couleurs, les profils silhouettés d'un cavalier et d'une cavalière et de deux personnages assis sur un banc. Le mobile de Kandinsky n'est assurément pas de proposer au spectateur une devinette à travers cette allusion, mais de définir une plastique qui soit celle de l'effusion : essayer de

Impression V, 1911
(Parc)
huile sur toile
106 × 157,5
donation Nina Kandinsky, 1976
AM 1976-851

298

Avec l'arc noir, 1912
huile sur toile
189 × 198
donation Nina Kandinsky, 1976
AM 1976-852

communiquer sa sensation, l'« impression » éprouvée par lui-même et restituée par la fusion des éléments propres de la composition. En privant le public non seulement des références visuelles, mais aussi du garde-fou que constitue un titre descriptif, Kandinsky l'abandonne ainsi dans le plus grand désarroi, devant des surfaces de toiles de plus en plus grandes, couvertes de taches de couleurs de plus en plus vives. On cria à la supercherie quand cette *Impression V* fut présentée au Salon des Indépendants à Paris en 1911, et on se gaussa de ce « Radinsky. Sensation n° 629. Microbe de la peinture (grossi 1 000 000 de fois) ».

□ *Dans le cercle,* 1911
Les œuvres de la période 1908-1914 de Kandinsky ont été souvent rapprochées des prouesses de l'art du signe, du geste, de cette calligraphie qui connut de rares réussites après la Seconde Guerre mondiale, aussi bien à Paris qu'à New York. A cette époque, on ne connaissait pourtant pas encore les carnets d'ébauches et toutes les notes préparatoires jetées sur le papier par Kandinsky avant d'entreprendre une peinture; de même, on ne pouvait estimer l'importance de son œuvre graphique, avec des centaines de tempera, d'aquarelles et de gouaches qui doivent être considérées comme des œuvres se suffisant à elles-mêmes (leur corpus est en cours), telle cette exceptionnelle aquarelle *Dans le cercle*.
Dans et autour d'un cercle magique s'inscrivent — réminiscences des paysages célestes — des lignes de forces qui renvoient aux « troïka », système de signes fréquent du vocabulaire graphique de Kandinsky. Il faut souligner l'extraordinaire hardiesse de ces taches et de ces lignes totalement informelles. L'œuvre est également remarquable par la prémonition qu'elle apporte des grandes toiles inscrites dans des ovales et des cercles, les fameuses toiles à bordure blanche (1913) ou verte (1920). Il s'agit, pour le peintre, de dépasser les trop physiques dimensions (hauteur et largeur) du plan du papier, pour accéder à un monde de convention personnelle où il puisse s'isoler, comme ici, de part et d'autre d'un cercle, s'inscrivant tantôt à l'intérieur, tantôt à l'extérieur de cette délimitation symbolique.

□ *Avec l'arc noir,* 1912
Sans aucun doute l'œuvre la plus importante du fonds Kandinsky, *Avec l'arc noir* (Rœthel n° 436), par ses incessants voyages autour du monde après la Seconde Guerre mondiale, est devenue le symbole même de la peinture de Kandinsky. Si elle se justifie à la fois par la taille somme toute « hors format » de ce « presque carré » et par l'exemplarité de la démarche abstraite, cette fortune exceptionnelle n'existait cependant pas du vivant de Kandinsky : après sa première présentation à l'exposition *Kandinsky* au Sturm de Berlin en 1912, la toile est restée en possession de Gabriele Münter jusqu'en 1926 (date à laquelle elle est déposée pour un temps au König Albert Museum de Zwickau), passée sous silence par Kandinsky lui-même qui la jugeait dépassée. Elle ne réapparut officiellement et réellement que lors de l'exposition *Origines et développements de l'art international indépendant* au Jeu de Paume en 1937.
On lie habituellement *Avec l'arc noir* à la série d'œuvres sur le thème du cataclysme, de l'affrontement « dissonant » de forces contraires, sans pourtant qu'aucune référence, comme c'était le cas pour la *Composition VI,* induise à le faire. On a, par ailleurs, cherché à expliquer l'importance de ce grand signe noir qui est à l'origine du titre et qui marque l'entière surface de la toile; l'évocation de la troïka est trop habituelle au lyrisme de Kandinsky pour qu'on ne puisse y voir avec quelque plausibilité le joug du harnachement de cet attelage folklorique, lié au silence des étendues enneigées (le mot *douga :* joug apparaît dans le titre russe inscrit par Kandinsky; mais ce ne sont là qu'interprétations).

Dans le cercle, 1911
aquarelle, gouache et encre de Chine sur papier
48,9 × 48,5
legs Nina Kandinsky, 1981
AM 1981-65-92

300

A cette composition fait naturellement écho une autre grande toile de la collection, *Dans le gris,* 1919, dont le titre comporte la même référence à un arc noir; toutes deux présentent également un angle gauche écorné par un signe, indiquant que l'espace de la peinture n'adhère pas complètement à la surface de la toile sur laquelle elle est peinte.

Dans *Avec l'arc noir,* aucune trace de l'espace fondé sur la perspective traditionnelle : la peinture n'a ni haut, ni bas, sinon ceux donnés arbitrairement par Kandinsky qui, selon son habitude, charge plus le haut que le bas, créant ainsi une impression de déséquilibre. Parce qu'à cette date le peintre entretenait des rapports avec Robert Delaunay à Paris, on n'a pas manqué en France de rapprocher cette composition étrange des réussites de l'orphisme et de classer superficiellement les découvertes plastiques de Kandinsky dans les séquelles du cubisme; la critique demeurait complètement désemparée devant les nouvelles possibilités d'une peinture qui n'avait pour finalité qu'elle-même et dont les nomenclatures qualificatives ne seront trouvées que vingt ans plus tard.

□ *Jugement dernier,* [1912]

Les réminiscences symbolistes sont toujours latentes. Pour mieux détourner la peinture des servitudes réalistes dans lesquelles nombre d'artistes la confinaient encore, Kandinsky emprunte largement sa thématique à la mystique, que ce soit celle du *Jardin céleste* ou, au contraire comme dans cette petite œuvre (Rœthel n° 447), du châtiment ultime réservé par Dieu à ceux qui n'ont pas su faire la part du spirituel dans leur vie. Kandinsky associe le *Jugement dernier* au *Déluge.* Seuls les amoureux, représentés en silhouettes en bas à droite, sont épargnés des naufrages et cataclysmes qui engloutissent ville haute et barques des fuyards, sous la clameur des trompettes des anges annonciateurs de la colère divine.

Persuadé que les simples artisans parviennent mieux à exprimer authentiquement des aspirations spirituelles, Kandinsky adopte une technique populaire, d'usage fréquent dans les villages de Bavière pour peindre les ex-voto : le fixé sous verre. Et, attentant au respect

dans lequel était tenue la peinture de chevalet, il ne se privera pas de présenter sur le même pied ses toiles et ses fixés sous verre (dont il enjolive les cadres de touches de peinture), dans des expositions aussi prestigieuses que la première du *Blaue Reiter* à Munich en 1911 et celle du *Sturm* à Berlin en 1912. Ces « enluminures » étaient porteuses, aux yeux de ses contemporains, des mêmes menaces que celles que devait présenter plus tard les manifestations de l'« art brut ».

☐ *Simple,* 1916
De 1914 à 1916, de retour à Moscou, Kandinsky mène une activité artistique sporadique. Il est sans commande, sans atelier, sans possibilité d'exposer, et se contente d'accumuler, sous formes de croquis et d'aquarelles, des idées de compositions à venir. Ignoré pendant de longues années, ce travail mineur est une des principales révélations du fonds Kandinsky parisien : 90 pièces sur papier y sont recensées, souvent d'une extraordinaire qualité, comme cette aquarelle. C'est sous la simple mention « aquarelle » que Kandinsky la publia dans sa monographie *Texte de l'artiste* (Moscou, 1918); son titre actuel, apparu en 1925 à l'occasion de l'exposition d'Erfurt, insiste précisément sur la qualité de concision qui en fait une sorte d'incunable de

la calligraphie abstraite. Car, s'il s'agit vraisemblablement d'un paysage imaginaire (où l'exégète distinguera encore des montagnes), elle constitue un des plus beaux plaidoyers pour la poésie d'une simple ligne, d'une simple tache de couleur.

☐ *Dans le gris,* 1919
Malgré la présentation à Paris en 1979 de nombreux tableaux provenant des musées soviétiques, il reste difficile de porter un véritable jugement de valeur sur la production picturale de Kandinsky de 1918 à 1921, si sévèrement attaquée par El Lissitzky et considérée trop souvent comme une période de transition. Quelques-unes des plus grandes toiles *(Flottements aigus, La Bordure verte,* toutes deux de 1920) ne sont plus connues que par de médiocres photographies : la présence au Musée de *Dans le gris* (Rœthel n° 663) — la toile la plus grande en taille de l'année 1919 et certainement, malgré le jugement négatif que lui portait Grohmann, la plus accomplie (elle figurait en place d'honneur à la dernière rétrospective de Kandinsky à Moscou en 1920) — n'en devient que plus précieuse. On a déjà souligné la parenté thématique qui la lie à *Avec l'arc noir.* Kandinsky élabore ici la synthèse des paysages merveilleux et des cataclysmes d'avant-guerre, procé-

Dans le gris, 1919
huile sur toile
129 × 176
legs Nina Kandinsky, 1981
AM 1981-65-43

302

dant par accumulation, comme l'on peut s'en rendre compte à travers le dessin et l'aquarelle préparatoires (fonds Kandinsky); lui-même l'écrira en 1936 à H. Rebay : « *Im Grau* est la conclusion de ma dramatique période, celle où j'accumulais tellement de formes ». Les ajouts, les transparences multiplient les possibilités de lecture. En 1924, Vantongerloo, dans son essai *L'Art et son avenir,* comparait déjà le pathos splendide de cette composition à un chef-d'œuvre maniériste de Breughel l'Ancien : *Dulle Griet.*

☐ *Panneau principal de la maquette pour l'exposition de la Juryfreie,* 1922
A son arrivée à Weimar, Kandinsky est chargé d'enseigner la peinture murale aux élèves du Bauhaus. Malgré les panneaux pour le Salon d'Edwin R. Campbell en 1914 et la grande peinture décorative réalisée en 1916 à Akthyrka pour les Abrikosoff, rien ne le préparait à une telle spécialisation. De la décoration définitive exécutée avec la collaboration de ses élèves sur des immenses rectangles de toile, il ne reste plus que le témoignage de deux photographies; à comparer avec les maquettes des quatre parois et des quatre panneaux d'angle, exécutées à la gouache, qui sont entrées dans le Fonds Kandinsky, il apparaît clairement que les panneaux définitifs avaient perdu en improvisation. Compte tenu de l'imprécision des indications portées par Kandinsky sur ces maquettes, toute reconstitution à l'identique ne pouvait qu'être une nouvelle interprétation. C'est ce qui fut tenté en 1976 lors de l'ouverture du Centre Georges Pompidou, pour servir de salle de réception au Musée, suivant l'idée même de Kandinsky qui avait proposé cet ensemble décoratif comme l'entrée idéale d'un musée d'art moderne à l'exposition de la *Juryfreie,* à Berlin en 1922.

Tableau XVI, La grande porte de Kiev, 1928
aquarelle et encre de Chine
21,3 × 27
legs Nina Kandinsky, 1981
AM 1981-65-133

Panneau principal de la maquette pour l'exposition de la Juryfreie, 1922
gouache sur papier noir
34,7 × 60
donation Nina Kandinsky, 1976
AM 1976-885

On y retrouve les déflagrations cosmiques hautes en couleurs multiples des compositions peintes à Moscou et qui se détachent sur un fond noir. Les éléments pleinement géométriques, caractéristiques de la production de Kandinsky au cours des premières années du Bauhaus, restent peu nombreux, mais le hiératisme des formes, d'ailleurs plus sensible dans l'expression finale installée à Berlin, s'y trouve déjà affirmé. Cette cristallisation précoce du vocabulaire kandinskien, bientôt codifié dans son ouvrage *Point Ligne Plan* édité en 1926, s'explique partiellement par l'influence possible exercée sur lui par les constructivistes russes qui n'avaient pas ménagé leurs critiques sur les thèmes et le style « décadent » de Kandinsky.

☐ *Tableau XVI, La grande porte de Kiev,* [1928]
Le Musée a hérité d'une suite de 16 dessins et aquarelles conçus par Kandinsky pour la mise en scène de l'œuvre pour piano de Modest Moussorgsky, *Tableaux d'une exposition.* Ce spectacle « synthèse des arts » fut monté au Friedrich Theater à Dessau en 1928 avec le concours de Félix Klee qui annota la partition musicale des mouvements et de la machinerie nécessaire à sa présentation. Il s'agissait donc d'une prestation du Bauhaus, mais extra muros. L'animation humaine était réduite à l'intervention de deux danseurs. L'intérêt essentiel du spectacle résidait donc dans le mouvement de formes géométriques du décor soumises à un jeu d'éclairage. Le spectacle, bien reçu par la presse, fut plusieurs fois repris.
La grande porte de Kiev est, de toute cette suite, l'aquarelle certainement la moins abstraite. Sous les astres, on reconnaît l'image mystique de Moscou, la ville aux innombrables coupoles, avec le Kremlin juché

sur un promontoire escarpé, que l'on retrouve dans maintes compositions anciennes de Kandinsky, et notamment la série des *Klein Freuden (Petites Joies)* de 1913, reprise en 1924 dans *Rückblick (Regard sur le passé).* Avec l'exaltation de la patrie perdue, de cette Russie du 19e siècle, cette œuvre révèle, malgré le modernisme des triangles et des cercles repassés à l'encre de Chine, la nostalgie d'une conception des arts plastiques elle aussi perdue, cette fameuse synthèse des arts souhaitée vers 1913 mais jamais réalisée, malgré la forme presque aboutie de *Gelbe Klänge (Sonorité jaune),* publiée par Kandinsky dans l'Almanach du *Blaue Reiter* en 1912.

☐ *Jaune-Rouge-Bleu,* 1925
En 1925, le Bauhaus quitte Weimar pour Dessau. La peinture de Kandinsky cesse d'être rigoureusement géométrique; la ligne courbe, les dégradés de couleur nuancent à nouveau ses compositions. Dans *Jaune-Rouge-Bleu* (Rœthel n° 757) l'artiste synthétise, par l'opposition de deux parties — lignes géométriques à gauche, formes libres à droite —, la bipolarité de ses recherches dont il accentue ici le déséquilibre, poursuivant l'exploration d'une esthétique de la complexité. Cette grande toile, de format inhabituel pour la période du Bauhaus, est la transposition des théories qu'il professe alors et qu'il achève de formuler dans son essai *Punkt und Linie zu Fläche: Beitrag zur Analyse der Malerischen Elemente (Point, Ligne et Plan: Contribution à l'analyse des éléments picturaux).* Il s'agit moins de justifier un éventuel retour en arrière que de tenter d'ouvrir à la peinture non figurative les possibilités d'un système formel moins sclérosé que celui du cercle et du carré, où les néo-plasticiens (venus du Bauhaus)

Jaune-Rouge-Bleu, 1925
huile sur toile
128 × 201,5
donation Nina Kandinsky, 1976
AM 1976-856

304

comme les constructivistes russes semblaient faire sombrer l'abstraction. La prééminence des couleurs primaires jaune, rouge, bleu, qui sont ici « mélangées » au noir et au blanc, s'oppose également avec provocation à l'atonie du couple exclusif blanc/noir de Malévitch ou de Mondrian. L'évolution de Kandinsky devait surprendre plus que convaincre étudiants et amateurs.

□ *La Ligne blanche,* 1936

C'est par cette petite gouache modeste, destinée certainement aux très rares amateurs parisiens, que l'œuvre de Kandinsky entre dans les collections publiques françaises. Cet achat timide, réalisé à la galerie Jeanne Bucher par André Dézarrois pour le Musée des Écoles étrangères du Jeu de Paume en 1937, rendit confiance à Kandinsky, très marqué par le retrait de ses œuvres des musées allemands et leur condamnation par les expositions de l'*Entartete Kunst* à Munich. Gouache phosphorescente sur fond noir, suivant un procédé « à effet » immédiat qui avait valu autrefois à Kandinsky d'être remarqué au Salon d'Automne, *La Ligne blanche* révèle bien le parti esthétique adopté depuis son installation à Neuilly : on y trouve en évidence la ligne courbe dominante et les références formelles à l'univers des cellules et de l'embryologie.

□ *Bleu de ciel,* 1940

Le titre même l'indique, Kandinsky privilégie dans cette huile (Rœthel n° 1111) le fond bleu sur les formes qui l'animent, et ce serait une erreur de s'amuser à détailler cette faune microscopique, ces petits êtres conviés à la fête, en complète lévitation, ni ascendante, ni descendante, qui sont en réalité des taches vibrionnesques de multiples couleurs suspendues dans le vide. On a déjà souligné les rapports Kandinsky/Miró et Kandinsky/Arp, pour expliquer l'évolution de sa peinture par l'influence qu'auraient exercé sur lui ses jeunes et rares amis : il y a certainement des similitudes entre les *Constellations* contemporaines de Miró (auquel Kandinsky, avec les Magnelli, rend visite à Varengeville) et ce *Bleu de ciel,* peinture « tour d'ivoire » d'un monde allègre, clos sur ses propres joies en regard des années sombres de la Seconde Guerre mondiale.

Les œuvres de Kandinsky qui appartiennent à ce qu'on appelle de façon pratique « l'époque parisienne », apparaissent appliquées, décoratives; certaines manquent d'inspiration, mais au moins une vingtaine, comme *Bleu de ciel,* sont de purs chefs-d'œuvre de fantaisie et de renouvellement plastique.

La Ligne blanche, 1936
gouache et tempera sur papier noir
49,9 × 38,7
achat 1937
J de P. 829

Bleu de ciel, 1940
huile sur toile
100 × 73
donation Nina Kandinsky, 1976
AM 1976-862

□ *Accord réciproque*, 1942

Sous l'Occupation, rares étaient les peintres qui continuèrent à pratiquer ce que par convention on appelle abstraction. Kandinsky était l'un d'eux et persévérait à montrer le fruit de son travail dans les petites salles de la galerie Jeanne Bucher, boulevard de Montparnasse. Ce n'étaient que de très modestes manifestations qui laissèrent peu de traces dans la presse : les journaux se faisaient rares et il n'était pas recommandé de parler de cet « art dégénéré » qui, paradoxalement, ne trouvait preneur que parmi des occupants au goût raffiné. Il était, par ailleurs, difficile de se ravitailler en matériel auprès des marchands de couleur, circonstance qu'il faut également connaître pour apprécier pleinement *Accord réciproque* (Rœthel n° 1125) qui est le plus grand format (80 F) des dernières toiles peintes par Kandinsky.

La composition, comme l'indique son titre, réside en un problème d'équilibre précaire. Comme à l'ordinaire, Kandinsky a chargé la partie haute de la toile de deux grandes formes affrontées, qui laissent le centre vide. Une multitude de petits éléments — certains géométriques, d'autres amorphes, plus cellulaires, comme le semblant d'embryon qui occupe le centre de la composition — démultiplient les points de focalisation. La couleur semble délibérément éteinte : une série de dégradés de gris, de rose, de crème, qui interfèrent les uns sur les autres par transparence. C'est un art appliqué et compliqué qui devait rester longtemps sans amateur, mais susciter récemment de nouvelles exégèses, non de la part des critiques ou des historiens d'art, mais de quelques-uns des artistes contemporains les plus importants outre-Atlantique.

Ch.D.

Dans tous ses catalogues, On Kawara publie, en guise de biographie, le nombre de jours de sa vie à la date de l'ouverture de l'exposition. Toute son œuvre est ainsi fondée sur le système et sur le temps. Ses premières œuvres, réalisées alors qu'il vit encore au Japon, représentent des scènes d'enfermement (série de dessins sur la salle de bains, 1954) assez violentes et angoissantes, bien dans l'esprit de la peinture d'après-guerre au Japon. Les premières œuvres de nature conceptuelle datent de 1964-1965. Elles représentent des codes de couleurs ordonnées en séquence, des indications textuelles ou simplement des mots isolés dans la feuille, des indications de longitude et de latitude. A partir de 1966, Kawara, qui vit alors à New York, commence une série, les peintures de dates, intitulée : *Aujourd'hui, 1966...* Chaque peinture porte, en outre, un sous-titre (le jour de la semaine). Ce travail, qu'il va désormais poursuivre systématiquement, consiste à inscrire sur une toile de format variable (petit en général) en blanc sur un fond de couleur (souvent noir) le jour où la peinture est exécutée. Une fois terminée, celle-ci est placée dans une boîte en carton, accompagnée d'une feuille d'un journal quotidien issu du lieu où la peinture a été réalisée. Entrent en jeu, dans la fabrication de chaque peinture (soigneusement exécutée à la main), le temps d'exécution, ainsi que l'environnement géographique et politique indiqué par la langue employée et les titres des journaux. Les trois œuvres que possède le Musée datent des 14, 15 et 16 août 1975 et ont été exécutées à New York (elles sont accompagnées de coupures du *New York Times*). Les peintures de dates ne sont qu'un des aspects de l'art très complexe et totalement codifié de Kawara, qui se sert également de la poste pour diffuser des informations systématiques et quotidiennes : *I got up, I am still alive,* et qui réunit, dans des classeurs, le journal accompagnant les peintures de dates, les échantillons de couleur et les photographies figurant l'environnement de l'artiste. Rigoureuse réflexion sur le temps, cet art pose de manière tout à fait personnelle la question fondamentale : comment continuer à peindre ? La démarche conceptuelle d'On Kawara est sans doute l'une des plus représentatives de cette forme d'art si importante dans les années 1960-1970.

A.P.

Cat. *On Kawara, Continuity/Discontinuity, 1963-1979*, Stockholm, Moderna Museet, 1980.

Accord réciproque, 1942
huile et ripolin sur toile
114 × 146
donation Nina Kandinsky, 1976
AM 1976-863

Série Aujourd'hui, 1966... (Jeudi)
peinture, liquitex sur toile, 25,8 × 33,3
boîte en bois contenant des coupures du *New York Times*
achat 1977
AM 1977-545

Ellsworth Kelly
1923

Ellsworth Kelly est né près de New York. C'est en France, où il arrive en 1948 pour y rester six ans, que va naître son œuvre de peintre abstrait. Il découvre les derniers *Nymphéas* de Monet dans l'atelier même du grand impressionniste et rend visite à Brancusi, Arp et Vantongerloo encore présents à Paris. Kelly construit alors des reliefs, il s'inspire souvent de photographies qu'il a lui-même prises dans les rues de Paris pour les retranscrire abstraitement *(Fenêtre, Musée d'art moderne, Paris, 1949, Saint-Louis, 1950)*. Durant ces mêmes années, Kelly commence à associer de petites toiles monochromes qui marquent une approche très nouvelle et toujours monumentale de la peinture géométrique. Pensés par rapport à l'architecture — et donc à l'espace — ces projets colorés s'inspirent aussi bien de la leçon de Mondrian que de celle de Matisse et de ses gouaches découpées. L'œuvre de Kelly va rester, après son retour aux États-Unis en 1954, fidèle à l'esprit de ces premières œuvres. Il en développera le format, jouera sur la découpe de la toile, sur son rapport au mur qui l'amènera d'ailleurs à faire bientôt usage des trois dimensions. Depuis les années 70, en effet, l'œuvre de Kelly se développe à la fois en grands champs colorés, découpés, peints uniformément, et en panneaux d'acier aux formes également très spécifiques accrochés au mur ou disposés dans l'espace.

J. Coplans, *Ellsworth Kelly*, New York, ed. Harry N. Abrams, 1971; cat. *Ellsworth Kelly, peintures et sculptures 1968-1979*, Paris, MNAM, Centre G. Pompidou, 1980.

□ *Dark Blue,* 1985
Forme inédite dans l'œuvre de Kelly, ce rectangle étiré aux quatre coins offre au regard une tension remarquable. Les courbes formées par chacun des bords appellent un espace imaginaire à l'échelle immense. Le contraste que Kelly trouvait auparavant dans le choc de deux couleurs correspondant à deux formes précises *(Yellow Red Curve*, 1972, MNAM) est ici celui de la forme unique opposée au mur. Il est impossible de considérer la couleur seule en omettant la forme dans laquelle elle s'inscrit. Pour cette configuration symétrique et calme (Kelly emploie souvent des découpes plus agressives aux angles durs), le peintre a opté pour un ton profond et dense.   A.P.

Dark Blue, 1985
acrylique sur toile
246 × 281,5
achat 1985
AM 1985-482

Zoltan Kemeny
1907-1965

Né à Banica (Transsylvanie occidentale). Kemeny s'initie très tôt à la peinture à l'huile chez un peintre d'enseignes, premier contact important avec l'art populaire hongrois. Devenu apprenti-menuisier, il s'installe en 1923 à Budapest et, en 1924, un premier prix de dessin de mobilier lui permet de voyager dans la campagne hongroise et d'y étudier l'art folklorique. Puis, à l'École des Beaux-Arts de Budapest, de 1927 à 1930, il découvre tout à la fois le cubisme, le dadaïsme, le surréalisme et le constructivisme. Décidé à refaire sa vie, il s'installe à Paris et exerce divers métiers : dessinateur de fer forgé, constructeur d'appareils d'éclairage, marchand ambulant. En 1933, il épouse le peintre hongrois Madeleine Szemere, avec laquelle il entame une brillante carrière de dessinateur de mode. La guerre le contraint à s'établir à Zurich en 1942; il revient alors à la peinture tout en continuant son travail d'illustrateur qui lui assure l'indépendance financière. En 1945 a lieu sa première exposition de peintures, à Zurich. L'année suivante, à l'occasion d'une exposition à Paris, Kemeny rencontre Dubuffet; ses recherches s'orientent alors plus franchement vers un art volontairement primitif, avec l'emploi de matériaux bruts, neufs ou de récupération. Dans ces tableaux, la frontière entre peinture et sculpture s'estompe. A partir de 1951, Kemeny étudie l'introduction de la lumière dans ses reliefs, par l'usage de l'électricité jouant dans la transparence d'incrustations de verre coloré; peu à peu, il s'éloigne de l'art brut et rêve à ce que la science moderne peut apporter à l'art. En 1955, sont exposées à Zurich et à Paris ses premières *Images en relief,* faites d'éléments sériels en métal, qui lui assurent rapidement une notoriété internationale, soutenue en France par F. Choay, M. Ragon, F. Stahly. Kemeny réalise alors, outre ces reliefs, des œuvres de grande dimension, comme le plafond de 120 mètres de long conçu pour le foyer du théâtre municipal de Francfort-sur-Main (1963). Un an après le Prix de Sculpture de la Biennale de Venise en 1964, il meurt prématurément à Zurich.

M. Ragon, *Zoltan Kemeny*, Neuchâtel, éd. du Griffon, 1960; F. Choay, « Zoltan Kemeny, interview », *Jardin des Arts*, n° 77, avril 1961; cat. *Zoltan Kemeny*, Paris, MNAM. Bruxelles, Palais des Beaux-Arts, 1966; cat. *Zoltan Kemeny*, Londres, The Tate Gallery, 1967; G. Picon, E. Rathke, *Kemeny, reliefs en métal*, Paris, Maeght, 1973.

La production de Kemeny après 1946 est bien représentée dans les collections par 2 peintures, 9 « collages », 9 sculptures ou reliefs et 86 dessins, grâce à la générosité de sa veuve qui effectua quatre donations en 1966, 1967, 1976 et 1980. Dès 1966, une salle Kemeny a pu être ainsi mise en place au Musée.

□ *Humanité,* 1948
A la faveur de sa première exposition en 1946 à Paris, galerie Kléber, Kemeny rencontre Dubuffet, qui se montre vivement intéressé par ses travaux — des peintures figuratives d'inspiration folklorique — et les deux hommes sympathisent. Sous l'impulsion de Dubuffet et dans le contexte matiériste de l'après-guerre, Kemeny évolue vers un art brut, auquel le préparaient un intérêt de longue date pour l'art populaire et un itinéraire artistique non conformiste. Sa production tend alors au relief, par l'application de matériaux divers, herbes, boutons, graines, cailloux ou, plus simplement, d'empâtements, comme dans *Humanité,* sur fond de colle mêlée de sable et de plâtre, avec rehauts de peinture à l'huile : production que Madeleine Kemeny nomme « collages » et dont la pratique libère l'imagination de Kemeny dans le choix des matériaux. Des reliefs en trois dimensions leur feront immédiatement suite *(Les Bourgeois de toutes les villes,* 1950, MNAM).
Comme plusieurs pièces de cette période *(A la mémoire des lâches,* 1950, *Pet noir,* 1951, MNAM), *Humanité* porte un titre qui résonne de manière grinçante : est-ce l'« humanité », ces personnages sans visages aux corps réduits à des lignes verticales dont les ondulations

rythment l'espace, et sur lesquels vient en surimpression une ronde horizontale de sexes féminins et masculins, seuls caractères anatomiques précisés ? Si 1948 est la date de la fondation de la Compagnie de l'Art brut, c'est aussi celle de la formation de Cobra : l'aspect primal, « préhistorique », d'œuvres comme *Humanité* explique que, dès 1949, Corneille ait introduit Kemeny dans le groupe.

☐ *Pacifique, 1963*
Cette œuvre appartient à la série des reliefs exécutés exclusivement en métal (les « sculptures-peintures »), série produite à partir de 1954. Passionné à la fois par la science et l'étude de la nature, Kemeny met en forme avec enthousiasme son expérience intuitive du réel; « ni portraits, ni paysages », plutôt abstractions fantastiques, ces reliefs sont la « reproduction d'une vision personnelle » obtenue, à force de dessins, par la fusion de l'auteur avec la nature. Traduisant le moutonnement ondulatoire de l'océan, *Pacifique* est conçu dans le même esprit que le plafond réalisé la même année pour le théâtre de Francfort qui, lui, évoque le mouvement des nuages dans le ciel. L'usage du métal non seulement reflète le désir de Kemeny de faire appel à la technologie industrielle, mais se justifie par sa qualité de matière vivante : « Le fer a du cœur, des nerfs. Le système respiratoire d'une plante peut être le même que le système moléculaire de l'acier. Il y a des ressemblances étranges entre un pot de microbes et des molécules de métal », ce qu'illustre bien le choix d'un titre comme *Métallo-magie* (1963, MNAM). Pour Kemeny, « le problème essentiel » est celui du « choix de la matière et des moyens techniques », puis l'idée est traquée par de multiples dessins préparatoires; le Musée en possède 10 pour *Pacifique*. Sa passion ancienne pour l'artisanat et le goût pour le beau métal contracté à Paris auprès de Pevsner se retrouvent dans *Pacifique,* où le métal (ici le laiton, ailleurs le fer, le cuivre ou l'aluminium) est parfaitement maîtrisé, mis en forme, soudé, plié à sa vision personnelle. V.W.

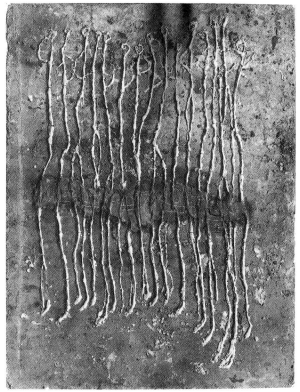

Pacifique, 1963
laiton
164 × 242 × 33,5
achat de l'État 1964
AM 1425 S

Humanité, 1948
terre et plâtre peint collés
sur fibre minérale compressée Pavatex
120 × 94,5
don Madeleine Kemeny, 1980
AM 1980-357

Joël Kermarrec
1939

Joël Kermarrec, né à Ostende, est d'origine flamande et, selon Jean Clair, « sa démarche a pris naissance quelque part entre Magritte et Tanguy ». Il s'inscrit à l'École des Beaux-Arts de Paris en 1958 et commence à exposer dans les années 60. Pierre Gaudibert, avec qui il organise à l'ARC l'exposition *Distances,* situe son travail « à la recherche d'une jonction entre le surréalisme et le pop'art ». D'ailleurs, si Kermarrec est séduit par la mise en forme de certains thèmes — le tableau dans le tableau chez Magritte — ou par un monde pétrifié de formes arrondies et brillantes dans un espace qui s'opacifie — chez Tanguy — pour lui « le surréalisme (…) est un rêve possible, une ouverture sur un au-delà de la toile ». Sa peinture s'organise, en effet, à partir d'une certaine distance critique, voire ironique, qui déroute, et déjoue le commentaire. Tentant de cerner l'ambiguïté de l'objet et de l'espace, il part d'une figuration qui a, formellement, la précision de l'achevé, et va la réduire, la brouiller, la gommer jusqu'à en nier la signification lisible, jusqu'à ne conserver de l'image que des traces qu'il tentera aussi d'effacer. Aussi le spectateur ressent-il une certaine gêne, pouvant atteindre parfois à l'angoisse, devant une peinture où, pris entre la perfection du dessin et l'impossibilité de nommer ce qu'il voit, il échoue à trouver un ordre stable. Kermarrec y accomplit un travail sémantique sur le signe plastique; d'une part, à partir d'éléments pris au monde sensible : figures (humaines ou animales) et objets dont l'ensemble constitue un visible répertoriable; d'autre part, à partir d'éléments d'ordre conceptuel comme les quadrillages, les pointillés, les taches, les encerclements, les mises en abîme de rectangles dans le rectangle du tableau.

Dans les années 1962-1972, Kermarrec réalise une suite de *Fonds* (toile écrue, noire, kaki); il représente parfois des objets — *Fond bleu + objet,* 1970, MNAM — dont les référents réels, disposés au sol devant la peinture, renvoient eux-mêmes à leur double minutieusement reproduit sur la toile en, précise-t-il, « la déchargeant et brisant l'identité dans une accumulation ». Après les toiles blanches, commencées en 1973 avec les *Fonds blancs,* puis la suite d'*Ostende et le pantographe* (présentée au CAPC de Bordeaux en 1975) qui mettaient en scène la disparition des images sous les films blancs, Kermarrec revient à la couleur en même temps qu'à la peinture à l'huile, avec une matière somptueuse de glacis dont la brillance joue avec la matité des passages de graphite. Il continue, parallèlement, à réaliser des dessins aussi élaborés que des peintures, dans une technique complexe : mine de plomb, crayons de couleurs, collages, acrylique, avec insertion de feuilles d'or et d'objets dont un ensemble récent fut exposé à Brétigny en 1984. Le Musée en possède deux exemples relativement anciens : *Sans titre,* 1970, et *Lapin-crâne,* 1972.

J. Clair, « Kermarrec, répertoire d'une auto-destruction » (interview), *L'Art vivant,* n° 18, mars 1971; cat. *Joël Kermarrec,* Paris, MAM, ARC 2, 1973; cat. *Joël Kermarrec, dessins, peintures,* Paris, Galerie de France, 1980.

☐ ANA, *portrait à la règle bleue,* 1980-1981

Celle-ci, comme toutes les peintures de Kermarrec, exerce une fascination qui provient à la fois de la difficulté à la déchiffrer et d'un sentiment poétique lié à l'ambiguïté d'images clairement lisibles et de signes allusifs réunis dans un espace pictural très particulier.

Avec ANA, *portrait à l'éventail doré* et ANA, *portrait de l'homme qui saute* (MAM), elle fait partie d'une série ANA — en remontant dans la mémoire, anamnèse, ou dans la forme, anamorphose — soit : l'inachevée, lisible seulement dans un miroir (notion suggérée par le N inversé). Contrairement aux deux autres peintures où la figure est centrale, le centre de celle-ci demeure béant sur un grand espace jaune, à peine ponctué de traces, et l'important se joue sur les bords, voire à l'extérieur de la toile. L'objet premier, saisissable comme tel — la règle bleue —, est dessiné très précisément avec son ombre (comme dans *Ombre portée, marteau-cœur,* 1974, MNAM), qui le situe

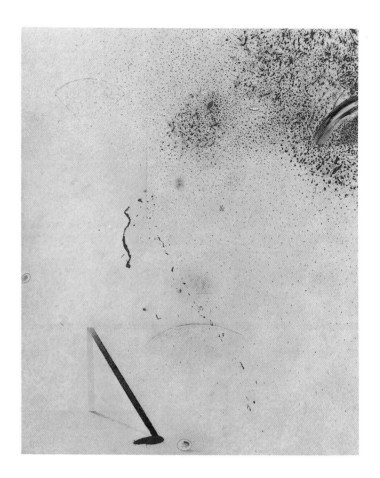

dans un lieu traditionnel. Cependant, l'ombre n'est portée sur *rien* et retourne à l'objet, le « fond » n'étant pas un fond mais l'espace-plan de la toile, offert à la couleur. Comme le résume Jean Clair, « sur une même surface, on a, paradoxalement, l'affirmation d'un plan et l'illusion d'une profondeur ».

L'arc-en-ciel, seulement ébauché et réduit ici pour Kermarrec aux trois couleurs de l'alchimie retrouvées dans l'imagerie tantrique, est un foyer qui impose à la peinture une asymétrie renforcée par le couteau fiché précisément là, tout en établissant un étrange et précaire équilibre avec l'oblique rigide de la règle. De l'éclaboussure de taches colorées qui, par ailleurs, fait vibrer le champ pictural émergent une petite tête et, un peu à sa gauche, un sourire « dentu », isolé, sans identité. Ailleurs encore, un éventail rappelle celui d'ANA, *portrait à l'éventail doré;* son arc fait écho à un arc de cercle rappelant le cercle imparfait du dessin de la *Petite Cosmogonie personnelle ou le retour de la vieille hase.* Le trait rouge qui *barre* le visage, celui qui *souligne* le poudroiement turquoise, ceux enfin qui *encerclent* deux empreintes de pouce relèvent d'un ordre de signes qui « efface en soi le corps des choses qu'il désigne », comme le note Marc Le Bot.　　N.P.

ANA, **portrait à la règle bleue,** 1980-1981
huile et graphite sur toile, lacet peint, couteau et plumes
200 × 160 (la toile)
achat 1982
AM 1982-328

Anselm Kiefer
1945

Kiefer commence ses études artistiques en R.F.A, avec Peter Dreher puis Horst Antes pour professeurs. En 1969, il voyage à travers l'Italie, la Suisse et la France; dans certains sites historiques, il porte bottes et culottes de cheval et salue en levant la main droite : attitude provocatrice qui situe d'emblée Kiefer dans un rapport à l'Histoire aussi difficile qu'il peut l'être pour tout Allemand de sa génération. Pour affronter ce passé récent, il s'engage dans une sorte d'exorcisme qui soulèvera bien des critiques et des malentendus. Ses premières peintures, issues de ces actions *(Heroisches Sinnbild),* se présentent comme des allégories qui ne sont pas sans rappeler les paysages des romantiques allemands, tels ceux de Caspar David Friedrich. Peu après, Kiefer étudie avec Beuys à Düsseldorf. Les œuvres qui vont suivre, exécutées dans l'atelier d'Odenwald où Kiefer est désormais installé, représentent en général cet espace et utilisent, comme un signe pictural, les larges veines du bois qui recouvre tout l'intérieur représenté. Peintures austères, elles mettent en scène une thématique empruntée à la mythologie nordique : *Parsifal, Notung,* etc. C'est bien là que se situera toute l'œuvre ultérieure de Kiefer, qui mêle aux sources historiques les emprunts à l'Histoire contemporaine. Avec un brio incontestable dans la représentation picturale (peintures sur photographie, intégration d'objets à la toile), il aborde de front une culture germanique que la création récente en Allemagne a délibérément occultée au profit de tendances internationales, bien plus anonymes, souvent issues des pays anglo-saxons. Mais le symbolisme de Kiefer reste toujours orienté vers la peinture même, d'où cette obsédante palette qui, tel un emblème, revient sans cesse en surimpression sur des paysages brûlés par la guerre ou élevée en monument « au peintre inconnu ».

Cat. *Anselm Kiefer,* Londres, Whitechapel Art Gallery, 1981; cat. *Anselm Kiefer,* Paris, MAM, ARC, 1984.

□ *To the Supreme Being,* 1983

En 1973, Kiefer exécute un ensemble de peintures représentant des intérieurs d'après l'atelier où il travaille à l'époque. Les thèmes de ces œuvres sont relatifs à la tradition chrétienne et germanique : ainsi, les trois fenêtres de l'atelier qui symbolisent la Trinité ou les « héros spirituels de l'Allemagne » pour lesquels brûlent des flammes. Dix années plus tard, Kiefer reprend le thème des espaces architecturés et des intérieurs. Selon son habitude, il introduit des modèles qui affrontent sans complaisance la lourde histoire de son pays. Ces œuvres s'inspirent très directement de photographies des bâtiments construits à Berlin par Albert Speer sous le IIIᵉ Reich, en l'occurrence une des cours de la Chancellerie. A cette évocation qui semble ici traitée comme une ruine héroïque, désespérément vide, Kiefer adjoint une autre référence indiquée par le titre, celle du culte de l'Etre Suprême — manifestation religieuse instituée par la Convention qui vit le triomphe de Robespierre —, introduisant par là une sorte de court-circuit historique : la Terreur et le nazisme. Le traitement du tableau est chez Kiefer aussi chargé que les thèmes qu'il aborde. Ici la matière est lourde, épaisse, la toile parfois déchirée comportant des résidus de paille. Le noir profond derrière les portes est obtenu par des gravures sur bois directement agrafées sur la toile. Quant à la lumière, elle pénètre timidement par le côté gauche pour éclairer, comme on a pu l'écrire, « des lieux de culte sans culte ».   A.P.

To the Supreme Being, 1983
(A l'Être Suprême)
huile, émulsion, gomme-laque, latex, aquatex,
gravure sur bois et paille sur toile
280 × 368
achat 1983
AM 1984-14

Edouard Kienholz
1927

Issu d'une famille de fermiers de la côte nord-ouest des États-Unis, Kienholz a exercé de nombreux métiers avant de se consacrer à l'art : « Je suis venu à l'art, dit-il, avec une sensibilité rurale, une certaine habileté manuelle, et une modeste connaissance de la marche du monde ». Son goût pour les objets trouvés et les matériaux de récupération se manifeste dans les grandes compositions du début, faites de ferraille, de chiffons et de détritus de toutes sortes. Peu après ses grands reliefs colorés de 1957, qui vont dans le sens de l'abstraction, il choisit de s'exprimer par la figuration pour illustrer une réalité qu'il veut la plus « neutre » possible. Aussi présente-t-il dès 1961, dans une galerie de Los Angeles, un vaste environnement qu'il intitule *Roxy's* du nom d'un fameux bordel de Las Vegas; on y voit des prostituées copiées d'après nature. Il en reconstitue l'univers, réunissant tous ses objets caractéristiques. Rien n'est transformé, ni dégradé dans cet art d'assemblage, à la différence de celui de Rauschenberg. Ses « tableaux », comme il les nomme, inspirés de souvenirs de sa vie à la campagne, ne constituent pas d'abord une critique sociale violente : ils proposent un constat en même temps qu'une occasion de réflexion sur un mode de vie. Pourtant, lorsque Kienholz conçoit *The Art Show*, 1963-1977 (qui sera montré en 1977 à Berlin et à Paris au Centre Georges Pompidou), il restitue l'atmosphère d'un vernissage mondain grâce à des haut-parleurs transmettant les exclamations hautes en couleurs d'un faux public mêlé au vrai, et la forte ironie qui y préside est, en réalité, une critique vive des comportements humains les plus banals. C'est par un excès de réalisme que Kienholz communique avec le spectateur et l'oblige à réagir à une situation. Comme chez un dramaturge, chaque « tableau », construit comme une mise en scène classique, exprime une vision du monde où l'émotion n'apparaît qu'en filigrane.

Cat. *Kienholz, 11 + 11 tableaux*, Stockholm, Moderna Museet, 1970; cat. *Kienholz, Dix tableaux*, Paris, ARC et CNAC, 1970; V. Forrester, « Les femmes de Kienholz », *Repères*, n° 3, 1983.

□ *Tandis que des visions de prunes confites dansent dans leurs têtes*, 1964
Ce « tableau » - environnement s'attache à montrer la cohabitation d'un couple, autour du rituel de l'acte sexuel. Ici Kienholz à la fois stylise et approfondit l'espace-temps de ses personnages, même s'ils apparaissent un peu comme des fantômes munis d'énormes têtes grotesques. Le décor sans concession évoque, jusque dans la lumière tamisée de la lampe et la musique émise par la radio nasillarde, un intérieur modeste typiquement américain des années 50. Le spectateur, au-delà de la vision globale qu'il a d'emblée de la scène, est invité à en reconstituer trois moments. Il peut voir dans le miroir les silhouettes d'un homme et d'une femme se préparant. Dans le lit, le couple réuni. Et, en voyeur, il est convié à regarder par les trous pratiqués dans les têtes, à imaginer (ou à se remémorer) les ébats sexuels fantasmés et donc à y participer d'une certaine façon car les scènes « sont incomplètes tant qu'il n'y a pas quelqu'un de vivant qui les voit » (Kienholz).
Pourtant, le titre de l'œuvre fait référence à un conte de Noël américain de Clément Clark Moore où les petits enfants rêvent le soir de prunes confites. Ce titre est à la fois une conjuration et une dérision de la tristesse des rapports humains.

J.-P.B.

Tandis que des visions de prunes confites dansent dans leurs têtes, 1964
mobilier de chambre à coucher, 2 mannequins en fibre de verre
180 × 360 × 270
achat de l'État 1971, attr. 1976
AM 1976-984

Ernst Ludwig Kirchner
1880-1938

Né à Aschaffenburg, Kirchner exécute vers 1902-1903 ses premières peintures, qu'il détruit aussitôt. En 1903-1904 il étudie clandestinement le dessin et la peinture à Munich auprès d'H. Obrist. Fortement impressionné par les matrices en bois pour gravures de Dürer, découvertes au musée de Nuremberg, et par la sculpture africaine et océanienne du Musée ethnographique de Dresde, il suit cependant les recommandations de son père qui le destine à une carrière d'architecte. Avec d'autres peintres rencontrés à l'École supérieure d'Architecture (Fritz Bleyl, Erich Heckel, Karl Schmitt-Rottluff), il fonde en 1905 à Dresde une association d'artistes qui deviendra célèbre sous le nom de *Die Brücke* et dont le programme, sans but artistique clairement défini — il le qualifiera ultérieurement de « naïf » —, est gravé par ses soins sur bois, utilisant une technique ancienne remise à l'honneur par E. Munch et à laquelle il portera un intérêt prolongé (le Musée possède un portrait de Hans Arp gravé sur bois par Kirchner en 1929 (Dube n° 618 I et II). D'autres artistes, Cuno Amiet, Nolde, Pechstein, Otto Müller et Kees van Dongen, se lieront pour un certain temps avec les premiers membres de la *Brücke,* participeront à leurs expositions et suivront le groupe de Dresde à Berlin en 1911. Si l'on note dans leurs premières manifestations à Dresde une ouverture internationale incontestable — les galeries Arnold et Richter y présentent entre 1904 et 1910 Seurat, Van Gogh, Munch, les Fauves, Gauguin —, la production de Kirchner à Berlin s'affirmera par ses qualités propres. Ses célèbres scènes de rue (le Musée possède un dessin préparatoire de 1908, repr. *in* Ketterer n° 6) feront de lui, selon l'avis de W.-D. Dube, un des plus grands peintres allemands avec Klee et Beckmann, et une des figures marquantes de l'expressionnisme allemand, dont l'influence se fait encore aujourd'hui sentir chez certains peintres contemporains, comme Middendorf, Salomé et Fetting. La guerre de 1914, cette « guignolade sanguinaire » ressentie par Kirchner comme l'effondrement d'un monde, lui sera fatale; après quelques mois de service militaire à Halle en 1915, il séjourne dans un sanatorium à Berlin, puis se rend en Suisse, à Davos, pour suivre un traitement médical prolongé. En juillet 1918, il s'installe définitivement avec sa compagne Erna Schilling dans les montagnes près de Frauenkirch, reprend dessin, gravure et peinture, et élabore un dernier style. A partir de 1933, 639 de ses œuvres seront confisquées par les national-socialistes; 32 d'entre elles figureront à l'exposition *Entartete Kunst* (Art dégénéré) qui eut lieu à Munich en juillet 1937, un an avant son suicide.

W.-D. et A. Dube, *E.L. Kirchner, das grafische Werk* (2 vol.), Munich, Prestel, 1967; D.E. Gordon, *E.L. Kirchner* (cat. raisonné des peintures), Cambridge, Harvard University Press, 1968; N. Ketterer, *E.L. Kirchner — Drawings and Pastels,* New York, Alpine Fine Arts Coll. Ltd., 1982.

☐ *La Toilette (Femme au miroir),* [1912-1913]
Ce n'est qu'en 1980, année du centenaire de sa naissance célébré à Berlin, Munich, Cologne et Zurich par des rétrospectives d'un impact extraordinaire, qu'une première œuvre importante de Kirchner, jusque-là fort mal connu en France, a été acquise par le Musée. En dehors de quelques gravures (le catalogue raisonné compte plus de 2 000 pièces) présentées en 1929 à la Bibliothèque Nationale dans une exposition consacrée à l'art graphique allemand, le public français n'a pu voir quelques aspects de son œuvre peint et dessiné qu'en 1960-1961, à l'exposition *Les sources du xxᵉ siècle,* puis en 1966 à l'exposition *Le Fauvisme français et les débuts de l'expressionnisme allemand.*
Cette toile (Gordon n° 311), un chef-d'œuvre de la deuxième période de Kirchner exécuté à Berlin (la peinture, datée « 1912 » par l'artiste probablement en 1920 quand il la reprendra parmi d'autres, semble avoir été exposée à Munich chez Hans Goltz en août 1913, cat. n° 81), provient de la succession du peintre (historique : gal. W. Gros-

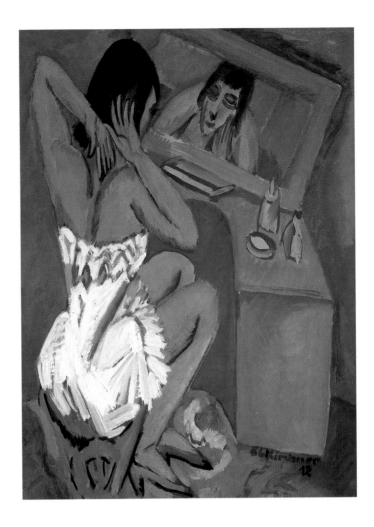

hennig, Düsseldorf; coll. Graf von der Goltz). Le sujet, intimiste par excellence — femme se coiffant devant un miroir, thème traité en maintes variantes par Kirchner et les peintres de la *Brücke* —, reflète comme dans un miroir déformant les sensations de l'artiste et révèle pour le spectateur d'aujourd'hui, en quelques lignes anguleuses et agressives, par quelques obliques violant toute loi de composition traditionnelle, par quelques couleurs brutales et arbitraires, appliquées en touches larges et nerveuses, la puissance libératrice du travail des peintres de la *Brücke* à la recherche de nouveaux moyens d'expression de leur conception du monde.

J.B.

La Toilette, [1912-1913]
(Femme au miroir)
huile sur toile
100,5 × 75,5
achat 1979
AM 1980-54

Paul Klee
1879-1940

Dès sa formation à Munich (à partir de 1898), Paul Klee est attiré par le radicalisme du cubisme et les idées sur la couleur de Delaunay qu'il rencontre à Paris en 1912. Mais ce ne sont pour lui que théories — il reproche au cubisme d'être une « école des philosophes de la forme » — comme le seront les conceptions esthétiques de Goethe et de Kandinsky, qu'il étudiera plus tard et qui l'intéresseront également; aussi, c'est beaucoup plus par la découverte physique et sensitive du paysage méditerranéen (de nombreux voyages en Afrique du Nord dès 1912) qu'il aura la révélation de la couleur. Dans son *Journal* (1914), il note : « La couleur et moi sommes un. Je suis peintre ! ». C'est en somme un être nouveau (« être un nouveauné ») qui vient au monde après des années de formation, et illustre la fonction dynamique qu'il accorde à l'art : « L'art est une parabole de la création ».

Dans son enseignement au Bauhaus (1921-1931), comme dans ses *Écrits,* Klee rend compte d'une conception organique (ou organiciste) de l'imagination, qui traduit l'influence romantique allemande (au travers de Goethe et de Novalis). Comme ce dernier il recherche « le germe de la vie s'engendrant elle-même », avec Goethe place le devenir au-dessus de l'être, et établit des correspondances entre le microcosme et le macrocosme. A sa *Conférence d'Iéna* (1924), où il expose les fondements de l'art moderne, il énonce : « L'artiste inspiré se reconnaît de nos jours à ce qu'il avance jusqu'à proximité de ce fond mystérieux où la loi fondamentale alimente les péripéties du devenir. Ce point où l'organe central de tout mouvement spatial et temporel commande toutes les fonctions, quel est l'artiste qui ne voudrait pas s'y établir ? Au sein de la nature, dans la matrice de la création, là où est conservée la clé mystérieuse qui ouvre tout ».

Cette référence au romantisme allemand le conduit tout naturellement à présenter son œuvre (parallèlement à des expositions collectives avec Kandinsky, Feininger, etc.) aux côtés des surréalistes (1925) et il n'est pas étonnant qu'avec la formule prophétique « l'art ne reproduit pas le visible, il rend visible », Breton ait tenté de l'annexer au mouvement. Mais Klee, outre qu'il se distingue justement par son individualisme total, qu'il ne fait et ne veut faire partie d'aucun groupe et d'aucun « isme », est en réalité profondément étranger aux idées surréalistes, qui prônent le caractère fortuit, automatique et médiumnique de l'art, ainsi que sa vocation révolutionnaire.

Klee se sent davantage porté à associer les trois arts romantiques (selon la classification hégelienne), poésie, peinture, musique, dont il réalise une synthèse parfaite. Au moyen d'inépuisables inventions techniques et de trouvailles iconographiques, d'analogies fantaisistes, de métamorphoses infinies, Klee crée un univers enchanté à la fois humoristique et mystique, où se mêlent la botanique, l'architecture, la géologie, comme des « carrés magiques ». Cette association de l'imaginaire à la précision, à l'instinct contrôlé, constitue la force poétique de son œuvre et fait de Klee l'un des plus prodigieux inventeurs de l'art moderne en même temps que le dernier grand romantique allemand.

P. Klee, *Journal 1898-1918,* Paris, Grasset, 1959; P. Klee, *Théorie de l'Art moderne,* Genève, Gauthier, 1968; P. Klee, *Écrits sur l'art* (textes recueillis et annotés par J. Spiller), Paris, Dessain et Tolra, 1/ *La pensée créatrice,* 1973, 2/ *Histoire naturelle et infinie,* 1977.
W. Grohmann, *Paul Klee,* Paris, Flinker, 1954; W. Grohmann, *Paul Klee,* Paris, éd. Cercle d'art, 1968; C. Geehaar, *Paul Klee et le Bauhaus,* Neuchâtel, Ides et Calendes, 1972; J.M. Jordan, *Paul Klee and Cubism 1912-1926,* Princeton University Press, 1984; cat. *P. Klee et la musique,* Paris, MNAM, Centre G. Pompidou, 1985.

Avec une gouache, *Tempête sur la plaine,* 1930, acquise de son vivant en 1938, et une huile, *Port et voiliers,* provenant de la donation Lefèvre en 1952, Klee est longtemps resté sous-représenté dans les collections du Musée. Il faut attendre l'achat en 1970 du célèbre tableau *Villas*

florentines, 1926, et surtout la donation Berggruen en 1972 (comprenant 12 œuvres, dont 8 aquarelles) pour que soit enfin rassemblée une suite chronologique d'une grande qualité. Depuis 1980, le fonds a été de nouveau complété avec l'arrivée, en 1981, des 12 œuvres comprises dans le legs Kandinsky, celle de 6 autres de la donation Leiris (héritier de D.H. Kahnweiler, devenu en 1933 le marchand de Klee, avec deux expositions en 1934 et 1938) et, enfin, avec l'achat récent de la toile *Rhythmisches* (1930) et de l'aquarelle *Pflanzenartig im Sinne von 143,* de 1915.

☐ *St-Germain b. Tunis,* 1914

Dans l'inventaire établi scrupuleusement par Klee lui-même (Fondation Klee, Berne), cette aquarelle porte le n° 217 et appartient à la série d'œuvres réalisées à Munich (qui commence, selon Grohmann, avec le n° 199); elle a donc été exécutée non pendant mais au retour d'un voyage en Tunisie : Klee illustra de mémoire les différents sites qu'il avait vus en Afrique du Nord, les créant de toutes pièces ou achevant dans son atelier des esquisses ébauchées « sur le motif ». Saint-Germain, banlieue européenne de la capitale tunisienne, est interprétée ici par une construction sur trois plans, chère à Cézanne : sur une première zone, assez large, se développe une suite de petits quadrilatères juxtaposés en neuf bandes de taille inégale, à dominante alternativement rose-mauve et orangé, et qui suggèrent un rythme musical assez soutenu. Ce tapis de carrés colorés, transparents, lu-

Florentinisches Villen Viertel, 1926
(Villas florentines)
huile sur carton
49,5 × 36,5
achat 1970
AM 4512 P

mineux, dont les variations de taille brisent la monotonie, évoque l'atmosphère méditerranéenne. Dans la zone centrale, toujours suivant une articulation donnée par la couleur, se juxtaposent des formes plus larges, parfois triangulaires, afin d'évoquer un toit, et dont la valeur dominante violet-rose est soulignée et scandée par le noir et le bleu marine des feuilles végétales stylisées. Quelques bandes vertes, plus froides, s'y introduisent, permettant le passage à la troisième zone, moins dense, où le bleu évoque le ciel et sa luminosité. Deux autres bandes, dont l'une en réserve (relativement fréquente dans les dessins de Klee, elle pourrait être tout simplement, selon Glaesemer, la marque d'une bande élastique tenant la page de carnet), traversent la composition dans sa largeur et assurent l'unité de l'ensemble : leur présence établit un lien entre les plans différemment structurés et crée une sorte de respiration. Ici donc, pas une ligne ne vient interrompre cette construction toute lyrique d'architectures de couleurs aux subtiles modulations lumineuses, qui anticipe sur les « carrés magiques » des années 20. Seule jaillit par endroits la silhouette d'un toit ou d'un palmier : il ne reste plus que ces éléments parcimonieux pour témoigner du sujet — la nature et la lumière du Sud —, ceux-là mêmes qui ont révélé au peintre la couleur. Fort des principes cézanniens de construction par la couleur, repris de la peinture de Delaunay, Klee retrouve dans cette aquarelle tunisienne l'organisation en damiers du peintre des *Fenêtres* (1912-1913). Cette relation de Klee avec le cubisme se poursuit dans la gouache *Vision de cité ascendante* (1915, MNAM, donation Berggruen), qui accuse cependant une abstraction des éléments.

□ *Croissance,* 1921

Une fois reconnu le plan du tableau comme champ spécifique de la peinture, Klee procède à une expérimentation systématique de la couleur. Abandonnant toute représentation figurative, il met en place différents dispositifs plastiques à partir des formes colorées, dispositifs qui font référence à l'écriture musicale, et notamment au mode polyphonique de la fugue (série des *Fugenbilder,* 1921-1922). Depuis un an au Bauhaus de Weimar, Klee s'intéresse aux différentes théories de la couleur de Goethe, Philippe Otto Runge et Delacroix, ainsi qu'aux principes de Kandinsky exposés dans son essai *Du spirituel dans l'art.* Fidèle aux conceptions de Delaunay énoncées dans les *Disques* et les *Formes circulaires,* il aborde, dans la série des gradations chromatiques aquarellées réalisée entre 1921 et 1923, les possibilités

rythmiques de la variation de la forme et de la couleur; *Croissance* est composée de petits éléments géométriques (ronds, carrés, triangles, ovales, portions de cercle) qui se développent en formes croissantes ou décroissantes selon la variation des couleurs du plus foncé au plus clair. En deux ellipses au centre du tableau, ces formes s'inscrivent sur un fond sombre, sorte de grille plus ou moins régulière, noire et grise, dans laquelle les couleurs semblent flotter. La graduation du fond accentue l'effet de mouvement par lequel les éléments colorés établissent tout un réseau de relations entre eux, depuis l'emboîtement et la juxtaposition jusqu'aux rotations spiralées. Ainsi Klee poursuit un motif précis dans ses multiples variations dynamiques, illustrant par la forme et la couleur l'art de Bach où le thème conserve, d'un bout à l'autre du morceau musical, son identité: ici, le peintre procède sciemment à une véritable transposition de l'écriture musicale en peinture, y appliquant notamment le principe de la polyphonie : les variations de tonalité correspondent à celles des motifs formels, la progression du thème à l'évolution de la couleur. Mais, au-delà de cette intention précise de Klee, le terme de « croissance » — choisi pour titre du tableau — souligne bien sa vision personnelle, représentative de l'esprit de l'Allemagne de Weimar. Imprégné de mystique magique où l'*Homo Magus* (homme mage ou magicien) ressuscité s'associe avec l'*Homo Faber* constructeur de la civilisation moderne (Faust), influencé par la conception organique de l'imagination héritée de Goethe ou de Novalis, Klee, comme beaucoup d'intellectuels munichois, s'interroge sur l'homme, cherche la communication avec

313

St-Germain b. Tunis (landein-wärts), 1914
(St-Germain près de Tunis, à l'intérieur des terres)
aquarelle sur papier
21,8 × 31,5
legs Nina Kandinsky, 1981
AM 1981-65-876

Pflanzenwachstum, 1921
(Croissance)
huile sur carton
54 × 40
legs Nina Kandinsky, 1981
AM 1981-65-879

314

le divin, la beauté, la vérité et la bonté originelles, sous l'égide de la pure nature : « C'est à un point très éloigné à l'origine des choses que je me place au niveau de la création, là où je peux trouver des formules à la fois pour l'homme, la bête, la plante, le minéral et pour les éléments, pour toutes les forces tourbillonnantes ». Il entend rester uni à la nature et considère le dialogue avec celle-ci comme une « condition sine qua non »: « L'artiste est homme, il est lui-même Nature, une figure de nature dans le domaine de la nature ». A partir de ce monisme, tout est possible : « Les oiseaux sont branchés sur une machine à gazouiller, les hommes ne peuvent être pris au sérieux, ce sont des images, des marionnettes, des êtres gentiment cocasses ». (« L'homme est un personnage au rôle humoristique », écrit Nova-

lis.) « Le monde est perçu comme un grand opéra naturel, sur la scène duquel montent les plantes et figures géométriques, où l'herbe, les astres ou les poissons échangent sans cesse avec le visage des hommes leur spécificité; où la botanique est enchantée, et l'architecture des hommes rejoint celle de la géologie, et où les maisons se forment en colonnes, les cristaux composent des fugues et les carrés sont magiques ».

☐ *KN le forgeron,* 1922
Cadeau de Klee à Kandinsky durant leur séjour au Bauhaus, cette toile, accrochée en bonne place dans le salon du peintre à Dessau, témoigne de l'appréciation de Kandinsky. Le titre, interprété méta-

Pfeil im Garten, 1929
(Flèche dans le jardin)
huile et tempera sur toile de lin
70 × 50,2
donation Louise et Michel Leiris avec réserve d'usufruit, 1984
AM 1984-557

phoriquement (c'est en forgeant qu'on devient forgeron), est également révélateur de leur entente : les majuscules KN inscrites en noir, en haut à gauche, bien en évidence dans le vide du fond, pourraient bien être une dédicace à Kandinsky/Nina. En tout cas, le personnage est un être de rêve, un forgeur de contes, à l'œil de peluche, qui, s'il ne travaille pas réellement le fer au marteau, imagine, invente à sa fantaisie toutes sortes de formes à la manière des peintres : telle une apparition dans un halo plus clair, il surgit, cerné par le feu du foyer, d'un fond rouge-rose-violet. La couleur, qui offre par endroits la transparence de l'aquarelle, est bue par la toile de jute grossière dont le grain épais accentue certains traits qui, ajoutés aux hachures très fines, rappellent le travail du graveur. De conception cubiste, la composition symétrique est rigoureuse. La flèche devient dès cette date pour Klee un élément de grande importance, comme il le note dans son cours consacré à l'« analyse des symboles de formes en mouvement »: « La flèche incarne le processus de déplacement et exprime le déploiement dans l'espace ». Symbolisant ici les mouvements de forge, le martelage répétitif du forgeron, elle assure une fonction picturale, ponctuant les modulations; sa couleur rouge vermillon constitue un point d'équilibre dans le clair-obscur du fond.

☐ *Flèche dans le jardin,* 1929
Signe du mouvement et de l'actif (cette toile illustrera précisément le chapitre « Orientation d'une œuvre dans l'espace » de *La Pensée*

Rhythmisches, 1930
(En rythme)
huile sur toile de jute
69,5 × 50,5
achat 1984
AM 1984-356

316

créatrice/Écrits sur l'art 1), la flèche, seul élément plein de la composition, règne ici en maître (d'œuvre) du paysage. Elle indique la direction à suivre, le sens de la création à l'intérieur des multiples mouvements contenus dans l'espace. Placée au centre de la composition, elle organise et distribue les différents signes graphiques — triangles, croix, volutes, spirales, clefs de sol... — en séries suggérant végétaux, balustrades, façades, jardins suspendus, tous éléments d'une ville imaginaire bâtie en escalier. Cette multitude de petits motifs oblige à une lecture très attentive, analogue à celle qu'une page de texte ou une partition musicale requiert. Klee reprend ici la structure graphique très précise de *Pastorale* (MOMA), élaborée deux ans plus tôt, en variant toutefois le dispositif régulier en « effet de dentelle » — véritables écritures sur portées musicales — par l'interruption d'un certain nombre d'éléments obliques. La prolifération des pictogrammes, dont l'incision dans la couleur, fine comme un travail de broderie, semble mettre en évidence les composants matériels de l'œuvre en révélant son sol, la texture de ses murs, son étoffe, entraîne avec elle des brisures, des désordres : dans cet espace chaotique, comme résultant d'un léger tremblement de terre, la flèche a bien du mal à retrouver la bonne heure. Elle n'est plus que la trace d'une force, le sillage laissé par une énergie. A cet égard, elle répond bien à la fonction symbolique que Klee lui a impartie : « Père de la flèche est la pensée : comment étendre ma portée vers là-bas ? Par delà ce fleuve, ce lac, cette montagne ? La contradiction entre notre impuissance physique et notre faculté à embrasser à volonté par la pensée les domaines terrestre et supra-terrestre, est l'origine même

du tragique humain. Cette antinomie de puissance et d'impuissance est le déchirement de la condition humaine. Ni ailé, ni captif, tel est l'homme ! » *(La Pensée créatrice).* Les signes graphiques, témoins d'un retour à une peinture-écriture, seraient dès lors les résidus, la mémoire de la création du monde, où les êtres et les choses demeuraient fondus dans le Tout.

Exposée dès 1929 aussi bien à Cologne qu'à Berlin (galerie Flechteim) avant de figurer à l'exposition Klee du MOMA en 1980, mentionnée également dès 1929 par W. Grohmann dans les *Cahiers d'Art,* cette œuvre a dû, en son temps, être aussitôt considérée comme une des pièces majeures les plus inspirées de Klee, avant de rentrer, vers 1934, dans le stock de D.H. Kahnweiler qui la garda jusqu'à la fin dans sa collection.

☐ *Rhythmisches,* 1930

Parallèlement à son travail de la ligne et du dessin, Klee poursuit ses recherches sur la forme, menées au Bauhaus, en faisant appel à des moyens exclusivement picturaux. Avec deux autres tableaux très proches (sur carton), de la même année, intitulés *Carrés au rythme ternaire* et *En rythme, plus strict et plus libre, Rhythmisches,* la seule œuvre sur toile (Grohmann n° 89; anc. coll. Hans Meyer), occupe une place majeure, intermédiaire entre la construction cubique des plans et les « carrés magiques ». A partir du schéma de l'échiquier, Klee décline ici une variation du noir au blanc sur le thème du carré: toute autre forme et toute autre couleur sont éliminées. Le blanc, le gris et le noir sont répartis selon un rythme rigoureux à trois temps

KN Der Schmied, 1922
(KN le forgeron)
huile sur gaze collée sur carton
32,8 × 35,6
legs Nina Kandinsky, 1981
AM 1981-65-881

Pathos II, 1937
aquarelle et fusain sur tissu de coton monté sur carton
48 × 32
donation Louise et Michel Leiris avec réserve d'usufruit, 1984
AM 1984-560

qui ne sera modifié qu'à partir de la 4ᵉ « ligne ». Klee traduit les tensions dynamiques existantes, ces trois (non) couleurs, de valeurs et de poids différents, qui sensibilisent la surface picturale du damier, vibrant déjà sur l'ocre du fond. Ce travail au couteau de la matière, tirée à l'horizontale, induit encore l'irrégularité vivante de la forme même des carrés. Klee « fonde » en quelque sorte ici la plasticité et la mobilité optique d'une peinture.

☐ *Port et voiliers,* 1937

Pendant les dernières années de sa vie, Klee retourne à l'étude des formes symboliques qu'il avait retenues durant la période du Bauhaus, pousse beaucoup plus loin sa recherche sur la ligne. Dans cette lumineuse évocation de *Port et voiliers* (acheté par André Lefèvre en 1937 à la galerie Simon de D.H. Kahnweiler), une série d'idéogrammes ponctuent un espace coloré et unifié d'une grande harmonie, où les différents roses sont exaltés, les bleus lilas révélés par les verts pâles. A la fois image — certains accents marquent le profil des bateaux, campent mâts, voiles, bastingages, rames ou rameurs — et lettre (tout modelé est absent), ces formes-signes se juxtaposent du haut en bas de la composition suivant une distribution régulière et apportent à cette évocation tout son rythme mélodique. L'extrême gracilité du dessin, sur un fond vibrant des seules modulations légères des couleurs (le caractère pelucheux de la toile accuse encore la légèreté de la facture), confère à ce « paysage » une atmosphère d'irréalité presque paradisiaque.

☐ *Souffrance d'aridité,* 1940

Trois ans seulement séparent ces deux tableaux, et pourtant l'univers de Klee a totalement basculé: habitée par la mort, cette œuvre, comme son titre l'indique, témoigne de la souffrance de l'artiste quelques mois avant sa disparition. Directement confronté à la maladie, Klee se serait représenté en personnage allongé, désarticulé, inachevé, captif. Les tons rouge-violacé et ocre sont transparents, comme vidés de leur substance, et ne vibrent que par l'épais cerne noir et le fond ocre blanc travaillé au couteau. Le petit homme est schématisé à l'extrême : son visage n'est plus qu'un masque. Il semble que deux têtes « ouvertes », sur le point de sortir du cadre ou du monde des vivants, le tirent de chaque bord, l'un par la tête, l'autre par les pieds, comme deux anges gardiens. Klee se sent proche de Rilke (rencontré à Zurich) pour qui, dans les *Elégies de Duino,* les anges ne sont ni d'ici-bas, ni de là-bas, mais appartiennent au monde de la « grande unité ». Entre *Anges* et *Cloportes* (d'après la classification des dernières toiles établie par Grohmann), *Souffrance d'aridité* annonce son dernier voyage : « On quitte ce monde-ci et on poursuit sa construction dans un autre monde qui a le droit d'être, d'être pleinement » (Klee, Munich, 1915). Pour Klee, la mort permet de communiquer avec l'invisible, de rejoindre l'origine et de participer enfin au Tout. c.s.

Hafen mit Segelschiffen, 1937
(Port et voiliers)
huile sur toile
80 × 60,5
donation de M. et Mme André Lefèvre, 1952
AM 3969 P

Not durch Dürre, 1940
(Disette due à l'aridité; Souffrance d'aridité)
peinture à la colle et aquarelle sur papier
29 × 41
donation Heinz Berggruen, 1972
AM 1972-17

Yves Klein
1928-1962

« J'aime en moi tout ce qui ne m'appartient pas, c'est-à-dire ma vie, et je déteste tout ce qui m'appartient : mon éducation, mon hérédité psychologique, cette optique apprise et traditionnelle (…), tout ce qui me conduit chaque jour irrémédiablement à la mort physique, sentimentale et émotionnelle » (Y. Klein).

La tension entre la saisie de la vie, anonyme, volatile, et la pesante réification sociale de l'individu constitue le principe générateur de l'œuvre de Klein. Durant sa brève existence de « peintre », il poursuit un travail de rupture qui se veut radical au regard des codes établis de l'art moderne et initie dans le même temps de nombreux cérémoniaux mimétiques et ironiques destinés à négocier avec le milieu de l'art sa liberté d'être, « d'être tout court ». Cette attitude dialectique développe une forme intermédiaire tenant de la stratégie de communication, d'un jeu de traduction et de transgression des valeurs, qui inaugure un nouveau langage de l'art. « Il incarne une dynamique généralisée dont les facettes sont multiples : la monochromie de la peinture minimale, le body art et son transfert corporel de l'ego, les divers systèmes de l'appropriation de la réalité au moyen de l'anthropologie culturelle, les énoncés de l'art conceptuel, l'investigation élémentaire de l'écologie, les problèmes liés à la dématérialisation de l'œuvre objet d'art. » (P. Restany).

Né à Nice de parents artistes — sa mère est un abstrait géométrique, son père un figuratif —, Yves Klein se trouve dès l'enfance confronté à l'expérience de la peinture. En 1947, il fait deux découvertes primordiales : le judo et la *Cosmogonie des Rose-Croix* de Max Heindel qui constituera son guide spirituel durant de nombreuses années. Cette initiation s'accompagne d'actes ayant valeur symbolique : abandon de son patronyme; collage d'un disque bleu sur son livre Rose-Croix qu'il désigne comme « la condition de la peinture »; signature de son nom à l'envers du ciel d'été marquant l'appropriation du domaine de l'air; identification au moyen d'un code pictographique peint sur sa chemise : empreintes des pieds, mains, points d'interrogation, monogramme. C'est de cette période que datent les premiers pastels et gouaches monochromes ainsi que la conception de la « symphonie monoton ». En 1952, il se rend au Japon, s'inscrit à l'Institut de judo Kôdôkan de Tokyo, où il obtient le diplôme de ceinture noire, quatrième dan. A son retour en France, familier des usages de l'avant-garde parisienne par sa mère, Marie Raymond, il publie une plaquette, « Yves Peintures/Haguenault Peintures », qu'il veut constituer comme sa biographie d'artiste. Il présente un monochrome orange, *Expression du monde de la couleur mine orange,* au Salon des Réalités Nouvelles de 1955; sa toile, inassimilable aux critères de l'art abstrait, lui est retournée. La même année, à l'occasion de sa première exposition de monochromes au Club des Solitaires, il rencontre le critique d'art Pierre Restany.

Entre 1955 et 1962, Yves Klein déploie une énergie remarquable et produit une œuvre estimée à quelque 1077 pièces. De ces six années fulgurantes, retenons les repères suivants. 1956 : poursuite de la réalisation des monochromes de différentes couleurs et mise au point de la formule du bleu outremer foncé (*International Klein Blue* ou IKB). 1957 : présentation à Milan de onze de ces monochromes qui inaugurent la « période bleue »; expositions à Paris, chez Iris Clert et Colette Allendy, des monochromes et des « objets » IKB; premières sculptures-éponges; lâcher d'un millier de ballons bleus. 1958 : début de l'« époque pneumatique »; Yves Klein expose « le vide » chez Iris Clert, illumine en IKB l'obélisque de La Concorde, réalise le décor monumental du Foyer du théâtre de Gelsenkirchen avec Tinguely et Kricke; bas-reliefs et forêts d'éponges. 1959 : différents projets d'architecture et d'urbanisme d'air pulsé avec l'architecte W. Ruhnau; premiers *Monogold*. 1960 : *Anthropométries* et *Cosmogonies* se veulent l'empreinte des phénomènes physiques et naturels; édition le 27 novembre du *Journal d'un seul jour* dans lequel est publiée la photographie du « peintre de l'espace » se jetant dans le vide; fondation du

Monochrome vert (M 77), 1957
pigment pur, liant synthétique et enduit
sur toile montée sur bois
105,3 × 26,8 × 4,7
achat 1985
AM 1985-14

Monochrome bleu (IKB 3), 1960
pigment pur et résine synthétique sur toile montée sur bois
199 × 153 × 2,5
achat de l'État 1974, attr. 1975
AM 1975-6

groupe des *Nouveaux Réalistes* autour de Pierre Restany. 1961: Klein conçoit pour son exposition au Musée Haus Lange à Krefeld une *Fontaine* et un *Mur de feu;* lors de cette rétrospective, il opère la transmutation des couleurs primaires rouge, jaune, bleu, en rose, or, IKB; premiers *Reliefs planétaires, Peintures de feu* au Centre d'essai du Gaz de France. 1962 : réalisation de *Portraits-Reliefs* des membres du groupe des Nouveaux Réalistes. Yves Klein meurt le 6 juin.

P. Wember, *Yves Klein,* Cologne, DuMont-Schauberg, 1969; P. Restany, *Yves Klein,* Paris, Le Chêne/Hachette, 1982; cat. *Yves Klein 1928-1962. A Retrospective,* Houston, Rice University, 1982; cat. *Yves Klein,* Paris, MNAM, Centre G. Pompidou, 1983.

Restée très confidentielle de son vivant, saluée dès 1965 au Stedelijk Museum d'Amsterdam, l'œuvre d'Yves Klein est entrée (avec le *Portrait-Relief d'Arman,* 1962) dans les collections de l'Etat en 1968, c'est-à-dire au moment de la première rétrospective parisienne que lui consacre F. Mathey au Musée des Arts décoratifs. A l'initiative de P. Hulten, l'acquisition par l'Etat en 1974 de deux pièces essentielles — le *Monochrome IKB 3* et *Ci-gît l'espace* — répondait enfin à la reconnaissance internationale de son rôle précurseur. Depuis, parallèlement à la rétrospective organisée au Musée en 1983 grâce au soutien de Madame de Menil, un ensemble important et parfaitement représentatif des différents axes de la recherche de Klein a pu être rassemblé, avec les achats récents de quatre *Monochromes* des débuts, une *Sculpture-éponge,* une *Anthropométrie* et une *Peinture-feu.*

□ *Monochrome vert* (M 77), 1957

Les monochromes orange (1955), jaune (1957, M 72), vert (1957, M 77) et blanc (1958, M 69) témoignent de la recherche fondatrice de l'œuvre d'Yves Klein consistant dans la définition conceptuelle et matérielle d'une monochromie didactique. La plaquette « Yves Peintures » (1954), contenant 10 planches monochromes de papiers de différentes couleurs encrés industriellement, peut être considérée comme le programme des « Unicolor paintings » que Klein réalise entre 1955 et 1958. Il en énonce le principe en ces termes : « Mes toiles sont donc recouvertes par une ou plusieurs couches d'une seule couleur unie... Aucun dessin, aucune variation de teinte n'apparaît. Il n'y a que de la couleur bien unie... Je cherche ainsi à individualiser la couleur, car j'en suis venu à penser qu'il y a un monde vivant de chaque couleur et j'exprime ces mondes... ».

Le monochrome jaune/violet souligne l'étendue de l'expérience menée par Klein. Son titre traduit de manière littérale la préoccupation qu'il avait exprimée à propos du rapport orangé/bleu dans *L'Aventure monochrome* au sujet de la complémentarité des couleurs. Il y évoquait la capacité pour une couleur compacte, dense, de faire naître visuellement sa complémentaire au plan immatériel. Utilisant le moyen paradoxal d'un monochrome jaune, il donne à voir le violet dans toute son intensité, détourne à son profit le mécanisme de chimie visuelle du « lecteur » et contrôle l'expérience de la couleur jusque dans l'ambivalence de la trace mnémonique. Ce dispositif à la fois matériel et métaphorique du tableau est agencé par Klein afin de désigner l'inatteignable, le concept pur de la couleur.

Le monochrome vert tire sa particularité de son format atypique : un rectangle très allongé. Par le refus du « format-peinture », Klein veut susciter un déroutement des habitudes du regard et forcer l'explosion de la couleur. De même, pour accuser l'effet de saillie du monochrome dans la réalité spatiale du « lecteur », il augmente considérablement l'épaisseur du panneau : 5 cm. A la recherche d'une pratique tout à la fois démonstrative et distanciée, Klein abandonne très tôt la peinture au pinceau, chargée d'une gestualité expressive, pour un médium neutre : le roulor. En machinalisant ainsi l'exécution, il vise à l'effacement du « sujet » de la peinture et à l'autonomisation de la couleur.

Ces monochromes sont caractéristiques de l'« effet roulor » assimilable à un style a-pictural. La luminosité du pigment pur en émulsion dans le liant synthétique est intensifiée dans le traitement de la surface, soit par les étirements réguliers de la pâte accrochant physiquement la lumière (monochrome jaune/violet, monochrome blanc), soit par une matité étale de la couleur (monochrome orange, monochrome vert). A l'occasion de son exposition *Yves : Propositions monochromes* en 1956, Klein observe que son « expression des mondes de la couleur » se heurte à un mécanisme de perception que l'on pourrait qualifier de *gestalt* chromatique. En effet, chaque monochrome est lu non pas dans *sa* couleur, mais comme composant d'une « polychromie décorative » s'étendant à l'espace de l'exposition. Cette constatation le conduit à fixer la couleur de sa démonstration : le bleu outremer foncé (dont il déposera le brevet en 1960 sous l'appellation IKB).

□ *Monochrome bleu (IKB 3),* 1960

« Le bleu n'a pas de dimension, il est hors dimension, tandis que les autres couleurs, elles, en ont. Ce sont des espaces pré-psychologiques... Toutes les couleurs amènent des associations d'idées concrètes..., tandis que le bleu rappelle tout au plus la mer et le ciel, ce qu'il y a après tout de plus abstrait dans la nature tangible et visible ». La mise au point chimique de cette nuance inaugure l'« Epoca blu » d'Yves Klein. La variété de supports, de formats, de textures des quelques 194 IKB réalisés par Klein de 1955 à 1962 permet de situer dans sa spécificité la toile IKB 3. Ses dimensions la font participer à la série des 15 monochromes IKB de « 2 m × 1,50 m » (dont 5 portent la signature « Yves le Monochrome »), peints dans la période marquée par l'exposition à Krefeld en 1961. Par leurs dimensions inhabituelles « à peine plus hautes que la moyenne des spectateurs et d'une largeur inférieure à l'envergure des bras », leur faible épaisseur — « elles sont parmi les peintures les plus plates jamais réalisées » —, la richesse de leur texture et de leur ton, ces toiles sollicitent l'ensemble du champ visuel du « lecteur ». Klein recourt ici à un procédé inverse de celui appliqué aux monochromes jaune « violet » et vert qu'il avait objectalisés en saillie de la cimaise, comme des boîtes de couleur. Il lui substitue une stratégie, opérant par envahissement et captation tactile du regard. Le bleu d'*IKB 3* atteint à un degré de pulvérulence pigmentaire à la fois compact et sensible au moindre souffle : il vire à des phosphorescenses violacées et matérialise la « couleur de l'espace-même » que seul pourra concurrencer le « vide ».

Enonçant la phrase de Bachelard : « D'abord il n'y a rien, ensuite il y a un rien profond, puis une profondeur bleue », Klein développe une phénoménologie des monochromes qui procède de ces trois principes de l'expérience : l'intensité pigmentaire, la persistance rétinienne comme mémoire, le vide comme condition de toute couleur. Au point extrême de l'« aventure monochrome », il se voudra être le peintre d'un art « élémentaire », celui de l'Air et celui du Feu : « A signaler : le feu est bleu et non pas rouge ou jaune ».

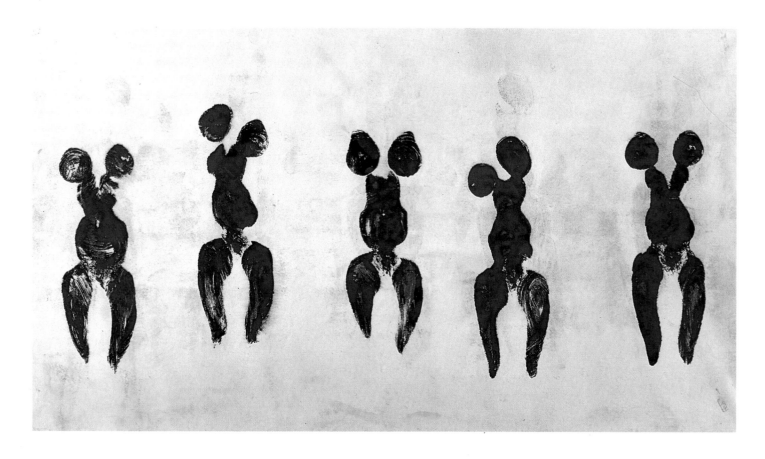

☐ *Anthropométrie de l'époque bleue* (ANT 82), 1960
Variante de *Célébration d'une nouvelle ère anthropométrique* considérée comme la première peinture constituée par l'empreinte d'un corps enduit de pigment IKB sur une toile, cette anthropométrie en diffère par un léger désaxement de la composition, la régularité des cinq empreintes se trouvant, en effet, déviée par un mouvement incident vers le haut et le bas de la toile. Dans les *Anthropométries,* par une déclinaison systématique de l'écrasement des corps sur le support, Klein réfute toute illusion d'une troisième dimension dans l'espace pictural. S'il y a « retour à la figure », c'est dans un espace sans représentation, par une monstration littérale du travail du modèle sur le motif. Le sujet, l'objet et le médium se confondent pour produire une peinture première, trace négative de la présence : un index, dans l'acception sémiologique du terme. A ce titre, la technique par contact des *Anthropométries* peut être rapprochée de celle des *Cosmogonies* ou *Moulages* (effectués par relevés directs sur la végétation ou le corps), ainsi que des photographies, réalisés par Klein entre 1960 et 1962; « Le tableau n'est que le témoin, la plaque sensible qui a vu ce qui s'est passé. La couleur à l'état chimique, que tous les peintres emploient, est le meilleur medium capable d'être impressionné par « l'événement ».

Cet « événement », prenant la forme d'une performance publique et provocatrice (en 1960 à la Galerie internationale d'Art contemporain), constitue, par sa surenchère même, une version critique des grands spectacles de l'*Action Painting.* Par contamination pigmentaire et prégnance sur le support, la couleur pure se porte du corps à la toile et de la toile au regard. Ainsi se trouve bouclé le système d'imprégnation visuelle en action dans les monochromes.

Anthropométrie de l'époque bleue (ANT 82), 1960
pigment pur et résine synthétique
sur papier monté sur toile
155 × 281
achat 1984
AM 1984-279

□ *Ci-gît l'espace* (RP 3), 1960

Cette pièce unique dans l'œuvre de Klein se compose d'un monogold — panneau de bois doré à la feuille — d'une couronne d'éponge IKB, d'un bouquet de roses artificielles, d'une jonchée de feuilles d'or. Un reportage photographique, réalisé à différents moments de sa fabrication et de sa présentation, superpose à la vision actuelle de l'œuvre son scénario narratif; il opère, par lui-même, un décryptage de l'effet d'emblème « sentimental et morbide » du panneau. On y trouve, juxtaposés par le montage, l'essentiel des composants matériels-métaphoriques utilisés par Klein :

Gravitation : comparable aux tables transparentes contenant du pigment pur, le panneau d'or poli posé au ras du sol forme un réceptacle à la « chute des corps » et met en scène la force gravitationnelle comme liant idéal des différents éléments.

Or : pluie de feuilles d'or fin adhérant dans l'impact, monnaie de l'absolu et de la sensibilité picturale immatérielle, valeur établie pour la fixation du « vide ».

Éponge : couronne IKB concrétisant l'absorption par la matière de la couleur de « l'espace même ».

Ci-gît l'espace (Monogold RP 3), 1960
panneau recouvert d'or en feuilles,
éponge peinte et fleurs artificielles
10 × 100 × 125
don de Mme Rotraut Klein-Moquay à l'État 1974, attr. 1975
AM 1975-5

Rose : bouquet de roses roses, résonnant comme l'écho tautologique infiniment répété de Gertrude Stein, « une rose est une rose est une rose… », bruit, sans attaque ni déclin, produit par l'espace dans sa chute.

Trace : métrie des corps, saisie de leurs images virtuelles s'opérant non par l'empreinte, mais au moyen du reflet que renvoie l'or poli.

Cendre : le scénario s'arrête sur une photographie, Klein, se recueillant sur *Ci-gît l'espace,* fait tomber au sol les cendres de sa cigarette : « Je m'aperçois que les tableaux ne sont que les « cendres » de mon art. L'authentique qualité du tableau, son « être » même, une fois créé, se trouve au-delà du visible, dans la sensibilité picturale à l'état de matière première » (Y. Klein, *Le Dépassement de la problématique de l'Art).*

Tombe (dernière image) : couché sous la *Tombe. Ci-gît l'espace* « qui se veut symbolique de l'imprégnation universelle », Klein se tient les yeux fermés.

□ *«L'Arbre», grande éponge bleue* (SE 71), 1962

Au printemps 1958, Klein faisait déjà état d'une importante révélation : « Grâce aux éponges, matière sauvage vivante, j'allais pouvoir faire les portraits des lecteurs de mes monochromes qui, après avoir vu, après avoir voyagé dans le bleu de mes tableaux, en reviennent totalement imprégnés en sensibilité comme des éponges ». Ce projet fut suivi de l'exécution de cinq sculptures intitulées *Lecteur* ou *Veilleur.* Mais celles-ci, considérées parfois comme les résidus fétichistes d'une facile figuration, ne font qu'introduire à une recherche beaucoup plus ample, marquée par la production abondante de quelque 215 sculptures-éponges (1958-1962). Plutôt que « portraits », les éponges dressées, saturées de bleu IKB, semblent, en effet, poursuivre l'objectif d'autonomisation de la couleur, de sa prise directe dans l'espace réel. A l'origine, les éponges sont pour Klein un moyen de passer la couleur sur le support par imprégnation, évitant le tracé du pinceau. La découverte de « la beauté du bleu dans l'éponge » le conduit à l'utiliser comme « matière première », redoublant l'intensité du pigment par sa démonstrativité matérielle. La forme anonyme du végétal s'impose comme l'équivalent a-culturel du monochrome peinture. Bien plus, son volume imprègne jusqu'à la troisième dimension. Dans *L'Arbre, Grande Éponge bleue,* l'échelle du végétal semble en figurer un autre. La fine tige métallique, nécessaire à la lévitation artificielle, prend l'importance d'un « socle ». A ce moment, la force d'évocation formelle de la couleur appelle une désignation; Klein, en lui assignant un titre, *L'Arbre,* exploite la polysémie contradictoire du signifiant pour mieux déjouer la tentation « sentimentale » d'une identification réaliste : « Le dessin, c'est de l'écriture dans un tableau. On dessine un arbre, mais ça reviendrait au même de peindre une couleur et d'écrire à côté : arbre ». A.B.

« **L'Arbre** », **grande éponge bleue** (SE 71), 1962
pigment pur et résine synthétique
sur éponge et plâtre
150 × 90 × 42
achat 1984
AM 1984-280

Katarzyna Kobro
1898-1951

Née à Moscou, Katarzyna Kobro entre en 1917 à l'École de Peinture, de Sculpture et d'Architecture et, après la fermeture de celle-ci en 1918, aux Ateliers Libres; c'est alors qu'elle rencontre le peintre Wladyslaw Strzeminski — elle l'épousera en 1920 — et qu'elle subit l'influence de Tatline, visible dans ses premières sculptures, constructions de matériaux bruts et hétéroclites. A partir de 1920-1921, elle se rapproche de Casimir Malévitch et, avec Strzeminski, va diriger à Smolensk l'atelier IZO, filiale de l'Ounovis, ouvert par le maître de l'Académie suprématiste de Vitebsk. En 1924, tous deux se fixent en Pologne où ils s'associent à la formation et à l'activité du groupe d'avant-garde *Blok* et, en 1926, de *Praesens,* quittant ce dernier en 1929 pour fonder leur propre cercle consacré à la recherche des formes pures : *«a.r.».* Ils établissent en même temps des contacts avec le groupe parisien *Abstraction-Création.* En 1929, Kobro publie son premier texte théorique, « La sculpture et le volume », dans la revue *Europa* (n° 2). Déjà à cette date son œuvre se révèle en tous points exceptionnelle, proposant une articulation « totale » et organique de l'espace, déterminé par un agencement de volumes « ouverts » en tôles d'acier peintes calculé selon un système de rapports numériques d'une précision extrême. Son objectif — dont elle publiera les principes théoriques dans *La composition de l'espace, les calculs du rythme spatio-temporel* (Lodz, 1931) — est de trouver des formes, des rapports qui règlent de façon rigoureuse la libre circulation de l'espace considéré comme « uniste » et qui puissent être appliqués à toutes les échelles et à tous les domaines (mobilier, vêtement, jusqu'à l'architecture et l'urbanisme).

En 1931, Kobro et Strzeminski choisissent de s'installer à Lodz où ils mènent jusqu'en 1937 une activité d'enseignement et d'animation artistique, tentant avec succès d'y créer, pour la première fois, un centre des avant-gardes internationales. Kobro vivra pendant la guerre dans une grande misère — beaucoup de ses œuvres seront détruites — jusqu'à sa mort à Lodz en 1951.

Cat. *Constructivism in Poland, 1923-1936,* Essen, Museum Folkwang, 1973; W. Strzeminski, K. Kobro, *L'Espace uniste,* Lausanne, L'Age d'Homme, 1977 (réédition et réunion de textes anciens); cat. *Présences polonaises,* Paris, MNAM, Centre G. Pompidou, 1983; J. Zagrodski, *Katarzyna Kobro i Kompozycja przestrzeni,* Varsovie, Panstwowe Wydawnict wo Naukowe, 1984; Y. A. Bois, « Strzeminski et Kobro : en quête de la motivation... », *Critique,* n° 440-441, Paris, 1984.

□ *Sculpture spatiale (Sculpture d'espace),* v. 1928
Étant donné la destruction d'une grande partie de la production de Kobro, déjà limitée en nombre, peu de sculptures se trouvent actuellement connues. L'ensemble le plus important est conservé au Musée Sztuki de Lodz : ce sont, pour certaines, des pièces originales, pour d'autres, des reconstructions, soit partielles, soit entières. Comme toutes les autres œuvres (à une exception près), la *Sculpture spatiale* du Musée n'est ni datée, ni signée (la signature portée sur la pièce n'est pas de la main de Kobro). On peut néanmoins, avec l'historien A. Turowski, situer son exécution très vraisemblablement aux alentours de 1928, date charnière dans l'élaboration de l'œuvre de l'artiste, où se succèdent deux systèmes théoriques : avant 1928, Kobro se réfère pour la construction de ses *Sculptures spatiales* au principe arithmétique de la multiplication d'une unité modulaire par les nombres naturels de Fibonacci (1, 2, 3, 5, 8); après cette date, elle utilise, dans ses *Compositions spatiales,* un système de proportionnalité des dimensions et des plans (selon le rapport numérique 8 : 5). Dans la pièce du Musée, le calcul des proportions (deux unités modulaires 5,6 et 5,9 multipliées par les nombres de Fibonacci) relève, avec quelques écarts numériques — le fait n'est pas rare dans un travail toujours très rigoureux mais non « mécanique » — encore du premier système : il s'agit très probablement d'une œuvre exécutée durant la

période de transition 1928-1929, c'est-à-dire avant que Kobro ne commence, avec Strzeminski, à concevoir sa théorie des *Calculs du rythme spatio-temporel;* elle est très proche formellement des premières *Compositions de l'espace* de 1928 comme la n° 2 et la n° 3, conservées au Musée de Lodz. Par ailleurs, jusqu'en 1928, presque seules apparaissent utilisées, comme c'est ici le cas, les couleurs noir, blanc et gris, les couleurs primaires n'étant introduites que plus tard.

La pureté des formes élémentaires, la beauté d'un équilibre savamment calculé mais qui paraît naturel, les rythmes établis entre les plans colorés et les volumes d'espace ainsi déterminés font de cette sculpture le témoin exemplaire, accompli, du travail et de la recherche de Kobro. Pour elle, comme pour d'autres artistes de sa génération (ainsi Naum Gabo et Moholy-Nagy), la définition d'un espace « ouvert » articulé scientifiquement, qui serait la synthèse des rythmes de la nature et d'une conception architectonique, constitue le sujet et l'objet mêmes de l'art futur et universel, celui de la société moderne.   M.R.

Sculpture spatiale, v. 1928
tôle d'acier peint
44,8 × 44,8 × 46,7
achat 1985
AM 1985-18

Joseph Kosuth
1945

Originaire de l'Ohio, Joseph Kosuth, en réaction contre l'école formaliste américaine qu'il juge globalement avec mépris, abandonne la peinture très tôt après ses études. Pour lui, l'art doit se fonder sur des propositions positives, alors que les questions d'ordre formel ou celles touchant à la personnalité de l'artiste ne le sont jamais absolument. En théoricien de l'art conceptuel, dont il devient rapidement une figure majeure, il affirme que l'art, par les efforts de l'artiste, ne peut que mettre l'art en question, en l'interrogeant sur sa propre nature : « Le ready-made fit de l'art une question de fonction. Cette transformation — ce passage de l'apparence à la conception — marquera le début de l'art moderne et de l'art conceptuel. Tout l'art après Duchamp est conceptuel ». (*Art after philosophy*, 1969). Il reprend la formule du peintre Ad Reinhardt « Art as art as art », l'adapte à ses vues « Art as idea as idea », et parvient parallèlement à une proposition satisfaisante : « l'idée de l'art et l'art sont la même chose ». Prenant exemple sur la linguistique, il reconnaît, en effet, que les tautologies sont les seules propositions certaines puisque, comme l'art, elles restent vraies en vertu d'elles-mêmes : « L'art est une tautologie. L'art est la définition de l'art ». L'ensemble de son œuvre jusqu'à aujourd'hui s'élabore au plus près de ce schéma. Ses pièces n'apparaissent pleinement à la conscience du spectateur qu'au moment même de la lecture du texte qui y figure. Les objets encore présents dans les *Proto-investigations* de 1965 disparaissent ensuite pour n'être plus qu'un texte placardé, indice suffisant de l'existence de l'œuvre. *The Ninth Investigation, Proposition 13,* 1972-1973, revue en 1977 (MNAM), est le développement sur plusieurs panneaux d'un commentaire faisant sa propre analyse.

J. Kosuth, « Art after philosophy », *Art Press,* n° 1, Paris, 1973; cat. *Bedeutung von Bedeutung — The making of meaning*, Stuttgart, Staatsgalerie, 1981.

☐ *One and three Chairs,* 1965
Cette pièce fait partie des *Proto-investigations*. Un objet réel, en l'occurrence une chaise, est choisi parmi les objets d'usage courant les plus anonymes. Il est placé contre une cimaise, entre sa photographie — son image reproduite par procédé mécanique — et sa définition rapportée d'un dictionnaire anglais (ou bilingue en fonction du lieu d'exposition). L'ensemble est la triple représentation d'une même chose sans qu'il y ait répétition formelle. Ce qui est multiplié d'une partie à l'autre de l'œuvre, ce n'est pas la chaise réelle, encore trop particulière malgré sa neutralité, ni la photographie qui ne représente que son image du point de vue « normal » du spectateur, ni enfin sa définition qui envisage tous les cas répertoriés de l'emploi du mot « chaise » mais néglige de fait celui de la chaise réelle et de son image. Il s'agit dans les trois cas d'un degré distinct de la réalité de l'objet. Tous trois désignent, par leur association, une quatrième chaise, idéale et invisible dont le concept se trouve ainsi suggéré, bien plus que défini. Là où défaille en effet l'objet, intervient l'image, et là où celle-ci à son tour défaille, apparaît le langage, lui-même insuffisant mais déjà relayé par l'objet. Les moyens qu'emploie Kosuth — aussi séduisants qu'ils aient pu sembler du temps où la sémiologie était la clef de toutes les interprétations — sont aujourd'hui d'une décevante imprécision. Suffit-il de répéter une chose pour en être convaincu ?

F.H.

325

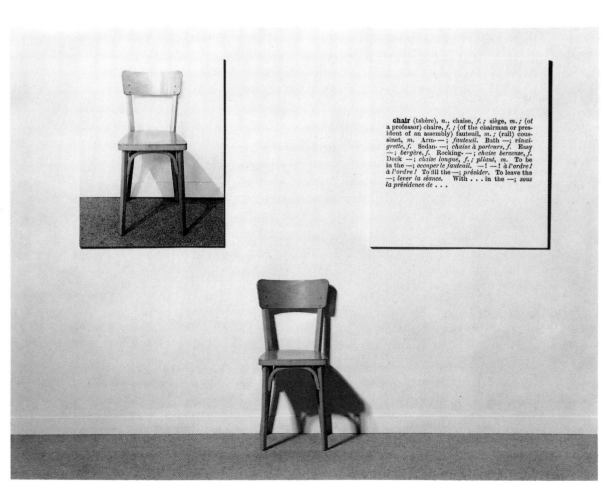

One and three Chairs, 1965
chaise en bois et deux photographies noir et blanc
la chaise : 82 × 40 × 37
les photographies : 112 × 79 et 50 × 75
achat de l'État 1974, attr. 1976
AM 1976-987

Jannis Kounellis
1936

Né au Pirée, Jannis Kounellis vit et travaille depuis 1956 à Rome. Il est difficile de circonscrire une œuvre dont le principe premier semble réclamer de violer les lois de « l'orthodoxie artistique ». Lié à l'*Arte Povera,* Kounellis a bâti une œuvre dont le continuum mêle peinture et sculpture, architecture et musique, théâtre et danse. Si les premières œuvres qu'il réalise vers 1957, année où Pasolini publie « les cendres de Gramsci », offrent des inscriptions lapidaires liées à l'universalité du langage et au rôle déterminant de celui-ci au sein des avant-gardes historiques — ses grandes peintures furent chantées, constituant un véritable « poème phonétique » — l'ensemble des travaux qu'il a élaborés depuis s'attache à l'invention d'un langage fondé sur le dialogue de la nature et de la culture : un cactus, du charbon, un perroquet, de la laine ou du café auxquels se mêle le feu, « matériau » volatil et incontrôlable, sont autant d'éléments qu'il met en scène dans le premier souci de composer ce qu'il réclame être des figures vitales. Il cherche, en réalité, à élargir « le royaume des sens » (Celant) et à rendre l'existence précaire des choses, des éléments et de leur signification. On pourrait, par une lecture trop simpliste, confondre son œuvre avec celle de De Chirico ou de tout autre adepte de la nostalgie; Kounellis a recours, au contraire, à des matériaux originels pour sensibiliser le spectateur à ce que Celant a encore désigné comme « un stade pré-iconographique ». Aussi, chaque élément est-il rendu à sa singularité propre. La dimension politique de l'expérience de Kounellis consiste d'abord à se débarrasser de ce qui, dans l'histoire des formes, les a investies et travesties. On soulignera par ailleurs le rôle que le spectacle sous toutes ses formes joue dans le travail de l'artiste : la danse *(Tarantella,* 1971), la musique (un clarinettiste jouant Mozart lors d'une exposition), en 1975, Kounellis apparaît portant un masque d'Apollon. Mais l'artiste met en garde quiconque chercherait à y voir une utilisation trop facile de l'histoire et de la mythologie. Kounellis, étranger à toute chronologie de son œuvre, s'attache aujourd'hui à la permanence de certains motifs, de certaines figures, dont les variantes, au fur et à mesure des installations, affectent à la fois la forme et le sens d'un art où l'hermétisme se conjugue au sensible pour élaborer une véritable poétique.

G. Celant, *Jannis Kounellis,* Milan, éd. Mazotta, 1983; cat. *Jannis Kounellis,* Eindhoven, Van Abbemuseum, 1981, Munich, Städtische Galerie im Lenbachhaus, 1985.

☐ *Sans titre,* 1968

Kounellis refuse généralement tout titre à ses œuvres. Cette pièce, particulièrement importante puisqu'elle figurait, sous une autre forme, à l'exposition *Quand les attitudes deviennent formes* à Berne en 1969, témoigne d'un moment essentiel dans son œuvre. Par la mise en évidence du rôle spécifique des matériaux, Kounellis élabore ici une œuvre de caractère monumental, dont la nature serait de définir le territoire propre à l'artiste à travers des matériaux susceptibles de le révéler. Les deux autres œuvres (1969) du MNAM: *Sans titre (la natte)* et *Sans titre (les pesons de café)* dont il existe une autre version au Musée de Krefeld, parce qu'elles appellent le toucher ou l'odorat, évoquent un champ de perception autre que celui du regard et participent à ce que Celant appelle « une figure actualisant le mythe ».   B.B

Sans titre, 1968
4 éléments
bois, laine, ficelle
515, 500, 480, 480 × 50 env. (diam)
achat 1983
AM 1983-453

Piotr Kowalski

1927

Kowalski est un « artiste autodidacte » d'origine polonaise. Il étudie les sciences et l'architecture au MIT de Cambridge (USA), devient architecte, puis sculpteur à partir de 1961. Partageant son temps entre la France et l'Amérique, il développe de nombreux projets de sculptures et d'habitations qui se veulent à la pointe de la technologie. Il intègre l'art à des ensembles urbains comme le prouvent plusieurs réalisations en France et à l'étranger (Marne-La-Vallée, 1975-1981). La *Time Machine* (« Machine à remonter le temps ») dont le projet remonte à 1970, présentée en 1981 à New York puis au Centre Georges Pompidou, est sans doute l'œuvre la plus spectaculaire qu'il ait réalisée ces dernières années; grâce à l'installation d'un ordinateur puissant dans la salle d'exposition, les sons émis par les spectateurs sont redistribués, presque simultanément, sous la forme d'un écho sonore. Utilisant la technologie de microprocesseurs, cette œuvre, qui renverse le temps et l'espace, fait vivre au spectateur un monde simultanément à l'endroit et à l'envers. Dans toute l'œuvre de Kowalski, l'interaction de la science est constante, son travail portant essentiellement sur le rapport entre l'énergie et la matière, mais la poésie y est tout aussi présente. A la différence des artistes des années 60 qui croient très fortement que la science annonce une nouvelle ère pour l'art (Art cinétique/Mec Art), Kowalski n'emploie la technologie moderne que comme un moyen, et non comme une finalité. « Il faut, dit-il, se servir de choses objectives, extérieures (à l'art), pour être libre (...). Il n'y a pas de dichotomie entre la science et la vie pour moi, cela fait partie du même monde ». Kowalski associe, en effet, l'univers de l'expérimentation à l'acte de création, précisément pour échapper à l'emprise de la sensibilité comme à celle d'une trop grande habileté manuelle. Les nouveaux outils technologiques, notamment le laser dans le domaine de la vision, élargissent le champ de la perception ouvrant sur d'autres dimensions spatiales. Même les formes les plus immatérielles peuvent devenir « palpables », la matière devenir magique : dans le *Manipulateur nº 3,* 1967 (MNAM), Kowalski invite le spectateur à agir sur des volumes de gaz rares ionisés contenus dans des sphères en verre, pour jouer de la transformation chromatique à l'intérieur d'un champ électromagnétique. Sa démarche se veut de plain-pied dans le monde des objets et des inventions « inscrites dans la vie de tous les jours » et par conséquent reconnaissable *(Projet pour La Défense, 1974, Projet pour les Halles, 1978-1981).*

Cat. *Kowalski,* MAM, ARC, 1969; C. Naggar, « Kowalski, de la science à l'art », *Art Press,* nº 31, juillet-août 1979; cat. *Kowalski, Time Machine + projets,* MNAM, Centre G. Pompidou, 1981.

☐ *Identité (nº 2),* 1973

Cette installation se compose de trois cubes de taille différente (constitués par des tubes de néon rouge) se reflétant dans trois miroirs de courbure différente (concave, plan, convexe). Le spectateur doit se placer au point précis d'où il voit les reflets des trois cubes atteindre la même taille (d'où le titre d'*Identité).* C'est donc le spectateur qui *fait* l'œuvre en la reconstruisant par son œil. L'existence de l'œuvre se situe dans l'idée et non dans une réalité tangible qui n'est que son apparence. L'œuvre est ainsi constamment remise en question par la relativité de ses constituants : « Il n'y a pas de point de vue divin », note Kowalski.

J.P.B.

327

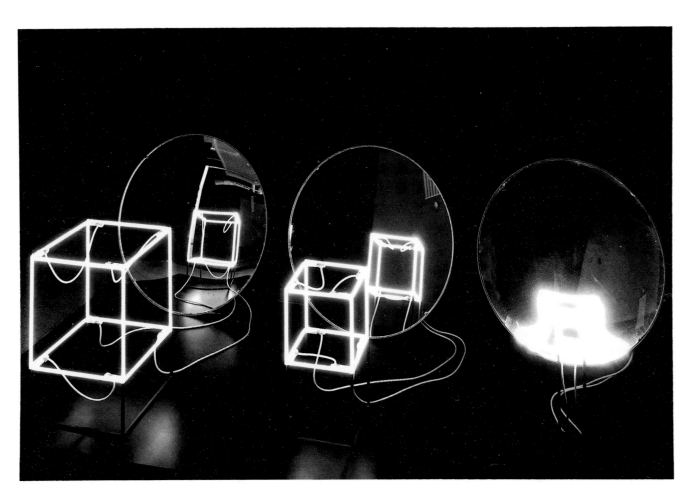

Identité (nº 2), 1973
tubes de néon rouge et 3 miroirs montés sur acier
85 × 300 × 200 environ
achat de l'État 1977, dépôt du FNAC
AM 1982 dép. 28

Tetsumi Kudo
1935

Né à Osaka de parents artistes, Kudo est profondément marqué par l'explosion de la bombe atomique sur Hiroshima, en 1945. Après des études artistiques à Tokyo, il s'installe en 1962 à Paris, où il est accueilli par A. Jouffroy qui l'invite à l'exposition *Collages et objets* chez R. Lebel. Définissant lui-même son œuvre comme « un contre-enseignement par l'exemple », il travaille avec les artistes « objecteurs » et, soutenu par P. Restany et G. Gassiot-Talabot, il crée ses premiers environnements et réalise plusieurs happenings *(Harakiri of humanism,* 1964). En 1970, il exécute un décor en putréfaction pour le film de Ionesco, *La Vase.* Deux rétrospectives, en 1970 à la Kunsthalle de Düsseldorf et en 1972 au Stedelijk Museum d'Amsterdam, ont rendu hommage à son œuvre.

Cat. *Kudo,* Amsterdam, Stedelijk Museum, 1972; L. Durand-Dessert, « Le rêve biologique de Kudo », *Revue d'Esthétique* n° 1, Paris, 1974.

☐ *Votre portrait-chrysalide dans le cocon,* 1967
Présenté à l'exposition *12 ans d'art contemporain en France* (Grand Palais, 1972), cet étrange assemblage reflète l'univers obsessionnel de Kudo, constitué d'objets hétéroclites et repoussants, cultivés en terre ou en cage, comme *Pollution, Cultivation, Nouvelle écologie,* 1971 (donné au Musée en 1976 par M. Fels). Le cocon, dont la texture rappelle ici la peau humaine, renferme des fragments épars de corps humain, dont un cerveau hypertrophié, reliés par des circuits électriques permettant un éclairage intérieur. Par les fentes entrouvertes du cocon, le spectateur est invité à contempler sa fin dernière. Cette vie à peine éclose et déjà condamnée, putréfiée, exprime une vision désespérée, cauchemardesque de notre civilisation qui « se décompose dans la nature polluée et le flot technologique », où la Terre-mère, matrice dévoyée, dévore ses enfants. Cette dénonciation — empreinte de philosophie écologiste — n'exclue pas l'espoir d'une société future où « nature, humanité, technologie seraient réconciliées ».   B.L.

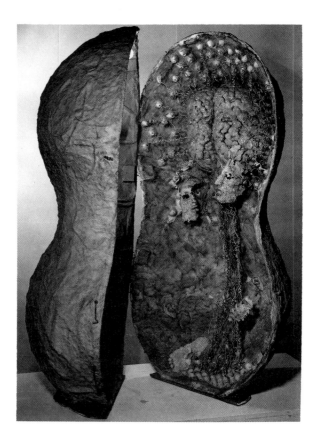

Votre portrait-chrysalide dans le cocon, 1967
ouate plastifiée, polyester et lumière noire
161 × 87 × 78
achat de l'État 1970, attr. 1976
AM 1976-989

František Kupka
1871-1957

Négligées longtemps par la critique française qui avait maintenu l'œuvre de František Kupka — originaire de Bohême mais installé à Paris dès 1896 — dans le cadre de la culture parisienne, l'importance déterminante des sources spécifiquement tchèques, puis viennoises, et la permanence tout au long de son ample production des particularismes originaux de celle-ci n'ont été que récemment mises à jour.

Quittant à l'âge de dix ans, à la mort de sa mère, le domicile familial pour un long vagabondage, Kupka découvre tout d'abord la peinture et la sculpture baroques et s'initie en même temps au spiritisme (pendant toute cette période de formation, il exercera une activité de médium pour subvenir à ses besoins). En 1888, déjà initié à un concept d'abstraction ornementale par son premier maître de dessin Studnička, il commence des études de peinture à l'Académie de Prague, avec des premières œuvres visiblement marquées tout à la fois par l'art nazaréen alors en vogue et le nationalisme folklorique pan-slavique de son nouveau professeur Mánes. En 1892, il gagne Vienne pour poursuivre sa formation, à l'Académie, auprès du peintre, nazaréen Eisenmenger (spécialiste de fresques), mais surtout il élargit sa culture littéraire et philosophique : il lit Platon, Kant, Schopenhauer, Nietzsche, découvre les romantiques allemands. Parallèlement, il se passionne pour les sciences exactes et occultes, s'engageant personnellement en 1894 dans la théosophie et la philosophie orientale, qui semblent l'avoir marqué pour toujours. De son propre aveu, sa peinture, devenue nettement symboliste et allégorique, s'affirme comme « une peinture d'idées ».

Attiré par Paris comme tous les artistes de sa génération, Kupka s'installe à Montmartre en 1896 et, à l'égal de beaucoup d'entre eux, travaille pour subvenir à ses besoins comme illustrateur de mode et satirique dans *Cocorico, Le Rire, L'Illustration, L'Assiette au beurre;* ses dessins rencontrent un certain succès alors que ses premières toiles, délibérément naturalistes (après le mysticisme viennois) et dans la ligne de Toulouse-Lautrec, de l'impressionnisme et du plein-airisme, suscitent peu d'écho. Portant un intérêt de plus en plus vif pour les sciences les plus diverses, que ce soient la biologie, la neurologie ou la physique, il manifeste déjà une attention particulière aux nouveaux procédés cinématographiques et aux expériences sur la lumière et la couleur.

En 1906, son installation à Puteaux, dans la maison et l'atelier où il finira ses jours, marque un tournant. Voisin de Jacques Villon et de Raymond Duchamp-Villon, Kupka connaît bientôt nombre d'artistes et d'écrivains. A partir de 1911, il participe activement aux recherches du groupe de Puteaux. Dans l'effervescence des discussions menées autour d'Apollinaire sur l'orphisme et les lois de la Section d'Or, des débats sur la correspondance entre peinture et musique, sur la notion bergsonienne de l'*Évolution créatrice* ou encore la quatrième dimension, son « credo » se définit progressivement avec la conception d'une abstraction basée sur des lois scientifiques, mais également nourrie d'idéaux métaphysiques. Dès 1911, Kupka s'impose comme un des premiers peintres abstraits. En 1912, il expose des peintures purement abstraites au Salon des Indépendants (trois *Plans par couleurs*), puis au Salon d'Automne *(Amorpha, fugue à deux couleurs* et *Amorpha, chromatique chaude).* Toutes font scandale, comme ses envois l'année suivante de *Plans verticaux III* au Salon des Indépendants et de *Localisations de mobiles graphiques I et II* (entre autres) au Salon d'Automne. Ces toiles, élaborées au moment même où il lit *Du spirituel dans l'art* de Kandinsky et où il prend ses distances vis-à-vis du groupe de Puteaux et du cubisme dont jamais il ne voulut s'approcher, sont parmi les plus belles et les plus étonnantes de son œuvre.

Après la guerre de 1914-1918, où il s'engage comme volontaire, Kupka développe ses recherches dans le domaine de l'abstraction en trouvant de nouvelles leçons dans les structures de la nature, de la

lumière et de l'architecture (expériences au microscope et au kaléi-doscope), tout en préservant l'empreinte du mysticisme qui lui est particulière. Deux thèmes prédominent : la mouvement circulaire, signe de croissance ou de gravitation cosmique, et le mouvement vertical, signe de spiritualité. Sa première exposition personnelle à la galerie Povolovsky en 1921 et une seconde, en 1924, à la galerie La Boétie ne rencontrent qu'un succès d'estime. N'arrivant pas à vivre de sa peinture, il accepte en 1923 un poste de professeur pour les boursiers tchèques séjournant à Paris qui, avec les subsides d'un mécène pragois, l'aidera à subsister. Connaissant de plus des ennuis de santé, il arrête peu à peu de peindre, ne reprenant confiance dans ses idéaux qu'avec la formation du groupe Abstraction-Création en 1931 (il était entré en contact avec Van Doesburg dès 1926), auquel il se joint.

Sa peinture devient alors, et définitivement, plus géométrique et purement abstraite. Malgré la consécration d'une première rétros-pective à Prague en 1946, sa production, solitaire, reste peu reconnue de son vivant. Ce n'est qu'au début des années 50, avec en 1951 un contrat tardif avec la galerie Louis Carré, que ses œuvres commencent à intéresser la critique et à entrer dans des collections publiques (au MOMA en 1956 et au MNAM en 1958).

D. Fédit, *L'œuvre de Kupka, Inventaire des collections publiques françaises,* Paris, éd. des Musées Nationaux, 1966; L. Vachtova, *Frank Kupka, Pioneer of Abstract Art,* New York et Toronto, 1968; cat. *František Kupka, 1871-1957: a Retros-pective* (textes de M. Mladek et M. Rowell), New York, The Solomon R. Guggenheim Museum, 1975; Zurich, Kunsthaus, 1976.

La réunion de 165 œuvres de Kupka au Musée national d'art moderne constitue un fonds d'une ampleur et d'un intérêt uniques, avec ceux de la Narodni Galerie de Prague et du Museum of Modern Art de New York. Constitué dès 1936, avec l'acquisition des *Plans verticaux I* de 1912 (à la suite de l'exposition *Kupka-Mucha* au Musée du Jeu de Paume), puis en 1953 et 1956, avec l'arrivée de deux toiles *(Autour d'un point* et *Plans verticaux II)* et le don de Kupka *(La Petite Fille au balcon),* ce premier noyau devait être développé en 1958 — l'année de la première rétrospective au Musée — par l'achat de 18 peintures. La formidable donation consentie par Mme Kupka en 1963 permit, en même temps que d'illustrer de façon magistrale les recherches de Kupka, d'étudier la chronologie de l'œuvre laissée souvent incertaine, la datation des pièces étant rarement (ou approximativement) apposée par l'artiste.

La Gamme jaune, 1907
huile sur toile
79 × 79
don Eugénie Kupka, 1963
AM 4165 P

330

□ *La Gamme jaune,* 1907

A Paris depuis onze ans, Kupka est amené à poursuivre des recherches plus purement plastiques et tente de faire une peinture « objective », basée sur l'observation de la réalité et les lois de la perception. Après une série d'œuvres d'esprit naturaliste, il se penche sur les problèmes de la couleur pure dont il connaissait depuis longtemps les principes théoriques : il les résout, pour la première fois de façon personnelle, dans cette importante et énigmatique toile *La Gamme jaune,* qui reste empreinte d'expressionnisme ou de symbolisme, dans la manière de Van Gogh ou de Gauguin; parlant de ce tableau, Kupka lui-même aurait évoqué *Le Poète en jaune* de Gauguin (il pourrait d'ailleurs s'agir de Baudelaire).

Par la seule couleur et la déclinaison chromatique d'une unique couleur (selon les lois de Chevreul), Kupka entend ici, fidèle à son engagement théosophique, traduire une atmosphère ou un « état d'âme ». Il le notera encore en 1912-1913: « L'atmosphère d'une œuvre est plus ou moins son élément spirituel. L'atmosphère d'une toile est atteinte à travers une seule gamme de jaunes vifs ou de rouges brillants, l'important étant qu'il y ait une unité chromatique. Afin d'y arriver, il faut supprimer les complémentaires et les contrastes, et diminuer même l'intensité lumineuse. Ainsi on exprime un état d'âme, extériorisé dans une forme lumineuse ».

La Gamme jaune (présentée pour la première fois au Salon d'Automne de 1910) constitue donc une sorte de transition entre l'approche symboliste et l'expérimentation scientifique de la couleur menée par Kupka. A partir de 1908-1909, l'étude analytique de la lumière et celle du mouvement le conduisent à instituer la couleur comme seul facteur de structuration de l'espace par un système formel de décomposition en plans de couleurs, précurseur de l'abstraction pure.

□ *Femme cueillant des fleurs I,* [1909-1910]

Kupka connaissait depuis 1901 le praxinoscope de Reynaud, véritable appareil proto-cinématographique (Paris, Musée des Arts et Métiers)

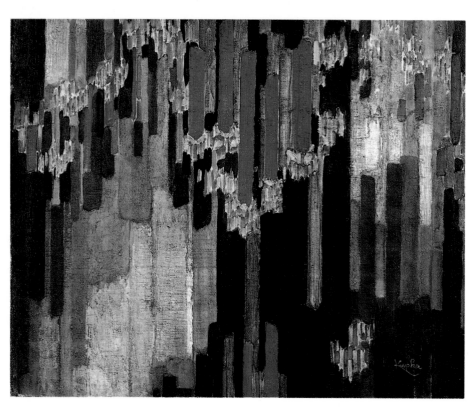

Femme cueillant des fleurs I, [1909-1910]
pastel sur papier
45 × 47
don Eugénie Kupka, 1963
AM 2776 D

Ordonnance sur verticales, [1911]
huile sur toile
58 × 72
achat 1957
AM 3562 P

où l'image se trouvait décomposée par un système de miroirs, mû par un moteur, et recomposée par le déroulement accéléré de ceux-ci (son dessin *Les Cavaliers*, 1901-1902, conservé au MNAM en témoigne). De même, il s'était intéressé très tôt à la chronophotographie de Marey, procédé qui permettait de faire fondre les séquences du mouvement dans une seule image floue. Dès 1907, il analyse le mouvement dans des études de sa fille jouant avec un ballon. Mais ce n'est que dans cette série importante d'au moins quinze pastels (dont cinq sont conservés au MNAM), exécutés en 1909-1910, que l'on voit réellement le premier aboutissement de sa recherche : tous illustrent le motif d'une femme se levant d'une chaise et s'abaissant pour cueillir des fleurs (peut-être inspiré par une photographie de Mme Kupka dans le jardin de Puteaux). Y apparaissent déjà les éléments constitutifs de son œuvre : autonomie de la couleur/lumière, analyse et synthèse du mouvement, décomposition et reconstitution abstraite de la figure. Dans les premiers pastels, comme celui-ci, les poses successives du modèle sont insérées dans des bandes verticales, déclinant deux couleurs d'ombre et de lumière, l'orangé et le bleu; dans les derniers *(Femme cueillant des fleurs V, MNAM)*, la silhouette de profil se trouve éclatée, dispersée en plans verticaux discontinus dans l'espace coloré du paysage, et devient à peine identifiable.

Le but déclaré de Kupka est d'abolir l'opposition forme/fond et de créer un continuum espace-temps. A travers ces différentes études, il réussit à passer de l'analyse d'un sujet en mouvement au concept même du mouvement. La synthèse presque abstraite qu'il en proposera dans les toiles de 1910-1911 *(Portrait du musicien Follot, MOMA, Plans par couleurs, MNAM)*, traduction formelle d'un mouvement de rotation de la figure autour d'un axe, ne saurait être comprise sans la lecture préalable de cette série de pastels.

□ *Ordonnance sur verticales*, [1911]
Très proche de l'*Ordonnance sur verticales en jaune*, 1910-1911, également au Musée, cette œuvre dérive directement des recherches menées dans *Femme cueillant des fleurs :* seule la juxtaposition de bandes verticales régulières structure désormais l'image devenue quasi abstraite. L'absence de la figure humaine, de la traduction d'un mouvement dans l'espace désigne un autre propos, une autre inspiration. Toujours attaché à l'observation du réel, Kupka est vraisemblablement parti de la perception d'un intérieur d'église gothique. Visiteur assidu de St-Germain l'Auxerrois et de Notre-Dame de Paris, il a souvent noté (dans des écrits inédits) ses impressions visuelles et spirituelles. Les colonnes de pierre, minces et élancées, la lumière colorée des vitraux — qu'évoquent la palette de gris, ponctuée de rouge et bleu — ont servi de prétexte à une étude parfaitement abstraite de la verticalité. Kupka reviendra sur ce thème entre 1920 et 1922, avec la série des quatre *Contrastes gothiques* (dont un est au Musée), mais dans un tout autre esprit : en y introduisant les formes courbes en série, venues de ses études biologiques, il semble davantage insister sur l'accentuation des illusions optiques de perspective.

□ *Plans verticaux I*, 1912
En 1912, tous les motifs d'inspiration spiritualiste — l'homme debout qui tend vers l'au-delà, l'église gothique, la pluie, le clair de lune — disparaissent. De même qu'avec *Amorpha, fugue à deux couleurs* (Prague, Národní Galerie) il en arrivait au point ultime de ses études sur le mouvement rotatif, Kupka aboutit ici à la verticalité pure, qu'il aborde en tant que concept plastique signifiant. Les plans verticaux, complètement détachés de toute référence à la nature, de toute référence à l'ordre pictural traditionnel, sont désormais suspendus dans un champ spatial indéterminé. Kupka écrit en 1912 : « L'ordre rectilinéaire apparaît comme le plus énergique, le plus abstrait, le

331

plus élégant et absolu (...). La ligne verticale est comme un homme debout lorsque le haut et le bas sont suspendus et, puisqu'ils se tendent l'un à l'autre, ils sont unis, identiques, un... Profond et silencieux, un plan vertical engendre le concept de l'espace ».

□ *Conte de pistils et d'étamines I*, [1919]
Kupka a réalisé quatre variantes sur ce thème — le plus important après la guerre —, toutes exposées à la galerie La Boétie en 1924 et datées alors 1919-1920 (les deux autres connues aujourd'hui sont à la Národní Galerie de Prague et au Wilhelm-Hack Museum de Ludwigshafen). La date 1923 inscrite sur cette toile peut être considérée comme fausse, étant donné que le tableau a été présenté au Salon d'Automne de 1919; peut-être Kupka l'a-t-il remanié (et daté) ultérieurement.

Sa fascination pour les phénomènes de la nature et surtout pour ceux de la croissance et de la fécondation, représentatives à ses yeux d'une sorte d'« élan vital », est ancienne. Déjà en 1912 il notait : « En plein jour, toutes les plantes poussent leurs fleurs vers les hauteurs. Les

Plans verticaux I, 1912
huile sur toile
150 × 94
achat 1936
J de P. 807

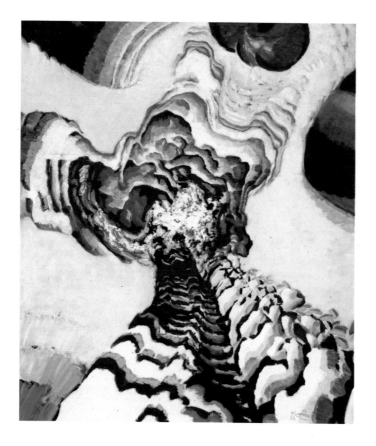

332

étamines, avec leurs formes phalliques joyeuses, fécondent les pistils gracieux. C'est une vraie fête du pollen dans le gynécée baigné de soleil, entouré des pétales qui s'ouvrent afin de protéger l'événement de la conception ».

Certaines toiles de la série montrent effectivement un pullulement de petits nus masculins et féminins faisant explicitement référence à la procréation. Ici, les couleurs riches, le tourbillonnement des formes rayonnant autour d'un centre vital, leur bouillonnement en vagues successives — qui ne sont pas sans produire par leur surenchère même des effets baroques — évoquent, plus simplement mais parfaitement, le processus de la croissance végétale poussée à son paroxysme.

□ *Motif hindou,* [v. 1920]

Proche d'*Essai-Robustesse,* 1920 (coll. part.), cette œuvre, non signée, peut se situer entre les deux autres toiles, légèrement moins grandes, de cette importante série : *Charpente bleue* (1919, Prague, Národní Galerie) et *Intensifications* (1921, New York, coll. part.). Kupka y opère la synthèse des deux thématiques qui ont conduit ses recherches depuis 1920 : celle de l'élévation intérieure d'une église gothique et celle de la prolifération biomorphique des éléments naturels, comme les rochers de Bretagne ou les algues marines, qui a inspiré la *Création* de 1911 (Prague, Národní Galerie), reprise précisément en 1920. En d'autres termes, il s'agit ici d'une vision de la nature devenue tout à la fois architectonique et mystique.

Le titre montre bien l'intention personnelle de Kupka. En ouvrant progressivement l'espace central pour l'étendre verticalement vers le haut à l'infini, en ordonnant les motifs naturels suivant une cadence régulière — rythme de la répétition sans fin qui semble celui-là même de la musique hindoue —, en intensifiant, enfin, certaines couleurs pour en diluer d'autres jusqu'à la transparence, il parvient à entraîner

l'imagination du spectateur dans les champs mouvants d'un monde de spiritualité, celui des temples tibétains ou autres lieux de méditation.

□ *Autour d'un point,* [v. 1925-1930/1934]

Tirant son origine d'un motif végétal — une fleur de lotus et ses reflets dans l'eau — le thème, devenu ici purement abstrait, d'« autour d'un point » remonte aux années 1911-1912, comme l'indique la fourchette de dates (1911-1930) apposée par Kupka lui-même au bas de l'œuvre. A cette date, il notait déjà : « Un point qui agit comme un noyau. Concentration de rayons... ». Les nombreuses études sur papier de 1920 — certaines d'inspiration directement florale, d'autres plus abstraites (dérivées de la série des *Disques de Newton,* 1911-1912) — et des toiles longuement mûries comme *Lignes animées* (1920-1921, repris entre 1924 et 1933, MNAM) montrent à l'identique un tournoiement à la fois centrifuge et centripète de cercles et d'ellipses entrelacés, vibrant de couleurs lumineuses. Ce dispositif formel, articulé savamment de contrastes ou d'harmonies colorés, constitue pour Kupka la synthèse plastique du mouvement de gravitation universelle et de la pulsion circulaire et énergétique de la vie organique.

Il semblerait, d'après les documents de l'époque, que Kupka ait abouti à une version pratiquement définitive d'*Autour d'un point* aux alentours de 1927, mais qu'il y ait porté des retouches importantes vers 1934, supprimant certains motifs colorés dans les parties inférieures pour alléger la composition.

□ *Abstraction « noir et blanc »,* [v. 1928-1932]

En 1920-1921, Kupka exécute une importante série de peintures abstraites exclusivement en noir et blanc (*Plans instables,* 1921), dont

Conte de pistils et d'étamines I, [1919]
huile sur toile
85 × 73
s.d.b.dr. : *Kupka/23*
don Eugénie Kupka, 1963
AM 4181 P

Motif hindou, [v. 1920]
(Dégradés rouges)
huile sur toile
124,5 × 122
don Eugénie Kupka, 1963
AM 4184 P

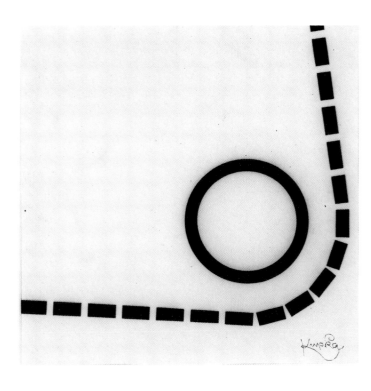

un grand nombre a été exposé à la galerie Povolovsky en 1921. Au même moment, il travaille aux illustrations (noir et blanc) de deux ouvrages : une monographie sur son œuvre par Arnould Grémilly (1922) et son propre traité *La Création dans les arts plastiques* (Prague, 1923). Grâce à son activité antérieure d'illustrateur, il connaissait remarquablement bien les possibilités du noir et blanc et savait en tirer un maximum de force et d'expression.

En 1926, il entreprend une nouvelle fois un travail en noir et blanc avec *Quatre histoires de blanc et noir,* ouvrage comportant 26 gravures sur bois et consacré à l'étude des quatre thèmes formels constants dans son œuvre : l'organique-décoratif, le géométrique, le cosmique et le vertical-diagonal. Extrêmement denses et foisonnantes, d'esprit baroque et décoratif, ces études peuvent surprendre par la persistance de l'héritage viennois dont elles font preuve.

La troisième série d'œuvres en noir et blanc exécutée entre 1928 et 1930 — des gouaches dont le Musée possède une vingtaine (dont celle-ci) — surprend au contraire par son austérité. Le traitement des thèmes familiers — essentiellement la verticalité et le mouvement circulaire — est repris (Kupka abandonne le thème de la machine de ses peintures immédiatement précédentes comme *L'Acier travaille,* MNAM) pour devenir rigoureusement géométrique. A partir de cette époque, en effet, il tente de simplifier son langage formel, de le dépouiller à l'extrême, comme dans *Peinture abstraite* de 1930-1932 (Prague, Národní Galerie) qu'il gratifie de « pure abstraction ». Sa

Abstraction « noir et blanc », [v. 1928-1932]
gouache sur papier
28 × 28
don Eugénie Kupka, 1963
AM 2739 D

Autour d'un point, [v. 1925-1930 / 1934]
huile sur toile
194 × 200
s.d.b.dr. : *Kupka 11-30*
achat de l'État, 1947; attr. 1953
AM 3213 P

334

participation au groupe Abstraction-Création, créé en février 1931, l'encourage sûrement dans cette voie, à laquelle il se tiendra jusqu'à la fin. Douze de ces gouaches seront publiées dans la revue *Abstraction-Création*, n° 2, 1933; une série de seize fera également l'objet d'une publication à Prague, en 1948.

☐ *Série contrastes XI,* [1947]

L'ensemble des douze toiles nommées *Série contrastes* par Kupka, exécutées entre 1935 et 1954, développe une fois de plus le thème de la verticalité, mais avec une inspiration architecturale évidente, où il faut peut-être voir l'influence de Van Doesburg. Les premières montrent une grande complexité spatiale et des percées vertigineuses, les dernières sont plus bi-dimensionnelles, plus ambiguës aussi dans le jeu entre surface et profondeur. Toutes sont à dominante colorée orangée-jaune.

Bien que l'étiquette au verso porte le chiffre X, il s'agit très probablement de *Série contrastes XI,* absente de la grande rétrospective de Prague de 1946 qui présentait les dix premières. Kupka l'exécuta l'année suivante (elle fut envoyée au 1er Salon des Réalités Nouvelles), la douzième et dernière (également au Musée) datant de 1954.　M.R.

Série contrastes XI, [1947]
huile sur isorel
72 × 60
don Eugénie Kupka, 1963
AM 4201 P

Roger de La Fresnaye
1885-1925

La Fresnaye reçoit d'abord une formation classique à l'Académie Julian en 1903, puis à l'École des Beaux-Arts de Paris et en 1908 à l'Académie Ranson, sous la direction de Maurice Denis et de Paul Sérusier. Il découvre ensuite les œuvres de Gauguin, de Cézanne et des cubistes et, dès 1912, il parvient d'emblée à une synthèse personnelle entre le réalisme et l'abstraction, sans jamais renoncer à la couleur, qu'il utilise pour donner le sentiment de l'espace. Proche en cela de Jacques Villon, il rejoint avec lui le Groupe de Puteaux et participe aux deux expositions de la *Section d'Or* en 1911 et 1913.

Resté indépendant du cubisme, il recherche avant tout la clarté, l'élégance et un certain équilibre entre la forme et la lumière, à travers des compositions dont la rigueur et la calme géométrie s'expliquent peut-être par la tradition scientifique de sa famille et dénotent en tout cas un tempérament entièrement classique.

Engagé volontaire en 1914, La Fresnaye est grièvement gazé en 1918 et se retire à Grasse. Terriblement affaibli par la tuberculose, il doit renoncer à la peinture à l'huile et se limiter à des dessins et à des gouaches de petites dimensions consacrés à son environnement proche (paysages, portraits) et à des sujets néo-classiques. Une première rétrospective de ses œuvres a lieu en 1926 à la galerie Barbazanges.

R. Cogniat, W. George, *Œuvre complète de Roger de La Fresnaye*, Paris, MAM, 1950; cat. *Roger de La Fresnaye,* Paris, MNAM, 1950; G. Seligman, *Roger de La Fresnaye, catalogue raisonné*, Neuchâtel, 1969; cat. *Roger de La Fresnaye,* Saint-Tropez, Musée de L'Annonciade, et Troyes, Musée d'Art moderne, 1983.

Lorsque le Musée national d'art moderne consacre en 1950 une rétrospective à l'œuvre de Roger de La Fresnaye, l'essentiel de la collection est déjà réuni, constitué dès 1931 par une série d'achats réguliers et des dons de Paul Chadourne, Jean Aron, Germain Seligman, Georges de Miré : cet ensemble — des œuvres tardives, exécutées avant 1914, et souvent de qualité (comme *Nus dans un paysage,* 1910, *Le Cuirassier,* [1910], *La Ferté-sous-Jouarre,* 1911, *Le 14 Juillet,* 1914) — a été complété dans les années 50 par trois natures mortes de 1910-1913 et l'achat de l'*Homme assis.* L'arrivée en 1983 du legs de Mlle Simone de La Fresnaye (10 peintures, 11 dessins, 4 plâtres) permet de présenter désormais les débuts de l'artiste, absents jusque-là.

☐ *Le Cuirassier,* [1910]

La Fresnaye réussit dans cette œuvre charnière (Seligman, n° 110) à définir les volumes par un dessin simplifié et accentué, et le jeu de deux couleurs (bleu et rouge) opposées en larges plans juxtaposés. Appliquant en quelque sorte la leçon cézannienne à la transposition d'un chef-d'œuvre de la peinture romantique, le *Cuirassier blessé quittant le champ de bataille* (1814) de Géricault, conservé au Louvre, il traite cependant le sujet dans un esprit totalement différent : au cavalier effrayé tenant son cheval, il substitue l'image de la force du soldat qui avance en s'opposant au mouvement de l'animal et en offrant à l'ennemi (et à nous) la masse puissante de sa cuirasse; celle-ci, articulée en larges plans de lumières et d'ombres, devient l'élément central de la composition et en commande les lignes de forces rayonnantes. Utilisant cette construction géométrique et schématique pour exprimer la tension dynamique de ces deux mouvements contraires (auxquels répond en écho l'élan parallèle des deux soldats sans visage à l'arrière-plan) La Fresnaye devance, d'une certaine manière, les recherches des futuristes italiens. Cette composition héroïque, envoyée au Salon des Indépendants de 1911 (où elle côtoyait les envois des cubistes), veut s'inscrire dans la grande tradition de la peinture d'histoire. Apollinaire ne s'y trompe pas lorsqu'il écrit dans les *Chroniques d'art* : « *Le Cuirassier* de La Fresnaye est un excellent morceau. Cet artiste aborde la peinture militaire avec une entière franchise et des moyens tout neufs. C'est là un des beaux envois du

Salon. Il faut que M. de La Fresnaye aborde maintenant de grandes compositions ». Cependant, lorsqu'il ajoute : « Mais qu'eût été Gros sans les batailles de l'Empire ? La Fresnaye se doit de souhaiter une guerre », quel écho amer prend cette réflexion lorsqu'on sait que c'est la guerre qui brisa la vie de La Fresnaye. Et quelle ironie aussi qu'il n'ait rapporté de la guerre que des croquis de choses familières, qui font dire à Maurice Denis : « Il n'a rien vu ! ». Entrée dans la collection de M.J. Hessel, cette peinture est achetée par les Musées nationaux au terme de l'exposition des *Maîtres de l'art indépendant* au Petit Palais en 1937 (n° 15, salle 26).

□ *Homme assis,* 1913-1914
Selon Dunoyer de Segonzac, cette peinture (Seligman, n° 140; anc. coll. Paul Petit) serait une sorte d'autoportrait de La Fresnaye et, en tout cas, une représentation idéale du peintre-architecte. Elle reprend le thème de l'homme assis à une table, étudié dans plusieurs dessins

et deux aquarelles de 1913 (Copenhague, Statens Museum for Kunst; Seligman, n° 138) et 1914 (Paris, coll. part.), et préfigure *Le 14 Juillet,* pièce maîtresse de l'année 1914. Contrairement au parti cubiste, les principes choisis ici sont ceux d'un espace ouvert et aéré, d'une grande unité de traitement pictural; le corps de l'homme, qui domine de toute sa hauteur la composition et lui impose son axe orthogonal, se situe dans un lieu volontairement ambigu (les indications de rideau ou de paravent présentes dans les aquarelles préparatoires ont disparu) : à la fois en plein air pour la partie droite (si l'on reconnaît dans les touches légères le bleu du ciel et le vert d'un feuillage) et dans un intérieur (la nature morte) pour la partie gauche. L'équilibre créé, avec une remarquable économie de moyens, par l'opposition des surfaces rectangulaires et des courbes; la distribution savante des grands aplats de couleurs primaires, blanc et noir (ainsi le rectangle blanc au centre que balance l'ovale noir à gauche, et le noir intense du flacon d'encre au centre, qui fixe toute la composition); la mo-

Le Cuirassier, [1910]
huile sur toile
179,5 × 179
achat 1938
AM 2187 P

336

dulation légère apportée par quelques éléments de relief (le chiffon blanc à gauche, quelques ombres portées, le modelé simplifié de l'homme) : tout concourt à donner à cette composition presque monumentale une modération toute classique — puriste avant la lettre — et une impression de calme et de bonheur lumineux, ultime image d'une harmonie que la guerre brisera bientôt.

□ *Le 14 Juillet,* 1914
Inachevée parce que probablement interrompue par la guerre, cette toile pourrait symboliser, avec ces deux visages vides qui semblent nous interroger, à la fois l'arrêt brutal du travail de La Fresnaye et la fin de son aspiration à une peinture d'histoire consacrée à des allégories nationales. Après *Le Cuirassier, L'Artillerie,* 1911 (coll. part.), *Jeanne*

d'*Arc,* 1912 (Troyes, Musée d'Art moderne, donation P. Lévy) et la *Conquête de l'air,* 1913 (New York, MOMA), La Fresnaye entreprend dès 1913 une série de dessins et d'aquarelles sur le thème du 14 juillet, très proches de l'*Homme assis* (qui serait lui-même une étude pour *Le 14 Juillet*) et certainement destinés à préparer une peinture monumentale. Une autre version peinte, plus détaillée et d'un chromatisme plus fragmenté, est conservée au Museum of Fine Arts de Houston. Les dessins préparatoires, dont l'un est entré au MNAM grâce au don de Mme Mira Jacob en 1978 (les autres se trouvant au Los Angeles County Museum, dans des collections particulières américaines et à la Galerie nationale d'Oslo; *cf.* Seligman, n° 141-147), permettent de suivre le travail de simplification des plans qui, dans la peinture à l'huile, laisse le premier rôle à la couleur. L'influence des couleurs simultanées de Robert Delaunay semble patente dans cette compo-

Le 14 juillet, 1914
huile sur toile
115 × 145
don de M. Germain Seligman, 1948
AM 2818 P

sition frontale, dont la construction spatiale et la force synthétique sont, en effet, assurées par la seule juxtaposition de plans de couleurs sans contours. A l'opposé des futuristes italiens qui, au même moment, exaltent leur drapeau national en soulignant le dynamisme de son fractionnement coloré, La Fresnaye se sert du sujet pour proposer, en fin de compte, une allégorie, celle d'un certain idéal de dignité humaine, où l'on ne manqua pas de reconnaître la meilleure tradition française. D'abord possédée par M. Paul Chadourne, l'œuvre fut acquise par Germain Seligman, qui la prêta à l'exposition des *Maîtres de l'art indépendant* en 1937, puis en fit don au Musée après la guerre.

□ *Portrait de Gampert,* 1920
La Fresnaye rencontre le Genevois Gampert à l'Académie Ranson en 1908 et une amitié indéfectible les lie aussitôt. Dès 1910, il lui demande de lui servir de modèle (*Portrait d'homme, Étude pour le Portrait de Gampert,* crayons, MNAM). Lorsqu'après la guerre, sa santé ruinée, il se retire à Grasse, Gampert le suit et lui tient souvent compagnie en lui faisant la lecture : c'est dans cette attitude que La Fresnaye le représente, son manteau jeté sur les épaules, au moment où il interrompt sa lecture pour échanger un regard ou une remarque. La date de 1820, apposée par le peintre sur ce petit portrait, insiste malicieusement sur la référence à Ingres, manifeste dans la sinuosité des arabesques, la pose étudiée et une certaine préciosité bizarre et mélancolique. Cette inspiration classique, plus évidente encore que dans l'étonnant *Portrait de Guynemer,* 1921-1923 (MNAM), n'est pas la seule à guider alors ses recherches sur la ligne puisque, cantonné au dessin par la maladie, La Fresnaye s'intéresse aussi bien aux calmes figures et perspectives du Quattrocento florentin qu'à l'expressionnisme du Greco. Le Musée possède deux des dix dessins préparatoires du *Portrait de Gampert.* Une réplique à l'huile, d'un an postérieure, est conservée à l'Institute of Art de Detroit (Michigan).   H.C.

Portrait de Gampert, 1920
gouache sur papier collé sur carton
24 × 17,5
don de la Société des Amis du Luxembourg, 1934
AM 1139 D

Homme assis, 1913-1914
huile sur toile
130 × 162
achat 1957
AM 3533 P

Wifredo Lam
1902-1982

Né à Cuba, Wifredo Lam est le fils d'un commerçant chinois de Canton immigré dans l'île au 19ᵉ siècle et d'une mulâtre aux ancêtres venus d'Espagne et d'Afrique. Il assumera dans sa vie et son œuvre la richesse de cet héritage culturel et l'histoire complexe du creuset antillais. Après avoir étudié à l'École des Beaux-Arts de la Havane, il s'embarque en 1923 pour l'Espagne où il vivra jusqu'en 1936. A Madrid il fréquente l'atelier de Sotomayor, peintre académique et directeur du Musée du Prado, et, le soir, l'Académie Libre du passage de l'Alhambra. Il rencontre les poètes et les artistes de la génération de 1927 — Lorca, Alberti, Dali, Buñuel — lit les théoriciens révolutionnaires russes et allemands et fait de longues visites au Musée archéologique et au Prado.

Dans les livres il regarde Van Gogh, Gauguin, Cézanne, Matisse et les expressionnistes allemands, dont on retrouvera quelque écho dans les formes durement stylisées des personnages peints dans les années 30. Le questionnement lucide et inquiet de cet héritage européen, allié à une intuition plastique et historique peu commune, l'amènera à élaborer, loin du folklore et de l'exotisme, l'une des œuvres les plus originales du « nouveau monde », dans un mouvement dialectique qui le conduit, comme l'a montré Alain Jouffroy, à « se retrouver dans tout ce qui a perdu ses ancêtres ».

A une première série de portraits, de paysages et de natures mortes exposés à la galerie Vilches de Madrid en 1928, succède une longue période de retrait due à un drame personnel en 1931 et à la tragédie espagnole (il prend part activement au combat républicain de 1932 à 1936) qui lui inspireront les *Maternités* et les *Couples* des années 1930-1940; il voit pour la première fois des œuvres de Picasso dans une exposition itinérante organisée en Espagne en 1936. En 1938, il franchit la frontière et arrive à Paris où Picasso, auprès duquel l'introduit Manolo, lui fait rencontrer Michel Leiris, Joan Miró, Tristan Tzara, Christian Zervos, Henri Kahnweiler. Carl Einstein et Victor Serge passent également à son atelier de la rue Armand Moisant et Pierre Lœb organise une première exposition personnelle qui précède d'un an celle de la Perls Gallery de New York, aux côtés de Picasso. Fin 1939 Lam se lie avec André Breton et Benjamin Péret et rejoint le groupe surréaliste réfugié à Marseille : nombreux dessins à l'encre de Chine et illustrations pour *Fata Morgana* d'André Breton. En 1941 il embarque sur le Capitaine-Paul-Lemerle vers les États-Unis via la République Dominicaine et les Antilles : avec André Breton il fait escale en Martinique, à Fort-de-France, où ils retrouvent André Masson et Aimé Césaire qui vient de fonder *Tropiques*, revue de combat politique et culturel dans laquelle s'affirment les thèses de la négritude esquissées dans le *Cahier d'un retour au pays natal* dont Lam illustrera une édition cubaine en 1942. Le petit groupe se sépare à Saint-Domingue et Lam, après plus de vingt ans d'absence, arrive à Cuba qu'avaient rejointe Pierre Lœb, Pierre Mabille et Benjamin Péret. *La Jungle,* le grand tableau qui synthétise l'expérience européenne et le retour dans l'île, est exposé à la Pierre Matisse Gallery et acquis par J. Sweeney pour le Museum of Modern Art. Une large audience lui sera accordée aux États-Unis pendant toutes ces années où il vit et travaille à Cuba (1942-1952) marquées par sa participation active à la vie artistique new-yorkaise : expositions personnelles à la Pierre Matisse Gallery (1942, 1944, 1946, 1948) ou en commun avec les surréalistes à partir de *First Papers of Surrealism* (1942), collaborations régulières aux revues *View* et *VVV*. Lui-même entretient par ailleurs une importante correspondance avec Breton, qu'il retrouvera en 1944 en Haïti où Pierre Mabille, attaché culturel français, les avait invités pour une exposition et une série de conférences. A la fin des années 50, Lam s'installe de nouveau à Paris, tout en effectuant de fréquents voyages à Cuba et aux États-Unis, ainsi que de longs séjours en Asie. Il partage ensuite son temps entre son appartement parisien et l'atelier d'Albisola Mare en Italie, où il s'initie à la céramique et retrouve chaque été les amis autour de Asger Jorn.

A. Jouffroy, *Lam,* Paris, G. Fall (coll. Bibli OPUS), 1972; *Le nouveau monde de Lam,* Pollenza-Macerata, La Nuova Foglie, 1975; M.-P. Fouchet, *Wifredo Lam,* Paris, éd. Cercle d'Art, 1976; cat. *Wifredo Lam, 1902-1982,* Paris, MAM, 1983.

L'intérêt porté à Lam par les musées français est relativement récent, alors que nombre d'œuvres majeures figurent déjà depuis longtemps dans de grandes collections publiques et privées américaines et européennes. Les quatre peintures des années 40 reçues en dation en 1984 ont été choisies dans la collection personnelle que l'artiste avait su préserver des aléas de ses incessants voyages entre les Amériques et l'Europe pendant plus de quarante ans. Elles viennent compléter l'ensemble constitué depuis 1974 *(Lumière dans la forêt,* 1942, et *Umbral,* 1950) auquel est venue s'ajouter récemment *La Réunion,* œuvre majeure de 1945.

Le Bruit, [1942]
huile sur papier marouflé sur toile
105 × 84
dation 1985
AM 1985-97

□ *Le Bruit,* [1942] — *Lumière dans la forêt,* [1942]

On a parfois évoqué un idyllique retour aux sources de l'univers antillais et du folklore afro-cubain; en fait, sous la dictature de Gerardo Machado, Cuba est devenue un paradis du jeu, de la prostitution et du cigare où règnent la corruption et la misère. Le recueil de Nicolás Guillen, *West Indies,* semble ainsi répondre à *Martinique charmeuse de serpents* écrit par André Breton à Fort-de-France et illustré par André Masson. Fort de son expérience européenne, Lam réagit violemment au « saccage » d'une culture dont il veut restituer la force originelle, enfouie sous un folklore de pacotille. Une phrase résume son attitude :

« Pas de cha-cha-cha! ». Aux luttes et à l'espoir de tout un peuple, il saura trouver une forme et une iconographie originales pour traduire dans un langage résolument moderne le monde et l'âme métisses. C'est sans doute dans les œuvres de poètes tels que Nicolás Guillen ou Aimé Césaire qu'il faut chercher les échos les plus fidèles à son travail qui offre l'un des exemples les plus accomplis d'une parfaite assimilation des formes européennes au profit de l'expression d'une culture radicalement autre, que seuls les surréalistes respectaient à l'époque. Proposant un répertoire formel et symbolique entièrement nouveau que Lam ne cessera d'enrichir, *Le Bruit* et *Lumière dans la*

Lumière dans la forêt, [1942]
(La Grande Jungle)
gouache sur papier marouflé sur toile
192 × 123,5
achat 1974
AM 1974-23

340

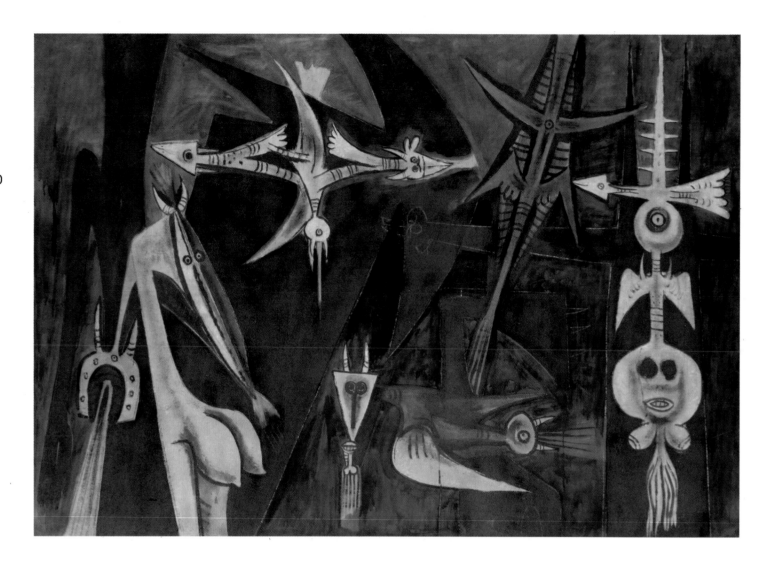

forêt, exécutés dans les mois qui suivent son arrivée à Cuba en 1942, peuvent être considérés, avec tout un groupe d'œuvres peintes au même moment *(Les Noces, Personnage avec ciseaux),* comme une première pensée de *La Jungle* (1942-1943) du MOMA, qui offre la « synthèse du langage de la peinture moderne et de la réalité explosive du monde colonisé » (Edmundo Desnoes). Dans ces grandes gouaches sur papier (qui seront plus tard marouflées sur toile), la végétation tropicale se métamorphose en grandes figures masquées, empruntant à l'humain, au végétal et à l'animal qui surgissent de la forêt hantée par les esprits invoqués dans les cultes afro-cubains pratiqués dans l'île.

□ *La Réunion,* [1945]
Dans *La Réunion* et les grands papiers peints pendant la même période (*Le Présent éternel,* 1945, *Les Noces,* 1947, ou *Belial empereur des mouches,* 1948), les figures empruntent au réel autant qu'à l'imaginaire, symbiose de l'animal et du végétal, « convulsion de l'homme et de la terre ». Un répertoire d'images composites et obsessionnelles : canne à sucre-jambe, fruits-seins, feuilles-lames sorties d'un herbier fantastique, « duendecitos » (petits diables), pieds fourchus, queues-serpents, œufs énigmatiques promettant d'étranges naissances. Très vite

les formes se simplifient et se géométrisent; le triangle et le rhombe rythment des compositions moins chargées et deviennent, avec le fer à cheval, les oiseaux, le couteau et la chandelle, des emblèmes symboliques qui réapparaîtront dans les tableaux totémiques des années 50 comme *Umbral,* 1950 (MNAM).

C.D.

La Réunion, [1945]
huile et craie blanche sur papier marouflé sur toile
152,5 × 212,5
achat 1982, avec la participation de Mme Parry-Karpidas
et de la Georges Pompidou Art and Culture Foundation
AM 1983-1

Charles Lapicque
1898

Né dans un milieu scientifique, lui-même diplômé de l'École centrale des Arts et Manufactures et ingénieur en électricité, Lapicque abandonne en 1943 son poste à la Faculté des Sciences pour un contrat avec la galerie Louis Carré. Ses études sur l'échelonnement des couleurs dans l'espace, sur les déformations des images rétiniennes, ses connaissances sur « l'optique de l'œil et la vision des contours » (thèse de doctorat, 1938) influeront directement sur sa peinture, qu'il pratique parallèlement depuis 1925 *(Hommage à Palestrina)*. Il trouve dans le paysage marin un de ses principaux sujets d'inspiration (marines, calvaires bretons...). De fait, de 1948 à 1966, il parcourt le monde comme peintre de la Marine. Son originalité irréductible le tient dans une certaine marginalité, même si par ses amitiés et par son œuvre il appartient à l'Histoire de l'art, jouant même dans le domaine de la non-figuration un rôle d'initiateur. Sa curiosité intellectuelle, sa grande culture se situent dans la tradition classique humaniste : conférencier au Collège de Philosophie, essayiste dans diverses revues, il pratique, en outre, plusieurs instruments de musique (peintures sur le thème de la musique, 1966-1968). Comme Dufy, il a le sens des « grandes machines » du passé. En 1969, il invente un genre de « multiple » : polygraphies sur plexiglas et inox.

J. Lescure, *Lapicque,* Paris, Flammarion, 1936; cat. *Lapicque,* Paris, MNAM, 1967; E. Auger, B. Balanci, *Charles Lapicque, cat. raisonné de l'œuvre peint et de la sculpture,* Paris, éd. Mayer, 1972; cat. *Dessins de Lapicque,* Paris, MNAM, 1978; A. Perregaux, *Lapicque,* Neuchâtel, Ides et Calendes, 1983; H.C. Cousseau, *Lapicque,* Zurich, galerie Nathan, 1983.

Depuis l'arrivée en 1944, grâce à l'association des Amis des Artistes vivants, du *Torpilleur,* 1929, une collection très significative de l'œuvre de Lapicque s'est constituée au Musée. A partir de 1950 l'État contribua à l'acquisition de trois peintures : le *Portrait du duc de Nemours,* 1950, *Avant le départ,* 1950, et l'*Hommage à Tintoret,* 1955,

qui témoigne de son goût pour la grande peinture vénitienne. S'y ajoutèrent six achats de l'État, trois dons de B. Dorival et le *Portrait de Charchoune* légué par Lapicque au Musée. Le don de l'artiste en 1977 d'un ensemble de 12 peintures et de 280 dessins, s'échelonnant de 1944 à 1977, apporta enfin un témoignage éclatant de son extrême habileté à user de techniques différentes — huile, mine de plomb, encre de Chine, aquarelle — et de la richesse de ses thèmes de prédilection : la mer (régates et canots), les courses, la civilisation antique et méditerranéenne, la musique, les figures armées. Dans ces différents cycles s'affirme son style, où la couleur somptueuse s'épand en rubans fulgurants, où le dessin se fait écriture, dominée par l'entrelacs et la boucle grosse ou déliée, dépassant le vieux débat de la figuration et de l'abstraction lyrique.

☐ *Les Régates,* 1951
Dans son *Essai sur l'espace, l'art et la destinée* (Paris, éd. Grasset, 1958) Lapicque, traitant de « Peinture et mouvement », expose les moyens picturaux susceptibles de créer une impression de mobilité: « dissolution de la couleur et de la forme, accompagnement des formes par des traînées dans l'espace, échanges de valeurs entre la forme et le fond, et parfois ambiguïté de ces deux éléments ». C'est exactement ce qui anime *Les Régates,* où l'artiste s'abandonne à sa passion pour la mer : le mouvement d'ensemble en avait déjà été étudié dans une série de peintures et de croquis « gestuels » de 1946, comme *Régates dans la houle* (MNAM), où l'effervescence des vagues est traduite par une série d'entrelacs enroulés les uns au-dessus des autres. Ici, mâtures et hommes d'équipages sont comme submergés dans des aplats rutilants et cloisonnés : dans un effet de « all-over », les masses, arrondies à grosses touches, des embruns et des nuages pourpres, gris ou rosâtres, ont la même densité que la mer tourmentée. En suivant les théories de Lapicque lui-même, on confrontera un regard

341

Le Sommeil du pâtre, 1961
huile sur toile
114 × 146
achat de l'État 1968, attr. 1977
AM 1977-107

342

d'approche de l'œuvre à une contemplation à distance : les valeurs bleues y gagneront en consistance et suggèreront une autre dynamique. D'autres, plus inattendues, d'une acidité défiant le ton local, sont inégalement cernées d'un blanc lumineux qui rehausse leur éclat. Dans la partie supérieure, l'effet de transparence des voilures, peut-être un rappel des leçons de Dufy, exprime la profondeur de l'espace. Il y aurait de la violence dans cette œuvre si sa qualité d'impromptu ne dominait pas.

☐ *Le Sommeil du pâtre,* 1961
A partir des années 1960-1961, Lapicque, se référant moins à Delacroix et à Barye qu'à la mythologie grecque et orientale, étend son iconographie au thème des tigres et des lions (vus au Jardin des Plantes et au Zoo de Vincennes), comme d'étonnantes études en témoignent dans la donation faite au Musée. C'est pour lui l'occasion de s'adonner à l'humour et au fabuleux des légendes antiques, au pittoresque de l'anecdote faussement narrative et au merveilleux exotique, mais surtout celle de multiplier les jeux de couleurs; la présence du tigre, particulièrement, paraît avoir été voulue pour l'effet optique des taches de sa robe. Parmi les trois versions connues du *Sommeil du pâtre,* celle du Musée est sans doute la plus majestueuse et la plus orchestrée, proche de la *Route de Nagpour,* 1961 (donation Granville, Dijon). Par son attitude, le pâtre doit sans doute beaucoup à l'Ariane de Poussin. Il fallait une belle audace, au moment où triomphait l'art abstrait, pour oser présenter cette synthèse stylistique défiant l'histoire, bien avant les tenants de la « peinture cultivée » actuelle. Car la nature luxuriante et faussement exotique est autant le thème de l'œuvre que le pâtre et le fauve : elle occupe l'espace entier et en rapproche les plans, comme dans ces créations qui furent pour Lapicque de constantes leçons : l'*Apocalypse* d'Angers, le vitrail gothique, la vaisselle de Rouen.
Des violets et des bleus étonnants jouxtent des verts acides et des jaunes d'or, une dizaine de verts différents assurent la tonalité de l'ensemble. Mettant en œuvre les moyens du tachisme et de l'abstraction lyrique, Lapicque propose une vision du monde édénique, monde où règne « une pérennité du bonheur et de la conquête heureuse, de la possession voluptueuse et durable » (H.C. Cousseau)
                                                                                A.R.-H.

Michel Larionov
1881-1964

Peintre, sculpteur, illustrateur, décorateur de théâtre, organisateur d'expositions, Michel Larionov a exercé un rôle déterminant dans le renouvellement de la peinture au début du 20ᵉ siècle. « Cet imagier russe, un peu dévoyé, soit, féru de doctrines occidentales d'avant-garde qu'il enchevêtre ou déforme avec ardeur » (A. Levinson, *Comœdia,* 1923) est originaire du village de Tiraspol (Bessarabie) et passe son enfance entre les baraques de l'armée du tzar (son père était médecin militaire) et la ferme de son grand-père. Pendant ses études — assez conflictuelles — dans le cadre de la célèbre École moscovite de Peinture, Sculpture et Architecture, il rencontre le peintre Nathalie Gontcharova, qui deviendra sa compagne. En 1906, il effectue son premier voyage à Paris sur l'invitation de Serge Diaghilev, responsable cette année-là de la section russe au Salon d'Automne. Entre ce voyage et ceux de 1914-1915 où, en compagnie de Gontcharova, il rejoint Diaghilev en Suisse puis à Paris, il déploie en Russie une activité prodigieuse en tant que créateur et organisateur d'expositions : celles de *La Toison d'Or,* où, en 1909, il présente avec Gontcharova pour la première fois ses œuvres dites néo-primitivistes, celles, mouvementées, du *Valet de Carreau* de 1910-1911 et 1912, de *La Queue de l'âne,* organisée en 1912 dans le but de créer une école russe indépendante de l'Europe, celle, enfin, de *La Cible* en 1913, première exposition rayonniste importante. Dans ces années de création effervescente qui précèdent la Première Guerre mondiale, Larionov se lie pour un temps avec le futurisme littéraire russe, concevant des illustrations pour certains recueils de textes (quelques-uns de ces ouvrages précieux, écrits par Kroutchenykh, ont été légués au Musée en 1981 par Mme Nina Kandinsky). Démobilisé en 1915 pour raison de santé, Larionov quitte la Russie et suit Diaghilev et les Ballets Russes à travers l'Europe, se consacrant entièrement à la création de décors et de costumes, ainsi qu'à un travail occasionnel de chorégraphie jusque dans les années 20. Entre 1930 et 1950, hormis quelques contributions modestes à des expositions, Larionov et Gontcharova vivent oubliés et appauvris à Paris. Une exposition rétrospective, organisée par l'Arts Council of Great Britain au début des années 60, témoigne d'un regain d'intérêt pour leur œuvre. Larionov meurt à Fontenay-aux-Roses le 10 mai 1964.

E. Eganbury, *N. Gontcharova - M. Larionov,* Moscou, C.A. Münster, 1913; W. George, *Larionov,* Paris, Bibl. des Arts, 1966; M. Hoog, Solina de Vigneral, *Michel Larionov - Une avant-garde explosive,* Lausanne, L'Age d'Homme, 1978.

L'ensemble assez exceptionnel des œuvres de Larionov conservées au Musée s'est constitué à partir d'un premier achat de l'État en 1951 (*Femme à la fenêtre,* 1911) et grâce à une suite d'acquisitions importantes (en 1960, 1970, 1976, 1983) d'œuvres néo-primitivistes et rayonnistes, telles que *L'Automne,* [1911] et *Promenade. Vénus de boulevard,* [1912-1913]. En 1967, Mme A. Larionov faisait don au Musée de quelques dessins de la période parisienne de l'artiste, réalisés entre 1925 et 1927 et liés à sa collaboration aux Ballets Russes; Suzanne et Michel Seuphor y joignent en 1977 le *Portrait de Tatline,* [1911]; enfin, avec le legs de Mme Nina Kandinsky en 1981, entrent, outre des ouvrages illustrés, une gouache de 1911, étude pour une *Tête de soldat,* exposée en 1912 par Kandinsky à la 2ᵉ exposition du Blaue Reiter à Munich. Tout à fait récemment ont été acquises trois autres toiles importantes : *La Pluie,* av. 1908, *Le Printemps (Vénus juive),* 1912, et *Composition,* v. 1913, dédicacée à Apollinaire.

☐ *Le Cochon bleu,* [1907-1908]
Dans cette œuvre — provenant de la collection d'E. Rubin qui l'avait achetée à l'artiste — est repris le thème d'une scène de rue en province, traité à plusieurs reprises en 1907-1908 par Larionov, qui choisit

Les Régates, 1951
huile sur toile
89 × 130
don de l'artiste, 1967
AM 4420 P

précisément le cadre d'une rue de Kiev pour y implanter en 1908 une exposition; à celle-ci figurait (n° 151) une peinture intitulée *Le Cochon*, du titre même qui est inscrit sur le châssis de la toile du Musée. Comparée aux paysages et scènes urbaines antérieurs, *Le Cochon bleu* se distingue par une simplification grandissante. Rejetant pratiquement toute loi de perspective classique, Larionov représente sur un même plan, souligné par une palissade, une joyeuse cohabitation d'animaux et de personnages vaquant à leurs occupations de tous les jours. Des couleurs posées avec désinvolture rehaussent la fausse naïveté du sujet sans en faire une caricature. Il s'agit ici non pas d'une réhabilitation de l'art populaire, mais d'un élargissement des sujets dignes de la peinture.

□ L'Automne, [1911]

Cette toile, non signée, non datée, acquise à Mme A. Larionov, peut être considérée comme un des manifestes artistiques du primitivisme et de l'anti-esthétisme de Larionov; elle fait partie d'un quadriptyque des saisons qui semble, selon les connaissances actuelles (toujours lacunaires en ce qui concerne l'avant-garde russe), avoir été présenté à Moscou la première fois en avril 1913 à l'exposition *La Cible* (*L'Automne,* seul, avait déjà été montré à Moscou à l'exposition *Le Monde de l'art* en novembre 1911). Les quatre panneaux (deux se trouvent actuellement à la Galerie Tretiakov de Moscou, le troisième fait partie de la Succession du peintre) ont été réunis à l'occasion d'une exposition d'art russe et français en 1974-1975 à Paris.

La réhabilitation des arts populaires n'est pas un phénomène propre à la Russie, ni nouveau : ceux que Larionov désignera après 1912 comme « les décadents de Munich » — il a pourtant exposé Kandinsky et les artistes de la *Neue Künstlervereinigung* et du *Blaue Reiter* en 1910 et 1912 au *Valet de Carreau* — y attachaient une importance extrême; de même, avant lui, en Russie, l'association d'artistes *Les Ambulants* qui exaltèrent dans leurs œuvres les vertus et le caractère du peuple, ainsi que Mamontov et Tienicheva qui avaient créé des colonies d'artistes et artisans dans l'esprit de celles de William Morris. Peut-être est-ce par réaction au progrès très rapide de la technologie, particulièrement spectaculaire en Russie dès le début du siècle, qu'à partir de 1908 certains artistes de l'avant-garde, à la suite de Larionov, trouvent leur inspiration dans l'art national, les *loubki* (gravures sur bois populaires), les icônes, la peinture d'enseigne, les dessins d'enfants, les graffiti. La surface de la toile reproduite est divisée en quatre champs inégaux dans lesquels sont inscrits, inspirés des broderies de Sibérie, trois épisodes à la manière des enluminures carolingiennes. Personnages, animaux et arbres sont réduits à l'état de silhouettes schématiques, tracées sur un fond bleu uniforme, à peine modulé. La volonté de Larionov de nier ainsi l'espace considéré comme illusion, d'insister sur l'aspect plan de la toile, le conduit également à intégrer l'écriture dans le tableau; un poème célébrant l'ivresse des vendanges se trouve, en effet, inscrit dans un des champs inférieurs. Le tableau de chevalet se rapproche ainsi de la gravure populaire, souvent accompagnée d'une légende explicative, s'assimile presque à une page de texte illustrée. En retournant aux sources de toute création et en confondant les genres artistiques, Larionov entend donner un nouvel élan à l'art académique sclérosé et rendre en même temps le « grand art » accessible à tous.

□ Portrait de Tatline, [1911]

Michel Seuphor, qui avait fait la connaissance de Gontcharova et de Larionov dans les années 20, prend l'initiative d'organiser fin 1948 une exposition à Paris, galerie des Deux Iles, consacrée au rayonnisme. Le *Portrait de Tatline* ne figurait pas encore à cette exposition,

Le Cochon bleu, [1907-1908]
huile sur toile
65 × 75
achat 1976
AM 1976-16

L'Automne, [1911]
huile sur toile
136 × 115
achat 1970
AM 4513 P

mais apparaît illustré dans l'ouvrage sur *Les Origines de l'art abstrait,* publié par Seuphor en 1950. C'est à cette occasion que Larionov lui en fait don. De quatre ans le cadet de Larionov, V.E. Tatline, qui deviendra le chef de file des constructivistes russes, fréquentait déjà, adolescent, la maison de Larionov à Tiraspol. En 1908, son ami en exécute un premier portrait en blouse de marin (coll. part., Aix-la-Chapelle). Dans le catalogue de l'exposition *La Queue de l'âne* de 1912, étaient également mentionnés une *Étude pour le portrait de V.E.T.* (n° 99), ainsi qu'une *Étude (L'Homme au chapeau,* n° 102). L'examen en laboratoire du tableau du Musée a montré récemment que la silhouette sombre reprenant les contours du personnage — souvent interprétée par les historiens d'art comme une reprise d'un artifice connu des futuristes italiens (M. Dabrowski, *Art Journal,* 1975) — est, en réalité, la première esquisse, très lisible, pour un portrait de Tatline, vêtu d'un manteau lourd et d'un couvre-chef comme sur une photographie datée probablement de 1913, année de son voyage

à Paris. Véritable œuvre de synthèse, liant des tendances néo-primitivistes (hiératisme et frontalité stricte du personnage faisant penser aux icônes) et cubo-futuristes (traitement des volumes par plans géométriques, adjonction de lettres et de chiffres), la toile, dans son état actuel, a été datée de 1913-1914 (C. Gray) : les radiographies et le catalogue d'exposition de *La Queue de l'âne* semblent indiquer qu'elle fut, en réalité, commencée dès 1911-1912.

☐ *Promenade, Vénus de boulevard,* [1912-1913]
L'apparition du rayonnisme ou loutchisme (« Nous sommes une nouvelle race d'hommes-rayons », disait Khlebnikov en 1910), dont la théorie esthétique est développée pour la première fois dans le manifeste publié en 1913 lors de l'exposition de *La Cible* à Moscou, est due essentiellement à l'initiative de Larionov. Cette théorie découle de l'intérêt particulier que porte l'artiste aux phénomènes de la vision,

Promenade, Vénus de boulevard, [1912-1913]
huile sur toile
116 × 86
achat 1982
AM 1982-436

aux théories optiques du 19e siècle et autres spéculations sur la lumière, dont il élaborera une interprétation très personnelle. Les œuvres réalisées dans cet esprit, entre 1911 et 1914, et désignées par lui-même comme une synthèse du futurisme italien, du cubisme et de l'orphisme, évoluent d'un rayonnisme « réaliste » — caractérisé par la dissolution progressive de l'opposition figure-fond et l'interpénétration de ces deux éléments — à ce qu'il appelle « pneumo-rayonnisme » : la peinture se détache alors totalement de l'objet et devient non figurative; l'importance primordiale est accordée à l'autonomie des moyens picturaux , parmi lesquels on privilégie la couleur.

Les relations, avouées, niées ou persiflées, que cet « art de l'avenir » russe entretient avec le futurisme italien — le manifeste de Marinetti, publié dans *Le Figaro* du 20 février 1909, fut traduit le 8 mars dans le journal russe *Vetcher (Le Soir)* — sont encore visibles dans la *Promenade*. Véritable exaltation de la vie contemporaine et de son rythme dynamique, cette femme marchant dans la rue — variante plus vulgaire, plus désinvolte et bariolée des coquettes provinciales peintes par Larionov les années précédentes — est ici *retenue* dans sa « fulguration » (terme choisi par W. George pour traduire la spécificité du rayonnisme, c'est-à-dire la représentation non plus des objets, mais des vibrations qui en émanent) et entourée et assaillie par des images consécutives, correspondant aux sensations optiques multiples qui se succèdent dans la vision des passants. Les chronophotographies de Marey et de Muybridge peuvent être à l'origine de cette recherche d'un prolongement du « moment » en peinture, obtenu par la représentation simultanée de plusieurs stades successifs d'un déplacement. La toile, exposée au début de l'année 1914 à l'exposition *N° 4,* organisée par Larionov à Moscou, est présentée à Paris à la galerie Guillaume en juin de la même année.　　J.B.

Portrait de Tatline, [1911]
huile sur toile
89 × 71,5
donation M. et Mme Michel Seuphor, 1977
AM 1977-600

Marie Laurencin
1885-1956

Soutenue dans ses débuts de peintre par H.P. Roché, elle fait la connaissance, en 1906, à l'Académie Humbert, de Braque, qui l'introduit au Bateau Lavoir; en mai 1907, elle rencontre Guillaume Apollinaire, dont elle devient l'amie jusqu'en 1912. Associée ainsi très tôt de près au cubisme (1912, première exposition avec Robert Delaunay, galerie Barbazanges; 1913, Apollinaire lui consacre un chapitre dans *Les Peintres cubistes*) dont sa peinture relève cependant fort peu, elle adopte vers 1919 une manière délicate, délibérément « féminine » : essentiellement des apparitions de femmes esquissées en touches légères de tonalités pastels et en lignes cursives, au charme élégant et mélancolique. Le Musée possède quelques exemples de ces portraits-miroirs ou mondains : *Femmes à la colombe,* 1919, *Portrait de la baronne Gourgaud en manteau rose,* 1923, *Portrait de la baronne Gourgaud à la mantille noire,* 1924, *La Répétition,* 1936.

C. Géré, *Marie Laurencin,* Paris, Flammarion, 1972; D. Marchesseau, *Marie Laurencin,* Paris, Hazan, 1982.

☐ *Apollinaire et ses amis,* 1909
Cette grande toile, qui a appartenu à Apollinaire, célèbre la gloire du poète, assis au centre, vêtu du fameux veston noir; à sa gauche, Gertrud Stein, Fernande Olivier, une femme non identifiée, à sa droite Picasso, la poétesse Marguerite Gillot, Maurice Cremnitz et, au premier plan, Marie Laurencin avec sa robe bleue immortalisée dans la *Muse* de Rousseau et esquissant un geste de piano. Exécutée un an après le *Groupe d'artistes* de 1908 acheté par Gertrud Stein (coll. Cone, Baltimore Museum of Art), très « rousseauiste » et modeste, cette peinture plus ambitieuse semble faire écho — mais de façon toute superficielle et naïve — à l'histoire du cubisme : au-delà de la série des « portraits », qui constitue une évocation des fameuses réunions du Bateau Lavoir, ne peut-on, en effet, voir ici une rapide allusion aux récents apports du cubisme aperçus dans l'atelier de Picasso : le compotier de fruits, le paysage traité en grandes masses hachurées et unifiées par la couleur rougeoyante, les « masques » simplifiés des figures et, surtout, la répartition des deux groupes de femmes enlacées et dansantes qui évoquent les études pour *Les Demoiselles d'Avignon* (le pont, désigné trop tôt comme le Pont Mirabeau, célébré seulement par Apollinaire en 1912, serait dès lors celui où l'on danse...). Le dessin préparatoire (MNAM) semble dénoncer encore l'intention de « citation » fantaisiste qui a peut-être conduit Marie Laurencin à opposer cette flatteuse *Réunion à la campagne* (tel était le titre initial de l'œuvre reproduite pl. 19 dans *Les Peintres cubistes*) à la lourde *Muse inspirant le poète* du Douanier, exposée comme elle au Salon des Indépendants de 1909.

Apollinaire et ses amis, 1909
huile sur toile
130 × 194
dation 1973
AM 1973-3

345

Henri Laurens
1885-1954

Moins connu du grand public que ses prestigieux amis, Picasso, Braque ou Matisse, Laurens était tenu par eux, et par bien d'autres, collectionneurs ou poètes (Reverdy, Max Jacob, Daniel-Henry Kahnweiler), en très haute estime. La qualité réfléchie, complexe et réservée de sa sculpture est saluée en particulier par Giacometti dans un fort beau texte, paru en 1945 dans *Labyrinthe* : « Sa manière même de respirer, de toucher, de sentir, de penser devient objet, devient sculpture (...). La moindre partie de cette sculpture est passée et repassée par la sensibilité de l'auteur. Laurens n'avance dans son œuvre qu'avec ce contrôle absolu et ne cherche jamais à passer outre ». Né à Paris dans une famille d'artisans, Laurens entre vers 1899 dans l'atelier d'un sculpteur d'ornements pour bâtiment. Sur les chantiers il pratique la taille directe et suit parallèlement la solide formation de dessin académique du « Père Perrin ». En 1902 il s'installe à Montmartre, où il rencontre sa future femme, Marthe Duverger, en 1905. Le portrait qu'il fait d'elle, comme tous ses essais de jeunesse (détruits ou perdus), dénote l'influence alors irrésistible de Rodin. Entre 1905 et 1911, il travaille seul, dans l'anxiété et le dénuement, se dégage peu à peu des influences académiques, y compris de celle de Rodin, et commence sans nul doute à étudier la sculpture française romane et gothique, dont la leçon imprègnera durablement son œuvre. Amputé d'une jambe en 1909, il séjourne brièvement à La Ruche (en 1910 ?), y fait peut-être la connaissance de Léger, entre autres. Revenu à Montmartre en 1911, il se lie avec Braque, son tout proche voisin (dont la femme Marcelle se trouvait être une amie de jeunesse de Marthe Laurens), et entretient avec lui une profonde et décisive

amitié : de Braque, en effet, il reçoit la « révélation » du cubisme analytique, du système de signes repris à Cézanne et prolongé alors jusque dans ses implications les plus abstraites. Laurens trouve lentement sa voie personnelle et réalise à partir de 1915 ses premières *Constructions* en bois ou plâtre polychromés, faites de cônes, de cylindres, de sphères juxtaposés. Parallèlement, et toujours à l'exemple de Braque et Picasso, il exécute une série de papiers collés où les mêmes motifs (têtes, bouteilles, natures mortes) se conjuguent en deux dimensions, avec le même caractère de rigueur dépouillée. Picasso lui amène dès 1915 Léonce Rosenberg qui le prend sous contrat et lui organise deux expositions personnelles en 1916 et 1918. Après la guerre, Laurens rejoint ses amis à la galerie Simon, rouverte en 1920 par Kahnweiler au retour de son exil suisse. Jusqu'en 1924-1925, il continue à travailler dans l'esprit cubiste, mais avec des matériaux différents (la pierre traitée toujours en taille directe, la terre en bas-reliefs polychromés) et dans un sens progressivement adouci : abandon de la stricte géométrie cubiste au profit d'un retour à la figure féminine qui devient son thème quasi exclusif. N'ayant pas renouvelé son contrat avec Kahnweiler, Laurens renoue avec sa première formation et travaille pour de grands collectionneurs (Jacques Doucet, le vicomte de Noailles), pour le décorateur Franck et pour Diaghilev (décor du *Train bleu*), à des commandes pour des ensembles architecturaux. Installé, depuis 1921, une partie de l'année à l'Étang-la-Ville, près de Marly, il développe un style linéaire et souple, de plus en plus libre; de la fin des années 30 datent deux œuvres majeures dédiées à la musique : *Amphion*, 1937, la *Grande Musicienne*, 1938, où les courbes, les éléments ondulatoires rejouent (comme dans ses dessins) les rythmes organiques de la mer ou des arbres. Pendant la guerre, ses sculptures redeviennent compactes, massives (*L'Adieu*, 1941, *La Nuit*, 1943). Laurens entame ensuite pour Tériade une série de grands livres illustrés (les *Idylles* de Théocrite en 1945, L'*Ane* de Lucien en 1946). Invité par l'Italie à Venise en 1950 avec Matisse, Laurens n'obtient pas le Prix de sculpture; indigné, Matisse, qui remporte le Prix de peinture, en partage le montant avec lui, rendant ainsi personnellement hommage à son œuvre, un an avant la consécration publique de la rétrospective organisée par le Musée en 1951.

M. Laurens, *Henri Laurens sculpteur 1885-1954*, Paris, Pierre Berès, 1955; cat. *Henri Laurens (exposition de la donation aux Musées nationaux)*, Paris, Grand Palais, 1967; W. Hofmann, *Henri Laurens, sculptures*, Teufen, éd. Arthur Niggli, 1970; cat. *Henri Laurens, le cubisme 1915-1919*, MNAM, Centre G. Pompidou, 1985.

Le premier achat de l'État à Laurens — la *Cariatide*, 1930 — remonte à 1938, suivi de deux œuvres plus récentes — *L'Adieu*, 1941, et *La Sirène*, 1945 — acquises en 1946 en prévision de la prochaine réouverture du Musée. Mais c'est avec la grande donation de 1967 que l'œuvre du sculpteur se trouve désormais véritablement représentée — et de façon unique — dans la collection du Musée : selon le vœu de son père, Claude Laurens a fait exécuter des épreuves en bronze de la plupart des plâtres originaux conservés dans l'atelier, offrant ainsi aux Musées nationaux un ensemble de plus de 150 œuvres qui recouvre le développement de l'œuvre entière : 111 sculptures (1912-1954), complétées par 25 dessins (1905-1952), 16 gravures (1917-1953) et 10 livres illustrés. D.H. Kahnweiler s'associe à cette généreuse donation par le don de 40 exemplaires 0 des terres cuites dont il a été l'éditeur. Seule restait, hélas, mal représentée sa période cubiste (1915-1918), illustrée uniquement par la seule construction (*Petite Tête*, 1915) conservée dans l'atelier; cette lacune a été comblée par l'achat en 1965 d'un superbe papier collé (*Tête de femme*, 1917-1918) puis d'un second (*Joséphine Baker*, 1915) en 1981, par celui en 1977 d'une construction (*Bouteille de Beaune*, 1917) et, surtout, par la venue en

La Grande Musicienne, [v. 1937]
bronze, exemplaire MN
195 × 110 × 85
achat de l'État et attr. 1952
AM 934 S

347

1984, grâce à la donation Louise et Michel Leiris, de 9 œuvres, dont une construction (*Bouteille et verre*, 1917) et le papier collé qui lui est associé, ainsi qu'une importante pierre de 1921 *(Femme au compotier).*

□ *Petite Tête,* [1915] — *Bouteille et verre,* [1917]

Il semble préférable, plutôt que de suivre une chronologie encore incertaine, d'aborder les 25 sculptures réalisées par Laurens entre 1915 et 1918 d'après les quelques thèmes qui donnèrent lieu à autant de doubles séries, constructions et papiers collés : les têtes (série la plus ancienne à laquelle appartient la *Petite Tête*), les figures, les bouteilles (dont *Bouteille et verre* représente un des exemplaires les plus achevés) et, enfin, les instruments de musique. Ces constructions doivent évidemment beaucoup à Picasso et à Braque, au langage qu'ils ont inventé dès avant 1914. Comme les sculptures de Picasso, elles sont essentiellement frontales, réalisées par intersection de plans minces, en bois ou en métal. Elles ont en commun, enfin, les motifs ordinaires du cubisme, figures analysées et décomposées, verres et bouteilles transparents, guitares creuses, tous objets ouverts ou plutôt évidés. Mais là où Picasso « travaille expérimentalement sur des données d'espace, de couleur et de volume, destinées en fait à être reversées dans la sculpture, les priorités de Laurens sont avant tout sculpturales », souligne à juste titre M. Rowell (*The Planar Dimension,* New York, The S. Guggenheim Museum, 1979). Par leurs plans inclinés ou concaves, les constructions de Laurens indiquent une profondeur, affirment véritablement des volumes, que ces volumes soient des « pleins » ou des « vides ». « Il est nécessaire, disait Laurens, que dans une sculpture les vides aient autant d'importance que les pleins »; et dans ses constructions, les vides — les volumes « intérieurs » — sont même, proportionnellement, rendus plus signifiants que les contours — les formes « extérieures » — qui les définissent. Les zones d'ombre sont, elles aussi, définies avec précision, grâce à la polychromie à laquelle Laurens assigne une fonction déterminante : « (...) Une statue qui n'est pas polychromée subit les déplacements de la lumière et des ombres sur elle et se modifie sans cesse : pour moi il s'agissait en polychromant de faire que la sculpture ait sa propre lumière ». L'art de Laurens comme celui de Gris, qu'il fréquente beaucoup à l'époque des constructions, est un art calculé, conscient, une recherche intellectuelle autant que sensible. Les matériaux les plus ordinaires sont choisis avec soin, selon les sortes d'espaces requis : des feuilles de tôle pour les espaces convexes,

Petite Tête, [1915]
bois et tôle peints
30 × 13 × 10
donation Laurens, 1967
AM 1537 S

Bouteille et verre, [1917]
bois et tôle peints
61,5 × 31,5 × 19,5
donation Louise et Michel Leiris
avec réserve d'usufruit, 1984
1984-569

348

Tête de femme, 1918
papiers collés, carton ondulé, gouache et fusain sur carton
61 × 43
achat 1965
AM 3406 D

Le Compotier aux raisins, 1922
bas-relief en terre cuite
44 × 58 × 4
don de Daniel-Henry Kahnweiler, 1967
AM 1664 S

Nu couché à l'éventail, 1919
bronze, exemplaire MN
27,5 × 61 × 26,5
donation Laurens, 1967
AM 1539 S

définissant ainsi l'intérieur d'une bouteille, d'une guitare; le bois en plans minces pour suggérer l'angle d'un nez dans un visage ou l'inclinaison d'un guéridon. Laurens ne fait guère confiance au hasard, il n'*assemble* pas des éléments trouvés, des morceaux de réalité brute, il taille, découpe, courbe pour *construire* en suivant des fins bien déterminées. Cependant, dans les plus belles de ses constructions, il y a osmose entre la forme féminine et la bouteille pareillement élancée, en forme elle aussi de colonne : écho, conscient ou non, des statues-colonnes du Portail Royal de Chartres (que Laurens a étudiées de près, au point de s'installer six mois à Chartres au printemps 1918) ? En tout cas, à ces déplacements troublants, à cette confusion toujours possible, est liée pour une bonne part le pouvoir de fascination qu'exercent ces œuvres, par ailleurs si précisément ajustées.

□ *Tête de femme*, 1918 — *Nu couché à l'éventail*, 1919

Parallèlement aux constructions, Laurens exécute des papiers collés, de dimension parfois presque identique, opérant avec brio la transposition du motif en deux ou en trois dimensions. *Tête de femme*, qui appartient aux dernières séries (Laurens n'en a plus réalisé après 1918), ne trouvera de traduction en sculpture que les années suivantes. Pourtant les matériaux utilisés sont les équivalents exacts de ceux des constructions, semblablement ordinaires (carton beige ou papier d'emballage évoquant le bois, papier noir ou très sombre en rapport avec la tôle, rehauts de gouache correspondant à la polychromie) et ajustés avec la même minutie, pour un effet également calculé. Certes, ce papier collé de sculpteur ne présente pas les implications picturales contenues dans ceux de Picasso, de Braque, de Gris : il traite moins le rapport figure/fond, dessus/dessous, que celui de l'ombre et de la lumière, de la circulation de la lumière autour des volumes implicitement suggérés. Dans cette perspective, Laurens semble avoir été le premier à utiliser le carton ondulé, ce matériau qui contient en lui-même, naturellement, la succession de l'ombre et de la lumière également suggérée par le motif de l'éventail, traité très souvent aussi ces années-là *(Nu couché à l'éventail)*. Peut-être est-ce influencé par lui que Braque réalise en 1917-1918 des papiers collés avec du carton ondulé en rapport étroit avec les siens (voir notamment *Guitare et clarinette,* Philadelphia Museum of Art). Mais, comme en 1914 l'emploi d'éléments peints en pointillés colorés ou en faux marbre dans les papiers collés de Picasso et de Braque, l'apparition du carton ondulé dans ceux de Laurens présage, paradoxalement, la disparition du papier collé en tant que tel : devenant *sculpture,* sous sa forme la plus élémentaire de *relief,* il se condamne en quelque sorte lui-même, de même que la peinture dans les papiers collés de Braque le ramenait invinciblement au tableau. A partir de 1919, Laurens va poursuivre les mêmes recherches de formes, de découpages de plans colorés, en terre cuite colorée ou non, puis en bronze, sous forme de bas-reliefs. Faisant se succéder les plans dans un relief à peine marqué, la terre permet à Laurens par sa ductilité, par sa substance dense, fine, homogène, un travail encore plus serré, plus unifié et plus subtil que celui du papier collé. Les thèmes demeurent inchangés, mais ce nouveau matériau est peut-être plus approprié encore à la musicalité délicate qui est l'essence même de cette sculpture. Laurens revient parallèlement à la ronde-bosse à trois dimensions dès 1919 avec des sculptures le plus souvent taillées directement dans la pierre, plus rarement traduites en bronze comme *Nu couché à l'éventail*, 1919. Toutes les implications des constructions, sculptures ouvertes, se reconcentrent en un seul noyau dense, dans un rythme unitaire, rompu et non plus divisé par les arêtes et les plans cubistes.

□ *Femme accroupie*, [1930]

Après s'être consacré quelque temps à des travaux de décoration liés à des architectures, Laurens revient en 1928-1929 à la sculpture en ronde bosse avec ses premières statues véritablement monumentales :

la *Grande Femme debout à la draperie*, 1929, et la *Grande Femme au miroir*, 1929. Il abandonne alors la polychromie, ne cherche plus à stabiliser l'ombre et la lumière, mais les laisse couler librement sur le bronze. La *Femme accroupie*, première œuvre de Laurens entrée dans la collection, marque un moment important dans l'évolution du sculpteur. Cette figure n'obéit plus aux règles de la grammaire cubiste, mais bien plutôt à celles de la statuaire romane, ou plus généralement primitive, dans sa soumission affirmée au bloc. Œuvre charnière, elle donna lieu à de nombreuses versions exécutées dans des matériaux différents, comme si Laurens avait voulu éprouver cette forme parfaite et apparemment si simple dans des consistances variées : la toute première, acquise par l'État, est en pierre, matériau qui accentue le rapport avec la carrière, appelle l'architecture, comme le souligne son caractère de forme portante. Il en existe une autre version plus grande en bronze, d'autres encore travaillées dans des dimensions plus réduites, en terre cuite rouge ou blanche. On sait les liens d'amitié qui unissaient Laurens et Modigliani, qui peignit de lui un beau portrait en 1915: on peut souligner à juste titre la parenté entre les sculptures souvent inachevées laissées par le peintre (*Tête de femme,* 1912) et cette *Femme accroupie* qui reprend un thème souvent dessiné et projeté par Modigliani, et presque dans les mêmes termes : résolution de la figure humaine dans un bloc continu, densité calme à résonance archaïque, subtilité et intelligence des passages dans une apparence volontairement à peine dégrossie. D'autre part, de même

Femme accroupie, [1930]
(Cariatide assise)
pierre
92 × 44 × 53
achat 1937
AM 654 S

350

L'Océanide, 1933
bronze, exemplaire MN
215 × 110 × 102
donation Laurens, 1967
AM 1577 S

Le Drapeau, 1939
bronze, exemplaire MN
59,5 × 40 × 28,5
donation Laurens, 1967
AM 1604 S

Ondines, 1933
bronze, exemplaire MN
80 × 160 × 40
donation Laurens, 1967
AM 1574 S

que ses constructions de 1915-1918, si apparentées aux tableaux cubistes de 1913-1914, se trouvaient avec ceux-ci en léger décalage dans le temps, sa *Femme accroupie* semble rejoindre, seulement en 1930, l'évolution de la peinture de Picasso et Braque dans les années 20-25, reprenant le canon massif des *Femmes à la fontaine,* 1920, de Picasso, celui des *Canéphores, 1922,* de Braque.

□ *L'Océanide,* 1933 — *Ondines,* 1933 — *Le Drapeau,* 1939
Dans le climat surréaliste qui domine la fin des années 20, avec le goût et la curiosité des métamorphoses, la sculpture de Laurens se modifie encore : s'il ne découvre réellement la mer qu'en 1937, depuis longtemps celle-ci imprime un rythme sinueux à ses baigneuses. De même, la complicité du sculpteur avec l'élément végétal s'affirme dans des œuvres de plus en plus libres, mouvantes et ouvertes. Il vit la moitié de l'année à la campagne, près de Marly, au voisinage de Maillol. « A proximité de la forêt, raconte Marthe Laurens, il allait chaque matin s'y promener et regarder les arbres, et il essayait au retour de porter à ses sculptures les sensations qu'il avait reçues; les membres se nouaient comme des branches et les surfaces se modelaient comme des écorces ». L'impressionnante *Océanide* combine ainsi un torse rugueux comme un rocher et des membres déroulés et glissants comme des algues. *Les Ondines* reprennent un motif favori de Laurens — le nu couché appuyé sur un bras — ici dédoublé en deux corps semblables à des vagues successives; c'est aussi, bien sûr, le thème traditionnel des nymphes ou des naïades, sculptées au bord des fontaines baroques. S'abandonnant davantage aux forces *inconscientes* de son inspiration, Laurens avoue : « Quand je commence

une sculpture, de ce que je veux faire, je n'ai qu'une idée vague... Avant d'être une représentation de quoi que ce soit, ma sculpture est un fait plastique et, plus exactement, une suite d'événements plastiques, de produits de mon imagination, de réponses aux exigences de la construction... Je donne le titre à la fin ». Comme les *Baigneuses* de Picasso ou certaines sculptures de Arp, les figures de Laurens n'obéissent plus qu'à un rythme organique qui les gonfle ou les soulève, les creuse ou les magnifie dans un élan joyeux (*Le Drapeau,* 1939, ou *Métamorphose,* 1940).

□ *L'Adieu,* 1941 — *La Chevelure,* 1946
Durant la Seconde Guerre mondiale, Laurens polit des marbres pentéliques qui seront exposés chez Louis Carré en 1945. Il vit retiré et, dans cette période sombre de l'Occupation, modèle des formes accroupies, massives à nouveau et refermées sur elles-mêmes. La figure la plus accomplie est sans doute *L'Adieu,* dont les masses arrondies, symbole de plénitude spirituelle, constituent en quelque sorte la réalisation du « mûrissement » organique des formes auquel Laurens aspirait : « Je voudrais les rendre tellement pleines, tellement juteuses qu'on ne pourrait rien y ajouter », disait-il en 1951. I.M.-F.

La Chevelure, 1946
bronze, exemplaire MN
36 × 25 × 18
donation Laurens, 1967
AM 1626 S

L'Adieu, 1941
bronze doré
73 × 85 × 64
achat 1947
AM 826 S

Le Corbusier
1887-1965

Connu pour être un des plus importants architectes du 20ᵉ siècle, Charles Jeanneret, dit Le Corbusier, est moins reconnu comme peintre, encore qu'il faille bien considérer l'importance historique de sa contribution à la plastique moderne. Il conviendrait de retourner cette question et d'envisager, à travers son œuvre, la place qu'il accordait à la peinture, la sienne et celle des autres, la peinture murale et la peinture de chevalet. Jeanneret commence à pratiquer l'huile à trente ans quand il s'associe, en 1918, aux théories et à la plastique d'Amédée Ozenfant. Il est cosignataire de *Après le Cubisme* (1918) et des principaux articles se rapportant au cubisme édités dans *L'Esprit Nouveau* jusqu'en 1925. Le « Purisme » constitue une étape importante dans la conquête de Paris pour l'architecte. Il expose, avec Ozenfant, à la galerie Druet en 1922, à la galerie L'Effort Moderne en 1923. Mais il cesse de montrer sa peinture quand la révélation de ses conceptions architecturales, au Salon d'Automne de 1922, commence à scandaliser l'opinion. En 1925, dans le Pavillon de L'Esprit Nouveau, il montre bien quelques œuvres « post-cubistes », mais aucun tableau de lui. Désormais, s'il s'adonne à la peinture et au dessin (il prétendra que ce fut pour lui une activité quotidienne), c'est à la manière d'un « peintre du dimanche », entre deux concours d'architecture et dans des périodes de crises. Il signe, à partir de 1928, toutes ses peintures de son pseudonyme d'architecte et ne prendra conscience de l'importance de son œuvre peint qu'en 1938, avec l'exposition organisée par la Kunsthaus de Zurich et celle de la galerie parisienne Balaÿ-Carré.

A regarder son évolution picturale, Le Corbusier passe du purisme, partagé avec Ozenfant jusqu'en 1925, à un retour à la poésie de l'objet, cher à son ami Fernand Léger; puis sa couleur, brutale et forte, présente beaucoup de similitudes avec celle de Calder. Sa position vis-à-vis de l'abstraction reste très négative : il rencontre les néo-plasticiens, Piet Mondrian et Théo Van Doesburg, sans comprendre leur motivation. Il combat en même temps la possibilité d'une peinture surréaliste. Cette attitude place ainsi sa peinture en réaction contre les deux tendances essentielles des années 30 parisiennes, pleinement reconnues après la Seconde Guerre mondiale.

Cat. *Ozenfant et Jeanneret,* Paris, galerie Druet, 1922; cat. *Le Corbusier, peintures (1918-1938),* Paris, galerie Balaÿ-Carré, 1938; cat. *Le Corbusier, œuvres plastiques,* Paris, MNAM, 1953.

☐ *Nature morte « Léonce Rosenberg »*, 1922

Le Corbusier distingue quelquefois ses premières œuvres, qui sont toutes des natures mortes aux éléments plus ou moins interchangeables, par le lieu où elles furent pour la première fois présentées. Ici, puisque la galerie de L'Effort Moderne se confond avec la personnalité affirmée de son directeur, Léonce Rosenberg, le qualificatif du titre est emprunté au marchand. Ozenfant et Jeanneret auront leur dernière grande exposition « personnelle » et commune chez lui en 1923. Les réactions de la presse s'avérèrent houleuses. Il faut dire que les deux peintres s'étaient montrés belliqueux à l'égard des critiques en place, dans les articles cosignés qu'ils propagent dans *L'Esprit Nouveau*. Aussi ne faut-il pas s'étonner si le plus touché par leurs libelles, Louis Vauxcelles, leur décocha quelques perfidies dans le *Carnet de la Semaine* : « Première objection : il est très malaisé pour un œil non exercé de distinguer les Ozenfant des Jeanneret; mêmes sujets, mêmes modèles et mêmes harmonies : des bouteilles, des siphons, des radiateurs, des turbines... Les tonalités, chez Ozenfant, m'ont semblé un peu plus vigoureuses, un peu moins délavées que chez son camarade, Jeanneret se tient dans la gamme des céladons, des gris gorge-de-pigeon, des bleus tendres ». Maurice Raynal, le préfacier et l'ami de Jeanneret, établit, lui, une distinction plus juste avec l'art d'Ozenfant. Il note que, si l'un et l'autre se sont appliqués à trouver les « invariants » de la peinture — « le choix de la bouteille provient de ce que l'objet bouteille est un concept clair qui ressort au cylindre et à la sphère » —, que si l'un et l'autre dissocient le dessin et la couleur, leurs « théorèmes » reflètent des palettes très dissemblables : caractère qui ne pouvait manquer de s'affirmer après la séparation des deux associés qui, curieusement, n'ont jamais peint un seul tableau cosigné.

Ch.D.

Nature morte « Léonce Rosenberg », 1922
huile sur toile
65 × 81
don de l'artiste, 1955
AM 3345 P

Henri Le Fauconnier
1881-1946

Curieusement, Le Fauconnier a exercé l'influence d'un maître sans jamais aboutir à un grand style personnel ni mener à terme les grandes compositions qu'il imaginait.

Arrivé à Paris en 1901, il suit à partir de 1905 l'enseignement de l'Académie Julian, en même temps que Dunoyer de Segonzac et La Fresnaye. En 1908 et 1909 il peint, comme les Nabis, des paysages bretons à Ploumanach et il expose à côté des Fauves aux Salons d'Automne et des Indépendants. Il rejoint ensuite les cubistes, entraînant Gleizes avec lui; en 1911 il est l'artisan de la révélation du cubisme au public lorsque, comme « placier » de la salle XLI du Salon des Indépendants, il y réunit les peintres du groupe et y présente lui-même quatre toiles, dont le *Portrait du poète Paul Castiaux* (Musée des Sables-d'Olonne) et une grande toile, *L'Abondance* (La Haye, Gemeentemuseum), qui se veut cubiste mais où, en réalité, la perspective reste traditionnelle. En 1913 il s'éloigne du cubisme, rompant même avec Gleizes et Metzinger, pour revenir à des recherches expressionnistes. Professeur en 1912 à l'Académie de la Palette, il a Chagall et Gromaire comme élèves. En 1914 il se trouve bloqué par la guerre en Hollande où, tout en poursuivant ses recherches sur l'expression à travers l'étude des gothiques flamands, il marque la jeune peinture hollandaise et belge en lui transmettant la leçon du cubisme dans la construction des formes. Après son retour en France en 1920, il peint surtout des fleurs, des nus et des scènes d'intérieur d'un réalisme assez austère.

J. Romains, *Le Fauconnier,* Paris, éd. M. Seheur, 1927; cat. *Le Fauconnier,* Amsterdam, Stedelijk Museum, 1959.

□ *Portrait de Pierre Jean Jouve,* 1909

Tout au long de sa vie, Henri Le Fauconnier fréquenta des écrivains, en particulier ceux du groupe de l'Abbaye — fondé en 1906 par le poète et dramaturge Charles Vildrac — qui réunissait aussi bien des hommes de lettres, Georges Duhamel, Jules Romains, que des peintres, comme Albert Gleizes, et des musiciens.

Ce *Portrait de Pierre Jean Jouve* (ancienne collection du poète Paul Castiaux) a été probablement exécuté dans l'atelier du peintre à Montrouge car on reconnaît au mur une des assiettes peintes que l'on retrouve dans d'autres œuvres des années 20. Le regard, la physionomie très aiguë du poète expriment toute l'attention et la sensibilité que l'auteur de *Paulina 1880* et de *Catherine Crachat* apportait à l'étude de la psychologie humaine. Ces formes réduites à l'essentiel, ce dessin appuyé, qui cerne de grands aplats de couleurs brunes et grises rappelant celles des toiles peintes alors par Braque, Picasso et Derain, constitue pour Gleizes — il découvre l'œuvre au Salon d'Automne de 1909 — une révélation déterminante, puisqu'il s'engage dès lors dans le cubisme : « Le dessin, qui m'était apparu comme possédant la clé de mes aspirations et que je ne parvenais pas à dominer, m'avoua dans le portrait de Jouve la véritable direction. »

Le Fauconnier a peint aussi l'année suivante toute une série de portraits de ses amis écrivains, Georges Duhamel, Jules Romains, Stefan Sweig, puis, en 1921, un autre portrait de Pierre Jean Jouve.   H.C.

353

Portrait de Pierre Jean Jouve, 1909
huile sur toile
81 × 100
achat 1946
AM 2655 P

Jean Le Gac
1936

Jean Le Gac *confond* intimement son œuvre et son histoire. A un passé « recomposé » mêlant le vague des souvenirs d'enfance, à l'enseignement du dessin qu'il ne cesse d'exercer à partir de 1958, s'ajoutent la découverte de Harry Dickson, des livres de Raymond Roussel, de Henry James ou de la littérature populaire. S'il a abandonné dès 1967 l'idée d'être peintre, il endosse très vite le rôle de reporter fictif traquant, au-delà du peintre, l'idée de la peinture : ainsi ses cahiers, qui seront ses premières œuvres exposées à la *Documenta 5* de Cassel en 1972.

Définissant lui-même son œuvre comme une expérience de l'expérimentation, se plaisant aux jeux de piste comme aux jeux de plage, c'est moins du paradis de l'enfance que d'une « épiphanie joycienne », selon la formule de Jean Clair — on songe à Dedalus —, que témoigne Jean Le Gac, semblable en cela au héros du *Châtiment de Foyle* de Jean Ray, où il est question d'un peintre « qui est au moins autant peintre lorsqu'il ne peint pas que lorsqu'il peint ».

Cat. *Jean Le Gac, Le Peintre, exposition romancée*, Paris, MNAM, Centre G. Pompidou, 1978; cat. *Le délassement du peintre Jean Le Gac*, Toulon, Musée, 1982; cat. *Jean Le Gac, dix apparitions du peintre*, La Roche-sur-Yon, Musée, 1983; cat. *Jean Le Gac, « un peintre de rêve »*, Paris, MAM, ARC, 1984; C. Francblin, *Jean Le Gac*, Paris, Art Press-Flammarion, 1984.

Des trois œuvres que le Musée conserve aujourd'hui, *Le Professeur de dessin*, 1975 (don du Fonds DBC), est certainement celle où l'interaction du matériau verbal et visuel est la moins grande. Composée d'un ensemble de onze *séquences* — le terme soulignera le lien étroit que l'œuvre de Le Gac veut entretenir entre la problématique du récit et celle du découpage — elles-mêmes constituées d'un nombre différent de planches et de textes, cette œuvre au développement successif témoigne du goût de l'artiste pour la structure du récit de la bande dessinée et peut apparaître comme une sorte d'*anaglyphe* comparable à « un assemblage dont la lecture voisine avec celle d'un rébus ». Pêle-mêle, des photographies, des dessins, des gravures découpées permettent à Le Gac d'entremêler des personnages de fiction, d'in-

venter des noms et des images, de ressusciter Maurice Leblanc et de composer, enfin, un *cahier ouvert* dont chaque ensemble s'offre comme autant de moments cherchant à reconstruire une vie — la vie — d'artiste, sa vocation, ses origines. Entre mystère et suspense, l'art de Le Gac ne s'appréhende que *par épisodes*.

Dans Les *Anecdotes II, une rétrospective,* 1980, la contiguïté du texte et des images reprend le processus de la mise en abîme du récit. Les photos de photos — on retrouvera, par exemple, des photographies de la propre exposition de Le Gac au Musée en 1978 — contribuent à construire la narration de ce développement qui serait une métaphore de l'œuvre elle-même. Le Gac raconte l'art en écrivant l'histoire : une façon pour lui de se souvenir de son attachement au Nouveau Roman. Plus récemment, dans *La Sieste du peintre (avec petit chien)*, 1983, on reconnaît le goût du « peintre » pour le plein air. Mais aussi Le Gac abandonne ici ce qu'on peut appeler l'invention du dessin pour l'artifice de la copie. C'est là, sans doute, que se retrouve sa parenté avec la nouvelle d'Henry James intitulée *L'Image dans le tapis*, dans laquelle l'auteur interroge la relation de l'œuvre à l'original.   B.B.

La Sieste du peintre (avec petit chien), 1983
photographie; crayon et pastel sur carton; texte dactylographié
2 panneaux de 106 × 120 chacun
achat 1983
AM 1984-112

Fernand Léger
1881-1955

Par son art savant et populaire, Léger occupe une place unique dans l'art du 20ᵉ siècle, glorifiant la civilisation mécanique comme le monde quotidien du travailleur. Assimilé aux grands cubistes du début du siècle, Léger en diffère par des préoccupations plastiques personnelles, restant fidèle au sujet narratif, à la troisième dimension et à la couleur. Il apprend l'architecture avant d'aborder la peinture ; à La Ruche, il fait la connaissance de Delaunay, avec qui il défend les théories de la couleur, de Chagall, Soutine, Max Jacob, Blaise Cendrars. La découverte de Cézanne, essentielle pour lui, le convainc d'abandonner ses premiers essais fauves et impressionnistes. Introduit vers 1910 auprès de D.H. Kahnweiler, qui lui offrira un contrat en 1913, il découvre le cubisme de Picasso et de Braque, mais se rattache en réalité au groupe de Puteaux. Sa toile *Nus dans la forêt* le révèle aux Indépendants de 1911, puis il exécute *La Noce*, la série des *Toits* et des *Fumées*. La recherche menée dans les *Contrastes de formes* le conduit à une relative abstraction. Pendant la guerre, il continue à dessiner dans les tranchées *(Dessins de guerre)* et découvre, révélation décisive, la beauté plastique de la machine. Les formes tubulaires, les disques sont alors exaltés par la couleur dans les tableaux du *Cirque* et dans la série des *Disques dans la ville*. Dans la suite des *Personnages dans un intérieur*, de 1921 à 1924, Léger tente de définir la figure humaine, sans charge émotive ou affective, tel un véritable objet (série des *Déjeuners*), tandis que parallèlement dans les *Éléments mécaniques* il magnifie, en de puissants volumes colorés, la perfection formelle de la machine. Cette période est marquée par une activité intense et diversifiée : décors et costumes de théâtre, illustrations de livres, cinéma *(Le Ballet mécanique)*, fondation de l'Académie de l'art moderne avec Ozenfant et décor du pavillon de *L'Esprit Nouveau* à l'Exposition des Arts décoratifs de 1925 avec Le Corbusier, Delaunay et Laurens. Survient alors un temps de détente avec la série des *Objets dans l'espace* où le jeu des contrastes de lignes, de volumes et de couleurs anime des objets quotidiens sur un fond vide et monochrome. Au début des années 30, Léger se consacre davantage à l'étude de détails, au dessin à l'encre, avant de retrouver en peinture des figures humaines monumentales *(Composition aux trois figures, Adam et Ève, Composition aux deux perroquets)*. Son séjour aux États-Unis pendant la Seconde Guerre mondiale marque une étape importante : Léger s'attache à libérer non seulement ses figures dans l'espace (les *Plongeurs* et les *Acrobates*), mais aussi la couleur, qu'il dissocie du dessin. A son retour en France, il se consacre à l'illustration de sujets sociaux — les *Loisirs*, les *Cyclistes*, la *Partie de campagne* — et revient à son thème de prédilection, le monde du cirque, dans la *Grande Parade*. Après sa première rétrospective du MOMA en 1935, les expositions de la galerie Carré et de la galerie Maeght en 1945-1946, puis la rétrospective que lui consacre le Musée en 1949 permettent enfin au grand public d'aborder une œuvre tenue trop longtemps, par son originalité profonde, dans une certaine méconnaissance.

D. Cooper, *Fernand Léger et le nouvel espace*, Genève, éd. des Trois Collines, 1949 ; cat. *Fernand Léger*, Paris, Musée des Arts décoratifs, 1956 ; F. Léger, *Fonctions de la peinture*, Paris, Gonthier, 1965 ; cat. *Fernand Léger*, Paris, Grand Palais, 1971 ; C. Green, *Léger and the Avant-Garde*, New Haven, Yale University Press, 1976 ; C. Laugier et M. Richet, *Léger* (collections du MNAM), Centre G. Pompidou, 1981.

On peut affirmer aujourd'hui que le Musée possède l'ensemble le plus complet et le plus exceptionnel en œuvres de Léger — 34 peintures, une cinquantaine de dessins et gouaches, un plâtre peint de 1952 : *Fleur polychrome* — essentiellement constitué par dons et dations. A l'ouverture du Musée, la collection ne comprenait que trois toiles : les *Deux Femmes debout* (1922), donnée par Jacques Zoubaloff en 1933, *La Noce* (v. 1911) léguée en 1937 par Alfred Flechtheim et la *Composition aux trois figures* (1932) achetée en 1936.

En 1946, quatre toiles de la série des « objets dans l'espace » (1929-1930) sont données par Paul Rosenberg ; en 1949 entre le premier « Contraste de forme », *Femme en rouge et vert* (1914), complété en 1952 par les deux autres de la collection Lefèvre. A la suite de la rétrospective organisée au Musée par J. Cassou, qui acquiert alors les *Loisirs*, Léger lui-même fait don de deux œuvres capitales, la *Composition aux deux perroquets* et *Adieu New York*. Depuis l'arrivée de l'ensemble exceptionnel constitué par le legs Gourgaud en 1965 — *Le Cirque* (1918), *Le Pont du remorqueur* (1920), *Femme dans un intérieur* (1922), *La Lecture* (1924) et *Élément mécanique* (1924) — les efforts du Musée se sont essentiellement portés sur la constitution d'un fonds de dessins, ainsi que sur la période américaine avec *Les Acrobates en gris*. Deux importantes dations en 1982 (*Les Plongeurs noirs, Composition aux quatre chapeaux*) et 1985 (*Les Toits de Paris, Dessins de guerre*), la donation L. et M. Leiris en 1984 (cat. MNAM, 1984) ont apporté un précieux complément. Des lacunes subsistent pour la période des années 50, illustrée seulement par *Deux Papillons jaunes sur une échelle*.

□ *La Couseuse*, v. 1909

Cette toile, non datée et parfois appelée *Femme assise*, fut acquise par D.H. Kahnweiler peut-être dès 1910 (selon D. Cooper) ou en 1913, avec l'ensemble des toiles provenant de l'atelier. Vendue à l'Hôtel Drouot le 4 juillet 1922, comme tous les biens séquestrés de la galerie Kahnweiler, elle fut rachetée pour le compte personnel du marchand (pour la modique somme de 40 F !). John Golding situe l'œuvre en

La Couseuse, v. 1909
huile sur toile
73 × 54
donation Louise et Michel Leiris
avec réserve d'usufruit, 1984
AM 1984-578

356

La Noce, v. 1911
huile sur toile
257 × 206
don Alfred Flechtheim, 1937
AM 2146 P

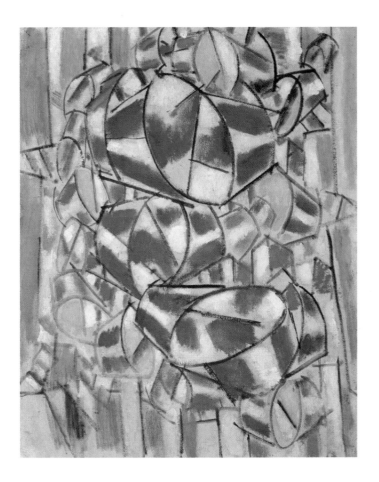

1909, c'est-à-dire après les premières tentatives impressionnistes avec lesquelles *Le Pont* (MOMA) et *La Couseuse* marquent une rupture décisive. A un sujet figuratif le peintre applique une structure géométrique qui réduit le corps humain à une construction de lignes droites, aux formes simplifiées et robotisées. L'accent est mis principalement sur les formes et les volumes, suivant l'enseignement de Cézanne : « Sans Cézanne, insistait Léger, je me demande parfois ce que serait la peinture actuelle. Pendant une très longue période j'ai travaillé avec son œuvre. Il ne me quittait plus… Cézanne m'a appris l'amour des formes et des volumes, il m'a fait me concentrer sur le dessin. (…) Ce dessin devait être rigide, pas du tout sentimental ». Traitée presque en camaïeu — nécessité première pour définir la forme — *La Couseuse* s'impose presque en relief sur la toile, dissimulant ainsi l'arrière-plan. A la présence assurément dominante de la leçon cézannienne (la toile représentait Léger à l'exposition *L'influence de Cézanne* de la Galerie de France en 1945) s'ajoute celle du Douanier Rousseau, ami de Léger. Fréquemment exposée, *La Couseuse* vient désormais éclairer à bon escient les débuts de Léger.

□ *La Noce,* v. 1911

Non datée par Léger, fait exceptionnel dans son œuvre, cette toile figurait cependant au Salon des Indépendants de mars 1912 (sous le titre de *Composition aux personnages,* écrit au dos d'une main inconnue). S'inscrivant pleinement dans la manière « cubisme-tubisme » (Louis Vauxcelles) de Léger, elle se rattache davantage aux préoccupations du groupe de Puteaux réuni autour de Jacques Villon (s'agit-il de cette même *Composition* présentée au Salon de la *Section d'Or* en octobre 1912 ?) qu'au cubisme analytique de Braque et de Picasso :

l'encadrement de la surface picturale par des formes arrondies ou légèrement pointues, à peine colorées, blanches et ocres, se retrouve dans la *Ville* de Robert Delaunay comme dans les œuvres de Gleizes ou de Le Fauconnier de cette époque. Évoquant le cortège se pressant autour des mariés, traversant la rue d'un village, tout un parcellement de surfaces géométriques vient enserrer l'image du couple central figé et traité, au contraire, en larges plans. Déjà apparaissent les formes tubulaires caractéristiques de Léger, les effets calculés de contrastes et les quelques plages de couleur vive qui seront développées de façon plus intense dans la *Femme en bleu,* 1912. « Entre 1909 et 1912 je menai la bataille de la couleur libre avec Robert Delaunay. » En pleine période cubiste, Léger affirme son tempérament indépendant, car si les contours cernés de noir, les visages anguleux et déformés ou les surfaces géométriques imbriquées et monochromes affirment une recherche ouvertement cubiste, en revanche, le thème encore anecdotique, la profondeur de l'espace, le mouvement dynamique imprimé à tout l'ensemble, ainsi que les couleurs vives, marquent une volonté de distance évidente. *La Noce* dut quitter rapidement l'atelier de Léger puisqu'elle ne figure pas dans les registres de la galerie Kahnweiler, lors du contrat d'exclusivité signé avec le marchand à l'automne 1913; Alfred Flechtheim l'acquit-il au Salon d'Automne du *Sturm* à Berlin en 1913 ? A la première rétrospective des œuvres de Léger en Allemagne, organisée en 1928 dans sa galerie, l'œuvre figurait en tête du catalogue. En 1937 il la proposera en don à l'État français, la considérant « comme une des plus importantes toiles de la génération contemporaine et un chef-d'œuvre du cubisme ». Il en existe une esquisse intitulée *Esquisse pour La Noce* d'un format plus restreint (82 × 68 cm, coll. part.)

Contraste de formes, 1913
huile sur toile
100 × 81
donation M. et Mme André Lefèvre, 1952
AM 3304 P

Nu dans l'atelier, 1912
huile, encre de Chine et gouache sur papier
61 × 50
donation Louise et Michel Leiris avec réserve d'usufruit, 1984
AM 1984-579

358

☐ *Nu dans l'atelier,* 1912 — *Contraste de formes,* 1913
En 1912 Léger exécute une série de dessins de nus debout, inclinés,
penchés, assis, études qui le conduisent à ce *Nu dans l'atelier,* daté de
la même année. Il délaisse ainsi provisoirement ses recherches sur la
couleur, pour mener de façon plus systématique l'étude des formes
et des volumes. Cette œuvre, qui est peut-être l'une des esquisses
préparatoires au *Modèle nu dans l'atelier* de 1913 (New York, Guggenheim Museum), marque la transition entre la série antérieure des
Fumeurs, des *Fumées sur les toits* et le développement des fameux
Contrastes de formes dont le Musée possède trois toiles très significatives : *Contraste de formes,* 1913, *Le Réveille matin,* 1914, tous deux de
la donation A. Lefèvre (achetés par le collectionneur à la 4ᵉ vente
Kahnweiler en 1923), et *La Femme en rouge et vert,* 1914, de l'ancienne
collection Léonce Rosenberg et dont le Musée vient de recevoir une
étude à la gouache de 1913 (donation Leiris). Le principe du
« contraste » qui guidera l'œuvre entière de Léger — « En cherchant
l'état d'intensité plastique, j'applique la loi des contrastes qui est
éternelle comme moyen d'équivalence dans la vie. J'organise l'opposition des valeurs, des lignes et des couleurs contraires... » — est
appliqué ici avec une rigueur allant presque jusqu'à l'abstraction : des
traits noirs dessinent un réseau de formes cylindriques ou coniques
répétées, tandis que seules sont utilisées des couleurs pures, le bleu,
le vert et le rouge alternant avec le blanc. Léger conserve cependant
une référence plus ou moins accentuée à la réalité. Les toiles cubistes
de Picasso et Braque régulièrement exposées chez D.H. Kahnweiler
ne pouvaient le laisser indifférent, mais ses tentatives d'abstraction
ne lui feront jamais abandonner totalement ni la couleur ni le sujet.

☐ *Le Cirque,* 1918 — *Les Disques dans la ville,* 1920
« 1918 : la Paix, l'homme exaspéré (...) enfin lève la tête, ouvre les
yeux (...) reprend goût à la vie (...). La couleur prend position, elle
va dominer la vie courante. » Dans *Le Cirque,* Léger fait éclater, en
effet, la couleur qui domine, souvent en aplat, dans des formes
cylindriques aux volumes moins appuyés. L'introduction de caractères d'imprimerie témoigne de son intérêt nouveau pour la typo-

Le Cirque, 1918
huile sur toile
58 × 94,5
legs de la baronne Gourgaud, 1965
AM 4316 P

Dessin du front, 1916-1917
(Éléments mécaniques)
crayon sur papier
16 × 12,3
dation 1985
AM 1985-426

graphie, plus affirmé encore dans ses illustrations pour *La Fin du monde filmé par l'Ange Notre-Dame* et *Lunes en papier*. Ici s'exprime surtout sa passion pour la vie tourbillonnante, haute en couleurs, des spectacles du cirque Medrano, régulièrement fréquenté par les artistes et poètes. Plusieurs toiles, toutes de 1918, seront exécutées sur ce thème, dont l'*Esquisse pour le Cirque Medrano* (Chicago, coll. Leigh Bloch) très proche de celle du Musée, *Les Acrobates* (Bâle, Kunstmuseum) et *Les Acrobates dans le cirque* (Paris, coll. part.).

Récemment entrés dans la collection, *Les Disques dans la ville* de 1920 et son étude directe à la gouache (de même dimension et de la même année que la toile) constituent un enrichissement exceptionnel. Ces deux œuvres peuvent être considérées comme l'aboutissement final du travail de Léger sur les deux thèmes des *Disques* de 1918 (MAM) et de la *Ville* de 1919 (Philadelphia Museum of Art) développés encore dans d'autres toiles et de nombreux dessins : en introduisant les disques de l'œuvre comme noyau central, Léger réalise ici la synthèse des deux thèmes. C'est là une réussite spectaculaire, qui conclut de fait toute cette période, où se retrouvent intégrés encore des éléments des *Acrobates* et des *Remorqueurs* qui pénètrent dans la ville (*Le Pont du remorqueur*, 1920, MNAM). Léger raconta à son ami Cendrars, quelques années plus tard, que les panneaux publicitaires aux couleurs violentes de la place Clichy l'avaient largement inspiré : les formes circulaires des *Prismes électriques* de Delaunay ont dû certainement le toucher tout autant. Son originalité demeure dans l'utilisation des « contrastes » qui confère à la toile toute son intensité et son dynamisme.

☐ *Sous les arbres*, 1921 — *La Lecture*, 1924

La production de Léger au début des années 20 est intense : la série des *Femmes au miroir*, 1920, les *Paysages animés*, 1921, et les études

Sous les arbres, 1921
huile sur toile
65 × 46
donation Louise et Michel Leiris
avec réserve d'usufruit, 1984
AM 1984-584

Les Disques dans la ville, 1920
huile sur toile
130 × 162
donation Louise et Michel Leiris
avec réserve d'usufruit, 1984
AM 1984-581

qui aboutiront au *Grand Déjeuner* de 1921 (MOMA). Les sujets réalistes et surtout la figure humaine (thème de la mère et l'enfant notamment) retrouvent une place privilégiée, favorisée encore par l'esprit du « retour à l'ordre ». Les principes du néoplasticisme publiés dans la revue *De Stijl,* les œuvres de Mondrian présentées à la galerie de L'Effort Moderne de Léonce Rosenberg, alors marchand de Léger, permettent peut-être d'expliquer sa prédilection pour les fonds de toile géométriques et rectilignes d'une rigidité toute « puriste ». Dans la série des *Paysages animés* aux différents titres *(Sous les arbres,* mais aussi *Pêcheurs, L'Homme au chien),* la présence de l'homme et de son chien révèle une « certaine tendresse bien gardée », dont parlera Reverdy, derrière une structure architecturale puissante. *Le Déjeuner* de la donation Leiris et les deux admirables *Femmes dans un intérieur,* 1922, provenant l'une du legs Gourgaud, l'autre du don Zoubaloff (celle-ci étant probablement le premier état des *Deux femmes* de la collection Zeisler à New York), s'apparentent plus directement au *Grand Déjeuner* du MOMA. État « définitif », *La Lecture,* 1924, pièce maîtresse de l'ancienne collection Gourgaud, donna lieu elle aussi à de nombreuses études préparatoires à l'huile ou au dessin (Villeneuve d'Ascq, Musée d'Art moderne du Nord) de formats réduits et proposant sa composition d'ensemble ou isolant la femme couchée (Paris, coll. Bruguière; New York, coll. part.) ou la femme au bouquet (MOMA, Villeneuve d'Ascq et New York, coll. part.). Léger travaillait, en effet, par répétitions du motif dans des techniques et des dimensions différentes, précisant à chaque fois au dos de l'œuvre : 1er état, étude, état définitif (comme il le fit pour *La Lecture* du Musée). Il atteint, en effet, ici l'essentiel : une perfection de lignes, réduites à quelques modules seulement, soulignées encore par le large tracé noir cernant désormais chaque volume corporel, une harmonie nouvelle de couleurs plus assourdies, une représentation « en gros plan » des

La Lecture, 1924
huile sur toile
114 × 146
legs de la baronne Gourgaud, 1965
AM 3718 P

La Lecture, 1931
crayon sur papier
50 × 59,8
don M.J. en hommage à D.H. Kahnweiler, 1984
AM 1984-726

personnages, issue en partie de son travail dans le domaine du cinéma (*Le Ballet mécanique,* 1924). En 1924, Léonce Rosenberg écrivait à Jeanne Léger : « J'ai pu atteindre un prix exceptionnel pour *La Lecture* parce que c'était une œuvre exceptionnelle dans toute la production de Fernand Léger. De l'avis unanime c'est le plus beau tableau de votre mari. » Le thème de la lecture sera repris en 1927, puis en 1931, comme en témoigne le dessin récemment donné au Musée, représentant la femme lisant étendue.

□ *Élément mécanique,* 1924
État définitif (le premier état appartient au Smith College Museum of Art de Northampton) d'une œuvre remise par Léger à Léonce Rosenberg le même jour de juin 1924 que *La Lecture,* acquise avec

celle-ci deux ans plus tard par Gourgaud, *Élément mécanique* donna lieu également à de nombreuses versions réalisées entre 1918 et 1925 (les plus proches étant celles du Musée de Biot et de l'ancienne collection Frigerio).
La sensibilité de Léger à la beauté de la machine qu'il découvre dès avant 1914 au Salon de l'Aviation était déjà apparue en 1918 dans la série des *Disques*; il écrit d'ailleurs à D.H. Kahnweiler en décembre 1919 : « Je me suis servi beaucoup ces deux années d'éléments mécaniques dans mes tableaux. J'y trouve un élément de variété et d'intensité, la vie moderne est pleine d'éléments pour nous, il faut savoir les utiliser. » En 1923, dans « Esthétique de la machine : l'objet fabriqué, l'artisan et l'artiste » (*Der Querschnitt,* n° 3), il affirme à nouveau : « La belle machine, c'est le beau sujet moderne ». Ici, toute

Élément mécanique, 1924
huile sur toile
146 × 97
legs de la baronne Gourgaud, 1965
AM 3717 P

362

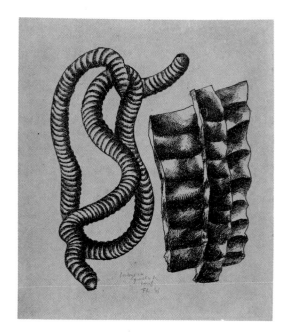

anecdote est supprimée et le « décor » a disparu : sur un fond uni de couleur vive, seuls se développent les éléments imbriqués d'un monumental objet mécanique, dont les volumes épurés s'équilibrent selon un « ordre » architectural classique. C'est l'époque de *L'Esprit Nouveau*, où Léger rencontrait fréquemment Le Corbusier; un même engouement pour la machine mobilisait alors les artistes, comme en témoigne, par exemple, la série des *Maschinen-Bilder* de Willi Baumeister exposés avec des œuvres de Léger à la galerie Der Sturm à Berlin en 1922. Léger exprime dans *Élément mécanique* toute sa fascination pour la force et la perfection de l'engrenage des bielles et des pistons, s'inspirant de coupes de moteurs d'automobile, reproduites dans la revue spécialisée *Omnia*. Au cours d'une conférence au Collège de France en 1925, il déclarera encore : « Cherchant l'éclat et l'intensité je me suis servi de la machine comme il arrive à d'autres d'employer le corps nu ou la nature morte (...). L'élément mécanique n'est pas pour moi un parti pris, une attitude mais un moyen d'arriver à donner une sensation de force et de puissance. » Cette recherche d'équilibre par les seules formes géométriques conduira Léger jusqu'aux compositions murales de 1924-1925, purement abstraites.

☐ *Composition aux quatre chapeaux*, 1927
Dans son film *Le Ballet mécanique* réalisé en 1923-1924 avec le cinéaste Dudley Murphy et Man Ray, Léger cherchait déjà à valoriser l'objet, en l'isolant, le faisant évoluer dans un espace vide; l'objet se personnalisait et acquérait ainsi une valeur plastique : « La reconnaissance

de l'objet comme valeur plastique est le fait actuel. Enfermé dans le sujet, il était sacrifié. Il devait "venir en avant". Le cinéma l'a découvert dans le gros plan et le fragment ». Telle sera sa nouvelle préoccupation dans les années 1926-1927, comme en témoigne de manière exemplaire la *Composition aux quatre chapeaux* : la représentation à l'identique d'un même objet (ici le chapeau) évoque le déroulement d'images successives opéré par la caméra. Après une série de toiles statiques comme la *Composition à la tête rouge* du Musée de Bâle ou la *Nature morte aux bustes,* toutes deux de 1927, Léger affranchit davantage encore les objets en les jetant désormais dans l'espace où ils évoluent de façon autonome. Il choisit de préférence des objets usuels·et même familiers — pipes, clefs, cartes à jouer, fusils, chapeaux de paille — reproduits « tout crus » (selon ses propres termes), sans aucune déformation, et les associe à des figures humaines dansantes ou à des formes géométriques en vue d'établir des équivalences « objectives ». C'est la période dite des « objets dans l'espace » à laquelle se rattachent les quatre toiles du Musée données par Paul Rosenberg : *Composition, Nature morte, La Danseuse bleue, Contraste d'objets.* Si l'association d'objets si divers semble créer quelque effet de surprise, en réalité, elle permet à Léger de définir la fonction purement formelle de l'objet au moment même où les surréalistes entendent lui donner, au contraire, une signification médiatique et symbolique. En l'isolant, en grossissant certains fragments, comme dans les dessins à la plume de la *Serrure* (1933, MNAM), pour mieux en étudier les mécanismes, il voudra en faire une réelle « parcelle » de poésie.

Alors que le dessin, chez Léger, peut le plus souvent être considéré comme une étape ou un « moment » de son activité de peintre, il revêt une tout autre signification dans la période des *Dessins de guerre* (1915-1916) ou au tout début des années 30. L'usage du crayon ou de la plume confèrent à ces œuvres une acuité, une précision atteignant parfois une certaine sécheresse. Le volume de l'objet dessiné, présenté à nu sans intervention de lumière, possède à lui seul une intensité et une présence remarquables renforçant sa valeur plastique. Léger écrit en septembre 1933 : « 25 dessins en cinq jours, dessins au trait très finis, du genre Dürer ! ».

□ *Composition aux deux perroquets,* 1935-1939
Avec la *Composition aux trois figures,* 1932, du Musée, Léger aborde
à nouveau la figure humaine mêlée à des motifs végétaux et à des
structures géométriques. Présentée « objectivement » dans toute sa
frontalité et sa pesanteur sur la surface de la toile qu'elle occupe
presque en totalité, celle-ci acquiert une monumentalité nouvelle qui
annonce celle de *Marie l'acrobate,* 1933 (Paris, coll. part.). Dans le
thème des acrobates se fixe désormais toute la recherche de Léger,
qui aboutit à l'immense *Composition aux deux perroquets.* Dès 1933,
une étude à l'huile intitulée les *Perroquets* (Bâle, coll. part.) présentait
les principaux éléments de la toile définitive. Léger exécutera encore
de nombreuses études à l'huile, à l'encre, à la gouache ou au crayon,
de fragments de la composition et, contrairement à son habitude, il
travaillera plusieurs années à la version finale. Aux personnages qui
semblent transpercer la toile, projetés en avant vers le spectateur,
dotés d'une force et d'une puissance spectaculaires, mais aussi d'une
légèreté étonnante dans leurs mouvements en arabesque de danseurs
et d'acrobates — contraste repris encore par l'opposition formelle
des nuages ondulés et des solides poteaux rectilignes — Léger ajoutera
en dernier lieu les deux fameux perroquets « pour servir, comme le

note Jean Leymarie, de noyaux chromatiques et de balanciers plastiques ».
Considérée par Léger comme l'une de ses œuvres les plus abouties,
la *Composition aux deux perroquets* ne fut exposée en France qu'une
journée, le 15 avril 1940, chez Mary Callery, sculpteur et amie de
l'artiste, avant de partir pour les États-Unis où elle connut, après sa
présentation au MOMA, un succès immense. A la demande de Léger,
elle revint à Paris en 1949 pour la première rétrospective de ses œuvres
organisée par Jean Cassou, avant qu'il en fasse don lui-même au
Musée.

Composition aux deux perroquets, 1935-1939
huile sur toile
400 × 480
don de l'artiste, 1950
AM 3026 P

364

☐ *Les Plongeurs noirs,* 1944

Avant son embarquement pour New York en 1940, un événement précis devait apporter à Léger une « révélation » d'une importance décisive pour l'évolution de son travail. Il le raconte lui-même : « Le grand sujet se renouvellera quelques années plus tard à Marseille sur les quais. De jeunes dockers se baignaient dans le port. J'ai été tout de suite emballé par la trajectoire de leurs corps brunis dans le soleil puis dans l'eau. Un mouvement fluide épatant. Ces plongeurs, ça a déclenché tout le reste, les acrobates, les cyclistes, les musiciens. Je suis devenu plus souple, moins raide (…). A qui la tête, à qui les jambes, les bras, on ne savait plus, on ne distinguait plus. Alors j'ai fait les membres dispersés dans mon tableau… » Après les « objets dans l'espace », voici donc les « figures dans l'espace ». Encore monochromes, les quatre personnages des *Acrobates en gris* de 1942-1944 (MNAM) emplissent déjà tout l'espace, leurs membres éclatés, mêlés et resserrés en une « compression ». Avec *Les Plongeurs noirs* de 1944, un pas décisif est fait : seul compte désormais le réseau linéaire de ces rubans aux couleurs vives et fortement contrastées, constitué par le dessin en aplat des personnages en « flottaison » dans un espace vide. Autour de cette toile, toute la série — les *Plongeurs* du MOMA, les *Plongeurs sur fond jaune* de l'Art Institute de Chicago, les *Plongeurs polychromes* du Musée de Biot — témoigne de l'aboutissement presque « abstrait » du propos de Léger : « Atteindre le plus grand dynamisme possible avec une couleur libre et une forme libre ».

Les Plongeurs noirs, 1944
huile sur toile
189 × 217,5
dation 1982
AM 1982-102

Fleur polychrome, [1952]
(Le Tournesol)
ciment et plâtre peint
169 × 135 × 40,5
achat de l'État 1954, attr. 1955
AM 977 S

□ *Adieu New York,* 1946

En 1931, lors de sa première découverte de New York, Léger admirait
« le plus colossal spectacle du monde... New York a une beauté
naturelle comme les éléments de la nature, comme les arbres, les
montagnes, les fleurs ». Il est fasciné par les contrastes de ce pays
très jeune « qui évolue dans un monde anonyme de chiffres, de
nombres », habité aussi par une végétation grandiose (ainsi celle de
la forêt américaine, sauvage, livrée à elle-même, traduite dans *La
Forêt* du Musée peinte à New Hampshire où Léger séjourna une
partie de l'été 1942). C'est, de fait, un véritable hymne à la « beauté
naturelle » de la ville qu'*Adieu New York,* sans doute la dernière des
grandes toiles réalisées aux États-Unis, propose : « Ça c'est l'Amérique. Vous savez, les USA sont un pays où les décharges sont
innombrables. On jette tout plutôt que de réparer. Alors, voyez ici,
il y a des morceaux de ferraille, des bras de machines et même des
cravates. Ce que j'aimais là-bas, c'était faire des toiles éclatantes avec
tout cela », expliquait Léger à Pierre Descargues en avril 1946 dans
son atelier de la rue Notre-Dame-des-Champs. Ici, comme dans la
Roue noire de 1944 (donation Leiris) et dans certaines toiles, très
proches, de la série des *Paysages américains* comme le *Tronc d'arbre sur
fond jaune* (New York, Perls Galleries), apparaît une innovation
capitale pour la suite : la couleur se trouve dissociée du dessin. « J'ai
libéré la couleur de la forme en la disposant par larges zones sans
l'obliger à épouser les contours de l'objet : elle garde ainsi toute sa

force et le dessin aussi. » Léger aimait raconter qu'en 1942, à New
York, il avait découvert le balayage des projecteurs publicitaires dans
la rue. « La couleur du projecteur est libre, elle est dans l'espace. J'ai
voulu faire la même chose dans mes toiles. »

Adieu New York, 1946
huile sur toile
130 × 162
don de l'artiste, 1950
AM 3025 P

366

Barbara (née en Allemagne fédérale) et Michael (né en Autriche) ont fait leurs études artistiques à l'école des Beaux-Arts de Karlsruhe où ils se sont rencontrés. Dès 1970, ils décident de travailler ensemble et choisissent la photographie, medium plus « impersonnel » et plus rapide que la peinture. Ils abordent le thème du paysage en commençant par photographier systématiquement tous les dix pas les bords du Rhin (au total 12 482 photos) et en reproduisant ce qu'ils appelleront des « sculptures d'ombres », à partir de pierres ou de tas de bois. Depuis, ils exposent régulièrement en Europe.

Cat. *B. et M. Leisgen, Mimesis,* Aix-la-Chapelle, Neue Galerie Sammlung Ludwig, 1974; I. Lebeer, « Mimesis ou la fonction du paysage », *Chroniques de l'Art Vivant,* n° 52, oct. 1974; *B. et M. Leisgen, quelques possibilités d'inventer le monde,* Bruxelles, Lebeer, 1975; cat. *B. et M. Leisgen, Les écritures du soleil,* Bordeaux, CAPC, Paris, ARC, 1978.

☐ *La Création des nuages,* 1974
Cette suite de 10 planches photographiques fut achetée par le Musée en même temps qu'une autre série de la même année, *La Naissance du soleil.* Les Leisgen ne s'intéressent pas à la photographie pour elle-même, elle n'est pour eux que le moyen technique le plus approprié pour exprimer leurs idées : ainsi des mythes d'origine de la création, l'*Edda* par exemple, dont ils ont extrait la phrase suivante, à l'origine de ce travail : « Ils lancèrent en l'air le cerveau géant pour en faire les nuages ». Mais cette représentation du « point magique » n'est plus seulement métaphorique comme dans les tableaux de Friedrich ou de Millet que les Leisgen ont beaucoup regardés, c'est le corps de l'artiste lui-même qui mime ce qu'il voit jusqu'à la coïncidence exacte de ses gestes avec l'élément : « Nous voulons déchiffrer la nature sans l'aide des mots, avec l'alphabet de la figure humaine. La photo n'est pour nous que le meilleur moyen d'échange, le meilleur moyen de travailler ensemble », déclarent-ils à I. Lebeer en 1974. C'est une des tendances profondes de l'art du 20ᵉ siècle que cette implication directe du corps, ce retour au primitivisme ou, plus généralement, cette quête d'innocence exprimée par les moyens parfois les plus sophistiqués. Avec d'autres artistes de leur génération comme Long, Tremlett ou Dibbets, les Leisgen ont renouvelé de manière totalement originale le sujet si rebattu qu'est la peinture de paysage, en recherchant une concordance plus étroite entre l'art et la vie. Cl.S.

☐ *Les Loisirs (Hommage à Louis David),* 1948-1949
Après le dynamisme de la période américaine, Léger revient à un certain classicisme. La référence au peintre Louis David, admiré déjà par Rousseau, apparaît ici comme un manifeste résumant toute son œuvre : « J'ai aimé David parce qu'il est anti-impressionniste... J'aime la sécheresse qu'il y a dans l'œuvre de David et dans celle d'Ingres aussi. C'était ma route... » Dans ce « singulier mélange de réalisme et d'idéal » dont parlera Delacroix, Léger pouvait, en effet, trouver les directives « classiques » du primat de la ligne et de la composition, mais aussi l'exemple d'un humanisme engagé dans son temps et d'une « grandeur » épique. Lui-même, soucieux d'un art direct et accessible à tous, choisit d'illustrer les mythes contemporains : les loisirs populaires, où se mêlent cyclistes et figures de cirque. A travers Louis David, n'est-ce pas à Rousseau, son ami, que Léger adresse ici également un ultime hommage ? La position frontale des personnages, alignés en palissade horizontale devant le fond plat et uniforme du ciel, n'est pas sans rappeler les *Artilleurs* du Douanier (New York, Guggenheim Museum) : tous deux privilégiaient cette « présentation » devant le rideau de scène propre au photographe, à la résonance « naïve » chez l'un, volontairement « sociale » et monumentale chez l'autre.

L'élaboration des *Loisirs,* dont le thème apparaît dès 1943 dans une gouache (Genève, coll. Josefowitz), fera l'objet, de la part de Léger, de nombreuses et longues recherches à l'encre et à la gouache, la première étude à l'huile (1ᵉʳ état) remontant elle-même à 1944. La version la plus proche de la toile du Musée est *Les Loisirs sur fond rouge,* 1949, du Musée de Biot. En 1951 Léger reprendra la partie droite du tableau. Après la représentation des loisirs qui l'amèneront à la série de la *Partie de campagne,* puis à la *Grande Parade* (New York, S. Guggenheim Museum), Léger abordera le thème des hommes au travail dans les *Constructeurs.* C.L.

Les Loisirs, 1948-1949
(Hommage à Louis David)
huile sur toile
154 × 185
achat de l'État et attr. 1950
AM 2992 bis P

La Création des nuages, 1974
suite de 10 planches :
photographies noir et blanc collées sur carton
chaque planche : 65 × 51
achat 1975
AM 1976-14 (8)

Sol LeWitt
1928

Sol LeWitt fait ses études à la Syracuse University, puis enseigne dans différentes écoles d'art de New York et notamment à l'université. En 1951-1952, LeWitt fait son service militaire au Japon et en Corée, ce qui le familiarise avec l'art oriental des jardins et des temples. Après avoir travaillé au magazine *Seventeen*, il participe en tant que graphiste au projet du Roosevelt Field Shopping Center de l'architecte I.M. Pei à Long Island (N.Y.). De 1960 à 1965, il travaille, avec un certain nombre d'artistes (Mangold, Ryman, Flavin...) au Museum of Modern Art comme gardien. En 1963-1964, une première série de travaux est rassemblée dans une exposition collective de l'église St-Mark de New York et révèle l'influence du Bauhaus, de *De Stijl* et du constructivisme. Il expose régulièrement depuis 1966 à la Dwan Gallery de New York et depuis 1968 en Europe. Une première rétrospective se tient à Krefeld en 1969 puis à La Haye l'année suivante. En 1967 et 1969, il publie deux manifestes sur l'Art conceptuel : « Paragraphs on conceptual Art » (*Artforum,* juin 1967) et « Sentences on conceptual Art » (*Art Language,* mai 1969). A partir de 1969, il participe aux grandes expositions consacrées à ce sujet : « When attitudes become form » (Kunsthalle de Berne, 1969), « Konzephon/ Conception » (Städtisch Museum de Leverkusen, 1969), « Information » (MOMA, 1970). En 1976, LeWitt et Lucy Lippard fondent *Printed Matter,* dont le but est de publier et de diffuser des livres d'artistes. Depuis 1967, LeWitt voyage partout afin de participer personnellement à ses expositions, créant le plus souvent ses pièces sur place ou supervisant l'exécution de ses *Wall drawings.* En effet, l'activité de Sol LeWitt ne se limite pas à la sculpture, mais comprend également le dessin, représenté dans les collections du Musée par un *Wall drawing* qui, comme son nom l'indique, est peint directement sur le mur et constitué de trois formes géométriques primaires. Le choix du mur comme support met en question la pérennité de l'œuvre et en accentue l'aspect conceptuel.

Cat. *Sol LeWitt,* New York, MOMA, 1978; Rosalind Krauss, « LeWitt in progress », *October,* nº 6, Cambridge (Mass), 1978; cat. *Sol LeWitt, Wall drawings,* Amsterdam, Stedelijk Museum, 1984.

☐ *Pièce en 5 unités (cubes ouverts) en forme de croix,* 1966-1969
La répétition systématique d'un même volume — un cube — présenté seul ou en série, posé au sol, ses côtés vides, démontre que l'intérêt de l'œuvre réside non pas dans un objet considéré isolément, mais dans le processus de transformation de la forme et de toutes les combinaisons modulaires qui peuvent en résulter. LeWitt exploite un mécanisme mental qu'il énonce de la manière suivante : « L'œuvre d'art est la manifestation d'une idée. C'est une idée et pas un objet ». Les rapports géométriques, qui associent angle droit et ligne droite, développent une réflexion à partir de trois éléments : la ligne (verticale, horizontale, oblique), le carré, le cube, dont les combinaisons font système. Cette pièce est un exemple de la projection et de la multiplication d'un carré dans l'espace. A partir de ces structures (le cube évidé dont seules les arêtes sont visibles), LeWitt s'approprie l'espace dans son intégralité — espace d'un mur ou d'une salle d'exposition — pour faire une « œuvre d'art totale ». Il explicite ainsi la notion de volume : espace intérieur qui évolue et se modifie en fonction du déplacement de l'observateur, espace extérieur qui se déploie autour de l'œuvre en fonction du parcours du regardeur dans la pièce. Les cinq éléments engendrent une croix, variation supplémentaire qui complique le système quasi inépuisable dans la variété de ses permutations. En admettant l'aléatoire au sein d'un système géométrique rigoureux, LeWitt s'approprie de manière toute personnelle l'art minimal, dont il est l'un des plus célèbres représentants avec Don Judd et Robert Morris à la fin des années 60. C.S.

5 Part Piece (open cubes) in form of a cross, 1966-1969
pièce en 5 unités (cubes ouverts) en forme de croix
acier peint (laque émaillée)
160 × 450 × 450
achat de l'État 1976, attr. 1977
AM 1977-108

André Lhote
1885-1962

La renommée de Lhote s'est établie autant par ses écrits théoriques : *Traité du paysage* (1939), *Traité de la figure* (1948), *Peinture libérée* (1956) ou sa chronique régulière à la NRF (1919-1939) que par sa création picturale qui se situe dès 1908 dans l'axe du cubisme. La découverte de Cézanne, succédant à celle de Gauguin, est, en effet, décisive. Encouragé par Jacques Rivière et Alain Fournier, il expose pour la première fois en 1910 à la galerie Druet. En 1922, il fonde sa propre académie, très fréquentée par les étrangers. Pour l'Exposition Universelle de 1937, Lhote exécute une décoration *Les dérivés du charbon*. Dès la fin de la guerre, parallèlement à une production picturale souvent monumentale, toujours colorée, réaliste et décorative (*Le 14 Juillet en Avignon*, la *Moisson*, 1955, MNAM), l'artiste multiplie écrits, cours et conférences, diffusant à l'étranger les principes hérités du cubisme.

P. Courthion, *André Lhote*, Paris, NRF, 1947; cat. *André Lhote*, Paris, Hôtel de Sens, 1967; cat. *André Lhote*, Paris, Artcurial, 1981.

☐ *Rugby*, 1917
Bien représentée au Musée pour la période 1920-1945, avec 12 toiles et quelques aquarelles, l'œuvre de Lhote, à laquelle l'État s'est intéressé dès 1930, a fait l'objet d'une rétrospective au Musée en 1958. De cet ensemble, ce sont assurément *Le Peintre et son modèle* et *Rugby* qui peuvent le mieux illustrer son interprétation « classique » du cubisme. Comme Gleizes et Delaunay, Lhote est fasciné par le « spectacle grouillant et multicolore… évoquant les combats médiévaux » du match de foot (*Football*, 1925) ou de rugby (une version du *Rugby* du Musée, non achevée et de format plus réduit, se trouve dans une collection particulière). « Il est passionnant, dira-t-il à propos de cette toile (Jakovsky, *A. Lhote*, Floury, 1947), de fixer un spectacle mouvant en l'arrêtant dans sa phase solennelle, dans cette seconde où, comme le balancier à la fin de sa course, tout semble immobilisé avant de se défaire en éclairs plus ou moins rapides. Pour maintenir à cette représentation son caractère mural, il est bon de faire abstraction du dessin analytique, de la profondeur et de l'épaisseur des corps… On peut laisser à la couleur, par ses localisations, le soin de composer le tableau. Un minimum d'ornements expressifs identifiera les éléments de la composition. » Relevant d'un cubisme élargi et synthétique, rigueur et discipline dominent la construction — une articulation visible de plans quadrangulaires suivant les diagonales du carré — allégée par l'usage de couleurs vives. Cette rigueur schématique traduit l'essentiel et confère à la toile une monumentalité nouvelle, animée par quelques notations graphiques. C.L.

Rugby, 1917
huile sur toile
127,5 × 132,5
don de l'artiste, 1950
AM 2974 P

Roy Lichtenstein
1923

Né à New York, Roy Lichtenstein est une des figures majeures du Pop-art américain. En 1961, au moment de l'éclosion de ce mouvement, il eut l'idée de peindre l'image d'une bande dessinée choisie dans un magazine en l'agrandissant sur une toile. Ce fut le point de départ de toute une série que Lichtenstein poursuivra jusqu'en 1964. Elle est réalisée à partir de bandes dessinées et d'images publicitaires. Fasciné par l'efficacité de ces représentations populaires où les objets et les passions sont réduits à un essentiel dynamique accessible et anonyme (lui paraissant d'une vitalité bien supérieure à l'expressionnisme abstrait qui sombrait dans l'académisme), il en imitera scrupuleusement les images. A la recherche de la plus grande neutralité, il en vient à peindre les effets techniques de l'imprimerie issus des contraintes commerciales : les hachures, les aplats de quelques couleurs standard et le tramage de points pour l'ombre et le relief. Il conserve ce vocabulaire technique lorsqu'il abandonne en 1964 ses modèles initiaux. Il peint alors successivement et jusqu'à aujourd'hui : des paysages touristiques, des tableaux de l'histoire de l'art moderne, des miroirs hyperréalistes et des tableaux faits de citations de ses tableaux anciens; s'imitant donc lui-même. Le style qui homogénéise spectaculairement son œuvre depuis le premier *Look Mickey,* 1961, met une distance sensible entre le modèle et son spectateur. Il peut même en constituer la critique ironique et acerbe, comme pour les Brushstrokes de 1966, ou spéculative, pour les *Modular paintings* de 1969-1970 dont fait partie la version du Musée dans laquelle Lichtenstein reproduit en quatre exemplaires un motif ornemental imitant une peinture abstraite dans le style « art déco ». Son aspect répétitif accuse encore la volonté d'anonymat.

F.H.

D. Waldman, *Roy Lichtenstein,* Paris, éd. du Chêne, 1971; F. de Mèredieu, « Roy Lichtenstein, une rhétorique de la figure », *Art Press,* nᵒ 63, octobre 1982; L. Alloway, *Roy Lichtenstein,* New York, Abbeville Press, 1983.

369

Modular Painting with four panels, 1969
(Peinture modulaire en quatre panneaux)
huile et magna sur toile
4 panneaux de 137 × 137
achat 1977
AM 1977-566

Richard Lindner
1901-1978

Ses premières œuvres : *The Child's Dream*, 1952, *The Meeting*, 1953 (MOMA) nous font pénétrer d'emblée dans un univers absurde et cruel. Aux visages lisses figés dans des corps obscènes, d'étranges marionnettes vivement coloriées déroulent devant nos yeux des jeux ambigus suivant un rituel mystérieux. Mise à jour des hantises de son enfance (Juif, il doit fuir Munich en 1933), sa peinture est nourrie de l'exemple féroce de la Nouvelle Objectivité, mais Lindner va rapidement subir la fascination du continent américain où il se fixe en 1941. Son expérience d'illustrateur de magazine lui sert à cueillir des images fortes dans la rue new-yorkaise, baroque et glacée où la femme tient le haut du pavé : Walkyrie kafkaïenne, idole parée, harnachée ou savamment dénudée. Le grossissement caricatural, la stylisation rigoureuse qui n'exclut pas la minutie dans les détails, s'expriment dans une matière somptueuse et des couleurs à la fois violentes et raffinées pouvant évoquer la peinture de Léger. Une peinture « cultivée » que l'on ne saurait confondre avec la brutalité faubourienne du Pop'art. Robert Rosenblum ne s'y est pas trompé qui, à l'occasion de sa première exposition new-yorkaise en 1954 le distinguait comme un « primitif sophistiqué » qui se réclame lui-même de Giotto et de Piero della Francesca.

☐ *Et Eve*, 1970
Le couple, expression même de l'inégalité des sexes pour Lindner, a toujours constitué (*Man and Woman*, 1953) l'un de ses thèmes principaux. A la peinture *Et Eve* se rapporte une série d'aquarelles et de dessins sur ce sujet, dont six études au crayon offertes par l'artiste au Musée en 1974. Les personnages et leurs attributs sont totalement codifiés : œil fendu d'une inquiétante fixité, bouche sanguinolente ou blême, cuirasses gansées d'or, sangles aux couleurs d'ice-cream, boutons trop astiqués : toute une panoplie maniériste recompose des figures humaines. Il s'agit là de véritables « caprices picturaux » dignes d'Arcimboldo où la tradition caricaturale acide des expressionnistes allemands s'unit à une distanciation toute brechtienne. Modernes époux Arnolfini, ces bêtes massives et laquées traduisent le sentiment de déréliction éprouvé par l'homme des grandes métropoles, contraint à tous les cérémonials de la séduction.   B.L.

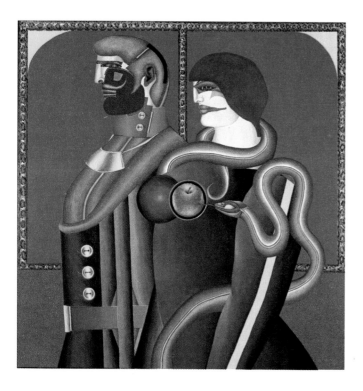

Et Eve, 1970
huile sur toile
183 × 178,5
achat de l'État 1972, attr. 1976
AM 1976-993

Jacques Lipchitz
1891-1973

Décidé très tôt à devenir sculpteur, Chaïm Jacob Lipchitz quitte la Lithuanie pour Paris en 1909. Il y devient l'élève d'Injalbert à l'École des Beaux-Arts, puis celui de Verlet à l'Académie Julian. Fréquentant assidûment le Louvre, suivant les cours d'anatomie du docteur Richet à l'École des Beaux-Arts, il se donne une solide formation classique, et ses premières œuvres, notamment celles qu'il expose avec succès au Salon d'Automne de 1913, reflètent le retour au classicisme grec qui marquait le renouvellement de la sculpture au début du siècle. En 1913, la rencontre avec Picasso et Gris, la découverte du cubisme l'amènent peu à peu à évoluer, tout d'abord vers une stylisation géométrique des détails (*L'Écuyère à l'éventail*, 1913, MNAM); la décomposition de la forme n'intervient, probablement grâce à l'influence d'Archipenko, que progressivement (*Jeune fille à la tresse*, 1914, MNAM) jusqu'en 1915, date de la première sculpture vraiment significative de l'assimilation des nouveaux principes, le *Marin à la guitare* (MNAM). Cette année marque un tournant pour Lipchitz, qui aboutit très rapidement à l'abstraction, poussant jusqu'au bout l'analyse de la forme dans les « figures démontables » (pièces faites de plans aux découpes géométriques s'emboîtant les uns dans les autres) ou dans des structures architecturées (*Personnage debout*, 1916, MNAM). Il est encouragé dans cette voie par Léonce Rosenberg qui, à partir de 1916, lui achète toute sa production et le fait connaître par des expositions dans sa galerie de L'Effort Moderne. Mais, bientôt, ne se sentant pas libre d'utiliser à sa guise le langage cubiste, craignant d'en être prisonnier, il s'isole pour affirmer une syntaxe formelle aux lignes plus souples (*Femme allongée*, 1921, MNAM) et il rompt en 1920 son contrat avec Rosenberg. Grâce à l'appui du docteur Barnes, rencontré en 1922, l'œuvre de Lipchitz connaît une certaine notoriété aux États-Unis, où dès 1935 une rétrospective importante lui est consacrée à la Brummer Gallery.
L'invention des « transparents », en 1925, constitue l'apport essentiel de Lipchitz au cubisme. Il s'agit de constructions légères à claire-voie faites d'éléments de bois et de carton découpés; celles-ci sont moulées puis fondues en bronze à la cire perdue par Valsuani, cire dont le travail par les doigts de Lipchitz anime la surface de l'œuvre achevée. Contrairement à González, qui travaille directement le fer, qu'il plie et soude, Lipchitz se sert de matériaux souples (le carton), qu'il assemble puis transcrit en une matière dure (le bronze) — les transparences étant, non le résultat, mais la cause de la technique employée. En 1941, il s'installe à New York, fuyant la guerre et s'éloignant d'un public parisien devenu moins sensible aux recherches plus lyriques menées depuis 1930 — l'année de sa dernière grande exposition galerie Jeanne Bucher —, suivant en cela un parcours artistique qui n'est pas sans rappeler celui de Laurens ou de Chauvin. En 1952, Lipchitz participe avec 22 sculptures à la Biennale de Venise, dans le pavillon français qu'il partage avec Bourdelle et Richier. A la même époque, la commande en 1946 de fonts baptismaux pour l'église d'Assy lui offre un sujet qui le hantera longtemps, l'Ascension de la Vierge, sujet convenant bien au sentiment baroque qui anime toute la fin de sa carrière (*Entre ciel et terre*, 1958).

A.M. Hammacher, *Jacques Lipchitz, his Sculpture*, New York, Abrams, 1960; J. Lipchitz, *My Life in Sculpture*, Londres, Thames & Hudson, 1972; N. Barbier, *Œuvres de Jacques Lipchitz*, Collections du MNAM, Centre G. Pompidou, 1978.

La production sculptée de Lipchitz entre 1914 et 1930 — si l'on excepte les « figures démontables » et les « transparents », dont on peut regretter l'absence dans la collection — est bien représentée au Musée, essentiellement grâce au don effectué en 1976 par la Fondation Jacques et Yulla Lipchitz de 21 plâtres, un bas-relief en pierre, une terre cuite, neuf esquisses en terre cuite et deux en plâtre. Pour le reste, il s'agit de trois achats par l'État en 1947 (*Marin à la guitare*, 1914, *Portrait de Gertrude Stein*, 1920, *Enlèvement d'Europe*, 1938), de deux achats par le Musée, l'un en 1948 (*Le Chant des voyelles*, 1931), l'autre en 1978 (*Marin à la guitare*, 1917-1918). Par ailleurs, l'un des 12 tirages en bronze du *Masque mortuaire de Modigliani*, réalisé par Lipchitz en 1920 d'après une empreinte prise par Kisling, fut offert en 1965 par la Société des Amis du Musée. On peut peut-être déplorer le peu d'œuvres datant d'après 1941 (le Musée possède seulement deux maquettes en plâtre de cette période, *Mère et enfant*, 1948-1949, et *Entre ciel et terre*, 1958), et l'absence de dessins — technique que Lipchitz pratiquait comme études préparatoires à ses sculptures.

☐ *Tête*, 1915
Lipchitz entre en contact en 1913 avec un cubisme déjà synthétique, qui se traduit en sculpture par des constructions, telle la *Guitare* de Picasso (1912, MOMA). Aucune trace dans son œuvre des principes du cubisme analytique antérieur, où sont décomposées sur un mode pictural les diverses facettes du sujet, comme la *Tête de femme (Fernande)* réalisée par Picasso en 1909 et très critiquée par Lipchitz dans

ses mémoires. Ses propres recherches le mènent assez vite d'un naturalisme très schématisé, appuyé sur la courbe, à l'abstraction, dont il explore avec prudence jusqu'en 1917 les ultimes possibilités. Prenant conscience vers 1915 qu'elle est une impasse de sa création, il éprouve le besoin de se ressourcer à l'étude de la figure humaine, le contact n'ayant jamais été rompu puisque, même au plus fort de sa période abstraite, Lipchitz dessine régulièrement d'après le modèle vivant. La *Tête* de 1915 est une œuvre charnière en ce sens qu'elle est, non plus une dérivation de la figure humaine, mais bien l'expression de l'essence même de celle-ci, tout en présentant le double caractère spirituel et monumental qui est la marque extérieure et intérieure de toute l'œuvre de la maturité de Lipchitz. La réflexion formelle dont cette *Tête* offre la synthèse est la même que celle menée dans les « figures démontables » élaborées parallèlement. Dans son autobiographie, Lipchitz décrit longuement l'importance de cette œuvre, dans laquelle il voit un symbole d'équilibre entre abstraction et figuration. On peut douter que cette *Tête*, toujours exposée sous

371

Tête, 1915
plâtre patiné
62 × 27 × 22,5
don de la Fondation Jacques et Yulla Lipchitz, 1976
AM 1976-819

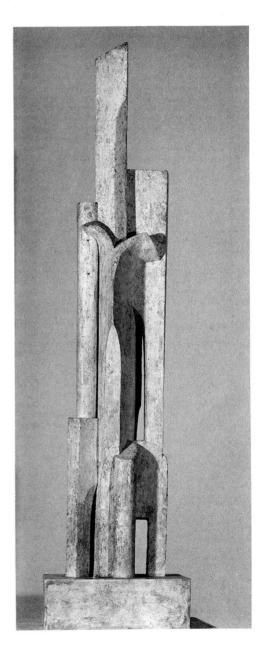

Personnage debout, 1916
plâtre
109,2 × 27,4 × 20,2
don de la fondation Jacques et Yulla Lipchitz, 1976
AM 1976-823

372

ce titre, représente Grégoire Landau, qui en possédait la pierre; en effet, Lipchitz considérait déjà alors que le cubisme et l'art du portrait étaient opposés dans leurs buts et discuta souvent de cette question avec Gris. Fidèle à ce principe, il réalisera de très classiques portraits tout au long de sa carrière (*Cocteau, Radiguet, G. Stein*, 1920, MNAM). Comme pour les autres œuvres de cette période, une seule pierre et un seul bronze — fondu par Valsuani en 1915-1916 — furent alors exécutés à partir du plâtre, mais des tirages en bronze seront effectués postérieurement.

□ *Personnage debout*, 1916

Cette œuvre fait partie d'une série d'abstractions architecturales conçues avant et après la *Tête,* dans la même veine que celle-ci au point de vue formel, sinon dans l'esprit. Dans son autobiographie, Lipchitz explique comment elles lui permirent d'explorer les possibilités d'agencement des formes et de se dégager du sujet, qui avait trop marqué sa création jusqu'alors. Cette exploration renforce, de fait, son sens du monumental et poursuit la recherche de conceptualisation amorcée après la découverte du cubisme. Mais la perte de contact avec la nature devait provoquer en lui une crise émotionnelle très forte, qui l'amène vers 1915 à détruire un certain nombre d'œuvres. Ayant retrouvé son équilibre, selon la démarche oscillante

entre réflexion et abstraction qui lui est — et restera — très particulière, il continue jusqu'en 1917 dans cette voie abstraite (*Sculpture*, 1916, MNAM). Dans le *Personnage debout,* comme dans la *Figure assise* (1915, MNAM) qui en est très proche, seul le titre fait référence à une transcription naturaliste du réel, et il faut probablement voir dans cette dénomination davantage une tentative d'appropriation de la nature qu'une indication objective. L'élément humain y est restreint à des apparitions fragmentaires selon un code propre à l'artiste (courbe = sourcil, verticale = nez). Lipchitz comparait ces œuvres à des « tours gothiques », où les évocations d'ogives et les indentations renforcent la verticalité, tout comme dans les gratte-ciel new-yorkais à venir, tel le Rockefeller Center. Ces compositions architecturales étaient conçues en terre, puis traduites en plâtre, pierre et bronze. La pierre du *Personnage debout* se trouve au Solomon R. Guggenheim Museum de New York.

□ *Homme à la mandoline*, 1917

Faisant suite aux compositions d'inspiration abstraite, cette œuvre manifeste un retour à une certaine figuration et à une thématique cubiste plus classique, très directement liée à la peinture contemporaine de Picasso et surtout de Gris. Le principe architectonique apparaît ici totalement assimilé et sera développé de façon plus

Homme à la mandoline, 1917
plâtre patiné
80,8 × 29,5 × 29,5
don de la Fondation Jacques et Yulla Lipchitz, 1976
AM 1976-883

Marin à la guitare, 1917-1918
pierre
90 × 38 × 34
achat 1978
AM 1978-736

dynamique peu après. Il s'agit là aussi du premier jalon d'une longue réflexion formelle (à travers l'*Homme assis à la guitare,* 1920, puis l'*Homme assis,* 1922, jusqu'à la *Figure* de 1926), où peu à peu le signifiant devient prépondérant par rapport au signifié: seuls subsistent, comme un souvenir détaché de son contexte, les éléments qui avaient été la marque extérieure du cubisme synthétique (la schématisation des yeux, de la guitare), plaqués sur des formes plus cubiques que cubistes.

□ *Marin à la guitare,* 1917-1918

Le thème du marin à la guitare — par ailleurs familier à l'imaginaire cubiste — remonte à un voyage à Majorque effectué durant l'été 1914 avec divers artistes dont Diego Rivera et Maria Blanchard, voyage particulièrement important puisqu'il marque les véritables débuts de Lipchitz dans le cubisme. Après, donc, un premier *Marin à la guitare* (1914-1915, bronze, MNAM), Lipchitz revient à ce sujet, de façon plus maîtrisée, en 1916, 1917 et 1918. Cette version de 1917 était sa préférée, pour le rendu du mouvement, l'agencement des formes entre abstraction et figuration, l'équilibre dynamique des volumes (que l'on retrouve dans des œuvres telles que la *Baigneuse,* 1917, ou la *Femme drapée,* 1919, du Musée). Tout en présentant une construction solide par imbrication de masses aux contours géométriques (qui n'est pas sans évoquer les recherches contemporaines de certains architectes, tel Loos), ce *Marin à la guitare* présente déjà des courbes qui rompent avec le statisme des œuvres précédentes et préfigurent l'évolution future de Lipchitz.

Comme pour d'autres sculptures de cette époque, une seule pierre (matériau pour lequel elle était conçue) fut exécutée par un praticien à partir du modèle en plâtre, puis les finitions assurées par Lipchitz qui voulait se situer en cela dans la « tradition de tous les maîtres-sculpteurs, de Michel-Ange à Rodin ». Cette pierre appartint à Le Corbusier qui l'exposa en bonne place, au milieu de peintures de Léger, dans son Pavillon de l'Esprit Nouveau à l'Exposition des Arts décoratifs en 1925, l'année où Lipchitz emménage dans l'atelier qu'il avait commandé à l'architecte.

□ *Figure,* 1926-1930

Cette *Figure,* par sa verticalité, sa frontalité, la conceptualisation géométrique et imaginative des formes et par le matériau (plâtre peint) qui imite le bois, évoque un totem africain. Elle fut d'ailleurs (dans sa version en bronze) exposée en 1946 à la galerie Maeght de Paris sous le titre *Totem*. Lipchitz, qui tint à la fin de sa vie à assurer que l'art africain n'avait joué qu'un rôle très secondaire dans l'élaboration du cubisme, n'avait pu, après 1913, en sentir toute la résonance. Il avait, certes, acheté très tôt, sur un coup de foudre et en s'endettant, une sculpture qu'il pensait égyptienne jusqu'à ce qu'une visite au Musée d'ethnographie du Trocadéro lui apprenne qu'il s'agissait d'une œuvre originaire du Dahomey; en revanche, la révélation de l'art des Scythes, lors d'un voyage à Moscou en 1911, aurait été bien davantage essentielle à son apprentissage visuel. Ainsi — Lipchitz y reviendra dans ses *Mémoires* — « les origines de cette *Figure* sont assez différentes » et toute comparaison avec l'art africain doit être comprise « seulement dans un sens très général ». Convergence et non influence, donc, selon lui. Une des sources — tout comme pour Ploumanach (plâtre et étude en terre cuite, 1926, MNAM) — en serait des entassements de rochers vus au cours des vacances passées avec Le Corbusier en Bretagne à Ploumanach en 1926. *Figure* est, en fait, l'agrandissement d'une esquisse pour *Ploumanach,* dont Lipchitz reçut commande pour décorer le hall d'une villa. Ce travail fut refusé par son commanditaire, effrayé par son aspect trop totémique.

Lipchitz, qui revendiqua toujours la qualité de cubiste, le prouve ici en employant avec constance des éléments classiques du répertoire du cubisme, tels les tubes comme signes pour les yeux (ainsi dans *Femme drapée,* 1919, ou *Homme assis à la guitare,* 1920, MNAM). Un tirage en bronze de l'œuvre fut acheté dès 1936 par le Museum of Modern Art de New York.

□ *Le Chant des voyelles,* 1931-1932

C'est, avec *Le Couple,* 1929, et *Le Retour de l'enfant prodigue,* 1931, du Musée, l'une des œuvres qui témoignent le plus clairement de l'évolution de Lipchitz vers un expressionnisme lyrique. Y sont

Figure, 1926-1930
plâtre peint
220 × 95 × 75
don de la Fondation Jacques et Yulla Lipchitz, 1976
AM 1976-822

373

El Lissitsky
1890-1941

rassemblés formellement deux thèmes qui mobilisent particulièrement le sculpteur vers 1930: les harpes, sortes d'ailes d'oiseau tendues de cordes, et la figure féminine déployée, buste tendu en avant, des *Mère à l'enfant.* « En 1931, je revins au thème des harpistes avec l'idée de réaliser une sculpture monumentale. Ce fut le *Chant des voyelles,* (...) Je décidai de tenter un monument suggérant le pouvoir de l'homme sur la nature. J'avais lu quelque chose à propos d'un papyrus découvert en Égypte en rapport avec une prière nommée « le chant des voyelles », une prière qui était une chanson composée seulement de voyelles et destinée à conjurer les forces de la nature. Ce titre créa une certaine confusion parce qu'il y a aussi un poème de Rimbaud appelé le « chant des voyelles » mais qui n'a rien à voir avec le papyrus égyptien. (...) Je ne peux pas expliquer pourquoi les images de la harpe et du « chant des voyelles » se sont assemblées sauf que les deux m'occupaient l'esprit à l'époque. Le *Chant des voyelles* est une clarification des *Harpistes.* »

Cette œuvre se situe sans rupture dans la lignée des recherches plus libres menées depuis 1917 (*Femme allongée,* 1921, MNAM). D'ailleurs, en 1932, au moment où Lipchitz procède à l'installation de cette œuvre, il écrit à Tériade : « Je tiens à déclarer que je me sens, si l'on peut, de plus en plus cubiste » (Archives du MNAM). Commandée à la fin de 1930 pour orner le jardin d'une propriété privée, elle fut conçue très rapidement, réalisée d'abord comme un groupe indépendant en bronze sur un socle de maçonnerie en forme de colonne, qui ne devint partie intégrante de l'œuvre qu'ultérieurement.   v.w.

Architecte, ingénieur, peintre, dessinateur, El Lissitsky fait à Darmstadt des études d'architecte-ingénieur, voyage en Europe de 1909 à 1914, puis commence à Moscou son activité d'architecte tout en participant à de petites expositions patronnées par « le Monde de l'Art ». Depuis 1917, il se consacre à l'art graphique en illustrant des livres yiddish et hébreux (*Contes de Prague, Chad Gadya,* 1918-1919). A l'avènement de la Révolution il participe, dans le cadre de l'Agit-prop, aux décorations de rues et au projet du drapeau soviétique. Sur l'invitation de Chagall, il vient enseigner l'architecture et le dessin à Vitebsk (1919) : la rencontre de Malévitch sera pour lui décisive et entraîne son adhésion aux théories suprématistes; Lissitsky conçoit alors ses premiers *Proun* et réalise en six dessins *Histoire de deux carrés,* publiée en 1922. Actif propagandiste, il travaille dans le cadre des Ateliers d'art et de technique de l'État (Whutemas) au projet de la Tribune Lénine (1920-1924), innove dans le domaine de l'affiche, renouvelant la typographie et le photomontage (*Affiche pour l'exposition russe au Musée des Arts décoratifs de Zurich,* 1929, MNAM). Brillant théoricien, il édite en 1922 à Berlin la revue *Objet* avec l'écrivain Ilya Ehrenburg, publie en collaboration avec Hans Arp les *Ismes de l'art* (1924-1925) où est proposé un bilan sur les avant-gardes abstraites entre 1914 et 1924, écrit un essai *K et la Pangéométrie* et travaille avec Kurt Schwitters à la publication de la revue Merz *Nasci* (Hanovre, 1924). Cette activité illustre le rôle essentiel joué par Lissitsky dans la diffusion en Occident des théories suprématistes et constructivistes et ses liens avec l'avant-garde allemande autour du Bauhaus. Dès 1926, il se consacre à ce qu'il considère lui-même comme « son œuvre capitale » : la réalisation d'« espaces » où pourront être appliqués les principes du *Proun,* dont le premier est construit à Berlin en 1924; Lissitsky conçoit successivement l'architecture intérieure du *Cabinet d'art abstrait* de l'exposition de Dresde (1926), celui de Hanovre (1927), et ne cesse ainsi jusqu'à sa mort de participer à l'organisation de salles et de pavillons soviétiques aux expositions internationales. Il réalise, par ailleurs, des maquettes de théâtre (pour Meyerhold notamment) et poursuit son activité polyfacétique de graphiste, illustrateur et architecte.

S. Lissitsky-Küppers, *El Lissitsky,* Dresde, Verlag der Kunst, 1967; cat. *El Lissitsky,* Eindhoven, Stedelijk van Abbemuseum, Bâle, Kunsthalle, Hanovre, Kestner Gessellschaft, 1965; cat. *El Lissitsky,* Cologne, galerie Gmurzynska, 1976.

Le Chant des voyelles, 1931-1932
bronze
383 × 200 × 160
achat 1948
AM 858 S

☐ *Étude pour Proun RVN 2, 1923*

« La toile est devenue trop étriquée pour moi. L'harmonie des couleurs, chère à l'esprit gourmet, a commencé à me gêner, et j'ai inventé le *Proun* comme station intermédiaire entre la peinture et l'architecture ! » (El Lissitsky, 1932). C'est à partir de 1919, année de sa rencontre avec Malévitch dont l'ascendant restera prégnant, comme en témoigne un dessin de Lissitsky conservé au Musée, copie de la peinture de Malévitch, *Supremus n° 58 — Composition dynamique jaune et noire* (1916, Leningrad, Musée Russe), peut-être exécuté en 1924 alors qu'il travaillait à l'édition des textes de Malévitch, que Lissitsky, après avoir intégré le groupe d'*Unovis* créé par Malévitch, travaille à la conception de ses premières peintures *Proun* (« Pour l'affirmation du nouveau en art »). Se rattachant à la fois au suprématisme par leur vocabulaire de formes géométriques, inobjectives, et au constructivisme par la « rythmique dynamique » — chère aux frères Pevsner — qui les anime, les *Proun* dépassent, en effet, le stade pictural pour s'affirmer comme modèles théoriques d'une architecture nouvelle, élaborée par l'artiste-ingénieur (« grâce au *Proun*, nous bâtirons la fondation universelle pour une seule ville mondiale pour tous les peuples de la terre »). L'axonométrie et la facture impersonnelle (les traits sont tirés à la règle et non à main levée comme ceux de Malévitch) renforcent le caractère architectural, industriel, de ces constructions rigoureuses. Les *Proun* composés à Vitebsk vers 1920 (*Étude pour Proun,* 1920, MNAM) étaient encore construits sur le principe de mouvement produit par les diagonales : au contraire, ceux créés vers 1923-1924 témoignent, comme celui-ci, de l'abandon de l'espace dynamique malévitchéen au profit d'une symétrie souvent qualifiée de « décorative » car servie par une grande finesse de dessin, en accord avec les subtilités des nuances tonales : « J'ai marié les dégradés du noir au blanc — avec des éclairs rouges — comme une matière. De cette façon, une réalité est suggérée qui est sans équivoque pour nous ». Exécutée à Hanovre (dans le titre « RVN » est une inversion de Hannover), l'année même où Lissitsky conçoit le célèbre port-folio *Victoire sur le soleil,* cette étude pour la peinture conservée au Kunstmuseum de Hanovre présente une construction à partir d'un disque central et de quadrilatères disposés à plat ou en perspective, se croisant à angle droit. Dans l'œuvre définitive, Lissitsky a fait tourner la composition d'un quart de tour à gauche : car le *Proun* n'est plus un tableau de chevalet possédant un axe spécifique perpendiculaire, mais un ensemble dynamique, rotatif et centripède, « propulsé dans l'espace » et autour duquel le spectateur doit « circuler comme une planète ». En renversant des conceptions plastiques séculaires, Lissitsky entendait ainsi abattre les attitudes conventionnelles du spectateur face à la peinture.　　　　　　　B.L.

375

Étude pour Proun RVN 2, 1923
mine de plomb et gouache sur papier
24,8 × 24,6
achat 1978
AM 1978-28

Richard Long
1945

Comme la plupart de ses contemporains en Grande-Bretagne, Richard Long étudie la sculpture à la St Martins School of Art (1966-1968). Dès ces années de formation et avec une remarquable constance, son travail traite d'un seul et même thème : le paysage. Les œuvres offrent une gamme variée de supports tels que sculptures réalisées dans le paysage, sculptures transportables destinées à un espace d'exposition, photographies, livres, peintures murales, textes, etc. Elles peuvent apparaître comme des objets, mais aussi comme des comptes rendus de promenade, des plans de voyages; Long s'empare de la nature, dans la tradition des paysagistes, mais la retranscrit sans l'intermédiaire d'une représentation. Artiste essentiel du Land Art, Long a exposé dans de très nombreux musées et galeries depuis 1968.

M. Compton, *Some notes on the work of Richard Long,* British Pavillon, Venise, 37ᵉ Biennale, 1976; cat. *Richard Long,* Bordeaux, CAPC, 1981.

□ *Cercle d'ardoises de Cornouailles,* 1981
Long limite ses sculptures à quelques formes géométriques simples : le rectangle, le cercle, quelquefois la croix. Il les réalise en deux lieux complémentaires. Dans la nature, il construit, à l'occasion de longues marches dans tous les pays du monde, des formes avec les matériaux trouvés sur le lieu même. Ces œuvres, laissées sur place, sont éphémères et ne sont connues que par des photographies. Mais ces mêmes matériaux, collectés dans le paysage, sont réutilisés dans le musée ou la galerie, selon un mode d'emploi strictement défini par l'artiste bien qu'aléatoire dans la disposition spécifique de chaque élément. Ici, 291 ardoises grises doivent, selon le certificat qui accompagne l'œuvre, être disposées à l'intérieur d'un cercle tracé au préalable sur le sol, de telle sorte que chaque pierre soit espacée de manière égale, placée sur son côté le plus stable, l'une touchant l'autre, l'ensemble laissant une impression d'uniformité. Le caractère des ardoises qui opposent l'irrégularité des bords à la franche découpe de la surface visible ne fait qu'accentuer la dichotomie nature/culture contenue dans toute la sculpture de Long, transfert du paysage au lieu culturel. Aux aléas des configurations internes s'oppose la simplicité de la forme circulaire. « Mon œuvre est réelle, dit Long, ni illusoire, ni conceptuelle. Elle traite des pierres réelles, du temps réel, des actions réelles. » A.P.

Cornwall Slate Circle, 1981
(Cercle d'ardoises de Cornouailles)
290 morceaux d'ardoise taillés, disposés au sol en un cercle
diam. 450
achat 1982
AM 1982-130

Alberto Magnelli
1888-1971

Autodidacte, Magnelli, né à Florence, y peint son premier tableau en 1907. S'il subit un moment l'influence des Macchiaioli, ses vrais maîtres sont les peintres du Trecento et du Quattrocento : Giotto, Uccello, Masaccio et surtout Piero della Francesca — qui lui fait « comprendre le jeu des pleins et des vides » —, enfin, tous ceux pour qui la peinture est d'abord dessin et architecture. Il devient aussi l'ami des futuristes, mais sans jamais se rallier à leurs thèses. Se rendant pour la première fois à Paris au printemps 1914, il rencontre aussitôt, grâce à Apollinaire, toute l'avant-garde du moment : Max Jacob, Léger, Picasso, Matisse... mais, surpris par la guerre, il rentre à Florence plus rapidement qu'il ne l'aurait souhaité.

Ayant poussé très loin et très vite des recherches plastiques qui le conduisent à l'abstraction dès 1915, et après la brève série des *Explosions lyriques* de 1917-1918, Magnelli revient, entre 1919 et 1930, à une figuration traditionnelle : nus, paysages, scènes de genre, commandés par l'esprit de « retour à l'ordre », général alors dans toute l'Europe. Ses voyages (en Suisse, en Autriche, en Allemagne...) se succèdent durant toute cette période, où il connaît des moments d'inquiétude et de trouble qui l'empêcheront même de peindre. Avec la série des *Pierres* de 1933, il reprend un nouveau souffle et en 1936 il opte définitivement pour l'abstraction.

Depuis octobre 1931 installé à Paris, il retrouve Picasso, Léger, Le Corbusier et fait surtout la connaissance de Kandinsky en 1934, lors de sa première grande exposition, galerie Pierre Loeb (trente *Pierres*). Pendant les années d'Occupation, à Grasse, voisin des Arp et de Sonia Delaunay, avec qui il fera même un livre, il réalise de nombreux collages et de petites œuvres sur ardoise, projets pour les grands tableaux futurs. Présente, à partir de 1937, dans toutes les grandes manifestations d'art abstrait et notamment à la grande exposition d'*Art Concret*, galerie René Drouin en 1945, son œuvre rencontre l'adhésion enthousiaste des principaux critiques de l'art abstrait : Michel Seuphor, Léon Degand, Charles Estienne. Dès 1954, de nombreuses rétrospectives lui apporteront en Europe une consécration désormais définitive.

« Dix questions à Alberto Magnelli » (interview de L. Ferrarino), *Civilta delle Macchine*, Rome, mars-avril 1965; cat. *Magnelli*, Paris, MNAM, 1968; cat. *Alberto Magnelli, œuvres de 1914 à 1968*, Paris, CNAC, 1970; « Hommage à Magnelli », *XXᵉ Siècle*, n° 37, Paris, déc. 1971; N. Ponente, *Alberto Magnelli*, Rome, Il Collezionista, 1973; A. Maisonnier-Lochard, *Alberto Magnelli, L'œuvre peint, catalogue raisonné*, Paris, XXᵉ siècle, 1975; cat. *Magnelli, peintures*, Zurich, Maeght Lelong, 1986.

Après deux premiers achats de l'État *Ronde océanique*, 1937, et *Pierres*, 1930, effectués respectivement en 1951 et 1961, le legs accordé en 1971 par Magnelli au Musée (qui ne lui avait consacré une rétrospective qu'en 1968), apportait un ensemble de six œuvres, deux collages de 1964 et quatre toiles, essentielles à la représentation de sa démarche vers l'abstraction : *Nature morte à la pomme* et *Paysan au parapluie*, 1914, *Composition n° 0522*, 1915, et *Explosion lyrique n° 8*, 1918. Des achats, les dons de Suzi Magnelli en 1976 et 1978, sa récente donation en 1983 devaient apporter un complément nécessaire : vingt dessins — technique qui fut toujours le lieu de sa recherche — exécutés entre 1914 et 1962 et trente pièces africaines de la collection qu'il avait constituée avec passion à partir de 1913, sensible à la « présence plastique » et à « l'invention des formes » de l'art africain.

☐ *Nature morte à la pomme*, 1914
La rondeur d'une pomme, l'ovale d'une cruche, un carré bleu, un rectangle rose, l'esquisse d'une courbe verte, une forte verticale noire : ce tableau (Maisonnier, n° 118) semble presque trop simple à force de clarté et d'évidence. Magnelli, comme dans les autres natures mortes de cette époque — la *Nature morte à la boîte rouge*, *La Cafetière*, la *Nature morte au pichet...*, une quarantaine entre 1913 et 1914 (il

Nature morte à la pomme, 1914
huile sur toile
70 × 55
legs de l'artiste, 1972
AM 1972-23

Nature morte, 1914
assemblage : plâtre, bouteille
de verre et coupe en faïence
56,5 × 54 × 56,5
don Suzi Magnelli, 1978
AM 1978-364

378

travaille toujours par série) —, ne choisit que des objets familiers et jamais plus de deux ou trois, mais pour les répartir toujours différemment, selon une pondération subtile des plans et des couleurs. En effet, bien qu'ils se réfèrent au réel, ces objets sont là tout d'abord pour exercer une fonction plastique : cernés de noir, leurs volumes à peine indiqués, presque en état d'apesanteur, ils suffisent à donner un aplomb, un sens, un haut et un bas au tableau dont la stricte frontalité, très audacieuse pour l'époque — on peut penser à la *Tête blanche et rose,* 1914 (MNAM) de Matisse —, pourrait paraître, sinon, un joli jeu de surface. Quant à la barre noire qui coupe le tableau en deux dans toute sa hauteur, elle aussi contribue à donner une stabilité supplémentaire aux aplats de couleurs douces. Toute la composition est donc calculée pour produire un effet de calme et d'équilibre, auquel Magnelli aspirait déjà en 1914 : « Il y a impression de monumentalité quand elle est toute contenue dans les formes, lorsque celles-ci sont portées au maximum de leur présence et au strict

nécessaire, semblable à une colonne qui, si elle est d'une grande justesse de proportions, donne une impression d'accomplissement ».

☐ *Nature morte,* 1914

L'assemblage *Nature morte* — un des deux seuls exemples qui subsistent d'une dizaine de plâtres réalisés cette année-là — doit être rattaché à la série des natures mortes peintes, qui devait amener directement Magnelli à l'abstraction l'année suivante. On ne peut le rapprocher de ce véritable manifeste de dynamisme futuriste qu'est la sculpture *Développement d'une bouteille dans l'espace,* 1912, de Boccioni, auquel il fait peut-être directement écho, mais par antiphrase. Magnelli cherche plutôt ici à mettre en ordre l'espace, à le clarifier et à le structurer, la bouteille, le pichet, la cuvette n'étant là que pour faire contrepoids à une représentation abstraite, tester, au contraire, la stabilité de sa construction, comme dans les toiles de 1913-1914 : *Le Pot blanc, Cuvette et légumes, Nature morte à la cuvette aux tomates*

Les Ouvriers sur la charrette, 1914
(Peinture 0382)
huile sur toile
100 × 75,5
achat 1976
AM 1976-540

(Maisonnier, n⁰ˢ 123, 86, 114). Véritable antisculpture, d'esprit proche de celui du *Verre d'absinthe,* 1914, de Picasso (MNAM), cette œuvre — mais Magnelli ne s'est jamais exprimé à son propos — est peut-être aussi une interrogation sur la nature propre de l'art, sans l'aspect provocateur du ready-made à la Duchamp. Magnelli ne reviendra plus sur ces essais de tridimensionnalité.

☐ *Les Ouvriers sur la charrette,* 1914

Au centre, une route qui se dessine en triangles abrupts, de part et d'autre, les deux grandes courbes des roues d'une charrette vue de dos suffisent à donner au tableau cette « armature solide » dont parlait Magnelli et qu'il cherche à définir dans son ample production « mi-figurative » des années 1913-1914. C'est peut-être à sa découverte toute récente de l'avant-garde parisienne que Magnelli doit de se poser dès l'année 1914 les questions fondamentales de la bi-dimensionnalité du tableau et de la fonction de la couleur par rapport à celle-ci. Dans cette toile (Maisonnier n⁰ 48; anc. coll. Suzi Magnelli), plus claire dans sa conception, moins anecdotique qu'une autre version intitulée *L'Homme à la charrette,* également de 1914, il parvient à une simplification des formes tout en préservant, grâce aux grands cernes noirs, la lisibilité, figures humaines, objets et éléments d'espace étant juxtaposés à égalité sur un même plan, comme plus tard chez Léger. Les couleurs posées en aplats rigoureux — leur matière dense et délibérément mate sera une des constantes de toute l'œuvre de Magnelli — se répartissent en différentes zones d'intensité et, traversant la gamme du bleu le plus froid au rouge le plus chaud, parviennent à créer un espace complexe et animé qui pourrait apparaître, sinon, comme l'occasion d'un jeu purement formel, presque trop savant, de lignes et de surfaces; il semble même que Magnelli, par ces rythmes syncopés de couleurs et de formes, ait voulu suggérer ici la marche cahotante de la charrette (et non pas la vitesse futuriste de l'automobile ou du train). Ne dira-t-il pas qu'« il est facile de tracer des lignes courbes ou parallèles, des formes visuelles ou imaginaires, mais qu'il est difficile de les marquer au feu, de les rendre expressives » ?

☐ *Pierres sur fond marron,* 1933

Après une période figurative entre 1920 et 1930, avec des thèmes classicisants et une technique souvent proche des fresquistes toscans, Magnelli subit une sorte de crise morale et cesse de peindre pendant près de deux ans. C'est en voyant les carrières de marbre de Carrare et les énormes blocs en extraction qu'il retrouve un nouvel élan et se remet à dessiner : « Quand un thème m'est venu à l'esprit, je commence les dessins; et j'en fais beaucoup... Je les range dans un carton lorsque je pense avoir épuisé toutes les possibilités de composition se rattachant au thème, expression linéaire qui naît tout à fait spontanément. Plus tard, je les reprends et patiemment les étudie ». A son retour à Paris, Magnelli peint, de 1931 à 1934, près d'une soixantaine de toiles intitulées *Pierres,* œuvres charnières très significatives d'une évolution qui se situe entre les deux pôles de la semi-abstraction des années 1913-1914 et de la semi-figuration des années 1918-1920. En effet, plus que le sujet, c'est encore et toujours le poids des formes, l'équilibre entre les vides et les pleins, la façon de modeler à grands coups de hachures le relief d'une pierre qui importent. Travail très austère et rigoureux mais non sans mystère et qui, souvent sur toile de jute, préfigure la recherche des matiéristes des années 50; les couleurs sont réduites au minimum, le plus souvent au nombre de deux ou trois, et le sujet toujours le même : cette expérience-limite permettra à Magnelli de sauter définitivement le pas de l'abstraction en 1935.

Pierres sur fond marron, 1933
huile sur toile
125 × 100
achat de l'Etat et attr. 1961
AM 3986 P

Visage d'une nature, 1938
(Collage aux râteaux)
toile de jute, papier goudronné,
carton et râteaux, sur isorel
120,8 × 100
achat 1982
AM 1983-43

379

380

□ *Visage d'une nature (Collage aux râteaux)*, 1938
Bien que Magnelli se soit intéressé au collage dès son arrivée à Paris
en 1914, il ne commença à le pratiquer qu'à partir de 1936, peut-être
pour des raisons d'économie en cette période de pénurie. Dans ce
domaine encore, il fait preuve d'indépendance : ses collages — une
trentaine au total — ne ressemblent, ni aux collages cubistes, ni aux
collages dada ou surréalistes. Il choisit avant tout des supports bruts
et sévères — tôle, isorel, carton — et des matériaux courants —
papier marbré, papier goudronné, papier à musique —, plus rarement
des objets trouvés qu'il assemble. Davantage que la diversité des
matières, davantage que le choc entre différentes réalités, c'est toujours le rapport des formes sur une surface donnée qui lui importe;
ce rapport n'est jamais intimiste, mais participe plutôt d'une vision
ample et majestueuse, même si les dimensions en sont presque
toujours réduites. Ainsi, les papiers sont généralement découpés en
aplat et non déchirés, les contours nets, les râteaux n'étant là qu'en
tant qu'éléments constructifs supplémentaires.

□ *Équilibre*, 1958
Engagé depuis 1936 dans l'abstraction, Magnelli explore toutes les
possibilités « d'imagination des formes ». S'il s'est lié à Van Doesburg, Mondrian, Kandinsky surtout, jamais il n'a eu de l'abstraction
une conception philosophique ou romantique ou ne s'est fondé sur
un quelconque système mathématique; ne se voulant pas théoricien,
il affirmait : « Ma peinture est une peinture de télégraphie sans fil ».
Seuls de nombreux dessins pointés témoignent de ses longues recherches de composition, jusqu'à ce qu'il parvienne à cette « complétude des formes si organiquement prégnantes » (D. Abadie) : par des

chevauchements, des emboîtements, des transparences fictives, des
lignes qui se perdent en réseaux compliqués sans que jamais l'unité
des rythmes soit rompue, avec d'infimes variations de tonalités qu'il
choisit de plus en plus dans des gammes sourdes, Magnelli défie
toutes les lois de la pesanteur et de la perspective et réussit à créer un
monde de formes d'une richesse infinie.
Dans les années 50, sa vision devient plus monumentale, allant de
« la composition multiple à la composition unitaire » (Anne
Lochard). Les plans gagnent en ampleur, s'ouvrent les uns aux autres,
se répondent en s'inversant parfois; les stries, qu'il utilise à partir de
1955, ajoutent encore à la frontalité du tableau et créent un dynamisme
statique remarquable. Magnelli, qui intitule toujours ses tableaux, et
souvent avec des adjectifs qui en donnent le ton : *Calme fabuleux,
Violence contenue, Conception claire,* reprendra le titre d'*Équilibre* à
plusieurs reprises, marquant ainsi son classicisme fondamental, dont
il donne cette belle définition : « C'est cette quantité d'équilibre qui
affleure continuellement, qui vole dans l'air et se pose sur la
terre ».

Cl.S.

Équilibre, 1958
huile sur toile
168 × 200
achat de l'État 1972, attr. 1980
AM 1980-414

René Magritte
1898-1967

En 1925, année probable de sa « révélation » de l'œuvre de De Chirico qui l'engage à « la rupture complète avec les habitudes mentales propres aux artistes prisonniers du talent, de la virtuosité et de toutes les petites spécialités esthétiques », René Magritte abandonne l'abstraction formelle de ses premières toiles et prend une nouvelle voie, qui, comme il le dira en 1938 dans sa conférence autobiographique *(La ligne de vie),* « mette en cause le monde réel »; il décide alors de « ne plus peindre les objets qu'avec leurs détails apparents, le visible étant en lui-même suffisamment riche pour constituer un langage poétique évocateur de *mystère* ». A travers la « leçon de choses » — l'interrogation des objets les plus banals — qu'il propose dès lors, avec une méthodologie quasi scientifique ou plutôt une froide rhétorique, et le choix d'une facture objective ou académique en *trompe l'œil* devenue un simple *moyen* technique, c'est un véritable travail de dévoilement des simulacres du réel ou du visible qu'il entreprend et poursuit tout au long de son œuvre, marquée par la continuité et la cohérence. Tout entière commandée par une poétique de l'inversion, du déplacement, du travestissement, de l'altération — le *Faux Miroir* —, celle-ci se situe pleinement dans le champ du surréalisme. Mais en instituant, dès 1928, une réflexion/réflection sur le fonctionnement même de l'image mentale, dans son avatar du *peint* ou de l'*écrit,* elle le dépasse largement. « Il faut que la peinture serve à autre chose qu'à la peinture » répétait Magritte : à penser, à représenter la pensée. La mise en cause de la peinture — sa mise en abîme — proposée par Magritte dans sa peinture même répond aux préoccupations les plus actuelles.

Belge à la personnalité subversive, dissimulée sous le chapeau d'une banalité et d'une modestie délibérément « petites bourgeoises », aux antipodes de l'exhibitionnisme hautain de Dali, Magritte s'impose rapidement comme la figure principale du groupe surréaliste belge, aux côtés de ses amis, poètes, marchands ou critiques : Mesens (qui l'introduisit à Dada), Goemans, Marcel Lecomte (qui lui fit connaître De Chirico et les poètes surréalistes français), Paul Nougé, André Souris et Louis Scutenaire. Rejoignant Paris, où il vit de 1927 à 1930, il s'introduit dans le cercle de Breton, participe à l'*Exposition surréaliste* de 1928 à la galerie Goemans et se lie surtout avec Arp, Eluard, Miró et, bientôt, mais pour un temps seulement (celui de l'été 1929 à Cadaquès), à Dali. Après la fermeture de la galerie Le Centaure à Bruxelles et de la galerie Goemans à Paris, la désaffection de Breton en faveur (provisoirement) de Dali et les difficultés financières l'acculent à s'installer de nouveau à Bruxelles (qu'il ne quittera désormais que rarement) et à assumer des travaux publicitaires. Son adhésion au Parti communiste belge (jusqu'en 1945) n'empêchera pas que son œuvre s'impose à nouveau dès 1934, choisie pour illustrer (avec *Le Viol*) la couverture de *Qu'est-ce que le Surréalisme ?* publié par Breton. Introduite dès 1936 à New York par une exposition à la Julian Levy Gallery, dès 1937 à Londres à l'Exposition Surréaliste des Burlington Galleries, saluée en 1938 au Palais des Beaux-Arts de Bruxelles (avec Man Ray et Tanguy), sa peinture illustre désormais aux yeux de tous une des deux données fondamentales du surréalisme, celle du pouvoir onirique de l'illusion visuelle, dans une facture délibérément impersonnelle. On peut comprendre la surprise et l'incompréhension que susciteront après la guerre (que Magritte passe en partie en France, à Carcassonne, aux côtés de Joe Bousquet et de Raoul Ubac) ses toiles « style Renoir » de 1945-1947, puis style « vache » ou « fauve » de 1948, qui sont pourtant des démonstrations de dérision, par

Le Ciel meurtrier, 1927
huile sur toile
73 × 100
achat 1979
AM 1979-105

l'absurde, des pouvoirs de la peinture. Entreprise dès 1948 par Iolas, à qui Magritte sera lié en 1956 par un contrat d'exclusivité, la consécration, puis la divulgation d'une œuvre difficile devaient progressivement s'imposer, avec les expositions de Knokke-Le-Zoute en 1952, de Bruxelles en 1954, puis de New York (MOMA) en 1965.

M. Mariën, *Magritte,* Bruxelles, Les Auteurs associés, 1943; P. Waldberg, *René Magritte,* Bruxelles, A. De Rache, 1965; J.T. Soby, cat. *Magritte,* New York, MOMA, 1965; D. Sylvester, *Magritte,* New York et Washington, Praeger, 1965; J. Vovelle, *Le Surréalisme en Belgique,* Bruxelles, De Rache, 1972; cat. *Rétrospective Magritte,* Bruxelles, Palais des Beaux-Arts, Paris, MNAM, Centre G. Pompidou, 1978.

☐ *Le Ciel meurtrier,* 1927
La *répétition* : quatre oiseaux strictement identiques placés symétriquement par rapport aux axes orthogonaux de la toile; l'insistance sur l'étrangeté de leur vol, sur l'origine de leur blessure. L'*analogie* : « Rien ne change de forme *comme* les nuages si ce n'est les rochers ». Un ciel limpide et vide, mais une montagne orageuse habitée *comme* par un moutonnement instable de cristaux d'air ou d'eau; le réseau éclaté de vie organique traversant ces rochers, *comme* celui du sang

Le Double Secret, 1927
huile sur toile
114 × 162
achat 1980
AM 1980-2

des oiseaux. Le *renversement* : inversons effectivement la toile (le bas venant en haut) et du *Ciel meurtrier* immense tombent dans l'abîme des oiseaux blessés par l'orage au cours de leur vol. Portée par le titre — toujours étroitement associé à l'image et imposé par une « illumination » identique —, la fulgurance poétique de la métaphore visuelle naît de ces procédés connus de la rhétorique magrittéenne, développée depuis 1926 à partir de la thématique du double instituée par De Chirico.

Comme dans l'œuvre de Max Ernst dont Magritte connaissait bien les collages et les frottages, l'oiseau (déjà présent dans *La Traversée difficile* de 1926) devient ici l'acteur, la victime, d'une *Histoire Naturelle* inversée, qui est cachée, énigmatique, et dont la peinture semble promettre le sens. Les éclats métalliques des éléments minéraux, ceux du sang rouge des oiseaux désignent l'imminence passée d'une violence meurtrière; il est rare — et seulement dans une série limitée de toiles de l'année 1927 : *Jeune fille mangeant un oiseau, Le Sang du monde, Entracte* — que Magritte exprime aussi directement la pulsion de mort, celle du crime, que plus tard il n'évoquera qu'avec humour (*Au seuil de la liberté,* 1930, *Le Viol,* 1934). La présence dans la collection de cette œuvre restée peu connue (anc. coll. G. van Geluwe et Roger Nellens) mais parfaitement significative n'en devient que plus précieuse.

383

□ *Le Double Secret,* 1927

Dans cette toile totalement aboutie (anc. coll. Mesens, Paul Nougé, puis Graindorge), reproduite dès 1928 dans les *Cahiers de Belgique* (nos 2-5), le fonctionnement et le sens de l'image magrittéenne sont clairement mis en place. Rendu illusionniste par une technique picturale rigoureusement académique (finesse des glacis, perfection du modelé et du détail), le dédoublement d'une tête d'homme ou plutôt d'un masque de cire — l'interrogation de l'énigme du visage et du regard dérive directement de la métaphysique chiriquienne — s'opère par le déplacement latéral d'une partie de la face, comme découpée au ciseau (allusion à la technique du collage). Contrairement à la série des toiles aux figures entièrement dédoublées (*Paul Nougé,* 1927) ou lacérées (*Fin des contemplations,* 1930), c'est ici le vide intérieur de l'être humain qui est dévoilé : espace sombre, inidentifiable, *doublement secret,* et dont le silence abyssal semble encore augmenté par la présence à l'arrière-plan de l'horizon maritime; d'étranges grelots de fer, seuls objets non usuels, avec les bilboquets, utilisés par Magritte; et, comme eux, probablement tirés d'un souvenir d'enfance, et envahissant, tels des parasites, les parois. En donnant à voir ici le gouffre qui sépare l'être de son image, sa fragile enveloppe, Magritte révèle la trahison du visible, mais aussi l'énigme du réel. Situé entre celui-ci et son masque « trompe-l'œil », ce gouffre est bien celui de la peinture, espace d'illusion volumétrique, de résonance analogique.

□ *Le Modèle rouge,* 1935

Il apparaît significatif que ce sujet qui constitue un parfait exemple de l'image double, métamorphique, surréaliste ait donné lieu à plusieurs versions, à l'huile, à la gouache, au dessin. Sept au total; la première, une toile, également de 1935, au Stockholm Moderna Museet (anc. coll. Spaak); la deuxième (selon David Sylvester), celle du Musée, exposée en 1936 à la Julien Levy Gallery de New York et choisie par Breton pour la couverture de la seconde édition du *Surréalisme et la peinture* en 1945; la troisième, v. 1937, au Boymans Van Beuningen Museum de Rotterdam; la quatrième, v. 1947-1948, une gouache reproduite dans *L'Art belge* de janv. 1968; la cinquième, une autre gouache de 1947 (coll. Iolas); la sixième, un dessin de 1948 (coll. Melvin Jacob); la septième, un dessin de 1964 (coll. Menil Foundation). Dans cette série aux infimes variantes, Magritte semble

poursuivre le processus de la répétition du faux, déjouer avec humour l'enjeu de l'original en peinture.

Répondant parfaitement à la poétique du calembour visuel surréaliste, du glissement de sens, l'image met en œuvre l'affinité réelle du contenu avec son contenant, leur association métamorphique en un objet unique, mais aussi la réalité du caché et la vanité du montré, l'emprise de la sensation sur la perception, du naturel sur le fabriqué, de l'opprimé sur l'opprimant, etc. (on est même allé jusqu'à voir, en référence au titre, une allusion au programme révolutionnaire communiste...). Inspiré peut-être par l'enseigne d'un cordonnier tourangeau (que lui aurait décrite Max Ernst), Magritte s'est servi de ce thème pour dire avec humour sa volonté de renversement des valeurs établies : « Le problème des souliers démontre combien les choses les plus barbares passent par la force de l'habitude pour être tout à fait convenables. On ressent, grâce au *Modèle rouge,* que l'union d'un pied humain et d'un soulier de cuir relève d'une coutume monstrueuse » (*La Ligne de vie,* 20 nov. 1938). Nature morte-vivante posée sur un sol ingrat de cailloux, devant un mur de planches : détaché du corps, autonome, le réel fragmenté peut devenir objet de métaphore, le lieu d'une contraction analogique fulgurante. Opérant cette hallucination visuelle, la peinture est bien, à cet égard, telle que la voulait Magritte : « la révolte permanente contre les lieux communs de l'existence ».

A.L.B.

Le Modèle rouge, 1935
huile sur toile montée sur carton
56 × 46
achat 1975
AM 1975-216

Robert Malaval
1937-1980

Malaval, né à Nice, commence à peindre à l'âge de seize ans, tout en faisant un peu tous les métiers. Ses premières œuvres, exposées en 1961 à la galerie Chave à Nice, sont faites de matériaux hétérogènes tels que brou de noix ou sciure de bois et montrent des paysages fossilisés, usés par le temps, où l'on pressent toute la force inquiète de son œuvre future. Peu après il entreprend l'*Aliment blanc,* suite de plus de 120 reliefs et sculptures et d'environ 130 dessins totalement originale. Malgré un succès rapide et par horreur de tous les systèmes, il rompt en 1965 avec ce qu'il appelle lui-même ses « obsessions », pour s'intéresser passionnément à tout ce qui peut « changer la vie » : la couleur, la lumière, le son. Mais avec les deux séries *Peinture fraîche, été pourri* et *Multicolor,* ce ne seront plus qu'impressions fugitives de bonheur jusqu'au vertige final des paillettes dont il crible ses toiles à partir de 1975, d'un geste qui en se précipitant vise à annihiler toutes les limites. A l'image de ces kamikazes qu'il admire, il se donne la mort, un jour d'été, quelques mois avant une importante rétrospective à l'ARC.

Cat. *Malaval, L'Aliment blanc,* Paris, galerie Daniel Gervis, 1971; cat. *Robert Malaval,* Paris, MAM, ARC, 1981; G. Lascault, *Robert Malaval,* Paris, Art Press Flammarion, 1984.

☐ *Grand Aliment blanc,* 1962
Malaval n'a jamais aimé théoriser sur son œuvre : « Je ne me demande jamais pourquoi je fais les choses ». Mais il semble que, d'après ses dires mêmes, ces excroissances blanchâtres faites de papiers mâchés encollés (technique des carnavaliers de Nice) qui proliféreront pendant des années sur les meubles, les objets et même les êtres humains, soient la métaphore de cet « envahissement (…), de ce grouillement, qui est le propre de notre société et contre lequel [il] s'est toujours révolté ». La matière s'autogénère, pour former des monstres hybrides tels que cette fantastique machine, dont le mouvement au mécanisme simple et monotone semble vouloir broyer, de son corps aussi énorme que dérisoire, les artifices de ce monde. Cl.S.

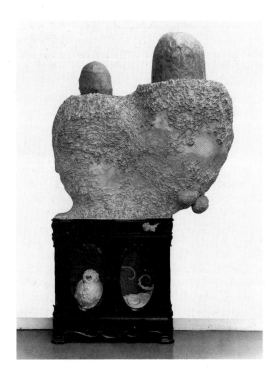

Grand Aliment blanc, 1962
sculpture-objet constituée d'éléments de papier mâché encollé
mus électriquement et d'un meuble en bois
250 × 150 × 76
achat de l'État 1970, attr. 1976
AM 1976-996

Casimir Malévitch
1878-1935

Peintre, écrivain, philosophe, Casimir Severinovitch Malévitch a pu être considéré comme « l'un des plus grands esprits de notre temps » (J.Cl. Marcadé). Né en Ukraine de parents d'origine polonaise et formé à l'École d'Art de Kiev, il se fixe à Moscou en 1904 où il commence à peindre dans une veine impressionniste. A partir de 1907, l'apport conjugué du fauvisme et du néo-primitivisme transparaît dans ses œuvres, sous l'influence de Larionov et de Gontcharova qui le convient aux expositions futuristes du *Valet de Carreau* (1910), de la *Queue d'âne* (1912) et de *La Cible* (1913). S'inspirant toujours de l'imagerie de scènes populaires et paysannes, il interprète bientôt le cubisme dans une figuration « cubo-futuriste » où les corps massifs se trouvent réduits à des éléments tubulaires, coniques et cylindriques aux couleurs primaires, à la façon d'un Fernand Léger (*La Moisson de seigle,* 1912, Amsterdam, Stedelijk Museum). Les peintures alogiques des années 1913-1915, présentées en 1915 à l'exposition *Tramway V* (*un Anglais à Moscou,* 1913-1914, *id.*), doivent beaucoup aux papiers collés cubistes et à la poésie zaoum de Maïakovsky et de Khlebnikov. Le caractère radical de sa démarche s'affirme avec force dès 1913 dans les décors et les costumes créés pour l'opéra de Matiouchine *La Victoire sur le soleil* (prologue de Khlebnikov, livret de Kroutchonykh), où le fameux « carré noir », qui deviendra l'emblème du suprématisme, apparaît pour la première fois. Mais le Manifeste lui-même, *Du Cubisme et du Futurisme au Suprématisme,* qui allait accuser la rupture avec Tatline, ne devait paraître qu'à la fin de 1915, accompagnant les premières œuvres suprématistes présentées à l'exposition *0.10.* A l'avènement de la Révolution, Malévitch adhère à la Fédération des artistes de gauche et participe aux activités révolutionnaires, notamment par l'enseignement au sein des Ateliers libres d'État. Nommé professeur à l'École d'art de Vitebsk, il finit par y supplanter Chagall et y fonder un groupe *Unovis* (« pour l'affirmation du nouveau en art »). Sa première exposition personnelle à Moscou durant l'hiver 1919-1920 rassemble 153 œuvres. Se consacrant dès lors essentiellement à l'enseignement, il travaille avec ses disciples à l'étude de formes dans l'espace, à des projets d'architecture et d'urbanisme appelés « planites » exposés en 1924 à la Biennale de Venise. Il poursuit parallèlement son travail de réflexion théorique et publie la même année *Le Miroir suprématiste* suivi de *Le Monde sans objet* qui paraîtra aux éditions du Bauhaus en 1927. Cette année-là, à l'occasion d'une exposition rétrospective de ses œuvres à Berlin, il effectue son unique séjour en Occident et passe plusieurs mois en Pologne et à Berlin où, rappelé en URSS, il abandonne sur place une trentaine de tableaux et de dessins. Cet ensemble unique, dont une partie se retrouvera au Museum of Modern Art de New York et l'essentiel sera acquis en 1957 par le Stedelijk Museum d'Amsterdam, a permis l'étude de son œuvre, occultée dès 1935 en URSS; sa révélation en 1958 devait avoir une résonance déterminante sur une avant-garde menée alors par Yves Klein et bientôt sur tout le courant « minimaliste ». Les derniers mois de la vie de Malévitch, marqués par son retour à la peinture, seront assombris par les persécutions politiques. Il achève son autobiographie et s'éteint au sein d'un cercle de fidèles; à ses obsèques, qui furent l'occasion d'une manifestation spontanée contre le pouvoir stalinien, son cercueil apparut recouvert de motifs suprématistes peints par lui-même : ultime geste d'un esprit en quête d'absolu, chez qui l'expérience picturale était inséparable d'une interrogation métaphysique. Comme Mallarmé, il cherchait à atteindre le point suprême, là où le poème (la peinture) « tient lieu du monde absent ».

C. Malévitch, *Essays on Art, 1915-1928,* présenté par T. Andersen, Copenhague, Borgen, 1971; *Écrits I : De Cézanne au suprématisme* (présenté par J.C. Marcadé), Lausanne, éd. L'Age d'Homme, 1974; *Écrits* (présenté par A. Nakov), Paris, éd. Champ Libre, 1975; T. Andersen, *Malévitch, Catalogue raisonné of the Berlin Exhibition 1927, including the collection in the Stedelijk Museum,* Amsterdam, Stedelijk Museum, 1970; cat. *Malévitch,* MNAM, Centre

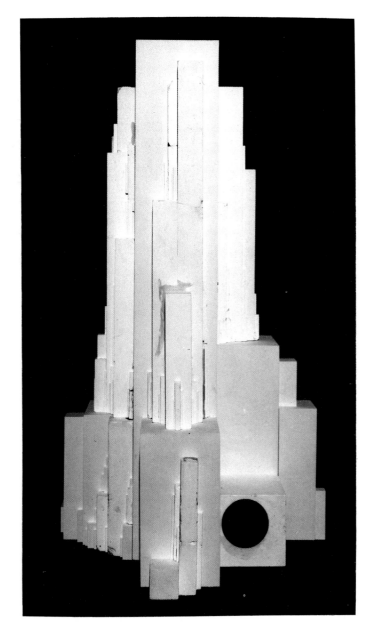

G. Pompidou, 1978; J.H. Martin, *Malévitch, architectones, peintures, dessins,* collections du MNAM, Centre G. Pompidou, 1980.

□ *Croix [noire],* 1915

En décembre 1915, à l'exposition *0.10. Dernière exposition futuriste* organisée par I. Pougny à Petrograd, Malévitch présente 38 toiles — ses premières œuvres abstraites — qu'il appelle « suprématistes » : « Je me suis métamorphosé en zéro des formes, je suis arrivé au-delà du zéro, à la création c'est-à-dire au suprématisme, *nouveau réalisme pictural, création non objective (Du Cubisme et du Futurisme au Su-prématisme. Le nouveau réalisme pictural,* Moscou, 1916). La radicalité de son « système fermé, froid et sans complaisance » *(id.)* l'amène à concevoir une série d'unités géométriques « minimales » — carré, cercle, rectangle, triangle, croix — noires sur un fond blanc. Le réalisme des objets est ainsi aboli au profit de celui de ces « unités picturales de couleurs, bâties de manière à ne dépendre ni de la forme, ni de la couleur, ni de leur situation par rapport à une autre unité ». Toutes ces « unités » sont issues du carré : le cercle, « l'élément suprématiste fondamental, première forme issue du carré », est obtenu par rotation de ce dernier; la croix, élue « troisième élément de base » du suprématisme, provient — comme le démontre parfaitement le dessin d'une croix intitulé « Deuxième élément suprématiste fondamental, 1913 » et exécuté pour l'édition de *Le Monde sans objet* de 1927 (Bâle, Kunstmuseum) — de la division du carré en deux rectangles dont l'un pivote de 90° sur l'autre. Que ce soient la *Croix noire* du MNAM peinte en 1915, celle du Musée Russe de Leningrad exécutée après 1920, celle illustrant l'ouvrage *Suprématisme* paru en 1920, celle du Kunstmuseum de Bâle de 1927 ou une autre *Croix noire* de 1923-1926 appartenant au MNAM (version en verre peint transposée sur plâtre), la croix suprématiste montre d'infinies varia-tions de valeur et de facture dans le tracé de ses contours. Loin d'être une forme figée, statique, aux limites rigides, elle vibre, en effet, de la tension qui parcourt l'espace tout entier et qui tend ses deux « surfaces-plans » se coupant orthogonalement : ses bras irréguliers, fortement inclinés et décalés l'un par rapport à l'autre, refusent toute rigidité. Nourri des conceptions du philosophe Piotr Ouspenski sur la quatrième dimension, Malévitch parvient ainsi à susciter, dans un espace-plan bidimensionnel, la création d'un champ dynamique chargé d'énergie. La signification de ce pur signe plastique — symbole

de la mort de la peinture ou, encore, symbole religieux — demeure obscure. Avec le carré, la croix devient le thème récurrent de toute l'œuvre de Malévitch, ponctuant les étapes de sa création et porteuse de symboles multiples : funèbre (*Croix noire,* 1915, Leningrad, Musée Russe) ou immaculée (*Peinture suprématiste,* ap. 1920, *in* Andersen n° 70), flamboyante et barrée de noir (*Peinture suprématiste,* ap. 1920, *in* Andersen n° 69) ou recouvrant cercles et ovales (*Peintures supré-matistes,* ap. 1920, *in* Andersen n°ˢ 72 et 73), enfin teintée de sang dans les ultimes peintures des années 30.

□ *Gota,* [1923]

Le Musée possède depuis 1978, grâce à un don anonyme, un ensemble absolument unique d'architectones que l'on croyait perdus. Deux ans de travail, sous la direction de Troels Andersen, furent nécessaires à Paul Pedersen pour reconstituer et restaurer ces maquettes parvenues au Musée sous forme d'environ 800 éléments en plâtre. Cinq archi-tectones et deux ensembles d'ornements suprématistes ont pu être ainsi restitués : deux architectones horizontaux, *Alpha,* 1923, *Bêta*

Étude de paysan, [1911]
gouache sur papier
27,4 × 32
legs Nina Kandinsky, 1981
AM 1981-65-859

Gota, [1923]
plâtre
85,2 × 48 × 58
187 éléments originaux, 56 éléments reconstitués
don anonyme, 1978
AM 1978-878

386

Croix [noire], 1915
huile sur toile
80 × 80
don de la Scaler Foundation par l'intermédiaire
de la Beaubourg Foundation, 1979
AM 1980-1

[av. 1926] et trois architectones verticaux : *Gota, Gota 2a* [1923-1927 ?] et *Zeta [id.]*.

Les premiers projets d'architectones sont probablement conçus dès 1919-1920 dans les ateliers de l'Unovis à Vitebsk. Mais la représentation en volume d'éléments suprématistes remonte à 1915, date à laquelle Malévitch affirme déjà dépassée l'ère de la peinture de chevalet. Dans un premier temps, en 1923-1924, il réalise une série de projets sur papier (conservés au Stedelijk Museum d'Amsterdam et au MOMA de New York), qu'il baptise « planites » : ces « objets habités planant dans l'espace », fruits du mythe icarien récurrent dans la pensée malévitchéenne, précèdent les « objets volume-constructions suprématistes » dits « architectones ». D'abord exécutés en carton puis en plâtre, ils sont tous (sauf un, A-15) conçus selon un système orthogonal : leur élément de base est le cube, équivalence volumétrique du carré. *Gota* (dénomination qui pourrait être une contraction de Gamma et Iota) est le plus grand des architectones verticaux. Bâtie selon un plan central, une série de volumes, presque tous de section horizontale carrée, s'échelonne autour d'un parallélépipède vertical. Les blocs se contrebutent mutuellement et s'étagent en une composition pyramidale, s'élançant vers le haut dans un effet de tension dynamique. *Gota* se distingue des autres architectones par la présence d'éléments plastiques suprématistes : le carré noir et le cercle noir, peints sur verre à la surface d'un cube et qui, décentrés sur celui-ci, obéissent à la tension d'ensemble; ces signes sombres renforcent l'éclat de la couleur blanche, déjà soulignée par l'extrême luminosité du plâtre. Développements tridimensionnels de la peinture suprématiste, les architectones sont envisagés par Malévitch comme des modèles utopiques, purement formels, concrétisant ses théories sur l'architecture et l'espace. Recherches qui évoquent les spéculations néo-plasticistes du groupe De Stijl, animées d'un même souffle visionnaire.

□ *Carré noir*, [1923-1930 ?]

« Je n'ai rien inventé, j'ai seulement senti la nuit en moi-même et, en elle, j'ai entrevu la chose nouvelle que j'ai appelée suprématisme. Cela s'est exprimé par une surface noire qui représentait un carré... J'ai été moi-même rempli d'une sorte de timidité et j'ai hésité jusqu'à l'angoisse quand il s'est agi de quitter le Monde de la volonté et la représentation (...). Mais le sentiment de satisfaction que j'éprouvais pour la libération de l'objet me porte toujours plus loin dans le désert, jusque-là où rien d'autre n'était authentique que la seule sensibilité et c'est ainsi que le sentiment devint l'essence de ma vie. » *(Écrits)*
C'est à l'année 1913 que Malévitch fait remonter « le premier pas de la création pure dans l'art », avec l'avènement du carré noir, « nouveau-né vivant et majestueux », à l'occasion de l'opéra cubo-futuriste de Matiouchine.
On connaît trois exemplaires peints sur toile du *Carré noir*. Le premier (116 × 116), conservé à la Galerie Tretiakov de Moscou, aurait été réalisé en 1915 pour l'exposition *0.10*. Le Musée Russe de Leningrad possède les deux autres : l'un (110 × 110), signé par Malévitch mais vraisemblablement exécuté par trois de ses élèves, fut présenté en 1924 à la Biennale de Venise; l'autre (80 × 80), qui n'apparut au public pour la première fois qu'en 1979 (exposition *Paris-Moscou*, MNAM), aurait été réalisé en 1929 pour les musées soviétiques. Ces trois versions offrent des dissemblances notables, la proportion entre le blanc et le noir n'étant jamais la même afin de mettre en valeur la tension existant entre la forme et le fond. Alors que la deuxième, plus rigide que l'original, aux bords plus minces et plus réguliers, s'approche d'une figure géométrique, la troisième présente une nette inclinaison des deux côtés. L'exemplaire du *Carré noir* appartenant au Musée, particulier puisqu'il est tridimensionnel, « masse de couleur transformée en surface-plan et en volume », apparaît, avec sa

bordure blanche qui s'amincit légèrement sur la gauche, plus proche de la version originale de 1915. Son support — un parallélépipède de plâtre creux — le rapproche des architectones (avec lesquels il est arrivé au Musée), mais ses dimensions, relativement grandes, l'en séparent. Il reste difficile de saisir à quoi était destinée cette version volumétrique et dans quel sens il convient de la présenter, à plat ou plutôt à la verticale.
Perçu souvent comme une manifestation iconoclaste et nihiliste, le *Carré noir* est pourtant conçu par Malévitch comme « l'établissement de visions et de constructions du monde bien précises » (*Suprématisme, 34 dessins*, 1920) : forme première, unité de base du système suprématiste dont dérivent toutes les « unités » géométriques et leurs combinaisons, comme le rectangle (voir les deux dessins sur papier quadrillé, *Dame* et *Composition suprématiste*, v. 1915-1920, du Musée), il est le « signe de l'éclipse des objets » au sein d'un système plastique et philosophique où la peinture perd définitivement son statut de représentation du monde sensible et devient le symbole de la seule réalité, celle du monde sans objet. Le *Carré blanc*, son aboutissement logique et radical (*Carré blanc sur fond blanc*, 1918, New York, MOMA) constitue l'autre pôle du suprématisme, terme absolu consacrant l'inanité de toute représentation et l'abîme de l'être. « J'ai débouché dans le blanc, camarades aviateurs, voguez à ma suite dans l'abîme (...). Devant nous s'étend l'infini. » (*Le suprématisme*, 1919). Abîme où puiseront, à la suite d'Ad Reinhardt, les minimalistes américains (encres de 1982, triangles, carrés, croix noirs sur fond clair, de Sol LeWitt) et les théoriciens français de *Supports-Surfaces* qui se réclameront de la démarche formaliste radicale de Malévitch, négligeant la dimension spirituelle de celle-ci, aujourd'hui réévaluée.

□ *Ils vont à l'église*, [ap. 1930] — *L'Homme qui court*, [1933-1934]
Malévitch ou la peinture au défi ? Renouer avec la peinture et la figuration, après plusieurs années de silence et après avoir atteint le point extrême de l'abstraction, est bien un défi à la notion d'avant-garde et à sa logique évolutive. On a parlé de « nouveau classicisme » (Andersen) pour désigner cette figuration déconcertante, révélatrice

Carré noir, [1923-1930]
huile sur plâtre
36,7 × 36,7 × 9,2
don anonyme 1978
AM 1978-631

388

de l'évolution plastique et politique de Malévitch : des portraits de ses proches, des versions, antidatées, de tableaux peints au début de sa carrière, et tout un ensemble de peintures et de dessins reprenant le thème ancien de la paysannerie célébré dans son grand cycle néo-primitiviste des années 1910-1911. Malévitch notera, en effet, dans son autobiographie : « Je suis resté du côté paysan et je peins dans le style primitif ». A l'exemple de Larionov et de Gontcharova, ce néo-primitivisme avait emprunté à l'époque le dessin simplifié (voir la *Tête de paysan,* 1911, MNAM, gouache acquise par Kandinsky à l'ex-position du *Blaue Reiter* à Munich en 1912) et le large cerne noir expressif de Gauguin et de Matisse, et rappelait, par la violence de la couleur, les Fauves et les expressionnistes de *Die Brücke*.

En revenant à la figuration (dès 1930), Malévitch renoue également avec le cubo-futurisme de ses débuts, comme le montre le dessin *Ils vont à l'église*. Les formes tubulaires de 1912 se simplifient cependant et accusent une certaine sécheresse. Les corps sont construits comme des épures géométriques à base de cônes et de cylindres dont les volumes sont suggérés par un jeu de clair-obscur schématique. Combinaisons de cercles, d'ovales et de triangles, les visages sont devenus neutres, anonymes, parfois même aveugles et marqués de la faucille et du marteau (*Cinq personnages à la faucille et au marteau,* ap-1930, MNAM).

Mais dans *L'Homme qui court,* tout comme dans son pendant *Homme et cheval,* [1933], conservé également au Musée, sont réutilisés des principes du dynamisme suprématiste : la tension de la surface pic-turale, traitée en longues touches visibles de matière, et l'équilibre vibrant d'une composition décentrée. A la force visuelle de ces champs juxtaposés de couleurs monochromes répond celle du contenu sym-bolique de l'image. Sur un fond limpide, labouré d'épais sillons de couleurs vives, Malévitch saisit la fuite éperdue d'un paysan à la peau noire : vision hallucinée, dont le sens demeure obscur. Les deux maisons, blanche et rouge (qui font chacune l'objet d'une peinture particulière au Musée Russe de Leningrad) représenteraient respec-tivement les deux prisons, tsariste et communiste (où Malévitch fut interné en 1930), incarnant ainsi la fatalité répressive de tous les pouvoirs. L'épée ensanglantée suspendue serait le glaive de la justice, tandis que la croix, dressée dans l'azur, soulignerait l'attachement de la population paysanne à la religion et suggérerait sans doute son martyre (incarné par le personnage anonyme, traqué, à la chair couleur de mort ?). Le souffle de la mort, lié au climat politique de terreur imposé par l'ordre stalinien, hantera les dernières œuvres de Malévitch (ainsi, le dessin *Trois Croix,* acquis par le Musée, évoque des pierres tombales). Ses portraits de paysans aux bras amputés, aux visages réduits à des ovales aveugles, veulent symboliser l'immense tragédie subie par la masse paysanne décimée par la collectivisation des terres. Ces austères pages d'histoire, qui ne sont pas sans rappeler le Goya du *Deux Mai* et des *Désastres de la guerre,* témoignent d'une prise de position politique courageuse de la part de Malévitch. Celle-ci contre-dit l'interprétation de non-retour à la figuration comme une sou-mission aux mots d'ordre du réalisme socialiste. La touche balayée, la couleur exacerbée niant le ton local, chère aux Fauves, la figuration grossière et schématique des néo-primitivistes, les contrastes colorés qui évoquent Matiouchine soulignent combien ce « nouveau classi-cisme » est, à l'instar de celui du Picasso du « retour à l'ordre », un « classicisme truqué » qui soumet la réalité à une écriture plastique personnelle.

B.L.

L'Homme qui court, [1933-1934]
huile sur toile
79 × 65
don anonyme, 1978
AM 1978-630

Ils vont à l'église, [ap. 1930]
crayon sur papier
12,6 × 7,8
achat 1975
AM 1975-227

Alfred Manessier
1911

Élève de l'École des Beaux-Arts d'Amiens puis de celle de Paris, Manessier est présent dès 1933 au Salon des Indépendants et rencontre en 1935 à l'Académie Ranson des abstraits de l'École de Paris : Bissière, Le Moal, Bertholle, Étienne Martin, etc. Son évolution vers l'abstraction correspond à sa conversion au catholicisme en 1943. Il expose régulièrement à partir de 1948 au Salon de Mai et à la Galerie de France et reçoit en 1962 à Venise le Grand Prix international de Peinture et celui d'Art liturgique. Son œuvre compte également nombre de vitraux, émaux, tapisseries et gravures.

J.P. Hodin, *Manessier*, Paris, La Bibliothèque des Arts, 1972; cat. *Alfred Manessier 83*, Paris, Galerie de France, 1983.

□ *La Couronne d'épines,* 1950
Inaugurant un cycle d'inspiration religieuse sur la *Passion de N.S Jésus-Christ,* cette peinture prélude à la série des *Sainte Face* (1963). Elle est à percevoir comme une méditation sur « les mystères douloureux » (B. Dorival) : le dépouillement de la représentation, les chevauchements des plans semblent inviter une imagination fervente à s'abandonner, loin de tout discours, à la prière. Les mystères glorieux leur font suite : la couronne d'épines est aussi diadème et la dominante rouge évoque à la fois le sang et la pourpre, celle de la scène du prétoire, celle du Pantocrator. Le réseau très construit des verticales impose au regard une élévation spirituelle; la lumière est tout intérieure, née de la seule juxtaposition de valeurs inégalement graves. Manessier est, avec Rouault, l'un des rares peintres qui dise clairement son inspiration chrétienne : « Je veux exprimer à la fois la frénésie de mon siècle et la lumière d'espérance dont je me sens porteur ».

A.R.H.

Manolo
1872-1945

Le Catalan Manuel Martinez Hugue, dit Manolo, arrive à Paris vers 1901-1902. Lié avec Picasso qu'il accueillera, notamment en 1911 et 1912, à Céret (où il s'installe dès 1909), il rencontre par son intermédiaire Daniel-Henry Kahnweiler qui devient son marchand en 1909. Il est à noter qu'avant 1914 Manolo est le seul sculpteur de « l'écurie » Kahnweiler et que, contrairement à celle des peintres sous contrat à la galerie, son œuvre, totalement éloignée du cubisme, est « nettement classiciste (...) comme l'école romane, comme Moréas qui était resté son maître à penser », souligne lui-même Kahnweiler qui reprendra contact avec lui dès 1919 à Berne, pour le soutenir jusqu'à la fin, avec deux expositions en 1923 et 1929.

On ne peut véritablement parler d'évolution dans cette œuvre très homogène. Que ce soit en 1912 ou en 1924, dans l'argile, la terre cuite, la pierre ou le bronze, Manolo concentre et idéalise de la même façon des motifs dérivant de ses souvenirs catalans, le plus souvent des personnages ou des scènes de la vie paysanne. On peut rapprocher de celui de Maillol le canon massif, compact, naturellement empreint de monumentalité, de ses figures.
La sculpture de pierre *Femme assise*, [1913], provient de la collection personnelle de Kahnweiler qui, l'ayant rachetée à une des ventes de son stock en 1921, la plaça aussitôt dans le jardin de sa maison de Boulogne. C'est, de la production de Manolo et certainement de l'ensemble réuni au Musée (16 sculptures et 15 dessins, échelonnés entre 1910 et la fin des années 20), une des œuvres les plus accomplies : sa qualité de synthèse classique, affirmée ici — comme dans un dessin, probablement préparatoire, d'un *Nu* de la collection — en volumes courbes et enflés puissamment articulés, qui n'ont plus rien de la simplicité austère des œuvres de résonance catalane, s'y trouve combinée avec une décomposition de la figure en volumes presque géométriques, fermement définis et simplifiés.

I.M.-F.

M. Blanch, *Manolo, sculptures-peintures-dessins,* Barcelone, éd. Poligrafa, Paris, éd. Cercle d'Art. 1974; cat. *Manolo Hugue,* Galeria Biosca, 1977.

La Couronne d'épines, 1950
huile sur toile
163 × 98
achat de l'État 1951, attr. 1952
AM 3164 P

Femme assise, [1913]
pierre
43 × 42 × 26
donation Louise et Michel Leiris avec réserve d'usufruit, 1984
AM 1984-594

Man Ray
1890-1976

Curieux de tout, d'anatomie, d'engins mécaniques, de peinture, Man Ray apprend à Brooklyn le dessin industriel (« sans implications esthétiques »), avant de suivre à New York des études d'architecture. Familier de la galerie « 291 » de Stieglitz et Steichen, il y aborde l'avant-garde européenne. Désireux de devenir peintre, il part, avec Samuel Halpert rencontré au Centre Ferrer en 1912-1913 et ancien élève de Matisse, peindre « sur le motif » à Ridgfield. Sa visite à l'*Armory Show* en 1913 et surtout sa rencontre avec Picabia, puis Duchamp — auquel il se lie en 1915 d'une amitié indéfectible — devaient être décisives de ses choix, que Duchamp désigne clairement lorsqu'il définit : MAN RAY, *n.m.* : synon. de joie, jouer, jouir.

Après une première exposition d'œuvres « cubistes » à la Daniel Gallery en 1914, il aborde, revenu à New York, « des formes pseudo-mécanistiques ». Ses premiers *Aérographes* (*The Ropedancer accompanies herself with her shadows,* 1917) sont présentés à la Daniel Gallery en 1919. Entraîné par Duchamp à l'iconoclasme de l'objet, fasciné par le *Grand Verre,* il aborde la photographie. Soutenu par Walter Arensberg — qui en 1916 fonde avec lui et Duchamp la Society of Independant Artist — puis par Katherine Dreier — qui crée avec eux deux en 1920 la Société Anonyme —, il est, avec Duchamp et Picabia, l'animateur de Dada - New York.

En juillet 1921, Man Ray se rend à Paris, accueilli avec enthousiasme par Aragon, Ernst, Eluard, Soupault, Tzara, qui préfacent sa première exposition à la Librairie Six. Il exécute ses premiers *Rayographes,* dont 12 sont publiés en 1922 sous le titre *Les Champs délicieux* (sur un texte de Tzara). Dès 1923 apparaît son intérêt pour le cinéma avec un premier film, *Le retour à la raison* (pour la soirée du *Cœur à Barbe* qui marque l'enterrement du mouvement dada), bientôt suivi par *Emak Bakia,* 1926, *L'Etoile de mer,* 1928, et les *Mystères du château de Dé,* 1928 (dans la villa construite à Antibes par l'architecte Mallet-Stevens pour le vicomte de Noailles). Tout en réalisant de nombreux portraits mondains et des photos de mode pour Paul Poiret, il participe avec des peintures, des objets « ready-made » et des photographies — qui apportent peut-être la meilleure réponse à l'objectif de « beauté convulsive » proposé par Breton — à toutes les manifestations du surréalisme : depuis la première en 1925 (*Exposition Surréaliste,* galerie Pierre) jusqu'en 1939 (1931, *Newer Super Realism,* New York, Wadsworth Atheneum; 1933, *Exposition Surréaliste,* Paris, galerie Pierre Colle; 1935, *Exposition Surréaliste d'objets,* Paris, galerie Charles Ratton; 1936, *Fantastic Art, Dada Surrealism,* New York, MOMA; 1938, *Exposition internationale du Surréalisme,* Paris, galerie des Beaux-Arts). En 1932, sa découverte des possibilités de la *solarisation* est immédiatement vulgarisée par la publication en 1934 de *L'Age de la lumière.*

En 1940 Man Ray se réfugie à Hollywood. Il y peint, photographie le tout Hollywood et enseigne la photo au Art Center School. Il ne reviendra à Paris qu'en 1951 et participera en 1959 à l'exposition du surréalisme de la galerie Daniel Cordier.

Man Ray, *Self Portrait,* Londres, A. Deutsch, 1963, trad. française Paris, Robert Laffont, 1964; cat. *Man Ray,* Paris, Grand Palais, 1972; R. Penrose, *Man Ray,* Londres, Thames & Hudson, et Paris, Le Chêne, 1975; J.H. Martin, *Man Ray photographe,* Paris, Ph. Sers, 1981; *Man Ray, Objets de mon affection,* Paris, Ph. Sers, 1983.

Le Cabinet de la Photographie du Musée conserve 224 photographies de Man Ray. Si ce chiffre est important, il recouvre, en réalité, des œuvres d'intérêt et de valeur extrêmement divers : 24 de ces tirages sont des tirages anciens, dont l'essentiel a été acquis en 1982 de Juliet Man Ray. Cette série contient quelques chefs-d'œuvre comme *Noire*

et blanche, 1926, *Fire Works,* vers 1934, ou les portraits de Braque, 1922, et de Picasso, 1933, mais elle ne comporte malheureusement aucun rayogramme. 24 autres tirages sont des tirages tardifs. Quant aux 176 tirages restants, ils ont été exécutés d'après des négatifs originaux au début des années 80.

□ *Arrangement de formes,* 1917
Cette modeste esquisse sur carton, réalisée en 1917 et conservée dans l'atelier de Man Ray jusqu'à son acquisition en 1980, peut se rattacher à la série d'œuvres peintes au pistolet qui, avec la série des *Revolving Doors,* fut exposée à la Daniel Gallery en 1915. Man Ray rappelle dans son *Autoportrait* qu'il découpait des stencils qui lui servaient de pochoirs, « mais le résultat était presque toujours un dessin presque abstrait ». L'œuvre s'inscrit davantage dans la suite de *Dance,* 1915 (New York, coll. Copley) et de la *Veuve noire,* 1916 (Paris, coll. part.) que dans la grande toile de l'année 1916, *The Ropedancer accompanies herself with her shadows* (New York, MOMA).

□ *De quoi écrire un poème,* 1923
Publié dès 1924 dans le petit volume consacré par G. Ribemont-Dessaignes à Man Ray, cette œuvre fut à nouveau reproduite dans le n° 3 de *La Révolution Surréaliste* pour accompagner un texte de Louis Aragon. Présentée dans l'exposition d'ouverture de la Galerie Surréaliste (mars 1926), elle fit l'objet d'un échange avec Max Ernst en 1929 et aurait été retrouvée au marché aux puces par Tanguy vers 1935. Elle a ensuite appartenu aux collectionneurs Henri-Pierre Roché, puis William Copley, avant de revenir à Man Ray qui en fit cadeau à son épouse Juliet.

Arrangement de formes, 1917
huile sur carton
88 × 81,5
achat 1980
AM 1980-442

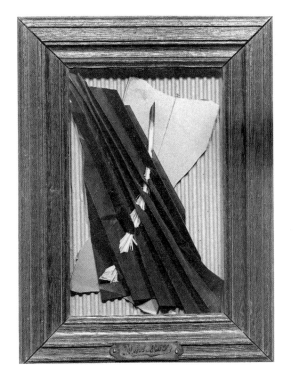

Le marché aux puces, dont les surréalistes appréciaient les insolites et provoquantes ressources, a fourni le modeste cadre de chêne qui sertit l'œuvre. Sur ce cadre a été vissée une petite plaque de laiton comme en portaient les tableaux banals des salons bourgeois. C'est le résultat d'une rencontre de hasard à Cannes : « I had seen a man who was making plates with your name for a few francs, so I asked him to make a plate as fancy as possible with my name ». A l'intérieur du cadre sur un fond de carton ondulé qui ménage un effet de profondeur par une série d'ombres régulières, une plume transperce un papier noir plissé au-dessus d'un morceau de carton doré de forme irrégulière. Le tout est assemblé avec de la ficelle et Man Ray insiste sur le fait qu'il ne s'agit pas d'un collage cubiste.
« *De quoi écrire un poème* devient le poème et le poème devient une œuvre d'art qui doit être encadrée et accrochée au mur. »

□ *Usine dans une forêt,* 1929
Ce paysage constitue un peu une rareté dans l'œuvre de Man Ray, à moins de se reporter aux années 1913-1914 où, résidant à Ridgfield dans le New Jersey, il peignit de nombreuses vues de la forêt et du village d'une facture qu'il qualifia lui-même de « romantique et

expressionniste ». Il appartient à une série relativement limitée de tableaux utilisant une écriture cursive et une transparence des formes qui n'est pas sans rappeler les œuvres de Picabia. Il s'agit là d'une œuvre mineure — elle n'a même pas été reproduite dans le catalogue de l'exposition rétrospective réalisée en 1972 —, mais qui reste, pour reprendre les termes de Man Ray, « le fidèle témoignage de l'expérience d'un moment ».

□ *La Femme,* 1920
Un exemplaire plus ancien de cette photographie, daté de 1918 (dans un état de conservation assez médiocre), porte le titre *Man* changé, sur ce tirage de 1920, en celui de *Femme*. Rosalind Krauss voit, dans l'ombre du batteur à œufs projetée sur un mur, « une image anthropomorphique très poignante ». On pourrait aisément y distinguer, en effet, — comme dans une autre photographie intitulée *Ombre,* de 1944 — une représentation ithyphallique, « trace éphémère dont la photographie est devenue la trace secondaire mais permanente ». Il existe une autre image, datée aussi de 1918, qui a pour titre *Woman*. Elle est composée d'éléments au premier abord peu identifiables et leur ombre perd tout caractère anthropomorphique. C'est qu'ici « les

De quoi écrire un poème, 1923
objet-collage avec papiers divers,
carton ondulé, ficelle et plume d'oie
40,8 × 30 × 6 (avec cadre)
achat 1980
AM 1980-441

Usine dans une forêt, 1929
huile sur panneau de bois doré
80,7 × 65
achat 1980
AM 1980-443

392

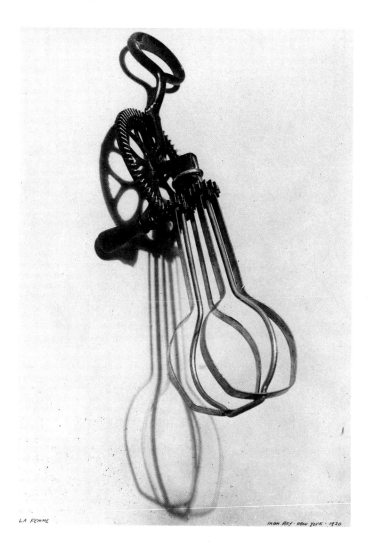

LA FEMME   man Ray · New York · 1920

éléments utilisés sont les outils du métier de photographe, des réflecteurs pour l'éclairage, des plaques de verre pour le développement et des pinces à linge pour faire sécher les épreuves. L'image de la femme est donc simultanément l'image du processus d'enregistrement de l'image. La photographie en tant que trace est placée *en abysse* à l'intérieur de ce réseau de traces ».

Réalisées alors qu'il n'avait pas encore quitté New York, ces images attestent de l'influence profonde exercée par Duchamp. Mais elles soulignent aussi la profonde originalité de la pratique photographique de Man Ray. L'appareil photo lui permet de construire un véritable collage visuel dans lequel le processus photographique intervient pour révéler l'inattendu et l'étrange. Rayogrammes et solarisations, que Man Ray inventera plus tard à Paris et qui deviendront des techniques très populaires dans le petit milieu de l'avant-garde parisienne des années 30, ne sont rien d'autre que des moyens techniques pour révéler de la réalité la plus triviale un aspect « étonnamment mystérieux et neuf ».   A.S.

La Femme, 1920
photographie
38 × 29
don de Mme Arp, 1973
AM 1973-23

Piero Manzoni
1933-1963

C'est en 1951 que Manzoni commence à peindre des paysages de la région de Crémone. A partir de 1956, il réalise un ensemble de peintures où s'ordonnent des clés, des pinces, des ciseaux, qui constituent les fondements de l'iconographie des œuvres qui vont suivre. Dans une matière engluée, il travaille alors des figures anthropomorphes auxquelles il ajoute parfois des mots (écrits au pochoir) ou des formules de caractère « magique ». En liaison avec d'autres artistes italiens, il mène parallèlement une activité de théoricien, dont résulte la publication d'un grand nombre de textes et de manifestes (*Per la Scoperta di una zona di immagini*). En 1957, la rencontre d'Yves Klein (qui expose à la galerie Apollinaire) et celle de l'œuvre d'Alberto Burri (Galerie Il Naviglio) sont déterminantes. Il publie alors *L'arte non èvera creazione,* puis compose *Per una Pittura organica,* manifeste imprimé en italien et en français et distribué à Milan par le *Movimento Nucleare.* Avec ce même Groupe Nucléaire, il signe le *Manifesto contro lo stile* publié en plusieurs langues, contresigné très largement lors de l'exposition *Arte Nucleare* à la galerie San Fedele, et grâce auquel il va élaborer la technique des *Achromes* — utilisant le plâtre et le kaolin — qu'il développe en 1958. Avec Picabia, Fontana et Baj notamment, il expose dans une manifestation polémique. En 1959, il rompt définitivement avec le Groupe Nucléaire. En avril, il réalise la première des *Lignes* de longueurs variables et commence à signer les corps des individus qu'il rencontre, leur délivrant un *certificat d'authenticité,* puis établit le projet d'enfermer le corps des morts dans des parallélépipèdes de plastique transparent. La rencontre de Henk Peeters lui permet d'entrer en contact avec le groupe Zéro. Il réalise alors des sculptures gonflables, les *Corps d'air,* ballons qu'il gonfle lui-même et intitule *Le souffle de l'artiste.* Produits en série pour un prix dérisoire, ils inaugurent le projet architectural d'un ballon géant. De cette époque date aussi la parution de la revue *Azimuth.*
Suivent alors plusieurs expositions où le public est convié à participer : œufs cuits et signés par l'empreinte du doigt de l'artiste et, à partir de 1961, le premier *socle magique* sur lequel chacun *est œuvre* le seul temps qu'il y reste, ainsi que les *Merdes d'artiste* de 30 grammes, vendues en boîte « made in Italy » au cours de l'or. Avant sa mort, Manzoni conçoit encore le projet d'un *Théâtre pneumatique,* ainsi que le premier des *Socles du monde,* dont l'un rend hommage à Galilée.

G. Celant, *Piero Manzoni, catalogo generale,* Milan, Prearo Editore, 1975; cat. *Manzoni, Paintings, Reliefs and Objects,* Londres, The Tate Gallery, 1974.

□ *Achrome,* 1959
Seule œuvre de Manzoni figurant dans la collection du Musée, cet achrome s'inscrit dans la série du même nom commencée en 1957. Son principe est d'avoir été exécutée avec des « matériaux purs » : Manzoni utilise du kaolin et badigeonne d'abord le châssis de colle de travail. Ainsi, il n'altère pas la surface, et la seule préparation qu'il s'autorise est celle qui fixe le geste. Le blanc, qui ne veut être chez lui qu'absence de couleur, définit le titre de l'œuvre : *Achrome.* Sa réalisation consiste dans le trempage du drap qui se fige sur la toile, suivant le mouvement naturel de l'enveloppement, sans souci aucun de composition. Il s'agit ainsi d'établir la rencontre d'une surface stable et d'un matériau ductile, de faire en sorte que les matériaux s'éprouvent et de porter alors un constat critique sur le lieu même où s'inscrit la peinture, sur le cadre — au propre comme au figuré — dans lequel elle se tient. Dans un texte publié dans *Libre dimension,* Manzoni écrit : « La matière devient une énergie pure » et : « Pourquoi (une surface illimitée comme un tableau) n'est-elle pas une surface libre ? Pourquoi ne pas chercher à découvrir le sens illimité d'un espace total, d'une lumière pure et absolue ? » Par-delà l'analyse, dans laquelle Manzoni cherche un effacement de la peinture dans son processus de production, l'achrome témoigne d'un idéalisme métaphysique comparable à celui de Klein.   B.B.

Achrome, 1959
kaolin sur toile plissée
140 × 120,5
achat 1981
AM 1981-36

Louis Marcoussis
1878-1941

« Ami chéri des poètes » salué par Apollinaire, Eluard, comme par
Saint John Perse, Louis Marcoussis demeure encore trop méconnu,
alors qu'il a apporté au cubisme une contribution des plus subtiles.
Originaire de Varsovie, il étudie la peinture à Cracovie, où il fréquente
le groupe « Jeune Pologne » formé d'écrivains et d'artistes férus de
culture française. En 1903, il s'installe à Paris, rejoignant ainsi les
jeunes artistes étrangers comme Kupka, Zak, Férat et, avant Picasso,
González, Gris et Severini. A l'Académie Jullian, il fait la connaissance
de La Fresnaye. Il peint alors quelques toiles impressionnistes qu'il
envoie aux Salons en 1905-1906; mais, pour vivre, il exécute des
dessins humoristiques et des caricatures dans *La Vie parisienne, L'Assiette au beurre, Le Rire,* jusqu'en 1910, année décisive où il rencontre
Apollinaire et Braque qui le présente à Picasso. Il se remet à la
peinture, adhérant aussitôt au cubisme et, sur le conseil d'Apollinaire,
transforme son nom d'origine Markous en Marcoussis. Au cours des
soirées au café de l'Ermitage ou place Ravignan, il se lie avec Gris,
Léger, Boccioni, Max Jacob, Picabia, Salmon, Eluard... et participe
en 1912 au Salon de la Section d'Or, avec Gleizes, Archipenko,
La Fresnaye, Gris et les frères Villon. Les toiles de l'été 1913 resteront
d'un cubisme toujours clair et lisible, axé sur le travail de la matière
et de la couleur : *Le Bar du port, Banyuls;* celles de 1914 procèdent de
la technique du papier collé *(Le Pyrogène Byrrh, Bouteille de whisky).*
A son retour de guerre, Marcoussis reprend la peinture *(Le Violon)*
et découvre une nouvelle technique, le « fixé sous verre », qu'il
utilisera jusqu'en 1929. Ses premières expositions auront lieu à Berlin,
galerie Der Sturm, en 1921 et 1922, et à Paris, seulement en 1925, à
la galerie Pierre, avec un catalogue préfacé par son ami Tzara. Par la
suite, Jeanne Bucher présentera régulièrement ses œuvres. Marcoussis, avec sa femme le peintre Halicka, retrouve aux soirées du *Bœuf
sur le toit* Reverdy, Breton, Eluard, Tzara, Jouhandeau, Ezra Pound,
Le Corbusier, Poulenc, Milhaud, Gertrude Stein..., personnalités
dont il réalisera au crayon dans les années 30 des portraits (MNAM)
remplis d'humour et d'intelligence. Comme Braque, il peint à cette
date toute une série de natures mortes aux poissons *(Nature morte,
bocal aux poissons rouges,* 1927, MNAM) et, à l'occasion de vacances en
Bretagne pendant l'été 1927, des paysages marins *(Le Port de Kérity,*
1927, MNAM). Son intérêt précoce pour le travail de la gravure, sa
passion pour la poésie — et ses amitiés pour les poètes — l'amènent
à illustrer plusieurs ouvrages : *L'Indicateur des chemins de cœur,* de
Tzara, les *Planches de salut,* hommage à ses écrivains préférés (avec
une préface de Tzara), parus chez J. Bucher en 1928 et 1930, *Aurelia*
de G. de Nerval, *Alcools* d'Apollinaire, enfin, quelques mois avant
sa mort, *Les Devins,* sur un texte de Bachelard. Ses gravures lui valent
un succès immédiat, exposées à New York en 1935, puis au Palais
des Beaux-Arts de Bruxelles. En 1937, il publie un important article
sur la gravure à l'eau-forte dans *Les Artistes à Paris.* Après la série des
Arbres de 1937, Marcoussis s'adonne à de vastes compositions comme
Le Dormeur, L'Architecte, Le Peintre. Dès 1930, Jean Cassou lui avait
consacré une brève étude parue à la NRF.

A. Halicka, *Hier (souvenirs),* Paris, éd. du Pavois, 1946; J. Lafranchis, *Marcoussis, sa vie, son œuvre,* Paris, éd. du Temps, 1961; cat. *Marcoussis,* Paris,
MNAM, 1964; cat. *Marcoussis, l'ami des poètes,* Paris, Bibliothèque Nationale,
1972; cat. *Souvenir de Marcoussis,* Paris, MNAM, 1978.

L'ensemble des œuvres de Marcoussis réuni dans la collection est,
pour l'essentiel, identique à celui qu'il était en 1964, année de sa
première rétrospective au Musée : sept toiles — excepté la *Nature
morte au damier* de 1912, ce sont toutes des œuvres post-cubistes des
années 1925-1937 — et une série de douze portraits au crayon,
témoignage de ses amitiés. La collection devait être complétée par
l'achat de deux dessins cubistes *(Souvenir,* 1912, *Bar du port,* 1913) et
d'un fixé sous verre de 1926, *La Tranche de pastèque.*

Nature morte au damier, 1912
huile sur toile
139 × 93
achat 1950
AM 2988 P

☐ *Nature morte au damier,* 1912

Artistes et écrivains se retrouvaient fréquemment dans les cafés montmartrois, « Chez l'ami Émile », en bas de la rue Ravignan, notamment. « Gris et Marcoussis — rappelle A. Halicka qui retraça l'aventure de cette *Nature morte au damier* — y avaient peint des fresques; le patron ayant vendu son fonds à un tenancier de maison de tolérance à Senlis, celles-ci ornèrent les murs de cet établissement : c'est là que cette peinture de Marcoussis fut découverte. » Dans cette œuvre célèbre (Lafranchis P.23; anc. coll. Paul Guillaume, Albert Sarraut, Henriette Gomès) apparaît la qualité particulière du cubisme de Marcoussis, fait de rigueur et de clarté. On y retrouve le répertoire d'objets chers aux cubistes : verre, pichet, cartes à jouer, damier, dés, pipe, lettres au pochoir, sur une table présentée en plan rigoureusement rectangulaire, relevé pour mieux les superposer dans une multiplicité de points de vue. Déjouant le quadrillage orthogonal qui ordonne la composition, comme la monochromie ocre qui l'unifie, un éclairage subtil illumine chaque objet, lui restitue sa réalité de matière et de couleur, et semble menacer sa stabilité. Proche de La Fresnaye et des membres de la Section d'Or, Marcoussis recherche avant tout l'harmonie.

☐ *La Tranche de pastèque,* 1926

Au retour de la guerre, Marcoussis découvre un support nouveau, le verre, sur lequel il travaillera jusqu'en 1929. La pratique de la peinture sur verre, à la mode au 19e siècle, lui permet d'affiner sa recherche de matière et d'obtenir la transparence irradiante d'une image poétique. Elle exige aussi une discipline, une précision comparables à celles de la gravure : aussi est-il amené à réaliser des études préparatoires pour cette *Nature morte à la pastèque* (Lafranchis F.71, anc. coll. Paul Martin). La netteté des contours du fixé sous verre apporte une certaine sécheresse que le peintre compense par l'usage de tons vifs et colorés très décoratifs. Les objets, découpés selon leur section axiale, semblent irradier leur propre lumière, les motifs de la nappe se retrouvent dans les ondulations du fond, rompant ainsi le rythme de la composition lisse et géométrique.

Marcoussis réalise une centaine de fixés sous verre; autour de 1928, il utilisera des plaques de verre disposées sur des plans différents, montées sur des socles de bois d'essences variées.

☐ *Les Trois Poètes,* 1929

Cette grande toile (Lafranchis P.159), longuement méditée et travaillée par des dessins et cinq ou six peintures, fut qualifiée de chef-d'œuvre par Paul Fierens au cours même de sa réalisation et après son exposition à la galerie Bernheim cette même année 1929, saluée encore dans les *Cahiers d'Art* en 1930. Marcoussis y réunit les trois poètes, ses amis les plus chers : Max Jacob, au profil tourmenté, à la fois grotesque et aigu, Guillaume Apollinaire, puis, en haut, André Salmon. Plus qu'un hommage à leur adhésion au cubisme, Marcoussis semble avoir voulu illustrer ici l'accord de leurs recherches pratiques, l'esprit d'élégance et de classicisme qui leur est commun. « Salmon, Apollinaire et moi, écrit Max Jacob à Marcoussis en 1929, c'était la pente, le sentier qui conduisait à la sérénité. Tu vivais avec nous. Souviens-toi ! »

Si Marcoussis revient depuis un an à la figure humaine, c'est pour la sublimer au niveau du mythe et proposer, par elle, le signe plastique de l'écriture poétique. Admiratif, Jean Cassou écrit : « L'enthousiasme le plus pur monte doucement de cette toile religieuse et pleine. Marcoussis, après avoir peint poétiquement tant de peintures poétiques, a peint enfin la Poésie. »

Le simple accord des bleus et des ocres, la force plastique des lignes sinueuses, libérées de la couleur, économes, pourraient évoquer le papier collé du *Minotaure* de Picasso, qui lui est de peu antérieur (1929, MNAM). A la mythologie barbare du peintre, Marcoussis semble opposer celle, humaniste, du poète.   C.L.

Les Trois Poètes, 1929
huile sur toile
162,5 × 130,5
achat 1979
AM 1979-349

La Tranche de pastèque, 1926
huile (fixé sous verre)
39 × 50
achat 1953
AM 3204 P

Brice Marden
1938

Les biographes nous rappellent que Brice Marden a suivi les cours d'Albers sur la couleur alors qu'il était étudiant. Ils ajoutent qu'il dit (avec un peu de perfidie) n'y avoir rien compris; ils cherchent ainsi à donner une idée de ce qui sépare son œuvre de celle du maître allemand et découragent les regards trop formalistes prêts à se laisser tromper par les apparences.

Né à Bronxville, New York. Sa première exposition personnelle a lieu en 1963. Ses modèles sont américains : l'expressionnisme abstrait de la seconde génération, en particulier Franz Kline et Jaspers Johns (avec des réserves sur le Pop Art). En 1964, il peint des monochromes selon le procédé du all over, recouvrant toute la surface à l'exception d'une frange étroite qu'il laisse au bas du tableau; la préparation sombre de la toile y est laissée en évidence et apparaît également derrière les quelques coulures de peinture comme un espace incertain, nocturne, devant lequel serait tendu un rideau. Ce détail réduit considérablement la tentation de classer Marden parmi les artistes minimalistes dont il juge l'espace souvent simpliste : « Mon hypothèse est que, si on a un panneau jaune, c'est un autre type d'espace que dans un panneau rouge ». Dès 1965, il commence à accrocher des tableaux par paires; il établit ainsi un mode de relation active entre ses tableaux rectangulaires (« J'aime l'idée du rectangle qui est très fort sur le mur et qui a vraiment l'air d'une peinture. Le rectangle est une grande invention humaine ») et leurs couleurs (« Je prends le jaune et il avance à la rencontre du rouge, c'est comme une conversation. Prendre le rouge comme une personne ou un état, idem pour le jaune »). Il devient difficile de séparer nettement la forme de la couleur; l'une et l'autre se confondent et semblent se rejoindre dans ce mélange d'huile, de térébenthine et de cire que Marden utilise. Cela donne à sa peinture « une texture cireuse et presque veloutée (...) elle attire l'œil, en fait presque un organe tactile » (Lebensztejn, *op. cit.*). A partir de 1968, ses peintures se composent de plusieurs panneaux verticaux maintenus bord contre bord par deux, puis par trois — chacun d'eux étant de couleur distincte — ce qui a pour effet de produire un léger déséquilibre entre la symétrie des châssis et la variation des couleurs. Avec les *Annonciations* en 1978, le nombre des panneaux passe de trois à quatre (mais ils sont de deux largeurs); et plus en 1979-1980, avec *Thira,* le chef-d'œuvre de Marden.

☐ *Thira,* 1979-1980

Tout comme pour le thème traditionnel de l'annonciation, celui de Thira, plus hermétique, permet à Brice Marden « d'affirmer à la fois l'identité de la peinture et de la religion dans le mystère, et l'identité de la peinture et d'elle-même à travers les siècles » (Lebensztejn, *op. cit.*). C'est ici le thème archaïque de la porte sacrée, du passage vers un au-delà, vers un monde qui n'est pas celui de la réalité immédiate.

La combinaison des 18 panneaux dessine une série de plusieurs encadrements de porte qui se superposent autour d'un axe central de couleur bleue dont la profondeur dans l'espace est impossible à estimer. Latéralement deux portes encadrent une bande d'un rouge lumineux à gauche et d'un noir mat à droite; le rouge paraît s'avancer, le noir s'enfoncer vers l'intérieur du tableau. L'ensemble de l'œuvre se tient dans le double mouvement de ces pôles. Une autre interprétation, se rapportant à une histoire à peine plus récente, serait de voir dans le triple T de ce grand tableau l'image d'une crucifixion. Dans ses œuvres récentes, Brice Marden n'utilise plus qu'un seul châssis et dessine directement sur la toile la grille à l'intérieur de laquelle il peint des bandes irrégulières et horizontales, d'une couleur différente de celle du fond.

F.H.

J.C. Lebensztejn, « Mumû, autour de cinq *Annonciations* de Marden », *Avant-Guerre,* n° 1, Saint-Étienne, 1981; cat. *Brice Marden,* Amsterdam, Stedelijk Museum, 1981; *Parkett,* n° 7 (consacré en partie à Brice Marden), Zurich, 1986.

Thira, 1979-1980
huile et cire sur toile
18 panneaux
244 × 460
don de la G. Pompidou Art and Culture Foundation
en l'honneur de Pontus Hulten, 1983
AM 1983-190

Albert Marquet
1875-1947

Homme timide et secret, Albert Marquet demeura silencieux sur son art, même avec ses amis les plus intimes, Matisse par exemple. Du moins reste-t-il le témoignage écrit de Marcelle Marquet pour confirmer qu'« il n'était lié qu'à l'essentiel et si fortement que rien ne risquait de l'en détacher ». Cette peinture qui s'imposait à lui demeure assez mal connue malgré les publications de ses proches, Georges Besson notamment, et les expositions que lui consacra principalement Bordeaux, sa ville natale.

Ses études à Paris, à l'Ecole des Arts décoratifs (1893-1894) où il fait la rencontre de Matisse, de six ans son aîné, puis de 1895 à 1898 à l'Ecole des Beaux-Arts dans l'atelier de Gustave Moreau où il retrouve Manguin, Rouault, Camoin, sont complétées par les leçons de classicisme que lui apporte au Louvre la peinture de Poussin, Le Lorrain et Watteau. En compagnie de Matisse, il va vers 1899-1900 peindre sur le motif, à Arcueil et dans le jardin du Luxembourg, une vingtaine de paysages que l'on peut considérer comme les prémices du fauvisme. Encouragé par Matisse à employer des couleurs pures, il se libère rapidement de l'impressionnisme et, comme lui, commence sa recherche d'un espace-lumière. L'histoire du fauvisme s'établit dans la dynamique d'une action commune des artistes en un lieu et en un moment donnés; pour Marquet à partir de 1900 avec Matisse à Paris puis jusqu'en 1906 avec Dufy au Havre.

Mais du fauvisme, dont il devient, avec Matisse, le chef de file, Marquet se déprendra le premier, soucieux d'éviter tout enfermement dans un système quel qu'il soit et poussé naturellement vers une peinture profondément classique, construite rigoureusement par les valeurs, à la manière d'un Poussin ou d'un Corot. L'un des Fauves les moins instinctifs, il cherche à traduire la synthèse des sensations dans une certaine durée — ce que Matisse appellera en 1907 « la condensation des sensations » — sans distorsion des formes, ni violence des couleurs, contrairement à Matisse et à Derain : peu à peu, se dégage, à partir de 1901, une écriture synthétique, où formes, volumes et couleurs sont simplifiés pour mieux transposer la vie. A l'encontre du principe du fauvisme, Marquet réinsère la lumière pour rester au plus près de la réalité et se préserver un espace subjectif, poétique, né d'un profond sentiment lyrique, dont il sait cependant mesurer les élans. De même, il reprend des accords de tons rares, maîtrisant toujours sa sensation par la réflexion.

Voulant, comme Hokusaï, « arriver à ne pas tracer un point qui ne fût vivant », Marquet trouve dans la vie du port *son* sujet : l'union de la lumière et de l'eau le fascinera au point qu'il fera de sa vie une perpétuelle errance, se préservant Paris comme terre d'attache. Là, au spectacle de la Seine — sur laquelle donnera toujours son atelier : celui que lui cède Matisse en 1908 quai Saint-Michel (*Le Quai des Grands-Augustins*, 1905, et *Le Pont Saint-Michel*, 1912, MNAM), puis celui de la rue Dauphine en 1931 (*Le Pont-Neuf la nuit*, 1935-1939 et *Le Pont-Neuf et le Vert Galant sous la neige*, 1947, MNAM) — il reviendra à tous les moments du jour, de la nuit, de l'année, jouant des saisons et des éclairages divers, non comme Monet devant Chartres, mais plutôt comme Poussin devant un paysage romain. Il poursuit sa quête au Havre, à Saint-Tropez, Hambourg, Naples, Rouen, Rotterdam, Marseille, Alger, Bordeaux, Sète, Bougie, en Norvège, à Tunis, Hendaye, La Rochelle, Venise. De ces voyages incessants le Musée conserve plusieurs témoignages : une vue d'*Agay* de l'été 1905 (passé en compagnie de Camoin) qui fut envoyée au Salon d'Automne, *Le Bassin du Havre*, 1906, *Le Quai de Paris à Rouen*, 1912, *Le Port de Bougie*, 1915, *Alger*, 1927, 1939, *La Plage des Sables-d'Olonne*, 1933, *Venise, la Lagune* et *La Voile jaune*, 1936, enfin, *Brume à Stockholm*, 1938.

A partir de 1907, date de sa première exposition personnelle galerie Druet, Marquet s'engage plus fermement dans la voie rigoureuse d'une forme classique, ne retenant que l'essentiel des formes. Le dessin demeure lisible, la transposition colorée s'opère dans des limites

étroites. Il est significatif qu'il n'ait pas été tenté après la flambée fauve de suivre la démarche du cubisme : la décomposition des volumes ne l'intéressait pas tant que le sens des valeurs. Abandonnant avec les tons purs les couleurs vives (excepté dans les années 20 et 40 lors de ses séjours en Afrique du Nord), il réduit sa palette à des gris, des blancs, des ocres et surtout à des noirs, qu'il utilise même dans ses nombreux dessins, moins comme un tracé que comme une *valeur*. La similitude avec l'art oriental et précisément avec Hokusaï, comme l'a souligné Matisse, est ici indéniable.

M. Marquet, F. Daulte, *Marquet*, Lausanne, éd. Spes, 1953; cat *Marquet*, Albi, Musée Toulouse-Lautrec, 1957; cat. *Albert Marquet*, Bordeaux, galerie des Beaux-Arts, Paris, Orangerie, 1975.

☐ *Portrait d'André Rouveyre*, 1904

C'est en 1898 dans l'atelier de Gustave Moreau que Marquet et Matisse font la connaissance d'André Rouveyre, écrivain au *Mercure de France* et caricaturiste, figure connue des milieux littéraires parisiens notamment à la Closerie des Lilas, et bientôt un de leurs plus fidèles amis.

Matisse, dans un dessin au fusain de 1912 (MNAM), le montre, comme ici huit ans plus tôt, avec son visage fin, son monocle sur l'œil gauche. Marquet — chez qui les portraits sont rares — en réalise, avant la peinture, une étude (New York, coll. part.) très proche et de facture encore néo-impressionniste, les touches croisées faisant vibrer la surface colorée. Comme il le confiera à Georges Duthuit, Marquet commençait souvent une toile avec des couleurs vives, puis « en la

Portrait d'André Rouveyre, 1904
huile sur toile
92 × 61
achat 1939
AM 2227 P

398

poussant plus loin, terminait sur une note grise » : dans cette peinture, l'espace est réduit au minimum; le raffinement de la silhouette noire sur le fond gris et jaune pâle est plus qu'une simple évocation du portrait de *Théodore Duret* par Manet (1868) : c'est réellement sous le signe de Manet que se place très consciemment Marquet, frappé par ses œuvres présentées à l'Exposition Universelle de 1900; en outre, Duret venait de consacrer à Manet une monographie. Son affinité avec Manet se traduit dans le choix de la palette — noir, gris, blanc et ocre, seulement rehaussés de couleurs — avec une même qualité des noirs, par l'emploi, enfin, de touches plates, légèrement modelées dans la couleur pour obtenir un fond clair, presque uniforme, mais qui demeure vibrant. Par ailleurs, la sinuosité du trait (manches et pantalon) signale une influence japonaise.

☐ *Matisse peignant dans l'atelier de Manguin,* [hiver 1904-1905]
De ce thème, académique par excellence, Marquet, Matisse et Manguin ont donné trois versions très proches : celle-ci; *Le Nu à l'atelier (Marquet peignant un nu)* attribué à Matisse (MNAM) qu'accompagne au Musée une étude; enfin, une toile de Manguin qui sera achetée par les Stein au Salon des Indépendants de 1905. Toutes sont réalisées au même moment, durant l'hiver 1904-1905, et au même endroit, l'atelier de Manguin au 61 rue Boursault, où travaillent sur le même modèle les trois amis et d'autres peintres comme Puy et Camoin (qui y réalisa très probablement le *Portrait de Marquet,* 1904, MNAM). C'est donc un lieu privilégié, où s'élabora le fauvisme alors en gestation. Plus de six ans après le *Nu dit « fauve »,* 1898 (Bordeaux, Musée des Beaux-Arts), de composition assez voisine — nu dans un atelier et projeté au premier plan — mais encore soumis à l'influence de la lumière, dans un esprit nabi proche de Vuillard, ce *Matisse peignant* témoigne d'une volonté de construction du nu par la couleur, non plus locale, mais déjà arbitraire, de simplification par grands plans structurés qui — même si le fond reste néo-impressionniste par la touche divisée et le corps, fortement cerné de bleu, d'influence cézannienne — en font une toile déjà fauve. La figure de Matisse annonce le goût de Marquet pour les silhouettes croquées sur le vif, se détachant en sombre.

☐ *La Plage de Fécamp,* 1906
L'envoi de Marquet au Salon d'Automne de 1906 comporte huit paysages, dont cinq de Normandie réalisés durant l'été qu'il passa avec Dufy au Havre, à Sainte-Adresse, à Trouville et où ils traitèrent plusieurs fois le même motif, notamment *La Rue pavoisée* et *Les Affiches à Trouville.* C'est, peut-être au contact de Dufy, le moment d'apogée du fauvisme dans la peinture de Marquet. Sa palette prend des accents exceptionnellement intenses, avec l'emploi du vermillon. Dans cette *Plage,* la couleur posée en grands aplats de tons arbitraires donne l'équivalence de l'espace. Plus de reflets : la lumière est rendue uniquement par la couleur. La composition, très particulière, se trouve réduite à deux triangles qui se rejoignent (et s'emboîtent) à leur base, formée par la large bande oblique de la plage. Les formes sont simplifiées à l'extrême, soit cernées (marins), soit traitées en aplat monochrome (plage, mer, jetée), soit enfin dessinées d'une écriture rapide (promeneurs au bord de l'eau, bateaux). Fluide, comme aquarellée, la matière picturale donne une apparence de spontanéité. Même un critique virulent comme Louis Vauxcelles saura saluer les qualités de dépouillement et de délicatesse propres au fauvisme de Marquet (*Gil Blas,* 5 oct. 1906) : « Marquet. Ah ! le beau peintre (...). Libre à la fois et sûr de son métier, narrateur exempt de prolixité. La limpidité de l'eau, tremblotante, la qualité d'atmosphère, l'établissement, la densité des masses, la solidité des terrains, en un mot, tout est de premier ordre ».

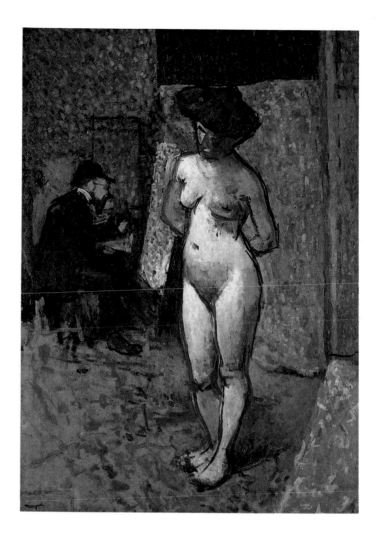

☐ *Nu au divan,* 1912
Installé depuis 1908 dans l'atelier que lui avait cédé Matisse 19 quai Saint-Michel, Marquet peint, entre 1910 et 1913, quelques nus « avec une implacable autorité ». Qu'ils soient debout, se détachant en sombre sur un fond clair (*Nu à contrejour,* 1911) ou l'inverse (*Nu aux bras levés,* 1912) dans un coin d'atelier défini par quelques plans et une ébauche de perspective, ou bien couchés, surgissant avec force d'un fond réduit à un seul plan dans lequel ils semblent s'enfoncer (*Nu sur un divan rouge,* 1912, *Nu couché sur fond bleu,* 1913), ils imposent tous leur présence, « si sèchement, si âprement réels » (Jean Cassou), bien plus que le nu de *La Femme blonde* (v. 1920, MNAM) traité de façon apparemment plus réaliste. La fonction du corps dans l'espace varie d'une toile comme le magnifique *Nu couché sur fond bleu,* dont le rapport du nu au fond floral décoratif évoque Matisse, à ce *Nu au divan* où Marquet prend la liberté de choisir, sinon un cadrage de photographe, le gros plan, du moins un point de vue particulier, souvent utilisé par Bonnard.
Marquet travaille la forme du nu par la couleur fortement cernée de noir qu'il modèle davantage ici. La palette, pratiquement bicolore, est réduite à une couleur de chair et d'ocre rouge, dans un même rapport de valeurs et de tons. Son austérité est cependant modérée ici par l'intrusion discrète du rouge, relégué tout en haut de la toile.

Matisse peignant dans l'atelier de Manguin, [1904-1905]
huile sur carton
100 × 73
achat 1957
AM 3488 P

Rotterdam, 1914
huile sur toile
65 × 81
achat de l'État et attr. 1942
AM 2353 P

La Plage de Fécamp, 1906
huile sur toile
50 × 61
legs Paul Jamot, 1942
AM 2429 P

Raymond Mason
1922

□ *Rotterdam,* 1914

Synthèse, pour Matisse, Braque, Picasso ou Dufy, de leur monde personnel et de leur vision poétique l'atelier est d'abord pour Marquet lieu d'ouverture par ses fenêtres qui donnent sur le motif privilégié: le port, les mouvements du port. Cette vision anonyme lui permet d'étudier la lumière, dans la relation de la fluidité de l'eau et des ciels à la rigidité des bateaux, et de revenir inlassablement à l'étude des horizontales.

En 1914, lorsque la guerre éclate, Marquet se trouve à Rotterdam où il ne restera que quelques semaines. Deux autres vues du port seront prêtées par la galerie Druet — avec laquelle Marquet avait, enfin, un contrat — en 1915 à la *Panama Pacific Exposition* de San Francisco, en 1916 à la *Canadian National Exhibition* de Toronto. Leur construction, comme celle de la peinture du Musée, est fermement assurée : surface de l'eau scandée par les horizontales sombres des bateaux, ponctuations en petites verticales des cheminées auxquelles répondent au premier plan celles des personnages, formes silhouettées sur le gris argenté de l'eau. L'utilisation par Marquet du noir, non comme une couleur-lumière à la façon de Matisse (*Porte-fenêtre à Collioure,* 1914, MNAM) ou de Braque dans les années 20, mais comme valeur suggérant la forme avec économie rappelle l'art des calligraphes japonais.

N.P.

Après avoir étudié la peinture au Royal College of Art de Londres en 1942, puis à la Ruskin School of Fine Arts d'Oxford en 1943, Raymond Mason décide de s'orienter définitivement vers la sculpture, considérant les nombreux dessins qu'il a exécutés comme des introductions à ses sculptures. Il ne peindra qu'un seul tableau à l'huile en 1958, une vue de Birmingham, sa ville natale, où il développera son goût pour le spectacle de la rue, qui restera sa principale source d'inspiration. Il se rend à Paris en 1946 et y vit depuis comme le plus parisien des Anglais; il a pu, au Café de Flore, découvrir et côtoyer les « grands » de l'après-guerre, Braque, Léger, Picasso et surtout Giacometti — qu'il reconnaît comme l'un de ses maîtres avec Balthus —, et la vie du Quartier Latin le fascine aujourd'hui encore. « Dans une époque où la tradition et les croyances se sont brisées de pair, l'appauvrissement du sujet est inéluctable. C'est-à-dire le sujet automatique et indiscutable. » (R. Mason, cat. MNAM, *op. cit.,* p. 78). Condamnant les sculptures-objets, les œuvres décoratives et celles dont les formes ont été confisquées à l'art primitif ou africain, Mason exécute dès 1960 une longue série de plâtres et de bronzes consacrée à la foule, dont l'étude se réalisera de façon magistrale dans *La Foule,* 1963-1968, bronze acquis par le FNAC. Mais, afin de créer des « scènes » davantage liées au réel, il adjoint à partir de 1970 à la technique du bronze celle de la résine époxyde peinte à la gouache acrylique de couleurs vives qui donne à ses œuvres l'aspect des sculptures naïves du Moyen Age.

Cat. *R. Mason,* Londres, Serpentine Gallery, 1982, Oxford, Museum of Modern Art, 1983; cat. *R. Mason,* Paris, MNAM, Centre G. Pompidou, 1985.

□ *Le Carrefour de l'Odéon,* 1958-1959

Ce haut-relief a été précédé d'un dessin qui figure également dans les collections du Musée. A travers le regard d'un homme seul porté sur la foule du Quartier Latin se perçoit une certaine dramatisation, accentuée par le trait lyrique du dessin, par le caractère massif, somnambulique et visionnaire, emprunté à Balthus, des personnages, ainsi que par les jeux d'ombres du bronze, proches de ceux des fresques de Giotto et de Giandomenico Tiepolo, que Mason admire tant.

S.B.

Nu au divan, 1912
huile sur toile
100 × 81
don de Mme Druet, 1929
Lux 1643 P

Le Carrefour de l'Odéon, 1958-1959
bronze
102 × 157 × 27
achat de l'État 1961, attr. 1965
AM 1462 S

André Masson
1896

Né à Balagny (Ile-de-France) dans une famille d'origine artisanale et rurale, André Masson vient à Paris à l'âge de seize ans, après avoir vécu son adolescence dans l'une des capitales de l'Art Nouveau, Bruxelles, où le métier de son père (représentant en papiers peints) avait fixé la famille de 1905 à 1912. Pendant cinq ans il suit à l'Académie royale des Beaux-Arts de Bruxelles la classe de peinture décorative de Constant Montald, futur maître de Magritte et de Delvaux. A Paris, Masson continue son apprentissage à l'École nationale des Beaux-Arts dans la classe de Raphaël Collin et dans l'atelier de fresque de Paul Baudouin. La guerre de 1914-1918, au cours de laquelle il est grièvement blessé, accentue des tendances libertaires que la lecture de Nietzsche avait exaltées en lui pour toujours.

Le groupe surréaliste, qui se forme officiellement autour d'André Breton en 1924, devient rapidement un pôle d'attraction inégalé dans la vie culturelle internationale. Masson participe de près à ses activités jusqu'à son ultime désaccord avec Breton en 1943, tout en conservant de très nombreux amis extérieurs au mouvement. Son goût personnel pour la littérature, la musique et le théâtre, associé à une curiosité inlassable pour toutes les techniques de son métier, le conduit à l'illustration de livres (entre autres, *Simulacre* de M. Leiris, 1925; *Les Hain-Tény* de J. Paulhan, 1956) et à la décoration scénique (*Les Présages* de Massine, 1933; *Wozzeck* à l'Opéra de Paris, 1963).

A juste titre on considère Masson comme l'artiste le plus représentatif de l'*automatisme,* une forme d'expression de l'inconscient prônée par les surréalistes à l'égal des récits de rêve. Les dessins à l'encre dits « automatiques », réalisés à partir de 1923, ont un caractère hallucinatoire et mettent en scène des formes en métamorphose, souvent érotiques. L'impulsion gestuelle et la construction d'une subtile rhétorique de signes se combinent de manière exceptionnelle. L'automatisme de Masson attira l'attention de Pollock, Matta, Gorky, Mathieu, Degottex et bien d'autres.

Intéressé au début des années 20 par la peinture de De Chirico, Picasso, Braque, Gris et Derain, il n'obéit en fait à aucun « modèle » et réalise une œuvre personnelle ponctuée de coups d'éclat. En 1926-1927 la série de ses *tableaux de sable* fait événement, mais le public ne les découvrira que tardivement (au MNAM en 1965, au MOMA en 1976) en raison du caractère fragile des œuvres, difficiles à regrouper. La grande décoration réalisée en 1929-1930 pour Pierre David-Weill n'existe malheureusement plus qu'à l'état de fragment; c'était un exemple étonnant de composition murale évitant l'écueil du « décoratif » et celui du didactisme figuratif.

L'Espagne, où Masson séjourne de 1934 à 1936, l'impressionne par la rudesse de ses paysages et la richesse de sa culture. C'est là qu'il invente l'effigie d'*Acéphale* pour la revue de Georges Bataille. Les tableaux des années 30 déploient les images d'un univers voué au mythe et à l'érotisme (*Le Labyrinthe, Métamorphose des amants*). Dans les années qui précèdent la guerre, Masson élabore un style fortement coloré, une composition riche en développements, voire même démonstrative (*Goethe et la métamorphose des plantes, Gradiva*).

Réfugié dans le Connecticut de 1941 à 1945, il abandonne cette manière, utilise des techniques mixtes et conserve l'intensité colorée. Des toiles aux fonds sombres granuleux, préparés en noir ou en brun, mettent en présence des figures souvent peintes a tempera, ce qui provoque des effets phosphorescents inattendus (*La Sorcière, Léonard de Vinci et Isabelle d'Este*). La ligne possède désormais des fonctions multiples dans le tableau : écriture (*Histoire de Thésée*), trajectoires, contours expressifs (*Portrait d'un adolescent dans la forêt américaine*).

Dans son œuvre d'après-guerre, la période « aixoise » correspond à un essai de rendre la fluidité des choses, l'instant où le spectacle naturel se transmue en une vision. D'où la référence à Turner, à Monet, aux lavis chinois de l'époque Sung. Vient ensuite la reprise du sable comme matériau brut ou combiné avec des techniques mixtes qui

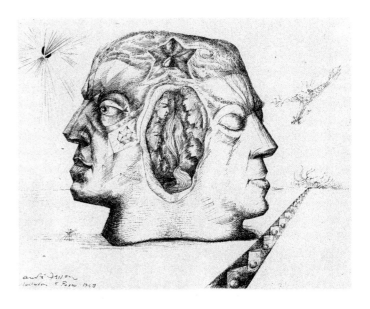

nécessitent à la fois rapidité d'exécution et préparation complexe. La période « asiatique » est l'aboutissement d'une incessante interrogation de Masson sur les relations entre l'écriture et la peinture : il se libère de toute contrainte de « représentation » au profit d'une peinture de traces et de foyers. Son espace devient purement directionnel, giratoire ou traversé d'éclairs. Aussi peut-il revenir à son gré à une figuration érudite ou populaire *(Thaumaturges malveillants menaçant le peuple des hauteurs, Mythologie des Halles)* et multiplier sur une même toile événements colorés et graphiques. Le plafond du Théâtre de l'Odéon (1965) cache sous ses tourbillons de lignes et ses masses de couleurs vives une iconographie soigneusement étudiée. A la nostalgie d'un « pays perdu », Masson a préféré l'invention continuelle d'un nouvel espace pictural.

M. Leiris et G. Limbour, *André Masson et son univers,* Genève-Paris, éd. des Trois Collines, 1947; A. Masson, *Entretiens avec Georges Charbonnier,* Paris, Julliard, 1958, rééd. Marseille, Ryôan-ji, 1985; *Mythologie d'André Masson* (présentée par J.-P. Clébert), Genève, P. Cailler, 1971; cat. W. Rubin et C. Lanchner, *André Masson,* New York, MOMA, 1976 (trad. fr., Paris, 1977); A. Masson, *Le Rebelle du surréalisme. Écrits* (présenté par F. Will-Levaillant), Paris, Hermann, 1976; cat. *Donation Louise et Michel Leiris. Collection Kahnweiler-Leiris,* Paris, MNAM, Centre G. Pompidou, 1984; cat. *André Masson,* Nîmes, Musée des Beaux-Arts, 1985; F. Levaillant, *Catalogue raisonné de l'œuvre peint* et *Catalogue des dessins jusqu'en 1941* (en préparation).

Sous l'impulsion de Jean Cassou, cinq tableaux et des dessins de la période des *Massacres* et *Enlèvements* (1930-1933) entrent au Musée en 1946 (don de Paul Rosenberg). En 1950 un don de Georges Wildenstein, en 1951 un deuxième don de Paul Rosenberg complètent ce noyau initial avec *Le Jet de sang* (1936), des dessins de 1930-1933 et une petite nature morte de 1922. De 1960 à 1966, une nouvelle série d'achats, dons ou legs, fait apparaître des œuvres des années 50. A l'occasion de la rétrospective organisée en 1965, Mme Rose Masson donne un sable important de 1939, *La Terre,* qui rejoint *Le Sang des oiseaux* (1956, coll. André Lefèvre), achat du Musée. Dans les années 70, le Musée n'acquiert qu'une seule toile (*Panique,* 1963).

Depuis 1980, le rattrapage des lacunes est entrepris. En 1981 plusieurs dons — *Le Labyrinthe,* 1938, par M. et Mme Goulandris; *Enchevêtrement,* 1941, par Mme Rose Masson; *Les Villageois,* sable, 1927, et *Divertissement d'été,* 1934, par M. et Mme Leiris — s'accompagnent d'achats du Musée : une œuvre majeure de la période américaine, *La Pythie,* 1943, et des dessins de l'atelier, parmi lesquels le premier

Portrait d'André Breton, 1941
encre de Chine sur papier
46 × 62
achat 1981
AM 1981-605

402

« dessin automatique » (1925 ou 1926) à figurer dans la collection. L'année 1983 est marquée par deux acquisitions importantes : *Les Chevaux morts,* sable, 1927, don de M. et Mme Maurice-Bokanowski; *La Route de Picardie,* 1924, achat du Musée. En 1984 seize toiles, dont deux sables de 1926-1927, et de nombreux dessins enrichissent considérablement la collection grâce à la donation Kahnweiler - Louise et Michel Leiris. L'ensemble ainsi réuni s'avère actuellement la collection publique la plus diversifiée.

☐ *Homme dans un intérieur,* [1923]
Fait à Paris dans l'hiver 1923-1924, ce tableau est un paradigme des figures mystérieuses que Masson peint entre 1922 et 1924. Pour la première fois reproduit en 1947 (M. Leiris et G. Limbour, *André Masson et son univers*), son titre est alors complété par la mention « Portrait de Michel Leiris ». On le trouve également nommé *Homme attablé* (cat. MOMA, 1976) : c'est en effet sous ce titre — abandonné ensuite — que la galerie Simon l'avait enregistré en janvier 1924. Le premier commentaire de l'œuvre est écrit par Marcel Jouhandeau dès l'exposition de 1924 (compte rendu paru en 1925 dans *La Nouvelle Revue Française*); saisi par l'acuité de sa description, Masson lui répond : « "L'homme dans un intérieur" n'a pas gardé pour vous son anonymat — vous en avez vu le *dessous* » (lettre inédite). Contrairement aux « hommes attablés » situés autour d'un plan central (1922-1923), la figure est ici traitée de face, unique et mo-

numentale malgré tous les motifs qui tendent à en ruiner l'unité comme dans la peinture futuriste de Boccioni. Le modèle n'est pas considéré pour son identité: le visage est un masque et la peinture insiste sur sa fonction de simulacre. Cette idée du visage rendu plus fascinant du fait de son occultation sera reprise par Michel Leiris dans son article sur le *caput mortuum* de W.B. Seabrook (*Documents*, 1930). La composition est chargée en motifs empruntés aux natures mortes symboliques de la peinture du 17e siècle, mais leur sens est actualisé par une connotation érotique évidente (la grenade) et par un symbolisme freudien non moins évident (l'œil visé par le couteau). Par ailleurs, l'entrecroisement de formes en équerre, indéfinissables, suggère un conglomérat onirique, sans perspective linéaire. Transparence et lévitation caractérisent ce nouveau style, qui va s'affirmer en 1924-1926. La structure formelle repose sur un travail rigoureux : rythmes internes, « rimes plastiques ». L'*Homme dans un intérieur* est à la peinture surréaliste du début des années 20 ce que le *Portrait de Vollard* fut au cubisme du début des années 10.

☐ *Les Quatre Éléments,* 1923-1924
Terminé au début de l'année 1924, inclus dans la première exposition de Masson en février, ce tableau fut acheté par André Breton à la galerie Simon le 15 mars 1924, et passa ensuite dans la collection de Roland et Colette Tual. Reproduit sur la couverture de la première monographie consacrée au peintre, en 1930, par Pascal Pia, il figure à la première grande exposition du surréalisme à Paris en 1938. Les premiers commentaires sont dus à M. Leiris (1940, 1947) qui connaissait bien l'importance de cette toile dans le contexte de sa création et dans la « légende dorée » du surréalisme.
La finesse de la touche, la légèreté des tracés qu'on sent affleurer sous la surface peinte, l'extrême subtilité des ocres et des gris renforcent l'énigme d'un espace ambivalent, à la fois intérieur et extérieur. Le

Homme dans un intérieur, [1923]
huile sur toile
92 × 65
donation Louise et Michel Leiris avec réserve d'usufruit, 1984
AM 1984-601

Les Quatre Éléments, 1923-1924
huile sur toile
73 × 60
donation Louise et Michel Leiris avec réserve d'usufruit, 1984
AM 1984-612

titre *Les Quatre Éléments* renvoie à une tradition ésotérique et l'on
pourrait aussi parler du symbolisme des *Cinq Sens,* en considérant
ici la main comme l'emblème du toucher : trois mains présentent, en
effet, des objets symboliques (poisson, pomme, oiseau), chacune
dans une position différente devant l'objet. L'espace central s'anime
de formes nuageuses dont les soubresauts contrastent avec l'aspect
architectonique de l'ouverture en équerre. A gauche, comme pour
accentuer le vide inquiétant et attirant de cet espace soumis aux forces
magiques des éléments, s'ouvre un caveau vertical où disparaît un
mannequin ambigu vu de dos. Certains aspects du tableau évoquent
à coup sûr la peinture métaphysique de Carrà ou encore les emblèmes
freudiens des premières peintures surréalistes de Max Ernst, mais sa
tonalité et sa composition en font une œuvre à part. L'image centrale
de la boule (cristal, comète) faisait partie de l'imaginaire commun
aux amis de Masson qui fréquentaient son atelier de la rue Blomet,
Artaud, Salacrou, Leiris : nouvel avatar d'un attribut associé aux
allégories classiques de la Mélancolie et de la Fortune.

□ *Les Chevaux morts,* 1927

Georges Duthuit, le deuxième critique, après G. Limbour, à signaler
les tableaux de sable de Masson, les compara aux lavis chinois de
l'époque Sung, souvent réalisés par des adeptes de la philosophie
tch'an (*Mystique chinoise et peinture moderne, 1936*). De sa tentative de
1926-1927, Masson devait dire à Kahnweiler en 1935 qu'elle lui
paraissait « n'exprimer qu'un souffle », « aller à l'extrême limite de
quelque chose ».

Masson commença à utiliser du sable et à le traiter comme un
matériau, en le collant sur la toile, à l'automne 1926. En janvier 1927,
il annonce douze tableaux de cette sorte à Kahnweiler qui en reçut
au total vingt dans l'année (certains seront présentés lors de la
deuxième exposition personnelle du peintre à la galerie Simon, en

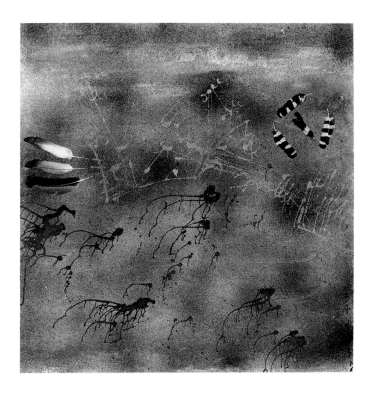

Les Chevaux morts, 1927
huile et sable sur toile
46 × 55
don de M. et Mme Maurice-Bokanowski, 1983
AM 1983-326

Le Sang des oiseaux, 1956
tempera, sable et plumes sur toile
75 × 75
achat 1965
AM 4322 P

404

1929, notamment *Les Chevaux morts*, de la collection Alphonse Kann, tableau reproduit dans *Cahiers d'Art* la même année). En 1926-1927, Masson habite à Sanary et la plage est devenue un lieu quasiment mythique, surréaliste par excellence. Le côté à la fois brut et raffiné du matériau s'associe à une thématique souvent inspirée des combats d'animaux : le transfert alternatif de la légende à la réalité fait partie du « climat » surréaliste.

Il n'y a pas de recette unique pour les tableaux de sable, même pour la série de 1926-1927. Certains sont construits à l'aide de schémas préalables sur la toile (*Lancelot*, MNAM, donation Leiris); d'autres, comme celui-ci, laissent apparaître la coulée de la matière; l'effet optique et tactile des différentes textures est primordial. Les tracés qui passent par-dessus les couches du sable rappellent les dessins à l'encre, rapides et enlevés, que Masson réalise à la même époque. L'emploi exclusif de couleurs simples lorsqu'il y a des « flaques » de peinture ajoutée (rouge, bleue, jaune) accentue l'aspect « minimal » de l'expérience. La transformation radicale du matériau, arraché à son contexte d'origine, révélateur d'une autre réalité, aura des conséquences dans les pratiques les plus contemporaines (Dubuffet, Fautrier). Même l'emploi du sable dans les tableaux de Picasso, Braque ou Kandinsky ne présente pas ce caractère éminemment « critique » dans l'histoire de la peinture.

Masson utilisera le sable par périodes : 1926-1927, 1938-1939, 1942-1944, 1955-1960 enfin. Pour *Le Sang des oiseaux* (1956, anc. coll. André Lefèvre) il emploie un format carré, ce qui n'est pas inhabituel dans son œuvre depuis l'époque des premiers tableaux de sable. La signature à la verticale, fréquente dans les œuvres des années 50, marque l'intérêt du peintre pour les pratiques calligraphiques de la Chine et du Japon. Reprenant une idée de l'année 1927 (*Chevaux dévorant des oiseaux*, Cologne, Wallraf-Richartz Museum), où le collage d'éléments prélevés dans la réalité (la plume d'oiseau) relève de l'esthétique de l'objet trouvé, il joue maintenant avec brio des effets de gestualité propre à l'usage du sable comme « ligne jetée », prise au vol.

☐ *Le Jet de sang*, 1936

Installé à Tossa de Mar à partir de l'été 1934, Masson eut l'occasion d'assister en Espagne à deux corridas, l'une à Madrid, l'autre à

Le Jet de sang, 1936
huile sur toile
100 × 127
don de M. Georges Wildenstein, 1950
AM 3002 P

Le Labyrinthe, 1938
huile sur toile
120 × 61
don de M. et Mme Basile Goulandris, 1982
AM 1982-46

Barcelone en novembre 1934 — celle-ci particulièrement sanguinaire. Ses premiers croquis sur la tauromachie, souvent liée pour lui à l'image du Minotaure, datent de 1935. *Le Jet de sang* figure dans une liste adressée d'Espagne à Kahnweiler le 17 septembre 1936. La galerie Simon l'intégra dans l'exposition organisée dès le retour de Masson en France, à la fin de l'année 1936.

De ce tableau Masson dit : « C'est une corrida imaginaire ». L'imaginaire est celui de la mort, représentée sous la forme traditionnelle d'un squelette (tenant la pique tauromachique et non la faux symbolique) assistant à l'événement décisif du coup de corne porté au cheval du picador. L'espace circulaire évoque celui d'une arène, mais c'est pour mieux « théâtraliser » le groupe central. Le cheval, plus souvent agressif que victime dans l'iconographie de Masson (*Les Chevaux de Diomède,* 1934), est traité sans complaisance sentimentale. Du reste, le titre donné à l'œuvre permet de l'interpréter comme une transposition cachée du thème de la crucifixion (1936 est l'année où Bataille et Masson publient l'album de gravures *Sacrifices. Les dieux qui meurent*). Il est difficile de se prononcer sur le sens exact du cheval isolé en haut de cet espace, aveuglé par le traditionnel bandeau des chevaux de picadors, recouvert d'une sorte de couverture, dressé sur le dos comme s'il cherchait à voir : forme en soi « incompréhensible » au dire même du peintre.

Sont donc réunis dans l'arène de la mort des figures du réel (le torero) et des éléments mythiques ou métaphysiques (l'ombre de la pique évoquant le parcours du soleil, *sicut fugit umbra…*). Un grand mouvement spiralique définit l'espace central où tous les membres érigés du cheval cabré semblent opposer un désespoir farouche à l'inéluctabilité du destin. L'interprétation du rite par Masson en accentue l'aspect sacrificiel.

☐ *Le Labyrinthe,* 1938

« (…) C'est *la clé* de toute la série des tableaux entrepris depuis le printemps 1938 », écrit Masson à Kahnweiler le 1er novembre 1939 à propos de cette grande toile, réalisée à Lyons-la-Forêt où il s'est installé à son retour d'Espagne.

Image fondamentale des croyances archaïques, le labyrinthe n'est pas propre à la mythologie grecque. Néanmoins, c'est bien au mythe du Minotaure, monstre né de l'accouplement du taureau blanc de Poséidon, dieu de la mer, avec Pasiphaé, puis enfermé dans le labyrinthe construit par Dédale, que Masson se réfère. En une seule figure « totem » sont combinés ici le labyrinthe et le Minotaure : mais le second renferme le premier, inversion singulière du mythe. Cette figure est à la fois enveloppante et déchirée, ouverte et fermée. Un labyrinthe en spirale est visible à l'endroit des viscères — choix

Enchevêtrement, 1941
gouache sur carton
41 × 33
don de Mme Rose Masson, 1982
AM 1982-194

La Pythie, 1943
huile et tempera sur toile
130,5 × 106,5
achat 1981
AM 1981-21

particulièrement savant puisque l'une des pratiques de la magie oraculaire antique consistait à étudier les viscères des animaux.

La figure géante — qui s'élève sur un fond de falaises ravinées rappelant les paysages de la période espagnole — se montre tour à tour paysage, animal, végétal, meuble, architecture. Chacun des motifs a fait l'objet de croquis et d'études (voir aussi *Le Secret du labyrinthe,* dessin, 1936, MNAM); ils participent tous ici à la création d'un univers d'associations hybrides, au bord du chaos : le contraire d'une genèse. Masson invente un nouvel objet mythique, particulièrement symptomatique du climat d'avant-guerre. En partie responsable du titre de la revue de Tériade, *Minotaure* (1933-1939), Masson illustrera la couverture du dernier numéro d'un motif utilisant la forme ovale (matricielle) de la tête du *minotaure-labyrinthe.*

□ *Enchevêtrement, 1941*

Par son procédé et son support (détrempe sur carton), ce petit tableau pourrait être considéré comme une esquisse. Mais le terme convient mal à cette œuvre aboutie, donnant l'impression d'une jubilation de couleurs et de signes. Masson se détache de la figuration démonstrative ou métaphysique. Sa maîtrise du dessin automatique et des techniques de l'encre en général le conduit, à partir des années 30 et surtout à partir de son séjour aux États-Unis, à privilégier l'exemple des écritures et des calligraphies. Sans imiter les contraintes de composition sous-jacentes à celles-ci, Masson instaure une peinture de traces, de taches, de textures occupant tout l'espace : il s'agit bien d'un préliminaire à ce que la critique d'art américaine baptisera « Action Painting » dans le cadre de l'École de New York (Pollock, Kline, Guston, De Kooning...). *Enchevêtrement* est une peinture de type « gestuel » où Masson pousse au maximum l'expérience de la liberté contrôlée, sur une petite surface qui acquiert un caractère monumental. Inattendue en apparence, l'alternative entre figuration et abstraction n'est pas rare dans le parcours de plusieurs peintres surréalistes et constitua un « modèle » particulièrement efficace pour les peintres new-yorkais.

Masson garda toujours dans son atelier ce petit tableau qui représentait une sorte de « va-tout ». L'importance accordée aux origines de l'École de New York fut la cause de sa redécouverte publique (au MOMA en 1976, au MNAM en 1977 et 1982). La séduction de l'œuvre en elle-même, pour sa couleur et son dynamisme, est indéniable.

□ *La Pythie, 1943*

Durant son séjour aux États-Unis, Masson n'en finit pas de convoquer les mythes grecs, comme si les thèmes tragiques d'une civilisation perdue retrouvaient une actualité valable pour tous. En raison de son activité oraculaire, la Pythie pourrait être une figure aimée des surréalistes. Masson est pourtant le seul à en avoir conçu l'image, préparant d'importantes esquisses au pastel et choisissant un grand format pour cette toile. Un corps de femme nue, tête levée, bras dressés, agitée : *imago* essentielle. Certains motifs comme la main dressée se retrouvent dans d'autres tableaux, *Pasiphaé* par exemple (1943, longtemps plus connu que *La Pythie,* sans doute à cause de la reprise du même titre par Pollock en 1944 dans le contexte surréalisant de la galerie *Art of This Century*).

La surface est animée, comme dans les toiles de l'année précédente (*Germination* et *Paysage iroquois*), à l'aide de matrices colorées : le noir, le jaune et le rouge circulent avec les lignes, éclairant celles-ci comme des halos de lumière. Mais, contrairement à ces deux œuvres où une matrice en forme d'œil occupe l'essentiel de la surface, la composition est ici *décentrée* selon trois foyers principaux reliés par des nappes de couleur de feu. L'application un peu tendue des figures aux mains captatrices des années 1922-1924 cède la place à la gestualité dramatique et mouvementée qui gouvernera désormais l'iconographie de Masson.

F.L.

Georges Mathieu
1921

Né à Boulogne-sur-Mer, Mathieu réalise ses premières peintures abstraites dès 1944-1945. Il s'établit à Paris deux ans plus tard et participe au Salon des Réalités Nouvelles avec trois toiles exécutées horizontalement, à même le sol. Après des débuts où l'influence de l'écriture automatique et des surréalistes est manifeste, Mathieu, dès son arrivée à Paris, se définit comme un peintre gestuel, tachiste ou informel, s'opposant ainsi au courant, prédominant alors, de l'Abstraction géométrique. Considéré comme l'un des penseurs de l'Abstraction lyrique, il prend l'initiative d'organiser deux expositions (*HWPSMTB* à la galerie Colette Allendy, avec Hartung, Wols, Picabia, Stahly, Mathieu, Tapié, Bryen; *White and Black* avec Hartung, Wols, Tapié, Picabia, Ubac) dès 1948, afin de situer leurs recherches par rapport au mouvement expressionniste américain. Le rôle de Georges Mathieu est, en effet, tout particulièrement important dans les relations entre Paris et New York. La confrontation entre Art informel et Action Painting est établie à partir de 1949 dans une série d'articles (« Analogies de la figuration »; « Esquisse d'une embryologie des signes ») et se poursuit en 1951 avec l'exposition *Véhémences confrontées* où Michel Tapié présente chez Nina Dausset les travaux de Bryen, Capogrossi, De Kooning, Hartung, Mathieu, Pollock, Riopelle, Russel et Wols, révélant ainsi l'identité de chaque mouvement. En 1953, Mathieu prolonge cette comparaison avec la publication du premier numéro de *United States Paris Review* qu'il dirigera pendant dix ans. Son travail personnel se manifeste, en 1952, par cinq toiles de grand format, à « sujets historiques », présentées au Studio Facchetti, puis, deux ans plus tard, par quatorze autres, dont *Les Capétiens partout,* à la galerie Rive Droite.

G. Mathieu, *Au-delà du tachisme*, Paris, Julliard, 1963; *Le privilège d'être,* Paris éd. R. Morel, 1967; F. Mathey, *Georges Mathieu,* Paris, Hachette, Fabbri, 1969; *De la révolte à la Renaissance,* Paris, Gallimard, NRF, 1973; *La réponse de l'abstraction lyrique,* Paris, éd. La Table Ronde, 1975.

□ *Noir sur fond apprêt, 1954*

En 1945, Maurice Merleau-Ponty publie sa *Phénoménologie de la perception* où il privilégie le corps, condition de notre existence et de toute notre activité mentale et intellectuelle : « Le corps est notre ancrage dans un monde (...). Je ne suis pas dans l'espace et le temps, je suis à l'espace et au temps, mon corps s'applique à eux et les embrasse (...). Je ne suis pas devant mon corps, je suis dans mon corps ou plutôt je suis mon corps ». La peinture gestuelle telle que

Noir sur fond apprêt, 1954
huile sur toile
97 × 162
achat 1986
AM 1986-159

la pratique Mathieu est en parfaite correspondance avec ces principes et l'artiste entend substituer à l'inertie de la forme fermée le devenir des forces libérées par l'acte même de peindre. Il y introduit certaines caractéristiques qu'il définit ainsi : « primauté de la vitesse, absence de préexistence de la forme, absence de préméditation du geste, état extatique ». Ainsi tout projet délibéré, toute idée préalable sont abandonnés au profit du geste et du matériau.

A partir de 1950, Mathieu se limite à inscrire des signes, qui vont de la tache au trait, sur une surface uniformément peinte en rouge, noir, brun ou blanc, ou même laissée en réserve. Il use de chiffons imprégnés de peinture et intervient, non plus seulement avec la main, mais avec son corps tout entier, pour projeter la couleur issue directement du tube ou, par le biais d'une très longue brosse, pour y inscrire sa calligraphie qui, dans *Noir sur fond apprêt,* se caractérise par une économie de moyens : Mathieu indique les directions horizontale/verticale de sa composition, légèrement décalée, en quelques coups de brosse large, dynamisés par différents éclats, taches, zig-zag, arcs prononcés, éclaboussures. Ces accents sont les traces d'une sorte de corps à corps avec l'œuvre et témoignent du mouvement vital des êtres et des choses, lié à une recherche de l'état originel de l'individu dans une fusion corps/esprit.

☐ *Les Capétiens partout,* 1954

La juxtaposition de signes toujours plus nombreux détermine en 1954 le choix de très grands formats ; le temps d'exécution y est alors inversement proportionnel. Cette forme de peinture gestuelle lui vaut de Malraux la désignation de « calligraphe occidental », expression que l'artiste illustre également lors d'une exposition à Tokyo en 1957 où il peint, une heure avant son vernissage, une toile de 15 mètres de long dans la vitrine d'un grand magasin devant une foule attroupée : « En peignant à l'huile, directement avec les tubes, en utilisant des brosses larges et plates ou des pinceaux longs et minces, en fouettant ma toile à l'aide de serviettes pliées en huit et trempées dans la peinture

liquide, en réalisant mes fonds, en progressant sur la toile horizontale, en imposant mes signes devant eux dans un climat de cérémonie religieuse, porté par l'extase née de cette communion avec eux, en travaillant « 55 482 fois plus vite qu'Outamaro », comme un de leurs statisticiens se plut à le calculer, je venais, sans m'en rendre compte, de réaliser la fusion de leur art millénaire et de cette peinture européenne à l'huile qui commença à les influencer et à les séduire à partir de l'impressionnisme ». Mathieu crée ainsi un monde de signes se suffisant à eux-mêmes, monde cosmique où se manifestent des tensions antagonistes, dont la signification est souvent renforcée par les titres *(Les Batailles)* qui se rapportent à l'Histoire de France et plus particulièrement à la Royauté.

C.S.

Les Capétiens partout, 1954
huile sur toile
295 × 600
don de la galerie Larcade, 1956
AM 3447 P

Henri Matisse
1869-1954

L'œuvre et la personnalité de Matisse dominent la première moitié du siècle, à côté ou plutôt en face de celles de Picasso. Il est d'ailleurs tentant de confronter leurs débuts, si différents : Picasso se révèle un enfant surdoué, Matisse prend le temps d'un long apprentissage. Il ne décide de se consacrer à la peinture qu'en 1891-1892 et fréquente longuement les écoles (à Saint-Quentin, puis à Paris successivement les Arts décoratifs et l'atelier de Gustave Moreau à l'École des Beaux-Arts) en même temps que différentes académies. Sa personnalité commence à apparaître en 1898, mais il n'est véritablement lui-même qu'après 1905, à trente-cinq ans. Cette lente et relativement laborieuse formation lui permet, chemin faisant, d'absorber profondément des influences déterminantes : celle des maîtres hollandais de la nature morte, qui inspirent ses toutes premières toiles (1895), puis la leçon fondamentale de liberté de Gustave Moreau qui lui prédit : « Vous allez simplifier la peinture »; son amitié avec le vieux Pissarro lui permet une réflexion sur l'impressionnisme (1897), un regard critique sur certains contemporains (Puvis de Chavannes et sa peinture décorative, Odilon Redon dont il fréquente les vendredis de 1900 à 1909, Paul Signac, enfin, dont il lit en 1898 *De Delacroix à l'impressionnisme*). Mais, surtout, Cézanne qui devient dès 1899 pour Matisse — il achète cette année-là à Vollard une petite toile, *Baigneuses* — la figure essentielle, le recours absolu : « Si Cézanne a raison, j'ai raison », dira-t-il toujours. Selon Pierre Schneider, le « cézannisme » de Matisse traverse sa phase la plus aiguë entre 1899 et 1903, avec des figures et des natures mortes lourdement construites par plans de couleur, jusqu'à la crise des années 1902-1903, où il songe sérieusement à revenir à la veine intimiste et sage qui lui valut quelques succès en 1896-1897. Il se ressaisit en 1904 par la pratique rigoureuse du divisionnisme enseigné par Signac, auprès de qui il passe l'été, et peint *Luxe, calme et volupté* (Paris, Musée d'Orsay), œuvre clef, premier répertoire des motifs repris dans la *Joie de vivre* en 1906 et qui nourriront toute son œuvre. La violente gamme fauve y apparaît déjà, emprisonnée dans les touches pointillistes.

Mais c'est l'été 1905, à Collioure aux côtés de Derain, que Matisse se libère enfin totalement et exprime, par l'usage de la couleur pure portée à son paroxysme, une vision neuve du paysage et de la figure. Avec Derain et leurs amis, ils font scandale au Salon d'Automne de 1905 : la « cage aux fauves » est dominée par la fameuse *Femme au chapeau* achetée par les Stein. D'un coup, Matisse acquiert une célébrité de chef de groupe, et intéresse dès lors les collectionneurs de l'avant-garde que sont les Stein (Leo, Gertrude et, particulièrement pour Matisse, Michael et Sarah), puis les Russes Schukine et Morosov. Le fauvisme ne sera qu'une courte flambée, une « épreuve du feu », mais Matisse en sort définitivement affermi : en 1908, il ouvre une académie et, la même année, publie dans *La Grande Revue* les « Notes d'un peintre », mise en forme dense et étonnamment lucide de sa pensée sur la peinture, aboutissement de sa patiente maturation. Schukine lui offre alors la possibilité de réaliser la peinture monumentale et décorative à laquelle il réfléchit depuis longtemps : *La Danse,* 1909, et *la Musique,* 1910, panneaux de très grandes dimensions (260 × 389 cm) présentés au Salon d'Automne de 1910 avant leur installation à Moscou en décembre 1910. La forme et le contenu (sur le thème de l'Age d'or) y sont portés ensemble au plus haut degré d'intensité et de simplification, avec trois couleurs posées en aplats vibrants, le bleu du ciel, le vert de l'herbe et le vermillon des corps. Durant les quelques années qui précèdent la guerre, Matisse peint d'autres œuvres grandioses, dans une tension toujours serrée entre la tridimensionnalité « réaliste » et la bidimensionnalité « décorative », dualisme qui sous-tendra toute sa peinture, comme le souligne encore Pierre Schneider, et surtout à cette époque où se développe par ailleurs le cubisme analytique de Picasso et Braque. En contrepoint, les deux séjours de Matisse à Tanger (hivers 1912 et 1913) donnent lieu à des images idylliques de jardins marocains, où se relâche quelque

peu cette tension. Entre 1914 et 1918, les années sombres de la guerre se reflètent dans des œuvres où le noir comme couleur prend une place de plus en plus importante. Matisse n'a jamais été plus proche du pôle abstrait-décoratif : *Les Marocains,* 1916, où sont regroupées et fusionnées toutes les visions de Tanger en quelques modules géométriques répétés sur un fond noir; *La Leçon de piano,* 1916, dans une première version géométriquement triangulée, alors que la seconde version de 1917, plus fluide et plus réaliste, laisse prévoir une inflexion complètement différente.

Après quelque dix années de recherche audacieuse, Matisse trouve dans le paysage et la lumière argentée de Nice — où il va se fixer pendant une moitié de l'année à partir de 1919 — un climat de détente, climat général de l'époque d'ailleurs : ce sont aussi des années de « retour à l'ordre » pour Picasso, Braque ou Derain. Pendant toute cette « période niçoise », de 1919 aux années 1930, se développe l'expérimentation d'un travail différent sur la couleur et le modèle. Matisse prend pour sujet presque unique le corps féminin, paré de vêtements d'odalisque, mis en scène dans l'espace fermé de la chambre, parmi les fleurs et les accessoires voluptueux d'un paradis baudelairien. Vers la fin des années 20 cependant, par le biais peut-être d'un retour à la sculpture, il met à nouveau l'accent sur la construction, plutôt que sur la fluidité et les « saveurs de peinture savoureuse ». 1930 marque un tournant important : Matisse peint peu pendant cette année, qu'il passe presque entièrement à voyager à Tahiti (séjour dont le ressouvenir nourrira toute la dernière partie de son œuvre, quinze ans plus tard) et à New York. Dans les années 1931-1933, il se consacre d'un côté au dessin et à la gravure (illustration des *Poésies* de Mallarmé pour Skira) et, de l'autre, à une commande monumentale : les deux versions de *La Danse* destinée à la fondation du Docteur Barnes à Merion, près de Philadelphie, « peinture architecturale (...) où l'élément humain paraît devoir être tempéré, sinon exclu », selon ses propres dires. Les premières rétrospectives, organisées à Paris, Bâle et New York en 1931, lui permettent — à soixante ans — de jeter un regard en arrière sur l'ensemble de son œuvre.

Une nouvelle séquence de peinture, jusqu'aux années 1940, culmine avec le *Nu rose* commencé début mai 1935 et poursuivi jusqu'en novembre, tableau majeur (en dialogue avec *Nu bleu* de 1906) qui concentre le fruit des acquis de la période niçoise, comme ceux plus immédiatement antérieurs du travail pour *La Danse.* La guerre et peut-être encore davantage la très grave opération qu'il subit en 1941 marquent une césure importante : surnommé à l'hôpital « le ressuscité », Matisse se considère véritablement comme gratifié d'une seconde vie, et du même coup délivré, alors même qu'il entre dans la vieillesse (il a 71 ans). Il invente alors — d'abord en petit format pour les planches du livre qu'il nommera *Jazz* — un nouveau procédé, la gouache découpée, qui lui permet de découper « à vif » dans la couleur, de préserver la fraîcheur de son émotion première et d'obtenir enfin la fusion d'une lumière naturelle (qui vient du dehors) et de la lumière spirituelle qu'il porte en lui. Les gouaches découpées, de plus en plus monumentales, se multiplient dans le grand atelier de Cimiez qui domine Nice. Elles célèbrent des jardins et des lagons immatériels, nouveaux thèmes ressurgis des souvenirs du « voyage aux îles » : « Par les yeux grands ouverts, j'absorbais tout, comme une éponge absorbe le liquide », se souvient Matisse en 1949, « ce n'est qu'aujourd'hui que ces merveilles me sont revenues, avec tendresse et précision... ». De cette même inspiration grave et cristalline procède la chapelle du Rosaire à Vence — ensemble décoratif de vitraux, céramiques, mobilier et vêtements liturgiques — achevée en 1950, chef-d'œuvre de la vieillesse de Matisse, résolution magnifique de « l'éternel conflit entre le dessin et la couleur ».

Certes moins spectaculairement protéiforme que celle de Picasso, son grand rival et ami, l'œuvre de Matisse va au moins aussi loin dans la connaissance et l'interrogation de ce que peut être la peinture.

L'intelligence et la lucidité de sa démarche ont nourri de nombreuses tendances contemporaines. Matisse a été interrogé, regardé comme il avait lui-même regardé Cézanne tout au long du siècle : ainsi par les peintres abstraits américains des années 50 et 60 (Rothko, Newman, Motherwell, entre autres), puis, avec un temps de retard, en Europe dans les années 70 (Hantaï, Viallat...).

A.H. Barr, *Matisse, his Art and his Public*, New York, MOMA, 1951 (réédité en 1966); J. Russell, *The World of Matisse 1869-1954*, éd. Time Life, 1969; P. Schneider, cat. *Henri Matisse, exposition du centenaire*, Paris, Grand Palais, 1970; L. Aragon, *Henri Matisse Roman* (2 vol.), Paris, Gallimard, 1971; H. Matisse, *Écrits et propos sur l'art* (éd. établie par D. Fourcade), Paris, Hermann, 1972; A. Elsen, *The Sculpture of Henri Matisse*, New York, Abrams, 1972; cat. *Matisse, dessins, sculptures*, Paris, MNAM, 1975; *Henri Matisse. Paper cut-outs*, New York, Abrams, 1977; I. Monod-Fontaine, *Matisse dans les collections du Musée national d'art moderne*, Paris MNAM, Centre Georges Pompidou, 1979; M. Duthuit-Matisse et Cl. Duthuit, *Henri Matisse, Catalogue raisonné de l'œuvre gravé* (2 vol.), Paris, 1983; J. Elderfield, *The Drawings of Henri Matisse*, Londres, Thames and Hudson, 1984; P. Schneider, *Matisse*, Paris, Flammarion, 1984.

Dix ans avant la mort de Matisse, le premier (et le seul) Musée d'art moderne français ne possédait et ne montrait au public que trois tableaux et six dessins, tous postérieurs à 1920. A partir de 1945, sous l'impulsion de Jean Cassou — qui consacrera à l'œuvre une monographie en 1947 et une exposition au Musée en 1949 — un achat massif (sept toiles de 1907 à 1941 sont achetées à Matisse en 1945) et des dons importants de l'artiste (*La Blouse roumaine*, 1940, et un dessin au pinceau, *Intérieur à la fougère noire*, 1948) consolident le premier noyau de la collection et rétablissent en partie la situation. Le travail de Matisse, de 1946 à sa mort en 1954, est désormais constamment suivi et sanctionné par des achats (1949 : *le Grand Intérieur rouge* de 1948; 1953 : *La Tristesse du roi* de 1952, etc.). Mais c'est seulement après l'exposition du centenaire organisée en 1970 au Grand Palais par Pierre Schneider qu'une véritable prise de conscience s'opère, qui entraînera une nouvelle vague d'achats importants, à partir d'une prospection enfin systématique des toiles encore disponibles : *Le Violoniste à la fenêtre*, 1917, et *La Tête blanche et rose*, 1914, sont acquis en 1975, six dessins exceptionnels sont offerts la même année par la famille de l'artiste, *Le Rêve* de 1935 entre en 1979. A partir de 1981, Dominique Bozo engage sous le signe de Matisse une politique d'acquisitions cohérente, combinant des achats exceptionnels (*Greta Prozor*, 1916, deux des quatre *Nus bleus*, un très bel ensemble de dessins), l'entrée d'œuvres historiques par le mécanisme de la dation en paiement (*Porte-fenêtre à Collioure*, 1914, *Auguste Pellerin*, 1917, les 20 maquettes originales des planches de *Jazz*) et aussi, grâce à sa relation privilégiée avec la famille de Matisse, des dons prestigieux (maquettes des vitraux de la chapelle de Vence, un ensemble de dessins, trois maquettes pour les chasubles de Vence et deux gravures sur bois rarissimes...). Ainsi, en moins de cinq ans, la collection du Musée a plus que doublé, passant de 61 œuvres en 1980 à plus de 120 aujourd'hui : elle figure désormais au plus haut niveau international.

□ *Luxe I*, [1907]
Il existe deux versions du *Luxe*. Celle-ci, la première, a été peinte à Collioure pendant l'hiver 1907 et exposée au Salon d'Automne de la même année, avec la mention « esquisse ». Cela n'a pas désarmé la critique, qui demeura réticente devant ce « coloriage plat », « ces rapports élémentaires », « ces ondes de couleur sans représentation définie ». Pourtant, cette « esquisse » ambitieuse est préparée par plusieurs études, et même par un véritable carton — également conservé au Musée — de mêmes dimensions que la toile et mis au carreau. Le motif procède de la série d'œuvres sur le thème de l'Age d'or, qui préoccupe Matisse depuis plusieurs années, depuis *Luxe, calme et volupté*, 1904, *Pastorale* et *Joie de vivre*, 1906, et qui aboutira

à *La Danse* et *La Musique*, 1909 et 1910. Fragment agrandi et monumentalisé de l'un des groupes figurant dans *Luxe, calme et volupté*, le *Luxe* s'inspire peut-être aussi d'une toile de Puvis de Chavannes, *Jeunes filles au bord de la mer*, 1879 (Paris, Musée du Louvre) où sont réunis également trois personnages. Matisse accentuera notablement le parti décoratif — qui est aussi celui de Puvis — dans la seconde version exécutée début 1908 (Copenhague, Statens Museum fur Kunst) en remplissant les compartiments de la composition de teintes plus soutenues et plus égales, et en utilisant une technique de peinture à l'œuf qui donne au tableau un effet de matité un peu comparable à celui de la fresque. Dans la première version, au contraire, subsistent des irisations impressionnistes des zones rapidement brossées, esquissées, une sorte de vibration qui contredit la clarté du dessin et la simplicité générale du parti. Le *Luxe I* a été accroché quelque temps chez Michel et Sarah Stein (vers 1908-1910), mais il n'est pas resté dans leur collection. Et c'est à Matisse que Jean Cassou achète en 1945 cette toile historique, la plus ancienne de l'ensemble alors acquis à l'artiste.

Luxe I, Collioure, [hiver 1907]
huile sur toile
210 × 138
achat 1945
AM 2586 P

410

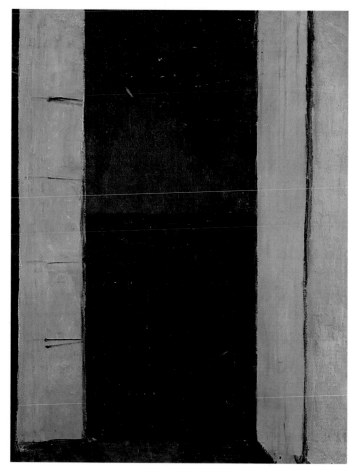

□ *Intérieur, bocal de poissons rouges,* 1914
L'automne 1913, Matisse se réinstalle pour travailler dans un appartement situé dans l'immeuble du 19 quai Saint-Michel, un étage au-dessous de son ancien atelier (qu'il avait occupé de 1895 à 1909). *Intérieur, bocal de poissons rouges* est certainement peint durant ces premiers mois de réinstallation (hiver 1913-1914, printemps 1914) puisque le tableau est reproduit dès le 15 mai 1914 dans le numéro 24 des *Soirées de Paris*, revue éditée par Apollinaire depuis 1912. Au moins trois œuvres exceptionnelles ont été peintes dans cet atelier, cadrées presque de la même façon : l'*Intérieur* du Musée, puis *L'Atelier, quai Saint-Michel*, 1916 (Washington, Philips Collection) et *Le Peintre dans son atelier*, 1917 (MNAM) forment un « triptyque » parisien, bleu, noir et ocre, comparable par sa qualité monumentale au triptyque marocain du Musée Pouchkine (*Intérieur, bocal de poissons rouges* était aussi destiné à la collection de Schukine).
La toile du Musée se situe au point de jonction privilégié de deux séries, la série d'intérieurs, dont la fenêtre ouvre sur la Seine et l'Ile de la Cité, et la série des poissons rouges; soit à la confluence des

Intérieur, bocal de poissons rouges, Paris, printemps 1914
huile sur toile
147 × 97
legs de la baronne Gourgaud, 1965
AM 4311 P

Porte-fenêtre à Collioure, [1914]
(Fenêtre ouverte)
huile sur toile
116 × 89
dation 1983
AM 1983-508

deux thèmes — fenêtres et aquariums — par lesquels, selon Pierre Schneider, Matisse a choisi d'exprimer sa hantise de la transparence, de la continuité de l'espace. « Pour mon sentiment l'espace ne fait qu'un depuis l'horizon jusqu'à l'intérieur de ma chambre-atelier... », déclarera-t-il encore en 1942. Ici, en effet, l'espace extérieur prolongé en espace intérieur pénètre jusqu'au cœur de l'aquarium (et encore en nous jusqu'à l'intérieur de notre vue). Intérieur, extérieur, opacité, transparence, sombre, clair deviennent des notions équivalentes, grâce à la couleur, le bleu travaillé, unifiant, recouvert ou soutenu par d'autres couleurs. Si l'armature géométrique, la grille orthogonale est essentielle, elle ne sert pas à décomposer l'espace comme dans les toiles analytiques à facettes de Picasso et Braque.

□ *Porte-fenêtre à Collioure,* [1914]
Matisse a peint cette œuvre à Collioure, à la fin de l'été 1914. Il a pensé inscrire dans l'espace central une vue, dont ne subsiste, recouverte de noir mais visible à jour frisant, que la grille d'un balcon. Lors de la dernière séance, Matisse a effacé une partie de ces éléments et a recouvert cette zone d'une couche de noir. Il n'a pas signé la toile, mais l'a conservée. On ne l'a découverte, restaurée et exposée que bien après sa mort.
Le thème de la fenêtre, depuis ses débuts et surtout après 1905, est essentiel dans l'œuvre de Matisse, on l'a souvent souligné (I. Monod-Fontaine, « Porte-fenêtre à Collioure », *Cahiers du Musée,* n° 13, 1984, p. 18-24). La fenêtre n'est pas pour lui une frontière, une séparation, mais, au contraire, le lieu privilégié où est rendue visible la cohésion de l'espace, sa continuité du dehors au dedans — et, par là, une métaphore de la peinture qui est ici poussée à l'extrême : l'identité formelle du rectangle-tableau avec le rectangle-fenêtre joue pleinement, puisque dans ce cas la vue de la fenêtre n'est pas une partie du tableau, mais son tout. Les quatre côtés du châssis déterminent les quatre côtés de la porte-fenêtre, en constituent (presque) les montants. Rien ne vient distraire de cet *un* replié sur lui-même, aucune image, aucune illusion de perspective. On comprend aisément de ce fait que ce tableau, dès sa première apparition publique en 1966 à Los Angeles, ait fasciné toute une génération, depuis les peintres américains minimalistes jusqu'aux Français du groupe Support-Surface. Pourtant il ne s'est jamais agi pour Matisse de réduire la peinture à des pigments posés sur un support matériel; et sa démarche de simplification de la peinture, ici exceptionnellement radicalisée par le badigeon noir posé en dernier lieu, est infiniment plus déroutante et plus subtile. *Porte-fenêtre à Collioure* constitue un moment important du travail de Matisse : point de non-retour, mais aussi porteur de futures expériences; comme si ce noir, annulant les roses, les oranges et les verts des fenêtres peintes dix ans plus tôt à Collioure, en était tout de même l'exact équivalent, contenait toutes les couleurs et l'éclatante lumière du Midi, par un renversement que Matisse n'en finira pas d'explorer.

□ *Le Violoniste à la fenêtre,* [1917-1918]
Cette toile a été peinte probablement lors d'un des premiers séjours de Matisse à Nice, pendant l'hiver 1917-1918; il découvre alors avec bonheur la lumière argentée dans laquelle il va s'installer pour longtemps. Le violon l'occupe beaucoup ces années-là, au point que, constatant une déperdition d'énergie, il renoncera en 1920 à son heure d'étude quotidienne avant la séance de peinture. Ce violon figure avec insistance dans plusieurs tableaux importants du même hiver 1917-1918, notamment comme ici, associé spectaculairement à une fenêtre (*Intérieur au violon,* Musée de Copenhague). Cette association est chargée de significations pour Matisse, d'où « la gravité presque douloureuse » notée par Pierre Schneider, « doublement embléma-

411

Le Violoniste à la fenêtre, Nice [hiver 1917-1918]
huile sur toile
150 × 98
achat 1975
AM 1975-260

412

tique », souligne-t-il, « puisque le violoniste (qui reprend le geste et l'instrument du musicien de la *Musique*) est l'artiste lui-même et que la fenêtre, ou porte-fenêtre, pour laquelle il joue, symbolise la peinture ». Posée dans la réalité par son fils Pierre — en témoigne une grande étude au fusain conservée au Musée Matisse du Cateau — la figure solitaire du violoniste sans regard, à la tête aussi transparente qu'un aquarium, est une manière d'autoportrait masqué.

☐ *Greta Prozor,* 1916

Greta Prozor, fille d'un homme de lettres lithuanien et femme de Walther Halvorsen (l'un des nombreux élèves scandinaves de l'Académie Matisse, plus tard marchand de tableaux), fréquentait les milieux artistiques et littéraires, et notamment Pierre Reverdy dont elle disait les poèmes (et dont Matisse illustre en 1918 les *Jockeys camouflés*). Plusieurs dessins (l'un des plus beaux appartient au Musée) et deux gravures précèdent ou accompagnent l'exécution du portrait,

qui n'appartint jamais au modèle. Selon Greta Prozor, en effet, qui enregistra ses souvenirs en 1967 pour la radio Suisse romande, « le maître (lui) dit après quelques séances qu'il était arrivé à un point qui ne le satisfaisait pas, mais qu'il ne pouvait aller plus loin, et s'excusa de (l') avoir dérangée pour rien ». Et pourtant le tableau s'inscrit pleinement dans la série des portraits des mêmes années (1913-1917), œuvres majeures et paradoxalement parmi les plus abstraites que Matisse ait jamais peintes, comme *Yvonne Landsberg,* 1914, *Femme au tabouret,* 1915, et deux toiles qui appartiennent à la collection du Musée, *Tête blanche et rose* (portrait de Marguerite Matisse), 1914, et *Portrait d'Auguste Pellerin,* 1917. Matisse se sert ici de la gamme sombre gris, noir, bleu sombre — qui est la marque des années de la première guerre et qui correspond aussi à l'austérité de la tenue du modèle : robe à col montant, capeline sombre à peine fleurie, coiffure sévère. Mais l'ocre doré qu'on trouve tantôt sous le gris, tantôt dessus, module l'ensemble, donne à ces superpositions transparence

Greta Prozor, 1916
huile sur toile
146 × 96
don de la Scaler Foundation avec le concours
d'un donateur anonyme, 1982
AM 1982-426

Nu de dos II, 1913
bas-relief, bronze
188 × 116 × 14
épreuve 3/10, ap. 1948
achat de l'État 1964, attr. 1970
AM 1712 S

et lumière et, en définitive, contribue à sacraliser cette haute et mince figure, comme le fond d'or des icônes. Le rôle des lignes noires, comme dans d'autres toiles contemporaines, n'est pas de délimiter les formes, de cerner des compartiments de couleur : elles « courent à travers la couleur (…) courent dans l'espace, d'une forme à l'autre, pour mettre à jour des tensions, et contribuer non descriptivement à la poétique (…). Matisse leur assigne de dire un deuxième sujet, une sorte de sur-sujet qui serait la personne morale, l'être poétique du modèle et la seule façon d'accéder à sa vérité » (D. Fourcade, *Cahiers du Musée* n° 11, p. 101-107).

☐ *Nu de dos II, 1913*
« J'ai fait de la sculpture quand j'étais fatigué de la peinture. Pour changer de moyen. Mais j'ai fait de la sculpture comme un peintre. Je n'ai pas fait de la sculpture comme un sculpteur », confie Matisse. Et plus précisément : « Je prenais de la terre (…) c'était toujours pour

organiser. C'était pour ordonner mes sensations, pour chercher une méthode qui me convienne absolument ». Peut-être pas un but en soi, la pratique de la sculpture a donc aidé Matisse dans certains moments de son évolution. Entre 1909 et 1930, les quatre états de *Nu de dos,* repris chacun à partir d'un plâtre de l'état précédent, s'articulent ainsi à quatre étapes cruciales : en 1909, au moment du travail sur les figures monumentales (à peu près à la même échelle que les *Nus*) de *La Danse* et *La Musique*; en 1913 et en 1917 *Nu de dos II* et *Nu de dos III* encadrent les recherches les plus abouties de Matisse, en tension avec l'abstraction. Enfin, le quatrième état (1930) est contemporain de la grande décoration murale pour la Fondation Barnes. En même temps, la simplification, au cours des étapes successives, de la pensée de Matisse sur l'espace et le modelé, apparaît (comme plus tard dans les états photographiés d'une même peinture et sur une durée encore plus significative) comme un témoignage essentiel de son activité si rigoureuse et si raisonnée.

Figure décorative sur fond
ornemental, Nice, hiver 1925-1926
huile sur toile
130 × 98
achat 1938
AM 2149 P

414

◻ *Figure décorative sur fond ornemental,* hiver 1925-1926

La confrontation de la figure et du fond constitue pour Matisse une des formes privilégiées prises par l'opposition du réalisme (les trois dimensions) et du décoratif (à deux dimensions), les deux pôles dont la mise en tension définit toute sa peinture. Cette figure se trouve d'ailleurs très précisément en rapport avec l'effort de sculpture entrepris par Matisse au même moment, et surtout avec *Grand Nu assis, bras levés,* 1923-1925 : des photographies prises à Nice vers 1924-1925 montrent le modèle en terre de la sculpture posée contre le fond même — papier à fleurs, tentures décoratives, miroir vénitien — qui sera celui du tableau. Et cette situation visuelle a peut-être été le point de départ de la toile du Musée, qui pose une figure aux volumes violemment simplifiés et fortement accentués par des ombres et des lumières tranchées, contre un fond également excessif, aplati, « patternisé » par la répétition des motifs décoratifs. Car il s'agit d'une véritable lutte entre les deux systèmes, système perspectif traditionnel faisant percevoir la profondeur et système décoratif abandonnant toute référence à l'espace réel. Dans cette toile-charnière, bilan du travail entrepris à Nice depuis cinq ou six ans et amorce des solutions encore à inventer, Matisse réussit provisoirement une impossible quadrature, d'où l'importance de l'œuvre, saluée par la critique dès sa première présentation au Salon des Tuileries en mai 1926 et constamment commentée et analysée depuis lors. Son acquisition par l'État en 1938 marque l'arrivée de Jean Cassou et sa lucidité, en regard de la totale incompréhension manifestée jusqu'alors par les pouvoirs publics vis-à-vis de l'œuvre de Matisse.

◻ *Le Rêve,* 1935

En 1935 Lydia Delectorskaya commence à poser quotidiennement pour Matisse. Les années 1930-1933 ont constitué — du moins en ce qui concerne la peinture « de chevalet » — un temps de mise au point, de reprise, de réflexion. La rencontre avec un modèle nouveau, coïncidant avec — ou même déclenchant — une cristallisation différente, va permettre une nouvelle séquence. On sait combien ce rapport au modèle est important pour Matisse qui déclare en 1939 : « Mes modèles, figures humaines, ne sont jamais des *figurantes* dans un intérieur. Elles sont le thème principal de mon travail. Je dépends absolument de mon modèle que j'observe en liberté, et c'est ensuite que je me décide pour lui fixer la pose qui correspond le plus à son naturel. Quand je prends un nouveau modèle, c'est dans son abandon au repos que je devine la pose qui lui convient et dont je me rends esclave ». La pose du *Rêve* (avril-mai 1935) appartient ainsi en propre au nouveau modèle. Elle sera reprise dans *Les Yeux bleus* (coll. part.), puis de nombreuses fois, en dessin ou en peinture, les années suivantes. Mené parallèlement à *Nu rose* (Baltimore Museum of Art), tableau le plus important de l'année 1935, peint de mai à novembre, *Le Rêve* en constitue comme une étape préparatoire : même tissu à carreaux sur le divan, même accord d'un bleu avec un rose, même recherche d'une arabesque découpant et différenciant la figure aussi simplement que possible sur un fond unifié. Mais tout cela, exprimé ici avec une douceur sereine, sera poussé à l'extrême dans *Le Nu rose,* tableau plus dur, plus radical, annonçant plus directement les gouaches découpées.

◻ *Nature morte au magnolia,* 1941

Comme pour d'autres peintures exécutées en 1940-1941, des dessins, documents et témoignages viennent éclairer la longue genèse (septembre à décembre) de cette importante nature morte. En premier lieu, de nombreuses études dessinées en rapport avec les différents éléments du thème (études pour la fleur seule, pour le coquillage) ou bien les combinant. Matisse a, par ailleurs, fait photographier sys-

tématiquement — depuis 1935 — les états au jour le jour de ses œuvres. Des photographies des états successifs de la *Nature morte au magnolia* ont été connues très tôt, dès 1945, par une exposition presque didactique à la galerie Maeght, puis par le film réalisé par Campaux en 1946, montrant Matisse au travail. On peut ainsi constater comment la toile s'organise petit à petit, comment chacun des éléments s'immobilise frontalement autour de la fleur de magnolia, auréolée par le chaudron de cuivre sur laquelle elle se détache : la composition définitive évoque, par son hiératisme, l'organisation de certains tympans romans (le Christ dans une mandorle , entouré des quatre symboles des évangélistes). André Rouveyre (vieil ami des années d'avant 1914, redevenu très proche de Matisse au début de la Seconde Guerre mondiale) devait célébrer, par un texte paru en 1945 dans *Verve,* les « deux rouges d'une étrange ardeur dans la dissociation comme dans le mélange que leur donne une subtilité de rapport infernale ». On notera aussi avec quelle maîtrise Matisse préserve, dans cette dominante rouge, l'éclat bleuté de la fleur de magnolia.

□ *Jazz,* 1947
Publié en septembre 1947 par Tériade, *Jazz* a été élaboré dès 1943-1944, les dates des maquettes originales s'échelonnant entre 1943 et 1946. C'est une œuvre clef dans l'évolution de Matisse, la charnière entre la peinture et la pratique du papier découpé qu'il développe pendant la dernière décade de sa vie. Il explicitera en 1951 ce que représente ce nouveau langage : « Le papier découpé me permet de dessiner dans la couleur. Il s'agit pour moi d'une simplification. Au lieu de dessiner le contour et d'y installer la couleur — l'un modifiant l'autre — je dessine directement dans la couleur, qui est d'autant plus mesurée qu'elle n'est pas transposée. Cette simplification garantit

Danseuse assise, 7 nov. 1939
fusain sur papier
65,5 × 50,5
don Pierre Matisse, 1975
AM 1976-283

Nature morte au magnolia, Nice, déc. 1941
huile sur toile
74 × 101
achat 1945
AM 2588 P

416

Grand Intérieur rouge, Vence, 1948
huile sur toile
146 × 97
achat 1950
AM 2964 P

une précision dans la réunion des deux moyens qui ne font plus qu'un (...). Ce n'est pas un départ mais un aboutissement. Cela exige infiniment de subtilité et un long acquis. Il faut étudier longuement, ne pas se hâter. Ainsi celui qui commence par le signe aboutit très vite à une impasse. Moi, je suis allé des objets au signe ».

Le format du livre n'est pas défini avant le printemps 1944, ni le titre (Matisse ayant également songé à l'appeler *Le Cirque*). Et c'est seulement en 1946 qu'il décide d'écrire lui-même un texte et de reproduire ses pages d'écriture en fac-similé, en regard des planches : parti fondamental, qui annonce l'alternance, dans la chapelle de Vence, des vitraux intensément colorés et des zones couvertes de céramiques noire et blanche. La réalisation du livre fut conduite avec un soin exceptionnel par Tériade, le coloriste Edmond Vairel — qui utilisa pour les reproductions au pochoir les mêmes couleurs (des gouaches Linel) que celles des maquettes originales — et par l'imprimeur Draeger (pour les pages de texte).

□ *Grand Intérieur rouge,* 1948

En 1943, à la suite d'un raid aérien sur Nice, Matisse s'installe dans l'arrière-pays, sur la colline de Vence, dans la villa *Le Rêve*. Après la « floraison » en dessins des années 1941-1942, après les années difficiles de la guerre, principalement consacrées aux dessins et à *Jazz*, vient le temps d'une floraison en peinture. C'est, à partir de 1946 et jusqu'en 1948, la saison des *Intérieurs* de Vence : « Je n'ai jamais été aussi clairement en avant dans l'expression des couleurs », écrit Matisse à André Rouveyre le 15 mai 1947 à propos de cette éblouissante série. Le Musée possède deux de ces toiles, *Intérieur jaune et bleu,* 1946, et *Grand Intérieur rouge,* peint au printemps 1948, l'une des dernières et peut-être la plus synthétique. Matisse y multiplie les contrastes — intérieur/extérieur, droites/courbes, vides/pleins — et les ambiguïtés — ici, les deux fausses fenêtres découpées par un dessin et un tableau accrochés côte à côte au mur de l'atelier. Mais tous ces éléments disparates s'inscrivent sur le même plan, surface « à l'éclat aveuglant, mais léger, immatériel » (Pierre Schneider), d'un rouge qui est le rappel et la synthèse de tous les rouges de Matisse (celui de la *Desserte rouge* de 1908, celui de l'*Atelier rouge* de 1911, celui de la *Blouse roumaine* de 1940 ou de *Nature morte au magnolia* de 1941). Il y a totale équivalence de la couleur et du dessin. Matisse a d'ailleurs exécuté, parallèlement à ses toiles de 1946-1948, toute une série de grands dessins à l'encre de Chine et au pinceau, qui, souligne-t-il, « contiennent en réduit les mêmes éléments qu'un tableau en couleur, c'est-à-dire la différenciation de la qualité des surfaces dans une unité de lumière ».

□ *Seconde maquette pour les vitraux de la chapelle de Vence,* 1949

Matisse déclarait en 1949 : « A la suite de *Jazz* j'ai couvert de "papiers découpés" mes murs, sans autre but que l'étude, donc sans destination. Alors s'est présentée pour moi l'occasion de décorer entièrement l'intérieur d'une chapelle sur toutes ses surfaces : les murs, le sol et le plafond (...). Dans la chapelle il y aura un côté — le vitrail lumineux et coloré — pour lequel m'ont servi mes études sur le papier découpé, opposé à un côté décoré en noir et blanc ». Ainsi, les maquettes pour les vitraux de Vence — il y en eut trois, une première conception à demi-grandeur réalisée pendant l'été 1948 de juillet à octobre, puis une deuxième (celle du Musée), complète et à l'échelle, exécutée en janvier et février 1949, enfin, une troisième et définitive, datée de fin mars 1949 — se situent juste après *Jazz* et représentent l'aboutissement d'une période d'expérimentation, à plus large échelle que les petites planches du livre; expérimentation des rapports quantitatifs de couleur, par le biais des morceaux de papier découpé permettant de la doser de la façon la plus rigoureuse et la

plus sensible en même temps, en vue de transformer ces rapports de couleurs en rapports de lumière. Dans cette deuxième maquette, Matisse utilise toutes les couleurs de *Jazz,* les pourpres, les roses, les oranges, les bleus. Obligé de tout recommencer en février 1949 (il avait omis de prévoir la nécessité de soutenir les vitraux par des fers), il réduira sa gamme à trois couleurs seulement, jaune, bleu, vert : « La couleur rouge ne figure pas, mais elle existe par réaction dans l'esprit de l'observateur ».

□ *Nu bleu III,* 1952
Dans la série des quatre nus bleus est reprise une pose de nu assis, traitée de nombreuses fois en peinture, mais aussi en sculpture (*Nu assis, Olga,* 1910, *Nu assis bras autour de la jambe droite,* 1918, et surtout *Vénus dans une coquille* dans ses deux versions, 1930 et 1932). Et c'est

bien à la sculpture que l'on a envie de confronter les *Nus bleus,* dernier et plus sublime état de la réflexion de Matisse sur la figure dans l'espace. Ce sont ici les vides qui mettent l'accent sur les articulations, qui figurent les pleins, le gonflement des volumes (le « plus » d'une jambe pliée qui passe *devant* la cuisse). Or, loin de constituer des ruptures « préjudiciables à l'ensemble », les vides inscrivent la figure dans son espace propre, dans une lumière unifiée : la figure ne se dessine plus, close sur un espace abstrait, dont elle se sépare nettement *(Nu couché I);* elle n'inclut plus une quantité d'espace limitée, précisément dessinée et qualifiée autrement que l'espace ambiant (les « vides » que dessine et contient *La Serpentine).* Le *Nu bleu* est à présent parcouru d'espace. Non isolé, il respire dans et par l'espace. La figure fait passage, elle est lieu d'échange et de circulation de la lumière, au même titre que les fenêtres si souvent présentes dans l'œuvre de Matisse.

Vitraux de Vence (projet, 2ᵉ état), 1949
papiers gouachés, découpés, collés sur papier marouflé sur toile
ici repr. : panneau I (haut)
299,5 × 251
don de Mme Jean et de M. Gérard Matisse, 1982
AM 1982-109 (1)

418

Nu bleu III, 1952
papier gouaché et découpé,
collé sur carton marouflé sur toile
112 × 73,5
achat 1982
AM 1982-432

Jazz, 1943-1946
20 papiers gouachés et découpés, collés sur papier
ici repr. : planche originale n° XVIII *(Le Lagon)*
42 × 65
dation 1985
AM 1985-315 (18)

□ *La Tristesse du roi,* 1952

Dès avant sa présentation au Salon de Mai en 1952, Georges Salles, directeur des Musées de France, avait signalé avec enthousiasme le grand panneau du *Roi triste* (tel était le titre que lui donnait alors Matisse), vu dans l'atelier de Cimiez, à Jean Cassou qui avait aussitôt engagé la négociation en vue d'un achat éventuel. Cette grande composition se rattache vraisemblablement à un thème biblique, mais s'agit-il d'une image liée au *Cantique des cantiques* (que Matisse songeait à illustrer à l'époque), ou bien de Salomé dansant devant Hérode? Elle propose avant tout une réflexion sur la vieillesse et la mémoire : avant Matisse, Titien, Poussin et, admirés de lui, Rembrandt et Renoir ont connu « ce jeu de la fin de la vie ». « *La Tristesse du roi,* 1952, est non seulement l'équivalent plastique des réflexions sur la vieillesse, qui finalement furent retirées de *Jazz,* mais un hommage au peintre de *David et Saül* », rappelle à juste titre Pierre Schneider. En dépit de l'audace jubilatoire avec laquelle Matisse utilise « en grand » sa technique de la gouache découpée, l'œuvre serait donc,

selon cette interprétation, un classique et dernier autoportrait du peintre en vieillard, au milieu des « voluptés calmes (...) de l'azur, des vagues, des splendeurs » énumérées par Baudelaire dans *La vie antérieure.*   I.M.-F.

La Tristesse du roi, Nice, 1952
papier gouaché et découpé marouflé sur toile
292 × 386
achat 1954
AM 3279 P

Roberto Matta
1911

« Je ne suis pas un peintre, je suis un montreur » disait, avec une provocation toute duchampienne, Matta lui-même, autorisant ainsi l'isolement progressif de sa peinture dans une après-guerre américaine et européenne tout entière engagée dans le *faire* pictural — à travers l'abstraction : la matière et le geste — et loin d'être préoccupée encore de *narration*. Embarrassé d'une indépendance trop bouillonnante, on eut vite fait, après Breton, de l'insérer dans le cadre du surréalisme, dont elle représenterait brillamment l'ultime phase. En réalité, la peinture de Matta échappe très tôt à toute classification et si elle ouvre des voies multiples — au surréalisme, à l'expressionnisme abstrait américain, à l'abstraction lyrique, à l'art révolutionnaire, à la bande dessinée, etc. —, elle poursuit, pleinement engagée dans le réel mais aussi totalement visionnaire, l'investigation de *l'humain* : lieu même des affrontements des forces énergétiques contraires qui le traversent, elle constitue une *geste* immense des multiples « mises en situation » de l'homme, personnelles, collectives et cosmiques.

Le surréalisme : Matta, Chilien d'origine, en rejoint à Paris le mouvement dès 1936, entraîné par la personnalité de Duchamp (il était alors jeune architecte chez Le Corbusier). N'illustre-t-il pas, avec les premières *Morphologies psychologiques* des années 1939-1941, puis avec la série exécutée entre 1941 et 1945, des paysages « abstraits » de l'espace-temps, tendus de réseaux énergétiques entre lesquels se meuvent des éléments en suspension, les principes énoncés à New York par Breton en 1943 « Situation du Surréalisme entre les deux guerres », à savoir : « foi persistante dans l'*automatisme* comme sonde, espoir persistant dans la *dialectique* (...) pour la résolution des antinomies qui accablent l'homme, reconnaissance du *hasard objectif* (...), volonté d'incorporation permanente à l'appareil psychique de *l'humour noir* (...), préparation d'ordre poétique à une *intervention sur la vie mythique* ». Alchimiste à la recherche de l'agathe (la pierre philosophale), Matta fournit à Breton le mythe (duchampien) du *Grand Transparent*, symbole de l'impuissance de l'homme moderne face aux perturbations de l'ordre naturel, moral ou politique (son propre mythe du *Vitreur*). Développant ses intuitions fulgurantes, déjà formulées en 1938 dans *Mathématique sensible, Architecture du temps,* il apporte au surréalisme sa contribution la plus importante aux yeux de Duchamp : la « découverte des régions de l'espace jusqu'alors inexplorées dans le domaine de l'art. Matta suivait les physiciens modernes dans la quête de son espace neuf qui, bien que décrit sur la toile, ne devait pas se confondre à une nouvelle illusion tridimensionnelle ».

A la jeune génération new-yorkaise qu'il rencontre à son arrivée aux USA en 1939 — Motherwell, Gorky, Rothko, Pollock, Baziotes, De Kooning — Matta montre, dès 1941-1942, la voie d'un automatisme gestuel, le travail de la matière jetée ou posée à l'éponge, son application à de grands formats, la tactilité et la souplesse de la surface picturale, la liberté du champ spatial. Mais, en reprenant en 1945 ouvertement la figuration humaine, « le peintre le plus profond de sa génération », salué en ces termes par Duchamp en 1946, s'isole lui-même : en 1948, il quitte New York « où tout devenait trop *peinture* », se fait exclure par Breton du groupe surréaliste pour « disqualification intellectuelle et ignominie morale » (il collaborait à New York à la revue *Instead*) et définit, au cours d'un bref passage au Chili, le « rôle de l'artiste révolutionnaire » dans la « redécouverte des nouvelles relations affectives entre les hommes ».

A Rome, Paris et Londres où il travaille depuis, Matta s'engage ouvertement depuis 1952 *(Les roses sont belles)* dans le débat historique et politique de son temps qui le mènera dans tous les combats révolutionnaires (Chili, Cuba, Mai 1968...). De sa peinture, dont il développe encore le pouvoir métaphorique, la critique parisienne retiendra surtout la liberté formelle, le lyrisme cosmique, le contenu phénoménologique : celui d'une peinture de l'énergie en suspension, du potentiel comme de la désintégration. Mais, alors qu'à New York

le Museum of Modern Art et, à Stockholm, le Moderna Museet consacrent à son œuvre les premières rétrospectives de 1957 et 1959, à Paris son propos, qui est de « remplacer la perspective par une sorte de prospective et simultanément remplacer l'espace des distances par un espace du sens », laisse désemparé. Réintégré au groupe surréaliste à l'occasion de l'exposition de la galerie Daniel Cordier en 1959 (sur le thème de l'Éros), Matta n'en continuera pas moins, en toute indépendance, à donner à voir dans sa peinture-manuscrit le film gigantesque des mouvements, des mutations de l'homme social au sein de son espace mental et culturel.

W. Rubin, cat. *Matta,* New York, MOMA, 1957; A. Jouffroy, *Matta,* Paris, galerie du Dragon, 1958; J. Schuster, *Développements sur l'infra-réalisme de Matta,* Paris, éd. Losfeld, 1970; R. Sabatier, *Matta, Cat. raisonné de l'œuvre gravé (1934-1974),* Stockholm, éd. Sonet et Paris, éd. Visat, 1975; G. Ferrari, *Matta, Index dell'opera grafica dal 1969 al 1980,* Viterbe, Staderini Ed., 1980; cat. *Matta,* MNAM, Centre G. Pompidou, 1985.

Avec l'acquisition récente de *Xpace and the Ego,* 1945, et de trois magnifiques dessins de l'année 1942, *Les Optimates, Les Délits* et *La Pierre philosophale,* l'œuvre de la période américaine de Matta, décisive pour l'élaboration de la mythologie et de l'espace proprement mattiens, comme pour son rôle historique de « pont » entre le surréalisme français et l'abstraction américaine, est enfin présente dans la collection du Musée. Seules y figuraient des peintures d'après 1955, dont *L'Étang de No,* 1958, et l'immense toile *Les Puissances du désordre,* 1964-1965.

☐ *Les Délits,* [1942]
Contrairement aux premiers dessins qui, proposant des « architectures psychologiques », des espaces emplis de structures biomorphiques mutantes, préparaient directement les *Inscapes* incandescents
de 1938-1940, l'admirable série de dessins développée par Matta entre
1940 et 1944 se démarque des peintures d'espaces « abstraits » qui
leur sont contemporaines. Lieu fourmillant d'apparitions de figures
animales ou humaines, juxtaposées, confrontées dans un espace à
peine notifié, chaque feuille de dessin semble permettre à Matta de
mettre à jour la thématique du conflit — agression, volonté de vie
ou angoisse de mort (dans *Les Délits :* Éros, désir, plaisir, violence)
— qui, apparue en temps de guerre, portera toute son œuvre ultérieure. Figuration toujours férocement humoristique *(Le Coq, Joan
of Arc, Flying people eaters)*, elle prend rarement un aspect aussi
directement descriptif que dans *Les Délits;* c'est probablement pour
son imagerie ouvertement érotique que Matta reprendra ce croquis
à la pointe sèche pour illustrer en 1943 *The New School* et tourner
ainsi en dérision cette nouvelle « École de New York », praticienne
du geste, dont il entend déjà se démarquer. Le trait de crayon s'appuie,
nerveux, puissant, là où est la tension de l'acte, s'allège pour en
signifier la résonance dans l'espace, se dissout par frottement lorsque
l'être semble menacé (comme s'il avait « bougé » devant « l'objectif »
du spectateur). *Les Délits* le montrent bien : la couleur, grasse, fluide
et vivante du crayon de cire rouge, mêlée étroitement au crayon, en
semble l'incandescence même, devient le flux vital de l'image. Matta
paraît se livrer, dans le dessin plus peut-être que dans la peinture, à

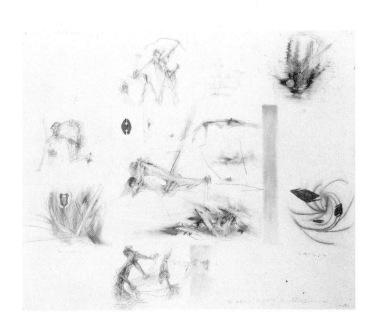

Xpace and the Ego, [1944-1945]
huile sur toile
202 × 457
achat 1982
AM 1983-94

Les Délits, [1942]
(Les Vertus irrésistibles)
crayon et crayons de cire sur papier
57,3 × 72,7
achat 1985
AM 1985-44

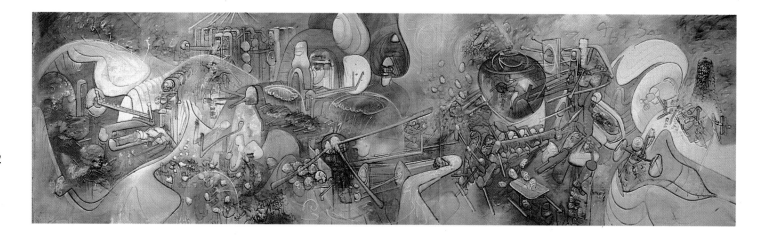

cette « perception directe, cette perception insistante du phénoménal » qui constitue, comme il le déclare dès 1941, « l'expérience colossale du peintre, c'est-à-dire de l'homme qui invente ».

☐ *Xpace and the Ego,* [1944-1945]
Avec l'apparition d'un très large format « écran », dont le principe était déjà préparé par les triptyques de l'année 1943 (*Prince of Blood*, New York, Pierre Matisse Gallery; *La Vertu noire*, Londres, The Tate Gallery) et qui dépasse amplement celui, déjà agrandi, du *Vertige d'Éros* de 1944 (MOMA), les grandes toiles de 1944-1945 — *Science, conscience et patience du Vitreur* (Paris, coll. part.), *Xpace and the Ego* et *Être avec* (Paris, coll. part.) — marquent le pas décisif franchi par Matta cette année-là pour déployer, affirmer sur la toile la « nouvelle image de l'homme » proposée dans ses dessins antérieurs : retour ostentatoire, fracassant, à une « figuration », considéré comme un abandon par le milieu américain, une trahison par les surréalistes. Des corps totémiques, aux membres étirés et ployés (qui rappellent celui, énigmatique, de *L'Objet invisible* de Giacometti, dont Matta avait acquis le plâtre en 1943), aux gueules et mains crispées en serres (on pense encore aux *Femmes égorgées* de Giacometti), s'y trouvent en prise les uns avec les autres, tout entiers soumis à la même force rotative qui traverse l'espace global : celle, dramatique, de l'Éros et de la pulsion de mort qui commande violemment les relations interhumaines, l'« Etre-avec », comme le dira Matta.
Il faut s'arrêter sur les particularités spécifiques d'*Xpace*. Son espace unifié, tactile par les seules variations de couleur et de matière (le travail au chiffon de Matta permet les alternances subtiles de zones d'induration et de mollesse, d'opacité et de transparence), mesuré uniquement par le réseau de lignes vibrantes qui le lacèrent (souvent rapproché de dispositif de cordes transversales mis en place par Duchamp dans l'espace de l'exposition *First papers of Surrealism* en 1942). Son caractère très graphique : peu de plans de couleurs, quelques rares volumes, la ligne, légère et nerveuse y règne en maître, ici tourbillonnante dans l'espace, là se pliant pour former figure humaine. Ces étrangetés, en regard de *Science, patience et conscience du Vitreur,* plus complexe, plus abouti, solidement architecturé de poteaux verticaux et d'écrans diversement colorés, laissent présager l'« histoire » personnelle de ce tableau, révélée plus tard par Matta lui-même. Il aurait été peint *sur* la toile du fameux *Vitreur* exécuté en 1944 et qui avait fait aussitôt sensation à New York : Matta « effaça » l'œuvre brutalement à la suite d'une violente altercation, chez Pierre Matisse où elle était exposée, avec André Breton et Max Ernst qui lui reprochaient de donner forme « trop humaine » au « mythe nouveau » (du Transparent ou du Vitreur). A en juger d'après le seul

document resté du *Vitreur* (sa reproduction, repentir de Breton, dans *Le Surréalisme et la peinture* en 1946), Matta, en y superposant *Xpace,* a fait disparaître toute structure architectonique et réduit les « motifs »: accentuant ainsi l'unité tonale et formelle de la surface picturale, il privilégie du même coup — ironiquement? — la « geste » de la ligne. Et si la spontanéité et la rapidité même de la facture — le jet continu du trait, les coulures, les éclaboussures, les traces visibles du travail de la brosse ou du chiffon — ont pu superficiellement répondre à l'orientation de ses amis new-yorkais, il ne faut pas se méprendre sur les intentions de Matta : disparu dans le titre d'*Xpace and the Ego,* le Vitreur semble réapparaître dans les avatars translucides, les différents « états d'existence » de l'Ego dissous dans un espace lui-même transparent.
On sait le rôle joué à New York par Duchamp, auprès de Matta en particulier : depuis le dessin des *Grands Transparents* (1942) jusqu'à l'apparition du mythe du Vitreur (1944), dans cette véritable « suite duchampienne » que constituent des toiles comme *Locus Solus, Years of fear* et *The Bachelors twenty years of fear* (cf. R. Golan, *in* cat. *Matta,* MNAM, 1985), Matta ne cesse de se référer, par l'alchimie (de son côté, André Breton publie en 1944 *Arcane 17*), à Raymond Roussel et au père du *Grand Verre.* Dans l'étude qu'il consacre la même année, avec K. Dreier, à *La Mariée mise à nu,* il redit sa fascination pour la juxtaposition des substances — peinture, verre, miroir — et pour les fissures (concentriques, rectilignes) du *Verre.* Tout cela est encore présent dans les toiles de 1944-1945. Mais, en renonçant au mécanomorphisme humoristique de Duchamp, en proposant, dans le *Vitreur* disparu puis dans *Xpace,* une figuration explicite, une morphologie « anatomique » au mythe du Transparent, Matta entend bien engager celui-ci dans la réalité sociale et historique, dans une temporalité précise, entre primitivisme et science-fiction. A cet égard, comme le *Guernica* de Picasso, *Xpace and the Ego* et, davantage encore, *Etre avec* qui lui succède, prennent valeur de manifeste.   A.L.B.

Les Puissances du désordre, 1964-1965
(L'Heure de la vérité)
huile sur toile
298 × 993
don Alexandre Iolas, 1979
AM 1979-68

Mario Merz
1925

Né à Milan, Mario Merz vit aujourd'hui à Turin. Il avoue ne pas avoir conservé grand-chose de l'époque où il était peintre : « On pensait qu'il fallait dépasser Picasso, mais toujours revenait l'idée du réalisme ou du contre-réalisme, de l'abstraction ou de l'anti-abstraction... » C'est du milieu des années 60 que date ce que l'artiste qualifie lui-même « d'étranges choses » : « Je prenais mon imperméable et je le transperçais avec une lampe de néon, corps de lumière traversant un corps opaque. » Mais Merz refuse que l'on regarde ses premières sculptures et installations comme des œuvres néo-dadaïstes : il ne s'agissait pas d'objets trouvés, il ne s'agissait que d'élaborer une méthode, une pratique pour se défaire de la peinture... Comme il refuse le qualificatif de néo-dadaïste, Merz refuse également le terme d'assemblage : les bouteilles, objets usuels, journaux en ballots liés avec du fil de fer sont d'abord la possibilité d'inventer un espace spécifique, distinct de l'esthétique du fragment propre au dadaïsme. Il s'agit davantage de créer une *situation* fondée sur l'idée de *prolifération*.

C'est à la fin des années 60 que Merz élabore ses premiers igloos, dont il fera une image emblématique : l'igloo réapparaîtra sous des formes diverses, couvert de matériaux différents (terre, métal, verre),

comme dépositaire de toute l'ontologie de son œuvre. A la même époque, et alors qu'il réalise différentes sculptures de paille et de métal, Merz fait intervenir dans le processus d'élaboration et d'organisation de son œuvre le principe de *la suite de Fibonacci*. Figure de mathématique en spirale, elle lui permet de s'opposer aux dispositifs de l'espace classique et de retrouver l'asymétrie que la nature se donne à elle-même pour produire et se reproduire. « Avec l'asymétrie, on sort toujours forcément de soi-même... La spirale est le symbole du temps, de l'expansion du centre vers la périphérie. L'expansion de l'espace est l'idée même du temps. »

Suivent alors les éléments d'une iconographie sur laquelle se fondera le principe théorique de certains aspects de l'*Arte Povera* : des éléments naturels, comme des fagots, des fruits ou encore des légumes, seront disposés comme parties intégrantes de l'œuvre, combinant une dimension formelle et mentale avec une approche émotionnelle et sensorielle; tous sont ainsi pour Merz la possibilité de retrouver une espèce d'ingénuité « en face de l'énormité de la nature ». Le dispositif de l'œuvre devient alors une véritable scénographie : qu'il s'agisse de pièces anciennes qui se mêlent à d'autres plus récentes, sa pratique est sujette à toutes les modifications que le lieu réclame. Merz ne

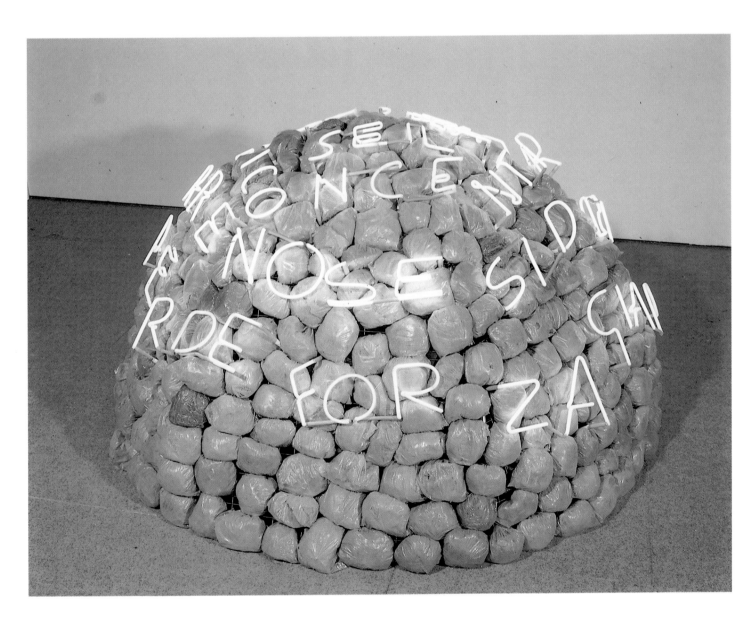

Igloo de Giap, 1968
armature de fer, sacs de plastique
remplis de terre, tubes de néon
120 × 200 (diam.)
achat 1982
AM 1982-334

424

saurait se contenter d'une unité stable. Il refuse les « images arrêtées ». On y reconnaîtra l'intérêt qu'il a toujours porté au futurisme. L'art doit être « vélocité », « panique » au sens d'*épanouissement*. Alors qu'il élabore des installations de plus en plus complexes, Merz retrouve, à la fin des années 70, dans de grands dessins et peintures, ce qu'il désigne comme une « fantaisie » symbolique peuplée d'animaux fantastiques et d'images primitives : « J'aime cette région différente de l'homme que sont les animaux. » A la recherche d'« un vent préhistorique », Merz se confronte au Temps. « L'art est un exercice. On doit faire tout ce que l'on doit faire sans exclusion aucune... C'est pour ça qu'aujourd'hui, pour être un artiste vrai, on doit tout refaire comme l'homme de Dieu ».

Cat. *Mario Merz,* Paris, ARC, 1981; G. Celant, *Mario Merz,* Milan, Mazzotta, 1983; cat. *Mario Merz,* Zurich, Kunsthaus, 1985.

□ *Igloo de Giap,* 1968
Dans les années 1966-1968, que Germano Celant définit comme les années d'« une esthétisation du réel », Merz va privilégier une dimension de l'excès et de l'outrance et la libre utilisation des matériaux et des signes, en quête d'une « véritable anti-iconographie ».
L'*Igloo de Giap,* exposé en 1969 à la galerie Sonnabend lors de la première exposition personnelle de l'artiste à Paris, en même temps que deux autres œuvres, *Sit-in* et *L'Igloo d'argile,* apparaît comme l'un de ses tout premiers igloos. Il s'agit d'une structure de métal — d'une ossature en quelque sorte — en forme de demi-sphère, sur laquelle sont fixés des treillages de métal ligaturés par des fils d'acier. L'armature est recouverte de petits sacs de plastique remplis de terre glaise. De nombreux documents photographiques, parmi lesquels ceux de l'exposition *Prospect 68* de la Kunsthalle de Düsseldorf (sept. 1968) et ceux des galeries Sonnabend et Konrad Fischer, témoignent de différentes formes de réalisation de cet igloo. La terre y apparaît, tantôt à nu comme dans l'*Igloo d'argile,* 1969, tantôt mise dans des sacs comme dans celui du Musée. Sur l'ensemble de cet igloo, en lettres capitales de néon, court la sentence du général Giap en italien : SE IL NEMICO SI CONCENTRA PERDE TERRENO SE SI DISPERDE PERDE FORZA. GIAP.

Mario Merz, qui reconnaît volontiers dans la notion d'*Arte Povera* une invention de la critique, dit avoir voulu se libérer « du scaphandre qu'était la peinture ». Pour lui, « l'igloo est né à travers une espèce de savoir » et incarne la forme organique par excellence. Il est à la fois « le monde » et « la petite maison ». Pourtant, cet espace fragile n'est pas une tanière, mais d'abord la figure de la dualité du monde extérieur et intérieur, d'une dialectique des contraires, à la frontière du vide et du plein. De cette construction, élémentaire, Merz dit qu'elle est toujours faite « pour s'abriter, pour conférer quelque dimension sociale à l'homme ». L'igloo, image de survivance, est à la fois une édification nomade et l'abri. Son existence n'est en rien liée à celle de l'architecture, mais naît d'abord de la nécessité de survivre. Ainsi l'igloo se propose-t-il comme une anti-architecture, car il ne répond à aucune mathématisation de l'espace, mais à la seule précarité de l'immédiat. « Quand j'ai fait l'igloo, j'ai agi avec la force de l'imagination parce que l'igloo, ce n'est pas seulement l'élémentarité de la forme, c'est aussi un support à l'imagination. » L'inscription de la formule du général Giap, en spirale de néon, évoque à la fois l'utilisation de la spirale comme forme symbolique, figure de l'œuvre ouverte, mais encore la progression de Fibonacci, « organisation spiraloïde différente de la perspective renaissante ». Elle témoigne aussi de l'incursion d'un texte qui souligne la réalité et la nécessité d'une implication politique. « Pour Giap, ce n'est pas une solution politique, affirme Mario Merz, mais une espèce d'intuition bouddhiste de la guerre et de la vie de guerre. » Giap dit : « Si l'ennemi se concentre, il perd du terrain, et si l'ennemi se disperse, il perd sa force. » « C'est, insiste Merz, le 0 bouddhiste qui se manifeste là, et c'est une construction qui rappellerait les *azevamenti.* » Contemporaine de la guerre du Vietnam, l'œuvre de Mario Merz, dictée par un système qui se voulait « plus philosophiquement que religieusement bouddhiste », témoignait des implications revendicatrices d'alors. L'igloo apparaissait ainsi à la fois comme une figure de la solitude et un manifeste.

□ *Crocodilus Fibonacci,* 1972
Plus tardive, cette œuvre, illustrant parfaitement une autre dimension de l'œuvre de Mario Merz, est constituée d'un crocodile du Niger naturalisé, derrière lequel une suite numérique en chiffres de néon est répartie progressivement selon le principe de la suite de Fibonacci évoqué plus haut. L'ouvrage essentiel que publia le mathématicien Fibonacci (pseudonyme de Léonard de Pise, 1175-1240), le *Liber Abbaci,* permit la diffusion au monde chrétien du principe de calcul arabe. On y trouve étudiée, à partir de l'observation de la reproduction d'un couple de lapins, la suite numérique dite « suite de Fibonacci » : 0, 1, 1, 2, 3, 5, 8, 13, 21... dans laquelle chaque terme est égal à la somme des deux termes qui le précèdent. Mais cette construction par laquelle Merz va tendre à s'opposer aux limites d'un espace mesurable et clos, pour lui substituer une dimension mentale et organique, incarne tout d'abord une métaphore de la pensée « qui s'exprime, souligne Germano Celant, en spirales, en serrements et en expansion ». Et si la symétrie sur laquelle s'édifie l'espace idéal classique tend vers les limites d'un espace quantifiable et mesurable, la spirale et la progression de Fibonacci seront toutes deux les figures d'un développement dans le temps que Merz voudra à la fois « centrifuge et centripète ». Dans l'expansion de l'espace liée à l'idée même du temps, l'œuvre de Merz cherche à retrouver une imagination élémentaire et se veut la parabole des puissances créatrices.
Dans un texte qui témoigne de la force poétique de son œuvre, Merz écrit : « Depuis au moins deux siècles, la bête féroce n'est plus l'animal terrible ! Le spermatozoïde est l'animal dangereux. Les lèvres du cerf ne tremblent plus au moindre bruit. L'homme plus que le cerf a une peur immodérée des conséquences. Les artistes naissent comme les primevères sous l'hiver et la terre... »   B.B.

Crocodilus Fibonacci, 1972
installation de 22 mètres comprenant un crocodile
naturalisé (L 182) et 15 chiffres de néon
achat 1978
AM 1978-745

Jean Metzinger
1883-1956

« Aucun jeune peintre contemporain n'a connu autant d'injustice que Jean Metzinger, n'a montré plus d'opiniâtreté que cet artiste raffiné, l'un des plus purs qui soient aujourd'hui », écrit Apollinaire en 1913. Peu après son arrivée à Paris, Metzinger traverse une période fauve, puis se rattache au courant divisionniste, comme Robert Delaunay. Exposé régulièrement dès 1903 chez Berthe Weil, il fait des envois réguliers aux Salons d'Automne et des Indépendants. En 1910, par l'intermédiaire de Max Jacob, il rencontre Guillaume Apollinaire dont il exécute le portrait. La publication, dans la revue *Pan,* d'une *Note sur la peinture,* dans laquelle il explicite les perceptions nouvelles de Picasso et de Braque, marque son adhésion au cubisme, peut-être plus en théoricien qu'en plasticien. Membre du groupe de Puteaux — il expose *La Plume jaune* au Salon de la Section d'Or en 1911 — il définit en 1912 les règles d'un cubisme mesuré, toujours lisible, dans son ouvrage *Du Cubisme,* rédigé avec Gleizes, comme dans ses toiles majeures : *Le Goûter* (Musée de Philadelphie), *L'Oiseau bleu (*MAM) et *Danseuses au café* (Buffalo, Albright Knox Art Gallery).

Entre 1913 et 1923, sous contrat avec Léonce Rosenberg, il subit, plus encore que l'influence évidente de Picasso, celle de Gris (auquel il est alors très lié), notamment dans la série des femmes : *Femme à la guitare* (Musée de Grenoble), *Femme au verre,* 1917 (MNAM). Son goût prononcé pour la couleur s'affirme dans des paysages : *Le Village,* 1918 (Musée de Grenoble), *Paysage,* 1919 (MNAM). Dans les toiles de 1924-1925 apparaît un réalisme plus accentué, très proche de celui de Fernand Léger. Aux toiles naturalistes succèdent des œuvres de nouveau plus « cubistes » dans les années 40.

Metzinger demeure plus connu à l'étranger que dans son pays d'origine, une grande partie de sa production étant conservée aux États-Unis.

A. Gleizes et J. Metzinger, *Du Cubisme,* Paris, Figuière, 1912; cat. *Metzinger,* Chicago, International Galleries, 1964; cat. *Metzinger,* Nantes, École des Beaux-Arts, 1985.

□ *La Tricoteuse,* 1919

Riche en dessins cubistes, la plupart se situant entre 1909 et 1913, dont une *Étude pour le Portrait d'Apollinaire,* 1909, la collection du Musée ne possède que trois peintures de Metzinger, toutes de la même période : 1917-1919.

Les figures féminines exécutées à la fin de la guerre présentent de nombreuses similitudes : assises de trois quart dans un fauteuil, au centre d'un espace fortement architecturé. Telle est *La Tricoteuse,* où l'on retrouve le répertoire formel cubiste : la superposition des formes géométriques mises à plat, les tracés rectilignes (en alternance régulière ici avec les lignes courbes), le visage anguleux, taillé en pointe. Évocatrice de *La Couseuse* de Léger (v. 1910, MNAM), quasi monochrome, cette femme en diffère par la modulation subtile de deux couleurs, le brun et le bleu, comme chez Gris. Si Metzinger n'a jamais utilisé la technique du papier collé, celle-ci transparaît dans la superposition des plans, dans le découpage des formes, dans la juxtaposition des surfaces brunes, noires, tachetées, en pointillé ou en imitation faux-bois. Sur la table est posé un vase, de facture bien cubiste, rappelant ceux de Braque.

Malgré ces nombreuses références au vocabulaire cubiste synthétique, Metzinger est demeuré fidèle au sujet lisible, qui le conduira vers un réalisme traditionnel dans les années 25.   C.L.

La Tricoteuse, 1919
huile sur toile
116,5 × 81
achat 1947
AM 2706 P

Jean-Michel Meurice
1938

Jean-Michel Meurice commence à peindre au début des années 60, optant dès cette époque pour une répétition du geste qui remplit l'espace « bord à bord ». Sa peinture s'oppose ainsi à l'abstraction lyrique qui a précédé et témoigne, comme chez d'autres artistes de sa génération (tels ceux regroupés à la galerie Jean Fournier dans l'exposition *Triptyque* en 1966), d'une réduction de la forme et d'une neutralisation de la composition. Après une série de collages montés sur des supports vyniliques ou en aluminium, il adopte au début des années 70 un réseau très dense de lignes horizontales — où couleur et dessin se confondent — qui aboutit à une saturation colorée de la surface. Meurice ne se contente pas de peindre sur des formats traditionnels, il conçoit aussi des peintures jouant avec l'espace (cornières ou barrettes), ainsi que d'immenses toiles dont la série des quatre *Pénélopes* — appellation donnée à « un travail sans fin et qui se défaisait au fur et à mesure » — est la meilleure illustration. « Par leurs dimensions, écrit-il, elles dépassent le mur et l'on ne peut en voir qu'une partie. Pourtant, elles sont peintes en entier, comme si l'on devait les voir complètement. Si on peut les dérouler complètement, on remarque qu'il s'agit de plusieurs tableaux peints sur le même support et finalement inséparables. C'est encore pour moi le point limite du hors-cadre puisque, non seulement le tableau peut continuer indéfiniment hors de ses limites, mais que sa limite n'apparaît qu'après transformation, lorsque, sans frontière discernable, il est devenu autre, c'est-à-dire pour en revenir à la préoccupation fondamentale, lorsque la densité de sa surface a pris une autre couleur ».
A.P.

Cat. *Jean-Michel Meurice,* Saint-Étienne, Musée d'Art et d'industrie, 1975; cat. *Jean-Michel Meurice, œuvres sur papier,* Les Sables d'Olonne, Musée de l'Abbaye Sainte-Croix, 1975.

426

Pénélope IV, 1973 (détail)
teinture et peinture acrylique sur toile libre
623 × 239
don du Fonds DBC, 1976
AM 1976-1144

Henri Michaux
1899-1985

« La peinture et la poésie se croisent chez Michaux sans jamais se confondre (...). Ses poèmes, aux confins de la glossolalie et du silence, disent; ses peintures, au bord du dire, se taisent » (O. Paz). C'est que, pour lui, l'acte de peindre — à l'origine, timide tentative apparue (sous l'impulsion de Klee et de Max Ernst) presque en même temps que ses premiers écrits, vers 1925 — est devenu le *moyen* nécessaire, impératif à partir de 1937, de se défaire du verbal : « Je peins pour me déconditionner, dira-t-il plus tard, pour laisser là les mots, pour arrêter la démangeaison du comment et du pourquoi ». La peinture s'impose dès lors comme le lieu unique des « émergences-résurgences » spontanées (sous ce titre de Michaux paraît en 1972 la meilleure introduction à son œuvre peinte) de formes anciennes dont les mots, « moyens d'expression de la pensée justement les plus imparfaits, les plus grossiers, les moins satisfaisants » ne peuvent saisir que le déterminé, le fixé et non, précisément, le *passage*. Ainsi, bien plus qu'un contrepoint au langage du verbal, la peinture devient pour lui trace naturelle, en gestation, de la pensée, de son mouvement même. Une écriture autre donc, constituée d'idéogrammes personnels : des lignes apparaissent, des taches (les premières en 1937), des signes (en 1950-1951) qui, échappant aussitôt à la tentation du sens, envahissent de leurs mouvements le champ inconnu, illimité, du mental. Mais écriture jamais abstraite, inévitablement liée au spectre résurgent de l'humain.

Le propos d'Henri Michaux — l'exploration de l'« espace du dedans », la libération d'apparitions oubliées et fugitives — devait engager la singularité foncière de son œuvre peinte. Avec une réserve qui lui est naturelle, il manifeste volontairement une indifférence totale pour les données picturales contemporaines, même si en 1954-1956 il s'approche de la démarche des « tachistes », et pour l'alternative figuration-abstraction, qu'il rend totalement désuète. Seuls le conduisent, en dehors de toute préoccupation de format (toujours petit chez Michaux) ou de cadre, le respect de la spécificité de chaque matière, l'expérimentation des ressources propres à chacune d'elles : pour lui, alternativement dès le début, l'aquarelle, le pastel, la gouache, le crayon, les encres de couleur, puis, dès 1954, surtout l'encre de Chine, et à partir de 1967 enfin, l'acrylique; très peu l'huile, « élément pâteux, collant », qu'il n'abordera qu'en 1977. Seuls ces matériaux conditionnent l'apparition de la forme, la genèse de sa métamorphose et le propre *rythme* de celle-ci dans l'espace qu'elle parcourt. Comme chez Klee, le lien avec la musique, ici presque concrète, s'impose dans cette peinture raffinée. « La main voit, l'œil entend. Qu'entend-il? Les rythmes, la houle des couleurs et des encres, le bruissement des lignes qui se nouent, le crépitement sec des signes (...). L'œil entend la circulation des grandes formes impalpables au sein des espaces vides » (O. Paz) : le « continuum comme un murmure » propose Henri Michaux.

Soutenue par René Bertelé dès 1938 et, à partir de 1948, essentiellement par la galerie René Drouin puis la galerie Daniel Cordier (plus tard encore la galerie Le Point Cardinal), la peinture de Michaux, restée longtemps confidentielle, devait commencer, dans les années 1955-1960, à s'imposer auprès de la critique européenne, surtout depuis la révélation des grandes peintures à l'encre de Chine à la galerie Cordier en 1959.

H. Michaux, *Émergences-Résurgences,* Genève, Skira, Les Sentiers de la création, 1972.
Cat. *Henri Michaux,* Silkeborg Museum, 1962; cat. *Henri Michaux,* Paris, MNAM. 1965; *Henri Michaux,* Paris, éd. de L'Herne, 1966; cat. *Henri Michaux,* Hanovre, Gessellschaft Museum, 1972 (trad. française St-Gall, Erker Verlag, 1973); cat. *Rétrospective Henri Michaux,* Paris, MNAM, Centre G. Pompidou, New York, The Solomon R. Guggenheim Museum, Montréal, Musée d'art contemporain, 1978; cat. *Henri Michaux,* Tokyo, The Seibu Museum of Art, 1983.

L'Arène, 1938
pastel sur papier noir
32 × 25
don du fonds DBC, 1976
AM 1976-1172

Le Prince de la nuit, 1937
gouache sur papier noir
33 × 24
don du Fonds DBC, 1976
AM 1976-1171

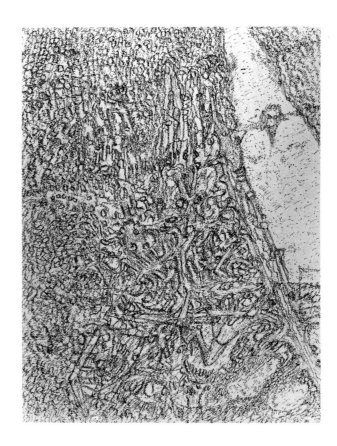

Grâce au fonds DBC entré dans la collection en 1976, le Musée est actuellement en possession de l'ensemble public le plus important d'œuvres de Michaux (avec celui du Musée de Silkeborg, réuni par les soins d'Asger Jorn). 42 aquarelles, gouaches (dont des « fonds noirs »), frottages, dessins mescaliniens, huile, exécutés entre 1938 et 1962, sont venus ainsi compléter les dix achats de l'État, effectués en 1963 et 1965, d'œuvres légèrement plus tardives : hormis deux aquarelles de 1948, ce sont des encres, des aquarelles ou des dessins des années 1962-1964. Seules manquent encore à l'ensemble les peintures à l'acrylique et à l'encre de Chine de la dernière décennie.

☐ *Le Prince de la nuit, 1937 — L'Arène, 1938*
En publiant en 1938 *Peintures* où sont reproduits seize des gouaches et pastels sur « fonds noirs » qui constituent pour la première fois une véritable série, Michaux s'explique sur les raisons qui le font non seulement quitter l'écrit (*Voyage en Grande Garabagne*, 1936, *Plume, précédé de Lointain intérieur*, 1938) pour la peinture, mais aussi choisir délibérément le noir. Seul le noir lui permet un « retour au fondement, à l'origine (...), à la base des sentiments profonds ». « Nuit de l'histoire de l'humanité », cette ombre nourricière est sa « boule de cristal » d'où il « voit la vie sortir », la forme en gestation émerger avec hésitation : noir nécessaire où son regard clairvoyant s'enfonce, comme se fixe sur la piste blanche de *L'Arène* celui, aveuglé, de la foule. Révélées comme par un flash, des formes encore incertaines surgissent, colorées, qui viennent de la nuit des temps. Leur caractère d'exactitude, de véracité s'impose, constituant un véritable instantané de l'angoisse, de la dérision, acte d'exorcisme, comme l'a souligné O. Paz, d'un grand visionnaire en quête d'absolu, de présence, combat inutile contre la fugitivité d'une révélation destinée à s'enfoncer à nouveau dans le noir.

Fluorescentes, phosphorescentes, les couleurs éclatent en mille taches, hésitent à garder la forme du *Prince de la nuit,* dont le poète dira la vanité dérisoire : « Prince de la nuit, du double, de la glande aux étoiles, du siège de la Mort, de la colonne inutile, de l'interrogation suprême / Prince de la couronne rompue, du règne divisé, de la main de bois (...) / Prince pétrifié à la rose de panthère. Prince perdu » (Michaux, *Peintures,* GLM, 1938).

☐ *Sans titre,* 1945
« Les couleurs qui filent comme des poissons sur la nappe d'eau où je les mets, voilà ce que j'aime dans l'aquarelle. Le petit tas colorant qui se désamoncelle en infimes particules, les passages et non l'arrêt ». Étrange combat contre le défini : « Je lance l'eau à l'assaut des pigments qui se défont, se contredisent, s'intensifient ou tournent en leur contraire, bafouant les formes et les lignes esquissées, et cette destruction, moquerie de toute fixité, de tout dessin, est frère et sœur de mon état qui ne voit plus rien tenir debout ». Après les *Paysages du temps de guerre* presque vides, mesurés d'horizons lointains, surgissent, comme des ratures ou plutôt des balafres, des figures humaines fantomatiques, non identifiables. Mais la matière fluide, ici de couleur sombre, brun rougeâtre, envahit aussitôt ces silhouettes verticales soulignées à l'encre de Chine, et tente de les défaire. « La volonté, mort de l'Art », écrit alors Michaux, en exergue de *Peintures et dessins* publié en 1946. De son véritable « affolement » — à « voir le papier boire trop vite ou la tache m'éloigner de mon dessin » — naissent spontanément ces figures elles-mêmes affolées, traquées et prêtes à disparaître : « faces de pendus, de criminels (...), visages de personnalités sacrifiées, des « moi » que la vie, la volonté, le goût de la rectitude et de la cohérence étouffa », silhouettes de l'enfance encore amorphes et idéalement malléables.

Sans titre, 1945
aquarelle et encre de Chine sur papier
65 × 50
don du Fonds DBC, 1976
AM 1976-1174

[Dessin mescalinien], 1958
encre de Chine sur papier
32 × 24
don du Fonds DBC, 1976
AM 1976-1182

□ *[Dessin mescalinien],* 1958

Au travail de désagrégation — de l'image, du signe, de l'écrit — produit par la mescaline expérimentée dès 1954, seul résiste, réduit et resserré par l'irrésistible flux ascendant et descendant provoqué par la drogue, un « griffonnage » de tracés élémentaires et minuscules (le microscopique étant la mesure de l'infiniment grand). Toujours les mêmes : des boucles, des spirales, des zigzags, enchaînés et entremêlés les uns aux autres dans une maille sans fin, traversée quelquefois (comme dans ce dessin) par ce que Michaux appelle le « sillon ». Appuyés par les descriptions quasi scientifiques dans *Misérable miracle,* 1956, *L'Infini turbulent,* 1957, et *Paix dans les brisements,* 1958, ces dessins, exécutés d'un mouvement vibratoire tel celui d'un sismographe, rendent compte de l'extrême vitesse d'apparition et de disparition, de la transformation, l'accumulation envahissante et l'élasticité des phénomènes visuels apparus au cours de cette formidable exploration de l'« espace du dedans », proche de la folie, voulue par Michaux.

« On est dans l'abstrait, dans le rapide abstrait. » Répondant, plus systématiquement que les aquarelles et les encres, à sa volonté de « donner à voir la phrase intérieure (…), la conscience d'exister et l'écoulement du temps », les dessins mescaliniens restituent le champ visuel d'*avant* « l'image : fixation de l'idée ». « L'abstrait-abstrait est une manière de rester en course (…). On n'avance que par abstractions, on n'a de repos que dans l'image. Dans la Mescaline, les images sont l'épiphénomène (abondant et gênant) mais c'est l'abstrait qui compte ». (Michaux, *Misérable miracle*).

□ *Sans titre,* 1959

Les premières encres de 1950, en permettant à Michaux d'écrire, juxtaposer, les signes multiples des divers *Mouvements* qui l'habitaient — des agressions, des désordres, des refus enfouis — constituaient un véritable alphabet « libérateur ». Dans une nouvelle série exécutée en 1954-1956, puis dans une deuxième en 1959, l'encre s'impose enfin comme matière et devient elle-même projection désordonnée, jetée en larges taches, en éclats, sur le papier. Mais le mouvement même de ces taches est menacé : gonflées d'encre, ces « grandes molles, capables de se vautrer partout », le « somment de voir clair tout de suite » : « tachiste, si j'en suis un, qui ne peut tolérer les taches » dira Michaux avec humour. Pour déjouer leur inertie menaçante, acculé lui-même à une grande rapidité d'exécution, le peintre les multiplie en chaîne, leur fait balayer l'espace en tous sens dont, bientôt proliférantes, elles prennent possession « all over ». Comme filmées dans leur course affolée, ces taches, qui ne sont jamais abstraites mais renvoient toujours à l'humain, désobéissent à tout ordre, à toute lecture : ici éparpillées, ailleurs agglutinées les unes aux autres, quelquefois rangées en lignes de combat, plus souvent noyées dans un large flux. Tourbillons, explosions, expéditions, inondations, éboulements, collusions : peinture en migration, ces encres restituent d'étranges histoires, d'étranges géographies.   A.L.B.

Sans titre, 1959
encre de Chine sur papier
75 × 105
don du Fonds DBC, 1976
AM 1976-1184

Joan Miró
1893-1983

Le caractère cosmopolite de la ville de Barcelone et en particulier les attaches culturelles qui la lient à la France permettent à Joan Miró, lorsqu'il se décide à la peinture en 1911-1912, de connaître très tôt l'avant-garde artistique et littéraire européenne. Après sa première exposition personnelle en 1918 aux galeries Dalmau, il quitte en 1920 Barcelone pour Paris où il demeurera chaque hiver, revenant l'été régulièrement à la ferme familiale de Montroig, en Tarragone. Son arrivée à Paris correspond à l'éclatement du mouvement Dada, qu'il connaissait déjà bien à Barcelone, et, quelques années après, à la montée du surréalisme aux recherches duquel il sera associé dès 1922 : jamais Miró n'en signera les manifestes, mais il se joindra constamment aux expositions du groupe (lui-même expose à Paris depuis 1921 à la galerie La Licorne, puis à la galerie Pierre), et les peintres et écrivains, qu'ils soient proches ou non de Breton, Paul Eluard, Robert Desnos, Tristan Tzara, et surtout ceux de la rue Blomet (où lui-même habite) — André Masson, Roland Georges Limbour, Michel Leiris, Antonin Artaud — deviennent ses amis. Nourri des investigations de ce nouveau langage, mobilisé également par la découverte de Paul Klee, il tente lui-même d'« atteindre la poésie » à travers la peinture, et définit progressivement sa « poétique » personnelle : une union de l'imaginaire et du réel qui lui permettra de « s'évader dans l'absolu de la nature ».

Après une première période que l'on pourrait qualifier de « réalisme magique » (1921-1924), se développe celle (1925-1928) de ses « peintures de rêve » (J. Dupin), caractérisées par de vastes fonds unis, largement brossés d'une seule couleur (gris, bleu, blanc ou brun) et animés de quelques signes épars : lettres, chiffres ou configurations symboliques. Dans cette série apparaissent déjà formulés le vocabulaire et la syntaxe de toute son œuvre à venir. En 1928-1929, préoccupé de mettre un terme à ce qu'il considère comme un excès de facilité, Miró, après un premier retour à la réalité (*Intérieurs hollandais*, 1928, *Paysages* et *Portraits*), a recours au collage et réalise ses premiers assemblages d'objets bruts et insolites qui, eux aussi,

répondent à l'objectif surréaliste. Mais des difficultés financières, ainsi que sa lassitude de la vie parisienne, l'incitent en 1932 à s'installer de nouveau à Barcelone. En novembre 1936, au cours d'un voyage à Paris, la déclaration de la guerre d'Espagne l'oblige à se fixer en France : alors commencent quatre années d'exil, d'abord à Paris, puis à Varengeville-sur-Mer sur la côte normande, pendant lesquelles Miró exécute ses peintures parmi les plus abouties; les unes expriment une angoisse profonde (le *Faucheur catalan*, pour le pavillon de l'Espagne républicaine de l'Exposition Universelle; *Nature morte au vieux soulier*, 1937, New York, MOMA); les autres, plus tardives, la sérénité retrouvée au sein de la campagne (série de gouaches appelées *Constellations*, 1940-1941). De retour en Espagne en 1940, Miró s'établit de nouveau, après un séjour à Palma, à Barcelone et à Montroig. A partir de 1944, il commence, parallèlement à son travail de peintre, à réaliser des sculptures, gravures et céramiques (en collaboration avec Artigas). Avec une première exposition rétrospective en 1941 au Musée d'Art moderne de New York, où déjà l'avait introduit, depuis 1932, Pierre Matisse, sa renommée devient internationale. Il reçoit alors ses premières commandes pour des œuvres murales et monumentales (Terrace Plaza Hotel de Cincinnati, 1947). En 1956, il se fixe définitivement dans l'île de Majorque, et occupe un grand atelier construit par son ami J.L. Sert, où il continuera son œuvre multiple.

J.J. Sweeney, cat. *Joan Miró*, New York, MOMA, 1941; J.T. Soby, cat. *Miró*, New York, MOMA, 1959; J. Dupin, *Miró*, Paris, Flammarion, 1960; cat. *Joan Miró: Magnetic Fields* (par R. Krauss et M. Rowell), New York, The Solomon R. Guggenheim Museum, 1972; cat. *Joan Miró*, Paris, Grand Palais, 1974; G. Picon, *Joan Miró : Carnets catalans*, Genève, Skira, 1976.

□ *La Sieste*, 1925 — *L'Addition*, 1925

Les toiles de 1924, et surtout celles de l'année 1925 — dont le Musée possède quatre exemples magistraux : *Le Paysan catalan*, *La Sieste*, *L'Addition* et aussi *Baigneuse* (arrivée récemment avec la donation Leiris) — marquent un tournant important dans l'œuvre de Miró. Y apparaissent pour la première fois, non seulement le répertoire de signes et de symboles qui lui sera personnel, mais aussi, étonnamment novateur, son espace pictural : celui-ci se définit comme un espace ouvert, monochrome et sans repères, à la limite du vide; toutes les conventions habituelles de la peinture traditionnelle — perspective, pesanteur des objets, rapport figure/fond, modelé ou contraste coloré — ont disparu. Bien qu'elles prennent toujours leur point de départ dans le réel dont Miró n'a jamais voulu se détourner complètement, ces toiles répondent à la notion de « paysage onirique ». Si *Le Paysan catalan* et *Baigneuse* s'inspirent encore de thèmes relativement simples, leur mise en œuvre — fond monochrome, apparition de signes et organisation de l'espace — est déjà d'une économie exceptionnellement audacieuse.

De dimensions plus importantes, *La Sieste* (Dupin, n° 119; anc. coll. Marie Cuttoli) et *L'Addition* (Dupin, n° 128; anc. coll. René Gaffé) montrent une inspiration plus complexe. Pour la lecture de *La Sieste*, il faut s'en référer aux dessins préparatoires conservés à la Fundació Joan Miró, à Barcelone. Dans un de ceux-là, d'une grande et rare précision descriptive et en cela particulièrement précieux, apparaît une femme drapée, allongée par terre devant une maison avec cadran solaire; sur une plage, au loin, quatre personnages dansent la sardane (en rond), un cinquième se baigne dans la mer; au-delà se dressent les pics des montagnes de Montroig, tandis que dans le ciel s'élève un soleil flamboyant. Alors que ce dessin, empli d'annotations figuratives juxtaposées, s'approche encore de *La Terre labourée* de 1923-1924 (New York, The Guggenheim Museum) qui reproduit avec un réalisme « magique » le paysage familier de la ferme de Montroig, dans un autre, plus directement lié à la toile, apparaissent et le « vide »

L'Objet du couchant, [1935-1936]
tronc de caroubier peint
et éléments métalliques
68 × 44 × 26
achat 1975
AM 1975-56

de l'espace pictural et l'économie extrême des quelques signes retenus par Miró : « L'œil de la femme regarde ce chiffre, Midi : l'heure de manger et de dormir. Sur ce dessin, j'ai mentionné le titre, le format de la toile : 80 F — un format classique — et la couleur du fond : A=azul=bleu » (Miró, *Carnets catalans*). Tout entier à ce « bleu » qui envahit par bouillonnements légers l'espace pictural et devient le champ même de sa vision onirique, Miró s'est ainsi livré à un processus de « refonte » synthétique, presque abstraite, des différents éléments figuratifs : la femme et la maison sont réunies en une seule silhouette, sorte de cerf-volant blanc; les flèches du cadran solaire, agrandies et indiquant le chiffre « 12 », l'heure de la sieste; la ronde des danseurs, traduite par un cercle de pointillés; la crête des montagnes devient, enfin, une sorte de parapluie renversé, et le soleil, un tourbillon dans le ciel, symbole souvent présent dans l'œuvre ultérieure de Miró.

En revanche, il y a tout lieu de penser que les configurations énigmatiques et cocasses qui se déploient sur le grand drap encollé de *L'Addition* trouvent leur origine dans un thème littéraire, *Le Surmâle* d'Alfred Jarry. A cette époque, Miró vivait, en effet, rue Blomet dans la compagnie des poètes, initié par eux à Rimbaud, à Lautréamont et surtout à Jarry qui fit sur lui forte impression. Dans *Le Surmâle,* Marcueil, le héros, affirme qu'un homme peut faire l'amour un nombre infini de fois : mis à l'épreuve, il passe à l'acte avec sa partenaire Ellen. N'est-il pas évoqué dans le personnage peint en bas à gauche, déguisé en Peau Rouge (plume et corps bariolé) comme le texte l'indique, et doté d'un phallus démesuré ? L'œil du Dr Bathybius, seul témoin de l'exploit, s'y trouverait signifié par le cercle d'où part un jet de lignes pointillées, la colonne de chiffres indiquant la comptabilité à laquelle il se livre. Selon Jarry, le corps de la pâle jeune femme finit par se décomposer : Miró le réduit à un visage exsangue

La Sieste, 1925
huile sur toile
113 × 146
achat 1977
AM 1977-203

432

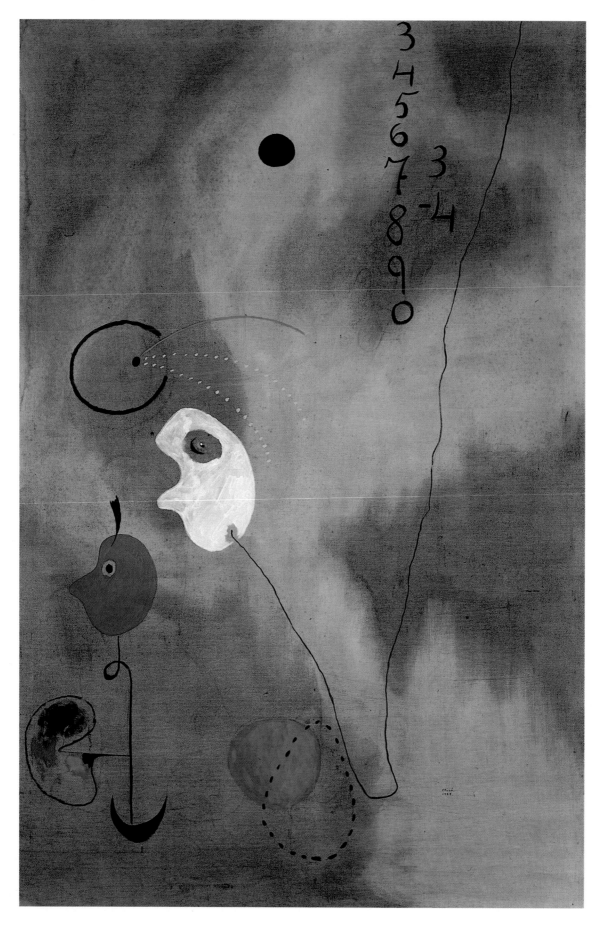

L'Addition, 1925
huile sur toile encollée
195 × 129,2
achat 1982
AM 1983-92

et une simple ligne en fil de fer. Quant à l'allure très particulière des deux personnages de profil — masques grossiers montés sur leurs tiges, que l'on trouve dans maintes toiles de Miró de la même date (*Tête,* 1927, coll. André Breton) — il est fort probable qu'elle provienne, elle aussi, de Jarry. Pour la première représentation théâtrale d'*Ubu Roi* (autre lecture préférée de Miró) en 1888, avaient été utilisées des marionnettes : reproduites dans *Les Soirées de Paris* en 1914, celles-ci montrent une tête identique en forme de haricot et un corps animé de même par des fils.

□ *Personnage,* 1934

Dans les années 30, l'iconographie de Miró devient plus brutale, faisant écho à sa situation personnelle, mais aussi au drame européen qui s'annonce (montée du fascisme) et à celui de l'Espagne, qui ne manquent pas de le frapper fortement. Il éprouve la « facilité » de sa main, s'essaie à de nouveaux matériaux plus réfractaires : isorel, papier de verre, papier velours, goudrons ou pastels pulvérisés. Le ton se fait dramatique et expressionniste, avec des personnages cruellement difformes. Dans une série de quinze grands pastels exécutés coup sur coup l'été 1934 sur papier velours, Miró campe autant de personnages monstrueux isolés, tons modelés « dans des couleurs acides et stridentes » : ici, ce gnome (Dupin, n° 379; anc. coll. Hersaint-Anavi) fantomatique, grotesquement érotisé. Comme l'écrit Jacques Dupin : « Le peintre utilise le papier velours du support pour créer (...) l'espace le plus étouffant. Dans cette sorte de matrice glauque et glissante, son énorme occupant est réduit à des attitudes de possession, d'hébétude et de cruauté paralysée qui nous communiquent un indéfinissable malaise. La couleur est intense et nombreuse, et toutes les ressources du pastel sont mises à contribution. Même la suavité sucrée du pastel, détournée de son habituelle expression, participe à l'envoûtement, Miró poussant à bout le procédé jusqu'à le retourner contre lui-même ».

□ *L'Objet du couchant,* [1935-1936]

Miró commence à fabriquer des objets insolites dès le début des années 30. La première inspiration de *L'Objet du couchant* (Dupin n° 488, anc. coll. André Breton), constitué d'un billot de bois peint en rouge et garni de ferrailles diverses supposées représenter un couple, semble remonter à 1933, date à laquelle Miró découpe une image publicitaire d'un accumulateur de silhouette analogue et surmonté de ressorts (Barcelone, Fundació J. Miró) : de cette même année en réalité date un dessin de l'*Objet* dans sa conception globale, avec même le sexe de femme sur une face latérale. Ce croquis se trouve dans un cahier de dessins qui a été repris et complété en 1940-1941 et dans lequel Miró a refait des études de *L'Objet du couchant,* selon son processus habituel de reculer pour mieux sauter. La juxtaposition de ces deux séries de dessins : l'une de 1933, l'autre de 1940-1941 a créé à l'origine de la confusion autour de la date de l'objet. L'exécution de celui-ci, jusque-là fixée en 1937, se situerait dès 1935-1936. L'œuvre est reproduite dans le *Dictionnaire abrégé du Surréalisme* de 1938 avec la date 1935, et c'est peut-être bien elle qui est présentée sous le générique « Objet » à l'*Exposition surréaliste d'Objets* de mai 1936 chez Charles Ratton à Paris. Mais, surtout, Miró écrit lui-même à son propos : « Il a été fait et peint à Montroig, avec un tronc de caroubier, arbre d'une grande beauté qu'on cultive en ce pays, (...) les autres objets furent trouvés au hasard de mes promenades. Je tiens à vous préciser, et ceci est d'une très grande importance, que quand je trouve quoi que ce soit, c'est toujours par une force magnétique, plus forte que moi, que je suis attiré et fasciné. Cet objet, je l'ai ramené à Paris, exactement à l'hôtel Récamier (...); c'est

433

Personnage, 1934
pastel sur papier velours
106,3 × 70,5
achat 1984
AM 1984-260

Femme en révolte, 26 fév. 1938
aquarelle, crayon et fusain sur papier
57,4 × 74,3
achat 1984
AM 1984-311

là que Pierre Matisse et Pierre Loeb sont venus me voir pour le partage de mes œuvres, je ne peux vous dire lequel des deux l'a emporté, ni comment, ni à quelle date il fut cédé à André Breton (...). Je peux vous dire aussi, à titre d'information, que cet objet était considéré comme une farce par tout le monde, sauf, bien entendu, pour Breton qui a été à l'instant saisi par son côté magique ». (lettre, février 1975, Archives MNAM). Réalisé donc à Montroig vers 1935-1936 et transporté à Paris avant la période d'exil, de novembre 1936 à juin 1940, *L'Objet du couchant* aurait ainsi été attribué à Pierre Loeb lors du partage avec Pierre Matisse qui, lui, aurait emporté *L'Objet poétique* de 1936 (New York, MOMA). Resté en France, il a pu ainsi être exposé en 1936 et acquis alors par André Breton.

□ *Femme en révolte,* 1938
Dans les œuvres de 1937-1938 — sa « période sauvage » proprement dite — l'expressionnisme de Miró apparaît encore plus acerbe, focalisé sur le drame de la guerre d'Espagne. De son exil en France, Miró crée des images d'une rare violence, images de terreur, sorties de la réalité populaire. Le thème du paysan catalan revient, cette fois-ci comme symbole de l'Espagne libre et républicaine : sous les traits du *Faucheur* (appelé aussi « Paysan catalan en révolte ») Miró le représentera dans une affiche *(Aidez l'Espagne)* et surtout dans la peinture monumentale (perdue) pour l'Exposition Universelle de 1937. L'aquarelle *Femme en révolte* est une variante, mais beaucoup plus libre, sur ce thème : on y voit une femme brandir une faucille, terrifiante et terrifiée, et fuir un village en flammes; l'aspect monstrueux de son corps désarticulé, dilaté ou resserré par endroits — la jambe gauche s'enflant en un immense phallus — semble là pour souligner la bestialité de la guerre, l'horreur des sévices physiques et moraux. Comme le rappelle J. Dupin (« Femme en révolte », *Cahiers du MNAM,* n° 15, mars 1985), c'est dans l'entière nudité de cette femme (issue des *Nus* de la Grande Chaumière exécutés en 1937) que tout se joue. En accord avec le fond incandescent et trouble, la circulation nerveuse, hâtive, désordonnée et sûre tout à la fois du trait, dont les diverses pulsions sont celles-là mêmes du langage de la terreur, confère à l'image une fulgurante énergie visionnaire.

□ *La Course de taureaux,* 1945
Déjà introduit dans quelques toiles des années 20, le thème de la corrida occupe surtout Miró à son retour en Espagne, comme l'attestent plusieurs feuillets de croquis et de notes écrites en 1940-1941 dans ses *Carnets catalans*. Grand lieu rituel qu'il traite avec un humour grave, la corrida l'autorise surtout à employer enfin de grands formats, après les longues années d'exil pendant lesquelles il avait été contraint à de petits. Son désir est de « faire cette série comme dans un seul souffle, avec la plus grande véhémence et la plus grande densité ». Sur le fond gris bleuté transparent de la *Course de taureaux* (Dupin n° 661), passé au papier de verre (« cela donnera une matière plus belle et ouvrira les pores à la toile »), Miró déploie un dessin fluide, en fil de fer, avec quelques rares plages de couleur noire, rouge, verte : rapidement sont campées les silhouettes d'un taureau, d'un cheval blessé et d'un dérisoire petit matador. Des multiples notes écrites sur ses successives impressions devant le spectacle de la corrida, le peintre n'en retient, pour plus de force plastique, que quelques-unes : « Pour la *Course de taureaux,* chercher des symboles poétiques : que le banderillero soit comme un insecte, les mouchoirs comme des ailes de pigeon, les blessures de cheval comme des yeux immenses (...). Le sang, qui gicle comme un idéogramme qui termine en étoile (...) » (Miró, *Carnets catalans*). Lorsqu'en 1950 Walter Gropius lui commandera une création murale pour l'Université de Harvard (déposée depuis 1963 au MOMA), une fois de plus Miró exploitera le même thème qui trouvera dans cette toile monumentale son aboutissement définitif.

□ *Bleu II,* mars 1961
Développées enfin à une échelle monumentale — l'exemple américain, réactivé encore par un récent séjour à New York en 1959, l'a certainement aidé à se « libérer au-delà des limites » —, les intentions de Miró trouvent, dans cette admirable série des trois grands *Bleus* de mars 1961 : *Bleu I, Bleu III* et notamment ce *Bleu II* récemment acquis par le Musée (Dupin, n° 170), leur synthèse finale et une véritable dimension métaphysique. Miró, dans son immense atelier de Palma de Majorque (qui permettait de tels formats) les méditait

La Course de taureaux, 8 oct. 1945
huile sur toile
114 × 144
don de l'artiste, 1947
AM 2763 P

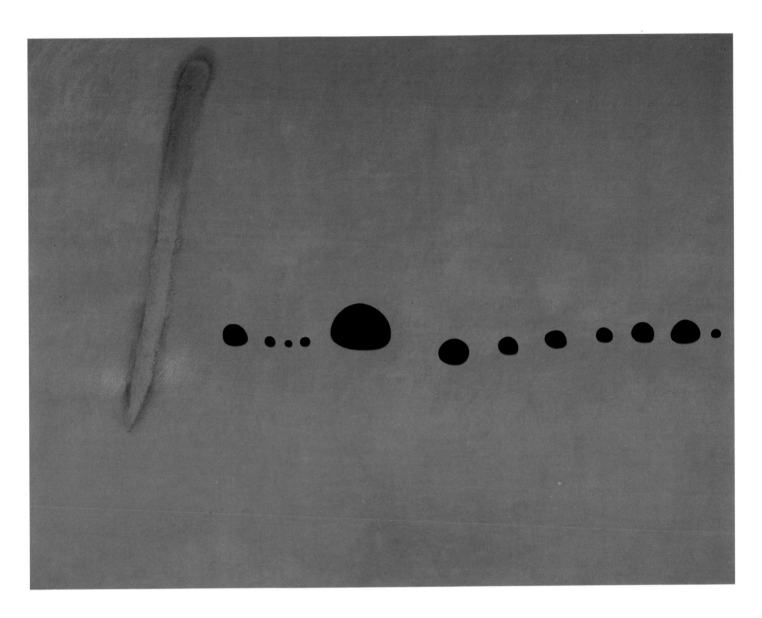

depuis au moins un an : les premiers croquis préparatoires (Barcelone, Fundació J. Miró) datent de février 1960, les derniers, toujours aussi minuscules, du 30 novembre 1960 : « (…) les trois grandes toiles bleues, j'ai mis beaucoup de temps à les faire. Pas à les peindre, mais à les méditer pour arriver au dépouillement voulu (…). Savez-vous comment les archers japonais se préparent aux compétitions ?… expiration, aspiration, expiration… c'était la même chose pour moi… Ce combat m'a épuisé… Ces toiles sont l'aboutissement de tout ce que j'avais essayé de faire ».

Champ cosmique monochrome, largement brossé de cette couleur bleue saturée qui, depuis 1925, était la « couleur de ses rêves », espace sans limite traversé par quelques signes ténus — une balafre, des points — qui seuls le ponctuent, *Bleu II,* comme les deux autres, montre bien effectivement l'« aboutissement » de ce que Miró avait tenté de faire avec les petits « paysages oniriques », vides, de 1925 : « assassiner » la peinture conventionnelle, trouver l'univers plastique de la poésie. Il réduit encore, dans une œuvre que Margit Rowell

(*Cahiers du* MNAM, n° 15, mars 1985) qualifie de « paysage spirituel », son langage formel à celui du signe pur, avec une économie poussée jusqu'à l'extrême de la *trace.* Ne se rapproche-t-il pas de l'objectif poétique — l'universalité du vide/plénitude de sens — de Mallarmé, dont si souvent il s'est réclamé ? Lui-même déclare à propos des grands *Bleus :* « Par les quelques lignes tellement économes que j'y inscris, j'ai cherché à donner au geste une qualité si individuelle qu'il en devient presque anonyme et qu'il en accède ainsi à l'universel de l'acte ».

M.R.

Bleu II, mars 1961
huile sur toile
270 × 355
don de la Menil Foundation
en mémoire de Jean de Menil, 1984
AM 1984-357

Joan Mitchell
1926

Joan Mitchell suit une double formation à l'Art Institute de Chicago et à la Columbia University de New York de 1944 à 1950 où, dès cette date, elle fréquente la première génération des expressionnistes abstraits, notamment De Kooning, Kline et Guston. Elle participe aux activités du « Eight Street Artists Club » et expose avec ce groupe en 1951 à la *Nine Street Show* de New York. La même année, une première exposition personnelle est organisée à la New Gallery et, dès 1953, son travail est présenté régulièrement à la Stable Gallery (New York). A partir des années 60, elle partage son temps entre la France et les États-Unis. En 1959, elle quitte Paris pour s'installer définitivement à Vétheuil, dans ce village marqué par la présence de Claude Monet. De nombreuses expositions sont organisées aussi bien aux États-Unis qu'en Europe et notamment, depuis 1967, à la galerie Jean Fournier.

P. Schneider, « Pour Joan Mitchell », *XXᵉ siècle*, n° 40, juin 1973; cat. *Joan Mitchell*, New York, Withney Museum, 1974; cat. *Joan Mitchell, choix de peintures 1970-1982*, Paris, MAM, ARC, 1982.

□ *The Good-Bye Door*, 1980

L'acquisition relativement récente de deux tableaux de Joan Mitchell — le premier *Sylvie's Sunday* de 1976, le second *The Good-Bye Door* (dont le titre est celui d'un poème de Karen Edwards) — montre l'attention portée à l'œuvre d'une artiste de la deuxième génération des expressionnistes abstraits, qui se montre aussi sensible au ciel de New York qu'à la lumière des bords de Seine, celle de Vétheuil en particulier. L'environnement géographique du paysage peint par Claude Monet, et particulièrement l'atmosphère rendue dans les *Nymphéas,* ont joué un rôle si important pour Joan Mitchell qu'elle fut parfois traitée d'« impressionniste abstraite », même si le lieu de Vétheuil ne constitue pas nécessairement le « sujet » de ses peintures qui, écrit-elle, « expriment un sentiment qui me vient de l'extérieur, du paysage (...) d'états émotionnels... ». Il ne s'agit donc pas précisément d'un témoignage fidèle de la réalité, mais d'une recherche de la vérité, du sentiment ou de la sensation : « Si ce n'est pas senti, ça n'existe pas », dit Joan Mitchell qui retrouve ici l'exigence de justesse et l'engagement personnel profond d'artistes comme De Kooning ou, précédemment, Matisse. Cette perception, au plus près du vécu, est transposée sur la toile dans un format vertical à l'échelle du corps humain; ce premier panneau, associé à trois autres semblables, constitue paradoxalement un tableau horizontal panoramique et monumental. Cette juxtaposition de « tableaux », où la relation s'établit de l'un à l'autre mais aussi de chacun à l'ensemble, multiplie les possibilités de discordance et de saturation des couleurs, accentuées par l'utilisation de pigments broyés à la main et de rehauts de peinture acrylique. Les coups de pinceaux, larges, généreux, enlevés, rapprochent Joan Mitchell de l'Action Painting. Le jeu de matière, la densité du pigment, la facture brutale produisent des variations chromatiques qui parcourent les champs colorés, sortes de rectangles en suspension, rendant la lumière d'autant plus intense et éclatante que l'artiste utilise les passages de pigments blancs comme un tissage entre les couleurs. Ce travail du blanc exploite les couleurs jusqu'à une vibration extrême et transforme le tableau en une sorte d'organisme vivant, palpitant, de « Dioramas » picturaux, selon l'expression de Rosalind Krauss.

C.S.

The Good-Bye Door, 1980
huile sur toile
quadriptyque : 280 × 720
achat 1980
AM 1980-528

Amedeo Modigliani
1884-1920

Né dans une famille de la bourgeoisie juive de Livourne, enfant gâté, Modigliani est très tôt atteint de tuberculose et il obtient à 14 ans de se consacrer à la peinture, apprise d'abord auprès d'un paysagiste appartenant au groupe des « Macchiaioli » (tachistes), mais surtout dans les musées de Rome, de Venise et Florence. Comme beaucoup de jeunes Italiens de sa génération, il est partagé entre la mythologie du surhomme invoquée par Nietzsche et d'Annunzio et le « mal de vivre » de Leopardi et des écrivains de l'école « crépusculaire » florentine.

En 1906 il vient s'établir à Paris, attiré par l'impressionnisme. A Montmartre, au contact de Picasso, Gris, Apollinaire, Jacob, Salmon, il rompt définitivement avec l'académisme. Satisfaisant son « goût du malheur et de l'exceptionnel » (Carco), ses excès baudelairiens (vin et haschich) le conduisent rapidement à une bohème misérable et secouée de scandales, qui contraste étonnamment avec la détermination, la cohérence et l'équilibre de son œuvre.

Après des peintures plutôt véristes ou expressionnistes, il subit des influences successives : celle des Fauves, avec lesquels il expose au Salon des Indépendants de 1908, celles de Lautrec et de Steinlein, peut-être découverts à travers les peintures de Picasso de l'époque bleue, celles de Gauguin, de Matisse et de Cézanne enfin. Fidèle au nu et à l'art des musées, il refuse en 1909 à Severini de signer le manifeste futuriste. La révélation décisive lui vient de l'art nègre, que lui fait découvrir le docteur Alexandre, collectionneur de sculptures baoulées. Présenté à Brancusi et à Nadelman, Modigliani pense alors trouver sa voie dans la sculpture. Il dessine avec acharnement d'innombrables études, et taille directement dans la pierre d'étranges figures, réduites à l'essentiel. Les difficultés matérielles, sa mauvaise santé et peut-être un doute profond l'empêchent la plupart du temps d'achever ses œuvres. « Petit à petit le sculpteur se mourait en lui » (Zadkine) : en 1913, épuisé et démuni, il doit aller se reposer à Livourne et jette, dit-on, ses dernières sculptures dans un canal.

De retour à Paris, il s'installe à Montparnasse et revient à la peinture et aux portraits sur commande exécutés en une seule séance : ils révèlent l'influence déterminante de ses recherches pour la sculpture, qui lui ont permis par une construction rigoureuse de discipliner sa sensualité naturelle. Inspiré par la beauté rousse de Béatrice Hastings, avec qui il vit une liaison orageuse, il exécute d'elle une dizaine de peintures et d'innombrables dessins, aboutissement de son équilibre personnel entre le réalisme et l'idéalisme. L'attention nouvelle des marchands, dont Paul Guillaume, le soutien inconditionnel du poète polonais Szborowski, l'intérêt de quelques collectionneurs — Dutilleul, Coquiot, Carco — l'encouragent : en trois ans, Modigliani peint près de deux cents portraits de célébrités, mais aussi d'humbles anonymes. Fidèle à la tradition du portrait florentin, il ne s'intéresse qu'à l'individu, au sentiment et, au-delà de certaines déformations expressionnistes, il confère à ses modèles ce « muet acquiescement à la vie » qu'il admirait dans les portraits de Cézanne. Une même impression de mélancolie pensive et de sérénité se dégage de ses nus aux lignes amples, arabesques dynamiques dans un espace sans perspective, à peine modulé dans les couleurs. Peu apprécié des autres artistes — en particulier de Picasso — qui ne voyaient dans sa peinture que dessin colorié et expression décadente, Modigliani parvient en fait à concilier les extrêmes : expressionnisme et idéalisme, purisme et maniérisme, avec une concision hiératique qui le rattache à la tradition toscane, mais qui, pour ses sculptures, évoque aussi les anciennes civilisations de l'Égypte, de la Grèce et de l'Orient.

Sa maladie, sa mort en 1920, le suicide de sa compagne Jeanne Hébuterne contribuent au succès foudroyant de son œuvre. En 1921, la rétrospective que lui consacre Szborowski est un triomphe; en 1922, le Musée de Grenoble fait l'achat d'un de ses portraits et le docteur Barnes emporte aux États-Unis tout un ensemble d'œuvres, qu'il enferme à jamais dans son musée privé de Merion.

C. Roy, *Modigliani*, Genève, Skira, 1958; A. Ceroni, *Amedeo Modigliani, Peintures* (t. 1), *Dessins et sculptures* (t. 2), Milan, éd. del Milione, 1958 et 1965; A. Werner, *Modigliani sculpteur*, Genève, éd. Nagel, 1962; A. Werner, *Modigliani*, Paris, éd. Cercle d'art, 1968; J.-P. Crespelle, *Modigliani, les femmes, les amis, l'œuvre*, Paris, Presses de la Cité, 1969; J. Lanthemann, *Modigliani 1884-1920, Catalogue raisonné*, Barcelone, Graficas Condal, 1970; cat. *Amedeo Modigliani*, Paris, MAM, 1981.

□ *Tête de femme*, [ap. 1912]
Exécuté entre 1909 et 1914, l'œuvre sculpté de Modigliani a en grande partie disparu.

Les 25 pièces qui subsistent, et qui vont de l'ébauche à l'œuvre achevée, sont en pierre à l'exception de deux, l'une en bois et l'autre en marbre (coll. Masurel). Comme Brancusi, Modigliani déteste la sculpture impressionniste, le modelage, les œuvres fondues en bronze, Rodin, Medardo Rosso. Persuadé, comme lui, de la nécessité de la taille directe pour redonner une impression de dureté, il travaille des pièces en bois (madriers provenant du métro) et des blocs de pierre (calcaire de la région de Verdun, pris sur des chantiers d'immeubles), qui donnent à ses sculptures leur forme de colonnes. De même que les *Cariatides*, « colonnes de tendresse » destinées à soutenir un temple de la Beauté, dont il reste beaucoup de dessins mais une seule sculpture, laissée inachevée (MOMA), les *Têtes*, entreprises en 1911, semblent, avec leur base et parfois un sommet non travaillé, répondre à une fonction architecturale. Elles procèdent de façon évidente de la série de sculptures sur le thème du *Baiser* commencée par Brancusi trois ans auparavant et qui présentent la même apparence

Tête de femme, [ap. 1912]
pierre
58 × 12 × 16
achat 1949
AM 876 S

437

438

de bloc à peine entaillé et la même simplification géométrique des traits, aux yeux proéminents, la même chevelure ondulée à peine incisée. On a voulu y voir bien d'autres influences. Deux semblent certaines : celle du sculpteur gothique siennois Tino di Camaino pour les longs cous cylindriques et les têtes ovoïdes, celle des masques baoulés, et surtout yaourés, pour la structure générale du visage, les méplats latéraux, l'arête vive du nez et, dans certains cas, la bouche ronde et saillante. On retrouve dès 1913 le reflet de ces sculptures dans les masques en métal de Gargallo et les peintures « gothiques » de Derain. Il existe deux dessins préparatoires (Paris, coll. part.) de cette *Tête de femme* où l'on retrouve les mêmes cheveux en bandeaux, les sourcils arqués, la même bouche souriante et une pierre comparable qui fut présentée à la Biennale de Venise de 1930. Mais sur celle-ci les sourcils qui, comme dans les masques baoulés, prolongent la ligne du nez ont été visiblement arasés après coup. L'allongement de la figure, son sourire énigmatique, semblable à celui des korés archaïques, permettent de la situer après 1912.

□ *Tête rouge*, v. 1915
Cette œuvre s'inscrit dans un ensemble de portraits des années 1914-1916, la *Marseillaise* (coll. Hamley), la *Fille rouge* (Musée de Turin) et plus particulièrement ceux de Béatrice Hastings : même visage rond, mêmes cheveux roux en bandeaux et avec une frange, mêmes traits, mêmes yeux pers. La forme sphérique de la tête, plutôt inaccoutumée chez Modigliani, rappelle ses deux premières têtes sculptées, probablement inspirées par la *Sagesse de la Terre*, 1909, de

Brancusi. Comme pour beaucoup de portraits de cette période *(Frank Burty Haviland, Henri Laurens, Rosa Porprina, la Fille en rouge)*, Modigliani fait poser son modèle contre le croisillon d'une fenêtre ou un lambris qui, indiqué en biais comme le couteau des natures mortes traditionnelles, donne à la composition un semblant de profondeur ou d'espace. Peut-être Modigliani fait-il ici écho à la préoccupation des cubistes de présenter simultanément une vue frontale et latérale à partir de plusieurs axes et par le rabattement dissymétrique de certains plans, notamment pour le nez.

□ *Portrait de Dédie*, v. 1918
Modigliani a exécuté trois portraits connus d'Odette Hayden, dite Dédie. L'un, de 1917, qui a appartenu à Paul Guillaume, actuellement dans une collection privée argentine; celui-ci; et un autre, de 1919, dans une collection parisienne. Il arrive aussi qu'il réalise deux images de ses modèles, l'une directe, l'autre après coup, en choisissant le format, le graphisme et la technique d'après le caractère du personnage. Ici comme dans la plupart de ses portraits, le personnage est assis et toutes les lignes du corps, ascendantes, concourent à supporter la tête, dont la position penchée et désaxée souligne l'expression sentimentale.

H.C.

Tête rouge, v. 1915
huile sur carton
54 × 42
achat 1964
AM 4286 P

Portrait de Dédie, v. 1918
huile sur toile
92 × 60
donation de M. et Mme André Lefèvre, 1952
AM 3974 P

Laszlo Moholy-Nagy
1895-1946

« Espace, temps, matière, unis dans la lumière. (...) La lumière, la lumière totale engendre l'homme total. » La poésie *Licht-Vision* (Vision-Lumière), que le Hongrois Moholy-Nagy compose en 1917, affirme d'emblée son credo artistique, non dénué d'idéalisme romantique. Il choisit d'abord de s'exprimer dans une veine expressionniste (dont témoignent trois dessins, de 1919-1920, conservés au Musée : un *Autoportrait* et deux *Portraits de Mademoiselle Landau*). Mais, après la guerre, il rejoint à Budapest le groupe activiste de l'avant-garde hongroise, mené par Lajos Kassák, avec la revue *MA* (*Aujourd'hui*).

Ce n'est qu'à Berlin, où il émigre en 1920, qu'il rompt définitivement avec la figuration; son intérêt pour la machine (*La Grande Machine des sentiments,* 1920, Eindhoven, Stedelijk van Abbemuseum), suscité par Dada et Schwitters, le pousse dorénavant à explorer « les ressources innombrables de la forme et du mouvement, des réalités de la grande ville et de la technique moderne » (E. Kallaï, *in MA,* nº 12, 1921). Puis il se plie à la rigueur formaliste du *Stijl* et surtout du suprématisme et du constructivisme russes (*Z III,* 1922, Londres, Marlborough Fine Arts, *Construction métallique,* 1922). Élaboré dès 1922, le *Licht-Raum-Modulator* (Modulateur-Lumière-Espace), qui

Composition A XX, 1924
huile sur toile
135,5 × 115
don de la Société des Amis du MNAM, 1962
AM 4025 P

aurait dû prendre place en 1930 au Centre de l'Espace du temps présent du Musée de Hanovre, concentre toutes ses recherches : cette sculpture cinétique de métal et de verre, motorisée, utilise la lumière dirigée sur elle pour susciter des jeux lumineux complexes; répondant parfaitement à l'esthétique constructiviste, elle évoque certaines sculptures de Naum Gabo dont Moholy-Nagy connaissait, dès 1923 grâce à Kemeny, le *Manifeste réaliste*. L'approfondissement de ses travaux sur la qualité de la lumière est à l'origine des photogrammes et des peintures des années 1925.

L'universalité de ses intérêts et son esprit messianique devaient fatalement l'entraîner dans l'aventure collective du Bauhaus où Gropius l'appelle en 1923 pour diriger l'atelier du métal, puis assurer le cours préliminaire, à la suite de J. Itten. En collaboration avec Gropius, il conçoit la mémorable série des *Bauhaus-Bücher* qui, entre 1925 et 1930, lui permet d'expérimenter des conceptions typographiques novatrices. Jusqu'en 1928, à Weimar et Dessau, puis à partir de 1937 au sein du Neue Bauhaus de la School of Design de Chicago, Moholy-Nagy exercera ses qualités de pédagogue et de théoricien (*The New Vision : from Material to Architecture, Abstract of an Artist,* 1947; *Vision in Motion*, 1947). Son enseignement, fondé sur l'expérience et sur la nature des matériaux, s'appuie sur une philosophie humaniste : « Le design n'est pas une progression, mais une attitude envers la vie », dont les postulats (« l'être humain est naturellement doué… ») annoncent ceux d'un Joseph Beuys.

Cat. *Moholy-Nagy*, Paris, CCI, Musée des Arts décoratifs, 1976; K. Passuth, *Moholy-Nagy,* Paris, Flammarion 1984.

□ *Composition A XX,* 1924
Présentée à l'exposition du Bauhaus à Dessau en 1926, où elle fut conçue, puis en 1934 à celle du groupe Abstraction-Création à Paris, cette toile — la seule de Moholy-Nagy dans la collection — résume bien sa recherche d'une expression formelle de la lumière. Afin de « peindre avec la lumière », Moholy-Nagy choisit des surfaces lisses, des textures fines et transparentes. Transparence des plans géométriques qui se croisent et se superposent, qui parfois même se laissent à peine deviner. La *Composition A XX,* toute de pureté et de rigueur constructiviste, est sans doute une des plus abouties de la série des peintures de lumière. Elle tranche, par l'austérité de sa palette et l'économie de son vocabulaire plastique, sur d'autres compositions contemporaines, hautes en couleurs et complexes dans leurs agencements spatiaux (*Composition Z VIII,* 1924, Berlin, National Galerie). Dans la ligne de *Q XXI,* 1923 (New York, University Art School) ou *Z IV,* 1923 (Cologne, coll. part.), elle ne propose, sur des fonds glacés et aériens, que des formes simples, « minimales » : des cercles traversés par des plans rectangulaires transparents qui se croisent dans l'espace et suggèrent une troisième dimension.

L'exploration de ces structures lumineuses amènera Moholy-Nagy à l'emploi de nouveaux matériaux. Dès 1925, il s'essaie à peindre sur galalithe, puis sur celluloïd et bakélite et enfin, en 1926, sur aluminium. Ces essais préparent son travail sur les sculptures cinétiques et lumineuses qui aboutiront aux spaces-modulators.   B.L.

Piet Mondrian
1872-1944

« La nouvelle plastique est dualiste par la composition. Par la plastique exacte des rapports cosmiques, elle est une expression directe de l'universel; par le rythme, par la réalité matérielle de sa plastique, elle est une expression de la subjectivité de l'artiste comme individu. De la sorte elle déploie devant nous tout un monde de beauté sans pour cela renoncer à l'élément généralement humain. »

Après une formation classique aux Beaux-Arts d'Amsterdam, Mondrian peint des natures mortes, de nombreux paysages académiques et se lance très vite dans la peinture en plein air, passant par toutes les écoles qui illustrent cette fin du 19e siècle. A partir de 1908 et surtout au contact de Toorop, il expérimente le divisionnisme, puis sa peinture devient plus expressionniste et fauve sous l'influence de Sluyters, le « Matisse hollandais ». Son premier séjour parisien de 1912 à 1914 oriente de manière déterminante ses recherches : 1912 est, à Paris, l'année de maturité du cubisme. Confronté à cette réflexion d'un traitement de l'espace et du volume dans le plan du tableau, Mondrian aboutit très vite à ce que l'on pourrait désigner comme un cubisme abstrait. De retour en Hollande, fasciné par les horizons dégagés des paysages côtiers où des rangées de pieux noirs viennent briser les vagues, il multiplie, dans des espaces ovales ou circulaires, des lignes qui se croisent à angle droit; ses peintures s'organisent alors en des marqueteries mouvantes (*La Mer,* 1914, *Jetée d'océan,* 1915); les façades d'églises servent également de prétextes à ses constructions (*Église à Domburg,* 1914). « La représentation de la matière tombe d'elle-même. Nous arrivons alors à la représentation de choses autres comme, par exemple, les lois qui régissent le maintien de la matière » (1914). Dans son essai autobiographique, *Toward the true vision of reality* (1941), il signalera les limites qu'il rencontra très vite : « Je sentais que je travaillais toujours comme un impressionniste exprimant une sensation particulière et non pas la réalité comme elle est ».

Ses recherches avancent alors à grands pas et, dès 1917, apparaissent deux *Compositions en couleurs A et B* où des rectangles de couleurs, scandés par de courts traits noirs, se détachent ou se superposent sur une surface blanche. Le rapport dynamique qu'entretiennent les plans superposés transforme cette surface en un « fond » que Mondrian essaie d'éliminer dans cinq autres *Compositions avec plans de couleurs* (toujours de 1917) en supprimant les superpositions et les bâtonnets noirs. Mais les plans colorés flottent toujours sur une surface qui apparaît dès lors comme un « fond » qui se creuse. Aussi construit-il en 1918 une structure de lignes grises couvrant toute la toile, qui permette aux plans blancs et gris jouxtés aux plans de couleurs claires de se trouver disposés sur le même plan. Néanmoins, le rythme des couleurs autorise encore les rectangles à s'autonomiser. Et c'est à ce point que Mondrian se propose d'inscrire une grille modulaire all-over qui devrait éliminer toute hiérarchie dans les couleurs et les « non-couleurs », précisément grâce à ce module carré qui structure toute la toile. Il en résulte, opéré par la multiplication des lignes, des croisements et des couleurs un pilonnage incontrôlable d'oscillations optiques, qui recrée un effet de profondeur là où l'on tentait d'atteindre à une absolue planéité du tableau et qui, de surcroît, institue un rythme « naturel » ne convenant pas à la recherche d'un repos et d'un équilibre universel. Si un rythme apparaît dans le tableau — et il sera, dès 1927, marqué d'un indice positif —, il doit être construit par un jeu minimal de tensions dues à une articulation réfléchie des lignes et des plans de couleurs primaires et de « non-couleurs » (*Composition III,* 1929). C'est un véritable rythme construit, qui instaure une notion d'équilibre dynamique à cet instant où, précisément, chaque élément du tableau joue sur un plan équivalent et non selon une hiérarchie et des valeurs qui relèveraient de ce rythme « naturel » et lyrique lié à l'illusion d'un espace en profondeur.

Avec l'abandon de la grille all over et l'utilisation, dès lors minimale, de plans de couleurs primaires et de « non-couleurs » dans des grilles

noires non modulaires, Mondrian énonce les thèses et les enjeux du néo-plasticisme entre 1917 et 1926. Dans la revue *De Stijl,* qu'il crée en 1917 avec Théo Van Doesburg et Van der Leck, sont posés les principes théoriques, formulés plus clairement encore par Mondrian, avec l'aide de Michel Seuphor, dans un texte écrit en 1926 pour la revue *Vouloir :* « Le moyen plastique doit être le plan ou le prisme rectangulaire en couleur primaire (rouge, bleu, jaune) ou en non-couleur (blanc, noir et gris). Dans l'architecture, l'espace vide compte pour la non-couleur. La matière peut compter pour la couleur. Toute symétrie sera exclue ». Il s'agit bien là d'une volonté de transposer le modèle architectural dans l'unique dimension du plan, en utilisant les moyens essentiels de la peinture : une géométrie minimale de lignes horizontales et verticales, associée aux couleurs primaires et aux « non-couleurs ». Il faut retrouver, dans la seule organisation de l'espace pictural, une conscience plastique du monde, mettre à jour la vérité universelle de l'orientation verticale des corps confrontés à l'espace du paysage, à l'horizontale précaire qui sépare le ciel de la terre ou de l'océan.

En septembre 1938, au lendemain des accords de Munich, Mondrian se décide à quitter Paris (où il s'était installé en 1919) pour Londres,

puis se voit contraint en 1940, sous la pression des bombardements, de s'exiler à New York. S'ouvre alors une autre ère de recherches, où il tente de résoudre certains problèmes de planéité qui subsistaient durant la période parisienne (*Boogie Woogie,* 1942), en faisant disparaître de ses toiles les lignes noires et les plans de couleur pour aboutir à des constructions de trame colorée.

M. Seuphor, *P. Mondrian,* Paris, Flammarion, 1956; C. Raghianti, *Mondrian et l'arte del XX secolo,* Milan, ed. di Communita, 1962; cat *Mondrian* (texte de M. Seuphor), Paris, Orangerie des Tuileries, 1969; H. Jaffé, *Mondrian,* New York, Abrams; M. Butor, *Toute l'œuvre peinte de Mondrian,* Paris, Flammarion, 1976; cat. *Mondrian, Zeichnungen, Aquarelle, New York Bilder,* Stuttgart, Staatgalerie, Haags Gemeentemuseum et the Baltimore Museum of Art, 1981; *L'Atelier de Mondrian, recherches et dessins,* Paris, Macula, 1982.

☐ *Composition II,* 1937
Cette toile s'inscrit dans une série qui, depuis 1935, est plus proche du dessin par la multiplication des lignes noires et la discrétion de plus en plus grande des plans colorés (*Composition avec bleu,* 1937). Les grilles noires ont des effets optiques différents et contradictoires.

Composition II, 1937
huile sur toile
75 × 60,5
achat 1975
AM 1975-53

D'une part, et surtout lorsqu'il y a aménagement de différentes largeurs de lignes, se produisent des effets d'oscillations qui creusent l'espace blanc; en revanche, le contour également noir de ces lignes tend à reconstruire une planéité, à l'endroit non hiérarchisable de leurs entrecroisements, lesquels surdéterminent les rectangles de couleurs à rester, lorsqu'ils sont correctement encadrés, sur le même plan de surface que les lignes noires et les plans blancs. Quand, de surcroît, les plans de couleurs, comme dans *Composition II,* se trouvent expulsés sur les côtés de la toile, se produit un effet de latéralisation et de dispersion périphérique qui ajoute à ce travail de construction d'une planéité de l'espace pictural. En outre, cette dispersion, vers la droite avec le plan rouge, vers le haut et la gauche avec le plan bleu, « recentre » l'architecture des lignes noires qui, dans le rythme de leurs intervalles, tendaient à donner une orientation verticale au tableau. Recentrement qui instaure ici une perception d'expansion de la surface sur ses quatre côtés.

C'était, cependant, faire peu de cas de l'enseignement de Cézanne et de Matisse, en laissant le dessin, somme toute, assurer le rôle de la structuration de l'espace, dans un registre d'expression où il est avant tout question de peinture et de couleurs. C'était, de plus, tenter de neutraliser, presque en vain, l'effet de retour sur soi que produit le rouge, d'éloignement de soi et d'approfondissement que produit le bleu. Il s'agissait d'instituer une planéité de l'espace pictural par le subterfuge du dessin, sans aborder de front le problème d'une construction et d'une structuration de l'espace par la couleur, ce qui détermine d'ailleurs Mondrian à se démarquer de cette période classique du néo-plasticisme durant les années new-yorkaises.

☐ *New York City I,* 1942

Dans cette œuvre essentielle, Mondrian se défait tout « simplement » de la grille noire de sa période néo-plastique parisienne pour lui substituer une trame de couleurs primaires. Il tente même de défaire la notion de lignes, après que celles-ci ont fait disparaître la notion d'espace dans le plan. Car ce dont il est question, c'est bien de la couleur, de sa densité et de son extraordinaire pouvoir de suggestion de la profondeur. Plutôt que de la neutraliser par moments dans la structure du dessin, elle devient seule productrice d'une construction plane de l'espace pictural.

« La pluralité des formes variées et similaires annihile l'existence des formes en tant qu'entités. Les formes similaires ne montrent pas de contrastes, mais sont en opposition équivalente » (*A New Realism,* New York, 1942).

Prenant en compte les valeurs que les couleurs instituent « naturellement », Mondrian semble poser dans un ordre très classique sa trame jaune, puis rouge, puis bleue, la couleur la plus chaude et la plus irradiante au premier plan, la plus froide et la plus éloignée à l'arrière-plan dans l'espace du tableau. Si, au premier regard, cette superposition suggère effectivement, plus fortement encore, une sorte de profondeur — ce qui fait dire à Greenberg qu'« il s'agit maintenant d'une troisième dimension strictement optique, strictement picturale » —, en rester là serait l'aveu de l'échec de cette nouvelle démarche de Mondrian. En réalité, les différentes largeurs de lignes ne produisent plus d'oscillation optique car, précisément, ces lignes sont indexées de valeurs identiques (pour la trame jaune) et en opposition (avec les autres couleurs). La deuxième verticale jaune plus étroite ne peut plus « bouger », prise, d'une part, dans son propre réseau et en écart, d'autre part, avec les autres réseaux rouge et bleu. Par ailleurs, ce système stable, semble-t-il, de superposition du jaune sur le rouge, puis du rouge sur le bleu, Mondrian ne manque pas de le déstabiliser, faisant passer à cinq reprises le rouge sur le jaune et à une reprise le bleu sur le jaune. Comme l'a dit Y. Alain Bois (« New York City I, 1942 », *Cahiers du Musée,* n° 15, mars 1985), il y a chez

Mondrian un subtil *tressage* qui « transforme un procédé de repoussoir (la superposition) en agent de planéité ». Mondrian se sert de la couleur pour pervertir de l'intérieur le système que la tradition avait institué à partir d'elle. C'est un détournement, un retournement de l'objet même de la peinture, la couleur, sans plus avoir recours à la « facilité » du dessin.

Est-ce à dire néanmoins que partant, non plus d'un constat a priori de la planéité du tableau, mais d'une volonté de la construire, Mondrian atteint à la planéité totale de l'espace pictural ? Celle-ci ne relève-t-elle pas encore, comme la profondeur, d'une métaphore puisque poser une tache de couleur sur une toile, c'est commettre l'acte minimal qui chaque fois repousse la toile vers le « fond » ? En effet, déconstruire cette métaphore qu'institue la couleur, c'est induire la respiration d'un tressage qui sans cesse creuse illusoirement l'espace pour interdire simultanément son approfondissement; et cette perversion subtile du tressage ne prend sens que dans l'écart qui s'inscrit à partir de l'illusion effective d'une profondeur produite dans *New York City I;* ce qui est reconnaître encore à la peinture un pouvoir « d'évocation » et ce rapport fondamentalement métaphorique qu'elle entretient toujours avec l'espace, même architectural ou sculptural.

L.L.

New York City, classical drawing n° 6, v. 1941
crayon sur papier
22,8 × 21
achat 1984
AM 1984-271

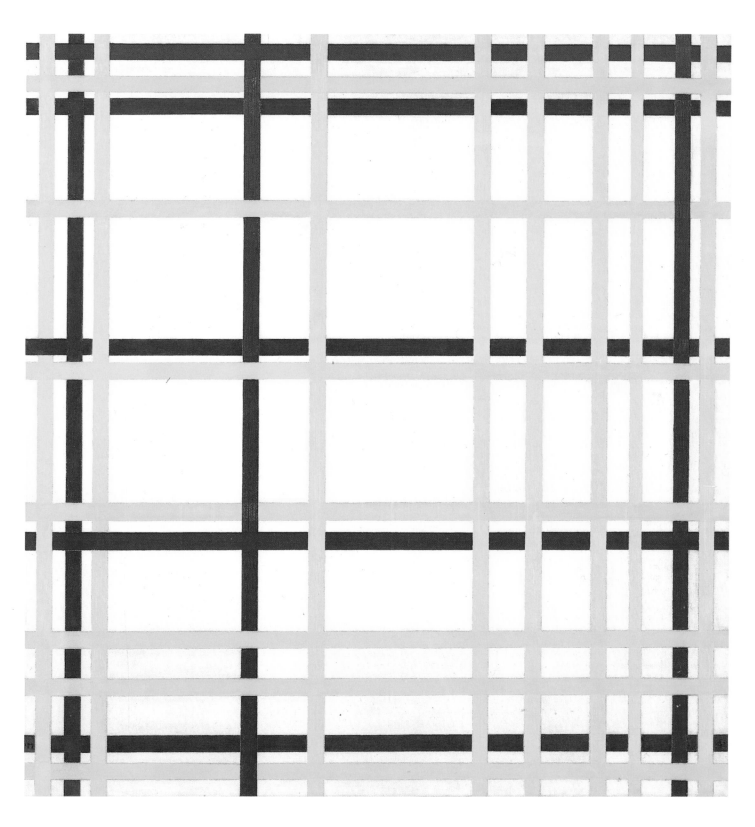

New York City I, 1942
huile sur toile
119,3 × 114,2
achat de l'État grâce à un crédit spécial
et au concours de la Scaler Foundation, 1983
AM 1984-352

Jacques Monory
1934

C'est en 1962 que Jacques Monory, né à Paris, et après dix ans de recherches picturales marquées par des expérimentations de figurations et d'abstractions oniriques, choisit subitement d'orienter sa peinture vers une description impassiblement objective de l'univers quotidien en s'inspirant de la froideur distanciée des prises de vues photographiques. Sa démarche s'inscrit alors dans un moment de découverte du Pop Art américain en Europe et dans un courant de retour à une figuration inspirée de la vie contemporaine. Ainsi, en 1964 et 1965, Monory participe aux côtés de Arroyo, Fahlström, Klasen, Rancillac, Niki de Saint-Phalle, Télémaque, etc, aux expositions *Mythologies quotidiennes* au Musée d'art moderne de la Ville de Paris et *Figuration narrative dans l'art contemporain* (organisée par Gérald Gassiot-Talabot), galerie Creuze à Paris.

Après 1966, Monory entreprend la réalisation de séries thématiques — *Femmes*, 1966, *Meurtres*, 1968, *Jungle de velours*, 1969-1971, *New York*, 1971 (dont le Musée possède le n° 10), *Premiers Numéros du catalogue mondial des images incurables*, 1974, *Opéras glacés*, 1976, etc. — qui constituent autant un inventaire des objets et lieux déshumanisés de l'univers moderne qu'un répertoire obsessionnel des fantasmes de l'artiste (armes à feu, automobiles, jardins inquiétants, explosions, bâtiments aseptisés). Cette vision, fidèle à la technique du report photographique sur toile, trouve toutefois sa tonalité particulière à travers le choix (après 1967) de la monochromie presque exclusivement bleue pour l'ensemble des œuvres réalisées, apportant aux scènes les plus crues un effet de distanciation et d'insaisissabilité. De même, le recours au cadrage décalé, à l'insert, à la brisure ou à la juxtaposition des images introduit dans les descriptions minutieuses du peintre un sentiment de temporalité suspendue et de basculement du réel qui brise définitivement pour le spectateur la banalité apparente des représentations. Cette revanche de l'imaginaire caractérise également l'évolution récente de Monory, marquée par le passage à la trichromie bleu, jaune, rose (*Technicolor*, 1978, *Ciels, nébuleuses et galaxies*, 1978-1980 — à propos desquels l'artiste avait conclu : « J'avais espéré l'extase, je n'ai eu qu'un supplément de détachement » — enfin, dernièrement *Toxique*, 1984).

P. Gaudibert, A. Jouffroy, *Monory*, Paris, Georges Fall, 1972; cat. *Monory, les premiers numéros du catalogue mondial des images incurables*, Paris, CNAC, 1974; J.-C. Bailly, *Monory*, Paris, éd. Maeght, 1979; J.-F. Lyotard, *L'assassinat de l'expérience par la peinture, Monory*, Talence, Le Castor Astral, 1984.

☐ *Meurtre n° 10/2*, 1968

Cette toile appartient à une série de vingt-deux (dont le Musée possède également les numéros 14 et 20/1) sur le même thème et présentées ensemble pour la première fois en novembre-décembre 1968, galerie B. Mommaton à Paris. Réalisés la même année, une « sorte de scénario » (*Document bleu*, Paris, éd. Chorus, 1970) autobiographique évoquant des rencontres énigmatiques et des crimes mystérieux dans des lieux publics anonymes, ainsi qu'un petit court métrage (*Ex*) tourné par l'artiste lui-même, où il apparaît en fuite puis abattu en pleine rue, permettent de saisir quelques-unes des intentions de Monory. Héros (dérisoire) et victime (pathétique), celui-ci semble errer dans des fictions sorties tout droit du cinéma ou du roman noir américain. Dans la même veine, Monory filmera en 1973 *Brighton Belle* sur l'incommunicabilité du désir et prolongera son obsession meurtrière dans un roman policier (*Diamondback*, Paris, éd. Christian Bourgois, 1979) et dans un livre avec Daniel Pommereulle (*Les bords de la mort ne sont pas assez vite*, Paris, éd. Thierry Bordas, 1984).

Ici, dans la série *Meurtres*, Monory, utilisant les techniques cinématographiques du gros plan, de la plongée, du travelling, de l'arrêt sur image, projette sur ses toiles les moments figés d'un film virtuel qu'il laisse au spectateur le soin de reconstituer. Ainsi, dans *Meurtre n° 10/2*, Monory se représente en voyou à casquette (l'image a été prélevée d'une photo extraite de *Ex*) fuyant un appartement où l'on devine sur le sol les corps étendus de personnages peut-être assassinés. Une glace criblée d'impacts de balles sépare en deux champs visuels l'ensemble de la scène dont l'horizon bascule (comme souvent chez Monory), à la diagonale. Rien de plus ne nous sera révélé. Témoins ou voyeurs, happés à notre tour dans ce fait divers, il ne nous reste plus qu'à contempler, pantois, nos reflets déformés de protagonistes impuissants dans le miroir en éclats.

J.-P. A.

Meurtre n° 10/2, 1968
tableau démontable en trois parties
huile sur toile et miroir
160 × 400
don de l'artiste, 1975
AM 1975-96

François Morellet
1926

Né dans le Maine-et-Loire, Morellet partage son temps entre Cholet, Paris et New York. Longtemps à la tête d'une usine familiale, tout en développant son œuvre à partir de 1946, c'est en 1975 qu'il abandonne ses affaires pour se consacrer à son affaire : l'élaboration consciente et amusée d'un langage pictural proprement « impersonnel ». François Morellet a lui-même tenté maintes fois de mettre bon ordre dans la chronologie de son œuvre : les différentes phases de son développement ne suffisent pourtant pas à éluder le principe et la méthode d'un parcours rigoureux où la tentation du *système* côtoie l'impertinence du *hasard*, aux confins d'une rencontre entre la *géométrie* et le *jeu*. Morellet, qui a toujours revendiqué sa dimension *autodidacte*, a commencé de peindre entre 1946 et 1948. C'est cette après-guerre de la peinture qu'il balaie dès les années 1948-1949, lorsqu'il découvre l'art des tapas océaniens. D'abord lié à Arnal, Dmitrienko et au Groupe de l'Échelle, il réalise des peintures proches de Bazaine ou de Deyrolle. En 1951, regardant Mondrian, il se tourne vers la géométrie; celle-ci ne sera pas pour autant la seule finalité de son art, mais lui donnera les libres moyens d'une élaboration consciente défaite de toute subjectivité. Entre 1952 et 1955, il élabore des œuvres de caractère *systématique* et réducteur, telles les deux *Peintures* de 1952 (MNAM). *Hexagones à côtés bleus et verts*, 1953, contemporain du tableau *16 Carrés* (Musée de Mönchengladbach), ainsi que *Violet, bleu, vert, jaune, orange, rouge*, 1953 (MNAM), et *3 × 3*, 1954 (MNAM), sont bâtis sans souci de composition ou d'équilibre : ils supposent une structure déductive couvrant uniformément la surface, obéissant impérieusement au(x) code(s) convenu(s), et ne conservent d'arbitraire que le choix du système sur lequel chacun repose. Morellet, sensible à l'œuvre de Max Bill, voit dans la radicalisation du principe structurel du tableau la possibilité de se débarrasser du langage du néoplasticisme. Il découvre dans la science des mosaïques de L'Alhambra de Grenade, et plus tard dans l'œuvre de Van Doesburg et des Unistes polonais, la rigueur de principes défaits de l'empirisme. Radicalisant ses formats (80 × 80), multipliant les combinatoires possibles, allant jusqu'à user d'une roulette et de tous les procédés contraires au peintre qu'il ne veut pas être, Morellet va cependant trouver un second commandement à l'exercice dévoyé auquel il se livre dans l'induction du *hasard*. Alors qu'il développe dans un ensemble de tableaux-trames des recherches qui vont le guider ultérieurement vers ses premières *Structures dans l'espace*, 1962, *Sphères-trames* et *Grilles se déformant*, 1965,

il fait intervenir un nombre choisi au hasard dans l'annuaire téléphonique ou encore le nombre π dans le système compositionnel et chromatique (*Chartres,* Amsterdam, Stedelijk Museum). En 1960, avec Demarco, Le Parc, François et Vera Molnar, Joël Stein, notamment, il fonde le *Groupe de recherche d'art visuel*. Ensemble, ils chercheront jusqu'en 1968 à réaliser des environnements, ainsi que des œuvres communes. Ironisant quelque peu aujourd'hui sur la finalité du GRAV, Morellet veut reconnaître dans ce mouvement, par-delà l'expérience « totale », l'exploration de situations et de contextes nouveaux : ainsi, l'usage du néon (*4 panneaux avec 4 rythmes d'éclairage interférents*, 1963, Paris, coll. part.) qu'il n'a pas cessé d'explorer (*Néons « d'angle »*, 1985) jusque dans l'ironie syntaxique minant le principe de géométrie sur lequel est fondé *Néons avec programmation*

Du jaune au violet, 1956
huile sur toile
110 × 220
achat 1981
AM 1982-15

4 Doubles Trames, traits minces, 0°, 22°5, 45°, 67°5, 1958-1973
huile sur toile
140 × 140
achat de l'État 1970, attr. 1976
AM 1976-1000

446

aléatoire-poétique-géométrique, 1967, où, en alternance avec les épures abstraites, sous l'impulsion du geste du spectateur, se composent dans le carré parfait les quatre mots définitifs : Nul, Cul, Con, Non. En 1971, la première rétrospective itinérante de son œuvre, présentée entre autres au CNAC, lui permet de reprendre le principe des *adhésifs éphémères* qu'il avait commencés en 1968. Contemporains des premières *Désintégrations architecturales* que l'artiste poursuit encore aujourd'hui (*Plateau de la Reynie,* 1971, *Grande Halle de La Villette,* 1986, très nombreuses en Europe et récemment à New York), les adhésifs perturbent et fragmentent l'espace plus qu'ils ne s'y subordonnent. Le principe de *déstabilisation* des œuvres murales des années 70 (*Ligne horizontale passant sur 3 carrés,* 1974, FRAC Bourgogne, *Seule droite traversant deux carrés dans deux plans différents 0°90°,* 1978, MNAM) n'obéit à aucune logique interne à la construction, mais à l'organisation dans et sur l'espace du tableau devenu outil et module de toutes les manipulations. Ainsi la pratique de l'art, outre le jeu toujours réclamé, s'est-elle faite, plus encore aujourd'hui (*Vanishing Point of View,* 1985), proche d'un véritable *dispositif.* Les récentes *Géométrees* et *Grattures* (1983-1986) rappellent, s'il le fallait encore, que Nature et Culture sont, dans cette œuvre singulière et inquiète, en perpétuel conflit. Essentiellement tropique, le langage de cette « espèce d'espace » semble avoir conquis la « science des solutions imaginaires » ailleurs réclamée par Jarry.

Morellet, Désintégrations architecturales, Chambéry, Musée savoisien, 1982; *François Morellet : Systems,* Buffalo, New York, Albright-Knox Art Gallery, 1984; S. Lemoine, *François Morellet,* Zurich, éd. Wasser, 1986; cat. *Morellet,* MNAM, Centre G. Pompidou, 1986.

□ *Du Jaune au violet,* 1956
Outre deux *Peintures,* inaugurant le *système* que Morellet définit et radicalise en 1953, *Hexagones à côtés bleus et verts,* 1953, et *3 × 3,* 1954, complètent la collection dans laquelle *Du jaune au violet* fait

figure d'œuvre essentielle. Composé de deux carrés identiques juxtaposés, le tableau illustre le principe des théories de la couleur et le passage gradué d'une couleur à une autre. Pour obtenir la plus grande « neutralité », Morellet a peint la toile à la roulette. Sur le fond blanc, à partir des centres jaunes, se répartissent à intervalles réguliers des bandes de couleur suivant le périmètre. Progressivement, le passage s'accomplit d'une couleur à l'autre sans autre volonté dans l'acte de peindre que de se laisser guider par la réalité physique des couleurs.

□ *6 Répartitions aléatoires de 4 carrés noirs et blancs sur 6 surfaces carrées d'après les chiffres pairs et impairs du nombre π,* 1958
A cette peinture-manifeste répond également cette œuvre, composée de six panneaux de bois de 80 centimètres de côté, répartis à égale distance. La règle en est simple : chaque panneau est partagé en quatre parties égales. Chacune peut être blanche ou noire, le chiffre π permettra de dicter le résultat. La suite est interrompue dès que les différents cas de figures sont tous apparus. Dans cette œuvre, il est essentiel de rappeler, cette fois encore, que ce n'est pas un principe de composition qui engendre l'image. Et Morellet devient spectateur d'un code qu'il impose, rendant la peinture à sa nécessaire dimension spéculative.

□ *4 Doubles Trames, traits minces, 0°, 22°5, 45°, 67°5,* 1958-1973
Cette peinture correspond aux premières trames systématiques réalisées par l'artiste. Selon le principe issu du « all over » que l'on trouve également dans *Peinture,* 1956 (MNAM), Morellet superpose un réseau de parallèles afin d'élaborer, à partir d'un principe essentiellement simple, une grille en forme de résille densifiant la surface jusqu'à la rendre indéchiffrable. De ce glissement du simple au complexe, la pratique de l'art rejoint celle du géomètre, à la différence essentielle que sa finalité est d'abord de ne pas en avoir. Mais, ce serait peut-être là la logique entre Allais et Joyce de cette œuvre aux allures inavouées de Pataphysique.   B.B.

6 Répartitions aléatoires de 4 carrés noirs et blancs sur 6 surfaces carrées d'après les chiffres pairs et impairs du nombre π, 1958
huile sur bois
chaque élément : 80 × 80
achat 1981
AM 1982-16

Reinhard Mucha

1950

Né à Dusseldorf où il vit et travaille, Reinhard Mucha a exercé divers métiers avant de suivre les cours de l'Académie des Beaux-Arts dans la classe de Klaus Rinke. Ses premiers travaux, à l'École et dans divers lieux de la ville, sont des constructions ou des interventions *in situ* prenant en compte la spécificité formelle et historique du décor et la fausse banalité d'espaces urbains marqués par l'architecture fonctionnaliste uniforme des villes allemandes de l'après-guerre. Les œuvres qu'il réalise ensuite dans des espaces muséaux ou d'exposition (*Astron Taurus,* 1981, Kunsthalle de Bielefeld) utilisent souvent le mobilier disponible de l'institution — socles, chariots, échelles, vitrines, etc. — et constituent des structures complexes fonctionnant comme mises en abîme des dispositifs traditionnels d'exposition. Ce travail critique sur les limites actuelles de l'œuvre d'art et ses conditions de présentation procède par déplacements subtils de la fonction et du territoire spécifiques d'objets standardisés industriels — néons, chaises métalliques, cabanons de chantier, etc. — appartenant au décor de la ville moderne ou en adoptant savamment l'apparence : plaques émaillées portant les noms de gares allemandes (*Wartesaal,* Salle d'attente, 1982), panneaux de verre ou structures de bois impeccablement peints.

Cat. *Reinhard Mucha,* Stuttgart, Wurttembergischen Kunstverein, 1985; cat. *Dispositif-Sculpture,* Paris, ARC, 1985; G. Celant, « Stations on a journey », *Artforum,* déc. 1985; cat. *Reinhard Mucha,* Paris, MNAM, Centre Georges Pompidou, 1986.

☐ *Gladbeck,* 1985

Empruntant le nom d'une ville de la Ruhr, cette œuvre — constituée de deux abris de jardin (utilisés aussi sur les chantiers) renversés sur un socle d'aggloméré recouvert de feutrine et traversés par la lumière d'un projecteur de théâtre — met en scène des objets déplacés de leur contexte et de leur usage habituels. Le glissement du décor industriel urbain au monde de l'art et du spectacle s'opère par le retournement littéral autant que métaphorique du fonctionnalisme et le détournement esthétique d'une technicité désormais sans finalité. Ce fragment arraché à la banalité et à la froideur du décor urbain contemporain est « transfiguré » par une lumière violente qui lui confère une présence dramatique et exalte la dimension purement plastique (et poétique) des matériaux. Le Musée possède une autre œuvre majeure de R. Mucha : *Das Figur-Grund Problem in der Architektur des Barock (fur dich allein bleibt nur das Grab)* — Le problème de la Forme et du Fond dans l'architecture baroque (pour toi seul il ne reste que la tombe). C.D.

Gladbeck, 1985
2 abris de jardin, 2 socles en aggloméré recouverts
de feutrine et un projecteur de théâtre
230 × 450 × 260 environ
achat 1985
AM 1985-179

Naïfs

« Au moment où l'art retrouvait des sources telles que l'art nègre ou océanien, pour se tracer de nouvelles voies, une sorte de gloire factice fut organisée autour du Douanier Rousseau », qui s'était fait connaître avec éclat au premier Salon des Indépendants en 1885, imposant l'image d'un « homme vrai, authentiquement peuple et qui se situait dans la tradition de la sensibilité et de l'imagerie populaire » (J. Cassou). Ses successeurs, les « Maîtres populaires de la réalité », appelés aussi « Primitifs du XXᵉ siècle » ou encore « Naïfs », suscitèrent à leur tour l'intérêt d'artistes comme Picasso, Robert Delaunay, Kandinsky et Brancusi (qui achetèrent des Rousseau pour leur propre compte) et le soutien de quelques marchands et collectionneurs : le premier grand « découvreur » du cubisme, Wilhelm Uhde, devait être ainsi un de leurs plus ardents défenseurs, qui, fidèle à son engagement pris depuis sa publication dès 1911 d'une monographie sur Henri Rousseau, leur organisa une exposition en 1927 à la galerie des Quatre Chemins.

Définie par « une certaine simplicité, une certaine systématisation décorative des formes ou [peut-être] une certaine maladresse » (D. Vallier), la peinture naïve a pu être considérée, dans l'esprit du retour à l'ordre des années 1920-1935, comme la permanence naturelle de la tradition figurative « réaliste » et aussi comme l'enracinement, dans la « primitivité », des valeurs spécifiquement « françaises », faites de merveilleux historique ou d'humour populaire. Manifestation toujours improvisée de dons naturels, échappant aux catégories culturelles et esthétiques convenues, elle devait bientôt également satisfaire l'objectif des surréalistes qui s'intéressaient aussi bien aux œuvres des autodidactes qu'à celles des aliénés et, de façon plus générale, à toute œuvre populaire spontanée.

La collection de peintures de « Naïfs », réunie très tôt au Musée par les soins de Jean Cassou — en 1948, une salle entière « en hommage à Wilhelm Uhde » lui a été consacrée —, répond bien à ce double propos. Grâce aux dons de Mlle Uhde, de Mme Gregory, du Dr F. Meyer, elle est constituée de six peintures de Bombois, six de Vivin, deux de Peyronnet, une de Bauchant (et, plus tard, une de René Rimbert). Toutes œuvres d'autodidactes, appartenant aux milieux les plus simples, souvent travailleurs manuels, fantaisistes ou petits fonctionnaires, que la passion de peindre a poussés, à un âge généralement assez avancé, à ne plus se consacrer qu'à l'art.

André Bauchant
L'Apparition, 1928
huile sur toile
81 × 100
achat 1978
AM 1978-750

Cat. *Les Maîtres populaires de la réalité,* Paris, Salle royale, 1937 (puis Zurich, New York et Londres); W. Udhe, *Cinq maîtres primitifs,* Paris, éd. Palmes, 1949; A. Jakovsky, *Les Peintres naïfs,* Paris, 1956; cat. *Le Monde des naïfs,* Paris, MNAM, 1964; cat. *Séraphine de Senlis,* Senlis, Ancienne Abbaye Saint-Vincent, 1972; cat. *A. Bauchant, peintures,* Paris, galerie Kriegel et Sapiro, 1976; cat. *Vivin,* Paris, galerie Dina Vierny, 1979; cat. *Camille Bombois,* Paris, galerie Dina Vierny, 1981.

☐ André Bauchant : *L'Apparition,* 1928
Pépiniériste tourangeau, Bauchant (1873-1958), chargé de relevés télémétriques en Grèce lors de la Première Guerre mondiale, se découvre une tardive vocation pour le dessin et la peinture. Il trace une chronique de l'histoire sanglante grecque *(La Bataille des Thermopyles),* illustre des scènes bibliques *(Loth et ses filles)* ou religieuses *(Le Martyre de saint André),* et transpose ses rêves de jeunesse nourris aux récits de livres d'Histoire *(Louis XI fait planter des mûriers à Tours, 1928,* MNAM) dans des visions, d'esprit médiéval, du paysage de la Touraine qu'il peint volontiers à partir des années 30 *(Kermesse en Touraine, Travaux des champs, Le Conteur, Le Tambourinaire).*
Découvert au Salon d'Automne de 1921 par Le Corbusier et Ozenfant, il est lancé par un article publié dans *L'Esprit Nouveau* et connaît un grand succès (il est appelé en 1927 à réaliser des décors pour Diaghilev).
Le Musée possède *La Fête de la Libération,* 1945, et cette *Apparition* de 1928, où les figures de deux jeunes filles dans un paysage — thème répété dans d'autres peintures telles *Les Baigneuses,* 1923, et *Personnages,* 1928 — apparaissent figées dans une attitude gauche et comme enchâssées dans la verdure, traduisant un charme ambigu.

☐ Camille Bombois : *L'Athlète forain,* v. 1930
Fils d'un batelier, Bombois (1883-1970) passe son enfance à bord d'une péniche. Après avoir exercé de petits métiers ruraux, il cherche à se rapprocher de Paris qui l'attire et devient lutteur forain. A Paris, en 1907, il travaille comme typographe la nuit, pour pouvoir peindre le jour. En 1922, il expose pour la première fois à la Foire aux croûtes à Montmartre. Remarqué en 1924 par Wilhelm Uhde qui lui achète presque toute sa production, il peut dès lors vivre de sa peinture. Ce robuste Bourguignon, qui s'est toujours plu aux prouesses athlétiques, porte une grande admiration pour la force physique, que révèle bien son univers de peintre : dans le dessin, les découpes spatiales de la composition ou les accords chromatiques, « la témérité est partout, quel que soit le genre qu'il aborde » (Dora Vallier). Témoins, ses peintures de la vie foraine, dont il a lui-même vécu les scènes *(Au bras d'acier,* 1920, *Les Lutteurs,* v. 1922, *L'Athlète forain,* 1930). Les natures mortes également imposent la violence de leurs couleurs et la simplification des formes *(Nature morte au homard,* 1932), les peintures de fleurs, leur éclat coloré et une extrême concision. C'est dans le nu qu'est atteinte l'intensité la plus grande *(Nu aux bras levés,* MNAM) : Bombois y « condense le poids de la chair et efface les traces de l'esprit ». Ne choisissant souvent qu'une vue partielle du corps où se concentre le regard, il contient le volume en l'enserrant dans une courbe continue. La couleur rose pâle des grandes plages de chair lisse (comme dans *L'Athlète forain*) se découpant sur un fond très sombre, souvent noir ou lie de vin, est la marque très personnelle de Bombois. Seul le paysage représente à ses yeux le lieu privilégié de la douceur *(Le Pont de Chablis,* v. 1923, MNAM), car « ce qui prime chez lui, c'est le rapport à la chose peinte et non pas à la peinture en tant que système référentiel » (D. Vallier).

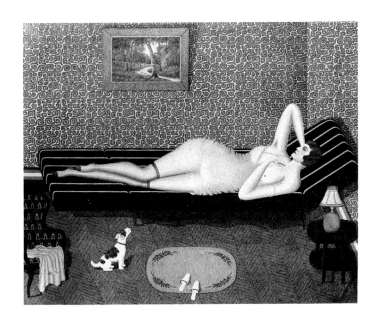

□ Dominique Peyronnet : *Sieste estivale,* 1933
Ouvrier imprimeur et lithographe, Peyronnet (1872-1943), travaillant de ville en ville, termine son tour de France à Paris, où il s'établit en 1902 pour se spécialiser en chromo-lithographie dans une imprimerie rue Suger. Blessé de la guerre de 1914, il commence à peindre en 1920 et à exposer en 1932 au Salon des Indépendants et à celui des Artistes français : il a 60 ans. Maximilien Gauthier l'invite à participer à l'exposition des *Maîtres populaires de la réalité* en 1937, où *Le Passeur de la Moselle* obtient un vif succès, et Peyronnet aura sa première et unique exposition personnelle en 1939 à Paris, au Studio Waroline, où il présente 29 œuvres, probablement la totalité de sa production. Le succès l'emporte au point qu'il rédige entièrement son catalogue, un chef-d'œuvre de mégalomanie, comportant biographie et bibliographie très détaillées. Citant la critique élogieuse de M. Gauthier, Peyronnet estime que ce dernier « aurait pu ajouter : 1) le seul peintre dont on peut regarder les toiles d'aussi près que possible, comme de loin ; 2) le seul peintre imitant les êtres et les choses d'après nature ; 3) le seul peintre inimitable ». Il traite, en effet, paysages, natures mortes ou femmes avec la même minutie que celle exigée par ses planches lithographiques.
Les deux peintures que possède le Musée, *Le Château de la Reine Blanche* et celle-ci — à propos de laquelle Peyronnet précise : « Samedis et dimanches je fais poser un modèle pour ma *Sieste estivale* dont j'ai repris une seconde pose en 1933 » — subirent le même sort : toutes deux de 1933, elles furent exposées aux Indépendants de 1934, proposées (et refusées) à la Commission des achats de l'Etat en 1935, exposées aux *Maîtres populaires de la réalité* en 1937, achetées, enfin, par Mme Grégory qui en fit don au Musée. Peyronnet les estimait lui-même assez pour déclarer dans son catalogue que « ces deux œuvres devraient avoir leur place au Louvre ».

Camille Bombois
L'Athlète forain, v. 1930
huile sur toile
130 × 89
don Mme Cécile Grégory, 1948
AM 2810 P

Dominique Peyronnet
Sieste estivale, 1933
(Femme couchée sur un divan)
huile et collage sur toile
50 × 61
don Mme Cécile Grégory, 1948
AM 2804 P

450

Cette peinture s'intègre dans la période la plus fructueuse de Séraphine qui peut, entre 1927 et 1930, grâce à l'aide financière d'Uhde, aborder des toiles de grand format. C'est aussi le moment où sa technique s'affine (elle utilisait, dans ses débuts, du Ripolin pour ses fonds) et où elle mêle de la laque à l'huile pour obtenir des couleurs à la fois plus somptueuses et plus tenaces.

☐ Louis Vivin : *Le Cerf et les loups,* [1925]
Fils d'instituteur, Vivin (1861-1936) passe son enfance dans les Vosges jusqu'à son arrivée à Paris en 1880. Entré dans l'Administration des Postes en 1879, il y fait carrière jusqu'à sa retraite en 1923. Parallèlement à cette vie calme, il dessine et peint dès sa jeunesse des paysages de son pays natal, puis, installé à Montmartre, expose avec Bombois à la *Foire aux croûtes* en 1922. A sa retraite, il peut enfin se consacrer à sa passion, la peinture. Wilhelm Uhde, qui le découvre, le soutient et lui organise sa première exposition personnelle à la galerie des Quatre Chemins en 1927.
La solitude et la régularité de la vie quotidienne d'un petit fonctionnaire se trouvent réfléchies dans les tableaux de Vivin, dépouillés de tout réalisme contrairement aux apparences d'un traitement des détails extrêmement minutieux et descriptif. Ayant abandonné la perspective et les variations de la lumière, Vivin structure ses toiles par plans qui passent les uns derrière les autres, en aplats parallèles, parfois en registres comme dans les miniatures médiévales : « Les paysages de Vivin apparaissent comme les façades d'un autre paysage qui est derrière » (W. Uhde). Vides et presque monochromes, ces vues d'architectures parisiennes, banales comme des cartes postales (*La Gare Paris-Lyon, Méditerranée,* 1925, *L'Institut, Le Louvre* ou *Le Sacré-Cœur,* 1930, *Le Palais de Justice* ou *Notre-Dame,* 1935), ou ses paysages de la forêt vosgienne en hiver ou en été, avec scène de chasse (*Le Cerf et les loups,* 1925), expriment, par la répétition systématique du même motif, un même sentiment d'angoisse de la solitude et d'horreur de l'inhumain.   N.P.

☐ Séraphine : *L'Arbre du Paradis,* v. 1929
Le mystère demeure entier sur les débuts de peintre de Séraphine Louis (1864-1942). On sait seulement qu'en 1912 Wilhelm Uhde l'employa, par hasard, comme femme de ménage à Senlis et découvrit qu'elle peignait. Ému par la force de ses toiles, il les lui acheta jusqu'à ce qu'il fût obligé de quitter la France au début de la guerre et, à son retour, il acquit toute sa production. Une ferveur sacrée motivait Séraphine; mais de dévote — elle peignait dans le secret de la nuit en chantant des cantiques — elle devint exaltée. Vers 1930, à l'approche de la crise économique, Uhde suspendit brutalement ses achats. Atteinte encore par ce qu'elle ressentait comme une persécution, elle devait terminer sa vie dans un hôpital psychiatrique. Désormais inapte à la peinture, Uhde la considérait déjà morte en 1934.
Si Séraphine de Senlis dénuée de toute culture n'avait pas été une femme de ménage, elle n'aurait probablement pas été « classée » parmi les peintres dits naïfs. Elle a beau peindre des arbres, des fleurs ou des fruits dans une vision analytique, son monde n'a rien à voir avec la réalité, il est totalement visionnaire. Dans chaque toile est répété un unique thème, le végétal : arbres, plantes, fleurs et fruits sont traités comme un envahissement véhément, systématique jusqu'au délire, de la surface, et souvent interprétés de façon animiste, comme dans *L'Arbre du Paradis* où les pétales de fleurs se muent parfois en yeux ou plumes d'oiseau.

Séraphine
L'Arbre du Paradis, v. 1929
huile sur toile
195 × 130
don Mlle Anne-Marie Uhde, 1948
AM 2817 P

Louis Vivin
Le Cerf et les loups, [1925]
huile sur toile
50 × 73
don Mlle Anne-Marie Uhde au nom de Wilhelm Uhde, 1948
AM 2815 P

Louise Nevelson

1899

Louise Berliawsky est encore une enfant quand sa famille émigre de Russie aux États-Unis et s'installe à Rockland dans le Maine en 1905. Volontaire et passionnée, elle est très tôt persuadée d'être investie d'un « destin » artistique qu'elle devra accomplir en dépit des obstacles. Elle épouse Charles Nevelson en 1920 et vit désormais à New York, dont l'architecture et l'énergie pionnière la fascinent. Elle étudie la peinture et le dessin, mais aussi le chant et l'art dramatique et, plus tard, la danse avec Ellen Kearns. Après une année passée à l'Art's Student League, elle s'embarque pour l'Europe en 1931, suit les cours d'Hans Hoffman à Munich et fait de la figuration dans des films à Berlin et à Vienne. De retour à New York l'année suivante, elle est l'assistante de Diego Rivera qui peint un mur pour la New Worker's School de la 14ᵉ rue et travaillera plusieurs années, comme de nombreux artistes de sa génération, pour la WPA (Work Progress Administration) mise en place sous le gouvernement Roosevelt pendant les années de crise. Dans les années 40, sans connaître l'œuvre d'artistes tels que Schwitters ou Jean Arp qu'elle rencontrera en 1960, elle réalise des assemblages à partir de morceaux de bois trouvés qu'elle expose à la galerie Nierendorf de New York en 1944. Elle travaille plus tard la terre cuite, l'aluminium et le bronze au Sculpture Center puis s'initie à la gravure avec Stanley William Hayter à l'Atelier 17. Deux voyages au Mexique (1949 et 1950) lui font découvrir l'architecture et la sculpture précolombiennes qui confirment sa recherche d'une sculpture définie en termes de « structure organique » et d'environnement.

Cat. *Louise Nevelson,* Paris, CNAC, 1974; L. Nevelson, *Aubes et crépuscules,* conversations avec Diana Mac Kown, Paris, éd. des Femmes, 1976; cat. *Louise Nevelson — Atmospheres and Environments,* New York, Whitney Museum of Art, 1980.

☐ *Tropical Garden II,* 1957

Les travaux des années 50 sont des constructions de bois peint en noir (et, plus tard, en blanc puis en or) qui prennent les dimensions de véritables « murs » comme cette œuvre ou *Sky Cathedral,* 1958 (MOMA) et d'environnements comme *Moon Garden + One,* 1958, ou *Dawn's Wedding Feast,* exposé au MOMA en 1959-1960; ils lui assureront une consécration tardive lorsqu'ils seront présentés dans *Sixteen Americans* et *The Art of Assemblage,* deux expositions organisées au Museum of Modern Art de New York en 1959 et 1961, avant les rétrospectives du Whitney Museum en 1970 et 1980. Ses œuvres plus récentes associent le bois peint et le plexiglas, de grandes commandes monumentales ont été réalisées en acier corten. L'artiste a récemment fait don au Musée de *Reflection of a Waterfall I,* 1982, composition murale proche de *Tropical Garden II* mais plus systématiquement géométrique.

C.D.

Tropical Garden II, 1957
15 boîtes en bois peint en noir
229 × 291 × 31
achat de l'État 1968, attr. 1976
AM 1976-1002

Barnett Newman
1905-1970

Né à New York, Newman étudie à l'Art Students League la peinture mais aussi la philosophie. Intéressé par les théories anarchistes, il publie ses premiers manifestes, pose sa candidature à la mairie de New York (1933). Dès cette époque, il décide de se consacrer à la peinture, tout en se passionnant pour l'étude de la botanique, de l'ornithologie et de l'art précolombien. Il épouse Annalee Greenhouse en 1936 et enseigne l'art à New York. Ses premières œuvres abouties, correspondant aux années de guerre, révèlent une sorte d'abstraction naturaliste où les formes évoquent vaguement des oiseaux, des insectes ou encore des éléments du monde végétal. Il est à cette époque proche de Hans Hoffman, Clyfford Still et connaît Rothko depuis déjà longtemps. En 1946, il commence à exposer chez Betty Parsons. Dans les années de l'immédiat après-guerre, son style définitif se développe à partir d'une abstraction radicale où la surface monochrome est entamée d'un trait vertical, le « zip » (*Onement 1,* 1948). Il continue à écrire de nombreux textes, généralement des manifestes sur la peinture, tel *The Sublime is now,* 1948. En 1949, il est membre de l'école d'art « Subjects of the artist » avec Motherwell, Rothko, notamment. Pendant les années 50, Newman expose peu, découragé par les réactions négatives qu'ont suscitées ses premières expositions personnelles. Il entreprend cependant quelques œuvres de très grand format (*Vir Heroicus Sublimis,* 1950-1951) et entame en 1958 le cycle des *Stations de la croix* qu'il poursuivra jusqu'en 1966.

Il se consacre parallèlement à la sculpture, qui trouvera son aboutissement dans le *Broken Obelisk,* ainsi qu'à l'architecture, dont le projet pour une synagogue restera à l'état de maquette. Il travaille également la lithographie (*18 Cantos,* 1963-1964, don d'Annalee Newman au Musée en 1980). Newman vient à Paris en 1968 pour participer au colloque Baudelaire. Il meurt subitement en 1970, alors qu'une importante rétrospective de son œuvre est en préparation. Elle sera présentée à Paris, au Grand Palais, en 1972.

Cat. *Barnett Newman,* Paris, Grand Palais, 1972; H. Rosenberg, A. Pacquement. *Barnett Newman,* Paris, éd. Chêne-Abrams, 1978.

☐ *Sans titre (The Break),* 1946

Les dessins occupent deux périodes précises dans l'œuvre de Barnett Newman : 1944-1949 et 1959-1960. La première d'entre elles, la plus longue, est aussi la plus abondante. Son importance réside avant tout dans le décalage temporel entre les œuvres sur papier et les premières peintures. Ainsi, alors que le vocabulaire formel de Newman ne s'impose sur la toile qu'en 1948, il est déjà presque radicalisé dans les dessins dès 1945-1946. Dans cette grande encre s'affirme, de manière très volontaire, la bande verticale blanche, en réserve, centrée dans l'espace, qui deviendra bientôt la marque principale des huiles. Le dessin n'est donc pas la simple esquisse d'une future peinture (aucun ne se réfère à un tableau particulier), mais le premier aboutissement d'une recherche formelle. Newman le coloriste considère son dessin comme un apport essentiel à son œuvre. De fait, si les dessins opposent presque toujours le noir/peint au blanc/non peint, ils font preuve d'une étonnante variété de composition à l'intérieur d'un système pourtant très strict. La surface peinte est travaillée de manière très sensible, et jamais recouverte uniformément. L'utilisation maîtrisée du pinceau trempé dans l'encre accuse les variations de transparence et d'opacité, selon la pression du geste et le grain du papier, et contribue à donner au noir la qualité d'une couleur.

☐ *Shining Forth (to George),* 1961

Newman a peint huit très grandes peintures étirées en longueur. Parmi celles-ci, *Shining Forth* se distingue par son format inhabituel (plus haut et moins large) proche de la Section d'or, et par l'emploi exclusif du noir et du blanc. A l'époque, Newman vient de commencer le cycle des *Stations de la croix,* limité également au noir sur une toile non préparée — au moins pour les huit premières. Ces œuvres élaborées à la fin des années 50 se situent après une longue période d'interruption (1956-1957). A la fin de 1957, victime d'un accident cardiaque, Newman est confronté à la mort, cette mort à nouveau présente dans *Shining Forth* par sa dédicace à George, son frère disparu en février 1961. « Le noir », dit Newman cité par Tom Hess, « est la couleur qu'un artiste emploie quand il essaie de trouver quelque chose de nouveau, quand il fait le vide pour faire place à l'expérience. » Les œuvres qui, dix ans après le fondamental *Onement I,* font suite à cette crise picturale apparaissent comme une sorte de renaissance qui se manifeste, entre autres, à travers le noir et le blanc et dont la dimension mystique est à souligner. Newman veut opposer aux sentiments personnels « un art qui cherche à pénétrer le mystère du monde, qui touche au sublime (...), un art religieux ». Peint d'un seul jet comme si, après l'avoir longuement méditée, la solution s'était brutalement révélée à ses yeux. *Shining Forth* est d'une composition beaucoup plus complexe qu'il n'y paraît au premier regard. Don Judd, dans la longue étude qu'il a consacrée à cette peinture, souligne la fausse symétrie de sa structure : la large bande noire centrale est décalée vers la gauche et les deux « zips » latéraux, dont la répartition n'est pas strictement égale, opposent leurs factures inversées. L'étroite bande de droite est, en effet, inscrite en négatif,

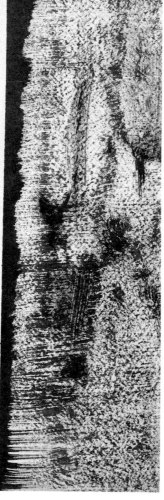

Sans titre (The Break), 1946
encre de Chine sur papier fixé sur toile
91,5 × 61
don Annalee Newman par l'intermédiaire de
la G. Pompidou Art and Culture Foundation, 1986
AM 1986-173

selon une technique souvent employée par Newman où le « zip »
est tracé en réserve en frottant de la peinture noire sur une bande
d'adhésif qui est ensuite arrachée du support. Le contraste qui résulte
de ces deux manières de peindre s'ajoute à la dualité de la couleur et
de la composition. Ainsi *Shining Forth* semble tout entière bâtie sur
des oppositions radicales. Par son titre (littéralement : « qui brille
au loin ») et sa dédicace (le nom hébreu de George est « Zerach »,
du verbe briller), *Shining Forth* apparaît, au-delà de tous les symboles
qui ont pu être évoqués, comme une peinture de lumière. Newman
écrit, à propos des *Stations,* qu'il devait faire du matériau même une
vraie couleur contenant sa propre lumière. La couleur noire transperce
ici, en longues bandes étroites, cette large surface vide et calme et la
fait « briller ».   A.P.

Shining Forth (to George), 1961
huile sur toile
290 × 442
don de la Scaler Foundation, 1978
AM 1978-371

Kenneth Noland
1924

Originaire de Caroline du Nord, Kenneth Noland est en 1946 l'élève de Josef Albers au Black Mountain College, où enseignèrent De Kooning, Greenberg et Motherwell notamment; il se familiarise avec les théories de la couleur de son maître et les leçons du Bauhaus. A New York depuis 1961, il est l'un des maîtres de l'Abstraction chromatique ou « Color Field ».

□ *Air,* 1964
Opposé à la prépondérance de l'expressionnisme abstrait, Noland s'inspire pourtant des peintures noires de Pollock et de la manière d'utiliser la couleur d'H. Frankenthaler. Il choisit une structure de cercles concentriques s'élargissant vers la périphérie, qui impose à l'œil un schéma renforçant encore le pouvoir d'expansion de la couleur. Peu à peu, Noland met en relation ses images-taches avec la forme du support au moyen d'un centrement exact puis d'une symétrie parfaite. Ses premiers chevrons (1962) développent les possibilités suggérées dans ces premières œuvres et soulignent l'intérêt porté au cadre. Avec le chevron, le point le plus important n'est plus le centre, mais le milieu inférieur de la toile, où Noland ancre le sommet inférieur du chevron qui génère tous les autres. La relation au support, devenant plus rigoureuse, permet à Noland de se passer de la symétrie. Il suspend alors les chevrons aux coins supérieurs et introduit un élément d'asymétrie dynamique et radical. Avec *Air,* le chevron est présenté, déformé dans l'espace imparti au tableau comme s'il n'était pas vu frontalement, mais de côté. La forme « simple » ainsi privilégiée a pour fonction d'être le véhicule des couleurs et de maîtriser leur dynamique. Le travail en série depuis les *Cercles* ou les *Cibles* (*First,* 1958, MNAM) libère le coloriste vis-à-vis de la structure géométrique. Si tout accident à l'intérieur du tableau est banni, le dessin rigoureux est quelquefois atténué par l'imprégnation de la couleur jusqu'au-delà des bords. Forme et couleur tentent alors un équilibre parfait qui, en 1982 avec la reprise des *Chevrons,* est à nouveau compromis par la facture du fond dont les couleurs rivalisent avec les bandes colorées du chevron à nouveau recentré dans la toile.

C.S.

Air, 1964
acrylique sur toile
226,5 × 217,5
don de M. et Mme de Gunzgurg, 1981
AM 1981-513

Emil Nolde
1867-1956

Natif du village allemand de Nolde, dont il adoptera le nom à partir de 1902, Emil Hansen, fils d'agriculteur, étudie — après un premier apprentissage de la sculpture sur bois — la peinture à Dachau chez A. Hoelzel, puis à Paris. A la première exposition de ses œuvres à Dresde en 1906, les peintres de *Die Brücke* (et notamment Kirchner) l'invitent à se joindre à eux : contact épisodique, mais fructueux, pour ce peintre solitaire qui, dès 1907, élabore un langage expressif très personnel. Son art vise essentiellement à retrouver ce qui, selon lui, caractérise les créations des peuples primitifs : « l'expression intensive, souvent grotesque, de force et de vie dans leur forme la plus élémentaire ». En 1937, l'ensemble de son œuvre est confisqué par les national-socialistes, mais, malgré l'interdiction d'exercer son métier, Nolde continuera clandestinement jusqu'en 1945 à peindre — le plus souvent sur des supports de fortune — un grand nombre de paysages, fleurs et scènes mythiques exécutés à l'aquarelle — études pour des tableaux qui resteront pour la plupart « non peints » (*ungemalte Bilder*). A sa mort est créée la Fondation Ada et E. Nolde à Seebüll, son dernier lieu de résidence en Schleswig Holstein.

□ *Nature morte aux danseuses,* [1913-1914]
Descendre dans le monde silencieux des objets, méditer devant une constellation due au hasard, était considéré par Nolde comme un délassement. Dans cette *Nature morte* (anc. coll. Prof. E. Horstmann, Hambourg), il choisit une facture épaisse aux touches rapides et sommaires, et des couleurs violentes, fortement contrastées, pour retenir, animer, dans un espace resserré qui les comprime pour mieux en faire éclater la vitalité, des objets humbles, insignifiants : pots de fleurs, panneau décoratif, bibelot populaire (ces objets faisant le plus souvent partie de sa collection, conservée à la Fondation Seebüll). Sur le panneau de céramique — œuvre de l'artiste de 1913 — qui ferme la perspective et commande toute la composition frontale apparaissent deux silhouettes symétriques de danseuses exotiques, simplifiées ici à l'extrême pour n'être plus que des hiéroglyphes animés : on sait que la danse sauvage, seul résidu authentique de la nature originelle de l'homme, était depuis 1902 un des thèmes privilégiés de Nolde. Il est permis de penser que cette toile, où sont présentés côte à côte des éléments divers d'art populaire et primitif, a été exécutée en 1913-1914, c'est-à-dire au moment où Nolde, qui connaissait déjà bien la collection d'art primitif du Musée de Dresde, accompagna une mission ethnographique jusqu'en Nouvelle-Guinée.

J.B.

Nature morte aux danseuses, [1913-1914]
huile sur toile
73 × 89
achat 1963
AM 4228 P

454

Claes Oldenburg
1929

Oldenburg est né à Stockholm, d'une famille qui s'établit un an plus tard aux États-Unis. En 1950, il est diplômé de l'Université de Yale, Connecticut, puis suit les cours de l'Art Institute de Chicago, tout en gagnant sa vie comme reporter-stagiaire dans un journal local. Il réside principalement à New York à partir de 1956 et installe son atelier dans le Lower East Side. En 1964, il effectuera un long périple en Europe, se rendant notamment en Italie, en Hollande et à Paris, ville dont il apprécie le genre de vie et la culture et pour laquelle il conservera longtemps une attirance.

A ses débuts, il subit l'influence de l'œuvre de Jean Dubuffet, au point d'intituler un dessin : *Hommage à Céline et à Dubuffet*, 1959, et s'explique sur son engouement pour ces deux grandes figures de la culture française : « Au début de 1959, je lus *Mort à crédit* en anglais et fus vivement impressionné comme je le fus par *Voyage au bout de la nuit*... J'eus l'idée de rapprocher l'expérience de la pauvreté à Paris telle que pouvait la présenter Céline dans ses livres, aux surfaces et aux graffiti de rues représentés dans les tableaux de Dubuffet... ». Comme ce dernier, dont il a vu la sculpture en éponge *Ramasse-mousse*, 1960, Oldenburg s'intéresse dans les années 60 aux objets trouvés et aux assemblages (série de cartons) et ses œuvres d'alors, où l'accent est d'abord mis sur la ligne, se définissent autour du thème de *The Street*, présentées sous la forme d'un environnement à la Reuben Gallery en 1960. En 1960-1962, c'est la couleur qui prime dans les œuvres de l'ensemble *The Store*, son atelier-magasin ouvert au public en 1962, alors que dans *The Home*, 1963-1966, l'accent sera mis sur le volume, pour porter ensuite, à partir de 1965, sur l'échelle dans les *Colossal Monuments and giant Objects*, projets pour des monuments imaginaires. Dès 1962, Oldenburg, convié à participer à l'exposition collective *New Realists* à la Sidney Janis Gallery, est déjà reconnu sur la scène artistique new-yorkaise, occupant, au sein du Pop Art américain une place originale. Condamnant tacitement les manifestations de l'art abstrait, qu'il juge hermétiques, et se refusant à la débauche gestuelle et expressionniste de la peinture des années 50, il est partisan d'un art renouvelé, à la portée du public, tel que l'a défini le critique new-yorkais Lawrence Alloway, théoricien du « Popular Art ». Il propose sa propre version de cet art de l'objet, en choisissant d'imiter des objets banals, quotidiens, immédiatement reconnaissables; il ne s'agit pas de ready-made, mais de « véritables œuvres d'art faites à la main », comme, par exemple, *The Bedroom Ensemble*, 1963-1964, chambre assemblée de toutes pièces et décorée par endroits à la manière de Jackson Pollock. De fait, s'il est très attentif à la culture populaire et aux réalisations de la publicité, Oldenburg ne « glorifie » pas l'objet, ne le sacralise pas, mais préfère utiliser l'humour pour le montrer avec une certaine distance critique. Détourné de sa fonction, présenté dans des situations ambiguës, l'objet se présente sous un nouveau jour, parfois d'une inquiétante étrangeté : dans une version *dure, molle*, voire *fantôme (The Home)* — pour lui « les matières rigides excluent l'approche, refusent le contact »; influence de la machine à écrire *Underwood* de Duchamp? — il se présente encore fragmenté comme dans *The Store* ou démesurément agrandi comme dans les *Colossal Monuments*. « Il y a plusieurs manières d'entrer en contact avec l'objet. (...) On peut participer en imagination(...). Je mélange toutes les formes de sensations physiques. Mon travail est l'objectivation de mes relations avec le monde. »

En 1969, le Musée d'Art moderne de New York, qui consacre une rétrospective à ses travaux (1954-1969), montrera des œuvres molles inédites et des projets d'architecture. Depuis 1965, Oldenburg dessine de nombreux plans de monuments gigantesques, qui doivent s'inscrire au milieu de villes : Londres, New York, Stockholm ou Chicago (*Soft Version of Maquette for a Monument donated to the City of Chicago by Pablo Picasso*, 1969, MNAM). Copiées avec humour sur les objets anodins de la vie quotidienne (banane, prise de courant, etc.), ces

constructions sont, par leurs formes évocatrices, chargées d'un fort symbolisme sexuel. Oldenburg entend « geler l'objet dans l'espace » et réalise pour chacune un grand nombre de dessins, aquarelles et estampes.

Cat. *Claes Oldenburg*, Paris, galerie Sonnabend, 1964; G. Baro, *Claes Oldenburg, Drawings and Prints*, Londres, New York, 1969; B. Rose, *Claes Oldenburg*, New York, MOMA, 1970; B. Haskell, *Claes Oldenburg, Object into Monument*, Pasadena Art Museum, 1971; cat. *Claes Oldenburg, dessins, aquarelles et estampes*, Paris, MNAM, Centre G. Pompidou, 1977.

☐ *Pink Cap*, 1961

Les trois reliefs de 1961, acquis en 1985 par le Musée : *Pink Cap* (Casquette rose), *Half Jacket and tie* (Demi-veste et cravate) et *Wrist Watch on blue* (Montre-bracelet sur fond bleu), furent présentés pour la première fois à la Martha Jackson Gallery à New York en mai-juin 1961, dans une exposition de groupe intitulée *Environnements, situations, espaces*. Ils iront rejoindre, en décembre de la même année, les autres pièces de *The Store*, le magasin ouvert par Oldenburg dans son atelier (au 107 E. 2nd Str.) de juin 1961 à août 1963. Une seconde version de *The Store*, présentée à la Green Gallery en septembre 1962, marqua la première apparition des objets géants et des sculptures molles. Font aussi partie de ce thème un ensemble de petits objets en plâtre relatifs à la nourriture, réalisés pour son exposition personnelle à la galerie Ileana Sonnabend à Paris en 1964.

En 1963, il devait avouer dans ses *Notes* : « Ma vie est l'histoire des pièces où je me suis enfermé ». En effet, *The Store*, conçu comme « une métaphore de l'opulence », succède au *Ray Gun* de 1959 et s'oppose à *The Street*, 1960, inaugurée comme « une métaphore de l'indigence », auxquels il faut ajouter *The Home*, 1965. Ces environnements sont remplis d'objets, trouvés ou acquis dans les magasins populaires, mêlés aux objets réalisés par Oldenburg lui-même. Ces œuvres d'art total, combinant peinture, sculpture, architecture, théâtre, sont présentées comme des « apothéoses de la vulgarité

Pink Cap, 1961
peinture à l'émail sur mousseline plâtrée
(sur structure en fil de fer)
86 × 97 × 21
achat 1985
AM 1985-186

matérialiste ». Les reliefs de *The Store*, « aquarelles géantes », éclaboussées de peinture, « souillées comme un mur urbain » et chargées d'une « vulgarité intensément satanique mais qui est cependant déjà de l'art » (*Notes*), sont des œuvres d'art tout à la fois violentes et raffinées, étonnamment proches de certaines pièces contemporaines de Chaissac.

Lorsque Oldenburg travaillait à *The Store*, il posait lui-même le problème de « la façon d'individualiser les objets simples et de saisir leur secret, fragmentation, gigantisme, obsession », chaque pièce suggérant des analogies avec les autres. Ainsi *Pink Cap* est, comme *Half Jacket and tie* et *Wrist Watch on Blue*, conçue en deux dimensions. L'attention est captée par le contour irrégulier qui peut évoquer un fragment de publicité déchirée d'un journal, que l'imagination est conviée à compléter, donc à relier à d'autres éléments d'un vêtement intact, d'un corps humain entier.

☐ *« Ghost » Drum Set, 1972*
Cette volumineuse batterie « fantôme » a d'abord été imaginée en 1966 — dans une version monumentale faisant suite aux *Colossal*

Monuments présentés à New York l'année précédente — comme « un palais de plaisir » pour des concerts, cirques, etc., situé à Battersea Park à Londres. Le Musée de Cleveland en conserve une version semblable à celle-ci, mais de dimensions plus réduites. Selon les propres termes d'Oldenburg, « le *Drum Set* est davantage un paysage qu'un corps, une sorte de panorama brueghelien ». Sa blancheur rappelle les sommets enneigés et les ciels nuageux du Colorado (qu'Oldenburg a pu contempler depuis sa maison d'Aspen). Ses tambours évoquent les grondements du tonnerre dans les gorges. Comme les boîtes mystérieuses de Joseph Cornell ou le *Putney Winter Heart* de Jim Dine, cette pièce est la cristallisation de souvenirs anciens — « mon premier et unique instrument de musique fut un tambour acheté à Chicago lorsque j'avais quinze ans. Je l'utilisais pour attirer l'attention, en ouvrant les fenêtres et en jouant aussi fort que je pouvais » — et d'émotions présentes. « L'acte ultime, celui de rendre molles les choses, ressemble à un souffle de mort pour leur fonctionnalisme et leur classicisme. L'âme de l'objet, pourrait-on dire, monte au ciel sous une apparence de fantôme. Son esprit exorcisé retourne au royaume de la géométrie. »

J.-P. B.

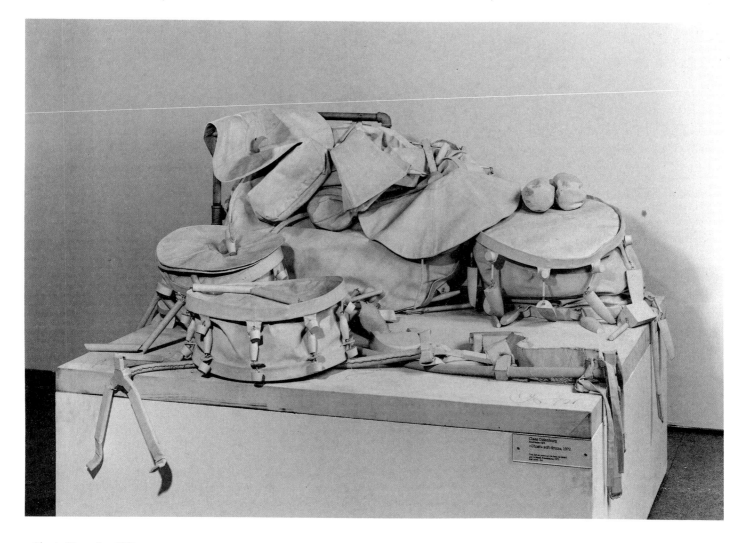

« Ghost » Drum Set, 1972
10 éléments en toile, bourrés de billes de polystyrène,
cousus et peints (peinture vinylique)
don de la Menil Foundation en mémoire de Jean de Menil, 1975
AM 1975-64

Roman Opalka
1931

De parents polonais, Roman Opalka, né en France, étudie de 1950 à 1956 à l'Académie des Beaux-Arts de Varsovie (section peinture, graphisme). Au début des années 60, alors que la gravure joue un rôle déterminant dans l'élaboration de son *écriture,* il réalise un ensemble d'objets de bois remplis d'éléments de matériaux divers qu'il baptise *Intégrations.* Jusqu'en 1963, il conçoit une suite de peintures intitulées *Chronomes* dans lesquelles l'espace du tableau peut déjà se pressentir comme le *lieu* de l'inscription du temps. Suit alors la série des *Phonèmes,* fondée sur la confrontation de l'alpha et du bêta grecs : la peinture d'Opalka se constitue déjà en un *graphisme.* C'est pourtant à partir de 1965 que l'artiste va inaugurer son projet fondateur. Alors que se développent Nouveau Réalisme et Pop Art, Opalka, dont le travail n'est pas sans rappeler l'exigence *ontologique* de son compatriote Strezminski, décide de peindre, en partant de UN, la suite des nombres entiers, inaugurant ainsi *le processus infini* sur lequel il travaille encore aujourd'hui.

Ce que l'artiste désigne comme son « projet de vie » trouve son origine dans la volonté de se défaire des formes de la peinture d'alors. Il s'agit, en réalité, de concevoir ce que l'un de ses exégètes reconnaît comme une « mystique laïque ». Si le tableau devient *lieu d'inscription du temps compté,* c'est que l'artiste cherche d'abord une méthode *essentielle* en osmose avec sa vie. Il peint ainsi depuis 1965 sur des toiles de format identique une dizaine de peintures par an, qu'il intitule des *Détails.* Chacune est la partie d'un tout que seule la vieillesse et l'impuissance de peindre réduiront à néant. Il en va ici d'un rapport à la mort, différée de peinture en peinture, et d'une relation à la pratique de l'art semblable à celle que Blanchot reconnaît dans « l'entretien infini ». Si les premières peintures réalisées ont été faites sur fond noir en utilisant toujours un pinceau identique, à chaque nouvelle toile, Opalka éclaircit son support, si bien qu'on se plaît à penser que le jour où le blanc de la toile rencontrera le blanc du nombre peint, l'œuvre se constituera de sa *pure illisibilité.*

Cat. *Opalka 1965/1-∞,* Tours, Centre de Création contemporaine, 1986.

□ *Opalka 1965/1-∞, Détail 3307544 — 3324387*
C'est en 1983, lors de la première exposition personnelle de l'artiste à Paris, que le Musée a acquis trois peintures constituant une suite de trois « détails » de cette *description du monde* que l'artiste *énumère* depuis 1965. Aussi ne s'agit-il pas de s'attacher à dater l'une d'entre elles, mais seulement de reconnaître ce *moment* qu'elles dessinent et qui les désigne. Le 16 décembre 1976, Opalka atteignait le nombre 2101515: on comprendra que cette comptabilisation tente, non pas d'arrêter le temps, mais bien de le suspendre, peut-être aussi de le nier.

Chaque toile, d'un format standard de 196 cm × 135 cm, est ainsi la suite immédiate exacte de celle qui précède. Les nombres y sont inscrits au pinceau n° 0 à la peinture acrylique blanche, comme sur une page d'écriture, en commençant en haut à gauche pour finir en bas à droite avant de passer à la suivante. Il s'agit là d'une discipline, plus, d'une *ascèse,* dans le sens premier du mot qui veut dire exercice. Seul le quotidien saurait la perturber. Mais il s'agit encore d'un *invariant* où l'artiste s'interdit toute erreur. Il faut aussi noter qu'Opalka réalise *parallèlement* à ses peintures ce que l'on peut appeler des dessins et que lui-même désigne comme ses « cartes de voyage », sur du papier de comptage à l'encre de Chine et à la plume de rapidographe n° 02.

Depuis 1972, il dit à *haute voix,* en polonais, le nombre qu'il trace et un magnétophone l'enregistre, comme il enregistre aussi les temps morts. C'est pour lui le seul moyen de dissiper l'inquiétude latente de l'illisibilité et la terreur de signes incertains. En fait, la voix poursuit le travail tout en l'authentifiant, à l'instar de la photographie qu'il réalise, la peinture une fois terminée. Indéfectiblement, l'œuvre

devient alors ce constat évolutif bien qu'imperceptible, pareille au vieillissement de l'être que l'œil ne saurait percevoir et qu'ainsi la peinture désigne.

Il faudra donc comprendre l'expérience de Roman Opalka comme une critique implicite de la *répétition.* Il s'agit, en effet, de confondre « l'apparence » et le « semblable » et de s'interdire tout retour éternel vers le même. Il s'agit en définitive de ce que Deleuze reconnaît en Borges lorsqu'il précise que la ligne tracée engendre le labyrinthe déjouant le mythe moderniste du *dernier tableau.*

Entre *l'infinitude* et *l'indéfinition,* on comprend, comme le précise Denys Riout, que le projet ne saurait avoir d'achèvement concevable qu'au jour de la disparition de son auteur. B.B.

Opalka 1965/1 - ∞, Détail 3307544-3324387
(détail)
acrylique sur toile
196 × 135
achat 1983
AM 1983-32

Amédée Ozenfant
1886-1966

Amédée Ozenfant s'établit à Paris en 1906 pour étudier l'architecture, fréquente La Palette et expose des peintures aux Salons. Pendant la guerre, il crée *L'Elan,* revue de « propagande de l'art français » qui paraît d'avril 1915 à décembre 1916 (10 numéros) et qui était destinée à servir d'organe de liaison entre les artistes et les écrivains partis au front, restés à Paris ou dispersés à la campagne.

Avec Charles-Édouard Jeanneret (futur Le Corbusier), il publie en 1918 un pamphlet, « Après le cubisme », où il dénonce le caractère poncif des travaux cubistes tardifs, entendant proposer avec le purisme un courant rigoureux capable de galvaniser à nouveau les arts plastiques. De 1920 à 1925, parallèlement à sa production de peintre, il édite avec Jeanneret *L'Esprit Nouveau* (28 numéros) où s'affirme, à travers l'exaltation des valeurs « françaises » de rationalité et d'ordre, sa foi dans le machinisme, les découvertes scientifiques et leurs applications. Cette revue assure sa réputation peut-être plus sûrement que sa peinture. Celle-ci consiste en une série de natures mortes, conçues comme des « épures » coloriées d'objets fonctionnels et parfaits, prototypes universels au répertoire limité.

Dès 1926, Ozenfant réintroduit tout d'abord dans ses écrits publiés dans *Art,* puis dans son œuvre peint, la figure humaine, privilégiant les thèmes classiques du couple, de la mère et l'enfant, mais aussi celui, cher à Léger plus tard, des plongeurs. Il marque parallèlement dans le ton de l'époque un intérêt grandissant pour la peinture murale. Sa peinture se transforme en pâte si épaisse que les formes se détachent en relief sur le fond. De 1931 à 1938, son temps est pour l'essentiel consacré à l'exécution d'une toile gigantesque, sorte de « murale »: *Vie.* L'enseignement — après s'être associé un moment avec Léger pour constituer l'Académie Moderne, il ouvre successivement une académie à Paris en 1932, une autre à Londres en 1936 puis la New School à New York en 1938 — l'occupe de plus en plus jusqu'en 1955 où il se décide à rentrer en France. D'une œuvre, qui déjà à la fin des années 20 pouvait se réclamer du « réalisme magique » — celle qu'il avait présentée chez Jeanne Castel en 1930 —, Ozenfant est passé finalement à une peinture nocturne, où dominent les effets de lumières au hiératisme froid et sec.

A. Ozenfant, *Mémoires 1886-1962,* Paris, Seghers, 1968; J. Golding, *Ozenfant,* New York, Gallery Knoedler, 1973; S. Bale, *Ozenfant and Purism : the Evolution of a style, 1915-1930,* Yale University, 1978; F. Ducros, « Ozenfant et l'esthétique puriste », *Cahiers du Musée,* n° 12, Centre G. Pompidou, 1983; cat. *Amédée Ozenfant,* Saint-Quentin, Musée Antoine Lecuyer, 1985.

Nacres I, [1926]
huile sur toile
100 × 81
achat 1977
AM 1978-16

Les plus beaux tableaux de Ozenfant se trouvent actuellement au Kunstmuseum de Bâle, entrés avec la collection de Raoul La Roche. C'est également grâce au don de cet amateur que le Musée national d'art moderne, jusqu'alors en possession d'une grande composition, *La Vie,* 1931-1938, et de deux toiles tardives, *Lumières sur l'eau,* 1949, et *Gratte-ciel éclairé,* 1950, s'est enrichi en 1968 de deux natures mortes « puristes » des années 1925-1926.

☐ *Nature morte : le pot blanc,* 1925
Ozenfant et, avec lui, Jeanneret et, jusqu'à un certain point, Fernand Léger, cherchent à dépasser le cubisme condamné à la dégénérescence juste après la guerre, en adoptant une esthétique où les éléments de la nature morte cubiste se trouvent réduits à de grands aplats colorés sur lesquels se détachent, silhouettes parfaites bien mises en évidence, quelques objets, toujours identiques et facilement identifiables : la bouteille, le pichet, le verre. Les couleurs sont sourdes — des bruns, des verts glauques —, à peine réchauffées par des rougeurs. Malgré l'intérêt que Ozenfant, à la suite de Jeanneret, portait à l'architecture, ces compositions n'étaient pas destinées à se fondre dans la maison comme celles de Théo Van Doesburg : elles restent des tableaux de chevalet purement décoratifs. Leur dessin en est lourd, volontairement appuyé et anonyme comme le trait du dessinateur industriel. Cette esthétique qui tend, selon l'expression même des deux promoteurs de *L'Esprit Nouveau,* « vers le cristal » n'aboutira pas à l'ultime phase de décantation, c'est-à-dire à l'abstraction néo-plastique. Moins abstraite et austère que l'autre *Nature morte* de 1925 donnée au Musée également par Raoul La Roche, où seule compte la division orthogonale de la surface picturale en grands aplats de formes répétées (rectangles, cannelures et arcatures), *Le Pot blanc* apporte une démonstration puriste déjà d'une douceur toute « ionique », pour reprendre le terme d'Ozenfant (lettre à J. Cassou, 1964). Ozenfant introduit dans *Le Pot blanc* (auquel plusieurs dessins de 1925 se rapportent, dont *Fugues,* MOMA, et *Composition puriste,*

Lund), le thème de la fenêtre ouverte ou plutôt celui de l'architecture ouvrant sur l'extérieur; la modulation « parfaite » de l'arc cintré répond à celle du contour du pichet, comme l'éclat lumineux de la trouée fait écho à la surface blanche, « vide », de celui-ci. Résultant de ce dispositif concerté d'analogies de formes et de valeurs, l'intégration de la nature et de l'objet répond bien au souci « d'unité » utopiste réclamée par l'esthétique puriste. En insistant davantage sur les correspondances linéaires entre architecture et objet, soulignées par des contrastes d'ombre et de lumière plus marqués (comme dans *Grande Cruche et architecture,* 1926, Providence Museum of Art), Ozenfant en arrivera à un certain maniérisme qui aliène l'œuvre de nombreux ex-cubistes qui perdent les couleurs pures et pratiquent des mélanges trop bruns pour faire « romantique ».

☐ *Nacres I,* [1926]
La manière lisse, qui répondait à la quête de l'anonymat de l'œuvre puriste, disparaît, remplacée par un jeu de brosse, de guillochage de la touche. Le coup de pinceau, qui forme ici un tissage régulier, épouse la forme du vase, se substitue au cerne de l'objet, accroche uniformément la lumière : découpé, isolé au centre de la toile, un nouvel objet compact et unifié apparaît, puzzle constitué de formes parfaitement emboîtées, aux valeurs et à la texture désormais identiques. Cette technique très particulière de la matière picturale — à base de blanc d'argent et colorée dans la masse — qui prenait en durcissant l'aspect et l'épaisseur de la pierre, autorise à dater ce *Nacres* de 1926 (et non de 1922), date à laquelle ce procédé apparaît dans l'œuvre de Ozenfant, en même temps que son intérêt pour la peinture murale. Cette œuvre viendrait ainsi s'inscrire entre une première version (*Nacres,* 1923, Suisse, coll. part.) lisse et une version beaucoup plus tardive (*Nacres II,* 1962, Philadelphia Museum of Art). Dans cette série limitée, Ozenfant poursuit son étude sur les modulations tonales des effets de transparences, dans une gamme très particulière de tons nacrés, bleu, vert, rose, blanc. Ch.D.

Nature morte : le pot blanc, 1925
huile sur toile
150 × 173
don Raoul La Roche, 1968
AM 4069 P

Bernard Pagès
1940

Bernard Pagès passe sa première enfance à la ferme, au milieu des travaux et des visites des journaliers, dans un paysage de plaine. Son travail d'artiste et la conception qu'il en aura dépendront de ses souvenirs (il se dira artisan en 1982); il voudra « faire ressurgir par le travail ce qu'il aura abandonné ». A sept ans il va habiter près de Cahors (où il est né) non loin d'une falaise qui semble avoir autant compté pour lui que l'atelier de Brancusi qu'il visite en 1959 au Musée national d'art moderne. La même année, il s'inscrit à l'Atelier d'Art Sacré et continue de peindre jusqu'en 1964 pour ne plus faire que de la sculpture. Après son séjour à Paris il s'établit à Coroaze sur les hauteurs de Nice.

En 1967 l'exposition du Nouveau Réalisme est une révélation : « Elle m'a permis de me libérer définitivement de la sculpture moderniste qui était la mienne depuis que j'avais abandonné la peinture (…) je me suis senti, très spontanément, autorisé à utiliser des matériaux que je savais pouvoir manipuler avec bonheur ». C'est alors qu'il réalise une petite sculpture faite de branchages et de bouteilles récupérées. De 1968 à 1970 il participe avec l'aide de Jacques Lepage et de Claude Viallat à de nombreuses expositions et manifestations collectives, dont plusieurs interventions dans le village de Coroaze. Il utilise des matériaux très accessibles (pièces de bois, bûches et briques) pour pouvoir les disposer en « arrangements » au milieu des habitations. En 1970 il confectionne un abri de jardin, d'après un modèle proposé par Manufrance, et l'installe très anonymement « dans le paysage ». C'est cette année-là qu'il rompt avec les membres de Support/Surface, inquiet de leur évolution et se défiant de tous les groupes. A l'écart, il commence par dresser des nomenclatures : il relève tous les types de manipulations artisanales que peuvent subir les matériaux qu'il utilise. La mode du structuralisme n'est probablement pas étrangère à la constitution de ces répertoires. A partir de 1972 plusieurs séries d'« assemblages » sont les relevés de tous les

modes de fixation possibles de deux pièces de bois non équarri. Par crainte de l'oubli, Bernard Pagès trace parallèlement une grille théorique : « assemblages » bout à bout, angulaires ou jumelés. Cette minutie d'entomologiste dans ses classifications lui apporte des éléments inattendus qui s'avéreront fondamentaux pour ses sculptures à venir. Elles lui permettront de se dégager provisoirement de la problématique des papiers collés du cubisme et de sa descendance tardive, le Nouveau Réalisme.

□ *Piquets*, 1975, se distingue de l'ensemble des travaux précédents par son aspect primitiviste, tout en conservant une rigueur conceptuelle évidente. Les dix piquets maintiennent cinq volumes différents réguliers, répartis et inversés au-dessus et au-dessous d'une ligne imaginaire que l'on devine être celle du sol. Ceux qui seraient à la surface sont de couleur blanche, ceux qui seraient enterrés sont noirs. L'importance de leur format « permet un rapport plus direct avec le corps » et leur confère cette autorité que l'on attribue aux instruments ou aux monuments d'un rituel mystérieux. *Assemblage maçonnerie*, 1976, reprend des propositions plus anciennes où les pièces de bois étaient maintenues dans une gangue de plâtre et de rebut de briques. C'est une des premières œuvres isolées. Elle est détachée des nomenclatures devenues progressivement plus courtes et possède la densité mi-végétale mi-minérale d'un gigantesque noyau. A partir de 1980 les *Colonnes* sont construites avec des matériaux dont la diversité est accentuée par la couleur. Pagès fait à nouveau usage de la pierre, puis du béton — du métal dans ses plus récents travaux.

F.H.

Cat. *Bernard Pagès*, MNAM, Centre G. Pompidou, 1982; cat. *Bernard Pagès*, Bordeaux, CAPC.

460

Piquets, 1975
10 éléments : bois, terre et béton
chaque élément : 300 × 40 × 40
achat 1984
AM 1984-366

Nam June Paik
1932

En 1949, Nam June Paik quitte sa Corée natale pour étudier la musique et l'Histoire de l'art. Son goût pour la musique contemporaine l'entraîne à rencontrer John Cage et Stockhausen dont l'influence va modifier son attitude vis-à-vis de la musique et de l'art en général. Rejoignant le mouvement Fluxus en 1961, il se produit en public, intégrant le son dans ses actions visuelles. Il manifeste à cette époque un intérêt croissant pour la télévision et expose en 1963 à la galerie Parnass de Wuppertal treize téléviseurs dont il modifiera les images transmises. L'année suivante, il réalise sa première bande vidéo : la visite du pape Paul VI à New York. Il s'intéresse désormais à la vidéo en tant qu'extension de la musique électronique, et à la télévision qu'il détourne de sa fonction première et dont il démystifie le pouvoir, sous l'influence des théories de Mc Luhan. Par ailleurs, le satellite, moyen de transmission temporel et spatial immédiat, permet à Nam June Paik d'appliquer ses idées d'interaction culturelle entre l'Occident et l'Orient, entre la culture élitiste et la culture de masse. Parallèlement à ses activités créatrices, Paik enseigne depuis 1978 à la Staatliche Kunst Akademie de Düsseldorf.

Cat. *Nam June Paik : Videa 'N' Videology 1959-1973,* Syracuse (NY), Everson Museum of Art, 1974; cat. *Nam June Paik,* New York, Whitney Museum, 1982; cat *Mostly Video Nam June Paik,* Tokyo, Metropolitan Art Museum, 1984.

☐ *Moon is the oldest TV,* 1965/1976-1985
Cette pièce — conçue en 1965, reprise en 1976 et perfectionnée en 1985, date de son acquisition par le Musée — est composée de neuf à quinze téléviseurs et reconstitue les phases du cycle lunaire. Paik y exploite une technologie élémentaire : par une interférence, avant toute émission d'images enregistrées, sur le signal électronique grâce à un aimant, il s'approprie les téléviseurs, objets de communication sociale de masse, et les restitue dans le contexte artistique — minimalisme et Pop Art — des années 60. A l'époque des premières tentatives de connaissance de la lune, cette représentation sélénite sur chaque téléviseur d'une image unique produite par une émission de rayons lumineux est antinomique si l'on considère les images multiples créées par Paik dans ses installations *(Video Fish, Tricolor Video),* comme dans ses bandes vidéo où s'altèrent, se mixent, se superposent, se contractent des fragments de programmes télévisés et des séquences filmées par l'artiste, dont il accélère le rythme. Cette œuvre se situe dans la lignée des déformations magnétiques entreprises dès 1965 sur des images diffusées par les chaînes de télévision et dans l'esprit des modifications, appropriations et objectivations par John Cage de sons réels et leur transposition dans le milieu artistique. Préfigurant les installations vidéo monumentales, que Nam June Paik mettra en scène par la suite à la manière d'un compositeur d'opéra, l'œuvre est susceptible d'évoluer lors de ses présentations, en fonction du lieu et du moment. Métaphore visuelle des rythmes biologiques et procédant du yin, *Moon is the oldest TV* déploie dans l'espace et dans le temps une lumière sans image. L'ironie du titre nous informe que la lune est la télévision originelle. De Paik, le Musée possède, outre des bandes vidéo, les installations *Video Fish,* 1975, et *Arc double face,* 1985, pour laquelle la Société Samsung Electronics a donné 120 téléviseurs.
C.V.A.

Moon is the oldest TV, 1965/1976-1985
15 téléviseurs à installer dans un espace obscur
achat 1985
AM 1985-142

Panamarenko
1940

A la fin des années 50, Panamarenko suit à Anvers, où il est né, des études artistiques, tout en se passionnant en autodidacte pour les sciences physiques. Entre 1962 et 1964, il expérimente, avec Hugo Heyrman, des matériaux nouveaux, notamment les polyesters qui permettent l'inclusion des produits et des objets les plus divers. Exclu de l'Académie, en réaction contre le conservatisme local, il adopte alors tous les attributs d'un américanisme outrancier et se construit un personnage excentrique, accumulant les références et parodiant les mythologies des années 60 : Panamarenko (nom dérivé de Panamerican, Panama...) « multi-millionnaire », circulant en Cadillac et invariablement vêtu d'un costume et d'un panama blancs ou d'un uniforme d'aviateur inspiré par Howard Hughes, le pionnier de l'aviation et le magnat du cinéma hollywoodien. Les happenings, réalisés en collaboration avec Hugo Heyrman, Bernd Lohaus, Wout Wercammen et Yoshio Nakajima dans les rues d'Anvers et de Bruxelles à partir de 1964, ceux qu'il crée avec Anny de Decker à la Wide White Space Gallery en 1966 et, plus tard, les actions plus ouvertement politiques organisées en 1968 avec le VAGA (Groupe d'Action libre d'Anvers) empruntent à Dada et aux Américains (A. Kaprow, Rauschenberg) autant qu'aux « provos » hollandais et à l'Internationale situationniste. Les « objets poétiques » (1966-1968), exposés dès 1966 à la Wide White Space Gallery, exploitent toutes les propriétés des matériaux artificiels modernes pour traduire des situations allant du prosaïque au magique et renvoient à certains aspects du Pop Art autant qu'à la tradition de l'objet surréaliste : *Stock américain, Molly Peters* — la masseuse de James Bond — et *Feltra, Les Crocodiles, Mites dans les joncs.* Les premières vraies « machines », directement issues des descriptions d'objets et engins poétiques publiés dans *Happenings,* le *Prova Car,* maquette en fer blanc d'une voiture de course, et l'*Avion* (ou *Hélicoptère à six pales)* à propulsion humaine, qu'il présente en 1968 dans une exposition à l'Académie des Beaux-Arts de Düsseldorf, datent de 1967. Toutes les machines volantes construites par la suite, résultant de l'alliance des calculs les plus sophistiqués et d'un bricolage archaïque, restaurent la dimension poétique et mythique du vol humain, oublié depuis Léonard de Vinci, et restituent l'image nostalgique du pionnier, de l'aventure et de l'exploit. *L'Aeromodeller,* 1969-1971, aérostat exposé en 1972 à la *Documenta V* de Kassel et en 1981 dans le forum du Centre G. Pompidou, est l'un des rares engins de Panamarenko à avoir été réellement expérimenté.

Cat. *Panamarenko. Automobile und Flugmaschinen,* Lucerne, Kunstmuseum, 1972; cat. *Panamarenko,* Paris, MAM, ARC, 1973; cat. *Panamarenko,* Berlin, Nationalgalerie, 1978; cat. *Panamarenko,* Munich, Haus der Kunst, 1982.

☐ *Meganeudon I,* 1972
Depuis 1971, Panamarenko a entrepris une série de recherches visant à imiter, dans des constructions mécaniques, le vol des insectes. Tous les appareils, maquettes et mécanismes de propulsion réalisés sont construits sur le même principe : entre les ailes et le mécanisme de propulsion (des pédales) s'interpose un mécanisme à ressort permettant de reproduire le battement vibratoire typique des ailes d'un insecte. *Meganeudon I* est la première machine de ce type réalisée par Panamarenko selon les principes énoncés dans *Mécanisme du Méganeudon,* traité théorique rédigé en 1971, publié sous forme de catalogue pour l'exposition du *Meganeudon* à la Galerie Onnasch de Cologne en 1972 et consacré à l'étude du vol d'une espèce particulière de libellule préhistorique géante. Panamarenko réalise en 1972 *Meganeudon II* (ou Machine qui ne propose que le mécanisme de propulsion des ailes), puis en 1973 *Meganeudon III* qui, comme *Meganeudon I,* est un avion complet.   C.D.

Meganeudon I, 1972
aluminium, balsa, soie du Japon, époxite
83 × 103 × 404
achat de l'État 1973, attr. 1980
AM 1980-415

Giulio Paolini
1940

A la recherche d'une symbiose entre le sensible et l'intelligible, l'œuvre exigeante de Giulio Paolini n'entretient que peu de liens avec celle des artistes turinois dont on la rapproche. Si elle appartient, certes, au contexte de l'*Arte Povera,* dans lequel elle s'est développée, son propos et sa forme différent radicalement de celles des autres artistes.

Né à Gênes, Paolini vit et travaille à Turin. Essentiellement précoces, ses premières expositions, au tout début des années 60, ont posé d'emblée les jalons d'une recherche obstinée confondue avec l'Histoire de l'art et ses fondements. Si l'incertitude s'y est toujours liée à la sensation — on rappellera l'importance des œuvres de Raymond Roussel, Pinget ou Beckett dans le processus créatif de Paolini —, l'œuvre entière de l'artiste semble d'abord attachée à l'élaboration d'une doctrine sur l'art.

L'œuvre de Paolini est celle d'un architecte. Elle se bâtit — ou plutôt s'échafaude, c'est sa dimension d'abord *spéculative* — avec et autour des variantes linguistiques et typologiques de l'art. Elle mêle la théorie à l'empirisme, oppose à la spirale de Merz la symétrie d'une parfaite tautologie. On serait tenté d'associer sa démarche à celle de quelques artistes du Novecento, parmi lesquels De Chirico et Savinio, parce que son répertoire iconographique, la constante référence au savoir et aux Encyclopédies, son oscillation entre la mémoire historique et la mémoire individuelle, sont les premiers éléments du processus de son œuvre. Se prêtant à interroger la nature et le pourquoi de l'art, Paolini s'est complu à se restreindre au champ clos de l'œuvre et de son dispositif, autant attaché à sa perception qu'à sa signification. Dans l'emploi des formes et des images du passé (Lotto, Poussin, Ingres), il ne s'agit en rien d'une quelconque nostalgie, ni d'une fascination pour les formes perdues, d'une digression sur la ruine, mais davantage d'une interrogation sur le concept clé de son œuvre : *Vedere* (voir).

Des premières œuvres où Paolini se souciait d'abord des problèmes structurels propres au tableau — son identité et sa composition (toile, surface, cadre, couleur, dessin, perspective) — aux dispositifs complexes des œuvres plus récentes, l'art de Paolini oblige le spectateur à prendre conscience qu'il ne peut avoir une vue isolée des choses. L'en soi de l'art impose une réflexion sur le langage, les limites et les règles de l'œuvre. S'intéressant aux vues théoriques relatives à sa propre activité, l'artiste a reconstruit systématiquement, à la lumière de sa propre évolution, des œuvres qu'il avait réalisées antérieurement, ainsi que les différentes parties qui les composaient.

G. Celant, *Giulio Paolini,* New York, Sonnabend Press, 1972; cat. *Giulio Paolini, Figures et Images* (2 tomes), Villeurbanne, Le Nouveau Musée, 1984.

□ *Caryatide,* 1980
Seule œuvre de Paolini figurant dans la collection du Musée, cette pièce est constituée du moulage de deux colonnes en plâtre et d'un dessin à la mine de plomb s'enroulant autour. Dans plusieurs pièces comparables, l'artiste s'est plu à jouer du passage de la sculpture au dessin comme pour signifier la rencontre entre l'espace réel et sa projection, le modèle et sa reproduction. L'œuvre appartient à un ensemble spécifique de son travail dans les années 80. On peut ainsi souligner la parenté qu'elle entretient avec toutes les pièces où le moulage (qu'il s'agisse d'une colonne, d'une statue ou d'un fragment savamment brisé et disposé) intervient, non pas comme un simulacre ou une reproduction, mais comme outil d'une introspection de l'image et de sa signification, à même de lutter contre « la malédiction de l'historicisme ». Cherchant, en réalité, à analyser objectivement les fondements sémantiques mais aussi fascinants et mythiques de l'art, les deux colonnes et le dessin sur Canson figurent moins comme archétypes que comme modes et modèles du langage des formes.

B.B.

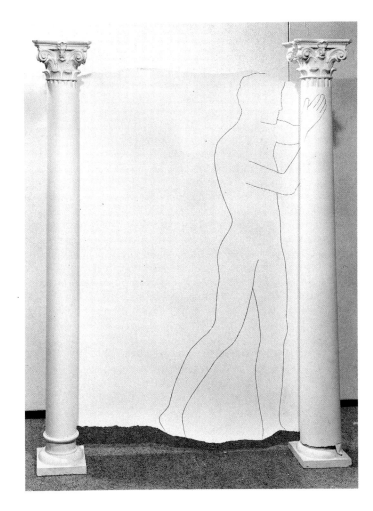

Caryatide, 1980
2 colonnes : plâtre, 182 × 22,5 chacune
1 dessin : mine de plomb sur papier Canson, 105 × 205
achat 1981
AM 1981-29

Jules Pascin
1835-1930

Pascin a appartenu à la génération devenue légendaire des peintres maudits de l'École de Paris — Modigliani, Chagall, Kisling, Soutine — qui, émigrés comme lui, ont vécu leur art dans les plus grands excès, et peut-être grâce à eux. Né à Vidin en Bulgarie dans une famille Séphardi, il a toujours considéré que sa véritable éducation n'avait commencé qu'avec sa rencontre, à l'âge de seize ans, de la patronne d'une maison de prostitution de Bucarest, qui sut apprécier son talent de dessinateur. En 1902 il quitte la Roumanie, où sa famille avait émigré, pour mener jusqu'à sa mort une vie de bohème raffinée d'une ville à l'autre, en Europe, en Afrique du Nord, aux États-Unis. A Vienne, il se laisse fasciner par les toiles de Bruegel; à Munich, après quelques études dans l'atelier de Moritz Heymann, il obtient à partir de mars 1905 un contrat de caricaturiste à la revue *Simplicissimus,* mais s'installe peu après à Paris. Il fait une première exposition personnelle en 1907 à la galerie de Paul Cassirer à Berlin, présente des aquarelles à l'Armory Show de New York en 1913 et se réfugie aux États-Unis en 1914. Ses voyages en Louisiane, en Floride, en Caroline du Sud de 1915 à 1920 lui inspirent deux albums de dessins conservés, l'un au Museum of Modern Art de New York, l'autre au Mc Nay Art Institute de San Antonio. A New York certains peintres se réclameront de lui : Ganso, Brook, Dehn, Biddle, qui admire son « scepticisme tolérant », et surtout Yasuo Kuniyoshi, qui imitera son style linéaire. Mais la liberté des milieux parisiens ne cesse d'attirer Pascin; dès son retour à Paris en 1920, son activité artistique se déroule à un rythme intense, marqué par les fêtes les plus folles, la fréquentation des prostituées — dont il fait maints portraits — et l'amitié des peintres qu'il rencontre au Café du Dôme, son « foyer ». Il participe en 1925 aux activités du groupe qui se constitue à La Licorne avec Goerg, Gromaire, Makowsky, Per Krohg. Il fait de sa vie un spectacle permanent, mais il entretient des relations presque secrètes avec sa peinture qu'il détruit lorsqu'il cède à la tentation du cubisme : Pascin garde toujours une certaine distance face aux mouvements d'avant-garde, même si la préface qu'il consacre en 1929 à Calder pour l'exposition de la galerie Billier ne laisse aucun doute sur sa perspicacité. Il conserve toute sa vie son style particulier, fondé sur une virtuosité dans le portrait — celui des femmes surtout — qui serait restée vaine sans la profondeur d'un regard capable de percer les mystères de la vie sociale et individuelle. Las de ses propres excès, blessé par les critiques défavorables à son exposition de la galerie Knoedler à New York, il se suicide le 2 juin 1930.

Y. Hemin, G. Krohg, K. Perls, A. Rambert, *Catalogue raisonné J. Pascin,* Paris, A. Rambert, 1984; J.P. Leeper, *J. Pascin's Caribbean Sketchbook,* Austin, 1984.

☐ *Portrait de Flechtheim en toréador,* 1925
Ce portrait (Hemin, n° 518) de l'un des marchands de tableaux les plus avisés de l'entre-deux-guerres pourrait être un autoportrait. Albert Flechtheim, le partenaire allemand de D.H. Kahnweiler, a très largement contribué à faire connaître en Allemagne, par sa revue *Der Querschnitt* et par ses galeries de Düsseldorf et de Berlin, les peintres français cubistes et post-cubistes — Léger, Matisse, Picasso, Braque — et les membres de l'École de Paris, Pascin notamment, dont il expose les œuvres en 1925, date présumée de ce portrait. Il avait découvert le talent de celui-ci dès 1912 lors de l'exposition progressiste du Sonderbund à Cologne qu'il avait partiellement organisée. Ses liens avec la France le décident à donner au Musée, outre la toile de Pascin, *La Noce,* 1911-1912, de Fernand Léger. Loin d'être évoqué avec le réalisme exact et l'objectivité solennelle du *Portrait de Flechtheim* par Otto Dix, le marchand porte ici l'habit de lumière synonyme de fête et de mort, qui rappelle le goût de Pascin pour les déguisements. La manière nacrée du tableau, faite d'une harmonie de demi-tons modulés de gris, de beige et d'ocre transparents, est aussi raffinée que l'expression du modèle, chargé de douce ironie. Les formes sont estompées — le fauteuil lui-même se fond avec l'arrière-plan — mettant en valeur la finesse du trait. La photographie parue dans *L'Art Vivant* (n° 10, 15 mai 1925) montre l'artiste posant devant son tableau, et rend possible la datation de celui-ci. Il est le seul portrait d'homme dans la collection des six tableaux de Pascin donnés au Musée par Hermine David et Lucy Krohg en 1936, les autres étant des portraits de femmes, datés entre 1916 et 1929. Alors qu'il choisit une position de face pour Flechtheim, Pascin adopte pour ceux-ci un point de vue légèrement plongeant qui accentue le caractère irréel de la scène. S.B.

Portrait de Flechtheim en toréador, 1925
huile sur toile
104 × 80
legs Alfred Flechtheim, 1938
J. de P. 871

Max Pechstein
1881-1955

Max Pechstein est né à Eckersbach près de Zwickau, en Saxe. Qu'il ait été désigné en 1914 par P. Fechter comme « le représentant le plus pur de l'expressionnisme » ou surnommé en 1916 par son biographe W. Heymann « le Giotto de notre époque », il s'est bien imposé rapidement comme une figure à part de l'expressionnisme allemand : de fait, un apprentissage solide du « métier » de peintre, des études à l'École des Arts décoratifs et à l'Académie de Dresde le distinguent des membres pour la plupart autodidactes de la *Brücke,* auxquels il se lie en 1906 avant de gagner le premier, en 1908, Berlin. Avide de nouveauté et en même temps de traditions et de primitivisme — Pechstein avait découvert les trésors du Musée ethnographique de Dresde dès 1903-1904 — il entreprend entre 1907 et 1914 plusieurs voyages d'études « classiques » en Italie, séjourne à Paris où il admire Cézanne, Matisse et les Fauves pour s'aventurer, en 1914, jusqu'aux îles Palau dans le Pacifique (où il vit en communauté avec les indigènes). La guerre de 1914-1918 marquera un tournant vers une série de travaux décoratifs réalistes, qui n'empêcheront pas les national-socialistes de taxer son œuvre d'« art dégénéré ».

☐ *Paysage,* 1912
Comme *Trois Nus dans un paysage,* 1911, entré dans la collection du Musée en 1966, ce *Paysage* illustre le thème privilégié des peintres de la *Brücke* — la fusion de l'homme et de la nature — inlassablement repris par Heckel, Kirchner et Pechstein depuis l'été 1910, quand ils peignirent ensemble aux lacs de Moritzburg près de Dresde, réalisant leur désir de saisir « en plein air » l'accord du nu, au jeu ou au repos, avec la nature elle-même.
En 1912, Pechstein vit alors retiré à Nidden, petit village de pêcheurs sur la Baltique, où il travaille seul « du lever du soleil jusqu'au coucher ». Dans un paysage qui, par lui-même, ne saurait prétendre à la beauté — ceci est la conviction des peintres de la *Brücke* — s'inscrivent, le portant ainsi à sa perfection, des silhouettes de femmes dont les contours reprennent harmonieusement le rythme des arbres et des collines. Il ne semble pas qu'il s'agisse ici de définir quelque structure formelle, mais plutôt de trouver l'expression spontanée et significative — sans aucune note exaltée dans les couleurs proches de la gamme des Fauves — d'une calme (légèrement hyperboréenne) joie de vivre, exempte de « luxe et volupté ». J.B.

A.R. Penck
1939

A.R. Penck est le pseudonyme le plus connu de Ralf Winkler, peintre, sculpteur, musicien et théoricien, né à Dresde. Dans sa biographie, il évoque ses premières impressions fortes d'enfant : l'incendie de sa ville natale en 1945 (« J'étais sur le gazon encerclé de flammes »), ses jeux au milieu des ruines et la découverte d'un livre sur les animaux préhistoriques. En Allemagne de l'Est la déstalinisation lui laisse à peine le temps d'entrevoir l'œuvre de Paul Klee et de quelques artistes contemporains, avant de se retrouver lui-même rayé de la liste officielle des artistes, et interdit d'activité. Il n'en continue pas moins une production multiple et remarquablement riche. Il entretient de nombreux contacts avec des amis à l'Ouest (il collabore avec Immendorff) et ne cessera de publier des articles et des essais de caractère scientifique, politique et esthétique, jusqu'à ce qu'on le contraigne à l'émigration en 1980. Ses écrits révèlent un grand intérêt pour la cybernétique (science de la communication et des signaux), telle que lui-même l'entend. Dès le milieu des années 60, ses tableaux représentent des personnages stylisés, évoluant dans un monde élémentaire; ils évoquent des scènes archaïques et essentielles. En 1965, ses *Weltbilder* montrent des silhouettes filiformes qui brandissent des armes, des tableaux et des formules mathématiques. Il s'agit d'un monde résumé. Les premiers éléments de son iconographie sont dès lors établis; il ne cessera de les varier et d'amplifier l'intensité de leur relation. En 1973, il commence la série *Standart,* à laquelle viendra s'ajouter l'année suivante celle de *Mike Hammer.* C'est du début de cette dernière période que date *Sans titre,* 1974 *(Structure* de la série *TM),* une de ses œuvres les plus fouillées formellement, malgré la pauvreté des moyens techniques. Le tableau est recouvert d'un bord à l'autre de figures peintes en noir sur le fond blanc. Chacune d'elles possède un sens symbolique : une guêpe tue une chenille, une tête de mort répond à un couple enlacé, une croix à une faucille croisée d'un marteau, etc. L'œuvre peut être comprise comme une sorte de bibliothèque borgésienne, où toutes les choses possibles sont rassemblées dans un ordre incertain. F.H.

Cat. *A.R. Penck,* Cologne, Kunsthalle, 1981; cat. *A.R. Penck,* Saint-Étienne, Musée d'Art et d'Industrie, 1985.

Paysage, 1912
huile sur toile
71 × 80
achat de l'État et attr. 1966
AM 4364 P

Sans titre, 1974
acrylique sur toile
281 × 281
achat 1982
AM 1982-333

Giuseppe Penone
1947

Ayant grandi au cœur d'un ancien village de Ligurie, Giuseppe Penone vit et travaille aujourd'hui à Turin. Aussi est-il, à l'instar d'autres protagonistes de l'*Arte Povera*, l'une des figures de l'art italien des années 60 dont l'œuvre se confond intimement avec la situation spécifique du nord de la Péninsule, au contact immédiat des grandes capitales européennes et des problèmes de la société italienne qui vécut dans ces années-là un développement économique et social particulier. Mais à la pratique, essentiellement ancrée dans le milieu urbain, de différents artistes qui lui sont proches, Giuseppe Penone veut opposer une œuvre soumise à — et complice de — la nature. Virgilien, proche de Pétrarque qu'il cite volontiers, il s'est voulu « disciple de la nature et serviteur de l'expérience » et a élaboré une poétique dont le processus complexe peut faire figure de *maïeutique*. En fait, son activité entière peut être regardée comme une matérialisation visuelle des différents modes de perception. Si ses premières pièces et expériences, directement liées et conçues dans et avec la Nature, témoignent d'une attention extrême aux *énergies à l'œuvre* (croissance, équilibre, érosion, souffle), les réalisations qui vont suivre, où son corps devient partie intégrante et outil d'introspection de l'objet visuel, prennent une autre signification. Tel un aède aveugle, Penone cherche le monde et sa complétude dans la dialectique des contraires, dans la rencontre du positif et du négatif, du visible et du caché, du vide et du plein (*Se retourner les yeux*, 1970, *Pression*, 1974-1977, *Patates*, 1977.) Il s'essaie ainsi à retrouver dans une pratique purement *sculpturale* les processus imperceptibles et néanmoins vivants de chaque modification (*Souffle de feuille*, 1982), attentif à l'état transitoire des choses et à la préhension que son propre corps peut en avoir. Alors que les éléments constitutifs de ses premières œuvres rejoignaient le matériau caractéristique des pratiques « pauvres » ou « conceptuelles » (matériel de projection, photographies, etc.), Penone a depuis une dizaine d'années retrouvé par le bronze et les techniques les plus classiques ce qui, somme toute, est le sujet de son œuvre entière : révéler la nature dans la culture et la culture dans la nature, poursuivre « moins l'idée d'une nature naturelle que celle d'une nature forcément cultivée… ».

Cat. *Giuseppe Penone*, Lucerne, Kunstmuseum, Baden-Baden, Staatliche Kunsthalle, 1978; cat. *Giuseppe Penone*, Ottawa, Galerie nationale du Canada, 1983; cat. *Giuseppe Penone*, Paris, ARC, 1984; cat. *Giuseppe Penone*, Preignac, Château de Malle, 1985.

☐ *Souffle*, 1978
Si l'œuvre de Giuseppe Penone peut se définir comme un animisme, il convient de reconnaître que sa conception de la sculpture, depuis ses premières expositions (1968), s'est développée à partir d'une pratique volontairement humble (écoute attentive, intervention minimale) vers une expérience plus monumentale.
Le *Souffle*, entré dans les collections du Musée en 1980 (soit deux années avant *L'Arbre*, 1973, et un ensemble de dessins récemment acquis), témoigne de la volonté du sculpteur d'inscrire son geste au plus proche de la permanence des mythes. Réalisée en terre cuite et constituée de trois sections superposées, cette jarre est à la mesure du corps dont l'empreinte y est figurée comme pétrifiée. L'artiste fige dans le matériau les formes de l'instant, en d'autres termes, la fluidité fondamentale du temps et son inscription. « Dans ce moment de prise de possession de la réalité, comment vivre le processus si ce n'est de l'intérieur ? », écrit Germano Celant.
Penone, attaché à maintes reprises à vouloir renouveler son expérience, a réalisé six grands vases semblables, dotés chacun d'un cou et d'une bouche s'ouvrant sur une véritable trachée. La forme apparaît comme une *figure* pétrifiée, preuve, s'il en faut, qu'il s'agit d'abord de signifier la relation physique du sculpteur à l'œuvre et d'édifier une conception sensorielle de l'art.   B.B

Soffio 6, 1978
(Souffle)
terre cuite (3 éléments)
158 × 75 × 79
achat 1979
AM 1980-42

Antoine Pevsner
1886-1962

Élève de l'Ecole des Beaux-Arts de Kiev, puis de l'Académie des Beaux-Arts de Saint-Pétersbourg, et bientôt en contact avec les milieux de l'avant-garde russe, Pevsner effectue un premier séjour à Paris en 1911-1912, au cours duquel il visite le Salon des Indépendants. Il dira plus tard avoir été déçu par le cubisme, mais fortement impressionné par la Tour Eiffel. Un deuxième séjour à Paris en 1913-1915 — où il est rejoint par son frère Naum Gabo — le met en relation avec Modigliani et surtout avec Archipenko. Il pratique alors exclusivement la peinture (*Femme déguisée,* 1913, MNAM). En 1915, il rejoint en Norvège son frère, ingénieur devenu artiste; puis, porté par les idées nouvelles, il rentre avec lui en Russie en 1917 et devient professeur à l'Académie des Beaux-Arts de Moscou. Selon le té-moignage de Virginie Pevsner, qui le rencontre en 1918, « il se consacrait entièrement au dessin et à la peinture », et ce n'est pro-bablement que vers 1920 qu'il décide d'appliquer à la sculpture les idées poursuivies avec son frère à partir de 1915. En 1920, peu avant leur exposition au Park Tverskoï, tous deux rédigent le *Manifeste réaliste,* placardé le 5 août dans les rues de Moscou : dans l'esprit du constructivisme, y sont rejetés tout à la fois le cubisme, art de surface n'apportant pas une véritable rupture avec l'art ancien, ainsi que le futurisme, trop chargé d'idéologie patriotique, militariste et miso-gyne, et incapable d'approfondir un intérêt resté anecdotique pour la vitesse. L'art doit être, selon eux, basé sur les « lois réelles de la vie », dégagé des idéologies et libre vis-à-vis de « l'État et des systèmes économiques » par essence transitoires. Ils se démarquent ainsi des questionnements ontologiques de Malévitch, sociaux et politiques de Tatline, revenant à une conception plus traditionnelle de l'art. Leur constat les amène à quitter leur pays pour l'Allemagne, à l'occasion d'une exposition d'art russe organisée fin 1922 à Berlin, galerie van Diemen; en 1923, Pevsner s'établit à Paris où, dès 1924, il expose à la galerie Percier. Deux ans plus tard a lieu sa première exposition aux États-Unis (New York, Little Review Gallery). En 1927, il réalise avec Gabo, à la demande de Diaghilev, les costumes et les décors du ballet « constructiviste » *La Chatte.* Devenu citoyen français en 1930, il rejoint l'année suivante le groupe Abstraction-Création, qui publie, dès le premier numéro de leur revue, le *Manifeste réaliste,* suivi en 1933 par un deuxième manifeste. En 1946, en compagnie notamment de Gleizes et Herbin, il forme le groupe des Réalités Nouvelles dont le premier Salon se tient l'année suivante, année de sa première grande exposition personnelle à la galerie René Drouin. Consacrant une renommée internationale depuis les an-nées 30, le MOMA organise en 1948 une grande rétrospective *Gabo-Pevsner.*

Très tôt annexé à l'Ecole de Paris, Pevsner a, de ce fait, joui en France d'un grand prestige. L'évolution de son œuvre sculpté peut être comprise comme une dérivation, à partir de la mise en forme effectuée par Gabo, de leurs recherches théoriques communes. Après 1920, travaillant essentiellement par plans découpés et assemblés, il passe d'une sorte de cubisme analytique, utilisant le contraste de matériaux opaques et translucides (plastique, plexiglas, celluloïd, nylon), à une abstraction géométrique aux formes issues de l'esthé-tique industrielle; recourant de plus en plus au métal (*Construction dans l'espace,* 1923-1925, MNAM), il recentre alors progressivement sa propre recherche sur l'expression des tensions énergétiques dans l'espace. Vers 1935, il met au point une technique de plans obtenus par juxtaposition de fils ou de lames de métal soudés, et élabore le concept de « surface développable », c'est-à-dire le déploiement ima-ginaire dans l'espace de plans à partir d'une ligne en mouvement. Pevsner tente alors de sculpter l'espace à l'aide du dynamisme des lignes et de leur prolongement hors de la sculpture mais, après 1935, c'est toujours au moyen de surfaces pleines en métal, à l'inverse de Gabo qui continuera à jouer sur la transparence et à mêler ses formes à l'espace de façon plus subtile.

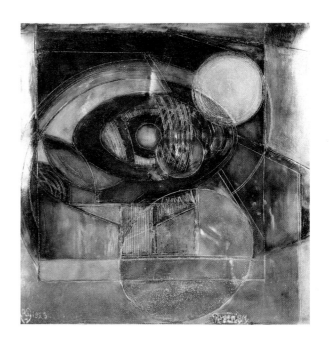

Masque, 1923
celluloïd et métal
33 × 20 × 20
achat 1974
AM 1974-24

Gamme rouge, 1923
matière plastique teintée et attaquée à l'acide, sur panneau de bois enduit
32 × 32
don de Mme Eugénie Pevsner, 1964
AM 4242 P

R. Massat, *Antoine Pevsner et le constructivisme*, Paris, coll. Caractères, 1956; cat. *Antoine Pevsner*, Paris, MNAM, 1956; P. Peissi, C. Giedion-Welcker, *Antoine Pevsner*, Neuchâtel, éd. du Griffon, 1961; cat. *Pevsner au Musée national d'art moderne*, Paris, éd. des Musées nationaux, 1964; M. Ragon, « Le constructivisme de Pevsner et Gabo » *Le Jardin des Arts*, sept. 1965; B. Buchloh, « Construire (l'histoire de) la sculpture », *in* cat. *Qu'est-ce que la sculpture moderne ?*, Paris, Centre G. Pompidou, 1986.

468

La représentation de l'œuvre de Pevsner au Musée — œuvre peint (à partir de 1913) et sculpté (essentiellement des pièces postérieures à 1945 restées dans l'atelier) — forme un ensemble unique et de grande ampleur. L'exposition de 1956 fut l'occasion de deux premiers dons d'Antoine et de Virginie Pevsner (*Maquette de la colonne développable de la Victoire*, 1955, et *Projection dynamique au 30ᵉ degré*, 1950-1951), complétés ultérieurement par deux achats : une peinture en 1957, puis, en 1974, l'important *Masque* de 1923, dont on peut déplorer qu'il soit l'unique exemple au Musée de sculpture géométrique figurative de la période 1923-1929. L'essentiel de la collection tient aux dons successifs de Madame Pevsner, en 1962 (deux peintures et neuf sculptures), en 1964 à l'occasion d'une deuxième exposition au Musée (deux sculptures, quatre peintures, quatre dessins), puis, en 1978, d'une dernière sculpture.

□ *Gamme rouge*, 1923

En 1922 et 1923, Pevsner réalise une série de tableaux faits à partir de matière plastique teintée attaquée à l'acide, fixée sur un panneau de bois. Il ne s'agit pas là de peinture à proprement parler, mais de réalisations qui s'inscrivent dans l'exploration des propriétés physico-chimiques des matériaux. Pevsner n'abandonne pas pour autant la peinture au sens traditionnel du terme et continue de peindre, notamment à l'huile sur contreplaqué (*Naissance de l'univers*, 1933, *Rencontre des planètes*, 1961, MNAM). Après sa première peinture abstraite, qui daterait de 1913, il pratique une sorte de géométrisme inspiré par la figure, puis, essentiellement, par la cosmologie et la science atomique; géométrisme qu'il entend exempt de ces « ténèbres de l'abstraction » condamnées vigoureusement dans le *Manifeste* de 1920 : « Comment un art fondé sur l'abstraction, sur un mirage, sur une fiction, peut-il ne pas être broyé dans les meules de ces lois ? » (*Composition*, 1917-1918, *Composition*, 1923, MNAM).

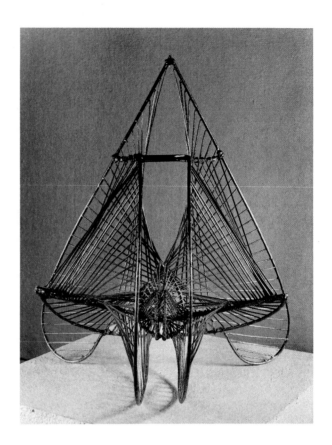

□ *Masque*, 1923

A partir de 1920, Pevsner réalise plusieurs masques de ce type, constitués de plans de matière plastique assemblés, souvent associés à du métal, comme le *Portrait de Marcel Duchamp* de 1926 (New Haven, Yale University Art Gallery); l'assimilation des apports du cubisme y est manifeste. La filiation formelle de ce masque avec la *Tête de Fernande* exécutée par Picasso en 1909, le parallèle avec les recherches de Laurens, Lipchitz, Archipenko — pour ne citer qu'eux —, ainsi que le rappel de la sculpture nègre dans la stylisation et l'organisation des traits du visage, en témoignent. Quoi qu'il en soit, le médiateur évident reste Gabo (*Tête de femme*, 1916, refaite vers 1917-1920, MOMA). Le *Masque* de Pevsner présente une symétrie qui caractérisera l'œuvre des deux frères après 1920. Si le refus de dissimuler le système d'assemblage renvoie au constructivisme, l'alliance de matériaux opaques et translucides (le celluloïd et le métal), issue des recherches d'Archipenko que connaissait bien Pevsner, est utilisée ici uniquement dans un but esthétique et non symbolique.

□ *Construction dans l'espace*, [1923-1925]

Comme l'a bien montré B. Buchloh, l'art de Pevsner et de Gabo marque un recul par rapport aux exigences et à l'esprit de recherche constructivistes, recul visible dans cette *Construction dans l'espace*. En revenant au socle et, surtout dans le cas de Pevsner, à des matériaux et des techniques traditionnels comme la fonte et le bronze, les deux frères font plus qu'abandonner, ils renient les principes constructivistes : la remise en question du rôle social de la sculpture, de son mode de présentation, de son esthétique et des conventions qui s'y attachent; l'accent mis sur la pesanteur; enfin, la symbolique des matériaux (selon Lissitzky, « le fer représentait la volonté du prolétariat, le verre était aussi limpide et pur que sa conscience »). Dès le *Manifeste* de 1920, est décelable cet abandon idéologique sur lequel

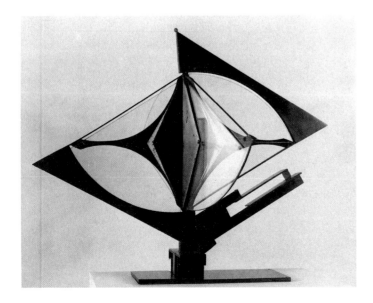

Construction dans l'espace, [1923-1925]
bronze et cristal de Baccarat
64 × 84 × 70
don de Mme Eugénie Pevsner, 1962
AM 1346 S

Maquette pour la construction « Monde », 1946
laiton soudé et oxydé
42 × 36 × 31
don de Mme Eugénie Pevsner, 1962
AM 1347 S

il reviendra en 1957: « Nous nous détachions de l'effervescence intellectuelle des années 1915-1920, de ces heures hantées par le désir de trouver des nouvelles voies de connaissance spirituelle. Nous renoncions aux écrits théoriques comme aux controverses d'école. Nous cessions de nous braquer sur (...) les aspirations des autres avant-gardes européennes ». Lorsqu'ils adoptent les matériaux nouveaux (celluloïd, plexiglas, nylon, fil d'acier, chrome), les deux frères ne font que les utiliser, créant ainsi les « nouvelles icônes culturelles pour la société de consommation industrielle », à « l'apparence technico-scientifique d'un gadget » (Buchloh).

☐ *Maquette pour la construction « Monde »*, 1946
Cette maquette met en lumière le processus constructif employé par Pevsner, à partir de fils de métal dont les interstices seront parfois obstrués avec du plâtre *(Maquette de la colonne développable de la Victoire)*. L'œuvre définitive (1947, MNAM) la reproduit fidèlement, les parois dessinées par les fils de laiton étant réalisées en fils de bronze soudés les uns aux autres pour constituer des surfaces continues, comme dans la *Projection dynamique au 30ᵉ degré*.
Le titre illustre bien l'intérêt passionné de Pevsner pour l'espace et l'astronomie *(Naissance de l'Univers*, 1933, *Tableau spatial*, 1944-1948, *Rencontre des planètes*, 1961). Pevsner entretint, en réalité, des rapports conflictuels avec la science : le *Manifeste* de 1920 présentait déjà une attitude ambiguë, plus proche d'un lyrisme positiviste, issu de la foi dans le progrès de la connaissance, que d'une impossible théorisation scientifique de l'art. En effet, tout en déclarant : « Avec un fil à plomb dans les mains, avec des yeux aussi précis qu'une règle, l'esprit tendu comme un compas, nous construirons notre œuvre comme l'univers construit la sienne, l'ingénieur un pont, le mathématicien ses calculs d'orbites », Gabo et Pevsner se réfèrent à une « essence » des formes qu'ils étaient bien en peine de codifier mathématiquement.

Cette contradiction se retrouvera tout au long des écrits de Pevsner, oscillant entre l'enthousiasme pour « les découvertes prodigieuses de la science (qui) ont changé la face du monde » et la constatation : « La science nous attache à la matière, elle tue la poésie, car la science est déterministe ».

☐ *Projection dynamique au 30ᵉ degré*, 1950-1951
Dans le *Manifeste* avait été revendiquée une nouvelle perception de l'espace sculptural, considéré non plus comme autonome, mais interactif (résultant de la relation entre le spectateur, l'œuvre et son environnement). Le volume ne se définissait plus dès lors en terme de masse — le bloc hérité des Égyptiens — mais en terme d'espace. « En faisant intervenir des formes vraiment spatiales, c'est-à-dire construites avec l'espace même, on introduira dans la sculpture la 3ᵉ et la 4ᵉ dimensions » (à quoi renvoient des titres tels *Construction spatiale aux 3ᵉ et 4ᵉ dimensions*, 1961, MNAM), écrit Pevsner en 1957, ajoutant — désignant lui-même la faille ? — « Il ne suffit pas, en vérité, de placer dans l'espace une sculpture d'une matière quelconque pour qu'elle réalise la synthèse de sa matière avec l'espace même ». L'échec de l'ambition de « re-spatialiser » la sculpture apparaît clairement dans la *Projection dynamique* : ce qui était au départ, dans l'œuvre de Gabo, des fils traduisant des tensions physiques réelles et dessinant par leur juxtaposition des plans conçus dans l'espace, devient chez Pevsner une feuille de métal compacte où la structure de fils ne se lit plus que comme un renvoi à un système constructif inexistant, les fils soudés agissant comme remplissage d'une structure préétablie dans laquelle les tensions sont fictives.   V.W.

Projection dynamique au 30ᵉ degré, 1950-1951
bronze soudé
100 × 250 × 100
don de Mme Eugénie Pevsner, 1956
AM 1021 S

Francis Picabia
1879-1953

Est-ce parce que son père est d'origine espagnole que Don Francis Picabia, marquis de la Torre, se compare aisément au « Burlador de Séville »? Sa mère morte en 1886, Picabia vivra dans la maison des « Trois sans femme », entre son père, Chancelier de l'Ambassade de Cuba, son oncle, bibliothécaire, et son grand-père, passionné de photographie. Parce qu'il s'adonne en amateur à la peinture, son père, à son insu, présente en 1894 au Salon des Artistes Indépendants une toile qui obtient une mention.

Au tournant du siècle, à l'instar de Duchamp qu'il ne rencontrera que dix ans plus tard, il se trouve contraint, « jeune peintre d'un mouvement déjà vieux », de faire de la peinture impressionniste. Bambochant à Moret-sur-Loing, il rencontre Gabrielle Buffet, musicienne, l'épouse et part en voyage de noces en Espagne (encore Don Juan). En 1909, il est « peintre fauve » et s'intéresse à l'abstraction. Avec Duchamp, il participe aux recherches du Groupe de Puteaux et expose avec eux au Salon de la Section d'Or *(La Procession, Séville; Danse à la source...).* Apollinaire exulte : il glorifie là « l'Orphisme ». En 1913, Picabia est à New York *(New York,* MNAM) pour l'exposition de l'*Armory Show* et devient le phare de la peinture d'avant-garde (« Pharamousse »?). Lié à Marius De Zayas et Alfred Stieglitz, il expose dans la galerie de l'auteur de *Camera Work,* réinventant un langage pictural dont « la seule raison d'être est d'exister ». Mobilisé en 1914, il réussit à obtenir une mission à Cuba (pour acheter de la mélasse!). A New York, où il fait escale, il retrouve Duchamp mais aussi Man Ray et Varèse, collabore à *291* et connaît une première dépression nerveuse.

Devenu « peintre mécanique », il expose en 1916 à la Modern Gallery. A l'automne, il est à Barcelone et écrit ses premiers poèmes. La même année, paraissent quatre numéros de la revue *391,* qu'il fonde en écho à celle de Stieglitz, et son premier recueil de poésies : *Cinquante-deux miroirs.*

L'Arbre rouge, [1912]
huile sur toile
92,5 × 73,4
achat 1979
AM 1979-108

Alors que son médecin lui interdit de peindre (celui-ci ne savait sans doute pas que Picabia disait « peindre des tableaux au Ripolin pour éviter qu'ils ne ressemblent à des peintures »), il se met à écrire *(Poèmes et dessins de la fille née sans mère)* et correspond avec Tzara qu'il rencontre en 1919 à Zurich où Dada sévit. Il séduit Germaine Everling et expose au Salon d'Automne *L'Enfant carburateur* et au Cirque d'Hiver *Parade amoureuse,* qui fait scandale. En 1920, il rencontre Breton qui, avec Tzara, multiplie les tracts et revues. Picabia publie, outre *391, Cannibale, Unique eunuque* et *Jésus-Christ Rastaquouère.* En 1921, il se sépare de Dada qu'il trouve trop théorisé et propose en 1922 trois œuvres provocatrices : *Danse de Saint-Guy, Chapeau de paille?* (MNAM) et *Veuve joyeuse,* ces deux dernières refusées lui donnant l'opportunité d'une polémique dans la presse contre le Comité du Salon. La même année, il expose à la galerie Dalmau à Barcelone une série d'aquarelles abstraites d'inspiration mécanique et, en 1923, sous l'influence des *Rotoreliefs* de Duchamp, réalise *Volucelle* et *Optophone.* En 1924, il attaque violemment Breton et le surréalisme dans *391* et monte *Relâche* sur une musique d'Erik Satie avec la troupe des Ballets suédois de Rolf de Maré. Entre les deux parties du ballet est projeté *Entracte,* film de René Clair, dont Picabia écrit le scénario.

Devenu richissime à la mort de son oncle, il s'installe à Mougins, où il fait construire le château de Mai. Partagé entre une vie mondaine, la passion des yachts et des automobiles, il réalise de nombreux collages, ainsi qu'une série de toiles, baptisée *Monstres (Nu fantastique,* 1924, MNAM). De nouveau en Espagne en 1927, où il vit en « burlador », il commence la série des *Transparences.* Dans les années 30, Picabia, à Cannes avec Olga Molher, organise de grandes soirées au Casino, fait partie des jurys des concours de beauté et côtoie Jean-Gabriel Domergues. Il expose *30 ans de peintures* chez Léonce Rosenberg, reçoit la Légion d'Honneur et peint un ensemble de toiles figuratives en vue d'une exposition à Chicago l'année suivante (*Printemps,* 1935, MNAM). En 1936, il signe avec Arp, Bryen, Delaunay, Duchamp et Kandinsky le « Manifeste dimensionniste » rédigé par Caroli Sirato et peint, en même temps que de nouvelles surimpressions, des toiles misérabilistes et abstraites, avant de renouer avec l'impressionnisme et le fauvisme dans des *Paysages* (1938). Indifférent à la guerre — en 1944, il sera emprisonné pour avoir provoqué tout à la fois la collaboration et la Résistance — il vit entre Tourette-sur-Loup et Golfe Juan, peint pour André Romanet des tableaux « suggestifs » qui seront vendus en Afrique du Nord, joue au réaliste, expose des tableaux de poche, de format évidemment miniature. Il regagne Paris en 1945 et rencontre la nouvelle génération d'Abstraits : Goetz et Christine Boumeester qui donneront au Musée en 1981 plusieurs tableaux de Picabia; Hartung, Soulages, Ubac. Il se remet à une abstraction très spécifique et réalise sous l'impulsion de Michel Tapié une importante exposition à la galerie René Drouin : *50 ans de plaisir.* Jusqu'à sa mort, il manifestera face à la peinture une infidélité permanente qui n'a de contrepoint que l'indifférence feinte de Duchamp face à l'objet aimé.

F. Picabia, *Écrits, 1913-1920* (t. 1), *1920-1953* (t. 2), Paris, P. Belfond, 1975 et 1978. M. Le Bot, *Francis Picabia et la crise des valeurs figuratives 1900-1925,* Paris, Klincksieck, 1968; cat. *Picabia,* New York, The Solomon R. Guggenheim Museum, 1970; cat. *Picabia,* Paris, Grand Palais, 1976; W. Camfield, *Picabia, his art, life and times,* Princeton Univ. Press, 1979; cat. *Francis Picabia,* Düsseldorf, Städtische Kunsthalle, 1983; cat. *Picabia,* Madrid, Fundacion Caja de Pensiones, 1985.

Entre l'art d'improviser et l'improvisation de l'art : la méthode feint de faire défaut à quiconque cherche un ordre dans le parcours de cet artiste « précieux » et « dégoûté ». Mais on conviendra que lui et Duchamp ont, de concert, sacrifié l'esthétique et le patriotisme pour

Udnie, 1913
(Jeune fille américaine; Danse)
huile sur toile
300 × 300
achat de l'État et attr. 1949
AM 2874 P

tenter de se défaire des conventions acceptées comme des dogmes (« L'art », *Littérature*, n° 13, mai 1920). Aussi sa pratique se veut-elle *Cannibale* comme polymorphe, indifférente à la loi des genres, ce qui le contraint à renier Dada (*Comoedia*, 11 mai 1921), devenu aussi plein d'« élucubrations statiques » que celles « offertes par la Nouvelle Revue Française et par certains membres de l'Institut ».

Parce qu'il considérait « les chefs-d'œuvre comme des documents » et les « tableaux du Salon d'Automne et leurs auteurs comme du pain azyme » (*Comoedia*, 23 nov. 1921), il y a quelque ironie à décrire aujourd'hui certaines parmi les œuvres les plus représentatives de Picabia conservées dans la collection du Musée.

□ *L'Arbre rouge*, [1912]

Cette huile sur toile (anc. coll. Guillaume Apollinaire et Simone Collinet), reproduite en 1913 dans *Les Peintres cubistes* d'Apollinaire, témoigne pourtant du scepticisme de l'auteur quant au cubisme et aux déconstructions cézanniennes. Picabia y affirme déjà la nécessité de s'en tenir à cette « limitation naturelle » qu'est la bidimensionnalité de la toile : « Si l'art ne peut légitimement rendre la troisième dimension, il ne peut légitimement représenter des objets qui existent dans l'espace ». Ainsi, *L'Arbre rouge* est un jalon entre le *Paysage* néo-fauve (1909-1910, MNAM) et *Udnie* (1913, MNAM), où se réalise le vœu de Picabia de « peindre des couleurs et des formes délivrées de leurs attributions sensorielles », à la recherche d'une « invention pure ». Il témoigne déjà de « la crise des valeurs figuratives » (M. Le Bot), dont *Udnie* sera la formulation monumentale.

□ *Udnie*, 1913

Redécouverte par Picabia en 1947, sur l'instance de Duchamp puis de Breton, cette toile est, avec *Edtaonisl* (Chicago, the Art Institute), l'œuvre maîtresse de Picabia. On peut peut-être y voir, après *Tarentelle* et *Danse à la source*, l'influence du futurisme italien, celle de la *Danse du Pan-Pan à Monaco*, 1910-1911, de Marinetti. Affublée de différents sous-titres (*Jeune-fille américaine*, *La Danse…*), elle a été peinte au retour de Picabia de New York, parallèlement à *Je revois en souvenir ma chère Udnie* (New York, MOMA). Gabrielle Buffet-Picabia a précisé qu'il s'agissait de la danseuse hindoue de Montmartre, Napierkowska, que Picabia vit danser sur le Transatlantique en pleine tempête. On conviendra ainsi que l'œuvre témoigne d'abord de cette pure indescriptibilité et renvoie la peinture à la vanité vaine de tout déchiffrement. On précisera encore que Picabia avait, avec l'aquarelle *Caoutchouc*, (1909, MNAM), donné, à l'instar de Duchamp pour la sculpture, « une formulation lâche » pour la peinture. « L'abstractive recherche » que constitue *Udnie*, confrontée au paradoxe du mouvement face à l'immobilisme de fait de la peinture, trouve déjà sa signification dans l'énigme du titre inscrit sur la toile en contrepoint de la date et de la signature. Cet espace chaotique — à moins qu'il ne nomme la peinture comme lieu même de ce chaos — fait écho, de par son titre, à cette liquidation sémantique à laquelle Picabia s'attelle. Apollinaire, qui y vit (lors de sa présentation au Salon d'Automne de 1913) « une œuvre ardente et folle », a relevé « les étonnants conflits de la matière picturale et de l'imagination ». Ainsi, Udnie n'est pas davantage l'image d'une jeune fille qu'*Edtaonisl*, celle d'un prélat : l'un et l'autre ne sont d'abord que « l'impossibilité nue

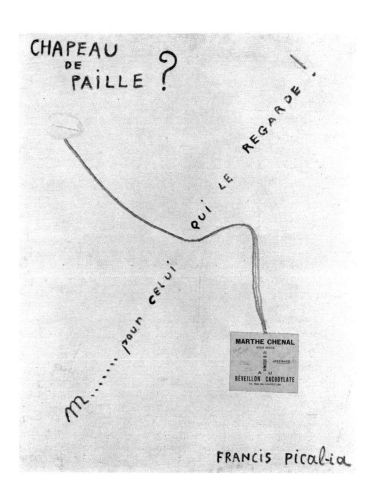

Voilà la fille née sans mère, v. 1916-1917
aquarelle, gouache argentée, mine de plomb, encre, sur carton
75 × 50,7
achat 1978
AM 1978-573

Chapeau de paille?, v. 1921
huile, ficelle et cartons collés, sur toile
92,3 × 73,5
legs du Dr Robert Le Masle, 1974
AM 1974-110

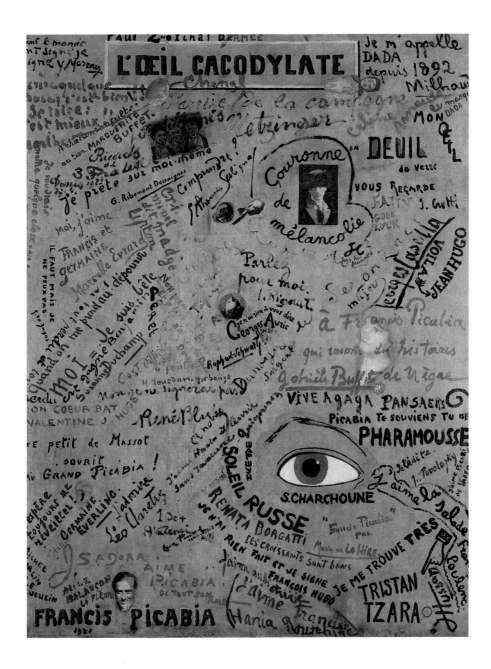

de penser cela » et obligent à se souvenir que Picabia avait en 1913 publié un « Manifeste amorphiste ». Quant au titre, l'exégète y reconnaît « une di(mension) », « nudi(t)é » et même « Undine », preuve de sa *réelle* « indésignabilité ». La peinture propose bien autre chose que le morcellement du réel tel les cubistes l'ont institué: elle est, en réalité, un rébus, un diagramme, où le contenu anecdotique se trouve évacué, alors que l'espace chorégraphique et son développement en spirale apparaissent comme une métaphore de l'élasticité du souvenir.

□ *Voilà la fille née sans mère,* v. 1916-1917
L'œuvre appartient bien à la période « mécanique » de Picabia : « Deux meules, l'une de profil, l'autre de face — ou bien est-ce l'apparition concomitante de la même, vue aussi en transparence ? — transpercées par des axes qu'un système de courroies au fonctionnement improbable relie entre elles » (H. Seckel) évoquent la Ma-

chine, « âme du monde moderne ». Un premier dessin de l'œuvre a été publié dans *291* en 1915 (no 4). Quelques mois plus tard, revenant sur le titre sorti des pages roses du Larousse (« Prolem sine matre creatam = enfant né sans mère »), Picabia dit à Paul Haviland : « L'homme a fait la machine à son image (…). La machine est sa fille née sans mère (…) ». Dans cette machine, dont le principe n'est pas sans évoquer le « célibat » cher à Duchamp, l'appropriation de « morceaux de réalité » ouvre le chemin des collages des années 20.

□ *L'Œil cacodylate,* 1921 — *Chapeau de paille?,* v. 1921
Atteint à cette époque d'un zona oculaire, Picabia réalise *L'Oeil cacodylate* (du grec *kakôdès*: mauvais, *odmè*: odeur et *ulè*: matière), refusé au Salon des Indépendants de 1921 et exposé au futur « Bœuf sur le toit » (où il resta). Picabia réalise le défi de faire là œuvre « originale », sans pour autant y avoir beaucoup porté la main. Au titre encadré de ce « tableau » répond la signature accompagnée d'une

L'Œil cacodylate, 1921
huile sur toile, avec collage de photographies,
cartes postales et divers papiers
148,6 × 117,4
achat de l'État et attr. 1967
AM 4408 P

474

photographie de l'artiste. Sur l'écru de la toile se juxtaposent autour d'un gros œil, signatures, aphorismes et calembours, apposés un soir de réveillon : pratique spontanée, commune, davantage tract que manifeste. Faisant fi du métier et du goût, elle est la forme monumentale, jamais réalisée alors, de la négation. Alors que jusqu'ici, regarder laissait la surface intacte, il s'inaugure là une pratique tenant de la fredaine, dont on ne peut oublier que l'étymologie veut dire « scélérat ». Autre pratique « scélérate », *Chapeau de paille?* tient délibérément du bricolage et laisse à chacun le soin d'interpréter le « M... pour celui qui le regarde », écrit d'une main malhabile en diagonale de la toile. En contrepoint, une ficelle (l'art est plein de « ficelles ») nonchalante relie une invitation à un réveillon cacodylate à la carte de visite de l'auteur, découpée en forme de cœur. Le titre serait-il le gage de la « prestidigitation »? Toujours est-il que l'insolence ricoche ici sur ceux qui interdirent que l'œuvre fût exposée.

☐ *Sphinx,* 1929
Dans *Sphinx* est élaboré le principe des « transparences » qui connaît dès 1930 un certain succès; il s'apparente au dialogue de l'opaque et du transparent tel que Duchamp l'a signifié dans le *Grand Verre*. Mais le processus suivi ici reste *nécessairement* pictural, Picabia étant parti d'œuvres anciennes, soit les siennes, soit puisées dans l'Histoire de l'art (Guido Reni, Michel-Ange, Botticelli et peut-être ici Toorop, dont le *Sphinx* fut exposé à Bruxelles en 1928). Son propos, outre la feinte virtuosité décalquée, n'est pas de rendre l'image déchiffrable, mais bien de comprendre que c'est cette réelle illisibilité qui la désigne. La peinture devient l'écheveau parasite des réminiscences et des signes où chaque image interfère sans généalogie ou hiérarchie. Le principe même de la transparence n'est pas sans évoquer le cinéma, son montage et ses procédés de truquage. Loin des académies éthérées et des monstres de légende qu'elles suggèrent, les transparences de Picabia héritent des collages sans en retrouver les procédés. On verra, enfin, dans le titre *Sphinx* le signe avoué de l'énigme de la peinture, énigme que *L'Homme au masque,* 1930-1945, ou *Veuve,* 1948 (MNAM), qui font partie des « abstractions morphologiques », ne sauraient lever. Mais il est vrai que Duchamp avait reconnu dans « Funny-Guy », non pas l'homme des « non, car », mais plutôt celui des « oui, mais ».   B.B.

Sphinx, 1929
huile sur toile
131 × 163
achat 1933
J de P 668 P

Pablo Picasso
1881-1973

Né à Malaga, Pablo Ruiz Picasso révèle des dons précoces à La Corogne où son père, peintre, est nommé enseignant en 1891. Délaissant à Barcelone les études académiques des Beaux-Arts, il découvre l'Art Nouveau au cabaret Els Quatre Gats, lieu de réunion des modernistes catalans, puis à Paris lors de son premier séjour en 1900. De 1901 à 1904, il peint dans un style misérabiliste des figures à l'allongement maniériste, dont la teinte bleue donne son nom à la période. Les nuances ocrées des saltimbanques sereins qui succèdent font de l'année 1905 « l'époque rose ». En 1906, Picasso part à Gosol; ce voyage marque le premier retour aux sources archaïques méditerranéennes.

Le Bateau-Lavoir, où il vit à partir de 1904, est alors le foyer stimulant des amitiés avec les poètes, Max Jacob, André Salmon, Apollinaire. C'est aussi celui de la naissance des *Demoiselles d'Avignon* en 1907 (MOMA), tableau révolutionnaire de l'art moderne, où se conjuguent les influences ibériques et africaines. A partir de 1908 commence l'aventure du cubisme, partagée avec Braque. A la démarche analytique, phase de décomposition et d'éclatement des formes en facettes au détriment de la couleur, succèdent les recherches avec papiers collés et les tableaux-reliefs; l'introduction en 1912 d'un élément étranger à la toile (*Nature morte à la chaise cannée,* Paris, Musée Picasso) permet de garder un contact avec le réel.

En 1917, à l'instigation de Jean Cocteau, Picasso part pour Rome rejoindre Diaghilev et la troupe des Ballets Russes; il y réalise le rideau (MNAM), les costumes et les décors du ballet *Parade*. La découverte de l'Antiquité le conduit à développer, parallèlement à l'épanouissement du cubisme (*Les Trois Musiciens,* 1921, MOMA et Philadelphia Museum of Art), un art délibérément réaliste; le dessin « ingresque », qui cerne les formes monumentales et parfois monstrueuses de baigneuses drapées à l'antique, caractérise aussi les portraits d'Olga Kokhlova, danseuse des Ballets Russes qu'il épouse en 1918, comme ceux de leur fils Paul, né en 1921. Ils vivent alors

Arlequin, Paris, 1923
(Le Peintre Salvado en Arlequin)
huile sur toile
130 × 97
legs de la baronne Gourgaud, 1965
AM 4313 P

bourgeoisement rue La Boétie, fréquentant le milieu du nouveau marchand Paul Rosenberg, qui soutient Picasso depuis le départ forcé de Daniel-Henry Kahnweiler.

L'été 1925 est l'année d'une nouvelle rupture, due aux tensions de sa vie privée et à l'atmosphère onirique et subversive des manifestations surréalistes. Sans être vraiment intégré au sein du groupe, Picasso participe néanmoins à certaines de ses expositions, nouant des liens d'amitié durables, surtout avec les poètes. *La Danse* (Londres, The Tate Gallery) et *Le Baiser* (Paris, Musée Picasso) inaugurent cette phase tourmentée, violente, qui se prolonge jusqu'à la guerre. A partir de 1935, Picasso se met à écrire des poèmes proches de l'écriture automatique, travail littéraire qui se poursuivra avec deux pièces de théâtre : *Le Désir attrapé par la queue,* 1941, *Les Quatre Petites Filles,* 1952.

L'achat du château de Boisgeloup, en 1930, permet à Picasso de sculpter de façon monumentale le visage aux courbes pleines de son nouveau modèle, Marie-Thérèse Walter, rencontrée en 1927, dont les formes voluptueuses et massives vont inspirer la production des années 30. Consécutif à deux séjours en Espagne en 1933 et 1934 (qui seront les derniers), le thème du Minotaure, figure mythique à laquelle Picasso s'identifie, revient avec insistance dans des séries de dessins et de gravures (*La Minotauromachie,* 1935). L'image du taureau, symbolisant la force aveugle et brutale du mal, surgira du massacre de *Guernica* (Madrid, Prado), toile commandée pour le Pavillon espagnol de l'Exposition Universelle de 1937 à Paris. Les portraits de Dora Maar, sa compagne depuis 1936, déformés et parfois grimaçants, alternent avec ceux de Marie-Thérèse et ceux, plus sereins, de sa fille Maya, née en 1935. Après un court séjour à Royan en 1940, Picasso reste isolé à Paris pendant la durée de la guerre, remplissant son atelier de la rue des Grands-Augustins de natures mortes austères. En 1943, il y sculpte dans la glaise *L'Homme au mouton,* géant très vite coulé en bronze. *Le Charnier* (MOMA), dernière œuvre tragique, date de 1944, année de son adhésion au Parti communiste.

Un séjour à Antibes en 1946 lui permet de renouer avec ses racines méditerranéennes. Les œuvres joyeuses et colorées, laissées *in situ,* en témoignent, comme les nombreuses céramiques réalisées à Vallauris, où il s'installe avec Françoise Gilot à partir de 1947. Les années 50 voient le développement des sculptures-assemblages (*La Chèvre,* 1950, la *Petite Fille sautant à la corde,* 1950, *La Guenon,* 1952), faites à partir d'éléments hétéroclites : paniers, chaussures, pots de céramique et jouets. En 1955, la villa La Californie, à Cannes, devient le sujet de ses « paysages d'intérieur » et sa nouvelle compagne, Jacqueline Roque, le modèle omniprésent. C'est l'époque des « paraphrases » sur les chefs-d'œuvre de la peinture classique (Manet, Delacroix, Vélasquez), celle aussi des recherches sur les tôles pliées en sculpture, qui se poursuit à Mougins à partir de 1961. La dernière période, révélée aux expositions du Palais des Papes d'Avignon de 1970 et 1973, représente, non seulement le testament artistique d'un peintre de génie, mais aussi l'ouverture vers un renouvellement du langage figuratif.

□ *Tête de femme,* Paris, printemps 1907
Planté au milieu d'un visage qu'il défigure, le long nez pointu de cette demoiselle, appelé familièrement le « quart de brie », est l'élément le plus frappant de la toile et, tel celui de Cléopâtre, on pourrait dire que c'est autour de sa longueur que s'est joué le devenir de l'art moderne. Cette *Tête de femme* (D.R. 38; anc. coll. André Lefèvre) est, en effet, l'une des nombreuses études préparatoires aux *Demoiselles d'Avignon* ((MOMA) et la représentation du nez, avec sa forme triangulaire et sa position en saillie perpendiculaire au plan du visage, constitue un problème majeur pour le peintre qui tente de suggérer

le relief sans avoir recours au clair-obscur, ni à la perspective traditionnelle. « Le nez de travers, je l'ai fait exprès », disait Picasso à propos d'une des figures des *Demoiselles d'Avignon,* dont cette tête s'approche. Ici, le nez n'est pas tant de travers qu'allongé, afin qu'il sorte du visage et soit immédiatement visible.

Les *Demoiselles d'Avignon* firent l'objet d'innombrables études et croquis, peints ou dessinés, dans lesquels Picasso étudia tour à tour la posture, le visage de chacune des figures, et surtout expérimenta, au fur et à mesure de sa recherche, différentes façons d'exprimer le modelé sur une surface plane. Esquisses et tableau final présentent deux types de femmes, celles du centre aux contours arrondis, aux grands yeux fixes, dont les disproportions résultent de l'étude de l'art ibérique, et celles de droite aux formes anguleuses dont les visages, plaqués comme des masques, striés de hachures colorées, révèlent l'influence de l'art africain. Ces différences de traitement correspondent à deux étapes de travail successives. Cette *Tête de femme,* qui s'inscrit dans une série (D.R. 28, 34, 35, 37), se situe à mi-chemin entre les deux, si l'on en juge d'après les hachures vives et colorées superposées aux formes régulières, arrondies et stylisées du visage et du buste. La réduction des différentes parties du visage à des signes codifiés, à des plans schématiques qui le rendent semblable à un masque permet, en effet, à Picasso, non seulement d'atteindre la dépersonnalisation de la figure, mais aussi la simplification des volumes et l'autonomie des plans qui incitent à l'expression simultanée de plusieurs points de vue. En effet, dans cette tête vue de trois-quart, l'oreille est de profil et le grand œil de face, ce qui confère une tension plastique à la forme, soulignée par le rythme des hachures du fond, des cheveux et du nez. Les stries rouges et bleues ne peuvent être ici assimilées au graphisme à touches parallèles étirées — utilisé ailleurs pour suggérer le relief du nez par ombre portée (*Buste de*

Tête de femme, Paris, printemps 1907
(Étude pour Les Demoiselles d'Avignon)
huile sur toile
66 × 59
achat 1965
AM 4320 P

476

marin, Musée Picasso) — ni aux scarifications africaines qui, au-delà des significations magiques, ont pour but de souligner la symétrie; il s'agit, au contraire, pour Picasso d'accentuer la dissymétrie et d'affirmer une totale liberté avec des ruptures de coloration, à l'exemple des Fauves. Cette demoiselle ne se retrouve pas dans le tableau final, mais pourrait annoncer la figure de droite qui présente le même visage de trois-quart : là, Picasso va encore plus loin dans l'agressivité visuelle et rompt définitivement tout lien avec la représentation sensible.

□ *Femme assise dans un fauteuil,* Paris, printemps 1910
Peu de figures dans la peinture de Picasso atteignent la densité, la solidité sculpturale de cette *Femme assise* (D.R. 342). Dernière étape — avec la *Femme nue assise* de la Tate Gallery dont elle est proche — d'une séquence commencée avec les portraits de Fernande faits à

Horta (D.R. 282-294) et comprenant plusieurs bustes de femme (D.R. 300-302 peints à Horta l'été 1909 et D.R. 332-33 peints au retour à Paris, hiver 1909-1910), ce tableau illustre bien la phase ultime de la fragmentation du volume en facettes, avant la rupture de la forme homogène. D'où l'effet de saturation et le dynamisme des plans, qui semblent se propulser vers l'avant et faire s'écrouler épaules et seins. Si chaque partie du corps est découpée en de multiples polyèdres qui s'imbriquent les uns dans les autres, l'ensemble de la forme reste cependant cohérent, et l'on identifie aisément la tête, le buste et les bras. L'expression de volume, de plénitude, est encore accentuée par le fait que le corps se détache d'un fond quasi plat, indiqué sommairement par le dossier du fauteuil et quelques plans rectangulaires surmontés de lambris.
Le motif de la femme en buste assise dans un fauteuil, hérité de Cézanne, devient entre l'automne 1909 et le printemps 1910, un

Femme assise dans un fauteuil, Paris, printemps 1910
huile sur toile
100 × 73
legs Georges Salles, 1967
AM 4391 P

terrain d'expérimentation privilégié. Après avoir mis au point sur le visage de Fernande l'écriture géométrique anguleuse, puis testé dans l'espace réel la fragmentation du volume en facettes avec la sculpture *Tête de Fernande* (été 1909, Musée Picasso), Picasso abandonne toute caractéristique individuelle et se concentre sur la mise en évidence d'une structure, transposant ainsi en peinture l'expérience de la sculpture. Dans les tableaux suivants, le fond sera traité de la même façon que la figure, puis le rythme des plans et de la grille des arêtes va l'emporter et le conduire à la rupture du contour.

☐ *Le Guitariste (Le Joueur de guitare),* Cadaquès, été 1910
A la limite de l'abstraction, *Le Guitariste* (D.R. 362) appartient à la phase la plus épurée et la plus lumineuse du cubisme, celle de l'été 1910. Picasso passe deux mois à Cadaquès en compagnie de Fernande et des Derain. Il en rapporte dix toiles, parmi elles, *Le Guitariste,*

Femme nue (Washington, The National Gallery), *Femme à la mandoline* (Aachen, coll. part.) et les eaux-fortes pour le *Saint-Matorel* de Max Jacob. Ce séjour, comme tous ses séjours espagnols d'ailleurs, lui permet de franchir une étape capitale : « Un grand pas est accompli, dira Kahnweiler, Picasso a fait éclater la forme homogène ». De la fragmentation du volume en facettes, il ne garde désormais que les arêtes des plans qu'il dispose suivant le rythme de la forme à représenter. La rupture du contour, annoncée par la *Femme à la mandoline,* dont *Le Guitariste* est la suite logique, n'aboutit cependant pas à la destruction de la forme, suggérée ici par quelques rythmes linéaires qui constituent une armature spatiale, une architecture savante et légère de plans. Dans cette composition rigoureuse, à dominante orthogonale contredite par la direction oblique de la guitare et des bras, on repère ainsi la tête du personnage figurée par un demi-cercle posé sur un long cylindre, la carrure, les bras et l'instrument de

Le Guitariste, Cadaquès, été 1910
(Le Joueur de guitare)
huile sur toile
100 × 73
donation M. et Mme André Lefèvre, 1952
AM 3970 P

478

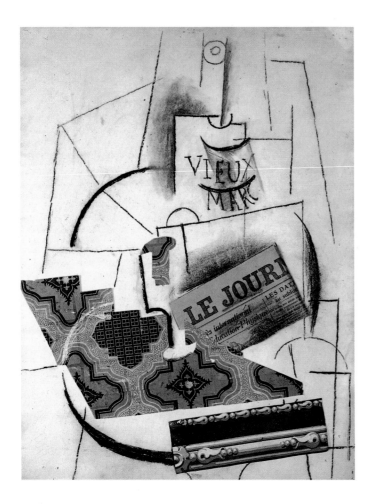

musique avec ses formes arrondies et ses cordes. Les plans géométriques du corps sont répétés en écho dans le fond. Un même langage pictural est utilisé pour la figure et l'espace qui la contient, même si celui-ci devient un fond plus neutralisé.

Cette phase qui consiste à mettre à nu la structure linéaire de la figure est la plus monochrome du cubisme. L'austérité permet en effet à Picasso de mettre en avant l'armature et de respecter l'unité picturale. La lumière transparente cristalline, suggérée par les subtiles modulations de beige et de gris argenté et par les petites touches vibrantes, est répartie de façon égale sur l'ensemble du tableau. Picasso aboutit ici, grâce à l'épuration formelle, à une décantation du volume et à la mise en place d'un nouvel espace pictural, palpable, « tactile », celui dont parle Braque, qui travaille à la même époque à L'Estaque. On perçoit aisément le parti qu'aurait pu tirer Picasso de ces recherches : l'abstraction. La grille des traits rythmant la composition, d'une part, les plans suspendus dans un espace imaginaire, de l'autre, deviendront les points de départ formels de Malévitch et de Mondrian.

☐ *Bouteille de Vieux-Marc, verre et journal,* Céret, printemps 1913
La date du journal, 15 mars 1913, retrouvée par R. Rosenblum (*The Burlington Magazine,* oct. 1971), permet de dater ce papier collé (D.R. 600) du troisième séjour à Céret, au printemps 1913, et non 1912 comme l'indiquait Zervos. Il fait donc partie de ce que Pierre Daix appelle la deuxième génération des papiers collés.

Le retour à la réalité, dont témoignent les papiers collés, avait été annoncé par des signes précurseurs : l'imitation des matériaux, le trompe-l'œil d'un clou, l'intégration de lettres au pochoir, puis, en 1912, celle d'un morceau de toile cirée dans la *Nature morte à la chaise cannée.* C'est cet aspect « collage » plus que l'aspect formel ou pictural que retiendra et développera précisément Picasso dans le papier collé. Le procédé consistera pour lui en un jeu d'images, de renvois : une autre façon de dire le réel.

Dans un premier temps, à l'automne 1912, peu après l'invention de Braque, il réalise une série de papiers collés dans lesquels l'armature dessinée dialogue avec des coupures de papier journal ou de papier coloré qui en indiquent le plan. Il s'agit, en réalité, encore de « peintures » réalisées par collage de papiers. Puis, en 1913, le procédé se développe, s'enrichit des leçons du collage, c'est-à-dire de l'intégration du papier choisi, de sa matière, de sa signification. Picasso invente un langage de signes qui *résument* l'objet à représenter : c'est ce qu'on appellera le cubisme synthétique. De plus en plus, il insistera sur l'ambiguïté de la représentation, l'effet de trompe-l'œil, en usant alternativement à cette époque des trois techniques, peinture, sculpture et papier collé.

Ici, le bord de la table est indiqué par un trait au fusain sur lequel vient se coller une bande de papier peint imitant un galon. La bouteille de vieux marc est représentée par des éléments formels, synthétiques : le rond pour le goulot, le rectangle et des demi-cercles pour indiquer sa forme. Les lettres dessinées VIEUX MARC, qui permettent l'identification précise, jouent un rôle plastique dans la composition en écho aux lettres imprimées du journal. Le verre est figuré par sa forme soulignée d'un trait épais, et son volume indiqué par le morceau de papier peint découpé, arrondi et épinglé. Enfin, le journal ne s'y trouve pas représenté, mais figure réellement dans la composition. Le papier collé a donc ici une double fonction, puisqu'il joue comme *matériau pictural* et comme *objet* signifié. Les morceaux de papiers peints ont aussi parfois ce double rôle, tapisserie du fond et matériau coloré. A ce stade du cubisme, la forme et la couleur deviennent indépendantes.

L'épinglage des papiers collés, que l'on retrouve dans nombre d'œuvres de cette période et qui est caractéristique de Picasso, non seulement ajoute à l'élément concret, réel, dans le tableau, mais

Verre d'absinthe, Paris, printemps 1914
bronze peint et sablé et grille à absinthe
exemplaire n° 1
21,5 × 16,5 × 6,5
donation Louise et Michel Leiris avec réserve d'usufruit, 1984
AM 1984-629 (déposé au Musée Picasso)

Bouteille de Vieux-Marc, verre et journal, Céret, printemps 1913
fusain, papiers collés et épinglés
63 × 49
donation Henri Laugier, 1963
AM 2917 D

encore accentue l'aspiration au relief sous-jacente dans le papier collé. Il y a, en effet, dédoublement du support et de la matière picturale.

☐ *Portrait de jeune fille,* Avignon, été 1914
Papiers collés ou peinture ? L'illusion est saisissante. Est-ce un vrai morceau de papier peint que l'on voit dans la partie droite du tableau, ou bien son imitation ? Imitation de l'imitation, donc. Picasso n'a pas fini de jongler avec les découvertes qu'il vient de faire entre 1912 et 1914, grâce aux papiers collés, au collage et aux tableaux-reliefs. Jeux de mots, jeux d'images, calembours visuels, mise en scène et mise en cause de la représentation, de l'illusionnisme, constituent désormais la base de son vocabulaire pictural. L'ambiguïté entre peinture et papier collé apparaît d'autant plus évidente dans le cas de ce *Portrait de jeune fille* (D.R. 784; anc. coll. Eugenia Errazuriz) que certains détails, ici peints, comme la flamme du foyer, les plumes du boa, les mains, le papier peint, existent réellement en papiers découpés (Musée Picasso, dépôt au MNAM) : Picasso, renonçant à les intégrer, s'en serait seulement servi pour « tester » son œuvre. La peinture prend ainsi sa revanche sur les éléments du réel.
Ce tableau séduisant, joyeux et coloré, est une véritable anthologie des motifs décoratifs du cubisme : faux marbre, franges de fauteuil, moulures en papier, pointillisme se retrouvent identiques dans d'autres compositions. On reconnaît l'encadrement de la cheminée à gauche, le compotier avec ses fruits, le fauteuil, la tête de mannequin

noire de la jeune fille, qui annonce *l'Arlequin* de 1915 (MOMA), le grand chapeau à dentelles, le bras et la main en forme de tête de chien. Le papier peint signale le mur, le galon les moulures. La profusion hétéroclite de motifs est ici neutralisée par la couleur verte qui unifie l'ensemble et en accuse encore, par la fraîcheur de son éclat, l'effet d'exubérance. Ce *Portrait de jeune fille,* dont il existe deux dessins préparatoires (Z. VI, 1186, 1188), marque bien le retour en force de la peinture et de la couleur dans l'œuvre de Picasso. Il appartient à la période d'Avignon, c'est-à-dire à l'été 1914 que Picasso passe en compagnie d'Eva Goul : on donne également à cette période le nom de cubisme « rococo », pour sa surenchère décorative, mais aussi pour les formes souples, « baroques », que le peintre adopte alors et que l'on retrouve dans la forme des verres de cette époque. Picasso exécute également en 1914 de nombreuses natures mortes, aussi vivement colorées et luxuriantes, et une autre grande toile à personnages, *L'Homme assis au verre* (D.R. 783).

☐ *La Liseuse,* 1920
Les traits massifs, lourds, puissamment modelés de cette *Liseuse* (Z. IV-180) rappellent l'intérêt que prend Picasso, au début des années 20, à la statuaire de la Rome antique. On retrouve, en effet, dans toute la série des figures monumentales, aux membres ronds et pleins — comme la *Femme assise* du Musée Picasso, le *Buste de femme lisant* du Musée de Grenoble et la *Grande Baigneuse* de la collection

Nature morte au violon et au verre de Bass, Paris, [hiver 1913-1914]
(Bouteille de Bass, clarinette, guitare, violon, journal, as de trèfle)
huile sur toile
81 × 75
don Raoul La Roche, 1953
AM 3165 P

Portrait de jeune fille, Avignon, été 1914
huile sur toile
130 × 97
legs Georges Salles, 1967
AM 4390 P

480

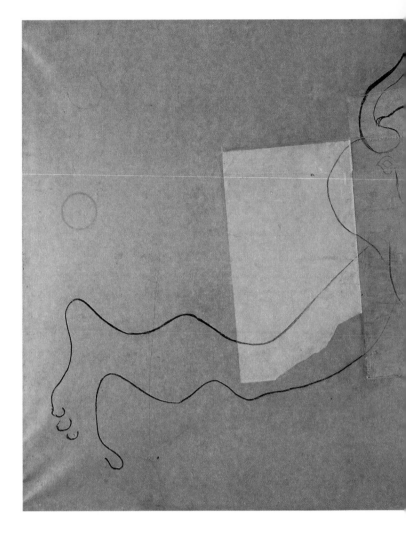

La Liseuse, 1920
(Femme en gris, Femme assise lisant)
huile sur toile
166 × 102
séquestre du baron Matsukata, 1959
AM 3613 P

Walter Guillaume — les mêmes grands yeux ourlés à l'expression vide et le nez dans le prolongement du front, à l'antique : « Junons aux yeux de vache dont les grosses mains carrées retiennent un linge de pierre », disait Cocteau. Picasso confère à ces géantes une pesanteur de statue et joue sur leurs proportions afin d'accentuer leur caractère monumental. Le geste mélancolique du doigt posé sur la tempe est une posture ingresque qui vient du *Portrait de Madame Moitessier* (Londres, The National Gallery), inspiré lui-même d'une peinture d'Herculanum du Musée de Naples.

Picasso poursuit ici un thème qui lui est cher, celui de la femme assise : femme-objet de peinture, dont l'assise est soutenue par le fauteuil qui la structure, modèle statique regardé et regardant, se livrant à la lecture ou à la rêverie. Malgré sa monumentalité de statue, la souplesse de ses articulations suggère une matière corporelle molle et flexible. Certains détails prosaïques : les pantoufles, la coiffure, le fauteuil, le peignoir, démentent eux aussi l'inspiration antique et renvoient à l'image d'Olga, souvent portraiturée avec ces mêmes attributs.

Souvent hâtivement assimilée au retour à l'ordre des années 20, la période néo-classique de Picasso (1917-1925) est l'une des plus riches et des plus complexes de l'œuvre, puisqu'y coexistent cubisme et réalisme : les canons de son Antiquité n'ont, de fait, rien d'académique. Son retour à la figuration traditionnelle remonte, en réalité,

Le Minotaure, Paris, 1er janvier 1928
fusain et papiers collés marouflés sur toile
142 × 232
donation Marie Cuttoli, 1963
AM 2913 D

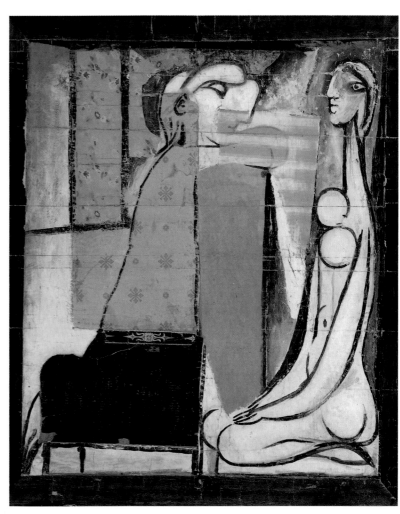

à 1914 et la première influence est celle d'Ingres, dont il retient la pureté de son dessin au trait et les possibilités de déformation apportées par celui-ci. Puis vient le voyage en Italie de 1917, qui réactivera la veine classicisante déjà abordée.

Il existe un dessin postérieur à *La Liseuse,* envoyé par Picasso à Paul Rosenberg dans une lettre de janvier 1929 (New York, Morgan Library).

□ *Le Minotaure,* Paris, 1er janvier 1928

Le Minotaure apparaît comme le thème central de l'univers de Picasso : « Si on marquait sur une carte tous les itinéraires par où j'ai passé et si on les reliait par un trait, cela figurerait peut-être un Minotaure », dit-il lui-même. Cette figure mythique est sans doute la plus forte, la plus chargée de significations conscientes et inconscientes de toute l'œuvre. Configuration spatiale du labyrinthe, trait d'union entre deux cultures, unissant le culte de Mithra à la corrida, le fils de Pasiphaé au taureau espagnol, le Minotaure, auquel Picasso s'identifie totalement, est le symbole même de la dualité : dualité de l'œuvre, de l'être, de la création. Mi-homme, mi-bête et demi-dieu, il incarne à la fois le monstre, la bestialité primitive, les forces obscures de l'inconscient, le bourreau et la victime, l'amour et la mort.

Sa première représentation, où il apparaît en train de courir et réduit à la tête et aux jambes, a lieu en 1928 avec ce grand collage (Z. VII,

135), qui sera suivi d'une peinture, *Minotaure courant* (Musée Picasso), dont la composition est proche. L'animal ressurgira « brandissant comme un sceptre son poignard phallique », à l'occasion de la publication de la revue surréaliste *Minotaure,* dont Picasso réalise la couverture du premier numéro en 1933.

Picasso reprend avec cette œuvre la technique des papiers collés. La souplesse du trait au fusain dessinant la figure contraste avec la rigueur, la raideur, des bords du papier; la croix, découpée, prolongée par l'oblique du papier bleu moiré, apparaît comme un résumé synthétique, dynamique de la forme représentée. L'impression de course, de grand écart de l'animal est encore accentuée par l'apposition de cette « troisième » jambe et par l'attitude du Minotaure, tête en l'air et jambes écartées comme les pointes d'un compas. Ce grand collage, dont il existe un dessin préparatoire (Z. VII, 134), fut réalisé en tapisserie en 1935 pour Marie Cuttoli (Antibes, Musée Picasso).

□ *La Muse,* 1935

Le thème de la jeune fille dessinant, variante du thème plus général de l'*Atelier* et transposition de celui du *Peintre et son modèle* abordé en 1926, apparaît pour la première fois en janvier 1933, dans deux dessins isolés (Z. VIII, 76 et 85) montrant une jeune fille assise, palette en main, peignant une autre jeune fille nue allongée. Puis, en février 1935, le motif ressurgit de façon étrange avec une figure monstrueuse

Confidences, 1934
papiers collés, peints à la colle et marouflés sur toile
(carton pour une tapisserie)
194 × 170
donation Marie Cuttoli, 1963
AM 4210 P

482

biomorphique se regardant dans un miroir qui lui renvoie un portrait réaliste (Z. VII, 248-250 et 252). Ce dédoublement entre le modèle réel et son portrait va se poursuivre, dans les dessins suivants, par l'apparition d'une seconde jeune femme agenouillée et dormant, appuyée sur une table. De nombreuses études préparatoires (Z. VIII, 249, 261) préludent à la version finale de *La Muse,* février 1935 (MOMA), dont un dessin postérieur, du 17 février, avec des annotations de couleurs (Z. VIII, 262), enregistre l'état. Picasso exécutait souvent deux versions équivalentes d'une même œuvre : la première version, cette *Muse,* diffère légèrement de celle de New York, dans laquelle la jeune fille dessinant est habillée, la tête ceinte d'une couronne de fleurs, et le corps de la jeune fille agenouillée, traité en rondeurs et arabesques qui ne sont pas sans évoquer les toiles d'inspiration marocaine de Matisse. Au graphisme courbe du temps de Boisgeloup, qui célébrait les formes voluptueuses de Marie-Thérèse Walter, muse et compagne omniprésente dans la peinture des années 30, succède un langage plus géométrique et anguleux, des couleurs froides, violentes, aux harmonies de bleu, violet, vert. On retrouve ces caractéristiques, ainsi que le grand nez proéminent et les mains en forme d'épi de blé, dans la *Lecture* (1935, Musée Picasso), représentant une jeune femme appuyée sur une table devant un livre, pose tirée de la jeune femme endormie. Cette série de femmes, enfermées dans un intérieur clos — même la fenêtre est cachée par un rideau

— et s'adonnant à la lecture, à la rêverie ou au dessin, traduit l'aspiration nostalgique de Picasso à une vie tranquille, harmonieuse où régneraient la complicité, l'intimité des relations féminines. 1935 est, en effet, pour lui une période de tensions violentes dans sa vie privée, « la pire époque de ma vie », dira-t-il, puisque c'est l'année du divorce avec son épouse Olga et celle de la maternité de Marie-Thérèse. Après cette série, Picasso cessera de peindre pendant plusieurs mois.

☐ *L'Aubade,* 1942
Considérée à juste titre comme l'œuvre maîtresse de l'Occupation, *L'Aubade* (Z. XII, 69) est, en réalité, une version caricaturale du thème traditionnel de la sérénade. La composition s'inspire du tableau du Titien, *Vénus écoutant de la musique* (Madrid, Prado); le thème des deux femmes dans un intérieur évoque également l'*Odalisque à l'esclave* d'Ingres (Fogg, Art Museum). Il existe pour cette œuvre quelques dessins préparatoires (Z. XII, 64-68) datés du 5 mai 1942, dans lesquels Picasso étudie successivement la position du nu sur un lit, la grille de l'espace, la tête de la femme assise, puis la mise en place de la composition finale. Une gouache antérieure (Z. XII, 3), de janvier 1942, présente une première version, plus proche de l'*Olympia* de Manet, où une jeune femme nue, allongée face à un miroir, est regardée par une autre femme debout tirant un rideau.

La Muse, 1935
huile sur toile
130 × 162
don de l'artiste, 1947
AM 2726 P

Ce sujet s'inscrit, enfin, dans la thématique personnelle de Picasso, qu'il développe sous diverses formes tout au long de son œuvre : celui du veilleur et de la dormeuse, transposé parfois en veilleuse et dormeuse. La présence de deux femmes dans sa vie à cette époque, Dora Maar et Marie-Thérèse, peut en partie rendre compte de la réapparition de ce motif, que Picasso poursuit dans de nombreux dessins la même année 1942 (Z. XII. 187-197).

Mais ici, plus rien de l'atmosphère du harem. Les circonstances historiques, les horreurs de la guerre, la claustrophobie du couvre-feu confèrent à cette étrange « aubade » une atmosphère d'enfermement et de cruauté. Les deux femmes se trouvent, en effet, prisonnières d'un espace à la fois dénudé et entièrement clos, enserrées dans un carcan de grilles formé par les rayures du parquet et du divan et par les lignes de fuite de la perspective. Les couleurs sombres, noir, gris, brun, sont éclairées par les accords stridents du violet et du vert. Le corps nu, boursouflé de la femme allongée, étalé comme mort sur toutes ses faces, semble tordu, convulsionné par l'espace dans lequel il s'insère. Les formes pointues, tranchantes, de la femme-gardienne à la mandoline ajoutent à l'impression grinçante qui émane de la scène. « Je n'ai pas peint la guerre, disait Picasso, parce que je ne suis pas ce genre de peintre qui va comme un photographe à la quête d'un sujet. Mais il n'y a pas de doute que la guerre existe dans les tableaux que j'ai faits alors ». C'est, en effet, par ces seuls moyens picturaux qu'il exprime la détresse, la prison, la torture, dont il résume le drame par des symboles : le cadre vide, en bas à gauche de la toile, évoque l'impossibilité de peindre des images, et l'oiseau, dessiné de profil dans le ventre de la femme assise, l'espoir de liberté qui demeure en chacun.

483

L'Aubade, 1942
huile sur toile
195 × 265
don de l'artiste, 1947
AM 2730 P

Portrait de femme, 1938,
huile sur toile
98 × 77,5
don de l'artiste, 1947
AM 2729 P

484

□ *Deux femmes sur la plage,* 16 février 1956
Ces nus monumentaux et fortement charpentés marquent la dernière étape du cycle des *Baigneuses sur la plage*. Ils font suite à de nombreuses études de nus féminins puissamment plastiques (1953-1955), dont les formes structurées et géométriques sortent droit des variations sur les *Femmes d'Alger* d'après Delacroix, que Picasso réalise en 1955. Ils s'approchent déjà du thème des *Femmes à leur toilette* (Musée Picasso), tableau légèrement antérieur (4 janvier 1956) qui présente les mêmes attitudes : la femme de gauche a les bras levés derrière la tête et se regarde intensément dans un miroir, celle de droite, penchée en avant, pourrait être en train de se laver les pieds.

Le traitement des corps en volumes géométriques rappelle le système de construction cubiste, celui des *Trois Femmes,* 1908 (Leningrad, Ermitage), mais, ici, l'espace n'est plus le même : les figures sont autonomes par rapport au fond et se détachent, baignées d'air et de lumière, sur un espace neutre. Le visage de la femme de gauche, en forme de losange traduit par deux triangles accolés, rappelle celui d'une sculpture en bronze de 1951 (Spies, 411), et la construction par pliage des surfaces plates annonce les sculptures en tôle découpée. Le dialogue peinture-sculpture n'est jamais chez Picasso interrompu.

« Souvent les tableaux de Picasso évoquent des sculptures, de même que ses sculptures répondent à des représentations picturales. L'imbrication des problèmes des surfaces planes et des volumes dans l'espace se trouve à la base des préoccupations de Picasso, car ils sont la matière même du problème des structures. C'est à eux que le cubisme doit d'avoir apporté dans l'histoire des développements de la connaissance plastique une des plus bouleversantes solutions, véritable remise en chantier de tout ce qui concerne l'art de la vision. » (Tristan Tzara, *Picasso et les chemins de la connaissance,* Genève, Skira, 1948).

Les proportions démesurées de ces femmes les obligent à se tasser, se plier pour tenir dans le cadre de la toile. La verticalité accusée de la femme de gauche, dont les membres semblent contraints dans un bloc rectangulaire, contraste avec l'incurvation, la forme concave de celle de droite.

□ *La Pisseuse,* 16 avril 1965
Une vigoureuse et alerte jeune femme brune relève sa robe pour s'accroupir et « pisse » allègrement sur la plage, mêlant ainsi ses eaux à celles de la mer. Provocation d'un sujet considéré comme trivial et

Deux femmes sur la plage, 16 février 1956
(Femmes devant la mer)
huile sur toile
195 × 260
donation Marie Cuttoli, 1963
AM 4211 P

vulgaire dans l'art, et apparition d'une nouvelle écriture picturale, composée ici de festons, de points, de rayures et d'empâtements.

La Pisseuse (Z. XXV, 108) dit bien le profond sens du comique, mélange d'humour et de tendresse, toujours présent dans l'œuvre de Picasso. La morphologie du visage de la femme, avec son grand nez rectangulaire, ses traits lourds, ses yeux bien dessinés et convergents, est caractéristique du type féminin que Picasso peint à cette époque (Z. XXV, 107-113). Quant au thème, d'une truculence rabelaisienne, traité ici avec la sensualité d'une tonalité d'ensemble toute nacrée, il n'est pas unique dans l'Histoire de l'art, Rembrandt l'ayant déjà traité dans une gravure, *Femme pissant* (Amsterdam, Rijksmuseum).

A partir de 1965, Picasso inaugure une nouvelle manière de peindre qui verra son apogée lors des expositions du Palais des Papes à Avignon, en 1970 et 1973. Cette ultime étape, dont on mesure depuis peu l'importance, représente non seulement le testament artistique d'un peintre de génie, mais aussi la source de nouvelles potentialités picturales, abondamment exploitées par la jeune peinture contemporaine, et qui sont : le renouvellement du langage figuratif, un plaidoyer en faveur du pouvoir lyrique retrouvé de l'image peinte. Picasso adopte un style volontairement négligé, spontané, ouvrant ainsi la voie à l'esthétique brutale du « mal peint », du non-fini, aux catégories du grotesque et de la caricature. Les formes sont schématiques, grossièrement dessinées, et résumées par des signes graphiques élémentaires. Il s'abandonne à une totale liberté de peinture, figuration libre avant la lettre, affirmation de la peinture comme une matière vivante, autonome. Toute la vitalité d'un peintre de 90 ans est ici condensée en une formidable charge plastique, exubérante et colorée. A l'heure de sa vieillesse, Picasso donne l'exemple accompli du retour à « l'enfance de l'art ».   M.L.B.

485

C. Zervos, *Pablo Picasso* (vol. I à XXXIII), Paris, Cahiers d'Art, 1932-1978 [cité: Z.] ; B. Geiser, *Picasso peintre-graveur* (2 vol.), Berne, chez l'auteur, 1933, Kornfeld et Klipstein, 1968 ; P. Daix, G. Boudaille, *Picasso 1900-1906, catalogue raisonné de l'œuvre peint*, Neuchâtel, Ides et Calendes, 1966 ; G. Bloch, *Pablo Picasso, catalogue de l'œuvre gravé et lithographié* (4 vol.), Berne, Kornfeld et Klipstein, 1968-1979-1985 ; P. Daix, J. Rosselet, *Le cubisme de Picasso, catalogue raisonné de l'œuvre peint, 1907-1916*, Neuchâtel, Ides et Calendes, 1979 [cité: D.R.] ; W. Spies, *Picasso, Das Plastische Werk*, Stuttgart, Gerd Hatje, 1983.
A. Fermigier, *Picasso*, Paris, Livre de Poche, 1969 ; J. Leymarie, *Picasso, Métamorphoses et Unité*, Genève, Skira, 1971 ; R. Penrose, *Picasso*, Paris, Flammarion, 1982.
Cat. *Hommage à Pablo Picasso*, Paris, Grand Palais, 1966 ; cat. *Picasso, Œuvres reçues en paiement des droits de succession*, Paris, Grand Palais, 1979 ; cat. *Pablo Picasso, a Retrospective*, New York, MOMA, 1980 ; *Musée Picasso, Catalogue sommaire des collections (I)*, Paris, RMN, 1985.

Comme pour Matisse, Léger, Brancusi, l'absence d'œuvres de Picasso dans les collections nationales avant la guerre fut quasi totale, puisque n'y figurait que le *Portrait de Gustave Coquiot* de 1901, légué en 1933. Consacré publiquement en 1966 par la rétrospective déterminante du Grand Palais, Picasso n'a été l'objet que de quelques achats effectués par l'État dans les années 1955-1965, souvent médiocres, sauf le *Nu assis*, 1905, *Tête de femme rouge*, 1906 et *Tête pour les Demoiselles d'Avignon*, 1907 (vente Lefèvre, 1965). Il a fallu compter sur la généreuse donation de l'artiste en 1947 — dix toiles, dont *L'Atelier de la modiste*, 1925-1926, *La Muse*, 1935, *L'Aubade*, 1942, *Le Rocking-chair*, 1943, la *Casserole émaillée* 1945 — et, à sa suite, sur celles, souvent prestigieuses, de Paul Rosenberg (*Nature morte à la tête antique*, 1925), de la baronne Gourgaud (*Arlequin et femme au collier*, 1927, etc.), d'André Lefèvre, de Georges Salles, de Marie Cuttoli, d'Henri Laugier (*Tête de jeune fille*, 1913, etc.), de Pierre Gaut et Marguerite Savary, pour que soit enfin constituée une collection Picasso. Avec, tout récemment, l'acquisition par dation d'une *Nature morte* de 1925 et le complément indispensable de la donation Kahnweiler-Leiris (citons *Les Pains*, 1909, le *Verre d'Absinthe*, 1914, *Nu étoilé*, 1936, *Femme au bonnet turc*, 1955, *La Pisseuse*, 1965, le bronze de la *Petite Fille sautant à la corde*, 1950, et la monumentale *Femme aux bras écartés*, en ciment, 1962), cette collection s'impose aujourd'hui par sa richesse pour les années 1920-1945 et sa qualité, malgré les lacunes pour la période 1908-1914, en particulier pour les constructions cubistes (et pour la sculpture en général). Répondant à un souci de cohérence et d'équilibre, le « pont » établi avec l'Hôtel Salé, où est réuni l'ensemble magistral des « Picasso de Picasso » de la dation, en permettant des dépôts réciproques, apporte aujourd'hui une précieuse possibilité d'enrichissement à la présence de Picasso au Musée. Si l'on considère encore la collection Walter Guillaume (riche en œuvres de la période rose), un tel regroupement dans la capitale réussit à former, avec les collections de province dont on peut se réjouir là aussi du caractère de complémentarité — le Musée de Villeneuve-d'Ascq (coll. Dutilleul-Masurel) essentiel pour la période cubiste, le Musée d'Antibes pour l'après-guerre —, un ensemble désormais unique, où tous les jalons sont illustrés, sauf peut-être, insuffisamment, la peinture des deux dernières décennies.

La Pisseuse, 16 avril 1965
huile sur toile
195 × 97
donation Louise et Michel Leiris avec réserve d'usufruit, 1984
AM 1984-641 (déposé au Musée Picasso)

Édouard Pignon
1905

Pignon naît dans le Pas-de-Calais au sein d'une famille de mineurs, descend lui-même à la mine, puis exerce divers métiers manuels tout en suivant des cours de peinture et de sculpture à Paris. Son engagement au Parti communiste en 1933 ainsi que sa rencontre avec Picasso en 1936 sont décisifs pour sa peinture, qu'il conçoit comme une « quête de la réalité ». Le célèbre *Ouvrier mort* de 1936 (offert par l'artiste au MNAM en 1981) constitue le témoignage exemplaire de sa praxis. En 1939 la galerie d'Anjou lui consacre une première exposition particulière. Après la guerre, sans se détourner des sujets d'inspiration sociale (mineurs, électriciens...), il aborde un certain imaginaire dans de longues séries sur les thèmes des *Oliviers* (1950-1964), *Combats de coqs* (à partir de 1958), *Battages* et *Pousseurs de blé* (1958-1962), *Batailles* (1962-1964), *Têtes de guerriers* et *Seigneurs de la guerre* (1963-1967) qui préludent aux *Plongeurs* et aux *Nus* (1962-1968). Autant d'étapes marquant une observation passionnée de la nature, qui n'exclut pas — par la largeur du geste et la présence de la pâte — une dimension fabuleuse.

Cat. *Édouard Pignon*, Paris, MNAM, 1966; J.L. Ferrier, *Pignon*, Paris, Presses de la Connaissance, 1976; cat. *Édouard Pignon*, Paris, Grand Palais, 1985.

☐ *Le Nu rouge à la femme agenouillée,* 1980-1981
Aboutissement de ses études sur le nu commencées en 1952 avec les grands *Nus à l'olivier* de Vallauris, le cycle des *Bleus de la mer,* auquel appartient ce tableau, succède aux *Nus aux parasols* de 1971 et aux *Grands Nus rouges,* révélés en 1973 à la Galerie de France. Cette suite est née de l'observation des plages méditerranéennes et de « ces femmes étalées, écrasées de soleil, qui s'écroulent, s'écrasent, s'étalent jusqu'à presque entrer dans le sable ». Forme-lumière incandescente brossée d'un geste ample, la chair somptueuse, à la pâte épaisse, du nu rouge s'offre au soleil avec impudicité. Souvenir des femmes dansantes antipolitaines de Picasso, le nu opalescent qui le veille réapparaîtra dans *Le Rendez-vous d'Antibes,* 1984 (Antibes, Musée Picasso). La couleur forte, défiant le ton local, la touche impétueuse trahissent l'inspiration fauve. « Les plages m'obligent à faire un effort vers la concentration et vers l'explosion des formes (...). C'est toujours une lutte pour la présence des formes (...) pour que toutes ces couleurs donnent cet éclatement de lumière et de chaleur qu'on ressent sur les plages de la Méditerranée ». Par cette jubilation de la couleur, cette faconde du trait, ce classique qui a toujours « misé sur la peinture » ne devance-t-il pas ses jeunes contemporains, néo-fauves et autres baroques des années 80 ?

Le Nu rouge à la femme agenouillée, 1980-1981
huile sur toile
195 × 261
achat 1983
AM 1983-486

Michelangelo Pistoletto
1933

Pistoletto réalise depuis plus de vingt-cinq ans des œuvres qui étonnent (ou dérangent) par leur diversité et défient toute notion de style ou de catégorie en alliant la radicale hétérogénéité des formes à la cohérence du propos. Peinture, théâtre dans la rue avec le *Zoo* créé en 1967, actions (Azzione Povere) ou sculpture ne sont en effet que les différentes manifestations d'une expérience ontologique et esthétique commencée à la fin des années 50 avec la série des *Autoportraits* sur fonds monochromes (noir, or, argent, bronze) brillants et réfléchissants. Il entreprend alors une longue réflexion sur la fonction spéculaire dans la culture et l'art occidentaux (« la première expérience figurative authentique de l'homme est de reconnaître son image dans le miroir ») et expose en 1962 les premiers tableaux-miroirs (figures grandeur nature et scènes de la vie quotidienne sérigraphiées sur acier inoxydable poli) qui « laissent l'image être pénétrée par les règles de la réalité objective ». Cette conception d'une œuvre ouverte à la participation active du spectateur, en perpétuel devenir et intégrant des temps et des espaces différents, s'exprime encore dans l'exposition des *Objets en moins,* présentée en 1965 par Pistoletto dans son atelier turinois. Un texte portant le même titre accompagne ce rassemblement d'objets hétéroclites — *Photo de Jasper Johns, Structure pour parler debout, Rose brûlée, Corps en forme de poire,* etc. — témoins d'expériences perceptives qui « ont eu lieu une fois pour toutes ». Un même souci d'ouverture de la pratique artistique à des formes très diverses d'expériences et de cultures inspire le *Manifeste pour la collaboration* publié sous forme d'affiche pendant la Biennale de Venise en 1968, mais aussi les constructions en miroir des années 70 ou les sculptures récentes.

Femme au cimetière, 1974, est l'un des très nombreux tableaux-miroirs réalisés depuis le début des années 60. Les préoccupations majeures de l'artiste — le reflet, la multiplication des perspectives et des espaces, la confusion du réel et de l'illusion — apparaissent à travers l'exploitation d'une scène de la vie quotidienne, le personnage étant figuré de dos et tourné vers l'espace du tableau.

C.D.

Donna al cimetere, 1974
(Femme au cimetière)
sérigraphie sur acier poli
230 × 125
achat 1976
AM 1977-26

Anne et Patrick Poirier
1942

Anne et Patrick Poirier, après des études aux Arts décoratifs (Paris), découvrent en 1970 le site d'Angkor, ruines et nature, naturalisation des ruines. Leur séjour comme prix de Rome à la Villa Médicis (1970-1973) marque le commencement d'un lent parcours d'interrogations, d'errances, de reconstitution. Ce double sujet homme-femme fonctionne selon le principe pendulaire d'une saisie temporelle à deux temps : il contemple, elle agit ; il note jour après jour les repères qu'elle invente ; ils marchent. Dans l'intervalle ouvert par ce rapport spéculaire, s'énonce l'œuvre.

L'exploration des sites antiques (Ostia Antica, 1972, Isola Sacra, 1973, Selinunte, 1974, Domus Aurea, 1975-1977) ou modernes (Bordeaux, 1973, Charleroi, 1975) donne prétexte à matérialiser sous forme de maquettes, montages, photographies, herbiers, livres, des visions-fictions revendiquant le statut de simulacres poétiques. Avec la réalisation d'une sculpture monumentale en Toscane (1982) et les œuvres présentées à la Salpêtrière en 1983, le vocabulaire des Poirier change brusquement. Marbre et bronze se substituent aux matériaux « anti-sculpturaux » utilisés jusqu'alors : terre, charbon de bois, pelure de papier. La perturbation de l'échelle s'accompagne de l'apparition du thème de l'œil, vecteur de sens entre l'antique et le présent. Il devient le motif central d'une représentation « gigantomachique » : blocs de statuaire brisé, éboulis de rocs, flèches... Plus récemment, l'ensemble sculptural présenté au Parc Lullin (Genève, 1985), s'il fixe l'échelle à celle de l'humain, disperse les personnages dorés et polychromes pour métamorphoser les frondaisons et cours d'eau en décor théâtral. Ainsi, de la reconstitution poético-scientifique des débuts à l'académie sur nature se poursuit la longue pérégrination archéologique d'Anne et Patrick Poirier.

Cat. *A. et P. Poirier, Romische Antike,* Aix-la-Chapelle, Neue Galerie, 1973 ; cat. *A. et P. Poirier, Domus Aurea, Fascination des ruines,* Paris, MNAM, Centre G. Pompidou, 1978 ; cat. *A. et P. Poirier,* Paris, Chapelle St-Louis de la Salpêtrière, galerie D. Templon, 1983.

□ *Villa Médicis,* 1971
Empruntant le discours didactique des sciences du 19ᵉ siècle, Anne et Patrick Poirier réalisent en 1971 un minutieux catalogage des Hermès des jardins de la Villa Médicis à Rome. Il comprend 15 ensembles composés chacun d'une stèle de papier, d'une photographie, d'un livre-herbier (les ensembles n° 1, 4, 6, 14 et 15 sont répartis dans différentes collections). Régi par le dispositif du titre et de la notice en langue italienne, ce répertoire exhaustif des sensations et références est le support d'une illustration complexe des génies du lieu.

Le matériau choisi est un papier Japon dont la finesse permet de restituer les plus légers reliefs de la pierre ; la couleur gris clair et la raideur du papier une fois séché achèvent de donner au *Fac-simile* un caractère illusionniste. L'empreinte grandeur nature est fixée comme un papillon par des épingles de métal sur le fond d'une boîte de bois et protégée par un verre. La référence au sarcophage comme à la vitrine d'antiques est ici explicite. Une petite photographie en noir et blanc tirée sur porcelaine rapporte chaque stèle à son voisinage : angle de banc, bordure de chemin, arbuste... Une brindille, un rameau depuis longtemps jauni accompagnent l'image. Scellé dans son cadre de verre, cet assemblage funéraire conservera le parfum du lieu.

A.B.

Villa Médicis, 1971
10 stèles : moulages en papier Japon dans une boîte en bois sous verre, 186 × 48 × 20
10 photographies sur porcelaine dans une boîte en bois sous verre, 16 × 20 × 4
10 livres-herbiers, 25,5 × 16
achat de l'État 1973, dépôt du FNAC
AM 1976 dép. 30 (ici repr. ensemble de la stèle n° 8)

Serge Poliakoff
1900-1969

L'éloignement des années 50 donne à l'œuvre de Serge Poliakoff sa distance par rapport à celle d'autres peintres de l'École de Paris. Elle ne saurait être aujourd'hui comparée à aucune autre — entre 1945, où elle prend forme, et 1969, date de la mort du peintre — sauf peut-être à celle de Lataster, mais qui est bien secondaire. Ses appartenances réelles se sont longtemps trouvées masquées par le terme générique d'abstraction géométrique sous lequel étaient réunis, avec le nom de Poliakoff, ceux de Nicolas de Staël, Vieira da Silva, Alfred Manessier, Bazaine, Hartung…, et confondues, des inspirations et aspirations différentes, pour peu que s'y retrouvent un refus ou une non-représentation du réel.

Pour saisir la marginalité profonde de l'œuvre de Poliakoff au cœur même de l'École de Paris, il aurait été plus juste de voir, au-delà de toute notion d'abstraction formelle, que son œuvre avait ses racines visuelles chez Fra Angelico, Giotto, Simone Martini, Cimabue, dont il a parlé avec une extrême acuité et une profonde intelligence de l'Histoire de l'art. Quant à la tradition des icônes, Serge Poliakoff la portait en lui, atavisme d'une enfance passée à Moscou jusqu'en 1919 et, depuis, contact familier, car il en avait gardé de fort belles dans son atelier parisien. Ces liens et admirations multiples allaient être rejoints par l'attention passionnée qu'il porta à Cézanne et à Monet, presque dès son arrivée à Paris en 1923 : même enseignement, à quelque siècle que ce soit, d'un extraordinaire décalage entre narration et description, même affirmation que le sujet en peinture n'existe pas hors de la peinture elle-même.

La peinture de Poliakoff se situe à côté de celle de Braque et de Picasso, après Kandinsky, en regard de Malévitch qu'il découvre en 1937, mais les formes de ses tableaux ne contiennent aucune référence à un réel même objectif dans une perspective qui rejoint celle des Primitifs. Les peintres qui vivaient et travaillaient à Paris lui font découvrir une liberté formelle, une perspective dans la peinture qui ne doit rien à l'espace. Découverte, tout aussi décisive que celle du cubisme par Mondrian en 1911, qui orienta son travail et ouvrit son œuvre à elle-même, à la propre richesse de toute œuvre à venir : elle

Composition gris et noir, 1951
huile sur toile
116 × 89
achat 1984
AM 1984-313

permit à Poliakoff de préciser progressivement, pour lui-même, un
espace pictural resserré et plat, fait de formes dont les placements,
les oppositions simples et similaires n'étaient commandés en apparence que par les couleurs, les jeux d'agencement formel, mais étaient,
en réalité, des formes porteuses d'un réel transcendé. S'il est redevable
aux nombreuses conversations avec Robert et Sonia Delaunay et
avec Otto Freundlich, le découpage formel commandé par la couleur,
pris comme recherche et clé de l'œuvre, devait être dès le départ sans
évolution. Il y aura, tout au long de la production de Poliakoff,
certaines préférences pour des formes plus ou moins angulaires, plus
ou moins sombres, plus ou moins travaillées, altérées par la matière.
Mais la recherche et l'intuition de l'œuvre resteront celles d'un espace
plat, qui est celui d'un imaginaire et renvoie à un temps intérieur,
une ancienne mémoire.
« Chaque matière amène ses propres formes. Dans une forme doivent
se trouver plusieurs formes et dans plusieurs formes, une seule forme.
L'absolu est un enchaînement de pensées, la pensée isolée cesse d'être
abstraite. » Comme Georges Braque, avec qui les affinités sont
frappantes, Serge Poliakoff a défini son travail, ses recherches; ces
phrases introduisant avec rigueur et perspicacité à l'œuvre tout entière.

M. Ragon, *Poliakoff*, Paris, Le Musée de Poche, 1956; D. Vallier, *Serge
Poliakoff*, Paris, éd. Cahiers d'Art, 1959; *Cahier Serge Poliakoff*, St-Gallen, éd.
Erker, 1973; G. Marchiori, *Serge Poliakoff*, Paris, Les Presses de la Connais-
sance, 1976.

Le Musée, déjà en possession de deux toiles de Poliakoff achetées
par l'État en 1956 et 1964, a vu sa collection soudainement enrichie
par l'arrivée de l'importante dation de 1972 : au total sept *Compositions
abstraites* de 1956 à 1968 et le *Triptyque en trois éléments* de 1968. Avec
deux achats de qualité — les œuvres présentées ici — cet ensemble a
été récemment complété par l'arrivée de la *Composition murale* qui se
présente comme un polyptyque (reconstitué), sur trois niveaux, de
treize panneaux juxtaposés, exécutés, a tempera sur papier, de 1965
à 1967 (l'œuvre est actuellement déposée au Musée d'Unterlinden de
Colmar).

□ *Composition gris et noir,* 1951
Ancienne propriété de Philippe Dotremont, cette huile représenta
Poliakoff à la Biennale de Venise de 1962. Elle constitue un des
meilleurs exemples de découpage angulaire des plans, qu'équilibre
parfaitement l'étroitesse chromatique, presque la monochromie, des
modulations de gris. Insérée à la base de ce haut rectangle, la couleur
jaune semble donner le « la » et toute sa vibration tonale à la surface
entière : unité indescriptible, mais perceptible, du rythme de la forme
et de la couleur, dans une composition parfaitement conçue.

□ *[Jaune et noir],* 1952
Ce tableau, non daté, exposé au Salon des Réalités Nouvelles de
1952, est un des chefs-d'œuvre de Poliakoff, d'une période assez
austère dans la délimitation des formes, le choix des tons étroitement
dépendants. La simplicité géométrique de la composition accuse le
refus du peintre à l'espace et sa recherche de l'aplat, tout à la fois
suggérant et énigmatique. Il a appartenu à la célèbre collection du
Dr. Palacios, puis à une collection anglaise.   J.-Y.M.

[Jaune et noir], 1952
huile sur toile
130,3 × 89
achat 1982
AM 1982-335

Sigmar Polke
1941

Que dire de la biographie d'un artiste né en Silésie, ayant vécu en Rhénanie et en Suisse, ayant été professeur à Hambourg entre 1970 et 1971 puis, à partir de 1975, à la Hochschule für Bildende Kunst, ayant fait le tour du monde, vivant et travaillant aujourd'hui à Cologne? De fait, Polke épuise la géographie, comme il rend vaine l'exégèse : « Tout ce qu'on peut écrire sur lui est contradictoire (...). Il fait un grand détour devant toute réflexion causale, toute logique formelle et devant tout ce qui fonctionne de façon évidente ». Aussi, lorsqu'il quitte la Pologne pour s'installer en RFA en 1953, est-il, à l'instar de nombreux artistes allemands d'aujourd'hui, au cœur d'un problème politique et humain que toute son œuvre ne cesse de désigner. Il étudie entre 1961 et 1967 dans la classe de K.O. Goetz et de Gerhard Hoehme et rencontre en 1963 Konrad Lueg Fischer et Gerhard Richter, avec qui il fonde le « Réalisme capitaliste ». Fasciné par Picabia, il entreprend une œuvre visant à la fois à destituer et à déstabiliser les processus conventionnels. Niant toute chronologie, son œuvre va se nourrir — est-ce sa dimension rabelaisienne? — de toutes formes d'expériences alliant la peinture, la photographie, le film à l'utilisation savante et curieuse des matériaux les plus contradictoires. Polke veut que l'œuvre retrouve une dimension *offensive*. Il fait ainsi des expériences avec des produits dangereux, des poisons, afin que le processus en cycle et délibérément discontinu de son travail exalte la *bouffonnerie* du peintre. Se voulant « ignominieux », conjuguant aux aphorismes une activité inquiète, il se peut que Sigmar Polke soit aujourd'hui l'une des rares figures de la création contemporaine dont l'œuvre et la présence tramant un piège singulier.

Cat. *Sigmar Polke : Bilder, Tücher, Objekte, Werkauswahl 1962-1972,* Tübingen, Kunsthalle, 1976; cat. *Sigmar Polke,* Rotterdam, Musée Boymans Van Beuningen, Bonn, Städtisches Kunstmuseum, 1983; cat. *Sigmar Polke,* Zurich, Kunsthaus, Cologne, Kunsthalle, 1984.

□ *Cameleonardo da Willich,* 1979
Alors qu'il réalisait des peintures encore proches de l'iconographie et du *dispositif* du Pop Art, de Dada et de Fluxus, Polke élabore dans la fin des années 60 un principe de superposition qui n'est pas sans rappeler celui des *transparences* de Picabia. Mais son œuvre, qui tout entière tient de la « double exposition » (A. Fleischer), tente d'abord de superposer des images provenant d'univers contraires : s'y entremêlent les signaux et messages les plus contradictoires, les plus hétéroclites, afin de renvoyer le spectateur à sa propre saturation face à la consommation quotidienne devant laquelle il se trouve. Luky Lucke et Léonard de Vinci sont d'abord ici la mise en scène du conflit du sens et des sens, du décryptage et de l'énigme. Ils témoignent de cette « inexactitude de la perception » que Polke veut dénoncer. Ils mêlent des trames contradictoires, comme se trouvent être contradictoires notre savoir et sa finalité. Polke parle de politique, de société, de religion; il s'intéresse à l'hindouisme et aux Aborigènes; il dit l'impossibilité de la peinture, sa vacuité à s'ériger en un schème dominant et dominateur.
Cette peinture, la seule de l'artiste dans les collections du Musée, tient du jeu de massacre. Une série de polaroïds la documente : on y voit Polke et des amis jouant avec le tableau, passant la tête par la découpe qui se trouve dans la partie gauche de l'œuvre, peinte sur un rideau défraîchi. Le tableau devient partie intégrante d'un processus essentiellement *ludique* dont l'artiste, en caméléon que le titre désigne, est le maître d'œuvre, irritant et insolent. Willich, lieu où l'artiste possède son atelier, n'est pas sans ajouter au titre une connotation hybride que Polke ne démentira pas.   B.B

Cameleonardo da Willich, 1979
acrylique sur coton damassé et anneaux
110 × 205
achat 1979
AM 1980-43

Jackson Pollock
1912-1956

Pollock est, dès l'enfance, confronté aux immenses espaces de l'Ouest américain. Il s'intéresse très tôt aux peintures de sable des Indiens Navajos. En 1927, inscrit à la Manual High School, près de Los Angeles, il subit l'influence de son professeur d'art qui l'initie à la théosophie et à l'enseignement de Krishnamurti. A New York, deux ans plus tard, il suit les cours de Benton, représentant majeur du réalisme américain, tout en explorant avec Siquieros, muraliste mexicain, les techniques et médiums pour peintures murales et industrielles (pistolets, aérographes, laques et duco). De 1935 à 1943, il travaille à la restauration des monuments publics.

C'est sous la bannière du surréalisme — l'influence de Masson, Miró, Max Ernst est déterminante à New York pendant la guerre — et après une participation à une exposition de peintres américains et français (dont Braque, Bonnard, Matisse), organisée par John Graham en 1942, que Peggy Guggenheim, qui ouvre sa galerie l'année suivante, lui propose une exposition personnelle et un contrat (plus tard, il exposera également à la galerie Betty Parsons). Affranchi rapidement de l'enseignement de Benton et des peintres de l'American Scene, même s'il reste sensible aux paysages fantastiques de Ryder, il trouve, en effet, dans l'imaginaire surréaliste le moyen d'échapper à l'obsession des figures de *Guernica* dont témoignent ses carnets de 1938 à 1942. Mais, pour renoncer à l'image, il lui faut dépasser les techniques automatistes pour aboutir aux *drippings,* c'est-à-dire à la création d'un espace pictural homogène dont chaque geste, selon un rythme particulier — un rituel —, vient modifier et compléter la structure. L'entrelacs permet à Pollock de se soustraire au souci figuratif. Mais ce système labyrinthique s'épuise vite et, dès le début des années 50, émerge à nouveau des formes/figures semblables à celles qu'il poursuivait sans cesse dix ans plus tôt, réintroduisant

titres explicites ainsi que la trace réelle des coups de pinceau. C'est dans ce processus de retour aux « images non voilées » émergeant des taches informes, qui répond à sa volonté « d'aller de l'abstrait au concret », que s'interrompt brutalement la démarche de Pollock en 1956.

Ainsi, pour l'Amérique, Pollock incarne le mythe de l'artiste maudit. Au-delà des comparaisons à Van Gogh, ou des surnoms (le James Dean de la peinture) introduits par son destin tragique, Pollock inaugure l'art moderne américain à la mesure de la puissance, du dynamisme et de l'étendue du continent. Démiurge ou héros plus que créateur ou chef de file, il a promu une forme de peinture, *l'Action-Painting,* qui se mesure à un espace réel — le mur — et non plus à une « fiction » d'espace, et qui propose paradoxalement un certain lyrisme par la violence du geste et d'impulsions incontrôlées.

F.V. O'Connor, E.V. Thaw, *Jackson Pollock : a Catalogue raisonné of Paintings, Drawings and other Works,* New Haven, Yale University Press, Londres, 1978; H. Namuth, *L'Atelier de Jackson Pollock,* Paris, éd. Macula, 1978; B. Robertson, *Jackson Pollock,* New York, Harry N. Abrams, Londres, Thames and Hudson, 1960, Cologne, DuMont Schauberg, 1961; cat. *Jackson Pollock,* Paris, MNAM, Centre G. Pompidou, 1982.

□ *The Moon-Woman cuts the circle,* v. 1943

Présentée à la première exposition chez Peggy Guggenheim (Galerie Art of this Century) en novembre 1943, cette toile (O' Connor, n° 90) est tout à fait représentative des recherches de Pollock au début des années 40, lorsqu'il tente de se dégager de l'influence de Picasso. En effet, *Guernica* reste pendant ses années de formation la référence iconographique majeure, diffusée dans les *Cahiers d'Art* et le *Minotaure,* qui circulaient largement à New York dans le milieu artistique.

The Moon-Woman cuts the circle, v. 1943
(La Femme-Lune rompt le cercle)
huile sur toile
109,5 × 104
don de M. Frank Lloyd, 1979
AM 1980-66

492

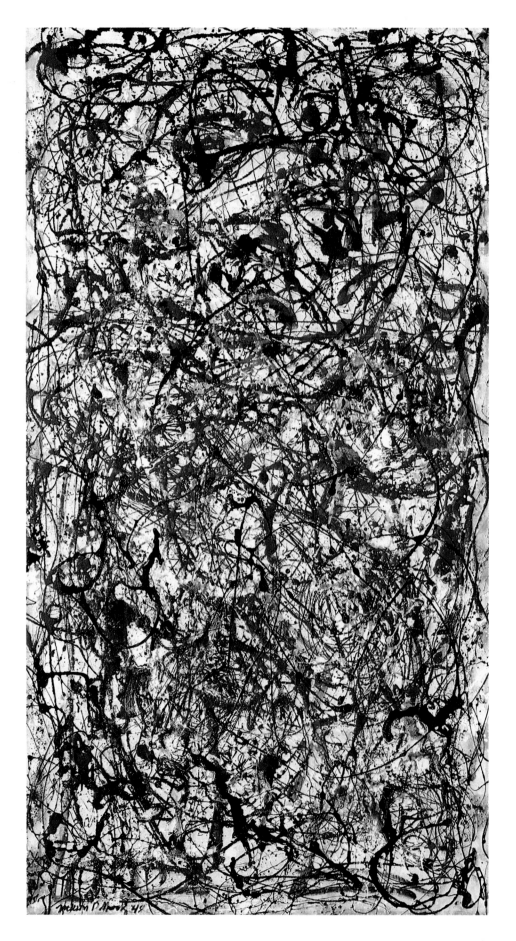

Number 26 A « Black and White », 1948
émail sur toile
208 × 121,7
dation 1984
AM 1984-312

Cet attachement à la peinture européenne se révèle également dans son intérêt pour certaines techniques (notamment l'automatisme) développées par Masson et Miró. La présence de traces, flammèches, coulures de peintures fluides maculées ou effilochées sur la toile anticipe sur le *dripping* de la fin des années 40. Mais derrière le jeu de lignes inscrites dans un schéma circulaire sans profondeur, il laisse encore reconnaître une figure constituée d'une tête et de fragments de corps associés à des éléments de créatures fantastiques.

En traitement psychanalytique depuis 1939, Pollock est très marqué par la pensée de Jung, et la critique n'a pas manqué, depuis dix ans, d'analyser dans cet axe ce rapport entre les motifs visibles de ce tableau et son titre. Si William Rubin y voit (*Art in America*, nov. 1979) « la propre *naissance* de Pollock en tant qu'artiste », d'autres ont considéré « l'aspect improvisé et non préconçu des œuvres figuratives » (Alloway, 1961) comme un « renfort possible de la propension à la création de mythes que le peintre partageait avec d'autres artistes new-yorkais ». Bon nombre de commentateurs, à la suite de Judith Wolfe (*Artforum*, 1972), voient un symbole jungien dans la silhouette filiforme dotée d'une tête à la Picasso en forme de demi-lune : « Pour Jung, la lune est un symbole de création périodique, de mort (quand elle disparaît) et de re-création. Plus important pour Pollock, peut-être, la lune représente la lutte Diane-Hécate : la jeune fille, esprit-anima, contrastant avec la terrible Mère dévorante. La peinture *Moon Woman,* avec ses cursives arabesques et les baguettes de sa maigre silhouette, apparaît relever de l'esprit-anima ». Pollock a sans doute aussi en mémoire la légende de la Femme-Lune des Indiens du Nord, à laquelle se réfère explicitement le couvre-chef emplumé de la silhouette agenouillée de droite. Femme-lune, Mère terrible, dévorante, selon Jung, mère tutélaire : ces différents symboles, mélanges syncrétiques d'éléments primitifs, archaïques et mythologiques prennent toute leur force dans les couleurs agressives, violentes, voire stridentes de la toile.

☐ *Number 26 A,* 1948

L'année 1947 est celle des premiers *drippings,* dont *Number 26 A* (O'Connor, n° 187), qui fait suite directement à *Number 1 A* (MOMA), est l'un des exemples les plus caractéristiques, par l'utilisation du noir et du blanc spécifique de la peinture de Pollock. Le « dripping » (to drip : écouler, égoutter, tomber goutte à goutte) consiste à jeter le matériau (une peinture nécessairement fluide) sur la toile posée au sol. Le peintre peut ainsi travailler de tous les côtés à la fois et réalise son « tableau » à partir d'éclats, de taches, de dégoulinures, de coulures. Mais cette matière (duco, peinture aluminium, c'est-à-dire des peintures industrielles, pour voiture notamment) est guidée par un geste qui a sa logique propre : les arabesques noires, les éclaboussures, les entrelacs blancs, les réticules se distribuent selon un rythme équilibré. Si les taches fournissent apparemment des pôles d'attraction, ces divers éléments tissés ensemble par la ligne colorée créent une matière visuelle homogène, n'attirant l'œil sur aucun lieu précis. Les différents points de tension se répartissent sur toute la toile ainsi que sur les bords, sans laisser d'espace non travaillé. Le remplissage égal de toute la surface (le « all over ») affranchit dès lors le peintre de la problématique du rapport fond/surface : la toile brute se substitue entièrement à la peinture elle-même qui accentue sa matérialité, et le regard lit le support comme s'il était absent. Ce qui est donné à voir n'est plus fondé sur la configuration ou la forme (au sens conventionnel du terme), mais sur le mouvement de la ligne colorée, les méandres d'un geste automatique. Et l'espace créé n'est plus l'espace classique composé d'une série de plans reculant derrière le plan de l'image. M. Fried a parlé d'espace « optique » : « L'œil explore le champ coloré non pas en entrant dans l'espace traditionnel illusoire, chargé d'indications conventionnelles quant à la tactilité des objets ou de leurs relations réciproques dans un espace tactile, mais en percevant les nuances, les fluctuations et les propriétés de la couleur seule qui, ensemble, créent l'illusion d'un espace différent... ».

Peinture, 1948
(Silver over black, white, yellow and red)
émail sur papier marouflé sur toile
61 × 80
achat 1972
AM 1972-29

494

comme les Indiens de l'Ouest qui travaillaient sur le sable. Parfois j'utilise un pinceau, mais très souvent je préfère utiliser un bâton. Parfois, je verse la peinture directement de la boîte (…). J'utilise aussi du sable, du verre brisé, des galets, de la ficelle, des clous et bien d'autres éléments étrangers à la peinture. La méthode picturale s'élabore naturellement, à partir d'un besoin. Je veux exprimer mes sentiments plutôt que les illustrer. »

La ligne de la coulure ne circonscrit plus un plan ou un volume, n'est plus là pour séparer. Elle n'est pas non plus un point en mouvement, une suite de points ou un faisceau de points à la manière de Kandinsky, ou bien encore une ligne en déplacement comme chez Klee. S'étalant latéralement et développant des excroissances de toutes sortes, la ligne acquiert un nouveau profil qui « mord » (selon l'expression de Michael Fried) la toile même à chacun de ses bords. Elle est trace, empreinte d'un passage sur la toile, ou plus exactement au-dessus de la toile, puisque ce qui s'est passé n'a jamais directement, ou indirectement par l'intermédiaire d'un instrument, touché le support.

La ligne de peinture est comme un indice de ce qui s'est passé, la trace d'un événement. Soutenue par Harold Rosenberg, cette interprétation fonde la terminologie de l'*Action-Painting*. Cette trace, quelle que soit la densité de son dépôt, reste « transparente à la fois à l'espace illusionniste qu'elle habite sans le structurer et aux impulsions d'une énergie sans corps qui semble se mouvoir sans résistance à travers le tableau » (Michael Fried). Autrement dit, les trames de traces sont transparentes à la toile où elles se tracent, transparentes à ce qu'on appelle le plan, surface ici « immatérielle » de l'événement qui est passé en laissant sa trace.

□ *The Deep,* 1953

Dès le printemps 1951, Pollock commence une série de peintures noires, qui va interrompre, de façon radicale mais momentanée, la période dite classique des *drippings,* c'est-à-dire des abstractions complexes au remplissage multicolore (il y reviendra avec deux grands *drippings* en août 1952). Si l'idée de travailler la peinture avec une seule couleur, le noir, n'est pas nouvelle parmi les expressionnistes abstraits (Kline et Motherwell), l'utilisation qu'en fait Pollock est différente, en versant une « encre » très liquide, sorte de lavis, sur le blanc des réserves. Ainsi s'imprime sur ce matériau poreux qu'est le coton des nuances où apparaissent des figures. La technique est là encore essentiellement celle des giclures que le peintre pratique depuis trois ans, en substituant cependant à l'emploi de bâtons celui de grosses seringues. L'exécution de ces « dessins » sur toile, selon la propre qualification de l'artiste, se distingue du traitement traditionnel du dessin.

Avec *The Deep,* l'un des rares tableaux réalisés les dernières années (O'Connor, n° 372), Pollock revient également à une organisation de la composition beaucoup plus « classique ». Au lieu d'une surface entièrement recouverte et travaillée de manière homogène, le tableau donne à voir une fracture sombre au centre d'une masse claire qui suggère un espace au-delà de sa surface, espace du dedans qui tendrait à ensevelir l'image. Par la déchirure de la couche de blanc qui risque de recouvrir le noir ou, inversement, le noir qui chasse le blanc ou qui l'aspire dans le vide qu'il a créé, est réintroduit un espace indéterminé, flottant, informe, comme une sorte de nuage ou de ciel troublé de nuées. Pollock semble à nouveau se confronter au problème de la profondeur et de l'inscription d'une forme sur un fond, question qui revient périodiquement tout au long de sa carrière, à chaque moment de crise et de faible production picturale, dont on connaît le dénouement tragique.   C.S.

Avec les *drippings,* Pollock entend se dégager de toute image référentielle, qu'indique bien son choix de les identifier par un numéro d'ordre. Pourtant, *Number 26 A* est l'un des rares à maintenir, mais à peine perceptible, « l'image voilée » : sous les lacis de peinture persiste, en effet, dans une teinte légèrement plus pâle, l'image d'un corps féminin dont le tracé se mêle aux graphismes du *dripping.* Mais l'intensité d'informations en chacun des points de la surface met un terme à toute composition focale, comme le réseau pratiquement homogène *all over,* où l'œil se perd, revient à la surface murale du tableau et repart explorer les fils ténus de ce palimpseste.

□ *Peinture (Silver over black, white, yellow and red)* 1948

Présentée dès 1952 au Studio Fachetti lors de la première exposition personnelle de Pollock à Paris, cette peinture sur papier (O'Connor, n° 192) illustre parfaitement, malgré la petitesse du format, la technique du *dripping all over* qui commande une nouvelle relation du peintre avec son tableau, commentée ainsi par Pollock en 1950-1951 dans le film de Hans Namuth : « Je ne travaille pas à partir de dessins ou d'esquisses en couleur. Je peins directement. Je peins d'habitude sur le sol (…). Avec la toile sur le sol, je me sens plus proche d'un tableau, j'en fais davantage partie. De cette façon, je peux marcher tout autour, travailler à partir des quatre côtés, et être dans le tableau,

The Deep, 1953
huile et émail sur toile
220,4 × 150,2
don fait en mémoire de Jean de Menil par ses enfants,
la Menil Foundation et Samuel Wagstaff Jr., 1976
AM 1976-1230

Jean Pougny
1884-1956

Issu d'une famille de musiciens, Pougny s'oriente très tôt vers la peinture, encouragé par le peintre Répine, et quitte en 1910 Saint-Pétersbourg pour Paris; ce premier séjour lui permet de mieux découvrir Cézanne, le fauvisme et le cubisme. A son retour à Saint-Pétersbourg, il rejoint le groupe d'avant-garde de *L'Union de la Jeunesse* en 1912-1913 et se lie avec Maïakovski et Khlebnikov. Après un deuxième séjour parisien en 1914, son engagement dans l'avant-garde devient plus radical; il prend l'initiative des deux expositions d'importance historique, tenues à Petrograd la même année 1915: *Tramway V,* à laquelle participent notamment Malévitch, Klioun, Tatline, Oudaltsova, Exter, qui « lance » le constructivisme; *0.10, Dernière Exposition Futuriste,* où apparaissent les premières toiles abstraites de Malévitch et qui consacre la rupture entre ce dernier et Tatline, entre suprématisme et constructivisme (Pougny rédige avec Malévitch, Klioun et Menkov le *Manifeste du Suprématisme*). Pendant la Révolution, nommé professeur à l'Académie des Beaux-Arts de Petrograd, puis appelé à Vitebsk par Chagall, il adhère au mouvement, de tendance figurative, du Réalisme constructif. Mais en 1919 il décide de s'exiler, gagnant tout d'abord la Finlande, puis Berlin où Herwarth Walden lui consacre une exposition dans sa galerie Der Sturm (1921). Tout en réalisant des décors de théâtre et des illustrations, il peint alors des compositions inspirées du cubisme synthétique. Fixé définitivement à Paris en 1924, il adopte un naturalisme appuyé: en 1925 son exposition à la galerie Barbazanges est préfacée par André Salmon. A partir de 1928, soutenu par Paul Guillaume et Jeanne Castel, qui l'expose en 1933, il exécute une série de paysages traités dans une pâte épaisse et tumultueuse. Dès avant la guerre (il partira pour Antibes en compagnie des Delaunay), il réalise des petits formats intimistes, présentés en 1943 chez Louis Carré.

Cat. *Donation Pougny,* Paris, Orangerie des Tuileries, 1966; H. Berninger, J.A. Cartier, *Jean Pougny, 1892-1956, catalogue de l'œuvre: les années d'avant-garde, Russie-Berlin, 1910-1923,* Tubingen, éd. Wasmuth, 1972; cat. *Jean Pougny,* Berlin, Haus am Waldsee, 1975.

En 1958, quinze mois après la disparition de Pougny, le Musée lui rendait hommage avec une première rétrospective: initiative à laquelle Madame Pougny devait répondre en offrant douze œuvres, dont une *Nature morte,* exécutée en 1921 à Berlin. Cet ensemble fut rejoint en 1966 par son importante donation — au total 48 peintures, sculptures, gouaches et dessins — qui rendait compte des différentes étapes de l'évolution de l'œuvre, depuis l'*Autoportrait* de 1911-1912, témoin du contact avec les Fauves parisiens, jusqu'aux toiles des années 1930-1950 (rues parisiennes, intérieurs d'ateliers) traitées dans une veine intimiste à la Vuillard et parfois teintées d'accents expressionnistes. Le point fort de la collection réside dans l'ensemble des cinq œuvres abstraites exécutées à Petrograd autour de 1915, que complètent deux gouaches de 1919, *Le Violon rouge* et *Lettres,* dont les versions à l'huile sont conservées au Musée Russe de Leningrad.

□ *La Boule blanche,* 1915

Des cinq « sculptures picturales » exposées pour la première fois à *0.10* (n° 100-114), *La Boule blanche* (Berninger n° 105), qui fut présentée une dernière fois en 1919 à l'exposition du Palais d'Hiver de Petrograd avant de réapparaître en 1960 pour la rétrospective Pougny de Munich, illustre peut-être le mieux les principes du suprématisme auxquels souscrit alors Pougny. Lors de sa conférence donnée avec Malévitch, le 12 janvier 1916, il déclare: « Le tableau est une conception nouvelle d'éléments abstraits de la réalité et dépourvus de signification. Les rapports entre les éléments découverts et révélés dans le tableau sont la réalité nouvelle, le point de départ de la nouvelle peinture » et « L'expression suprême de la beauté est un tiroir avec une boule blanche à l'intérieur... ». Traduction plastique de cette image, *La Boule blanche* s'inscrit parfaitement dans l'absolu suprématiste: seules sont retenues, comme éléments plastiques, des formes géométriques minimales et des couleurs pures. Le fond abstrait se heurte à l'objet concret, la surface plane s'oppose au volume réel de la sphère, les couleurs saturées à la blancheur immaculée, l'oblique à la courbe; de ces oppositions naît une tension très forte entre le fond et la forme: « (...) oppositions et contradictions, voilà notre harmonie » (Malévitch, *Du cubisme et du futurisme au suprématisme,* 1916); cette nouvelle harmonie sera encore approfondie dans deux assemblages postérieurs: *Relief à l'assiette,* 1919 (Stuttgart, Staatsgalerie) et *Relief au marteau,* 1919 (Zurich, coll. privée), qui relèvent du même esprit iconoclaste — dada avant la lettre — où l'objet banal, familier, acquiert, ainsi isolé et détourné, un caractère merveilleux, inquiétant et fascinant.

La Boule blanche, 1915
relief: bois peint à l'huile et plâtre
34 × 51 × 12
donation de Mme Pougny, 1966
AM 1497 S

496

☐ *Composition,* [1915]

Cette construction (Berninger nº 106) et les deux autres *Compositions* de la donation (Berninger nº 109 et 103), formées d'un assemblage peint de matériaux usuels à peu près identiques (carton, bois, étain), firent sensation à *0.10* (nº 114, 113, 112). Endommagées pendant l'exil de Pougny, elles ont pu être reconstituées grâce, notamment, aux dessins et aux montages exécutés par l'artiste à l'occasion de son exposition au *Sturm* de Berlin en 1921 (se référer à Berninger, nº 123, 126, 128); et, pour la *Composition* ici reproduite, grâce aussi à la maquette réalisée vers 1915-1919 (Berninger nº 107, Milan, coll. Guido Rossi). Toutes ont réapparu publiquement en 1959 à l'occasion de l'exposition de la galerie Coard à Paris.

Après son premier relief en matériaux divers, *Joueurs de cartes* (aujourd'hui disparu), présenté avec grand fracas à l'exposition *Tramway V* en 1915, Pougny aurait réalisé une trentaine de constructions peintes. D'inspiration cubiste, elles se rapprochent cependant moins des constructions des années 1912-1913 de Picasso, encore figuratives, que des reliefs de Tatline, également exposés à *0.10*. Les formes géométriques simples sont grossièrement découpées dans des matières triviales et assemblées sans souci de référence figurative : ce sont de pures études de construction, jouant sur les contrastes des valeurs de matériaux (fragilité/stabilité, opacité/transparence, brillance/matité, couleur/non-couleur). Amarrés au fond, recouverts de peinture, les éléments du montage sont traités comme ceux d'une composition picturale, à la différence des *contre-reliefs* de Tatline, détachés du socle et se mouvant librement dans l'espace.

☐ *Coiffeur,* [1915]

Exposée à Petrograd en 1915 à *0.10* (nº 98), puis à Moscou en 1916 au *Valet de Carreau* (nº 228), cette toile (Berninger nº 33), exécutée certainement avant les six *Compositions suprématistes* qui y étaient aussi présentées, ne s'inscrit guère dans le cadre du suprématisme. Elle témoigne de la dette du cubo-futurisme russe envers le cubisme parisien. Comme Malévitch à la même époque (*L'Anglais à Moscou*, 1913-1914, Amsterdam, Stedelijk Museum), Pougny se livre à un cubisme de citations, récapitulant toutes les recherches formelles élaborées par Braque et Picasso depuis 1907 : construction de l'espace en plans abstraits rectilignes, échelonnés selon un axe vertical, qui se recoupent et se superposent en imitant les effets de collages et de papiers collés; traitement varié de la matière de couleur, appliquée en aplats monochromes vifs ou en petites touches pommelées lumineuses, ou encore en frottis de camaïeux d'ocre et de gris qui, avec les sablages et les imitations de faux bois, multiplient les effets de profondeur et de volume; enfin, introduction de lettres et de chiffres, stabilisant le plan de la toile. L'insertion d'un texte continu — parti que l'on retrouve dans les peintures dites « alogiques » de Malévitch — rappelle les liens de Pougny avec la poésie futuriste irrationnelle de Maïakovski et de Khlebnikov : « A travers la vitre, le bouton scintille, on ne voit pas/Deux personnes, rapidement avec leur sœur, les fenêtres/Avec un parapluie et le rhume passera. C'était une sombre journée d'automne, à midi, en 1918 ». A l'encontre de l'effet purement plastique des caractères construisant *Lettres* (1919, MNAM), c'est ici l'accent d'absurdité de cette poésie libre qui est retenu; il est renforcé par l'apparition d'un visage rêveur et celle d'un habit aux rondeurs lisses et vides : images énigmatiques qui semblent anticiper sur le réalisme magique des surréalistes.   B.L.

Composition, [1915]
contreplaqué, aluminium et rhodoïd,
partiellement peints à l'huile
71 × 46 × 6,7
donation de Mme Pougny, 1966
AM 1495 S

Coiffeur, [1915]
huile sur toile
83,5 × 65
donation de Mme Pougny, 1966
AM 4329 P

Arnulf Rainer

1929

Rainer ne reste que trois jours à l'École des Beaux-Arts de Vienne et commence très tôt à dessiner dans une veine visionnaire sans doute influencée par les théories surréalistes. Peu après, à la suite d'un premier voyage à Paris, son art s'oriente plutôt vers l'informel (*Atomisations* ou dessins les yeux fermés en 1951). Le nœud, bientôt la croix, deviennent des formes privilégiées. En même temps il commence à recouvrir de peinture, en les occultant, des toiles déjà peintes *(Ubermalung)*. De nombreuses lectures mystiques, sa rencontre avec Otto Mauer — un évêque qui tient une place essentielle dans l'avant-garde viennoise de l'après-guerre — contribuent à orienter son œuvre vers une sorte d'exorcisme rituel; Rainer s'en explique dans les nombreux textes qu'il publie, tel « L'art contre l'art ». A la sévérité monochrome des peintures noires va faire suite, à partir de la fin des années 60, un travail expressif et gestuel prenant pour thème le corps. Utilisant comme support des photographies, Rainer développe une recherche sur l'expression physionomique et les poses souvent inspirées de la mimétique des malades mentaux (*Face-Farces* 1969-1975). Il peint aussi avec les pieds dans un style expressionniste direct et agressif. A partir du milieu des années 70 les thèmes se multiplient : architectures souterraines, postures de yoga, œuvres d'art célèbres, têtes du sculpteur baroque Messerschmidt et surtout masques mortuaires et photos de cadavres. De la figure de la croix, qu'il reprend dans des assemblages des années 80, à la représentation de la mort (visages de criminels provenant des archives de la police, Christ de Grünewald, cycle sur Hiroshima), toute son œuvre tourne autour des notions de *mort* et de *sacrifice,* termes qu'il choisit lui-même comme titre de son exposition au Musée en 1984.

□ *Kreuz,* 1959

Les *Ubermalungen* (peintures recouvertes) exécutées entre 1954 et 1965 — mais Rainer y reviendra épisodiquement — représentent l'essentiel de son système pictural. Il s'agit pour Rainer de recouvrir totalement une première image (peinture de Rainer lui-même ou d'un autre artiste). Contrairement aux apparences, cette démarche ne procède pas d'un besoin de destruction, mais émane d'une volonté de perfectionnement presque infinie. D'un point de vue stylistique, ces peintures relèvent de l'état d'esprit des années 50 où, à la suite de l'art informel, nombre d'artistes recherchent l'apaisement d'une surface où subsiste la matière et où domine la monochromie. Quête d'un vide absolu, peintures de la nuit, les *Ubermalungen* trouvent leur sens dans l'idée d'immersion, d'une peinture faite « pour quitter la peinture » et qui, parvenue à cette limite de l'ensevelissement, redevient néanmoins acte pictural. « Très souvent précise Rainer, sous les recouvrements de peinture noire, il y a des croix. » C'est le cas ici où, bien qu'à peine perceptible, subsistent sous l'épaisse couleur noire les traces d'une image cruciforme.

□ *Totenmaske (Moltke),* 1978

Le masque de mort est « le pendant dialectique à notre besoin d'expression et d'émotion », il est aussi, comme les autres travaux sur photographie, le complément nécessaire à l'absence d'image des recouvrements. Rainer accorde une importance extrême à cette série de 1977-1978 dont le Musée possède cinq exemples, car, après un long travail sur son propre corps fondé sur « l'exagération maniérée », il aborde ainsi, par le biais d'une douloureuse indifférence, le thème de la mort qui lui est cher. Il s'est tout d'abord servi de photographies extraites d'ouvrages, puis il a pu faire rephotographier ces masques selon des cadrages inédits lui permettant d'aborder ces visages figés de philosophes, de musiciens ou (comme ici) de militaires de manière plus étrange et plus abstraite. A.P.

Kreuz, 1959
(Croix)
huile sur panneau d'aggloméré
168,5 × 126,5
achat 1983
AM 1983-37

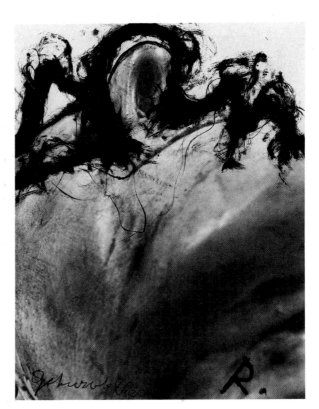

Totenmaske (Moltke), 1978
(Masque mortuaire)
huile et encre de Chine sur photographie
59,5 × 47,3
achat 1984
AM 1984-396

Robert Rauschenberg
1925

« Painting relates to both art and life. Neither can be made. (I try to act in the gap between the two) »: peintre, sculpteur, graveur, photographe, performer et scénographe, Robert Rauschenberg a voulu, en pratiquant presque sans hiérarchie toutes les disciplines, changer nos rapports à la culture et aux images. Né à Port Arthur, au Texas, il commence des études de pharmacie, puis s'engage dans l'United States Navy (1942-1945) et travaille comme infirmier psychiatrique à l'hôpital militaire de San Diego. En 1947, il s'inscrit au Kansas City Art Institute et, l'année suivante, à l'Académie Julian de Paris, puis décide de rentrer aux États-Unis pour suivre l'enseignement de Joseph Albers au Black Mountain College où il rencontre Cy Twombly, Willem de Kooning et Franz Kline, mais aussi Buckminster Füller, John Cage, David Tudor et Merce Cunningham, avec qui il collaborera régulièrement à partir de 1951; c'est, en effet, le moment où John Cage exécute sa première pièce silencieuse *4'33''* et *The Untitled Event* avec David Tudor au piano; Rauschenberg y présente une *White Painting* et une projection de diapositives « abstraites » constituées de gélatine colorée prise entre deux verres. Il devient aussi le créateur des décors et des costumes de la compagnie Merce Cunningham, qu'il suivra en tournée de 1961 à 1965. Il s'installe à New York et suit les cours de l'Art Students League, tout en continuant à fréquenter régulièrement Black Mountain College. Il commence à expérimenter, avec sa femme Susan, les techniques

d'impression sur papier négatif et divers procédés lithographiques, début des très nombreuses manipulations de matériaux auxquelles se livrera Rauschenberg. Dans sa première exposition personnelle chez Betty Parsons (1951), il montre une série de peintures monochromes, dont la surface est incisée de lignes irrégulières et de chiffres. En 1952, il voyage avec Cy Twombly en Italie, en France et en Espagne, puis continue seul en Afrique du Nord, où il réalise une série de boîtes et petits objets exposés à Rome et Florence (*Scatale contemplative e feticci personali*, 1953). De retour à New York, il travaille aux *Black* et *Red Paintings*, 1952-1953, monochromes peints avec un épais mélange de peinture et de papier journal. Il prend un atelier à Peerl street, où il a pour voisin et ami Jasper Johns qui peint alors les premiers *Flags*. La pratique systématique du collage des objets les plus divers empruntés aux différents domaines de l'expérience et de la culture (animaux empaillés, parapluies, signes urbains, photos, reproductions de chefs-d'œuvre, coupures de presse, tissus et dentelles, objets personnels et quotidiens) aboutit aux *Combine Paintings*; les plus célèbres sont *Charlene*, 1954 (Amsterdam, Stedelijk Museum), *Bed*, 1955 (coll. Castelli) qui fit scandale en déplaçant les limites attendues de l'art et du quotidien, *Odalisque*, 1955-1958 (Cologne, Musée Ludwig), *Coca Cola Plan*, 1958 (coll. Panza) et *Monogram*, 1955-1959 (Stockholm Moderna Museet) — constitué d'une chèvre empaillée, d'un peau et autres éléments — qui sera montré

Oracle, 1962-1965
environnement sonore composé de
5 éléments en tôle galvanisée,
montés sur roulettes et comportant chacun
une batterie, un poste-émetteur et un haut-parleur.

Baignoire avec douche (178 × 115 × 60), *Escalier* (149 × 140),
Montant de fenêtre (158 × 236 × 47),
Portière de voiture (160 × 133 × 85), *Tuyau* (143 × 116 × 73)
don de M. et Mme Pierre Schlumberger, 1976
AM 1976-591

dans l'exposition de la galerie Sonnabend à Paris en 1963. Mais, à la différence des collages classiques cubistes ou dada, l'identité et la lisibilité de chaque objet sont toujours conservées et l'œuvre implique une expérience de la durée et du hasard (« random order »). D'autres œuvres comme *Rébus* introduisent les éléments d'un registre plus spécifique appartenant au décor urbain (graffiti, affiches politiques) ou au monde des sports et de la technologie, qui sera systématiquement exploité dans les peintures sérigraphiques (1962-1964). Certains *Combine Paintings* en trois dimensions, tels *Odalisque* ou *Monogram*, sont des sculptures proches des *Combines* que Rauschenberg réalise en 1959 : *Pail for Ganymede* et *Gift for Apollo*, assemblages d'éléments divers et hommages ironiques de la Junk Culture à des personnages de la mythologie classique. *Empire II*, 1961, intègre déjà des pièces mécaniques (ventilateur) et annonce *Oracle*, 1962-1965. En 1966, Rauschenberg fonde, avec l'ingénieur électronicien Billy Klüver, « Expériments in Art and Technology », un organisme destiné à orienter les recherches des artistes dans les nouvelles technologies. Il participe la même année à l'exposition *Art and Technology*, organisée dans la caserne de la 69ᵉ rue. Les années 60 sont aussi un moment de grande activité dans le domaine de la danse et de la performance : Rauschenberg crée de nombreux décors et costumes pour les ballets de Merce Cunningham et de Paul Taylor; il réalise également la chorégraphie de *Pélican* — ballet sur patins à roulettes exécuté en 1963, avec Alex Hay et Caroline Brown, dans une patinoire de Washington — et, en 1965, *Map Room II,* performance audiovisuelle réalisée à la cinémathèque des cinéastes de New York et présentant sur la scène un collage vivant d'éléments tels que vieux pneus et matelas manipulés par les danseurs (Irisha Brown, Steve Paxton, Deborah et Alex Hay, Lucinda Childs).

En 1974-1975, il réalise les *Hoarfrost Series,* images sérigraphiées sur des tissus transparents superposés et donnant l'impression d'une image floue et évanescente. Les *Jammers,* 1975-1976, sont des constructions jouant des tensions et des mouvements de tissus légers (soie, satin) laissés libres.

Cat. *Robert Rauschenberg,* Amsterdam, Stedelijk Museum, 1968; R. Krauss, « Rauschenberg and the materialized image », *Artforum,* déc. 1974; L. Alloway, cat. *Robert Rauschenberg,* Washington, Smithsonian Institution, 1976.

□ *Oracle,* 1962-1965

Réalisée en collaboration avec Billy Klüver, *Oracle* est une sculpture en cinq éléments constitués d'un assemblage d'objets de récupération (portière de voiture, conduits de ventilation, fenêtre…) appartenant au monde de la « technologie quotidienne », auxquels est intégré un système sophistiqué de radios captant les diverses émissions du lieu où est présentée la pièce. Les cinq éléments — qui peuvent être présentés en fonction de l'espace d'accueil — ont chacun une structure et un fonctionnement particuliers; proche de certaines machines de Tinguely, cet environnement de machines vivant de leur vie propre est, cependant, plus tragique que ludique. Présentée en 1965 à la galerie Léo Castelli de New York, cette œuvre a aussi figuré dans l'exposition *The Machine as seen at the end of the Machine Age,* organisée par Pontus Hulten au MOMA en 1968.   C.D.

499

Waterstop, 1968
(épreuve de travail)
lithographies découpées et assemblées sur un fond de papier, avec retouches au fusain
136 × 81
don de Mme Tatyana Grosman en mémoire de Jacob Grosman, 1983
AM 1983-313

Jean-Pierre Raynaud
1939

Né à Paris, Jean-Pierre Raynaud débute comme jardinier, poursuivant des études à l'école d'Horticulture. Ses premières peintures datent des années 1957-1958. Après son service militaire, qui est l'occasion de son premier contact avec la « nature urbaine », il réalise des assemblages à partir de signalisations routières. En 1963, il commence à réaliser des *Psycho-Objets*. En 1965, dans le catalogue de sa première exposition personnelle, Raynaud est associé par Alain Jouffroy à d'autres « objecteurs » comme Pommereulle et Kudo, qui poursuivent le travail sur l'objet amorcé par les Nouveaux Réalistes. Raynaud se lie avec ces derniers, tels Tinguely et Arman (il rencontre celui-ci lors de son premier voyage à New York). A la suite des premières présentations de son œuvre en 1968-1969 dans les musées (Amsterdam, Stockholm, Paris), son travail va quelque peu se détacher de l'univers symboliquement très chargé des *Psycho-Objets*. Privilégiant le motif du pot, qu'il reprendra sans cesse, il organise des actions où le pot est multiplié à des milliers d'exemplaires (Jérusalem, 1971). Peu après, dans la série des « Rouge, Vert, Jaune, Bleu », il répète en quatre couleurs un objet industriel. Il introduit par la suite des objets plus connotés, particulièrement sur le thème de la mort. Son travail se développe aussi en liaison avec l'architecture. En 1974, il ouvre au public les portes de sa maison, qu'il ne cessera par la suite de transformer, de détruire, pour mieux la reconstruire. La commande de vitraux pour l'abbaye de Noirlac lui permet de traduire dans une vision contemporaine la rigueur cistercienne. Nombreuses sont également, à partir des années 80, ses installations de sculpture dans la nature, tel le gigantesque pot d'or de la Fondation Cartier (1985) ou ses constructions d'espace intérieur réalisées, comme dans sa propre maison, avec des carreaux de céramique blanche (« espace zéro » au Grand Palais à l'occasion de l'exposition *La Rime et la Raison,* 1984).

Cat. *Raynaud 1974-1978,* Paris, MNAM, Centre G. Pompidou, 1979; G. Duby G. Fabre, *Raynaud,* Paris, Hazan, 1986; cat. *Raynaud,* Jouy-en-Josas, Fondation Cartier, 1985.

☐ *Psycho-Objet, 3 pots 3,* 1964
Cet assemblage — l'un des tout premiers dans la série des *Psycho-Objets* qui vont marquer le travail de Raynaud jusqu'en 1967 — contient déjà plusieurs éléments que l'artiste utilisera tout au long de son œuvre, le pot de fleurs en étant l'élément majeur. Ici pot véritable, laqué rouge et marqué d'un chiffre, il sera bientôt multiplié, rempli de ciment, moulé en plastique et plus tard coulé en béton et peint. Démesurément agrandi ou miniaturisé, il restera le thème privilégié du jardinier qu'est Raynaud. Quant à la photographie, elle se retrouve dans divers psycho-objets de la même époque, fragile présence humaine dans cet univers clinique mais aussi sorte de tableau sur le mur. Déjà, Raynaud laisse apparaître son ambition architecturale : construire des murs plutôt que des peintures; le matériau préfabriqué qui sert ici de fond préfigure l'utilisation qu'il fera du carrelage dans les années 70-80. Enfin l'emploi exclusif du rouge et du blanc marque cette volonté d'efficacité et d'agression, qui est alors le signe de référence à l'univers des hôpitaux ou des couloirs du métro. Cette œuvre a longtemps appartenu à l'artiste Eva Aeppli.

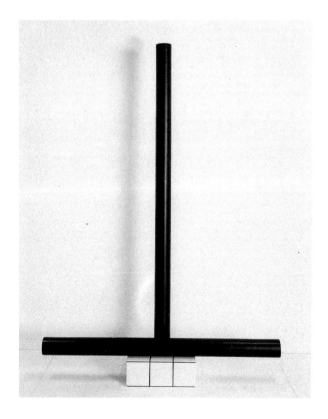

☐ *Vertical + Horizontal,* 1980
Après les objets chargés des années 60, Raynaud opte peu à peu pour une rigueur et une sévérité formelles. Cette œuvre, où sont privilégiés le noir et le blanc, non-couleurs fondamentales, est significative de l'attitude nouvelle de Raynaud qui le conduit vers une extrême simplification. On ne peut s'empêcher d'y voir une sorte de croix inversée et tronquée, reposant sur un socle/sculpture, comme un fragment de la maison. Raynaud réalisera une deuxième version plus grande de la même œuvre en 1985, pour son exposition à l'ARC.

A.P.

Psycho-Objet, 3 pots 3, 1964
panneau d'isorel peint, photographie noir et blanc et plexiglas,
étagère en bois peint, 3 pots de fleurs, plaque de métal laqué
185 × 124 × 23,5
achat 1981
AM 1981-30

Vertical + Horizontal, 1980
béton recouvert de carreaux de céramique blanche,
cylindres de béton peint en noir
232 × 162
achat 1981
AM 1982-34

Martial Raysse
1936

Après des études littéraires, Martial Raysse réalise dès 1959 ses premiers « assemblages » en enfermant dans des boîtes transparentes de petits jouets, des miroirs, des objets de toilette, pour mettre en scène, sans façon, la charge d'émotion et d'intensité visuelle de ces bibelots froids. En 1960, ses *Étalages-Hygiène de la vision* d'ustensiles de ménage accrochés autour d'un balai-brosse, ou de produits solaires et de jouets de plage surmontés d'une effigie publicitaire font entrer dans l'univers de l'art « un monde neuf, aseptisé et pur », celui des supermarchés et des publicités de la société de consommation. Cette réappropriation d'objets de la plus grande banalité le rapproche des recherches d'Arman, Spoerri, Tinguely, avec qui, entre autres, il fonde en octobre 1960 le groupe des Nouveaux Réalistes. Considéré bientôt comme le jeune créateur français le plus proche du Pop Art américain, Raysse participe de 1961 à 1966 à de nombreuses manifestations artistiques à travers l'Europe et l'Amérique (jusqu'à concevoir des décors pour les ballets Roland Petit en 1966-1967). Invité notamment à l'exposition *Dylaby* (« Labyrinthe dynamique ») d'Amsterdam en 1962, il présente pour la première fois un environnement, *Raysse Beach,* associant photographies grandeur nature de baigneuses, piscine en plastique, jouets de plage, juke-box, radiateurs, gazon synthétique et enseigne au néon pour une reconstitution délirante et dérisoire des paradis artificiels des sociétés modernes. Raysse poursuivra ce thème jusqu'en 1966, principalement à travers la représentation des féminités stéréotypées (extraites de magazines de mode aussi bien que de tableaux célèbres) qui deviennent, pour un temps, ses sujets de prédilection; celles-ci, démesurément agrandies et en teintes fluorescentes, complétées par des objets familiers ou incongrus, se muent alors en idoles magnétiques que la lumière froide d'un néon (soulignant, par exemple, la bouche ou les yeux) semble rendre plus inaccessibles encore (*Portrait de Mme VDK,* 1962, MNAM). C'est, comme il le dit lui-même, « en poussant la fausseté,

le mauvais goût jusqu'au bout » que Raysse « prend des émotions au piège », celles de notre culture visuelle contemporaine, celles aussi qui lui sont plus personnelles et qu'il exprimera après 1966 à travers un système récurrent de formes traitées en « prototypes » visuels (bouches, yeux, étoiles, cœurs, etc.) et à l'aide de moyens industriels : flocage (*Tableau métallique,* 1964, MNAM), plastique peint, plexiglas, néon (*Bateau,* 1967, MNAM) ou par simples projections sur écran (*Propositions,* Paris, galerie Iolas, 1969). La mutation qu'opère alors Raysse (et qui coïncide avec les événements de mai 1968 en France) l'amène à rompre brusquement avec le circuit des marchands et des galeries et (tout en poursuivant des expériences de vidéo et de cinéma) à se retirer dans le Midi dont il est originaire pour y partager avec ses amis quelques-unes des aspirations communautaires des années post-soixante-huitardes. Cette quête de valeurs et de sagesse lui inspire une production qui tourne délibérément le dos à ses œuvres antérieures. Ainsi, en 1974, il présente à son exposition *Coco Mato* (du nom italien de l'« amanite tue-mouche » renommée pour ses vertus hallucinogènes) des bricolages frustes de ficelles, de plumes, de papier mâché. Ce retour aux techniques artisanales l'engage bientôt à retrouver dans la peinture ce qu'on a coutume d'appeler l'épaisseur des choses. Dans les différents ensembles d'œuvres (exécutées le plus souvent au pastel ou a tempera) présentées depuis 1976 (*Loco Bello,* 1976, *Spelunca,* 1978, *La Petite Maison,* 1981), il montre des images, foisonnantes mais apaisées, de campagnes, de rivages méditerranéens et d'intérieurs rustiques. Dieux antiques et tracteurs modernes, cérémonies païennes (*Mégalopolis,* 1977-1978, MNAM) et travaux des champs, monstres bizarres et humbles objets y coexistent en se gardant d'envahir la totalité de leur support comme s'ils voulaient se lover dans ces espaces indécis qui sont aussi ceux des légendes. Avec eux, c'est d'un merveilleux contemporain à un merveilleux immémorial qu'est peut-être passé Martial Raysse.

501

Soudain l'été dernier, 1963
3 panneaux
assemblage : photographie peinte à l'acrylique et objets
100 × 225
achat de l'État 1968, attr. 1976
AM 1976-1010

Cat. *Martial Raysse, maître et esclave de l'imagination,* Amsterdam, Stedelijk Museum, 1965; O. Hahn, *Martial Raysse ou l'obsession solaire,* Paris, galerie Iolas, 1965; P. Restany, *Martial Raysse ou l'hygiène de la vision,* Bruxelles, Palais des Beaux-Arts, 1967; G. Lascault, *Images de Martial Raysse,* Flaine, Centre d'art, 1977; cat. *Martial Raysse, 1970-1980,* Paris, MNAM, Centre G. Pompidou, 1981.

502

☐ *Soudain l'été dernier,* 1963

Le thème de la baigneuse apparaît dès 1960 dans l'œuvre de Martial Raysse. L'*Étalage-Hygiène de la vision nº 1* installait pour la première fois une photo grandeur nature de jeune fille en maillot de bain tenant un parasol au sommet d'un présentoir de produits solaires et jouets de plage. Ce « cliché visuel », Raysse le réutilisera fréquemment, multipliant de 1962 à 1965 les effigies photographiques retouchées de jeunes femmes au bord de la mer. Mettant l'accent sur la forme la plus vulgarisée de ces stéréotypes, Martial Raysse montre ce que le « mauvais goût » (ce « rêve d'une beauté trop voulue », dira-t-il) peut recéler de magie insoupçonnée et d'émotion. Il prend ces photos comme « relais » pour démonter « l'espace fictif, le trompe-l'œil » qu'elles dressent devant le spectateur, pour mieux en mettre en valeur aussi leurs ressources cachées. Opérant par restructuration en plans décalés, par coloration — au vaporisateur et au pinceau — en teintes factices de zones arbitrairement délimitées, par adjonction, enfin, d'objets réels (ici un chapeau de paille et une serviette de bain), Raysse soustrait son motif à l'illusionnisme photographique, à l'espace perspectif, comme au discours représentatif qu'ils impliquent. Ce nettoyage par le vide des conventions figuratives libère dans l'image des forces latentes : monumentalisée, articulée, déployée dans les

trois dimensions (les objets réels l'arriment avec humour à la réalité), la baigneuse de Raysse reçoit une nouvelle vie empruntée et nostalgique (que le titre, référence à Tennessee Williams, accentue encore), lointaine, mais indestructible. Au rythme vif de ses fluorescences acides, elle se fait rayonnement, énergie, idéal objet de désir.

☐ *America, America,* 1964

Dans l'Amérique effervescente des années 60 et à l'occasion de ses expositions particulières aux États-Unis (1962-1964), Martial Raysse découvre « le monde neuf, aseptisé » et « de plain-pied avec les découvertes technologiques modernes » dont ses premiers assemblages avaient déjà voulu rendre compte. C'est donc à l'exubérance lumineuse et à l'enthousiasme conquérant du Nouveau Monde qu'il rend hommage à travers cette interprétation humoristique de la main tenant le flambeau de la célèbre statue du port de New York. Il utilise alors les capacités expressives du néon, qu'il avait déjà exploitées avec l'enseigne de *Raysse Beach* présentée pour la première fois à Amsterdam en 1962. En effet, si, de 1962 à 1966, le néon occupe une place croissante dans son œuvre (jusqu'à éliminer parfois les autres moyens d'expression), c'est qu'il correspond, pour un temps, à la « nouvelle manière de structurer l'espace » qu'il se propose — en « ingénieur de la vision » — d'introduire dans le « langage visuel ». Artificielle, fluorescente, comme l'était souvent la peinture utilisée par Martial Raysse, la lumière du néon lui offre de nouvelles et appréciables ressources : intouchable mais vibrante, froide mais comme animée d'un feu intérieur, enfermée mais irradiante, c'est « la couleur vivante, la couleur par-delà la couleur » que Raysse distribue en tracés opposés (courbures contre zig-zag) et en teintes complémentaires (main bleue aux ongles verts contre étincelle rouge), comme pour en accentuer à l'extrême les qualités paradoxales. Confiant, en outre, au clignotement régulier de l'étincelle le soin de suggérer l'éclat mouvant du flambeau (on pense aux expériences contemporaines d'art cinétique), il introduit la pulsation des enseignes lumineuses urbaines dans la structure offerte au spectateur.

A la subversion tranquille du symbole répond une allégresse douce. C'est « l'idée de couleur en mouvement, c'est-à-dire un mouvement de la sensibilité sans agitation » que Raysse, posément, installe dans son travail.

J.-P. A.

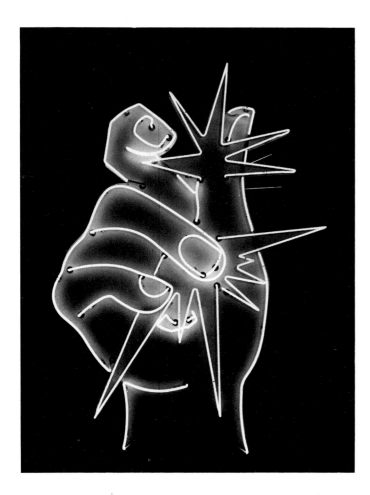

America, America, 1964
néon et métal peint
240 × 165 × 45
achat 1977
AM 1977-557

L'Ami des nuages (image LXIX), 1982
technique mixte sur bois
80 × 120
achat 1982
AM 1982-425

Ad Reinhardt
1913-1967

Reinhardt étudie l'Histoire de l'art sous la direction de Meyer Shapiro, ainsi que la peinture, et rejoint en 1937 le groupe des *American Abstract Artists*. Ses œuvres abstraites de la fin des années 30, proches de Stuart Davis, sont issues d'un cubisme décoratif marqué par l'influence du Bauhaus. La part géométrique va peu à peu l'emporter, surtout au début des années 50, avec des peintures très construites tendant à la monochromie. De la même époque datent une série de dessins satiriques traitant avec beaucoup d'humour de la peinture et du monde de l'art. Reinhardt est alors l'une des figures incontestées de la scène new-yorkaise. Il est des « Irascibles » qui proposent le boycott du Metropolitan Museum et, avec Robert Motherwell, il édite l'ouvrage *Modern Artists in America*. Reinhardt publie par ailleurs de nombreuses prises de position esthétique dont les *Twelve Rules for a New Academy,* ainsi que *Art as Art*. Son œuvre va tendre à une simplification de plus en plus poussée et, à partir de 1953, il n'emploiera plus que la couleur noire. Les dernières peintures, de 1960 jusqu'à sa mort, sont d'un format toujours semblable et leur apparence est presque identique, comme si le tableau était inlassablement répété. Ce sont, écrit Reinhardt, « les dernières peintures que l'on peut peindre ». Les couleurs sombres, aux valeurs proches les unes des autres, saturent pratiquement la surface au point de rendre à peine visible la structure cruciforme. Cette expérience visuelle suscitera l'intérêt des artistes du *Minimal Art,* qui mettront l'accent sur la sérialité et la répétition, et aura également un certain impact sur l'art conceptuel. Mais peut-être a-t-on donné alors trop d'importance au *système* de Reinhardt, en oubliant que son projet était avant tout d'ordre pictural. A.P.

Cat. *Ad Reinhardt,* Paris, Grand Palais, 1973; L. Lippard, *Ad Reinhardt,* New York, Abrams, 1981.

Bernard Réquichot
1929-1961

Bernard Réquichot, né à Asnières-sur-Vègre dans la Sarthe, fréquente plusieurs écoles d'art avant de s'inscrire à l'École des Beaux-Arts de Paris. Ses premières œuvres, d'inspiration cubiste, sont fortement influencées par sa rencontre avec Jacques Villon. Il peint des crânes, des natures mortes, ainsi qu'une série sur les bœufs. Vers 1954, il aborde l'abstraction, mais son style prend surtout corps avec les premiers dessins en spirale (1956) et les premiers reliquaires (1955), deux ensembles d'œuvres qu'il poursuivra jusqu'à sa mort. Il introduit également le collage, en découpant d'anciennes toiles qu'il recolle sur d'autres toiles. En 1957, son œuvre s'amplifie avec les grands reliquaires et les premiers collages de papiers choisis. Réquichot découpe des motifs dans des revues; ce sont souvent des aliments ou des végétaux, qu'il associe d'abord à la peinture avant de les utiliser bientôt seuls sur des panneaux peints. De la même époque, datent les *Traces graphiques,* exécutées au moyen d'une lame trempée dans la peinture. A partir de cette date, les différentes séries marquant son œuvre se déroulent simultanément. Il expose à Paris, galerie Daniel Cordier, poursuit les collages en très grand format, réalise de nouveaux reliquaires. Dans les dernières années de sa vie, il expérimente également la sculpture, avec des anneaux de rideaux. C'est là une sorte de prolongement en trois dimensions des dessins de spirale. Il suspend dans l'espace des toiles mises en forme, là encore tentative proche de la sculpture. En 1961, il entreprend une série de lettres en

503

Ultimate Painting n° 6, 1960
huile sur toile
152,5 × 152,5
achat de l'État et attr. 1974
AM 1974-19

Le Reliquaire de la forêt, 1957-1958
agglomérats de peinture à l'huile et de toiles déjà peintes
avec éléments divers disposés dans une caisse en bois formant vitrine
66,5 × 45,5 × 28,5
achat de l'État 1968, attr. 1980
AM 1980-417

fausses écritures et, à la veille de son vernissage à la galerie Daniel Cordier, se suicide à Paris le 4 décembre 1961.

R. Barthes, M. Billot, A. Pacquement, *Bernard Réquichot*, Bruxelles, éd. de La Connaissance, 1973; *Les Écrits de Bernard Réquichot* (préface d'Alain Jouffroy), Bruxelles, éd. de La Connaissance, 1973; cat. *Bernard Réquichot*, Paris, CNAC, 1973.

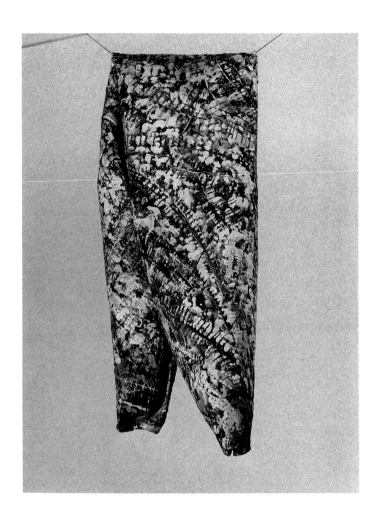

Le Musée conserve le plus grand ensemble d'œuvres de Réquichot figurant dans une collection publique. Constitué essentiellement par la donation du Fonds DBC, cet ensemble comprend des exemples représentatifs de toutes les périodes et de chacune des séries d'œuvres auxquelles Réquichot s'est consacré.

☐ *Le Reliquaire de la forêt,* 1957-1958

Réquichot a exécuté une quinzaine de reliquaires, dont les premiers, de grand format, sont le *Reliquaire au crâne de bœuf,* 1957 (MNAM, Fonds DBC) et ce *Reliquaire de la forêt.* Dans des boîtes, il dispose toutes sortes d'éléments à dominante végétale (racines, etc.), mais aussi selon les cas des plumes d'oiseaux, des ossements, parfois même des objets. Il fait également usage de toiles déjà peintes qu'il redécoupe et réintègre dans le reliquaire, s'en servant, par exemple, pour tapisser le fond et les côtés. Le tout est recouvert d'agglomérats de peinture sortie directement du tube, envahissement coloré qui occulte quasiment tous les éléments entrant en jeu dans la boîte vitrée. Cette véritable débauche picturale, comprimée à l'intérieur d'un espace fermé, n'est pas sans appeler une comparaison avec ce que seront quelques années plus tard les accumulations d'objets quotidiens, également mis en boîte, des Nouveaux Réalistes. Réquichot, pour sa part, n'abandonnera pas la peinture, mais il y intégrera des objets souvent ambigus, toujours en rapport avec des éléments naturels. Il décrit, dans l'un de ses textes intitulé *Métaplastique,* ses promenades dans la campagne d'où il revient chargé de pierres, de racines ou de mâchefer. Il évoque sa fascination pour le sol, qui ne peut que faire penser à celle (contemporaine) de Dubuffet. Avec les reliquaires, il cherche à aller au-delà de la seule toile peinte (et l'année 1957 est aussi celle où il expérimente les collages et les dessins à spirale) pour représenter la nature dans un rapport d'appropriation. Roland Barthes les définit comme « des ventres ouverts, des tombes profanées »: « N'est-ce pas le magma interne du corps qui est placé là? »

☐ *Portrait,* 1961

Le début des années 60 est placé à Paris sous le signe d'une mise en cause de la peinture. Réquichot a déjà pratiqué le réemploi d'anciennes toiles sous des formes diverses. En 1960-1964, il réalise trois toiles cartonnées, pliées ou boudinées, destinées à être exposées suspendues. Deux d'entre elles se trouvent dans la collection du Musée. La troisième, *Iris Bizarre,* servit de contribution à l'exposition des *41 Portraits* d'Iris Clert, dans la galerie de cette dernière en mai 1961. C'est sans doute ce qui explique le qualificatif de « portrait » conservé pour l'œuvre reproduite ici. Bien que peu abondante, cette série doit être considérée comme l'une des contributions essentielles de Réquichot à l'art de son temps. Il anticipe ainsi sur les nombreuses démarches qui se manifesteront par la séparation de la toile et du châssis. Il adopte une attitude sculpturale et traite la peinture en tant qu'objet. Témoignage majeur de ce groupe d'œuvres, le très grand Reliquaire intitulé *Armoire de Barbe-Bleue,* où Réquichot regroupe un grand nombre de toiles pliées, peut être considéré comme une sorte d'aboutissement.

☐ *La Cocarde, le déchet des continents,* 1961

La première utilisation de « papiers choisis » remonte à 1957. Réquichot ne va, dès lors, cesser d'exécuter des collages où il accu-

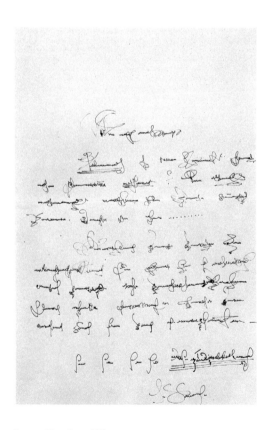

Portrait, 1961
toile cartonnée :
huile sur toile collée sur papiers et mise en forme
84 × 32 × 21
don fonds DBC 1973, attr. 1976
AM 1976-536

Lettre d'insultes, 1961
encre de Chine sur papier bristol
49,5 × 32
don fonds DBC 1973, attr. 1976
AM 1976-525

mule des motifs découpés dans des magazines. Parmi les grands collages sur des formats horizontaux, *Le Déchet des continents* est l'ultime œuvre achevée. A cette époque, Réquichot place également les fragments découpés dans des constructions en relief où les papiers sont en volume (*Reliquaire de papiers choisis,* 1961, MNAM, Fonds DBC). Ici, il ajoute exceptionnellement des rehauts de peinture, mais la composition repose sur les papiers mis côte à côte qui évoquent, dans la mise en page, un agencement floral ou végétal rappelant l'attachement de Réquichot au contexte de la nature. Les papiers choisis sont, pour leur part, assez éloignés de cette thématique : dominent ici des aliments, comme un flan ou une tranche de viande, auxquels vient se mêler à plusieurs reprises une image souvent employée par Réquichot, museau de chien à l'envers dont la langue évoque un phallus. Le collage est fondé ici sur la répétition, voire l'accumulation d'un élément, qui perd sa lisibilité et devient un motif abstrait ou ambigu. Réquichot imbrique les papiers les uns dans les autres et finit par faire oublier l'image originelle. Il découpait de préférence les motifs dans des revues de cuisine ou des magazines sur la vie des animaux. Après les avoir disposés sur la surface il les épinglait, lorsque leur emplacement paraissait juste, puis les collait.

☐ *Lettre d'insultes,* 1961
Un mois avant sa mort, Réquichot entreprend une série de sept lettres en fausses écritures. Le prétexte en est une préface demandée par Daniel Cordier pour le catalogue de son exposition qui devait ouvrir en décembre. Chacune des lettres a un thème (par exemple, la *Conclusion pour une philosophie de l'art*) ou un destinataire *(Lettre à un marchand de tableaux, Lettre aux amateurs d'art)*. Dans les deux lettres que possède le Musée, la *Lettre de remerciements* et cette *Lettre d'insultes,* les graphismes sont particulièrement expressifs. Il faut aussi les voir comme un prolongement graphique des dessins à spirales qui parfois se terminent en lignes d'écritures. On pense aussi à Michaux, que Réquichot admirait, et à sa *Narration* de 1927, autre écriture de signes illisibles.   A.P.

La Cocarde, le déchet des continents, 1961
fragments d'illustrations de revues, découpés et collés,
avec rehauts de peinture, sur contreplaqué
122 × 244
don fonds DBC 1973, attr. 1976
AM 1976-522

Carl Frederik Reuterswärd
1934

Après un an d'études à Paris, Reuterswärd retourne à Stockholm pour y suivre l'enseignement des Beaux-Arts. Rompu à toutes les techniques, il pratique le dessin, la gravure, la peinture (*La Grammaire,* 1953-63, MNAM), le collage, la sculpture, l'écriture même. Grand admirateur de Duchamp, il remet en cause toutes les valeurs, notamment le rapport de l'art à l'argent (*Pratt Muller,* 1973-76, *L'Art pur l'or,* 1974-76, MNAM). La découverte, à New York en 1965, des possibilités offertes par la lumière laser le fascine et il va désormais y consacrer toute son activité. Professeur à l'École des Beaux-Arts de Stockholm de 1965 à 1969, il vit depuis 1970 en Suisse.

L'origine du projet Kilroy (nom irlandais) date de 1962. Reuterswärd découvre, tracés à la craie sur le mur de sa maison à New York, les mots : « Kilroy was here ». Il en déduit qu'il existe, dans la rencontre du temps biologique unique et du temps universel, un temps, celui de *n'importe qui* (Kilroy). Pour se situer dans ce temps, il s'octroie neuf années de vacances (1963-72), dont l'annonce paraît dans le *New York Herald Tribune* du 19-20 janvier 1963 (la coupure de presse, prémices de *Kilroy*). Reuterswärd a traduit cette dualité interne par le mythe des jumeaux Castor et Pollux : Castor assume l'aspect *existence,* le Moi inclus dans le temps, ici représenté (à gauche du miroir) par quatre objets traduisant l'impossibilité d'agir (la main), de comprendre (l'os de chien), d'aimer (l'accouplement), d'être aimé (le sceau); Pollux assume l'aspect *essence,* l'éternel, le Toi établi dans le langage. Les quatre objets de Pollux, à droite du miroir : l'échelle, la voile, l'œil, la pierre représentent schématiquement les catégories de l'Autre. Enfin, entre Toi et Moi se situe Kilroy, le médiateur, représenté par son *cœur.* En 1965, Reuterswärd décide d'éclairer *Kilroy* d'une nouvelle lumière : le laser. L'ajout des cinq holo-grammes aide à considérer sous un autre aspect — immatériel et en 3 dimensions — la plasticité des neuf objets. N.P.

Cat. *Reuterswärd,* Paris, CNAC, 1972; cat. *Reuterswärd, 25 ans dans la branche,* Stockholm, Moderna Museet, 1977; cat. Hanovre, Sprengel Museum, 1986.

Germaine Richier
1904-1959

Sa carrière s'étend, après une longue maturation, sur une période assez courte (1945-1959) pendant laquelle Germaine Richier s'impose comme l'un des sculpteurs français les plus significatifs de l'après-guerre. Formée à l'École des Beaux-Arts de Montpellier, puis élève particulière de Bourdelle à Paris de 1925 à 1929, elle se fait connaître par une première exposition à Paris à la galerie Max Kaganovitch en 1934. Très vite appréciée (Prix Blumenthal de sculpture en 1936), elle pratique une figuration réaliste aux formes solides. En 1946, elle a trouvé son propre langage, dans lequel le corps humain reste l'élément de référence principal, en développant ses tendances ex-pressionnistes fantastiques latentes (*L'Orage,* 1947, *L'Ouragane,* 1948, MNAM). Elle apparaît, dès 1948 à l'exposition de Berne, comme l'un des 13 « sculpteurs contemporains de l'École de Paris » aux côtés de Giacometti, Laurens, Lipchitz... Appelée à participer — avec Lipchitz et Braque pour la sculpture — à ce symbole du renouveau de l'art sacré qu'est l'église d'Assy, elle réalise en 1950 un *Christ* qui suscite une vive polémique. Elle est choisie en 1952 pour le pavillon français à la Biennale de Venise, avec Bourdelle (mort en 1929) et Lipchitz (aux États-Unis depuis 1941!).

Dans sa dernière décennie, Richier connaît une période de création intense : menant jusqu'au bout sa réflexion sur l'union du minéral, de l'animal et du végétal, elle réduit son langage jusqu'à l'abstraction (*La Grande Spirale,* 1956). Elle conçoit, par ailleurs, des espaces scéniques à l'aide « d'équerres » (deux plaques à angle droit faisant office de socle et de fond) dans lesquelles se placent ses figures. Dès 1950, elle intègre la couleur à sa sculpture, soit par la peinture de ces équerres (qu'elle demande à ses amis Vieira da Silva en 1951, Hartung en 1953, Zao Wou Ki en 1956), soit, à partir de 1952, par le sertissage de morceaux de verre coloré dans du plomb, soit encore, à partir de 1955, en peignant directement de petites sculptures en plomb, en bronze ou en plâtre.

Kilroy's roles, objets, laser et hologrammes, 1962-1972
9 objets sous vitrine; *Errata* (calandre de Rolls Royce);
une feuille du *New York Herald Tribune;*
une enseigne *Kilroy;* 6 hologrammes (plaques de verre)
achat de l'État 1976, attr. 1977
AM 1977-110

L'Orage, 1947-1948
bronze
200 × 80 × 52
achat de l'État et attr. 1949
AM 887 S

Germaine Richier, 1904-1959, Paris, éd. galerie Creuzevault, 1966; cat. *Jean Paulhan à travers ses peintres*, Paris, Grand Palais, 1974.

L'évolution de Richier de 1942 à 1956 est bien illustrée dans la collection du Musée (qui lui consacra en 1966 une rétrospective) par sept sculptures, achats réguliers de l'État (de 1949 à 1963). En revanche, n'y figurent aucune des petites sculptures très libres, ni aucune pièce témoignant des recherches de Richier dans le domaine de la couleur.

☐ *L'Orage*, 1947-1948
Faisant suite aux représentations anthropomorphiques d'animaux ou de végétaux (*La Forêt*, 1945, *La Mante*, 1946) — recherches commencées pendant la guerre par des figures comme le *Crapaud*, 1942 —, *L'Orage* est l'incarnation masculine d'une force naturelle à laquelle Richier donne un pendant féminin en 1948 : *L'Ouragane* (MNAM). Le traitement rugueux de la surface, le refus de l'esthétisme — Richier déclarait préférer un arbre calciné à un pommier en fleur, et le visage de *L'Orage* n'est pas sans évoquer du bois brûlé — situent bien cette œuvre dans le contexte du « matiérisme » de l'après-guerre, celui de Fautrier ou de Giacometti. Elle offre ces « rapprochements apparemment illogiques (...) de textures évoquant de la chair humaine avec d'autres textures (...) suggérant (...) des écorces, des roches, des faits botaniques ou géographiques » dont parle Dubuffet, et il n'est pas surprenant que Richier ait été soutenue par des critiques tels G. Limbour ou W. George. L'enjeu dans son œuvre, au-delà de l'apparence, est d'ordre symbolique : c'est la lutte entre la Vie et la Mort, qu'il s'agisse de l'existence humaine ou des forces vitales de l'univers, force parfois brutale, aveugle comme *L'Orage*. De même que *L'Ouragane*, cette sculpture est puissante et massive, gonflée d'une tension tragique jusqu'à la limite de l'éclatement. En 1956,

alors qu'elle se tourne pour un temps vers l'abstraction, Richier se penchera à nouveau sur ces deux pièces, les plus célèbres de sa production d'après-guerre, pour leur composer symboliquement des *tombeaux* de pierre aux formes géométriques.

☐ *La Montagne*, 1955-1956
Avec cette œuvre se clôt la série des représentations d'éléments naturels; déjà *L'Eau* (1953, MNAM) montrait une liberté de plus en plus grande prise avec le modèle humain. Et lorsqu'en 1956 Richier constate : « Plus je vais, plus je suis certaine que seul l'humain compte », c'est, en réalité, au-delà de l'apparence la nature même de l'existence humaine, l'aspect caché de la Vie qu'elle poursuit. Traduisant tout à la fois la concentration de l'énergie et son éclatement (vie et mort, création et destruction), s'articulant dans l'espace de manière plus complexe que ses œuvres précédentes (*Le Diabolo*, 1950, MNAM), *La Montagne* apparaît particulièrement aboutie. Cette sculpture enthousiasma le cercle d'hommes de lettres — Caillois, Pieyre de Mandiargues, Ponge — dans lequel évoluait Richier : Jean Paulhan y voyait « la Caverne ou l'Oeuf du Monde », la source de l'univers; pour René de Solier (second mari de Richier), c'était Yggdrasil, l'arbre sous lequel se réunissent les dieux de la mythologie nordique. Georges Limbour la considérait comme la conclusion des recherches de Richier sur la fusion des règnes naturels. De fait, selon un processus déjà employé précédemment (*Don Quichotte*, 1950-1951), y sont inclus des éléments réels, des branches d'arbres, des os. Il ne s'agit nullement ici d'une esthétique du bricolage, d'autant plus que ces formes rapportées sont fondues en bronze comme le reste de la sculpture, mais d'une volonté de faire fusionner l'art et la vie, en liant le minéral, l'animal et le végétal autrement que sur le plan formel. V.W.

La Montagne, 1955-1956
bronze
exemplaire n° 1/3
180 × 325 × 125
don de la Société Susse à l'État et attr. 1959
AM 1048 S

Gerhard Richter
1932

Il ne paraît pas inutile de rappeler que, comme de nombreux artistes allemands de sa génération, Gerhard Richter a quitté la RDA, où il est né, pour s'installer dès 1961 à Düsseldorf. D'abord peintre de décor et de publicité à Dresde, il étudie de 1961 à 1963 dans la classe de K.O. Götz à l'École des Beaux-Arts de Düsseldorf. Il vit aujourd'hui à Cologne.

Au moment où « l'intoxication par la térébenthine » fait à nouveau d'infortunés adeptes, la pratique critique de Richter, dans la logique de sa discontinuité, réaffirme l'ambivalence du pouvoir esthétique et ses incertitudes. L'ensemble de son œuvre s'apparente à une conception *moralisatrice* de la peinture. En cela, la position de Richter s'est voulue, dès le début des années 60, une critique de Fluxus : Fluxus s'engage dans une théâtralité d'ordre « anartistique » quand Richter s'attache à une pratique analytique. En témoigne la première manifestation à laquelle il s'associe en compagnie de Konrad Fischer Lueg en 1963, intitulée *Démonstration pour le réalisme capitaliste* : un soir, tout le contenu d'un magasin d'ameublement avait été perché sur des piédestaux blancs où les deux artistes eux-mêmes étaient juchés. Au-delà du caractère magique du *Socle* de Manzoni, de la *Boutique* louée en 1961 par Oldenburg, Richter mettait en scène et en situation le ready-made, concluant la prophétie de Duchamp selon laquelle « toute la constellation des objets serait un jour changée en un ready-made ». Cette mise en scène augurait d'une pratique qui voulait d'abord mettre l'accent sur les liens qui unissent le travail social et l'activité artistique. Il convient, d'autre part, de souligner que les œuvres de Richter sont nées à Düsseldorf au moment où l'art pop américain et le Nouveau Réalisme ont, entre autres, grâce à la galerie Schmela, pris une réelle importance. Elles se présentent ainsi comme des répliques au contexte culturel dominant et notamment à l'œuvre, de caractère emblématique, de Joseph Beuys. Les premières peintures, parmi lesquelles *Tisch,* 1962, et *Ema,* 1966, peuvent en cela davantage être regardées comme des ready-made/peintures que comme des œuvres de caractère hyperréaliste. Les objets, les figures

et les choses y sont traités comme des *images,* en quelque sorte comme du *matériel,* sans que le souci de la ressemblance, de l'illusion y soit posé. Dès 1962, Richter peint d'après des photographies. Auteur de nombreux reportages, il use délibérément d'un matériel qu'on pourrait qualifier de journalistique. Mais, critique du réalisme en photographie, il peut répondre à Irmeline Lebeer : « Les photos réalistes (...). Ils ont l'air de croire à ce qu'ils font, ils ont trouvé le salut une fois pour toutes... ». Aussi l'œuvre de Gerhard Richter s'oriente-t-elle dès lors dans une voie essentiellement méthodique. Chaque sujet, chaque technique sont autant d'interrogations sur le statut de la peinture et de ses conventions, un attachement toujours rejoué à « inventer la peinture tout en la détruisant ».

Parce que, pour Richter, « le faire n'est pas un acte artistique », on mesurera ce qui sépare son projet de celui des peintres aujourd'hui attachés à réhabiliter les techniques traditionnelles. Le caractère hétérogène de son œuvre est, en réalité, lié à la démystification du sujet en peinture parce que Richter, en cynique, s'approprie tous les sujets possibles : *Nuages* (Wolkenbilder), *Alpes* (Alpenbilder), *Paysages urbains* (Städtbilder), *Forêts vierges* (Djungebilder), *Portraits* puisés au hasard des pages historiques du dictionnaire (Achtundvierzig Porträts) et, plus récemment, *Bougies et crânes* qui côtoient les monochromes gris et les *Peintures abstraites* (Abstrakte Bilder) qu'il se plaît à peindre lorsqu'il cherche d'abord « à ne plus rien représenter du tout ».

Aussi la notion de chronologie est-elle caduque pour une œuvre qui procède pourtant par série. Cet attachement à la discontinuité, à l'outrance de la convention et du cliché (dans l'ambivalence du mot) mène le peintre à user et à abuser de tous les sujets au point que, si un quelconque inventaire était à dresser, ce ne serait plus l'inventaire des sujets de la peinture, mais celui des modes picturaux. La peinture devient pour lui l'ébauche du discours sur la représentation. Benjamin Buchloh, dans les nombreuses exégèses qu'il lui a consacrées, écrit : « L'œuvre de Richter est devenue une critique de la notion d'origi-

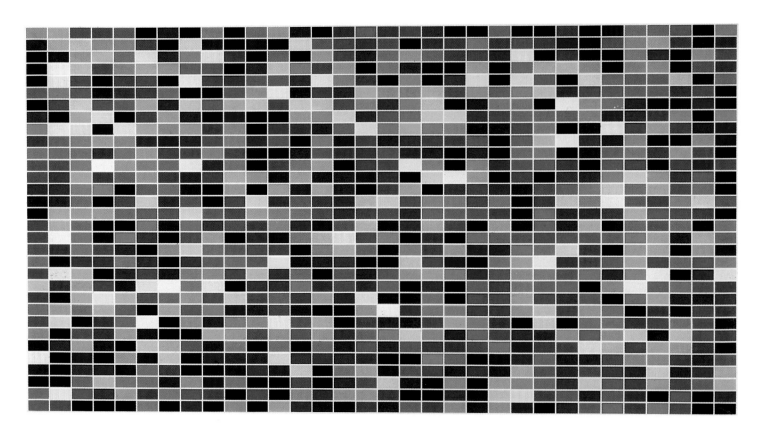

1024 couleurs (n° 350/3), 1973
laque sur toile
254,5 × 478
don de l'artiste, 1984
AM 1984-285

nalité par sa multiplicité potentielle ». C'est dire que la peinture est pensée en terme de connaissance et non pas d'expression.

Des quatre œuvres que le Musée possède, le monochrome gris, *Grau nº 349*, 1973, est sans doute la plus emblématique. S'il s'agit ici d'opposer au statut du monochrome bleu de Klein la volonté de figurer le neutre, il s'agit aussi de signifier qu'un tableau ne peut être identique qu'à lui-même et de mettre en scène les constituants de la peinture au-delà de toute métaphysique possible.

Cat. *Gerhard Richter*, 36ᵉ Biennale de Venise, 1972; cat. *Gerhard Richter*, Paris MNAM, Centre G. Pompidou, 1977; cat. *Gerhard Richter*, Saint-Étienne, Musée d'Art et d'Industrie, 1984; U. Loock, D. Zacharopoulos, *Gerhard Richter*, Munich, Verlag Silke Schreiber, 1985.

509

□ *1024 couleurs (nº 350/3)*, 1973

Dans cette peinture — la troisième d'un ensemble de quatre « gammes »: *1024 Couleurs dans 4 permutations* — Richter édifie la surface en un monument où la peinture se figure en une gamme-échantillon. Ce thème des *Échantillons de couleurs*, apparu pour la première fois en 1966, Richter le reprend en 1971, puis en 1973-1974 dans la série des *Zones de couleurs* où il étudie minutieusement et systématiquement le passage de la quantité à la qualité d'une spatialité élémentaire. Les couleurs y sont réparties avec le même « hasard objectif » et la volonté aléatoire qui président aux *Spectral colours ordered by chance*, 1952, ou aux *64 Pannels* d'Ellsworth Kelly. Cet agencement fortuit détruit toute justification d'une lecture fondée sur la complémentarité optique ou « l'harmonie » chromatique. L'espace pictural devient le lieu d'une démonstration. Le principe aléatoire régissant l'agencement des couleurs est le suivant : quatre rectangles de couleurs se dédoublent, à espace régulier, en quatre séries de multiplications successives, atteignant pratiquement l'infini, à partir de la division des trois couleurs fondamentales. Une contradiction se fait jour entre la cohésion de la forme assurée par la progression de la permutation des éléments formels et sa déliquescence due à la permutation des éléments colorés. A propos de ces quatre toiles, Richter lui-même écrit : « Ce type de naturalisme artificiel constitue un aspect qui me fascine, comme le fait que, si j'avais peint toutes les permutations possibles, il aurait fallu à la lumière 400 billions d'années pour aller du premier au dernier tableau ». Une fois de plus, Richter rejoint l'analyse de Duchamp par son scepticisme à l'égard d'une peinture fondée sur le plaisir du geste, afin de *réduire* son activité au seul geste encore crédible qui consiste, pour lui, à « construire des tableaux selon des normes ».

□ *Peinture abstraite nº 444*, 1979

Des deux peintures abstraites des collections du Musée, l'*Abstraktes Bild nº 444* est, certes, la plus monumentale. Appartenant à une série d'œuvres réalisées entre 1977 et 1979, elles ont eu pour « modèles » de petites peintures (ne dépassant guère 20 cm) brossées en pleine pâte. Richter les a, dans des formats considérablement agrandis, scrupuleusement recopiées à l'aide d'un aérographe — le problème de la *reproduction* et de la *reproductibilité* propre à Benjamin réapparaît ici — ce qui supprime tout effet de matière et rend une peinture plate aux effets fondus. Cette toile analyse le statut du flou et de « l'effet » en peinture et démontre que seul un geste précis peut arriver à signifier le mouvement : paradoxe d'un tableau qui, comme *Les Nuages*, laisse comprendre que la seule réalité de l'œuvre est celle que lui confère sa représentation. Dans *Juni (nº 527)* de 1983, que vient d'acquérir le Musée, Richter superpose aux images « anciennes » d'autres figures du geste. Mais, ici encore, l'œuvre est un inventaire des moyens toujours rejoués de la peinture et chaque œuvre se veut non pas une *abstraction*, mais d'abord son *image*.   B.B.

Peinture abstraite nº 444, 1979
huile sur toile
300 × 250
achat 1980
AM 1980-530

Jean-Paul Riopelle
1923

Né au Canada, à Montréal, Riopelle étudie pendant deux ans à l'École Polytechnique (1939-1940), s'intéresse à l'architecture, notamment à la perspective, pratique la photo et suit des cours à l'École du Meuble — sorte d'école Boulle — où enseigne le peintre automatiste Paul-Émile Borduas. Sous l'influence du surréalisme, dont il retient essentiellement la « libération » de l'écriture, il fonde en 1945 le groupe des « Automatistes » avec Leduc, Mousseau, Barbeau, Gauvreau et Borduas, dont les travaux sont présentés au public l'année suivante. Après un court séjour en France, il part pour New York où il fait la connaissance de Hayter et, par son intermédiaire, de Miró et de Lipchitz. En 1947, il s'installe définitivement à Paris, rencontre Mathieu et Pierre Loeb, qui lui présente André Breton et Pierre Mabille. En 1948, il se lie d'amitié avec Georges Duthuit, gendre et défenseur de Matisse. Il signe le manifeste « Refus global » rédigé par Borduas. 1949 marque sa première exposition personnelle chez Nina Dausset et sa participation à l'exposition *Véhémences confrontées* à la galerie du Dragon (Pollock, Rothko, Mathieu, Sam Francis, Tobey...). Cette première confrontation d'artistes européens avec ceux du continent américain s'est révélée très importante pour comprendre certaines associations, notamment celle de Pollock avec Riopelle; si leurs démarches — en tant que peintres gestuels — voisinent, c'est qu'elles ont en commun la même source d'inspiration : celle du surréalisme et de l'écriture automatique. Mais Riopelle se maintiendra toujours dans un certain naturalisme. A partir de 1954, il expose régulièrement à New York chez Pierre Matisse, à Paris chez Jacques Dubourg et, à partir de 1966, à la galerie Maeght. Une rétrospective a lieu l'année suivante au Québec. Depuis 1974, il partage son temps entre la France et le Canada.

P. Schneider, *Riopelle, signes mêlés*, Paris, Maeght, 1972; cat. *Jean-Paul Riopelle, Peinture 1946-1977*, MNAM, Centre G. Pompidou, 1981.

□ *Feu vert,* 1957

La fin des années 50 est marquée par l'abandon des toiles « mosaïques », où la succession des petites touches carrées, régulièrement appliquées au couteau, évoquait des tessères. A nouveau, le tissu pictural, si harmonieusement élaboré dans les tableaux de 1954, est entrepris d'un geste plus violent, qui rappelle celui de ses débuts, entre 1945 et 1951. L'écriture noire s'inscrit ici sur une sorte de trame verticale de fils de couleurs très fins, comme suspendus. Le fond est recouvert de coulées d'encres colorées qui troublent la netteté des signes et les engloutissent. La résille distendue du fond, les filaments fragiles permettent simultanément une circulation plus libre des signes, d'autant plus que la technique incite à cette liquidité; les encres de couleurs rendent les tons étranges et violents dans leur rapport : violets, outremers, rouges écarlates s'affrontent et se comportent comme des teintures qui tenteraient d'acquérir la transparence du cristal, la fraîcheur minérale. La vision du monde reste figurative chez Riopelle, les titres en témoignent; l'artiste gère la mémoire qu'il a de la nature, celle des forêts canadiennes ou des paysages normands.

Feu vert, 1957
encres de couleur sur papier collé sur toile
185 × 425
don de Pierre Matisse, 1965
AM 3390 D

□ *Mitchikanabikong,* 1975

Vingt ans plus tard, Riopelle s'éloigne à nouveau de l'écriture automatique, du parcours de la toile de tous les côtés et du remplissage
« all over » des tableaux mosaïques. Ici, l'idée de la composition en
trois parties domine, et la structure de chaque partie en deux, traitées
différemment, reste très forte. Cachée, mais sous-jacente, la nature
est là dans toute sa diversité. Le « paysage », qui évoque les différentes
saisons passées dans l'atelier de Sainte-Marguerite, renvoie à un lieu
géographique précis, comme son titre l'indique qui est la traduction
fidèle en algonquin de « barrière de pierres »: le village indien qui
borde le lac Barrière au Québec. Pourtant, ce qui le constitue dénonce
en même temps son irréalité: il ne reste plus du réalisme des formes
figuratives qu'un vigoureux travail du couteau qui trace des bandes
plus ou moins nettes de couleurs, réparties en zones délimitées par
un trait continu. Appliquée en pleine pâte, la couleur y creuse cimes
et vallées : la surface devient un relief mouvementé. Charpentées et
volumineuses, ces traces confèrent à l'œuvre une solidité certaine;
orientées dans tous les sens, elles sont contrariées par une ligne noire
qui dessine et accuse les blancs, les rendant plus nacrés et plus vibrants.
Par moments, la ligne perd sa couleur, entre dans la matière et lui
donne une apparence de volume; cette ligne se déploie largement,
tout en se maintenant à l'intérieur d'un format à la dimension du
corps humain : bien qu'il se rapproche des *Action-painters,* Riopelle a
toujours préféré travailler dans les limites et les proportions d'un
châssis traditionnel. En se répétant dans les trois parties du tableau,
la ligne embrasse ainsi tout l'espace peint, lui donne sa pulsion et
contredit en même temps la rigidité de l'espace construit.   C.S.

Mitchikanabikong, 1975
triptyque, huile sur toile
199,5 × 392
don d'Aimé Maeght, 1979
AM 1979-254

Larry Rivers
1923

Larry Rivers, à partir de 1945, étudie l'art avec Hans Hofmann à Provincetown, puis avec William Baziotes. En rupture avec un enseignement dominé par l'abstraction, il se veut un peintre « classique » et, s'exprimant essentiellement par le dessin, emprunte ses sujets à Léonard de Vinci, Ingres ou Rubens. A cette référence académique se superpose pourtant une liberté de traitement inspirée de la touche « érotisée » de Bonnard, dont les nus le fascinent. Par la suite, sous l'influence de De Kooning, il introduit dans son dessin biffures et gommages qui confèrent à son travail une picturalité particulière à la fois figurative et allusive. Passionné par les impressionnistes, il effectue en 1950 et 1961 de longs séjours à Paris, « le vrai lieu de la peinture ». L'expérience du Louvre le conduit à développer une nouvelle « peinture d'Histoire », par laquelle, au moyen de multiples altérations et citations parasites, il s'approprie les « grands maîtres » : ainsi, *Georges Washington crossing the Delaware,* 1953 (d'après E. Leutze), ou *Rainbow Rembrandt,* 1977 (d'après *Le Cavalier polonais* de Rembrandt). Parallèlement à cette acclimatation directe des modèles de l'Histoire de l'art, Rivers reprend les motifs de la Grande Peinture mais sous ses formes vulgarisées : des *Syndics des drapiers* de Rembrandt il retient la version inversée et simplifiée qu'en propose une boîte de cigares (série des *Dutch Masters*); de même, il repique l'effigie de Bonaparte imprimée sur les billets de banque *(French Money)* ou les compositions japonaises d'un album de coloriage. Participant d'un esprit voisin de celui du Pop Art ou du Nouveau Réalisme, ces toiles redonnent un statut pictural aux images courantes — plates —, concrétions culturelles à la fois usées et exaltées par la duplication. Elles ne sont pas sans rappeler les drapeaux de Jasper Johns ou les sérigraphies de Rauschenberg, de la même manière que ses « three-dimensional things » — objets composites mixant photographie, peinture et sculpture — évoquent les *Combine paintings,* les trompe-l'œil de T. Wesselman ou de Rosenquist.

Anticipant, dans les années 50, le retour actuel à une figuration à la fois citative et expressionniste, Larry Rivers s'est, plus récemment, orienté vers un travail multimédia privilégiant la vidéo, tout en poursuivant une œuvre dessinée à caractère autobiographique.

S. Hunter, *Larry Rivers,* New York, Harry N. Abrahms, 1966; L. Rivers, C. Brightman, *Drawings and Digressions,* New York, Clarkson N. Potter, 1979; cat. *L. Rivers, Retrospektive,* Hanovre, Kestner, Gesellschaft, 1981.

☐ *I like Olympia in black face,* 1970

Larry Rivers condense dans cette œuvre l'ensemble de sa démarche artistique : il détourne le principe vernaculaire du panneau publicitaire — détouré, illusionniste, accrocheur; il exploite une peinture clef de l'Histoire de l'art, l'*Olympia* de Manet; il déplace la signification et les référents — américains pour européens, maître pour esclave — en jouant sur l'inversion du noir et du blanc; il explore la dimension rhétorique de la représentation en superposant des plans découpés qui confèrent un volume à la peinture la « plus plate » du 19ᵉ siècle; il met en scène, par le dédoublement des personnages, les transferts du modèle à la copie, du vrai au faux.   A.B.

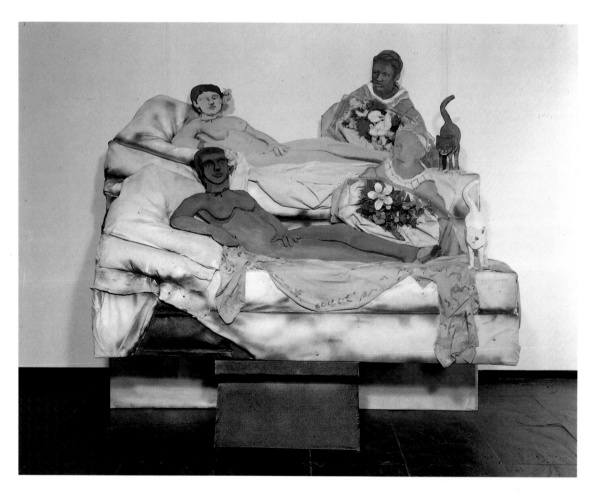

I like Olympia in black face, 1970
(J'aime Olympia en Noire)
construction peinte
104 × 198 × 86
don de la Menil Foundation en mémoire de Jean de Menil, 1976
AM 1976-1231

512

James Rosenquist
1933

Originaire du Dakota du Nord, Rosenquist, tout en gagnant sa vie comme peintre industriel, ce qui l'obligera à parcourir tous les aspects de ce paysage si typiquement américain du Middlewest — expérience essentielle pour le développement de son œuvre future — suit à partir de 1953 à l'université du Minnesota les cours de peinture de Cameron Booth, qui l'initiera aux techniques traditionnelles. Il ne passera qu'une année (1955) à l'Art Students League de New York, déçu par l'enseignement reçu. Pour subsister, il s'emploie à peindre de gigantesques panneaux-réclames sur Times square, apprentissage qui lui sera plus utile que toute autre formation académique. Devenu l'ami de Rauschenberg, de Johns et de Kelly, encore mal connus, il prend alors définitivement conscience de sa vocation de peintre. Il commence par réaliser des toiles abstraites, mais refuse d'emblée tant le « drip » des abstraits expressionnistes que le « hard-edge » minimal. En 1962, lors de sa première exposition personnelle à la Green Gallery de New York, ses sujets comme sa technique provoquent de violentes controverses, mais toutes ses toiles sont vendues. Désormais, bien qu'il se soit toujours défendu de toute interprétation de son œuvre trop unilatéralement « pop », il fera partie de toutes les grandes manifestations qui suivront l'essor de ce mouvement.

Cat. *James Rosenquist,* New York, Whitney Museum, 1972; J. Goldman, *James Rosenquist,* New York, Viking Penguin, 1985.

☐ *President Elect,* 1960-1961

Rosenquist a très vite trouvé son identité d'artiste : des formats immenses, une manière de peindre à larges et souples coups de brosse, des couleurs vives, mais presque toujours éclaircies de blanc, qui donnent un effet de profondeur et d'ambiguïté, qu'il recherche aussi dans ces brusques ruptures d'échelle apprises de son métier passé. *President Elect* est l'une des seules œuvres inspirées directement des affiches publicitaires; Kennedy était alors une image d'optimisme pour les États-Unis, le gâteau et la voiture, les signes les plus tangibles de cette nouvelle ère de prospérité. Cependant, l'originalité de Rosenquist s'y décèle déjà : division tripartite de la surface, qui rompt la monotonie de l'image et permet de multiplier les points de vue et les significations, ondoiement de la lumière (sur le visage du Président), travail en grisaille (mains qui se greffent comme des apparitions) où certains ont pu voir une influence du surréalisme, niée par l'artiste lui-même.

Cl.S.

President Elect, 1960-1961
(Le Président élu)
triptyque, huile sur isorel
228 × 366
achat de l'État 1973, attr. 1976
AM 1976-1014

513

Mark Rothko
1903-1970

Russe émigré aux États-Unis en 1913, Mark Rothko poursuit des études d'art, notamment à New York avec Max Weber. Sa première période est, pour l'essentiel, figurative et expressionniste. Très sensible à la dramaturgie classique, il transpose progressivement le pathétique du quotidien urbain (*Subway,* 1936) dans des compositions à caractère mythologique. La représentation illusionniste y fait place à un espace bi-dimensionnel, structuré en zones horizontales, inspiré du bas-relief grec (*Antigone,* 1938). Entre 1942 et 1947, dans un ensemble de toiles surréalistes proches de celles de Gottlieb et Gorky (*Horizontal Phantom,* Gesthsemane, 1943), Rothko explore une dimension opaque, sous-marine, où s'inscrivent les éléments biomorphiques d'une vie sommaire et fondamentale. Reprenant la division horizontale du tableau, la métaphore marine des *Seascape* matérialise la substance — ductile, mouvante, irridescente — de la peinture. Il parvient ainsi, dès 1947, à l'abstraction des « Multiforms », où de grandes taches de couleur vague dérivent à la surface de la toile.
En 1949-1950 s'affirme l'expressionnisme abstrait dans sa double dimension gestuelle (De Kooning, Pollock...) et chromatique (C. Still, B. Newman); Rothko y participe en rassemblant ses tentatives antérieures en une seule proposition formelle qui constituera sa « marque »: des aplats rectangulaires aux limites imprécises, superposés à un fond. Le « ground-colour », surface à la fois mythique et plastique, émerge ainsi dans la peinture comme sujet de la peinture. Entre 1950 et 1970 (date de son suicide), Mark Rothko poursuivra, dans ce cadre formel toujours identique, un long travail de nuancement de la couleur. Il déclare de manière paradoxale : « I am not a colorist ». Son projet « to paint both the finite and the infinite » est celui d'une recherche abstraite du « chiaroscuro », une peinture plane avec ombre et lumière. Au cours des années 60, il privilégie la déclinaison du rouge pour sa flexibilité chromatique, émotive, et ses connotations cérémonielles. Il se livre ensuite à un assombrissement progressif du vermillon au carminé, aux bruns, puis aux pourpres noirs.
Les travaux sur papier de l'été 1967 préfigurent directement l'aboutissement de l'œuvre. Le rectangle se fixe aux bords de la toile, définissant deux espaces et une seule ligne de jonction accusée. A la composition *over* — rectangle « par-dessus » un fond coloré — succède le rapport *on* de deux valeurs sombre/claire, l'une « sur » l'autre. Ces toiles sans objet ni fond sont qualifiées parfois de « peintures noires », ce qui laisse ignorer la transparence de la couleur, les nuances des bruns, des ocres et des gris sur lesquels de haut en bas, inversant la logique des équilibres, pèse une masse obscure.

D. Waldman, *Mark Rothko-A retrospective,* New York, The Guggenheim Museum, Abrams, Paris, Le Chêne, 1978; D. Ashton, *About Rothko,* New York, Oxford University Press, 1983; B. Clearwater, *Mark Rothko, Works on Paper,* New York, Hudson Hills Press, 1984.

☐ *Dark over brown n° 14,* 1963
Situé entre la série du Seagram Building en 1958 et les sombres monochromes à vocation méditative de la Menil Chapel en 1967-1969, *Dark over brown n° 14,* peinture acrylique noire « par-dessus » le brun (la seule de Rothko dans la collection), constitue un jalon du processus d'extinction chromatique. Plate, terne, mate, sa noirceur aveugle dément les glacis, les subtiles superpositions de complémentaires, la couleur triomphante des années 50-60. « Table de méditation », disait Michel Ragon. Déjouant la trop facile adhésion émotive d'un regard formé au « décoratif », cette peinture ne communique rien d'autre que l'incompressible pesanteur de sa présence : de l'ombre sur de l'ombre.   A.B.

François Rouan
1943

François Rouan s'est trouvé confronté, comme toute sa génération, à une mise en question radicale de la peinture. Cependant, dès la fin des années 60, il a voulu continuer à la croire possible, mieux à la pratiquer. D'abord dans une phase d'expérimentation (1964-1965) influencée au départ par les gouaches découpées de Matisse : son travail (qui le rapproche un moment du groupe Support-Surface) met alors en jeu des papiers gouachés, fendus ou découpés, collés sur un fond déjà peint. Puis il se trouve progressivement conduit à la pratique de ce qu'il nommera *Tressage* (1966-1967). Terme significatif encore qu'impropre, puisqu'il s'agit, en réalité, de constituer en chaîne et trame d'un tissage les bandes provenant de deux toiles préalablement teintes ou peintes. A partir de deux systèmes de signes, Rouan découvre ainsi la possibilité d'en produire un troisième (d'où l'idée de *tresse*), aléatoire certes, mais, au fur et à mesure qu'il explore cette technique, de mieux en mieux conceptualisé et dominé. Dans de nombreux travaux de cette époque (tel le grand *Tressage,* 1966, MNAM, reproduit ici), Rouan utilise de fragiles papiers de soie, soumis à de multiples opérations de colorations, découpages et collages, retravaillés ensuite et produisant en définitive un objet à la fois brutal et subtil, jouant superbement sur des bleus, des oranges et des verts encore très matissiens. Pensionnaire de l'Académie de France à Rome en 1971, Rouan part pour l'Italie avec le projet ambitieux d'une série de tableaux qui seraient des variations sur le noir. Ce seront les douze *Portes* (de Rome), de format identique, peintes entre 1972 et 1975, dont l'exposition en 1975 au Musée national d'art moderne a fait date pour les peintres de sa génération, et dont le Musée conserve *Prenestina II,* 1972-1973. Ces tableaux systématisent et radicalisent le procédé du tressage, mais y ajoutent une dimension de profondeur, des « dessous » qui n'existaient peut-être pas dans les travaux plus élémentaires, plus innocents et plus spontanés des années précédentes. Comme si, dans l'abstraction apparente des noirs, se tramaient

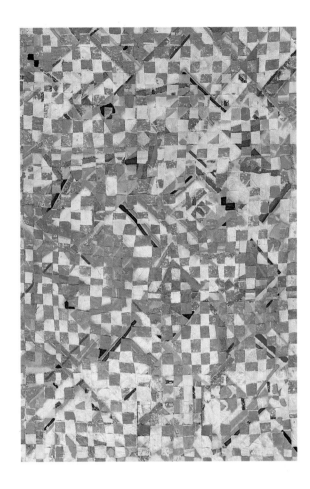

Cassone VII, 1982-1983
(Coffret VII)
huile sur toile
220 × 350
achat 1985, grâce au don de Filipacchi Warner
AM 1985-40

Sans titre, 1966
gouache et aquarelle sur papier tressé
239 × 160,5
achat 1976
AM 1976-254

516

obscurément des scènes, des paysages et même des figures notablement absents jusqu'alors. Dans le même temps, à la Villa Médicis
(1971-1974) et pendant les quatre années suivantes passées en Italie
(1975-1978), Rouan dessine « sur le motif »: paysage toscans, jardins
romains, architectures et marbres, mais aussi l'image qu'en ont
donnée les peintres. Il passe notamment trois semaines à Sienne,
dessinant d'après les fresques des Lorenzetti, accumulant les matériaux qui ressurgiront pendant des années dans les séries suivantes :
Coffrets, Saisons, Boscos.
Après 1976, s'ajoute, en effet, aux effets formalistes du tressage, un
recours systématique à l'image. Par le biais des motifs récurrents,
usés jusqu'à la transparence, réduits et décantés, Rouan introduit
dans ses tableaux les signes végétaux des frondaisons, les veines du
marbre, des figures, enfin, empruntées à Lorenzetti ou à Poussin. A
travers les opérations successives de découpage et de tressage, ces
images sont émiettées, décomposées en fragments minuscules, rendues méconnaissables, cependant leur pouvoir en est démultiplié. Le
contenu formel et conceptuel du tressage se trouve désormais investi
d'une charge de mémoire et même de mythe : arbres, pierres et
nymphes cachées composent des paysages sans date (comme dans le
Bosco reproduit ici), des lieux originels renvoyant à la fois à la première
histoire de l'humanité telle qu'elle se l'est racontée et à l'histoire de
la peinture qui a tenté d'incarner ces fables. Dominique Bozo le
soulignait en 1983 : « François Rouan est sans doute de ceux qui,
sortis de l'expérimentation, ont su très vite se constituer une poétique,
c'est-à-dire une structure de pensée ouverte, autonome et adéquate
à leurs ambitions ». *Tresser* n'est pas seulement pour Rouan une
façon de peindre, une commodité technique qui lui aura permis en
1965 de surmonter son inhibition devant la toile blanche. C'est la

mise en œuvre d'une véritable pensée sur la peinture, sur la perspective, le plan, l'épaisseur. « J'en prends ici le pari, écrit Hubert
Damisch, le tressage pourrait bien remplir, pour la peinture à venir,
un office analogue à celui qui fut, pendant deux ou trois siècles, celui
de la perspective. »
Le dernier *Coffret* ici reproduit, le septième d'une série inaugurée en
1976, a été peint en 1982-1983 sur le même format rectangulaire
allongé défini pour les précédents. Déchirant le tissu serré des éléments tressés, fait irruption une grande figure en noir et blanc,
construite en facettes un peu à la manière cubiste; cette figure sculpturale et tragique apporte une dimension nouvelle à la peinture de
François Rouan : la prise en charge d'une mémoire individuelle, la
violence de la perte acceptée et transmuée, mais nécessairement mise
à distance.   I.M.F.

Cat. *François Rouan, Portes,* Paris, MNAM, 1975; cat. *François Rouan, peintures,
dessins,* Marseille, Musée Cantini, 1978; cat. *Targoum, Rouan Paintings and
Drawings, 1973 to 1981,* New York, Pierre Matisse Gallery, 1982; cat. *Rouan,*
Paris, MNAM, Centre G. Pompidou, 1983.

Bosco in basso continuo, 1979-1980
huile sur toile
180,5 × 255
don de M. et Mme Basil Goulandris, 1983
AM 1983-192

Georges Rouault
1871-1958

Venu au monde dans une cave de Belleville, le dernier jour de la Commune, Georges Rouault grandit dans un milieu d'artisans chrétiens, entre un père ébéniste, des tantes peintres en porcelaine et un grand-père collectionneur de reproductions de Daumier, Courbet et Manet. De 1885 à 1890, un apprentissage chez un restaurateur de vitraux, puis des études, jusqu'en 1895, à l'École des Beaux-Arts dans l'atelier de Gustave Moreau (en compagnie de Matisse, Marquet, Manguin, etc.) sont décisifs pour sa formation de peintre. Ici, il découvre à la fois la splendeur des verrières médiévales et la décadence de l'art religieux du XIXᵉ siècle; là, il retire du contact avec son professeur un goût pour les clairs-obscurs dramatiques et les matières précieuses, qui caractérise déjà ses premières compositions religieuses. Après la mort de G. Moreau (1898) — qui lui laisse la charge du musée de son œuvre légué à l'État (1903) — Georges Rouault, isolé des courants académiques comme des avant-gardes, traverse une crise profonde marquée par le dégoût du « cloaque » parisien. En 1901, la rencontre avec J.K. Huysmans, retiré à l'abbaye du Ligugé, puis la découverte des écrits de Léon Bloy donnent à son travail un « coup de barre » nouveau. Désormais, c'est à travers la description tragique de « l'enfer humain », celui des laissés pour compte de la société (prostituées, saltimbanques, pauvres gens des faubourgs) et de leurs bourreaux (juges et bourgeois « nantis », dont il tire des portraits « grotesques »), que Rouault cherche — après Daumier — la voie d'une expression hantée par la présence du Mal et le « vertige de la hideur » (L. Bloy). Abandonnant l'huile, il trouve dans l'aquarelle le médium adéquat pour opposer touches légères et graphismes noirs qui captent les formes dans leur réseau fébrile. Accusé par la grande presse « d'ériger la difformité en dogme et le barbouillage en acte de foi », Rouault rencontre, après ses expositions particulières de 1910 et 1911 à la galerie Druet, une critique plus partagée, impressionnée par « ses puissantes et sombres harmonies » (Gustave Kahn) qui le pressent « aux prises avec la forme comme quelqu'un » (Jacques Rivière). Après 1911, l'amitié fidèle de Jacques et Raïssa Maritain, puis celle d'André Suarès, lui apportent une sérénité nouvelle, tandis que l'achat par Vollard de l'ensemble de sa production — y compris les œuvres à venir — lui procure pour la première fois une certaine sécurité matérielle.

Le retour aux thèmes religieux, plus sensible vers 1912, s'opère à travers l'exécution de suites gravées pour Vollard, notamment de *Miserere* et *Guerre* (réalisées de 1916 à 1927 et publiées en 1948 sous le seul titre de *Miserere*), gigantesque « danse macabre » sur le drame de 14-18. Ce travail harassant — parallèlement, il grave *Les Réincarnations du Père Ubu* (1916-1928), *Les Fleurs du Mal* (1926-1927), *Souvenirs intimes* (1926), etc., puis, de 1930 à 1939, de nombreuses eaux-fortes en couleurs (*Le Cirque de l'Étoile filante*, 1938, sur des poèmes de lui-même et *Passion*, 1938, sur un texte d'André Suarès) — contribue à faire de Rouault le rénovateur d'une peinture chrétienne débarrassée de toute imagerie saint-sulpicienne traditionnelle. Après 1918, avec la reprise des techniques de l'huile, ses figures de Christs, de clowns emblématiques et ses portraits méditatifs (*L'Apprenti ouvrier*, 1925, MNAM) atteignent une majesté archaïsante par l'ordonnancement statique de leur composition et l'épaisseur de leurs matières picturales sévèrement cernées de noir. Dans les années 30, la couleur, souvent apposée couche sur couche et d'une richesse d'émail, devient, dans des paysages « légendaires » ou « bibliques » et dans des portraits à l'élégance raffinée de Pierrots ou de clowns, la structure même d'une forme produisant, comme un vitrail ancien, sa propre lumière. C'est à ce moment que Rouault obtient un début de reconnaissance publique à l'exposition des *Maîtres de l'art indépendant* du Petit Palais (1937).

En effet, la révélation de ses œuvres postérieures à 1918, puis les rétrospectives de 1945 au Musée d'Art Moderne de New York, de 1948 à la Kunsthaus de Zurich, et sa participation à la Biennale de

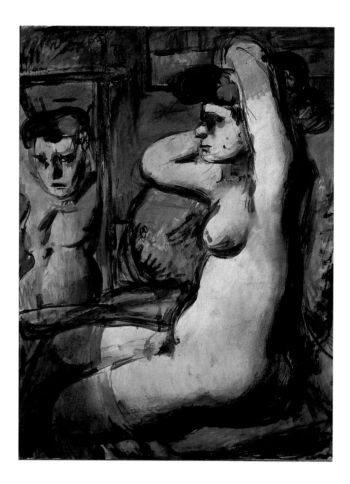

Fille au miroir, 1906
aquarelle et gouache sur carton
70 × 53
achat 1951
AM 1795 D

Nu de dos, œuvre inachevée, [v. 1910]
huile sur papier
72 × 57
don de Mme Rouault et ses enfants, 1959
AM 3644 P

Venise la même année, le consacrent officiellement comme un des maîtres de l'art moderne. Après 1945, alors que ses dernières huiles sur toile ou sur papier parachèvent son évolution vers une peinture devenue presque minérale à force d'empâtements triturés et de phosphorescences (*La Fuite en Égypte,* v. 1946, *Nocturne chrétien,* 1948-1952, MNAM), Rouault contribue, au cours de ses dernières années, au renouveau d'un art décoratif chrétien par la réalisation de vitraux (commandés en 1945 par le Père Couturier pour l'église d'Assy), de maquettes d'émaux (pour l'abbaye de Ligugé en 1949) ou de cartons de tapisseries (en 1957 avec *La Sainte Face* pour l'autel de la chapelle de Hem).

Conscient de l'impossibilité d'achever le fonds immense de ses peintures, inlassablement reprises depuis 1922, il obtient, par un procès retentissant en 1947, la restitution par les héritiers de Vollard de plusieurs centaines d'entre elles (119 manquent pourtant à l'appel) et en brûle lui-même une grande partie en 1948. Un total de 916 œuvres inachevées fera ainsi l'objet d'une donation de la famille de Georges Rouault au Musée en 1963, complétant l'ensemble donné du vivant de l'artiste en 1949 *(Homo Homini Lupus),* 1952 *(L'Apprenti-ouvrier)* et 1956 *(Miserere).* Ce fonds, qui fait l'objet d'une présentation particulière au Musée, constitue — avec le legs du Dr Girardin en 1954 au MAM — la principale collection publique d'œuvres de Georges Rouault.

G. Rouault A. Suarès, *Correspondance,* Paris, Gallimard, 1960; G. Rouault, *Sur l'art et sur la vie,* Paris, Denoël, 1971.
L. Venturi, *Georges Rouault,* Paris, Skira, 1948; P. Courthion, *Georges Rouault,* Paris, Flammarion, 1962; cat. *Georges Rouault, œuvres inachevées données à l'État,* Paris, Musée du Louvre, 1964; cat. *Georges Rouault. Exposition du centenaire,* Paris, MNAM, 1971; F. Chapon et I. Rouault, *Rouault, l'œuvre gravé* (2 t.), Monaco, éd. André Sauret, 1978.

□ *Fille au miroir,* 1906
De 1903 à 1914, Georges Rouault aborde, après Degas et Toulouse-Lautrec, le thème de la prostituée, mais « quand il peint une fille de joie, il ne se réjouit pas cruellement comme Lautrec du vice qu'exalte la créature, il en souffre et pleure » (Vauxcelles); au contraire, à l'égal de ses saltimbanques, il l'érige en symbole pathétique de la déchéance humaine (*Ève déchue* est d'ailleurs le titre d'une petite aquarelle de 1905, MAM, présentant la même composition). La version du Musée, monumentale, opère, elle, une véritable mise en majesté tragique du personnage; nu lourd et flétri, mais sculptural, souligné par les tracés noirs de l'aquarelle, expression douloureuse et amère du visage, décor noyé dans les griffures colorées de l'espace ouvert à l'arrière-plan, tout concourt à effacer la vulgarité du sujet. Rouault se livre ici, au-delà de toutes les conventions picturales académiques, à un jeu vigoureux de contrastes lumineux et à une subtile utilisation des fluidités délicates de l'aquarelle. En opposant la clarté rosée des chairs aux profondeurs bleutées du fond, il fait surgir son modèle comme une foudroyante apparition.

□ *La Grande Parade,* œuvre inachevée, v. 1907-1910
A l'égal de quelques autres (dont *Clown au tambour,* v. 1903-1907, *Polichinelle,* v. 1910, *Le Conférencier,* v. 1910, MNAM), Rouault considérait cette œuvre inachevée comme une « toile-témoin » constituant un point de repère de son évolution en cours; elle porte d'ailleurs des traces de craie, indiquant son intention de compléter son travail. Reprise inversée d'une aquarelle de 1907 intitulée *La Parade* (Montreux, coll. Bangester) et présentant Arlequin et Pierrot battant l'estrade pour attirer les badauds, elle constitue une sorte d'aboutissement provisoire des recherches menées depuis 1903 sur les saltimbanques en action ou affrontés deux par deux. Si le thème du cirque est celui auquel Rouault reste le plus fidèle dans ses peintures (*Le*

La Grande Parade, œuvre inachevée, v. 1907-1910
aquarelle et huile sur papier
65 × 100
don de Mme Rouault et ses enfants, 1959
AM 3652 P (892)

Clown blessé, 1932), aussi bien que dans ses gravures et ses poèmes illustrés (*Le Cirque de l'Étoile filante,* 1938), c'est qu'il correspond à l'ambiguïté de sa vision pathétique du monde : d'abord figure de couleur, de lumière et de légèreté, et émerveillement d'enfance, le saltimbanque est devenu symbole paradoxal d'une « vie d'une tristesse infinie si on la voit d'un peu haut », c'est-à-dire l'emblème de la condition de l'homme réduit à cacher sa détresse sous « l'habit riche et pailleté de la vie ».

Dans *La Grande Parade,* Rouault cherche à donner un équivalent plastique de l'agitation furieuse et du tintamarre sonore produits par les deux bateleurs : sous le lacis des tracés noirs, les trognes grotesques des deux compères sont comme cisaillées, tandis que la couleur, délayée ou jetée à la hâte, semble combattue par les coups de pinceaux véhéments qui martèlent la composition. Une telle intensité expressive, à l'écart de tout souci seulement esthétique, explique que la critique allemande ait pu, à partir des années 20 (lors de l'exposition *Rouault,* galerie A. Flechtheim à Berlin, en 1925), souligner la parenté de Rouault avec le groupe de la Brücke et le courant « expressionniste » alors en vue.

☐ *La Sainte Face,* 1933

Première œuvre de Rouault entrée au Musée en 1933, *La Sainte Face* (intitulée quelque temps *Le Saint Suaire,* mais il s'agit, en réalité,

d'un voile de Véronique) caractérise la mise en œuvre par Rouault d'un art chrétien revivifié, renouant avec celui des icônes byzantines comme avec les premières peintures romanes et assumant, hors de tout naturalisme, la signification proprement spirituelle de la représentation divine. En 1912-1913, ce thème apparaît dans deux petites gouaches (Zurich, coll. part. et Winterthur, coll. Hahnloser), reprises peu après dans deux planches du *Miserere;* mais différents éléments (les yeux clos, la couronne d'épines, la représentation effective du voile) y indiquaient encore une interprétation fidèle à la tradition. Lorsque, de 1931 à 1938, Rouault reprend ce sujet dans une série d'œuvres achevées ou inachevées, il se dégage peu à peu de toute convention. Une frontalité stricte s'impose en même temps qu'une symétrie rigoureuse, tandis que les bords du voile achèvent d'opérer le redoublement interne du cadre.

Cette version de 1933, la plus grande, accomplit l'évolution : le visage émacié, resserré au centre, n'est plus soutenu que par l'expression hallucinée du regard, alors que le voile a disparu dans la répétition insistante et décorative de ses bords. C'est à la couleur, devenue substance sacrée et distribuée en tracés nerveux ou en traînées convulsives, d'assurer dans ses rets la saisie matérielle de l'ineffable. Après 1938, Rouault ne reviendra plus qu'épisodiquement sur ce thème et pour rendre au Christ une expression plus apaisée, plus empreinte d'humanité (*La Sainte Face,* 1946, MNAM).

La Sainte Face, 1933
huile et gouache sur papier
91 × 65
don de Mme Chester Dale, 1933
AM 1929 P

Homo Homini Lupus, v. 1944
(Le Pendu)
huile sur papier entoilé
64 × 46
don de l'artiste, 1949
AM 2980 P

520

Rückriem est d'abord tailleur de pierre et participe à la restauration de la cathédrale de Cologne. Après un long voyage qui le mène notamment en Afrique, il commence à sculpter des bustes et des pierres tombales. C'est en 1968, avec le premier bloc de pierre découpé (coll. du Kaiser Wilhem Museum, Krefeld), que commence son œuvre abstraite. Durant les premières années, tout en continuant à travailler la pierre, il forge ou martèle l'acier, utilise aussi des poutres de bois alignées. Mais le matériau sculptural par excellence reste chez Rückriem la pierre, particulièrement la dolomie (pierre des Dolomites), qu'il utilise presque exclusivement depuis 1970. Le thème formel est extrêmement simple : « Diviser un bloc de pierre d'une certaine manière et le recomposer en sa forme originale ». Mais les variations sont multiples selon que la sculpture repose horizontalement au sol, ou qu'elle se dresse dans l'espace, parfois adossée au mur, parfois mur elle-même. Les volumes devenant de plus en plus importants, Rückriem conçoit alors un certain nombre de sculptures pour l'extérieur, comme par exemple le monument à Heinrich Heine (Bonn, 1982) où s'opposent, ainsi que dans d'autres œuvres des années 80, les parties brutes et les surfaces lisses et polies.

G. Ulbricht, *Ulrich Rückriem, Skulpturen 1968-1973,* Cologne, DuMont Schauberg, 1973; cat. *Ulrich Rückriem, Sculptures,* Paris, MNAM, Centre G. Pompidou, 1983.

☐ *Homo Homini Lupus (Le Pendu),* v. 1944
Alors que la guerre de 14 avait inspiré à Rouault la suite impressionnante des planches du *Miserere,* l'écho du deuxième conflit mondial ne s'est répercuté de façon directe que rarement : *Homo Homini Lupus* en constitue presque le seul et sentencieux commentaire (avec sa deuxième version sur bois, plus petite, du Musée des Beaux-Arts de Rennes). Reprenant l'adage de Plaute (déjà utilisé pour la planche 37 du *Miserere*), Rouault résume allégoriquement l'horreur de la guerre par ce pendu anonyme accroché au gibet, sur fond de maison incendiée. Les dimensions restreintes du tableau, les éléments parcimonieusement distribués, la tête épaisse, presque terreuse (G. Chabot parle de « lave figée ») aux tonalités sourdes et restreintes, l'encadrement gris où s'inscrit le texte latin contribuent à rappeler les « memento mori » ou les petits tableaux de chemin de croix, tandis que le profil du pendu renvoie évidemment au poème de Villon. Par ailleurs, comme pour mieux signifier la symbolique du Bien et du Mal jusque dans le ciel obscurci, Rouault oppose à la lune sanglante le scintillement lointain de l'étoile évoqué dans son recueil *Soliloques* (1944) : « Étoile du Soir / Veille sur mes frères / Qui luttent dans la nuit / Qui meurent dans leurs rêves / Dans le monde hostile et noir ». Dans le contexte patriotique de la Libération en 1945, *Homo Homini Lupus* a connu, bien sûr, une immense célébrité, qui lui valut d'être présentée dans de nombreuses expositions de peinture française, notamment à Berlin en 1946 et à Vienne en 1947, avant d'entrer au Musée en 1949.

☐ *La Fuite en Égypte,* v. 1946
C'est surtout après 1945 que se développe dans l'œuvre de Rouault la série des paysages « chrétiens » ou « bibliques », aux sujets empruntés principalement aux scènes du Nouveau Testament. Les mêmes éléments s'y retrouvent : architectures stylisées de maisons à coupoles et clochers à bulbes évoquant l'Orient; personnages réduits à des silhouettes, mais dans lesquels on peut reconnaître (sans que le peintre fasse jamais appel à leurs attributs habituels) Jésus, la Vierge Marie, les Saintes Femmes, etc.; enfin, atmosphères crépusculaires imprégnées de recueillement. Au-delà de tout dogme, Rouault y exprime un christianisme librement interprété mais intimement vécu comme une grande aventure spirituelle.   J.-P.A.

La Fuite en Égypte, v. 1946
huile sur papier entoilé
41,5 × 51,5
achat 1947
AM 2694 P

Dolomit, 1982
dolomie fraisée
300 × 122 × 110
achat 1984
AM 1984-110

□ *Dolomit,* 1976

Rückriem emploie des formes simples, blocs rectangulaires dressés ou reposant au sol — ces derniers évoquant peut-être les pierres tombales qu'il sculptait à ses débuts. Ici, le bloc de dolomie est coupé en deux parties réunifiées pour en préserver la forme initiale. La partie creusée, dont la texture lisse s'oppose au matériau laissé brut alentour, dessine un carré, forme géométrique extraite de la masse de pierre.

□ *Dolomit,* 1982

La forme triangulaire apparaît chez Rückriem dès le début des années 70. Cette sculpture, où la découpe est démultipliée, d'autres triangles étant obtenus à partir du bloc initial, appartient plus précisément à une famille de formes, inaugurée par le grand mur en plein air de Münster (1976). En extérieur, la sculpture oblique forme mur dans son plus grand côté, à l'intérieur de la salle d'exposition elle s'appuie au mur, comme ici, et devient une sorte d'étai ou de contrefort. Dans ce rapport à l'architecture, la sculpture en tant qu'objet est ambiguë; elle évoque autant le temple et le monument qu'elle s'offre comme une simple contribution abstraite à l'histoire des formes. Rückriem polit ici certaines surfaces, laisse d'autres parties de la pierre à l'état brut. L'action du sculpteur (la découpe, le polissage) est laissée visible. Au lieu de transformer la matière première en objet esthétique, Rückriem préserve l'apparence du matériau non travaillé.A.P.

Dolomit, 1976
dolomie fraisée
15 × 237 × 205
achat 1979
AM 1979-109

Luigi Russolo
1885-1947

Musicien avant de devenir peintre, Russolo est lié à l'avant-garde littéraire et picturale milanaise lorsqu'il rencontre, en 1909, Marinetti. Entraîné par lui, il collabore à la revue futuriste *Poesia* et signe, avec Carra, Boccioni, Severini et Balla, le *Manifeste des peintres futuristes* du 11 février 1910, puis le *Manifeste technique* du 11 avril. Délaissant la figuration symboliste des débuts, sa peinture s'attache désormais à la transcription schématique du dynamisme de la vie moderne et de ses emblèmes mécanisés. Il prend part aussitôt à toutes les expositions futuristes, notamment chez Bernheim-Jeune à Paris en 1912, mais, mobilisé par les directives de Pratella — l'auteur des trois *Manifestes des musiciens futuristes* auquel il répond par son *Art des bruits* (11 mars 1913) —, il abandonne alors toute activité picturale pour se consacrer à l'expérimentation musicale : appuyée sur l'esthétique futuriste de l'œuvre d'art « totale » insérée dans l'espace social, sa volonté est de substituer aux timbres restreints de l'orchestre « les mille bruits de la vie moderne ». Il fabrique à cet effet avec Ugo Piatti les célèbres *Intonarumori*, instruments « bruiteurs, siffleurs, ronfleurs, fracasseurs, glouglouteurs », en même temps que véritables « complexes plastiques », qui annoncent à bien des égards les recherches de la musique concrète.

M. Zanovello Russolo, V. Nebbia, P. Buzzi, *Russolo, l'uomo e l'artista*, Milan, 1958.

☐ *Dynamisme d'une automobile*, [1912-1913]
Présenté pour la première fois en novembre 1913 à Florence à l'exposition de la revue *Lacerba*, exposé hors d'Italie dès 1914 (Londres, Doré Galleries, 1914; San Francisco, Pacific International Exhibition, 1915-1916) avant d'entrer dans la collection de Robert Delaunay, cité aussitôt en exemple, aussi bien par G. Coquiot (*Cubistes, futuristes, passéistes*, Paris, 1914) que par W. Huntington Wright (*Modern Painting*, New York, 1915), ce tableau célèbre constitue bien, à lui seul, par son sujet et sa facture, une sorte de « blason » du futurisme. « Nous déclarons (...) qu'il faut balayer tous les sujets déjà usés, pour exprimer notre tourbillonnante vie d'acier, d'orgueil, de fièvre et de vitesse » (*Manifeste technique*, 1910). A travers l'automobile, « plus belle que la Victoire de Samothrace », et le train, c'est le thème de la vitesse qui mobilise les futuristes et, particulièrement chez Russolo, ses résonances optiques et sonores. La représentation de la machine se trouve, en effet, ici éclipsée au profit de la traduction plastique de la vitesse : sa silhouette, soulignée par un contre-jour bleu soutenu, est à peine visible, morcelée dans l'espace qu'elle dynamise tout entier. Couleurs en fusion, bâtiments basculés en arrière, chaussées aspirées dans son sillage synthétisent les perceptions visuelles accélérées expérimentées par l'automobiliste. La succession, sur l'axe médian de la toile, d'angles aigus concentriques ordonne — presque de façon simpliste — toute la surface picturale, commandant la division orthogonale des lumières et des formes architecturales (« Nous voulons chanter l'homme qui tient le volant dont la tige idéale traverse la terre »); elle traduit, par son rythme même, l'accélération puissante du moteur, comme sa vibration sonore qui s'étend à l'espace tout autour. On retrouve le même schéma géométrique dans *Train à toute vitesse* (1910, coll. part.) ou encore dans *La Révolte* (1911, La Haye, Gemeente Museum), mais il est appliqué ici plus systématiquement et symboliquement, devenu presque forme emblématique : tout permet de penser que cette toile, où se lisent les préoccupations d'abstraction propres au musicien Russolo, a été exécutée vers 1913 et non en 1911 (comme le laisserait entendre la date apposée ultérieurement); elle serait contemporaine de la *Course du train* de Boccioni (1912, MOMA) et de la *Vitesse abstraite* de Balla (v. 1913, MOMA), dont elle s'approche.

B.L.

Automobile in corso, [1912-1913]
(Dynamisme d'une automobile)
huile sur toile
106 × 140
don de Sonia Delaunay, 1949
AM 2917 P

522

Robert Ryman
1930

Ryman s'installe à New York en 1950 et commence alors à peindre. Pourtant, il faudra attendre la fin des années 60 pour que son œuvre soit régulièrement exposée. L'une des premières manifestations à laquelle participe Ryman est celle consacrée à la « Systemic Painting » qu'organise L. Alloway au Guggenhein Museum (1966). Par la suite, il se verra associé, tout au long des années 70, à de nombreuses expositions tournant autour de l'art conceptuel et des nouvelles formes d'expression de cette époque où domine un rejet de la peinture. La place de Ryman restera, dans ce contexte, assez étrange puisque, de manière certes systématique, il exploite les possibilités picturales à partir de quelques données de base : le carré, le blanc, les variantes techniques et les supports possibles, dans la mesure où ils entraînent des modifications visuelles. Son œuvre évolue de manière peu spectaculaire mais se transforme néanmoins sans cesse. Ryman ne se préoccupe pas seulement de la surface picturale, mais également de la relation de la peinture au mur, soit pour l'en détacher de manière très évidente, soit, au contraire, pour l'y appliquer directement quitte à parfois peindre le mur lui-même. Plus souvent exposée en Europe qu'aux États-Unis, son œuvre a fait l'objet de grandes présentations muséales, entre autres au Stedelijk Museum d'Amsterdam (1974) et au MNAM, Centre Georges Pompidou (1981).

« Dossier Ryman », *Macula*, nᵒ 3-4, Paris, 1978; cat. *Robert Ryman*, Paris, MNAM, Centre Georges Pompidou, 1981.

☐ *Sans titre,* 1974

La répétition, qui entre en jeu dans la conception même de la peinture de Ryman, se manifeste pour la première fois avec la série *Standard* de 1967. Dans la première moitié des années 70, il adopte à plusieurs reprises la formule du polyptyque avec, par exemple, des suites de cinq panneaux de petites dimensions où la couleur blanche est émaillée sur du cuivre partiellement apparent. Dans ce triptyque, de la même époque, exposé à la John Weber Gallery, le même principe est mis en œuvre mais, cette fois, avec des peintures de grand format que Ryman a continué de présenter isolément. La surface est ici uniformément recouverte, si lisse que toute trace de pinceau a disparu. C'est en bordure de chaque toile qu'apparaît la limite entre le peint et le non-peint. Selon les périodes, Ryman aime à donner une telle ambiguïté à la surface, qui semble à première vue recouverte par un procédé industriel et non manuel (comme dans *Midland I,* 1976, MNAM).

Sans titre, 1974
triptyque
peinture émaillée sur toile montée sur panneaux de bois
chaque panneau : 182 × 182
achat 1985
AM 1985-19

Niki de Saint-Phalle
1930

□ *Chapter*, 1981

C'est en 1976 que Ryman conçoit pour la première fois les attaches qui relient la peinture directement au mur. Précédemment, il avait parfois utilisé des adhésifs pour fixer sur le mur de petites toiles non tendues sur châssis ou des peintures sur papier calque. L'attache métallique intéresse Ryman au même titre que les autres facteurs qui entrent en jeu dans le tableau : format, support, qualité du medium, signature parfois. En écartant du mur la surface peinte, les attaches affirment le tableau comme objet, mais contribuent en même temps à le situer dans l'espace et à ne le rendre intelligible que dans son rapport au mur. La surface est ici brossée de manière très visible. Ce résidu d'une gestualité parfaitement contrôlée est à comprendre sur le plan théorique, comme l'une des données du tableau. Mais Ryman manifeste également avec de telles peintures un évident plaisir de peindre, une sensualité dans le traitement de la surface, bien éloignée d'une démarche purement conceptuelle dans laquelle on a voulu parfois l'enfermer. A.P.

Issue « d'une famille honorablement connue et d'une institution religieuse », Niki de Saint-Phalle, née à Paris et installée à New York dès 1933, traverse à vingt ans une grave crise psychologique qui la conduit pour plusieurs mois dans un asile où la peinture devient pour elle une thérapeutique. De retour en Europe en 1951, elle découvre l'Art brut, les Primitifs italiens et espagnols, les premières œuvres de Klein et de Tinguely et les figures féeriques et monstrueuses de l'architecte Gaudi à Barcelone. A ses premières œuvres, élaborées vers 1952-1956 — peintures oniriques « naïves » et reliefs — succèdent à partir de 1960 des assemblages et des reliefs en plâtre contenant des sachets de couleurs fluides qu'elle transperce ensuite à la carabine. Ces « rites mortuaires sans victime », spectaculaires parodies de l'abstraction « tachiste » et de l'*Action Painting* alors en vogue, exécutés d'abord avec Tinguely, impasse Ronsin à Paris, puis dans des galeries de 1961 à 1963 (à Paris, Stockholm, Copenhague, Los Angeles, New York), la rapprochent des actions publiques des Nouveaux Réalistes, aux manifestations desquels elle s'associe jusqu'en 1963.

Pourtant, ses constructions délirantes, réalisées à l'aide d'assemblages d'objets de pacotille puis barbouillées de plâtre ou de couleur dorée, sont bien loin de la glorification de l'objet chère aux Nouveaux Réalistes. Surchargées d'implications psychologiques, elles sont plutôt autant d'exorcismes intimes et mettent en accusation une société fascinée par la destruction contre laquelle Niki va dresser ses totems de féminité : les *Nanas*. Celles-ci, d'abord confectionnées par assemblages de tissus et de fibres sur carcasse souple puis en polyester polychrome (*La Waldaff*, 1965, MNAM), prolifèrent après 1965 dans

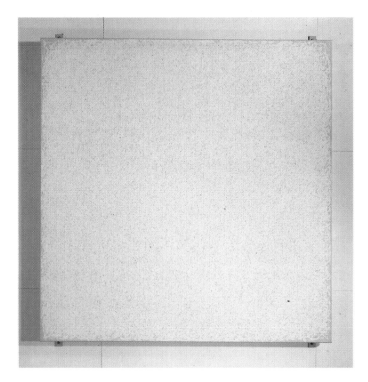

Chapter, 1981
huile sur toile et attaches métalliques
223,5 × 213,5
achat 1981
AM 1981 850

La Mariée (Eva Maria), 1963
tissus encollés peints (vinyle) sur armature de grillage
et objets divers collés
222 × 200 × 100
achat de l'État 1967, attr. 1976
AM 1976-1016

les formats les plus divers sans rien perdre de leurs caractéristiques communes : corps trapus, têtes réduites à des boules, épaules de boxeur, seins et fesses surdéveloppés. Toutes brandissent une féminité conquérante et lancent à l'assaut des villes leur gaieté tonitruante et leurs formes de plus en plus imposantes. En 1966, Niki de Saint-Phalle construit pour le Moderna Museet de Stockholm (avec la participation de Tinguely et Ultvedt) sa première Nana géante, la *Hon* (« Elle » en suédois). Longue de 28 m, large de 12, haute de 7, elle est assez grande pour contenir des salles de cinéma et d'exposition, un bar, et deux mille visiteurs conviés à y pénétrer par son sexe devenu porte. Elle est la première d'une impressionnante série de sculptures en polyester peint, prévues pour le plein air.

En 1967, Niki édifie, sur le toit du pavillon français de l'Exposition de Montréal, un *Paradis fantastique* avec de grandes Nanas bariolées et des animaux fantaisistes aux prises avec les grinçantes machines de Tinguely (l'ensemble sera définitivement installé au Moderna Museet de Stockholm en 1970). Puis elle imagine, dans le même esprit, d'autres groupes sculptés, tel *l'Aveugle dans la prairie*, 1978-1979 (MNAM) et un nombre croissant de sculptures-environnements conçues comme « habitables » : des *Nanas-maisons* à aménager soi-même (Amsterdam, Stedelijk Museum, Saint-Paul-de-Vence, Fondation Maeght, 1967); une *Nana-piscine* (Saint-Tropez, 1972); des monstres pour jeux d'enfants (*Dragon* à Knokke-le-Zoute, *Le Golem* à Jérusalem en 1972); un jardin fantastique en céramique et verre inspiré par les cartes du Tarot (*Giardino dei Tarocchi*, Toscane, commencé en 1980); enfin, à côté du Centre Georges Pompidou, la *Fontaine Stravinsky* (en collaboration avec Tinguely). Ces ensembles, en se diversifiant dans leurs thèmes (animaliers, mythologiques) et leurs usages (tels, dès 1966-1968, les décors conçus pour l'*Éloge de la Folie,* à Paris, *Lysistrata* et *Ich* à Cassel), rompent avec les formes boursouflées des premières œuvres. Accueillant l'air, l'eau, le mouvement, ils se développent en arborescences souples, en proliférations serpentines. Allégés, ils deviennent jeux allusifs de formes dansantes, architectures dans l'espace, et réussissent à rendre communicative leur joie ingénue.

Cat. *Niki de Saint-Phalle, Les Nanas au pouvoir,* Amsterdam, Stedelijk Museum, 1967; cat. *Niki de Saint-Phalle,* MNAM, Centre G. Pompidou, 1980; P. Hulten, F. Meyer, S. Poley, *Jean Tinguely, Niki de Saint-Phalle : Stravinsky-Brunnen Paris,* Berne, Benteli, 1983.

☐ *La Mariée (ou Eva Maria),* 1963 — *Crucifixion,* 1963
Dans une interview, Niki de Saint-Phalle déclarait en 1965 : « Ces mariées représentent encore quelque chose qui les dépasse. La mariée, c'est une espèce de déguisement (…), évidemment c'est une faillite totale de l'individualité, due à la carence masculine d'exercer les vraies responsabilités, et je pense que nous allons arriver à un nouvel état social, le matriarcat… ». Ces préoccupations personnelles, Niki de Saint-Phalle (qui fut très tôt épouse et mère) les introduit dans son œuvre vers 1963-1964 à travers la réalisation d'une série de plusieurs « mariées » plus grandes que nature, confectionnées à l'aide d'armatures en fil de fer supportant des assemblages d'objets et de tissus revêtus d'une couche de vinyl blanc. *La Mariée* (exécutée à Paris) est caractéristique de cet ensemble : monumentale, immaculée, raidie dans ses atours, mais courbée comme une mater dolorosa, le visage décomposé par la souffrance, elle semble, avec sa poitrine creuse où apparaît l'armature, plus morte que vive. Dressée comme un spectre, portant comme des stigmates les emblèmes de sa condition future (jouets d'enfants, poupées de celluloïd, fleurs artificielles, autant d'objets « fantômes de ces choses que j'ai faites » dit Niki de Saint-Phalle), la voilà devenue l'accusatrice publique de la condition féminine.

D'esprit proche, la *Crucifixion* (réalisée à New York), par la solennité

525

de son accrochage en hauteur, prolonge la parabole. Ici, la femme crucifiée (bras coupés, sourire extatique, yeux vides), à la fois mère (mêmes petits jouets sur sa poitrine que sur *La Mariée*), putain (jambes écartées, pubis de laine noire mis en évidence, porte-jarretelles démesurés et bas en résille) et « mémère » (bigoudis dans les cheveux), devient symbole général. C'est à la Femme comme martyre inconnue que Niki consacre son monument. A cet élargissement du thème correspond une nouvelle technique. En habillant son personnage comme un mannequin à l'aide d'un patchwork de tissus et de broderies, Niki réintroduit dans son travail des matières plus chaleureuses, colorées, et plus fortement marquées de féminité. Ce « travail de dames » (pour reprendre la formule de Pierre Descargues) annonce pour elle un nouveau chemin. C'est une « Nana » avant la lettre qu'a confectionnée ici Niki.   J.-P. A.

Crucifixion, 1963
tissus encollés sur armature de grillage
et objets divers collés
240 × 150 × 60
achat 1975
AM 1975-86

Jean-Michel Sanejouand
1934

Né à Lyon, il commence à peindre tout en poursuivant des études de droit et de sciences politiques. Au début des années 60, il conçoit les *charge-objets,* perturbateurs d'espaces qui préfigurent certaines attitudes esthétiques postérieures, particulièrement dans la relation du châssis au support. Quelque temps plus tard, il se manifeste par les *Organisations d'espace* qu'il exécute de 1967 à 1973. Neuf réalisations, huit projets, pour la plupart agissant dans l'architecture et venant y insérer des éléments contradictoires ou incongrus, voient ainsi le jour. Un espace boisé pourrait, par exemple, être contenu dans une structure métallique, un musée recevoir des éléments de grue posés au sol (*Schéma d'organisation d'un espace boisé « hommage à Le Nôtre »,* 1967, *Organisation d'espace, Paris, Musée Galliera,* avril 1968, MNAM). Ces projets, qui s'inscrivent dans le climat d'une époque où l'on n'hésite pas à travailler sur l'environnement de la ville ou du paysage, culminent avec le *Schéma d'organisation des espaces de la vallée de la Seine entre Paris et Le Havre* (1969-1972), proposant la reconception, mi-sérieuse, mi-utopique, fortement teintée d'écologie, d'un gigantesque espace urbain. Parallèlement, et ce depuis 1969, Sanejouand exécute des *Calligraphies d'humeur :* ces personnages grotesques, menés de pair avec les *Organisations d'espace* dont ils semblent pourtant très éloignés, révèlent la nécessité d'un retour à l'image et annoncent les *Espaces-peintures* apparus en 1978. Ceux-ci constituent désormais une sorte de synthèse entre les propositions sur l'espace et le recours à une technique picturale. Avec eux, comme avec certaines œuvres précédentes. Sanejouand s'inscrit comme un artiste hors-courant mais doué d'intuitions réelles quant à la mouvance des orientations esthétiques contemporaines.

Cat. *Sanejouand, Cnacarchives* n° 9, Paris, CNAC, 1973; cat. musée de Lyon, 1986.

☐ *Espace-peinture,* 1983
Appartenant à la suite des *Espaces-Peintures,* cette œuvre permet à l'artiste de relier l'espace réel à l'espace imaginaire, contrairement aux interventions précédentes se situant sur le lieu même. Elle est aussi une manière d'opérer une sorte de synthèse entre l'abstrait et la figure, où sont manipulés des signes hétérogènes qui se retrouvent toujours associés dans chaque image. Ils évoquent plus ou moins directement les différents sujets de la peinture : le visage à travers des masques schématiques, le paysage par les arbres ou les aplats de couleurs renvoyant à l'espace, le signe avec les traces graphiques; gestualité bien entendu très contrôlée et symbolique : le tout est ici réinséré dans un cadre dessiné au crayon, qui insiste sur le format et les limites du tableau. Selon Sanejouand, cette peinture tend vers l'écriture beaucoup plus que vers l'image, elle est ainsi descriptive d'un espace que le spectateur est invité à parcourir, et où il retrouve de toile en toile des éléments différents à l'intérieur d'un même code ou, pourrait-on dire, d'un même jeu.   A.P.

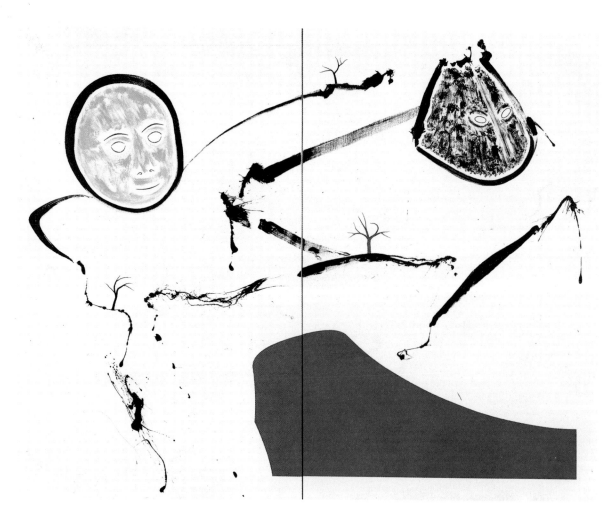

Espace-peinture, 1983
triptyque
acrylique, vinylique et crayon sur toile
190 × 240
achat 1984
AM 1984-359

526

Sarkis
1938

Né à Istanbul, Sarkis vit et travaille à Paris depuis 1964. Depuis la fin des années 60, il conçoit des interventions/expositions qui provoquent ou exploitent des situations spécifiques et racontent des « histoires » empruntées à la mémoire du lieu autant qu'à celle de l'artiste. Ainsi, *Blackout* (1974-1978), *Autopsie d'une peinture anonyme murale en face de la base sous-marine de Bordeaux* (1976) ou *Réserves accessibles* (MNAM, Centre G. Pompidou, 1979), en investissant — avec des bâches maculées ou des surfaces recouvertes de peinture militaire habituellement employée dans les opérations de camouflage et reproduisant des formes/travaux anonymes « dont on ne sait pas à quel moment ils ont été faits » — des lieux « marqués » et destinés à certaines utilisations bien précises, mettaient en évidence les données historiques et culturelles qui régissent notre perception des œuvres d'art. Ailleurs, les parcours visuels et mentaux construits autour d'objets d'origines et d'époques très diverses, chargés de significations multiples (objets ethnographiques, souvenirs personnels, objets familiers ou anonymes, bandes magnétiques, etc.), renvoient le plus souvent à un art de la mise en scène et de la scénographie, où sont exploitées les formes qui appartiennent au cinéma et à la musique (scénario, partition, opéra), auxquels Sarkis aime à se référer. Chaque exposition relève alors d'une opération de brouillage culturel et de confusion des territoires qui vise à déplacer les lieux et les apparences convenues du travail artistique. Commencé en 1976, *Kriegsschatz* (Trésor de guerre) développe une métaphore associant, comme auparavant les *Blackout*, pratique culturelle et stratégie militaire.

Cat. *Sarkis. Réserves accessibles,* Paris, MNAM, Centre G. Pompidou, 1979; cat. *Sarkis, la fin des siècles, le début des siècles,* Paris, MAM, ARC, 1984; cat. *3 mises en scènes de Sarkis,* Berne, Kunsthalle, Genève, CAC, Villeurbanne, Le Nouveau Musée 1985.

☐ *Les trois rouleaux qui... (jour),* 1970
Cette œuvre, la troisième d'une série réalisée avant 1971 — soit, pour Sarkis, avant l'éclatement politique et artistique des années 70 — et comportant *Les cinq rouleaux qui... (nuit)* et *Les cinq rouleaux qui... (chien)* de 1969, est constituée de rouleaux de bitume-feutre (goudron), matériel de protection qui évoque une violence latente : ces « rouleaux en attente » sont, pour lui, détenteurs d'un maximum de charge énergétique. Par la suite, dans les *Blackout,* il utilisera cette énergie déclenchée par une mise à feu. L'aspect anonyme qui s'en dégage par ailleurs se retrouve dans la seconde œuvre appartenant à la collection du Musée : *Kriegsschatz-Kriegsschade(n)* (Trésor de guerre-Dommage de guerre), 1979, « mémoire ou souvenir synthétique » de l'exposition réalisée autour des *Réserves accessibles.* C.D.

Les trois rouleaux qui... (jour), 1970
bitume-feutre, meccano, néon blanc,
feuille d'aluminium, bande adhésive noire
200 × 100 × 50
achat de l'État 1971, attr. 1976
AM 1976-1017

Antonio Saura
1930

Délaissant les techniques automatiques de ses débuts (constellations et rayogrammes de 1948-1950, grattages de 1954-1955), le peintre espagnol Antonio Saura commence à travailler par séries peu après son arrivée à Paris (1953) où, soutenu par le critique Michel Tapié, il expose dès 1956 chez Stadler. Portraits de dames, autoportraits, nus (*Grand nu,* 1960, Amsterdam, Stedelijk Museum), crucifixions (*Grande Crucifixion,* 1963, Rotterdam, Musée Boymans Van Beuningen), suaires, portraits imaginaires témoignent de son constant dialogue avec les maîtres ibériques (Velazquez, Goya, Picasso). Soumis à une écriture plastique qui, bien que relevant de l'expressionnisme abstrait, demeure toujours figurative, leurs « chefs-d'œuvre » se métamorphosent chez Saura en images brutales jetées sur la toile en vigoureuses balafres de peinture ou d'encre, dont le chromatisme funèbre renforce le caractère dramatique. Leur intense pouvoir d'évocation naît de leur ambiguïté même : œuvre éminemment contemporaine que celle qui hésite entre le geste conceptuel traitant les œuvres muséales en ready-made et la fidélité à une culture volontiers nourrie d'érotisme, de violence et de mort.

Cat. *Antonio Saura,* Madrid, Edificio Arbos; Barcelone, Fondation Juan Miró, 1980; cat. *Rétrospective de l'œuvre graphique,* Genève, Musée d'Art et d'Histoire, 1986.

☐ *Diada,* 1978-1979

Conçu comme un « hommage au peuple catalan » (la Diada est le nom d'une fête nationaliste catalane), ce grand triptyque s'inscrit dans un cycle entrepris en 1977 avec des lithographies éditées à Paris par Yves Rivière. Comme les tableaux de *Foules* « all over » des années 1960-1970, réalisés dans de grands formats au dessin serré et tumultueux, cette œuvre-manifeste se place sous le signe d'Ensor, de Munch et de Goya, les trois peintres qui, selon Saura, « ont le mieux perçu l'effrayante et fantastique clameur des masses ». Refusant cette fois le « all-over » pour une composition plus académique simulant un espace profond, le peintre accumule sur la toile des signes allusifs et cursifs à la texture épaisse, aux couleurs terreuses. De la masse dense des formes proliférantes émergent des gueules simiesques et menaçantes qui évoquent une vie sauvage et exubérante. Figuration paroxystique qui se réclame de la « convulsion baroque », goût très espagnol pour le monstrueux, humour agressif, tous les procédés contenus dans ce triptyque sont ceux-là mêmes qui habitent toute son œuvre.   B.L.

Patrick Saytour
1935

Singulier parcours que celui de Patrick Saytour dont l'œuvre s'est finalement détachée des fondements du mouvement Support-Surface, auquel elle a été liée à son origine, pour en signifier aujourd'hui la distance amusée.

Né à Nice, Saytour vit à Aubais (Gard) et enseigne à l'École des Beaux-Arts de Nîmes.

Ce serait mal comprendre le devenir de son propos que d'omettre de rappeler que Saytour fut d'abord proche du théâtre et de la mise en scène : en témoignent son activité au début des années 60, ainsi que l'incursion de commentaires ou de saynètes parasites au sein des catalogues de certaines de ses expositions, parmi lesquelles celle du Musée d'Art et d'Industrie de Saint-Étienne en 1982-1983. C'est que l'artiste ne s'est jamais complu dans la finalité d'un genre. Et quiconque regardera les œuvres qu'il réalise à la fin des années 60 conviendra qu'il s'agit bien là d'une démarche critique cherchant à rompre avec l'emprise des styles. En réalité, l'œuvre entière de Saytour illustrerait volontiers l'assertion de Walter Benjamin selon laquelle « il faut toujours que l'art se rapproche de l'allergie envers lui-même ». Si les premiers travaux de l'artiste sont proches de la méthodologie de Support-Surface, il faut cependant constater le goût évident de Saytour pour les matériaux dévoyés : en témoignent les *satins brochés* des *pliages* des années 68, les *toiles cirées,* les *molletons* et autres *balatums* de ses premières pièces, ainsi que l'usage toujours plus fréquent d'objets de petit goût. Dans la fin des années 70, Saytour a ainsi développé un ensemble de pièces dont le *dispositif* complexe et délibérément pesant s'est attaché à marquer ces distances avec la *légèreté* des pièces précédentes. De physiquement maniables, les pièces sont devenues intransportables. Se déployant d'abord au sol, elles sont aujourd'hui constituées de meubles, marquant peut-être ainsi une *distance* possible entre deux principes, pictural et sculptural. En réalité, la manipulation cherche d'abord à interroger, plus que le matériau, les fondements mêmes du geste de l'artiste. Convoquant l'ordinaire, la critique de Saytour reste toujours opérante : ne pas arracher les objets et les choses à leur condition modeste, mais comprendre comment cet arrachement les métamorphose, les transforme en objets de culte.

Cat. *Patrick Saytour,* Chambéry, Musée Savoisien, 1982; cat. *Patrick Saytour,* Saint-Étienne, Musée d'Art et d'Industrie, 1982.

Diada, 1978-1979
triptyque
huile sur toile
195 × 325
achat de l'État 1981, dépôt du FNAC
AM 1983 dép. 12

□ *Tuilage*, 1977

En 1983, le Musée a acquis simultanément trois œuvres de Saytour qui marquent chacune trois temps différents de son parcours : *Sans titre*, 1968, illustre la période des pliages de l'artiste. *Sans titre*, 1974 (reproduite ici), reprend le principe des trempages; elle est constituée de trente paquets de tissus pliés, disposés au sol, dont une série fut trempée dans du goudron, une deuxième dans de la colle et trois autres dans de la peinture de marquage routier. Mais c'est sans doute le *Tuilage* de 1977 qui constitue la pièce la plus emblématique de cet ensemble. Composée d'un grand morceau de toile à matelas formant un cercle incertain, « solarisé » tout un été sur le toit de l'atelier, la pièce semble retenue au mur par une traverse de bois de récupération faisant étau. La planche s'englue dans un feston de peinture blanche qui contribue à *l'effet de maintenance* que recherche dans la plupart de ses œuvres Patrick Saytour, d'autant que la pièce, accrochée à la limite du sol, feint de ployer sous sa lourdeur et sa complexité. Dernière étape avant les installations qu'il réalise aujourd'hui, cette pièce importante ouvre la voie aux travaux plus récents dans lesquels l'artiste fait l'inventaire perplexe des différents modes constitutifs de l'œuvre, interrogeant tour à tour les matériaux et leur fonctionnement.

B.B

529

Tuilage, 1977
toile solarisée, bois et peinture acrylique
diamètre 360
achat 1983
AM 1983-375

Sans titre, 1974
pièce au sol constituée de 30 paquets (5 séries de 6)
de tissus trempés dans du goudron (1 série),
de la colle (1), de la peinture de marquage routier (3)
l'ensemble 175 × 100
achat 1983
AM 1983-374

Julian Schnabel
1951

Alors que les tenants de la « mort de l'art » avaient cru la peinture chose morte, certains artistes ont, dans le début des années 70, proclamé la nécessité d'en interroger les fondements et la persistance. Parmi eux, Julian Schnabel, apparu il y a une dizaine d'années sur la scène new-yorkaise, est certes aujourd'hui l'une des figures les plus amples et les plus controversées. Après des études à l'université de Houston, il suit les cours du Whitney Museum Independent Study Program de New York. Ses œuvres, à l'encontre des avatars des minimalismes et conceptualismes du moment, se veulent essentiellement attachées à la force des images qui président encore à une forme de narration. Elles témoignent déjà de la récurrence indéfectible de l'ensemble de son travail à l'art européen. Ses peintures d'alors opposent, à la réduction des formats et des signes, une réelle emphase, au dépouillement, l'imbrication lyrique de souvenirs et d'images diverses, d'objets dont la connotation est telle qu'ils deviennent la charge critique des caractères emblématiques de la peinture américaine. Jusqu'au milieu des années 70, Schnabel a cherché à se défaire d'une imagerie par trop narrative (*Pool Painting for Norma Desmond,* 1975) en explorant la spécificité des différents matériaux employés. Les assiettes cassées, fourrures, poteries et autres tessons s'amalgamant au support sont moins des éléments narratifs (comme ils l'étaient au sein du Pop Art) que les signes de la volonté de rompre avec l'intégrité de la surface, Schnabel cherchant à créer une sorte de *chiasme* visuel (*The Patient and the Doctors,* 1977). Les *Plates* (assiettes cassées), qui composent le support englué de peintures physiquement lourdes, tentent de réhabiliter l'idée du Monument. Les velours ou supports divers, qui mènent l'artiste aux lisières d'une analyse du kitsch, sont moins des images propres à une critique du goût qu'une

volonté réelle d'explorer dans quelles limites une peinture est encore possible et comment la représentation peut avoir un sens. Les montages, où se mêle un symbolisme certain au souvenir de Gaudi, l'attention portée aux figures de l'art européen des années 60, telles que Beuys ou Polke, lui ouvrent la voie d'une peinture qui se veut *triomphante*. Puisant aussi bien dans des manuels d'instruction, le cinéma, les mass media ou la peinture, Schnabel *édifie* une archéologie individuelle si complexe qu'elle rend caduque tout inventaire. Il précise par ailleurs : « Je ne peins pas les sentiments mais au sujet des sentiments ».

Cat. *Julian Schnabel,* Paris, MNAM, Centre G. Pompidou, 1986.

☐ *Portrait of J.S. in Hakodate (Japan 1934),* 1983
Peinte sur une toile de bâche, l'œuvre fait partie d'une série. Outre sa propre figure en effigie, Schnabel a brossé hâtivement l'image allusive d'un stuppa entrevu dans le *Berliner Magazine.* L'extrême liberté de l'écriture se veut l'affirmation d'une expérience proprement picturale. Dans les arbres de l'arrière-plan, empruntés à un dessin d'enfant de sa femme Jacqueline, on peut retrouver l'écriture de certains paysages de De Kooning. La tonalité brune rappelle la *matière* de Beuys. Le titre, quant à lui, évoque une île du Nord du Japon ravagée par un incendie en 1934. Mais ce n'est pas tant ce drame que la façon dont le récit intervient dans l'image que Schnabel interroge.   B.B

530

Portrait of J.S. in Hakodate (Japan 1934), 1983
huile et fibre de verre sur toile
290 × 415
achat 1984
AM 1984-275

Gérard Schneider
1896-1986

D'origine suisse, Schneider s'installe à Paris en 1916, afin de suivre les cours de l'École des Beaux-Arts, et s'y établit définitivement en 1922. Pendant une vingtaine d'années, il travaille en solitaire, cherchant sa voie à partir du cubisme cézannien pour aboutir en 1944 à ses premières toiles abstraites. Dès sa première exposition personnelle en 1947 (galerie Lydia Conti), le critique Charles Estienne salue « une force, un aplomb et une liberté» dans ses œuvres qui ouvrent la voie à l'Abstraction lyrique. *Compositions* numérotées ou *Opus* développent jusqu'à nos jours, parallèlement aux gouaches sur papier, une œuvre originale, présentée en 1962 lors d'une importante rétrospective au Kunstverein Museum de Düsseldorf.

M. Ragon, *Gérard Schneider,* Amriswil, Bodensee Verlag, 1961; cat. *Gérard Schneider,* Turin, Galleria civica d'Arte moderna, 1970; J.M. Dunoyer, *Schneider,* Neuchâtel, Musée des Beaux-Arts, 1983.

☐ *Opus 15 C, 1956*

Exposé pour la première fois en mars 1957 à la galerie de Samuel Kootz à New York, ce grand tableau est venu tout récemment renforcer le fonds Schneider du Musée, déjà riche de deux *Compositions* de 1944 et 1950, d'une toile de 1961, *Opus 95-E,* ainsi que d'une gouache, *Taches jaunes* de 1962. Cette œuvre exemplaire de l'Abstraction lyrique française, dont la vision repose sur la liberté et la spontanéité du geste, évoque, par la violence de sa facture, les œuvres contemporaines de l'*Action Painting* américaine. Écrasée par la puissante brosse, la matière éclatante devient forme dans l'espace. La force des tracés dynamiques, livrés à l'instant même de leur accomplissement, repose sur des effets de rythmes opérés par le heurt des couleurs crues affrontées au noir lumineux, couleur privilégiée des peintres Hartung et Soulages de qui Schneider a été souvent rapproché. L'extrême tension picturale qui émane de l'œuvre naît de sa simplicité même; elle l'élève à une monumentalité non dénuée de sensibilité.

B.L.

Opus 15 C, 1956
huile sur toile
200 × 150
achat 1982
AM 1982-350

Nicolas Schöffer
1912

Originaire de Hongrie mais installé à Paris dès 1936, Nicolas Schöffer élabore, à partir de 1949, ses premières constructions géométriques en métal (baptisées sculptures et reliefs « spatio-dynamiques »). Il s'attache à reprendre à son compte les recherches sur l'intégration de l'espace à la sculpture et son rôle social dans la cité, préoccupations majeures, au cours des années 1920-1940, des constructivistes est-européens (Tatline, Pevsner, Gabo, Moholy-Nagy) et des artistes issus du néo-plasticisme (en particulier les Français Félix Del Marle et Jean Gorin).

Participant régulier du Salon des Réalités Nouvelles puis membre du groupe Espace de Del Marle, Schöffer a l'idée, après 1951, de ses premières tours « spatio-dynamiques » à structures tubulaires par agrandissement de ses sculptures à la dimension monumentale. Toutefois, c'est surtout après 1954 que Nicolas Schöffer va se faire connaître. La révélation du livre de Norbert Wiener, *Cybernétique et Société,* le décide à incorporer à ses constructions des appareillages électroniques susceptibles d'animer leurs éléments mobiles et de diffuser des bandes sonores enregistrées. Ainsi, après avoir exposé au Salon des Travaux Publics de Paris en 1954 une tour de 50 m, sonorisée avec une composition musicale de Pierre Henry, il présente le 28 mai 1956 à la « Nuit de la Poésie » du théâtre Sarah Bernhardt une « sculpture spatio-dynamique cybernétique » sur roulettes *CYSPI,* qu'un cerveau électronique sensible aux variations sonores et lumineuses ambiantes fait s'animer, tourner, avancer et reculer à des rythmes différents (*CYSPI* deviendra quelques mois plus tard

« robot-danseur » dans un ballet de Maurice Béjart à Marseille). Ces premiers succès audiovisuels encouragent bientôt Schöffer à associer — dans une étape de son œuvre qu'il qualifie de « lumino-dynamique » — la lumière à ses sculptures en projetant sur elles des faisceaux colorés qui deviennent jeux d'ombres animés sur un écran situé à l'opposé (série des *Lux* 1 à 13). Après 1960, il combine mouvement programmé et projections lumineuses dans différentes constructions « chrono-dynamiques » (série des *Chronos*) dont, entre autres, une tour « spatio-dynamique, cybernétique et sonore » de 50 m, installée à Liège en 1961, et un « musiscope », sorte d'orgue à lumières fonctionnant sur des principes énoncés dès 1909 par le musicien Scriabine et appliqués par le peintre Baranoff-Rossiné entre 1919 et 1923 pour son *Piano optophonique.*

Ses synthèses successives des arts, des sciences et des techniques incitent alors Schöffer à multiplier les projets urbanistiques de grande ampleur pour « l'intégration de la cité dans l'Art ». Il se propose de devenir le démiurge de « villes cybernétiques » de science-fiction édifiées à l'image de ses sculptures et baignées dans des atmosphères sonores, visuelles et thermiques entièrement contrôlées. En 1963, la présentation au Musée des Arts décoratifs de Paris d'une maquette de *Tour-Lumière-Cybernétique* pour le quartier de la Défense près de Paris — colossal sémaphore de 307 m de haut traduisant en signaux lumineux des informations de toutes natures (y compris météorologiques et administratives) — marque le couronnement de ces plans d'une ambition surprenante. Le non-aboutissement de cette mémorable utopie urbaine, tout en incitant son programmateur à revenir à des projets plus réalisables (production en série de petites œuvres « spatio-lumino-chrono-dynamiques », installations de sculptures en France et dans différents pays étrangers, réalisation de divers « spectacles cybernétiques »), le conduira après 1972 à se concentrer surtout sur l'aspect théorique de son œuvre. Dès lors, de nombreux essais aux considérations artistiques, urbaines, scientifiques et philosophiques (*La ville cybernétique,* 1972, la *Nouvelle Charte de la ville,* 1974, *Perturbation et chronocratie,* 1978, *La théorie des miroirs,* 1982) révéleront les aspects « multidirectionnels » et « démultipliés » de la pensée de Nicolas Schöffer.

J. Cassou, G. Habasque, Dr. J. Ménétrier, *Nicolas Schöffer,* Neuchâtel, éd. du Griffon, 1963; N. Schöffer, *Le nouvel esprit artistique,* Paris, Denoël, 1970. Ph. Sers, *Entretiens avec Nicolas Schöffer,* Paris, P. Belfond, 1971.

□ *Lux I,* 1957
Comme beaucoup d'autres œuvres de Schöffer, *Lux I* rappelle les recherches menées par Lazlo Moholy-Nagy entre 1923 et 1928 durant son séjour au Bauhaus de Weimar. L'idée de base de Moholy-Nagy — saisir la lumière dans l'œuvre et rendre visible son pouvoir de modeler l'espace et le temps — avait été réalisée notamment par son *Modulateur Espace-Lumière* (présenté à Paris en 1930). Cette construction électrifiée, rotative, de grilles d'acier poli et de verre utilisait la lumière projetée pour susciter des jeux d'ombres alentour. *Lux I* (première œuvre « luminodynamique » d'une série de 13 du même type réalisées entre 1957 et 1960), qui eut l'ambition de redécouvrir, trente ans plus tard, les mêmes principes, reste pourtant plus modeste. Constituée d'éléments d'aluminium pour la plupart fixes, elle filtre à travers ses plaques perforées et ses petits écrans translucides des faisceaux colorés recueillis ensuite sur un écran. L'effet artistique sur la sculpture elle-même ou sur l'écran seul (et, dans ce cas, la sculpture peut être dissimulée) restant nécessairement limité, cela amena peut-être Schöffer à concevoir après 1960 des sculptures plus élaborées ayant leurs propres projecteurs et leurs propres moteurs, les *Chronos* (dont le Musée possède le numéro 8). J.-P.A.

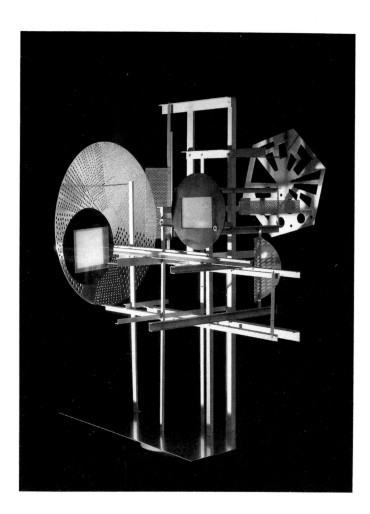

Lux I, 1957
aluminium et plexiglas
107 × 90 × 75
don de l'artiste, 1960
AM 1050 S

Jan Schoonhoven
1914

Schoonhoven commence à peindre dans les années 30 après avoir fréquenté l'Académie des Beaux-Arts de la Haye. Les premières œuvres subissent l'influence de Paul Klee et ce n'est qu'au milieu des années 50 qu'il se tourne vers l'abstraction avec les premiers reliefs. Employé des Postes jusqu'à l'âge de 65 ans, Schoonhoven poursuit une œuvre exemplaire de rigueur où la construction en papier mâché ou en carton laisse, malgré un système géométrique très strict, une impression de fragilité. Il a participé aux activités du Groupe Informel hollandais (1958-1960) et sutout à celles du Groupe Zéro (1960-1965) — notamment aux côtés de Manzoni — grâce à qui son œuvre sera mieux connue à l'étranger.

Cat. *Jan Schoonhoven, Retrospectief*, La Haye, Gemeentemuseum, 1984.

□ *R. 61-1*, 1961
Ce relief est l'un des tout premiers où Schoonhoven adopte une structure répétitive basée sur un sytème orthogonal. Il représente en quelque sorte l'archétype à partir duquel va se développer tout un travail fondé sur la monochromie et l'impact de la lumière sur une surface en relief. Ici la fabrication, encore hésitante et sensible, ne connaît pas l'ordonnance parfaitement géométrique des années ultérieures. Mais le principe d'une composition sérielle, sans zone visuellement privilégiée, est déjà entièrement posé.　　　　A.P.

R. 61-1, 1961
acrylique sur papier mâché et carton
63 × 43
achat 1984
AM 1984-398

Kurt Schwitters
1887-1948

Lorsque Kurt Schwitters meurt en 1948 à Ambleside (Lake District), aussi bien en Angleterre (qui devient en 1940 son deuxième pays d'exil) qu'en Norvège (il s'y installe à partir de 1937, fuyant la montée du nazisme) et en Allemagne, son pays natal (il invente Merz à Hanovre entre 1919 et 1921), on avait depuis longtemps perdu de vue « la terreur des bourgeois » des années 20, oublié le « one-man-dadaïsme » que les dadaïstes berlinois, malgré les recommandations de Raoul Hausmann, avaient interdit de séjour « au temple », le considérant comme trop bourgeois. « L'immortalité n'est pas l'affaire de tout le monde », lancera, non sans sarcasme, l'auteur d'*Anna Blume,* recueil de poèmes Merz, publié à Hanovre en 1919. En réalité, Kurt Schwitters, architecte de l'œuvre d'art total qu'est le Merzbau — projet d'environnement inlassablement repris dans chacun de ses pays de résidence —, publicitaire fulgurant, éditeur de la revue *Merz*, ouverte aux différents mouvements d'avant-garde (1923-1932), photographe, monteur de collages et d'assemblages, conférencier et « actionniste » infatigable, ne devait connaître une véritable consécration qu'en 1956, avec la magnifique rétrospective organisée par la Kestner Gesellschaft de Hanovre. Depuis, les galeries Sidney Janis à New York et Marlborough à Londres se sont attachées à faire connaître dans le monde entier l'œuvre de celui que l'on découvre «brutalement comme une figure de proue de la modernité» (Schmalenbach, 1980).

W. Schmalenbach, *K. Schwitters,* Cologne, DuMont Schauberg, 1967; K. Schwitters, *Das Literarische Werk* (2 vol.), Cologne, DuMont Schauberg, 1973 et 1974; J. Elderfield, *K. Schwitters,* New York, Thames & Hudson, 1985.

La représentation de l'œuvre de Schwitters au Musée reste encore bien insuffisante au regard de son importance historique. Un petit ensemble a pu être réuni grâce aux deux dons de Mme Arp en 1973 — un collage de 1926 et un dessin de 1938, contribution de Schwitters à la revue *Plastique* éditée par Sophie Taeuber-Arp — auxquels

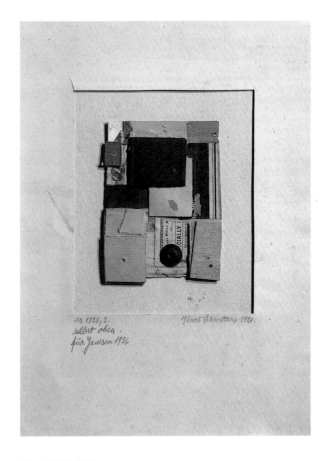

Merz 1926,2, 1926
(Selbst oben)
collage de papier, carton et contreplaqué gouachés, sur carton
12,5 × 9,3 × 0,4
don de Mme M. Arp-Hagenbach, 1973
AM 1973-8

534

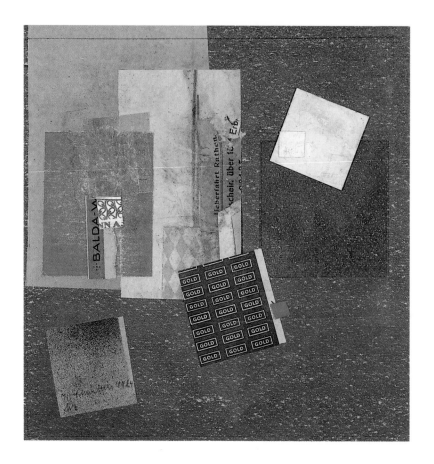

s'ajoutent un autre collage de 1924 et plusieurs publications, provenant du legs de Nina Kandinsky en 1981.

☐ *[Sans titre]*, 1924
Si le Merzbau, construction-« environnement » sans plan préalable, toujours en métamorphose et n'atteignant jamais un état final, est l'expression la plus pure de l'idée Merz, où Schwitters se joue des limitations imposées par les catégories traditionnelles, les matériaux, l'espace et le temps, en revanche, les dessins ou tableaux Merz, composés à partir de 1919 avec utilisation de la technique du collage, fixent obligatoirement un état du processus de décomposition des matériaux employés et arrêtent l'intervention de l'artiste à un moment donné. Cette technique du collage n'est pas nouvelle. Schwitters l'emprunte aux dadaïstes qui, avant lui, collectionnaient « les tessons misérables d'une culture périmée pour en constituer une nouvelle » (Hugo Ball). Mais, contrairement à ces partisans de l'anti-art, il utilise ces mêmes matériaux à des fins picturales : Merz ne cesse pas d'être de l'art (« Le détritus du monde sera mon art », dira-t-il encore en 1935). Ce sont la forme, le rythme et l'équilibre seuls qui comptent dans ses collages, conçus comme s'il s'agissait de « peindre avec des éléments préfabriqués multicolores » (E. Nündel, *Kurt Schwitters*, Rowohlt, 1981).
C'est en 1924 que Schwitters réalise une telle « peinture » — somptueux collage de modestes dimensions — dédicacé « Au prince de Sibérie », autrement dit Vassily Kandinsky, professeur au Bauhaus de Weimar depuis juin 1922. Un autre petit collage de Schwitters (legs Kandinsky) couvrant deux pages du Livre d'or de Nina Kandinsky, est également daté de 1924, année où la Kestner Gesellschaft de Hanovre (Kandinsky figure sur leur liste de conférenciers) avait organisé une exposition *Schwitters*, que les Kandinsky ont probablement vue. Très influencé par les écrits de Kandinsky de l'époque du Blaue Reiter (*cf.* J. Elderfield), Schwitters critiquera ouvertement les nouvelles théories de Kandinsky publiées par le Bauhaus en 1926 sous le titre *Punkt und Linie zu Fläche* (Point-Ligne-Plan).

☐ *Merz 1926, 2 (Selbst oben)*, 1926
Ce collage faisait partie de la collection personnelle de Hans Arp. Selon celui-ci, sa première rencontre avec Schwitters eut lieu au Café des Westens, à Berlin en 1918. Tous deux participent ensuite au Congrès Dada de Weimar le 25 septembre 1922, en compagnie de Van Doesburg, El Lissitzky, Moholy-Nagy, et se retrouvent en 1923 avec Sophie Taeuber-Arp sur l'île de Rügen pour écrire un roman. Leurs liens sont alors étroits : Schwitters publiera régulièrement des dessins et des écrits de son ami dans sa revue *Merz*; certaines des œuvres de Schwitters ne seront pas sans évoquer, dans leur manière d'être assemblées, les objets-reliefs exécutés par Arp vers 1920. De petite dimension, *Merz 1926,2* se distingue par une grande sévérité de la mise en forme, résultat de l'influence des principes du néoplasticisme de Van Doesburg, avec qui Schwitters était parti quatre ans auparavant en tournée dada en Hollande. Exceptée l'incorporation d'une forme circulaire, il constitue un des rares exemples d'œuvres strictement orthogonales de Schwitters. La juxtaposition de matériaux disparates, leur superposition surtout, aboutissent à des effets plastiques qui rapprochent ce collage « miniature » des assemblages. Derrière la dédicace « für Jantzen », restée longtemps inexpliquée, se cache Sophie Taeuber-Arp surnommée ainsi par Schwitters pour la marque « Jantzen » d'un maillot de bain qu'elle aimait porter dans le jardin de sa maison de Meudon.   J.B.

[Sans titre], 1924
collage, mine de plomb et fusain, sur papier
23,6 × 22,7
legs Nina Kandinsky, 1981
AM 1981-65-893

George Segal
1924

D'abord peintre, George Segal choisit en 1958 de dépasser l'expressionnisme pictural alors en vogue, pour « entrer dans l'espace réel » en modelant ses premières figures humaines grandeur nature à l'aide de toiles imprégnées de plâtre montées sur des armatures de fer. A partir de 1961, la même volonté de fidélité scrupuleuse à la réalité le conduit à envelopper entièrement ses modèles de bandes de plâtre humide pour former, à l'aide des carapaces ainsi obtenues, de véritables moulages sur nature que l'artiste réinsère ensuite dans leur environnement habituel à l'aide d'objets familiers (tables, sièges, portes, enseignes, etc.). En 1962, participant à l'exposition *New Realists* à la galerie Sydney Janis de New York, Segal se retrouve rapproché du Pop Art par les critiques, qui voient dans ses reconstitutions de la banalité moderne la dénonciation de la vulgarité désespérante de la société de consommation et de ses effets dépersonnalisants. C'est, en effet, la blancheur fantomatique, oppressante, de ses personnages — semblant comme pétrifiés dans un instantané de leur vie quotidienne — qui retient d'abord l'attention. Au-delà, c'est aussi, paradoxalement, l'intériorité psychologique de ses figures et la force des liens physiques qui les rattachent à leur espace ambiant que Segal dévoile. A partir de 1971, Segal opte pour une nouvelle technique de moulage : la coquille externe, devenue moule en creux, remplie à son tour de plâtre hydrostone, permet d'obtenir un rendu hyperréaliste des figures. Dans un premier temps, il réalise par ce moyen des nus féminins moulés, puis des portraits, des sculptures en pied, des natures mortes, de plus en plus souvent colorées de tons vifs fortement opposés. Parallèlement, Segal exécute, à partir de

1976, ses premières commandes publiques en bronze, le plus souvent sur des thèmes à résonances sociales et politiques (ainsi, le *Mémorial du 4 mai 1970 : Abraham et Isaac,* 1978 — en hommage aux étudiants tués par la police lors d'une manifestation contre la guerre du Vietnam — refusé par l'université de Kent State, qui trouvera asile à Princeton et le groupe *Liberation Gay,* 1980, qui sera installé, après une longue controverse, dans un square de Manhattan).

S. Hunter, D. Hawtorne, *George Segal* (trad. française), Paris, Albin Michel, 1984.

□ *Movie House (Entrée de cinéma ou La Caissière),* 1966-1967
En donnant fréquemment pour cadre à ses moulages de plâtre des reconstitutions de lieux publics ou semi-publics (bars, restaurants, stations de bus, etc.), ce n'est pas seulement l'atmosphère ambiguë de la rue américaine que Segal explore, c'est aussi la force des tensions psychologiques qu'engendre la mise en rapport d'une figure avec un espace étroitement cerné. En effet, de même que les personnages de Segal révèlent par leurs postures les sentiments intérieurs qui les habitent, de même, les lieux clos où Segal les isole parfois (cabines téléphoniques, encadrements de portes ou de fenêtres, habitacles de véhicules) accusent par leur raideur austère les contradictions physiques et psychologiques qui naissent de l'enfermement. Ici, la caissière (réduite à son torse) se trouve doublement emprisonnée et, de l'espace obscur dont elle a la garde, le seul élément dramatique devient, par contraste, l'ensemble aveuglant des 288 lampes incandescentes du plafond qui ne semblent plus régner que sur le vide. J.-P.A.

535

Movie House, 1966-1967
(Entrée de cinéma ou La Caissière)
plâtre, bois, plexiglas, lampes électriques
260 × 375 × 370
achat de l'État 1969, attr. 1976
AM 1976- 1018

Richard Serra
1939

Né à San Francisco, Richard Serra étudie l'art dans les universités californiennes puis à Yale où il travaille avec Albers sur le livre *Interaction of Colour*. Grâce à une bourse de voyage, il séjourne pendant un an (1964-1965) à Paris, où il rencontre le musicien Phil Glass et visite assidûment la reconstitution de l'atelier de Brancusi au Musée. Il se rend ensuite en Italie et c'est à Rome qu'il expose pour la première fois (1966) les *Animal habitats live and stuffed*, curieux assemblages où animaux vivants et empaillés sont mis côte à côte. De retour aux États-Unis, il s'installe à New York et exécute les premières œuvres en caoutchouc et au néon qui marquent une sorte de pont entre la peinture et la sculpture. Il se lie d'amitié avec de nombreux artistes américains de sa génération, comme Robert Smithson ou Joan Jonas. Tout son travail de sculpteur se met en place dans les années 1968-1970 avec les projections de plomb au sol *(Splash Piece)* et, peu après, les premières œuvres en équilibre, plaques de plomb assemblées comme en un château de cartes *(House of Cards,* 1969) ou rouleau appuyé contre un mur. En même temps, il exécute ses premiers dessins linéaires, réalise ses premiers films *(Hand catching Lead)*. D'autres sculptures de la même époque reposent sur le principe de découpe du matériau et de sa dispersion au sol *(Cutting Device : Base Plate Measure,* 1969, MOMA). Lors d'un voyage au Japon, il expose pour la première fois des sculptures en extérieur. D'abord plates et enfoncées dans le sol, celles-ci vont peu à peu occuper le paysage *(Shift,* 1970-1972, King City, Canada) ou s'élever en des sortes de tours verticales construites avec de longues plaques d'acier corten *(Sight Point,* 1971-1975, Amsterdam, Stedelijk Museum). De plus en plus, il va réaliser des sculptures de grandes dimensions dans lesquelles le spectateur peut déambuler et observer le contraste entre l'intérieur et l'extérieur. Ces œuvres ont également pour règle d'être spécifiques au lieu pour lesquelles elles ont été conçues, quitte à produire un contraste assez violent avec l'environnement extérieur, ce qui a valu quelques déboires à Serra avec les architectes ou les commanditaires. De nombreuses villes en Europe ou aux États-Unis lui ont commandé de telles œuvres, parmi lesquelles, à Paris, *Slat,* 1979-1983, installée dans le quartier de La Défense et *Clara-Clara,* 1983, qui, après une présentation temporaire au jardin des Tuileries lors de la rétrospective de Serra au Musée (1983), a rejoint le square de Choisy.

Cat. *Serra,* Tübingen et Baden-Baden, Kunsthalle, 1977; C. Weyergraf, *Richard Serra : Interview 1970-1980,* New York, éd. Hudson River Museum, 1979; cat. *Richard Serra,* Paris, MNAM, Centre G. Pompidou, 1983.

Plinths, 1967
5 éléments en caoutchouc et fibre de verre,
1 tube de néon bleu, 1 transformateur
chaque élément : 220 × 18 environ
achat 1984
AM 1984-278

□ *Plinths,* 1967

Entre sol et mur, cette œuvre s'intègre dans une série où Serra, tout en entamant une critique de la peinture, hésite encore à s'affirmer comme sculpteur à part entière. Contrairement à d'autres œuvres parallèles où les lanières de caoutchouc suspendues peuvent évoquer le système formel de Pollock, la forme est ici durcie et répétée. Mais chaque élément est une sorte de coup de pinceau, large trait obtenu en trempant la brosse dans le caoutchouc et figé par la fibre de verre. Ici le coup de pinceau n'aboutit pas à inscrire une ligne sur un fond, il est l'œuvre par lui-même et devient sculptural. Le sens plastique de l'œuvre repose sur sa disposition dans l'espace. Le tube de néon bleu, qui introduit la couleur, est représentatif d'une époque où beaucoup d'artistes, se détournant de la peinture, marquent une prédilection pour ce matériau.

□ *5 : 30,* 1969-1979

Cette sculpture appartient à la toute première série des *Prop Pieces,* 1969, réalisées à l'origine avec des plaques et des rouleaux de plomb. L'archétype de cet ensemble est la *House of Cards,* quatre plaques de plomb se supportant mutuellement et ne tenant ensemble que par leur propre poids. On a parlé à propos de Serra de « Process Art », voulant signifier par là que c'était la manipulation physique qui déterminait les différents types d'organisation et non un schéma conceptuel ou une problématique de la série. Avec quelques amis, dont Phil Glass, Serra manipule les plaques dans l'atelier jusqu'à ce qu'il obtienne la configuration voulue, posant comme une évidence

la question de l'équilibre comme le fondement de la sculpture. *5 : 30* est en quelque sorte la *House of Cards* éclatée, étape ultérieure où l'équilibre est obtenu par une force ajoutée par-dessus, ici le rouleau. Comme pour d'autres œuvres de la série, Serra a réalisé une version en acier corten qui est celle du Musée.

□ *Corner Prop n° 7 (for Nathalie),* 1983

L'angle du mur, déjà utilisé dans quelques sculptures de 1969 (*Equal,* MOMA), permet à Serra de faire tenir en équilibre d'immenses plaques déterminant de véritables environnements (*Circuit,* 1972). En 1983, il conçoit toute une série sur ce thème, où deux éléments superposés perpendiculairement ne font que s'effleurer. La sculpture n'en possède que plus d'énergie, jouant sur l'opposition entre l'infime espace qu'elle occupe au sol et son poids considérable. Avec cette série, Serra renoue avec les œuvres *Prop* de plus petite échelle, qu'il avait quelque peu délaissées au profit de pièces de très grandes dimensions conçues pour l'extérieur.   A.P.

5 : 30, 1969-1979
acier
4 plaques, 124 × 124 × 5
1 rouleau, 230 × 10,5 (diam.)
achat 1983
AM 1983-454

Corner Prop n° 7 (for Nathalie), 1983
acier
2 plaques, 140 × 140 × 5
don de l'artiste, 1984
AM 1984-284

Gino Severini
1883-1966

Né à Cortone (Toscane) et mort à Paris, Gino Severini sera une des figures dominantes du groupe des « Italiens de Paris ». En 1901 il rencontre à Rome Umberto Boccioni qui l'introduit dans l'atelier de Giacomo Balla. Il pratique alors la touche divisionniste de Seurat. Il s'exile à Paris en 1906 et, installé sur la Butte Montmartre, rencontre tous ceux qui deviendront des artistes ou des écrivains célèbres, se liant particulièrement à Pierre Reverdy. De 1910 à 1914 il suit, de Paris, la cause des futuristes italiens, entraîné par Marinetti dont il signe les manifestes, et expose avec eux (notamment le *Pan-Pan à Monico*) à la galerie Bernheim-Jeune en 1912. Par ailleurs, il établit sa situation par son mariage avec la fille du « prince des poètes » Paul Fort, en 1913. Mais alors qu'il illustre en 1915 la grandeur « futuriste » de la guerre, avec *Train blindé en action* (New York, coll. Zeister) et *Train de blessés* (Amsterdam, Stedelijk Museum), il se tourne à nouveau vers la tradition figurative italienne, avec *Maternité* notamment (1916, Cortone). Isolé des futuristes, il compose avec les cubistes et propose, dans des *Natures mortes,* des *Femmes assises,* un cubisme mesuré proche de celui de Juan Gris : ce fut son ultime tentative dans les cercles d'une avant-garde déjà vieillie. Léonce Rosenberg le convie à exposer en 1919 à sa galerie de l'Effort Moderne. La parution en 1921 de son ouvrage *Du cubisme au classicisme (Esthétique du compas et du nombre)* marque définitivement son adhésion aux impératifs du « retour à l'ordre ». Indifférent au surréalisme français (comme il l'avait été à la peinture métaphysique), Severini s'adonne désormais à la grande peinture murale, à effet décoratif (thèmes de la *Commedia dell'arte,* masques et arlequinades) : il quitte Paris pour décorer le château de Montegufoni, près de Florence, pour les Sitwell puis, à la suite de sa rencontre avec Maritain en 1923 et sa « conversion » au catholicisme, exécute des compositions religieuses pour des églises en Suisse (Semsales, La Roche). Compagnon du *Novecento,* il obtiendra les faveurs des autorités mussoliniennes qui lui valent de nombreuses commandes (fresques ou mosaïques) et l'attribution du Prix de la IIᵉ Quadriennale de Rome en 1935. Après la Seconde Guerre mondiale, désemparé, Severini abandonne ses « étrusqueries » précédentes pour une abstraction de bon ton. Sa carrière en dents de scie, partagée entre le courant archaïsant italien et l'avant-garde française, illustre bien le malaise des arts plastiques en Italie au cours de la première moitié du 20ᵉ siècle.

G. Severini, *Tutta la vita di un pittore,* Milan, Garzanti, 1946; F. Meloni, *Gino Severini. Tutta l'opera grafica,* Reggio Emilia, Libreria Prandi, 1982; cat. *Gino Severini (1883-1966)* par R. Barilli, et *Gino Severini prima dopo l'opera* par M. Fagiolo dell' Arco, Florence, Palazzo Pitti, Milan, Electa éd., 1983.

L'œuvre de Gino Severini est représentée essentiellement au Musée — qui lui consacra en 1967 une rétrospective — par des pièces tardives : huiles (*La Table verte,* 1947, *Violon,* 1959), mosaïques et dessin. La réplique du *Pan-Pan à Monico* (1909-1911) réalisée en 1960 par l'artiste lui-même constitue, certes, un document important pour l'histoire du futurisme, mais n'en reste pas moins, comme l'*Autoportrait* de 1912, un remake. Seules deux peintures paradoxales l'une par rapport à l'autre, *La Danse de l'ours au Moulin Rouge,* 1913, et *Portraits : la mère et sa fille,* [1935], témoignent des qualités d'un peintre qui, avec Giorgio De Chirico et Amadeo Modigliani, illustra l'italianité parisienne.

□ *La Danse de l'ours au Moulin Rouge,* 1913
Le futurisme de Severini est lié pour l'essentiel à la traduction du dynamisme de la fête, du bal populaire, de la danse : cette *Danse de l'ours* fait suite au *Pan-Pan à Monico* (disparu), aux toiles de 1912 comme *Hiéroglyphe dynamique du Bal Tabarin* (New York, MOMA), *Danseuse bleue* (Milan, coll. Mattioli) et *Dynamisme d'une danseuse* (Milan, coll. Jucker). Mais elle apparaît plus synthétique, centrée en une composition de diagonales rayonnantes étudiée dans deux dessins préparatoires de 1912, l'un à l'aquarelle (Amsterdam, coll. ACHW Swid-Verlee), l'autre au pastel (Milan, coll. privée). Elle offre en même temps une harmonie plus discrète de gris et de bleu où la touche régulière de couleurs, empruntée encore au divisionnisme de Seurat, contribue, en fragmentant les lignes du dessin, à évoquer le rythme même de la danse. Le costume sombre de l'ours se fond avec la robe à rayures de la femme, les faces des danseurs se superposent par transparence : l'intention de Severini était, comme il le dira à propos de cette œuvre, de « disloquer les corps dans l'atmosphère. Deux corps forment une seule unité plastique, rythmiquement équilibrée ». C'était assez pour que de tels tableaux « futuristes » suscitent à l'époque le mépris des cubistes orthodoxes, indifférents aux équivalences plastiques de rythme. On ne connaissait pas à Paris le *Nu descendant un escalier* de Marcel Duchamp, qui scandalisa en 1913 les visiteurs de l'*Armory Show.*

La Danse de l'ours au Moulin Rouge, 1913
huile sur toile
100 × 73,5
achat de l'État et attr. 1950
AM 2992 P

Joël Shapiro
1941

□ *Portraits : la mère et la fille,* [1935]
Cette grande toile, exposée à la Biennale de Venise de 1936 (n° 16), fut la première œuvre de Severini acquise pour le Musée des Écoles étrangères (Jeu de Paume) : c'est dire l'estime que les autorités institutionnelles portaient alors au néo-classicisme de Severini. Si l'on en juge d'après la série de portraits de sa famille exécutés dans la deuxième moitié des années 30 (*La famille du peintre,* Lyon, Musée des Beaux-Arts), Severini a représenté ici sa femme Gina, assise, tenant un livre ouvert, et sa fille aînée, Jeanne, retenant du bout des doigts un pigeon. Malgré l'abandon de détails réalistes, la frontalité solennelle des visages inexpressifs, l'expression fixe des yeux largement ouverts sont d'évidentes références aux mosaïques de Theodora à Ravenne ou aux portraits funéraires coptes. Ces emprunts appuyés à la grande tradition nationale italienne caractérisent le retour à la figuration, qui font écran au cours des années 30 à toutes les positions de l'avant-garde. Seuls la touche divisée, le pointillisme affiné des reflets soyeux relient cette peinture austère au « can-can » futuriste de l'œuvre précédente.   Ch.D.

Originaire de New York, Joël Shapiro commence à exposer en 1970 et se situe d'emblée en opposition avec les courants principaux qui animent alors la sculpture. Renouant avec une technique plus traditionnelle (fer forgé, bronze...), il adopte des formes géométriques lisibles issues de la schématisation de formes réelles : on peut reconnaître un pont, une maison, une chaise... L'échelle des sculptures est extrêmement réduite, presque miniaturisée, en contraste avec les autres sculptures ou les environnements de la même époque occupant davantage l'espace. Vers le milieu des années 70, les formes, jusquelà compactes, s'ouvrent. Elles déterminent l'espace qui les entoure, révélant simultanément l'intérieur et l'extérieur de la forme. Alors que ses œuvres étaient devenues plus abstraites, Shapiro introduit à partir de 1977 la figure humaine, avec de plus grandes constructions, toujours sur un schéma géométrique, dans une attitude de déséquilibre ou de chute. Mais, parallèlement, il continue d'exécuter d'autres sculptures sans références figuratives. Par ailleurs, Shapiro réalise depuis 1975 de grands dessins au fusain (dont le Musée possède un exemple : *Sans titre,* 1976).

Cat. *Joël Shapiro,* Londres, Whitechapel Art Gallery, 1980; cat. *Joël Shapiro,* New York, Whitney Museum of American Art, 1982.

□ *Sans titre,* 1978
Lorsqu'elle s'accroche au mur, la sculpture de Shapiro avance en général face à l'œil du spectateur. On retrouve ici la plupart des qualités qui marquent son œuvre : présence combinée d'un intérieur et d'un extérieur, volumes simples réduits à des formes géométriques très évidentes, mais pourtant inédits dans leur configuration. On ne peut ici s'empêcher de voir une intelligence du Minimalisme, plus précisément une sorte de clin d'œil aux *Stacks* de Judd, eux aussi perpendiculaires au mur. Shapiro revient régulièrement sur une telle disposition. L'une de ses toutes premières œuvres consistait en une suite d'étagères sur lesquelles reposait un échantillon de matériau toujours différent, mais toujours de même format.   A.P.

539

Portraits : la mère et la fille, [1935]
huile sur toile
147 × 115
achat 1935
J de P 780

Sans titre, 1978
bronze
15 × 55 × 33,5
achat 1985
AM 1985-483

Joseph Sima
1895-1971

L'enfance de Sima se passe en Bohème, dont il n'oubliera jamais le paysage de plaines, de petits bois, de montagnes au loin avec, tout près, le jardin du couvent de Kuks et ses sculptures baroques. En 1909, il s'inscrit simultanément à l'École des Beaux-Arts de Prague et à l'École Polytechnique, menant des études en géodésie spatiale qui détermineront également le développement de son œuvre. En 1921, il décide de quitter la Tchécoslovaquie pour Paris où il demeure jusqu'à sa mort, tout en gardant un contact étroit avec le milieu d'avant-garde pragois (groupe Devéstil). A Paris, il fait très vite la connaissance de tous les peintres et poètes qui comptent, dont il suit tour à tour les recherches : le groupe de *L'Esprit Nouveau* avec Ozenfant et Jeanneret, Ribemont-Dessaignes et Jouve qui resteront des amis fidèles, Breton et Ernst, mais les surréalistes se méfient de ses tendances mystiques; et Mondrian, enfin, avec qui il a de longues discussions sur « la réalité impalpable du point sans poids ». En 1926, il rencontre René Daumal et Roger Gilbert-Lecomte et fonde avec eux le Grand Jeu, faisant siens pour toujours leurs mots d'ordre « Révolution-Révélation ». En 1928 a lieu sa première grande exposition à Paris, galerie Povolozky, puis en 1929, galerie Bonaparte, celle du Grand Jeu, à laquelle il envoie des portraits d'amis et des paysages (dont *Double paysage-Tempête électrique*).

De 1939 à 1949, traumatisé par la guerre, Sima se tait, peignant seulement quelques toiles. Il vivra par la suite de façon assez recluse, sans participer à la course des mouvements, mais entouré de quelques amis comme Roger Caillois et Henri Michaux. Avec des signes de plus en plus ténus, sa peinture semble se faire la plaque sensible des mutations d'une géologie immuable : « Sur un tracé préliminaire à l'encre de Chine, avec la pulsation de l'ocre et du bleu, les couleurs de la terre et du ciel (...) Sima révèle le souffle invisible de l'espace qui est le champ vibratoire de notre expérience et, dit Plotin, le grain de lumière » (J. Leymarie).

Une grande rétrospective de ses œuvres est organisée en 1963 par le Musée des Beaux-Arts de Reims, puis en 1968 par la Galerie Nationale de Prague et par le Centre national d'Art contemporain à Paris.

Cat. *Sima*, Paris, MNAM, 1968; V. Linhartová, *Joseph Sima, ses amis, ses contemporains*, Bruxelles, La Connaissance, 1974; V. Linhartová, « Crâne et grotte, Rivières souterraines de Sima », Cahiers du MNAM, n° 4, 1980.

☐ *Double paysage (Tempête électrique)*, 1928
Le Musée possède un ensemble assez cohérent d'œuvres de Sima : outre celles plus tardives (*Tache violette*, 1960), il conserve de la première période *Midi* et une dizaine de dessins, le plus souvent esquisses pour des toiles.

Le titre de *Double paysage* ou *Tempête électrique* revient à plusieurs reprises dans les tableaux de cette période, de même que les arbres tronqués, les blocs géométriques et les effets de halo. Il semble, au dire de Sima lui-même, que ces visions aient eu pour origine une nuit d'orage à Corana, chez Pierre Jean Jouve : « Dans le très court instant d'éclairs silencieux, passant entre les nuages, apparaissait, sitôt éclipsée, la nudité d'un arbre mort. C'était vraiment un corps devenu nu. La lumière épaissie créait le monde ». Simplicité et pureté de l'illumination que Sima cherche toujours à restituer. Dans cet étrange paysage, tout apparaît exactement réversible, comme s'annulant : la forêt obscure, archétype de l'inconscient en psychanalyse, les deux chemins qui ne mènent nulle part, et ces blocs géométriques qui semblent tombés là par hasard et qui pourtant donnent à l'espace désorienté son sens et sa direction. De « sujet errant » en « sujet errant », épurant toujours davantage les formes, Sima tente de signifier l'unité du monde, qu'il trouvera enfin dans la lumière qui « effacera le pittoresque au profit de la splendeur ».

Cl.S.

Double paysage, 1928
(Tempête électrique)
huile sur toile
67 × 137
achat 1978
AM 1978-32

Charles Simonds
1945

« Naissance : en 1970, je m'ensevelissais dans la terre et je naquis à nouveau de la terre ». Cette « naissance » enregistrée par un film 16 mm intitulé *Birth* constitue le premier acte de création de Charles Simonds. Jusque-là, l'artiste s'était attaché à élaborer son mythe personnel : monde hybride composé de fragments naturels (bois, terre, sable), d'éléments organiques (cheveux, têtards), d'artefacts, plastiques et déchets. Par la suite, il enduit de boue son corps nu et, sur ce nouveau paysage, édifie les ruines de *Landscape-Body-Dwelling*, 1971. Les demeures, constructions miniatures faites de briques de boue séchée (1,3 cm de long) matérialisent le territoire, les lieux et les coutumes de peuplades fictionnelles — « linéaire », « circulaire » et « spiralée » — appartenant à la civilisation du *Little People*. Charles Simonds organise à travers le paysage urbain de New York la migration de ces peuples que différencient leurs rituels et leur mode de vie. Il installe les chasseurs sur les rebords des fenêtres et dans les brèches des murs, les bergers au ras des caniveaux, au pied des maisons. Entre 1970 et 1978, il bâtit dans la rue environ 200 « lieux/campements », qui sont l'occasion pour l'artiste de nombreuses rencontres avec les enfants et la population de ces quartiers. Il applique l'expérience et le modèle du *Little People* en participant aux programmes urbains de réhabilitation ou d'aménagement des espaces publics : *Park Project, Uphill, La Placita*, 1973, *Ritual Cairns, Niagara Gorge, Art Park*, 1974. En 1978, il étend le principe de ses constructions aux *Villes flottantes*, figurations futuristes de nouveaux modes de vie — lacustre ou marin —, mêlant aux mythes de l'Odyssée et de l'Atlantide les formes architecturales industrielles des docks.

Ses travaux, conçus à l'origine comme « un art de la rue » voué à la destruction, se plient peu à peu aux exigences de la maintenance muséale. Simonds utilise désormais des plans mobiles qui confèrent à ses constructions le statut traditionnel de « maquettes »; celles-ci, constituées en série (*Circles and Towers Growing*, 1978), donnent à voir l'émergence et l'effacement des édifices du *Little People*. Par la suite, elles deviennent des objets isolés présentant des archétypes de l'architecture. *Observatoire abandonné*, 1975, qui illustre le mode de construction spécifique au *Circular People*, témoigne de cette évolution. L'œuvre n'est plus *indice* — trace, vestige, sédiment culturel polysémique — mais se veut *icône*, célébration de la forme et simulacre d'un monument.   A.B.

Cat. *Charles Simonds : demeures et mythologies*, Paris, CNAC, 1975; cat. *Charles Simonds*, Chicago, Museum of Contemporary Art, 1981.

Observatoire abandonné, 1975
argile et sable
25 × 76 × 76
achat 1976
AM 1976-255

Soto
1923

Soto est originaire de Ciudad Bolivar, une petite ville du Venezuela. Éloigné de tout modèle culturel, il dessine et peint cependant dès son plus jeune âge. Pour gagner sa vie, il exécute des affiches de cinéma, mais en 1942, grâce à l'octroi d'une bourse, il s'inscrit à l'École des Beaux-Arts de Caracas et y reste cinq ans. Ce n'est que par les bibliothèques qu'il découvre l'art moderne et seulement jusqu'au cubisme. Il reçoit son premier choc artistique devant la reproduction d'une nature morte de Braque, déjà conscient que l'art ne se justifie que par sa valeur inventive et conceptuelle : « L'art doit être positiviste, il doit continuer à éduquer les gens comme la science ». En 1950, déçu par son expérience d'enseignant à Maracaïbo, il décide de partir pour Paris, où il vit encore partiellement. Soto approfondit alors très vite son intérêt pour les artistes du Bauhaus, Moholy-Nagy notamment, pour Mondrian, dont il veut pousser jusqu'au bout le dynamisme sous-jacent aux *Broadway Boogie-Woogie*, et pour Malévitch, qui dans son *Carré blanc sur fond blanc* a rompu avec toute problématique de la forme. En 1951, encouragé par Herbin, il expose au Salon des Réalités Nouvelles, où il fait la connaissance de Tinguely et d'Agam. En avril 1955, la galerie Denise René organise une exposition sur le *Mouvement*, à laquelle il participe avec Agam, Tinguely, Jacobsen... Bien qu'il n'apprécie guère ce nouvel « isme », le cinétisme est lancé. Soto figurera par la suite à toutes les grandes manifestations qui y sont liées.

541

A. Boulton, *Soto*, Caracas, éd. E. Armitano, 1973; cat. *Soto, a retrospective Exhibition*, New York, Solomon R. Guggenheim Museum, 1974; cat. *Soto, œuvres actuelles*, Paris, MNAM, Centre G. Pompidou, 1979; cat. *Soto, cuarenta años de creacion*, Caracas, Museo de Arte Contemporaneo, 1983; M. Joray, *Soto*, Neuchâtel, éd. du Griffon, 1984.

☐ *Rotation*, 1952
Cette œuvre (exposée dès 1953 aux Réalités Nouvelles) s'inscrit dans la série des *Répétitions*, vocabulaire de base sur lequel Soto a fondé son système créatif. Ayant toujours aimé la musique (il joue lui-même de la guitare) — Bach et la musique sérielle surtout —, il compose son tableau comme une partition aléatoire : « J'étais im-

Rotation, 1952
huile sur contreplaqué
100 × 100
achat 1980
AM 1980-529

542

pressionné par les systèmes de douze notes que les musiciens organisent à l'avance, indépendamment de tout a priori sonore. Ils répartissent les notes sur la portée selon un dispositif pré-établi et ne vérifient qu'ensuite, en jouant le morceau, le résultat esthétique obtenu ». Au départ, des carrés identiques, une quasi-monochromie (peut-être une réminiscence de Malévitch), puis des traits qui encadrent alternativement chacun des côtés, produisant l'illusion d'un mouvement giratoire des carrés sur eux-mêmes, et, enfin, seulement des points, qui sont progressivement absorbés par l'espace sans limites. Soto aura ainsi, dès les années 50, trouvé l'essentiel de son langage plastique, avec le refus de l'esthétique pour elle-même, la neutralisation de la forme qui la rend plus « universelle » et déjà l'esquisse de mouvement.

☐ *Carré virtuel bleu,* 1978-1979
Après les séries des *Répétitions* et des *Progressions,* Soto en déduit logiquement que tout système plastique se fonde d'abord sur un système de relations : « Le monde des relations existe avant et en dehors des éléments. La valeur des éléments n'est qu'une référence descriptive des relations. Les relations ont une existence autonome ». Ainsi, à partir de 1954, il s'intéresse, avec ses structures en plexiglas, à la superposition de deux surfaces tramées, ce qui entraîne tout un jeu très subtil de vibrations, base de tout son travail futur sur le

mouvement et la participation du spectateur. En 1957, il commence à suspendre des éléments libres, tels que fils de fer et bâtonnets de bois, diversement colorés et qui forment comme une double trame plus fluide, plus instable, presque imperceptible (*Double Écriture,* 1976, MNAM). Soto fera d'innombrables variations sur ce thème, dont le *Carré virtuel bleu* est un des plus beaux exemples : chaque regard, chaque geste, chaque souffle d'air risque de détruire l'équilibre de ce carré et de sa verticale comme pris dans un piège de lignes : « L'immatériel est la réalité sensible de l'univers. L'art est la connaissance sensible de l'immatériel. Prendre conscience de l'immatériel à l'état de structure pure, c'est franchir la dernière étape vers l'absolu ». A partir des années 60, Soto poussera toujours plus loin ses recherches sur le temps, l'espace et le mouvement, pour concevoir des environnements totaux dont *250 000 Tiges d'acier* peint chez Renault en 1968 représente un des exemples les plus spectaculaires.   CL.S

Carré virtuel bleu, 1978-1979
bois peint et tiges de métal
122 × 122
achat 1979
AM 1980-44

Pierre Soulages
1919

Né à Rodez, Soulages restera toujours attaché à sa région natale, se souvenant particulièrement des pierres gravées préhistoriques et des monuments d'art roman, telle l'abbaye de Conques. La guerre le retient à Montpellier et, durant l'occupation allemande, il vit caché et travaille comme agriculteur. L'un de ses voisins, l'écrivain Joseph Delteil, lui fait rencontrer Sonia Delaunay. Après la révélation, à 18 ans, de Cézanne et de Picasso lors d'un bref séjour à Paris, il est mis sur la voie d'une peinture abstraite dont il a par ailleurs appris l'existence dans un article d'une revue nazie sur la peinture dégénérée. En 1946, il s'installe dans la banlieue parisienne et consacre tout son temps à la peinture. Ses œuvres abstraites, sans référence à un modèle ou à une figuration, se présentent comme de simples traces noires ou brunes sur fond clair. Après plusieurs refus des Salons, il expose aux Surindépendants en 1947, année où il s'installe à Paris et poursuit des peintures sur papier exécutées au brou de noix, œuvres de petit format mais déjà d'une échelle monumentale. Au lieu de décrire un mouvement ou d'insister sur l'expression, Soulages peut déjà « grouper les traces du pinceau (toujours larges, c'est-à-dire ayant une surface, une matière, bref, une réalité picturale) en une forme se livrant d'un seul coup ». Dès 1948, il commence à présenter ses œuvres à l'étranger, particulièrement dans une exposition de peinture abstraite française itinérante à travers l'Allemagne. Il rencontre J.J. Sweeney, alors conservateur au MOMA de New York, qui contribuera beaucoup à la connaissance de son œuvre aux États-Unis, où il expose régulièrement à partir de 1950. A la même époque, il réalise plusieurs décors de théâtre, à l'initiative de Roger Vaillant ou encore pour célébrer, à Amboise, le cinquième centenaire de Léonard de Vinci. De 1952 datent ses premières eaux-fortes. Soulages ne cessera par la suite de poursuivre un travail de gravure très personnel en découpant le cuivre à l'acide, supprimant ainsi l'empreinte rectangulaire de la plaque de cuivre. Tout au long des années 50, il fait appel à des formats plus importants que précédemment et, si la couleur noire reste dominante, s'y ajoutent des tons ocres ou bleus, rouges parfois qui ne font qu'accentuer les contrastes colorés et la lumière qui en est issue. A cette époque, Soulages expose un peu partout dans le monde, participe aux expositions collectives les plus prestigieuses (la Documenta, le Carnegie International...). Il se rend aux États-Unis où il se lie d'amitié avec de nombreux peintres américains de l'époque, Rothko par exemple. Il voyage aussi au Japon (où il obtient le grand Prix de la Biennale de Tokyo) et en Asie du Sud-Est.

Soulages partage désormais son temps entre ses ateliers de Paris et de Sète. Il expose régulièrement à Paris à la Galerie de France et voit des musées organiser ses premières rétrospectives (Hanovre, 1960; Boston, 1962; Houston, 1966; Paris, 1967...). Parfois, à l'occasion de ses expositions, il suspend ses peintures dans l'espace au lieu de les accrocher au mur, méthode qu'il poursuivra lors de certaines commandes pour l'architecture. Les peintures des années 60 peuvent atteindre de très grands formats et les larges plages colorées qui les occupent prennent la place des traces précédentes. Pourtant, l'œuvre de Soulages ne fait pas preuve d'une évolution nettement marquée. Ainsi, les peintures du début des années 70, où Soulages emploie l'acrylique, renouent avec les contrastes directs des premiers brous de noix. Vers 1975, il exécute une série de bronzes, à partir d'une

Peinture sur papier 1948-1
brou de noix sur papier marouflé sur toile
65 × 50
don de l'artiste, 1967
AM 4415 P

Peinture 1957, 195 × 130 cm
huile sur toile
don de l'artiste à l'État et attr. 1957
AM 3568 P

544

Peinture, 14 mai 1968, 220 × 366 cm
huile et acrylique sur toile
achat de l'État 1969, attr. 1976
AM 1976-1021

Peinture, 29 juin 1979, 202 × 453 cm
huile sur toile
202 × 453 (en 2 panneaux de 126 et 327)
achat 1979
AM 1980-45

forme découpée et gravée à l'acide, qui restent avant tout un travail de peintre et de surface. Le contraste entre les parties polies et gravées annonce le principe des peintures noires commencées en 1979, autre approche des rapports de lumière. Ces dernières œuvres sont exposées pour la première fois au Musée lors de l'exposition personnelle des peintures récentes de Soulages en octobre 1979; elles ouvrent une nouvelle étape dans une œuvre jamais répétitive.

J.J. Sweeney, *Soulages,* Neuchâtel, Ides et Calendes, 1972; B. Ceysson *Soulages,* Paris, Flammarion, 1979; cat. *Soulages, peintures récentes,* MNAM, Centre G. Pompidou, 1979.

□ *Peinture sur papier 1948-1*
Les premières œuvres de Soulages, jusqu'en 1950, sont, comme ici, exécutées au brou de noix sur papier. Cette matière inhabituelle, traditionnellement utilisée par les artisans plutôt que par les peintres, est déjà le signe d'une mise en cause par Soulages des procédés classiques de peinture, qui se prolongera dans le soin accordé à l'exactitude des formats ou aux outils qu'il devra confectionner en accord avec son projet pictural. Ces petites peintures des années 1946-1950 sont remarquables en ce que la forme remplit l'espace « en se livrant d'un seul coup de manière abrupte »; monolithique et indivisible, elle est, dit encore Soulages, non descriptive : « Le temps du récit — celui de la ligne que suit l'œil, parcours ayant une durée — était ainsi supprimé ». La couleur sombre, le contraste évident entre les traces et le fond donnent le sentiment d'une peinture déjà sans compromis et, bien qu'à ses tout débuts, faisant preuve d'une rare autorité plastique. Ce signe hiératique, figé, tire sa dynamique du mouvement qui y est contenu, en puissance, mouvement non descriptif mais devenu tension.

□ *Peinture 1957, 195 × 130 cm*
En donnant systématiquement au tableau le titre de *Peinture* accompagné de la date et du format, Soulages insiste sur le refus de toute anecdote, de toute allusion ou sens obligé de lecture. Cette attitude sera de grande influence sur les générations plus jeunes qui mettront en avant la matérialité de la peinture. Dans les années 50, Soulages a définitivement mis au point les principes picturaux qui sont les siens, même si son œuvre connaît par la suite toutes sortes d'apports complémentaires issus de techniques nouvelles. Cette toile de 1957 est parfaitement représentative d'une époque où la couleur sombre envahit la quasi-totalité de la surface en larges traces alignées ou, comme ici, enchevêtrées. Pourtant, les zones claires en arrière-fond permettent d'insister sur les effets de lumière qui sont l'un des fondements du tableau. Le signe a perdu sa prédominance; répétés, les coups de brosse créent « un rythme des rapports d'espace » (J.J. Sweeney).

□ *Peinture, 14 mai 1968, 220 × 366 cm*
Cette grande toile est l'une des plus abouties que Soulages ait jamais peintes, un vaste champ coloré où domine le noir, mais dont les recouvrements successifs permettent autant de variations. Cette matière possède aussi des qualités de transparence car, à l'approche des trouées blanches qui interrompent par endroits les larges plans noirs, la couche de peinture est parfois plus fluide, translucide, d'un gris de lumière. Au cours des années 60, l'œuvre de Soulages a tendu vers une plus grande spatialité qui, dès lors, ne fera que s'amplifier. Le coup de brosse inscrit un plan plutôt qu'un signe. La peinture est plus monumentale, massive. Cette œuvre en est peut-être le meilleur exemple. A son sujet, Marcelin Pleynet note en décembre 1968 dans *Art International* : « Cette toile réussit, à elle seule, le tour de force de prendre en charge la problématique picturale que nous a léguée

l'Europe (...) [Soulages] enlève aux masses ce qui peut leur rester d'anecdotisme "phénoménologique" pour les restituer à la surface ».

□ *Peinture sur papier 1977, 110 × 75 cm*
Des années 1977-1978 date une série de peintures sur papier où Soulages emploie volontiers d'autres couleurs que le noir (ocres et bleus, notamment) et où la surface est généralement construite à partir de larges traces, horizontales ou verticales, nettement marquées. Il reprend là certains principes de composition utilisés précédemment dans les peintures acryliques du début des années 70, qui voyaient également des contrastes de couleur noire et bleue *(Peinture, 16 août 1971, 130 × 349 cm)*. La fluidité de la matière est ici exploitée avec les zones transparentes opposées à celles qui restent opaques, à l'image des contrastes de matière dans les bronzes de la même époque.

□ *Peinture, 29 juin 1979, 202 × 453 cm*
Cet important diptyque, dont les deux panneaux inégaux sont en quelque sorte fusionnés, appartient à l'ensemble des peintures noires entrepris en 1979. Soulages emploie ici une seule couleur, un noir unique, et les contrastes n'apparaissent que par réaction de la lumière sur la surface. « Ce sont, explique-t-il, des différences de textures, lisses, fibreuses, calmes, tendues ou agitées qui, captant ou refusant la lumière, font naître les noirs gris ou les noirs profonds ». L'effet n'en est que plus fort lorsque c'est, comme ici, la totalité de l'espace qui est uniformément recouverte. Le dynamisme de la surface n'est pas moins évident avec le rythme provoqué par les ruptures verticales, le mouvement contrôlé des coups de brosse. C'est là une nouvelle période de l'œuvre de Soulages qui voit le jour, en plein accord avec les acquis précédents, et pourtant étonnamment nouvelle. A.P.

Peinture sur papier 1977, 110 × 75 cm
vinylique sur papier marouflé sur toile
achat 1977
AM 1978-24

Chaïm Soutine
1893-1943

Issu d'une famille pauvre d'un village de Lituanie, Chaïm Soutine se passionne dès l'enfance pour la peinture. Pourtant, la règle en vigueur au sein du Chtettle (communauté juive de Russie) en condamne la pratique et la réduit à n'être que « le fantôme d'une image morte ». Cet interdit sera à la fois transgressé et respecté par Soutine dans une figuration visant moins à la représentation « ressemblante » qu'à une interprétation « expressionniste » du sujet. Quittant sa famille dès 1907, il se rend à Minsk et à Vilna, où il étudie à l'École des Beaux-Arts, puis émigre à Paris en 1913. Il s'inscrit dans l'atelier de Cormon mais, surtout, découvre au Louvre les œuvres de Goya, du Tintoret, du Greco et de Rembrandt. Accueilli par le sculpteur Miestchaninoff, dont il fera le portrait (v. 1923, MNAM), il fait la connaissance des artistes russes regroupés à La Ruche, Chagall, Zadkine et Lipchitz. Modigliani lui présente le poète polonais Sborowski, marchand de tableaux improvisé, qui lui permet de séjourner dans le Midi, dont il ramène environ deux cents paysages aux couleurs pures et à la composition disloquée. Ces toiles, dont une partie sera achetée par le Dr Barnes, un important collectionneur américain, témoignent d'une radicalisation de la peinture de Soutine. En 1923, installé dans un grand atelier surnommé la « Boucherie Soutine », il entreprend

la série des *Bœufs écorchés,* inspirée de Rembrandt, puis celle des *Volailles.* Sa première exposition est organisée par Henri Bing en 1927. A cette date, dans l'esprit des portraits de *Pâtissiers* (1922), Soutine réalise les *Enfants de chœur* et les *Valets de chambre.* La dernière décennie est marquée par les séries de *L'Arbre de Valence* (1929), des *Maisons* (1932-1934), des *Animaux* (1940), puis, pendant l'Occupation, par des *Paysages.*

E. Faure, *Soutine,* Paris, éd. Crès, 1929; P. Courthion, *Soutine, peintre du déchirant* (cat. raisonné de l'œuvre peint), Lausanne, Edita Denoël, 1972; cat. *Soutine,* Paris, Orangerie des Tuileries, 1973; J. Lanthemann, *Soutine* (cat. de l'œuvre dessiné), Rome, éd. Le Point, 1981.

◻ *La Volaille,* [1925-1926]
Cette toile, intitulée également *La Dinde écartelée* (Courthion p. 244-245 E), participe à la série des volatiles posés ou pendus, sans doute inspirés par la nature morte aux gibiers de Chardin, *L'Épagneul* (1730). De même que dans les *Bœufs écorchés,* Soutine se livre à une observation fascinée du lent travail de transformations des chairs, processus de corruption qui trouve dans la peinture son équivalent. Le cadavre, « image morte », et « son fantôme », la peinture, se donnent comme les deux termes d'une même métaphore procédant par réduction et décomposition du vivant. Rendu presque abstrait par la violence gestuelle de l'exécution, le motif confond sa matérialité avec celle de la couleur : aplats brossés, empâtements, biffures.

◻ *Le Groom* ou *Le Chasseur,* [1928]
Refusant les commandes, Soutine préfère choisir ses modèles, ses victimes; par la reprise répétée du sujet — « figure » plutôt que

546

La Volaille, [1925-1926]
(La Dinde écartelée)
huile sur carton parqueté
125 × 80
séquestre du baron Matsukata, 1958
AM 3612 P

Le Groom, [1928]
(Le Chasseur)
huile sur toile
98 × 80,5
séquestre du baron Matsukata, 1958
AM 3611 P

« portrait » —, il érige en typologie la suite des corps marqués par la fonction, stigmatisés par l'uniforme sanglant des petites gens. Cependant, l'introduction de légers déplacements — singularité du regard, esquisse d'un geste — opèrent une torsion du genre. Enfant de chœur pour prélat, valet de chambre pour dandy, groom pour officier, endossant des costumes de substitution, le « figurant » dénie l'illusionnisme et les contrefaçons du social. *Le Groom* (Courthion, p. 277 C; anc. coll. Zborowski) renforce cette démonstration par sa stricte frontalité, à laquelle le cadrage et l'absence de profondeur confèrent une planéité d'emblème; le corps du sujet, désarticulé, écartelé par la posture, emprunte à une géométrie sommaire qui en augmente l'expression. Ainsi, le « signe » pictural émerge, schématique et intense, manière de rature de peinture rouge. A.B.

Daniel Spoerri
1930

Originaire de Galati (Roumanie) mais installé en Suisse avec sa famille dès 1942, Daniel Spoerri se consacre d'abord à la danse, puis à la mise en scène de pièces d'avant-garde et à la poésie concrète et idéogrammique à Zurich et Berne, avant de se rendre à Paris à la fin de 1959. Là, il fonde la Société MAT (Multiplication d'Art transformable) pour l'édition à bon marché d'œuvres cinétiques et s'associe à l'essor de l'art du mouvement en Europe; il co-organise l'exposition *BewogenBeweging* (Émouvant mouvement) de mars 1961 au Stedelijk Museum d'Amsterdam, avec la collaboration de son ami de jeunesse, le sculpteur Tinguely.

C'est précisément en recueillant pour ce dernier de vieilles ferrailles rouillées que Spoerri a pour la première fois, en septembre 1960, l'idée de fixer sur support des « situations d'objets » organisées par le hasard. Ces dispositions d'objets, une fois redressées à la verticale, deviennent des *Tableaux-pièges,* où la réalité est saisie telle quelle dans sa pureté émotive originale. Cette récupération de la banalité quotidienne rapproche Spoerri des recherches des Nouveaux Réalistes, en compagnie desquels il expose (après avoir participé à la fondation du groupe) ses premiers *Tableaux-pièges* — des reliefs de repas — au Festival d'Art d'avant-garde de Paris en novembre 1960.

Dès lors, Spoerri, en explorant toutes les possibilités de développement du « tableau-piège », va s'appliquer, à partir du principe de hasard, à une mise en cause des lois habituelles et de la vision et des règles artistiques (notion d'objet d'art, d'auteur, d'orientation visuelle, etc.). Ainsi, de 1961 à 1964, il confectionne notamment : des *Tableaux-pièges au carré* (dans lesquels outils et matériaux servant à réaliser le tableau-piège sont fixés en même temps sur lui), des *Tableaux-pièges sous licence* (c'est-à-dire dont la réalisation est confiée

547

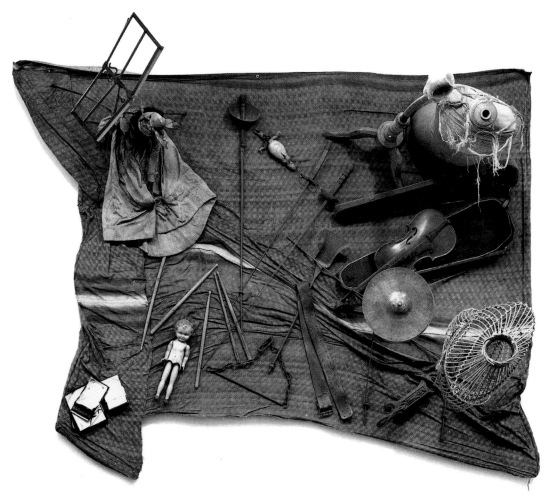

Le Marché aux puces, 1961
objets divers fixés
sur toile collée sur contreplaqué
172 × 222 × 130
achat 1976
AM 1976-261

à des amis), des *collections* (c'est-à-dire des ensembles d'objets — ustensiles de cuisine, épices, lunettes — baptisés œuvres d'art et montrés dans le maximum de variations possibles), enfin des *Environnements-pièges* (Amsterdam, 1962).

Cette volonté de désorganisation des perceptions et de transgression des sens amène bientôt Spoerri à dépasser l'aspect purement visuel des tableaux-pièges pour y impliquer le toucher, l'odorat, le goût, et faire appel à l'imagination du public. En mars 1963, Spoerri opère la synthèse de ses différentes recherches lors de son exposition *723 ustensiles de cuisine* à Paris, en transformant pendant quelques jours la galerie J en un restaurant où les convives (servis par des critiques d'art connus) sont invités à réaliser eux-mêmes, avec les restes de leur repas, des *Tableaux-pièges* exposés ensuite sur les murs. L'expérience, recommencée à plusieurs reprises, sera couronnée en 1968 par l'ouverture d'un restaurant permanent à Düsseldorf où seront également présentées des œuvres comestibles réalisées par des artistes amis (Eat-Art Gallery, 1970-1971).

Cette fétichisation aberrante de l'objet artistique conduit, parallèlement, Spoerri à s'intéresser à la sacralisation de l'objet quelconque devenu relique. Ses expositions de *Conserves de magie à la noix* (objets archéologiques personnels présentés à Düsseldorf en 1968), de *Natures mortes* (cadavres d'animaux mis en scène dans des contextes-pièges à Zurich en 1971), de *Musée sentimental* (objets historiques dérisoires montrés au Centre G. Pompidou en 1977 et à Cologne en 1979), enfin, de casques militaires coiffant des hachoirs-moulinettes (*Têtes* et *Guerriers de la nuit* exposés à Paris en 1982-1983) concourent toutes au même résultat : mettre en valeur dans la sacralisation de l'objet la morbidité implicite de sa fascination.

D. Spoerri, *Topographie anecdotée du hasard,* Paris, galerie Lawrence, 1962; cat. *Daniel Spoerri, hommage à Isaac Feinstein,* Amsterdam, Stedelijk Museum, 1971; cat. *Daniel Spoerri, Cnacarchives nº 2,* Paris, CNAC, 1972.

□ *Le Marché aux puces,* 1961

Cette pièce appartient à une série de six tableaux-pièges, réalisés entre 1961 et 1966 à partir d'étalages découverts par Spoerri sur différents marchés de brocante parisiens, fixés tels quels sur leur bâche d'origine et redressés à la verticale. En s'appropriant ainsi des ensembles d'objets réunis par le hasard total que représente un étal de brocanteur, Spoerri porte à son degré ultime le caractère aléatoire du « tableau-piège ». De plus, dans ce cas, en réunissant ces objets surannés et hors d'usage, il fait intervenir un autre facteur : le temps. C'est qu'inspiré par un aphorisme du philosophe anglais Bacon (« Les temps modernes sont des temps anciens car le monde vieillit. Mais les temps passés sont vivaces »), il inverse les notions de vieux et de neuf. En offrant à ces objets une vie d'œuvre d'art, il pérennise définitivement la précarité de leur réunion et trouble le charme que dégagent habituellement des objets tombés en désuétude. Définitivement inaccessibles, perchés au-dessus du visiteur, ils lui donnent un vertige qui ne vient pas seulement du changement de plans auquel ils sont soumis, ni du caractère inattendu de leur mise en valeur. C'est l'éternelle jeunesse des momies que ces objets proposent à sa contemplation.   J.-P. A.

Nicolas de Staël
1914-1955

La Révolution de 1917 oblige la famille de Nicolas de Staël, qui appartient à l'aristocratie pétersbourgeoise, à émigrer de Russie en 1919; orphelin dès 1922, le peintre trouve en Europe une nouvelle patrie. Il suit de 1932 à 1936 l'enseignement de l'Académie Saint-Gilles et de l'Académie des Beaux-Arts de Bruxelles puis, après des voyages d'études en Espagne, en Afrique du Nord et en Italie, il se rend à Paris dont il assimile rapidement l'essentiel de la vie artistique; il obtient la nationalité française en 1948. Sa vie restera une lutte perpétuelle avec lui-même, un débat passionné avec sa peinture et avec les autres — ainsi que le prouve son abondante correspondance — interrompus seulement par la Seconde Guerre mondiale. Fidèle à sa règle de l'engagement moral et physique, il s'enrôle dans la Légion Étrangère en janvier 1940.

Par exigence avec lui-même, il détruit la plupart de ses œuvres antérieures à 1941, faites d'après nature au Maroc et en Espagne. Son art trouve son plein développement en l'espace de dix années, de 1945 à 1955, et de façon plus cruciale de 1950 à 1952. Sa première exposition a lieu en 1944 à la galerie Jeanne Bucher à Paris, tandis que celle de la galerie Matthiesen à Londres lui apporte une certaine notoriété auprès de la critique.

Parti de l'abstraction, Nicolas de Staël se défendra dès 1950 d'appartenir à ce qu'il nomme avec humour le « gang de l'abstraction-avant » (lettre à Bernard Dorival, 1950). Mais il lui reste inexorablement attaché, malgré sa fidélité au sujet réaffirmée en 1952 avec la série du *Parc des Princes* et des *Footballeurs;* sa culture classique, ses amitiés témoignent de sa volonté de rester « naturellement libre ». Admirateur de Vélasquez, Courbet, Van Gogh, Delacroix, Bonnard, fasciné par Matisse, respecté de Braque, il entretient aussi des relations étroites avec Sonia Delaunay, Magritte, Deyrolle, Domela, Estève, Lanskoy, et se réfère souvent à Cézanne dont, en 1953 aux États-Unis, il a étudié longuement *Les Grandes Baigneuses.* Nicolas de Staël pose un problème plastique original, celui de la capacité de la couleur

De la danse, 1946
huile sur toile
195 × 114
dation 1982
AM 1982-262

à créer un espace où l'être et le représenté se confondent, sans le recours des effets de lumière — jusqu'en 1952 il peint le plus souvent le soir ou la nuit — ni même d'un code spécifique de la couleur, comme chez Cézanne ou Delaunay. Sa peinture se définit par une gamme de signes réduite, composée d'abord de barres ou de « bâtonnets », puis de cubes ou « blocs » et de nappes grasses ou maçonnées. Nicolas de Staël considère la genèse de la peinture telle que l'évoquent les mosaïques de l'art byzantin, qu'il redécouvre à Ravenne en 1953, et qu'il tente d'allier à l'abstraction du 20e siècle. Il s'engage aussi dans une recherche sur la matérialité de l'art, exécutant en 1954 une série de tableaux dédiés à ses instruments de travail. Il utilise un gros couteau à peindre ou, pour les grands formats, une truelle, pour passer des couches de peinture de plus en plus épaisses qui poseront des problèmes particuliers de conservation, et revient à la fin de sa vie à une matière picturale très mince. Son talent s'exerce aussi dans le domaine du dessin à l'encre — il exécute en 1951 les illustrations des *Poèmes* de René Char —, des collages de papiers déchirés, et même de la sculpture, que lui enseigne Vitullo en 1952. Ainsi qu'il le confie dans une lettre du 9 novembre 1953, il travaille inlassablement, assailli par le doute existentialiste, allant de « la terreur lente aux éclairs ». « Je sais que ma solitude est inhumaine », écrit Nicolas de Staël à Jacques Dubourg en décembre 1954. La « terreur », la « brume » aussi semblent l'emporter le 16 mars 1955 lorsqu'il se suicide en se jetant de la fenêtre de son atelier à Antibes.

A. Chastel, *Nicolas de Staël* (lettres annotées par G. Viatte, catalogue raisonné par J. Dubourg et F. de Staël, Paris, éd. du Temps, 1968; cat. *Nicolas de Staël,* Paris, Grand Palais, 1981.

Alors que l'État achète en 1950 une première toile, *Composition,* 1949, et que Nicolas de Staël fait don au Musée en 1952 des *Toits,* 1952, l'œuvre n'est soutenue en France du vivant du peintre que par un nombre restreint de fidèles : Jean Bouret, Pierre Lecuire, Jacques Dubourg, Gindertael, Pierre Courthion, André Chastel. A sa mort, l'exposition rétrospective organisée par le Musée en 1956 devait être une révélation. Le don en 1954 du *Lavandou,* 1952, par M. et Mme J. Dubourg est suivi en 1977 de l'achat d'une série d'encres, largement accueillie aussi bien aux États-Unis (Washington, Phillips Collection) qu'en Allemagne et en Angleterre. Ce n'est qu'en 1972 que l'œuvre est présentée de manière importante en France, à la Fondation Maeght de Saint-Paul. Un an avant la rétrospective de 1981 au Grand Palais, le Musée acquiert *La Vie dure,* 1946, achat heureusement complété en 1982 par une dation comportant *De la danse,* 1946, et *Les Musiciens,* 1953.

La Vie dure, 1946
huile sur toile
142 × 161
achat 1979
AM 1980-46

550

Les Toits, 1952
huile sur isorel
200 × 150
don de l'artiste, 1952
AM 3159 P

□ *La Vie dure*, 1946

Après une période où il se contente d'intituler ses toiles « Composition », Nicolas de Staël choisit pour celle-ci (Chastel, n° 78), acquise par Louis Carré — qui lui signe en octobre un premier contrat —, un titre explicite en cette période de misère que d'autres tableaux évoqueront (*Image à froid, Ressentiment*, 1947). « Je ne sais de meilleur autoportrait de l'artiste à ce moment que cette peinture faite d'une accumulation de difficultés » (P. Courthion). Sa première compagne, le peintre Jeannine Guillou, est morte en février 1946, et l'artiste n'a pas de vrai atelier. Mais il peint avec acharnement, dans de « perpétuels jeux de force », des œuvres abstraites où le rythme tendu des barres semble refléter ses inquiétudes vitales et esthétiques. Le principe unificateur de l'échelle, que l'on reverra dans *A Piranèse* de 1984, est ici utilisé, comme chez Vieira da Silva, pour équilibrer l'asymétrie des deux espaces. Nicolas de Staël reprendra dans de nombreux tableaux cette gamme de tons passés en couche épaisse, beiges, ocre, gris et blancs, proche de celles de Courbet et de Corot. Le peintre pose le problème du rapport de la figure au fond, qu'il approfondira ultérieurement au profit d'une certaine « poétique de son œuvre », expression qu'il souligne dans une lettre à Roger van Gindertael datée du 27 juillet 1950, explicitant ainsi sa pensée : « Un tableau c'est organiquement désorganisé et inorganiquement organisé ».

□ *De la danse*, 1946

Le goût de Nicolas de Staël pour la musique, l'opéra et la danse le porte à exécuter plusieurs tableaux sur ces thèmes : *L'Éclair et la danse*, 1946, *Ballet*, 1952, et deux versions des *Indes galantes*, 1953, dont il avait vu une représentation à l'Opéra. Il conçoit en 1952 des projets de ballet avec René Char et René Lecuire pour lesquels il souhaitait une musique de Stravinsky, mais ils n'aboutiront pas. La composition de *De la danse*, son titre même, évocateur des traités philosophiques, indiquent chez le peintre une volonté de rigueur identique à celle des compositeurs. Les tons neutres, proches de ceux de *La Vie dure*, sont cependant plus clairs avec une primauté accordée au blanc ; disposées de façon ouverte, dynamique, les barres laissent le fond dégagé. Ce tableau marque l'évolution de Nicolas de Staël vers un style monumental, une expression plus personnelle.

□ *Les Toits*, 1952

Intitulé *Le Ciel de Dieppe* (dans une lettre de Nicolas de Staël à Denys Sutton datée de mai 1952) ou *Les Toits de Paris*, ce tableau (Chastel, n° 301) fut l'objet d'un don spontané du peintre au Musée peu de temps après sa réalisation. Il succède aux grandes compositions abstraites de 1949-1950, prolonge la série des « murs » de 1951, et exprime le désir du peintre d'un retour à une forme de figuration plus sensible. Nicolas de Staël emploie des formats de plus en plus grands, permettant l'usage de la truelle, et la pâte s'épaissit.

Il choisit le titre de cette œuvre à partir d'un véritable référant visuel — le ciel de Dieppe ou les toits qu'il voyait de son atelier à Paris — mais il engage aussi son champ imaginaire. En construisant la composition sur la frontalité, Nicolas de Staël met en cause le système perspectif et affirme la verticalité du support ; selon un procédé inauguré en 1951 *(Le Mur, Composition)*, une combinaison d'éléments simples, fondée sur la rigoureuse dualité d'un « mur » de tesselles solidement imbriquées et d'une plage purement abstraite légèrement modulée, confère à l'œuvre un aspect monumental. La mélancolie engendrée par l'horizontalité et par les variations de tons gris, bleus, blancs, équilibre la violence retenue, l'énergie sourde émanant du « mur ». En faisant coïncider forme et contour, le peintre affirme la nécessité de chacun des carrés, non par rapport aux jeux de recul et d'avancée, mais pour leur valeur même, comme dans la série des

Bouteilles dans l'atelier et dans les natures mortes de la même année. Les formes restent chez Nicolas de Staël indissociables des pulsions, bien qu'il n'ait pas été partisan de la « psychophysiologie sur fond mouvant » et qu'il ait toujours préféré s'attacher à l'exacte définition des termes, distinguant lignes et contours, couleurs et plans colorés, valeurs (lettre à Roger van Gindertaël, 27 juillet 1950).

□ *Les Musiciens, souvenir de Sydney Bechet*, 1953

Ce tableau (Chastel, n° 572 ; anc. coll. Stragiotti et Jacques Dubourg), dont l'autre version, *Les Musiciens*, a été acquise en 1953 par la Phillips Collection de Washington, est inspiré d'un concert de Sydney Bechet auquel Nicolas de Staël avait assisté. Les larges nappes verticales de peinture aux couleurs vives, jaunes, bleues, rouges, les touches fortement appuyées au centre expriment, les unes l'étendue diffuse du son, les autres la vibration nerveuse, narrative, du rythme de la musique. Le lyrisme succède à la rigueur austère des formes géométriques — barres, carrés — des œuvres antérieures.

La musique a joué un rôle fondamental dans la vie de Nicolas de Staël, grand admirateur de Boulez, amateur de jazz et aussi de musique atonale. En mars 1955 il fait un ultime voyage d'Antibes à Paris pour assister à des concerts de Schoenberg et de Webern, dont il s'inspire pour la création de son dernier tableau, *Le Concert*, toile immense (coll. part.) qui restera inachevée avec son suicide. S.B.

Les Musiciens, souvenir de Sydney Bechet, 1953
huile sur toile
162 × 114
dation 1982
AM 1982-263

Peter Stämpfli
1937

Avant de s'installer à Paris en 1960, Peter Stämpfli étudie en Suisse les arts graphiques et la peinture. Ses premières peintures représentent des objets quotidiens très agrandis, isolés sur des fonds neutres. Elles s'inspirent d'images publicitaires et s'inscrivent dans une esthétique Pop dont elles sont en Europe l'un des exemples les plus précoces (*Gala,* 1965, MNAM). En 1966, il peint ses premiers tableaux représentant des roues, thème privilégié qu'il va sans cesse développer en figurant des pneus, puis des fragments de pneus. Parallèlement il exploite les possibilités de toiles découpées qu'il conçoit sur des formats démesurés et qu'il dispose dans l'espace en créant de véritables environnements. Avec une grande logique, il en vient à mettre l'accent sur la structure géométrique du pneu plutôt que sur l'objet lui-même, reproduisant sa trace au sol ou sur le mur.

Après une longue période où dominent les tonalités grises conformes à l'objet initial, Stämpfli réintroduit la couleur en s'écartant de plus en plus d'un traitement réaliste du pneu, comme ici dans *Seiberling.* Aux pastels de 1979-1980, caractérisés par leurs couleurs sucrées, fait suite un ensemble de peintures où Stämpfli semble plus proche d'une abstraction constructiviste dans la lignée d'un Max Bill que d'un art voué à l'esthétique de l'objet quotidien. A.P.

« Peter Stämpfli » (entretien avec Alfred Pacquement), *Art, Cahier* n° 5, Paris, SMI, 1978; cat. *Peter Stämpfli,* MNAM, Centre G. Pompidou, 1980.

Seiberling, 1985
huile sur toile
227 × 175
achat 1986
AM 1986-161

Richard Stankiewicz
1922-1983

Américain d'origine polonaise, Richard Stankiewicz commence en 1948, après avoir servi six ans dans la marine comme machiniste technicien, par apprendre la peinture à New York avec Hans Hofmann. C'est lors d'un séjour à Paris en 1950-1951 qu'il fait ses premières tentatives de sculpture, passant de l'atelier de Fernand Léger à celui d'Ossip Zadkine. Très vite, comprenant que la technique du modelage ne lui convient pas et peut-être fort de son approche de la peinture expressionniste américaine (écriture automatique et improvisation spontanée), il commence à constituer des armatures en fil de fer, recouvertes parfois de plâtre, inspirées, selon son propre aveu, des insectes. De retour à New York, il se consacre définitivement à la sculpture. La découverte fortuite de la beauté d'un déchet de métal rouillé l'amène à intégrer dans ses assemblages — il apprend alors la soudure — les fragments de machines cassées. Sa démarche, qui est loin d'être isolée (beaucoup d'artistes pratiquent la « junk sculpture », aussi bien aux États-Unis qu'en Europe : Tinguely, Colla, D. Smith, Chillida...), se singularise par la tentative de sauvegarder l'identité de l'élément déchu, tout en l'intégrant dans un ensemble poétique, quelquefois sarcastique ou humoristique. Sa préoccupation formelle, l'aspect réfléchi et contrôlé de son propos instituent une contradiction subtile avec son respect du déchet in-

Europe on a cycle, 1953
métaux de récupération
202 × 94 × 91
don du fonds DBC, 1976
AM 1977-551

dustriel, pris en tant que tel. Plus qu'une critique de la société industrielle, la sculpture de Stankiewicz propose une poétisation nostalgique de la machine. Disposant, au cours d'un séjour en Australie en 1969, de morceaux de métal neuf (cylindres, surfaces rectangulaires, barres), il réalise une série d'assemblages plus classiques, montrant un goût prononcé pour l'abstraction. Il tentera par la suite d'établir une synthèse — matériaux neufs mêlés aux matériaux rouillés — de ses deux approches de l'assemblage. Peu soucieux de notoriété, Stankiewicz a moins exposé que ses contemporains, vivant essentiellement de son activité d'enseignant (à Albany, New York). Avec plusieurs expositions personnelles à la Hansa Gallery de 1953 à 1958 (il entrera à la Zabriskie Gallery en 1972), sa participation à d'importantes manifestations collectives (comme la Biennale de Venise, 1958, les expositions *L'Art de l'assemblage* et *La Machine* au MOMA en 1961-1962 et 1968-1969) lui consacre un rôle de premier plan dans la sculpture américaine des années 60.

Cat. *The Sculpture of Richard Stankiewicz* (texte d'I. Sandler), Albany, University Art Gallery, State Univ. of New York, 1979; cat. *Richard Stankiewicz : Thirty Years of Sculpture*, 1952-1982, New York, Zabriskie Gallery, 1984; cat. *Richard Stankiewicz, 1922-1983*, Londres, The Mayor Gallery, 1985.

☐ *Europe on a cycle*, 1953

La contradiction entre une esthétique du déchet et un formalisme lyrique est déjà visible dans cette œuvre. Si l'amoncellement de ferrailles rouillées frappe ici immédiatement, l'impression de rigueur formelle et d'extrême légèreté s'impose en même temps. La comparaison avec la *Sculpture métamécanique automobile* de Tinguely (1954,

MNAM) montre la spécificité de la démarche de chacun : répertoire limité de formes abstraites chez Tinguely, désordre spontané de formes naturelles chez Stankiewicz, construction équilibrée et mécanisée chez l'un, ébranlement naturel des éléments chez l'autre.

Soutenue par son titre romanesque « Europe on a cycle », cette œuvre évoque la désinvolture décontractée d'un voyage en vélo en dehors des chemins battus; les souvenirs accumulés s'y trouvent soumis à l'élan de la course, de la fuite en avant suggérée par le porte-à-faux instable de l'œuvre. Ses qualités linéaires — le tracé précis, presque fragile et en même temps cocasse, des tiges de métal — renvoient curieusement à la poésie des dessins de Paul Klee.

☐ *Panel*, 1955

Ce *Panneau* peut rappeler les œuvres murales de Calder, souvent motorisées, exécutées dans les années 30, avec cette différence que les éléments constitutifs ne bougent pas : même picturalité — soulignée, comme chez Calder, par l'emploi d'un cadre rectangulaire — due à la juxtaposition de pièces métalliques aux éclats variés, aux formes se dessinant avec acuité à même le mur; mêmes rapports ludiques des divers éléments entre eux.

Dans la troisième pièce de Stankiewicz de la collection, *Diving to the bottom of the ocean*, 1958, l'accent est davantage porté sur le poids et les volumes des différentes pièces détachées et soudées les unes aux autres. Leur assemblage est, là encore, conçu selon le principe du porte-à-faux qui introduit une instabilité génératrice de cette légèreté de composition et de cette dynamique qui constituent les données les plus marquantes de l'œuvre de Stankiewicz. M.R.

Panel, 1955
acier et autres métaux de récupération
173 × 359,5 × 14
achat de l'État 1968, attr. 1976
AM 1976-1022

« Je n'étais pas très bon dans la réalisation de travaux figuratifs (...) et je ne voulais pas faire le genre d'effort qui semblait nécessaire pour y arriver ». Ce refus du dessin réaliste par Frank Stella trouve sa détermination dans une conjoncture historique précise : « Stella est l'un des premiers peintres majeurs de la tradition moderne a avoir été formé entièrement à la pratique de l'art abstrait » (W. Rubin). Entré à l'âge de 14 ans à la Phillips Academy de Andover, Stella y reçoit un enseignement dominé par l'étude de l'art moderne. Il s'exerce à des variations sur les principes constructifs de Mondrian et découvre, avec les œuvres d'Arthur Dove et de Hans Hoffmann, la première génération de l'abstraction américaine. A Princeton, où il poursuit des études d'Histoire de l'art (1954), Stella interroge au moyen d'une « immersion technique » la pratique des contemporains : « Comment Kline appliquait-il cette couleur ? Pinceau, couteau, ou les deux ? Pourquoi Guston laissait-il à nu les bords de la toile ? Pourquoi Frankenthaler utilisait-elle de la toile non apprêtée ? (...), puis ce fut le moment le plus dangereux, j'ai commencé à imiter les processus intellectuels et émotionnels des peintures que je voyais » (1960). Stella s'approprie ainsi directement ce qui, à l'issue des divers passages à l'abstraction, forme le vocabulaire commun de la peinture moderne.

Il met en cause dans le même temps le système d'exacerbation, d'idéalisation du Moi hérité de l'expressionnisme abstrait et tente de déconstruire la relation instaurée entre abstraction (concepts et modes de construction) et expression (facture et référents). Isolant les éléments simples du tableau — châssis, toile, outil, couleur, format — Stella les réordonne selon une équation distanciée, formaliste, opératoire. Il réalise ainsi ses premières *Stripe Paintings* (peintures en bandes) dérivées des *Drapeaux* et *Cibles* de Jasper Johns. Décidant de concentrer son travail sur les problèmes de structure, Stella abandonne la couleur pour une « non-couleur » (blanc mélangé de noir), puis pour la monochromie des *Black Paintings* (1958). Réglé par un schéma orthogonal, le dessin s'établit en parallèle aux longueur et largeur du châssis; motif et format, déduits l'un de l'autre, déterminent un champ logique d'inter-relations; les bandes de peinture noire à l'émail, appliquées à la brosse, laissent en réserve le tracé initial et quelques millimètres de toile nue. Par son mode d'exécution et la symétrie de sa composition (« non relationnelle »), la peinture donne à voir littéralement un nombre de bandes sans hiérarchie ni accentuation, d'où émerge la totalité formelle du tableau. Les rapports fond/forme, couleur/motif, figure/surface, tout/partie se trouvent ainsi inversés, dépassés, au profit d'une peinture « minimale », « critique », « plane ». Cet effet est paradoxalement renforcé par l'emploi d'un châssis dont l'épaisseur décolle du mur et détoure la surface peinte, soulignant sa qualité bi-dimensionnelle.

La présentation de quatre *Black Paintings* au MOMA dès 1959, lors de l'exposition *Sixteen Americans,* est reçue comme une provocation par l'opinion et prend l'allure d'un manifeste pour la « nouvelle peinture ». Cependant, malgré la rupture qu'elles marquent, les *Black Paintings* conservent et actualisent certains principes issus de l'expressionnisme abstrait : stricte bi-dimensionnalité de l'espace pictural prôné par Rothko, Gottlieb, Still et Newman; gestualité constructive et machinale de Kline et de De Kooning, empruntant les outils du peintre en bâtiment; recouvrement « all over » de la toile par Pollock; monochromie et noir et blanc pratiqués par Motherwell, Kline, Reinhardt... Manifestant plus que de simples influences, ces références picturales, ainsi que celles qu'elles contiennent en abîme, définissent le cadre culturel de la peinture de Frank Stella. En 1980, il déclare : « Si vous jetez un coup d'œil autour de ce studio vous pouvez trouver des associations avec (...) Schwitters et Malévitch et Arp là-bas (...). Dans quelques minutes, cela aura changé parce que

j'aurai peint par-dessus. Et cela ressemblera à Matisse, Masson, Miró... Que ce soit à la main ou mécaniquement, il va toujours y avoir une gestualité picturale ou autographique et c'est de cela qu'est fait l'art ». En effet, la peinture constitue un stock de savoirs, de procédures et de procédés qui, pour avoir été soumis au rendu d'un sujet, n'en forme pas moins globalement le matériau d'une peinture abstraite. Être abstrait, moderne et se tenir à cette échéance historique revient à pratiquer, combiner, décliner, élargir la syntaxe et les vocables d'un langage pictural strict, autoréférent. Entre ces deux moments de l'œuvre, la rupture initiale et la reconnaissance des filiations, Stella a pratiqué un itinéraire discontinu, contradictoire, que Lebensztejn analyse comme une « constellation ». Les « transformations à la fois violentes et calculées », jouant dans les multiples séries une influence contre l'autre, trouvent leur origine dans un « rapport homomorphique » qu'entretiendrait l'artiste à son nom — Stella — , ce programme en « zigzags et étoile » occupant la place laissée vacante par la disparition de la figure. Néanmoins, on peut distinguer dans les séries qui rythment l'œuvre une double orientation : « L'une, qui respecte la forme traditionnelle du champ rectangulaire ou carré » du tableau, concentrant la recherche sur le « motif » et ses effets visuels; l'autre, qui transgresse les limites virtuelles de ce champ par l'expérimentation des *Shaped Canvas* — « toiles mises en forme » selon des patrons géométriques complexes — débouchant sur les reliefs peints de la dernière période.

Un examen détaillé ferait apparaître au sein de la diversité formelle de l'œuvre de Stella une problématique traitant des équivalences entre motif et châssis — la translation de la bande peinte, outil analyseur et étalon, engendre une surface *légitime* de la peinture —, entre plan et relief — le dessin négatif et la découpe déplacent hors cadre, faussent les « gestalt » perceptives ordinaires. Paradoxalement, cette double question, posée dans le champ d'une pratique entièrement consacrée à l'abstraction, s'avère avoir pour objet principal l'illusionnisme en art

W. Rubin, cat. *Frank Stella,* New York, MOMA, 1970; R. Rosenblum, *Frank Stella,* Baltimore, Penguin Book, 1971; cat. *F. Stella : the Black Paintings,* Baltimore Museum of Art, 1977; P. Leider, cat. *Stella since 1970.* Fort Worth Art Museum, 1978; C. Gintz, *Artiste,* n° 4, Paris, 1980; cat. *F. Stella,* Bordeaux, CAPC, 1980; J.C. Lebensztejn, *Zig-Zag,* Paris, Flammarion, 1981; cat. *Art Minimal I,* Bordeaux, CAPC, 1985.

☐ *Mas o menos,* 1964 — *La Vecchia dell'orto,* 1986
Dès 1971, Barbara Rose écrit à propos de l'œuvre de Stella dans *L'Art américain :* « Il était impossible de produire des œuvres sans un certain illusionnisme si elles devaient rester des tableaux au lieu de devenir des objets tridimensionnels qui existent dans l'espace réel plutôt que dans l'espace illusoire. En conséquence, dans ses tableaux récents, il a utilisé divers procédés pour accentuer un illusionnisme complexe et souvent contradictoire. »
De ce point de vue, l'itinéraire de Stella devient intelligible dans son développement dialectique. Les œuvres minimales se donnaient pour objet d'expulser l'illusionnisme de la peinture par une affirmation de la planéité du tableau; affirmation ambiguë puisqu'elle s'accompagnait du recours à des paradoxes optiques. Ces suggestions perspectivistes préparaient l'apparition des reliefs (*Shaped Canvas*), puis l'adoption d'une tridimensionnalité effective qui rendrait périmées tant la question de la représentation que la norme de planéité. Les deux œuvres commentées ici jalonnent de manière significative la démarche de Stella.
Mas o menos, 1964, dont le titre est emprunté à l'espagnol idiomatique, appartient à la série des *Running V.* « J'avais besoin de distance : il fallait qu'elles [les bandes] voyagent; c'est la raison pour laquelle elles ont été connues comme série des *Running V,* les *V courants* ». Le mouvement des bandes réintroduit dans le tableau l'orientation de

la lecture (de gauche à droite) et le contenu discursif que Stella avait tendu à supprimer. Le format très important de cette œuvre se réfère à la peinture panoramique de paysage, dont l'étendue visuelle est mathématiquement restituée dans le tableau. « Impressionné par l'idée d'une peinture de la longueur de 440 yards », Stella redouble l'expansionnisme du format, par une mise en forme du châssis construit comme une suite d'accents. Le jeu des angles saillants et rentrants, accusé par celui des bandes, induit l'illusion perceptive de reliefs, de profondeurs, de plaines. Cet effet est obtenu par un dérèglement des parallèles que génère la symétrie inversée des découpes supérieure et inférieure du châssis.

Jusqu'à résolution de l'énigme visuelle, l'interprétation oscille de façon indéfinie entre la simplicité des éléments et l'apparente irrationalité du résultat. Le double motif concentrique à plan orthogonal de *Morro Castle,* l'une des premières *Black Paintings,* 1958, révèle à l'examen d'aussi subtiles aberrations perceptives. Ainsi, plutôt que d'avoir refusé l'illusionnisme, Stella aurait procédé par mise à plat et déclinaison mesurée des « illusionnismes » inhérents à la peinture. Cette « image dans le tapis » confère un sens nouveau à la formule de l'artiste qui déclarait en 1964 : « Tout ce qui est à voir est ce que vous voyez ». Formule qui le plus souvent a été rapportée au projet « réductionniste » d'une manifestation littérale et minimale des signes de l'abstraction. Mais, comme Stella le précise en 1980 : « Il y avait beaucoup d'illusionnisme dans les *Stripe Paintings,* même s'il paraissait être plus optique (que visuel) ».

« Après tout, il se peut qu'il n'y ait pas d'espace plan, que la planéité n'existe pas ou, du moins, que notre perception de la planéité soit très limitée et qu'elle ne soit pas applicable à l'art » (1980). Ce récent constat d'« échec » s'accompagne pour Stella de la production d'une nouvelle entité plastique (visuelle-optique) expérimentée depuis la *Bresilian Series,* 1974-1975, jusqu'aux *Constructed Paintings* ou reliefs peints des années 1980-1986.

Mas o Menos, 1964
(Plus ou moins)
poudre métallique dans émulsion d'acrylique sur toile
300 × 418
achat 1983, grâce à la participation de la Scaler Foundation
AM 1983-95

556

La Vecchia dell'orto en illustre le principe : « Au lieu d'utiliser un espace *représentationnel,* j'ai choisi d'utiliser un espace *réel* qui fonctionne sans doute de la même manière que fonctionnerait un espace *représentationnel* ». La tridimensionnalité s'offre comme issue à une poursuite de la planéité menacée de formalisme ou d'extinction. C'est prendre acte du fait que *l'œil,* codé par la vision perspectiviste, tente toujours de regarder *dans* le tableau, de percer les mystères d'un espace profond, de découvrir des hiérarchies, des associations, de *se* représenter les choses. Stella soutient la logique illusionniste de ce regard par la construction d'un dispositif situé dans l'espace *réel,* dans lequel il est possible d'entrer, de chercher, de se déplacer visuellement. Mais, à la matérialité de la charpente métallique, usinée, froide, s'opposent en faux les ambiguïtés expressives et décoratives de la couleur. Théâtralisation du *dilemme* plan/couleur, la *boîte optique*

abstraite des *Constructed Paintings* constitue un nouveau modèle de décodage didactique. Le feuillage qui s'agite, « dripping » vert jardin, se trouve être la découpure proéminante, semi-géométrique, d'un profilé d'aluminium à la tranche nue, riveté au fond. Par le jeu du regard, hésitant entre « *j'imagine* que c'est » et « ce n'est que », s'établit une relation *d'hypercorrection perceptive,* où le spectateur apprend à voir une *peinture abstraite.*

A.B.

La Vecchia dell'orto, 1986
(La Vieille au jardin)
11 éléments en nid d'abeille
aluminium et résine peints
305 × 300
achat 1986
AM 1986-252

Vladimir Stenberg
1899

Le constructiviste Vladimir Stenberg travailla à Moscou, en étroite collaboration avec son frère Gueorgi. De 1915 à 1924, date de la fermeture de l'Institut de Culture artistique, foyer du constructivisme, tous deux mènent de front recherches plastiques purement formelles et activités d'« agit prop ». Entre 1918 et 1921, au sein de l'Association des Jeunes Artistes, puis des Ateliers d'Art libre, ils prennent une part importante, souvent novatrice (utilisation du photomontage), dans la création d'affiches, de couvertures typographiques et de décors urbains, parallèlement à leurs projets pour le théâtre Kamerny. Dès 1920, tout en souscrivant au productivisme, ils forment avec C. Medoutnetzki un groupe à part au sein d'Obmokhou, le « Laboratoire des constructivistes », attaché à privilégier un art non objectif et non utilitaire, de « recherche fondamentale ».

□ *KPS 6,* 1919-1920 (1973-1974)
Les quatre constructions de V. et G. Stenberg : *KPS 4, KPS 6, KPS 11* et *KPS 13,* présentes au Musée, sont des reconstitutions d'œuvres réalisées durant l'hiver 1919-1920, détruites et refaites en quatre exemplaires en 1973-1974 d'après des photos et des dessins cotés fournis par Vladimir Stenberg (MNAM, don Jean Chauvelin). Présentées à la mémorable exposition du « Laboratoire des constructivistes » au Café des poètes à Moscou en janvier 1921 et, pour l'une d'entre elles, à Paris en 1923 chez Paul Guillaume, ces constructions, par leur extrême économie de moyens formels, sont exemplaires de leurs recherches sur le matériau et la construction.
KPS 4 et *KPS 6,* conçues par Vladimir, peuvent être définies comme de pures structures linéaires « minimales » en tension, constituées par les intersections de diagonales, de courbes et d'angles droits qui engendrent une succession de variations spatiales. *KPS 11* et *KPS 13* de Gueorgi offrent des structures plus complexes, avec une ossature métallique traversée par des plaques de verre transparentes qui intègrent l'espace comme élément constitutif de l'œuvre et qui, par leurs effets de miroirs et de reflets, la transforment en œuvre optique. Parties intégrantes de la construction, les socles, tendus par des tiges métalliques, en accentuent les forces dynamiques et cinétiques. B.L.

Construction d'un appareillage spatial KPS 6, 1919-1920 (1973-1974)
cornières métalliques, assemblées par boulons et soudées
76,6 × 28 × 157
socle : bois enduit et laqué noir, tirants en acier
180 × 70 × 134
achat 1975
AM 1975-199

Jindrich Štyrský
1899-1942

Sa vie, son œuvre ne peuvent être dissociées de celles de Marie Toyen, sa compagne, rencontrée en 1922. Ensemble, ils adhèrent en 1923, à Prague, au groupe d'avant-garde « poétiste » *Devětsil* : abandonnant le cubisme synthétique des débuts, Štyrský réalise des collages et des photo-montages qui sont proches, sur le plan formel, du dadaïsme et du constructivisme, et qui préparent ses « tableaux-poèmes » aux associations libres d'images concrètes. Pendant leur séjour à Paris de 1925 à 1929, ils suivent, dans des peintures abstraites aux formes organiques élémentaires, les objectifs de la poétique « artificialiste » en tentant la fixation des affects perdus, des sensations fugitives réelles ou rêvées, par des signes « inducteurs directs d'émotion ». Leur exposition commune à la galerie Vavin en 1927 est saluée par Soupault. Après son retour à Prague, la lecture de Lautréamont, de Rimbaud, de Sade détermine Štyrský, en 1932, dans la voie d'un surréalisme à la thématique inquiétante, morbide, basée essentiellement sur l'éros et le rêve, dont il fait une approche analytique (*Le Livre des rêves,* de 1925 à 1942). En 1934, il forme avec Toyen et Makovský le groupe surréaliste pragois, rapidement reconnu par Breton qui se rend, sur son invitation en 1935, à Prague avec Eluard (publication du n° 1 du *Bulletin international du surréalisme*) et l'associera à toutes les manifestations du surréalisme.

K. Teige, *J. Štyrský,* Prague, éd. Prameny, 1947; cat. *Štyrský, Toyen, Heisler,* Paris, MNAM, Centre G. Pompidou, 1982.

□ *Le Gilet de Maïakovsky,* 1939
Cette toile offre un exemple accompli du surréalisme « vériste » adopté par Štyrský à partir de 1936 (*Traumatisme de la naissance,* 1936) et auquel l'ont conduit la pratique de la photographie, lui apportant la révélation du contenu fantastique de la réalité quotidienne, et le travail poussé du collage (série du *Cabinet ambulatif,* 1937), qui lui révèle la possibilité de faire surgir, d'une réunion d'objets courants sortis de leur cadre habituel, l'énigme et l'émotivité. Ici, la juxtaposition d'éléments épars d'une réalité la plus anonyme, l'évocation-souvenir du gilet de Maïakovsky et la présence dérisoire de la déclaration manuscrite adressée à Toyen — signe d'une situation personnelle, passionnée et morbide — font de cette peinture étrange le miroir de l'émotion cachée du peintre. A.L.B.

Le Gilet de Maïakovsky, 1939
huile sur toile
64 × 58
achat 1982
AM 1982-368

Léopold Survage
1879-1968

Peintre et poète, Survage, qui reçoit une première formation musicale, abandonne l'École des Beaux-Arts de Moscou pour venir se fixer en 1908 à Paris, attiré par Gauguin et Matisse dont il avait vu des œuvres dans la collection Chtchoukine. D'abord élève de Matisse, il subit l'influence de Cézanne, puis celle des cubistes aux côtés desquels il expose pour la première fois au Salon des Indépendants en 1911. Archipenko l'introduit au sein du cercle des *Soirées de Paris,* dans le salon de la baronne d'Œttingen (*Portrait,* 1917, MNAM). Dès 1914, le soutien d'Apollinaire, qui lui accorde la place d'un « prophète de l'art à venir », lui est assuré. Mais il délaisse ses premières recherches purement abstraites sur les *Rythmes colorés* au profit d'une tentative de « synthèse plastique de l'espace » (*Action,* 1921), dans une figuration scénographique de paysages urbains (*Villefranche-sur-Mer,* 1915, MNAM) où les motifs réalistes sont coulés dans des perspectives prismatiques : « Nul avant Survage n'a su mettre dans une seule toile toute une ville avec l'intérieur de ses maisons », remarquera Apollinaire qui présente sa première exposition en 1917 galerie Bongard. Survage, secrétaire dès 1919 de la *Section d'Or,* organise des expositions en Europe avec Gleizes et Archipenko et expose chez Léonce Rosenberg à la galerie de L'Effort Moderne (1920-1921). Auteur des décors et des costumes de *Mavra* de Stravinsky pour Diaghilev (1922) et de trois grands décors pour le Palais des Chemins de Fer de l'Exposition de 1937, il mène désormais une carrière internationale, couronnée en 1960 par le Prix Guggenheim. Se nourrissant de ruptures, d'« intuitions brusques » l'éloignant de toute emprise esthétique, il entend dépasser le propos cubiste par la création d'un monde poétique « constitué et exprimé par des moyens exclusivement plastiques dont la base est le rythme ».

S. Putnam, *The Glistening Bridge : Leopold Survage and the Spatial Problem in Painting,* New York, Covici-Friede, 1929; « Découverte de Survage », *Galerie des Arts,* n° 67, 15 mars 1969; cat. *Survage, Rythmes colorés, 1912-1913,* Saint-Étienne, Musée d'Art et d'Industrie, 1973.

□ *Rythme coloré,* 1913

Fondé sur la forme visuelle abstraite, sur le rythme et la couleur, véritable plaque sensible où se projettent les phases successives des états d'âme intérieurs, tel est le *Rythme coloré* conçu par Survage lorsqu'il le présente, en le comparant au rythme sonore, dans *Les Soirées de Paris* en juillet-août 1914 (n° 26-27). La centaine de planches de *Rythmes,* exécutées en 1912-1913, et dont le Musée possède une vingtaine (l'autre partie se trouvant au MOMA), devaient être filmées suivant le principe du dessin animé (par la Gaumont en 1914). La guerre ou des difficultés techniques empêcheront la réalisation de ce projet révolutionnaire, « première tentative d'orchestration colorée » saluée par Apollinaire. « On croirait assister à la création même du monde », soulignera Blaise Cendrars dans *La Rose rouge* (17 juillet 1919) : développées ainsi dans le temps, les formes-couleurs en métamorphose s'accouplent, bataillent et s'évanouissent à la mesure du rythme cadencé. Annonçant à bien des égards le cinétisme, le *Rythme coloré* institue une recherche d'abstraction pure, c'est-à-dire d'articulation plastique par le seul moyen de l'animation de surfaces colorées définies par des éléments géométriques simples.　　　B.L.

Rythme coloré, 1913
lavis d'encre de Chine et d'encres de couleur
sur traits au crayon, sur papier
33 × 31,2
dation 1979
AM 1979-15

Sam Szafran
1934

Maître d'une technique désuète et subtile — le pastel — et ordonnateur d'un univers de métamorphose dans des séries méticuleuses et mystérieuses, Sam Szafran bâtit depuis 1958 une œuvre en marge des modes et des dogmes, à l'aune de sa seule sensibilité. Fils de tailleur, fasciné par l'éclat mat des craies sur le tissu, il s'empare alors des petits bâtonnets de pastel « pour s'acharner pendant vingt ans sur cette technique parce que je ne pouvais pas la maîtriser ». Sa première série importante, les ateliers, qui l'occupe pendant deux ans à partir de 1970, constitue une éblouissante célébration de l'art et des outils du dessinateur. Le cycle des serres, qui lui succède, évoque également un lieu préservé, envahi cette fois par une végétation dense, dont le réalisme, frôlant le fantastique, évoque les jungles oniriques du Douanier Rousseau. Sous l'apparence trompeuse « d'une saisie douce des lieux familiers », ces « pastels de l'inquiétude » (G. Lascault) ébranlent l'ordre du monde. Le vertige tapi sous le beau métier s'inscrit dans la lignée du naturalisme ambigu d'un Redon dont Szafran lui-même se réclame.

☐ *Sans titre*, 1981

C'est l'exemple de Giacometti, acharné jusqu'à épuisement à la traduction du motif, qui a inspiré les deux cycles ultimes consacrés à l'imprimerie Bellini (dont un pastel de 1974 est conservé au Musée) et à l'escalier de la revue de poésie de Fouad El Etr, *La Délirante*. Jouant, dans la tradition des peintres de la Renaissance, des ressources expressives de la perspective, se plaisant même à en révéler les aspects insolites allant jusqu'à la déformation, à l'anamorphose, Szafran, au-delà du motif banal, laisse apparaître ici un dessin presque abstrait, de structure hélicoïdale, combinant le développement en hauteur et le déploiement en largeur, où, pour Jean Clair, « la vue vrille le visible à la façon d'un coquillage ». Et la figure gravissant l'escalier, « qui dans la réalité serait perçue comme élément mobile, apparaît comme un élément fixe, un pivot. Mieux, elle est *l'œil* du cyclone. A l'inverse, les murs, la rampe, les barreaux, éléments fixes dans la réalité, une fois projetés de manière curvilinéaire, se voient animés d'un mouvement continu ».   B.L.

Arpad Szenes
1897-1985

Arpad Szenes, jeune peintre hongrois de formation éclectique et cosmopolite, se fixe à Paris en 1925. Il fréquente l'Académie de la Grande Chaumière, où il rencontre Elena Vieira da Silva qu'il épouse en 1929.

Vers 1955, au terme d'une lente « réduction » des pratiques figuratives, menée dans la série des *Conversations* (1947-1954) et des *Banquets* (1948-1952), il s'impose le plus abstrait des objets : le paysage. Il est conduit à cette importante rupture thématique et stylistique par l'expérience de la gouache où le papier donne texture aux couleurs, la référence à la peinture d'Odilon Redon et de Monet ou encore la découverte des plages atlantiques du Portugal. S'attachant à la représentation du paysage dans ce qu'il a de plus insaisissable — l'eau, l'air, le sable —, Szenes utilise dès lors des formats très allongés, étroites surfaces de lecture où se condensent visuellement, dans un réseau défait d'horizontales, l'étendue de l'espace, la fugitivité des phénomènes atmosphériques, la volatilité du réel réduit par la lumière. Les nuances grises et ocre émergent par éclats d'un voile de peinture blanche.

Le Rubis, 1963, témoigne de cette recherche; à peine orienté par trois vagues obliques, le champ pictural se cristallise autour de la touche rouge qui concentre la sensation, la mémoire.   A.B.

Cat. *A. Szenes*, Lisbonne, Fundaçao G. Gulbenkian, 1972; cat. *A. Szenes*, Paris, MAM, 1974; J. François, *A. Szenes*, Paris, Le Musée de Poche, 1975.

Sans titre, 1981
pastel sur papier
152,5 × 113,5
achat 1981
AM 1982-35

Le Rubis, 1963
huile sur toile
130,5 × 97,3
achat de l'État 1967, attr. 1977
AM 1977-112

Sophie Taeuber
1889-1943

Née en Suisse, à Davos, Sophie Taeuber suit des études d'arts appliqués à Saint-Gall, puis en Allemagne, avant d'enseigner elle-même le dessin sur textile à l'École des Arts et Métiers de Zurich de 1915 à 1925. C'est dans cette ville qu'elle fait la connaissance de Hans Arp en 1916; elle l'épouse en 1921. De 1926 à 1928, elle participe avec Arp et Théo Van Doesburg à la décoration intérieure de la brasserie *L'Aubette,* à Strasbourg. En 1929, les Arp se fixent à Meudon-Val Fleury : Sophie dessine la maison, dont elle surveille les travaux de construction, et aménage les locaux de la galerie Goemans. A partir de 1930, avec l'assentiment de Arp, elle entreprend une véritable carrière d'artiste. Elle expose ses œuvres sous son nom à *Cercle et Carré* en 1930, puis à *Abstraction-Création.* Maquettiste et rédactrice de la petite revue *Plastique* élaborée en collaboration avec Domela pour le compte de l'amateur américain A.E. Gallatin, elle confectionne à son tour des reliefs en bois peint. L'Occupation de Paris la chasse avec Arp dans le Midi où ils trouvent refuge à Grasse auprès d'Alberto Magnelli. Là, elle dessine plus librement ses « lignes perdues sur fond cahotique ». Sa disparition brutale laisse désemparé Arp, à qui pendant des années elle avait apporté énergie et soutien, contribuant souvent à l'inspiration et à l'élaboration de ses œuvres.

G. Schmidt, *Sophie Taeuber-Arp,* catalogue de l'œuvre par H. Weber, Bâle, éd. Holbein, 1948; M. Staber, *Sophie Taeuber-Arp,* Lausanne, éd. Rencontre, 1970; C. Lanchner, *Sophie Taeuber-Arp,* New York, MOMA, 1981.

☐ *Le Bateau,* v. 1917-1918
Peu d'œuvres de Sophie Taeuber subsistent de la période des *Duo-collages,* argentés, brodés, tissés pour Arp : dans ces travaux réalisés en commun, ils rejetaient, comme le rappelle Arp, tout ce qui était copie ou description pour laisser l'élémentaire et le spontané réagir en pleine liberté. Dans la série des *Compositions* à motifs abstraits de 1917-1918 à laquelle appartient ce *Bateau* (Weber, 1917/13) est affirmée une structure rigoureusement verticale et horizontale. Seule peut être introduite une forme curviligne — rappelant ici le bateau, ailleurs le drapeau, l'oiseau, le vase — signe ténu, mélodique, d'une réalité simple et poétique. Les couleurs y sont lumineuses comme dans les travaux décoratifs et s'ordonnent selon une sorte de code que Sophie Taeuber adopte sans qu'elle puisse définir encore une véritable tendance artistique, celle de l'abstraction.

☐ *Tête,* v. 1918
Cette forme de bois tourné (Weber, 1918/9), qui évoque les moules à chapeau et la marotte des coiffeurs, fait suite aux marionnettes que confectionna Sophie Taeuber, à l'aide de structures plastiques élémentaires — coniques et cylindriques uniquement — façonnées mécaniquement au tour, pour la mise en scène de *König Hirsch (le Roi Cerf)* de Carlo Gozzi en 1918. Weber mentionne trois autres de ces *Têtes-Dada,* toutes exécutées de 1918 à 1920 en bois tourné et peint, dont une (Weber 1918/1), montée sur une longue tige servant de cou et pourvue d'un nez saillant portant également le titre posthume de *Portrait de Arp.* En 1937, Sophie reprendra cette conception plastique isolée, dans une série de trois ou quatre sculptures en bois tourné, dont la plus connue est la *Sculpture conjugale* réalisée avec Arp (Clamart, Fondation Arp).
Poupées-portraits humoristiques et objets utilitaires à la fois (puisqu'elles pouvaient servir, rappelle Arp, de porte-chapeaux), ces « têtes-objets » appartiennent, dans leur intention, à l'esprit de jeu

Le Bateau, v. 1917-1918
gouache et aquarelle sur papier
27,2 × 18,5
don de Mme Arp, 1967
AM 3639 D

Tête, v. 1918
bois peint
34 × 20 × 20
don de Mme Arp, 1967
AM 1692 S

de Dada. A cet égard, elles s'apparentent à la *Tête mécanique (L'Esprit de notre temps)* de Raoul Hausmann, exécutée en 1919 (MNAM). Cependant, leur facture parfaitement lisse, l'élégance sinueuse des lignes arabesques qui l'enveloppent et la vivacité des couleurs relèvent plus d'une recherche purement décorative que du dadaïsme.

☐ *Quatre Espaces à croix brisée, 1932*
En 1930, Sophie Taeuber entreprend une véritable carrière d'artiste et soumet une série de peintures de format plus grand, où sont affirmés avec une grande rigueur (qu'accuse, ainsi, la *Composition à cercles, à bras et rectangles* de 1930 conservée au Musée) les principes esthétiques des artistes regroupés autour de Michel Seuphor et la revue *Cercle et Carré,* puis autour d'Auguste Herbin et les expositions *d'Abstraction-Création.* Elle semble alors se dissocier des recherches plastiques de Arp pour mieux définir son originalité. Elle se contente de travailler sur des fonds alternativement noirs, blancs ou gris, où seules apparaissent, peintes avec des couleurs, primaires, les formes géométriques les plus élémentaires : cercles, lignes, carrés, rectangles. Dans la série des *Compositions à espaces multiples,* de 1932 à 1939, dont fait partie *Quatre espaces à croix brisée* (Weber, 1932/6; anc. coll. Mme

Marguerite Arp), la composition procède toujours d'une ordonnance fondamentale très stricte qui obéit à la loi du nombre : tableaux à quatre, six, douze espaces. Ici, la répartition rigoureuse des éléments semblables sur la surface se relâche en deux ou trois points qui confèrent toute sa tension à la composition. Le plus grand dépouillement est atteint : tout ce qui est vain, inutile, facile, est rejeté. Toutefois, dans des formes les plus élémentaires — comme celle du cercle qui coiffe un rectangle — on peut retrouver encore les archétypes du petit bonhomme, des têtes, qui habitaient ses peintures précédentes.   Ch.D.

Quatre Espaces à croix brisée, 1932
huile sur toile
74,5 × 64,5
achat 1975
AM 1975-58

Takis
1925

Né à Athènes, autodidacte, ses premières œuvres datent de 1946. Au début des années 50, Takis sculpte le plâtre ou le fer pour exécuter des figures schématiques inspirées de Giacometti, mais aussi de la statuaire archaïque. En 1954, il se rend à Londres, puis à Paris où il s'installe définitivement. Les *Idoles et fleurs électroniques* restent anthropomorphes, mais ces fétiches sont déjà constitués d'objets trouvés, parfois éléments de radio. Les premiers *Signaux* datent de 1955, minces tiges de fer flexibles, sans cesse en mouvement comme dans les mobiles de Calder. En y ajoutant des éléments de feux d'artifice, Takis en fera des instruments de spectacles dans la rue. De la même époque sont les *Espaces intérieurs,* sphères de bronze contenant un espace gonflé, plein d'énergie et parfois même dynamitées (*Explosions*). C'est vers 1958 que, fasciné par les radars, il inclut pour la première fois à la sculpture le champ d'attraction magnétique. Son œuvre va désormais être tout entière consacrée à diverses variations sur le magnétisme. En 1960, il présente *L'Impossible : un homme dans l'espace.* A la galerie Iris Clert à Paris, le poète Sinclair Beiles flotte entre deux aimants lors de cette sorte de happening, qui préfigure toutes les actions où le corps humain interviendra dans la sculpture. De 1961 datent les premiers *Télélumières,* où intervient le mercure liquide, tandis que les *Télésculptures,* où l'aimant retient les éléments dans l'espace, débouchent sur les *Murs magnétiques* et d'une façon générale sur une volonté d'occuper l'espace. La vibration de l'électro-aimant permet d'autres possibilités cinétiques, télésculptures, lignes parallèles en oscillation, etc. Les signaux deviennent, à partir des années 60, des antennes lumineuses, tandis que des instruments de pilotage récupérés sont à l'origine des « cadrans ». Par sa perpétuelle volonté d'expérimentation, il ouvre un nouveau champ d'application au magnétique, lorsqu'il inclut une corde à piano dans la sculpture qui produit désormais un son (1965). Les télésculptures musicales entrent ainsi en jeu dans son œuvre de plus en plus fréquemment, jusqu'au grand espace musical conçu pour le Centre G. Pompidou en 1981. Au cours des années 80, Takis est, en effet, conduit à plusieurs reprises à réaliser des œuvres de très grandes dimensions, comme *Les Symboles* aux Treilles, dans le Sud de la France, ou le projet pour La Défense, près de Paris.

Cat. *Takis,* Paris, CNAC, *Cnacarchives,* n° 6, 1972; H. et N. Calas, *Takis,* Paris, éd. Galilée, 1984.

☐ *Signal,* v. 1955
Les signaux constituent le premier ensemble d'importance réalisé par Takis à la suite de son départ de Grèce. Sans doute la découverte à Paris de l'œuvre de Calder est-elle pour beaucoup dans la conception structurelle de ces œuvres qui rappellent les *Mobiles* par leurs mouvements aléatoires et leur finesse formelle. Dès cette époque, Takis, comme ses contemporains associés au groupe des Nouveaux Réalistes dont il est très proche, récupère des éléments trouvés. La brosse en fer destinée à nettoyer les tuyaux, et dont la forme spiralée n'est pas sans rappeler la vis d'Archimède que Takis emploiera plus tard, est l'un de ceux auxquels il a fréquemment recours. De même, dans de nombreux *Signaux* de l'époque, il oppose à la verticalité de la structure une longue tige horizontale, sorte de balancier qui rééquilibre l'ensemble. A la différence des signaux lumineux des années 60, ceux-ci sont toujours associés par deux ou trois à partir d'une même base, ce qui renforce l'aspect végétal ou floral de la composition. Calas les compare « aux chardons et aux tiges desséchées des asphodèles se hérissant le long des voies ferrées des plaines arides d'Attique ».

Signal, v. 1955
fer, objets de récupération sur socle de métal
254 × 216 × 62
don du fonds DBC, 1982
AM 1982-363

Méduse, 1980
ensemble électromagnétique
avec lampe à vapeur de mercure
220 × 60 × 40
don Alexandre Iolas, 1980
AM 1980-547

562

☐ *Mur magnétique 9 (rouge),* 1961-1972

La peinture magnétique (télépeinture) est pour Takis le moyen de traiter le mur sans faire un tableau. Sur un fond uniforme, il dispose des objets attirés par des aimants et suspendus dans l'espace. Les bandes de tissu tendues dans des cadres évoquent au premier regard des cerfs-volants, mais seraient plutôt des allusions à l'univers des radars et des récepteurs aériens. Leur légèreté permet au moindre souffle d'air une mobilité qui, pour Takis, est toujours nécessaire. Jamais ses sculptures ne sont statiques. Ici, l'effet formel est renforcé par l'utilisation de la lumière et par les ombres des objets projetées sur la surface colorée. L'œuvre offre ainsi une multiplicité de points de vue. De côté, le regard insistera sur le relief des éléments, de face, sur la composition formelle, le mouvement et la lumière venant sans cesse en modifier l'aspect. Par les *Murs magnétiques,* Takis, pour la première fois, propose une relation à l'architecture. Le *Long Magnetic Wall* ou *Mc Namara Line* de 1968 (New York, Solomon R. Guggenheim Museum) sera l'une de ses premières œuvres monumentales.

☐ *Méduse,* 1980

Le premier télélumière date de 1961. Takis utilise la cathode de mercure — qui sert dans un téléviseur — et provoque, en modifiant la proportion des voltages, « une boule de lumière qui rebondit à la surface du liquide, l'inondant d'une lumière bleue » (Calas). L'espace du télélumière est, pour Takis, celui du vide spatial et la couleur celle du vide que l'on voit dans le ciel. Le télélumière est ainsi « une petite miniature du vide dans l'espace, un microcosme de l'univers ». Les lampes qu'il emploie sont, comme toujours chez lui, des éléments récupérés qui indiquent une nostalgie de l'électricité et d'un appa-

reillage archaïque. Là réside le caractère sculptural de ces œuvres, souvent renforcé par leur aspect anthropomorphe qui a valu à l'une d'entre elles le surnom de *Robot.* Très fréquemment, Takis associe au télélumière un ou plusieurs « électromagnétiques », reliant la lampe aux électro-aimants et créant un champ magnétique qui fait bouger les sphères. L'électromagnétique est une sorte de pendule; l'aimant fixe par instants la sphère qui vibre au-dessus de lui, puis la renvoie brutalement en lui imprimant un mouvement oscillatoire. Dans le grand environnement *Trois totems-espace musical,* présenté au forum du Centre G. Pompidou en 1981, des télélumières de dimensions inédites étaient associés à de gigantesques sphères noires, selon le même principe.

A.P.

Mur magnétique 9 (rouge), 1961-1972
acrylique sur toile, 1 cerf-volant, 4 cônes, 3 aimants
180 × 220 × 10
don de l'artiste et de l'Association des Amis du CNAC, 1976
AM 1976-1237

Pierre Tal-Coat
1905-1985

L'œuvre peint de Pierre Tal-Coat, inspiré essentiellement de son pays natal, la Bretagne, est un chant dédié à la terre, à la lumière, à l'absolu. Autodidacte, il se lie vers 1935 au groupe des « Forces Nouvelles » et suit l'exemple des expressionnistes et des Fauves, puis, dans la géométrisation des formes, celui de Matisse et de Picasso, visible dans sa série des *Massacres* de la guerre d'Espagne. Il effectue dans les années 40 plusieurs retraites à Aix-en-Provence, où il médite la leçon de Cézanne, puis découvre en 1947 la peinture extrême-orientale, celle surtout des Song dont les principes lui permettent de trouver enfin son expression personnelle. Il abandonne définitivement les couleurs vives, la géométrie, une certaine agressivité aussi, qu'il réserve désormais à ses autoportraits. Il retourne en Bretagne, qu'il ne quittera plus jusqu'à sa mort. La voie de Tal-Coat, à la recherche des assises du monde, sera dès lors celle de l'épure; il transcrira ses découvertes, à travers la peinture et aussi la poésie, par les traces, les passages, les signes.
En 1976 le peintre a fait don au Musée de 15 dessins datés de 1942 à 1975, un autoportrait, des natures mortes et des paysages aixois, qui sont venus compléter un ensemble de cinq peintures et deux dessins.

Cat. *Tal-Coat,* Paris, Grand Palais, 1976; cat. *Tal-Coat, Peintures* (textes de D. Abadie et C. du Manoir), Paris, galerie Patrice Trigano, 1983.

□ *Suspendu II,* 1975
Par cette monochromie lumineuse de traces beiges, animée en son centre par la résurgence des empâtements, Tal-Coat, mesurant l'infini à travers l'impondérable de la matière, tient un discours poétique qui, proche de celui de Francis Ponge, sollicite les richesses de notre intériorité et fait qu'ici « la certitude n'est plus de mise » (D. Abadie, *op. cit.*). Il est toujours resté hostile aux théories du cubisme; seules l'intéressent les émergences de l'élan vital, l'aspect « suspendu » du tableau évoquant le caractère même de l'esprit, de l'univers en expansion, de la fulgurance de la lumière, du vol de l'oiseau dans le ciel. L'absence de toute perspective, l'infinitude des limites, la pratique de l'accident contrôlé, la vision même de l'artiste — qui se place *dans* et non plus *devant* la nature — situent ce tableau dans la ligne de l'art zen et de la peinture de Toshimitsu Imaï. L'homme est dépaysé, perdu dans un monde sans vraies correspondances; à la tentation du silence Tal-Coat répond comme Hölderlin par une réflexion sur l'infini, sur la mort, sur un néant sans négation.   S.B.

Suspendu II, 1975
huile sur toile
130 × 162
achat 1976
AM 1976-248

Yves Tanguy
1900-1955

L'aventure picturale de celui que Breton saluera comme le surréaliste le plus « pur »: « intègre et intact, échappant par nature à toute espèce de compromission », certainement la personnalité la plus énigmatique, la plus solitaire du surréalisme, devait commencer fin 1923, après qu'il eut décidé, à la vue du *Cerveau de l'enfant* de De Chirico, de devenir peintre, et au moment de son installation avec ses amis Jacques Prévert et Jacques Duhamel au 24 rue du Château, qui allait s'imposer jusqu'en 1928 comme l'un des lieux parisiens les plus effervescents du surréalisme. En 1925, date à laquelle Tanguy rencontre le soutien décisif de Desnos, Breton, Péret, Aragon, Masson, la panoplie du hasard, du jeu — le déguisement, le tour de force, la baguette magique — à laquelle font appel ses premières peintures, introduit à une œuvre dont la poétique sera tout entière non seulement celle de la « surprise », mais aussi celle de la « suspicion » du réel. En 1926, répondant au principe de l'automatisme mental, la juxtaposition d'éléments figuratifs symboliques, souvent apposés en collages, et de notations graphiques éparses ouvre la voie aux grands « paysages du doute » de 1927, présentés par Breton à la première exposition personnelle de Tanguy, à la Galerie Surréaliste. L'« objet » — au centre même de toute la problématique de Tanguy — se trouve en fusion avec un espace situé entre mer et terre (où certains ont vu l'écho des paysages de Bretagne que Tanguy retrouvait régulièrement), avec cet espace non mesurable que, point de repère fluctuant, il ponctue de façon aléatoire; non identifiable, il hésite entre la « fumée » (1927-1929) et, à partir de 1930, la « coulée ». Un mystérieux voyage en Afrique à cette date semble, en effet, avoir eu une résonance immédiate: d'informe, l'objet devient matière tubulaire, coulée pétrifiée aux contours sinueux, vite sujets à déformation: expérimentant en sculpteur comme dans « Poids et couleurs » *(Le Surréalisme au Service de la Révolution,* n° 3, 1931) les correspondances entre la matière, la stabilité, la pesanteur et la tonalité spécifiques à chaque objet, Tanguy, avec la précision formelle, « l'illusionnisme » minutieux qui le caractérisent, lui confère, dans une série de peintures répétitives, une identité à chaque fois arbitraire et particulière.

Sa présence constante au sein du groupe surréaliste (confronté douloureusement aux scissions qui le partagent, Tanguy reste toujours fidèle à Breton), sa participation régulière à toutes les grandes manifestations, ses propres expositions, à Paris (galerie des Cahiers d'Art en 1935, galerie Bucher-Myrbor en 1938) et, surtout, à partir de 1935, aux États-Unis, n'empêcheront pas un isolement personnel de plus en plus grand et de graves difficultés morales et matérielles: en 1939, Tanguy rejoint à New York le peintre Kay Sage et, fixé à Woodbury (Connecticut), prend en 1948 la nationalité américaine. Soutenu essentiellement par Pierre Matisse, accueilli avec enthousiasme dans les musées américains, il exerce une influence certaine sur son entourage (Matta, Onslow-Ford) et surtout sur des sculpteurs comme David Hare et Noguchi. Après une série de petites gouaches miniaturistes, sa peinture trouve un nouveau développement dans de grands formats et une vision de larges espaces violemment colorés: les formes, de plus en plus acérées, et proliférant « mécaniquement » par entassements, juxtapositions, finissent par envahir l'espace, l'obstruant tout entier; sa dernière toile, *Multiplication des arcs* (1954, MOMA), apparaît bien comme l'aboutissement logique, fatal, de son œuvre entière et de sa trajectoire unique, annonçant de façon prémonitoire la mort imminente de Tanguy.

A. Breton, *Yves Tanguy,* New York, Pierre Matisse éd., 1946; J.T. Soby, cat. *Yves Tanguy,* New York, MOMA, 1955; K. Sage, *Yves Tanguy, Un recueil de ses œuvres. A Summary of his Works,* New York, P. Matisse éd., 1963 (cité *P. Matisse éd.);* P. Waldberg, *Yves Tanguy,* Bruxelles, éd. de Rache, 1977; cat. *Yves Tanguy, Rétrospective 1925-1955,* Paris, MNAM, Centre G. Pompidou, 1982.

□ *A quatre heures d'été, l'espoir,* 1929

La rêverie erratique que poursuit Tanguy depuis 1927 dans la succession inlassable de paysages désertiques et nocturnes, où toute perspective géométrique apparaît dérisoire et où seule l'ombre semble donner à l'objet son poids de matière, le conduit en 1929 à un point d'aboutissement formel d'un onirisme exacerbé, à la limite de la préciosité décorative. Cette peinture (*P. Matisse éd.* n° 107), qui a appartenu à Raymond Queneau (dont le soutien, comme celui de Simone Kahn, fut précieux à Tanguy au moment des tensions qui divisent alors le groupe surréaliste), ne constitue plus une version angoissée de cette véritable *topologie* du doute et de l'aléatoire proposée par Tanguy : ce qui a pu être considéré ailleurs comme une ligne d'horizon, séparant arbitrairement ciel et mer ou ciel et terre, devient ici pure ligne sinueuse, non descriptive, soulignant encore la fusion tonale et formelle des espaces définis par la seule alternance d'ombres et de lumières. De même, les éléments minimaux de vie organique — à propos desquels se posait l'habituelle question : sont-ce des germes d'une matière en gestation qui tend à se durcir ou des concrétions destinées à la dilution ? — trouvent ici une identité colorée et formelle, qui annoncent les recherches ultérieures de Tanguy sur les *Poids et couleurs,* 1931, et *La Vie de l'objet,* 1933. Remplaçant l'habituel gris-vert aquatique, le blanc, le rouge, le jaune strident affirment l'autonomie de ces formes, qui font penser aux objets de Arp. L'éclatant oiseau-coquillage central, arrêté dans son étrange lévitation immobile, semble imprimer à l'espace tout entier l'élégance sinueuse de ses formes biomorphiques.

A quatre heures d'été, l'espoir, 1929
huile sur toile
129,5 × 97
achat 1978
AM 1978-321

□ *Jour de lenteur*, 1937

Présentée l'année de sa réalisation à l'exposition du Palais des Beaux-Arts de Bruxelles, aux côtés des œuvres de Magritte et de Man Ray (n° 69), cette toile (*P. Matisse éd.* n° 196), entrée aussitôt dans les collections de l'État (et une des premières œuvres surréalistes à y figurer), est sans doute une des plus accomplies des années 1935-1939. Traité avec un « fini » d'illusionniste, l'espace, parfaitement lisse, ici nimbé d'une clarté douce et solaire, étend à perte de vue des « zones d'instabilité » où semblent vouloir se poser, étendant leurs ombres « chiriquiennes », d'énigmatiques objets : ce ne sont plus ces figurants microscopiques, enchaînés les uns aux autres pour former le *Ruban des excès,* 1932, mais des figures plus monumentales, articulées, isolées, ou plutôt des organes plus ou moins dépecés de créatures résiduelles. La précision obsessionnelle avec laquelle Tanguy polit, cisèle, colore chaque élément de leur ossature, pour lui donner en définitive une apparence totalement arbitraire, quasi abstraite, indique clairement son attitude de dérision devant la figuration du réel. Très proche formellement du grand « objet » peint sur la droite, le *Petit personnage familier* (MNAM) donné par Tanguy à Jacqueline Lamba en 1938, répond exactement à la même intention : découpé simplement dans un carton, maintenu à la verticale par un support, il fonctionne comme un jouet mécanique d'enfant, « fétiche » fragile, plat et inconsistant comme l'ironique *Marchand de sable,* 1937, qui était en possession de Breton.

□ *Le Palais aux rochers de fenêtres*, 1942

L'installation de Tanguy aux États-Unis n'entraîna aucune transformation radicale de son œuvre, sinon, avec un changement de format, l'accélération subite de ce qu'on pourrait nommer sa « poétique du désastre » : des spectres géants apparaissent, comme dans cette peinture monumentale, une des premières grandes toiles de la période américaine (*P. Matisse éd.,* n° 294), animant de façon grotesque leurs membres immatériels, translucides et déliquescents, silhouettes blanches et mécanisées, dépossédées de toute réalité; des atomes colorés, projetés dans l'espace, paraissent être les boules dérisoires d'un étrange et menaçant jeu de quilles ponctuant un espace gris métallique. Les formes vidées de toute couleur, qui proliféreront dans les peintures ultérieures en suivant un mécanisme de plus en plus complexe, font ici déjà leur apparition. A.L.B.

Jour de lenteur, 1937
huile sur toile
92 × 73
achat de l'État et attr. 1938
AM 2173 P

Le Palais aux rochers de fenêtres, 1942
huile sur toile
163 × 132
don Pierre Matisse, 1956
AM 3398 P

Dorothea Tanning
1910

Née à Galesburg (Illinois). Lorsqu'en 1942, à New York, elle rencontre Max Ernst, Dorothea Tanning est pleinement gagnée au surréalisme depuis l'exposition *Fantastic Art, Dada and Surrealism* du Museum of Modern Art en 1936. Sa vie, dès lors, ne sera jamais dissociée de celle de Max Ernst, qu'elle suit à Sedona (Arizona) puis en France, avant de retourner aux États-Unis. Empreinte d'une sensibilité très personnelle, sa propre création se développe parallèlement, en réponse à ses hallucinations obsessionnelles et angoissantes : des portes s'ouvrent sur des espaces vides ou voilés, animés, déchirés par des présences non identifiables et inquiétantes, les murs et les objets eux-mêmes se métamorphosent en corps biomorphes, d'une brutale sexualité. Dans un corps à corps avec l'écran de la toile — lieu même du rêve où se crèvent les parois des apparences — ou avec l'étoffe des tissus qui sous sa main enferme ses créatures (premières sculptures à partir de 1955), Dorothea Tanning semble exorciser, non sans humour, la menace de la perte d'identité, de la fusion fatale dans un monde quotidien en proie à des forces inconnues.

A. Bosquet, *La peinture de Dorothea Tanning*, Paris, J.J. Pauvert, 1966; cat. *Dorothea Tanning : œuvre*, Paris, CNAC, 1974; XXᵉ siècle, numéro spécial Dorothea Tanning, 1977.

□ *Chambre 202, Hôtel du Pavot*, 1974
La petite Alice qui, depuis 1942, dans *L'Hôtel du Pavot*, s'arrêtait devant les murs clos de la façade déjà menacée de l'hôtel, pressentant peut-être que, comme dans *Jeux d'Enfants*, 1942, pouvait surgir de la tapisserie murale un ventre humain, a définitivement ouvert grand la porte aux monstres captifs et captateurs. Confrontés depuis 1974 (pour l'exposition du CNAC) à ces étranges meubles aux bras tentaculaires que constituent la cheminée *(Time & Place)*, la table *(Table tragique)* et le fauteuil crapaud *(Révélation ou la Fin du mois)*, les deux corps nus *(Hôtel du Pavot)* pris au piège des murs anonymes de la chambre sont les acteurs d'un drame violent, érotique, dont l'énigmatique *Pelote d'épingles pouvant servir de fétiche* paraît expliciter encore tout le caractère sado-masochiste. Ces sculptures molles, vivantes, « ces corps, affirme Dorothea Tanning, sont plutôt affirmation, symbolique peut-être de la volupté mais aussi de la férocité des contacts, de cette merveilleuse volonté de l'être de prouver son ancienneté sur les forces dites civilisées ».   A.L.B.

Chambre 202, Hôtel du Pavot, 1974
pièce tapissée de papier peint et de faux lambris
contenant 6 éléments
340 × 310 × 470 env.
achat 1977
AM 1977-204

les 6 éléments de tissu rembourrés de laine :
Pelote d'épingles pouvant servir de fétiche, 1965
Hôtel du Pavot, 1970
Time & Place, 1974
Révélation ou la Fin du mois, 1974
Table tragique, 1974

Antoni Tàpies
1923

Tàpies naît à Barcelone d'une famille bourgeoise cultivée : un père avocat et une mère libraire lui donnent très tôt le goût de la lecture, mais en 1936 la guerre civile éclate et jamais il n'oubliera qu'il a vu sa « mère pleurer de faim ». En 1942, malade, il passe deux ans à la montagne, lit beaucoup (Nietzsche, Schopenhauer, les romanciers russes), dessine dans la transe « d'états hallucinatoires » des autoportraits empreints de mysticisme et copie Van Gogh et Picasso, en employant déjà des matières grossières pour « marquer son mépris de l'art académique ». De retour à Barcelone, il s'inscrit à des cours de droit et de dessin, mais abandonne très vite l'un et l'autre. En 1945, une exposition d'art français à Barcelone lui fait apprécier surtout Matisse et Rouault. Sa découverte, vers la même époque, de Sartre et de Heidegger le confirme dans son intuition de la « distinction entre une existence inauthentique (le tumulte du monde, la réalité banale et quotidienne) et authentique (le véritable règne de l'être) » et dans son « aversion pour toute réalité officielle ». En 1947 débute son amitié pour le poète Joan Brossa qui, grâce à son immense bibliothèque, l'initie au surréalisme et lui fait connaître toute l'avant-garde catalane du moment; avec Ponç, Tharrats, Cuixart, ils fonderont la revue *Dau al Set*. En 1948, il expose pour la première fois au Salon d'Octobre à Barcelone une peinture et déjà un collage aux croix. Jouant d'espaces profonds, du clair-obscur et de signes cabalistiques, son œuvre s'inspire alors surtout de Klee, qu'il admirera sa vie durant, de Tanguy, de Max Ernst. C'est vers 1949 que l'art et la pensée de l'Orient, ce « mélange de mysticisme, de philosophie et d'art de vivre », commencent — et ne cesseront jamais — de l'intéresser. La même année, il fait la connaissance de Miró, qui demeurera pour lui un modèle, et pour son invention créatrice à partir de toutes sortes de matériaux, et pour son caractère profondément catalan : « Il a, comme personne, donné forme au cri solitaire ou angoissé de notre peuple, à notre ardeur amoureuse, à notre folie de liberté, à notre rage, à notre sang... « En 1950, pour sa première exposition personnelle aux galeries Layetanas à Barcelone, les critiques sont rares, mais Tàpies obtient, grâce à l'Institut français, une bourse pour un séjour en France. Dès son arrivée, il en éprouve « un énorme enrichissement spirituel » dû à la liberté, nouvelle pour lui : c'est alors qu'il commence à « donner à [son] œuvre un contenu social » et à se défaire peu à peu du « contenu trop littéraire » du surréalisme pour s'orienter davantage vers l'art dit informel (Fautrier, Dubuffet) et qu'il entre en contact avec la revue *Art d'aujourd'hui*. Son œuvre prend alors sa véritable dimension : le travail de la matière devient prépondérant, les formes ne sont plus qu'esquisses de signes, la couleur et la lumière sont obscurcies ou même totalement bannies. En 1953, lors de son premier voyage à New York pour l'exposition que lui a organisée la galerie Martha Jackson, il rencontre toute l'intelligentsia new-yorkaise, mais se souviendra surtout de sa visite à Franz Kline et à Hans Hofmann. En 1954, il fait la connaissance de Michel Tapié, à qui il doit son premier contrat avec la galerie Stadler (1955) et sa première monographie (1956). En 1958, il reçoit le prix Carnegie de peinture (Marcel Duchamp « la grande idole de sa jeunesse » fait partie du jury) et un hommage spécial à la Biennale de Venise. En 1960, il achète une maison en Catalogne (dans le Montseny), où il vivra désormais en alternance avec son atelier à Barcelone, ses racines catalanes demeurant fondamentales pour lui : « J'ai donc trouvé mon inspiration dans le fait de vivre intensément en Catalogne, je l'ai trouvée dans le Montseny, dans le gris vert des yeuses, dans le gris bleu de ses brumes, dans l'ocre de ses champs. Dans le quartier de San Gervasi, ses rues silencieuses le dimanche après-midi, où passe parfois une fille vêtue de mauve; parmi les murs gris derrière lesquels se cachent des jardins mélancoliques... » En 1962 a lieu sa première exposition rétrospective au Kestner Gesellschaft de Hanovre, présentée ensuite au Guggenheim Museum à New York puis au Kunsthaus de Zurich. En 1967, Tàpies entre à la galerie

Maeght. Les expositions dans le monde entier se succèdent à un rythme très rapide, les publications également. Outre son activité de peintre, Tàpies s'engage aussi avec vigueur dans la vie politique de son pays, publie des pamphlets, fait des conférences, rédige des articles, qui seront par la suite réunis en livres.

A. Cerici, *Tàpies témoin du silence,* Barcelone, éd. Poligrafa, 1971; A. Tàpies, *La pratique de l'art,* Paris, Gallimard, 1974; W. Schmalenbach, *Tàpies, signes et structures,* Berlin, Propylaën Verlag, Paris, Weber, 1975; cat. *Tàpies,* Saint-Paul-de-Vence, Fondation Maeght, 1976; cat. *Tàpies, Peintures, encres et vernis, 1982-1983,* Gordes, Abbaye de Sénanque, 1983.

☐ *Grand Blanc horizontal,* 1962 — *Grand Triangle marron,* 1963
L'abstraction géométrique a toujours « ennuyé » Tàpies; cependant, dans les années 60, après une période plus matiériste, plus baroque, il privilégiera des formes simples — telles que caractères alphabétiques ou figures géométriques — directement identifiables par tous mais auxquelles il donne un sens « autre », pour reprendre l'expression de Michel Tapié : les diagrammes géométriques sont à la source de toute une tradition de la peinture considérée tout d'abord comme un support de méditation; ainsi dans la peinture tantrique, que Tàpies a beaucoup étudiée, le triangle symbolise le feu et l'exaltation du principe mâle. De façon peut-être plus manifeste ici, le triangle surmonté à son sommet d'une grande barre horizontale peut aussi vouloir signifier (la peinture n'étant qu'un « signe, une suggestion de la réalité ») l'image des hautes charpentes de bois que l'on voit

dans ces vieilles maisons que Tàpies aime; il s'est, en effet, constamment inspiré de son environnement le plus quotidien : objets rustiques, fenêtres, portes ou murs. La matière est solide, faite de ce mélange de colle, de sable et d'huile, technique qu'il a découverte dans les années 50 : le geste, une incision à vif, suffit à « imprimer une marque humaine », la monochromie totale d'une profonde austérité génère une « couleur intérieure » capable d'exprimer des « valeurs essentielles » et notamment ce « sentiment mystique presque indéfinissable, fondamental pour un artiste. »

☐ *Les Jambes,* 1975
Dans les années 70, Tàpies a beaucoup expérimenté, avec le collage, l'assemblage et même la sculpture : chaise recouverte d'un drap blanc, bureau où s'accumule la paille, pile de vieux journaux entassés sur une écuelle, ce sont d'abord des matériaux de récupération, volontairement humbles et triviaux — Tàpies a toujours préféré les graffiti populaires à « l'odeur de cadavre des musées », ce qui aurait pu faire de lui un précurseur de l'art pauvre s'il ne s'était opposé à toute systématisation d'une esthétique particulière. En effet, ces matériaux pauvres ne sont pas là seulement pour leur valeur d'anti-forme ou d'anti-art, mais ils sont aussi là pour témoigner de la « naturalité première de la dialectique et de la lutte de toutes les choses, y compris, bien entendu, de la lutte de classe ». Par ce grand mouvement de peinture tourbillonnant, qui surmonte deux bouts de bois en croix, par le morceau d'étoffe collée qui ne laisse apparaître que deux

Grand blanc horizontal, 1962
sable et poudre de marbre mêlés à l'huile sur toile
195 × 310
achat 1982
AM 1982-17

Grand Triangle marron, 1963
huile et sable sur toile marouflée
sur contreplaqué parqueté
195 × 170
achat de l'État 1968, attr. 1980
AM 1980-425

570

moignons de jambes, Tàpies exprime, avec une concentration d'effets minimaux, le drame et tous les conflits d'une Espagne opprimée et même ce vent de liberté qui pourrait souffler, s'il n'était retenu prisonnier : « La peinture pour moi est une activité humanitaire… Je crois que le langage du peintre, de la Préhistoire jusqu'à l'heure actuelle, peut être aussi efficace, sinon plus, que celui des mots. »

☐ *Croix noire sur a b,* 1975
Par son caractère universel, la croix est un des signes les plus chargés de sens dans l'œuvre de Tàpies, mais jamais elle n'a atteint cette monumentalité ni barré tout l'espace avec autant de force que dans ce dessin, pourtant de petite dimension. Le noir profond du lavis, le bras gauche de la croix comme cassé et entraînant de ce fait une brusque rupture de symétrie, les deux premières lettres de l'alphabet tracées à la hâte dans le vide, donnent à cette image simple un aspect inquiétant, dramatique, dans son laconisme même. Tàpies a beaucoup travaillé et étudié le lavis à l'encre, technique difficile apprise de ses maîtres chinois et à propos de laquelle il cite ainsi les règles dans un texte sur le vide dans la peinture : « le vide de la pensée », « le blanc qui vole », « le trait de pinceau unique », « le samadhi de l'encre ». Le musée a également acheté en 1984 une série de 18 peintures sur papier, où toutes les techniques d'expression sont utilisées et où « se projettent des états émotionnels différents à partir d'infimes variations ».   Cl. S.

Les Jambes, 1975
peinture, bois et tissu peint sur toile
200 × 300
donation Aimé Maeght, 1977
AM 1977-218

Croix noire sur a b, 1975
lavis d'encre de Chine et craie grasse sur papier
50 × 64,8
achat 1984
AM 1984-365

Vladimir Tatline
1885-1953

Proche de Larionov dès 1907-1908, Tatline rejoint en 1911 le groupe pétersbourgeois d'avant-garde *L'Union de la Jeunesse,* participe à l'exposition de *La Queue d'âne* à Moscou en mars 1912 et à celles du *Valet de Carreau* et du *Monde de l'Art.* Ses œuvres sont alors marquées par les influences conjuguées de Cézanne et du primitivisme de l'icône *(Marin,* 1911-1912, Leningrad, Musée Russe). Son voyage à Paris, en 1913, est décisif : une visite à l'atelier de Picasso, une rencontre probable avec Archipenko lui permettent de voir les constructions cubistes des années 1912-1913 qui sont à l'origine des premiers *reliefs-peints* (ou tableaux-reliefs) exécutés à son retour à Moscou. Contrairement aux reliefs cubistes qui demeuraient figuratifs, ce sont des assemblages abstraits d'éléments géométriques, en métal, plâtre, verre ou bois, fixés sur un support de bois, dont la Galerie Tretiakov à Moscou conserve les exemplaires les plus tardifs (1917).

Deux ans plus tard, en 1915, ses *Contre-reliefs,* détachés du support, jouant librement dans l'espace, feront scandale par leur nouveauté radicale aux expositions *Tramway V* et *O. 10* où Tatline, en opposition déclarée avec Malévitch qui fonde alors le suprématisme, constitue sa propre section avec la publication d'un pamphlet (15 déc. 1915). En 1917, assisté par le peintre G. Yakulov, il décore de *Contre-reliefs* le Café Pittoresque à Moscou (dont certains éléments seront reproduits par A. Salmon dans son ouvrage *Art russe moderne,* Paris, 1928). Après la Révolution — en 1917 il est élu président de l'Union des Artistes moscovites — Tatline enseigne les principes de sa « culture des matériaux » au sein des Ateliers Libres de l'État, aux *Vhutemas* de Moscou, et se consacre en 1919 à son projet de *Monument pour la IIIᵉ Internationale,* une des sommes du constructivisme, dont il établit alors les principes avec Rodtchenko. Dans les années 30, il se consacre au théâtre (décors pour le théâtre Kamerny en 1934-1935), au cinéma et aux arts décoratifs. Sa dernière œuvre importante, le *Letatlin,* projet de machine volante, est exposée en 1932 à Moscou.

Cat. *Vladimir Tatline* (texte de T. Andersen), Stockholm, Moderna Museet, 1968; cat. *Tatlin's Dream Russian Suprematist and Constructivist Art 1910-1923,* Londres, Fischer Fire Art, 1973; J. Milner, *Tatlin and the Russian Avant-Garde,* New Haven, Yale University, 1983.

☐ *Projet de Monument pour la IIIᵉ Internationale,* 1919-1920

Le 8 novembre 1920, pour célébrer l'anniversaire de la Révolution à Petrograd, Tatline ouvre au public son atelier « de l'espace, des matériaux et de la construction », afin de présenter la maquette, de plus de six mètres de hauteur, qu'il a conçue pour le *Monument pour la IIIᵉ Internationale,* commandé l'année précédente par le Commissariat à l'Éducation. Un mois plus tard, à Moscou, il présente une deuxième maquette identique, à l'occasion du 8ᵉ Congrès du Parti, Enfin, une troisième maquette, plus petite, de quatre mètres de haut, la dernière qui fut réalisée par ses soins, sera exposée en 1925 à Paris, au Grand Palais, dans la Section soviétique de l'Exposition internationale. L'une d'entre elles est conservée aujourd'hui au Musée d'Architecture de Moscou, les autres ont disparu. Les expositions consacrées depuis les années 60 à l'œuvre de Tatline ou à l'avant-garde russe ont occasionné plusieurs reconstitutions des maquettes originales : ainsi, au Moderna Museet de Stockholm en 1967-1968, à Londres en 1971 *(Art in Revolution)*; celle du Musée a été réalisée en 1979 pour l'exposition *Paris-Moscou.* Ces différents travaux de reconstitution se sont appuyés sur des documents photographiques des années 20, ainsi que sur les diagrammes reproduits dans le livre de N. Punin consacré au *Monument,* publié à Petrograd en 1920.

Le *Monument* constitue certainement le projet le plus abouti et le plus grandiose des nombreuses architectures monumentales de propagande alors commandées. Prévu pour s'élever à 400 m de hauteur, il se présentait comme une tour cinétique à la structure aussi audacieuse que complexe : définissant une sorte de carcasse extérieure à claire-voie, deux spirales métalliques développent leur enroulement infini autour des quatre volumes géométriques essentiels (cube, pyramide, cylindre, hémisphère). Ces éléments, en verre, suspendus les uns au-dessus des autres, devaient tourner, chacun sur son axe, à des vitesses différentes; transparents, ils étaient destinés à offrir des salles « idéales » de travail et de propagande pour la IIIᵉ Internationale. « Synthèse organique des principes architecturaux, sculpturaux et picturaux (...) réunissant formes artistiques pures et formes utilitaires » (Punin), la *Tour* représente l'aboutissement des recherches de Tatline sur les propriétés spécifiques des matériaux, pressenties dans les *Contre-reliefs.* Sa nouveauté radicale, sa force plastique — choc des matériaux, dynamisme puissant des spirales — en font un emblème parfait de la Révolution, image de l'humanité libérée dans un élan à la fois romantique et cosmique.   B.L.

Maquette du Monument à la Troisième Internationale, 1919
reconstitution 1979
construction de bois et métal
420 × 300 env. (diam)
achat 1979
AM 1979-413

Hervé Télémaque
1937

« Petit célibataire, un peu nègre et assez joyeux », comme il aime lui-même à se définir, le peintre et sculpteur haïtien Télémaque s'installe à Paris en 1961, après quelques années d'études à l'Art Student League de New York. Soutenu par José Pierre et la Galerie Mathias Fels, il inaugure sa première exposition parisienne en 1964. Son art pseudo-réaliste — dessin strict, technique précise et couleurs franches — évoque celui de Magritte par son intérêt pour les rapports entre l'objet et sa représentation, l'image et le nom qui la désigne, recherche « du moindre effet le plus chargé », une forme de « stratégie du paradoxe ». Ses « leçons de choses » puisent dans le langage des médias et de la bande dessinée et font appel aux techniques de collage et d'assemblage comme les œuvres des peintres pop américains. Cependant, le regard aigu qu'il porte sur le réel a permis de situer Télémaque, vers les années 70, dans le courant de la figuration critique et narrative.

B. Noël, « La langue du corps », *XXᵉ siècle,* nº 44, 1975; cat. *Hervé Télémaque,* Paris, MAM, ARC 2, 1976, J. Clay, «Lecture de Télémaque», *XXᵉ siècle,* nº 47, déc. 1976.

☐ *Le Propre et le figuré,* 1982
Le procédé du collage occupe une part majeure dans l'œuvre de Télémaque. A ses débuts, il pratique le collage d'objets réels rapportés sur la toile à la manière des *Combine Paintings* de Rauschenberg ou de Jim Dine (*L'Aveugle de Venise,* 1967). A partir de 1967, il abandonne définitivement l'usage de l'épiscope pour, à l'instar de Matisse, « travailler dans la matière » (*Opus International,* nº 81, 1981) grâce à la technique des papiers collés. Poursuivant son projet de « préciser quelques-uns des rapports que nous entretenons avec les objets », il propose dans les années 70 des collages mettant en scène des objets choisis pour leur caractère obsessionnel ou autobiographique, en aplats cernés, au dessin sinueux et qui, même tronqués par des perspectives trompeuses et des effets de gros plan, demeurent lisibles. De lecture complexe, les collages récents comme *le Propre et le figuré* offrent des compositions plus abstraites, structures plates et cloisonnées, au creux desquelles se déroule, comme ici, le titre, fil conducteur de l'œuvre et de la réflexion du spectateur.   B.L.

Jean Tinguely
1925

Jean Tinguely est né à Fribourg (Suisse). En 1928, sa famille s'installe à Bâle où, de 1941 à 1945, il fréquente l'École des Beaux-Arts et découvre l'œuvre de Schwitters et celle de Paul Klee. Après la guerre, il pratique la peinture abstraite influencée par les surréalistes et construit ses premières sculptures en fil de fer. Il acquiert parallèlement une culture politique où domine l'anarchisme. Il rencontre Daniel Spoerri, avec qui il travaille à un projet théâtral, et épouse en 1951 Eva Aeppli. En 1953, il arrive à Paris et, dans ce nouveau climat, commence immédiatement des sculptures métamécaniques, ainsi que des reliefs conçus comme des tableaux mobiles. Sa première exposition a lieu à Paris, galerie Arnaud en 1954. Associé à plusieurs manifestations sur le thème du mouvement, il rejoint, à la galerie Denise René, le groupe des artistes cinétiques. Tinguely, qui s'est installé impasse Ronsin, tout près de l'atelier de Brancusi, rencontre Yves Klein et collabore avec lui sur le thème « Vitesse pure et stabilité monochrome ». Ces œuvres seront exposées à Paris, galerie Iris Clert, en 1958. Il ajoute aussi une dimension sonore à ses constructions (*Concert pour sept peintures,* 1958-1959). Tinguely rédige le manifeste « Für Statik » et largue des tracts depuis un avion sur la ville de Düsseldorf. Il va ainsi être l'auteur de toutes sortes de manifestations spectaculaires, celles qu'il conçoit avec les machines à dessiner (1959) et en 1960 *l'Hommage à New York.* C'est au MOMA qu'il fait exploser cette première machine autodestructrice qui lui vaudra de se faire connaître dans ce haut-lieu de l'art contemporain où réside, en outre, le maître à penser de Tinguely : Marcel Duchamp. Tinguely se lie d'amitié avec Jasper Johns et Rauschenberg. Tout au long des années 60, associé au groupe des Nouveaux Réalistes fondé par Pierre Restany, Tinguely, qui vit désormais avec Niki de Saint-Phalle, poursuit la réalisation de machines de plus en plus grandes : ainsi, un ensemble de sculptures en ferraille où les rouages et les roues de bicyclette sont l'une des composantes essentielles (*Le Cyclograveur*). Il utilise également toutes sortes de matériaux (les *Baluba*) et ses sculptures-fontaines crachent l'eau dans toutes les directions. Une nouvelle machine autodestructrice voit le jour : *Étude nº 2 pour une fin du monde,* 1961-1962, au Louisiana Museum (Danemark) puis dans le désert du Nevada. Tinguely entreprend des sculptures sonores à partir d'éléments radiophoniques. Il construit la gigantesque sculpture *Eureka,* 1964. Les œuvres du milieu des années 60 sont peintes en noir et font preuve d'un effet graphique très soutenu. Elles semblent apaisées et graves par rapport aux constructions ironiques du début des années 60. Les décors de Tinguely (pour *L'Éloge de la*

Le Propre et le figuré, 1982
acrylique et collage de papier sur toile
113 × 315
achat 1982
AM 1983-42

572

Folie, ballet conçu par Roland Petit) sont également très graphiques. En 1966, il réalise à Stockholm, avec Niki de Saint-Phalle et Ultveldt, la *Hon,* femme gigantesque en carton pâte dans laquelle on pénètre. C'est ensuite le *Paradis,* commande pour le pavillon français de l'Exposition Universelle de Montréal. Il collabore également avec Lüginbuhl à plusieurs projets, comme le *Gigantoleum.* La fin des années 60 est marquée par les chars et la série *Méta.* En 1970, à l'occasion du 10e anniversaire du Nouveau Réalisme, il crée *La Vittoria,* nouvelle machine autodestructrice, sur la place du Dôme à Milan. Il travaille également dans la forêt de Fontainebleau à une gigantesque sculpture, *Le Monstre,* sorte d'œuvre d'art total à laquelle de nombreux amis artistes collaborent. Dans les années 70-80, il poursuit ses recherches, avec des réussites exceptionnelles comme les grandes constructions sonores *Meta-Harmonie.* Il exécute également des œuvres urbaines, telle la fontaine de Bâle ou celle de la place Stravinsky face au Centre Pompidou à Paris.

P. Hulten, *Jean Tinguely, « Méta »,* Paris, éd. Pierre Horay, 1973; C. Bischofberger, *Jean Tinguely, Catalogue raisonné, Sculptures and Reliefs, 1954-1968,* Zurich, éd. galerie B. Bischofberger, 1982; *Jean Tinguely — Niki de Saint-Phalle, Stravinsky-Brunnen Paris,* Berne, Benteli, 1983.

Sculpture méta-mécanique automobile, 1954
fer, fil de fer, tôle peinte, serrure
134 × 79 × 56
achat 1981
AM 1981-507

□ *Sculpture méta-mécanique automobile,* 1954
Tinguely, qui vient d'arriver en France, choisit alors d'inclure le mouvement aux constructions géométriques qu'il élabore. Celles-ci sont de deux types : des reliefs noirs et blancs, un peu comme des peintures animées, et des sculptures très filiformes où souvent une manivelle permet de mettre la structure en mouvement comme dans un moulin à prières. Peu après, Tinguely y ajoute un moteur, inventant ainsi le type de sculpture qui sera le sien. Avec ces œuvres de 1954, Tinguely est encore à mi-chemin entre une tradition constructiviste et l'ironie critique dont il va bientôt faire preuve. Les formes colorées, cercles ou demi-cercles, attachées à la sculpture et reliées par la structure en fil de fer évoquent assez directement la peinture géométrique de Malévitch, par exemple. Mais le mouvement qui entraîne une composition aléatoire et toujours renouvelée, le caractère « automobile » d'une sculpture qui peut ainsi déambuler dans l'espace, comme une sorte de robot abstrait, sont autant de manières de mettre à terre le sérieux de la géométrie, de bricoler plutôt que de construire. Cette œuvre sera associée, dans l'exposition *Le Mouvement,* galerie Denise René à Paris en avril 1955, à la *Rotary demisphere* de Duchamp, à un mobile de Calder et à diverses compositions de Agam, Bury, Jacobsen et Soto.

Méta-matic n° 1, 1959
métal, papier et crayon feutre, moteur
96 × 85 × 44
achat 1976
AM 1976-544

□ *Méta-matic n° 1,* 1959

La machine à dessiner, dont les premiers exemplaires datent de 1955, est mise au point par Tinguely en 1959. Une exposition à la galerie Iris Clert en juillet regroupe la vingtaine d'œuvres ainsi créées, tandis qu'à l'automne la *Méta-matic n° 17* fait sensation à la première Biennale de Paris. Pontus Hulten compare les machines à dessiner aux *Ready made* de Duchamp, tant pour leur importance respective que pour leur complexité. La Machine à dessiner est, en effet, à la fois un commentaire ironique du tachisme — la machine produisant à la minute une œuvre d'art abstrait du plus bel effet — et une construction ludique qui réclame la complicité du spectateur. La participation de celui-ci à l'œuvre d'art est un rêve ici réalisé, Tinguely étant peut-être le seul à être parvenu à cet objectif sans dénaturer la recherche artistique. Le rôle de l'artiste s'en trouve, bien sûr, redéfini et l'œuvre d'art n'est plus un simple objet à contempler puisqu'elle contient son propre système de création et prend la place de l'artiste démiurge. La machine à dessiner va également être l'instrument du premier « happening » qu'organise Tinguely à l'ICA de Londres. L'une des *Méta-matic,* actionnée par des cyclistes, déroule des kilomètres de peinture sur le public. Tinguely qui, par la suite, organisera toutes sortes d'actions, en particulier avec des machines autodestructrices, inaugure ici cette forme d'art dans l'Europe de l'après-guerre.

□ *Balouba,* 1961-1962

Peu après la fondation du groupe des Nouveaux Réalistes, Tinguely crée la série des *Balouba,* où il emploie toutes sortes d'objets quotidiens, tels que des jouets en plastique, des fourrures d'animaux ou des déchets de ferraille. Ces œuvres participent d'une ambiance esthétique comparable à celle des tableaux-pièges de Spoerri ou des poubelles d'Arman. Tinguely en fait une sorte de parodie de la sculpture classique, puisqu'il utilise en guise de socle des bidons industriels et dispose soigneusement les éléments, qu'il coiffe ici du plumeau comme d'un couvre-chef. Mais lorsque le spectateur agit sur la pédale de commande et que la sculpture se met en branle, il assiste à une fête joyeuse où tous ces éléments suspendus sont secoués en tous sens. Ce qui, immobile, paraissait inachevé et peu satisfaisant devient, une fois animé, une sorte d'enchantement absurde, comme le sera peu après une autre œuvre essentielle de Tinguely : *Le Ballet des pauvres.*

□ *Méta III,* 1970-1971

A partir de la série *Hannibal,* ainsi que des chars et des bascules, les sculptures de Tinguely offrent des mouvements plus complexes et plus étendus. Souvent la structure principale se déplace sur un plateau et devient ainsi une véritable machinerie automotrice. Parallèlement,

Méta III, 1970-1971
fer et 3 moteurs
200 × 600 × 400
achat de l'État 1972, attr. 1976
AM 1976-1025

Gérard Titus-Carmel
1942

Gérard Titus-Carmel appartient à la génération des artistes arrivés à la notoriété au début des années 70. Formé au métier exigeant et rigoureux de la gravure par l'école Boulle, il ne fait qu'un court détour par l'action-environnement (à l'Arc en 1971) avant de s'imposer comme l'un des praticiens les plus intelligents et les plus doués de sa génération utilisant essentiellement les techniques traditionnelles du dessin.

L'objet de ses dessins — qui porte sur des constructions géométriques — est davantage d'ordre intellectuel que symbolique. Qu'il s'agisse des *20 Variations sur l'idée de Détérioration,* 1971 — accidents du coin d'un parallélépipède à peine esquissé — ou des *17 Exemples d'altération d'une sphère,* 1971, c'est l'altération qui retient toute son attention, qui mobilise toutes les ressources d'une technique éblouissante et qu'il étudie minutieusement dans la durée. Car la modernité se situe chez lui avant tout au niveau d'une pratique sérielle. C'est là un moyen de « faire participer le temps à l'entreprise... un temps qui est le harcèlement de l'artiste... la fatigue devient le vrai modèle... elle matérialise le temps ».

Cat. *Gérard Titus-Carmel,* MNAM, Centre G. Pompidou, 1978; cat. *Gérard Titus-Carmel, Dessins : suites et séries 1971-1979,* Bielefeld Kunsthalle, 1980.

☐ *Sur l'idée de forme. Trois concepts de solides détériorés,* 1971
C'est le dernier d'une suite de quatre dessins sur l'idée de forme, présentée à la Biennale de Venise en 1972 et dans une exposition itinérante en Allemagne en 1980-1981. Le premier dessin figure une sphère détériorée, le deuxième un parallélépipède à l'angle déchiré, le troisième une planchette brisée, celui-ci, enfin, trois parallélépipèdes détériorés (comme le précise l'inscription) par martelage, éclatement des angles et chocs qui sont « en eux-mêmes la transformation du volume global initial ». Le lieu de l'investigation est, pour Titus-Carmel, « la place où le modèle est entaillé d'une *coche* signifiante. Là où il se *vide de son sens* ».

☐ *The Pocket Size Tlingit Coffin,* 1975-1976
C'est le huitième d'une série commencée le 23 juin 1975 et terminée le 11 juillet 1976, qui comprend 127 dessins de tailles diverses, mettant en œuvre différentes techniques (mine de plomb, lavis d'encre de Chine, aquarelle, crayon gras, feutre, pastel, craie, sanguine) dans toute leur richesse historique et esthétique.
Un même modèle est à l'origine de cette série, acquise par le Musée dans son intégralité: il s'agit d'une boîte d'acajou de dimensions

les œuvres deviennent plus graphiques. Généralement peintes en noir (mais les *Méta* sont laissées à l'état brut), elles inscrivent leurs configurations successives comme un dessin en mouvement. Cet incessant va-et-vient d'une machine bruyante, qui semble, à chaque fois, accomplir dans un effort immense son cycle de mobilité, inquiète l'œil et agresse l'oreille. Ici l'ironie cède la place au tragique. Comme l'écrit Pontus Hulten : « En dépit de certains côtés burlesques, elles ont la dignité et la gravité du destin (...) Leur monumentalité est toutefois insolite, car les *Méta-sculptures,* loin de s'élancer vers le ciel ou de viser un effet de recul, cherchent, au contraire, à se tapir et à se dissimuler aux regards ».   A.P.

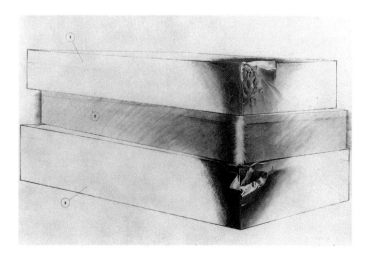

Sur l'idée de forme. Trois concepts de solides détériorés, 1971
crayon, crayon de couleur et fragment de fourrure synthétique collé sur papier
73 × 103
don de la Société des Amis du Musée, 1971
AM 1972-396

Baluba, 1961-1962
métal, fil de fer, fil électrique, objets en plastique
et plumeau, sur bidon Shell, et moteur
187 × 56,5 × 45
achat 1981
AM 1981-851

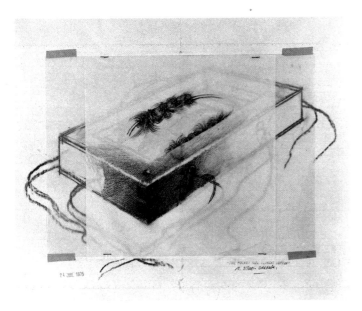

modestes (10 × 6,2 × 2,4 cm) — en réalité, un petit cercueil de poche empruntant son nom à un peuple d'Indiens d'Amérique du Nord — confectionnée par l'artiste et qu'il décrit ainsi en 1976 : « La fabrication en a été soignée : choix du bois, de la teinte, des différentes dispositions du fil, de l'assemblage (queues d'aronde), des proportions (nombre d'or), etc. Le fond de cette boîte est recouvert d'un miroir et, de part et d'autre de ses deux largeurs, ont été placés deux contreforts servant de reposoirs à un ovale d'osier, enveloppé sur deux portions de son périmètre de fourrure synthétique grise. L'ovale est, de plus, maintenu par un laçage dont les liens, traversant les parois de la boîte en six points, puis noués autour de sortes de clefs, tombent librement tout autour de ce petit cercueil en bois des îles. Une mince plaque d'altuglass, fixée par quatre minuscules vis de laiton, ferme l'ensemble... ».

Au mystère un peu dérisoire de ce pseudo-reliquaire s'oppose la virtuosité du dessinateur qui « met à jour l'os de l'objet dans l'exaspération de ses figures », atteignant un seuil d'ennui, qui provoque la mise en pièces du modèle dont chacun des dessins va rendre compte. Car ce qui lui importe, « dans cette entreprise, par-delà les fantasmes, conscients et inconscients, qui se déploient autour de l'image de la boîte et du coffret, c'est la nature même de l'activité qui s'exerce sur et dans cet objet : un travail de harcèlement et d'usure... Le crayon déambule en creusant son sillon, et ce sillon devient la trace d'un certain modèle mental. Le dessin n'est que la transcription, la copie de ce modèle initial et mental. Le dessin est au modèle mental ce que celui-ci est au modèle réel : ça se reproduit, ça se copie et recopie, cependant que le travail marque le papier comme un fer rouge marque la peau ».

Avec le *Caparaçon n° 3,* 1981, entré dans la collection en 1982, Titus-Carmel se livre au « plaisir du geste pictural retrouvé dans sa fugacité et son harmonie », et joue du noir comme d'une matière mêlant les reflets d'anthracite de la mine de plomb aux charbons mats du fusain.   A.S.

The Pocket Size Tlingit Coffin, 1975-1976
(Le Cercueil de poche Tlingit)
ici repr. 8e dessin : 24 juillet 1975
mine de plomb et fusain sur 3 feuilles superposées
29,2 × 37,2
achat 1976
AM 1976-1066

Mark Tobey
1890-1976

Dès son enfance, passée successivement dans le Tennessee au bord du fleuve Mississippi, puis en Indiana, Tobey s'enthousiasme pour les sciences naturelles et la zoologie. Un premier apprentissage de graphiste l'amène très tôt à se passionner pour les techniques de l'illustration commerciale et, en 1911, il s'établit à New York comme dessinateur de mode, puis comme caricaturiste. Deux ans plus tard, sa visite à l'*Armory Show* le marque profondément. Professeur d'art à Seattle, il est initié en 1922 par le peintre chinois Ten Kwei à la calligraphie, au lavis, et acquiert « l'inspiration graphique », élan qui lui ouvrira de nouveaux horizons. Par ailleurs fervent adhérent du bahaïsme depuis 1925, il trouve dans la philosophie Bahaï la réponse à son besoin d'universalité et tentera, dans sa peinture, la synthèse entre le respect des traditions culturelles de l'Occident et l'attrait de la mystique extrême-orientale : en juin 1925, il voyage pour la première fois en France, en Espagne, en Grèce, en Turquie et se rend sur la tombe des fondateurs du bahaïsme en Israël. En 1934, un second voyage en Chine aboutit à une nouvelle manière, dite « écriture blanche », entrelacement calligraphique de mailles plus ou moins serrées formant une masse verticale rectangulaire qui fait vibrer le tableau en profondeur. A cinquante ans, son goût pour la musique l'incite à suivre des cours de théorie musicale et, tout en pratiquant le piano, à concevoir lui-même des compositions. Grand Prix de la Biennale de Venise dès 1958 et bien introduit en Europe — à partir de 1960, il partage son temps entre Seattle et Bâle où il s'installe définitivement en 1970 —, Tobey restera face à la scène américaine dans un relatif isolement, même s'il est considéré comme le chef de file de l'École du Pacifique.

Cat. *Mark Tobey,* Paris, Musée des Arts décoratifs, 1961; F. Choay, *Mark Tobey,* Paris, Hazan, 1961; cat. *Mark Tobey,* New York, MOMA, 1962; W. Schmied, *Tobey,* New York, Abrams, 1966; cat. *Mark Tobey, City Paintings,* Washington, The National Gallery of Art, 1984.

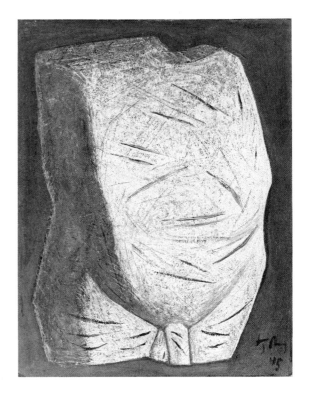

Torse balafré, 1945
gouache sur carton
45,8 × 35,6
achat 1976
AM 1976-18

□ *Torse balafré,* 1945

L'intérêt de Tobey pour la sculpture, marqué surtout dans les années 1918-1919, se révèle dans cette gouache qui témoigne de la persistance de son sens du volume et de sa fidélité à la figuration jusqu'en 1945. Dessinée de manière relativement schématique, la forme est, d'un côté, délimitée par un contour au pinceau qui l'isole du fond sombre et neutre et, de l'autre, à peine différenciée de celui-ci par des traits crayonnés. Cette distinction fond/forme, appréhendée de façon plutôt traditionnelle, suggère un modelé classique et la solidité de la sculpture en plâtre représentée ici sur le papier. L'insistance sur la matière, la facture, suffisamment riche pour induire un sentiment de plasticité et de texture, contribue à donner au torse un aspect minéral et, à cet égard, la gouache de Tobey pourrait se rapprocher de certaines tempera de Fautrier (notamment *Torse nu,* 1944), où les effets de matière sont toutefois beaucoup plus manifestes.

Les hachures, plus ou moins larges, de facture délicate et dont certaines ont l'aspect de balafres, relèvent de la pratique de « l'écriture blanche ». La géométrie du corps humain est saisie avec acuité et pourtant ce torse dégage quelque chose de l'énergie immatérielle : les lignes entaillent la surface du papier, se propagent par à-coups et rendent la peinture palpable. « Lorsque je pensais à une forme devant ma toile, je ne rêvais qu'aux moyens de la faire exploser, de la détruire ». En fragmentant le corps jusqu'à le dématérialiser, Tobey insuffle à cet énigmatique objet, par les seules traces du pinceau ou les entailles du crayon, la dimension d'un espace intérieur.

□ *Unknown Journey,* 1966

Tout en suivant l'évolution de l'art européen, Tobey étudie à partir des années 20 les graphismes persan, arabe et chinois, qui lui révèlent le principe de la ligne vivante. Dès lors, il peut « s'attaquer à l'agitation et au tumulte des grandes villes, au réseau de leurs lumières, au courant de la foule pris dans les mailles de leur filet ».

Son geste se poursuit sans interruption sur la toile et la couvre d'une infinité de signes. « Mes espaces sont obtenus par une animation totale de la surface qui se trouve émotionnellement agrandie. En outre, dans les trois dimensions, c'est surtout la profondeur qui m'intéresse ». La composition d'*Unknown Journey* est élaborée à partir d'une seule image constituée de réseaux enchevêtrés de signes non figuratifs. Ceux-ci disparaissent dans les bords de la toile, comme voilés par encadrement extérieur et une barre horizontale qui donne sa profondeur à l'espace. Par l'agencement dynamique des accents intérieurs aux lignes, Tobey « écrase la forme », selon sa propre expression, et suggère une impression de masse.

Sa peinture apparaît comme une invitation au voyage : évocation d'un voyage dans l'au-delà, puisque *Unknown Journey* fut peint peu après la mort de son ami Pehr Hallstein; voyage dans un univers aux dimensions imprécises, dont les signes qui le constituent se meuvent constamment selon un mouvement qui, au fur et à mesure qu'il se développe, devient de plus en plus cohérent jusqu'à procurer une sensation d'immuabilité.

C.S.

577

Unknown Journey, 1966
huile sur toile
207 × 128
achat de l'État 1968, attr. 1976
AM 1976-1026

Niele Toroni
1937

Parce que Toroni invite à se méfier de l'exégèse, on est tenté de donner en guise d'informations biographiques ce que lui-même, dans une forme délibérément dénuée de toute narration, a proposé comme introduction au catalogue de son exposition à l'ARC, en 1985 :
« Niele Toroni, 1937, Locarno-Muralto, vit à Paris depuis 1959.
Méthode de travail : sur le support donné est appliqué un pinceau n° 50 à intervalles réguliers de 30 cm.
Support : toile, coton, papier, toile cirée, mur, sol... généralement des fonds blancs.
Appliquer : « (...) mettre une chose sur une autre de manière qu'elle la recouvre et y adhère ou y laisse une empreinte « (Robert, dict. langue française).
Pinceau n° 50 : pinceau plat large 50 mm.
Intervalle : « (...) distance d'un point à un autre » (Robert, dict. langue française).
Travail/peinture présenté: empreintes de pinceau n° 50, répétées à intervalles réguliers de 30 cm.
Des empreintes de pinceau n° 50 répétées à intervalles réguliers de 30 cm ont été visibles pour la première fois dans un lieu public, en janvier 1967 (Paris, Musée d'Art moderne, Salon Jeune Peinture). »

On pourrait s'arrêter là, dire que l'œuvre de Toroni *défie* toute interprétation, que tout le reste est littérature. Cela est vrai, mais ne lui est pas spécifique. Cependant, il se pourrait que tout « travail/ peinture » de Toroni renvoie la description et l'interprétation à leur vacuité. Décrire ici n'épuise rien car, si la méthode « depuis 1967 » s'est constituée en un *invariant,* c'est que cet invariant reste toujours opérant et qu'aucun « travail/peinture » de l'artiste ne saurait se concevoir autrement que comme *proposition.*
Le travail de Toroni est *morale,* car il anéantit l'espoir des fantasmes interprétatifs, *dénonce* le subjectif. S'il s'agit de peinture, il s'agit pour lui de toute la peinture, tant dans la forme que dans le fond, et de rien d'autre. Partisan du moindre effort, la déconstruction du langage, entamée par l'artiste depuis maintenant vingt ans, s'immisce en une critique latente et parfois permissive du *monument.* La force de sa parcimonie (épargne minutieuse) se constitue en une stratégie s'accommodant des lieux et des situations.

Cat. *Niele Toroni,* Berne, Kunsthalle, 1978; cat. *Niele Toroni, Coup d'œil,* Paris, MAM, ARC, 1985.

□ *Empreintes de pinceau n° 50 répétées à intervalles réguliers (30 cm),* 1967
Il s'agit d'une toile cirée blanche que Toroni recommande d'accrocher au plus haut point de la cimaise et de laisser se dérouler jusqu'au sol. Si la pièce se trouve être plus longue que le mur, il conseille alors de l'enrouler à l'extérieur. L'œuvre est emblématique, ainsi que la méthode : l'artiste la définit comme elle le définit. « Le travail visible ici et maintenant pose certaines questions (il met en question et se met en question). »
Pourquoi Toroni varierait-il? Pourquoi changerait-il? Si ce n'est pour faire autrement, alors qu'il dénie tout *autrement.* Pourquoi chercherait-il à être *différent* quand le principe qui régit son propos reste aussi *efficient* et qu'il ne sait être que dans l'affirmation du *même?* Lié un bref moment au groupe BMPT, Toroni ne pouvait que « mettre la peinture en question ». Les *Empreintes de pinceau n° 50 répétées à intervalles réguliers (30 cm)* sont apposées en quinconce. Il s'agit là de la répartition la plus simple, et d'un *système.* Toute critique du dispositif se substituerait elle-même au dispositif. Or, il n'a jamais été question de s'arrêter sur la méthode, mais d'abord sur ce que cette méthode permettait de désigner. B.B.

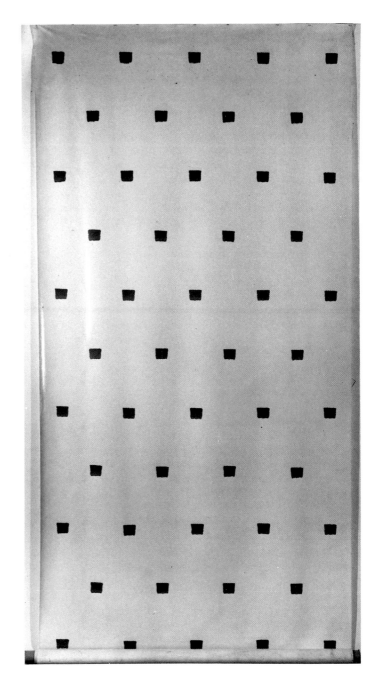

Empreintes de pinceau n° 50 répétées à intervalles réguliers (30 cm), 1967
empreintes de pinceau à l'acrylique sur toile cirée blanche
475 × 140
achat de l'État 1975, attr. 1976
AM 1976-1028

Joaquin Torres-García
1874-1949

Né en Uruguay, à Montevideo, Joaquin Torres-García suit sa famille en Europe en 1891. A Barcelone, il s'initie à la peinture et développe, essentiellement dans des grands cycles de fresques murales, un style néo-classique — basé sur une philosophie néo-platonicienne — jusqu'au début des années 20. En 1926, après quelques années d'errance où il se trouve tour à tour à New York, à Gênes et enfin à Villefranche-sur-Mer (fabriquant, pour vivre, des jouets en bois), il s'installe à Paris non loin de son ami Jean Hélion : la découverte du néoplasticisme — avec la rencontre de Theo Van Doesburg — et bientôt de l'abstraction la plus radicale, à travers Mondrian, l'amène à abandonner la figuration synthétique à laquelle il était arrivé; à partir de 1929, intégrant à ces données théoriques celles des arts primitifs, il élabore les principes d'un art « constructif » qui lui sera personnel : son objectif est de réunir la raison, l'émotion et la nature dans un art « universel ». L'expression de la raison (ou intellect) résiderait dans la structure de l'œuvre : une surface quadrillée selon les mesures de la Section d'or; l'émotion (ou spiritualité), dans le choix des images et dans leurs interprétations « animistes », pour lesquelles il s'inspire étroitement de l'art préhistorique ou des arts dits « primitifs » (notamment ceux des Indiens d'Amérique). La nature serait, enfin, représentée par des symboles du monde animal, végétal et minéral, ou tout simplement par l'environnement quotidien. Son œuvre « constructive » comprend aussi bien des peintures, des dessins que des constructions en bois.

En 1930 Torres-García fonde avec Michel Seuphor le groupe *Cercle et Carré* (Mondrian, Arp, Russolo, Daura) et en anime l'exposition internationale tenue à la Galerie 23 en avril; mais, rapidement ouvert à des tendances trop hétéroclites, le groupe est dissous dès l'année suivante. Malgré le succès rencontré dès 1931 par ses quatre expositions successives, galeries J. Bucher, Percier, Charpentier et Pierre, Torres-García décide de quitter Paris en 1932; après dix-huit mois à Madrid, il s'embarque pour Montevideo où il entreprend une carrière de pédagogue et de théoricien, dirigeant la revue *Circulo y Cuadrado,* publiant son ouvrage principal *Universalismo constructivo* (1944). Son intention d'élever l'art de l'Amérique Latine au rang des courants d'avant-garde les plus avancés et de lui conférer en même temps une individualité propre, profondément enracinée dans sa tradition culturelle, sera à cet égard décisif. Torres-García poursuit parallèlement son activité picturale, essentiellement des grands programmes de décoration murale : *Monumento cosmico,* 1938, et décors de l'Hôpital Saint-Bois, Montevideo, 1944.

Cat. *Joaquin Torres-García 1874-1949* (texte de D. Robbins), Ottawa, The National Gallery of Canada; New York, The Solomon R. Guggenheim Museum; Providence, The Museum of Art, Rhode Island School of Design, 1970-1971; E. Jardi, *Torres-García,* Barcelone, éd. Poligrafa, 1973; trad. française avec préface de J. Lassaigne, Paris, éd. Cercle d'art, 1979; cat. *Torres-García, Construction et symboles,* Paris, MAM, 1975; cat. *Torres-García : Grid- Pattern-Sign, Paris-Montevideo 1924-1944* (texte de M. Rowell), Londres, Hayward Gallery; Barcelone, Fundació Joan Miró; Düsseldorf, Kunsthalle, 1985-1986.

□ *Composition,* 1931
Des six œuvres présentes dans les collections du Musée (acquises pour l'essentiel à la suite de l'exposition *Torres-García* organisée en 1955 par Jean Cassou), celle-ci et la *Composition universelle* de 1937 montrent deux stades du « constructivisme universel » de Torres-García. Exécutée à l'époque de *Cercle et Carré,* cette *Composition* explicite parfaitement ses intentions théoriques, qui seront formulées dans *Raison et nature* en 1932. L'organisation de la surface picturale en une grille rigoureusement orthogonale, qui en affirme la frontalité et la bidimensionnalité, relève d'une application stricte de la Section d'Or. Une fois la grille établie, Torres García insère les différents idéogrammes, le choix de chacun étant dicté par le format de chaque case; les signes se trouvent donc dispersés selon un ordre relativement arbitraire, ou tout au moins abstrait, sans souci de composer un paysage, une nature morte ou tout autre sujet conventionnel. Quant aux formes symboliques, elles appartiennent (surtout à ce stade de l'œuvre) au répertoire sémantique particulier de Torres-García, qu'il divise en trois grandes catégories : le triangle, le cœur et le poisson. Chacun de ces signes renvoie à un domaine de l'« universel »; le triangle, au « plan intellectuel » (raison) : ce sont les lettres, les chiffres, l'horloge, la forme algébrique ou géométrique; le cœur, au « plan magnétique » (émotion) : y entrent l'ancre (l'espoir), l'échelle (l'élévation), le couteau (la haine), la main (l'orientation), les signes sexuels, etc.; enfin, le poisson, au « plan physique » (nature animale, végétale ou minérale) : ce sont les signes des quatre éléments, l'homme (l'universel), le bateau (le voyage), etc. Durant cette première période, les peintures de Torres-García restent de format relativement modeste et, souvent exécutées sur support en bois, s'approchent des *Constructions* en bois des années 1929-1930, totalement abstraites.

Composition, 1931
huile sur bois
34,5 × 29
attribution par l'Office des Biens privés, 1950
Réc. 18 P

580

Marie Toyen
1902-1982

Personnalité dominante du surréalisme tchèque, mais aussi la plus solitaire dans sa quête exigeante d'une poésie sans compromission, Marie Toyen a partagé sa vie entre Prague, où elle travailla en étroite communauté d'esprit avec Štyrský, et Paris où elle séjourne de 1925 à 1929 et où elle s'exilera, avec Heisler, en 1947. Très jeune, elle rompt avec les conventions de son entourage, fréquente les milieux anarchistes et rejoint avec Štyrský en 1923 le groupe d'avant-garde pragois *Devětsil*. Elle abandonne le cubisme de ses débuts pour l'abstraction « poétique » de l'« artificialisme » (vers 1927) — où elle insiste sur l'impact émotif des surfaces colorées — et adopte inconditionnellement en 1932 la voie du surréalisme : dépassant l'alternative figuration/non-figuration, elle s'attache à la concrétisation symbolique, poétique, des affects psychiques latents. Dans des espaces nocturnes, non identifiables — ceux d'une préhistoire mentale — flottent des objets insolites, des silhouettes improbables, transpositions visuelles d'hallucinations intimes. Cet univers fantomatique, où le déjà vu et l'irréel se trouvent étroitement liés, se précise, à l'approche de la guerre, dans une figuration plus réaliste d'objets attachés à la vie courante mais délaissés (*L'Avant-printemps*, 1945). La recherche intransigeante d'une fusion poétique et formelle de plus en plus poussée, le développement d'une thématique emblématique et érotique ne seront pas sans rejoindre les préoccupations d'après-guerre des surréalistes parisiens.

A. Breton, J. Heisler, B. Péret, *Toyen,* Paris, éd., Sokolova, 1953; cat. *Štyrský, Toyen, Heisler,* Paris, MNAM, Centre G. Pompidou, 1982.

☐ *L'Avant-printemps,* 1945
Cette toile marque le retour de Toyen à la peinture après une longue période d'interruption, pendant laquelle elle affronte dans une série unique de dessins (*Les Spectres du désert*, 1938, *Tir,* 1939, *Le Jour et la nuit*, 1940-1943, *Cache-toi, guerre!,* 1944) les horreurs de la guerre. L'angoisse morbide de ces hallucinations apocalyptiques résonne encore dans cet *Avant-printemps* où des papillons viennent se nourrir des étranges déchets rocheux amassés en tumuli en forme de pierres tombales et alignés sur une plage déserte et nocturne : seule l'analogie formelle existant entre les papillons bleus et la coque grise de ces déchets — thème qui sera repris dans le cycle de dessins *Ni ailes, ni pierres = ailes et pierres* de 1948 — semble signifier comment l'espoir peut s'agripper à la fatalité de la réalité et la poésie se poser sur l'étoffe des rêves. A.L.B.

☐ *Composition universelle,* 1937
Bien qu'organisée suivant le même principe de base, cette œuvre, exécutée à Montevideo, montre une grille plus serrée, une facture plus détaillée et l'introduction de motifs indiens. On y trouve l'oiseau-tonnerre et les signes d'eau des Indiens d'Amérique du Nord, les lamas, les montagnes, les masques stylisés d'Amérique du Sud, ainsi que le poing fermé de la culture maya. Son « alphabet » s'approche alors des hiéroglyphes des civilisations anciennes. Cette peinture totalement plate correspond à la « période blanche » (v. 1935-1938) de Torres-García, où la couleur est abandonnée au profit du graphisme signifiant pur ou, comme dans la série parallèle des *Compositions abstraites tubulaires,* au profit de la seule structure orthogonale qui devient de plus en plus appuyée. M.R.

Composition universelle, 1937
huile sur carton
108 × 85
don de la famille de l'artiste, 1956
AM 3416 P

L'Avant-printemps, 1945
huile sur toile
89 × 146
achat 1982
AM 1982-364

David Tremlett
1945

Né en Cornouailles, Tremlett étudie particulièrement la sculpture, au Royal College of Art, avant de commencer à exposer vers 1970. Le manque de moyens et l'état d'esprit d'une époque le conduisent à renoncer au travail dans l'atelier pour investir le paysage. Les premières œuvres sont de nature conceptuelle : photos, enregistrements, cartes postales lui servent à traduire ses expériences dans la nature. Il enregistre, par exemple, les bruits du printemps dans toutes les provinces anglaises (*Spring Recordings*, 1972) et expose un ensemble de cassettes sur des étagères. Ses voyages le mènent de plus en plus loin, dans d'autres continents où il glane signes et sons qui se retrouveront dans ses œuvres. Si le support varie, depuis de minuscules feuilles de papier jusqu'à des murs entiers, le principe de ses dessins reste le même. Ce sont les notes agrandies de ses carnets de voyage, sortes de signes de piste où se mêlent les mots entendus, les souvenirs personnels et les traces abstraites relevées au fur et à mesure. Tremlett aime également à publier des livres où fragments de textes et notes visuelles se succèdent. Il vit à Bovingdon, près de Londres.

D. Tremlett, *On the Border,* Amsterdam, Stedelijk Museum, 1978; *Rough Ride,* MNAM, Centre G. Pompidou, 1985.

☐ *Mexico III,* 1983-1984

A partir de 1982, Tremlett réalise de grands dessins sur papier où il peut retrouver l'échelle du mur, sans que pour autant l'œuvre, directement exécutée sur le mur, soit condamnée à disparaître à la fin de l'exposition. Il utilise en général le crayon ou le pastel et fait plus volontiers appel à la couleur, dans une gamme assez terne où dominent les tons ocre et gris proches de la nature. Allusion à un voyage au Mexique, qui servira de prétexte à une série de dessins, *Mexico III* représente bien le caractère nettement plus pictural de cette période. Mais aux surfaces colorées est associée une calligraphie abstraite probablement relevée dans une note de voyage. L'inscription au bas du dessin fait d'ailleurs référence à une expérience personnelle vécue au Mexique.

A.P.

A CRACKED STEP   A WRONG MOVE

Mexico III, 1983-1984
crayon et pastel sur papier
231 × 202,5
achat 1984
AM 1984-415

Richard Tuttle
1941

Né à Rahway (New Jersey), Tuttle s'installe à New York dès 1963. Contrairement à la plupart de ses contemporains aux États-Unis, il opte dès le début pour une œuvre peu spectaculaire, pratiquant le petit format dans une subtile discrétion. Après les reliefs monochromes de 1964-1966, il réalise successivement les *Cloth octogonal Pieces,* tissus monochromes aux formes irrégulières appliqués sur le mur sans être tendus sur un châssis (1967) puis, à partir de 1971, les *Wire Pieces,* fils de fer s'accompagnant d'un trait de crayon sur le mur. Tuttle a exécuté de nombreuses aquarelles sur papier et, plus récemment, des constructions où il associe des éléments trouvés, généralement énigmatiques.

Cat. *Richard Tuttle,* New York, Whitney Museum of American Art, 1975; cat. *Richard Tuttle,* Bordeaux, CAPC, 1979.

□ *House,* 1965
Cette œuvre appartient à la première série de reliefs monochromes exécutés par Tuttle entre 1964 et 1966 — environ 150 dont il détruisit la moitié — qui se situent à la limite de la peinture et de la sculpture, puisque la plupart d'entre eux peuvent indifféremment être accrochés au mur ou posés sur le sol. Obtenue avec deux panneaux identiques de contreplaqué découpés et reliés par une mince bande de bois, cette *Maison* est uniformément recouverte de couleur verte.
Certaines œuvres de la série, plus complexes, associent plusieurs panneaux de couleurs différentes. De petites dimensions, ce relief joue visuellement avec l'espace du mur, la découpe ne faisant qu'accentuer cet effet. Contemporain des grandes *Shaped Canvas* de Stella, alors très célèbres à New York, il en est l'écho discret et économe. Sa facture artisanale s'oppose par ailleurs aux sculptures du Minimal Art fabriquées industriellement. A.P.

House, 1965
bois peint
68 × 84,5 × 3,5
achat 1982
AM 1983-2

582

Raoul Ubac
1910-1985

Originaire des Ardennes belges, Ubac entre en contact dès 1930 avec le groupe surréaliste, alors qu'il suit les cours de l'École des Arts appliqués de Cologne. Après son installation à Paris en 1934 et jusqu'à la guerre, il participe à toutes les activités du mouvement. Pour les surréalistes, « toutes les techniques étaient valables, dans la mesure où elles étaient le moyen d'amener au jour certaines révélations des profondeurs. (...) Pour ma part, écrit-il, j'avais adopté les moyens photographiques, dont les techniques me séduisaient bien plus que le dessin ou la peinture pour réaliser ce réel dont nous ne cessions de montrer les aspects insolites ». La photographie est pour lui le moyen de déchirer l'apparence du réel en recourant au hasard de différentes techniques qu'il s'approprie — comme le photomontage et la solarisation — ou qu'il invente : la pétrification (utilisée dans *Le Combat de Penthésilée,* 1938) qui confère au tirage une épaisseur donnant à l'image l'aspect d'un bas-relief; le brûlage, qui aboutit, par la destruction de la gélatine du négatif, à révéler l'image latente sous « l'aspect des choses » (*La Nébuleuse,* 1939). Le résultat de ces expériences est accueilli avec enthousiasme par les surréalistes : des photographies d'Ubac accompagnent des textes d'André Breton (« Des tendances les plus récentes de la peinture surréaliste », *Minotaure,* t. 4, nos 12-13, 1939), de Benjamin Péret, Paul Eluard ou Pierre Mabille (« Miroirs », *Minotaure,* t. 4, n° 11, 1938).
Mais le sentiment d'être arrivé aux limites « d'un appareil conçu simplement pour enregistrer la réalité », la guerre, qui « absorba certains aspects visionnaires du surréalisme pour les restituer dans ses propres horreurs, son humour tragique », conduisent Ubac à se « libérer » du surréalisme. Livré de nouveau à lui-même, réfugié à Carcassonne, il abandonne la photographie en 1945 et se remet à dessiner des objets quotidiens. Il aborde simultanément l'incision d'ardoise et la peinture, se tournant vers les peintres de l'École de Paris, plus particulièrement vers Bazaine. A partir de 1951 et jusqu'à sa mort, il expose régulièrement à la Galerie Maeght des toiles abstraites et des ardoises gravées et taillées. Il en arrive à traiter les matériaux de la peinture comme « du bas-relief », tandis que l'incision d'ardoise « se fait de plus en plus insistante et profonde, modifiant la surface initiale jusqu'à la ronde-bosse » (J. Busse).

Cat. *Rétrospective Ubac,* Paris, MNAM, 1968; J. Bazaine, Y. Bonnefoy, P. Eluard, *Ubac,* Paris, éd. Maeght, 1970; R. Krauss, J. Livingston, *Explosante-fixe, photographie et surréalisme,* MNAM, Centre G. Pompidou-Hazan, 1986.

□ *Torse,* 1966
Le *Torse* est d'abord un bloc d'ardoise. Ce matériau, peu utilisé en sculpture en raison de ses contraintes particulières, a exercé sur Ubac une fascination constante. « Ce fut en 1946 que je trouvais en Savoie une dalle d'ardoise que je m'amusai à graver à l'aide d'un outil de fortune. La gravure révéla des gris soutenus qui me déterminèrent à poursuivre l'expérience. C'est ainsi que j'adoptai ce matériau tout d'abord pour les recherches graphiques, tirant parfois à même l'ardoise des épreuves de frottage. Peu à peu j'abandonnai l'incision d'un seul trait pour dégager certains plans en champlevé. Une autre étape fut franchie en taillant, à l'aide d'outils de sculpteur, les plans selon certains angles qui donnèrent à l'ardoise l'aspect d'un relief se révélant surtout en lumière frisante. Enfin, dans certains torses, j'arrive à créer des sculptures extrêmement plates mais néanmoins modulées sur les deux faces. » Le graveur se transforme ainsi en découpeur de formes. La « feuille d'ardoise d'une certaine épaisseur n'est plus seulement matière opaque, voici qu'elle devient forme elle-même, et cette forme ébauche le relief d'un corps, torse ou tronc » : ébauche, qui ne cherche pas à simuler le corps humain, mais vise à « demeurer ardoise et à s'affirmer dans sa nature d'ardoise, comme en témoignent les stries qui la parcourent, et cet envers, cette autre face, qui n'est pas un dos, seulement une ardoise striée ». A.S.

Maurice Utrillo
1883-1955

Le problème de la reconnaissance est au centre de l'aventure personnelle d'Utrillo, reconnaissance sociale pour cet enfant reconnu à l'âge
de huit ans par un père putatif qui disparaît aussitôt, reconnaissance affective pour ce fils du peintre Suzanne Valadon, dont les compagnons successifs lui volent la tendresse, reconnaissance intellectuelle
pour cet alcoolique constamment menacé par le « cabanon », reconnaissance artistique pour cet autodidacte à l'inspiration courte et à la
sensibilité excessive. C'est entre l'école et la maison que, déjà instable,
il commence à boire; son intelligence et surtout son équilibre nerveux
s'en trouvent définitivement compromis. Depuis son premier séjour
en 1904 à l'hôpital Sainte-Anne, à Paris, jusqu'en 1924, il subit une
douzaine d'internements. C'est précisément à la sortie de Sainte-
Anne que sa mère, sur le conseil d'un médecin, l'initie à la peinture
pour le détourner de l'alcool. D'abord subie, cette occupation devient
très vite sa raison de vivre et il perfectionne sa technique tout seul.
On distingue plusieurs périodes dans son œuvre. De 1903 à 1906 :
la période dite de Montmagny où, faute de moyens, Utrillo peint
sur de petits cartons avec les couleurs sombres de Suzanne Valadon
et des touches en virgules comme chez Pissarro, influence à laquelle
s'ajoute pendant quelques mois, en 1905, celle de Sisley. De 1907 à
1909 : une période plus nettement impressionniste, où il peint beaucoup de petites églises et déjà des cathédrales. De 1910 à 1914 : la
période blanche où, pour mieux rendre la matière et l'aspect blafard
des façades, il mélange du blanc de zinc, du plâtre, du ciment et de
la colle. C'est l'époque des cathédrales peintes sur des cartons d'al-
manachs et aussi, à partir de 1909, des peintures exécutées d'après
des cartes postales, soit pour éviter les persécutions des enfants, soit
parce qu'on le « boucle » pour l'empêcher de boire. En 1910 apparaissent également dans ses tableaux des silhouettes de personnages
stéréotypés et cocasses. De 1914 à 1918 : une période colorée et
cloisonnée, dont les architectures, cernées comme dans les peintures
de Valadon, et les verts dominants dégagent une impression de
grande tristesse. Utrillo, qui a été réformé, est bouleversé par la
guerre et hanté par l'image, vue dans un journal, de la cathédrale de
Reims bombardée et incendiée. Enfin, de 1918 à sa mort : suite de
la période colorée, avec une facture de plus en plus relâchée et en
1921 l'apparition incongrue des figures de femmes « au gros derrière ».
Dès avant la guerre de 1914, ses peintures, vendues aux étalages d'un
matelassier, d'un encadreur et de divers brocanteurs montmartrois,
connaissent un certain succès populaire. Elles attirent également
l'attention de quelques connaisseurs comme Élie Faure, Octave Mir-
beau, Paul Gallimard, l'acteur Dorival et le critique Tabarant, qui
lui attribue « une cuite par jour, un chef-d'œuvre par jour ». Mais
tous finissent par renoncer, découragés par les drames permanents,
les exigences financières de Suzanne Valadon et la tendance d'Utrillo
à « casser » les prix en écoulant des œuvres pour son compte. Après
la guerre ce succès populaire se renforce et dès 1918 apparaissent les
premiers faux Utrillo. Enfin en 1921-1922 deux expositions à la
galerie Berthe Weill et chez Paul Guillaume le font connaître des
amateurs et lui procurent l'aisance matérielle, aisance dont profitent
largement Suzanne Valadon et André Utter. Comme ils l'ont promis
au préfet de police, ils doivent tenir Utrillo enfermé, d'abord à Paris,
puis au château de Saint-Bernard, dans l'Ain, acheté en 1923, et où
Edouard Herriot viendra le décorer de la Légion d'Honneur en 1928.
En 1935 il épouse, contre la volonté de sa mère, une ancienne actrice,
veuve d'un riche collectionneur belge, et finit ses jours à la campagne,
d'abord en Charente, puis au Vésinet. Il y découvre la paix, le confort
et les bienfaits de la religion et, pour répondre à l'extraordinaire
succès commercial qu'orchestre son marchand Paul Pétridès, il continue à produire beaucoup, répétant indéfiniment les mêmes thèmes.

583

Torse, 1966
ardoise
70 × 49 × 15
achat de l'État 1967, attr. 1976
AM 1976-1029

La Nébuleuse, 1939
photographie noir et blanc (brûlage)
40 × 28,3
don de l'artiste, 1976
AM 1976-322

584

G. Tabarant, *Utrillo*, Paris, Bernheim-Jeune, 1926; A. Basler, *Maurice Utrillo*, Paris, éd. Crès, 1931; P. Pétridès, *L'œuvre complète de Maurice Utrillo* (5 vol.), Paris, éd. Pétridès, 1959-1974; J. Fabris, *Utrillo, sa vie, son œuvre*, Paris, éd. Frédéric Birr, 1982.

Utrillo est surtout représenté au Musée par sa période blanche (1910-1914) et par sa longue période finale après 1918. A une exception près (la *Rue du Mont-Cenis*, 1916, achat de l'État en 1937), toutes ces œuvres ont été acquises par dons, depuis les *Toits à Montmagny*, 1906-1907, et la *Vue d'Anse*, v. 1925 (données par Sir Joseph Duveen en 1926), jusqu'à l'*Abbaye en ruines*, de la période blanche. Sept d'entre elles proviennent de l'Office des biens privés qui, après la Libération, est chargé d'attribuer aux musées les œuvres dont les propriétaires, en particulier les collectionneurs israélites, ont disparu sans laisser d'héritiers.

☐ *Le Jardin de Montmagny*, v. 1909
Avant de sombrer dans la déchéance, Utrillo connut à Montmagny un semblant de bonheur. Sa mère s'y installe en 1893 et lui-même y reste jusqu'en 1911 : c'est là que, sauvé de ses échecs par la peinture, il réalise ses plus beaux paysages. A la charnière des premières peintures aux touches aiguës et de la période des façades blanches, cette toile se distingue par la simplicité et l'ampleur de la construction, la force de la facture et l'harmonie subtile des tons, qui confèrent à cette maison paysanne et à ce jardin pris par le froid de l'hiver une vérité et une poésie intensément poignantes.

☐ *Le Lapin agile*, 1910
Situé rue des Saules, sur le versant encore campagnard de la butte Montmartre, l'ancien Cabaret des Assassins avait été rebaptisé en l'honneur du caricaturiste André Gill (*Là peint A. Gill*), qui s'y était installé pour travailler et en avait orné la porte d'un lapin. Utrillo, client assidu d'Adèle, la tenancière, a répété ce tableau tout au long de sa vie, en toutes saisons et par tous les temps. Cette version, qui appartient à la période blanche du peintre, est empreinte d'une âpre poésie.

H.C

L'Impasse Cottin, v. 1911
huile sur carton
62 × 46
attribution par l'Office des Biens privés, 1950
Réc. 13 P

Le Jardin de Montmagny, v. 1909
huile sur carton
52 × 75
don de la galerie Renou et Colle, 1936
AM 2094 P

Le Lapin agile, 1910
huile sur toile
50 × 61
donation Berthellemy, 1943
AM 2509 P

Suzanne Valadon
1865-1938

Cas unique dans l'histoire de la peinture, celui du modèle — la femme objet ou thème — devenu peintre, Suzanne Valadon parvient, malgré des conditions de vie très difficiles, à réaliser sa vocation et à trouver immédiatement son style, sans se laisser influencer par les artistes prestigieux qui l'entourent. Fille naturelle d'une blanchisseuse dont le mari est au bagne et réfugiée à Paris, elle commence à travailler très tôt, d'abord comme modiste, puis comme bonne d'enfant, serveuse de restaurant, marchande des quatre-saisons, acrobate et enfin modèle à Montmartre. On peut ainsi la reconnaître dans beaucoup de tableaux de Henner, De Nittis, Renoir, Puvis de Chavannes, Toulouse-Lautrec. Découvrant qu'elle dessine, et remarquablement, ce dernier l'envoie à Degas qui, reconnaissant son talent — et probablement un peu sa propre manière —, l'encourage à continuer. En 1893 elle aborde la peinture et en 1895 la gravure, dans l'atelier de Degas. Mère en 1883 d'un fils qui deviendra le peintre Utrillo, elle fait en 1896 un mariage bourgeois qui lui permet de se consacrer à la peinture. En 1909 elle s'éprend d'un ami de son fils, le peintre André Utter, de vingt ans plus jeune qu'elle et, après avoir divorcé, elle l'épouse en 1914. Retrouvant la misère, elle doit même pendant la guerre se louer pour travailler dans une ferme. Puis, le succès venant, la vente de ses peintures et surtout de celles d'Utrillo lui permet de mener une vie facile, dont son travail se ressent. Dépassée par le succès de son fils, abandonnée par Utter, elle ne peint alors plus guère que des fleurs. En 1937 le Musée du Luxembourg, qui possède d'elle déjà trois peintures (dont la *Chambre bleue*), lui achète, grâce à l'intervention d'Édouard Herriot, trois de ses chefs-d'œuvre : *Adam et Ève,* 1909, *Utrillo et sa grand-mère,* 1910, et le *Lancement du filet,* 1914, ainsi qu'une série de dessins. Si ses peintures présentent des analogies avec celles de l'école de Pont-Aven et de Gauguin (compositions saturées, couleurs intenses et cernées), l'inspiration est cependant toute différente : « Les techniques de Pont-Aven m'intriguèrent, convient-elle, mais appliquées à des sujets naturalistes ». Ses origines, son milieu, sa vie constituent toute sa culture et expliquent ses thèmes et ses modèles, populaires et petits bourgeois; mais l'essentiel, c'est-à-dire son dessin « méchant et souple » comme le

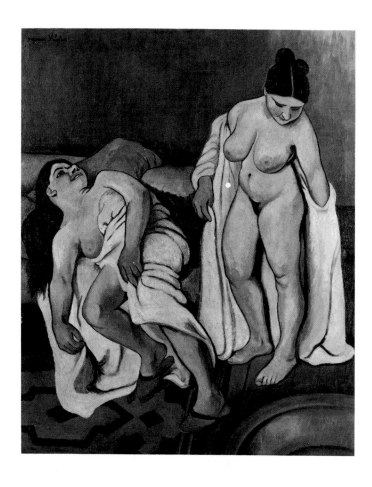

Le Lancement du filet, 1914
huile sur toile
201 × 301
achat de l'État et attr. 1937
AM 2312 P

Après le bain, 1909
(Ni blanc, ni noir)
huile sur carton
101 × 82
legs du Dr Robert Le Masle, 1970
AM 1974-122

décrit Degas, ses formes pesantes et ses couleurs brutales, si peu féminines pour certains, s'expliquent par son tempérament instinctif, sensuel et déterminé, et son respect implacable de la réalité.

R. Rey, *Suzanne Valadon*, Paris, NRF, 1922; cat. *Suzanne Valadon*, Paris, MNAM, 1967; P. Pétridès, *L'œuvre complet de Suzanne Valadon*, Paris, Compagnie française des Arts graphiques, 1971; cat. *Dessins et gravures de Suzanne Valadon (1865-1938). Le legs Robert Le Masle au Musée national d'art moderne*, Paris, éd. des Musées Nationaux, 1975; J. Warnod, *Suzanne Valadon*, Paris, Flammarion, 1981.

□ *Après le bain*, 1909

L'année 1909 — et précisément cette toile (Pétridès, P 15) — constitue un tournant majeur dans la peinture de Suzanne Valadon. C'est, en effet, l'année où apparaissent les grands nus, probablement à la suite de sa rencontre avec Utter, dont le physique athlétique l'éblouit. C'est aussi celle de la conquête de la couleur, provoquée, dit-on, par un conseil de Renoir pour qui il n'y a jamais de blanc ni de noir purs, et, pour la première fois, elle remplace les traits noirs par des cernes colorés, ce qui explique le sous-titre *Ni blanc, ni noir* qu'elle donne par la suite à cette œuvre-jalon. La brutalité du réalisme et la franchise des moyens employés confèrent à ces deux nus épais, triviaux, délibérément laids, une grandeur paradoxale et impressionnante : contrepoint « désabusé », pour reprendre le mot d'Apollinaire, à l'image de l'hédonisme primitif proposé par Gauguin ou à celle de l'Age d'or et de la Joie de vivre peinte alors par Matisse.

□ *Le Lancement du filet*, 1914

Il a fallu plus de vingt ans pour que l'influence de Puvis de Chavannes ressorte dans la peinture de Valadon, avec l'apparition de grands thèmes de la tradition académique, qui offre une vision édénique de l'homme dans la nature, dans des compositions très classiques où les corps, pâles et harmonieux, prennent une importance monumentale. Pour le paysage, cependant, saturé de formes et de couleurs comme dans les tapisseries, l'analogie avec Gauguin persiste. Mais celui-ci ne rêvait-il pas de « faire du Puvis coloré » ? Néanmoins, Suzanne Valadon se démarque par l'absence de toute intention symbolique. Cette œuvre (Pétridès P 55), contrairement à ce qu'on dit souvent, ne représente pas trois personnages différents, mais la décomposition en trois phases d'un même mouvement. Par l'unité de l'espace, l'ampleur monumentale de la composition et la perfection classique du nu, dont André Utter fut le modèle, Suzanne Valadon atteint ici un équilibre magistral. Il existe plusieurs études préparatoires à cette ample composition (exposée en 1914 au Salon des Indépendants); trois dessins, sur papier calque, se trouvent au Musée : une étude de l'ensemble, achetée en 1937, et deux des figures latérales, léguées par le docteur Robert Le Masle en 1974, avec 61 autres œuvres de Valadon.

□ *La Chambre bleue*, 1923

La force du tempérament et l'originalité du métier de Suzanne Valadon apparaissent dans cette toile (Pétridès P 275), célèbre depuis sa présentation au Salon d'Automne de 1923, et qui fut achetée par le Jeu de Paume trois ans plus tard. Pour l'époque, ce « nu habillé », la vulgarité de cette femme qui fume, son accoutrement, l'attitude familière du corps épais et commun, le décor de bazar bariolé comme un tapis d'Orient, tout cela devait paraître assez provoquant, mais ce sont pourtant ces caractéristiques qui imposent l'humanité, la force et la vérité de l'œuvre.

H.C.

La Chambre bleue, 1923
huile sur toile
90 × 116
achat 1926
Lux 1506 P

Théo Van Doesburg
1883-1931

Van Doesburg est né à Utrecht (Pays-Bas). Poète, peintre, architecte occasionnellement, il eut le mérite de fonder en 1917, en faisant appel à des architectes — Oud, Wils puis Van't Hoff, Rietweld — comme à des artistes plasticiens — Mondrian, Kok, Huszar, Van der Leck, Vantongerloo — la revue d'art hollandaise *De Stijl* et d'en diffuser, avec un dynamisme exceptionnel, les principes esthétiques, qui sont ceux du Néo-Plasticisme, dans les cercles de l'avant-garde européenne, en France et en Allemagne notamment. Se heurtant à la concurrence de *L'Esprit Nouveau,* Van Doesburg n'obtient à Paris qu'un succès limité avec les deux expositions qu'il organise en 1923 à la galerie de l'Effort Moderne de Leonce Rosenberg et en 1924 à l'École spéciale d'Architecture. Au Bauhaus de Weimar, où il se rend en janvier 1921, il ne parvient pas à se faire engager par Gropius comme professeur, même s'il obtient en 1925 la publication dans le cadre des éditions de l'école de son ouvrage majeur *Principes du Néo-Plasticisme.* Il rencontre par ailleurs un certain succès auprès des dadaïstes allemands, Arp, Schwitters, avec ses collages et ses poèmes publiés sous le pseudonyme de Bonset et sa nouvelle revue *Mecano* qu'il crée en 1922. De 1927 à 1928, avec la collaboration de Hans Arp et de Sophie Taeuber, il applique les principes plastiques exposés dans son Manifeste élémentariste de 1926, dans le programme décoratif de la brasserie L'Aubette, à Strasbourg. En 1929, il s'établit à Meudon Val Fleury dans le voisinage immédiat des Arp où il fait construire son atelier, ultime chef-d'œuvre architectural. Il a juste le temps de participer à l'actualité artistique parisienne en lançant avec Hélion, Carlsund et Tutundjan le manifeste de l'*Art concret :* il disparaît à Davos (Suisse) en 1931 en laissant une œuvre peinte assez limitée par le nombre. Ses archives, sa bibliothèque, ses dessins, ses esquisses sont actuellement conservés à la Staatsuigeverij de La Haye, à l'exception des trente projets originaux pour l'Aubette entrés au Cabinet d'Art graphique du Musée en 1977.

J. Baljeu, *Théo Van Doesburg,* Londres, Studio Vista, 1974; cat. *Théo Van Doesburg, Projets pour L'Aubette,* MNAM, Centre G. Pompidou, 1977; HLC Jaffé, *Théo Van Doesburg,* Meulenhoff, Landshoff, 1983; E. Van Straaten, *Théo Van Doesburg 1883-1931, Samengesteld Door,* Gravenhage, Staatsuitgeverij, 1983.

☐ *Peinture pure,* 1920

C'est la seule œuvre d'importance conservée dans les collections françaises, acquise en 1964, à une époque où l'abstraction pure semblait loin d'être reconnue par les milieux artistiques français. Van Doesburg, en émule de Mondrian, influencé également par la mystique positive et universaliste du Philosophe hollandais Schoenmaekers (auteur du *Principe des mathématiques plastiques*), entreprend des recherches dans le domaine d'une abstraction rigoureusement géométrique : il n'utilise qu'un jeu limité de verticales et d'horizontales enserrant des champs de couleurs assez violemment affrontés, limités à leur tour aux trois couleurs fondamentales — bleu, rouge, jaune — combinées avec les noir, blanc et gris. La facture doit être aussi anonyme que possible pour libérer la peinture de la subjectivité de l'artiste : le spectateur, dégagé de l'attention habituelle portée aux particularités techniques, peut dès lors se concentrer entièrement sur la conception. L'intention du peintre, en limitant ainsi ses moyens d'expression à des formes élémentaires, est de dépasser une modernité conjecturelle pour parvenir à l'universel. Cette *Peinture pure,* définie comme telle par son cadre peint noir et gris qui la délimite tout en s'y intégrant, rejoint les recherches sur l'espace, développées dans le motif du carrelage, les plafonds « néo-plastiques » des habitations mythiques de Van Doesburg. Ch.D.

Peinture pure, 1920
huile sur toile
130 × 80
achat 1964
AM 4281 P

Kees Van Dongen
1877-1968

Originaire de Delfshaven, faubourg de Rotterdam, Kees Van Dongen s'éloigne tôt de la malterie familiale pour répondre à une vocation évidente et, passionné par l'œuvre de Franz Hals et de Rembrandt, étudier à l'Académie des Beaux-Arts de Rotterdam. A Paris en 1897, il réussit l'année suivante à exposer quelques tableaux chez le père Soulas; il rencontre alors Félix Fénéon à qui devait le lier une amitié durable. Installé définitivement à Paris en mars 1900, il travaille à partir de 1901 comme illustrateur à *L'Assiette au beurre* et collabore à *La Revue blanche* et au *Gil Blas*; en 1904, grâce à la protection de Maximilien Luce, ses envois au Salon des Indépendants *(Le Carrousel et Le Boniment)* sont remarqués, tandis que d'autres toiles sont exposées chez Berthe Weill et chez Druet, puis un ensemble important chez Vollard (100 toiles et 20 dessins). Au Salon d'Automne de 1905, ses envois *(La Chemise et Le Torse)* participent à l'explosion éclatante du fauvisme.

En venant habiter en 1906, pour un an, au Bateau Lavoir avec sa femme Guus (elle-même peintre) et sa fille Dolly, il est désormais au cœur des recherches artistiques les plus effervescentes, voisinant avec Picasso et Fernande Olivier, et bientôt lié à André Salmon, Mac-Orlan, Dorgelès, Apollinaire, etc. Les expositions se succèdent à partir de 1908 chez Kahnweiler, puis chez Bernheim-Jeune et, parallèlement, en Allemagne à Düsseldorf, à Dresde où il est appelé, sur l'instigation de Max Pechstein, à participer à la Brücke en 1908. Des voyages (Italie, Espagne, Maroc, Égypte...) le confirment dans une vision encore totalement fauve jusqu'en 1911, dont l'originalité doit être soulignée et qui s'affirme de plus en plus décorative. Au lendemain de la guerre, sa participation frénétique aux années folles, l'éclat des fêtes données dans son hôtel de la rue Juliette Lamber, la notoriété de ses modèles feront de lui le chroniqueur complice, mais souvent féroce, de la société huppée de Paris et de Deauville. Son succès facile, l'aura d'une légende délibérément fabriquée occultent trop souvent les qualités réelles de sa peinture.

L. Chaumeil, *Van Dongen, l'homme et l'artiste, la vie et l'œuvre*, Genève, P. Cailler, 1967; cat. *Van Dongen*, Paris, MNAM, 1967; G. Diehl, *Van Dongen*, Paris, Flammarion, 1968; cat. *Hommage à Van Dongen*, Marseille, Musée Cantini, 1969; W.E. Steadman et D. Sutton, *Cornelis Theodores Maris Van Dongen, 1877-1968*, Atkin Museum, The University of Arizona Museum of Art, Nelson Gallery, 1971.

Les seize œuvres de Van Dongen réunies au Musée permettent de suivre l'évolution d'une œuvre paradoxale, trop vite considérée sous le seul angle du fauvisme. Après l'austère *Autoportrait* de 1895, peint avec audace à contrejour et appartenant encore à la période d'apprentissage, les trois grandes toiles des années 1907-1913 *(La Saltimbanque au sein nu, La Danseuse espagnole et Le Châle espagnol)* s'imposent comme de brillantes réussites « fauves », à côté des peintures plus modestes de paysages *(La Grille de l'Élysée*, v. 1912, *Les Fellahs*, 1913, *Deauville, le bateau du Havre à Deauville*, v. 1913), où s'affirme une sensibilité plus secrète à la lumière et au noir. La série des portraits mondains, exécutée à partir des années 20, avec leurs figures généralement en pied, allongées de toute leur hauteur, est parfaitement représentée au Musée par les *Portrait de l'artiste en Neptune*, 1922, *Portrait de Mme Jenny Bernard*, 1923, *Porrait de Mme Jasmy Alvin*, 1925, *Portrait de l'artiste Paulette Pax*, 1928, *Portrait de Mme Jeanne Mathis*, v. 1930-1935.

☐ *Saltimbanque au sein nu*, [v. 1907-1908]
La date d'exécution de ce tableau, « peint entre 1900 et 1910 », indique Van Dongen, reste, comme pour toutes les œuvres d'avant 1914, difficile à fixer : tout permet de le situer vers 1907-1908, puisqu'il s'agit là d'une peinture de Nini « petite marcheuse sur le plateau » des Folies Bergères, rencontrée par Van Dongen en 1905 et devenue, jusqu'à la fin de l'année 1907, son modèle favori.

La pluralité des dénominations *(Nini la prostituée, Saltimbanque au sein nu, Nini danseuse aux Folies Bergères)* témoigne déjà à elle seule de la force de provocation de la toile; au moment d'entrer en scène, brutalement offerte aux regards de la salle, Nini se campe avec aplomb, plus dans l'attitude franche et gauche d'une lutteuse de foire que dans celle d'une danseuse. L'espace-frontière, vide et neutre, situé entre coulisses et rampe d'éclairage, qu'elle occupe ainsi, s'embrase un instant de l'éclat soyeux et coloré du corps et du costume. La jeune fille assume avec une innocence animale son anatomie épaisse franchement dévoilée, son visage grossièrement maquillé, sa robe défaite aux ornements trop voyants. Van Dongen restitue avec une grande économie de moyens la présence sensuelle de cette apparition dérisoire, la tension des regards croisés de la fille et du spectateur : simplification de la forme lourdement cernée de noir, larges aplats de peinture modulés en harmonie chromatique gris-jaune-noir, constituant un espace presque monochrome à peine traversé de quelques éclats verts et orangés; répétition des obliques montantes (du buste, des zigzags de la robe, de l'écart des pieds), qui contribuent à la tension de l'espace. L'austérité de la part faite au noir, la brutalité de la figure traversant de toute sa masse verticale le faisceau lumineux, la vibration de la surface picturale constituent bien les données particulières, paradoxales, du fauvisme de Van Dongen.

Le Châle espagnol, 1913
(La Femme aux pigeons)
huile sur toile
195,5 × 130,5
donation Dolly Van Dongen avec réserve d'usufruit, 1984
AM 1985-73

□ *Le Châle espagnol,* 1913

Présenté au Salon d'Automne de 1913 avec deux autres toiles *(Place Vendôme* et *Égypte),* ce *Tableau* célèbre, appelé également *Nu aux pigeons, Le Châle espagnol, Le Mendiant d'amour,* dut être — jugé trop scandaleux — retiré de la salle par la police pour devenir bientôt l'objet d'une cabale frénétique dans la presse. Une femme nue, debout (la propre femme de Van Dongen), ouvrant son châle avec une calme provocation; un mendiant accroupi, à ses pieds, tel le vieillard surprenant Suzanne; ici et là des pigeons indifférents, dont la présence familière ajoute encore à l'atmosphère de sensualité qui enveloppe toute la scène: au-delà du sujet, dont Van Dongen se plaît à dire l'ambiguïté, il faut voir, selon l'expression même de L. Vauxcelles, une « savoureuse peinture ». La juxtaposition des grands aplats de peinture uniformément claire et des dessins vivement colorés du châle — affirmant la planéité de la surface picturale —, l'accent mis sur la ligne, l'élégance sinueuse de son déploiement témoignent de la maîtrise acquise par Van Dongen, annoncent son évolution vers des formules plus ambiguës et sophistiquées.

Préparée avec soin dans une esquisse exécutée au dos du *Chapeau gris,* 1910-1911, la composition est tout entière dépendante du thème du châle qui, déjà dans *La Gitane, Femmes à la balustrade* et *El Manton,* v. 1911, servait d'écrin décoratif à la figure féminine: ici, la somptueuse coloration de ses motifs floraux comme la soyeuse monochromie de ses franges répondent parfaitement à la suggestion des somptuosités promises par le corps dévoilé, à la fois hiératique et familier.

Saltimbanque au sein nu, [v. 1907-1908]
(Nini danseuse aux Folies Bergères)
huile sur toile
130 × 97
don de M. Jean Aron, 1948
AM 2834 P

Ger Van Elk
1941

Ger Van Elk étudie la peinture à Amsterdam, où il réside aujourd'hui après un séjour à Los Angeles entre 1961 et 1963. L'exposition rétrospective de l'ARC (1980) avait montré la pertinence d'une œuvre qu'on s'accorde à reconnaître comme *inqualifiable*. De fait, par sa tentative de mettre en scène les antagonismes entre photographie et peinture dans une annulation réciproque de leur propre finalité, Van Elk apparaît comme un *manipulateur*, au sens où son œuvre s'édifie à partir d'un ensemble d'opérations relevant tant du sport que de la prestidigitation. Aussi serait-il erroné de tenter de lier son activité à un quelconque mouvement prenant corps dans les années 60. Ni peintre, ni photographe, ni sculpteur, il serait plutôt un *maquilleur*. Après avoir réalisé de nombreuses installations s'attachant davantage à la scénographie parasite d'un lieu (*Brick Wall hanging above a table*, 1969) il se complaît à tenter de redéfinir les tenants et les aboutissants des formes de l'Histoire. Par le truchement de la photographie, utilisée pour son rapport au réel et pour son travestissement, il inventorie l'ensemble des dispositifs et des conventions de la peinture. Du statut de la nature morte (ainsi, en 1970, *Paul Klee, um de Fisch, 1926*) à la loi de la scène de genre de la peinture hollandaise (*Les Adieux*, 1974), chaque œuvre de Ger Van Elk témoigne d'une extrême intelligence face aux différents archétypes de la représentation. La perspective, la symétrie (*The Symmetry of Diplomacy*, 1974) sont autant de figures symboliques d'un code que la photographie l'aide tout à la fois à restituer et à destituer. C'est en quoi cet art « d'attitude » — on rappellera sa participation en 1969 à l'exposition de Harald Szeeman : *Quand les attitudes deviennent formes* — s'oppose à celui de son compatriote Jan Dibbets, qui recherche quant à lui un virtuel prolongement aux lois et aux traditions de la représentation. C'est donc par le statut du *langage* qu'il faut appréhender l'œuvre de Ger Van Elk pour se demander si, dans son processus à rebours,

dans son retroussement et sa déconstruction, ne s'invente pas une logique propre à toute entreprise critique. En réalité, l'art de Van Elk, qui s'attache à ruiner tout autant l'œuvre comme édifice que l'objet même de la création, tient d'abord de la mise en abîme de tout système. S'il apparaît facile de dresser un « portrait de l'artiste en bouffon » (*Push nose balance sculpture*, 1979), on conviendra que ses trucs et l'ensemble de son dispositif ont aujourd'hui l'allure d'une véritable *morale*.

Cat. *Ger Van Elk*, Amsterdam, Stedelijk Museum, 1974; cat. *Ger Van Elk*, Paris, MAM, ARC, 1980.

☐ *Sans titre II*, 1981
Exposée avec deux autres peintures lors de la *Documenta* 7 de Kassel en 1982, cette œuvre contraste, par sa monumentalité, avec le sentiment de *bricolage* auquel Ger Van Elk s'est attaché. La simplicité de la structure et de la composition témoignent certainement de la volonté de répondre, non sans ironie, aux avanies de la peinture telles que les années 80 les ont vues apparaître. Le principe de la réalisation de l'œuvre reste semblable à celui des pièces plus anciennes comme, par exemple, *Rolled up palm lane at Middelharnis, California*, 1975, seule autre œuvre présente dans la collection du Musée. Van Elk y pratique l'art de la retouche et exhibe le repentir en un style. Ce sera dévoiler un secret que de préciser que les deux figures dissimulées par la peinture sont une seule et même personne et qu'il s'agit, en réalité, de l'artiste : une manière de résoudre la dialectique et de répondre au mythe du « chef-d'œuvre inconnu ». En fait, Ger Van Elk ne démonte pas tant les processus qu'à travers eux la finalité absurde de leur règle. On rappellera que, cherchant à définir la sculpture, il y avait, avec circonspection, reconnu « toute occupation physique ou mentale de l'espace ».

B.B.

590

Sans titre II, 1981
acrylique sur toile et photographie collée
280 × 280
achat 1982
AM 1982-431

Georges Vantongerloo
1886-1965

Esprit expérimental et indépendant, Georges Vantongerloo est le seul sculpteur du groupe hollandais De Stijl auquel il adhère en 1917, entraîné par Van Doesburg. Il signe en novembre 1918 le premier Manifeste du Mouvement néoplasticiste, réuni autour de Mondrian et de Van Doesburg, et devient un collaborateur régulier de la revue *De Stijl* jusqu'en 1927. Son installation à Paris dès 1928 coïncide avec son adhésion aux deux grands mouvements abstraits de l'entre-deux guerres, Cercle et Carré et Abstraction-Création, qu'il fonde en 1931 avec Auguste Herbin. Les titres de certains de ses essais comme « Réflexions II : La création, le visible, la puissance » (*De Stijl*, déc. 1918) ou « Réflexions II (suite) : De l'absolu » (*id.*, mars 1919) trahissent, tapies sous sa « manie mathématique » qui l'oppose à Mondrian, des préoccupations métaphysiques communes à tous les animateurs de De Stijl. Elles éclairent le sens de son œuvre, dont l'importance reste encore négligée malgré l'impact qu'elle a pu avoir pour des artistes contemporains comme Max Bill ou François Morellet.

« Vantongerloo : Paintings, Sculptures, Reflections », *Problems of Contemporary Art*, n° 5, New York, Wittenborn Schultz Inc., 1948; cat. *Georges Vantongerloo*, Londres, Marlborough Gallery, Max Bill ed., 1962; cat. *G. Vantongerloo*, Washington, Corcoran Gallery of Arts, Dallas, Museum of Fine Arts, Los Angeles, County Museum of Art, 1980; cat. *Georges Vantongerloo*, Bruxelles, Musées royaux des Beaux-Arts de Belgique, 1981.

☐ *Composition*, 1917-1918
Exécutée en 1917, année de la parution du premier numéro de la revue *De Stijl* (à moins qu'elle ne soit postérieure d'un an, selon les indications fournies par le catalogue manuscrit de Vantongerloo), cette œuvre est exemplaire de l'esthétique néoplasticiste : organisation d'un espace à deux dimensions qui n'admet que des lignes horizontales ou verticales; emploi d'une palette strictement limitée aux trois couleurs « primaires » : bleu, jaune, rouge, posées sur un fond blanc. Toute la force plastique de ce système combinatoire orthogonal repose sur des rapports d'opposition : opposition des trois couleurs pures entre elles, des couleurs et de la « non-couleur » (le blanc); opposition horizontal/vertical, opposition des dimensions des plans entre eux. Les éléments carrés ou rectangulaires qui forment le « pattern » de la toile ne sont donc pas compris comme des unités solitaires, mais fonctionnent, au contraire, les uns par rapport aux autres, rythmés par les variations de la couleur, elle-même traitée objectivement et non pour son pouvoir d'évocation subjective. Contemporaine des premières œuvres totalement non objectives de Mondrian et de Van Doesburg, cette peinture annonce la série importante — réalisée à Bruxelles entre 1918 et 1920 (cat., *op. cit.*, repr. n° 10 b, 11 a, 11, 12) — de compositions dans le damier, où les plans différemment colorés sont systématiquement cernés de lignes noires.

Composition, 1917-1918
huile sur toile
36 × 54
achat 1972
AM 1973-1

592

□ $S \times \dfrac{R}{3}$, 1933-1934

Lorsque Van Doesburg, qui réalisa à ses débuts à Bruxelles des sculptures académiques, adopte le vocabulaire néoplasticiste en 1917, il est le seul membre du groupe De Stijl à en transposer les termes dans les trois dimensions de la sculpture. Sa démarche, qui s'appuie sur des bases mathématiques, aboutit aux premières constructions dans l'espace de 1917 (série des constructions dans la sphère et des compositions émanant de l'ovoïde) qui, bien que d'inspiration cubiste, sont déjà des œuvres totalement abstraites, dont il a dit lui-même qu'il ne les considérait pas comme des sculptures « puisqu'elles n'avaient rien d'un sujet nature tel qu'on les voit aux Musées ». Jusqu'en 1928, ses recherches sur les rapports de volumes émanant du cercle, du carré, de l'ovale ou du cône (*Rapport des volumes émanant du cône*, 1927, MNAM, don Max Bill en 1980) aboutissent à des projets d'architecture ou d'art décoratif (table, lampe de bureau, Menton 1925; villa, Menton 1928, aéroport, Paris 1928) conformes à l'esthétique De Stijl qui prônait l'unité des arts.

En 1929, Vantongerloo, comme Van Doesburg, change d'instrument mathématique, délaissant la géométrie euclidienne pour l'algèbre et la géométrie analytique. *S × R/3*, dont il existe une variante de 1936 en acajou, appartient à cette série d'œuvres, peintes ou sculptées, dont les formes sont subordonnées à des équations mathématiques. C'est, en effet, un réseau invisible, de pure spéculation, qui tend ces lignes créatrices d'espace, ces volumes qui ont pour complément le vide qu'ils génèrent (« Le visible et l'invisible font la loi de l'unité », *in* « Réflexions », *De Stijl*, 1.9.1918). La complexité un peu mystérieuse de l'appareil conceptuel qui l'a engendré n'est peut-être pas étrangère à la fascination que cette œuvre lisse et glacée exerce encore sur nous.   B.L.

S × $\dfrac{\mathbf{R}}{\mathbf{3}}$, 1933-1934

fer
100 × 100 × 100
don Max Bill, 1980
AM 1980-353

Bram Van Velde
1895-1981

Placé très jeune dans une entreprise de décoration près de Leyde, Abraham Van Velde étudie la peinture en autodidacte, copiant les grands maîtres au Mauritshuis de La Haye, puis s'essayant, sous l'influence de Breitner, à un naturalisme « impressionniste » (*Les Promeneuses,* 1916). Ayant rejoint à Worpswede, en Allemagne du nord, une colonie d'artistes, il peint en 1922-1924 de nombreuses huiles et aquarelles d'inspiration expressionniste : figures dans le paysage (*Le Semeur,* Amsterdam, Stedelijk Museum) ou masques. En 1925, installé à Paris, il s'engage dans une violente interprétation des recherches fauves (*Nature morte,* 1924-1930). Des difficultés financières le conduisent à séjourner en Corse (1926), puis à se fixer à Majorque (1932) dont il sera chassé en 1936 par la guerre civile. Durant cette décennie, il se détache progressivement de la figuration pour élaborer le principe d'une peinture abstraite.

Jusque-là ignoré, Bram Van Velde n'est soutenu, après la guerre, que par quelques amis : Samuel Beckett rencontré en 1943, Jacques Putman, Georges Duthuit, puis par Édouard Loeb qui organise en 1946 sa première exposition à la galerie de Mai, puis par la galerie Maeght (1947-1952). Il faudra encore une dizaine d'années — et l'exposition organisée par Michel Warren en 1957 — pour que la critique et le public parisien lui accordent leur attention. La Kunsthalle de Berne réalise en 1958 sa première grande rétrospective, le reconnaissant comme l'un des artistes les plus originaux de la peinture européenne de l'après-guerre. La dernière partie de l'œuvre de Bram Van Velde est marquée par une importante production de lithographies qui a contribué à familiariser le grand public avec sa peinture.

S. Beckett, *La peinture des Van Velde ou le monde et le pantalon,* Paris, les Cahiers d'Art, 1945; J. Putman, *Bram Van Velde,* Paris, Le Musée de Poche, 1958; J. Putman, *Bram Van Velde, Catalogue raisonné de l'œuvre peint 1907-1960,* Turin, éd. Fratelli Pozzo, Paris, éd. Guy le Prat; cat. *Bram Van Velde,* Paris, MNAM, 1970; J. Putman, C. Juliet, *Bram Van Velde,* Paris, éd. Maeght, 1975; C. Juliet, *Rencontres avec Bram Van Velde,* Montpellier, éd. Fata Morgana, 1978; R. M. Mason, J. Putman, *Bram Van Velde, Les Lithographies,* tomes 1 et 2, Paris, Y. Rivière, éd., 1973 et 1979; tome 3, Genève, Musée d'Art et d'Histoire, 1984.

□ *Sans titre,* [1936-1941]
Selon Putman, aucune chronologie n'a lieu d'être établie dans l'œuvre de Bram Van Velde, marquée à partir de 1936 par une grande unité formelle et une continuité sans brusque évolution. Elle procède, en effet, par réitération d'une structure, d'une facture que Bram Van Velde, se refusant à toute démonstrativité picturale situe « en dehors de la peinture ». Exercice du « voir », plutôt que choses vues, chaque toile (cinq huiles et deux gouaches au Musée) est accent, moment d'une peinture palimpseste. Dans cette gouache ancienne (Putman n° 103) de l'« époque de Paris », peuvent déjà s'énoncer les principes générateurs de l'ensemble de sa peinture.
Étendue : l'œuvre appartient à la phase où Bram Van Velde se dégage des influences contradictoires de Matisse (l'aplat de la couleur) et de Picasso (l'espace intersticiel de la composition cubiste) : « Quand la toile est plate, je jubile ». Il travaille à maîtriser les reliefs, les illusions et les profondeurs évoquées par le trait pour que, une fois achevée, la « bête » (la peinture) devienne ce qu'elle est : une surface. Aboutissement que désigne Samuel Beckett : « B. Van Velde peint l'étendue » et : « puisque avant de pouvoir voir l'étendue, à plus forte raison la représenter, il faut l'immobiliser, [il] se détourne de l'étendue naturelle, celle qui tourne comme une toupie sous le fouet du soleil ». Ayant épuisé sa fascination pour les figures nordiques, les masques fixes, les mondes déchus de la nature morte, Bram Van Velde accomplit une complète résolution picturale, « il l'idéalise, en fait un sens interne ». La circulation vaste et déliée du vivant se trouve ainsi cryptée dans le mouvement intrinsèque du tableau.
Gouache : « Je peins des gouaches quand je ne me sens pas assez fort

pour aborder une toile »; mais Van Velde dit aussi préférer la gouache à la peinture à l'huile : « ça coule davantage, j'ai plus de souplesse et de liberté ». Métaphore du liquide où l'artiste affirme sa propre nécessité : « Je suis un être dilué (…) S'il n'y avait pas cette eau, je serais une pierre ».
Eau : La ductilité du matériau, de la couleur, défigure la forme, déroute les habitudes du regard : « Je parle de tout ce que cette peinture présente d'irraisonné, d'ingénu, de non combiné, de mal léché », dit S. Beckett, répondant au propos de B. Van Velde : « La vraie peinture va vers la laideur, l'affolement ». C'est de cette manière de « peindre moche » (J.P. Pincemin) que témoigne la grande toile *Sans titre,* 1965 (MNAM), où les coulures poisseuses de l'huile pigmentée matérialisent la déliquescence de la couleur : « Comme un qui nagerait dans du béton frais, déjà moins frais » (G. Duthuit).
Couleur : Directement construite à l'eau colorée, la peinture exclut le dessin : « Non, je ne dessine pas; dans le dessin on sait toujours plus ou moins où l'on va. Il n'y a pas d'aventure. Moi, il me faut le saut dans l'inconnu ». Selon l'enquête menée par R.M. Mason en 1977, Bram Van Velde opère à partir d'une structure tracée au lavis noir

Sans titre, [1936-1941]
gouache sur carton
125,8 × 75,8
don Samuel Beckett, 1982
AM 1982-243

594

et progressivement recouverte par des « voiles » de gouache opaques et superposés. Cassées, tuées, mélangées, les couleurs sont travaillées à grands coups de pinceau, agitées par ce mouvement de « massacre » qu'est, pour Bram Van Velde, la peinture : « Les couleurs me sont imposées. Si elles étaient pures, ce serait faux ».

Signature : « Je ne signe plus mes toiles. On ne peut mettre un nom sur ce qui dépasse l'individu ». Parvenu à cette position après la guerre, Bram Van Velde appose encore dans cette gouache de 1936-1941 son monogramme à gauche du tableau : inversion du signe V, le A sans barre de son prénom Abraham, le petit v de van, le grand V de Velde, auquel il ajoute la ligne courbe du b de son prénom usuel Bram. Ici, seules les différences d'échelle et de couleur distinguent le monogramme rouge du tracé noir du motif. Cette parenté formelle rappelle ce que Jean Starobinski écrit dans *L'interprétation superflue :* « On déchiffrera dans les constituants de la toile, le V anguleux de Velde, le D, le A, parfois le B », les structures du tableau formant une syntaxe similaire aux jambages du Nom. Cette hypothèse « littérale » se voit confirmée par l'étude de Mason qui rapproche, par exemple, une série de lithographies, toutes composées sur le principe de deux V se tenant sur la pointe. Trois autres huiles de la collection (1949, 1965 et 1966) donnent différentes versions de l'usage de cette croix constructive. On peut parler ici de l'écriture d'un nom propre, paraphe d'une destinée individuelle portant la peinture, « prise en charge » par la peinture. Ce nom propre, d'où procédaient déjà les autoportraits acidulés de la période 1922-1924,

constitue l'abstraction de Bram Van Velde en un portrait de la peinture sous son masque primitif; « Le rire éclate : rire jaune, voir rouge, blanchir de rage, broyer du noir » (G. Duthuit). Portrait de la peinture ? Une figure de couleur étendue à plat sur la toile.

Datation : Les toiles de Bram Van Velde ne sont pas datées. Dans son catalogue raisonné, J. Putman propose un système de classement géographique des œuvres, associant les peintures aux ateliers — chambre, garage, grenier — où l'artiste a travaillé. Ainsi s'ordonnent selon une temporalité diffuse des toiles identiques. Ce refus de la datation renvoie, chez Bram Van Velde, à une conception de la peinture : « La toile est un instant vu ». Ces instants, il les attend patiemment des mois, parfois des années (il cesse de peindre pendant les cinq années de la guerre). Aussi la vie s'est-elle pour l'essentiel passée à attendre que la peinture l'empoigne.

Chaque toile, réalisée dans l'intensité du combat et de la lenteur des recouvrements de la couleur, se donne comme le temps prolongé d'une « vision durable ». Si, pour Bram Van Velde, la peinture est l'action d'« aller voir, d'aller à la vision », elle ne comporte pas ce caractère autobiographique de la peinture « informelle », où chaque état du Moi laisse sa marque unique, originale, indélébile. S'interdisant toute préparation psychologique, toute définition existentielle périphérique, tout travail de fabrication, toute volonté de faire, de réussir ou d'échouer, Bram Van Velde conclut : « Il faut n'être rien ». Ainsi rien ne fera obstacle à la montée de cette « vision » que n'accompagne aucune « visibilité ».   A.B.

Sans titre, 1965
huile sur toile
199,5 × 250,5
achat 1982
AM 1982-139

Geer Van Velde
1898-1977

Un apprentissage de la décoration en bâtiment constitue toute la formation artistique de Geer Van Velde lorsque, quittant les Pays-Bas, il se fixe à Paris en 1925 à l'exemple de son frère Bram. Il pratique alors une technique figurative aux couleurs pures (*Soleil brûlant,* 1928) puis, assimilant les principes de Braque et Matisse, opère une réduction progressive de la couleur et de l'espace (*Palette et pinceaux,* 1925-1930, MNAM). Dans la série des *Ateliers,* entre 1948 et 1952, se définissent les éléments de son style : format carré favorisant la représentation d'un espace isotrope; plans orthogonaux utilisés comme capteurs ou réflecteurs lumineux; découpage de la surface du tableau par des effets de champ/contrechamp, jour/contre-jour; fond rêche sur lequel une couleur, aux nuances rares, accroche suggérant la tactilité d'une peinture murale. Par l'analyse systématique d'un lieu que modifie le mouvement de la lumière (*Composition,* 1947-1950, MNAM), Geer Van Velde poursuit son objectif qui est de matérialiser le phénomène physique et émotionnel de la lumière solaire, « celle qui brise la couleur ».

Dans les années 50, le thème intérieur/extérieur, déjà abordé dans *Méditerranée,* 1941, *La Terrasse,* 1945, ou encore *Vue sur la mer,* 1946 (MNAM), inspire les « compositions éclatées » où la dislocation des plans obéit désormais à une perspective curviligne. L'évolution vers l'abstraction se précise : dans cette *Composition,* 1958, et plus encore dans les compositions de 1962 et 1965 (également au MNAM), les plans-couleurs sont détachés de la structure linéaire qui les distribuait, et l'illusion de profondeur laisse place à une géométrie sommaire d'aplats colorés.

Ayant connu une certaine notoriété dès 1938, Geer Van Velde, concentré sur sa recherche, s'isole rapidement. Les expositions de la galerie Maeght (1946, 1948, 1952), et une rétrospective au Musée Galliera en 1966 forment les rares jalons de sa rencontre avec le public.   A.B.

S. Beckett, *La peinture des Van Velde ou le monde et le pantalon,* Paris, Cahiers d'Art, 1945; cat. *Geer Van Velde, peintures,* Paris, galerie Louis Carré, 1982; cat. *Geer Van Velde 1898-1977, Peintures et œuvres sur papier,* Paris, MAM, 1982.

Victor Vasarely
1908

« Vasarely se distingue dans l'art contemporain par l'aboutissement exceptionnel auquel il a amené la peinture abstraite géométrique sous le nom de cinétisme » (B. Dahhan). Le cinétisme est une tentative — par différents moyens — d'intégration du mouvement dans l'œuvre d'art. Vasarely n'obtient pas ce mouvement par manipulation ou déplacement de l'objet, mais il le suggère grâce à la stimulation de l'œil du spectateur, l'effet recherché pouvant aller d'une sensation d'agression jusqu'à celle d'harmonie. L'*Op Art* est un autre terme pour désigner cette tendance issue d'un groupe d'artistes réunis à Paris à la galerie Denise René autour de Vasarely et son *Manifeste jaune* de 1955.

Fils spirituel du Bauhaus (en 1929, il est élève de Bortnyk qui a créé une école dans cet esprit à Budapest), Vasarely émigre en 1930 à Paris, où il dirige en qualité de dessinateur une agence de publicité jusqu'en 1956. Création et innovation libres débuteront au milieu des années 40 et bouleverseront les notions traditionnelles d'art et d'artiste. Vasarely se veut plasticien, créateur non plus de pièces uniques, mais d'un original qui, pour lui, n'est que « prototype-départ ». Utilisant la technologie la plus avancée et secondé par des praticiens exécutants, il traduit le prototype en peinture, fresque, tapisserie, multiple, ou bien l'intègre dans un ensemble architectural. Ce « prophète de l'ars multiplicata » considère le multiple comme un original qui, sans que cela nuise pour autant à sa valeur artistique, pourra exister en nombre illimité. Vasarely veut obtenir un art universel (il parle de « folklore planétaire ») et social, qui soit abordable financièrement et accessible visuellement à tous. Dans ce but, il crée un Centre de recherche architectonique à Aix-en-Provence (1976) et deux musées « didactiques » Vasarely : à Gordes (1970) et en Hongrie à Pecs, sa ville natale (1976).

B. Dahhan, *V. Vasarely ou la connaissance d'un art moléculaire,* Paris, Denoël/Gonthier, 1979; M. Joray et V. Vasarely, *Vasarely* (4 vol.), Neuchâtel, éd. du Griffon, 1965-1979.

Composition, [1958]
huile sur toile
133,8 × 146
achat 1982
AM 1983-50

Our IV, 1953-1964
huile sur toile
124 × 92
don de l'artiste, 1977
AM 1977-225

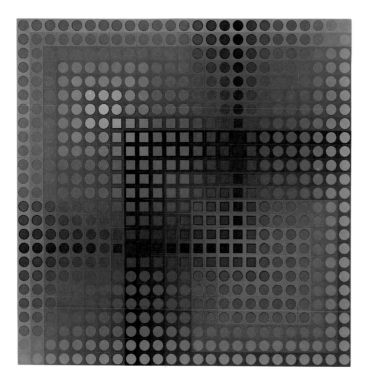

596

La riche collection d'œuvres du Musée s'est constituée à partir de l'achat de deux toiles par l'État (en 1960 et 1962) et s'est enrichie en 1977, grâce aux dons de Mme G. Pompidou et de l'artiste, de huit œuvres à l'huile sur des supports variés, trois collages et une série de lithographies s'échelonnant entre 1929 et 1976. L'unique sculpture (1964) de l'ensemble a été offerte par l'artiste à l'État en 1965.

□ *Our IV*, 1953-1964
La présentation imposée ici, en isolant les deux pièces d'un ensemble, est contraire aux principes de l'artiste qui veut avant tout introduire le spectateur-participant dans un environnement cinétique total, « le lier au phénomène plastique lui-même dans le monde tourbillonnant de la plasticité ». En 1952, Vasarely avait réalisé trois variantes d'un agencement de plans colorés intitulé *Our,* évoquant, selon les exégètes, les vestiges d'une civilisation exhumée par des archéologues. L'artiste reprendra pour la dernière fois en 1964 ce jeu de plans savant et complexe de l'époque dite « Denfert », optant pour quelques tons puissants et des accords heurtés et syncopés.

□ *Arny*, 1967-1968
Si, dans l'œuvre précédente, il s'agit encore de « peinture » au sens traditionnel du terme, ce collage est un bon exemple de l'évolution qui mènera le plasticien « des beaux-arts à l'unité plastique », selon ses propres termes. En 1959, Vasarely fait breveter un procédé lui assurant l'exclusivité dans la préparation des collages (les prototypes-départ par excellence) à partir d'éléments préexistants, découpés en formes géométriques dans du carton fin de couleur, imprimé en sérigraphie. Ces éléments irréductibles de l'œuvre, unissant forme et couleur — traditionnels antagonistes — forment un alphabet chromatique-formel qui sert à composer, parfois sur ordinateur, des ensembles plastiques aux effets infinis.
J.B.

Arny, 1967-1968
collage de carton sur contreplaqué
252 × 252
don de l'artiste, 1977
AM 1977-232

Vladimir Velickovic
1935

Diplômé en 1960 de la Faculté d'Architecture de Belgrade où il est né, Velickovic se considère comme un autodidacte en peinture. Il se voit néanmoins attribuer chaque année, de 1962 à 1980, un Prix pour la peinture, le dessin ou la gravure. Son œuvre s'impose très tôt grâce à la Biennale de Paris de 1965; il s'installe à Paris de façon définitive en 1966. Le raffinement des modes de représentation, la fulgurance du trait sont la base de l'art de Velickovic, de même que les fonds noirs, qui exaltent le blanc. Il explore l'un des rares espaces laissés intacts pour l'artiste, celui des tabous; hommes et animaux, chiens, rats confondent leur destinée dans des situations-limites — scènes de torture, course de fond, accouchements — toujours cadrées et déterminées par les vecteurs et les diagrammes. L'intensité des images se distingue de celle des tableaux de Bacon auxquels on les compare souvent, par leur charge spirituelle, bien que la cible vers laquelle semblent se précipiter les personnages reste indéfinie. En 1985 le Musée a acheté six dessins de Velickovic et celui-ci a fait don d'un tableau : *Poursuite, fig. VII* (1984).

Velickovic, ouvrage collectif publié sous la direction de J.L. Ferrier, Paris, Belfond, 1976; M. Le Lot, *Velickovic, essai sur le symbolisme artistique,* Paris, Galilée, 1979.

□ *Gibet n° 5,* 1970
De ce thème, Velickovic s'est inspiré de 1968 à 1970 pour sept versions du *Gibet;* aux trois premières, très colorées, succèdent, à partir de *Gibet n° 4* et pendant une dizaine d'années, des monochromes de formats plus grands, gris, noirs et blancs, qui permettent plus de retenue et d'efficacité. Image implosée d'éléments enchevêtrés, le condamné est pris dans le cadre impitoyable et absurde des données vectorielles, avec ici, exceptionnellement, un semblant de perspectives contrariées. Ainsi qu'il le déclare en 1974 (*Exit,* n° 3/4), Velickovic « tente avant tout de laisser une cicatrice dans la mémoire du spectateur »; en dénonçant la violence et la folie de notre civilisation, il pose le problème désespéré de la vérité et de la destinée de l'homme.
S.B.

Gibet n° 5, 1970
huile sur toile
300 × 200
achat de l'État 1970, attr. 1976
AM 1976-1031

Claude Viallat

1936

Né à Nîmes, où il vit aujourd'hui, Claude Viallat étudie aux Beaux-Arts de Montpellier puis de Paris. Il s'installe à Nice où il commence à peindre, tout en enseignant à l'école des Arts décoratifs (1964-1967). C'est à partir de 1966 qu'il se met à travailler systématiquement avec une seule forme, sorte de haricot ou de palette qui va désormais devenir sa marque. En même temps, il se sert de toutes sortes de supports souples et s'interroge sur les diverses composantes de l'acte pictural en séparant la toile du châssis et en exploitant sa mobilité, en la pliant, en utilisant des procédés de coloration comme la teinture, etc. Avec d'autres peintres de sa génération, comme Dezeuze et Saytour, il va organiser des expositions, dans la nature ou dans les villages du Sud de la France, qui annoncent le groupe *Supports-Surfaces* dont Viallat sera l'un des membres essentiels. L'exposition du groupe a lieu à Paris (ARC) en 1970, peu avant sa dissolution à la suite de nombreuses dissensions internes, Viallat démissionnant dès mai 1971. Tout en exposant régulièrement à Paris, galerie Jean Fournier, Viallat, à partir de 1968, change d'atelier à plusieurs reprises en fonction des postes d'enseignant qu'il occupe et qui le mènent successivement à Limoges, Marseille et Nîmes, où il devient en 1979 directeur de l'École des Beaux-Arts. Son œuvre de peintre, s'appuyant sur une forme unique, évolue néanmoins considérablement. Ainsi, après avoir fait appel à toutes sortes de techniques d'imprégnation colorée par des éléments extérieurs (toiles soumises à la pluie ou au soleil, empreintes au feu…), il renoue en 1976 avec le geste traditionnel du peintre et manipule la couleur avec une liberté nouvelle. C'est alors que la sélection du support devient un acte déterminant. Viallat se met à peindre sur les matières les plus diverses : tissus usagés, vieux vêtements, toiles de bâche, parasols… et exploite l'irrégularité des contours comme la composition interne des lés de tissus. Parallèlement, il exécute toutes sortes d'objets qui, bien que fort différents des peintures, font partie intégrante de son travail. Souvent ceux-ci se réfèrent à des pratiques artisanales ou primitives qui l'ont toujours passionné. Les dessins de scènes tauromachiques

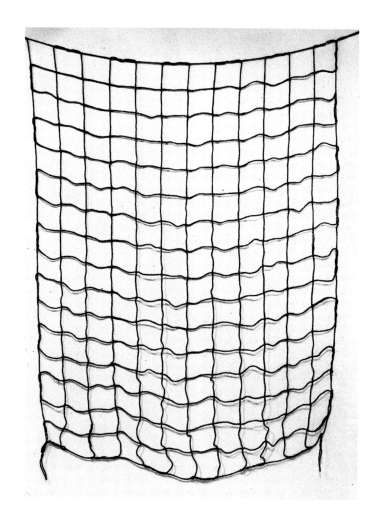

Sans titre, 1966
empreintes (formes en réserve ou reprises) sur toile métis
214 × 257
achat 1983
AM 1983-469

Filet, 1969-1970
corde de coco goudronnée
342 × 417
achat de l'État 1971, attr. 1976
AM 1976- 1032

598

qu'il réalise continuellement sont aussi un hommage à cette coutume que Viallat place très haut dans sa vie de peintre.

Cat. *Viallat,* Bordeaux, CAPC, 1980; cat. *Viallat,* Paris, MNAM, Centre G. Pompidou, 1982.

Avec une dizaine de peintures de toutes époques, des objets de 1969-1970, plus de 100 dessins et de 40 peintures sur papier, le Musée conserve un ensemble particulièrement important d'œuvres de Viallat et tout à fait représentatif de l'étonnante abondance de sa production. Outre les achats, il est dû à la générosité de l'artiste et du Fonds DBC.

□ *Sans titre,* 1966

Dès les premières peintures, où apparaît sa forme caractéristique, Viallat exploite les possibilités nouvelles de la toile souple. Parce qu'elle est repliée pour être transportée ou rangée, la toile sans châssis ne peut recevoir de couches de peinture épaisse, mais est colorée par un procédé de teinture. Les marques des plis sont acceptées comme faisant partie du processus matériel de fabrication. Pour Viallat, la peinture est d'abord l'image d'un travail. En terme de composition, Viallat hésite encore en 1966 entre une disposition aléatoire des formes (parfois le pochoir est jeté au hasard sur la surface) et une organisation

répétitive qui apparaît ici et qui bientôt deviendra systématique, comme une écriture qui remplirait l'espace de haut en bas. Les couleurs à cette époque sont souvent nuancées : rouge, bleu et, comme ici, lie de vin dominent.

□ *Filet,* 1969-1970

Ce grand filet de corde, trempé par endroits dans le goudron, sera présenté à l'ARC dans l'exposition *Supports-Surfaces,* puis, quelques mois plus tard, à la galerie Jean Fournier parmi les *Travaux de l'été 1970.* Dans le cadre de sa réflexion sur les éléments constitutifs de la peinture, Viallat ne peut éluder le fil qui, tissé, forme la toile. Mais le filet est aussi une manière de reproduire l'image du tableau et des empreintes répétées systématiquement. Chaque vide, dont les contours varient selon l'accrochage, évoque la forme que Viallat reproduit sur chacune de ses œuvres. Objet sculptural ou peinture, le filet, suspendu dans l'espace ou posé au sol, sans haut ni bas, sans un côté privilégié, est caractéristique de ces dispositifs souples que Viallat aime exploiter lorsqu'il fait un accrochage.

□ *Fenêtre à Tahiti (Hommage à Matisse),* 1976

A partir de 1976, Viallat se met à peindre à la brosse et à utiliser toutes sortes de supports usagés. Le store est ici maintenu dans son état, les bords extérieurs laissés tels quels sans être peints. La compo-

Fenêtre à Tahiti (Hommage à Matisse), 1976
colorants mordants et acrylique sur store à franges
207 × 170
achat 1983
AM 1983-470

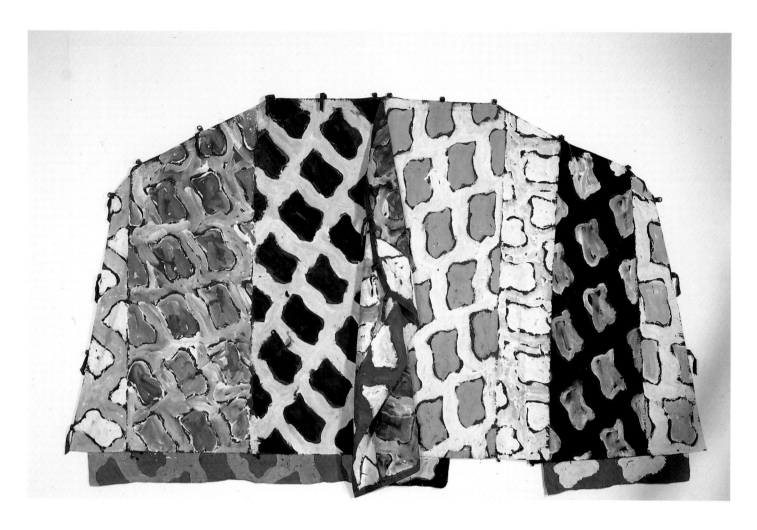

sition du tableau découle de la structure même de l'objet qui est affirmée, jamais contredite. Dès lors, le principe de répétition est rendu plus complexe et d'autres éléments entrent en jeu : ici, la partie supérieure tachetée de couleur, comme aquarellée et laissée mobile, évoque le rideau dans la peinture de Matisse. Quelques œuvres de Viallat sont ainsi dédiées à des peintres (Giorgione, Picasso…). Viallat s'explique sur les étroites correspondances qui relient sa peinture au tableau original de Matisse (Musée Matisse, Nice-Cimiez) dans une suite de dessins également conservés au MNAM.

☐ *Bâche kaki,* 1981
A l'occasion d'une exposition à Bordeaux, dans l'immense espace des entrepôts Lainé, Viallat travaille sur de grandes bâches militaires, en associant au fond kaki les couleurs vives qu'il emploie. Cette bâche, légèrement postérieure, appartient à la même série. Les rythmes colorés et les brutales ruptures de composition sont déterminés par la nature du support. Une partie frontale retombe même devant le spectateur et peut être manipulée et retournée. C'est à un étonnant plaisir de peindre que Viallat se livre ici.   A.P.

Bâche kaki, 1981
acrylique sur grand fragment de tente militaire
320 × 475
achat 1983
AM 1983-472

Victor Brauner
1903-1966

Victor Brauner est né à Piatra Neamtz, petite ville des Carpathes en Roumanie. Son enfance est marquée par les rituels populaires et l'orientalité d'une culture célébrant les grandes forces naturelles — le fleuve, la forêt, la terre —, vision symbolique avivée par l'étrangeté des activités spirites de son père : présence de l'invisible, vie des objets, messages. Établi à Vienne depuis 1912, il se passionne pour la zoologie et la peinture, double attrait qui sera selon lui à la source de son œuvre : « L'acheminement en nous du contenu du tableau à travers sa forme-apparence est le raccourci de toute *l'histoire naturelle* en développement : codex du totem universel de la vie ». Etudiant aux Beaux-Arts de Bucarest, il peint des paysages de tendance « cézannienne », puis passe par toutes les étapes « dadaïste, abstraite, expressionniste » de l'apprentissage pictural. A partir de 1924, date de sa première exposition, il participe activement aux mouvements d'avant-garde, crée la revue *75 PH* (1924) où sont publiés son *Manifeste de la Pictopoésie* et un texte, *Le Surrationalisme*. Rédacteur de la revue internationale *Punct* (1924), il y présente des linoleums constructivistes et collabore également à *UNU* (1928), revue d'esprit dadaïste. En 1930, à la suite de plusieurs séjours, il s'installe à Paris. Il y rencontre son compatriote Constantin Brancusi, puis Tanguy qui l'introduit auprès des surréalistes, groupe dont il suivra désormais les manifestations. En 1938, l'accident au cours duquel il perd l'œil gauche le fait symboliquement accéder au « monde de l'imagination », avec la série des peintures dites *Lycantropes* ou *Chimères*. Pendant la guerre, Victor Brauner se réfugie dans les Hautes-Alpes. Il s'initie aux tarots, à la cabbale, lit les romantiques allemands et réalise un ensemble d'œuvres ésotériques, *Congloméros* (1941), la série des dessins à la bougie (1942) et celle des peintures à la cire (1943). De retour à Paris, il participe à l'exposition *Le Surréalisme en 1947* et écrit pour le catalogue *Proclamation* et *Deuxième Autocouronnement,* textes où il se nomme « Empereur du royaume du mythe personnel ». En 1948 se tient chez René Drouin sa première grande exposition qui présente une centaine d'œuvres. Après sa rupture avec les sur-

réalistes (1948), faisant suite à l'exclusion de Matta, il engage un travail d'autobiographie imaginaire avec les *Onomatomanies* consacrées aux exploits cosmiques accomplis par « Victor ». La série des *Rétractés* (1950), qui veut explorer les phénomènes de la conscience, subit l'influence directe de Matta, avec lequel il réalise plusieurs toiles (*Intervision*, 1955, MNAM).
Dans les années 60, Victor Brauner revient à un registre formel très simplifié qui prépare les cycles de *Mythologie* et de *La Fête des mères,* réalisés sur toiles et bois découpés (1965). En 1966, il est choisi pour représenter la France à la Biennale de Venise.

S. Alexandrian, *Victor Brauner l'Illuminateur*, Paris, Cahiers d'Art, 1954; A. Jouffroy, *Brauner,* Paris, G. Fall, Le Musée de Poche, 1959; cat. *Victor Brauner,* MNAM, Centre G. Pompidou, 1972.

Le Musée, grâce à la donation en 1982 de Mme Victor Brauner, possède un ensemble particulièrement représentatif de son œuvre (notamment 7 peintures de 1937, 82 dessins, 2 peintures des années 50 et 60).

☐ *Trio,* 1937
« Le tableau, surgi des plus profondes zones de l'instinct, fait appel à l'instinct, *communication sans préjugé.* » (Victor Brauner)
Cette petite huile sur bois, qui participe de la série des peintures de 1937 conservées au Musée *(L'Envoyeur, La Mode, Sur le motif, Le Dernier Voyage, La Ville qui rêve, Antithèse)*, utilise le vocabulaire formel de l'iconographie surréaliste. Une perspective classique brutalement relevée, les portiques d'architectures impossibles, les étendues désertes, les ombres crépusculaires renvoient au climat caractéristique de la peinture chiriquienne. S'inspirant des principes du travail onirique, les personnages de Victor Brauner sont construits par disjonctions, agrégations, déplacements et condensations de fragments anatomiques. Ainsi se trouvent composés des êtres à la fois ambigus et dotés d'une nouvelle et inquiétante fonctionnalité. Ces vivantes « machines célibataires » introduisent dans l'espace immo-

Loup-table, 1939-1947
bois et fragments de renard naturalisé
54 × 57 × 28,5
don Jacqueline Victor Brauner, 1974
AM 1974-27

Trio, 1937
huile sur bois
18 × 13,6
don Jacqueline Victor Brauner, 1982
AM 1982-114

bile de la « peinture métaphysique » une activité inexplicable où se mêlent les fonctions sociales et organiques du corps.

Le thème de l'œil y est central : arraché, exorbité, métamorphosé, occulté, il édicte la logique visionnaire d'où découle le sens du tableau. « En notre temps, la vue est un langage puissant et total, le visuel a établi des relations de fascination entre objet et sujet et inversement » (Victor Brauner). Cette inversion explique pour certains la vertu prémonitoire de la peinture de Victor Brauner dans la période 1932-1938. Inaugurée par *l'Autoportrait à l'œil énucléé* (1932, MNAM), elle culmine dans les œuvres de 1937 pour émerger dans le réel avec le violent arrachement de l'œil gauche au cours d'une bagarre en 1938. Une coïncidence des faits qui fera parler d'une surdétermination par la peinture et libère Victor Brauner des apparences de la réalité ordinaire.

☐ *Composition sur le thème de la Palladiste*, 1943

Dans cette *Composition*, restée inachevée, Victor Brauner met à plat les éléments actifs de son œuvre des années 1940. Formellement lié aux sculptures *Congloméros* (1941) et *Nombre* (1943), le tableau est préparé par une série de dessins intitulés *Projets pour la Palladiste* (MNAM). Il représente le moment d'analyse qui, au terme d'une alchimie symbolique, se concluera par la synthèse d'une divinité unique. Dans *Composition sur le thème de la Palladiste*, les principes hétérogènes, mis en présence sur la toile, se déclinent de droite à gauche : le principe féminin sur son socle de déesse, le principe de la connaissance — nœud de reptiles déroulant le signe de l'infini —, le principe masculin à tête de poisson et porteur de l'instrument de puissance. La scène, focalisée sur le geste de prise ou d'invite, éclatera dans la métamorphose et la résolution antagonique des contraires. La sculpture *Nombre* illustre la fusion qui en résulte : fusion physique par l'articulation d'une machine bisexuelle en forme d'étoile, de roue ou d'éventail; fusion psychique qu'exprime l'unicéphalité et la condensation des outils du pouvoir cognitif, guerrier et sexuel : le bâton à tête de serpent. Suspens avant la grande mutation, *Composition sur le thème de la Palladiste* capte l'attention du déchiffreur : « Il s'agit de savoir à chaque seconde qui l'emportera de l'instinct sexuel et de l'instinct de mort, la peinture (…) de Brauner nous fait assister, peut-être comme aucune autre, à ce combat singulier ». (A. Breton).

☐ *Loup-table*, 1939-1947

De 1939 à 1947, dates marquant le début et l'achèvement du *Loup-table*, la guerre. Ce qui était prémonition, manière de voir dans les toiles *Fascination* et *Espace psychologique* (où, dès 1939, figurait le *Loup-table*) accède à la réalité.

« Règne (…) des bêtes qui s'enhardissaient jusqu'à nous flairer », la guerre est pour Victor Brauner l'époque où les peurs prennent forme, où les fictions de sa peinture antérieure se solidifient dans le quotidien. Ancien militant du Parti communiste roumain, dissident lors des

602

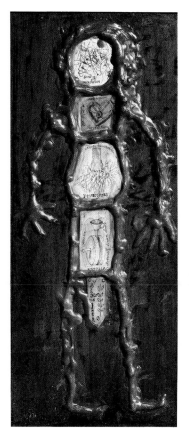

procès de Moscou, Victor Brauner illustre ici la catastrophe de la conscience aux prises avec l'Histoire.

La table, lieu de l'alimentaire, se retourne contre le mangeur, gueule ouverte. Mort subie et mort portée, la violence instinctuelle assiège par le dedans et par le dehors l'individu. Objet familier, proche du corps, la table, assimilée à l'homme, mime le drame par une convulsion de la forme; redevient bois, forêt, espace d'une sauvagerie inhabitée; exprime l'instabilité de l'être : « Il y a du fauve dans l'air, il émane de la nudité, sournoisement il procède de la vie du meuble, se courrouce de toutes parts autour de nous : dans notre propre logis, ces éclairs de poche dans le fourré, c'est lui qui montre les dents. » (A. Breton).

☐ *L'Homme idéal*, 1943 — *Objet de contre-envoûtement*, 1943
Pour lutter contre ces hantises, Victor Brauner confectionne, avec des matériaux primaires aux vertus magiques, des images de protection telles *L'Homme idéal* ou *Objet de contre-envoûtement*. Incantations exorcistes, elles assignent à l'image d'être une *représentation efficace*. Le sujet quitte le domaine de la figuration pour se concrétiser dans la cire naturelle, la terre crue, le plomb, toutes matières liées aux rituels mythiques de la naissance et de la mort. Ainsi s'ébauchent les formes d'une ressemblance iconique qui, dans son inachèvement même, adhère au modèle, participant de sa corporéité, tels le moulage ou l'empreinte. Par cette manipulation primitive, le matériau se charge d'un transfert d'énergie mentale que l'écriture, précise bien qu'indéchiffrable, fixe dans un système d'incisions graphiques.
L'Homme idéal et *Objet de contre-envoûtement* s'apparentent à ces « objets américains » présentés à l'exposition surréaliste de 1936: têtes

réduites ou momifiées jivaro et mexicaines, masques, talismans. Ils empruntent également aux pratiques magiques et aux superstitions populaires, aux ex-voto, aux reliquaires, dispositifs qui, par synecdoque, isolent et exhibent des fragments de corps et de sens.

☐ *La Formatrice*, 1962
Les dernières années de Victor Brauner sont marquées, sur le plan pictural, par une schématisation des modes de représentation. Comme l'illustre le tableau *La Formatrice*, le jeu des grandes surfaces plates et monochromes dessine les figures imbriquées de la femme, de l'enfant. Ce thème de la femme, mère, terre, intermédiaire entre le réel et l'informe, grande initiatrice, objet et moyen des désirs, constitue le sujet dominant de l'œuvre de Victor Brauner. « La mère, comme dans les cosmogonies primitives, symbolise chez lui la terre, et l'homme représenté comme un enfant qui aspire à sa sollicitude. Mais c'est aussi un idéal de la femme — divinité protectrice, pleine des profus appâts des Vénus paléolithiques, assurant le bien-être de l'homme qui s'abandonne à elle — et un homme retourné aux états de l'enfance ». (Alexandrian Sarane). De *La Formatrice* au cycle de la *Fête des mères* se précise le sens de cette joyeuse proclamation de Victor Brauner : « Nous irons triomphalement en Mamalie ». A.B.

L'Homme idéal, 1943
panneau de bois avec cire et
morceaux de papiers dessinés à l'encre et collés
37 × 16,5
don de la Scaler Foundation, 1981
AM 1981-508

Objet de contre-envoûtement, 1943
boîte en bois avec éléments de cire, terre crue,
plomb, fil de fer et papiers
25 × 13,8 × 5
don Jacqueline Victor Brauner, 1982
AM 1982-229

La Formatrice, 1962
huile sur toile
130 × 97
don Jacqueline Victor Brauner, 1974
AM 1974-26

Maria-Elena Vieira da Silva
1908

Issue de la bourgeoisie intellectuelle de Lisbonne, Maria-Elena Vieira da Silva se consacre très tôt à l'étude de l'art et manifeste un intérêt précoce pour la structuration formelle des corps et de l'espace. Elle poursuit cette recherche à Paris (où elle s'installe en 1928) par l'apprentissage de la sculpture avec Bourdelle et Despiau, puis, se tournant vers la peinture, approfondit, sous la direction de Léger et de Bissière, la question de la composition de la surface. S'inspirant à cet égard de Torres-García, elle trouve dans l'œuvre de Bonnard le modèle d'une construction par la touche colorée.

Après sa première exposition chez Jeanne Bucher en 1933, elle retourne vivre à Lisbonne avec le peintre hongrois Arpad Szenes (1935-1936), puis en 1940 émigre au Brésil où elle établit de nombreux contacts avec des écrivains et artistes sud-américains. A son retour en France en 1947, Maria-Elena Vieira da Silva s'affirmera rapidement comme l'un des peintres majeurs de l'École de Paris.

Cat. *Vieira da Silva,* Lisbonne, Fundaçao C. Gulbenkian, 1970; D. Vallier, *Vieira da Silva,* Paris, Weber, 1971; cat. *Vieira da Silva. Peintures a tempera, 1929-1977,* Lisbonne, Fundaçao C. Gulbenkian, Paris MAM, 1977.

Entrées les premières dans la collection, les toiles *Jardins suspendus,* 1955, *L'Été,* 1960, *Stèle,* 1964, *Entreprise impossible,* 1967, témoignent du développement — construction orthogonale systématique de la surface picturale — de la recherche de Vieira da Silva. Le don effectué par l'artiste en 1975 (en même temps que celui d'Arpad Szenes), qui comprend une trentaine de dessins à l'encre s'étendant sur la période 1947-1974, permet de suivre les étapes successives de son travail sur l'espace perspectif.

La Bibliothèque, 1949
huile sur toile
114,5 × 147,5
achat de l'État 1951, attr. 1953
AM 3214 P

L'Insurrection, 1939
crayon et crayons de couleur
22 × 32
don de l'artiste, 1975
AM 1975-121

604

Stèle, 1964
tempera sur toile
195 × 114
don de l'artiste, 1965
AM 3407 P

☐ *La Bibliothèque,* 1949

La toile réalisée par Arpad Szenes en 1940 (*Marie-Hélène I,* 1940, Paris, MAM) qui représente Vieira da Silva peignant *L'Atelier, Lisbonne* constitue une sorte de schéma interprétatif de la démarche du peintre. De facture figurative, elle confronte la peinture en train de se faire à son environnement réaliste, une pièce ordinairement meublée, dont la juxtaposition à l'espace analytique du tableau indique le point de vue occupé par l'artiste et la dynamique de son art : la tapisserie aux murs, le mobilier bourgeois, le chevalet, le peintre, le tableau forment la grille des écarts dans laquelle se tissent un faire/ un voir. Absorbée par l'exécution de cette « anatomie de l'espace », Maria-Elena Vieira da Silva ne conserve du lieu que sa structure architecturale : un caisson perspectif renforcé par la convergence du treillis des lignes de composition.

Ce thème sans cesse repris depuis *L'Atelier, Lisbonne,* 1934-1935, et *La Chambre à carreaux,* 1935, formera, comme l'a montré Dora Vallier, le fil conducteur de son œuvre. La profondeur ainsi obtenue est progressivement comblée par une mise au carreau de la couleur inspirée du principe de l'azulejo (*Le Jardin d'azulejo,* 1948, *La Véranda,* 1948), ce morceau de céramique décorative spécifiquement portugais qu'elle utilise comme l'opérateur d'une décomposition géométrique et élémentaire de l'espace. A partir de ce point, son travail se développe en accentuant la fatalité perspective (*L'Insurrection,* 1939, *Le Couloir sans limite,* 1942-1948, *La Chambre grise,* 1950) pour déboucher sur un espace ouvert et fuyant, matérialisé par le thème de l'échiquier (*La Partie d'échecs,* 1943, MNAM, *Echec et mat,* 1949-1950, *L'Échiquier,* 1962).

Au moment où le point de fuite superposé à la ligne d'horizon se trouve, par un reflux de celle-ci, ramené à la limite supérieure de la toile, il se produit un basculement où la verticalité se substitue à la profondeur initiale. Ce rabattement de la grille perspective sur la surface du tableau provoque une ouverture de la construction conduisant à la dominance des verticales et des horizontales sur les fuyantes initiales. L'effet de muralité ainsi créé est particulièrement manifeste dans le thème des *Bibliothèques* qui, de 1949 à 1974, fonctionnera comme un régulateur formel de l'œuvre de Vieira da Silva.

Dans *La Bibliothèque* de 1949 — qui marque le début de la série — le titre recouvre encore la notion de *lieu,* compris comme un espace de déambulation dans lequel l'élément discret du carreau est relayé par celui de la tranche du livre, mince rectangle vertical; mais ce lieu est en voie d'éclatement et sa structure est désarticulée par la répartition même des objets qui la subdivise; la mouvance du point de vue provoque des effets de diffraction et de vibration visuelle, vertigineux. C'est dans *Le Marteau sans maître,* 1967, que la bibliothèque finit par se confondre avec la description de l'objet-plan : étagement d'horizontales et de successions verticales. Il n'est plus question ici d'espace, mais d'un motif plat formé par l'accumulation des livres : une peinture à deux dimensions. Cette expérience constitue l'excès et la limite de l'œuvre de Vieira da Silva, fascinée jusqu'au bout et encore aujourd'hui par la qualité « spatiale » de la peinture et son illusionnisme.   A.B.

Jacques de la Villeglé
1926

Collectionneur dès 1947 d'*objets trouvés* considérés comme œuvres d'art, tels les fils de fer du mur de l'Atlantique ramassés sur les plages de Bretagne, et fidèle en ceci au goût surréaliste, c'est avec l'invention de l'affiche lacérée que Villeglé devait découvrir à la fois la spécificité de son travail et son terrain d'expérimentations. Avec Raymond Hains, rencontré aux Beaux-Arts de Rennes, ils décollent ainsi conjointement en 1949 — après leur installation à Paris — leur première affiche *Ach Alma Manetro*. Malgré une étroite collaboration qui se poursuivra jusqu'en 1954, en particulier pour la réalisation de films expérimentaux, le caractère personnel de leurs sélections d'affiches est évident. *Tapis Maillot* est de ce point de vue exemplaire d'un aspect majeur de l'œuvre de Villeglé: le travail sur la lettre à l'exclusion de toute image. Cet intérêt — manifeste dès leur premier décollage — est indissociable de l'attention portée par Hains et Villeglé aux recherches des peintres cubistes (introduction de lettres au pochoir dans *Le Portugais,* 1911, de Braque; utilisation de caractères imprimés dans le papier collé...) et du climat créé par les premières manifestations du mouvement lettriste.

Si, dans ses recherches initiales, Villeglé a parfois modifié certains éléments afin d'assurer, dans l'esprit du collage, une forte évidence plastique, très vite il préfère s'en tenir à la seule notion de *décollage,* assumant le geste du *Lacéré anonyme* — ce passant de la rue qui réagit spontanément à l'affiche et à son contenu par un acte de destruction et auquel il attribue justement la paternité de ses affiches — se contentant d'en sélectionner les plus indéniables ou surprenantes réussites.

« Je ne puis regarder la lacération de l'anonyme ou mon option sélective », écrit-il, « comme la transcription ou l'objectivation d'une expérience vécue par un seul individu prédestiné, l'artiste. L'ensemble des lacérateurs, ravisseurs, voyeurs et collectionneurs sera donc distingué par la dénomination générique « Lacéré anonyme », et serait-ce à dresser le constat d'une activité dont l'auteur semble insaisissable que se bornerait mon but ou, plutôt, en reconstituant l'œuvre esthétique d'un inconscient collectif, à personnaliser le "Lacéré anonyme"? ».

□ *Tapis Maillot,* 1959
A la différence de la presque totalité des œuvres de Villeglé, généralement titrées du seul nom de rue identifiant le lieu de la collecte, *Tapis Maillot* doit son appellation à une double circonstance. C'est en février 1959 à la Porte Maillot (à l'emplacement de l'actuel Palais des Congrès) que furent décollées ces affiches de cinéma (dont on peut encore identifier les noms : Demours, Cinéac-Ternes, Royal-Maillot, Maillot, Windsor) sur les palissades qui entouraient l'ex-Luna Park, lieu privilégié de l'imaginaire d'après-guerre et où Raymond Queneau situe les principaux épisodes de son roman *Pierrot, mon ami* (Gallimard, 1945). Cette suite de programmes dont la

typographie, par les effets de superpositions et d'arrachages successifs, possède un caractère *éclaté,* s'inscrit dans la ligne des recherches sur la lettre illisible que Hains et Villeglé, en partant d'un poème de Camille Bryen, formalisèrent avec *Hépérile éclaté,* publié en 1953.

Lors de soirées organisées en juin 1959 dans l'atelier de François Dufrêne sous l'intitulé *Lacéré anonyme,* Villeglé utilisa cette bande d'affiches ainsi qu'une seconde ultérieurement fractionnée (et à laquelle appartenait *Triplé Maillot,* actuellement dans la collection du Musée de Vienne) comme revêtement de sol. Nettoyée et rendue à son aspect mural, elle a conservé néanmoins ce titre de *Tapis* qui évoque « ce point noué du Paysan de Paris, nos Gobelins des Faubourgs, tissés sur la basse-lisse des trottoirs, en période électorale », que se plaisait à saluer, par ailleurs, Pierre Restany.   D.A.

605

Cat. *Villeglé, Retrospektivt 1949-1971,* Stockholm, Moderna Museet, 1971; *Villeglé : Lacéré anonyme,* Paris, MNAM, Centre G. Pompidou, 1976; cat. *Villeglé,* Morlaix, Musée des Jacobins, 1978.

Tapis Maillot, 1959
affiches lacérées collées sur toile
118 × 490
achat de l'État 1959, attr. 1980
AM 1980-428

Jacques Villon
1875-1963

Gaston Duchamp, qui prendra le nom de Jacques Villon, travailla en étroite relation avec ses frères, Marcel Duchamp et Raymond Duchamp-Villon.

Il reçoit une formation de graveur à l'Académie des Beaux-Arts de Rouen, puis à l'Académie Julian à Paris. Après sa première exposition à Rouen en 1905, il se consacre jusqu'en 1910 à l'illustration de revues telles que *L'Assiette au Beurre* et *Le Courrier Français,* dans un style proche de celui de Bonnard et de Toulouse-Lautrec. En suivant la leçon cézannienne, il arrive lentement à la peinture (*Portrait de Raymond Duchamp-Villon,* 1911, MNAM). Sa venue tardive au cubisme (1911) entraîne d'amples réflexions : dans son atelier de Puteaux, où se constitue ce qui deviendra en 1912 le groupe de la Section d'Or, sont discutées les règles de construction classique de la Renaissance et débattus les principes du cubisme et du futurisme italien, dont il s'approche étroitement. Le succès des peintures de Villon est immédiat à l'*Armory Show* de New York en 1913. Pendant la guerre, l'apprentissage de la technique du camouflage lui permet d'approfondir ses connaissances théoriques en peinture. Au cours des années 20, l'œuvre de Villon se situe dans la lignée d'un cubisme rigoureux de plus en plus coloré. Le peintre participe au mouvement Abstraction-Création de 1931 à 1935, et se réfère au cercle chromatique pour définir des accords de tons subtils (*Amro,* 1931, MNAM). L'exigence d'une harmonie entre la composition et la couleur constituera jusqu'à la fin la qualité dominante de ce « cubiste impressionniste », comme Villon se qualifiera lui-même. Grâce à Walter Pach, le succès lui vient des États-Unis plus que de la France, où il est « découvert » à la faveur du courant de l'abstraction d'après-guerre. Ses peintures, et plus encore son œuvre gravé, lui valent en 1950 le Premier Prix du Carnegie Institute, puis en 1956 le Grand Prix de la Biennale de Venise.

D. Vallier, *Jacques Villon : œuvres de 1897 à 1956,* Paris, éd. Cahiers d'Art, 1956; cat. *Rétrospective Jacques Villon,* Rouen, Musée des Beaux-Arts, Paris, Grand Palais, 1975; cat. *Jacques Villon* (texte de D. Robbins), Cambridge, Fogg Art Museum, Harvard University, 1976.

□ *Soldats en marche,* 1913

Les tableaux des années cruciales 1912-1913 se trouvent pour l'essentiel dans les collections américaines; celui-ci, exposé deux fois seulement avant la guerre (1925, Galerie Vavin-Raspail; 1937, exposition des Maîtres de l'Art Indépendant, Petit Palais), est considéré depuis comme un chef-d'œuvre de cette période. Précédée d'une étude datée de 1912 — un croquis exécuté pendant une marche militaire dont il ne reste qu'une épreuve photographique rehaussée au lavis (MNAM) — cette œuvre traduit la volonté de Villon d'aller au-delà du cubisme. Il s'appuie sur les traités scientifiques et les précis d'optique, qui satisfont son besoin d'absolu et de rationalité, se passionne pour l'étude de la structure de la matière, la théorie de la relativité et du mouvement brownien. Les recherches de Marey et de Muybridge sur la synthèse du mouvement par le procédé de la chronophotographie influencent directement la composition de ces

Soldats en marche, 1913
huile sur toile
65 × 92
achat 1976
AM 1976-1057

606

Soldats en marche, comme elles ont influencé le *Nu descendant un escalier,* 1912, de Marcel Duchamp. Dès 1912, Villon a lu le *Traité de la peinture* de Léonard de Vinci, dont il applique ici les règles sur la perspective et la Section d'Or dans l'analyse du rapport du volume à l'espace : la structure pyramidale avec double point de vue, obtenue par la convergence des diagonales, restera son type de composition préféré.

Les procédés du cubisme commencent à s'épuiser vers 1913. Villon modifie la gamme de couleurs sobres des peintures de Braque et de Picasso au profit de teintes acidulées de bleus, de jaunes, de rouges qui, cependant, ne saturent pas les plans. La couleur signifie, souligne la construction du dessin et le rendu synthétique du mouvement. Villon allie déjà la précision de la composition à la pureté et à la transparence des couleurs, ordonnant son œuvre dans l'homogénéité.

□ *Cheval de course,* 1921

Jacques Villon commence en 1921 une importante série d'études de jockeys et de chevaux saisis en pleine course, qui serviront à l'élaboration de toiles majeures, telles que *Galop* (1921, Stockholm, coll. G. Bonnier), *Cheval de course* (1922, Paris, coll. L. Carré) et *Le Jockey* (1924, New Haven, Yale University Art Museum). Comme chez Raymond Duchamp-Villon, le cheval, équivalent naturel de la machine futuriste, traduit l'attirance personnelle de Villon et son intérêt pour l'étude du mouvement. Passionné, de même que Dali, par le livre de D'Arcy Thomson publié en 1917, *On Growth and Form,* sur

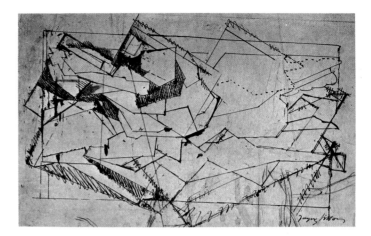

607

les permutations et malformations des formes biologiques, il épure, à l'aide de calques successifs, la composition de ses dessins de chevaux, vus de profil ou d'en haut, et réussit à traduire la synthèse des formes étirées par la vitesse de la course. Seul subsiste ici le schéma géométrique des lignes de forces, qui marque l'une des étapes les plus achevées de sa progression de la figuration vers l'abstraction.

□ *Le Scribe,* 1949

De la série d'autoportraits aux titres humoristiques : *Figure d'homme, L'Usurier, Le Matois, Le Finaud,* celui-ci est le plus abstrait et représente l'aboutissement des recherches de Villon pour obtenir un accord chromatique et un rapport parfaits entre les surfaces. En 1921, il travaille pour André Mare à l'illustration d'un recueil de planches intitulé *Architecture* et tente, en adoptant une construction strictement cubique en diamants inversés, de définir une grille de tracés régulateurs qui puisse s'appliquer aussi bien à la figure (*Portrait de l'artiste,* 1942, New York, coll. part.) qu'au paysage (*Entre Toulouse et Albi,* 1941, MNAM). Mais la rigueur géométrique de l'architecte, qui réapparaîtra dans le *Portrait de Marcel Duchamp,* 1951, semble s'effacer ici au profit d'une modulation plus subtile des surfaces colorées, appuyée par un graphisme allusif et souple. Villon s'inspire de la technique de la tomographie, apprise à la guerre, pour la juxtaposition des plans de couleurs. Les lois chromatiques, telles qu'elles sont exposées dans le *Traité de la couleur* de Rosenthiel (paru en 1913) et dans le *Traité scientifique des couleurs* de Rood (paru en 1950), transparaissent dans le jeu binaire des plages de couleurs froides : bleus, verts, mauves.

En cette période d'honneurs, qui lui valent quelques reproches de la part de ses amis, dont Gleizes, Villon semble prendre une certaine distance par rapport à la gloire; dans *Le Scribe,* son image reflétée par le miroir révèle les sentiments ambigus du peintre à l'égard de sa propre destinée.

S.B.

Le Scribe, 1949
huile sur toile
92 × 75
achat de l'État 1949, attr. 1950
AM 2943 P

Cheval de course, 1921
(Cheval et son cavalier)
crayon et encre sur papier calque collé sur carton
26,6 × 42,8
achat 1979
AM 1979-353

Maurice de Vlaminck
1876-1958

« M. de Vlaminck (...) maître à la fois du pinceau et de la plume (...) a un sens *flamand* de la joie. Sa peinture est une kermesse (...) et sa curiosité ne se lasse jamais », jugeait Apollinaire, contrairement à Derain qui, dans une lettre de 1902 adressée à Vlaminck, lui reprochait d'en rester « toujours à la sensation immédiate ». De fait, ce dernier fut un peintre fauve éclatant mais qui s'en est tenu là, sans poursuivre ni dans la voie du cubisme, ni dans celle d'une quelconque abstraction. Parfait autodidacte, Vlaminck est le seul Fauve à avoir rejeté toute tradition, tout enseignement, toute influence. En 1900, lors d'un légendaire « accident » de chemin de fer, il fait la rencontre décisive d'André Derain, au contact de qui son métier de peintre se détermine. Il partage d'abord avec lui un atelier à Chatou, puis s'installe à Rueil-Malmaison. C'est là que s'élabore le fauvisme et que, après avoir « retourné sur toutes ses faces le problème de l'expression par la couleur », les deux peintres travaillent dix années (de 1904 à 1914) en étroite intimité. A Matisse, qu'il rencontre en 1905 grâce à Derain, Vlaminck déclare : « Il faut peindre avec des couleurs pures (...). Des tubes, quelle blague ! Il faudrait des seaux de couleurs ». A l'égal de sa prodigieuse et souvent excessive vitalité, son fauvisme s'exprime, dès 1905, par « une écriture automatique au service d'un lyrisme qui s'épanche presque sans contrôle » (M. Giry). Pas de structure nettement établie : les lignes de forces se noient dans le rythme coloré. Les couleurs, peu variées, sont réduites aux couleurs primaires et à leurs complémentaires. Au contraire, les touches multiformes et frénétiques, en virgule, en bâtonnet ou vermiculées, varient... C'est ainsi que sa propre tendance au « primitivisme » pousse Vlaminck à « découvrir » l'art nègre pour lequel il s'enthousiasme (il vendra à Derain son premier masque), et qu'il possèdera la plus nombreuse collection d'art nègre en Europe. En 1907, Ambroise Vollard lui organise sa première exposition personnelle.

En 1914, de même que la guerre les sépare (Derain part au front), de même leur attitude les oppose (Derain se refusait à sacrifier le dessin à la couleur) et leur amitié se rompt. Après le fauvisme, désabusé par l'emploi de la couleur pure, il se cherche : « Ce que je voulais peindre, c'était l'objet lui-même avec son poids, sa densité, comme si je l'avais représenté avec la matière même dont il était formé. J'aspirais à faire vivre l'objet (...) en rapport avec l'émotion qu'il déclenchait en moi ». A la deuxième exposition de Vlaminck, chez Druet en 1919, Roger Fry affirmera : « Vlaminck est déjà un maître ».

M. Vlaminck, *Tournant dangereux*, Paris, Stock, 1929 et *Portraits avant décès*, Paris, Flammarion, 1943; cat. *Vlaminck*, Paris, galerie Charpentier, 1956; M. Sauvage, *Vlaminck, sa vie et son message*, Genève, Pierre Cailler, 1956.

☐ *Une Rue de Marly-le-Roi,* 1906
« Je ne prétends à rien d'autre qu'à être, comme certains l'affirment, un peintre populaire, un génie de banlieue. » Depuis son enfance passée au Vésinet jusqu'à ce qu'il se fixe en 1925 à la Tourillière (Eure-et-Loir), Vlaminck n'a guère quitté Paris et sa région. En s'établissant à Chatou, « il inaugure ainsi, pour Marcel Sauvage, un long périple dans les banlieues parisiennes dont il sera pour un moment, à l'égal d'Utrillo, le peintre des pavés tristes, des maisons lépreuses et des balcons fleuris ». C'est de là qu'il découvre les paysages, à bicyclette, puis, entre 1918 et 1920, à moto, ou plus tard encore en voiture; la route constitue dès 1907 son thème favori, lui offrant la possibilité de traduire son exaltation pour la vitesse. A partir de la fin des années 20, ces vues de banlieue demeurent les jalons de son inquiétude, de ses déceptions, de ses révoltes devant l'humanité, et Vlaminck finira par se complaire dans un « romantisme d'imagier ».

☐ *Les Arbres rouges,* 1906
Acquise par le Musée à la vente Le Guillou (15 décembre 1946) à Nantes, en même temps que les deux autres paysages reproduits ici, cette peinture est sans doute l'une des plus réussies de la période fauve de Vlaminck, où il allie puissance et rigueur de la construction,

Une Rue de Marly-le-Roi, 1906
huile sur toile
54 × 65
achat 1947
AM 2674 P

Intérieur de cuisine, 1904
huile sur toile
55 × 46
attribution de l'Office des Biens privés, 1950
Réc. 15 P

Les Coteaux de Rueil, 1906
huile sur toile
48 × 56
achat 1947
AM 2675 P

Les Arbres rouges, 1906
huile sur toile
65 × 81
achat 1947
AM 2673 P

610

élan et équilibre des formes, violence et maîtrise des couleurs. Par les aplats cernés de bleu outremer, c'est l'influence de Gauguin qui prévaut ici. Mais, contrairement à la grande plage triangulaire de *Une Rue de Marly-le-Roi*, la surface de la toile est ici morcelée de façon presque régulière, au rythme des verticales rouges et jaunes, projetées à l'avant du paysage et fixées sur l'horizontale ferme d'un mur. « Mes plus beaux enthousiasmes ont les mêmes origines que ceux de mon enfance : un sentier dans la forêt, la route, la physionomie des routes, un bord de rivière avec son eau profonde, un reflet de maison, un profil de bateau, une maison au bord d'un chemin, un ciel avec des nuages noirs, un ciel avec des nuages roses. »

□ *Les Coteaux de Rueil*, 1906

« L'atelier de Vlaminck, c'est le pont de Chatou (...). Comme il peint ce qu'il sent et non ce qu'il voit, avec une apparente brutalité, un bourreau du goujon dit un jour à l'artiste : qu'est-ce qu'elle prend avec toi la nature ! » (La Palette, *Paris-Journal*, 1911). C'est de cet atelier-là que sortent *Les Coteaux de Rueil*. Il peut paraître surprenant que Vlaminck ait peint ses toiles les plus violemment fauves dans le paysage si doux des environs de Paris, sans jamais être allé dans le Midi ; ici, celui de Rueil-Malmaison, où il s'est installé en 1901 pour y vivre les dix années majeures pour sa peinture, en étroite intimité de recherche avec Derain. La toile est peinte en 1906, un an après cette année décisive où Derain le présente à Matisse, qui vient le voir à Rueil. « A vrai dire, la peinture de Derain et de Vlaminck ne m'étonnait pas, car elle était voisine des recherches que j'entreprenais moi-même. Mais j'étais ému de voir que de très jeunes hommes avaient quelques convictions semblables aux miennes. » Un an, surtout, après le fameux Salon des Indépendants de 1905 où Vlaminck, qui expose pour la première fois (huit toiles), peut revoir un important ensemble de peintures de Van Gogh. C'est donc sous le signe de Van Gogh (« je retrouvais chez lui certaines de mes aspirations (...) un sentiment presque religieux de l'interprétation de la nature ») que peut se situer ce paysage typiquement fauve : par le nouveau rapport, lyrique, de l'artiste à la nature, traduit par la couleur devenant un élément purement subjectif dans un système d'équivalences ; par l'emploi de couleurs pures, dans des rapports d'harmonie ou de discordance particulièrement violents (bien davantage que chez les autres Fauves) ; par la possibilité d'exprimer la distance, ce que Pierre Francastel nomme « la qualité spatiale autonome des couleurs à l'état pur » (ainsi, un bleu éloigne, un jaune rapproche) qu'utiliseront les artistes du Minimal, Marden ou Stella notamment ; enfin, par la touche posée avec une grande liberté.

□ *Autoportrait*, 1911

La figure humaine se plie moins facilement que le paysage aux élans lyriques des peintres fauves. Encore moins le portrait : « Je remettais toujours les portraits à faire (...). Il aurait fallu que j'en trouve à l'échelle de la nature telle que je l'éprouvais ». Et, pourtant, Vlaminck en réussit plusieurs : *Le Père Bouju*, 1900 (MNAM), *Apollinaire*, 1904, *Derain*, 1905 ; enfin, deux *Autoportraits*, un de 1920 et celui-ci qui illustre parfaitement le « Médaillon » du peintre publié par La Palette dans *Paris-Journal* en 1911 : « Aujourd'hui les habitants de Rueil et de Chatou ne ménagent plus leur sympathie à ce géant blond, aux yeux de porcelaine, casqué d'un melon minuscule et vêtu d'un joli complet d'entraîneur. » Cette toile, dont il existe un dessin très proche au crayon, est acquise dès 1911 par Kahnweiler, dont Vlaminck fait la connaissance en 1907 et qui, après Vollard, va acheter régulièrement ses toiles à partir de 1908 et même lui établir un contrat en 1913. A peine marqué par le cubisme — dont il dira que c'est « de la peinture à la portée de tous » — Vlaminck fait, cependant, preuve ici d'une tentative de structuration des volumes du visage et d'une sobriété dans les couleurs, assez exceptionnelles chez lui.   N.P.

Autoportrait, 1911
huile sur toile
73 × 60
donation Louise et Michel Leiris
avec réserve d'usufruit, 1984
AM 1984-677

Andy Warhol
1928

Fils d'émigrants tchécoslovaques pauvres, Andy Warhol devient dans les années 50, après avoir obtenu un diplôme d'études supérieures de dessin au Carnegie Institute of Technology de Pittsburgh (1949), un illustrateur doué et un designer célèbre; ses dessins et ses lithographies sont régulièrement exposés et Seymour Berlin publie, entre 1956 et 1959, une série d'albums à tirage limité. Warhol réalise en 1960 les premières peintures (acryliques sérigraphiées sur toile) d'après des bandes dessinées (Dirk Tracy, Popeye, Superman) et la série des bouteilles de Coca-Cola. Viennent ensuite les *American Dollars*, les *Campbell Soup*, les *Marilyn* et les *Disaster series* (1963), dont les thèmes violents (suicide, émeute raciale, accident de la route) sont empruntés à la une des journaux. En 1962, il expose à Los Angeles et New York les sérigraphies des boîtes de soupe Campbell et participe à l'exposition controversée des Nouveaux Réalistes à la Sydney Janis Gallery de New York, devenant ainsi l'une des vedettes du Pop Art et une star médiatique, dont l'image incarnera désormais les années 60. En 1963, il installe son atelier à la Factory, local industriel désaffecté, où il s'entoure de nombreux assistants et des acteurs majeurs de la contre-culture des années 60, mais aussi d'une faune « underground » très mélangée. C'est à cette époque qu'il devient le producteur du groupe rock Velvet Underground (Lou Reed, John Cage, Nico) et l'éditeur d'*Interview Magazine*. Il se passionne alors pour le cinéma et réalise une centaine de films, qui ont la faveur des Cinéastes Indépendants et que Jonas Mekas présente régulièrement à la Cinémathèque de New York. A partir de 1968, les films — toujours signés Warhol — qui entrent dans les grands circuits commerciaux sont, en fait, réalisés par Paul Morrissey (*Flesh*, *Trash*).

L'année 1968 marque une rupture dans sa vie et son œuvre, lorsqu'il est grièvement blessé de plusieurs coups de revolver par Valérie Solanas, personnage passablement déséquilibré de son entourage. La réalité semble alors rejoindre la fiction, Warhol devenant la victime du système qu'il dénonçait ironiquement. Après sa convalescence, confirmé dans sa paranoïa et ses angoisses de mort, Warhol s'installe dans un atelier-agence, bien différent, dans l'esprit et la forme, de l'ancienne Factory. Les œuvres des années 70 et 80 sont des séries de portraits de stars de la politique ou du showbusiness aux couleurs très agressives (Mao, Mick Jagger) ou des images de plus en plus sophistiquées, comme *Diamond dust shoes* (1980).

S. Koch, *Hyper Star Andy Warhol, son monde et ses films*, Paris, le Chêne, 1974, cat. *Andy Warhol*, Zurich, Kunsthaus, 1978; C. Ratcliff, *Andy Warhol*, New York, Abbeville Press, 1983.

□ *Electric Chair*, 1966
Les *Chaises électriques*, qui sont pour Warhol — au même titre que les bouteilles de Coca-Cola — des symboles de la société américaine, appartiennent aux *Disaster series* (réalisées à partir de 1963) et offrent une image froide et tragique de la mort moderne, violente et anonyme. Plus encore que les portraits de stars contemporaines — Marilyn, Elvis Presley ou *Ten Lizes* (Taylor), 1963, entré récemment dans la collection du musée — ces œuvres, dont il existe plusieurs séries de couleurs différentes *(Orange Disaster, Blue Electric Chair)* présentant une ou plusieurs images sérigraphiées, témoignent du rapport fasciné que Warhol entretient avec la mort et qui traverse toute son œuvre. C.D.

Electric Chair, 1966
(version rouge et bleu foncé)
acrylique et laque appliquée en sérigraphie sur toile
137 × 185
don de la Menil Foundation en mémoire de Jean de Menil, 1976
AM 1976-1232

Wols
1913-1951

Élevé à Dresde, Wols a une formation de violoniste et de photographe. Après un passage au Bauhaus de Dessau dans la classe de Klee, il s'installe à Paris en 1932 comme photographe et fréquente les milieux surréalistes, tout en réalisant ses premiers dessins à l'encre de Chine. Interné comme citoyen allemand dès le début de la guerre, puis libéré à l'Armistice, il se réfugie en 1940 dans le Midi (à Cassis et à Dieulefit). Ce n'est qu'à la Libération qu'il retourne à Paris, où il trouve encouragements et soutien auprès du collectionneur Henri-Paul Roché, de Jean-Paul Sartre et de René Drouin, qui organise sa première exposition personnelle en 1947: les 40 toiles accrochées seront saluées par le peintre Georges Mathieu comme constituant « un événement considérable, le plus important sans doute depuis Van Gogh (...). Wols a tout pulvérisé (...). Après Wols tout est à refaire ». Illustrateur des œuvres de Kafka, Artaud, Paulhan et Sartre, il est également l'auteur de poèmes d'inspiration mystique extrême-orientale.

Disparu prématurément en 1951, Wols s'imposera dès 1958, lors de sa rétrospective à la Biennale de Venise, comme le protagoniste européen de l'Abstraction lyrique face à Pollock. Comme l'Américain, il est moins un chef de file qu'un solitaire qui expérimente douloureusement les rapports de l'homme et de l'univers. Pourtant, en fusionnant le surréalisme et l'expressionnisme, il réussira à engager dans diverses voies la peinture informelle. Michel Tapié définit la situation créée par Wols en des termes critiques qui allaient faire école : « Le problème ne consiste plus à remplacer un thème figuratif par une absence de thème, qu'on le nomme abstrait, non figuratif, non objectif, mais bien à faire une œuvre, avec ou sans thème, devant laquelle, quelle que soit l'agressivité ou la banalité de contact épidermique, on s'aperçoit petit à petit que l'on perd pied, que l'on est appelé à entrer en extase ou en démesure, parce que, l'un après l'autre, aucun des critères n'est jamais mis en cause et que cependant une telle œuvre porte en elle une proposition d'aventure, mais dans le vrai sens du mot aventure, c'est-à-dire quelque chose d'inconnu où il est bien impossible de prédire comment cela va se passer, où en sera le spectateur vis-à-vis de tout, après s'être laissé aller à vivre jusqu'au bout cette proposition autre, dans quelque infinitésimal que ce soit, dans quelque stupéfiante violence que ce soit. »

C. Bryen, Sylveire, cat. *Wols,* Paris, Galerie René Drouin, 1948; W. Grohmann, cat. *Wols,* Paris, galerie Europe, 1959; J.-P. Sartre, H. P. Roché, W. Haftmann, *Wols en personne : aquarelles et dessins,* Paris, Delpire, 1963.

☐ *Composition,* 1943

Sa vie durant, Wols travaille sur de petits bouts de papier, où il dessine et peint avec de petits moyens ses rêves minuscules. Rêves qui sont peuplés de ses nostalgies, comme dans cette composition qui semble avoir pour thème celui d'un mât brisé. Fasciné par le *Bateau ivre* de Rimbaud, Wols aurait souhaité vivre sur un bateau et il s'est constitué dans ses aquarelles toute une flotte de « vaisseaux de rêve ». « Ce sont des navires fantômes, des « Hollandais volant », mais hérissés d'antennes et de radars, de proue en poupe, portant un frêt mystérieux, une foule de choses nées d'elles-mêmes, d'une nature à la fois minuscule et fantastique qui s'engendre formellement de façon étonnante » (W. Haftmann).

De ce réseau dense et touffu de lignes fines se dégage une figure centrale ronde d'où paraissent tourner, comme des ailes de moulin, des rayons auxquels s'accrochent des morceaux de drapeaux ou des fragments de voiles. Des taches roses semblent indiquer la trace du mouvement de ses ailes ou le passage des voiles, signe d'un voyage dans ce fond aquarellé bleuté. A l'écriture minutieuse et délicate s'associent les couleurs rares (rose, bleu, vert), qui sont distribuées très régulièrement sur le papier et se répondent du haut en bas de la

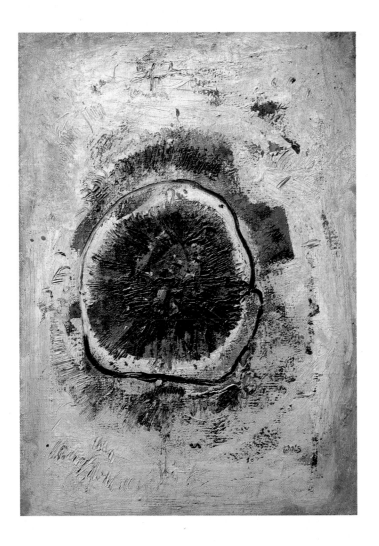

composition. Le travail du dessin, plus chargé au centre, est rehaussé également par des taches et des stries d'un bleu plus violent comme pour suggérer qu'ici, au centre du visage, se trouve le grand ordonnateur de cette traversée imaginaire.

☐ *Grenade bleue,* 1946

Des conditions d'existence difficile d'un Allemand anti-nazi résidant en France, Wols n'éprouvera aucune amertume, aucun ressentiment. Cette vie errante constitue la preuve de l'absurdité de la vie quotidienne et de son existence au monde. Sa rencontre avec Sartre et l'existentialisme le confortera dans sa conception de la condition humaine. Pour le philosophe, Wols, proche de Grosz et de Max Ernst, traduit plastiquement le sens de l'absurde au sein d'une conscience individuelle, analogue à celui de Kafka mais sans culpabilité. Indifférent à la réalité contingente, Wols explore l'espace du papier ou de la toile en transfigurant les objets du quotidien — en l'occurrence une grenade — avec un sens certain du fantastique qui métamorphose le fruit, au nom d'explosif, en un œil ou en un organisme inextricable où fourmillent signes épars, lacérations, touffes qui circulent dans toutes les directions à l'intérieur de sa forme : vision de près d'un monde infime, de « ce tout petit monde (papillon, cheval, cafard, violon, etc.) qu'il subit *du dedans* sans le voir et qui lui inflige son somnambulisme » (Sartre).

Grenade bleue, 1946
huile sur toile
46 × 33
achat 1971
AM 1971-4

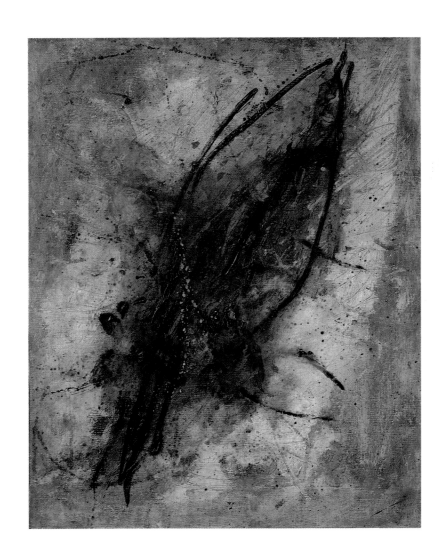

613

□ *Aile de papillon,* 1947

Il ne s'agit plus ici d'un objet, mais d'un fragment d'organisme vivant, symbole de la fragilité et de l'éphémère. L'aile de papillon n'est plus cette fois perçue comme un microcosme d'éléments minuscules, mais elle est agrandie, grossie, sans que pour autant sa vision en devienne plus nette : les taches colorées se mêlent et sont soutenues par les griffures calligraphiques, où la transposition de la nature et la composition abstraite se rejoignent. Des accents noirs, traces sombres de pinceau, violentent les taches délicates et la matière très subtile du fond jusqu'à faire surgir quelques taches rouges qui semblent réaliser la fin de l'existence du papillon. Wols, encore et toujours, transpose ici cette étrange expérience où toute vivante beauté est condamnée à être si vite frappée des signes de sa décrépitude. La représentation d'espaces aérés, d'où surgissaient, comme dans les premières aquarelles qui évoquaient les jardins enchantés de Klee, des scènes de rêve baignées d'une délicate et tendre lumière, a disparu. Sa vision est beaucoup plus sombre et plus angoissée, malgré le titre qui devrait suggérer légèreté et voyage.

Pour ou par cette appréhension plus lucide de la réalité, Wols détourne le sens rêvé et sentimental de la force créatrice de l'imagination pour l'orienter délibérément vers des formes plus offensives. La qualité sensible et lumineuse de la couleur du jaune chaud au bleu léger, les éclats ou les atténuations de la texture sont comme blessés dans leur surface même par ce coup de pinceau noir qui n'a plus rien à voir avec les lignes fines des peintures précédentes. Ce dialogue entre destruction et construction de la surface picturale reflète avec une précision extrême l'état d'âme de Wols. « C'est ainsi, page à page, que s'avance le *Journal intime* de ce peintre, nous permettant de suivre, de feuillet en feuillet, son aventure et ses élans : le merveilleux de ses rêves, ses lyriques exaltations, mais toujours aussi, hélas !, les ombres ténébreuses et la souffrance douleureuse » (Haffmann).   C.S.

Composition, 1943
(Le Mât brisé)
aquarelle et encre sur papier
22,2 × 14,3
achat de l'État 1946, attr. 1951
AM 1789 D

Aile de papillon, 1947
huile sur toile
55 × 46
don de M. René de Montaigu
avec réserve d'usufruit, 1979
AM 1979-255

Ossip Zadkine
1890-1967

Zadkine quitte en 1905 sa ville natale de Smolensk (Russie) pour parfaire son éducation en Angleterre, et décide d'y rester. En octobre 1909, il s'installe à Paris et, comme Lipchitz, suit les cours d'Injalbert à l'école des Beaux-Arts. Dès 1910, rompant avec l'enseignement officiel, il s'installe à la Ruche. Exposées à partir de 1911 aux Salons d'Automne et des Indépendants, les œuvres de ces années cruciales ont été perdues ou détruites par l'artiste. Celles qui subsistent (après 1912) montrent un lent cheminement dans l'intégration des principes cubistes jusqu'en 1914, ainsi qu'un manque évident de métier et un attachement à la taille directe. Engagé volontaire pendant la guerre, gazé, il dessine pourtant. La période de l'après-guerre est celle où se forme véritablement son style, dans la lignée d'Archipenko (*Formes et lumière*, 1918, MNAM). Soutenue par des personnalités telles que Cassou, Raynal, Cogniat, sa production est, à partir de 1923, régulièrement exposée en France et à l'étranger, notamment en Belgique et aux Pays-Bas : en 1933, une rétrospective au Musée des Beaux-Arts de Bruxelles réunit 139 sculptures et 47 dessins; en 1937, en revanche, sa première exposition à la suite de Despiau, Laurens et Lipchitz, à la Brummer Gallery de New York, reste sans succès. Épris de poésie, ami de nombreux écrivains, Zadkine participe au retour à la mythologie classique qui se manifeste entre les deux guerres (*Orphée*, 1928 et 1948, *Les Ménades*, 1932, MNAM) et dont De Chirico avait été l'un des initiateurs; la thématique de celui-ci n'est d'ailleurs pas éloignée de celle de l'*Homo Sapiens* (1935, MNAM). Zadkine développe, à partir de l'*Orphée* de 1928, un style qu'il qualifie de « post-cubiste », où peu à peu est dépassé l'aspect décoratif qu'avait pris sa recherche vers 1925.

De 1941 à 1944, il s'exile à New York, mais l'horreur de la guerre le hante et accélère sa maturation esthétique (*La Prisonnière*, 1943; dessins sur le thème des *Travaux d'Hercule*, 1943-1944). Revenu en France, il conçoit encore un projet de *Monument pour une ville détruite*, qui trouvera place à Rotterdam (1946-1951). C'est certainement dans cette veine d'inspiration tragique que Zadkine crée ses œuvres les plus notoires, accentuant peu à peu un lyrisme expressif aux formes anguleuses et souvent foisonnantes (*La Forêt humaine*, 1959; le Musée possède une série de 10 lithographies de 1965 développant ce sujet). Ses qualités d'enseignant, mises en évidence lors de son séjour américain et déployées après 1945 à l'Académie de la Grande-Chaumière, puis à l'école des Beaux-Arts, contribuèrent largement au rayonnement de son œuvre.

P. Haesaerts, *O. Zadkine, la sculpture ailée*, Amsterdam-Anvers, 1939; D. Chevalier, *Zadkine, sculptures*, Paris, Le Prat, 1949; I. Jianou, *Zadkine*, Paris, Arted, 1964; O. Zadkine, *Le maillet et le ciseau, Souvenirs de ma vie*, Paris, Albin Michel, 1968; cat. *Hommage à Zadkine*, Paris, Musée Rodin et MAM, 1972.

L'ensemble de quinze sculptures de Zadkine présent dans la collection (huit achats par l'État entre 1937 et 1962 et trois dons de l'artiste) illustre bien son parcours après 1918, du cubisme massif et dépouillé de *Formes et lumière* jusqu'à la figuration baroque et inspirée d'après 1945 (*Le Poète*, 1954). Neuf dessins y témoignent de l'importance de cette technique dans son œuvre.

☐ *Le Sculpteur*, 1922 - av. 1949
Zadkine restera toute sa vie fasciné par la personnalité de l'Artiste, que celui-ci soit musicien, poète, peintre ou sculpteur (*Le Poète*, 1954, sur la surface duquel courent des vers d'Eluard; *Monuments à Van Gogh*, 1956-1960, une image mythique du génie créateur; *Hommage à Rodin*, 1960, dont le Musée possède un dessin préparatoire de 1959). La figure du Sculpteur, considéré en tant qu'acteur spécifique de la création, lui inspira deux œuvres importantes, cet assemblage de 1922 (avec retouches postérieures) et un grand bois peint de 1939, également dans la collection.

Des éléments classiques du vocabulaire cubiste, telle la stylisation des traits des visages ou la traduction du relief par le creux, sont ici juxtaposés à des modes de représentation surréalistes : l'assemblage d'éléments hétéroclites, le jeu sur la transparence du verre et celui d'une lecture à rebondissements (le sculpteur sculpté dessinant d'après un dessin), enfin, la puissance poétique, suggestive de l'image; le sens de l'œuvre apparaît ainsi comme une cascade de réflexions successives sur le thème sujet-objet; parallèlement, sa forme se présente comme une série de projections géométriques liant la figure en relief (au visage de face dessiné par l'imbrication des deux profils) à celui figurant sur le plomb — ou inversement. Cette recherche, commencée en 1922, ne sera aboutie que plus tard, lorsque Zadkine retournera la plaque de verre, y ajoutant un nouveau profil et modifiant l'élément en plomb. La datation de l'œuvre (reproduite en son état actuel seulement à partir de 1949) est troublée par la double mention y figurant (1922 sur le socle en marbre, 1929 sur le verre) et par le fait qu'un état antérieur parut dans une publication de 1939, accompagné de la date 1934.

Le procédé de l'assemblage est exceptionnel dans l'œuvre de Zadkine. Dans d'autres pièces (comme *Le Sculpteur* en bois peint de 1939, MNAM), peinture et sculpture assument des rôles distincts, contrairement aux sculpto-peintures d'Archipenko où couleur et forme sont intégrées et concourent ensemble au dessin plastique.   v.w.

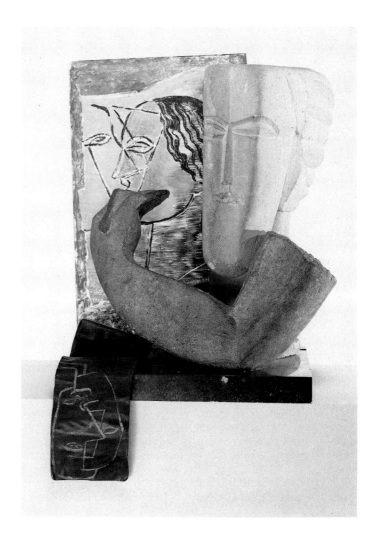

Le Sculpteur, 1922-av. 1949
marbre, granit, pierre, plomb et verre peint
67 × 66 × 45
achat de l'État 1961, attr. 1962
AM 1340 S

Zao Wou-Ki
1921

Né à Pékin, dans une famille aristocratique et lettrée, Zao Wou-Ki montre une vocation précoce pour la peinture en s'inscrivant à l'âge de 14 ans à l'Académie des Beaux-Arts de Hang-Tchéou où il s'initie aux techniques plastiques chinoises et occidentales. Il découvre peu à peu la peinture française de Renoir à Picasso et sa première exposition en 1941 à Shanghai avoue sa dette envers les périodes « bleue » et « classique » de ce dernier. En 1948, il choisit de s'expatrier en France où, paradoxalement, sa compréhension accrue de la peinture occidentale le guide vers sa propre culture : « c'est Cézanne qui m'aida à me retrouver peintre chinois ». Cette alliance subtile entre les deux traditions est appréciée de B. Dorival qui présente sa première exposition parisienne à la galerie Creuze en mai 1949. L'année suivante Zao Wou-Ki rencontre le poète Henri Michaux qui préface l'exposition de ses premières lithographies à la galerie La Hune et le présente à Pierre Loeb qui devient son marchand, exposant à la galerie Pierre en 1952 son travail alors fortement influencé par Paul Klee (*Piazza*, 1950, et *Femme et ses compagnons*, 1951, MNAM). Se libérant de cet exemple, vers 1953, il se tourne alors vers une abstraction qui, par son répertoire de signes et de symboles, se réclame toujours de la tradition extrême-orientale. Lié à la Galerie de France depuis 1955, il y présente périodiquement de vastes paysages informels animés par la griffe nerveuse de son pinceau. « Les tableaux ont avec la nature gardé un air de famille (…). Vide d'arbres, de rivières, sans forêts ni collines, mais pleines de trombes, de tressaillements, de jaillissements, d'élans, de coulées, de vaporeux magmas colorés qui se dilatent, s'enlèvent, fusent » (Henri Michaux, préface à la monographie de Claude Roy).

Cat. *Zao Wou-Ki, rétrospective*, Essen, Folkwang Museum, 1965; *cat. Zao Wou-Ki, aquarelles et gravures*, Vienne, Albertina Museum, 1965; C. Roy, *Zao Wou-Ki*, Paris, éd. Goldschmidt, 1970; J. Leymarie, *Zao Wou-Ki*, Paris, éd. Hier et Demain, 1978; H. Michaux, *Zao Wou-Ki, encres*, Paris, éd. Cercle d'Art, 1980.

□ *En mémoire de May (1930-1972)*, 1972

Offerte par le peintre, cette toile de vastes dimensions, achevée le 10 septembre 1972, est un hommage à sa femme May disparue six mois auparavant. Cet « extraordinaire continent de peinture » (J. Leymarie) offre aux regards un espace informel irradiant de lumière. Le fond d'or posé en nappes fluides où se fondent tous les jaunes est rompu par des accents funèbres, de grandes balafres noires jetées rageusement sur la toile et qui évoquent sa douleur. D'une expression plus mesurée que les peintures des années 50 représentées au Musée par *Incendie*, 1954-1955, aux accents dramatiques et d'un lyrisme plus sobre que *15-12-61* et *4-5-64* (MNAM), *En mémoire de May* manifeste une sensibilité à la couleur affectée par une élégance décorative qui trahit la marque de l'École de Paris.

En mémoire de May (1930-1972), 1972
huile sur toile
200 × 525
don de l'artiste, 1973
AM 1973-33

616

□ *Composition bleue,* 1959-1960

Déjà riche d'une quinzaine de toiles évoquant l'art de Zao Wou-Ki depuis ses débuts (*Paysage jaune,* 1950), la collection du Musée s'est encore accrue récemment de deux œuvres : *Vent,* 1954, et *1.4.81.*

Composition bleue appartient à la série des grandes stèles dressées des années 60 marquées par une inspiration intuitive et lyrique. Bâtie sur la couleur qui s'épand en coulées transparentes sur l'espace de la toile, cette œuvre est proche, par sa structure, de *Peinture,* 1958 (Hirshorn Museum and Sculpture Garden, Smithsonian Institution Washington) : elle repose également sur le balancement des masses lourdes et sombres pesant sur l'assise claire et fluide qui illumine le bas de la toile. Ramassé en son cœur, un nuage de délicates fibrilles — signes abstraits que l'on ne saurait confondre avec les idéogrammes chinois — griffe la toile. Image du vide fidèle à l'esthétique taoïste, la composition rappelle l'hommage rendu au peintre par Roger Caillois en 1975 : « Il disperse la lumière en feux, les feux en reflets, les reflets en transparences qui sont noces de lueurs » (frontispice à l'inventaire des gravures).   B.L.

Composition bleue, 1959-1960
huile sur toile
200 × 162
achat de l'État 1960, attr. 1961
AM 3943 P

Gilberto Zorio
1944

Depuis sa première exposition à la galerie Sperone de Turin en 1967, le nom et l'œuvre de Gilberto Zorio sont liés à l'histoire de l'Arte Povera, rassemblement historique, autour du critique Germano Celant, d'artistes partageant « une façon d'exister révolutionnaire qui devient une véritable terreur chez Boetti, Zorio, Piacentino, Gilardi, Prini, Merz, Kounellis, Paolini et Pascali, des artistes dont la production vise à récupérer la liberté de se projeter hors de soi » (*Flash Art,* nov-déc. 1967).

Les premières œuvres sont des objets étranges, résultats d'actions achevées ou encore en cours, mettant en jeu des forces physiques et des réactions chimiques simples : *Colonne,* 1967, tube d'éternit en équilibre sur des chambres à air; *Rose/bleu/rose,* 1967, cylindre d'éternit coupé dans sa longueur et rempli d'un mélange de plâtre et de chlorure de cobalt qui change de couleur au gré des variations de l'humidité de l'air ambiant; *Piombi,* 1968, constitué de deux plaques-récipients de plomb contenant respectivement de l'acide sulfurique et de l'acide chlorhydrique qui attaquent, plus ou moins lentement, et en prenant des couleurs différentes, la barre de cuivre recourbée dont les extrémités baignent dans les acides. Viennent ensuite des pièces (*Odio,* 1969, *Fluidità Radicale,* 1971) impliquant l'action (et la réaction) du corps de l'artiste et l'inscription, momentanée (sur la peau) ou définitive (sur le mur ou dans le métal), d'un mot (« Radicale », « Odio »). Le rôle des mots et de la parole est ici capital dans une œuvre traversée, « informée » par la langue.

Zorio participe à *Prospect'68* (Kunsthalle de Düsseldorf) et à l'exposition *Quand les attitudes deviennent forme,* organisée par Harald Szeemann à Berne en 1969, où il réalise des œuvres qui sont de purs procès : ainsi, *Torcia,* où des torches enflammées, suspendues au-dessus du sol, tombent en provoquant l'effondrement et la destruction de l'œuvre quand le feu qui les consume atteint la corde. Ce travail figure également la même année dans sa première exposition parisienne à la galerie Sonnabend. En 1969 encore, il participe à l'exposition *Nine at Castelli* (New York), où il est, avec Giovanni Anselmo, le seul artiste européen confronté aux artistes américains représentatifs du « Process Art », de l'« Antiform » et du « Post-minimal », la diversité des étiquettes traduisant l'embarras face à des productions radicalement « autres » qui échappaient (et échappent encore) aux catégories traditionnelles de l'Histoire de l'art. Les œuvres des années suivantes sont construites sur des structures, relationnelles et transformationnelles, plus évidentes.

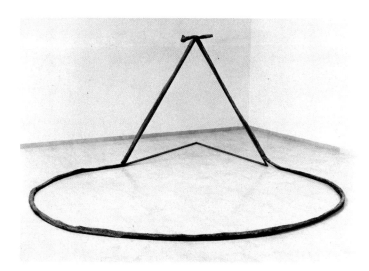

Per purificare le parole, 1969
(Pour purifier les paroles)
tuyau de pompier (caoutchouc dur gainé de grosse toile),
embouchure en zinc; tubes en fer
dim. totale 170 × 300 × 300 env.
achat 1983
AM 1983-379

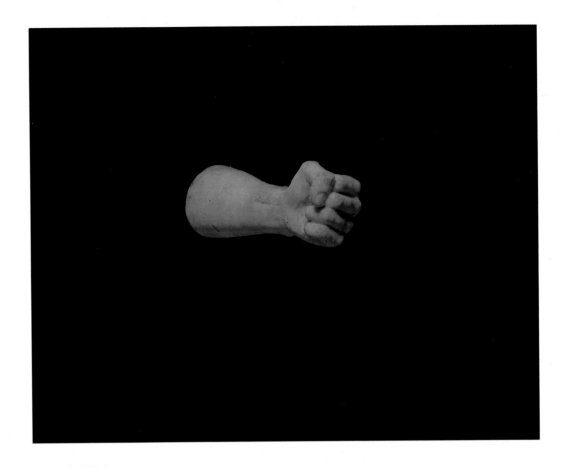

Per purificare le parole est un titre générique employé à partir de 1969 et recouvrant plusieurs séries d'œuvres réalisées dans les matériaux les plus divers : terre cuite, cuir, verre, etc. Il désigne toujours une circulation et un échange, réels autant que métaphoriques, entre un spectateur/acteur potentiel et l'œuvre, présentant l'orifice d'un récipient rempli d'alcool; la « parole » de l'homme, traversant l'œuvre, est ainsi purifiée par l'alcool et « réalisée », accomplie. Ce titre désigne donc le rapport obligatoire, nécessaire, d'un sujet, le spectateur, dans le procès de signification, et marque le présent radical dans lequel s'inscrit l'œuvre.

A partir de 1970, l'œuvre se structure autour de « figures » comme l'étoile à cinq branches — symbole appartenant aux cultures et aux traditions les plus diverses —, les creusets, métaphores de l'Œuvre alchimique, et, plus récemment, le canoë.

Cat. *Zorio*, Chagny, galerie Au Fond de la cour à droite, 1984; cat. *Zorio*, Modène, galeria Civica d'Arte Moderna, 1985; cat. *Zorio*, Stuttgart, Kunstverein, 1985; cat. *Zorio*, MNAM, Centre G. Pompidou, 1986.

☐ *Per purificare le parole*, 1969

Première œuvre réalisée (avec la pièce de terre cuite en forme d'outre suspendue par des cordes, appartenant à la collection Sonnabend) sous ce titre générique, encore proche des objets étranges du début, elle s'apparente déjà aux dispositifs mettant en relation un sujet et l'œuvre. « Purifier », dans sa double acception physique et mentale, renvoie à un espace rituel et sacrificiel, à l'alcool, « liquide mystique qui désinfecte, brûle, enivre, transforme et modifie la perception ».

Ce terme évoque aussi l'espace culturel de l'invention humaine et la dimension utopique d'une œuvre qui refuse l'univocité du langage et met en scène l'apparition du sens.

☐ *Pugno fosforescente*, 1971

Présentée à la *Documenta V* de Kassel en 1972, cette œuvre importante est encore la mise en scène spectaculaire d'un processus physique : un poing fermé, modelé dans la cire et le phosphore, est soumis à la radiation de deux lampes de wood (lampes à iode) solidaires d'une minuterie. Toutes les dix secondes, la lumière s'éteint et le phosphore, excité par l'iode, devient vert et irradie dans l'obscurité.

L'énergie, la violence latente, la dimension utopique sont encore plus explicites dans une œuvre réalisée la même année selon le même principe : *(E) utopia, (la) realtà (é) rivelazione*; ici ce sont des mots (presque une proclamation) qui apparaissent dans l'obscurité. Rappelons que, chez Zorio, l'emploi du phosphore (qui entre dans la composition des cellules du cerveau humain) — comme celui, dans d'autres pièces, de résistances électriques qui rougissent avec la chaleur (et non pas de néon) — participe d'une même utilisation métaphorique des formes physiques et mentales de l'énergie.　　C.D.

Pugno fosforescente, 1971
cire phosphorescente, 2 lampes de wood
170 × 180 env.
achat 1984
AM 1984-386

Bibliographie des publications consacrées à l'étude des œuvres de la collection

Ouvrages généraux

L. BÉNÉDITE, *Le Musée du Luxembourg, les peintures, école française*, Paris, éd. H. Laurens, 1923 et 1924.
L. BÉNÉDITE, *Le Musée du Luxembourg, peintures des écoles étrangères (Musée annexe du Jeu de Paume)*, Paris, éd. H. Laurens, 1924.
CH. MASSON, *Musée national du Luxembourg, catalogue des peintures, sculptures et miniatures*, Paris, éd. des Musées nationaux, 1927.
Musée national du Luxembourg, catalogue-guide, peintures, mars 1929, Paris, éd. des Musées nationaux, 1929.
L. HAUTECŒUR, P. LADOUÉ, *Musée national du Luxembourg, catalogue des peintures et sculptures*, Paris, éd. des Musées nationaux, 1931 et 1933.
Musée national d'art moderne, exposition permanente, catalogue, Paris, éd des Musées nationaux, 1942.
J. CASSOU, B. DORIVAL, G. HOMOLLE, *Musée national d'art moderne, catalogue-guide*, Paris, éd. des Musées nationaux, 1947, 1950 et 1954.
B. DORIVAL, *L'École de Paris au Musée national d'art moderne*, Paris, Aimery Somogy, 1961.
100 Œuvres nouvelles 1974-1976, Musée national d'art moderne, Paris, Centre G. Pompidou, 1977.
100 Œuvres nouvelles 1977-1981, Musée national d'art moderne, Paris, Centre G. Pompidou, 1981.
Chefs-d'œuvre du Musée national d'art moderne (introduction de E. Lucie-Smith, préface de G. Viatte), Londres, Thames & Hudson, Paris, Centre G. Pompidou, 1982.
Au Musée national d'art moderne, Centre G. Pompidou (par E. TRICHON-MILSANI, M. MAKARIUS, J.-P. MARCHESCHI), Paris, Fernand Hazan, 1983.
Guide salle par salle du Musée national d'art moderne (par J.-P. AMELINE), Paris, éd. Scala et Centre G. Pompidou, 1986.

Catalogues d'expositions

Sauf indication particulière, les expositions ont toutes eu lieu au Musée national d'art moderne; les expositions itinérantes ne sont pas mentionnées.

105 Portraits de l'Oiseau-qui-n'existe-pas, sur un poème de Claude Aveline (donation Claude Aveline), 1963.
Donations Dufy, Musée du Louvre, 1963.
Donation Delaunay, Musée du Louvre, 1964.
Collection André Lefèvre (incluant la donation), 1964.
Georges Rouault, œuvres inachevées données à l'État, Musée du Louvre, 1964.
Présentation de la donation Braque, Musée du Louvre, 1965.
Donation Pougny, Orangerie des Tuileries, 1966.
Henri Laurens, exposition de la donation aux Musées nationaux, Grand Palais, 1967.
Salle lettriste et hypergraphique (donation lettriste), 1968.
Les Picasso de la donation Cuttoli-Laugier au Musée national d'art moderne, 1969.
Dessins du Musée national d'art moderne, 1890-1945, 1974-1975.
Raoul Hausmann, autour de « L'Esprit de notre temps », 1974-1975.
Dessins et gravures de Suzanne Valadon-Le legs Robert le Masle au Musée national d'art moderne, 1975.
Art abstrait, 1910-1940, dessins du Musée national d'art moderne, 1975.
Les dessins de Victor Brauner au Musée national d'art moderne, 1975.
Brancusi, 25 dessins, 1975-1976.
Les dessins d'Arpad Szenes et de Vieira da Silva au Musée national d'art moderne, 1976.
Dessins d'Albert Gleizes (ensemble des peintures et des dessins de la collection), 1976.
Musée national d'art moderne, Acquisitions du Cabinet d'art graphique 1971-1976, 1977.
Les dessins de Lapicque au Musée national d'art moderne, 1978.
Gérard Titus-Carmel, The Pocket Size Tlingit Coffin, 1978.
108 Portraits de l'Oiseau-qui-n'existe-pas, sur un poème de Claude Aveline (donation Claude Aveline), 1978.
Œuvres de Jacques Lipchitz dans les collections du Musée national d'art moderne, 1978 (la monographie tient lieu de catalogue).
Les dessins d'Alechinsky au Musée national d'art moderne, 1978.
Accrochages I à IV, 1978-1979.
Braque dans les collections publiques françaises, 1982 (la monographie tient lieu de catalogue).
Donation Louise et Michel Leiris, collection Kahnweiler-Leiris, 1984.
Kandinsky, collections du Musée national d'art moderne, 1984 (la monographie tient lieu de catalogue).

Études monographiques

M.-N. PRADEL, *Pevsner au Musée national d'art moderne-Les écrits de Pevsner*, Paris, éd. des Musées nationaux, 1964.
D. FÉDIT, *Paris, Musée national d'art moderne-l'œuvre de Kupka*, Paris, éd. des Musées nationaux (Inventaire des Collections publiques françaises, n° 13), 1966.
M. HOOG, *Paris, Musée national d'art moderne-Robert et Sonia Delaunay*, Paris, éd. des Musées nationaux (Inventaire des Collections publiques françaises, n° 15), 1967.
F. CACHIN-NORA, *Klee au Musée national d'art moderne*, Paris, éd. des Musées nationaux, 1972.
M. TABART ET I. MONOD-FONTAINE, *Brancusi photographe*, Paris, Centre G. Pompidou, 1977.

Dans la série « Collections du Musée national d'art moderne », Paris, éditions du Centre Pompidou :
N. BARBIER, *Lipchitz* (1978).
I. MONOD-FONTAINE, *Matisse* (1979).
J.-H. MARTIN, *Malévitch* (1981).
C. LAUGIER ET M. RICHET, *Léger* (1981).
H. LASSALLE, *Art américain* (1981).
N. POUILLON ET I. MONOD-FONTAINE, *Braque* (1982).
C. DEROUET ET J. BOISSEL, *Kandinsky* (1984).

Périodiques

Pour référence :
Les livraisons régulières des revues *Musées de France* et *La Revue du Louvre et des Musées de France*, où sont parues systématiquement des études consacrées par le Musée à toute nouvelle acquisition.
Concernant les acquisitions effectuées depuis l'ouverture du Centre G. Pompidou, les numéros des *Cahiers du Musée national d'art moderne* précisément consacrés à la connaissance de la collection : n° 1, 1979; n° 11, 1983; n° 13, 1984; n° 15, 1985.

Photocomposition :
Bussière arts graphiques, Paris

Photogravure :
Haudressy arts graphiques, Paris

Achevé d'imprimer le 28 novembre 1986
sur les presses de l'imprimerie Mame, Tours